2023
甘肃发展年鉴
GANSU DEVELOPMENT YEARBOOK

甘　肃　省　统　计　局
国家统计局甘肃调查总队　编

Compiled by
Gansu Provincial Bureau of Statistics
Survey Office of the National Bureau of Statistics in Gansu

中国统计出版社
China Statistics Press

图书在版编目（C I P）数据

甘肃发展年鉴. 2023 = Gansu Development Yearbook 2023 : 汉英对照 / 甘肃省统计局，国家统计局甘肃调查总队编. -- 北京 : 中国统计出版社，2023.11
ISBN 978-7-5230-0258-2

Ⅰ. ①甘… Ⅱ. ①甘… ②国… Ⅲ. ①区域经济发展－甘肃－2023－年鉴－汉、英 Ⅳ. ①F127.42-54

中国国家版本馆 CIP 数据核字(2023)第 180984 号

甘肃发展年鉴 2023

作　　者/ 甘肃省统计局　国家统计局甘肃调查总队
责任编辑/ 高媛媛
装帧设计/ 张冰
出版发行/ 中国统计出版社有限公司
地　　址/ 北京市丰台区西三环南路甲 6 号
邮政编码/ 100073
电　　话/ 邮购（010）63376909　书店（010）68783171
网　　址/ http://www.zgtjcbs.com
印　　刷/ 甘肃澳翔印业有限公司
经　　销/ 新华书店
开　　本/ 890mm×1240mm　1/16
字　　数/ 1400 千字
印　　张/ 52
版　　别/ 2023 年 11 月第 1 版
版　　次/ 2023 年 11 月第 1 次印刷
定　　价/ 380.00 元　Price: 380.00yuan(RMB)

本书附同版本 CD-ROM 一张，光盘内容以书面文字为准。
如有印装差错，由本社发行部调换。

《甘肃发展年鉴 2023》

编委会和编辑工作人员

Gansu Development Yearbook 2023

Editorial Board and Staff

编者说明

一、《甘肃发展年鉴》是由甘肃省统计局和国家统计局甘肃调查总队编纂，中国统计出版社出版，国内外公开发行的大型综合性年刊。它以大量翔实可靠的资料，全面记载了甘肃经济社会发展情况，是各级党政领导、经济管理部门、企事业单位、科研部门和中外投资者了解省情、市情，进行科学决策、咨询和研究的重要工具书。

二、本年鉴是创刊以来的第十四卷，全部为中英文对照版并配有电子版，主要记载 2022 年甘肃经济社会发展情况，统计资料在时间上有所上溯。

三、本年鉴共分为两部分：第一部分共设 9 个篇目，包括特载、概况、国民经济、交通通信、财政金融、经济管理、社会事业、人民生活、地县及兰州新区概况；第二部分共设 23 个篇章，包括综合，人口，国民经济核算，就业和工资，价格，人民生活，财政和金融业，资源和环境，能源，固定资产投资，对外经济贸易，农业，工业，建筑业，批发和零售业，住宿、餐饮业和旅游业，运输和邮电，教育和科学技术，卫生、社会服务和社会保障，文化和体育，城市，民族自治地方，兰州新区。为方便读者使用资料，统计资料各篇前附有简要说明，篇末附有主要统计指标解释。

四、本年鉴的体例分为篇目、分目和条目三个层次，以条目为基本结构单元。条目标题均用黑体字加【 】。

五、与 2022 年版《甘肃发展年鉴》相比较，本年鉴根据现行统计调查制度和统计工作开展情况，主要作如下修订：在第二部分中，在“人口”部分，删除计划生育情况表。在“就业和工资”部分，各市（州）地区就业再就业工作情况表中删除“城镇登记失业率”指标。在“价格”部分，删除“农业生产资料价格指数”指标。在“财政和金融业”部分，删除“营业税”指标。在“对外经济贸易”部分，将对外经济贸易表中“对外经济合作”指标修改为“对外非金融类直接投资”指标。在“运输和邮电”部分，将邮电业务基本情况表中“3G 移动电话用户”指标修改为“5G 移动电话用户”指标。在“教育和科学技术”部分，删除研究与试验发展 (R&D) 项目（课题）情况表。在“城市”部分，分城市主要社会经济指标表中增加“工业企业数”、“城镇非私营单位在岗职工平均人数”指标，将“普通本专科”指标修改为“普通、职业本专科”指标，将“快递业务收入”指标修改为“邮政行业业务收入”指标。在“民族自治地方”部分，民族自治地方财政金融情况表中删除“城乡居民储蓄存款”指标。

六、由于统计制度方法改革，有些统计指标的口径、包括范围和计算方法有所变化，使用时请注意。文稿中的数据由各单位提供，部分为初步统计数，如与统计表中不一致，以统计表为准。

七、本年鉴中涉及的历史数据，均以最新出版的本年鉴数据为准；本年鉴中所使用的度量衡单位均采用国际统一标准计量单位；部分数据合计数或相对数由于单位取舍不同而产生的计算误差，均未做机械调整。

八、符号使用说明：年鉴各表中的“空格”表示该项统计指标数据不足本表最小单位数、数据不详或无该项数据；“#”表示其中的主要项。

本年鉴的编辑出版，得到省直各部门和有关企业事业单位的大力支持，我们对此表示诚挚的谢意！

编者

2023 年 11 月

Preface

I. *Gansu Development Yearbook*, edited by the Gansu Provincial Bureau of Statistics and Survey Office of the National Bureau of Statistics in Gansu and published by china statistics press, is a large-scale domestic and international public offering comprehensive annual publication. It records comprehensively Gansu economic and social development situation by the large amount of reliable data, and is an important tool to understand the situation of the province, city and conduct a scientific decision-making, consult and research for every level party and government leaders, economic management department, enterprise and public institution, research departments and domestic and foreign investors.

II. The yearbook is the thirteenth volume since founded, which is all the in Chinese-English and equipped with electronic version, records mainly Gansu economic and social development situation in 2022, but its statistics materials have traced back in time.

III. The yearbook contains the following two parts: The first part contains Featured Articles, Survey, National Economy, Traffic Communication, Government Finance and Financial, Economy & Management, Social Undertaking, People's Living Conditions, City & County and Lanzhou New Area Overview, total 9 chapters. The second part contains total 23 sections and chapters: General Survey; Population; National Accounts; Employment and Wages; Prices; People's Living Conditions; Government Finance and Financial Intermediation; Resources and Environment; Energy; Investment in Fixed Assets; Foreign Trade and Economic Cooperation; Agriculture; Industry; Construction; Wholesale and Retail Trades; Hotels, Catering Services and Tourism; Transport, Postal and Telecommunication Services; Education & Science and Technology; Public Health, Social Services and Social Security; Culture and Sports; City; Ethnic Minority Autonomous Area; Lanzhou New Area. For the convenience of using information for the readers, statistics have a brief introduction at the beginning of each part. In addition, explanatory notes on main statistical indicators are provided at the end of each part.

IV. The yearbook style is divided into contents, subhead and entry three levels, and entry as the basic structural unit. The entry titles are in bold and add 【 】.

V. In comparison with Gansu Development Yearbook 2022, following revisions have been made in this new version in terms of the statistical contents and in editing:

In the second part, in the chapter on "Population",table of "Statistics of Family Planning" has been deleted.In the chapter on "Employment and Wages",the indicator of "Registered Unemployment Rate in Urban Areas"has been deleted from the table of "Work Situation of Employment and Re-employment by Region".In the chapter on "Prices",the indicator of "Price Index for Means of Agricultural Production" has been deleted.In the chapter on "Government Finance and Financial Intermediation",the indicator of "Business Tax" has been deleted.In the chapter on " Foreign Trade and Economic Cooperation",the indicator of "Economic Cooperation with Foreign Countries & Regions" is revised to "Foreign non-financial direct investment Countries & Regions".In the chapter on "transport,Postal and Telecommunication Services",the indicator of "3G Mobile Phone Subscribers" is revised to "5G Mobile Phone Subscribers".In the chapter on "Educationa & Science and Technology",the table of "Statistics on R&D Projects (Topics)" has been deleted.In the chapter on "City",indicators of "Number of Industrial Enterprises","Average numbers of Staff and Workers in Urban Non-Private Units" and "General and Vocational Colleges" are added to the chapter on "Main Social and Economic Indicators by City",and the indicators of "Undergraduate in Regular HEIs" "Revenue from Express Service" are revised into "Regular and Vocational Colleges and Universities","Revenue from Postal Business ".In the chapter on "Ethnic Minority Autonomous Areas",the indicator of "Saving Deposit Balance of Urban and Rural Residents" has been deleted from the table of " Fixed-based Price Indices".

VI. As the methods of statistical system reform, some of the caliber of statistical indicators, including the scope and computational method change and please note that when used. The presentation data is provided by the units and some are preliminary statistics, if they does not accord with the statistical tables to tables shall prevail.

VII. Please refer to the newly published version of the yearbook for updated historical data. The units of measurement used in this yearbook are internationally standard measurement units, statistical discrepancies on totals and relative figures due to rounding are not adjusted in the yearbook.

VIII. Notations used in the yearbook: (blank space) indicates that the figure is not large enough to be measured with the smallest unit in the table, or data are unknown, or are not available; "#" indicates a major breakdown of the total.

The edit and publishing of the yearbook were strongly supported by the departments under the provincial leadership, relevant enterprises and public institutions. We express our sincere thanks!

Editor
November 2023

目　录

特　载
FEATURED ARTICLES

概　况
SURVEY

国民经济
NATIONAL ECONOMY

交通通信
TRANSPORTATION & TELECOMMUNICATION

财政　金融

GOVERNMENT FINANCE AND FINANCIAL

经济管理

ECONOMY & MANAGEMENT

社会事业

SOCIAL UNDERTAKING

人民生活

PEOPLE'S LIVING CONDITIONS

地县及兰州新区概况

CITY & COUNTY AND LANZHOU NEW AREA OVERVIEW

统计资料

STATISTICS

一、综合

General Survey

二、人口
Population

三、国民经济核算
National Accounts

四、就业和工资
Employment and Wages

五、价 格
Prices

六、人民生活
People's Living Conditions

七、财政和金融业
Government Finance and Financial Intermediation

八、资源和环境
Resources and Environment

九、能源
Energy

十、固定资产投资
Investment in Fixed Assets

十一、对外经济贸易
Foreign Trade and Economic Cooperation

十二、农业
Agriculture

十三、工业
Industry

十四、建筑业
Construction

十五、批发和零售业
Wholesale and Retail Trades

十六、住宿、餐饮业和旅游业
Hotels, Catering Services and Tourism

十七、运输和邮电
Transport, Postal and Telecommunication Services

十八、教育和科学技术
Education & Science and Technology

十九、卫生、社会服务和社会保障
Public Health, Social Services and Social Security

二十、文化和体育
Culture and Sports

二十一、城市
City

二十二、民族自治地方
Ethnic Minority Autonomous Area

二十三、兰州新区
Lanzhou New Area

特　载

甘肃省人民代表大会常务委员会工作报告

——2023年1月16日在甘肃省第十四届人民代表大会第一次会议上

各位代表：

我受省十三届人大常委会委托，向大会报告工作，请予审议。

去年的主要工作

过去一年是党和国家历史上极为重要的一年。常委会在省委的坚强领导下，高举习近平新时代中国特色社会主义思想伟大旗帜，深入学习贯彻党的十九大和二十大精神，坚持党的领导、人民当家作主、依法治国有机统一，深入践行全过程人民民主，认真履行法定职责，共制定修订地方性法规40件、废止12件，听取审议“一府一委两院”工作报告20项，开展执法检查4项、专题调研4项，任免地方国家机关工作人员196人次，为促进全省经济社会发展和民主政治建设作出了积极贡献。

一、落实首要政治任务，深入学习贯彻党的二十大精神。对标习近平总书记全面学习、全面把握、全面落实的要求，常委会党组举办5次理论学习中心组学习交流会，通过专题会议、组织宣讲、辅导讲座、研讨交流等方式领会精神实质、把握精髓要义，把坚定拥护“两个确立”转化为坚决做到“两个维护”的政治自觉、思想自觉和行动自觉。坚持把学习贯彻习近平新时代中国特色社会主义思想作为“第一课题”，深刻认识思想之源，准确掌握思想之要，牢牢把握思想之魂，在明辨“是与非”、弄清“大与小”、体现“行与效”中提高政治判断力、政治领悟力、政治执行力。对照党的二十大重点任务，确定新时代甘肃人大围绕中心大局着力重点、发展全过程人民民主甘肃实践等14项研究专题，做到学思践悟、学以致用。紧扣党的二十大决策部署，立足人大职责定位，围绕省委确定的“一核三带”区域发展格局、实施“四强”行动、做好“五量”文章以及“五个牢牢把握”的工作要求，广泛汇聚民智，主动担当作为，助力书写甘肃全面建设社会主义现代化新篇章。

二、坚持党的全面领导，认真贯彻落实党中央决策部署和省委工作安排。深入贯彻习近平总书记重要讲话重要指示精神，紧扣国家重大战略实施，初次审议黄河流域生态保护、红色资源保护传承等条例，制定乡村振兴促进条例，听取审议环境状况和环境保护目标完成、金融工作、政府债务管理等情况报告，对国有资产管理情况进行专题询问，开展环境保护法、乡村振兴促进法执法检查，作出加强经济工作监督的决定，对碳达峰碳中和、房地产市场发展进行调研，推动改革发展任务抓实见效。全面落实中央和省委人大工作会议精神，对全省学习贯彻情况进行调研督导和深入推动，梳理查找制约有效履职的突出问题，依靠各级党委，认真研究解决，推动任务落实。深入贯彻省第十四次党代会精神，制定实施方案，开展专题研讨，围绕中心大局依法履职，为推动全省改革发展贡献人大力量。

三、严把立法质量关口，切实以良法促发展保善治。准确把握新时代地方立法的政治方向、方位坐标和着力重点，坚持针对问题立法、与时俱进修法，以“小快灵”解决问题，以“点穴式”疏通经络，确保法规立得住、行得通、真管用。深化经济领域立法，制定修订兰州白银国家自主创新示范区、循环经济促进、产品质量监督管理等条例，为发展提质增效蓄势赋能。推进生态环保立法，制定修订气象、农村能源和水土保持等条例，以法治“红线”守护生态“绿线”。加快补齐民生保障短板，制定修订单用途预付消费卡管理、安全生产、义务教育等条例，让群众感受到法治温度。召开全省立法工作座谈会，对本届立法工作进行评估，研究制定新时代地方立法质量管理办法，健全完善立法机制。加强备案审查工作，维护国家法治统一。强化市州立法指导，依法批准市州、民族自治县报批的法规27件。

四、突出履职着力重点，围绕高质量发展和群众急难愁盼开展监督。面对错综复杂的经济发展形势和超预期因素冲击，综合运用听取审议计划、预算、审计等报告，依法批准财政决算及预算调整方案等，跟踪监督经济运行，促进全省经济平稳健康发展。聚焦“一老一小”民生问题，听取审议加强和推进老龄工作情况报告，开展中小学校安全条例执法检查，推进织牢织密养老服务和校园安全体系。针对经济结构优化出现的职业新情况和侨情新变化，开展新业态就业群众权益保障、归侨侨眷权益保护情况调研，推动解决群众合理诉求、维护合法权益。紧盯全面依法治省，听取审议法治政府建设、执法队伍教育整顿等情况报告，助力构建职责明确、依法行政的治理体系。围绕推进司法体制改革，听取审议知识产权审判、公益诉讼等情况报告，开展人民调解法执法检查，让公平正义阳光照亮社会每一个角落。

五、完善服务保障措施，充分发挥代表主体作用。拓展代表联系交流平台，邀请代表参与立法修法、执法检查、视察调研等活动，健全代表反映群众意见和诉求处理反馈机制，推进“两联系”规范化制度化。按照“内容高质量、办理高质量”要求，人代会前加强与代表沟通协商、预研指导，会中强化征集筛选、修改完善，会后通过现场视察、跟踪落实等，做到“既重结果也重过程”，省十三届人大六次会议期间代表提出的575件建议全部办理答复完毕，推动解决了一批实际问题。坚持线上线下相结合，强化代表学习培训，完善履职信息档案，加强履职监督管理。在省委领导下，做好省十四届人大代表选举工作，确保方向正确、程序合法、风清气正。

六、切实加强自身建设，不断提升履职能力和水平。紧扣“四个机关”目标定位，制定贯彻意见，认真抓好落实，以思想、组织、作风和制度建设保障人大履职成效。把党的建设摆在首位，认真履行全面从严治党主体责任和意识形态工作责任制，不断提高党建工作规范化科学化水平。加大制度成果系统集成和流程再造，完善人大及其常委会组织制度和议事程序，健全理论学习、任务分解、跟踪督查等机制，构建职责清晰、程序规范、运行有效的制度体系。运用调查研究这个传家宝，围绕全省重点工作和人大履职问题，深入开展调研，提出可借鉴、有价值的建议。做好机关帮扶工作，持续巩固拓展脱贫攻坚成果同乡村振兴有效衔接。加强机构和队伍建设，召开中青年干部座谈会，组织政治理论和业务知识培训，开展读书演讲活动，加大干部交流使用，打造政治坚定、服务人民、尊崇法治、发扬民主、勤勉尽责的人大队伍。

同时，我们也清醒认识到，面对新形势新任务，常委会工作还有一些差距和不足：思想理论武装还不够到位，立法的针对性、适用性有待加强，监督工作刚性和实效还需进一步提升，一些代表的素质和履职还存在差距，常委会及机关精气神仍需凝聚和提振。这些要在今后工作中切实加以改进。

本届工作回顾与体会

本届五年，是建设幸福美好新甘肃取得重要成就的五年，也是全省人大工作取得积极成效的五年。

一是宪法精神深入人心。把依宪治国作为全面依法治国首要任务，丰富和发展贯彻实施宪法的理论逻辑和实践形式，使宪法真正“活起来”“落下去”。严格落实宪法宣誓制度，修订宪法宣誓办法，组织选举任命的国家机关工作人员进行宪法宣誓，增强领导干部的宪法思维和宪法意识。修订规范性文件备案审查规定，听取审议相关工作情况报告，推进信息平台建设，依法审查规范性文件537件，有效维护法治统一。开展国家宪法日和全省宪法法律普及宣传月活动，因地制宜建设宪法广场、法治公园、法治长廊等，做好“互联网+法治”宣传，推动宪法进机关、进企业、进乡村、进校园，形成尊崇宪法、学习宪法、遵守宪法、维护宪法、运用宪法的浓厚氛围。

二是地方立法质效并重。把立法作为履职之要，从历史维度、现实需要、发展实际出发，推进科学立法、民主立法、依法立法，实现由“管得住”向“管得好”转变。完善党委领导、人大主导、政府依托、各方参与的立法工作格局，修订地方立法条例，规范听证、评估、审议、协商等程序，严把立项、起草、合法性审核、专委会初审、法制委统一审议“五关”，确保高质量立法。紧跟全国人大立法节奏，制定修订大气、水、土壤和固体废弃物污染防治等法规，用法治手段助力打赢打好“三大保卫战”。针对经济发展滞后、改革任务较重、民生短板较多实际，制定修订促进中小企业发展、农村扶贫开发、安全生产、养老服务等110件法规，废止合同监管、土地登记、人才市场等53件法规，审查批准市政管理、环境卫生、古树木保护等119件法规，并注重相关法规“成龙配套”和“组合编纂”，为改革发展筑牢法治基石。制定法规动态清理和立法项目提醒督促办法，建立法规动态清理机制，先后对2017年以来现行有效的174件法规开展12次专项和1次全面清理，实现立改废有机统一。

三是监督实效显著增强。把监督作为履职的有效手段，围绕“五大建设”开展综合式、链条式、跟进式监督，听取审议“一府一委两院”工作报告94项，开展执法检查30项、专题调研42项、专题询问4次，帮助和推动解决问题、改进工作。强化经济运行监测和分析研判，加强预算决算审查监督，连续5年审议国有资产管理情况报告，开展营商环境、省属监管企业发展情况调研，推动稳增长稳就业、预算审查监督重点拓展、政府债务审查监督等改革措施落实，助推经济质的有效提升和量的合理增长。紧盯“一号工程”，听取审议脱贫攻坚专项报告，加强扶贫资金管理使用监督检查，开展特色产业发展、“两不愁三保障”政策落实等调研监督，助力打赢脱贫攻坚战。推动生态环境保护，连续5年对大气、水、土壤、固体废弃物污染防治法开展执法检查，每年听取审议环境保护目标完成情况报告，参与省级环保督察，为保护绿水青山贡献人大力量。积极助力法治甘肃建设，听取审议反腐败国际追赃追逃、刑罚执行监督、公安机关执法规范化建设等报告，组织四级人大代表对打击电信诈骗、禁毒斗争、酒驾醉驾查处等进行视察，推动依法行政、公正司法。

四是决定事项依法开展。把做好决定作为推动改革发展稳定的重要一环，准确把握制度设计基本要求，配合省委制定出台人大讨论决定重大事项制度、各级政府重大决策出台前向本级人大报告的实施意见，围绕全省经济社会发展和人民群众急难愁盼，依法作出加强司法监督、检察公益诉讼、全面禁止非法野生动物交易、“八五”普法宣传教育等决定，保证党中央决策部署和省委工作安排通过法定程序成为人民意志。坚持党管干部和人大依法任免有机统一，修订人事任免办法，改进完善任前表态发言等制度，依法任免国家机关工作人员877人次，为推动事业发展提供组织人事保证。

五是代表工作不断深化。把加强和改进代表工作作为创新发展的基础，召开工作交流会，出台指导意见，完善制度机制，拓宽渠道方式，增强履职实效，主体作用得到有效发挥。加强常委会同代表的联系，邀请基层代表列席常委会会议，召开列席代表座谈会，把常委会工作建立在坚实民意基础之上。密切代表与群众的联系，代表通过走访、座谈、参加代表小组活动等方式听取群众意见，推动解决就业、教育、医疗等方面问题。组建“专业型+功能型”代表小组，代表家（站）实现乡镇（街道）

和中心村全覆盖。改进常委会督办重点建议程序办法，完善现场督办、会议督办、指导督办、跟踪督办等方式，共办理代表建议 2993 件。指导做好省市县乡四级人大换届选举工作，加强代表初任、履职和专题培训，落实代表履职登记和补助制度，做好履职服务保障。

回顾过去五年的实践，我们对坚持和完善人民代表大会制度、推动新时代人大工作与时俱进有了更深的认识体会。

——把坚持党的全面领导作为最高原则。通过坚持不懈用习近平新时代中国特色社会主义思想统揽人大工作、贯彻落实党中央重大决策部署、围绕省委中心大局依法履职、严格落实请示报告制度、依靠党委推动解决人大履职难题等，把党的全面领导具体地、有效地落到实处。

——把坚持以人民为中心作为价值追求。人大是人民的人大，必须始终把人民至上作为根本立场和力量之源。坚持人民主体地位不动摇，紧盯群众急难愁盼依法履职，推动解决群众最关心、最直接、最现实的利益问题，更好体现人民意志、保障人民权益、激发人民创造。

——把坚持发展全过程人民民主作为使命任务。通过搭好平台、建好机制、开好会议、立好法规、搞好监督、做好决定、实化代表工作、强化“四个机关”建设等措施，使全过程人民民主的显著优势生动地、现实地展现出来，更好发挥制度功效、体现时代特色。

——把坚持服务改革发展大局作为鲜明导向。聚焦“国之大者”“民之盼者”“责之重者”“患之存者”，立足人大职能特点，找准工作切入点着力点，伸出硬肩膀扛起应尽责，发挥人大优势、彰显人大担当、展现人大作为。

——把坚持加强自身建设作为履职基础。整体推进政治机关、权力机关、工作机关、代表机关建设，全面加强政治、思想、组织、作风、纪律和制度建设，正确处理“位”与“为”，着力提升能力素质，使人大常委会机关成为干事的大舞台、学习的大课堂、温暖的大家庭。

各位代表！五年来省人大常委会工作取得的成绩，是在省委正确领导下，全体代表、常委会组成人员和人大常委会机关工作人员履职尽责、扎实工作的结果，是“一府一委两院”和各级人大密切配合、团结协作的结果，也是全省人民和社会各方面充分信任、大力支持的结果。在此，我代表省十三届人大常委会表示崇高的敬意和衷心的感谢！

今年工作的建议

今年是全面贯彻党的二十大精神的开局之年，是坚持和完善人民代表大会制度、推进全过程人民民主的实践深化年，是解决制约地方人大依法有效履职的问题突破年，是人大常委会及机关自身建设的加强提升年。新一届省人大及其常委会坚持以习近平新时代中国特色社会主义思想为指导，深入学习贯彻党的二十大精神和习近平法治思想、习近平总书记关于坚持和完善人民代表大会制度的重要思想，认真落实习近平总书记对甘肃重要指示要求，全面贯彻中央人大工作会议和省第十四次党代会及十四届省委二次全会精神，坚持稳中求进工作总基调，丰富和发展全过程人民民主甘肃实践，着力提高立法质量，着力增强监督实效，着力发挥代表作用，着力推动实践创新，积极助力全面建设社会主义现代化幸福美好新甘肃。

新时代新征程要以政治建设为根本，确保人大工作正确方向。学懂弄通做实党的二十大精神，用中国化时代化的马克思主义武装头脑、指导实践、推动工作，把忠诚拥护“两个确立”体现在理想信念、政治生活、立场定力、担当作为上，把增强“四个意识”、坚定“四个自信”、做到“两个维护”融入血脉灵魂、付诸履职实践。全面落实中央和省委人大工作会议精神，持续推动解决人大履职中的难题。发挥常委会党组把方向、管大局、促落实的作用，确保党中央决策部署和省委工作安排不折不扣贯彻落实。

新时代新征程要以民主政治建设为主线，丰富和发展全过程人民民主的甘肃实践。对标落实党中央发展全过程人民民主、保障人民当家作主的新部署新要求，出台《深入学习贯彻党的二十大精神、丰富和发展全过程人民民主甘肃人大实践的决定》，定期开展实践创新推进交流，切实保障人民当家作主。坚持民主立法、开门立法，进一步拓宽人民有效参与立法的途径。以人民群众喜怒哀乐为评判依据，增强依法和谐有效监督的实效性。丰富代表联系群众的内容形式，不断扩大公民有序政治参与。

新时代新征程要以服务大局为目标，不断增强依法履职实效。实施《新时代地方立法质量管理办法》，编制五年立法规划，落实年度立法计划，做好规范性文件备案审查，加强市州立法指导。制定加强和谐有效监督工作规定，作出加大优化民营经济发展环境的决定，三级人大、四级代表联动开展千名代表调研视察千项工程行动，听取审议计划预算执行、国有资产管理等报告，开展道路交通安全、湿地保护等执法检查，对工业园区发展、低收入群体生活保障等进行调研。完善“两联系”制度，加强代表工作能力建设，健全代表建议“提好、办好”机制。

新时代新征程要以强基固本为支撑，着力推进“四个机关”建设。树牢政治机关意识，坚持不懈用习近平新时代中国特色社会主义思想凝心铸魂，不断提升从政治上看的能力和水平。持续推进学习型机关建设，加强专委会和工作部门能力建设，营造埋头苦干、争先创优的良好氛围。细化完善议事规则、会议组织等制度，研究制定贯彻落实中央八项规定及其实施细则和省委实施办法的具体措施，严防形式主义、官僚主义。大兴调查研究之风，强化理论研究和实践创新，讲好民主建设故事、甘肃人大故事。

各位代表，党的二十大绘就宏伟蓝图、吹响奋进号角，我们重任在肩、责无旁贷。让我们紧密团结在以习近平同志为核心的党中央周围，在省委坚强领导下，开拓创新，砥砺奋进，为加快建设现代化幸福美好新甘肃、不断开创富民兴陇新局面作出新的更大贡献！

甘肃省政府工作报告

——2023 年 1 月 15 日在甘肃省第十四届人民代表大会第一次会议上

各位代表：

我代表省人民政府，向大会报告工作，请予审议，并请省政协委员和其他列席人员提出意见。

一、本届政府工作回顾

过去五年，是甘肃战贫困、建小康，促发展、谋跨越的五年。在党中央坚强领导和省委直接领导下，全省上下坚持以习近平新时代中国特色社会主义思想为指导，深入贯彻党的十九大和二十大精神，牢记习近平总书记殷殷嘱托，负重自强、顽强拼搏，“十三五”顺利收官，“十四五”良好开局，踏上全面建设社会主义现代化国家新征程，谱写了加快建设幸福美好新甘肃、不断开创富民兴陇新局面的时代篇章。

在五年经济社会发展历程中，四个方面的成就意义尤为重大。一是决战决胜脱贫攻坚，历史性解决绝对贫困问题，与全国一道全面建成小康社会。二是经济总量迈上万亿台阶，财政收入跨过千亿大关，综合经济实力实现较大跃升。三是祁连山生态保护“由乱到治、大见成效”，生态文明建设发生全局性变化，国家西部生态安全屏障筑牢加固。四是民族团结、社会和谐呈现新气象，坚定不移听党话、矢志不渝跟党走，成为全省各族人民的共同心声。这些标志性成就，是建设幸福美好新甘肃的生动缩影，是开创富民兴陇新局面的真实写照，极大增强了陇原人民的志气底气，极大改善了甘肃发展的形象预期。

陇原大地圆梦小康，呈现了富民兴陇崭新气象。坚持精准扶贫、尽锐出战，如期打赢脱贫攻坚战，接续推进乡村振兴，广大农村面貌发生翻天覆地的变化。

脱贫攻坚任务全面完成。75 个贫困县全部摘帽，7262 个贫困村全部退出，552 万农村建档立卡贫困人口全部脱贫，书写了我国减贫史上的甘肃篇章。49.9 万农村贫困人口通过易地扶贫搬迁拔掉穷根。具备条件的建制村全部通硬化路、通客车、通邮路。行政村动力电全覆盖，光纤宽带和 4G 网络覆盖率达到 99%。东部协作省市和中央定点帮扶单位投入资金 172.06 亿元，实施项目 9789 个，帮助销售农产品 206.18 亿元。脱贫地区农村居民人均可支配收入年均增长 9.8%，高于全省城乡居民收入增幅。

脱贫成果有效巩固拓展。保持过渡期帮扶政策总体稳定，防止返贫动态监测和帮扶机制作用有效发挥，教育、医疗、住房和饮水保障成果巩固提升。就业和产业支持力度不断加大，易地搬迁后续扶持有效开展。脱贫人口小额信贷总量、贷款余额和新增贷款均居全国首位。涉农整合资金 58% 用于脱贫地区产业发展。倾斜支持 39 个乡村振兴重点帮扶县。2021 年我省在国家巩固脱贫成果后评估和东西部协作考核评价中均获“好”的等次。

乡村振兴扎实推进。全省一产增加值年均增长 6.3%，连续位居全国前列。建成高标准农田 1409.8 万亩。粮食产量连续三年稳定在 240 亿斤以上。农业产业化龙头企业、农民专业合作社分别达到 3360 家和 9.3 万个。创建 7 个国家现代农业产业园，获批 6 个国家农业现代化示范区、50 个全国乡村旅游重点村（镇），会宁、民勤、临泽创建国家乡村振兴示范县，建设 4 个国家级产业集群和 35 个特色产业强镇。“甘味”品牌连续两年荣登中国区域农业形象品牌影响力指数 100 强榜首。设立 30 亿元乡村振兴投资基金。启动“5155”乡村建设示范行动，编制完成 6750 个实用性村庄规划。张掖、甘南、陇南、临夏打造乡村振兴示范样板成效突出。

高质量发展步伐加快，厚植了富民兴陇强劲动能。着力盘活存量、引入增量、提高质量、增强能量、做大总量，全省地区生产总值连跨八千亿、九千亿和万亿台阶，年均增长 5.5%，增速从 2017 年全国第 30 位提升到第 3 位。

产业动能持续增强。聚焦“强龙头、补链条、聚集群”，大力推进工业强省、产业兴省，规上工业增加值增速提升到全国第 13 位，工业占生产总值比重提高 1.9 个百分点。新增规上工业企业 1277 户。建立产业链链长制，培育链主企业 101 家，实施“三化”改造重点项目 719 个。煤炭、原油、天然气产量达到 5875 万吨、1090 万吨、5.2 亿立方米，分别比 2017 年增长 57%、32%、190%。建成陇东千万吨油气生产基地。新能源并网装机 3800 万千瓦，比 2017 年增加 1732 万千瓦，成为省内第一大电源。陇电入鲁工程启动实施。张掖盘道山、肃南皇城抽水蓄能工程开工建设。酒泉新能源及新能源装备制造、金昌镍铜钴新材料和新能源电池、白银硫磷铁钛锂新材料等产业基地加快建设。国内行业单体产能最大的稀土萃取生产线在白银建成投产。战略性新兴产业、高新技术产业发展提速。深化央地合作，签约实施项目 204 个、投资 5927 亿元。

科技赋能提质增效。综合科技创新水平不断提升，保持在全国第二梯队。兰白自创区、兰白试验区创新引擎作用逐步彰显。获批省部共建干旱生境作物学国家重点实验室，组建中国工程科技发展战略甘肃研究院。建成中国（甘肃）知识产权保护中心。国产首台自主知识产权碳离子治疗系统在武威投入临床应用，实现重离子超大型装置国产替代，成套设备加工制造基地在兰州新区建成投运。技术合同成交额由 163 亿元增加到 338.57 亿元。高新技术企业达到 1683 家，是 2017 年的 2.7 倍。新认定省级“专精特新”企业 195 户、国家级小巨人企业 45 户。科技进步贡献率达到 58.2%。29 项科技成果荣获国家奖。6 名科学家当选“两院”院士。

区域发展协同并进。编制完成“多规合一”国土空间规划。加大兰西城市群、关中平原城市群共建力度。制定实施“十四五”兰州经济圈、河西走廊经济带、陇东南区域发展规划。庆阳市生产总值跨越 1000 亿，武威、白银、平凉、张掖、陇南、定西、金昌突破500亿。兰州新区经济增速持续领跑国家级新区，生产总值由2017年162.09亿元增加到342亿元。县域经济加快发展，生产总值超过百亿的县达到30个。新认定省级开发区18个、代表性园区12个。榆中、敦煌2个国家县城新型城镇化示范区加快建设。全省城镇化率54.19%，比2017年提高6.07个百分点。

基础设施固强补弱，强化了富民兴陇支撑条件。着眼破瓶颈、强保障，狠抓交通、水利、新基建等基础设施建设，经济社会发展的硬件支撑不断增强。

交通瓶颈有效破解。公路总里程、铁路运营里程、高铁里程达到15.7万公里、5765公里和1600公里，分别比2017年增加1.5万公里、730公里和447公里。高速（一级）公路里程突破7400公里，通高速县市区达到72个，实现与相邻6省（区）高速公路全联通。12个市通铁路，8个市通高铁，酒额铁路、敦格铁路、银西高铁、银兰高铁中兰段建成通车，兰张三四线中川机场至武威段、兰合铁路、西成铁路加快建设，以兰州为中心的放射型快速铁路网趋于完善。干支线机场9个，航空运输服务市州覆盖率达到79%。

水利建设润泽陇原。实施一批骨干水网、民生水利、水生态保护和防洪抗旱减灾工程，建成引洮二期骨干、甘肃中部生态移民扶贫开发供水工程总干渠、黄河干流甘肃段防洪一期、民勤红崖山水库加高扩建等工程。白龙江引水等重大项目前期工作取得突破。兰州、天水告别单一水源历史。新增年供水能力5亿多立方米，全省缺水少水状况有效改善。

新基建扩面增效。建成3.15万个5G基站、66个数据中心、15个工业互联网平台。5G网络实现市州城区全覆盖。兰州获评全国5G网络速率最佳城市。全国一体化算力网络国家枢纽节点获批建设，兰州国家级互联网骨干直联点、庆阳数据中心集群、全省算力资源统一调度服务平台加快建设。张掖、金昌、酒泉、兰州新区云计算大数据项目有序推进。

生态环境整体向好，夯实了富民兴陇绿色根基。践行“两山”理念，美丽甘肃建设全面推进，大美陇原的天更蓝、山更绿、水更清。

生态建设水平稳步提升。“三线一单”生态环境分区管控制度全面实施。新增造林2392万亩，完成草原种草改良2278万亩、沙化土地综合治理1348万亩、水土流失治理5386.4万亩。五级河（湖）长、林长体系全面建立。祁连山生态环境进入常态长效保护监管阶段。祁连山国家公园完成试点，大熊猫国家公园正式设立，若尔盖国家公园创建扎实推进。新增黄河首曲和敦煌西湖国际重要湿地。平凉成功创建国家森林城市。平凉、张掖和两当、崇信、迭部、合作、清水获国家生态文明建设示范市、示范县。古浪八步沙林场等4地被命名为全国“两山”实践创新基地。石羊河成为全国首批美丽示范河湖。甘南环境革命实现雪域藏乡“绿色蝶变”。

黄河国家战略深入实施。扛牢上游责任，建立完善“1+N+X”规划政策体系。推动兰州在保持黄河水体健康上发力带头，“黄河之滨也很美”成为靓丽名片。黄河首曲湿地保护修复、祁连山北麓水源涵养、秦岭西段生物多样性保护恢复、石羊河中下游防沙治沙综合治理、陇中地区水土流失综合治理等重大生态项目加快实施。启动黄河流域兰西城市群甘肃片区生态建设行动。积极推动建立横向生态补偿机制。开展省级层面黄河流域生态保护地方立法与污染现状调查。黄河干流出境断面水质连续7年达到Ⅱ类。

污染防治攻坚纵深推进。两轮中央和省级生态环境保护督察整改任务基本完成，连续两年获得国家污染防治攻坚战成效考核“优秀”等次。14个市州空气质量首次全面达到国家二级标准。全省国考断面水质优良比例达到95.9%。土壤环境质量保持总体稳定。能耗“双控”有效落实。张掖、兰州实现林草碳汇交易率先突破。平凉完成全省首笔国际绿色碳交易。

改革开放走深走实，激发了富民兴陇动力活力。以改革破难题，以开放拓空间，经济社会发展的动能更加强劲，客商看好甘肃、投资甘肃的预期不断向好。

重点领域改革取得突破。国企改革三年行动任务如期完成，省属企业公司制改革全覆盖，混改面达57.8%，比2017年提高17个百分点。整合组建天然气管网公司、国际物流集团。新增上市公司5家。兰州新区绿色金融改革创新试验区建设取得阶段性成果。开展科研成果赋权改革试点。国有未利用地、城镇批次建设用地和土地征收成片开发方案审批权限下放市（县）政府。“标准地”改革实现“拿地即开工”。农村土地制度改革、“三变”改革、集体产权制度改革稳妥推进。电价改革年均降低企业用电成本近百亿元。

营商环境持续改善。“放管服”改革不断深化，数字政府建设取得突破性进展，“甘快办”特色应用加速拓展，全省政务服务事项全程网办率达到98%以上。工程建设项目、建设用地审批时限分别压减至90个和20个工作日以内。市场主体从2017年的148.86万户增加到217.06万户。减税降费近2150亿元，惠及市场主体93万户。民间投资占比达到42%。招商引资到位资金1.55万亿元，年均增长17%。

开放空间纵深拓展。新开通21条国际货运班列线路、11条国际货运包机航线，中欧班列常态化运营。在“一带一路”沿线国家和地区设立13个商务代表处，建立121个国际营销服务网点、海外仓和商品展销中心。跨境电商交易额从2018年的0.6亿元增加到14.3亿元。建成运营7个海关指定监管场地。兰州新区综合保税区进出口贸易额达到180亿元，比2017年增长76.2%。全国首例进口铁路运输铜精矿监管通关模式落地金昌。

民生福祉改善提升，促进了富民兴陇共建共享。多措并举保障改善民生，民生支出连年保持在80%左右，每年兴办10件民生实事，广大群众获得感幸福感安全感明显增强。

民生保障持续强化。城镇新增就业183.3万人。基本医保参保率稳定在95%以上，基本医疗保险、大病保险、医疗救助跨省和省内异地就医直接结算全面实现。城乡低保标准分别提高49%和51%。帮扶援助困难退役军人36.5万人次。实施城镇棚户区住房改造66.74万套，建成保障性安居工程39.57

万套。化解国有土地上已售城镇住宅历史遗留“登记难”问题84.92万套。

社会事业全面发展。学前三年、高中阶段、高等教育毛入学率达到93.3%、95.3%和48.3%，分别比2017年提高2.3、1.3和12.8个百分点。义务教育均衡发展目标全面实现。“双减”政策有效落实。获批国家级一流本科专业建设点182个。建成15个国家临床重点专科。人均预期寿命由2017年的73.41岁提高到75.64岁。武威吐谷浑、灵台桥村、夏河白石崖溶洞、张家川圪垯川、庆阳南佐遗址入选“考古中国”。推出《八步沙》《又见敦煌》《布楞沟的春天》等文艺精品。创建国家5A级景区3家。临夏八坊十三巷被认定为国家级旅游休闲街区。村级公共文化设施实现全覆盖。市、县两级公共体育场覆盖率分别达到93%和87%。成功举办第十四届、第十五届省运会和第十届、第十一届残运会。金昌、嘉峪关蝉联全国文明城市，兰州获评全国文明城市。

平安甘肃深化建设。民族团结进步事业长足发展。宗教事务管理法治化水平不断提升。国防动员和后备力量建设得到加强。食品药品安全专项整治成效明显。应急管理体系基本建成，安全生产专项整治全面深化，防灾减灾救灾能力持续增强。扫黑除恶专项斗争深入开展，连续4年现行命案全破。金融机构化险工作有力有效，近两年金融领域清收处置不良资产698.3亿元。

五年来，政府系统坚持严字当头、实字在先、干字为要，持续加强自身建设。开展“不忘初心、牢记使命”主题教育和党史学习教育，狠抓中央巡视、国务院大督查、审计等发现问题整改。“七五”普法规划全面完成。行政复议体制改革走在全国前列。自觉接受省人大及其常委会法律监督、工作监督和省政协民主监督，办理省人大代表意见建议2871件、政协提案3541件，提请省人大常委会审议地方性法规议案134件，制定、修改和废止政府规章60部。创新优化工作机制，加大政策激励力度，建立完善经济运行调度、重大项目协调推进、重点工作领导包抓等机制。制定实施市州重点工作完成情况评价办法、县域经济综合评价考核办法，引导各地形成大干快上、竞相发展的良好氛围。我省8项典型经验获国务院大督查通报表扬、18项工作获国务院督查激励。严格执行中央八项规定精神，深入推进政府系统党风廉政建设和反腐败斗争，政治生态持续向好。

老龄、工会、青少年、妇女儿童、残疾人、红十字、慈善、关心下一代等事业成效明显，审计、外事、信访、粮食和物资储备、统计、气象、地震、机关事务、地方志、参事、文史、档案、社科、供销、人防等工作取得新进展。

各位代表！2022年是本届政府的收官之年。全省上下认真学习贯彻党的二十大精神，全面落实疫情要防住、经济要稳住、发展要安全的要求，按照省第十四次党代会部署，统筹疫情防控和经济社会发展，统筹发展和安全，在多重超预期因素冲击下，全省经济承压而上、逆势而进。全省地区生产总值增长4.5%，高于全国1.5个百分点；一般公共预算收入同口径增长4.9%；规上工业增加值增长6%；固定资产投资增长10.1%；居民消费价格指数上涨1.9%，控制在预期目标3%以内；城镇新增就业32万人；城乡居民人均可支配收入分别增长3.8%和6.4%。10件民生实事全部办结。一年工作中，三个方面倾心最重、用力最大：

一是坚决有力防疫情。坚持人民至上、生命至上，全面落实国家第九版方案、二十条和新十条等政策措施，健全完善应急指挥体系，有效统筹常态化疫情防控和局部应急处置，以快制快阻断疫情传播，打赢多轮较大突发疫情。围绕“保健康、防重症”，及时调整优化防控措施，全力储备医疗资源，保障药械供应，有序开展分级诊疗，向重点人群发放“爱心药包”，将7种“甘肃方剂”纳入医保，成为全国首个在全部统筹区开启新冠感染患者门诊直接结算的省份。在历时三年的抗疫大战大考中，广大干部群众特别是医务人员、基层工作者不畏艰辛、勇毅坚守，付出了巨大努力，谨向他们表示崇高敬意！

二是迎难而上稳经济。认真贯彻全国稳住经济大盘电视电话会议部署，积极承接国家一揽子政策，细化出台我省“53条”“24条”配套措施。争取中央预算内投资、用于项目建设专项债券214.9亿元和780亿元，分别比上年增加14亿元和106亿元；争取国家政策性开发性金融工具投放项目36个、229.5亿元。存贷款总额双双突破2.5万亿元。举办多次重大项目集中开工活动，234个省列重大项目完成投资2648亿元，其中交通投资突破千亿，水利投资突破200亿。工业投资增速连续两年保持全国第1位。省属企业实现营业总收入8950.5亿元、利润总额194.4亿元，均创历史最好水平。出让矿业权269宗，收益380.12亿元。新增减税降费82亿元、增值税留抵退税272.2亿元，发放中小微企业专项贷款729.19亿元，新增市场主体27.67万户、注销13.59万户。兰洽会签约金额5311.1亿元，增长35.9%。外贸进出口580亿元，增长18%。与“一带一路”沿线国家贸易额占比达到48%。

三是高效统筹保安全。能源供需平稳有序、保障有力，支援21个省份电力需求。全面启动生态及地质灾害避险搬迁，制定实施“10+5+N”补助标准，搬迁4.58万户17.05万人，超额完成年度任务。构建防范化解金融风险“1+N”责任和政策体系，不良资产清收处置成效明显，高风险机构由55家减至41家。有效应对干旱、洪涝等自然灾害。圆满完成国家“应急使命·2022”高原高寒地区抗震救灾实战化演习。安全生产形势总体稳定，事故起数、死亡人数、受伤人数分别下降12.37%、17.74%、23.65%。

各位代表，五年工作难中求成，五年发展振奋人心。成绩的取得，根本在于习近平总书记掌舵领航，在于习近平新时代中国特色社会主义思想科学指引，在于习近平总书记亲自为甘肃把脉定向，是党中央、国务院亲切关怀和大力支持的结果，是省委带领全省人民拼出来、干出来、奋斗出来的。我谨代表省人民政府，向全省各族人民，向人大代表、政协委员，向各民主党派、工商联、无党派人士、各人民团体，向驻甘解放军指战员、武警官兵、公安干警、消防指战员和中央在甘单位，向关心支持甘肃发展的兄弟省份、社会各界和海内外朋友，表示最衷心的感谢！

各位代表，实践中我们深切地体会到：做好政府工作，推动甘肃发展，必须毫不动摇坚持党的全面领导，把“两个维护”作为最高政治原则和根本政治规矩，坚决维护党中央权威和集中统一领导，坚持不懈用习近平新时代中国特色社会主义思想凝心铸魂，始终沿着习近平总书记指引的方向前进。必须坚定不移贯彻新发展理念，坚持把新发展理念作为行动先导，完整准确全面贯彻到经济社会发展全过程各领域，牢牢抓住纲举目张、牵动全局的工作，以新发展理念引领高质量发展。必须竭尽全力抓好国家所需甘肃所能的大事要事，始终牢记“国之大者”，把国家重大战略同自身优势结合起来，融入发展大局，展现甘肃担当，守牢底线任务，既为一域争光，又为全局添彩。必须一以贯之践行以人民为中心的发展思想，坚持把人民对美好生活的向往作为奋斗目标，更深感情为民服务，更大力度为民办事，更实举措为民谋利，让陇原人民过上更好日子。必须大力弘扬求真务实的优良作风，坚持实事求是，尊重客观规律，一切从实际出发，抢抓历史机遇，多干打基础工作，善为利长远之事，弘扬“工匠精神”，当好“施工队长”，一步一个脚印把美好蓝图变成现实图景。

各位代表，我们也清醒地认识到，全省发展不平衡不充分的问题依然比较突出，政府工作还存在许多不足：产业集聚集群发展水平不高，创新主体活力不足，城乡发展差距较大，县域经济实力较弱，基础设施欠账较大，民生领域仍有许多短板，生态环保仍需加力，营商环境亟待优化，民营经济发展滞后，特别是受疫情影响，消费等行业受损较大，中小微企业经营困难；政府系统行政效能还需提升，形式主义、官僚主义现象不同程度存在，等等。对这些问题，我们一定勇于面对、敢于斗争，尽心竭力加以解决。

二、今后五年政府工作总体考虑

今后五年是全面建设社会主义现代化国家开局起步的关键时期，是甘肃蓄势发力、爬坡过坎、追赶进位的关键阶段。党的二十大擘画了以中国式现代化全面推进中华民族伟大复兴的宏伟蓝图，吹响了全面建设社会主义现代化国家的时代号角，为我们奋进新征程提供了根本遵循和行动指南。省第十四次党代会及省委十四届二次全会，对全面建设社会主义现代化幸福美好新甘肃作出系统部署，甘肃发展的方位更加清晰、前景更为广阔。当前，随着一系列国家重大战略深入实施和国内国际市场深刻变革，我省生态屏障、能源基地、战略通道、开放枢纽的功能定位空前凸显，资源禀赋、科教人才、工业基础、地理区位的组合优势加快释放，高质量发展的基础支撑、内生动力、环境氛围不断蓄积升温，广大干部群众干事创业、追求跨越、奋力争先的信心干劲激情昂扬。只要我们牢记习近平总书记殷切嘱托，把握好全面建设现代化的战略机遇，扬长补短、拼搏进取，就一定能够开创甘肃更加美好的明天。

今后五年工作中，我们将聚焦中国式现代化的甘肃实践，锚定全面建设社会主义现代化幸福美好新甘肃这一目标，加快破解“三个不平衡”，努力迈上“五个新台阶”，着力强化“四个主引擎”，全面完成“十四五”规划，启动实施“十五五”规划，迈出甘肃现代化建设的坚实步伐。

加快破解“三个不平衡”。加快破解城乡发展不平衡。坚持农业农村优先发展，坚持城乡融合发展，全面推进乡村振兴，加快以县城为重要载体的城镇化建设，深入实施“强县域”行动，统筹城乡基础设施和公共服务建设，持续抓好生态及地质灾害避险搬迁，提升乡村治理水平，推动形成工农互促、城乡互补、协调发展、共同繁荣的新型工农城乡关系。加快破解区域发展不平衡。围绕构建“一核三带”区域发展格局，实施“强省会”行动，提升兰州首位度、开放度、贡献度，增强综合竞争力、城市影响力，打造以兰州为中心、以兰白一体化为重点、辐射带动定西临夏的一小时经济圈，驱动全省高质量发展。河西走廊经济带重点发展清洁能源及新材料和特色高效农业，陇东南经济带重点发展综合能源和先进装备制造产业，黄河上游生态功能带重点实施水源涵养和水土保持。加快天水、酒泉区域中心城市建设，提升城市群发展能级和辐射功能。加快破解产业发展不平衡。着力构建现代化产业体系，以“强工业”行动为抓手，推动石化、有色、装备制造等特色优势产业不断壮大，新能源、新材料、电子信息、生物医药、军民融合等战略性新兴产业加速发展，打造千亿级产业集群和百亿级产业园区，提升产业整体实力和综合竞争力。

努力迈上“五个新台阶”。综合经济实力迈上新台阶。经济增速高于全国平均水平，经济总量显著提升，经济结构不断优化。力争地区生产总值年均增长 6.5%，一般公共预算收入与经济增长同步，固定资产投资年均增长 8%。加快向农业强省迈进、向工业强省转变、向“风光”强省跨越、向文化强省进军。科技创新驱动迈上新台阶。以“强科技”行动为牵引，打造西北地区重要的科创中心，提升研发投入强度，推进创新平台培育、研发能级提升、急需技术攻关、科技成果转化计划，高新技术企业数量实现翻一番，力争科技进步贡献率达到 68% 以上。绿色低碳发展迈上新台阶。扎实推进美丽甘肃建设，打造全国重要的清洁能源及新材料基地，加快发展方式绿色转型，积极稳妥推进碳达峰、碳中和，建立完善生态产品价值实现机制，提升生态系统碳汇能力，推动生态产业化、产业生态化实现更大突破。基础设施支撑迈上新台阶。统筹传统设施与新型设施，优化基础设施布局、结构、功能和系统集成，实施一批重大交通、水利、能源、新基建项目，城乡基础设施更为完善，全面实现县县通高速，覆盖城乡、功能完备、支撑有力的现代化基础设施体系加快构建，不断增强对经济社会发展的支撑保障能力。人民生活品质迈上新台阶。促进高质量充分就业，提升基本公共服务均等化水平，在幼有所育、学有所教、劳有所得、病有所医、老有所养、住有所居、弱有所扶上取得更为明显成效，全体居民人均可支配收入年均增长 7% 左右，共同富裕取得更多实质性进展。

着力强化“四个主引擎”。始终把改革作为推动高质量发展的关键一招。坚持以改革的办法抓发展、用市场的手段激活力，勇于在思维观念上“破冰”，敢于在体制机制上“破题”，善于在堵点难点上“破局”，激发和调动一切积极因素，推动经济发展质量变革、效率变革、动力变革。始终把开放作为推动高质量发展的必由之路。持续抓住用好“一带一路”最大机遇，做实做强平台载体，放大节会品牌效应，加快构建“东出、西进、南向、北拓”开放格局，打造“一带一路”开放枢纽，以高水平开放助推高质量发展。始终把创新作为推动高质量发展的最大增量。坚持创新在现代化建设全局中的核心地位，协同推进科技创新、制度创新、文化创新以及其他各方面创新，大力发展新产业新业态新模式，充分释放全社会创新创造潜能，不断开辟新领域、制胜新赛道。始终把人才作为推动高质量发展的第一资源。实施人才强省战略，支持青年发展型城市建设，采取更大力度、更加灵活、更为柔性的人才政策，目光敏锐选才，加大力度育才，多措并举引才，放手大胆用才，真心实意留才，让各类优秀人才为富民兴陇事业贡献智慧力量。

各位代表，破解“三个不平衡”，迈上“五个新台阶”，强化“四个主引擎”，必须始终把高质量发展作为全面建设社会主义现代化的首要任务，一年接着一年干，一锤接着一锤敲，努力实现更高质量、更有效率、更加公平、更可持续、更为安全的发展，不断谱写甘肃高质量发展的崭新篇章。

三、2023 年重点工作

今年是全面贯彻党的二十大精神的开局之年，是推进中国式现代化的起步之年，也是“十四五”发展承上启下的重要之年。根据中央部署及省委经济工作会议安排，政府工作的总体要求是：以习近平新时代中国特色社会主义思想为指导，全面贯彻落实党的二十大和习近平总书记对甘肃重要指示精神，紧紧围绕省第十四次党代会和省委十四届二次全会安排部署，坚持稳中求进工作总基调，完整、准确、全面贯彻新发展理念，加快融入和服务新发展格局，着力推动高质量发展，更好统筹疫情防控和经济社会发展，更好统筹发展和安全，全面深化改革开放，大力提振市场信心，把实施扩大内需战略同深化供给侧结构性改革有机结合起来，突出做好稳增长、稳就业、稳物价工作，有效防范化解重大风险，推动经济运行效速兼取，实现质的有效提升和量的合理增长，为全面建设社会主义现代化幸福美好新甘肃开好局起好步。

全省经济社会发展的主要预期目标是：地区生产总值增长 6%，实际工作中力争更好结果；规上工业增加值增长 7%，固定资产投资增长 10%，社会消费品零售总额增长 10%，一般公共预算收入同口径增长 6%。居民消费价格指数涨幅控制在 3% 以内，城镇和农村居民人均可支配收入分别增长 6% 和 7.5%。粮食产量保持在 240 亿斤以上。主要污染物排放等指标完成国家下达目标。

围绕上述总体要求和预期目标，推动经济发展乘势而上、向上向好，必须抢抓中央加强宏观政策调控、实施“五大政策”机遇利好，在工作中抓主抓重、统筹推进。突出做好“9 个聚力”：

聚力实体经济振兴，构建现代产业体系。坚持放大优势、拓存创增，加快产业转型升级，不断增强高质量发展新动能。

大力改造提升传统产业。深入实施产业链链长制。推进 300 个以上“三化”改造重点项目。加快兰州石化 120 万吨乙烯、金川集团 28 万吨硫酸镍、海亮集团 15 万吨高性能铜箔波、嘉峪关文丰 600 万吨氧化铝、中科电气 10 万吨负极材料等重点项目建设。争取实施庆阳石化年产 200 万吨重油催化裂解项目。推进兰州新区化工园区数字赋能。

放大能源资源优势。围绕打造全国重要的清洁能源基地，建成国家第一、二批大型风电光伏基地，实施我省“十四五”第二批风光电项目，推进抽水蓄能电站建设，全面建设陇电入鲁、核准开工陇电入浙工程，做好酒泉外送特高压工程前期工作。鼓励大型工业企业有序推进“源网荷储”一体化。释放先进煤炭产能，开工建设平山湖一号井、安家庄、九龙川等煤矿，扩大红沙梁、邵寨等煤矿规模，建成投产新庄、五举、吐鲁东、东水泉等大中型煤矿，新增煤炭产能 1775 万吨。建设 680 万吨中央和地方政府可调度煤炭储备基地。巩固提升陇东地区油气产量，原油产量超过 1060 万吨、天然气产量达到 6 亿立方米。持续开展找矿突破行动，组建省属矿产资源集团，推动矿业权公开出让常态化。

培育壮大新兴产业。大力发展新能源、新材料、先进装备制造业，支持酒泉做大新能源及新能源装备制造产业基地，金昌建设全国重要的新材料基地、新能源电池和电池材料供应基地。打造生物医药产业集群，建设中国生物西北地区健康科技产业园，建成甘肃生物制品批签发中心。支持定西建设国家中医药产业发展综合试验区。加快集成电路封测产业发展，推动天水华天集成电路多芯片封装扩大规模。促进数字经济发展，加快全国一体化算力网络国家枢纽节点建设，建成兰州国家级互联网骨干直联点。谋划布局氢能、新型储能、航空航天等未来产业。

增强园区发展能级。加大开发区考核激励力度，对省级及以上开发区和 12 个代表性园区基础设施给予支持，全面提升园区承载力和吸附力。加快园区主导产业发展，培育壮大特色产业集群，探索推动“飞地经济”。提升园区绿色发展水平，对具备条件的园区实施循环化改造，促进绿色低碳转型。支持嘉峪关高新区、酒泉高新区创建国家高新区。

提升金融服务质效。精准落实稳健货币政策，实施金融“四大工程”，畅通经济循环，激发市场活力。大力推进企业上市，提高直接融资比重。搭建智慧金融平台，提升企业融资便利度。加大财政奖补力度，提高政府性融资担保覆盖面和普惠性。积极申创国家科创金融改革试验区。有序推进高风险机构化险，稳妥推进农信社改革，组建甘肃农商联合银行。建设地方金融监管大数据平台。健全企业债务风险监测预警机制，稳妥化解金融风险。

聚力恢复扩大消费，加速推动市场回暖。把恢复和扩大消费摆在优先位置，提升传统消费，培育新型消费，扩大服务消费，增强消费对经济社会发展的基础性作用。

强化消费政策支持。实施“服务业提升计划”，推动服务业优化升级。制定重点行业扶持政策，全面推动复工复产、复商复市，促进商贸经济繁荣发展。优化消费环境，创新消费模式，拓展消费场景，激发居民消费热情。支持举办美食节、美食周等餐饮促销活动，提振餐饮市场消费。细化配套激励政策，促进住房改善、新能源汽车、养老服务等消费。发挥供销合作社流通服务功能，健全农村电商三级服务体系，推动农产品进城、消费品下乡。完善中央厨房供应保障机制，增强应急保供能力，保障生活必需品供应稳定。打造兰州、天水、酒泉、张掖、庆阳区域特色消费中心城市。

推动旅游业加快复苏。加大“引客入甘”力度，促进跨省旅游全面恢复。争取武威铜奔马文化旅游区、甘南冶力关景区创建国家5A级景区，推动张掖七彩丹霞景区创建世界级旅游景区，永靖刘家峡旅游度假区创建国家级旅游度假区。擦亮“陇上乡遇”乡村旅游品牌，创建6个乡村旅游示范县、60个文旅振兴乡村样板村，打造乡村旅游重点村镇和精品民宿，推出一批乡村旅游精品线路。推动红色旅游创新融合发展。加快文创产业发展，打造“交响丝路·如意甘肃”精彩文创高地。

大力培育新型消费。支持线上线下商品消费融合发展，拓展无接触式消费模式。发展“互联网＋社会服务”，培育社群营销、直播带货、“云逛街”等新业态，支持共享经济和新个体经济多样化经营。大力发展在线文娱，鼓励传统线下文化娱乐业态线上化，支持打造数字精品内容和新兴数字资源传播平台。搞活夜间经济、商圈经济、路衔经济。推进冰雪运动发展，带动群众“喜冰乐雪”。

聚力科教人才支撑，塑造发展动能优势。坚持科技是第一生产力、人才是第一资源、创新是第一动力，深入实施科教兴省、人才强省战略，更好赋能经济社会发展。

建设高质量教育体系。坚持教育优先发展，统筹基础教育、职业教育、高等教育创新发展。实施学前教育普惠性资源扩容提质工程。开展义务教育优质均衡推进行动，有序扩大城镇学位供给。推进县域普通高中标准化建设。实施职业学校办学条件达标工程，健全完善职普融通、产教融合、科教融汇机制。实施“双一流”突破工程，加快建设新时代振兴中西部高等教育改革先行区。推进“校企共生融合发展创新港”建设。深入实施“陇原名师”工程，培养一流教师队伍和人才队伍。

深化科技创新驱动。推动兰白自创区和兰白试验区提质增效，支持兰州科学城建设。积极争取全国重点实验室在我省重组布局。启动高新区、农业科技园区高质量发展三年攻坚行动。实施高新技术企业梯次培育计划，构建龙头企业牵头、高校院所支撑、创新主体相互协同的创新联合体。新增高新技术企业300家，新培育认定“专精特新”中小企业60户以上。推进科技人才评价工作，加大青年科技人才培养力度，设立企业工匠创新创业人才和高技能领军人才培育项目。省级科技重大专项由企业牵头承担的比例不低于70%。

聚力基础设施建设，发挥投资关键作用。抢抓扩大内需政策机遇，强化大抓项目、抓大项目鲜明导向，着力补短板、打基础，不断夯实高质量发展的支撑条件。

强化交通基础设施建设。加快构建全省“三廊六通道”综合交通运输主骨架。完善兰州综合交通网络，实施兰州铁路枢纽优化提质工程，建设兰州北绕城高速、九州至兰州南高速，开通运营轨道交通2号线一期工程。开工建设景礼高速景泰至靖远段、永靖至井坪高速、正宁至镇原一级公路，建成临夏至大河家、庄浪至天水、灵台至华亭一期、打扮梁至庆城等项目，新增东乡、积石山、清水、张家川、崇信、灵台、华池、通渭8县通高速公路。开工建设平庆铁路、兰张三四线武张段，加快兰合、西成、天陇铁路建设，争取定平铁路项目获批实施。推进兰州中川国际机场三期、嘉峪关机场改扩建工程，做好天水、平凉、武威军民合用机场和临夏、定西民用机场前期工作，力争庆阳华池、武威民勤通航机场建成投运。

加大水利工程建设力度。深入实施“四抓一打通”工程，持续破解缺水问题。建成甘肃中部生态移民扶贫开发供水、引洮二期配套城乡供水、盐环定甜水堡调蓄饮水、南阳渠提质增效等水利工程。力争白龙江引水项目获批建设。加快建设阿克塞生态保护及城乡供水、天水曲溪城乡供水、酒泉洪水河水库等工程。积极推进黄河甘肃段河道防洪治理、引大入秦延伸增效、景电二期提质增效、临夏供水保障生态保护水源置换项目前期工作，力争年内开工建设。实施一批小型水库、中小河流治理、水库除险加固项目。积极配合国家开展黄河黑山峡河段开发、南水北调西线（一期）工程前期论证研究工作。

强化城镇建设补短板。加强市政水、电、气、路、热、信等体系化建设，实施地下综合管廊工程，加强城市内涝治理。推进平凉、天水国家系统化全域海绵城市建设。加快城镇污水和垃圾收集处理体系建设进度。深入实施城市更新行动，新开工改造老旧小区1251个13.78万户。加快新型城市基础设施建设。坚持“房住不炒”，促进房地产市场平稳发展，扎实做好保交楼工作。支持刚性和改善性住房需求，加快发展保障性租赁住房，探索长租房市场建设，解决好新市民、青年人等住房问题。全面落实新建商品房“交房即交证”。

聚力乡村全面振兴，促进城乡融合发展。加快农业强省建设，大力推进农业农村现代化，提高城乡一体化发展水平。

守牢巩固成果和粮食安全底线。持续加强动态监测管理，巩固提升“三保障”和饮水安全水平，坚决防止整村整乡返贫。集中支持乡村振兴重点帮扶县，深化津甘、鲁甘协作和中央单位定点帮扶，抓好国家考核评估反馈问题整改。深入实施“藏粮于地、藏粮于技”战略，落实国家新一轮千亿斤粮食产能提升行动，粮食、大豆种植面积稳定在4000万亩和90万亩以上。开展粮食绿色高质高效创建抓点示范行动，打造一批省级“百亩攻关方”“千亩示范田”“万亩示范片”。新建高标准农田265万亩、改造提升94万亩，整治撂荒地100万亩。持续推进种业振兴“五大行动”，打造全国玉米制种基地、加工基地、集散中心和价格形成中心。树立大食物观，构建多元化食物供给体系。

打造现代寒旱特色农业高地。坚持强龙头、补链条、兴业态、树品牌，做好“土特产”文章，推动乡村产业全链条升级。持续开展现代寒旱特色农业倍增行动，大力发展高附加值节水农业、旱作农业、设施农业。新建戈壁设施农业6万亩。壮大提升平凉-天水-庆阳优质苹果产业带。打造张掖-武威、平凉-庆阳、甘南-临夏3个百万头肉牛产业带，河西走廊、中部沿黄、陇东南3个千万只肉羊产业带。建设河西走廊50万头奶牛产业带。依托农业农村特色资源，大力开发休闲农业、文化体验、健康养老、电商直采等农业产业新功能、新业态，推动一二三产融合发展。持续开展龙头企业引培提升行动。高质量建设中以（酒泉）绿色生态产业园。实施现代农业产业园创建行动，支持国家现代农业产业园、农业现代化示范区、农业产业融合发展示范园建设，打造20个省级现代农业产业园。

发展壮大县域经济。因地制宜、特色发展，做大县域经济规模，加快提升综合竞争力，构建特色鲜明、优势互补、繁荣兴旺的县域经济发展新格局。支持县域冷链物流、产地市场、集散地市场、农贸市场建设和改造。促进特色小镇规范健康发展。强化县域发展综合考核评价，大力表彰“先进县”“十强县”“进步县”，激励比学赶超、争先创优。支持金昌打造全省城乡融合发展示范区。支持嘉峪关推进全域城市化建设。

建设宜居宜业和美乡村。全面落实乡村建设行动实施方案，开展“8大行动”，实施“7大工程”。优化村庄规划布局，抓实“5155”乡村建设示范行动和农村人居环境整治提升行动，推进村庄清洁和绿化美化，因地制宜建设污水处理、垃圾收处等基础设施，新建省级乡村建设示范村500个，完成卫生户厕改造20万户以上。支持张掖创建全省乡村振兴示范区。

聚力美丽甘肃建设，加快绿色转型步伐。坚决扛牢生态保护政治责任，坚持山水林田湖草沙一体化保护和系统治理，协同推进降碳、减污、扩绿、增长，促进人与自然和谐共生。

强化黄河流域生态保护。制定出台《甘肃省黄河流域生态保护条例》。实施一批生态修复治理工程，推进黄河流域兰西城市群甘肃片区生态建设行动，高标准建设黄河生态廊道。开展黄河干流及马莲河、葫芦河、祖厉河、散渡河等主要支流综合治理，基本消除劣V类水体。加强黄河流域水资源节约集约利用，优化水资源配置格局，提升配置效率。开展黄河干流市际间横向生态补偿试点。支持甘南建设青藏高原绿色现代化先行区。

全面改善生态环境质量。科学推进大规模国土绿化，抓好兰州、白银等地国家储备林建设。加强生态功能区建设，强化生态保护监管，巩固深化祁连山生态环境治理成效。争取设立祁连山国家公园，完成若尔盖国家公园创建。推进湿地分级管理，加强生物多样性保护。全面打好污染防治攻坚战，有序开展新污染物治理。开展省级生态环境保护督察，持续抓好突出生态环境问题整改，不断提升群众对优美生态环境的满意度。

深入落实“双碳”战略。分行业制定碳达峰实施方案，开展节能降碳技术改造，有序推动钢铁、建材、石化等重点行业绿色低碳转型。稳步推进碳排放权等市场化交易，健全企业碳排放管理和监管体系，编制省、市两级温室气体排放清单。开展兰州国家气候投融资试点，创建兰州、金昌、天水、兰州新区“无废城市”。积极推进国家大宗固废综合利用基地和资源循环利用基地建设。发挥张掖、白银典型示范作用，做好区域再生水循环利用工作。加快陇南“两山”实践创新基地建设。

聚力深化改革开放，大力提振市场信心。推进更深层次改革、更宽领域开放，积极融入全国统一大市场，不断拓展外向发展空间。

统筹推进综合改革。支持兰州新区进一步深化改革，切实发挥先行先试示范引领作用。持续推进省以下财政体制改革，健全地方税费体系，依法加强财税监管，提高财政收入质量和资金使用绩效，严格控制和压减一般性支出。深化电价形成机制改革，完善居民用气阶梯价格制度，加快水资源有偿使用制度改革。探索建设农村产权流转交易市场，稳慎推进农村集体经营性建设用地入市试点改革。

倾力营造一流营商环境。对标市场化、法治化、国际化标准，开展“优化营商环境攻坚突破年”活动，复制推广营商环境创新试点改革举措，着力改善投资环境和市场预期。持续深化“放管服”改革，打通政务服务“最后一公里”。落实投资项目信用承诺制，构建公共资源交易“全省一张网”。加强数字政府建设，完善全省一体化政务大数据体系，全面提升“一网通办”水平，做实“甘快办”特色品牌，推动更多高频事项“集成办”“异地办”“掌上办”。加快打造诚信甘肃，支持兰州、张掖、金昌创建国家社会信用体系建设示范区。

坚定落实“两个毫不动摇”。巩固拓展国企改革三年行动成效，开展一流企业创建行动，推动国有企业做强做优做大。持续深化央地合作，吸引更多央企来甘投资兴业。深入实施市场主体培育“五转”工程，力争新增规上工业企业300户以上。安排用好纾困专项资金，加强对中小微企业纾困支持。开展涉企违规收费专项整治行动。着力构建亲清统一的新型政商关系，建立领导干部包联企业“六必访”制度，真心实意为民营企业解难题、办实事，给予公平政策支持，提振企业发展信心。

提升开放能级水平。发挥国际物流集团集聚带动作用，推动陆港、空港、保税物流、海关指定监管场地等平台整合提升。建好兰州新区国家进口贸易促进创新示范区。持续申建中国（甘肃）自由贸易试验区。提升国际货运班列运营规模和质量。积极开辟国内国际货运新航线，发展壮大临空经济。支持企业建立海外仓、营销公司、冷链物流设施，扩大优势特色产品出口。参与“一带一路”电子商务大市场建设。打造中医药服务出口基地，培育建设兰州、敦煌国家文化出口基地。积极推动马鬃山口岸复通工作。

全面加强招商引资。坚持以招商引资论英雄，形成大引资引大资、大招商招大商的火热局面。开展“引大引强引头部行动”，紧盯长三角、珠三角、京津冀重点地区和“三个500强”及行业龙头企业，强力推动“走出去”“请进来”招商推介活动。高水平办好兰洽会、敦煌文博会、药博会、“一带一路”美丽乡村国际论坛。拓宽境外招商渠道，更大力度吸引和利用外资，开展跨国公司走进甘肃暨海外专场投资洽谈系列活动。

聚力增进民生福祉，夯实共同富裕基础。坚持尽力而为、量力而行，兜牢基本民生底线，加快补齐民生领域短板，努力形成经济发展与民生改善的良性循环。

大力推进创业就业。强化就业优先政策，实施重点群体创业推进行动，支持高校毕业生、农民工、退役军人、就业困难人员等就业。深入实施“援企稳岗·服务千企”行动、“百千万”创业引领工程、“陇原惠岗贷”。完善促进创业带动就业保障制度，支持发展新就业形态。加强困难群体就业兜底帮扶，健全终身职业技能培训制度。因地制宜规划布局一批零工市场。

优化提升医疗服务。加快国家区域医疗中心和省公共卫生医学中心建设。推进国家级重点专科、优势学科、疑难病诊治和省级区域医疗中心建设，提升省市县医院服务水平和急危重症救治能力。强化基层医疗卫生服务功能，加强老年人等重点人群慢性病健康管理。进一步发挥中医药优势，推进中医药事业产业融合发展。

扎实做好社会保障。落实社会救助和保障标准与物价上涨挂钩联动机制，保障好困难群众基本生活。优化基本养老服务供给，鼓励引导社会力量参与提供基本养老服务，支持因地制宜发展多样化居家养老服务。落实三孩生育政策及配套支持措施，完善普惠托育服务体系。推动失业保险、工伤保险省级统筹，建立职工基本医疗保险门诊共济保障机制，完善大病保险和医疗救助制度。扎实开展全民国防教育工作，深入实施军民融合发展战略，巩固发展军政军民团结。健全退役军人服务保障体系，提升“双拥”共建水平。积极发展慈善等公益事业。

繁荣发展文体事业。加大文物保护利用和文化遗产保护传承力度，实施好中华文明探源工程和“考古中国”重大项目，支持敦煌研究院建设世界文化遗产保护的典范和敦煌学研究的高地。办好公祭伏羲大典。推进长城、长征、黄河国家文化公园项目建设，启动实施丝路黄河文化博物馆、玉门关遗址保护利用设施、凉州会盟纪念地、大地湾国家考古遗址公园等重点项目。创建临夏世界地质公园。实施国家级非遗代表性传承人记录工程，建成非遗大数据平台。常态化开展“春绿陇原”文艺展演展播。建设“书香陇原”。加快省临洮体育训练基地二期建设。广泛开展全民健身活动。

各位代表，民之所望，施政所向。我们将继续集中财力，办好10件民生实事：一是实施义务教育中小学“建宿舍增学位扩食堂改厕所”项目，新建、改扩建教师周转宿舍900套，增补14个市州政府所在地城区义务教育中小学学位2万个，改扩建农村中小学食堂400个，改造中小学厕所250个；二是城镇新增就业32万人、支持1万名未就业普通高校毕业生到基层就业；三是建设100个乡镇综合养老服务中心；四是建设300个村级互助幸福院；五是继续对困难家庭子女普通高校入学给予资助，录取到本科院校的一次性补助1万元、专科（高职高专）院校的一次性补助8000元；六是实施86个县市区医院重症救治能力提升工程，新增重症床位860张；七是对20万城乡妇女进行“两癌”免费检查；八是完成4万户15.23万人生态及地质灾害避险搬迁；九是实施农村水利惠民工程，建设125个调蓄设施、灌区改造和农村供水项目；十是新建4000个自然村（组）硬化路1万公里，力争全省自然村（组）通硬化路率达到86%。

聚力统筹发展安全，保持社会大局稳定。全面贯彻总体国家安全观，夯实安全发展和社会稳定基层基础，牢牢守好经济社会发展安全线，以新安全格局保障新发展格局。

做好新阶段疫情防控。当前，疫情防控进入新阶段，仍是吃劲的时候，坚持就是胜利。要按照“乙类乙管”政策要求，严格执行国家第十版方案，做好政策平稳有序衔接，加强重点人群保护，做好重点机构和重点行业防控。优化医疗救治资源配置，加强发热门诊设置管理，全力保障群众就医用药需求。重点做好老年人、儿童和患基础疾病群体的防护和救治，强化重点人群疫苗接种和健康管理。加强农村地区疫情防控。深入开展爱国卫生运动，用文明健康小环境筑牢公共卫生大防线，守护人民群众生命安全和身体健康。

全面强化社会治理。深化平安甘肃建设，坚持和发展新时代“枫桥经验”，完善城乡社区治理和服务体系。以铸牢中华民族共同体意识为主线，创新推进民族团结进步创建“一廊一区一带”行动，有形有感有效促进民族团结进步事业。坚持我国宗教中国化方向，不断提升宗教事务治理法治化水平，积极引导宗教与社会主义社会相适应。畅通群众诉求表达、利益协调、权益保障渠道，完善公共法律服务体系。高质量完成第五次全国经济普查。持续开展根治欠薪专项行动，切实维护农民工合法权益。常态化开展扫黑除恶，严厉打击诈骗老年人、侵害妇女儿童权益和新型网络违法犯罪。

提升公共安全治理水平。严格落实“四个最严”要求，纵深推进“食安甘肃”建设，开展“守底线、查隐患、保安全”专项行动，保障广大群众舌尖上的安全。健全完善安全生产主体责任、隐患排查、监督管理、宣传培训、应急救援体系，持续推进安全生产专项整治行动，全面提升应急救援水平。强化基层应急管理体系和能力建设。完善地质、气象、水旱、地震、森林草原火灾等灾害风险预警防范机制，夯实应急物资保障基础。全面落实意识形态工作责任制。强化系统观念，坚持抓早抓小，严密防范各类安全风险。

四、加强政府自身建设

各位代表！新征程要有新气象，新使命呼唤新作为。全省政府系统将不负人民重托，强化担当精神，擦亮实干底色，在新的赶考之路上交出优异答卷。

坚定捍卫“两个确立”。深刻领悟“两个确立”的决定性意义，增强“四个意识”、坚定“四个自信”、做到“两个维护”，自觉在思想上政治上行动上同以习近平同志为核心的党中央保持高度一致，不断提高政治判断力、政治领悟力、政治执行力，任何时候任何情况下保持对党绝对忠诚。坚持学思用贯通、知信行统一，全面学习把握落实党的二十大精神，深学细悟习近平新时代中国特色社会主义思想，掌握贯穿其中的世界观和方法论，切实把党的创新理论转化为坚定理想、锤炼党性和指导实践、推动工作的强大力量。时常对标对表、及时校正偏差，完善落实机制、创新方式方法，不折不扣推动党中央、国务院及省委重大决策部署落地见效。

始终站稳人民立场。形势越复杂，任务越繁重，越要把人民放在心中最高位置，不忘为民初心，树牢群众观点，与人民群众想在一起、干在一起，风雨同舟、同甘共苦。时刻关注群众安危冷暖，用心用情解决急难愁盼问题，及时主动回应群众关切，群众的事再小也是大事，决不能事小而不应、善小而不为，切实让群众看到变化、得到实惠。坚持把为民造福作为最大政绩，由群众评判工作得失、检验工作成效，让民生服务更有温度，民生福祉更具质感，努力做到发展为了人民、发展依靠人民、发展成果由人民共享。

严格做到依法行政。全面落实法治政府建设实施纲要，深入开展法治政府建设示范创建活动。推进政府机构、职能、权限、程序、责任法定化，严格落实重大行政决策程序，深化行政执法体制改革，加大关系群众切身利益的重点领域执法力度。把诚信施政作为重要准则，强化契约精神，健全政府守信践诺机制，打造诚信政府。落实全过程人民民主，主动接受人大法律监督、工作监督和政协民主监督，自觉接受监察、司法、社会、舆论监督，加强审计监督、统计监督，让权力在阳光下运行。

大力发扬斗争精神。开展“抓学习促提升、抓执行促落实、抓效能促发展”行动，突出问题导向，直面困难挑战，勇于改革创新，让干部敢为、地方敢闯、企业敢干、群众敢首创蔚然成风。用好调查研究“传家宝”，多到基层一线去，多到困难多、群众意见集中、工作打不开局面的地方去，接地气、察实情、听真话、解难题。强化能力提升，不断增强推动高质量发展、服务群众、防范化解风险本领。发扬“人一我十、人十我百”的甘肃精神，以时时放心不下的责任感、积极担当作为的精气神，咬定目标不放松，只争朝夕抓落实，一张蓝图绘到底，依靠顽强斗争打开事业发展新天地。

永葆廉洁干事本色。弘扬伟大建党精神，牢记“三个务必”，保持全面从严治党永远在路上的清醒，深化政府系统党风廉政建设和反腐败斗争，确保严的基调贯穿政府工作始终。从严落实“一岗双责”，做到严于律己、严负其责、严管所辖。锲而不舍落实中央八项规定精神，坚决反对形式主义、官僚主义，着力整治不担当不作为问题。坚持艰苦奋斗、勤俭节约，带头过紧日子。建设廉洁文化，打造廉洁政府，营造风清气正的干事创业环境。

各位代表！力量生于团结，幸福源自奋斗。让我们更加紧密地团结在以习近平同志为核心的党中央周围，在省委的领导下，振奋精神、勠力同心，踔厉奋发、勇毅前行，为全面建设社会主义现代化幸福美好新甘肃而团结奋斗！

关于甘肃省2022年国民经济和社会发展计划执行情况与2023年国民经济和社会发展计划草案的报告

——2023年1月15日在甘肃省第十四届人民代表大会第一次会议上

各位代表：

受省人民政府委托，现将全省2022年国民经济和社会发展计划执行情况与2023年国民经济和社会发展计划草案，提请省第十四届人大第一次会议审议，并请各位省政协委员和列席人员提出意见。

一、2022年经济社会发展计划执行情况

2022年，面对严峻复杂的外部环境和多轮疫情冲击，在省委的坚强领导下，在省人大及其常委会依法监督和全力推动下，在省政协民主监督和积极支持下，全省上下坚持以习近平新时代中国特色社会主义思想为指导，认真学习贯彻党的二十大精神，坚决贯彻党中央、国务院各项决策部署，深入贯彻落实习近平总书记对甘肃重要讲话重要指示批示精神，全面落实“疫情要防住、经济要稳住、发展要安全”要求，按照省第十四次党代会部署要求，统筹疫情防控和经济社会发展，统筹发展和安全，扎实推进“四强”行动，统筹做好“五量”文章。一年来，全省高质量发展步伐持续加快，产业发展动能持续加强，乡村振兴战略持续推进，基础设施支撑持续增强，生态环境建设持续向好，改革开放领域持续拓展，民生保障水平持续提升，较好完成了省十三届人大六次会议审查批准的2022年国民经济和社会发展计划，全省经济运行保持总体平稳、稳中有进的发展态势。

初步预计，全省地区生产总值全年增长4.2%，高于全国平均水平，比年初目标（6.5%）低2.3个百分点；固定资产投资增长10%，高于年初目标（9%）1个百分点，增速居全国前列；规上工业增加值增长6%，低于年初目标（7%）1个百分点；社会消费品零售总额下降1.5%左右，增速低于年初目标（8%）9.5个百分点；进出口额增长17%以上，增速高于年初目标（10%）7个百分点；一般公共预算收入907.6亿元，同口径增长4.9%，增速低于年初目标（6.5%）1.6个百分点；城镇居民人均可支配收入增长4%左右，增速低于年初目标（8%）4个百分点，农村居民人均可支配收入增长6.5%左右，增速低于年初目标（10%）3.5个百分点；城镇新增就业32万人，完成年初目标任务；居民消费价格同比上涨3%以内；主要污

染物排放量完成国家下达的控制目标。

（一）加力落实稳经济一揽子政策举措，发展势头巩固向好。坚持把发展作为解决一切问题的基础和关键，持续加大宏观政策调节力度，不断强化政策供给、精准调度和激励考核，着力保持经济运行在合理区间。一是加强政策保障供给。深入贯彻全国稳住经济大盘电视电话会议和历次国务院常务会议精神，制定出台我省贯彻落实稳经济53条政策和24条接续政策措施，通过政策吹风会部门解读、专家讲解等多种方式，加大宣传、坚定信心、引导预期，两次开展督导调研，开展月调度、季通报，加快释放政策组合效应。针对受疫情影响重、就业容量大的服务业等特殊困难行业，印发实施《甘肃省贯彻落实促进服务业领域困难行业恢复发展若干政策的实施方案》《甘肃省进一步强化金融支持中小微企业纾困发展实施方案》，全力保障服务业渡难关促发展，为巩固经济回稳向上基础提供了有力保障。二是强化规划引领。对标甘肃省“十四五”国民经济和社会发展规划纲要，全面完成并印发14个省级重点专项规划、24个省级一般专项规划、3个省级区域规划，为全省经济社会发展提供规划引领和支撑。三是做好经济运行监测分析。逐月研判经济形势，监测分析经济运行情况。同时，针对经济运行中存在的苗头性、倾向性、阶段性问题，研究提出对策建议。组织召开全省季度经济运行情况新闻发布会，及时引导社会预期、回应社会关切，进一步提振发展信心。四是强化经济考核评价激励。开展市州重点工作评价，按季度召开经济运行调度会，制定《兰州新区经济发展评价办法》，兑现奖励激励措施，激发市县、新区工作积极性主动性，营造“大干大支持、多干多支持、不干不支持”良好氛围。组织召开全省优化营商环境大会、全省强县域行动工作推进会议、全省稳经济暨强工业促发展大会等，传导压力、传递责任，凝聚全省上下加压奋进、赶超进位的强大动力。

（二）深入实施乡村振兴战略，农业农村发展势头持续向好。坚持农业农村优先发展，持续巩固拓展脱贫成果，全面推进乡村振兴，农业现代化建设迈出新步伐。一是脱贫攻坚成果持续巩固。严格落实“四个不摘”要求，安排衔接资金138.2亿元倾斜支持乡村振兴重点帮扶县，持续提升“三保障”、饮水安全和兜底保障水平。编制印发《甘肃省健全防止返贫动态监测和帮扶机制工作指南（试行）》，紧盯脱贫不稳定户、边缘易致贫户、突发严重困难户和低收入脱贫人口，建立风险预警机制，常态化开展动态监测，因地制宜、精准落实产业帮扶措施，7.7万户监测对象消除风险，返贫致贫风险消除率70.1%。持续加大稳岗就业力度，统筹做好省外输出和省内拓岗，全省共输转脱贫劳动力200.3万人，完成年度计划的105.4%，2466个乡村就业工厂（帮扶车间）吸纳就业9.76万人，其中脱贫劳动力3.74万人，吸纳就业人数居全国前列。强化易地扶贫搬迁后续扶持，全省有劳动能力且有就业意愿的搬迁脱贫家庭实现户均1人以上就业，武威市易地扶贫搬迁后续扶持工作成效获得国务院督查激励和通报表扬。不断深化拓展东西部协作和中央单位定点帮扶，天津市、山东省和36家中央定点帮扶单位投入我省帮扶资金38.19亿元，会同天津市印发庆阳革命老区对口合作实施方案，成功举办2022年“津陇共振兴”和“鲁企走进甘肃”活动，签约项目107个，合同金额170.8亿元。携手推进“一县一园”和“百村振兴”计划，共建产业园区78个、乡村振兴示范乡村181个。打造“津甘技工”“鲁甘人力”品牌，帮助15.91万名农村劳动力实现转移就业，东部协作省市和中央单位消费帮扶金额72.82亿元。二是特色优势产业增产提速。持续推进现代寒旱特色农业优势特色产业三年倍增行动，实施百万亩、百万头（只）产业大县建设行动、绿色标准化基地抓点示范行动，全省建设绿色标准化种植示范基地1189个，建设标准化规模养殖示范基地344个。全省粮食播种面积达4049.7万亩，产量1265万吨，实现面积产量“双增长”，“牛羊菜果薯药”等大宗农产品喜获丰收，马铃薯、苹果、中药材、高原夏菜等农产品产销两旺，全省特色产业总体上呈现产量增加、价格提升和效益持续增长的良好态势。新认定国家级农村产业融合发展示范园区3个，全省累计达到9个。夏河县、肃南县纳入全国15个草原畜牧业转型升级试点范围。巩固提升农村集体产权制度改革成果，开展发展村集体经济“百村示范”和产权交易市场建设试点，农村集体经济实力进一步增强。扎实推进“甘味”品牌体系建设，200个企业商标品牌认定纳入“甘味”品牌目录，定西马铃薯、静宁苹果等5个“甘味”区域公共品牌进入农业农村部精品品牌计划培育，“甘味”品牌认知度、美誉度和影响力持续提升。三是持续推进种业振兴行动。印发《甘肃省种业振兴行动实施方案》和玉米、马铃薯、肉牛、肉羊、特色种业5个分产业实施方案，组织开展玉米、马铃薯、牦牛、肉羊等新品种联合攻关，支持张掖、酒泉、定西等市加大制种基地建设、建成玉米制种基地23万亩、马铃薯良种繁育基地30万亩、瓜菜花卉制种基地5万亩，不断夯实种业强省基础。全省全年玉米种子生产面积稳定在157.6万亩以上，产种量6.5亿公斤，居全国第一；生产马铃薯原原种13亿粒，居全国前列。四是乡村建设稳步推进。编制完成乡村规划6536个。扎实开展“5155”乡村建设示范行动，制定印发《甘肃省乡村建设行动实施方案》，5个省级示范市（州）、10个省级示范县（市）乡村建设工作扎实推进，完成50个省级示范乡镇和2022年度500个省级示范村建设任务，6个村、3个镇入选全国乡村旅游重点村（镇）。开展村庄清洁行动，农村生活污水和清单内黑臭水体治理率分别达到24.15%、73.17%，农村生活垃圾收运处置实现行政村全覆盖，因地制宜建成农村卫生户厕40.66万座，普及率达到65%。

（三）加快构建现代化产业体系，工业基础优势不断巩固。大力实施强工业行动，着力调结构、促转型、强动能，工业支撑能力进一步增强。一是传统产业改造升级。印发实施《甘肃省强工业行动实施方案（2022—2025年）》，全面推行产业链链长制，加快实施石油化工、有色冶金、新材料等重点产业链延链补链强链项目。加快传统产业改造，开工建设高端化、智能化、绿色化改造项目247个，完成投资166亿元。

中国石油兰州石化分公司3.5万吨特种丁腈橡胶等重点项目建成投产，酒钢集团西沟矿5G+智慧矿山建设项目、兰石集团石油装备智能制造示范工厂、金川集团人机协同作业、海林中科精准配送等智能场景应用获得国家表彰。二是绿色生态产业统筹推进。推动生态产业基金加快投资，充分发挥重大带动性工程项目作用，促进生态产业持续快速增长。省属企业重点推进的153个绿色生态产业项目完成投资200亿元，推动新材料、新能源及装备制造、煤基产业、现代农业、中医药、文旅产业等6大产业重点攻坚、率先发展。前三季度，全省生态产业增加值2077.8亿元，占全省地区生产总值的25.6%，比重较去年同期提高1.4个百分点。三是新能源产业发展成效显著。积极推进沙漠、戈壁、荒漠地区大型风电光伏基地建设，腾格里沙漠、巴丹吉林沙漠、库木塔格沙漠5700万千瓦风光电项目纳入国家规划布局，腾格里、巴丹吉林沙漠新能源基地实施方案获国家批复，集中开工抽水蓄能项目，加快推进新能源项目建设步伐，新能源装机规模达到3800万千瓦，占比达到53.8%，成为省内第一大电源，新能源发电量557亿千瓦时、占比达到28%。坚持把新能源资源开发和新能源装备制造业培育有机结合，持续引进一批重大新能源装备制造产业落地，酒泉市正泰、阿特斯光伏组件、中复碳芯电缆、武威重通成飞大兆瓦级风电叶片、金昌晶科切片等产业项目建成投产，宝丰集团多晶硅上下游协同项目、西部重工法兰生产、广东欧昊高效异质结电池、阳光电源储能设备制造等产业项目正在加快建设，为新能源产业发展起到较好的带动作用。四是新兴产业加快发展。制定《甘肃省“十四五”生物医药产业发展规划》，着力打造西部领先、全国一流的中医药产业创新高地和国家生物医药产业基地。出台《关于支持全国一体化算力网络国家枢纽节点（甘肃）建设运营的若干措施》《关于统筹推进全省算力资源统一调度的指导意见》，加速建设全国一体化算力网络国家枢纽节点及庆阳数据中心集群、金昌紫金云大数据中心、丝绸之路西北大数据产业园数据中心、甘肃电信兰州新区大数据中心二期、甘肃移动天水云计算数据中心等项目，兰州国家级互联网骨干直联点获批建设，“东数西算”产业园建设全面启动，酒泉工业互联网通用制造设备行业标识解析二级节点与应用平台基本建成，完成与国家顶级节点对接测试。新建成5G基站3.15万个，实现乡镇以上区域及部分行政村5G网络覆盖，产业体系新支柱逐渐形成。

（四）突出强化科技创新引领，区域创新水平稳步提升。以实施强科技行动为牵引，持续强化战略科技力量，加大关键核心技术攻坚力度，全省创新能力稳步提升。全省科技进步贡献率超过58%，R&D经费支出占GDP比重达到1.32%。一是发挥战略科技力量骨干引领作用。建立国家重点实验室建设与重组协调机制，安排1.2亿元资金支持国家重点实验室提升创新能力，3家国家重点实验室成功重组为全国重点实验室。出台《甘肃省兰州白银国家自主创新示范区条例》，全省首家国家肿瘤区域医疗中心落地兰州高新区。新建航空电作动重点实验室、基因编辑育种重点实验室、核燃料循环技术重点实验室、先进核能与核技术研究中心、玉米种业研究院等一批省级科技创新平台，启动建设省基础学科研究中心，推动战略科技力量与区域创新力量优势互补、融通创新。二是加大关键核心技术攻关力度。紧盯产业共性技术需求，在新能源、新材料、石油化工、生物医药、电子信息、装备制造、文物保护、生态环保、现代农业等领域布局实施省级科技重大专项71项、中央引导地方科技发展资金专项43项，重大科技项目安排资金占科技计划资金的比例超过60%。编制完成《甘肃省氢能产业发展指导意见》。制定实施《科技支撑引领碳达峰碳中和实施方案（2022—2030年）》，设立新能源技术创新专项，实施32项新能源关键共性技术攻坚重点项目。制定进一步加强医用重离子加速器研发与产业化的工作措施，加速推进医用重离子加速器、医用同位素研发及产业化。三是加速壮大创新型企业集群。新组建集成电路制造材料、中医药、化工新材料3家企业创新联合体，企业创新联合体总数达到10家。实施高新技术企业倍增计划，培育科技创新型企业集群，科技型中小企业超过2500家、较上年增长37%，高新技术企业超过1682家、较上年增长22.7%以上。修订《省级高新技术产业开发区认定和管理办法》，出台《促进高新技术产业开发区高质量发展的若干措施》，新设立酒泉省级高新技术产业开发区。四是推进科技改革政策落实落地。出台《甘肃省强科技行动实施方案（2022-2025年）》，健全强科技行动任务落实机制。深化科技领域“放管服”改革，开展科技政策落地“最后一公里”专项行动，深入开展科技管理流程再造，推动制度创新、管理革新、服务提升，营造良好创新创业生态。修订《甘肃省新型研发机构认定管理办法》，支持高校建立产业技术研究院。出台《甘肃省首席科学家负责制实施办法（试行）》，组织实施首席科学家负责制、“揭榜挂帅”等项目，设立在读优秀博士研究生科技专项，45岁以下科技人员主持省级科技计划项目的比例超过65%。出台省级科技计划专项资金管理办法，提高财政科技资金使用效益。五是推进高水平科技开放合作。与中国科学院签订新一轮战略合作协议，与中国工程院实施战略研究与咨询项目13项。举办“强科技支撑高质量发展”论坛，组织院士专家“陇上行”活动。深化东西部科技协作，加强与上海张江、粤港澳、长三角地区对接联动，与上海张江签订“1+8”合作协议，积极推动“陇粤大湾区·兰白自创区中医药创新发展示范区”建设。持续实施东西部“双地”科技特派员机制，引进“双地”科技特派员555名服务乡村振兴，安排专项经费支持科技特派团开展农业技术集成示范。出台“一带一路”国际科技合作工作指引，推动我省科研机构与“一带一路”沿线国家开展深度合作。

（五）全力以赴抓项目扩投资，内需潜力加速释放。深入落实扩大内需战略，落实落细促投资扩内需政策，着力发挥有效投资对经济恢复的关键作用。一是加强项目谋划储备。紧盯国家政策导向，加大“跑部进京”力度，积极争取中央预算内投资214.9亿元，连续三年创历史新高。用于项目建设专项债券额度780亿元，较去年增加106亿元，目前已全部发行完毕，支持交通、水利等领域项目1284个；金融工具项目36个，投放基金229.5亿元；设备购置贴息贷款国家反馈项目301个、贷款需求249亿元，已签约34个项目、贷款62.6亿元；中长期贷款国家反馈项目369个、贷款需求982.6亿元，已签约61个项目、签约金额190.5亿元。二是固定资产投资增势强劲。持续落实省级领导包抓机制，加强“三个清单”考核调度，组织上下半年重大项目开工活动，新建续建亿元以上项目1239个，总投资近万亿元，形成了项目为王、大抓项目的良好氛围。坚持“要素跟着项目走”，利用要素协调保障机制，加大资金、土地、能耗、人才等要素保障力度，推动地方用地自主权改革，全年供应国有建设用地22.03万亩，有力推进重大项目及时开工，形成更多实物工作量。1—11月，全省固定资产投资同比增长10.2%，增速比全国（5.3%）高4.9个百分点，居全国第4位。其中，交通运输固定资产投资突破千亿元大关，总量继续保持西北五省第1位。三是重大项目加快建设。234个省列重大项目累计完成投资2648亿元，较2021年同期增加588亿元，增幅29%，年度计划投资完成率119%，较2021年同期提高9个百分点。交通领域，全年计划完成固定资产投资1200亿元。西成、兰合、兰张三四线中武段等5条795公里铁路加快建设，平庆、兰张三四线武张段项目前期工作加快推进，中兰客专开通运营，新增高铁运营里程184公里。G1816乌玛高速合作至赛尔龙段、兰永临、S42漳县至三岔等高速开工建设，国省道提升改造有序推进，王夏、陇漳等700公里高速（一级）建成通车，新增文县通高速，建成自然村（组）通硬化路1.1万公里，创建“四好农村路”全国示范县4个。兰州中川机场三期扩建工程加快建设，嘉峪关机场改扩建项目开工建设，天水、平凉等机场项目前期工作有序推进，华池通用机场建成。水利领域，完成水利固定资产投资205.4亿元，较去年同期增加21.1%。引洮供水二期骨干工程及配套城乡供水工程、甘肃中部生态移民扶贫开发供水工程等重点项目加快建设。白龙江引水工程前期工作取得重要进展。黄河甘肃段河道防洪治理工程、引大入秦延伸增效工程、临夏州供水保障生态保护水源置换工程等项目前期工作有序推进。能源领域，全面推动陇电入鲁年底具备核准条件，加快陇电入浙、酒泉外送等特高压直流工程前期工作，推进酒湖直流、陇电入鲁配套电源建设，统筹建设电网主网架750、330千伏输变电工程；国家第一批以沙漠、戈壁、荒漠地区为重点的大型风光电基地项目和全省“十四五”第一批风光电项目加快推进。张掖盘道山、肃南皇城抽水蓄能电站开工建设，玉门昌马、武威黄羊抽水蓄能电站完成核准。核桃峪、甜水堡二号井、邵寨等3处中大型煤矿建成投产，红沙梁露天矿进入试生产，红沙梁矿井开工建设；西气东输三线中段、四线甘肃段及古浪至河口天然气联络管道开工建设。原油、天然气产量分别达到1090万吨、5.2亿立方米。社会事业领域，兰州新区甘南实验中学、西北师范大学综合实验训练中心与学生公寓、省妇女儿童医疗综合体、临洮体育训练基地二期、省疾控公共卫生中心一期等项目加快建设，中山大学附属肿瘤医院甘肃医院、庆阳（陇东）区域医疗中心、莫高窟数字展示中心（二期）、南梁革命根据地与苏维埃政府旧址、“会师之城”会宁红色文化遗址、省博物馆改扩建工程等重大项目启动实施，25个县级应急广播体系建设、肃北县智慧广电固边工程、3.92万户民族地区有线高清交互数字电视机顶盒推广普及等项目进展顺利。四是全力推动消费回暖向好。紧盯“元旦”“国庆”等重大节庆日，举办“乐享消费•惠购陇原”“全国消费促进月”甘肃促销活动、“甘肃人游甘肃”等消费促进活动1300多场次，研制《甘肃美食荟萃》和“甘肃美食地图”，激发餐饮业消费活力。支持兰州、天水、庆阳等5个区域消费中心城市建设，兰州市成功入列全国第二批城市一刻钟便民生活圈试点地区，加快临夏八坊十三巷等3个首批省级示范步行街建设，官鹅沟创建为国家5A级旅游景区，积极打造区域消费增长点。加快发展消费新业态，成立全省电商龙头企业联盟，构建全省电商同城配送体系，实现72个县域配送端全覆盖，线上线下销售额突破14亿元。有序推进县域商业体系建设，累计在32个县（区）分别实施38个先行先试提升项目和116个县域商业建设项目，支持建设35个产地市场、农贸市场和冷链物流提升改造项目，兰州市入围2022年国家骨干冷链物流基地建设名单，有力保障了冷链物流服务和生活物资需求。

（六）加快推动城乡区域协调发展，高质量发展动能潜力不断激发。深入实施区域协调发展战略、区域重大战略、主体功能区战略、新型城镇化战略，大力构建优势互补、高质量发展的区域经济格局。一是区域布局更加优化。扎实推进强省会行动，制定出台《关于共同实施强省会行动加快推动兰州市高质量发展的框架协议》《“十四五”交通基础设施共建协议》《关于金融支持“强省会”行动的意见》等合作协议，进一步增强省会城市的辐射带动作用。以“一核三带”为牵引，加快构建“一核两中心多节点”的全省城市发展布局。兰州—西宁和关中平原城市群加快建设，民族地区、革命老区、资源型地区等特殊类型地区发展稳步提升，区域发展格局进一步优化。二是新型城镇化建设加快推进。编制实施《甘肃省2022年新型城镇化和城乡融合发展重点任务》《甘肃省“十四五”时期贯彻落实国家新型城镇化规划（2021-2035年）的实施方案》，加快农业转移人口市民化，实现农业转移人口就业服务、基本养老、基本医疗、住房保障和子女义务教育纳入了政府公益性投入保障范围。持续推进城市更新行动，加快城市燃气等老化更新改造和排水防涝设施建设，积极推进城镇老旧小区改造，改造老旧小区1599个，累计完成投资29.4亿元，惠及居民15.72万户。持续巩固黑臭水体整治成果，全省地级城市18条黑臭水体全部完成整治，有力改善了人居环境，促进了城市高质量发展。三是县域经济不断发展壮大。印发实施《关于加快县域经济高质量发展的意见》《甘肃省强县域行动实施方案（2022—2025年）》《关于推进以县城为重要载体的城镇化建设大力实施强县域行动的若干措施（2022—2025年）》等政策文件，聚焦2022年重点任务制定推进落实工作方案和年度重点任务工作清单，形成“一县一方案、一年一清单、一季一调度（观摩）”的工作机制。制定实施《甘肃省县域经济发展综合评价考核办法（试行）》《甘肃省县域经济综合评价细则》，开展年度考核评价，对评定的“十强县”“先进县”授牌表彰，激励各县争先创优、竞相发展。加快园区提档升级，出台《推进全省开发区高质量发展的实施方案（2022-2025 年）》，制定《省级开发区升级认定管理规范》，新认定瓜州工业集中区等 7 个省级开发区和金昌经济技术开发区等 12 个代表性园区，加速形成布局合理、错位发展的开发区运营新局面。

（七）深入推进高水平对外开放，发展空间持续拓展。抢抓“一带一路”建设最大机遇，积极参与国内大循环、国内国际双循环，着力打造向西开放新格局。一是全力稳外贸稳外资。推动出台关于促进内外贸一体化发展、关于做好跨周期调节进一步稳外贸实施意见等政策举措，召开全省促进外贸外资平稳发展电视电话会议，全力稳住外贸外资基本盘。加快建设兰州、天水跨境电商综试区，在 2021 年度全国考核评估中分列第二、第三梯队，实现交易额 14.2 亿元，增长 65%。认定岷县中药材、静宁县红牛等 4 个省级外贸转型升级基地，累计在境外设立国际营销网点 121 个，外贸产业链供应链安全稳定。甘肃省中医药大学附属医院和兰州新区被认定为国家级中医院服务出口基地和进口贸易促进创新示范区，制定甘肃省中医药服务出口基地建设实施方案，编印服务贸易创新发展“最佳实践案例”，推动服务贸易创新发展。印发实施《高质量实施区域全面经济伙伴关系协定（RCEP）的意见》，举办与泰国、新加坡、韩国、马来西亚贸易线上洽谈对接会，签发 RCEP 优惠原产地证书 16 份、355.7 万元人民币。对“一带一路”沿线国家实现进出口 285 亿元，增长 26.8%；对 RCEP 成员国进出口 136.2 亿元，增长 47.6%。召开全省外资工作暨推进国家级经开区高质量发展现场会，发挥外资企业“一对一”联系机制，跟进服务华润电力新能源等重点外资企业项目。全省新设外资企业 28 家，实际利用外资 1.2 亿美元。充分发挥国际金融组织和外国政府贷款项目“稳外资、稳投资”的示范引领作用，中川机场三期扩建项目利用新开行贷款 2.65 亿欧元完成贷款协议签署，亚行贷款甘肃环境可持续乡村振兴与发展项目资金申请报告获得国家批复。新开行贷款兰州新区向西开放新枢纽多式联运示范等重大外贷项目进展顺利，全省各类外贷项目共完成年度投资约 105 亿元。二是着力搭建开放平台。制定印发《关于保障国际班列稳定畅通运行的若干措施》，整合资源成立甘肃省国际物流集团有限公司，打造物流领域专业化产业集团。成功对开兰州—连云港铁海联运班列，首开中老铁路（甘肃敦煌—万象—曼谷）国际货运班列，首发“武威—莫斯科”、中国天水—南非开普敦“一带一路”国际货运班列和酒泉—钦州港—鹿特丹西部陆海新通道国际联运种子班列。酒泉陆港型国家物流枢纽建设方案获批。全省全年国际货运班列共发运 440 列 1.6 万车，累计货运 23.26 万吨，货值 2.9 亿美元。制定《兰州新区综合保税区 2022 年高质量发展行动计划》，2021 年度全国绩效评估排名较 2020 年提升 15 位，新区综保区实现进出口 74 亿元，下降 3.9%；举办 2022 年“中白地方合作年”暨“走出去”系列活动，稳步实施金川集团南非思威铂业等工程项目，对外经贸合作持续深化。全省对外非金融类直接投资 1.5 亿美元，同比增长 60%。三是招商引资成果丰硕。成功举办第二十八届兰洽会，首次设立双主宾国、双主宾省和双主题市，共签约合同项目 898 个、总额 5311.1 亿元，签约项目数量、金额比上届分别增长 28.8%、35.9%。组织举办“甘肃特色优势产业招商推介会”，签约合同总额 51.2 亿元。

（八）持续深化重点领域改革，市场主体信心活力积蓄增强。坚持以更高起点、更大力度推进重点领域和关键环节改革攻坚，发展动力活力迸发释放。一是“放管服”改革持续深化。召开全省优化营商环境大会，完成 2021 年度全省营商环境评价，紧盯短板定向发力，努力打造市场化、法治化、国际化营商环境。编制完成省市县三级行政许可事项清单，加快推进全省行政许可实施规范和办事指南的编制工作。深入推进政务服务标准化规范化便利化，139 项高频政务服务事项实现“跨省通办”，“一件事一次办”主体集成服务达 538 个。持续深化投资建设领域审批制度改革和证照分离改革，在全国率先推行投资项目信用承诺制改革，企业投资项目审批实现“秒批秒办”“掌上办”，公共资源交易实现全流程电子化和网上异地评标，全省企业开办时间压缩至 3 个工作日以内，新设立企业登记注册 2 天办结率达 99.34%，工程建设项目审批时间压缩至 90 个工作日内。数字政府建设一期项目上线运行，甘肃政务服务网个人用户注册人数达 2149 万人，企业用户注册数达 202 万户。全省政务服务事项全程网办率提升至 98% 以上，“最多跑一次”事项占比达到 99.98%，汇聚政务数据达 1050 亿条以上，累计归集电子证照 6206 万个，制作电子印章 3.3 万枚。国务院调查评估中，我省省级政府一体化政务服务能力水平等级由“中”组别跃升至“高”组别。二是国资国企改革扎实推进。制定《2022 年国企改革三年行动任务清单》，先后召开全省国资国企改革推进工作领导小组会议、全省国企改革三年行动推进会、部分省属国有企业和中央在甘企业负责人座谈会，对各省属企业、各市州 2021 年度国企改革三年行动进行考核评估，同时开展国企改革三年行动“回头看”，推动各省属企业、各市州全面查漏补缺、固强补弱、提升改革质量。2022 年 6 月国企改革三年行动高质量收官，70 多个改革案例被中央改革办和国务院国企改革领导小组推广宣传。省属企业全年完成工业总产值 3976 亿元，同比增长 25.15%；实现利润总额 200 亿元，同比增长 11.11%。三是重点领域改革纵深推进。印发实施《甘肃省贯彻落实〈关于加快建设全国统一大市场的意见〉的若干措施》，打通制约经济循环的关键堵点，积极主动融入全国统一大市场。深化财税体制改革，夯实财政收入增收基础，调整优化财政支出结构，财政预算执行总体平稳。推行企业投资工业项目标准地改革，全省“标准地”超市已入库“标准地”41 块、4915 亩，已出让 32 宗、3811 亩，均实现“拿地即开

工”。统筹推进国有土地上已售城镇住宅历史遗留“登记难”问题化解，“登记难”问题房屋86.91万套，完成首次登记81.2万套，化解率93.42%。开展“交房即交证”示范点建设，全省12个县区87个试点项目已开展交地即交证、交房即交证。组织完成2022年省内年度电力中长期交易，持续开展“月度+周+连日滚动”电力交易。研究制定省内煤炭出矿环节中长期交易价格合理区间方案，实现“下限保煤、上限保电”目标，促进煤、电上下游产业链协同发展。

（九）加强生态环境治理保护，绿色发展底色更加鲜明。牢固树立绿水青山就是金山银山理念，协同推进降碳、减污、扩绿、增长，促进经济社会发展全面绿色转型，国家西部生态安全屏障更加牢固。一是持续推进黄河国家重大战略落地。积极争取国家黄河专项12.8亿元，资金争取额度连续两年居全国首位，支持兰州市城区雨污水管道分流工程、渭河生态综合治理工程（陇西段）二期等19个项目建设，持续推动黄河上游实施山水林田湖草沙一体化保护和修复工程，武威市石羊河成功入选全国首批18个美丽河湖优秀（提名）案例名单。扎实推动祖厉河国家重点流域水环境综合治理试点任务。积极推进国家黄河流域生态环境警示片反馈问题整改。在全国率先启动黄河流域生态保护条例立法工作，以法治思维和法治方式推进黄河保护实现高质量发展。二是生态环境持续改善。大熊猫国家公园正式设立，祁连山国家公园列入设立范围，与四川省共同推进若尔盖国家公园创建工作。坚决抓好祁连山生态环境保护常态化监管，开展祁连山地区生态保护红线监管试点，推进“天地空”一体化生态环境监测网络建设，实现祁连山国家公园范围监测全覆盖。深入打好污染防治攻坚战。全省生态环境质量稳定向好，14个市州所在城市$PM_{2.5}$平均浓度为26μg/m³，空气质量平均优良天数比率为90.4%；全省74个地表水国控断面中优良水体断面比例为95.9%，劣Ⅴ类水体断面比例为2.7%。实施祁连山北麓水源涵养与生态保护修复及石羊河中下游防沙治沙林草综合治理等项目，稳步提升国家重点生态功能区服务功能。完成营造林335万亩、沙化土地治理243.1万亩、种草改良552.7万亩。三是“双碳”战略深入实施。发挥碳达峰碳中和省级工作机制，制定印发《完整准确全面贯彻新发展理念做好碳达峰碳中和工作的实施意见》《碳达峰实施方案》和能源、工业、交通、城乡、科技等5个专项行动方案。积极参与全国碳排放权交易市场建设，圆满完成了第一个履约周期发电行业企业的碳排放配额发放和清缴工作。抢抓国家“十四五”能耗总量弹性管理、原料和可再生能源用能扣减等政策机遇，一企一策，统筹解决了甘肃宝丰集团多晶硅上下游协同、甘肃东方钛业磷酸铁锂等80个重大工业项目能耗难题，拉动工业投资超过800亿元，从源头上提高用能效率，全省能耗需求压力得到明显缓解。

（十）有力有效保障和改善民生，人民群众获得感幸福感安全感显著提升。坚持在发展中保障和改善民生，不断增强人民群众的获得感幸福感安全感。一是民生实事扎实推进。聚焦群众“急难愁盼”问题，持续加大民生投入，11类民生支出占总支出的近八成。省委省政府10件为民实事全面完成，特别是抢抓重大机遇，系统谋划全省生态及地质灾害避险搬迁工作，已搬迁入住4400户，16730人，任务完成率100%。二是稳就业有力有效。制定出台了《关于进一步稳定和扩大就业的若干措施》18条政策措施，持续开展“援企稳岗、服务千企”行动，为391户企业发放贷款7.8亿元陇原惠岗贷”，支持企业稳岗扩岗。组织开展省市县三级人社部门“百名人社局长直播带岗”暖心行动，启动高校毕业生等青年群体就业“百日攻坚”行动，全力以赴促进高校毕业生等青年群体实现就业。全省全年城镇新增就业32万人，输转城乡富余劳动力527.3万人，创劳务收入1483.3亿元，均超额完成年度目标任务。三是加快推进教育高质量发展。争取国家支持设立新时代振兴中西部高等教育改革先行区，出台甘肃加快普通高等教育高质量发展若干措施、省属高校国家一流学科突破工程建设方案等政策措施，22所本科高校“一校一策”推进高等教育高质量发展。获批第三批国家级一流本科专业建设点54个，中国农业大学等16所高校对口支援我省10所高校，实现对口支援高校全覆盖。召开全省职业教育大会，按照“一核三带”布局，打造“一园三群”产教融合体系，遴选确定兰州、酒泉、天水等3个城市为首批省级产教融合试点城市，“技能甘肃”深化拓展。出台甘肃省“十四五”学前教育、基础教育、职业教育、高等教育、继续教育、民族教育、教师队伍、体美劳动教育、开放合作、科技创新发展等提升行动计划。支持新建改扩建城镇公办幼儿园60所，预计新增公办园位1.6万个。四是加强社会兜底保障。以基本医疗保险为主体的多层次医疗保障体系基本构建完成，医疗保险覆盖面不断扩大，基础性、普惠性、兜底性医保制度得到有效完善，全民参保计划全力推进落实，全省基本医保参保率稳定在95%以上。进一步加大社会救助政策落实力度，对符合救助条件的生活困难家庭或个人及时纳入相应保障范围。全省共保障城市低保对象31.58万人、农村低保对象149.06万人、城乡特困人员9.98万人。充分发挥临时救助托底线、救急难作用，有效解决城乡居民突发性、临时性基本生活困难，共实施临时救助169.84万人次，发放资金19.59亿元。五是持续做好重要民生商品保供稳价。加强猪肉市场价格调控，及时开展储备吞吐调节，中秋、国庆“两节”期间全省联动组织投放冻肉储备1480多吨，有效遏制猪肉价格过快上涨势头。紧盯物价上涨情况，及时启动价格补贴联动机制，坚决兜住困难群众生活“底线”。下半年累计向困难群众发放价格临时补贴17240.3万元，惠及771.7万人次。

（十一）统筹发展和安全，防范化解重点领域风险有力有效。始终把安全发展贯穿工作各领域全过程，树牢底线思维，实现高质量发展和高水平安全良性互动。一是坚决有力做好疫情防控。科学精准有效落实疫情防控政策，严格执行第九版防控方案和二十条优化措施，落实落细“新十条”及配套措施，高效统筹“三公”协同流调，科学确定核酸检测范围和频次，尽最大努力切断疫情传播链条。高效开展病患救治，实施中医药全程参与、省级专家会诊研判、面对面全过程指导、重症“四集中”等救治措施，更新新型冠状病毒肺炎中医药防治方案，不断提高救治效率。高质量完成入境航班旅客集中隔离和医疗救治任务，实现零扩散、零感染、零死亡、零投诉。安全有序推进疫苗接种。全省新冠病毒疫苗共接种5977.68万剂次，已完成全程接种2189.28万人，接种率为87.57%。二是粮食安全保障能力稳步提升。深入实施“藏粮于地、藏粮于技”战略，落实土地利用优先序要求，加强耕地用途管制，坚决遏制耕地“非农化”、严格管控“非粮化”行为，夯实粮食生产的耕地基础，确保粮食和重要农产品有效供给。大力实施优质粮食工程，开展粮食绿色仓储、品种品质品牌、质量追溯、机械装备、应急保障能力和节约减损健康消费“六大提升行动”，着力提高粮食储备管理水平。全省地方储备粮达到256.7万吨，占国家规定规模131.6%，保障能力达到全省7个月；地方储备油3.9万吨，占国家规定规模102.6%，保障能力达到全省45天。三是全力保障能源资源安全。落实迎峰度夏、度冬能源保供工作方案，确定17处国家和省级应急保供煤矿，累计实现出煤825万吨。组建煤炭增产增供工作专班，多措并举加大煤炭产量，全省57处生产煤矿累计生产原煤5878万吨，同比增长33.4%，日均产量16.1万吨，完成全省目标任务。安排政策性开发性金融工具资金1.2亿元，支持230万吨省级煤炭储备项目建设，争取中央资金支持落地建设500万吨中央政府煤炭储备库。支持五举、花草滩等煤矿扩大生产能力。组织制定《天然气分级保供应急预案》，加大天然气中长期合同监督履约力度，保障民生用气安全可靠。加大矿业权市场配置力度，全省出让矿权269宗，成交价款380.12亿元。四是重点领域风险安全可控。积极稳妥应对处置金融机构、房地产、政府债务等领域风险，牢牢守住不发生系统性风险底线。组织召开全省安全生产电视电话会议，贯彻落实国务院安委会15条硬措施，制定实施我省35具体措施。紧盯危化品、矿山、道路运输、建筑施工、城镇燃气、消防等重点领域，及早消除各类安全隐患，全省安全生产事故主要指标全面下降。圆满完成国家“应急使命·2022”抗震救灾实战化演习。深入开展夏季治安打击整治“百日行动”，重拳打击各类违法犯罪，社会大局保持和谐稳定。

尽管2022年全省经济社会发展总体平稳，但全省发展不平衡不充分的问题依然比较突出，部分领域还存在一些短板弱项和突出问题。一是产业链供应链不畅。受疫情影响，部分地区出现物流受阻等问题，产业链供应链循环不同程度受到阻碍。二是社会消费不及预期。消费、服务等行业受疫情冲击严重，中小微企业经营困难，实现经济整体好转压力不小。三是金融风险仍然潜在。部分企业存在一定债务风险和金融风险，对企业融资环境产生较大影响。特别是受疫情反复延宕冲击，地区生产总值未达年初预期目标，直接拉低居民收入增速、一般公共预算收入增速；第三产业影响最为明显，全省社会消费品零售总额增速低于预期目标9.5个百分点。面对存在的问题隐忧，我们要坚持问题导向，运用系统思维，加强分析研判，在攻坚克难中勇毅前行，就一定能够推动经济社会高质量发展迈上新台阶。

二、2023年经济社会发展环境、总体要求、主要预期目标

综合分析研判，2023年国内外发展环境仍然复杂多变，面临不少问题和困难。从国际看，形势更加纷繁复杂，外部环境动荡不安，发达经济体有可能滞胀甚至陷入衰退，这将很大程度上影响外需和国内产业链供应链稳定，对我国经济发展带来较大影响。从国内看，我国经济恢复基础尚不牢固，需求收缩、供给冲击、预期转弱三重压力仍然较大，经济恢复势头边际放缓，彻底扭转下滑态势需要付出更多努力。消费需求不振，投资增长乏力，稳外贸难度加大，市场主体生产经营困难依然较多，科技创新能力还不强，新旧动能接续不够。同时，房地产对经济下拉效应明显增大，就业等民生问题较为突出，重点领域风险持续暴露，巩固经济回升面临较大挑战。从我省看，发展不平衡不充分问题仍然突出，推进高质量发展还有很多卡点瓶颈，特别是以原材料生产销售为主的重点企业，将面临价格高位震荡、生产成本上升、需求乏力、利润下降等多重挑战；房地产持续低迷，兰州、天水等重点城市房地产行业发展状况堪忧。受居民收入、消费环境、消费政策等因素制约，消费要实现强劲反弹、大幅上升，还存在不确定性。金融、政府债务等领域还存在潜在风险，安全生产、防灾减灾等方面也需警钟长鸣。

在面临严峻形势的同时，我们更应该看到，我省经济发展也有诸多有利条件和很好发展基础。一是党的二十大擘画了中国式现代化建设宏伟蓝图，对未来五年全面建设社会主义现代化国家进行了全面部署和重点安排，全省上下深入学习贯彻党的二十大精神，必将凝聚起推动全省经济社会发展的强大合力。二是中央经济工作会议提出了今年经济工作的总体要求，特别是明确财政、货币、产业、科技、民生等重大政策取向，为我们做好当前和今后一个时期经济工作指明了前进方向、提供了根本遵循。三是省第十四次党代会谋划部署的构建“一核三带”区域发展格局、实施“四强”行动和“十一个坚定不移”等重点工作，是我省推动经济高质量发展的重大举措，各市州、县市区比学赶超、竞相发展的氛围将更加浓厚。四是疫情防控政策进一步优化调整，最大限度减少了疫情对经济社会发展影响，必将牵引带动经济运行逐渐正常化，极大释放增长潜力，畅通产业链供应链，我省有望与全国一道实现后疫情时代的新一轮增长。五是随着国家重大战略的深入实施以及国内国际环境的深刻变化，我省作为生态屏障、能源基地、战略通道、开放枢纽的特殊功能定位不断凸显，拥有的资源禀赋、工业基础、地理区位优势不断放大，为我省发展提供了更为广阔的前景和空间。

2023年是全面贯彻落实党的二十大精神的开局之年，是落实落细省第十四次党代会安排部署的关键一年，也是“十四五”规划全面实施承上启下的攻坚之年，做好经济工作任务艰巨、意义重大。全省经济社会发展工作的总体要求是：以习近平新时代中国特色社会主义思想为指导，全面贯彻落实党的二十大和习近平总书记对甘肃重要讲话重要指示批示精神，紧紧围绕省第十四次党代会安排部署，坚持稳中求进工作总基调，完整、准确、全面贯彻新发展理念，加快融入和服务新发展格局，着力推动高质量发展，更好统筹疫情防控和经济社会发展，更好统筹发展和安全，全面深化改革开放，大力提振市场信心，把实施扩大内需战略同深化供给侧结构性改革有机结合起来，突出做好稳增长、稳就业、稳物价工作，有效防范化解重大风险，推动经济运行效速兼取，实现质的有效提升和量的合理增长，为全面建设社会主义现代化幸福美好新甘肃开好局起好步。

按照上述总体要求，根据中央经济工作会议及省委经济工作会议的总体部署，坚持稳字当头、稳中求进工作总基调，本着加快发展、追赶进位的精神，2023年全省经济社会发展预期目标是：地区生产总值增长6%,实际工作中力争更好结果。其中，第一产业增加值增长5%，第二产业增加值增长6%，第三产业增加值增长8%。固定资产投资增长10%；社会消费品零售总额增长10%；外贸进出口总值增长13%；一般公共预算收入增长6%（同口径）；城镇居民人均可支配收入增长6%，农村居民人均可支配收入增长7.5%；城镇新增就业32万人；居民消费价格涨幅控制在3%以内；粮食产量保持在240亿斤以上；主要污染物排放等指标完成国家下达目标。

三、2023年经济社会发展主要任务

（一）坚定实施扩大内需战略，夯实高质量发展基础支撑。一是加强项目谋划储备。深度对接国家“黄河”战略、“双碳”战略、东西部协作等政策，加大向上汇报衔接力度，争取中央预算内投资、专项债券规模再上新台阶。统筹做好项目资金申报下达和调度监管工作。编制实施2023年投资项目“三个清单”，力争纳入“三个清单”管理的项目年度投资取得新突破。制定出台促进民营经济发展、盘活存量资产拓宽筹资渠道支持重大项目建设实施意见等政策，继续落实好重大项目建设协同推进机制、重大项目集中开工等举措，协调做好重点项目用地、用能、资金等要素保障，确保全省项目形成储备一批、谋划一批、开工一批、建设一批、投产一批的良性循环。二是持续扩大有效投资。交通领域，计划完成投资1300亿元。其中，公路领域完成投资1050亿元，开工建设G1816乌玛高速兰州过境段（九州北至兰州南）、S35景礼高速景泰至靖远段等项目；建成S32临夏至大河家、S28灵华高速（一期）、安家咀至临夏等项目，全年建成高速（一级）公路500公里，实现积石山县、清水县、张家川县、东乡县、灵台县、崇信县、华池县、通渭县8个县通高速公路，全省通高速县区将达到80个。建成自然村（组）通硬化路1万公里，实现4000个自然村（组）通硬化路。铁路领域计划完成投资190亿元，全面开工建设平庆铁路、兰张三四线武张段；加快建设兰合、西成、兰张三四线中武段、天陇铁路等续建项目；争取定西至平凉铁路早日获批实施，加快推进兰州铁路枢纽优化提质工程前期工作；开通运营兰州轨道交通2号线一期工程。民航机场领域计划完成投资60亿元，加快建设兰州中川国际机场三期扩建工程；全面推进嘉峪关机场改扩建工程，加快天水、平凉、临夏、定西民用机场和具备条件的通用机场前期工作。持续加快路衍经济产业链建设。能源领域，有序扩大红沙梁露天矿、红沙梁矿井、邵寨、红沙岗一号井等煤矿规模，建成投产新庄、五举、东水泉等大中型煤矿，开工建设平山湖一号井、吐鲁东露天矿、安家庄等煤矿，推进九龙川、罗川、周寨南、青阳、郭家台等煤矿项目前期工作，争取早日开工建设。建设中央和地方政府可调度煤炭储备项目，新增储备能力680万吨。加大陇东能源基地开发建设，建成投运古浪至河口天然气联络管道。争取原煤产量达到6300万吨、陇东地区原油产量超过1060万吨、天然气产量达到6亿立方米。全面建成国家第一批、第二批大型风电光伏基地项目，加快推进全省“十四五”第二批风电光伏发电项目及抽水蓄能电站建设工作。全面开工建设陇电入鲁工程，积极推进陇电入浙、酒泉外送工程等外送通道项目前期工作，建成兰临输变电工程。水利领域，加快推进甘肃中部生态移民扶贫开发供水、引洮二期配套城乡供水、大型灌区续建配套与现代化改造、江河主要支流治理及淤地坝、坡耕地水土流失综合治理等项目建设。推动白龙江引水工程尽早获批并开工建设。加快推进阿克塞县生态保护及城乡供水一体化工程。积极配合国家开展南水北调（西线）一期工程、黑山峡河段开发等重大水利工程前期论证工作。社会事业领域，启动兰大一院儿童医学中心、国家紧急医学救援基地等重大建设项目，加快推进省中医院西北区域中医医疗中心、省人民医院和兰大二院2个重大疫情救治基地、国药中生集团血液制品生产基地和医美产业化基地等项目建设。支持推动河西学院、天水师范学院、陇东学院等高等院校实训基地建设项目，支持高校改善基本办学条件。统筹推进长城、长征、黄河国家文化公园建设，启动实施丝路黄河文化博物馆、玉门关遗址保护利用设施等重点项目，持续推进省市应急广播平台和县级应急广播体系、甘肃黄河艺术中心等公共文化设施建设。积极申报国家第二批产教融合型试点城市，加强养老托育机构建设力度，推进儿童友好城市建设。三是千方百计扩大消费。把恢复和扩大消费摆在优先位置，提升传统消费，培育新型消费，扩大服务消费，增强消费对经济发展的基础性作用。聚焦汽车、成品油、家电、酒类和特色农产品等重点行业开展线上线下融合、优惠服务同步的系列消费促进活动，稳住汽车、成品油等大宗消费，促进智能家电、餐饮等热点消费。提升城市消费能级，重点打造兰州、天水、酒泉、张掖、庆阳5个区域（特色）消费中心城市，加快建设一刻钟便民生活圈、特色商业步行街、特色餐饮街区和便民消费服务中心，推进智慧商圈、智慧商店创建，支持老字号企业创新发展。深挖乡村消费潜力，组织第二批县区实施县域商业建设行动，支持企业改扩建冷链集配和低温配送中心，打造“1小时鲜活农产品物流圈”。完善农产品营销体系，稳定运营“甘味”农产品展示展销中心。培育新型消费，进一步释放居民消费潜力，支持住房改善、养老服务等消费。引导实体企业加大与电商平台合作力度，推动直播带货、社交电商、即时零售等新业态新模式应用，扩大网络消费规模。抓紧激活文旅市场，推动文旅行业复苏振兴，提升甘肃美食地图知名度，推动餐饮业与旅游等产业融合发展。立足于抢占市场、做大流量、提升品质，全面启动景区景点晋等升级，争取武威铜奔马文化旅游区、甘南冶力关旅游景区创建国家5A级旅游景区，推进张掖丹霞景区创建世界级旅游景区、永靖刘家峡旅游度假区创建国家级旅游度假区，创建6个乡村旅游示范县、60个文旅振兴乡村样板村。

（二）扎实推进强工业行动，加快构建现代化产业体系。一是促进传统产业提质升级。落实落细《甘肃省强工业实施方案（2022-2025）》《打好产业基础高级化产业链现代化水平攻坚战专项行动"1+N+X"政策体系》，完善产业链培育工作机制，做大做优"链主企业"。围绕石油化工、有色冶金等重点产业链，谋划实施一批延链补链强链关键项目，建成酒钢集团碳钢薄板热轧酸洗板镀锌美铝等项目，加快建设白银集团5000吨纳米氧化锌等项目，争取兰州石化120万吨乙烯改造项目纳入国家规划布局开工建设。支持兰州新区千亿级精细化工产业园建设，着力打造综合性绿色化工产业基地。鼓励引导重点企业谋划实施高端化智能化绿色化重点项目300项以上，2023年计划投资200亿元以上，不断推动传统产业提质、降耗、增效。研究出台加快国有矿产资源勘探开发相关政策，组建省属矿产资源集团，有序推进矿业权公开出让。二是大力培育新兴产业。扎实推进新能源及装备制造业发展，做强做大高端先进有色新材料、动力电池材料、先进化工新材料等，实施金川集团10万吨/年三元前驱体二期、金川集团兰州新区半导体封装新材料一期、海亮集团15万吨高性能铜箔材料等项目。促进生产性服务业向专业化和价值链高端延伸，培育1-2个省级生产性服务业示范区、8家省级生产性服务业示范企业。三是推动数字产业加速发展。加快全国一体化算力网络国家枢纽节点（甘肃）建设，构建以庆阳、兰州为双核心的算力网络体系，实施"东数西算"源网荷储一体化智慧零碳大数据产业园、秦淮数据零碳数据中心产业基地、甘肃电信庆阳云计算大数据中心、甘肃移动庆阳云计算数据中心、甘肃联通庆阳数据中心等项目，建成兰州国家级互联网骨干直联点。持续深化5G+工业互联网融合应用，开展工业互联网一体化进园区"百城千园行"活动、甘肃省工业互联网安全深度行活动，拓展在原材料、装备、消费品、电子等领域的应用，力争5G在大型工业企业渗透率达到30%。着力提升信息基础设施应用支撑能力，加快5G独立组网规模化部署，新建成5G基站9000个。

（三）深入实施强科技行动，培育壮大发展新动能。一是培育壮大战略科技力量。注重发挥科技"国家队"创新引领作用，不断完善分类支持机制，强化提升承担重大科技任务和服务地方产业转型升级的能力。实施国家创新平台培育计划，高标准推动国家重点实验室重组，争取国家技术创新中心、国家企业技术中心等国家级创新平台（基地）布局。同时，在重点产业领域，培育建设一批省级工程研究中心等创新平台，不断提升产业创新支撑能力。全力推进兰白两区提质增效，统筹资源建设兰州科学城，夯实创建国家区域科技创新中心的基础。争取在河西地区创建国家农业高新技术产业示范区，支持有条件的省级高新技术产业开发区、省级农业科技园区创建国家高新技术产业开发区和国家农业科技园区，着力打造区域战略科技力量。二是突破一批关键核心技术。聚焦重点产业链梳理形成关键技术图谱，建立重大科技项目"靶向"组织机制。实施科技支撑引领碳达峰碳中和行动和新能源关键共性技术攻坚行动，构建绿色低碳技术创新体系，推动能源清洁低碳高效利用，推进"风光水火储"一体化发展。加强需求导向的基础研究系统布局，建设一批基础学科研究中心，凝练解决一批生产实践中的基础科学问题，为产业技术创新提供更多源头支撑。三是提升企业自主创新能力。完善科技型企业梯次培育体系，实施科技创新型企业和高新技术企业倍增计划，加快培育一批"专精特新"企业，支持有条件的高新技术企业在科创板、北交所上市。持续支持骨干企业牵头组建创新联合体，靶向扶持"链主"企业，强化创新联合体攻坚合力，促进大中小企业融通创新。实施企业技术创新能力提升行动，加强企业研发机构能力建设，持续选派科技专员服务企业创新，试行企业创新积分制，激励企业做大做强。四是深化科技体制机制改革。持续推进科技体制改革三年攻坚任务落实，制定强化科技激励减轻科研人员负担的若干措施，强力推动"科技政策深入推进年"活动，加快转职能、补短板、抓落实、增活力。推进科技管理流程再造，推广运用"揭榜挂帅"、首席科学家负责制等项目组织模式，全面加强有组织的科研，提升重大项目布局的精准度，提升科技投入效能。探索构建多元化科技创新投融资体系，以"拨投结合"模式推进兰白天使基金与科技计划互动，深化推广省联合科研基金模式，集聚各类资金服务科技创新。强化科技成果转化激励，完善科技成果评价制度，加快推进职务科技成果赋权改革，不断提高科技成果转化效率。五是拓展科技交流合作渠道。持续深化与中国科学院、中国工程院等科技"国家队"合作机制，引进国家战略科技力量助力我省创新发展。持续推进东西部科技协作，积极争取上海张江科技专项支持兰白两区发展，深入实施"津甘、鲁甘协作计划"，吸引东部地区科技人才来甘服务，逐步扩大省际科技合作范围，引导东部地区先进生产要素向我省流动。积极融入全球创新网络，推动丝绸之路"科技走廊"建设，深度参与"一带一路"科技创新行动计划。

（四）持续全面推进乡村振兴，推动农业农村现代化取得新进展。一是持续巩固脱贫攻坚成果。完善落实防止返贫监测帮扶机制，坚决守住不发生规模性返贫底线。衔接资金重点用于培育壮大脱贫地区特色产业，力争比重提高到60%以上。强化易地扶贫搬迁后续扶持，促进搬迁群众持续增收。坚持"省外输出、省内拓岗"统筹推进，持续做好省外定向定点输转力度，加大省内有组织劳务输转力度，引导更多城乡劳动者在省内有序流动。持续深化东西部协作和中央单位定点帮扶工作，创新帮扶方式，用好帮扶资源，提升帮扶实效，促进我省东西部协作和中央单位定点帮扶工作再上新台阶。二是全力抓好粮食生产。严格落实耕地保护和粮食安全党政同责，深入实施“藏粮于地、藏粮于技”战略，加强耕地用途管制，坚决遏制耕地“非农化”、严格管控“非粮化”行为，夯实粮食生产的耕地基础，力争2023年粮食面积稳定在4000万亩以上，粮食总产量稳定在240亿斤以上。开展粮食绿色高质高效创建抓点示范行动，打造一批省级百亩攻关方、千亩示范田、万亩示范片。着力推动农业产业融合发展，全省累计认定国家级农业产业融合发展示范园区9家，持续带动区域一二三产业融合发展。大力实施高标准农田建设，扎实推进撂荒地整治，健全种粮农民收益保障机制，提升农民种粮积极性，力争新建和改造提升高标准农田359万亩，整治撂荒地100万亩。三是加快推进种业振兴。立足我省现有种业发展基础和优势，重点开展玉米、马铃薯和牛羊育种联合攻关，培育现代化育种体系，力争我省种业发展实现更大作为。玉米制种面积稳定在140万亩以上，产种保持在6亿公斤左右；生产马铃薯原原种15亿粒左右。四是大力开展乡村建设。持续推进“5155”乡村建设示范行动，完成10个省级示范县（市）和2023年度500个省级示范村创建任务。认真开展农村人居环境整治提升五年行动，深入实施村庄清洁行动和村庄绿化美化行动，因地制宜建设污水处理设施，建设村庄垃圾收集点、乡镇垃圾转运站，推动农村人居环境从基本达标迈向提质升级，确保高质量完成20万座农村户厕改造任务。五是不断深化农村综合改革。巩固提升农村集体产权制度改革成果，持续规范新型农村集体经济组织运行，积极探索集体经济发展壮大的路径。加快建设农村产权流转交易市场，促进农村各类资产、资源规范流动和优化配置。巩固完善农村基本经营制度，深化农村土地制度改革、推进农村宅基地制度改革、农村经营性建设用地入市改革试点工作，赋予农民更加充分的财产权益。

（五）统筹推进城乡区域协调发展，着力打造区域经济增长极。一是加快构建“一核三带”区域发展格局。着力推进强省会行动，出台全省支持强省会行动政策举措，开展兰州新区经济发展评价工作，鼓励兰州新区发展“飞地经济”，充分发挥兰州和兰州新区对全省的集聚和牵引作用。加快兰西城市群建设，加快推进兰州—西宁高速铁路改造项目，尽早打通兰州—西宁快速通道，持续推进红古—民和区域合作创新发展。建立健全省级统筹、中心城市牵头负责、其他城市履责配合的“核”“带”建设推进机制，统筹推进“一核三带”区域联动发展。鼓励支持酒泉、天水加快发展，提升辐射带动能力。统筹推进以甘南、临夏为重点的民族地区，平凉、庆阳为主的革命老区以及肃北马鬃山等特殊类型地区振兴发展，持续推进资源型地区转型和生态综合补偿试点工作，推动区域协调发展。二是加快推进新型城镇化建设。深入推进以人为核心的新型城镇化，全力推动中心镇建设，突出抓好在城镇就业的农业转移人口落户工作，推动常住人口城镇化率达到55.65%以上。继续实施城市更新行动，做好城镇老旧小区改造工作，推进燃气和地下管网等基础设施建设，打造宜居、韧性、智慧城市。进一步完善县域及重点领域基础设施、公务服务、产业配套，全力补齐县城短板弱项。三是持续壮大县域经济实力。全力实施强县域行动，以年度重点任务清单推进省市县三级实施方案落地见效。继续开展年度评价，对86个县域开展分类评价和综合评价，表彰先进、鞭策后进，激励县域争先创优、竞相发展。把开发区作为实施“四强”行动的主阵地，统筹运用各类财政性资金，加大对开发区、代表性园区基础设施项目支持，不断提高园区发展基础，提升发展能级。完善园区考核机制，引导各类园区错位发展、有序竞争、相互融合。积极探索“飞地经济”发展，研究制定进一步促进全省“飞地经济”发展的指导意见，开辟园区经济发展新的增长极。

（六）扎实推进绿色低碳发展，不断增强“绿”的底色。一是深入实施黄河国家战略。组织开展《黄河保护法》学习宣传活动，加大《黄河保护法》普法宣传和贯彻实施力度。出台实施《甘肃省黄河流域生态保护条例》，加强黄河干流以及马莲河、葫芦河、祖厉河、散渡河等主要支流综合治理，大力推进黄河流域兰西城市群甘肃片区生态建设行动，建设沿黄生态带。实施黄河首曲等若尔盖国家公园甘肃段重大项目，推进黄河中上游水土保持及生态修复，不断提升黄河上游水源涵养功能。持续推进黄河流域工业、农业、生活等重点领域污染防治，开展生态脆弱河流治理与修复，探索建立黄河流域上下游横向生态补偿机制。持续推进国家黄河流域生态环境警示片问题整改，守牢生态环境保护底线。高质量办好2023年我省轮值主办的黄河流域生态保护和高质量发展省际合作联席会议，申请国家在我省召开全国黄河流域生态保护和高质量发展现场推进会，加强沿黄省份交流合作。二是稳步推进碳达峰碳中和工作。深入落实“双碳”战略，分行业制定节能降碳等专项实施方案，有序推动钢铁、建材、石化等重点领域绿色低碳转型。继续开展全省发电等7大行业温室气体重点控排企业碳排放数据报送、核查，稳步推进碳排放权等市场化交易，健全企业碳排放管理和监管体系。指导兰州市推动气候投融资试点建设，积极推进国家大宗固废综合利用基地和资源循环利用基地建设。强化“三线一单”分区管控，优化能源资源开发利用。三是着力加强生态环境综合治理。巩固深化祁连山生态环境治理成效，深入推进“绿盾”专项行动，持续加强自然保护地监管。继续推进陇中地区水土流失综合治理和兰西城市群甘肃片区生态项目建设。全面开展秋冬季大气污染防治、臭氧污染防治、柴油货车污染治理、城市黑臭水体治理和农业农村污染治理攻坚战以及饮用水安全保障保卫战等标志性战役，大力整治生态环境问题，推动污染防治在重点区域、重点领域、关键指标上实现新突破，持续巩固改善生态环境质量。

（七）加快推进重点领域改革攻坚，切实增强发展内生动力。一是持续优化营商环境。对标国际国内营商环境前沿水平，持续落实优化营商环境举措，打造兰州优化营商环境实践样本城市。加强优化营商环境监测调度，形成“评价发现短板—提出任务清单—落实整改措施—跟踪评估成效”工作闭环。深化投资领域“放管服”改革，全面推开投资项目信用承诺制改革。深入推进社会信用体系建设，构建全省一体化融资信用服务平台网络，加快打造“诚信甘肃”。建立“金融顾问”制度，为企业提供公益性金融服务。二是深入推进“放管服”改革。大力实施市场主体培育“五转”工程，出台优化营商环境壮大市场主体具体措施，发挥好甘肃省保市场主体公共服务平台作用，提高市场主体获得感。全面加强数字政府建设，印发实施《甘肃省统筹推进数字化发展行动计划》，加快推进《甘肃省数据管理条例》立法工作，有序推进全省一体化政务大数据体系建设，推动更多政务服务事项实现“跨省通办”“一件事一次办”，加快提升政务服务“一网通办”“一网好办”能力。持续推进政务服务标准化规范化便利化。全面实行行政许可事项清单管理，稳步推进行政备案规范管理。大力推进准入准营和退出制度改革，抓好“证照分离”改革效果评估，切实提高审批办证效率。三是加快推进重点领域改革。深入推进公共资源交易数字化转型，实现平台系统与数字政府深度融合，构建公共资源交易“全省一张网”。坚持“应进必进”原则，推动公共资源交易项目进场交易，按照国家部署，重点推进林权、水权、草原承包经营权、排污权、用能权交易改革，完善各类要素交易方式，加快形成全省统一的市场体系。巩固拓展国企改革三年行动成效，持续深化国企改革“双百行动”和“科改示范行动”，不断激发企业发展活力动力。出台《甘肃省城镇供水价格管理实施细则》，建立供水价格形成和动态调整机制。指导各市、州做好天然气配气价格核定工作，不断完善天然气上下游联动机制。加快推进市县政府融资平台公司整合升级转型发展。

（八）注重拓展对外开放空间，不断扩大对外开放能级。一是强化开放平台支撑。充分发挥甘肃省国际物流集团作用，持续引进企业入驻陆港、空港、综合保税区等开放平台，申报兰州保税物流中心（B型），更好发挥开放平台的支撑带动作用。支持兰州新区综保区、武威保税物流中心等口岸引进一批运营企业，提升运营规模和质量效益。积极开辟国内国际货运新航线，发展壮大临空经济。继续指导兰州国际陆港申报国家保税物流中心（B型）。持续申建中国（甘肃）自由贸易试验区，推进自贸试验区可复制经验推广。高水平办好丝绸之路（敦煌）国际文化博览会和敦煌行·丝绸之路国际旅游节。加快兰州、酒泉国家物流枢纽建设步伐，做大做强枢纽经济。二是促进外贸提质增量。争取申报国家外经贸提质增效示范项目和加工贸易梯度转移重点承接地试点。推荐符合条件的省级外贸转型升级基地申报国家级基地，认定新一批省级基地，稳定外贸产业链供应链。鼓励企业在重点国家建设海外仓、特色商品展示展销中心等，优化国际营销网络布局，提升抗风险能力。开展“内贸企业转外贸”行动，认定一批外贸综合服务企业，“一对一”帮扶出口代加工转自营，壮大经营主体规模。组织参加广交会、进博会、服贸会等重点展会，开展与RCEP等重点国别的线上贸易对接会，支持企业抓订单拓市场，推动新能源汽车、风电整机、半挂车等产品出口。积极推进兰州、天水跨境电商综合试验区建设，培育一批跨境电商龙头企业和优势产业园区，带动优势机电产品、特色农产品等出口。加快中医药服务出口基地建设，培育建设兰州、敦煌国家文化出口基地，稳步提升全省服务贸易规模。三是聚焦产业强化招商引资。紧盯长三角、珠三角、京津冀重点地区和三个“500强”企业，重点围绕新能源新材料等“走出去”开展产业链招商。精心筹备第二十九届兰洽会，策划开展2023跨国公司走进甘肃暨海外专场投资洽谈、全球浙商陇上行、闽商投融资对接洽谈会等“请进来”投资贸易促进活动。建立兰洽会和省级重点招商活动签约项目台账，积极跟进项目履约落地。充分发挥省市县招商引资项目代办服务中心作用，以“全程式、跟踪式、保姆式”服务切实为企业纾困解难”。四是稳妥推进国际产能合作。加快推进金川集团南非项目、白银集团秘鲁项目建设，争取酒钢集团牙买加升级改造项目开工建设。引导企业聚焦共建“一带一路”重点国家，积极开展铜、镍、钴、铁、煤等战略性矿产资源及稀有贵金属的勘探和开发利用，建立多元、稳定、可靠的境外资源供应渠道。指导省属企业完善风险防范工作预案，建立健全企业合规经营、投资管理、应急响应和处置机制，加强省属企业境外国有资产监管，织密扎牢境外安全风险防控网络。

（九）着力保障和改善民生，增强人民群众获得感幸福感安全感。一是扎实做好生态及地质灾害避险搬迁工作。精准识别搬迁区域和搬迁对象，对受地质灾害威胁突出的人民群众，“不漏一户、不落一人、应搬尽搬”，2023年完成搬迁4万户。紧盯工作进度、工程质量、资金使用、后续扶持等关键环节，加快推进安置点工程建设，持续完善基础设施条件，改善已搬迁群众居住环境，保障公共服务质量，培育和发展富民产业，扩大就业渠道，提升搬迁群众自我发展能力，实现“搬得出、稳得住、有就业、生活好、能融入”。二是全力增强疫情防控基础能力。进一步科学配置医疗力量，切实提升医疗服务能力，全面加强疫情防控基础能力建设，重点抓好老年人和患基础性疾病群体的防控。加快医疗资源扩充，强化发热门诊设置，做好重症医疗床位、设备、药品、物资和医护力量储备，全力保障群众就医用药需求。加强定点医院设置，通过提标扩容等增加救治床位储备，力争重症救治床位总数不低于定点医院床位总数的10%。加强亚（准）定点医院设置，将一定数量方舱医院提标改造为常设的亚（准）定点医院，力争监护床位总数不低于床位总数的10%。充实基层医疗力量，加强城市社区卫生服务中心、乡镇卫生院等基层力量，提高专业能力。实施86家县医院重症救治能力提升工程。抓实疫苗接种工作，确保重点人群全程免疫接种。三是实施就业优先战略。强化就业优先政策，抓好延续实施减负稳岗扩就业等政策落实，持续深入开展“直播带岗”专项行动、“援企稳岗·服务千企”行动，纵深推动“百千万”创业引领工程、创新开展“陇原惠岗贷”融资业务，着力解决好高校毕业生等青年就业问题。围绕衔接乡村振兴战略，持续做好脱贫人口稳岗就业。健全就业公共服务体系，加强困难群体就业兜底帮扶。完善促进创业带动就业的保障制度，支持和规范发展新就业形态。四是持续加强教育事业发展。统筹基础教育、职业教育、高等教育协同发展，实施学前教育普惠性资源扩容提质工程，着力扩大城镇普惠性学前教育资源。开展义务教育优质均衡推进行动，积极推进集团化办学、学区化治理和城乡共同体建设，促进优质资源供给升级。完善特殊教育保障机制，强化特殊教育普惠发展。坚持高中阶段学校多样化发展，深入实施县域普通高中标准化建设工程。实施职业学校办学条件达标工程，统筹职业教育布局，优化职业院校专业建设，深化职普融通、产教融合，提升服务技能型社会建设能力。加快建设新时代振兴中西部高等教育改革先行区，实施“双一流”突破工程，加强“四新”建设，推动现代化产业、智慧农业、公共卫生和未来技术学院发展，塑造改革发展新动能新优势。推进“校企共生融合发展创新港”建设。实施教育数字化战略，构建信息化引领教育现代化发展新格局。五是更广渠道繁荣文化事业。扎实推进敦煌研究院“世界文化遗产保护典范”和“敦煌学研究高地”建设，实施国家级非遗代表性传承人记录工程，建成非遗大数据平台。争取武威铜奔马文化旅游区、甘南冶力关旅游景区创建国家5A级旅游景区，推进张掖丹霞景区创建世界级旅游景区，永靖刘家峡旅游度假区创建国家级旅游度假区，创建6个乡村旅游示范县、60个文旅振兴乡村样板村，激活文旅市场。加大文化惠民力度，深入实施陇原文艺高峰攀登工程，常态化开展“春绿陇原”文艺展演展播。六是不断完善社会保障体系。完善企业职工基本养老保险全国统筹，推进个人养老金制度实施工作，发展多层次、多支柱养老保险体系。扩大社会保险覆盖面，健全基本养老保险待遇调整机制，推动实施失业保险、工伤保险省级统筹。科学确定2023年城乡低保、特困供养人员基本生活保障标准和补助水平，切实兜住兜牢基本民生保障底线。及时了解掌握受疫情影响地区困难群众基本生活保障情况，对因疫情影响导致基本生活出现困难的群众及时给予临时救助，切实保障好困难群众基本生活。认真落实《关于推进基本养老服务体系建设的实施方案》《甘肃省基本养老服务清单》，着力优化基本养老服务供给。不断健全基本医疗保障制度体系，全面实施职工基本医保门诊共济制度，提高职工普通门诊保障水平，推进建立依申请救助制度，切实减轻因病致贫重病患者医疗费用负担；扎实推进国家药品集中带量采购和使用工作。

（十）坚决有力防范化解重点领域风险，守住安全发展底线。一是突出抓好重点领域风险防范。贯彻落实省委防范化解重大风险领导小组会议精神，高度重视并严密防范分裂破坏暴力恐怖宗教渗透、意识形态等领域风险。持续强化经济运行监测分析，积极引导社会预期，推动全省经济运行保持在合理区间。强化政府债务限额管理，健全省、市、县各级政府债务风险等级评定制度，加强常态化监控评估，坚决遏制新增地方政府隐性债务。压实金融风险化解地方政府属地责任和金融机构主体责任，推动落实高风险机构“1+3+N”化险方案，有力有序推进高风险机构化险工作。持续加强资产负债约束，分行业确定企业负债率的警戒线、管控线，稳妥化解省属企业债务风险。坚持“房住不炒”定位，落实稳地价、稳房价、稳预期要求，制定落实我省“房地产金融16条”配套政策措施，支持房地产企业合理融资需求，促进房地产市场平稳健康发展。二是持续提升粮食供给安全保障能力。认真落实粮食安全党政同责，抓好“引粮入甘”和“甘粮出省”，继续深化省际间粮食产销合作，推动形成主体多元、渠道多样、优粮优价的市场化收购新格局。密切跟踪粮食市场供需和价格变化，加强预期引导，抓好产销衔接，保持平稳运行。推动各级粮食应急预案有效衔接，增强应急保供能力和水平。三是全力保障能源安全。充分发挥省煤电油气运保障工作联合协调机制作用，加强调度监测，强化电煤中长期合同监管履约，切实做好电煤运输保障和天然气保供工作。积极推动新能源消纳，力争与四川、重庆、山东、上海、江西等省份签订政府间电力合作协议，与西北周边省份根据区域内电力供需情况签订互保协议。持续开展电力需求响应工作。四是坚决遏制重特大事故发生。持续深入开展安全生产大检查和隐患排查治理，切实抓好重点行业领域安全整治，坚决遏制重特大安全事故发生。加快国家西北区域应急救援中心项目建设。加强自然灾害风险监测、预警预报，全力做好防汛度汛工作，及时有效处置应对各类险情灾情，全力确保人民群众生命财产安全。五是维护社会安全稳定。持续保持对各类违法犯罪高压严打态势，深化命案攻坚，深入推进涉黑涉恶、涉枪涉爆、电信网络诈骗、养老诈骗等违法犯罪专项打击治理工作，依法打击整治未成年人犯罪。全力做好民族宗教领域各类风险隐患的防范化解，推动平安甘肃建设向更深层次、更宽领域、更高质量迈进，确保政治更安全、社会更安定、人民更安宁、网络更清朗。

各位代表，做好2023年经济社会发展工作任务繁重、意义重大。我们要更加紧密地团结在以习近平同志为核心的党中央周围，在省委的坚强领导下，自觉接受省人大的监督，虚心听取省政协的意见建议，坚定信心、笃定实干，全力以赴实现全年目标任务，努力推动全面建设社会主义现代化幸福美好新甘肃开好局、起好步。

关于2022年全省财政预算执行情况和2023年全省及省级财政预算草案的报告

——2023年1月15日在甘肃省第十四届人民代表大会第一次会议上

各位代表：

受省人民政府委托，现将2022年全省财政预算执行情况和2023年全省及省级财政预算草案提请省十四届人大一次会议审议，并请政协委员和列席人员提出意见。

一、2022年预算执行情况

2022年，全省各级各部门在省委的坚强领导下，在各级人大及其常委会的监督指导下，坚持以习近平新时代中国特色社会主义思想为指导，深入学习贯彻党的二十大精神和习近平总书记对甘肃重要讲话重要指示批示精神，全面落实党中央、国务院各项决策部署，坚持稳中求进工作总基调，按照“疫情要防住、经济要稳住、发展要安全”的要求，扎实推进党中央、国务院和省委省政府稳经济一揽子政策及接续措施落地见效，为全省经济承压而上、逆势而进提供有力支撑。全省各级财政部门认真落实积极的财政政策，深入推进财税体制改革，强化预算执行管理，积极防范化解政府债务风险，集中财力保障重点支出，总的看，财政改革发展各项工作取得新的进展，全省财政运行总体平稳。

（一）全省预算执行情况

2022年，面对多轮疫情冲击、经济下行压力加大、大规模增值税留抵退税等因素对财政收支的影响，全省各级财政部门会同有关部门依法依规抓收入，统筹财政资源保支出，努力为全省经济社会高质量发展作出积极贡献。全省一般公共预算收入907.6亿元，扣除增值税留抵退税等因素，同口径增长4.9%。加上中央补助、政府一般债券收入等，收入总量为4987.9亿元。全省一般公共预算支出4263.5亿元，增长5.7%。加上政府债券还本、补充预算稳定调节基金、上解中央支出等，支出总量为4629.4亿元。收支总量相抵，结转下年支出358.5亿元。

全省政府性基金预算收入368.1亿元，下降38.2%，其中国有土地使用权出让收入216.5亿元，下降51.3%。加上上年结余、中央补助、政府专项债券收入等，收入总量为1664.3亿元。全省政府性基金预算支出1454.5亿元，增长17.9%。

加上政府债券还本支出、调出资金等，支出总量为1577.4亿元。收支总量相抵，结转下年支出86.9亿元。

全省国有资本经营预算收入25.1亿元，增长78.6%，主要是国有企业股权转让收入增加。加上上年结余、中央补助，收入总量33亿元。全省国有资本经营预算支出6.6亿元，下降12.1%。加上调出资金8.7亿元，支出总量15.2亿元。收支总量相抵，结转下年支出17.8亿元。

全省社会保险基金预算收入1287.2亿元，下降4.2%；全省社会保险基金预算支出1192亿元，下降1%，主要是企业职工养老保险实行全国统筹，当年我省为净补助省份，无统筹调剂金支出；当年结余95.2亿元，年末滚存结余1233.2亿元。

（二）省级预算执行情况

省级一般公共预算收入263.8亿元，同口径增长10.4%。

其中：税收收入177.2亿元，同口径增长14.8%；非税收入86.5亿元，同口径增长0.5%。加上中央补助、政府一般债券收入、调入资金、市县上解收入等，收入总量为4073.4亿元。省级一般公共预算支出740.5亿元，下降7.1%。加上政府债券还本、上解中央支出、对市县转移支付、转贷市县一般债券等，支出总量为4052.1亿元。收支总量相抵，结转下年支出21.3亿元。

省级政府性基金预算收入124亿元，增长6.1%。加上中央补助、上年结余、政府专项债券收入等，收入总量1310.3亿元。省级政府性基金预算支出316.1亿元，增长6.5%。加上政府债券还本、转贷市县专项债券、对市县转移支付等，支出总量1299.9亿元。收支总量相抵，结转下年支出10.4亿元。

省级国有资本经营预算收入6亿元，下降10.4%，加上上年结余、中央补助，收入总量9.1亿元。省级国有资本经营预算支出3.4亿元，与上年基本持平。加上调出资金、补助下级支出等，支出总量6.5亿元。收支总量相抵，结转下年支出2.6亿元。

省级社会保险基金预算收入667亿元，下降3.7%；省级社会保险基金预算支出622亿元，下降5.6%；当年结余45亿元，年末滚存结余615.2亿元。

省级财政预算调整情况。2022年省第十三届人大常委会第三十一次、三十二次、三十三次会议审查批准了当年新增政府债务限额分配计划和省级财政预算调整方案，省对市县一般性转移支付由年初预算1990亿元调整为2000亿元，增加10亿元；省本级政府性基金预算支出由年初预算158亿元调整为324亿元，增加166亿元。另外，预算执行中，由于中央转移支付增加引起省级支出正常变动，按照《预算法》有关规定，不属于预算调整范围。

（三）政府债务情况

政府债务限额余额情况。财政部核定2022年全省政府债务限额6390.8亿元（一般债务2569.3亿元，专项债务3821.5亿元），比上年新增1169亿元（一般债券167.3亿元，专项债券994亿元，中央转贷地方外债7.7亿元）。另外，核定我省使用专项债券结存额度86亿元。初步统计，截至2022年底全省政府债务余额为6087.5亿元（一般债务2414.1亿元，专项债务3673.4亿元），其中：省级1919.1亿元（一般债务1136.2亿元，专项债务782.9亿元），市县4168.4亿元（一般债务1277.9亿元，专项债务2890.5亿元）。2022年政府债务余额决算数，待财政部统一核定后再按照程序向省人大常委会报告。

政府债券发行情况。2022年，在省人大常委会批准的政府债务举债限额内，全省发行政府债券1497.2亿元，其中：一般债券345.1亿元，专项债券1152.1亿元。按类别分，发行新增债券1247.3亿元（一般债券167.3亿元，专项债券1080亿元），其中：省级276亿元，市县971.3亿元；发行再融资债券249.9亿元（一般债券177.8亿元，专项债券72.1亿元），其中：省级26.1亿元，市县223.8亿元。当年债券平均发行利率3.08%。

新增政府债券投向情况。2022年发行债券中，一般债券167.3亿元，主要用于交通基础设施28.1亿元，农林水利44.7亿元，生态环保4.7亿元，社会事业46.2亿元，市政建设23.2亿元，保障性安居工程4.5亿元，自然灾害防治体系建设10.2亿元，其他方面5.7亿元。专项债券新增额度和结存额度1080亿元，主要用于交通基础设施243.4亿元，能源3.7亿元，农林水利68.5亿元，生态环保15.3亿元，社会事业148.2亿元，仓储物流基础设施20.2亿元，市政和产业园区基础设施建设149.9亿元，保障性安居工程130.8亿元，支持化解中小银行风险300亿元。

政府债务还本付息情况。2022年，全省各级财政按照偿债计划将债务还本付息支出列入预算。全省偿还政府债务本金311亿元，其中：省级41.8亿元，市县269.2亿元。支付政府债务利息184.8亿元，其中：省级61.7亿元，市县123.1亿元。

（四）预算稳定调节基金情况

根据各级人大批准的年度财政决算，2021年底，全省预算稳定调节基金规模为274.1亿元。其中：省级193.4亿元，市县80.7亿元。2022年全省动用预算稳定调节基金180.2亿元，其中省级动用130亿元，市县动用50.2亿元。2022年底全省预算稳定调节基金总规模216.8亿元，其中：省级163.9亿元，市县52.9亿元。

以上2022年相关数据为初步汇总数，决算后将根据实际情况做相应调整，届时再按程序向省人大常委会报告。具体情况详见《2022年全省财政预算执行情况和2023年全省及省级财政预算草案》。

二、2022年落实省人大决议和财政重点工作情况

全省各级财政部门严格执行《预算法》及其实施条例，全面落实省人大各项决议，按照积极的财政政策要提升效能，更加精准、可持续的要求，深化财税体制改革，狠抓财政管理和政策落实，为全省经济社会发展提供有力保障。

（一）积极争取中央财政支持。坚持把争取中央支持作为财政工作的重中之重，积极向中央反映我省重大政策落实、重点项目推进等情况，抢抓政策机遇，大力争取政策资金支持。2022年中央财政下达我省各类转移支付3188亿元。财政部分配我省新增债务额度1255亿元。财政部主导分配的竞争性项目中，我省申报的冬季清洁取暖等7个项目入围获批。

（二）全面落实财税政策。紧紧围绕中央稳经济“33条”、省委省政府“53条”以及接续措施，统筹运用组合式税费支持政策以及援企稳岗等措施，强化资金保障，加快政策落地，着力推动全省经济稳中向好。全面落实组合式税费政策。成立省级跨部门协作领导小组，制定工作方案，做好宣传解读，强化跟踪分析，不折不扣落实留抵退税政策，推动政策红利加快释放。全年退税272.2亿元。认真落实增值税小规模纳税人免征增值税，小型微利企业减免企业所得税，顶格减征“六税两费”，对涉及企业、个体工商户缓缴部分行政事业性收费，阶段性缓缴企业社会保险费等政策“组合拳”。加快财政预算执行进度。严格资金下达时限规定，提前做好数据收集和项目储备，优化资金分配拨付程序，加快纳入年度预算重大项目实施，切实提高预算执行进度和资金使用效益。加强市县库款保障水平监测，完善库款调度机制，着力保障各级正常库款需求。积极扩大有效投资。加强横向配合和纵向联动，做好前期准备工作，加快政府债券发行使用，完善提前调拨机制，大力支持重点项目建设。密切关注债券项目实施情况，建立月通报制度，督促加快债券资金支出进度，对支出缓慢、年内难以形成支出的，按程序及时调整项目，切实提高资金使用效益。全年发行项目建设专项债券780亿元，较上年增加106亿元，支持交通、水利等领域1284个重点项目建设，支出进度达94%，充分发挥了专项债券对投资拉动作用。用足用好政策性开发性金融工具，落实对制造业等领域设备更新改造贷款贴息政策，带动扩大有效投资。持续加力实施稳岗就业。研究制定具体政策措施，积极落实阶段性降低、缓缴社会保险费政策，全年为7.8万户企业减负失业保险费8.8亿元，为7490户（次）企业缓缴养老、工伤、失业社会保险费12.8亿元，为1.3万户企业减负工伤保险费2.1亿元。落实失业保险稳岗返还政策，补贴支出6亿元。按照国家政策顶格执行技能培训补贴、一次性留工培训和扩岗补助三项政策，共发放补助5.7亿元。

（三）全力保障重大战略任务落实。始终把增强党中央、国务院战略部署和省委省政府工作任务保障能力作为财政工作的关键，加强政策供给，创新投入方式，强化资金保障，推动各项任务落实落细。着力支持巩固拓展脱贫攻坚成果同乡村振兴有效衔接。严格落实“四个不摘”要求，调整优化资金投向政策，持续做好资金保障，保持财政支持政策和资金规模总体稳定。全省共安排衔接推进乡村振兴补助资金243.5亿元，其中省级安排72亿元，保持投入力度不减。加强财政涉农资金整合，发挥资金整体效益和规模效应，支持乡村振兴各项工作任务落实。省级共下达涉农整合资金299.3亿元，市县计划整合使用262.9亿元。省级财政筹措资金10亿元，设立乡村振兴投资基金，首期基金目标总规模30亿元以上，聚焦乡村振兴和县域经济，支持县域特色产业、现代种养业、农产品加工流通业等发展。首批已与6个市县签订子基金合作协议，其中张掖市乡村发展投资基金子基金已完成注册投运，吸引撬动社会资本投入产业发展。深入实施创新驱动发展战略。制定财政支持强科技行动若干措施，完善科技创新财税政策体系，加大基础研究和应用基础研究投入，促进科技创新成果转化，塑造经济发展新优势。全省科技支出47.4亿元，增长35.6%。统筹考虑部分市县财力困难、科技投入不足等现状，安排奖补资金5亿元，引导市县加大科技创新投入。落实研发费用加计扣除等优惠政策，加大以奖代补力度，鼓励创新主体加大自主研发投入，激发内生动力，提升科技创新实力。支持打好污染防治攻坚战。坚持多渠道筹措资金，加大生态环保投入力度，统筹支持大气、水、土壤等污染防治，推动生态环境质量持续向好。出台甘肃省推动黄河流域生态保护和高质量发展财税支持方案，着眼黄河流域生态保护、节约集约用水、灾害防治、文化传承保护等重点领域，健全多元化资金筹集机制，支持黄河流域生态保护和高质量发展。积极争取中央黄河专项资金及奖补资金，支持水源涵养、水土保持、污染防治等领域项目建设。引导黄河干流和一二级支流城市建立横向生态补偿机制，兰州市、白银市、临夏州已签订黄河流域横向生态补偿协议，省级兑付奖补资金9500万元。

（四）着力保障和改善民生。牢固树立以人民为中心的发展思想，坚持民生投入只增不减，加强普惠性基础性兜底性民生建设，努力让群众生活越来越好。2022年教育等11类民生支出3338.8亿元，增加126.7亿元，占财政总支出的近八成。省委省政府确定的10件民生实事全部办结。全面落实社保提标政策。企业和机关事业单位退休人员基本养老金人均增长4.2%、3.4%，城乡居民最低基础养老金补助标准由每人每月113元提高到118元，城乡低保指导标准分别提高8%、10%。提高孤儿和事实无人抚养儿童生活保障补助标准，其中：福利机构集中供养孤儿和事实无人抚养儿童补助标准由每人每月1360元提高到1470元，社会散居补助标准由每人每月1000元提高到1080元。健全公共卫生服务体系，基本公共卫生服务人均财政补助标准提高5元，达到每人每年84元，城乡居民基本医疗保险补助标准提高30元，达到每人每年610元。全力支持疫情防控。健全常态化疫情防控保障机制，在测算下达补充县区财力专项、县级基本财力保障机制奖补等资金时，充分考虑疫情防控支出对县区财政的压力，支持县区落实好疫情防控责任。2022年全省共筹集安排疫情防控资金55.5亿元。大力支持生态及地灾避险搬迁。按照省委省政府工作部署，落实财政补助政策，用活用好各类扶持政策，着力打造“10+‘5’+N”资金政策“支持包”，促进搬迁工作落地落实。按照搬迁4万户、户均10万元的标准，省级统筹中央转移支付、政府一般债券以及盘活存量资金等方式给予支持。省市县按照8∶1∶1比例，对每户5年期5万元贷款给予财政贴息。统筹现有资金渠道，落实好既有政策，支持迁入区基础设施建设和产业发展，保障搬迁群众基本生活需求，确保群众搬得出、稳得住、有产业、能致富、可持续。同时，通过支持棚户区改造、保障性住房、老旧小区改造和发展住房租赁市场等方式，增加保障性住房供给，改善城镇住房困难群众条件。支持做好“保交楼、稳民生”工作，促进房地产市场稳定健康发展。

（五）切实防范化解政府债务风险。兼顾稳增长与防风险，既注重加快债券发行使用，着力扩大有效投资，也注重强化政府债务风险防控，增强财政可持续性。优化债券额度分配机制。研究出台地方政府债务限额分配管理办法，在分配政府债券时充分考虑市县财力状况、债务风险水平、项目储备情况等因素，向偿债能力强、项目储备足的地区倾斜，确保债券资金到位后能够形成有效支出。按照“储备入库一批、发行使用一批、开工建设一批”的要求，做好专项债券项目常态化储备，优先支持纳入“十四五”规划和省委省政府确定的重点项目。强化债券资金使用管理。严格执行专项债券负面清单管理，严禁将债券资金用于楼堂馆所、形象工程和政绩工程以及非公益性资本支出项目等。强化日常监督管理，实行专项债券项目穿透式监测，按月通报支出进度，常态化开展专项债券使用管理情况核查。严格落实专项债券资金违规使用处理处罚机制，推动专项债券资金依法合规使用。坚决防范化解债务风险。督促市县和部门落实还本付息主体责任，通过预算安排、项目单位收益及发行再融资债券及时偿还到期债券本息，应付本息全部偿还。靠实隐性债务化解主体责任，积极筹措资金，稳妥化解隐性债务存量，超额完成既定的年度化解任务。

（六）筑牢兜实“三保”底线。始终把兜牢“三保”底线作为财政工作的硬任务，坚持财力下沉，不断加大对市县转移支付力度，加强动态监测和提示预警，确保基层“三保”不出问题。严格落实各级保障责任。落实分级负责制，建立健全“县级为主、市级帮扶、省级兜底”的三级保障机制，靠实压实市县主体责任，确保“三保”支出保障到位。增强基层财政保障能力。统筹中央转移支付和自有财力，扩大转移支付规模，特别是将财力性转移支付向财政困难县区倾斜，进一步缓解了基层财政困难，提高了“三保”保障能力。省对市县转移支付2893.7亿元，增加304.2亿元，增长11.7%。落实常态化资金直达机制。持续完善优化流程，打通资金拨付、库款调度、资金使用等环节，探索推进常态化对账机制，确保资金快速精准直达基层，直接惠企利民。省级共下达市县直达资金1338.1亿元，支出1225亿元。认真落实“四个”机制。扩大审核覆盖面，选取52个重点县区开展“三保”支出预算审核，对预算安排存在缺口的，督促及时调整或调剂预算补足。完善工资专户管理，落实执行监控机制、风险防范和应急处置机制，及时研判可能出现的风险并提示预警，确保基本民生政策落实、机关事业单位工资发放和机构正常运转。加强地方财政运行监测。综合评估县区财政运行风险，对地方“三保”预算安排和执行情况、政府债务还本付息、暂付款、国库库款等开展联动监测和动态预警，特别是对风险评估为橙色和黄色的县区进行重点监测。加强库款调度，保障基层资金需求。

（七）深入推进财政体制改革。积极发挥财政改革突破和先导作用，持续深化财税体制改革，加强预算编制、执行全流程监管，深化预算绩效管理，强化财政监督检查，促进财政管理提质增效。持续推进财政管理改革。认真落实深化预算管理制度改革举措，完善预算管理体制机制，加大收入统筹力度，规范预算支出管理，增强预算编制执行的科学性完整性。印发《关于厉行勤俭节约过紧日子确保财政平稳运行实施方案》，围绕严格落实过紧日子要求、兜实“三保”底线、加强政府债务管理三个方面，明确21条具体措施，强化财政管理，确保基层财政平稳运行。出台省级部门财政结转结余资金管理办法，进一步明确结转结余资金的范围、使用等具体规定，强化源头审核把关，避免财政资金闲置浪费。全面实施预算绩效管理。坚持先有目标、后有预算，将绩效理念贯穿预算管理全过程，推动预算和绩效管理一体化。持续推进事前绩效评估，更加注重对新增事项的绩效评估。督促指导部门和市县全面梳理预期产出和效益，规范编制绩效目标，并将绩效目标与预算同步批复下达，作为事中监控和事后评价的重要依据。2022年省级部门共编报预算项目绩效目标910个，涉及资金927.3亿元。建立健全预算项目支出“单位自评＋财政抽查复核”和“部门＋财政重点评价”的全方位绩效评价机制，实现省级部门预算、对下转移支付安排项目绩效自评全覆盖。选取6个县区开展县级财政运行综合评价，引导县区加强预算绩效管理，提升资金使用效益。强化绩效评价结果应用，将评价结果作为预算安排的重要依据，充分发挥绩效结果导向和激励约束作用，提高预算编制的科学性。持续加强财会监督。聚焦减税降费政策落实、政府过紧日子、基层“三保”保障、涉农资金管理等8个领域，组织开展财经秩序专项整治行动，强化政策落实，防范化解风险隐患，进一步规范各级财政管理。修订《甘肃省会计管理条例》。高度重视审计、检查等反馈的问题，注重从政策制度层面建立长效机制，切实提高财政管理水平。自觉接受人大审查监督。贯彻落实人大预算审查监督重点拓展改革有关要求，完善草案编制方式，不断提高预决算草案编制质量，自觉接受审查监督。扎实落实省人大及其常委会有关决议，及时报告工作落实和进展情况。认真落实《关于加强地方人大对政府债务审查监督的意见》，积极配合省人大做好政府债务审查监督。全面落实报告制度，按程序向省人大常委会报告政府债务、国有资产管理情况。认真研究代表委员提出的意见建议，把办理建议提案同完善政策、健全机制、改进工作结合起来，推动解决群众关心、社会关注的重点难点问题。

在看到成绩和积极变化的同时，我们也清醒地看到当前财政运行管理中存在一些困难和问题：如财政收入规模依然较小，财政支出刚性强，兑现“三保”政策压力较大，加之疫情防控、洪涝灾害等突发事项增支较多，财政收支矛盾突出。部分市县政府债务还本付息进入高峰期，偿债压力较大，防范化解政府债务风险任务艰巨。预算绩效管理体系还需完善，部分绩效目标设定不够科学，绩效目标约束力不强，部门主体责任意识还需进一步增强。我们高度重视这些问题，已经采取一系列措施加以解决，今后将进一步加大工作力度。

三、2023年全省及省级财政预算草案编制情况

2023年是全面贯彻落实党的二十大精神的开局之年，编制好2023年预算、做好各项财政工作，对贯彻落实党中央、国务院方针政策和省委省政府决策部署，促进全省经济高质量发展和社会大局稳定，具有十分重要的意义。从积极因素看，随着疫情防控措施进一步优化完善，群众生产生活将加快回归正常轨道，消费、工业生产、项目建设有序恢复，省委省政府谋划的“一核三带”区域发展格局、“四强”行动等重大部署落地见效，全省经济社会高质量发展的底气和后劲进一步增强。从面临挑战看，需求收缩、供给冲击、预期转弱三重压力仍然较大，城乡发展、区域发展、产业发展“三个不平衡”特征依然明显，产业转型升级步伐还需进一步加快，影响经济持续恢复增长的困难和挑战依然不少。从财政形势看，2023年中央实施加力提效的积极财政政策，保持适度支出强度，这将进一步提高地方财政保障能力。加上2022年落实大规模增值税留抵退税收入基数相对较低，以及政策效应逐步释放，有利于财政收入恢复性增长。但疫情带来的不利影响尚需消化，短期矛盾和中长期问题交织并存，经济恢复基础尚不牢固，加之中央将继续实施减税降费政策，必将对财政增收带来一定影响。从财政支出看，落实国家发展战略、巩固拓展脱贫攻坚成果、保障和改善民生、债务还本付息等支出需求进一步增加，财政收支矛盾依然突出。

2023年预算编制的指导思想是：坚持以习近平新时代中国特色社会主义思想为指导，全面贯彻党的二十大精神和习近平总书记对甘肃重要讲话重要指示批示精神，紧紧围绕省第十四次党代会安排部署，坚持稳中求进工作总基调，完整、准确、全面贯彻新发展理念，加快融入新发展格局，更好统筹疫情防控和经济社会发展，更好统筹发展和安全，全面深化改革开放，大力提振市场信心，把实施扩大内需战略同深化供给侧结构性改革有机结合起来，突出做好稳增长、稳就业、稳物价，着力推动经济社会高质量发展。认真落实加力提效的积极财政政策，推进财政资源统筹，用好增量，盘活存量，持续优化支出结构，增强对国家重大战略任务和省委省政府决策部署的财力保障。坚决落实过紧日子要求，严控一般性支出，厉行节约办一切事业。深化预算管理制度改革，全面实施预算绩效管理，防范化解政府债务风险，推动财政管理提质增效。

根据经济形势和上述指导思想，2023年预算编制总体思路是：坚决贯彻党中央、国务院方针政策和省委省政府决策部署，认真落实中央和省委经济工作会议精神，深入研判财政经

济形势，统筹考虑需求与可能、当前与长远的关系，更加注重财政支出结构调整，加强财政资源统筹，强化预算源头管控，做到统筹兼顾、突出重点，充分体现省委省政府工作部署，增强重大战略任务财力保障。收入预算要与经济社会发展相适应，与积极财政政策相衔接，既充分考虑省委省政府实施“四强，行动等决策部署落地见效对财政增收的积极效应，深入分析，科学预测，也要考虑产业结构不够优化、创新主体活力不足、县域经济实力较弱等实际对财政增收带来的压力，实事求是，合理安排。支出预算要严格落实党政机关过紧日子要求，坚持应保尽保、能省则省，量入为出、精打细算，优先保障“三保”和重点领域支出，提高财政资源配置效率，确保财政平稳可持续运行。

（一）2023年财政政策

2023年，积极的财政政策要加力

提效。“加力”主要体现在：一是集中财力保障重点支出。统筹财政收入、中央转移支付、政府债券、存量资金等，保持必要的支出强度，增强重大战略任务财力保障。调整完善财政政策，深入开展财政承受能力评估，增强财政政策针对性有效性，更加注重可持续。二是积极扩大有效投资。充分发挥政府专项债券、基建投资等作用，加强年度间重大项目和政策衔接，保障重点项目建设和在建项目后续融资，推动尽快形成实物工作量，持续形成投资拉动力。三是全面落实各项财税政策。全面精准落实减税降费、助企纾困、稳岗就业等财政政策，突出对中小微企业、个体工商户以及特困行业的支持，助力市场主体加快发展。四是确保基层财政平稳运行。健全县级财力保障长效机制，坚持财力下沉，扩大省对市县转移支付规模，兜牢兜实县级“三保”底线，为经济运行营造良好的基础环境。“提效”主要体现在：一是优化财政支出结构。围绕党中央决策部署和省委省政府重点任务，加大科技攻关、生态环保、基本民生等重点领域投入，更直接更有效发挥积极财政政策作用。二是充分发挥财政资金引导撬动作用。综合运用财政专项资金、政府投资基金、财政奖补、贴息等措施，进一步带动扩大全社会投资和促进消费。三是加强财政管理改革。坚决落实政府过紧日子要求，推进省以下财政体制改革，完善财政资金直达机制，深化预算绩效管理，加强财政信息应用支撑，提高财政资金使用效益和财政政策效率。四是积极防范政府债务风险。加强政府债务风险防控，遏制隐性债务增量，稳妥化解存量，坚决制止违法违规举债行为，牢牢守住不发生系统性风险的底线。

主要支出政策：

农业农村方面。坚持农业农村优先发展，促进城乡融合发展，强化一般公共预算投入，稳步提高土地出让收入用于农业农村的比例。根据巩固拓展脱贫攻坚成果同乡村振兴有效衔接的需要和财力状况，合理安排财政投入规模，重点支持培育壮大脱贫地区特色产业，增强脱贫地区内生发展动力，全面巩固拓展脱贫攻坚成果。继续实施涉农资金统筹整合试点政策，发展壮大脱贫地区优势特色产业，促进产业提质增效。充分发挥乡村振兴投资基金作用，引导撬动更多社会资本投入农业农村产业发展。支持深入实施国家粮食安全战略，加快发展现代寒旱特色农业，壮大黄土高原区旱作高效农业、河西走廊戈壁节水生态农业、黄河上游特色种养业、陇南山地特色农业，支持高标准农田建设，加大撂荒地整治力度，落实种业振兴五大行动，守住粮食安全底线。促进农村一二三产业融合发展，推动乡村产业全链条升级，培育一批具有甘肃特点和市场影响力的农业品牌，增强市场竞争力和可持续发展能力。健全种粮农民收益保障机制，落实实际种粮农民补贴政策，促进农民收入持续增长。完善大灾风险分散机制，更好发挥政策性农业保险风险保障作用，促进农业可持续发展。深入推进农村综合改革，扶持壮大村级集体经济，加大农村公共服务和社会事业投入力度，推进农村公路等基础设施建设，推动建设宜居宜业和美乡村。

保障和改善民生方面。坚持尽力而为、量力而行，在发展中保障和改善民生，加强普惠性、基础性、兜底性民生建设，办好民生实事，着力保障和改善民生。深入实施就业优先战略，支持开展职业技能培训，促进高校毕业生、退役军人、农村贫困劳动力等重点群体就业，通过创业带动就业、新就业形态等方式，实现更加充分更高质量就业。巩固完善义务教育经费保障机制，支持推进义务教育薄弱环节改善和能力提升工程，有序扩大城镇学位，加快义务教育优质发展和城乡一体化。加大普惠性学前教育资源供给，改善普通高中办学条件，探索建立基于专业大类的职业教育差异化生均拨款制度，加大高水平大学和“一流”学科建设力度，全面落实学生资助政策，努力提升教育综合实力和教育质量。支持落实好三孩生育政策及配套措施，推动普惠托育服务体系建设。优化基本养老服务供给，健全养老服务机构和设施，鼓励引导社会力量参与提供基本养老服务。落实退休人员养老金提标政策，确保基本养老保险待遇按时足额发放。健全社会救助制度，保障好因疫因灾遇困群众和老弱病残等特殊群体的基本生活。落实经费保障责任，完善优抚对象等人员抚恤和生活补助标准调整机制。支持生态及地质灾害避险搬迁，努力实现民生改善、生态保护多重效应。支持推进公立医院综合改革，加强医疗卫生机构能力建设和卫生健康人才培养，提高医院传染病院（区）重症救治能力，提升医疗卫生服务水平。支持新冠病毒疫苗接种，加快中医药强省建设，健全医疗卫生服务体系，适当提高居民医保财政补助标准，全方位守护人民健康。健全公共文化服务财政保障机制，支持创新实施文化惠民工程，拓展公共文化供给主渠道，弘扬红色文化、优秀传统文化。支持自然灾害防治体系建设，增强安全生产预防与应急救援能力。支持平安甘肃建设，维护社会和谐稳定。

生态环保方面。践行绿水青山就是金山银山理念，深入推进污染防治，继续支持打好蓝天、碧水、净土保卫战，着力支持生态环境保护各项任务落地落实。研究制定我省财政支持碳达峰碳中和工作意见，推动清洁取暖改造，推进能源清洁低碳转型和清洁生产，引导各类要素向绿色低碳发展聚集，促进降碳、减污、扩绿、增长协同推进，加快发展方式绿色转型。坚持“重在保护、要在治理”，全面落实推动黄河流域生态保护和高质量发展财税支持方案，统筹生态保护、水利、农业等相关资金，实施涵养水源、防治污染、节约用水、污水处理等领域项目建设，稳步推进黄河流域横向生态补偿机制，全面提升流域整体生态功能。实施退耕还林还草、天然林保护、冬季清洁取暖、国土绿化试点等重点生态工程项目，支持开展历史遗留废弃工矿土地整治，推进矿山环境修复治理，持续推进祁连山生态环境保护与修复，着力改善生态环境质量。坚持山水林田湖草沙一体化保护和系统治理，推进祁连山、大熊猫国家公园建设，构建以国家公园为主体的自然保护地体系，有序开展外围保护地带生态治理修复，提升生态服务功能。支持工业、城镇、土壤、面源、固体废物等重点领域污染防治，坚决防止生态恶化。加大重点生态功能区转移支付力度，支持市县加强生态环境保护。

促进经济发展方面。围绕党中央、国务院重大决策部署和省委省政府工作安排，以重点地区和关键领域为突破口，加强财政政策供给和资金保障，培育和发展新的增长点增长极增长带，推动经济发展实现质的有效提升和量的合理增长。坚持工业强省、产业兴省，加大产业链发展投入力度，加快传统产业高端化、智能化、绿色化改造，拓展传统优势产业存量，培育新兴产业，扩大战略性新兴产业增量，构筑产业体系新支柱，推进产业延链补链强链，激发实体经济活力，提高产业质量效益和综合竞争力。完善科技投入保障机制，创新财政科技投入方式，采取事前补助、事后奖补以及基金投资等方式，加大基础研究和应用基础研究投入，支持基础前沿、重大共性关键技术和重要产品工程化攻关，提高原始创新能力。发挥财政资金引导作用，落实好税收、政府采购等政策，促进新一代信息技术、高端装备、新材料等战略性新兴产业发展，推动经济发展由要素驱动为主向创新驱动为主转变。统筹用好专项资金、政府债券等，支持交通、水利等领域重大项目建设，加快补齐基础设施建设短板，拉动有效投资。支持推进消费模式创新和业态升级，释放消费潜力，恢复和扩大消费。坚定不移支持区域协调发展，加快推进兰州新区建设，支持少数民族地区、革命老区等特殊类型区域补齐基础设施、公共服务、产业发展等短板。发挥财政资金撬动作用，加大财政补贴、贷款贴息等力度，加强政府投资基金管理，支持特色优势产业、战略性新兴产业等发展。落实好市州重点工作任务完成情况奖励、县域经济发展进步县奖励、新引进企业增值税全留县区等政策，统筹资金加大开发区建设支持力度，推动县域经济加快发展。加快发展新经济新产业新业态，支持数字政府和新型基础设施建设，推动数字产业化、产业数字化，赋能传统产业迭代升级发展。全面落实减税降费、融资服务、稳岗就业等助企纾困政策，加大“专精特新”中小企业支持力度，健全完善清理拖欠中小企业账款长效机制，支持完善中小企业公共服务体系和融资服务体系，促进实体经济加快发展。落实各类人才培养计划和人才津贴政策。坚持以人为核心的新型城镇化，落实新增农业转移人口市民化奖励政策，促进就业、教育、医疗等公共服务均等化，推动农业转移人口在城市稳定就业和居住。

（二）2023年全省代编财政收支情况

全省一般公共预算收入预计1026亿元，加上上年结转、中央补助、一般债务收入以及调入的预算稳定调节基金等，全省一般公共预算支出预计4400亿元左右。

全省政府性基金预算收入预计606.9亿元，加上上年结转、中央补助、政府专项债券收入等，收入总计1117.2亿元；全省政府性基金预算支出921.6亿元，调入一般公共预算50.8亿元，安排专项债务还本119.8亿元，预计结转下年25亿元。

全省国有资本经营预算收入预计10.7亿元，加上上年结转、中央补助等，收入总计29.4亿元；全省国有资本经营预算支出22亿元，调入一般公共预算7.4亿元。

全省社会保险基金预算收入预计1396.9亿元；全省社会保险基金预算支出1299.3亿元，年末滚存结余1330.8亿元。

需要说明的是：全省预算由省级预算和市县预算汇总形成，市县预算由市县人民政府编制，报同级人民代表大会批准。本报告中全省收入预计数和支出安排数均为省级财政代编。

（三）省级预算草案编制情况

省级一般公共预算收入预计为282亿元，增长6.9%。其中：税收收入205.5亿元，增长16%；非税收入76.5亿元，下降11.6%。加上中央补助、调入预算稳定调节基金、市县上解收入等，总收入3214亿元。

省级安排一般公共预算支出3214亿元，分省本级支出、对市县税收返还和转移支付、转贷市县一般债券、上解中央支出、债务还本支出反映。本级支出789.5亿元；对市县税收返还和转移支付2368.2亿元，其中：税收返还56.6亿元，一般性转移支付2167亿元，专项转移支付141.5亿元；债务还本支出21亿元；转贷市县一般债券12亿元；上解中央支出23.3亿元。

这样安排后，省级部门“三公”经费财政拨款汇总预算3亿元，同比下降1.3%。

省本级一般公共预算支出中，基本支出218.7亿元，项目支出562.9亿元；预备费8亿元，占省级一般公共预算支出的1.01%。省委省政府确定的10件为民实事项目，需省级安排的资金都做了相应安排。

省级政府性基金预算收入预计132.4亿元，加上上年结转、中央补助、政府专项债券收入等，收入总计566.2亿元。按照有关政策规定和收支平衡原则，调入一般公共预算5亿元，安排本级支出201.7亿元，对市县转移支付13.5亿元，转贷市县政府专项债券346亿元。

省级国有资本经营预算收入预计5亿元，加上上年结转、中央补助等，收入总计8.5亿元。按照有关政策规定和收支平衡原则，调入一般公共预算2亿元，安排本级支出3.4亿元，对市县转移支付3.1亿元。

省级社会保险基金预算收入预计705.3亿元，支出679.8亿元，年末滚存结余640.8亿元。

需要说明的是：根据《预算法》规定，在省人民代表大会批准本预算草案前，可安排下列支出：上年度结转支出；参照上年同期的预算支出数额安排必须支出的本年度部门基本支出、项目支出，以及对下级政府的转移性支出；法律规定必须履行支付义务的支出，以及用于自然灾害等突发事件处理的支出。2023年省级支出和对市县转移支付中，中央补助只包括了提前通知部分，执行中随着中央转移支付增加将相应增加。

（四）地方政府债务情况

提前下达新增债务限额情况。财政部提前下达我省2023年新增债务限额521亿元（其中：一般债券105亿元，专项债券416亿元），全省政府债务限额达到6911.8亿元。经省政府同意，安排省级163亿元（其中：一般债券93亿元，专项债券70亿元），已编入年初预算；分配市县358亿元（其中：一般债券12亿元，专项债券346亿元）。

省级政府新增债券投向情况。一般

债券93亿元，主要用于交通基础设施15亿元，农林水利57.1亿元，社会事业11.2亿元，保障性安居工程2.7亿元，灾害防治及应急管理7亿元。专项债券将根据国家部委项目审核情况，重点安排用于交通基础设施、社会事业等领域重点项目建设。

省级政府债券还本付息情况。2023年省级到期债券本金208.4亿元，全部为一般债券。根据有关规定，计划通过发行再融资债券还本187.4亿元，预算安排还本21亿元。预计支付政府债券利息73.4亿元，其中：一般债券41亿元，专项债券32.4亿元。

四、2023年主要工作措施

2023年，我们将深入贯彻党的二十大精神，紧紧围绕省第十四次党代会和省委二次全会安排部署，按照中央和省委经济工作会议要求，全面落实加力提效的积极财政政策，深化财税体制改革，加强预算执行管理，强化重点支出保障，促进全省经济社会高质量发展。

（一）强化财政预算管理。认真落实预算法及其实施条例规定，严格执行人大批准的预算，依法依规组织收入，着力挖潜增收，努力做大自身收入规模。落实好减税降费、稳岗就业等财税政策，支持市场主体发展，涵养培育优质税源，夯实财政增收基础。推进财政资源统筹，健全增量资金与存量资金、财政拨款收入与非财政拨款收入的统筹机制。认真研究中央政策，紧盯中央预算安排，加强部门协作配合，主动跟进对接，争取更多中央政策资金支持。积极争取中央新增债务限额，支持重大项目建设。硬化预算执行刚性约束，完善执行监控机制，不得无预算、超预算列支。牢固树立过紧日子思想，健全节约型财政保障机制，严控“三公”经费等一般性支出，将有限的财政资金用于亟待资金支持的领域。

（二）统筹财政资源保障重点。始终把兜牢基层“三保”底线摆在财政工作首位，健全完善保障机制，严格落实财政资金直达机制，确保“三保”支出足额保障、不出问题。聚焦党中央、国务院重大战略部署和省委省政府工作安排，加强财税政策研究，强化政策供给，推动各项部署要求落地落实。认真落实已出台的财税支持政策，根据形势发展变化，调整完善政策措施，提高政策效能。加强政府投资基金管理，充分发挥绿色生态产业发展、乡村振兴投资等基金作用，撬动更多社会资本投入到我省经济社会发展。

（三）持续加强政府债务管理。强化地方政府法定债务管理，指导省级相关部门和市县加强专项债券项目谋划储备，做好专项债券发行工作，强化专项债券资金投后管理，健全政府债务风险等级评定制度，切实防范风险。完善支出进度通报预警机制，加快债券资金使用，提高资金使用效益。抓实防范化解地方政府隐性债务风险工作，健全定期监审评估机制，靠实市县和部门责任，积极稳妥化解隐性债务存量，坚决遏制增量。完善问责闭环管理和集中公开机制，严肃查处各类违法违规举债行为。

（四）深入推进财政管理改革。进一步推进省以下财政体制改革，研究制定改革方案，推动各项改革举措落实落细。强化预算绩效管理，靠实部门单位预算管理主体责任，完善绩效评价工作机制，严格绩效目标管理，加强绩效管理激励约束，促进预算绩效管理提质增效。完善预算公开范围、内容和方式，提升公开信息的及时性、完整性、规范性和可获得性。推进预算管理一体化全面应用，逐步将债券、资产、绩效等重点业务嵌入系统，实施全过程、全流程动态监控，促进财政管理水平提升。严肃财经纪律，依法加强财政监管，严格执行各项财经法规和管理制度，规范部门收支行为。

各位代表：做好2023年全省财政工作任务艰巨、责任重大。我们将在省委的坚强领导下，高举中国特色社会主义伟大旗帜，更加紧密地团结在以习近平同志为核心的党中央周围，以习近平新时代中国特色社会主义思想为指导，全面贯彻党中央、国务院和省委、省政府决策部署，勠力同心、勇毅前行，以更加奋发有为的精神状态，为全省经济社会高质量发展、全面建设社会主义现代化幸福美好新甘肃开好局起好步作出新的贡献。

概 况

甘肃省情

【甘肃概况】甘肃取古甘州（今张掖）和古肃州（今酒泉）两地首字而得名，由于陇山在境内绵延又简称“陇”。位于中国西北地区，东通陕西，西达新疆，南瞰四川、青海，北扼宁夏、内蒙古，西北端与蒙古国接壤，是古丝绸之路的锁匙之地和黄金路段。介于北纬 32°11′~42°57′，东经 92°13′~108°46′ 之间，东西跨度 1480 公里，南北跨度 1132 公里，西北—东南方向最窄处仅有 76 公里，总面积 42.58 万平方公里（其中宁夏回族自治区飞地 53.22 平方公里）。闻名中外的古丝绸之路和新亚欧大陆桥横贯全境，使甘肃成为西北地区连接中、东部地区的桥梁和纽带，成为贯通东亚与亚洲中部、西亚与欧洲之间的陆上交通通道。全省辖 12 个市、2 个自治州，86 个县（市、区），省会兰州是西北重要的交通枢纽，陇海、兰新、包兰、兰青和兰渝铁路在此交汇，也是石油天然气管道运输枢纽、国家级西北商贸中心。甘肃是一个多民族省份，拥有汉、回、藏、东乡等 55 个民族，其中裕固、保安、东乡族是甘肃的独有民族。2022 年末全省常住人口为 2492.42 万人，城镇化率为 54.19%。

【自然环境】甘肃位于黄土高原、青藏高原、内蒙古高原三大高原和西北干旱区、青藏高寒区、东部季风区三大自然区域的交汇处。甘肃地域广阔，资源丰富，地貌复杂多样，山地、高原、平川、河谷、沙漠、戈壁交错分布、类型齐全；自然风光雄浑俊美，有大漠戈壁、森林草原、冰川雪峰、丹霞地貌、峡谷溶洞等，被地质学家称为最丰富的地质和地表特征博物馆。地形呈狭长状，地势自西南向东北倾斜，大致可分为陇南山地、陇中黄土高原、甘南高原、河西走廊、祁连山脉、河西走廊以北地带六大地形区域。大部分地区气候干燥，属大陆性很强的温带季风气候。2022 年，全省平均气温为 9.3°C。甘肃是一个少林省份，据甘肃省第九次森林资源清查结果，全省森林覆盖率 11.33%。

【矿产资源】甘肃为我国重要的能源、原材料工业基地，拥有丰富的石油、天然气、有色金属、稀有金属等矿产资源。截至 2020 年底，甘肃省已发现各类矿产 180 种，已查明资源储量的 114 种，其中能源矿产 7 种、金属矿产 36 种、非金属矿产 69 种、水气矿产 2 种。查明资源储量名列全国第一位的有 11 种，位居前五位的有 33 种，位居前十位的有 61 种。

【特色产业】甘肃土地面积广阔，居全国第七位；林草总面积占国土总面积的比例为 52.29%；光热资源充足且昼夜温差大，具有发展特色农业和优质高效农业的有利条件。许多特色农产品，无论是种植面积还是产量在全国都名列前茅，特别是玉米制种、啤酒原料、马铃薯、酿酒葡萄、油橄榄、食用百合、瓜果蔬菜和草食畜产品等特色产品，品质优良，发展前景良好。甘肃还是全国中药材主要产区之一，当归、黄（红）芪、党参、大黄、甘草等五种大宗中药材驰名中外。

甘肃是新中国成立后国家重点投资建设工业体系的区域之一。全省继续实施工业强省战略，推动传统产业智能化发展。加快转方式调结构，着力构建生态产业体系。遵循生态优先、绿色发展的总要求，大力发展节能环保、清洁生产、清洁能源、循环农业、中医中药、文化旅游、通道物流、数据信息、军民融合、先进制造等生态产业，建设以兰白地区为重点的中部绿色生态产业示范区、河西走廊和陇东南绿色生态产业经济带，建设一批绿色生态示范产业园，实施一批绿色生态示范重大工程。加快传统重化工业和制造业高新化、智能化、清洁化、绿色化改造，培育低碳环保新业态新产业，逐步让生态产业挑大梁、传统产业发新枝，构建发展活力足、竞争能力强、特色鲜明的生态产业体系，夯实实体经济根基，努力推动绿色发展崛起。

兰州新区，是继上海浦东新区、天津滨海新区、重庆两江新区、浙江舟山群岛新区后，国务院于 2012 年批复的第五个国家级新区。兰州新区位于兰州北部秦王川盆地，地处兰州、西宁、银川三个省会城市共生带的中间位置，距兰州市区 38.5 公里，距西宁 198 公里，距银川 420 公里，规划控制面积 821 平方公里，核心区规划建设面积 246 平方公里。兰州新区是“丝绸之路经济带”上的重要节点，是甘肃对外开放的重要窗口，已建成运营综合保税区、中川国际航空港、中川北站铁路口岸，正在加快建设国际产业合作园、国际通信专用通道，“一区一港一园一口岸一通道”的开放平台作用日益凸显；兰州至中亚、南亚、欧洲的国际货运班列实现常态化运营，南亚班列被列为全国 16 个多式联运示范工程；随着铁路口岸的建成，兰州新区中川北站加大园区配套项目建设，搭建综合物流运营平台，打造西北地区国际物流中心。2017 年以来，积极抢抓“丝绸之路经济带”重大发展机遇，确定“建设大项目、打造大景区、构建大旅游、形成大品牌、促进大发展”的旅游产业发展思路，全力引进以“创意性、参与性、体验性”为主的精品文化旅游项目，努力将新区打造成为西北特色文化旅游基地。2017 年 10 月 16 日，保税区进口汽车西北分拨中心与商投综超盛大开业，进口商品批发中心正式挂牌试营业，这标志着新区综合市场从开发建设开始向运营管理迈进。

【历史文化】甘肃是一个历史悠久、文化底蕴厚重的省份。商周之际，周秦部族先后在今甘肃东部崛起并向东发展，对国家政治生活产生过重大影响。汉武帝至昭帝间陆续设武威、张掖、敦煌、天水、安定、武都、金城诸郡。至元，全国创设省制，甘肃正式设省。至清朝乾隆年间，甘肃辖区除今省境外，尚辖西宁府、宁夏府及新疆东境一部。光绪十年（公元 1884 年），新疆建省。“民国”十八年（1929 年）分置宁夏、青海省，其行政区域大体与今相同。甘肃是中华民族和华夏文化的重要发祥地之一。中华民族的人文始祖伏羲、女娲和黄帝相传诞生在甘肃，故有“羲轩桑梓”之称。周人崛起于庆阳，秦人肇基于天水。汉代的开边政策和张骞通西域成功开通了丝绸之路。隋唐时期，甘肃成为我国联系西域各国和欧洲的重要通道，武威、张掖、敦煌成为经济文化繁荣的国际性贸易城市，整个河陇地区农桑繁盛、士民殷富，《资治通鉴》有“天下称富庶者，无如陇右”的记载。海路开通后，随着全国政治经济文化重心的东移南迁，特别是由于气候和生态条件的变化，甘肃渐渐成为荒僻之地。一百多年前，左宗棠向清政府奏称“甘肃地处边陲，土旷人稀，瘠苦甲于天下。”

源远流长、底蕴深厚的甘肃历史文化，不断催生着时代精神，培育了《读者》《丝路花雨》《大梦敦煌》等一系列著名文化品牌。其中《读者》杂志成为全国发行量最大的期刊，被誉为“中国人的心灵读本”；舞剧《丝路花雨》《大梦敦煌》享誉全球。

甘肃先后出土简牍 61000 余枚，数量居全国之首，时代跨度大、内容广博、保存完好，备受历史和考古学界的重视。特别是汉简，内容涉及中国古代社会生活的各个方面。其中居延汉简的出土，与敦煌石窟藏经、殷墟王陵并称为二十世纪东方文明最伟大的发现。出土青铜器文物类型众多。由于农耕、游牧、骑猎三大文化圈在甘肃境内相互交融，甘肃青铜器类型多样、风格特异，是全国发现青铜文化类型最多的省份。史前、商代、西周、春秋战国、秦汉、魏晋青铜器多有发现，其中出土于东乡县马家窑文化遗址的青铜刀，是目前被确认的中国最早的一件青铜器，武威雷台出土的汉代铜奔马被确认为中国的旅游标志。

甘肃省“华夏文明传承创新区”建设于 2013 年获国务院正式批复。按照国家关于甘肃发展的战略定位和建设文化大省的总要求，甘肃确定了“华夏文明传承创新区”建设围绕“一带”，建设“三区”，打造“十三板块”的总体布局，简称“1313 工程”。“一带”是丝绸之路文化发展带；“三区”是以始祖文化为核心的陇东南文化历史区、以敦煌文化为核心的河西走廊文化生态区和以黄河文化为核心的兰州都市圈文化产业区；“十三板块”是文物保护、大遗址保护、非物质文化遗产保护传承、历史文化名城名镇名村保护利用、民族文化传承、古籍整理出版、红色文化弘扬、城乡文化一体化发展、文化与旅游深度融合、文化产业发展、文化品牌打造、文化人才队伍建设、节庆赛事会展举办。“华夏文明传承创新区”是甘肃省继兰州新区之后，又一个摆到国家层面的战略平台。

2015 年 11 月 13 日，甘肃举办丝绸之路（敦煌）国际文化博览会获得国家正式批复。丝绸之路（敦煌）国际文化博览会，简称敦煌文博会，是“一带一路”建设的重要载体，是丝绸之路沿线国家人文交流合作的战略平台，承载着重要的国家使命。博览会以“推动文化交流、共谋合作发展”为宗旨，以丝绸之路精神为纽带，以文明互鉴与文化交流合作为主题，以实现民心相通为目标，着力打造国际化、高端化、专业化的国家级文化博览会，成为中国与丝绸之路沿线国家开展文化交流合作的重要平台、推动中华文化走出去的重要窗口、丝绸之路经济带建设的重要支撑。经党中央、国务院批准，从 2016 年起，丝绸之路（敦煌）国际文化博览会将在甘肃省每年举办一次。首届已于 2016 年 9 月举办，第六届敦煌文博会于 2023 年 9 月 6 日举办。

【革命历史文化】甘肃曾是陕甘宁边区的重要组成部分，红军长征的足迹几乎遍布甘肃全境，著名的西路军曾在河西浴血奋战。目前全省革命文物景点有 300 多处，各级博物馆收藏的革命文物近万件。甘肃被国家列入 12 个重点红色旅游区，会宁县红军长征纪念馆、迭部县腊子口战役遗址、宕昌县哈达铺红军长征纪念馆、岷县“岷州会议”遗址、通渭县榜罗镇革命遗址、八路军兰州办事处、华池县陕甘边区苏维埃政府旧址、高台县烈士陵园等 8 个景区，被列入“百个红色旅游经典景区名录”。

【民族民间文化】甘肃境内民族众多。各民族长期的交流融合、和平共处，形成了风情浓郁、独树一帜的民族民俗文化。夏河拉卜楞寺为藏传佛教格鲁派六大宗主寺之一，肃南县吐蕃贵族墓葬、天水后街清真寺、永登鲁土司衙门旧址、西和仇池国遗址等，都是我省民族文物的典型代表。敦煌古藏文写经、西夏木版画、西夏文木活字、元代八思巴文虎头银牌、元代玻璃托盏等都是海内孤品。此外，各民族的独特习俗、节会，如回族的古尔邦节、开斋节；藏族的正月十五晒佛节、五月采花节；哈萨克族的叼羊、“姑娘追”；土族的“纳顿”节、“二月二”跳神会等。甘肃饮食文化异彩纷呈。兰州牛肉面是最具特色的大众化经济小吃，声名远扬；以手抓羊肉为代表的清真风味食品，独特可口；糌粑、酸奶、奶茶、蕨麻米饭等藏族风味的食物，值得品尝；还有各种地方小吃，更是独具特色。甘肃民族歌舞多姿多彩。社火歌舞是广泛流传于甘肃民间的一种艺术，尤以兰州的太平鼓舞、武威的“滚鼓子”、张掖的顶腕舞、陇东的秧歌、天水一带的扇鼓舞、腊花等著称，还有莲花山花儿、二郎山花儿、河湟花儿、裕固族民歌等。此外，兰州微雕葫芦，平凉纸织画，庆阳牛皮影、香包、剪纸、刺绣，保安腰刀，天水雕漆漆器，酒泉夜光杯，卓尼洮砚，武威“铜奔马”等民间工艺品也久负盛名。

【旅游资源】甘肃的旅游资源既有石窟寺庙、长城关隘、塔碑楼阁、古城遗址、历史文物等文物古迹，又有青山绿水、高山草原、大漠戈壁、沙漠绿洲、丹霞奇观、冰川雪峰等独具特色的西部自然风光，还有以藏、回、裕固、保安、东乡等少数民族浓郁风情为特色的民族风情资源。丰富的文化遗产、独特的自然景观和多彩的民族风情，成为人们向往的旅游胜地，开发前景广阔。最具代表性的旅游景点：被联合国教科文组织列为世界文化遗产之一、被誉为“世界艺术宝库”和“世界现存佛教艺术最伟大宝库”的敦煌莫高窟，被称为“人文始祖”的羲皇故里——天水伏羲庙，“东方雕塑馆”之称的天水麦积山石窟，万里长城最西端的“天下第一雄关”——嘉峪关，中国彩陶之乡之称的临夏，中国藏传佛教格鲁派六大宗主寺之一的夏河拉卜楞寺，道教第一山崆峒山，中国的旅游标志——武威出土的汉代铜奔马，世界最大的室内卧佛寺——张掖大佛寺，泾川西王母宫、永靖炳灵寺石窟、永登鲁土司衙门旧址等构成了璀璨夺目的艺术长廊。近年发现的永靖恐龙足迹、和政古生物化石，是一、二千万年前中生代白垩纪的遗址。

国民经济运行

2022年，面对严峻复杂的外部环境和多轮疫情冲击，全省上下在省委、省政府的坚强领导下，坚持以习近平新时代中国特色社会主义思想为指导，认真学习贯彻落实党的二十大和省第十四次党代会精神，按照习近平总书记“疫情要防住，经济要稳住，发展要安全”的重要指示，出台实施稳住经济一揽子政策措施及接续政策，扎实推进“四强”行动，做深做细“五量”文章，高效统筹疫情防控和经济社会发展，全省经济运行呈现稳中有进、稳步提质的发展态势。

2022年，全省地区生产总值11201.6亿元，按不变价格计算，比上年增长4.5%，增速比全国高1.5个百分点，居全国第3位。其中，第一产业增加值增长5.7%，增速比全国高1.6个百分点，居全国第2位；第二产业增加值增长4.2%，增速比全国高0.4个百分点，居全国第15位；第三产业增加值增长4.4%，增速比全国高2.1个百分点，居全国第1位。

【农业生产形势良好】统筹推进巩固拓展脱贫攻坚成果同乡村振兴有效衔接，认真落实粮食安全和耕地保护党政同责，扎实推进粮食生产、种业振兴、高标准农田建设、乡村产业等各项任务落实，全省种植业稳步增长，畜牧业发展稳定向好。

全年全省粮食总产量1265.0万吨，比上年增加33.5万吨，增长2.7%，连续三年保持在1200万吨以上。其中，夏粮产量342.3万吨，增长3.8%；秋粮产量922.7万吨，增长2.4%。粮食播种面积4049.6万亩，比上年增加34.5万亩，增长0.9%。特色产业稳定增长，全年全省园林水果、中药材产量同比分别增长6.7%和4.6%。

全年全省生猪、牛、羊、家禽存栏同比分别增长2.1%、3.7%、6.4%和5.5%；出栏分别增长6.0%、0.4%、8.2%和4.9%。猪牛羊禽肉和产量分别增长5.6%和37.8%。

【工业生产稳定增长】坚定不移实施强工业行动，加快传统产业“三化”改造，积极应对大宗商品价格震荡、重点企业设备检修、同期基数高等多重因素叠加影响，加强调度，多措并举促进工业经济平稳运行。全年全省规模以上工业增加值同比增长6.0%。分三大门类看，采矿业增加值增长8.9%，制造业增长5.3%，电力、热力、燃气及水生产和供应业增长4.3%。

全年全省规模以上工业39个行业中有28个行业增加值比上年增长，增长面为71.8%。其中，有色金属冶炼及压延加工业、煤炭开采和洗选业、石油和天然气开采业、化学原料和化学制品制造业等行业增加值分别增长22.3%、21.9%、5.9%和6.4%，分别拉动规模以上工业增加值增长2.9、1.8、0.9和0.3个百分点。

工业生产者价格高位逐步回落。全年全省工业生产者出厂价格比上年上涨10.9%，购进价格上涨13.5%，涨幅均呈逐月回落态势。

【服务业保持增长】面对复杂严峻的国际环境和国内省内疫情点多面广频发，服务业经济顶住压力逐步趋稳。全年全省服务业增加值比上年增长4.4%。其中，科学研究和技术服务业、卫生和社会工作、信息传输软件和信息技术服务业增加值分别增长11.7%、10.2%和8.4%。全年全省规模以上服务业实现营业收入1562.8亿元，比上年增长4.4%。

邮政电信业保持稳定。全年全省邮政业务总量49.5亿元，比上年下降0.7%，快递业务量和业务收入分别为2.0亿件和38.2亿元，分别增长6.1%和3.2%；电信业务总量296.5亿元，增长21.5%。

金融存贷平稳运行。年末全省金融机构本外币各项存款余额24896.4亿元，比上年末增长10.1%；各项贷款余额25389.8亿元，增长6.2%。

铁路货运持续向好。全年全省铁路货运量8860.7万吨，比上年增长37.5%；公路货运量64083.8万吨，下降8.0%。

【固定资产投资较快增长】坚持把抓项目促投资作为推动经济稳定增长和高质量发展的重要动力支撑，组织上下半年重大项目开工活动、黄河流域兰西城市群甘肃片区生态建设重点项目集中开工活动，西成铁路甘肃段、兰合铁路、中川机场三期、兰永临高速公路、红沙梁矿井、肃南皇城和张掖盘道山抽水蓄能电站、生态及地质灾害搬迁、兰西城市群甘肃片区生态建设重点项目、省公共卫生医学中心等一批重大项目进展顺利。全年全省固定资产投资比上年增长10.1%。分产业看，第一产业投资比上年下降4.6%，第二产业投资增长56.9%，第三产业投资下降1.7%。

工业投资持续高位运行。全年全省工业投资比上年增长57.0%，增速比去年同期提高16.2个百分点。其中，制造业投资增长46.9%，电力、热力、燃气及水的生产和供应业投资增长77.3%。

重大项目支撑作用明显。全年全省亿元及以上重大项目2154个，比去年同期增加291个。其中亿元及以上新开工项目780个，比去年同期增加187个，计划总投资增长76.2%。

【外贸进出口形势良好】持续深化与“一带一路”沿线国家和地区经贸合作，组建国际物流集团有限公司，对开兰州至连云港铁海联运班列，首开中老铁路国际货运班列，开放平台带动效应不断释放。全年全省进出口总值

584.2亿元，比上年增长18.8%。其中，出口总值127.3亿元，增长31.4%；进口总值456.9亿元，增长15.7%。对“一带一路”沿线国家进出口278.3亿元，增长23.8%；占全省进出口总值的47.6%，比上年提升2个百分点。

【发展质效不断提升】企业效益持续提升。全年全省规模以上工业企业实现利润594.6亿元，比上年增长15.3%；营业收入利润率5.43%，比上年提高0.15个百分点。

新动能积蓄增强。全年全省规模以上工业新入库企业463户，增加值比上年增长1.8倍，拉动全省规模以上工业增加值增长2.6个百分点。制造业技改投资、装备制造业投资和高技术制造业投资分别增长54.4%、68.9%和14.7%。新能源发电量增长20.7%，新能源项目完成投资增长1.3倍。限额以上批零住餐业通过公共网络实现零售额增长5.9%。

财政收支总体平稳。全年全省一般公共预算收入907.6亿元，扣除增值税留抵退税和上年一次性收入因素，同口径增长4.9%。其中，税收收入582.7亿元，同口径增长4.9%；非税收入324.8亿元，同口径增长5.0%。一般公共预算支出4263.5亿元，增长5.7%。

招商引资成效明显。全年全省共实施新建、续建省外招商引资项目2745个，到位资金4301.1亿元，比上年增长22.6%。

科技创新不断活跃。全年全省登记科技成果1851项，技术合同成交额338.6亿元，比上年增长20.7%。

环境质量和安全生产稳定向好。全年全省14个市州所在城市$PM_{2.5}$浓度为26μg/m³，完成国家下达的年度目标；14个市州空气质量平均优良天数比率为90.2%，与2021年持平。全年全省各类生产安全事故数量比上年下降12.4%；死亡人数、受伤人数分别下降17.7%、23.7%。

【民生保障扎实有效】就业形势总体稳定。全年全省城镇新增就业32.02万人，完成年度任务的100.06%。共输转城乡富余劳动力527.3万人，完成年计划的105.5%；创劳务收入1483.3亿元，完成年计划的109.1%。

居民消费价格温和上涨。全年全省居民消费价格比上年上涨1.9%。分类别看，食品烟酒价格上涨2.8%，衣着价格上涨0.4%，居住价格上涨0.8%，生活用品及服务价格上涨0.9%，交通通信价格上涨5.0%，教育文化娱乐价格上涨0.9%，医疗保健价格上涨0.5%，其他用品和服务价格上涨1.2%。在食品烟酒价格中，猪肉价格下降10.0%，粮食价格上涨5.1%，鲜菜价格上涨2.3%，鲜果价格上涨12.5%。

民生支出保障有力。全年全省财政11类民生支出3338.8亿元，占一般公共预算支出的78.3%。其中灾害防治及应急管理、节能环保、科学技术等支出比上年分别增长78.2%、37.7%和35.6%。

居民收入保持增长。全年全省居民人均可支配收入23273元，比上年增长5.5%。按常住地分，城镇居民人均可支配收入37572元，增长3.8%；农村居民人均可支配收入12165元，增长6.4%。城乡居民人均收入比值为3.09，比上年缩小0.08。

（杨振炜）

自然资源厅

【自然资源】自然资源调查。截至2021年12月31日，全省主要地类及面积构成情况：耕地520.53万公顷，种植园用地42.61万公顷，林地806.84万公顷，草地1418.59万公顷，湿地118.43万公顷，城镇村及工矿用地87.08万公顷，交通运输用地12.88万公顷，水域及水利设施用地41.1万公顷，其他土地（不含裸岩石砾地）293.47万公顷。

开展全省2021年度国土变更调查，完成90个调查单元21.1万个图斑变更。启动日常变更调查，围绕全省过渡期内城乡建设用地增减挂钩节余指标跨省域调剂工作，完成29个深度脱贫县2.67万个增减挂图斑日常变更省级检查。对国务院审批总体规划的兰州市、兰州新区以及省政府审批总体规划的其他13个市州的市辖区和县级市共27个单元开展城市国土空间监测，为“三区三线”划定成果中城镇开发边界线监测提供依据。完成2022年度28眼新建地下水监测井建设，开展已建成地下水监测井运行维护。与省林业和草原局共同开展2022年度全省林地、草地、湿地调查监测。

自然资源和不动产统一确权登记。已售城镇住宅历史遗留“登记难”问题化解。全省累计摸排“登记难”问题房屋86.91万套，完成首次登记84.76万套，完成转移登记（已发证）71.62万套，总体登记率82.41%。报请省政府办公厅印发《甘肃省推进新建商品房“交房即交证”改革实施方案》，确定试点县区12个、试点项目87个，累计实现“交房即交证”房屋2.83万套。

完成全省统一的不动产登记服务信息平台建设，加快推进电子证照应用与共享，实现纸质证书和电子证照同步制发，累计生成电子证照668.5万张。通过甘肃省政务信息共享网站，实现不动产证书、证明信息与住建、公安、民政、市场监管、银保监部门间数据共享。全面推行业务办理“一证一码”服务及“甘快办”移动端热点应用。全年累计办理不动产权证书349.78万本，不动产证明56.18万本，办理抵押业务22.38万件，涉及抵押金额1906亿元。

持续推进农村宅基地房地一体登记颁证，全省累计颁发宅基地证书383.68万宗，登记率99.47%（其中，发放房地一体不动产权证351.50万宗，房地一体登记率91.13%）。启动集体土地所有权确权登记成果更新汇交，完成22个单元的数据汇交（含第一批汇交任务19个）。完成易地扶贫搬迁安置住房不动产登记。

完成省级自然资源确权登记涉及的68个登记单元、699处矿产地底图制作和内外业地籍调查。启动大熊猫国家公园甘肃片区自然资源统一确权登记数据更新。

截至2022年底，全省共梳理历史林权登记资料267.37万宗、面积1018.02万公顷，其中国有林权登记资料0.67万宗、面积297.07万公顷。已有65个县区完成历史林权登记资料移交。酒泉市完成清理规范林权确权登记历史遗留问题试点，移交林权登记档案

5.8 万宗，涉及土地面积 443.03 万公；排查问题 10.8 万个，已化解 7.3 万个；完成林权空间数据图形入库 3426 宗，入库率 100%；办理林权类不动产登记 3201 本，占入库数量的 93.4%。

土地供应与市场。2022 年，全省供应国有建设用地 3205 宗，面积 16219.57 公顷。其中，以招标拍卖挂牌出让方式供地 1343 宗、面积 4648.55 公顷；以协议出让方式供地 289 宗、面积 1519.48 公顷；以划拨方式供地 1564 宗、面积 10023.92 公顷；以租赁方式供地 9 宗、面积 27.62 公顷。从供应土地用途看，工矿仓储用地 4610.19 公顷、商服用地 531.85 公顷、住宅用地 918.95 公顷、公共管理与公共服务用地 2403.83 公顷、交通运输用地 7397.26 公顷、其他用地（特殊用地、水域及水利设施用地、其他土地）357.49 公顷。

全省土地出让成交价款 242.19 亿元，其中，以招标拍卖挂牌方式出让土地成交价款 194.64 亿元；以协议方式出让土地成交价款 47.55 亿元。严格落实建设用地“增存挂钩”机制，加大批而未供和闲置土地清理处置力度，全年处置批而未供土地 3474 公顷（5.21 万亩）、闲置土地 1810 公顷（2.71 万亩），处置率分别为 29.33% 和 47.9%，完成自然资源部下达的任务。

推进建设用地使用权转让出租抵押二级市场，指导市州制定出台实施办法和配套制度。深化农村集体经营性建设用地入市试点，经省委、省政府同意，确定 9 个县区为试点地区并上报自然资源部。金川区、敦煌市、徽县、合作市、夏河县被自然资源部认定为自然资源节约集约示范县（市）。有序推进建设用地使用标准体系建设，制定《甘肃省工业项目土地使用标准》《甘肃省风力发电项目建设用地标准》《甘肃省加油站、加气站、加油加气合建站建设用地标准》，由省政府办公厅印发实施。

【国土空间】国土空间规划。印发《甘肃省“三区三线”划定工作实施方案》《甘肃省“三区三线”划定技术细则（试行）》，成立全省“三区三线”工作专责组，坚持底线思维，强化区域平衡，统筹划定“三区三线”成果，经省政府常务会议和省委常委会议审议通过。2022 年 11 月，“三区三线”划定成果经自然资源部审核通过并正式启用。

以“三区三线”划定成果为基础，持续完善省级规划。《甘肃省国土空间规划（2021—2035 年）》经第十三届省政府第 189 次常务会议、省委常委会议和省人大常委会第 34 次会议审议通过，报国务院审批。省级国土空间规划“一张图”通过自然资源部初验审查，全省 6 个市州、60 个县区完成“一张图”系统建设，省级系统已完成兰州市“一张图”系统接入。

印发《关于进一步加强国土空间规划编制工作的通知》，指导市县落实上位规划，加快推动规划审查报批。《兰州市国土空间总体规划（2021-2035 年）》已完成市委市政府审议，其余市县已基本完成规划成果编制。

印发《关于加快推进 2022 年村庄规划编制工作的通知》《甘肃省村容村貌提升导则》，制定《甘肃省村庄规划编制导则（试行）》《甘肃省村庄规划优秀案例评选实施方案》。核实调整 2022 年 500 个乡村建设示范村，并完成村村庄规划编制任务。协调下达村庄规划编制和测绘专项补助资金 1.37 亿元，优化调整村庄分类，累计完成 6536 个村庄规划编制，其中 1305 个城郊融合类村庄纳入城镇详细规划，其他发展类村庄规划编制有序推进。

国土空间用途管制。全年共完成建设项目用地预选 96 个，计划总投资 2638.34 亿元。拟用地总面积 9185.8 公顷，其中农用地 4833.94 公顷（含耕地 2501.43 公顷），未利用地 3550.34 公顷，原有建设用地 801.52 公顷。

省政府共审查审批建设用地 299 个，面积 7827.76 公顷（含报国务院审批建设用地 7 个，面积 2003 公顷），其中农用地 4518.49 公顷（含耕地 3085.05 公顷），未利用地 2571.21 公顷，原有建设用地 738.06 公顷。按用地类型，审查审批单独选址建设项目用地 4054.07 公顷，城市（城镇）批次建设用地 3773.69 公顷。按用途，审查审批住宅用地 529.11 公顷、商服用地 254.46 公顷、工矿仓储用地 1471.5 公顷、公共管理与公共服务用地 828.43 公顷、交通运输用地 3653.11 公顷、其他用地 1091.15 公顷。2022 年，全省耕地开垦费入库 13028.11 万元，新增建设用地有偿使用费入库 77023.56 万元。

国土空间生态修复。联合省生态环境厅、省林业和草原局开展了黄河流域历史遗留矿山生态破坏和污染调查评价，外业调查完成率 73.57%。持续推进甘南黄河上游水源涵养区山水林田湖草沙一体化保护和修复，中央财政下达资金 19 亿元，其中 2022 年投入 8 亿元、提前下达 2023 年实施资金 7 亿元，2022 年度 200 个子工程已开工建设 188 个。

构建生态保护修复长效机制，甘肃省人民政府办公厅印发《关于鼓励和支持社会资本参与生态保护修复的实施意见》，从规划管控、产权激励、资源利用、财税支持、金融支持等方面出台 16 条支持政策，以政策红利激发市场主体活力。印发《甘肃省国土空间生态修复规划（2021—2035 年）》。

2022 年，共安排省级国土综合整治和生态修复资金 36704 万元。其中实施国土综合整治项目 17 个，安排资金 11011 万元，建设规模 2363.46 公顷，预计新增耕地 520.90 公顷，提升耕地质量 0.5-1 级；安排历史遗留废弃矿山生态修复项目 22 个，安排资金 25693 万元，预计复垦土地 1888.7 公顷，封堵采洞 167 个。

耕地保护与监督。全面压实各级党委、政府耕地保护责任。截至 2021 年底，全省耕地总面积 520.53 万公顷（7807.98 万亩）。开展“三区三线”耕地红线划定工作，划定全省耕地和永久基本农田保护任务。2022 年 11 月，划定成果数据通过国家审核并启用，全省耕地和永久基本农田全面带位置“上图落地”。

严格落实“先补后占、占一补一、占优补优”制度，2022 年省级审查审批非农建设占用耕地 3085.05 公顷，全部落实占补平衡。会同省财政厅印发《关于明确全省耕地占补平衡指标调剂指导价格的通知》，按照补充耕地质量等别高低确定每亩指标调剂指导价格，规范补充耕地指标调剂管理。省级核实认定新增耕地 11600 公顷，通过国家审核产生新增耕地指标 4333.33 公顷。下拨省级耕地开垦费 1.08 亿元，安排省级补充耕地项目5个，预计增加有效耕地面积1233公顷。

会同省农业农村厅、省林业和草原局印发《关于严格耕地用途管制有关问题的通知》，建立和规范耕地转为园地、林地、草地等其他农用地和农业设施建设用地管控机制，耕地与园地、林地、草地等其他农用地之间的转换必须落实“进出平衡”。

【地质矿产】矿产资源现状。截至2021年底，全省已发现各类矿产190种(含亚矿种，下同)，其中，已查明资源储量的134种，占全省已发现矿种的71%，未查明资源储量的56种。已查明矿产资源中，能源矿产7种、金属矿产36种、非金属矿产89种、水气矿产2种；未明查明矿产资源中，能源矿产3种、金属矿产20种、非金属矿产33种。

截至2021年底，列入《甘肃省查明矿产资源储量汇总表(按储量规模分列)》《甘肃省查明资源储量勘查程度表》的固体矿产共125种、矿区数1848个(含共伴生矿产，下同)，按照矿种，固体能源矿区225个，黑色金属矿区169个，有色金属矿区317个，贵重金属矿区439个，稀有稀土金属矿区41个，冶金辅助原料非金属矿区113个，化工原料非金属矿区132个，建材及其它非金属矿区412个；按照规模，大型规模矿床148个、中型339个、小型1361个；按照勘查程度，普查阶段955个、详查阶段697个、勘探阶段240个。

据《2021年全国矿产资源储量占比排名》统计，已查明的矿产中，全省资源储量名列全国第1位的矿产有12种，分别是镍矿、钴矿、铂矿、钯矿、铱矿、铑矿、锇矿、钌矿、硒矿、铸型用粘土、凹凸棒石粘土、建筑用闪长岩；居前5位的有53种；居前10位的有87种。根据《甘肃省矿产资源储量变化情况统计表》，截至2021年底，有81个矿种的资源量发生变化，其中资源量增加的有53个矿种，减少的有28个矿种。变化幅度主要在-6%~5%之间。

全省主要优势矿产为：煤、铁、铜、铅、锌、镍、钴、铂族、金、钨、锑、凹凸棒石、石膏、熔剂用灰岩、水泥用灰岩等，储量较为丰富、矿石质量好、分布较集中、地质工作程度较高、技术经济和外部建设条件较好。

金川区、徽县、合作市和夏河县被自然资源部认定为首批自然资源(矿产类)节约集约示范县(区)。8项技术入选为自然资源部矿产资源节约和综合利用先进适用技术目录，其中勘查类技术1项，黑色金属类高效选矿技术1项，有色金属类综合利用技术1项、绿色低碳技术1项、数字化智能化技术1项，非金属类数字化智能化技术3项。

截至2022年底，全省共有绿色矿山29个，国家级24个，省级5个；其中能源类10个(油气5个，煤炭5个)，金属类11个，非金属类7个，砂石粘土1个。

地质勘查。2022年，全省共投入地质勘查资金10.35亿元，其中中央财政资金1.06亿元，地方财政资金7.11亿元，社会资金2.18亿元。

全年开展基础地质调查项目105个，投入资金1.56亿元。其中1：5万区域地质调查类项目4个，完成调查面积1157平方千米；1：5万矿产地质调查类项目24个，完成调查面积7808平方千米；1：5万能源矿产地质调查类项目1个，完成调查面积600平方千米；区域地球物理调查类项目3个，完成调查面积7420平方千米；地球化学调查类项目2个，完成调查面积278平方千米；调查评价类项目38个；土壤调查类项目16个；古生物保护及地质遗迹类项目8个；开展矿产资源国情调查类项目9个。

全年开展水工环地质调查类项目82个，投入资金1.44亿元。其中，水文地质调查评价类项目24个，环境地质调查评价类项目6个，地质灾害调查评价类项目52个，完成1：1万地质灾害详查调查面积3095平方千米。

全年开展自然资源综合调查类项目14个，投入资金3264.24万元；开展其他项目5个，投入资金543.70万元。

全年开展地质科学研究与技术方法创新类项目80个，投入资金9510.26万元。其中“甘肃省张掖—民乐盆地地温场特征研究”等地质科学研究类项目38个，“甘肃省西成矿田典型矿床三维建模及成矿预测”等技术方法创新项目18个，编制各类报告24份。

全年开展矿产勘查项目180个，投入资金6.02亿元。其中，勘探类项目8个，详查类项目27个，普查类项目95个，调查评价类项目41个，储量核实类项目9个。全年完成钻探33.38万米，坑探3621米，槽探18.01万立方米。涉及主要矿种为煤炭、金、铜、铁、铅锌、钒、萤石、石英岩。

全年新发现矿产地7个，其中，大型5个，中型2个。评审新增备案资源量主要矿种有煤炭、金、铜、铁、铅、锌、钒、萤石、石英岩。其中，新增煤炭资源量47059.38万吨、铁矿石量1274.76万吨、金金属量27.68吨、铜金属量9.30万吨、铅金属量17.61万吨、锌金属量58.11万吨、萤石(CaF_2)矿物量3.98万吨、石英岩矿石量14536.37万吨。

聚焦能源资源重点开采区和地热等新能源基地建设，在北山—龙首山、西秦岭等重要成矿带，以及平凉、河西成煤区，开展煤炭、金、晶质石墨、油气等战略性矿产找矿突破行动。

2022年，安排省级地勘基金项目93个，投入资金5亿元。其中安排煤炭勘查项目12个，可提交煤炭资源量6.4亿吨，其中山丹县东水泉东、柴胡子沟新增炼焦配煤资源量1.5亿吨，崇信县周寨北新增煤炭资源量1.4亿吨，形成中型矿产地2处、小型矿产地1处；铁矿勘查项目2个，预计新增铁矿石资源量2280万吨；金矿勘查项目29个，可提交金资源量约25.89吨，其中玉门市前红泉金矿勘查区预计提交金资源量15.2吨，可达中型矿产地规模，进一步工作有望达大型规模；铜镍矿项目6个，预计提交铜镍资源量5.81万吨；晶质石墨勘查项目3个，预计新增晶质石墨资源量266.74万吨，可提交2个大型和1中型矿产地；石英岩勘查项目2个，已提交高纯度石英岩资源量1.54亿吨(已通过评审备案)；钒矿勘查项目4个，预计提交钒氧化物量28.37万吨；萤石矿勘查项目2个，可提交萤石(CaF_2)资源量11万吨。在张掖市臭泥墩地区新发现1处埋藏浅、厚度较大、品质好的原油矿产地。在张掖盆地开展3个地热勘查项目，出水温度45—72度，单井出水量3000—6000立方米/天；在平凉市崆峒区找到优质大型锶矿泉水水源地1处。

矿业权管理。截至2022年12月底，全省共设置非油气探矿权690宗，其中，酒泉市238宗、张掖市48宗、金昌市12宗、武威市5宗、白银市31宗、兰州市13宗、定西市30宗、临夏州2宗、甘南州68宗、天水市70宗、陇南市164宗、平凉市6宗、庆阳市3宗。

截至2022年12月底，全省各类非油气采矿权1561宗。其中，自然资源部发证12宗，省自然资源厅发证312宗，市州自然资源局发证430宗，县级自然资源局发证807宗。

全年省级办理矿业权审批事项144宗。办理探矿权审批事项107宗，其中，探矿权延续事项57宗、变更事项2宗、新立事项18宗、分立事项2宗、申请注销事项28宗；办理采矿权审批事项37宗，其中采矿权延续事项18宗、变更事项10宗、新立事项3宗、注销事项4宗、划定矿区范围2宗。

矿产资源开发利用。截至2021年底，全省共开采8大矿类、80种矿产，矿山构成以建材和其他非金属矿产为主，占总数的72.44%。其中县级自然资源局发证的砖瓦用粘土矿390个，占总数的23.47%；建筑用砂矿193个，占总数的11.61%。从业人员中，能源矿产、建材和其他非金属矿产所占比重最大，分别为49.89%、20.37%。工业总产值中，有色金属矿产、能源矿产所占比重最大，分别为44.91%、35.37%。

大中型矿山数量所占比重较低，小型矿山所占比重最大。大中型矿山中，建材、能源、冶金辅助原料非金属类所占比重最大。其中，能源矿山大型23个、中型15个；黑色金属矿山大型4个、中型6个；有色金属矿山大型3个、中型12个；贵重金属矿山大型5个、中型19个；冶金辅助原料非金属矿山大型10个、中型15个；化工原料非金属矿山大型4个、中型8个；建材和其它非金属矿山大型132个、中型349个；水资源中型矿山1个。工业总产值中，大型矿山所占比重最大，为80.30%；人均产值最高为93.42万元/人·年。

矿山数量较多的市州主要为白银市、酒泉市、陇南市、兰州市、张掖市、临夏州，合计占全省矿山总数的63.84%；从业人员较多的市州主要为平凉市、白银市、陇南市、兰州市，占从业人员总数的62.1%；工业总产值中所占比重较大的市州主要为金昌市、平凉市、陇南市、白银市，合计占全省总量的76.88%。除兰州新区以外，大中型矿山在各市州均有分布，其中陇南市、兰州市、庆阳市、天水市、酒泉市大中型矿山数量较多，占全省总数的57.43%。

矿政管理。2022年，全面梳理地勘基金项目成果、矿产地清理等项目，分批次公开出让矿业权，配合自然资源部实施6宗部级发证矿业权公开出让，成交价款1.33亿元；完成59宗省级发证矿业权公开出让，出让收益357.13亿元；指导市州开展204宗市县级发证矿业权公开出让，出让收益21.66亿元；全年实现出让收益达380.12亿元。

及时向省政府汇报请示，加强与企业沟通协调，按照先易后难原则，成功出让5个井田，成交金额110.68亿元。

印发《甘肃省自然资源厅矿业权审查工作办法》，省级矿业权综合管理系统建成并实现联网和带图审批，审批程序和权限公开透明，审批效率大幅提升。全年完成探矿权登记107宗，采矿权登记37宗，采矿权抵押备案11宗，涉及金额80.19亿元。开展过期矿业权清理处置，对686宗过期矿业权提出办理意见，经厅务会审议同意后，已完成534宗过期探矿权中498宗的处置；完成152宗过期采矿权中95宗的处置。加强保护地内矿业权清理，全省各级各类保护地内536宗矿业权已清理退出527宗；祁连山国家公园115宗矿业权已清理退出112宗；大熊猫国家公园范围内13宗矿业权已清理退出12宗。

印发《助力矿山企业纾难解困加速推进复工复产工作方案》，对部省发证的130宗矿山"一矿一策"提出工作措施，助力矿山企业纾困解难。截至年底，部省级发证复工复产46家，市县发证复工复产72家。完成15个应急保供煤矿手续办理。

加强对部省级发证的83个露天矿山监管，提取283个疑似问题图斑下发各市州核查，对存在疑似图斑的14宗露天煤矿开展了实地核查并移交相关线索。印发《全省生产矿山开发利用矿产资源及履行矿山地质环境恢复治理义务情况排查行动方案》，对全省生产矿山落实"三合一"方案开展排查整治，排查生产矿山343个，提出整改问题39个，督促生产矿山企业合理开发矿产资源。查处越界开采、地质资料造假和破坏性开采等三宗矿产违法案件。

地质灾害防治与避险搬迁。2022年，全省共发生地质灾害65起，未造成人员伤亡，直接经济损失9102.8万元。其中滑坡53起，崩塌9起，泥石流3起。按灾情等级划分，特大型地质灾害1起、中型11起、小型53起。与前五年均值相比，地质灾害发生数量减少86.7%，死亡人数减少100%，直接经济损失减少82.85%。

截至2022年底，全省已查明地质灾害隐患点20662处，威胁人口243.27万人，威胁财产1162.06亿元。地质灾害易发区面积25.25万平方公里，尤其是中东南部9个市州、30个县（市、区）、268个乡（镇）、1万3千多个村（社区）受地质灾害威胁严重。按地质灾害类型划分，除地面沉降外，其他类型均有发育，其中，滑坡13978处，泥石流3919处，崩塌2480处，地裂缝201处，地面塌陷84处。类型以滑坡、泥石流、崩塌为主，共计20377处，占总数的98.62%。按险情等级划分，特大型263处，大型827处，中型5276处，小型14296处，险情以小型和中型为主，共计19572处，占总数的94.72%。

全年投入地质灾害防治资金5.92亿元（中央财政资金4.72亿元、项目96个，省级财政资金1.20亿元、项目24个）。其中，调查评价类项目47个，资金5431万元；监测预警类项目28个，资金10702万元；综合治理项目32个（工程治理+避险搬迁+排危除险），资金39992万元；能力建设项目14个，资金3075万元。

印发《甘肃省2022年度地质灾害防治方案》，对兰州、天水、甘南、庆阳等9市州61个重要乡（镇、街道）开展1：1万地质灾害精细调查评价，调查面积4917.15平方千米。全省各级自然资源部门共发布地质灾害气象风险预警产品3294期，其，红色预警348期，橙色预警483期，黄色预警1977期，蓝色预警486期。通过气象风险预警，成功避让地质灾害13起，紧急转移人员1866人，涉及可能伤亡人员1788人，避免经济损失2.34亿元。全省共开展地质灾害避险演练1375场次67245人；培训1697场次100979人；宣传2382场次185700人。在“5·12”防灾减灾日、“4·22”地球日等重要节点，开展省、市（州）、县三级地质灾害避险演练活动3场，参与人员1712人次。

坚持“人民至上、生命至上”，紧扣“搬出安全”，聚焦“应搬早搬、应搬尽搬”，围绕“搬得出、稳得住、有就业、生活好、能融入”目标，编制《甘肃省生态及地质灾害避险搬迁实施方案（2022—2026年）》，计划5年内搬迁地质灾害威胁区、河湖管理范围及暴雨山洪灾害受灾区、地震灾害危险区、生态敏感区、自然保护地核心保护区、饮用水水源一级保护区6大类范围内群众12.98万户、51.14万人。2022年，按照“省级统筹、市负总责、县区落实”的原则，制定《甘肃省生态及地质灾害避险搬迁2022年度实施方案》《搬迁范围及对象认定办法（暂行）》《2022年度甘肃省生态及地质灾害避险搬迁工作验收方案》，全力推动生态及地质灾害避险搬迁，落实中央和省级财政补助40亿元，发放贷款8.76亿元，各县区整合资金73.09亿元，建成集中安置点141个，搬迁安置群众45785户、170452人，完成年度搬迁任务的1.14倍。省政府确定的地质灾害避险搬迁4400户为民实事全部完成，舟曲县地质灾害避险搬迁一期三年任务两年完成。

【测绘地理信息】基础测绘。完成省级北斗地基增强系统改造，实现现有基准站基础设施北斗化改造和新增19座北斗卫星导航定位基准站建设，融入全国基准站服务一张网建设。甘肃省北斗卫星导航定位基准站网已有注册单位380家、注册用户数1968个。全年为200家单位、803个用户提供导航定位基准信息公共服务69402小时，为全省100多家单位提供450批次6万余点坐标转换及静态数据处理服务，为国防、交通、能源、水利、农林、城市建设、自然资源、生态保护等领域提供高精度测绘基准保障服务。

省自然资源卫星应用技术中心全年累计获取卫星遥感影像数据17750景，其中2米级10220景，覆盖率100%；亚米级7530景，覆盖率95.2%。完成2米级影像处理两版，亚米级影像处理一版，面向政府部门、企事业单位、高校、科研院所和社会公众提供国产卫星遥感影像共计24722景，数据量约90TB，累计覆盖面积约1347万平方千米。

完成酒泉市和甘南州6.87万平方千米1∶1万数字地形图测绘，首次实现1∶1万数字地形图省域全覆盖。开展实景三维甘肃（地形级）场景构建、服务发布管理系统、可视化为应用系统，初步形成覆盖全省的三维基础地理信息数据底板和三维工作底图。

开展甘肃省新型基础测绘体系试点建设，形成《基础地理实体分类与代码标准》《基础地理实体数据采集规范》《基础地理实体数据转换生产规范》《基础地理实体数据质量检查规范》《基础地理实体数据库建设规范》，完成不同类型地理实体统筹分级、粒度和精度研究。

测绘地理信息服务。制定《甘肃省地理信息公共服务平台管理细则》《市级地理信息公共服务平台2022年综合评估指标体系》。更新“天地图·甘肃”地图数据91.9万余条，平台年访问量突破5605万余次。正式上线“天地图·甘肃”移动端APP和微信小程序。实现“天地图·甘肃”基于政务外网环境运行和向甘肃移动数字政府政务云迁移。

全年向社会审批提供涉密基础测绘成果5.5万件，影像、地理国情普查等成果125TB。核销涉密测绘成果10.5万件。接收测绘地理信息成果汇交27批次，数据量150TB。在全国地理信息资源目录服务系统中更新省级基础测绘成果目录7959条，编制发布《甘肃省省级基础测绘成果目录》（2022版）。通过全国测绘成果目录汇交系统，完成84家测绘资质单位840批次5641条成果目录审核，发放汇交凭证534个。

为省委省政府等有关部门、单位提供定制化政务地图服务保障405次，地图3323幅/册。发布标准地图80幅，免费向社会公众提供公益性地图下载、自助制图等服务。各级媒体平台开展国家版图意识宣传活动，发送公益短信1000余万条，发放宣传资料2.5万余份。

测绘地理信息监管。印发《关于进一步加强和规范测绘资质管理工作的通知》。截至2022年底，全省共有252家测绘资质单位，其中，事业单位49家，国有企业60家，民营企业143家。按等级分，甲级35家（甲、乙双证29家），乙级217家。开展省级测绘资质单位测绘资质测绘质量“双随机、一公开”监督检查，省级测绘成果质量监督检查合格率96%。

开展全省测绘地理信息领域涉密数据安全监督检查和问题整改。处理涉密地理信息数据违规联网预警信息，遏制涉密计算机违规联网问题。组织71家单位1344人通过地理信息安全在线培训，规范测绘行业涉密人员持证上岗。审查各类图集图册112幅，核发地图审图号4个。开展全省地图市场监管专项检查，督促问题单位及时整改。对全省623家网站开展常态化互联网地图监管，检定地图5214幅，判定“问题地图”211幅，“问题地图”均被及时撤换。

（刘志广）

防震减灾

【地震活动】2022年甘肃共发生2.0级以上地震55次。其中，2.0~2.9级42次，3.0~3.9级12次，4.0~4.9级0次，5.0级以1次，最大地震为3月17日甘肃张掖市肃南县5.1级。2022年省内地震活动强度较弱，主要呈现西强东弱的特征，3级以上地震有6次集中分布于甘肃西部地区，3次在甘肃东南部地区。祁连山地震带3级以上地震主要集中分布在阿尔金断裂与祁连山地震带的交汇区域，甘东南地区以中小震活动为主，主要分布在东昆仑断裂与西秦岭北缘断裂之间区域。时间上，第一、三季度发生2级以上地震相对较多，其中3月发生地震10次，可能与甘肃邻区门源6.9级、德令哈6.0级和省内肃南5.1级等地震活动有关；第二季度发生2级以上地震次数最少，共4次。

【地震监测预报】震情跟踪工作情况。认真贯彻落实应急管理部、中国地震局以及甘肃省委、省政府震情监视跟踪部署，积极开展震情监视跟踪各项工作。一是认真落实重大决策部署。研究制定了《甘肃省地震局党组关于进一步提升地震监测预报预警服务能力的实施意见》《甘肃省地震局2022年度震情监视跟踪和应急准备工作方案》，明确具体工作措施及责任部门，实现目标任务清单化、具体化管理。二是及时召开工作部署会。组织召开了2022年全省震情监视跟踪和应急准备工作部署视频会，研究部署2022年全省震情监视跟踪和应急准备工作，地震重点危险区涉及的8个市州地震局均制定了本地区震情监视跟踪和应急准备工作方案。三是编制震情研判技术方案。编制了甘肃省和南北地震带北段《震情短临跟踪研判技术方案》，建立和完善了甘肃和南北地震带北段年度地震危险区震情短临跟踪和会商研判技术方案。四是加强前震识别工作。制定《甘肃省地震局前震自动识别告警信息处置工作方案》，持续跟踪推进前震序列识别工作，全年共完成102次告警信息的复核和会商工作。五是做好地震安全服务保障工作。制定印发全国“两会”、冬奥会、党的二十大、省党代会、兰洽会、省运会等重大活动和特殊时段地震安全保障服务实施方案，扎实完成地震安全保障服务工作。六是构建“局站合作”新模式。指导各中心站积极与当地市（州）地震部门构建“局站合作”新模式，充分发挥中心站专业技术优势和地方桥头堡作用，建立辖区内地震异常核实、应急演练与响应处置、应急流动观测、地震灾害风险普查、房屋抗震设防信息的动态更新与维护等协同联动工作机制。七是健全群测群防工作机制。制定印发《甘肃省地震宏观观测管理办法》和《甘肃省地震局地震群测群防工作方案》，健全完善中心站地震宏微观异常现场调查核实工作机制。八是创新预报工作机制。制定印发了《甘肃省地震局党组关于构建“1+3+N”地震预报业务工作机制实施方案》及落实措施，梳理明确各预报任务单位职责定位，着力构建以省地震台为牵引，中心站、区域研究所、市州地震部门等深度参与，高校和科研院所为科技支撑引领的“1+3+N”地震预报业务创新工作机制。

台网运行管理。一是加强站网运行。全年共印发《甘肃地震监测预报业务运行情况通报》12期，将站网运行指标列入省地震台、信息中心、各地震监测中心站等站网运维单位年度目标考核指标，引导站网运维各方努力提升运维质量与效率，在2021年度全国地震监测预报观测资料质量评比中，获评比结果前三名45项，名列全国前列。2022年，各站网运行率大幅提升，测震站网运行率99.02%，强震动站网运行率98.52%，地球物理观测数据连续率99.85%，地球物理观测数据有效率99.74%。二是加快推进站网规划实施。根据《甘肃地震监测站网规划（2021-2030年）》，统筹省、市、县三级站网资料和观测力量，推动落实全省站网规划建设“一盘棋”，依托预警项目，基本实现了甘肃省内“一县一站”。

监测预报基础和研究及应用。一是夯实长期预报工作基础。开展针对甘青川交界地区的东昆仑断裂东段流动地球化学观测、4G节点式地震仪加密观测、开展地电场加密观测，及东昆仑断裂东段重点段落的活断层探测等基础性研究工作，在甘肃及邻区开展强震综合概率预测技术的应用工作，为年度、年中地震重点危险区的圈定提供科学依据。二是提高中期预报准确性。完成了2022年度甘肃省和南北地震带北段的地震重点危险区工作方案和技术方案，不断总结检验甘肃及邻区年度地震重点危险区的预测效能，完成综合概率预测技术方法的改进工作，最新计算结果为2023年度地震危险区的圈定提供科学依据。三是强化短临预报业务化。制定印发《甘肃省地震预报群测群防工作方案》《甘肃省地震宏观观测管理办法》，严格执行宏微观异常零报告制度，开展异常核实工作26次，共提交异常现场核实（取消）报告26份。制定《甘肃省地震局震后应对处置会商优化工作方案》和《甘肃省地震局震后应对处置会商优化工作方案》，严格按照方案要求推进各项工作，年内共处置甘肃省内12次3级以上地震。汇总梳理了区域内甘肃、青海、四川、陕西、宁夏等地区测震学和地球物理场观测资料、跟踪异常和预测指标等，分区、分震级档提取了会商研判策略。四有力支撑地方政府防范应对决策。制定《甘肃省重大震情评估通报制度实施细则》，及时主动向地方政府通报震情，协助地方政府做好地震灾害应对防范。落实全省站网规划建设一盘棋、会商研判一盘棋、观测环境保护一盘棋、应急联动一盘棋的总体工作思路，充分发挥中心站作为省局派出机构的沟通桥梁作用，深入开展局站合作，目前各中心站均与驻地市级地震部门建立合作机制。梳理统计市县观测点基础信息，开展市县观测质量评估工作，筛选观测质量较好的市县测点，探索数据共享和入网机制。

地震速报预警信息服务。一是强力推进预警项目的实施。国家预警工程甘肃子项目核心业务系统已于4月份通过台网中心检查评估，5月份正式进入内部测试运行。完成省级预警中心建设和定制软件的部署升级。依托国家预警项目及省预警配套项目，为刘家峡水库、中石油、甘肃电网、兰州轨道交通等行业试点用户安装部署地震预警信息专用终端，震后及时提供地震预警信息服务，初步形成本省地震烈度速报能力和预警区秒级地震预警能力。国家预警工程甘肃配套项目目前已建成了161个多类型预警站点、3个市级地震紧急信息服务发布中心、100个紧急地震信息服务终端。三是青藏高原东北缘项目完成73个基本站、19个桥梁站点的土建工程、32个基本站的设备安装和管网公司到甘肃局的通信链路建设。二是加强地震预警系统运行风险防控。制定出台包括《甘肃地震预警系统运维工作手册》和《甘肃省地震局地震预警中心业务操作手册》在内的18项预警业务管理制度，建立健全制度管理机制，做到业务链条和责任链条一一对应，有力保障预警系统安全平稳运行。按照《甘肃省地震预警工作团队建设方案》，加强预警业务团队建设，强化业务交流、培训和岗位技能练兵，提升地震预警工作质量，加强“人防、技防、流程管理”一体化防范措施，落实岗位责任。三是推进新型地震速报预警业务建设。编制完成《甘肃台网地震编目业务专项自查工作》并报送工作总结，配合完成台网中心地震编目工作专项检查。甘肃预警中心已组建完成，制定出台《甘肃省地震局地震预警中心业务操作手册》，进一步强化和规范地震速报预警业务体系。统筹推进地震紧急速报、自动速报和正式速报一体化业务，规范业务流程，完善管理制度，建立完善目标责任考核机制，实现传统速报业务能力和服务效能的全面转型升级。

【地震灾害预防】抗震设防要求。制定印发《甘肃省重大工程抗震设防要求审定行政许可实施细则（暂行）》《甘肃省重大工程场地地震安全性评价报告技术审查管理办法》《甘肃省重大工程抗震设防要求审定行政许可办事指南》，进一步规范全省重大工程的地震安全性评价工作，明确省市县地震部门的监管主体责任。将重大工程抗设防要求审定纳入《甘肃省人民政府办公厅关于印发甘肃省行政许可事项清单(2022年版)的通知》，与省工改办联合印发《关于深入推进工程建设项目地震事项全流程在线审批工作的通知》，强化重大工程抗震设防要求监管，保障重大工程地震安全。印发《甘肃省地震局关于抗震设防参数查询接入市州信息公开平台的通知》，抗震设防参数查询列为省市两级政务服务平台。

地震安全性评价。甘肃省地震局印发《甘肃省重大工程抗震设防要求审定行政许可实施细则（暂行）》《甘肃省重大工程场地地震安全性评价报告技术审查管理办法》《甘肃省地震局关于规范重大工程场地地震安全性评价报告技术审查工作的通知》，落实抗震设防“放管服”改革要求，强化事前事中事后监管。组织开展2022年度重大工程地震安全性评价和区域性地震安全性评价技术审查19项，完成安评报告的技术审查。

震害预测。开展2022年全国地震重点危险区涉及甘肃地区地震灾害损失预评估实地调研，完成了地震重点危险区地震灾害预评估与应急处置要点报告，并向甘肃省政府、重点危险区市（州）人民政府、省应急厅等省防震减灾工作领导小组成员单位报送了预评估报告。

活动断层探测。优化调整《武威市活动断层探测与地震危险性评价项目实施方案》，全面完成武威市遥感影像处理与解译、目标区晚第四纪沉积环境及地层年代学研究、隐伏断层与深部构造地震勘探、武威市活动断层探测数据库建设等11个专题任务。完成全省1∶25万地震构造图和1∶5万活动断层分布图。印发《甘肃省地震局关于成立全国地震动参数区划图编制工作领导小组的通知》，组织开展分类数据的收集整理，并进行质检汇交。

【地震应急保障】召开了省抗震救灾指挥部与防震减灾工作领导小组全体会议，印发了省防震减灾工作领导小组成员单位2022年度工作要点。修订了《甘肃省地震局地震应急响应服务等级》《震后12小时应急服务响应行动清单》。召开西北区地震应急区域协作联动研讨会，印发协作联动工作方案和联席会议章程，修订完善《甘肃省地震局地震应急处置联动支援预置力量方案》。参与5月11日在甘肃张掖举办的“应急使命·2022”高原高寒地区抗震救灾演习，派出地震现场工作队47人，组织人员完成指挥演习和综合演习各科目，组织完成抗震演习评估总结，会同开展地震应急处置桌面演练。高效处置青海门源6.9级地震和肃南5.1级地震等13次3.0级以上地震，及时收集灾情信息，准确发布震情，正确引导社会舆论，有效维护社会稳定。完成地震高烈度区重大基础设施基础数据分析、统计与制图。开展更新地震应急避难场所数据3425条，更新6800条学校数据，更新完成全省各乡镇的边界数据和驻地数据地震应急基础数据库中基础数据。

【地震科技创新】地震科技创新能力稳步提升。组织完成了2022年国家自然科学基金项目、中国地震局星火计划项目、甘肃省科技计划项目，以及基本科研业务费专项、局地震科技发展基金项目、野外站项目的申报和评审。获批星火计划项目6项、省自然科学基金项目13项、陇原青年创新创业项目1项、甘肃省重点人才计划项目1项，批准立项基本科研业务费专项7项、局地震科技发展基金项目24项，与中山大学联合申请国家自然科学基金重点项目1项（70万元），与敦煌研究院联合申请区域创新发展基金重点支持项目1项（100万元），经费总额500余万元。承担各类地震科技服务项目45项，经费总额570余万元。

2022年甘肃局共发表论文80余篇，其中SCI/EI等高质量论文17篇，出版专著2部。获批发明专利3项、实用新型专利18项，软件著作权35项，报批地震行业标准2项；获甘肃省科技进步三等奖1项、二等奖1项，甘肃省专利奖1项。

优化科技平台建设，建成了刘家峡主动源实验室，完成了甘肃省黄土地震工程重点实验室和甘肃省岩土防灾工程技术研究中心两个省级创新基地的整合，举办了兰州野外站学术2022年年会暨西部地球科学与防灾工程论坛，受到系统内外专家学者的广泛关注。

强化科技创新团队和优秀人才队伍建设，完成了5个创新团队和65名科技英才的中期考核，2022年2人入选中国地震局科技人才计划，1人评为陇原青年英才。

深化地震科技体制改革。持续强化顶层设计，制定印发了《甘肃省地震科技发展规划（2021—2035）》，完成了《中国地震局兰州岩土地震研究所中长期发展规划（2021—2035）》的起草。深入贯彻落实国家关于完善科技成果评价机制和科研经费管理改革有关要求，修订了《甘肃省地震局科研项目经费管理办法》《甘肃省地震局地震科技发展基金管理办法》《甘肃省地震局促进科技成果转化实施细则》和《兰州所实验室管理办法》。

【人才队伍建设】强化管理队伍培训，甘肃省地震局2022年自主举办各类培训班共18期，培训内容涵盖学习贯彻党的二十大会精神、提升干部素质能力、防震减灾与应急救援能力建设、地震业务技能提升等，628人参加培训，其中参加培训的市县地震局人员231名；全局干部职工完成了2022年度网络教育培训，共培训26877学时，处级人员培训总网络培训共3825学时，平均76.48学时/人。2022年度，1人参加中国地震局优秀年轻干部培训班，4人参加地震系统新招录公务员初任培训，举办了33人的新招录事业人员培训，省地震局有1人参加了中国地震局组织的交流访问者学习，1人获得硕士、1人获得博士学位，5人硕士在读，10人博士在读。职工队伍的整体素质和业务水平得到了极大的提高，管理和科技队伍在推动防震减灾事业发展和应对有感、破坏性地震中发挥了重要作用。

【甘肃省防震减灾工作会议】2022年3月16日，甘肃省人民政府组织召开2022年省抗震救灾指挥部与省防震减灾工作领导小组全体会议。

会议强调，要深入学习贯彻习近平总书记防灾减灾救灾重要论述，进一步增强责任感和紧迫感，强化底线思维，持续提升地震灾害监测预警能力，防范化解重大地震灾害风险隐患，抓紧修订完善各级地震应急预案，不断强化地震应急救援准备，着力夯实防震减灾救灾基层基础。

会议要求，各地各有关部门要切实把防震减灾救灾工作摆在更加突出的位置，统筹推进防震减灾和经济社会高质量发展，进一步加强组织领导，落实属地管理责任，对防震减灾工作早谋划、早行动、早动员，全面完成防震减灾各项任务，不断推动地震灾害治理体系和治理能力现代化。

省地震局、省应急厅主要负责同志汇报了2021年甘肃省防震减灾救灾工作和2022年工作安排建议，张掖市、甘南州、省交通运输厅、省卫生健康委作了交流发言。

会议以视频形式召开，42个成员单位有关负责同志在主会场参会，全省各市（州）政府分管领导及相关部门负责同志在分会场参会。

（许丽萍）

气象

【综述】2022年全省平均气温9.5℃，较常年同期偏高1℃；降水量363.7毫米，较常年同期偏少11.3%，为近10年最少。年内高温日数多、范围广，多地最高气温破历史极值；气象干旱严重，旱情多次反复，气象干旱日数和影响范围均为近10年最大；暴雨日数和范围略偏多；冰雹日数偏少；寒潮天气偏多，范围广，11月下旬出现大范围强寒潮天气过程；大风日数偏多，沙尘暴日数偏少。2022年总体气候条件一般。

【气温】2022年全省平均气温9.5℃，较常年同期偏高1℃。全省各地年平均气温与常年同期相比，武威市局部偏低0.5℃以内，酒泉市北部、张掖市、武威市中北部、白银市、兰州市、临夏州、定西市东部和天水市西北部偏高1~1.6℃，省内其余地方偏高0.5~1℃。气温最高中心在武都和文县，均为16.3℃；最低中心在乌鞘岭，为0.9℃。

【降水】2022年全省平均降水量363.7毫米，较常年同期偏少11.3%，为近10年最少。2022年全省各地年降水量，酒泉市和张掖市北部为10~100毫米，张掖市中部、武威市北部和白银市北部为100~200毫米，省内其余地方为200~600毫米，陇南市东部为600~831.1毫米（康县）；与常年同期相比，酒泉市东部、武威市北部、兰州市局部和庆阳市局部偏多2~9成，酒泉市西部、嘉峪关市、张掖市中部、兰州市北部、白银市大部、定西市东部、天水市西部、甘南州局部和陇南市北部偏少2~7成，其余地方接近常年同期

【暴雨洪涝】2022年全省22县（市、区）出现暴雨，暴雨日数和范围均较常年偏多。暴雨主要出现在7月中下旬和8月的陇中南部和陇东南中东部地区。年内15县（市、区）出现极端日降水事件，较常年同期偏多，其中3县日降水量突破历史极值。暴雨引发陇东南部分地区山洪、滑坡等灾害，农经作物及基础设施受灾。

【冰雹】2022年全省19县（市、区）出现冰雹天气，较常年同期偏少，冰雹日数和范围均为1961年以来第二少，主要出现在白银市、平凉市、庆阳市和甘南高原等地，导致局部地区农作物和林果业受灾。其中，5月出现一次区域性冰雹，农经作物和基础设施受损。

【高温】2022年全省共45县（市、区）出现35℃以上高温天气，范围为近5年最大，出现站次为1961年以来第一多。年内共16县（市、区）出现极端高温事件，较常年同期偏多；年内共有10次35℃以上区域性高温天气，主要出现在6月中旬~8月下旬，其中7月6日高温影响范围最广，占全省面积的44%。

【大风沙尘】2022年全省62县（市、区）出现大风天气，大风日数较常年同期偏多。年内共出现29次区域性大风天气过程。1月、3月、7月、11~12月大风天气偏多，主要出现在河西地区、陇中北部、庆阳市和甘南州等地。

年内3县（市、区）出现沙尘暴，较常年同期偏少，出现范围和日数均为近5年次少（2020年最少）；29县（市、区）出现扬沙天气，41县（市、区）出现浮尘天气，均较常年同期偏少。年内共出现8次区域性扬沙天气，主要出现在3~5月；共出现5次区域性浮尘天气过程，主要出现在4月中旬~5月下旬，对空气质量、交通运输和生产生活等造成影响。

【寒潮、强降温】2022年全省共74县（市、区）出现寒潮天气，较常年同期偏多，为近10年次多。年内共出现15次区域性寒潮过程，主要出现在1月上旬至5月中旬、10月上旬至12月下旬。其中，11月27~30日为大范围强寒潮过程，共43县（市、区）出现寒潮，其中20县（市、区）强寒潮，10县（市、区）特强寒潮，马鬃山和乌鞘岭的日最低气温突破11月历史极值，此次寒潮过程的影响范围和强度为历史同期第三；12月16~18日，47县（市、区）出现寒潮，其中16县（市、区）强寒潮，5县（市、区）特强寒潮。

年内全省强降温次数较常年同期偏少，共有49县（市、区）出现强降温天气，主要出现在1月上旬、4月中下旬、5月中旬、10月上旬、11月中旬至12月中旬，其中5月13日和11月28~30日出现区域性强降温天气过程，11月28~30日44县（市、区）为大范围强降温过程。

【年景评价】2022年气候条件整体一般，干旱、暴雨洪涝、冰雹、大风沙尘和霜冻等灾害，对农业、生态环境、旅游业和水资源造成一定影响。根据灾害影响分析和定量化评估，干旱、暴雨、冰雹和低温冻害等造成的损失较大。

1、2月全省气温偏高，大部地区降水偏多，出现2次大范围降雪天气，有效补充了土壤水分，积雪覆盖时间长有利于后期越冬作物返青。但降雪、寒潮天气和2月下旬的持续降雪天气，对设施农业造成一定不利影响。3月以来我省大部地区气温持续偏高，降水偏少，对冬小麦产量形成和春播作物苗期生长有一定影响。5月受降温降水天气过程影响，造成经济林果及农作物不同程度受灾。6月至7月上旬，全省高温天气多，降水过程少，对冬小麦、玉米和春小麦生长造成不利影响。7月中下旬，大范围降水过程缓解了部分地区的干旱，旱区基本解除，但局地暴雨对夏粮作物收获晾晒略有影响。8月上中旬河东大部地区高温少雨，陇中北部和陇东南大部地区旱情持续或反弹，对玉米灌浆和马铃薯块茎膨大产生不利影响。8月下旬降水过程较多，河东大部地方旱情缓解，利于玉米灌浆和马铃薯块茎膨大，但不利于病虫害的防治和秋收作物晾晒。秋季气温偏高，降水偏少，整体有利于秋作物的成熟收获、晾晒以及秋种工作和越冬作物苗期生长。但冰雹和大风天气导致部分地区农林经果遭受不同程度的损失。冬季以来全省气温偏低、河东大部降水偏少，气象条件整体利于冬小麦安全越冬和设施农业生产。

受夏季高温少雨的影响，祁连山积雪和黄河刘家峡水库的水域面积较常年同期减少。据卫星遥感监测数据显示，2022年6~9月祁连山甘肃境内稳定性积雪的平均总面积为3529.62平方公里，较常年（1997~2021年）同期减少了29.9%，比2021年同期增加了25.8%；河西内陆河流域的双塔、昌马和红崖山水库的夏季平均水域面积较常年（2007~2021年）同期分别增加15.4%、10.1%和2.7%；黄河刘家峡水库的水域面积较常年同期减少1.9%。7月中旬至8月下旬，全省出现3次区域性连阴雨，7月11~16日和8月中下旬，全省出现的大范围强降水天气，暴雨导致当地发生罕见洪涝灾害。

2022年植被生长季内甘肃省大部地区气象条件总体较为适宜，但夏季高温持续时间长、覆盖范围广，降水偏少、极端性强，河东部分地区旱情多次反复，对植被生长有所影响。全省植被生态质量指数为17.9，全省植被生态质量略高于常年平均，与常年（2000~2021年）相比生态质量处于较好和很好等级的面积比例达36%

全省气候舒适日数为117.2天，较常年同期偏少。武威市南部和甘南州大部分在50天以下，天水市南部和陇南市为150~216天（武都），省内其余地方为50~150天。年内春季大风和沙尘、夏季高温热浪、秋季和冬季的寒潮、强降温等天气气候事件对人体健康影响较大，易引发呼吸道和心脑血管等疾病。

【气象高质量发展】提升气象业务质量和效率。以“质量提升年”行动为抓手，全面推进任务落实。四要素及以上省级气象站占比提升10%，1公里高度天气雷达覆盖率提升6%。预警平均提前量、准确率分别提升6小时和7%。预报产品加工时间缩短31%。开展卫星遥感沙尘监测、生态环境评估等精细服务。新增督查督办等四个政务系统功能模块切实提高办公效率。立足实际多措并举，科技创新提质增效获中国气象局典型成果。推进新型业务技术体制改革。建立“实况”“预报”“服务”3类产品集约共享库，实施20项能力提升措施。各类观测数据传输率、可用率分别提升3%、0.4%。县级红色预警信号平均提前量、准确率分别提升1.5小时和5%。

【气象防灾减灾】完善气象灾害联动机制。三停应急处置措施列为县级以上人民政府职责，暴雨预报预警纳入防汛应急响应启动条件，以气象预警为先导的应急联动机制不断完善。规范气象预报预警服务。与11个部门新签订合作协议或联合发文，与7个部门开展气象风险预警业务，联合发布产品323期。强化气象信息发布。通过5个气象服务新媒体，发布各类资讯2200余条，科普短视频330余条。做好气象防灾减灾和重大活动保障。圆满完成“应急使命·2022”演习、省十五运会、航天发射等重大活动保障，1人获省级表彰。重大材料获省委省政府领导多次批示。

【气象服务保障】保障全省粮食再获丰收。制定分作物、分区域、分灾种的农业气象服务指标和工作方案并实施；创新发展水分供需量化型干旱监测预报服务；开展具有甘肃特色的玉米、花卉、马铃薯等制种气象服务和人工增雨防雹增产作业，助力全省粮食产量再获连增。“气象+”赋能行业高质量发展。印发生态、交通“十四五”气象服务方案。研发涉及电力、交通、水利等7大行业的11种影响预报和风险预警产品，构建以智能网格为支撑的气象服务体系。与多部门建立高影响天气常态化会商机制。保障大城市发展。兰州城区站网间距提升至3.1公里，暴雨预警准确率提高5%，提前量达102分钟。与12个部门健全应急联动机制，利用各类社会资源传播气象预警信息。完善“+气象”递进式气象服务，城市内涝、大气污染、重大活动等气象服务全面融入大城市运行管理。

【科技创新能力】做好高质量发展人才保障。5人入选气象高层次科技创新人才计划，1人入选“陇原青年英才”，1团队入选陇原青年创新团队。增强科技创新内生动力。组建“甘肃气象科技创新研究院”。建立气象科技成果转化和产业化全套流程，完成20项科技成果认定和15项成果业务准入。获省科技进步一等奖1项，专利授权6项、软著权19项、标准3项、省部级成果登记22项。获国家自然科学基金4项。获中国局创新发展专项3项，省基金15项，省级科技计划重点项目2项。

【气象法治建设】提升依法行政水平。提请省人大修订《甘肃省气象条例》《甘肃省气象灾害防御条例》。优化工程建设项目审批事权划分，取消行政审批事项1项，清理证明事项7项，5类高频应用上架政务服务平台，颁布实施3项地方标准。认真履行社会监管职责。进一步厘清部门监管职责，省市联动解决防雷安全监管难题。印发防雷检测质量考核、资质审批、资质监督管理办法，编制防雷工作手册。

【特色、亮点工作】以习近平总书记重要指示精神为根本遵循，贯彻落实《气象高质量发展纲要（2022—2035年）》，印发《甘肃省气象高质量发展实施方案》为甘肃气象高质量发展锚定新目标。保障地方应对气候变化及生态建设方面，成功承办“气候变化与祁连山生态学术会议”，1篇咨询报告被中办采纳，推进甘肃黄河流域生态保护和高质量发展生态修复气象服务工作，常态化开展人工增雨雪，增水量约5亿吨。创新工作“聚焦‘两个至上’深化理解认识推动岗位建功”“破‘四唯’优化科技创新体系立‘新标’打造驱动业务新引擎”在全国气象系统排名前列。

（陆文铭）

水利

【概述】2022年，甘肃省完成水利固定资产投资205.37亿元，超额完成省委省政府确定的180亿元年度目标任务。省政府为民实事项目“打通最后一公里”农村水利惠民工程超额完成年度目标任务。白龙江引水工程可行性研究报告通过水利部审查，黄河甘肃段防洪工程全面竣工投入运行，省列重点项目甘肃中部生态移民供水工程等12项完成年度建设任务。新修订的《甘肃省水利工程设施管理保护条例》《甘肃省农村饮用水供水管理条例》颁布实施。取水许可全面实行“一网通办”，全省取水许可电子证照保有量达到5.14万套。持续推动河湖长制“有责有能有效”，创建美丽幸福河湖41条（段），甘肃首次被水利部列为2022年国务院河长制湖长制督查激励省份。成功应对庆阳马莲河1956年以来最大洪水。小流域综合治理与保护面积1170km²。高标准打造智慧水利甘肃样板，数字孪生疏勒河、数字孪生引洮工程先行先试项目被水利部中期评估考评为“优秀”。

【水资源】2022年，甘肃省总供水量112.88亿m^3，总用水量112.88亿m^3，其中农业82.32亿m^3；工业6.33亿m^3；居民生活用水8.44亿m^3；城镇公共用水1.90亿m^3；生态环境用水13.89亿m^3。万元地区生产总值用水量101.45m^3，万元工业增加值用水量25.04m^3，农田灌溉水有效利用系数0.5782。

【重大水利工程】引洮供水二期骨干工程进入工程收尾期，全年完成投资2.13亿元，占年度投资计划2.14亿元的99.53%。甘肃中部生态移民扶贫开发供水工程完成投资11.13亿元，占年度投资计划10亿元的111.3%。引洮供水二期配套城乡供水工程完成投资5.15亿元，占年度投资计划5.18亿元的99.42%。酒泉肃州区洪水河水库工程完成投资2.5亿元，占年度投资计划2亿元的125%。平凉市新集水库工程完成投资1.7亿元，占年度投资计划1亿元的170%。盐环定扬黄甘肃专用工程甜水堡调蓄引水工程完成投资2亿元，占年度投资计划的100%。南阳渠提质增效及水系连通工程完成投资0.57亿元，占年度投资计划0.81亿元的70.37%。讨赖河嘉峪关安远沟至嘉酒分界线段水系生态环境综合治理工程重大设计变更后，年度投资计划由2亿元调整为1.6亿元，完成投资1.53亿元，完成初设批复的全部建设任务。武威市凉州区西营五干片区调蓄水池工程完成投资1.91亿元，占年度投资计划的100%。引洮二期庄浪应急供水工程完成投资3.46亿元，占年度投资计划3.8亿元的91.05%。武威市凉州区调蓄工程完成投资5.3亿元，占年度投资计划3亿元的176.7%。天水曲溪城乡供水工程完成投资3.5亿元，占年度投资计划的100%。

【农村水利水电】统筹推进农村供水“工程规模化、城乡一体化、管理智慧化、运行标准化”建设，会同省发展改革委、财政、乡村振兴等部门印发《关于加快推进农村规模化供水工程建设的实施意见》。选取古浪县作为农村供水工程规模化发展省级试点，通过管网延伸、连通等措施，连通县内5座水厂管网，形成了7.68万t/d的规模化供水保障体系。将农村供水工程建设纳入省政府为民实事“打通最后一公里”农村水利惠民工程，全年74处为民实事农村供水工程全部完成年度建设任务，完成投资11.16亿元，受益人口达218万人。全年共落实农村供水工程维修养护资金1.58亿元，完成3743处工程维修，服务人口达970万人。推进农村供水工程管网规模化建设，健全完善县级农村供水运行管护长效机制，构建从“源头”到“龙头”的城乡供水工程规范化管理体系。启动星级水厂遴选，成功评选出16个五星级和25个四星级水厂。开展2022年全省乡村级管水员骨干师资人员培训。截至2022年底，全省农村集中工程已全部完成定价，水费收缴率达到95%以上。截至2022年，全省共发展基层水利服务机构795个，其中独立设置的水利站550个，具有水利管理及其他行业管理职能的服务中心151个，基层水利服务机构在岗人员12280人。组建农民用水户协会4131个。2个农民用水合作组织成功申报国家示范合作组织。

【水旱灾害防御】2022年，甘肃省天气形势复杂多变，降雨时空分布不均，多地发生严重干旱，局部暴雨多发频发，短历时强降雨天气异常偏多，旱涝急转、旱涝并存等特点十分明显。多地发生山洪泥石流和中小河流洪水，水利工程损失较重。修订印发《甘肃省水利厅水旱灾害防御应急预案（试行）》《甘肃省水利厅暴雨洪水预报预警信息处置规程》。2022年，累计发布强降雨防范预警通知27次、河流洪水预警34期、河流枯水预警1期、山洪气象风险预警58期、处置各类暴雨洪水预警信息70期，累计启动洪水防御应急响应5次、干旱防御应急响应1次。全省受影响的79个县区累计发布预警5227余次，发送预警信息1360万余条。旱情高峰期，启动干旱防御Ⅳ级应急响应，应对白银、兰州、武威等地旱情。安排景电、引大、引洮等骨干引提调水工程向旱区调水。金昌、武威、白银、临夏等地推行“三七、二八”闭口浅灌保灌措施，及时启动应急水源。全省累计出动拉运送水车辆1309台次、抗旱设备88台套、启动应急水源42处、开动机井1600眼，全力保障群众饮水和工农业生产用水。落实水利部水利救灾资金3920万元，省级水旱灾害防御经费和水利救灾资金3000万元，支持各地开展水毁修复项目29处、抗旱项目37处。

【水利规划】2022年3月3日，省政府新闻办举行《甘肃水利“四抓一打通”实施方案》政策解读新闻发布会，省水利厅全面指导各地围绕加快构建全省大水网格局，谋划储备2137个水利项目，总规模3291亿元。《甘肃省“十四五”农村供水保障规划》（甘水农水发〔2022〕6号），于1月7日由省水利厅批复实施。《甘肃省“十四五”水资源管理与保护规划》（甘水资源〔2022〕12号），于1月17日由省水利厅印发。《甘肃省“十四五”巩固拓展水利扶贫成果同乡村振兴水利保障有效衔接规划》（甘水规计发〔2022〕278号），于7月28日由省水利厅印发。《甘肃省“十四五”水土保持规划》（甘水规计发〔2022〕394号），于9月30日由省水利厅印发。编制完成《甘肃省大中型水库移民后期扶持“十四五”规划(2021-2025年)》（甘水移函〔2022〕9号），并于1月11日报备水利部。

【黄河流域生态保护和高质量发展】2022年，甘肃省共落实中央财政黄河专项奖补资金涉水项目6.61亿元，国家发展改革委重大区域发展战略建设黄河专项资金涉水项目5.86亿元。积极配合水利部和黄委会全力做好黄河黑山峡河段开发和南水北调西线工程前期论证相关工作。

【重点流域治理】黑河通过下游正义峡断面面向内蒙古额济纳旗下泄水量13.71亿m^3，周边旱区湿地面积达到106km^2，东居延海实现连续18年不干涸。石羊河蔡旗断面过水量为3.31亿m^3，连续13年超额完成年度调水任务，下游青土湖水面面积扩大到26.7km^2。讨赖河全年渠首来水量6.48亿m^3。疏勒河全年泄放生态水量5.19亿m^3，自2017年“哈拉奇”逐渐恢复开始，干涸消失300余年的终端湖“哈拉奇”重现。

【河湖长制】甘肃省持续推动河湖长制“有责有能有效”，建设造福人民的幸福河湖，河湖面貌持续改善。全省河湖长制工作责任体系建立健全，河长湖长社会公布，河湖警长、检察长体系全面建立，巡河员、护河员、监督员体系构建到位。截至2022年底，全省设置五级河长21934名，设置五级湖长1065名，巡（护）河员24307名。

河湖“清四乱”常态化规范化，规范采砂秩序。公告全省84条河流重点河段、敏感水域“四个责任人”。全面推行河道采砂许可证线上申领。累计巡查河道23万km，查处非法采砂行为39起，移交刑事案件5起。河道采砂统一经营试点按期完成，试点区初步形成“集约化、规模化、绿色化、智能化”生产经营格局，为根本上解决河道采砂“小、散、乱”和监管难问题提供示范。发布首期《甘肃省河流健康蓝皮书——甘肃省河流健康评价报告（2017—2021）》。全省水流自然资源确权登记工作有序推进。

巩固拓展石羊河全国示范河湖成果，首批讨赖河嘉峪关段、党河敦煌段、庄浪河天祝段、洮河卓尼段省级美丽幸福河湖试点通过省级验收。贯彻落实《甘肃省总河长6号令——关于开展美丽幸福河湖创建工作的决定》，自2022年起，利用四年时间分批分类推进美丽幸福河湖创建工作，每年创建至少25条（段）美丽幸福河湖，打造一批甘肃美丽河湖优质名片。配套印发《甘肃省美丽幸福河湖创建评价办法》，出台激励奖励办法，推动幸福河湖创建制度化。2022年，全省共创建美丽幸福河湖41条（段），总长380km。

【水土保持】全年共完成小流域综合治理与保护面积1170km^2，实施坡改梯24.9万亩，除险加固淤地坝79座，新建淤地坝67座。修订完善《甘肃省水土保持目标责任考核办法》（甘政办发〔2022〕88号）；印发《开展水土保持工程建设以奖代补工作的实施意见》（甘水水保发〔2022〕306号）；发布甘肃省地方标准《机修梯田技术规范》。完成100座淤地坝“四变”改革建设任务。完成秦州流水、舟曲狼岔坝、永昌南坝等高标准示范小流域建设。水利部确定天水市秦州区、平凉市泾川县、陇南市两当县为“国家水土保持示范县”，庆阳市西峰区清水沟小流域为“国家水土保持示范工程”。实施信用监管“两单”管理，将5家市场主体列入水土保持“重点关注名单”。全省2022年征收水土保持补偿费6.39亿元。

【民生水利】2022年，省委省政府将实施“打通最后一公里”农村水利惠民工程纳入省政府10件为民实事之一。在全省14个市州、兰州新区、65个县区和3个省级单位实施调蓄设施、灌区改造和农村供水三类项目。其中建设水库（池）25座，新（改）建淤地坝100座，实施6处大型灌区续建配套与现代化改造项目和16处中型灌区续建配套与节水改造项目，完成52处农村供水改造提升工程。

【节约用水】推进黄河流域深度节水控水行动。印发《甘肃省“十四五”节水型社会建设规划》《甘肃省黄河流域深度节水控水行动实施方案》《甘肃省高校节水专项行动实施方案》。完成《甘肃省行业用水定额（2017版）》修订待发布。持续推进县域节水型社会达标建设，55个县被水利部命名为县域节水型社会达标县；11个县（区）县域节水型社会建设水利部达标命名。16个县（区）县域节水型社会达标建设和9所节水型高校的通过省级技术评估和验收。评定省级节水型企业10家，建成水利行业节水型单位169个。完成省保育院和兰州接驾嘴高速公路服务区省级节水示范载体试点建设。

利用“世界水日”“中国水周”，联合省文明办等10部门举办了《公民节约用水行为规范》主题宣传活动暨“节水中国你我同行”联合行动启动仪式和系列线上活动，被水利部评选为宣传成效突出“优秀活动”。组织的“节水普法进校园”志愿服务项目获得第六届中国青年志愿服务项目大赛铜奖、水利行业专项赛三等奖，《实施国家节水行动助推陇原绿色发展》获水利公益宣传教育类二等奖，“小水滴”水利科普宣讲项目获水利行业专项赛三等奖。

【水利建设管理】印发《甘肃省水利建设市场主体信用信息管理办法》和《甘肃省水利建设市场主体信用评价管理办法》，引导企业从靠资质向重服务转变。建设并上线试运行“甘肃省水利工程建设管理服务系统”。完成招标登记和中标备案等14件，查处水利行业拖欠农民工工资案件3起。出台《甘肃省水利工程责任单位责任人质量终身责任追究管理办法实施细则》。印发《甘肃省水利工程质量检测管理实施细则》，针对部分在甘从业质量检测机构有资质无实验室、有实验室无设备、有设备无人员等问题，细化规范质量检测机构从业行为。全年共新申请（延续）质量检测企业资质18家。

【水政】新修订的《甘肃省水利

工程设施管理保护条例》已由省十三届人大常委会第三十一次会议审议通过于2022年8月1日起正式施行。新修订的《甘肃省农村饮用水供水管理条例》已由省十三届人大常委会第三十二次会议审议通过于2022年11月1日起正式施行。新修订《甘肃省水土保持条例》于11月22日提交省十三届人大常委会三十四次会议审议，待进一步修改完善后出台实施。《甘肃省石羊河流域水资源管理条例（修订草案）》已经省十三届人大常委会第三十四次会议初次审议，12月30日完成向社会公开征求意见。制定印发《全省水利系统法治政府建设实施方案（2021—2025年）》。累计审核《甘肃省水利工程责任单位责任人质量终身责任追究管理办法实施细则》《甘肃省中小河流整河治理总体方案编制项目招标代理服务合同》等规范性文件、合同制度等21余部，6部向省司法厅予以申请报备。

依法深化水利“放管服”改革，37项政务服务事项实现全程网办，全程网办率由54%提升至100%。涉河建设项目审批推行“线上审”，质量检测单位乙级资质认定和部分水土保持方案审批实行告知承诺制，水土保持设施自主验收备案压缩为即办件，“三类人员”实现“跨省通办”。2022年，甘肃省政务大厅水利厅窗口在线受理93件，办结93件，办结率为100%；受理群众咨询543次，满意率达100%。

严格行业执法监督检查，全年累计摸排移交整改各类问题线索183个。全省防汛保安和地下水超采治理专项执法行动开展全覆盖抽查，全力推动两大专项执法行动落地落实。累计摸排影响行洪线索83个，其中14个线索已立案处罚，69个问题线索已全部整改到位。摸排地下水超采违法行为线索23个，已全部立案处罚并全部结案。

【智慧水利】省级水利物联感知平台实现覆盖水库水情测报（降雨量、水位）、安全监测（渗流、渗压）、取水口水量监测（水位、流量）、淤地坝监测（翻斗次数、降雨量）等8类实时监测报文解译。建成省级水利视频集控平台，采取“乙方建设、甲方租用”的服务新模式，与中国电信、移动、联通、铁塔等在甘分公司签订河湖视频监控服务合作协议，指导市县建立标准统一、互联共享的全省河湖视频监控系统，已建成的四市三县1109路河湖视频监控设施，在服务河湖长制“有名”向“有实”转变中卓见成效。搭建84个县（含嘉峪关市）级山洪灾害监测预警平台和3个农村基层防汛预报预警平台，开发建设省市级山洪灾害监测预警信息管理系统，接入全省山洪站点4765个，气象站点2332个，中小河流站点717个，实现山洪灾害监测预报预警的集约化管理。打造白龙江舟曲段数字孪生流域智慧应用试点，开发白龙江舟曲县城段防洪电子沙盘智慧应用试点。构建统一规范的甘肃省智慧水资源管理系统。开发黄河白银段AI智慧河湖管理试点应用、省级水域岸线数据库与管理信息系统、水土保持生产建设项目一体化监管和淤地坝安全自动化监测平台、水利数字图书馆等业务应用系统，搭建全省水利视频集控平台。

数字孪生流域建设先行先试。疏勒河流域和引洮工程数字孪生先行先试项目2021年列为全国首批数字孪生流域建设先行先试项目，2022年10月被水利部中期评估考评为“优秀”。“数字孪生渠系智能配水和闸群联合调度”入选全国优秀应用案例，“数字孪生引洮管理平台”入选推荐应用案例。

（解　瑞）

国民经济

发展和改革工作

【经济运行调度】认真落实国家明确的宏观政策导向，积极克服疫情影响，强化形势研判和运行调度，出台实施稳经济一揽子政策措施及接续政策，通过政策吹风会、专家解读等多种方式加大宣传、引导预期，开展月调度、季通报和督导调研，加快释放政策组合效应。针对特殊困难行业，出台实施促进服务业领域困难行业恢复发展、强化金融支持中小微企业纾困发展政策举措，全力保障服务业渡难关促发展。会同省统计局等部门逐月研判经济形势，针对经济运行中存在的苗头性、倾向性、阶段性问题，研究提出对策建议，为省委、省政府决策提供参考。强化经济考核评价激励，报请省委、省政府逐季召开经济运行调度会，传导压力、传递责任，凝聚全省上下加压奋进、赶超进位的强大动力。2022 年，全省地区生产总值 11201.6 亿元，比上年增长 4.5%，增速居全国第 3 位。

【规划制定】对标甘肃省“十四五”国民经济和社会发展规划纲要，印发实施 14 个省级重点专项规划、24 个省级一般专项规划、3 个省级区域规划，全省“十四五”规划编制任务全面完成。印发《建立健全甘肃省“十四五”规划纲要实施机制工作方案》，建立健全规划重大项目组织推进、目录清单管理、综合管理信息平台应用以及实施监督、考核评价等机制，为“十四五”规划顺利实施提供有力支撑。立足甘肃发展的阶段性特征，细化党的二十大和省第十四次党代会提出的各项目标任务，研究起草未来五年全省经济社会发展重大指标重大产业重大项目重大政策，不断开辟发展新领域新赛道，塑造发展新动能新优势。出台实施“十四五”生物医药产业发展规划，编制印发“十四五”时期贯彻落实国家新型城镇化规划（2021—2035 年）的实施方案、推进以县城为重要载体的城镇化建设若干措施（2022—2025 年）、强县域行动实施方案（2022—2025 年）和推进开发区高质量发展的实施方案（2022—2025 年），进一步强化规划引领发展作用。

【产业结构调整】大力推进新能源、新材料、高端装备制造、电子信息、生物医药等产业发展，金昌新能源锂电、张掖智能制造、天水集成电路封装等产业发展势头良好，产业体系扩容提质取得积极进展。把新能源产业作为服务国家大局、转变发展方式的重要方向，壮大新能源产业链，推动一批新能源装备制造产业落地。全省新能源装机规模达到 3800 万千瓦，比上年增长 31.2%；新能源装机占比达到 53.8%，居全国第 2 位，成为省内第一大电源；新能源发电量 557 亿千瓦时、占比达到 28%。大力发展生物医药产业，着力打造西部领先、全国一流的中医药产业创新高地和国家生物医药产业基地。数字经济发展动能持续壮大，全国一体化算力网络甘肃枢纽节点建设全面启动，兰州国家级互联网骨干直连点获批建设。

【资金争取和投资管理】紧盯国家政策导向，加大“跑部进京”力度，积极争取中央预算内投资 214.9 亿元，连续三年创历史新高。用于项目建设专项债券额度 780 亿元，比上年增加 106 亿元；争取国家政策性开发性金融工具投放项目 36 个、229.5 亿元。持续落实省级领导包抓机制，编制重点投资项目、省列重大项目、重大前期项目三个清单，组织上下半年重大项目开工活动，234 个省列重大项目完成年度计划投资的 119%，比上年提高 9 个百分点；固定资产投资增长 10.1%，居全国第 4 位。

【农业生态建设】落实黄河国家战略，争取国家黄河专项 12.8 亿元，资金争取额度连续两年位居全国首位，支持兰州市城区雨污水管道分流工程、渭河生态综合治理工程（陇西段）二期等项目建设。出台《黄河流域兰西城市群甘肃片区生态建设行动方案》，谋划凝练项目 48 个、总投资约 1079 亿元。大熊猫国家公园正式设立，祁连山国家公园列入设立范围，与四川省共同推进若尔盖国家公园创建工作。出台青藏高原生态环境保护和可持续发展实施方案，实施陇中、祁连山等重点区域生态保护修复项目。积极争取将夏河、肃南 2 县纳入全国 15 个草原畜牧业转型升级试点范围。扎实推进祖厉河国家重点流域水环境综合治理试点任务，实施项目 44 个，累计完成投资 26.5 亿元。积极推进黄河流域生态保护补偿工作，甘肃典型做法被国家发展和改革委员会介绍推广。

【交通项目建设】全年完成交通领域固定资产投资 1276.2 亿元。西成、兰合、兰张三四线中武段等 5 条 795 公里铁路加快建设，平庆、兰张三四线武张段项目前期工作加快推进，银兰高铁全线开通运营，新增高铁运营里程 184 公里。G1816 乌玛高速合作至赛尔龙段、兰永临、S42 漳县至三岔等高速开工建设，国省道提升改造有序推进，王夏、陇漳等 700 公里高速（一级）建成通车，新增文县通高速。兰州中川机场三期扩建工程加快建设，嘉峪关机场改扩建项目开工建设，天水、平凉等机场项目前期工作有序推进，华池通用机场建设完成。

【能源项目建设】推进沙漠、戈壁、荒漠大型风电光伏基地和“十四五”第一批风光电项目建设，陇电入鲁调峰电源工程开工建设，线路工程具备核准条件，陇电入浙工程纳入国家规划，预可研编制工作已经启动。张掖盘道山、肃南皇城抽水蓄能电站开工建设，玉门昌马、武威黄羊抽水蓄能电站完成核准。核桃峪、甜水堡二号井、邵寨等3处中大型煤矿建成投产，红沙梁露天矿进入试生产，红沙梁矿井开工建设；西气东输三线中段、四线甘肃段及古浪至河口天然气联络管道开工建设。原油、天然气产量分别达到1090万吨、5.2亿立方米。

【“双碳”战略部署】发挥碳达峰碳中和省级工作机制，制定印发《完整准确全面贯彻新发展理念做好碳达峰碳中和工作的实施意见》《碳达峰实施方案》和能源、工业、交通、城乡、科技等5个专项行动方案。积极参与全国碳排放权交易市场建设，圆满完成了第一个履约周期发电行业企业的碳排放配额发放和清缴工作。抢抓国家“十四五”能耗总量弹性管理、原料和可再生能源用能扣减等政策机遇，一企一策，统筹解决了一批重大工业项目能耗难题，从源头上提高用能效率，全省能耗需求压力得到明显缓解。

【重点领域改革】组织召开全省优化营商环境大会，完成2021年度全省营商环境评价，紧盯短板定向发力，努力打造市场化、法治化、国际化营商环境。积极开展涉企违规收费专项整治行动，坚持对违法违规收费行为“零容忍”。印发实施贯彻落实加快建设全国统一大市场意见的若干措施，在全国率先推行投资项目信用承诺制改革，企业投资项目审批实现“秒批秒办”“掌上办”，出让标准地32宗、3811亩。

【扩大对外开放】出台深度融入共建“一带一路”实施方案和拓展新领域工作方案，多措并举支持保税区、保税物流中心、铁路口岸、海外仓等平台载体发挥效应，对开兰州至连云港铁海联运班列，首开中老铁路国际货运班列，酒泉陆港型国家物流枢纽和兰州国家骨干冷链物流基地建设方案获批，我省战略通道和开放枢纽的优势不断彰显。对“一带一路”沿线国家实现进出口285亿元，增长26.8%；对RCEP成员国进出口136.2亿元，增长47.6%。积极争取外国贷款支持，一批世行贷款项目、新开行贷款项目进展顺利。成功推动省公航旅集团等募集外债9亿美元。

【保障改善民生】制定出台推动生活性服务业补短板上水平提高人民生活品质行动方案（2022—2025年），中山大学附属肿瘤医院甘肃医院、省疾控公共卫生中心、西北师范大学综合实验训练中心、莫高窟数字展示中心（二期）、省博物馆扩建等一批社会事业项目加快实施，现代教育发展持续推进，文化旅游加快融合发展，公共卫生体系更加完善。紧盯物价上涨情况，及时启动价格补贴联动机制，坚决兜住困难群众生活“底线”。

【价格调控监管】组织完成2022年省内年度电力中长期交易，持续开展“月度＋周＋连日滚动”电力交易。高质量完成第三监管周期输配电成本监审，有效核减社会用能成本。研究制定省内煤炭出矿环节中长期交易价格合理区间方案，实现“下限保煤、上限保电”目标，促进煤、电上下游产业链协同发展。加强粮油肉蛋菜等重要民生商品供应调度和市场监管，加强猪肉市场价格调控，及时开展储备吞吐调节，中秋、国庆“两节”期间全省联动组织投放冻肉储备1480多吨，有效保障市场供应和价格稳定。

（周凯）

农业农村

【概述】2022年，面对严峻发展环境、疫情持续反复和局地发生旱情等多重不利影响，全省各级农业农村部门迎难而上、砥砺前行，统筹推进乡村发展、乡村建设、乡村治理，全省农业农村保持稳中向好态势，全省一产增加值增速5.7%，高于全国1.6个百分点，居全国第2位；农村居民人均可支配收入12165元、增长6.4%，为全省经济社会大局提供了有力支撑，起到了“三农”压舱石作用。

【粮食生产和重要农产品供给】全省粮食面积产量实现“双增长”。一是全面落实粮食安全党政同责。制定贯彻落实《地方党委和政府领导班子及其成员粮食安全责任制规定》重点工作清单，报请省政府印发《2022年全省稳定粮食生产行动方案》，逐级签订稳定粮食生产目标责任书，先后召开全省春季农业生产视频会议、“三夏”生产工作推进会议、冬春农业重点工作电视电话会议等系列会议，分季节、分作物推进粮食生产工作，全省上下形成重农抓粮的良好氛围。二是深入实施“藏粮于地、藏粮于技”战略。新建高标准农田面积370.8万亩，复耕复垦撂荒地123万亩，其中复垦种植粮食作物50.2万亩；把旱作节水技术作为保粮食安全的主要技术措施，推广全膜双垄沟播技术1525.5万亩、水肥一体化高效节水技术391万亩，全省小麦机械化率首次突破90%，小麦玉米机收减损1.35亿斤。深入实施种业振兴行动，全省玉米制种面积157.6万亩、产种6.5亿公斤，生产马铃薯原原种13亿粒。国家安排的6.66万亩生物玉米制种试点任务在张掖市圆满完成，得到胡春华副总理批示肯定。三是强化政策资金投入。落实中央和省级支持粮食生产的财政资金55亿元、比上年增加5亿元，市县财政投入春小麦扩种等补助资金7564万元，主要粮食作物农业保险承保覆盖率达到38%，同比提高6个百分点，对冲了农资价格上涨影响，调动了农民种粮积极性。四是狠抓“菜篮子”产品稳产保供。制定落实《甘肃省生猪产能调控实施方案》，新增生猪存栏144万头，全省肉、蛋、奶产量分别增长11.19%、9.87%和35.05%，蔬菜播种面积980万亩、产量2940万吨，重要农产品生产稳定、供应充足，为农产品保供稳价提供了有力支撑。

【产业扶贫成果持续巩固拓展】严格落实“四个不摘”要求，紧盯“三类”监测对象和低收入脱贫人口，建立风险预警机制，常态化开展监测帮扶，坚决守住不发生规模性返贫底线。一是加大资金倾斜支持。脱贫县衔接资金用于产业发展的资金达到128.69亿元，占总支出资金的58.47%。全省52.1%的农业生产发展资金倾斜支持39个重点帮扶县，为脱贫群众发展产业提供了资金保障。二是持续开展到户产业培育。坚持不懈抓好到户入股资金保底分红，采取以奖代补、达标奖补等方式，为6.7万户28.7万脱贫群众落实产业帮扶措施，推动监测对象和脱贫人口通过发展产业增收。三是着力完善联农带农机制。脱贫县新引培龙头企业162家，脱贫县合作社达到8.8万个，新型经营主体通过订单种养、入股分红、打工就业、提供服务等形式，与脱贫户建立联农带农利益联结机制，龙头企业共带动脱贫户41.5万户、脱贫人口136.2万人，农民合作社带动脱贫户86.7万户。四是织牢风险防范"安全网"。持续实施农业保险"增品扩面提标"工作，脱贫县实现签单保费18.25亿元，参保脱贫户93.9万户，落实脱贫户农业保险赔款2.13亿元、受益脱贫户22.90万户次，让脱贫群众有了保本保收的托底保障。

【特色产业转型升级起步良好】落实省委省政府实施强县域行动部署要求，聚焦打造现代寒旱特色农业高地，坚持"调结构、提品质、强主体、促融合、育品牌"，深入实施特色农产品及食品加工产业链链长制，加力推进优势特色产业三年倍增行动，全省特色产业总体上呈现结构优化、产量增加、效益持续增长的良好态势，为农民持续稳定增收提供了有力支撑。今年全国乡村产业发展电视电话会议上专门介绍了我省的经验做法，胡春华副总理给予高度评价和充分肯定。一是着力调优农业产业结构。制定实施《以养殖业为牵引带动农业产业结构优化升级实施方案》，扎实推进"甘味"肉羊、平凉红牛产业集群和肉牛增量提质等重点项目，加快建设3个百万头肉牛产业带、3个千万只肉羊产业带和河西走廊50万头荷斯坦奶牛产业带，全省畜牧业产值在农业总产值中的占比提高到27%以上。二是全力做大做强农产品加工业。加快实施龙头企业"2512"引培提升行动、现代农业产业园创建行动，全省新引培农业龙头企业188家，新增营业收入亿元以上的龙头企业46家，新创建县级以上示范性家庭农场399家，"五有"合作社达到5.13万家，获批创建国家级现代农业产业园2个、产业集群1个、农业现代化示范区3个、乡村振兴示范县3个，16个省级现代农业产业园通过认定并给予奖补，农产品加工业产值与农业总产值之比达到1.8 ∶ 1。三是甘味品牌效应持续放大。"甘味"品牌实现商标注册，250个企业商标品牌认定纳入"甘味"系列品牌目录，5个"甘味"区域公用品牌入选农业农村部精品品牌培育计划，结合"兰洽会"举办2022年"甘味"特色农产品贸易洽谈会和走向"一带一路"高峰论坛，持续在央视、新华网等投放宣传广告，"甘味"获新时代农业品牌十年·卓越影响力品牌，蝉联中国区域农业形象品牌影响力指数100强榜首，品牌美誉度和影响力持续提升。

【农业发展和振兴】深入实施强科技行动，大力发展生态循环农业，推动农业发展由依赖资源要素投入向创新驱动转变、由粗放型经营向绿色低碳循环发展转变。一是着力推进农业科技创新与推广应用。建设农机装备研发"一中心六基地"平台，组织研制制种玉米去雄机、低损收获机等短板农机装备49种，联合攻关选育优质专用玉米和马铃薯新品种9个，全省牛、羊良种化率分别达到79%、81%，农业科技进步贡献率达到58%以上。二是加快推进绿色标准化种养基地建设。持续开展绿色标准化基地抓点示范，先后召开全省马铃薯、苹果等产业绿色标准化种植基地建设抓点示范现场推进会，推荐发布农业地方标准150项，全省建设绿色标准化种植基地面积达到1799万亩、万头（万只）以上标准化养殖场383个，有效期内的绿色、有机、地标农产品达到2140个。三是持续加强农业资源保护和利用。落实黄河流域生态保护和高质量发展战略部署，实施农业面源污染治理、畜禽粪污资源化利用、绿色种养循环等重点项目，完成粮改饲收贮971.21万吨，全省畜禽粪污综合利用率、废旧农膜回收率和尾菜处理利用率分别达到80%、84.68%、52.03%。新建戈壁生态农业6万亩，累计建成40万亩。扎实开展长江"十年禁渔"，放流淡水经济鱼种约1200万尾，有力维护了黄河、长江甘肃段水生生物多样性和生态平衡。

【乡村建设行动】以逐步使农村具备现代生活条件为目标，统筹推进乡村建设、乡村治理和乡风文明建设。一是完善乡村建设实施机制。制定《甘肃省乡村建设行动实施方案》，全力推进以8大行动和7大工程为重点的乡村建设。深化"5155"乡村建设示范行动，建成50个省级示范乡（镇）、新建500个省级示范村。二是推进农村人居环境整治提升五年行动。制定实施《甘肃省农村人居环境整治提升五年行动实施方案（2021—2025年）》，常态化开展村庄清洁行动，建成农村卫生厕所40.66万座、普及率达到66.1%，开展三轮次问题厕所摸排整改，农村生活垃圾收运处置实现行政村全覆盖。三是健全乡村治理体系。乡村治理国家级试点任务稳步推进，成功创建15个省级试点县。持续开展移风易俗专项行动，全省村规民约实现全覆盖、96.7%的村镇成立红白理事会，全省95%以上的行政村建立了红白理事会、村民议事会等群众组织。在全省乡村深入开展"听党话、感党恩、跟党走"宣传教育活动，开展宣讲活动1.4万多场次，引导基层干部群众坚定信念跟党走。四是积极稳妥推进农村改革。巩固提升农村集体产权制度改革成果，累计组建乡村股份经济合作社16239个、发放农户股权证书531万本。农村承包地"三权"分置改革和3个县国家级农村宅基地"三权"分置改革试点有序推进，开通全省农村"三资"监管信息平台，推开115个新型农村集体经济组织规范化发展试验示范和26个县级农村产权交易试点。

（张彦玉）

粮食和物资储备

【粮食收购】坚持把抓收购作为粮食和物资储备部门守住"种粮卖得出"底线目标的重要手段，优化营商环境，指导各类粮食收购主体合理安排市场化收购，做到应收尽收，切实保障农民利益。加强收购旺季等重点时段业务指导，先后印发关于做好2022年度夏、秋粮收购工作的通知，及时调度掌握各地各单位人员培训、收购资金、仓容、设施设备等情况，做到有人收粮、有钱买粮、有车运粮、有仓装粮。2022年，全省收购粮食296.4万吨、比上年增长0.6%，收购食用油17.9万吨、增长2.5倍。共签订粮油收购订单4548个，订单收购数量26.9万吨，有5户企业与贫困户签订扶贫收购订单74个，订单收购数量3163吨。

【粮食市场供给】巩固拓展与河南、黑龙江等粮食主产省、周边省份的产销协作关系，邀请新疆维吾尔自治区粮食和物资储备局参加第28届“兰洽会”相关活动，并签订产销区粮食安全合作保障协议，成为全省与粮食主产省建立的第10个产销合作关系。持续“引粮入甘”，全省从省外购进粮食163.3万吨、食用油17.4万吨，满足了省内小麦、稻谷需求。全力做好重大节日粮油保供稳市工作，抓好粮源组织筹措，发挥“粮超对接、粮批对接、粮企对接”等直采直供优势，畅通粮油产品供应“最后一公里”，2022年，全省销售粮食356.4万吨、比上年下降0.9%，销售食用油28.3万吨、增长1.5倍，确保粮油供应不脱销、不断档。充分发挥覆盖全省14个市（州）、86个县（市、区）信息监测网络作用，及时准确掌握粮油价格动态，合理引导预期，确保全省粮食市场平稳运行。

【粮食安全责任制】围绕贯彻落实中共中央办公厅、国务院办公厅印发的《地方党委和政府领导班子及其成员粮食安全责任制规定》，印发重点工作清单，梳理明确24项工作任务，建立台账、督办盯办、推动落实。推动各级各单位履行工作职责，切实落实保障粮食安全政治责任，筑牢守好粮食安全底线。建立《甘肃省粮食安全责任制考核工作简报》，及时向省委、省政府和国家粮安考核办汇报粮食安全责任制落实情况、典型经验和工作亮点，向省直相关部门和各市（州）通报情况、传导压力，推动与国家对口部委加强沟通衔接，促进提高工作质效。上报国家粮安考核办35期，整理编发20期，被国家采纳4期。

【地方粮食储备建设和管理】完成了粮食储备安全管理体制机制改革，13个市（州）建立社会责任储备5.2万吨，政府储备、社会储备互为补充的储备格局基本形成。制定出台地方储备管理、成品管理、轮换管理、财务管理、仓储管理、质量安全管理等制度，地方储备管理制度体系不断完善。省级储备菜籽油3955吨同数量调换为大豆油，地方储备服务宏观调控、调节稳定市场、应对突发事件能力进一步增强。全省地方储备粮263.8万吨，占国家规定规模的135.3%，保障能力达到全省7个月；地方储备油3.9万吨，占国家规定规模102.6%，保障能力达到全省45天；14个市（州）确定“十四五”增加市、县级储备粮43.9万吨，储备安全保障能力大幅提升。修订印发《甘肃省省级储备粮竞价销售交易细则》，制定印发《关于加快推进政府储备粮轮换第三方交易的通知》，健全地方储备轮换交易机制，提高专业化、信息化水平，有效防范轮换环节风险隐患。适时调整吞吐轮换节奏，安排省级储备小麦轮换计划27.4万吨，分期分批通过省粮油批发市场竞价拍卖，精准调控省内粮食市场，保障了面粉、饲料等用粮企业需求。

【物资储备管理】积极适应大国储备和应急管理新形势，结合省情实际，着眼长远发展，全面梳理我省各类物资储备管理体系机制，率先出台了《甘肃省改革完善体制机制加强战略和应急物资储备安全管理的实施方案》，明确了“储什么”“谁来储”“怎么储”的问题，形成了省粮食和储备局牵头负责全省各类储备物资统计工作，相关部门分别履行管理职责的物资管理新格局。主动承接省级食盐、防汛抗旱物资管理等新职能，管理的储备物资达到7类，占全省12类的一半以上，统一健全的物资储备管理体系正加快形成。不断加强储备物资收储轮换日常管理和投放效能建设，全省组织调运省级救灾物资5类3.77万件（套）、市县级救灾物资17类182万件（套）；分3批次投放省、市级储备肉1416吨，收储临时储备冻猪肉744吨；投放冬春蔬菜2万多吨。提前谋划成品油储备建设，积极协调，落实资金补助、承储单位、管理办法，加快节奏，盯紧入库，率先完成了国家下达的储备任务。

【粮食应急体系建设】制定印发《甘肃省粮食应急保障中心建设实施意见》，按照省、市、县三级均至少建立1家的要求，组织开展省、市、县三级粮食应急保障中心建设，全省拟建立粮食应急保障中心99个，其中省级4个、市级15个、县级80个。全省粮油应急供应网点达到1828个、配送中心125个、加工企业106个、储运企业137个、保障中心79个，修订三级粮食应急预案79个，做好应急演练、预案衔接，增强了粮食应急保供能力。兰州市科学界定市级、街道中心店、社区店和小区网点的功能，构筑了四级保供体系。省军粮综合保障基地和兰州、白银、天水、平凉、张掖、陇南等粮食物流产业园区正在整合资源、推动建设，一批集流通、仓储、加工、供应等为一体的粮食应急保障中心正在陆续建成。

【保粮爱粮节粮】实施粮食节约行动，指导64个粮食产后服务中心发挥好“五代”功能，加强农户科学储粮技术培训服务，减少了粮食损失。开展粮油科技周宣传活动，推动科普宣传进家庭1007次、进社区152次、进学校83次、进企业132次、进军营12次。结合疫情防控要求，主要在线上开展2022年世界粮食日和全省粮食安全宣传周活动，各市、县相应开展宣传。累计创建国家级2个、省级21个粮食安全宣传教育基地，在提升全社会粮食安全意识、爱粮节粮、健康消费等方面持续发挥积极作用。认真落实安全生产责任制，省粮食和物资储备局与直属单位签订储粮安全和生产安全目标责任书，制定印发《领导班子成员安全生产职责和安全生产领导小组成员单位任务分工》，开展春秋季“两个安全”大检查、安全生产专项整治三年行动总结评估，指导12家直属企业完成安全生产标准化三级达标创建，组织市（州）及直属单位2400人完成全国粮食和物资储备系统安全生产线上注册培训学习，全系统安全形势稳定向好。

【粮食产业发展】完成优质粮食工程一期，建设了质检体系、产后服务体系、“陇上好粮油”新零售体系，全省粮食产业基础不断增强。组织47家“陇上好粮油”企业、近300种产品参加第28届“兰洽会”，持续提升“陇上好粮油”品牌和产品在省内外的知名度、影响力，并荣获“优秀组织奖”。认真落实财政部、国家粮食和物资储备局《关于深入推进优质粮食工程的意见》，紧紧围绕粮食绿色仓储、品种品质品牌、质量追溯、机械装备、应急保障能力和节约减损健康消费“六大提升行动”，从最迫切、最急需的项目入手，分批次建设，已具备实施条件的5个提升行动均已启动实施，总投资1.7亿元，着力打造优质粮食工程“升级版”。

（贾峰）

林业和草原

【总体情况】2022年，全省林业和草原工作坚持以习近平新时代中国特色社会主义思想为指导，认真学习宣传贯彻党的二十大和省第十四次党代会精神，牢固树立绿水青山就是金山银山理念和山水林田湖草沙系统治理理念，主动服务构建全省“一核三带”区域发展格局，聚力保障“四强”行动和做好“五量”文章，坚持以林长制为有效抓手，科学推进国土绿化，全面加强森林、草原、湿地、荒漠生态系统保护修复和野生动植物保护，加快建设自然保护地体系，全省林草工作取得新进展新成效。

【国土绿化】组织开展省党政军领导义务植树，省委、省政府主要领导带头参加。省政府召开全省国土绿化工作会议，印发《关于科学绿化的实施意见》，结合省情提出科学绿化、以水定绿、适地适绿的具体要求，科学谋划国土绿化工作。开展造林绿化空间评估，全省共有198.27万公顷造林绿化空间。全年完成造林26.2万公顷，占年度计划的151%；人工种草15.733万公顷、草原改良21.113万公顷，分别占年度任务的118%和158%；沙化土地综合治理16.2万公顷，占年度任务的145%。争取落实森林抚育5.6万公顷。

【全面推行林长制】甘肃省委、省政府主要领导作为省级双总林长，主持召开省全面推行林长制工作领导小组会议，签发第2号《甘肃省林长制工作考核办法（试行）》和第3号《关于全面做好今冬明春森林草原防火工作的令》两份总林长令。全省共设立各级林长62288名、林长制公示牌17493块，省市县三级设立林长办，专门负责林长制工作。省林草局会同省检察院、省公安厅制定《关于加强司法协作推进林长制工作落实的意见》，同时制定印发《全面推行林长制督查激励措施实施方案》《甘肃省林长制工作考核办法(试行)》《甘肃省2022年度林长制工作考核评分细则》。在中央和省级媒体发表林长制工作宣传文章39篇（其中中国绿色时报发表12篇），编印林长制简报26期。在国家林业和草原局2022年林长制督查考核中，甘肃省综合排名第四，位列优秀等次。

【森林资源管理】全面完成2022年林草生态综合监测评价工作，调查林草湿荒样地3148个、图斑监测31371个，形成新的林草资源管理“一张图”，为开展林草湿荒生态系统保护修复、监督管理、林长制督查考核提供了决策支持和技术支撑。严格执行使用林地审核审批、限时办结和林地使用定额制度，对重大建设项目提前介入、主动服务，依法保障各类建设项目林地需求，全年办理使用林地许可手续376宗，永久使用林地887.8875公顷，收缴森林植被恢复费2.4282亿元。2022年森林督查共发现违法违规占用林地项目396起、面积68.8266公顷，违法采伐（毁坏）林木蓄积25立方米。推动2个国家森林经营试点单位探索森林经营模式，特别是小陇山林业保护中心在次生林经营培育、森林质量精准提升等方面为全国森林经营提供了重要借鉴。2个国家森林经营试点单位建成不同类型、不同经营技术模式示范林2567公顷。

【草原保护修复】甘肃省稳步推进草原地方性法规制度建设，完成《甘肃省草原条例》修订，组织开展草原普法宣传月活动，大力宣传草原生态保护相关法律法规，营造全社会关心关爱草原、守护大美草原的共识。着力加强草原生态保护监督执法，实施草原禁牧和草畜平衡区遥感监测示范区试点，加强网格化管理，加大管控力度，确保草原禁牧和草畜平衡制度落实到位。严格按照法定程序，依法依规审核审批草原征占用项目329项。加强超载过牧、违规放牧、滥采滥挖、乱占乱垦等管控力度，草原违法案件发生率明显下降，有效巩固草原生态保护成效。进一步加大草原生态保护修复力度，编制印发《全省“十四五”草原生态保护修复利用规划》，组织实施重点区域生态保护和修复专项、退耕还草、草原生态修复治理等工程项目，开展草原免耕补播试点工作，全年完成草原种草改良36.846万公顷，草原生态环境整体趋好，治理区草原生态加快恢复。不断加大草原生物灾害防控，修订《甘肃省草原虫灾应急预案》，防治草原鼠虫害70.33万公顷。

【防沙治沙】全省嘉峪关、酒泉、张掖、金昌、武威、白银、庆阳、甘南8个沙区市（州）完成沙化土地综合治理任务16.2万公顷，占全年计划任务的145%，超额完成任务。完成人工造林3.2万公顷，封育1.8万公顷，退化林修复1万公顷，沙化草原治理7.8万公顷，机械压沙、光伏治沙等其他治沙造林2.4万公顷。实施北方防沙带河西走廊生态保护和修复工程——石羊河中下游生态保护和修复防沙治沙林草综合治理治项目；加强国家沙化土地封禁保护区的建设管理，落实20个国家沙化土地封禁保护区补偿补助，完成3个国家沙化土地封禁保护区项目建设验收和2个续建项目；新申报甘肃肃州天锣城国家沙漠公园建设项目获国家林草局批准；全面完成中国绿化基金会公益造林任务2万公顷；举办荒漠化治理国际培训班2期。

【野生动植物和湿地保护】加强赛加羚羊、普氏野马、蒙古原羚、秦岭冷杉等珍稀濒危野生动植物、旗舰物种保护管理，实施“朱鹮回家”等珍稀濒危物种拯救项目，开展雪豹专项调查监测。加强野生动物疫源疫病监测，确保野生动物疫病防控措施落实落细。建立省市县三级打击野生动植物非法贸易联席会议长效机制，联合开展“清风行动”，配合开展“网剑行动”，斩断违法犯罪链条。采取系列措施合力推进野猪危害防控，开展外来入侵物种普查。加强《湿地保护法》宣传，推动湿地保护法贯彻执行。实施玛曲湿地保护修复，退化湿地生态系统功能得到较好恢复。敦煌西湖湿地成功申报为全省第五块国际重要湿地。实施湿地生态效益补偿和湿地保护修复项目，全省湿地保护与修复取得显著成效。开展全省湿地调查监测，完成全省347个湿地样地调查和663个湿地图斑识别工作。

【自然保护地管理】编制完成风景名胜区整合优化预案，对全省自然保护地整合优化预案进行“再完善”，拟保留自然保护地164个，保护面积991.99万公顷，占国土面积的23.3%。召开国家级自然保护区建设管理暨生态环境问题整改推进工作座谈会，力促两轮中央环保督察反馈的9个问题和国家黄河流域生态警示片反馈的3个问题全面完成整改。推进解决15个省级自然保护区批建程序不规范和未明确范围功能区划等历史遗留问题，目前已报请省政府批复5个。建立《关于加强祁连山生态环境保护的意见主要任务落实措施清单》，构建祁连山保护长效机制。在黄河流域8省82处自然保护区管理评估中，全省名列第二，6个保护区被评为优秀。提升临夏世界地质公园创建水平，加快建设新批建的天锣城国家沙漠公园，倾斜安排资金400万元用于美仁、阿万仓国家草原自然公园建设试点。

【国家公园建设】立足国家公园在自然保护地体系建设中的重要作用，加快推进大熊猫、祁连山、若尔盖3个国家公园甘肃片区建设。报请省政府办公厅印发《甘肃省国家公园管理办法（暂行）》；与上海大学签订国家公园建设战略合作协议，编制《甘肃省国家公园建设发展报告（绿皮书）》，委托兰州大学开展国家公园入口社区建设发展模式研究。大熊猫国家公园建设方面，省政府研究制定国务院设立批复贯彻落实意见，全面完成大熊猫国家公园甘肃片区勘界工作，修编《大熊猫国家公园总体规划》，报送《大熊猫国家公园甘肃省管理机构设置方案》。祁连山国家公园设立方面，对标第一批设立的5个国家公园，持续深化拓展体制试点成果，修编《祁连山国家公园甘肃片区总体规划》，调处矛盾冲突问题，祁连山国家公园设立相关支撑材料于2022年5月26日通过国家林草局组织评审论证并征求相关部委意见后，由甘肃青海两省政府于2022年12月31日向国务院报送设立申请。若尔盖国家公园创建方面，省政府印发《若尔盖国家公园（甘肃）创建方案》，省林草局制定《创建实施方案》和《林草系统实施方案》，协调相关州县高质高效完成创建任务。

【祁连山生态保护】全面贯彻落实甘肃省委、省政府《关于加强祁连山生态环境保护的意见》《关于加快推进祁连山国家公园甘肃省片区建设的意见》等政策文件，以林长制推行为契机，加强制度执行，靠实工作责任，推进“智慧祁连”建设，综合“天地空”一体化监督管理，持续深入推进“绿盾”自然保护地强化监督专项行动，强化祁连山地区生态环境保护，确保祁连山常态长效管理机制落地见效。印发《甘肃省自然保护地明察暗访工作方案》，结合自然保护地整合优化预案再完善、人类活动点位和遥感监测线索核查等工作，对明察暗访发现的问题及时下发督办通知，督促整改。通过自然保护地明察暗访等手段，持续加强自然保护区行政审批事项事前审批与事中事后监督管理。组织开展保护区人类活动遥感点位核查，及时查处破坏生态资源违法违规行为，确保生态资源安全。祁连山国家级自然保护区被联合国环境基金会、中国环保协会及香港、澳门环境保护协会主办的“绿色亚太环保成就奖”组委会评为“2022年杰出自然保护区”。

【森林草原防火】围绕“预防为主、积极消灭、生命至上、安全第一”方针，强化组织领导，完善责任体系，狠抓措施落实。2022年接报、核查火情数量相比2021年下降16.6%，全年未发生重特大及以上森林草原火灾。2022年先后召开5次专题会、3次视频会，研究部署森林草原防火工作，在重要时间节点5次印发文件，安排部署森林草原防火工作。组织开展森林草原火灾隐患排查等专项治理行动，全省共排查出林牧区输配电隐患线路1708公里，完成隐患线路治理514公里。坚持24小时值班和领导带班，时刻保持临战状态。加强物防技防工作，深化应用“国家林草生态感知平台森林草原防火子系统”和“互联网+防火督查系统”平台，全省设置防火码卡口2765个，地域覆盖率、启用率均达到100%，累计扫码量超过80万次。2022年争取中央预算内投资防火项目4个，涉及金额1.2392亿元；安排中央林业草原改革发展资金森林防火补助项目23个，涉及资金426万元，省级财政森林草原防火补助项目65个，涉及资金1050万元。针对甘肃森林防火道路密度低、路况差，林火阻隔系统不完善的实际，组织编制《甘肃省林火阻隔系统建设规划（2022—2025年）》。全面开展森林草原火灾风险普查，完成全省2515个可燃物样地的数据采集，以及野外火源调查、承灾体调查、重点隐患调查及减灾能力调查等工作。利用《读者》杂志发行量大、影响力广、辐射面宽等优势，在《读者》上刊发平安清明等森林草原防火内容，提升全民防火意识。

【林草科技建设】科技支撑能力不断提升，全省组建100多个“1+N”科技服务团队，选派300余名科技特派员，50余名省级“三区”人才，30多名乡土专家，2022年共开展各类科技培训400多场次，培训基层技术人员和林农50万人，发放资料60万份，工具3000套。聚焦林草领域重大科学问题和核心技术，获得立项项目70项，经费3000余万元；取得林草科技成果70项，登记省级科技成果20项，50项林草科技成果得到转化应用。获得2021年度甘肃省科技进步奖一等奖2项、三等奖2项；获得第十三届梁希科学技术奖二等奖1项、三等奖1项。1名科技工作者被国家林草局评为最美林草科技工作者，9名农民技术骨干被评为乡土专家，1名科技工作者入选甘肃省青年拔尖人才。科技合作交流与平台建设取得新成效，先后与兰州大学、上海大学签订战略合作框架协议，开展全方位合作。组织对“甘肃民勤荒漠生态系统野外定位观测研究站能力提升项目初步设计”进行评审论证，并列入2023年中央部门预算投资计划。组织干部职工参加2022年全国林业和草原科普讲解大赛，获得二等奖1项。

【林业有害生物防控】抓好松材线虫病疫情防控，印发《关于对重点区域开展松材线虫病春季专项普查工作的通知》和《关于开展松材线虫病秋季专项普查工作的通知》，加强日常监测，加大检疫执法，落实包片蹲点制度，做好疫木除治。推进外来入侵物种普查，2022年发现国家重点外来入侵物种8种。开展“绿盾2022”检疫执法专项行动，严格做好松材线虫病检疫执法，全面排查松木及其制品情况，2022年开展专项行动892次，出动执法人员4015人次，检疫登记单位或个人3124家，检查涉木市场617处，检疫苗木花卉4.1亿株、果品378吨、木材4.1万方、木质包装箱和线缆盘7309个。建设绿色防控示范点，在全省推广应用无公害防治技术，以点带面，提升防治水平。推广应用绿色威雷、触破、苦参碱、地芬•硫酸钡、昆虫信息素等生物、仿生物制剂防治林业有害生物。督促各市（州）建立林业有害生物绿色防控示范点14个，完成防治示范面积2000多公顷。完成中华松针蚧无公害防治推广示范项目、甘肃省秦巴山区松材线虫病防控基础设施建设项目和甘肃省国家级林业有害生物中心测报点能力提升建设项目，项目区基础设施得到有效改善，科研能力和防控水平有了一定提升。

【国有林场改革】截至2022年底，甘肃省建成种苗产业基地68.6公顷，养殖鱼池2000平方米，特色林产品基地5196.8平方米，特色生态旅游基地1600平方米，完成场外造林6.67公顷，维修建设管护用房7801.96平方米、林区道路34.38公里。印发《国有林场矢量边界数据收集工作方案》和《国有林场矢量边界数据收集技术方案》。向国家林草局报送国有林场经营范围矢量数据253条，确权范围矢量数据233条，明确全省国有林场经营范围总面积为462.35万公顷，确权范围总面积262.9万公顷，场外造林范围总面0.95万公顷。陇南市康南林业总场阳坝林场、甘肃白龙江林业保护中心插岗梁省级自然保护区管护中心沙滩保护站、甘肃省小陇山林业保护中心滩歌林场三个国有林场被中国林场协会评选为2022年度全国十佳林场。

【林草种苗培育】开展甘肃省第一次林草种质资源普查与收集工作。截至2022年底，全省建立国家重点林木良种基地11个，保有面积1639.2公顷，年生产种子2350千克、良种苗木550万株；建立国家林木种质资源库5个，新收集保存种质资源233份。加强林木良种培育，国有育苗单位培育良种苗木2272万株，林木种子采种808600千克，采收林木良种410771千克，采收良种穗条1394.93万根。开展林草品种审定工作，审定草品种11个。加强省级草种繁育“育繁推”体系建设，建成草品种区域试验站12个，草种质资源圃2个，草种质资源库1个。

【森林公园管理】甘肃省林草局印发《关于规范省级森林公园设立、范围调整等审批事项的通知》（甘林场函〔2022〕358号），依法依规开展森林公园设立、撤销、改变经营范围、变更隶属关系等审批事项。在整合优化封库结果基础上调出矛盾冲突地块956个，森林公园数量从原来的91个优化为63个。完成石佛沟、官鹅沟、云崖寺、松鸣岩四个国家级森林公园和崇信五龙山、临夏巴米山、南龙山、西固南山五个省级森林公园修编。

【林草法治建设】甘肃省林草局深入学习贯彻习近平法治思想，成立省林草局法治建设领导小组，制定《领导小组工作规则》《领导小组办公室工作细则》，印发法治建设工作要点、领导干部学法清单和会前学法实施方案。局党政主要负责同志认真履行法治建设第一责任人职责，组织局党组理论学习中心组专题学习习近平法治思想1次、专题学法3次，召开局党组（扩大）会暨法治建设领导小组专题会议5次，部署推动林草法治建设重要工作。坚持“立改废释”并举，报请省人大常委会修订通过《甘肃省草原条例》、废止《甘肃省湿地保护条例》，省政府办公厅印发《甘肃省国家公园管理办法（暂行）》。规范报备行政规范性文件2件，报备率100%。制定印发《甘肃省林草系统行政执法能力提升行动实施方案》，从着力提升林草行政执法能力、全面落实行政执法“三项制度”等六个方面，破解林草执法难题，规范行政执法行为。为局系统2300多名行政执法人员换发全国统一标准样式行政执法证件，配发执法记录仪300台。以林长制为抓手，与省检察院、省公安厅联合印发《关于建立司法协作机制助推林长制深入落实的意见》，加强司法协作，加大打击力度，开展清零行动，对专项行动和历次森林督查发现的违法案件集中进行查处整改，整改率98.6%。开展“深入学习贯彻习近平法治思想、加快推进全面依法治省”专题调研活动，向省委依法治省办提交的调研成果《新形势下林草行政执法存在问题和对策》获评优秀奖。严格“谁执法谁普法”普法责任制，印发《2022年度省林草局普法任务清单》，加强林草法治宣传教育阵地（基地）建设，推进“互联网+法治宣传”行动，加大对《宪法》《民法典》和林草法律法规的普法宣传，营造依法治林治草良好氛围。创新普法手段，创作的法治微视频《古韵新风唱普法》，在第二届全省法治动漫微视频作品征集展示活动中荣获二等奖。全年开展各类法治宣传30余场次，悬挂宣传标语200余幅，布置宣传展板400余个，发放宣传制品20余万份，现场法律咨询400余人次。

【退耕还林】根据自然资源部、林草局、发展改革委、财政部、农业农村部《关于进一步完善政策措施巩固退耕还林还草成果的通知》精神，及时制定印发甘肃省贯彻落实意见。印发《关于认真做好退耕还林精细化管理的通知》，从认真实行退耕还林任务五项管理制度等方面，做好工程精细化管理，进一步提升和规范工程管理水平。完成2020年度退耕还林建设任务9766.67公顷，及时拨付2022年度中央各项退耕还林资金15.45亿元，为建设任务落实和政策兑现提供保障。组成工作专班，完成全省新一轮退耕还林约270万个图斑、47万公顷退耕还林地的矢量数据库建设，通过国家林草局审核。配合国家林草局华东院，完成6个样本县的2017和2018两个年度建设任务国家级核查验收。组成3个督办调研组，由分管局领导带队，分赴庄浪、武都、民乐等14个重点县（区）开展现场调研，督促采取有效措施落实任务，挖掘推广基层典型模式和经验。组织对前一轮和新一轮退耕地还林实施、保存等情况进行摸底调查，为科学推进提质增效，巩固发展建设成果提供重要依据。宣传退耕还林新政策新典型，报道全国“人民满意的公务员”——武威市民勤县退耕办主任姜莉玲同志先进事迹。在全国“生态建设工程项目综合管理培训班”上，甘肃作了题为“凝心聚力、强基固本、全面开创退耕还林发展新局面”的交流发言。国家林草局生态中心就全年退耕还林工作向省林草局致表扬信，中心主任在《甘肃省全面推行林长制工作汇报》上专门批示指出：“甘肃省二轮退耕还林任务重，成效明显，工作值得肯定，典型经验做法应予宣传推广”。

【公益林保护】2022 年，全省森林生态效益补偿面积 394.32 万公顷，补偿资金 7.15 亿元，惠及全省 14 个市州的 86 个县（市、区）、兰州新区、甘肃矿区及 17 个省林草局直属单位，共计 124 个县级实施单位。根据国家林草局统一部署，在林草湿综合监测数据与国土三调成果对接融合基础上，结合国土年度变更成果，进一步完善甘肃省国家级公益林范围界线、保护等级核定等优化工作。完成全省 24 个县级实施单位公益林保护管理责任落实、补偿资金兑付和数据库信息核实的省级抽查工作。全省 20 个国家级公益林监测站点继续开展典型生态区位的气象、水文、土壤要素及植被类型、林分结构以及分布格局定位观测，实现公益林监测数据、资源、成果共享。目前，“甘肃省公益林生态效益监测一期项目”已顺利通过验收，二期项目持续推进开展中。通过优化公益林站点建设，细化监测指标，充分利用先进技术手段，探索公益林碳汇价值，为指导甘肃公益林保护、建设和管理高水平发展提供了重要依据。

【三北防护林建设】贯彻国家林草局《关于全面推进三北工程科学绿化的实施意见》精神，准确把握科学绿化的主旨要义，及时印发通知，督导各地抓好落实。紧紧围绕全国三北局（站）长会议确定的重点任务，强化工程管理，科学造林绿化。制定印发《甘肃省 2022 年三北工程建设工作要点》《关于科学推进全省三北工程 2022 年国土绿化工作的通知》，精心安排部署，建立重点任务清单台账跟踪落实，科学推进三北工程建设。对 47 个县区开展三北工程春造督查和省级核查，对发现的问题及时下发整改通知，抓好整改落实。组织召开春造综合督查核查情况交流会，形成综合督查报告和 2020 年度省级核查报告。启动民勤、华池科学绿化试点县建设，组织编制《三北工程科学绿化试点县科学绿化方案》，推进科学绿化试点工作。

工业和信息化

【工业经济】甘肃省工信系统严格按照“疫情要防住、经济要稳住、发展要安全”的要求，紧紧围绕“产业兴省、工业强省”战略，克服需求收缩、供给冲击、预期减弱和多轮疫情叠加等因素影响，贯彻落实中央和省委、省政府稳经济一揽子政策，扎实推进“强工业”行动，全力保持工业经济运行在合理区间。全省规模以上工业增加值比上年增长 6%，增速比上年回落 2.9 个百分点，比全国平均增速高 2.4 个百分点，居全国第 13 位，位次比 2021 年前移 4 位。从工业三大门类看，采矿业增加值增长 8.9%，制造业增长 5.3%，电力、热力、燃气及水生产和供应业增长 4.3%。39 个工业大类行业中，金属制品、机械和设备修理业等 16 个行业工业增加值实现两位数以上增长。分支柱产业来看，石化、有色、电力三个支柱产业工业增加值比重排名前三，分别为 33.33%、15.95% 和 9.88%。从新上规入库企业来看，全省新入库规模以上工业中小企业 463 户，规模以上工业新入库企业增加值较上年增长 1.8 倍，规模以上工业中小企业增加值增长 9.8%，拉动全省规上工业增长 3.3 个百分点。

【创新驱动】贯彻落实创新驱动发展战略，着力提升产业发展技术水平和企业竞争能力，加强省级企业技术中心、行业技术中心、省级工业设计中心（企业）、产业技术创新联盟等技术创新平台的培育认定和考核评价，修订完善《甘肃省工业设计中心认定管理办法》。支持中科院近代物理研究所（甘肃省同位素实验室）为牵头组建甘肃省同位素制造业创新中心；推进甘肃省镍钴新材料、饲草机械设备、重离子、羰基金属材料、表面功能材料和矿物功能材料、兽用生物制品、光化特种新材料创新中心建设。组织开展 2022 年工业优秀新产品评选，支持金川公司镍钴新材料新能源产业链、核孔膜污水处理系统和物料分离系统等项目加快产业化进度。全年新认定省级企业技术中心 20 家、省级行业技术中心 14 家、省级工业设计中心 21 家、省级技术创新示范企业 8 家、新培育省级制造业创新中心 1 家，重要产品和关键核心技术攻关成效明显，产品结构得到优化。新认定甘肃省羰基金属材料、人工智能产业技术创新联盟等 4 家技术创新联盟。

【产业基础高级化产业链现代化攻坚战】围绕工业固定资产投资增长 10%、实施重大项目 1000 项以上、总投资 3650 亿元的目标，深入贯彻落实《甘肃省强工业实施方案（2022-2025 年）》和《打好产业基础高级化产业链现代化攻坚战专项行动纲要》，着力提升重点产业链发展水平。构建产业链推进工作机制，认真履行 7 条产业链执行链长职责，坚持“一链一策、分链管理”，分三批培育认定 53 户链主企业，谋划 65 条细分产业链，印发《产业链“一链一策”工作推进手册》，通过专题会议、调度会、现场调研等多种形式，加强对产业链工作的指导推进。依托兰州新区、白银、酒泉、张掖等地化工园区，以医药、农药、染料等精细化工中间体和专用化学品为代表的精细化工产业异军突起，能提供高端聚烯烃等 3000 多种特色精细化工产品。12 户省属链主企业充分发挥引领带动作用，与 6614 户上下游企业形成股权合作、业务协同、资源共享等合作关系，实施溢出效益大、带动能力强的 90 个延链补链强链项目，累计投资达到 154.35 亿元，为下游释放订单需求，带动 960 户重点企业形成产值 374 亿元。兰州石化 3.5 万吨特种丁腈橡胶、华煤集团 20 万吨聚丙烯等项目建成投产；金川集团铜电解Ⅱ系统工艺装备升级改造项目（南区）等技改项目建成投产；兰州生物所新建多糖蛋白结合疫苗生产车间、中国生物西北地区科技健康产业园等年度产业链重大项目顺利推进。

【传统产业“三化”改造】围绕制造业技术改造投资增速 12%、组织实施“三化”改造重点项目 270 项、年度计划投资 166 亿元的目标，在降低运营成本、提高生产效率、促进安全生产等方面统筹推进。高端化方面，坚持用高新技术和先进使用技术改造传统产业，积极利用工业互联网等新一代信息技术赋能新制造、催生新服务，着力提升企业创新和转化能力，新培育认定省级企业技术中心、行业技术中心等各类创新主体64家，完成工业新产品备案105个、新工艺新技术300余项。预计全年新产品销售收入占全部工业销售收入的比重达到7.6%，占比排名从全国第31位提升到26位。智能化方面，培育认定全省第二批智能工厂1户、数字化车间22个，启动第四批智能化诊断咨询工作。新一代信息基础设施建设基本完成，重点企业生产设备联网率过半，“上云用数赋智”率提高到90%以上，智能工厂和数字化车间增加23个。绿色化方面，有序推进减排降碳以及冶金、建材、石化行业企业节能降碳技术改造实施方案，新认定省级绿色工厂26户、绿色设计产品4种、绿色园区1个、绿色供应链1家、工业节水型企业10户。

【中小企业和民营经济发展】深入贯彻落实党中央、国务院和省委省政府支持中小企业和民营经济发展政策措施，制定《甘肃省提升中小企业竞争力若干措施》《甘肃省为“专精特新”中小企业办实事清单》等政策措施。召开《进一步加大对中小微企业纾困帮扶力度若干措施》等“1+2”政策文件新闻发布会，宣传解读惠企纾困政策。加强市场主体培育力度，2022年底，全省工业和信息化企业数量达到6万户，比2021年增加4163户。着力提升中小企业发展质量，完善“专精特新”中小企业培育库，入库培育企业606户，健全优质企业梯度培育体系。新培育认定省级“专精特新”中小企业60户，累计达到329户。酒泉奥凯种子机械股份有限公司被工信部认定为单项冠军企业，海林中科“圆锥滚子轴承”产品被认定为单项冠军产品。持续开展防范和化解拖欠中小企业账款专项行动，截至12月31日，甘肃省22.52亿元无分歧欠款全部化解，单笔50万元以下无分歧欠款全部清偿，按期完成国家清欠专项行动确定的目标任务。

【数字赋能】围绕年度全省电子信息产业同比增长20%以上的目标，紧盯重点企业经营管理数字化普及率、企业数字化研发设计工具普及率、工业企业关键工序数字化率分别达到59.3%、56.2%、55.1%任务，加强信息基础设施建设，全省累计建成5G基站3.15万个，提前完成2.8万个年度目标，实现市（州）主城区及县（区）城区、重点工业园区5G网络覆盖。兰州国家级互联网骨干直联点获工信部批复，配合省发展改革委、指导庆阳市工信局做好全国一体化算力网络国家枢纽节点及“东数西算”产业园建设。加快工业互联网、5G和实体经济深度融合，聚焦智慧矿山、智能制造、无人搬运仓储物流（AGV）等多个5G+工业互联网重点应用场景，赋能制造业数字化转型作用日益凸显。甘肃银光化学工业集团有限公司基于工业互联网的危化行业安全生产创新应用、中国石油集团西北地质研究所有限公司基于物联网的油气田生产运行管理创新应用入选2022年工业互联网平台创新领航应用案例，酒钢集团西沟矿“5G+智慧矿山”荣获由工信部主办的第三届“绽放杯”5G应用征集大赛一等奖，永诚恒易网络科技股份有限公司“化工产业数字化智慧供应链服务平台”项目入选“工业互联网平台+供应链协同解决方案”试点示范。兰州兰石集团有限公司重型装备焊接大数据应用项目入选2022年大数据产业发展试点示范，甘肃博睿交通重型装备制造有限公司基于5G+工业互联网的钢结构桥梁全流程智能工厂创新应用入选2022年工业互联网平台创新领航应用案例。

【安全生产】坚决贯彻习近平总书记关于安全生产的重要论述和指示批示精神，按照“三管三必须”原则健全“党政同责、一岗双责、齐抓共管、失职追责”的安全生产责任体系，制定《省工信厅安全生产职责清单和责任清单》，完善《甘肃省民爆行业生产安全事故应急预案》，4月至12月底开展工信系统安全生产大检查3次，整改512个隐患。扎实开展民爆行业安全生产监管工作，认真开展民爆行业安全生产专项整治，支持专项资金350万元提升企业技术改造和安全水平，实现了全年无安全生产责任事故目标。

【疫情医疗物资保供】落实省新冠感染疫情联防联控领导小组医疗物资保障工作要求，及时研判医疗物资保供形势，建立工作专班，健全生产保供机制。争取工信部调配指夹式血氧仪、呼吸机等医疗设备。建立“白名单”制度，对省内24家药品生产企业进行日监测日调度，解热镇痛、抗病毒类、止咳化痰类、治疗感冒类以及部分原料等药品生产企业共16家，产品67个，最大日产能5462万片（粒、丸、袋、盒）；N95(KN95)生产企业8家，最大日产能94万个。解决企业生产中的问题和困难，协调生产原料，保障企业稳产达产、增产扩产。做好特效药品调配，协调呼吸机货源，做好全省“爱心药包”发放工作，人民群众基本用药需求得到有力保障，医疗器械紧缺得到有效缓解。

【行业发展】冶金行业：2022年我省冶金行业规上企业共62家，占全省规上工业企业户数（2395）的2.6%。全年冶金行业工业生产总值比上年下降2.66%。全省冶金行业工业增加值增长5.6%，占全省比重的4.2%，拉动经济增长0.3个百分点。主要经济指标完成情况：2022年冶金行业营业收入693.23亿元，比上年下降8.2%。利税-9.94亿元，下降120.13%。利润-20.67亿元，下降168.9%。主要产品产量完成情况：生铁810.7万吨，比上年增长2.7%；粗钢1084.9万吨，增长2.4%；钢材1091.6万吨，增长1.0%；铁合金89.5万吨，下降13.7%；石墨及炭素制品163.18万吨，下降1.6%。节能降耗方面：酒钢集团严格落实能耗指标要求，全年吨钢综合能耗同比降低29.66kgce/t；榆钢公司同比降低22.21kgce/t，各主要工序能耗均完成国家能耗限额标准。兰鑫钢铁集团公司能源消费总量比2021年度减少3.64万吨标准煤，能源消耗强度为同比降低了0.003tce/t，其中，高炉、转炉、轧钢等各工序单位产品能耗水平均优于国标限定值水平，电炉工序单位产品能耗水平达到国标先进值。科技创新方面：酒钢集团开展科技项目165项，其中科技重大专项13项、研究项目42项、新产品研究开发项目23项、新产品扩大实验项目33项、技术改进项目54项。28项主要技术经济指标同比进步24项，选矿厂全选比、不锈钢冷轧2B卷耗达到行业先进水平。兰鑫钢铁集团完善采购仓储自动化水平，研制采购仓储自动化系统，并于2023年2月下旬投用，极大程度降低备品备件、通用物资、耐耗材等库存水平，提高使用效率和效益，有效降本增效。产业结构调整方面：酒钢集团积极推进高品质碳钢产业链、不锈钢产业链建设，启动实施碳钢薄板厂镀锌2#机组产品结构调整改造、炼轧厂1#加热炉升级改造等一批强链项目，2022年高品质碳钢产业链的9个项目，完成投资21.09亿元；不锈钢产业链的4个项目，完成投资6517万元。兰鑫钢铁集团以钢焦融合、钢化联产为核心，做精做强“钢铁+焦化+氢能”产业链，积极推进年产120万吨焦化及焦炉煤气高附加值利用项目、精品特钢项目和板材生产项目，构建具有钢铁流程特色的节能、减排、增值新的发展模式。

有色行业：2022年全省有色行业规上企业共97家，占全省规上工业企业户数（2395）的4%，全年有色行业工业生产总值比上年增长26.43%。全省有色行业工业增加值增长15.2%，占全省比重的16.8%，拉动经济增长2.4个百分点。营业收入3644.24亿元，增长3.3%。利税233.79亿元，增长3.95%。利润172.10亿元，增长6.6%。十种有色金属产量417.5万吨，增长15%。其中：铜93.3万吨，增长38.5%；电解铝261.1万吨，增长10.5%；铅2.0万吨，增长4.7%；锌44.3万吨，增长5.0%；镍15.2万吨，增长2.7%。单一稀土金属5001.2吨，增长22.3%。铜材67.9万吨，增长2.3%。铝材160.1万吨，增长4%。黄金48.0吨，增长27.6%；白银796.6吨，增长11.1%。2022年，全省有色金属产业以结构调整、绿色发展为主线，不断提升产业层次，培育潜力增长点，加快延伸产业链，大力发展新材料，全行业经济效益持续向好。镍钴产业方面，金川集团依托金川镍钴资源优势和电池材料产业基础，大力发展锂离子电池材料及镍氢电池材料，打造全国重要的电池材料生产基地。铜产业方面，白银公司积极推进白银炉技术创新升级项目等重点项目，建成后新增阴极铜产能20万吨、产值120亿元；甘肃德福3万吨电解铜箔达产达标，20万吨电解铜箔三期4万吨项目2022年10月投入试生产，2023年一季度达产达标后电解铜箔产能将达到7万吨/年。铝产业方面，酒钢集团以电解铝为核心积极开展延链补链强链工作，不断招引下游铝合金深加工企业，分别打造嘉峪关本部500亿级的产业集群和陇西新型铝材精深加工产业园，铝液就地转化率基本达到88%以上。铅锌产业，白银集团以自身锌渣资源与兰石中科技术优势互补，5000吨生产线2023年上半年建成投产；10万吨纳米氧化锌项目正推进规划设计，建成达产后年带动区域产值30亿元；首信秘鲁综合利用扩建项目于2022年12月底建成投运，形成铅锌金属量10万吨的生产能力。稀土产业，甘肃稀土1.2万吨高纯稀土金属及合金材料项目建设顺利，建成后将延伸稀土深加工产业链。金银产业，白银公司投资3.3亿美元推进范特斯堡、摘戴克斯等资源开发项目，其中，摘戴克斯项目2023年7月份建成投产后，形成700公斤/年黄金产能。“十四五”末南非黄金产能提升到7吨。

石化行业：2022年，面对百年变局和世纪疫情叠加等复杂严峻局面，石化行业在省委省政府的坚强领导下，以“四强”行动为主要抓手，全行业运行质量进一步提高，呈现稳中提质，各项经济指标超出预期，发展动能彰显新优势。截至2022年底，全省规模以上石化企业287户，占全省规模以上工业企业数的12.0%，位居第5位；石化行业工业增加值增速3.3%，拉动经济增长1.0个百分点，工业增加值比重达到33.33%，在12个支柱产业中位居首位，压舱石作用明显；全行业营业收入2193.6亿元，比上年增长28.3%；全行业实现利润总额165.0亿元，占全省规模以上工业企业利润总额的27.6%，增长64.3%，增幅明显；亏损企业亏损额25.9亿元，比上年减少22.4%。22种重点石化产品中，产量比上年上涨的有9种，占总数的40.9%。原油产量连续十二年实现正增长，天然气产量连续五年实现正增长。2022年全省原油产量1092.2万吨，增长6.1%；天然气产量5.4亿立方米，增长28.6%；原油加工量1454.3万吨，增长0.2%。现已形成兰白地区、河西地区、陇东地区、酒嘉地区四大基地的化工产业布局。2022年复核化工园区12个，新认定化工园区1个。

建材行业：2022年甘肃省规模以上企业主要建材产品产量：水泥熟料3222.35万吨，比上年减少7.6%；水泥4008.21万吨，减少10.7%；平板玻璃500.58万重量箱，减少15.3%，石灰石1312.74万吨，增长15.7%；陶瓷砖912.62万平方米，减少1%；石膏板4644.38万平方米，减少18.5%。2022年规模以上建材企业工业增加值下降5.9%，建材工业利润总额50.1亿元，同比增长52.3%。2022年受本土疫情、经济下行压力加大，市场需求不足、煤价持续上涨、生产成本攀升等影响，建材企业攻坚克难，以“双碳”为引领，通过企业提高生产技术，节能降耗，对标国内国际先进水平，进一步降低污染物排放，推进节能减排、发展循环经济、以实现可持续发展为主线，进一步加快清洁化生产的步伐，彰显企业社会责任，引领建材工业发展。海螺（平凉、临夏）、兰州永固、酒钢宏达等水泥企业利用水泥窑已建成生活垃圾处理或危废处理线5条，并投入运营，环保及社会效益显著。甘肃寿鹿山、永登祁连山和金昌水泥正在积极建设生活垃圾协同处置或危废协同处置生产线。临夏海螺利用厂区闲置空地与车棚、宿舍楼、机电修、供应库房等屋顶建设分布式光伏项目。兰州蓝天浮法玻璃公司采用节能新技术对熔窑实施全保温及区域密封改造，提高热效率，降低烟气排放量，降低产品成本，提高经济效益，提高市场竞争力。和同期同燃料5年窑龄的熔窑相比，热效率提高12~15%。2022年，建材行业发生重大资产重组。上市公司祁连山4月份发布公告，筹划将公司的全部资产及负债与中国交建、中国城乡进行资产置换。根据上市公司股权比例和相关要求，祁连山与天山股份签署《托管协议》。另外，金川集团收购金昌市国资委持有金泥集团51.83%股权一事已于12月完成股权交割，至此，金川集团实现对金泥的控股。

装备制造行业：2022年全年规模

以上企业315户，比上年增长19.3%，累计资产总额1722.6亿元，占全省工业企业资产总额的11.6%。制定下发《甘肃省重大技术装备首台套新材料首批次软件首版次保险补偿机制管理办法》引导和鼓励科近泰基公司重离子治癌重大高新技术医疗装置、兰石集团系列大深度石油钻机、兰石重装青岛公司超大型PTA结晶器等完成国家重大技术装备首台套产品申报。制定《全省制造业智能化改造咨询评估工作实施方案》《智能化改造实施方案》《甘肃省智能工厂、数字化车间认定管理办法（试行）》，认定了智能工厂7户、数字化车间35个。天水长开、兰州电机等重点企业获批国家智能制造新模式项目。兰石集团石油装备智能制造示范工厂入选2021年度智能制造示范工厂揭榜单位名单，金川集团人机协同作业、海林中科精准配送入选2021年度智能制造优秀场景名单。酒钢宏兴公司、兰州海红公司的、大禹节水公司的相关标准获批工信部2022年度智能制造标准应用试点。2022年第二批认定了全省智能工厂1户、数字化车间22个。兰州国器制造公司生产的全国首台高温熔盐泵交付试验。兰石重装完成首台（套）国产化N08810（镍基合金）氢化反应器装置。

（德吉央宗）

住房和城乡建设

【**城镇基础设施建设**】城市更新行动。在兰州、白银两个国家级样本城市和平凉、庆阳两个省级样本城市开展城市体检，创新特色指标，提升体检成效。谋划“十四五”期间城市更新改造项目550个，计划投资635亿元，已完成项目入库。

城镇老旧小区改造。全面完成新开工改造城镇老旧小区1599个、15.72万户的年度目标任务，累计完成投资29.4亿元；全省756个社区达到绿色社区创建要求，达标率61.31%；58个社区启动完整社区试点建设；新开工建设“口袋公园”40个。

城市基础设施建设。启动实施“十四五”城市燃气管道等老化更新行动，新开工改造项目15个，争取中央补助资金7.41亿元。推进城市、县城排水防涝设施建设，新开工建设项目23个，争取中央补助资金2.13亿元。印发《甘肃省“十四五”城市基础设施建设方案》，部署推进“八项提升行动”，系统开展污水处理及生活垃圾分类等工作。下拨3000万元省级专项奖补资金，支持推进生活垃圾处理及分类，投放分类设施2.7万余个，建成投运焚烧发电设施10座，建成厨余垃圾资源化处置设施7座。因地制宜推进城市综合管廊建设。

海绵示范城市建设。继庆阳之后，天水市、平凉市获批全国海绵示范城市建设试点，三年内将各获得中央财政11亿元专项资金支持，天水市开工项目57个，完成投资11.5亿元；平凉市开工项目93个，完成投资5.58亿元。

城市黑臭水体治理。全省地级城市18条黑臭水体完成整治，张掖市、平凉市黑臭水体治理示范项目全部完成。5个县级城市启动并完成黑臭水体排查工作。张掖市、白银市被评选为国家区域再生水循环利用试点城市，嘉峪关、金昌、酒泉、张掖、庆阳、定西等6个缺水城市再生水利用率达到22%以上。

城市污水收集处理。印发《甘肃省“十四五”城镇污水处理及资源化利用发展规划》；召开“全省城市建设重点工作调度会”，督促各地加强黄河流域生活污水处理设施运营监管；会同省生态环境厅下发《关于加强城市（县城）生活污水处理设施建设运行监管确保稳定达标排放的通知》，增强部门联动，加大设施运营监管力度。截至11月底，新建成污水管网572.44公里，完成总任务量的127.17%，全省93座城市、县城污水处理厂中，已有83座完成一级A提标改造工程建设。

城市生活垃圾处理及分类。印发《甘肃省“十四五”城镇生活垃圾分类和处理设施发展规划》，下达3000万元的2022年度省级专项奖补资金，开展全省范围的生活垃圾分类主题宣传，加强对全省各城市的生活垃圾分类工作现场检查。各城市累计投放生活垃圾分类设施27000余个，建成投运生活垃圾焚烧发电设施10座，焚烧处理能力7500吨/日；建成投运厨余垃圾资源化处置设施6座，处理能力830吨/日。兰州市作为国家试点城市，城区54个街道、338个社区、3061个居民小区已全覆盖推行生活垃圾分类，生活垃圾焚烧处理能力占比达到76%，生活垃圾回收利用率平均达到40%以上，在全国76个大城市中排名27位。

燃气安全排查整治。全面开展城镇燃气安全排查整治工作，建立了工作调度、整治销号、入户检查、线索移交等工作机制，共发现问题隐患19930个、已完成整改19920个。

历史文化传承保护。启动了规划期限为2035年的保护规划编制工作，当年新增历史文化街区1片、历史建筑18处，完成2片历史文化街区和49处历史建筑的挂牌工作，完成70处历史建筑测绘建档。

绿色社区创建。累计有803个社区开展了“绿色社区”创建工作，参与创建比例达到了65.13%，其中达到绿色社区创建要求的城市社区为756个、达标率为61.31%，全面完成了“到2022年底，力争全省60%以上的城市社区参与创建行动并达到创建要求”的目标。

城市排水防涝。开展排水设施汛前专项检查，加快积水点整治、加强重点风险点监测，积极做好风险应对，有力保障了各城市安全度汛。会同省发展改革委实施建设排水防涝项目23个，争取落实中央预算内投资补助资金2.1259亿元，所有项目已全部开工建设。

无障碍设施建设。全省建立完善无障碍标识30284处，建设无障碍公共厕所2343座，已建成城市道路盲道长度6804.67公里，配建无障碍设施人行天桥67座，配建无障碍设施人行地下通道68座，主干路、主要商业区人行道缘石坡道33676处，无障碍车位数10123个，水、气热等低位服务数窗口1460个，建筑物出入口无障碍设施31019座。

城市防灾减灾能力。扎实开展全国第一次自然灾害综合风险普查房屋建筑和市政设施调查，全省共调查房屋建筑1580.8725万栋、市政道路4591条、市政桥梁1108座、供水厂站242座、供水管网2213条，调查进度位于全国前列，取得了丰硕宝贵的数据成果。统筹推进地震易发区房屋设施加固工程，结合棚户区改造、农房抗震改造等重点项目利用原有项目资金渠道，统筹推进"加固工程"实施，城乡建设工程抗震能力持续提升。

城市管理智慧化建设。全省13个市州和兰州新区已完成市级综合管理服务平台建设，市县综合管理服务平台建设完成率83.7%。推动城市基础设施安全运行监测试点建设，全省城市智慧化建设管理水平逐步提高。

【住房建设与房地产市场】房地产开发。2022年，全省房地产投资和土地供应量比上年下降。房地产完成投资比上年下降2.9%，降幅比全国低7.1个百分点，居全国第6位、西北五省第1位，其中住宅投资1160.74亿元，增长0.14%，增速高于全国9.6个百分点，居全国第5位、西北五省第1位。金昌、嘉峪关、酒泉、兰州市降幅较大，分别为60%、24.9%、19.8%、19%。全省供应房地产用地2.18万亩，下降42%。其中，供应住宅用地1.38万亩、下降49%，供应商业服务用地0.8万亩、同比下降24%。新建商品住宅价格下降城市增多。4个市州新建商品住宅价格上涨，其中张掖、白银市涨幅较大，分别为7.8%、6.0%；9个市州比上年下降，其中武威、酒泉市降幅较大，分别为10.6%、5.4%；甘南州持平。商品房销售面积呈下降趋势。全省商品房销售面积1470.4万㎡，下降33.9%，降幅比全国高9.6个百分点，其中金昌、兰州市降幅较大，分别为66.1%、64.9%。全省商品住宅销售面积1388.2万㎡，下降34.5%，降幅比全国高7.7个百分点。房地产新开工面积下降。全省房地产新开工面积2105.4万㎡，下降37.5%，降幅比全国低1.8个百分点，居全国第15位、西北五省第3位。其中嘉峪关、兰州、金昌市降幅较大，分别为82.6%、60.5%、60.2%。全省商品住宅新开工面积1660.8万㎡，下降34.9%，降幅比全国低4.8个百分点。

保交楼。抢抓国家"保交楼"专项借款政策机遇，争取国家首批专项借款64亿元，涉及59个项目、63459套，已支付资金61.61亿元，完成住房交付8316套。获得第二批专项借款预额度18亿元，涉及33个项目、17826套住房，各地"保交楼"项目建设进展顺利。

排查化解风险。对全省房地产在建项目进行三轮次排查，共查出风险项目91个，实行台账式管理和包案负责制，制定保交楼工作方案和资金平衡计划，坚持"一企一策、一楼一策"，化解处置风险项目67个。

稳定房地产市场。坚持"房住不炒"定位，从降首付比例、降贷款利率、提高公积金贷款额度、发放购房补贴、加大税费优惠、多孩家庭住房支持、孝老等多方面支持刚性和改善性住房需求，促进住房消费，对冲个别房企暴雷、经济下行等影响，全省房地产市场基本保持平稳运行。

房地产市场法律法规。修订《甘肃省城市房地产管理条例》，明确商品房预售资金监管模式、监管账户设立、监管额度确定等管理内容，制定商品住宅交付使用标准，房地产市场管理制度进一步完善。

棚改和保障房建设。争取棚改中央财政补助资金11.34亿元，中央预算内配套资金16.03亿元，落实省级财政配套资金1.72亿元，发行专项债券82.1亿元，全年新开工棚改6.89万套，基本建成3.64万套；新开工保障房0.8万套，发放租赁补贴3.97万户，完成投资143.92亿元。

住房公积金监管。调整优化公积金提取使用政策。落实公积金阶段性支持政策，已为190家企业、4.74万名职工办理公积金缓缴业务，累计缓缴4.55亿元，对6533笔受疫情影响、无法正常偿还的公积金贷款不作逾期处理，涉及应还未还贷款本金3901.73万元；为2.03万名缴存人办理租房提取业务，累计提取2.93亿元。开展了公积金政策制定执行检查和风险隐患排查、提升服务效能水平和行业社会形象行动。取消预售商品房项目备案准入流程，拓展全省公积金区域一体化共享协同平台功能应用，推进智慧公积金项目建设。截至11月底，全省住房公积金缴存余额达1379.58亿元，比上年同期增长9.53%；个人贷款余额为943.1亿元，增长0.22%；个贷率为68.36%。

【村镇建设】巩固住房安全保障成果。持续做好农村低收入群体等重点对象住房安全动态监测，统筹推进地震高烈度地区农房抗震改造，争取中央财政补助资金6.48亿元（全国排名第三）、省级补助资金5000万元，完成危房改造216户，实施农房抗震改造4.72万户，成功探索出农房连片抗震改造新路径。

农村垃圾治理。新建无害化垃圾处理设施23座，配置农村垃圾收运车辆3.3万辆，清理垃圾151万吨，收运处置实现行政村全覆盖。无人机航拍排查垃圾堆积点6.71万处，已全部完成清理整治，农村环境面貌持续改善。

传统村落保护。景泰县入选中国传统村落保护利用示范县，下达中央补助资金5000万元。对已列入中国传统村落名录的54个村实施挂牌保护，推动7个传统村落入驻中国传统村落数字博物馆，新增54个村入选第六批中国传统村落名录。

重点镇污水收集处理。加快完善142个重点镇收集管网和处理设施建设，推进管网覆盖区域向镇区周边延伸，全省重点镇污水收集处理能力进一步提升。

【建筑业转型升级】政策引领。制定出台《关于支持建筑业企业发展的若干措施》，促进建筑业健康发展，支持建筑业企业做大做强，不断提升核心竞争力。

建筑业产值较快增长。全年完成建筑业产值2477.68亿元，增速9.1%（全国平均增速6.4%），排名全国第6位；完成建筑业增加值657.6亿元，增速4.6%，超额完成省政府4%的目标任务，临夏州、定西市、陇南市位居全省前三，尤其是临夏州增速连续两年保持全省第一。

培育壮大市场主体。出台资质改革空档期过渡政策，助力市场主体做大做强，全省建筑业企业12720家，比上年增长18.05%，当年新增建筑业总承包特级资质企业1家、总承包一级资质企业19家。

绿色低碳转型。印发《甘肃省城乡建设领域碳达峰实施方案》，明确全省城乡建设领域碳达峰目标、任务及保障措施。城镇新建建筑节能全部执行强制性标准，绿色建筑竣工面积占比大幅提升。装配式建筑稳步推进，累计建成国家级产业基地4个、省级产业基地19个，省级装配式建筑示范项目8个。

提升工程质量品质。全面落实建设单位工程质量首要责任，推行住宅工程质量信息公开，开展监测机构及预拌砼企业质量提升专项行动，加强商品住宅及装饰装修工程质量安全管理，房屋市政工程质量稳步提升。

房屋市政工程安全生产专项治理。实行安责险制度，强化装饰装修工程安全管理，制定安全事故专项预案，编制安全监督导则，推行起重机械“一体化”管理，多措并举推进长效机制建设。检查工程项目1.13万项（次），发现并整改一般隐患2.3万个、重大隐患343个，责令限期整改项目4113个，实施行政处罚197起。事故起数和死亡人数同比下降30%、16%。

自建房安全专项整治。建立省级协调机制，组建工作专班，开展“百日行动”和“回头看”，排查自建房1034.33万栋，其中经营性自建房32.53万栋，对存在安全隐患的2166栋经营性自建房采取了管控措施。

城镇燃气安全排查整治。启动实施城镇燃气安全管理专项整治和“百日行动”，全面完成124处违规占压燃气管道（设施）隐患整改。

房屋建筑和市政设施调查。调查房屋建筑1580.9万栋、市政道路4591条、市政桥梁1108座、供水厂站242座、供水管网2213条，系统建立了全省房屋建筑和市政设施身份档案信息。

建设工程消防审验程序排查。2022年，全省共排查既有建筑1031个、在建工程754个，查出未审先建项目98个、未验先用项目248个，共计罚款586.2万元。

【“放管服”改革】工程建设项目审批制度改革。以省政府办公厅名义印发《关于全面深化工程建设项目审批制度改革持续优化营商环境的若干措施》，推行“一套图纸”数字化管理、“多段式”联合验收、“一枚印章管验收”“一个章子管挖占”等改革措施，我省“依托工程审批系统推行市政公用一站式服务集成式报装”等改革经验连续2年在全国复制推广。

简政放权。落实行政许可事项清单管理。确定住建领域省级行政许可事项39项并制定实施规范，做好与政务服务事项基本目录、“互联网+监管”事项清单、工程建设项目审批事项清单的衔接，指导各市州开展清单编制工作。深化住建领域“证照分离”改革，进一步优化简化涉企行政许可办理，将注册地在兰州市和兰州新区的房地产开发企业二级资质审批权限下放至兰州市住建局、兰州新区城建交通局，延长燃气经营许可证有效期限至5年。

政务服务标准化。编制政务服务事项目录，提高政务服务标准化水平。指导全省住建系统编制政务服务事项目录，逐项解决各类问题70余个，全面、规范完成事项编制工作。进一步完善政务服务平台，定期开展平台数据质检，及时修改质检中发现的各类问题，向省政府全量推送政务服务事数据，数据合格率达100%。

告知承诺制应用扩面。编制公布省住建厅《推行告知承诺制政务服务事项清单（2022版）》，对建筑业企业资质核准等14项政务服务事项涉及的营业执照、安许证等5类证明事项实行告知承诺制，完善工作规程、办事指南、告知承诺书格式文本，最大限度利企便民。

事中事后监管。强化“互联网+监管”，梳理住建领域监管事项目录97项，编制检查实施清单120项。建立建筑工地名录库，推送、归集全省建筑工地数据信息1400余条。规范“双随机、一公开”监管，科学制定2022年“双随机、一公开”部门联合、部门内监管计划，科学制定2022年“双随机、一公开”监管计划，落实“进一次门、查多件事”要求，在规范行业监管的同时，最大限度降低对企业生产经营的影响。

“双公示”制度。严格落实行政许可、行政处罚“双公示”制度，截至2022年10月底，向信用中国（甘肃）网站上报“双公示”数据40853条，信息报送数量位列全省第一，数据合格率实现100%，信息归集质量和时效性持续提升。

行业立法。结合上位法立改废情况和“放管服”改革要求，积极推进行业立法，《甘肃省城市房地产管理条例》顺利通过审议，《甘肃省建设工程造价管理条例》已经过一审。科学研提立法计划，向省人大、省司法厅报送《甘肃省城镇燃气管理条例》和《甘肃省农村住房建设管理办法》《甘肃省城市管理执法办法》《甘肃省物业管理办法》的制定、修订计划。

合法性审查。进一步完善规范性文件合法性审查制度，修订发布《甘肃省住房和城乡建设厅行政规范性文件管理办法》，审核、报备《甘肃省建筑施工安全生产责任保险实施方案》等规范性文件9件。全面落实涉企政策措施公平竞争审查，复核、备案涉企政策措施12件。

推行柔性执法。积极推行《甘肃省住房和城乡建设系统“两轻一免”清单》，指导各地执法部门积极采取指导、建议、告诫等非强制性手段开展执法。截至2022年10月，全省住建系统采用柔性执法方式办理案件3.1万余件，案件量增长96%，处罚金额减少近9000万元，降幅达64%，在依法规范市场行为的同时，切实为市场主体生产经营提供“容错支持”。

【应对疫情冲击】城市保供。统筹部署全省市政公用行业应对疫情冲击，保障城市供排水、供热、燃气、环卫保洁、垃圾收运等市政行业正常运行。全面落实用水用气“欠费不停供”政策，支持1.24万家中小微企业缓缴水、气费3238.2万元。缓缴污水处理费、生活垃圾处理费、城市道路占用挖掘修复费共2713.19万元。近万名城管人员舍“小家”顾“大家”，下沉社区靠前指挥调度，保障城市有序运行。按时保质完成集中隔离点房源筹集。全省2700余家物业企业、20万物业人员坚守服务，积极参与社区联防联控，筑起守护家园坚实防线。

助企纾困。大力推行工程担保，完成投标担保35.83亿元、农民工工资支付担保60.98亿元，减轻企业现金支付负担。推动惠企政策“不来即享”，为5000余家建设工程企业办理资质自动延期手续，同步更新资质证书电子证照。积极推进勘察设计数字化服务，为企业节省成本3亿元；通过政府采购，实现全流程、数字化线上施工图联审，为建设单位节省费用1.7亿元。

减免房屋租金。对承租国有房屋的服务业小微企业和个体工商户减免3-6个月房租，全年累计减免国有房屋租金4.6亿元、涉及最终承租人2万余户。

（王立文）

商务

【国内贸易】2022年，全省社会消费品零售总额3922.2亿元，比上年下降2.8%。按经营地统计，城镇消费品零售总额3216.2亿元，乡村消费品零售总额706亿元。按消费类型统计，商品零售额3515.9亿元，餐饮收入额406.3亿元。全省限额以上批发零售业、住宿餐饮业法人单位3403个，其中批发零售业2453个，住宿餐饮业950个。

以市场体系提升改造项目为抓手，支持35个农产品冷链仓储、产地市场和农贸市场项目完成提升改造，强化农产品分级拣选、预冷贮藏、包装质检、保鲜加工和终端配送等产后商品化处理和冷链流通设施建设，夯实农产品精深加工能力和流通供应能力。完善“甘味”农产品营销新架构，支持省内农产品流通企业在北京、上海、广州、天津、重庆5个国际消费中心城市挂牌运营8个“甘味”农产品省外展示展销中心，统筹布局线上线下渠道，打造“甘味”品牌窗口，实现消费者触达和销量双提升，持续提升“甘味”品牌影响力竞争力。

推动城市能级提升，兰州市成功申报城市一刻钟便民生活圈建设试点，提升改造3条省级示范步行街，认定首批26个甘肃老字号。推动县域商业体系建设，组织26个县（区）实施县域商业建设行动，不断完善县乡村商贸网点设施和服务功能。推动流通效率提升，制定《甘肃省商贸物流高质量发展专项行动计划（2022—2025年）》，推动商贸物流企业加快转型升级，2家企业被确定为全国供应链创新与应用示范企业，5家企业被确定为全国商贸物流重点联系企业。促进拍卖行业发展，核准设立15家拍卖企业，全省拍卖行业拍卖成交场次887场，拍卖成交额119.18亿元，佣金8549万元，从业人员597人。

应对疫情对消费市场冲击大、范围广的实际困难，组织省市县商务部门及限上企业，开展重点促销活动1300多场次，带动社会消费增长95亿元以上。聚焦汽车消费，联合省直16个部门制发《搞活汽车流通扩大汽车消费若干措施》，细化19条促进措施，协同联动共促汽车消费。组织17家企业300余款消费精品和农特产品参加第二届“消博会”，实现现场销售16.5万元，合同金额400万元，意向协议1069.45万元，签约项目18个金额1.96亿元。制作甘肃美食地图“一书一网一程序”，健全中央厨房应急保供体系，扩大餐饮消费。成功组织陇酒促销季暨陇酒好品牌八城巡展系列活动。充分利用东西协作消费帮扶机制，对口帮扶省市帮销我省农产品66.37亿元。成立省电商龙头企业联盟，72个县实现电商同城配送对接运营，全省网络零售额增长9%。

【对外贸易】2022年，全省进出口总额584.2亿元人民币（下同），比上年增长18.8%。其中，出口总额127.3亿元，增长31.4%；进口总额456.9亿元，增长15.7%。

在出口商品中，机电产品出口值62.3亿元，比上年增长23%。其中，电子元件出口值23.4亿元；电工器材出口值12亿元，增长21%。农产品出口值24.6亿元，增长29.7%。其中，种子、鲜苹果、苹果汁出口值分别为5.9亿元、4.5亿元、2亿元，分别增长34.7%、12.4%、18.9%。劳动密集型产品出口值6.1亿元，增长51.3%。在进口商品中，金属矿及矿砂进口值236.8亿元，比上年增长15.4%。其中，铜矿砂及其精矿进口值164.1亿元，增长3.1%；镍矿砂及其精矿进口值52.3亿元，增长50.4%。镍钴新材料进口值67.2亿元，增长102.7%。

对“一带一路”国家进出口额278.3亿元，比上年增长238%。对“RCEP”国家进出口额137.8亿元，增长49.3%。

服务进出口总额76198.5万美元，比上年增长7.8%。其中，服务出口额30764.4万美元，下降2.2%；服务进口额45434万美元，增长15.8%。

【利用外资】新设外商投资企业29家，比上年下降19.4%；合同外资金额13.8亿美元，增长19.98%；实际使用外资金额1.25亿美元，增长15.01%。截至2022年底，累计批准设立外商投资企业2281家，合同外资金额231.1亿美元，实际使用外资金额24.16亿美元。

“一带一路”沿线国家中，新加坡、文莱分别到资551万美元和240万美元，乌兹别克斯坦、缅甸、印度、马来西亚、巴基斯坦、哈萨克斯坦有新设企业。

截至2021年底，甘肃省参报外商直接投资企业304家，销售收入515.89亿元人民币，利润总额7.75亿元人民币，进出口总额8614万美元，其中出口额1899万美元，进口额6715万美元。就业人数2.9万人。

【对外投资和经济合作】2022年，全省新备案境外企业5家，中方协议投资额921.4万美元；实际开展对外直接投资的境外企业10家，当年实际投资额1.74亿美元，比上年增长130%，投资涉及有色金属矿采选业、房屋建筑、汽车制造、水泥制造、城市固废回收管理、进出口贸易、农业等行业，主要分布在南非、白俄罗斯、加纳、塞尔维亚、乌兹别克斯坦、巴基斯坦等国家。重点项目有金川集团南非思威铂业项目，2022年度对外直接投资1亿美元。

截至2022年底，甘肃省企业在印度尼西亚、阿联酋、哈萨克斯坦、白俄罗斯、马来西亚、柬埔寨等21个“一带一路”沿线国家累计实际投资额12亿美元，占全省对外累计实际投资总额的16%，投资涉及矿产资源开发、集成电路封装、农业开发、建筑工程、批发零售等行业。一批重点国际产能合作项目成为我省企业参与“一带一路”建设的典范，对全省开放型经济高质量发展起到了积极助推作用。特别是以金川集团印度尼西亚红土镍矿项目、华天科技并购马来西亚友尼森公司开展集成电路封装项目等，经济效益良好，保障了资源能源产业链供应链可持续发展。

2022年，对外承包工程新签合同额5.78亿美元，比上年增长31.68%；完成营业额3.45亿美元，增长1.58%。主要分布在加纳、津巴布韦、马拉维、印度尼西亚、沙特阿拉伯、巴基斯坦等国家。主要项目有：中国电建集团甘肃能源公司津巴布韦旺吉电站三期扩建运营维护项目，中铁二十一局塞尔维亚尼什－季米特洛夫格勒铁路现代化改造项目，中甘国际承建援塞拉利昂国家体育场大修项目、援纳米比亚4所学校项目等。

2022年，当年派出各类劳务人员1515人，年末在外各类劳务人员2623人，主要派往巴基斯坦、玻利维亚、伊拉克、印度尼西亚、几内亚、孟加拉国等国家，劳务人员实际收入总额1500万美元。

截至2022年底，甘肃企业对“一带一路”沿线国家执行承包工程业务，累计实际完成营业额10亿美元，占全省对外承包工程累计完成营业额的37%，领域涉及一般建筑类、工业建设类、电力工程建设类等。主要项目有：中国电建集团甘肃能源公司津巴布韦旺吉电站三期扩建运营维护项目、中甘国际Garissa-Isiolo100km道路项目。具有代表性的中电建甘肃能源公司巴基斯坦卡西姆港燃煤电站运维项目，是我省企业在“建营一体化”方面取得的突破，转型升级初见成效。

【其他】2022年，兰州、天水、金昌、张掖4个国家级经开区实现地区生产总值982.23亿元，比上年增长11.54%；进出口总额365.67亿元，增长15.9%，占全省进出口总额的54%；实际使用外资3519.3万美元，占全省实际利用外资的28.2%。

2022年，兰州新区综合保税区内活跃企业70家，新落地项目9个，完成进出口贸易77.5亿元，比上年增长0.4%，占省、市外贸比重分别为13.3%、45.9%；首批哈萨克斯坦亚麻籽保税加工业务及分拨中心投产落地并开展业务；完成300辆汽车整车保税仓储首单业务；跨境电商业务快速发展，1210模式完成业务36万单，比上年增长31.2%，9710模式跨境电商业务成功落地，完成贸易额约7亿元，占省、市跨境电商贸易额近50%、70%。在2021年度全国综保区绩效评估中，兰州新区综保区全国排名71位，比2020年提升15位。

2022年，甘肃省通道物流产业实现营业收入279.3亿元，比上年增长5.5%。调整落实省领导包抓重大带动性工程项目16个，项目总投资541.8亿元，已完成投资约140.24亿元，占总投资的25.8%。运营中欧、中亚、南亚公铁联运、陆海新通道铁海联运、“中吉乌”国际公铁联运、兰州—连云港铁海联运等国际货运班列，共发运440列16013车，货值约2.9亿美元。

第二十八届中国兰州投资贸易洽谈会共签约合同项目898个、总额5311亿元，签约项目数量、金额比上届分别增长28.84%、35.86%。签订央地合作项目88个，投资额1427亿元；利用外资项目4个，外资合同额4004万美元。9月21日，甘肃省委、省政府向全省下发了《关于给予甘肃省商务厅记集体三等功的决定》，对第二十八届兰洽会工作给予充分肯定。

2022年全省共实施新建、续建省外招商引资项目2745个，到位资金4301.06亿元，比上年增长22.55%。其中，第一产业到位资金310.74亿元，占7.22%；第二产业到位资金2259.75亿元，占52.54%；第三产业到位资金1730.56亿元，占40.24%。

兰州海关

【监管成果】2022年兰州海关聚焦“发展要安全”，充分发挥企管、风险、稽查三位一体业务优势，通过集约化运作模式，强化事前、事中、事后全方位监管，坚决维护国门安全。风险防控效能提升。坚持风险整体防控与精准防控有机结合，深化全风险要素防控，实现涉关风险与涉检风险的同步防控，关区人工分析查获率15.71%；健全完善风险联合研判机制，持续推进省级口岸安全风险联合防控机制建设，先后开展联合研判6次，接收处置移交线索17起。强化风险、稽查、缉私部门的联系配合，风险移交后续监管处置有效率75%，向缉私部门提供虚假贸易、离岛免税“套代购”案件线索2起。稽查威慑作用凸显。依托稽查北部协作区平台，学习吸收兄弟海关先进工作经验，及时掌握全系统稽查“热点”。全年办结稽查作业13起，查发率100%，追补税2413.34万元。持续优化核查作业模式，充分应用“线上核查”系统，克服疫情防控人员流动限制对工作影响，全年办结核查作业251起，核查有效率60.56%，核查补税4.41亿元。稽核查追补税共计4.65亿元，比上年增长97.9%。联合惩戒效应明显。加强与地方市场监督管理部门的联系协调，确定联合抽查事项清单，优化更新5张联合监管作业表单。强化失联企业监控处置，对市场监督管理部门定期发送的异常企业名录进行比照分析，制定全年企业注册信息核对工作计划，完成37家企业注册信息核对，发现“双失联”企业15家，依法依规及时调整1家企业为失信企业。落实信用修复机制，指导1家企业失信企业及时开展信用修复，提升信用水平，重新恢复正常状态。现场查发能力和规范化水平持续提升。进一步规范货运渠道口岸检查作业记录，指导业务现场强化即决查验，开展口岸检查作业规范性督查，有力促进口岸监管效能提升。积极应对疫情导致航班航线运力不足问题，指导企业运用进口种子“卡车航班”转关模式，保障进境种子物流通畅。跨境电商进口监管水平显著提升。积极防范化解贸易碎片化风险，深入跨境电商企业进行调研，开展跨境电商监管政策宣贯活动4次，不断强化企业主体责任意识。组织召开跨境电商联合研判工作会议，开展甘肃省跨境电商发展现状专项研究，形成专题研究报告上报省委办公厅。持续巩固打击跨境电商进口走私“断链刨根”专项整治行动成果，及时开展关区跨境电商业务运行状态评估。持续强化危化品监管。深入开展“口岸危险品综合治理”百日专项行动，检验出口危化品683批次，包装鉴定882批次，不合格检出19批次。

【进出口商品检验】2022年共检验监管进出口商品1058批，货值40777.4万美元，商品种类主要包括机电仪器、汽车整车、铜精矿、稀土、化工产品等。其中，进口156批，货值23256.14万美元，商品种类主要包括机电仪器、汽车整车、铜精矿等；出口902批，货值17521.26

万美元，商品种类主要包括稀土、危化品、化肥等。检验鉴定出口危险货物包装882批，416429件（含危险货物包装性能检验和使用鉴定）。

【口岸卫生检疫】推进智慧口岸建设，强化科技设施配备，优化卫生检疫流程，旅客通关时间、人力资源同步压缩1/3，全年共监管入境客运航班16架次，监管入境人员3138人。在规定时限内完成22批次特殊物品卫生检疫审批。在1个边境口岸（未开放）、2个航空口岸开展病媒生物监测，捕获并送检病媒生物2842只。在出入境人员中开展艾滋病、传染性肺结核、病毒性肝炎和性病等监测体检工作，检出传染病7例。开展口岸卫生监督抽检、口岸食品安全抽检工作，检测合格率为100%，实现监督全覆盖。

【进出境动植物检疫】截至2022年底，关区在册进出境动植物及其产品生产、加工、存放企业共302家。全年完成进出境动植物及其产品检验检疫5772批，货值2.72亿美元。检疫监管供港澳活牛1539头，全年无疫病检出。检疫监管进出境种子3009批，检出检疫性有害生物5种类15种次。

【进出口食品安全监管】2022年共完成进出口食品检验检疫3130批次，货值1.69亿美元。其中出口2926批次，货值1.59亿美元，产品主要为浓缩苹果汁、脱水蔬菜、肠衣、杂粮杂豆、中药材等；转关进口亚麻籽、葵花籽等32批次，货值632万美元；通关一体化保税入区监管方式进口亚麻籽172批次，货值403万美元。2022年度关区进出口食品未发生任何质量安全事故。

【打击走私犯罪】全力开展“国门利剑2022”联合行动，持续深化全员打私、综合治理，全年共刑事立案3起，抓获犯罪嫌疑人2名，案值149万元，涉税75万元，移送审查起诉案件1起2人，其中立案侦办的海南离岛免税“套代购”案件系我关区首次查获。新立行政案件4起，案值8104.87万元，涉税78.64万元，罚没入库266.3万元。全年共办理协查案件34起，接收情报线索17起，核查相关企业、人员百余次，分析各类数据共计4TB，线索10条。

【综合治税】2022年，兰州海关税收入库26.45亿元，比上年增长45.4%。其中，关税入库4865.59万元，消费税入库1.19亿元，增值税入库24.77亿元，主要税源商品为大宗矿产品。估价征补税4904.6万元，其中，公式定价商品延续性征税4502.7万元，稽查补税328.2万元，特许权使用费申报纳税56.8万元，特殊经济关系影响成交价格估价补税17万元。落实税收优惠政策，签发《进出口货物征免税确认通知书》543份，比上年增长6.5倍；减免税款4763.1万元，增长1.4倍，主要享惠商品为进口科研仪器、成套生产设备等。积极推进原产地签证管理，签发各类原产地证书4622份，签证金额3.9亿美元，增长16.5%，原产地证书自助打印率达74.38%，帮助企业享受进口国关税优惠约700万美元。签发RCEP原产地证书133份，签证金额1103万美元。引导甘肃外贸企业应用汇总征税担保本地税款16.9亿元，占同期关区入库税额的63.7%。其中，应用企业集团财务公司担保本地税款12.4亿元，占同期担保总税额的73.4%，全年为企业节省直接担保成本约200万元。

【综合保税区发展】发挥特殊监管区域政策叠加优势，支持综保区木材、饲料加工产业发展，推进综保区内“到厂查验”“全程视频”流改造，有效降低企业成本。设立兰州新区海关驻点机构，进一步理顺业务流程，增强服务针对性。全年兰州新区综合保税区进出口77.5亿元，其中出口29.2亿元，比上年增长2.1倍。成立专项课题组为兰州新区综合保税区高质量发展建言献策，撰写《兰州海关关于推动新区综保区高质量发展相关建议》获省长、副省长批示。指导做好综合保税区绩效评估，2021年综保区绩效考核在全国137家参评的海关特殊监管区域中综合排名71，提升15位，在中西部和东北三省参评的57家海关特殊监管区域中排名19，提升7位，综合评估结果为B类。

【优化口岸营商环境】深化落实“多证合一”“注销便利化”改革。海关报关单位全面实现备案管理，全年报关单位备案4491家，比上年增长10%，全部通过网上“无接触”渠道办理，平均办理时长不超过半天。对海关涉企经营许可事项持续推行“证照分离”改革全覆盖，编制兰州海关行政许可事项清单并对外公开。压缩出口食品生产企业备案办理时限，进一步促进外贸保稳提质。按照海关总署相关规定持续压缩出口食品生产企业备案办理时限，从原来的5个工作日压缩到3个工作日内完成，对企业提出的申请进行审核，如企业提交资料齐全符合法定条件，最快可当场办结，合法出口食品生产企业备案证明。制定《兰州海关促进外贸保稳提质十四条措施》并跟进分解细化配套措施。制定关区促进外贸保稳提质14条措施和37项具体工作举措，实现方案清单化、任务项目化、责任时限化，制度实施以来，有效解决企业问题45个。组织关区内外贸企业开展“促进外贸保稳提质措施实施效果评价及企业需求问卷调查”。通过“线上+线下”方式，主动联合商务、税务部门共同举办促进外贸保稳提质惠企政策宣贯培训会，积极发挥政策组合叠加优势。优化特定资质企业备案流程。取消进口肉类收货人、进口化妆品收货人备案，取消出口食品原料种植场备案第三方检测证明要求。持续推进加工贸易监管改革。落实总署精简和规范加工贸易作业要求，取消13个加工贸易作业单证审核环节，企业办理加工贸易业务的时效大幅提高。落实内销便利化措施，允许符合条件的企业按月集中办理内销申报和纳税手续，支持企业统筹国际国内市场，对无法复出口的剩余料件、边角料、副产品，按照实际状态办理内销申报和纳税手续。推广落实“主动披露”制度，引导企业守法自律。结合属地查检、稽核查等业务开展，上门开展主动披露政策宣贯，提升企业对政策的知悉度，引导企业自觉遵纪守法、规范管理，营建良好的执法环境。

【服务经济发展】畅通关企沟通交流渠道。建立关领导联系企业机制，以“纾困解难、助力发展”为主题，围绕进出口企业复工复产面临的困难和需求，聚焦进出口企业在疫情冲击下的痛点、难点问题，开展调查研究，对高级认证企业和关区重点进出口企业实施“一企一策”个性化服务。发挥关企桥梁纽带优势，将惠企政策落实作为服务企业的重点内容，通过“中国海关信用管理”微信平台、12360海关服务热线、门户网站、问卷调查、实地走访、宣传手册等多种方式，帮助企业知晓政策、理解政策、享受政策，提高政策知晓率和惠及面。完善“问题清零”机制，通过“线上＋线下”多种途径为企业解决各类通关问题100余个，“中国海关信用管理”微信平台企业提问满意度100%。对企帮扶培育取得实效。推动《海关认证企业管理措施目录》在关区落地实施，省内AEO高级认证企业数量扩展到8家，推荐1家企业为全国首批AEO互认观摩对象名录企业。全年高级认证企业进出口额、纳税额分别占到全关区的56.76%和63.73%，为稳住全省外贸外资基本盘发挥了积极作用。积极开展RCEP全方位政策宣介，建立RCEP专项联络员制度，全年对RCEP其他成员国进出口137.8亿元，增长49.3%。深化区域关际合作。积极推进黄河流域关际合作，细化28个方面195项具体措施，为黄河流域特色优势产业“靶向”开展关税减让政策推介和原产地技术服务。强化西部陆海新通道区域海关协作，共同研究制定6个方面16项重点工作，参与“共同推动区域海关税收征管一体化”等12项具体工作事项。与南京海关、乌鲁木齐等海关签订合作协议，共建“一带一路”，促进“双循环”新发展格局。助推特色产业蓬勃发展。实施“报核前申报单耗”监管模式，支持金属矿加工产业发展，保障产业链供应链稳定。全力保障种子、粮油等重要资源产品转关进口，检疫监管转进口油籽类产品1.3万吨，货值782万美元。推动20多个特色农产品首次出口，出口农产品批次、货值比上年分别增长13.19%、21.21%。促进贸易新业态健康发展。落地9610、9710、9810、1210等海关监管跨境电商业务模式。实现甘肃省“跨境电商＋中欧班列”业务零的突破。

【特色亮点工作】支持甘肃省深度融入共建“一带一路”。助推武威国际货运班列常态化发运，保障5条国际班列顺利首发。依托“西部陆海新通道”海关合作框架，研究制定6方面16项重点工作，“一带一路”立体开放通道有效拓宽。全年甘肃对“一带一路”沿线国家进出口278.3亿元，比上年增长23.8%，占全省外贸总值的47.6%。着力促进外贸保稳提质。探索优化进口铁路运输铜精矿监管通关模式试点。聚焦甘肃省支柱产业有色金属产业链供应链安全，深入金川集团股份有限公司等关区重点企业开展专题调研，开展全国首个进口铁路运输铜精矿监管通关模式试点，入选全国海关促进外贸保稳提质典型案例。试点实施以来，货物通关时间由5—10天缩短为25小时，预计每年为企业节约费用6000万元。扩大应用真空包装高新技术货物一体化布控查验模式试点。针对甘肃省集成电路封装测试企业原料进口面临的实际困难，积极联系协调总署相关部门，将省内相关企业纳入真空包装高新技术货物一体化布控查验模式试点范围内，封装芯片交货周期缩短40%，支持高新技术企业产能释放。2022年，全省外贸进出口总值584.2亿元，比上年增长18.8%。其中，出口总值127.3亿元，增长31.4%；进口总值456.9亿元，增长15.7%。

国网甘肃省电力公司

【学习贯彻二十大精神】坚持把学习宣传贯彻党的二十大精神作为首要政治任务，紧扣“九个深刻领会”“七个聚焦”，着力在全面学习、全面宣传、全面落实上下功夫。公司党委第一时间召开党委扩大会、中心组学习、专题读书班，示范带动各级党组织开展学习研讨1174次。公司党委主要负责同志当选党的二十大代表，入选由省委常委、党的二十大代表组成的25人省委宣讲团，张掖市宣讲活动取得良好反响。组建“光明先锋”百人宣讲团，公司领导带头到基层宣讲，开展“光明驿站”村企共建特色联学，推动党的二十大精神进基层、进班组、进现场。坚持学思用贯通、知信行统一，召开专题会议明确了六个方面贯彻落实举措，全力推进学习宣传贯彻党的二十大精神57项重点任务有序落实，切实把党的二十大精神转化为推动公司发展的实际行动。

【重大决策落实】发挥电网支撑、带动、服务作用，在服务大局中走在前列、作出示范，公司工作得到省委、省政府主要领导高度评价。保障电力供应彰显新担当，坚持全省一盘棋，推动甘谷、连城电厂66万千瓦煤电复产，电煤库存和机组出力好于上年，争取跨省区互济交易消除硬缺口，省内电力供应始终保持平稳局面。成立省市电力负荷管理中心，需求侧响应能力达265万千瓦、占最大负荷的15%。全国电力供应紧张形势下，在多措并举保障省内用电需求的基础上，积极支援湖南、四川等省份保供电量128亿千瓦时，为全国电力保供作出甘肃贡献。公司获国家电网公司党的二十大保电工作先进单位。扎实落实稳住经济一揽子措施，全年投资超百亿，“电e金服”帮助上下游企业获得普惠金融服务18.9亿元。电力营商环境得到国家能源局肯定，线上办电率99%，客户服务满意度99.8%，“获得电力”服务水平提升至国网经营区第七位。公司获甘肃省先进企业突出贡献奖和优秀企业家表彰。积极服务乡村振兴，建成农村实用电工培训示范基地。投资完成生态及地质灾害避险搬迁安置点配套电网建设。

【安全生产】全力以赴保供电、保安全、保稳定，安全综合评价排国网前三。高质量收官安全生产专项整治三年行动，累计整改问题隐患2241项，形成76项制度成果。整治煤矿、危化品等高危客户用电隐患287项，重要客户自备电源合格率提升至99.5%。密集输电通道安全管控实现“两个纳入”，警电联合巡视执法308次。策划组织“1+3”大型政企协同联动实战应急演练，出色完成国家“应急使命·2022”演习。13个反恐一级重点目标通过达标验收。“零失分”完成“护网2022”国家级网络安全演习。完成8方面22项警电合作任务，“平安甘肃”建设连续三年获评优秀。

【服务能源转型】加快建设大送端枢纽型电网，助力能源优势向经济优势转化。陇电入鲁工程完成可研、长协签署并正式上报核准。陇电入浙工程启动预可研。张掖盘道山、皇城抽蓄项目开工建设，玉门昌马、武威黄羊抽蓄项目取得核准。完成“十四五”电网规划滚动修编，2项750千伏工程纳入国家规划，32项调增项目纳入省级规划。6项330千伏、5项750千伏工程取得核准。750千伏武郭、沙洲工程按期投运，6项330千伏工程提前投运。开展配农网工程施工转型升级三年行动。兰临输变电工程获评国网智慧标杆工地。庆阳温泉变获国网输变电优质工程金奖。组建电源服务中心，新增并网622万千瓦，比上年增长17.9%，新能源装机占比51.9%、居全国第三；新能源发电量537亿千瓦时，增长20.5%，发电量占比27.3%、居全国第二，利用率超过95%。

【提质增效】推动连铝、中瑞铝业等大用户复产，省市两级重大项目投产352项，净增报装容量866.5万千瓦，比上年增长47.5%。首次与14家市州政府签署合作协议，推动出台支持政策173项，政企关系达到新的高度。依法合规经营深入推进，法治企业建设、合规管理步入国家电网公司第一序列。

【改革创新】创新推出“D+3”日滚动交易模式，中长期交易实现按日不间断连续运营。基本建成适应新能源高占比特点、市场主体广泛参与的双边现货市场，全国首家完成整年结算运行。首获电力行业管理创新特等奖。荣获省科技进步一等奖三项、三等奖一项，国网职工技术创新一等奖。QC国际金奖数量翻番，2项成果获联合国可持续示范案例。获国网软科学奖3项。1项成果获国家档案局优秀成果二等奖。3项国家重点研发计划项目、9项省重大专项落地公司。入选首批中国科协创新基地。建立生产班组问题解决措施清单，启动班组建设三年提升行动。完成两轮达标创优巩固提升工程督导检查，长效帮扶整改问题3269项、整改率98%。建成全业务核心班组230个、覆盖率39.3%。4个班组首获全国质量信得过班组，公司获评甘肃省质量信得过班组建设优秀企业。

【党的建设】落实新时代党的建设总要求和新时代党的组织路线，纵深推进“旗帜领航”党建工程，着力实施“凝心铸魂、强基固本、聚力赋能”三项行动，不断提升党建工作质量，切实以高质量党建引领和促进公司高质量发展。成功召开公司第二次党员代表大会，顺利完成党委、纪委换届选举。制定印发加强党支部建设意见，提出15条具体措施，分级评定“合格、过硬、优秀”党支部，基层党组织政治功能和组织功能稳步提升。深化“四级五维”“党建+”机制，深化“三队一区一岗”建设，推广“堡垒•先锋”指数，激励党组织、党员发挥作用，助力生产经营目标任务完成。公司获评甘肃省党委理论学习中心组先进单位。高质量实施青年精神素养提升工程，公司团委连续4年实现全省共青团工作等次和位次“双第一”，1名青年获全国青年岗位能手标兵。打造“丝路红廉”特色品牌，典型经验在中纪委主要媒体刊发。成功举办庆祝刘天关输变电工程投运50周年系列活动，2个县公司获评国网社会责任示范基地。入选国网青年托举人才6名，评聘三级专家20名。1个集体、4名个人获甘肃省五一劳动奖，9个集体获甘肃省工人先锋号。1名职工获国网工匠，4名职工获国网劳动模范，3家单位（部门）获国网先进集体。

（安建军）

交通通信

交通运输

【概况】2022年，全省完成综合交通运输固定资产投资1276.2亿元，突破千亿元大关。其中，完成公路水路投资1008亿元，比上年增长11.8%，排名全国第13位、西北五省第1位；完成民航机场投资91.2亿元，增长10.4%，创甘肃省机场投资历史新高；完成铁路投资177亿元。交通运输经济运行呈现稳中有进、稳步提质的良好态势，为稳定全省经济大盘、更好服务甘肃省“一核三带”发展格局和“四强行动”提供了坚实支撑。

【综合交通基础设施建设】综合规划方面。省委、省政府印发实施《甘肃省综合立体交通网规划纲要》；省政府办公厅印发实施《甘肃省打造路衍经济千亿级产业集群行动计划（2022—2025年）》；《甘肃省“十四五”综合交通运输体系发展规划》加快实施，创新编制完成《甘肃省省道网规划》《甘肃省内河航道网发展规划》《甘肃省民航机场发展规划》，公、铁、水、航交通线网和枢纽点位空间布局进一步细化。《国家公路网规划(2022—2035年)》调增甘肃省8条国家公路（2条国高、6条国道），里程增加1461公里，全省境内国家公路达到49条，规划里程达到16249公里，占全国（46.1万公里）的3.52%。

公路方面。全省新开工高速公路投资规模达1200亿元，在建高速（一级）公路和普通国省道项目规模达到66个4703公里、总投资3842亿元。建成武都至九寨沟、王格尔塘至夏河、二十里沟口至车路腰岘等15条高速(一级)公路707公里，建成二级公路9条153公里。新增文县通高速，通高速县（市、区）达到72个，县通高速率83.7%。启动新一轮农村公路建设，建成自然村（组）通硬化路1.1万公里，新增32个乡镇通三级路、5464个自然村（组）通硬化路。截至2022年底，全省公路通车总里程达到15.72万公里，公路网密度36.92公里/百平方公里；高速（一级）公路通车里程达到7400公里，二级公路10948公里；国省干线公路里程3.16万公里，农村公路通车里程12.56万公里。

铁路方面。中兰铁路（甘肃段）建成通车，新增高速铁路通车里程175公里；兰合铁路全面开工建设；西成铁路（甘肃段）和天陇铁路控制性工程开工建设，全线建设用地组卷手续争取本月底报自然资源部审批；平庆铁路可研获批；兰张三四线武张段和宝中铁路中卫至平凉段扩能改造工程召开可研审查会；定西至平凉铁路开展可研编制准备工作。截至2022年底，全省铁路营业里程达到5765公里，其中高速铁路1600公里，新增高速铁路里程175公里，增长率为3.1%，铁路网密度135.39公里/万平方公里。

民航机场方面。兰州中川国际机场三期扩建工程建设用地获批，综合交通中心和航站楼主体结构封顶；嘉峪关机场改扩建工程开工建设；华池通用机场建成。迁建空军平凉机场并实行军民合用工程已完成预可研审查待批；临夏民用机场已上报立项请示文件待进入审批程序；天水军民合用机场迁建工程召开可研报告行业审查会；武威军民合用机场设计单位已召开空域协同会议；定西民用机场正在商西部战区空军核准场址。截至2022年底，全省共建成运营运输机场9个，民航机场市州覆盖率79%、县级城市单元覆盖率63%；建成运营通用机场5个。

邮政方面。省、市两级1+15邮政业安全中心格局正式确立。10个市州成立县级监管机构55个，8个市州实现全覆盖。全国首个省委批复的快递行业党委成立，市州快递行业党委全覆盖。截至2022年底，全省共有邮政快递网点（驿站）7701个，其中，邮政营业场所1664处，快递品牌17个，法人快递企业257家，分支机构和营业网点5100个，直接从业人员达3.4万余人。

【运输服务保障能力】坚持人民交通由人民共享，从人民群众最关心的事情做起，在提供均等化服务上下功夫，圆满完成13件交通运输更贴近民生实事，建成运营26个“司机之家”，2.46万名快递从业人员工伤保险全覆盖，改造新增高速公路服务区货车停车位535个，建成充电桩739个，创建敬老爱老城市公交线路71条；打造3个客货邮融合示范县，建成农村客货邮综合服务站613个、客货邮合作线路104条；推动银行为409家货运物流企业发放贷款4.4亿元，免征客运等公共交通运输服务增值税791.42万元。大力实施高速公路差异化收费政策，差异化收费路段达到1133.5公里，全年征收高速公路通行费98.18亿元，减免政策性通行费40.51亿元，区域路网“引流”作用显著，公路货运周转量增速全国领先。科学精准调整交通管控措施，疫情防控期间，各地设置交通防疫查验点817个，投入交通检疫人员3.8万余人，服务区配套设置核酸检测点603个，有效防止了疫情通过交通运输环节传播扩散。全力以赴抓好交通物流保通保畅，保障重点物资运输需求7.68万余项，完成14架入境航班2581名人员转运，完成援藏、援疆医护人员运输保障。

2022年，全省营运客车累计完成公路客运量5543.8万人，旅客周转量

32.2亿人公里，分别比上年下降48.7%和51.7%；累计完成水路客运量25.7万人，旅客周转量255.2万人公里，分别下降67.5%和70.7%。受国内及本土疫情点多面广频发等因素影响，全省公路客运遭受巨大冲击，旅客运输量呈快速断崖式下降。全省营运货车累计完成公路货运量64084万吨，货物周转量1690.3亿吨公里，分别下降8.0%和增长41.2%。货运生产受疫情影响，出现了较大的波动，但整体好于客运。

2022年，全省铁路货物发送量、货物周转量、换算周转量等同比显著增长，但旅客发送量、旅客周转量等指标出现下降。旅客发送量全年完成2444.0万人，比上年下降46.9%；货物发送量全年完成8860.7万吨，增长37.5%；换算周转量全年完成2166.9亿吨公里，增长10.6%；旅客周转量全年完成176.7亿人公里，下降34.4%；货物周转量全年完成1990.2亿吨公里，增长17.8%。

2022年，全省民航机场完成旅客吞吐量742.56万人次、货邮吞吐量5.81万吨，保障完成运输起降7.46万架次，航班正常率达到98.25%。全年新增客运航线34条，加密客运航线29条，新增货运航线2条，新增通航城市3座；累计通航城市101座，执行货运航线5条，客运航线218条，实现全国省会城市全覆盖，大中型城市覆盖率60%，并通达至欧洲、中亚、西亚、东南亚等国家和地区；快递企业全货机实现从无到有。兰州中川国际机场新增驻场运力10架，运力规模最高达到42架，旅客吞吐量在全国千万级机场中排名第29名。

2022年，全省邮政快递业寄递业务量完成6.14亿件，比上年增长17.18%，增速位居全国第一。其中，快递业务量完成1.96亿件，增长6.12%；业务收入完成38.16亿元，增长3.23%。快递进村率达95%以上，"邮快合作"覆盖率达74%，代投量达2018.8万件。培育申报5个农村电商快递协同发展示范区和20个快递服务现代农业示范项目，寄递农特产品3092.6万件，助力农产品销售额达52.7亿元。

【行业治理体系建设】与时俱进推进行业改革创新，新修订的《甘肃省道路运输条例》《甘肃省邮政条例》颁布实施，2022年全国综合执法检查考核结果排名甘肃进入全国前10位。持续优化营商环境，大力推进"不来即享""不见面审批"网上办事，"甘快办"APP新增15项道路运输便民服务查询事项，道路运输、公路水运工程监理企业资质电子证照启用；全年网上办理政务服务事项3.6万多件，好评率99%以上。甘肃首倡的路衍经济加快扩容成势，在建项目达到44个、总投资157.45亿元；20个高速公路"开口子"工程加速推进，会宁红色驿站、兰州南绕城高速金城南出入口、张掖新城互通立交等3个项目实现当年开工当年建成。农村公路实施以工代赈项目211项，吸纳6800余人就近就地务工就业，累计发放劳务报酬1.22亿元；设置公益性护路员岗位3.5万个，带动脱贫人口就业2.7万人。养护体制不断理顺，省属公路事业发展中心职能归位、职责落地成效明显，全省具备条件的6964公里普通公路养护管理事权全面完成移交。推广公路建设养护"永临结合"新模式，实现"一次建成、长期使用"，公路养护水平稳步提升，高速公路、普通国道、普通省道优良路率分别比上年提高0.78%、0.24%、0.67%。全省累计完成73家网络货运企业线上服务能力认定，整合社会车辆2.8万辆。持续推广运用危货运输电子运单，全省注册危货运输企业电子运单使用率达到88.7%。

【科技创新】全省首座"5G智慧桥梁"清傅公路桑园子黄河大桥主塔封顶。西北首个"智慧云收费站"兰州南绕城高速"金城南"收费站实现收费业务上云。智能网联汽车开放道路测试区投运。推进省级综合交通数据中心建设，建成专有云支撑平台和数据大脑，路网综合监测、运输监管、出行信息服务和应急协同等4大场景成功应用。建成10个农村公路示范县信息化平台，完成10个停车场ETC拓展应用。全国交通运输行业首个科技创新"揭榜挂帅"项目——"高震区分幅联塔钢混组合梁斜拉桥关键技术及产业化应用研究"，攻克一系列技术难题并成功应用。"甘肃交通与新能源融合发展关键技术与路径机制研究"项目，属国内公路建设领域首创。18个科技项目纳入省部级科技项目清单，为历年最高。持续推动国家"黄河战略""双碳战略"在行业落地，G1816合作至赛尔龙段绿色生态高速公路开工建设，河西走廊绿色能源与公路运输融合大通道示范项目有序推进。编制印发《甘肃省政府收费公路"委托建设运营（EBO）"协议（范本）》，七墩至瓜州、马鬃山至桥湾两条公路成为甘肃公路建设史上首批采用EBO模式建设运营的项目。

【安全与应急】行业安全生产形势总体平稳。认真贯彻国务院安委会15条硬措施，强责任、防风险、除隐患、补短板、建机制，安全生产监管能力不断提升，事故起数、死亡人数、受伤人数比上年分别下降30.4%、42.4%、66.7%。康略、清傅公路项目入选"交通运输部平安百年品质工程"首批示范名单。建成村道安全生命防护工程3645公里，改造完成农村公路危桥153座；自然灾害综合风险公路承灾体普查工作名列全国第一。实施提速疏堵工程，在201个收费站安装了ETC特情终端，提升了通行效率。全力推进行业风险隐患化解，提请省政府批复延长15条收费公路收费期限，通过置换、偿还、展期等多种渠道，有效化解了到期的公路存量债务；推动19家网约车平台企业开展抽成"阳光行动"，有效维护了从业人员合法权益。交通应急处置能力不断强化，圆满完成"应急使命·2022"演习交通保障科目，演习成果被交通运输部在全国推广。33支公路应急抢险队伍、110多家社会救援机构均配备了专业的应急设备、救援车辆。积极化解信访积案，常态化推进行业扫黑除恶，有力维护了行业和谐稳定。

【合作与交流】紧抓"一带一路"建设、新时代推进西部大开发形成新格局、黄河流域生态保护和高质量发展、西部陆海新通道等国家重大战略机遇，主动加强与兄弟省份以及省内外有关单位的交流合作。积极对接四川省交通运输厅，双方就深化两省交通运输深层次合作交流，加快甘川省际公路通道建设带动玛曲县和迭部县通高速公路达成一致意见。联合沿黄9省区交通运输主管部门，共同签署发布《加快互联互通推动黄河流域生态保护和高质量发展共同宣言》，并就交通运输服务黄河流域生态保护和高质量发展、加快沿黄流域交通基础设施互联互通、构建沿黄各省区交通运输主管部门之间共商机制达到一致意见。积极对接新疆交通运输厅，在疫情防控期间建立甘新两省（区）交通运输部门人员混合编组的联合查验机制，设立前方指挥部，优化出疆入甘通道查验流程，为货车司机打通了出入疆通道。与中国交通报社签订战略合作协议，双方将在新闻宣传报道、重大主题策划、文化品牌建设及典型人物培树等方面进一步加强合作，并就全面宣传展示党的十八大以来甘肃交通运输“非凡十年”发展成就达成意向。与国网甘肃电力公司签订战略合作协议，共同推进“交通运输＋绿色能源”融合发展。与张掖、平凉等11个市州签订了“十四五”交通基础设施省市共建协议，形成省市共推交通运输高质量发展的合力。

【交通运输行业党的建设】认真贯彻落实党中央部署要求，坚持全省上下“一盘棋”行动，投入2163万元用于经费保障，圆满完成全省深化货车司机群体党建试点政治任务。提请省委批复成立了省交通运输行业党委，成为全国4个试点省份中唯一由省委层面批复成立的行业党委；积极推动14个市州及兰州新区、82个县（市、区）成立了交通运输行业党委，各级各类道路运输企业、运输场站、物流园区、公路服务区等完善或新建基层党支部，形成“1+15+82+N”的交通运输行业党建工作组织体系，党组织对道路货运行业和货车司机群体的领导力显著增强。建成“红色驿站”271个，建成“陇原红运”党建信息平台，培树“尹文学党员先锋车队”，打造了“红色方向盘、一路心向党”“支部建在运输线、服务跟着车轮转”等57个党建品牌，命名“党员示范车”及“党员示范岗”516个、“党员先锋车队”25支，实现全省道路货运领域“一张网”管理，将摸排出的10487名党员货车司机全部纳入党的组织体系，引导他们在行业治理、疫情防控等工作中积极发挥作用，走出了一条党建引领道路货运事业高质量发展的新路子。省级层面推选宣传“陇原最美党员货车司机”和“陇原最美货车司机”200名，各市州评选表彰各类先进457名；走访慰问军烈属、先进典型、党员司机、困难司机2375人次，为货车司机派送“红色礼包”1万余份，210名基层党支部书记为货车司机讲党课。各级党组织开展了“万名党员亮身份、党旗飘在车轮上”“党旗引领行万里、情系行业促发展”“三亮三比三促”等党性实践活动186次，货车司机的获得感、幸福感、安全感不断增强，感党恩、听党话、跟党走的正能量不断凝聚。甘肃经验做法受到中央组织部、交通运输部的充分肯定并向全国推广。

（尉永强）

铁路

【基本概况】中国铁路兰州局集团有限公司（原兰州铁路局）始建于1956年，地处西部铁路网的枢纽，是亚欧大陆桥在我国境内的重要区段。截至年底，全局营业里程6520.20公里，其中高铁1857.2公里（含高铁联络线）。职工总数76690人。机关职能机构26个，生产机构2个，附属机构25个，派出机构2个，运输站段40个、直属单位4个、非运输企业4个、工程建设指挥部2个、控股合资公司5个。管辖车站（线路所）333个，配属机车1342台（电力机车1163台、内燃机车179台）、客车1924辆、动力分散动车组71组、CR200J动力集中动车组16组。管内开行旅客列车291对，其中高铁36对、动车102.5对、城际45对、直达25.5对、特快16对、快速48对、旅游1对、普快1对、普客16对。担当图定客车183对，其中管内102对、跨局81对。管内有宝兰高铁、兰新客专、银西高铁、银兰高铁、陇海、兰新、兰渝、兰青、包兰、宝中、干武、太中银、中川、天平（天华）、西平、敦煌、酒额17条干线和平汝、红会、嘉镜、玉门南4条支线，接轨地方铁路4条，连接甘、宁、青、新、蒙、陕、川7省（区），是西北交通运输和经济建设的大动脉。

管辖范围：兰州局集团公司管内陇海线于社棠车站、天水车站间K1392+530公里处与西安局集团公司分界；兰新线于柳沟车站、安北车站间K985+500公里处与乌鲁木齐局集团公司分界，兰青线于水车湾车站、海石湾车站间K60+000公里处与青藏集团公司分界；包兰线于乌海西车站、惠农车站间K423+000公里处与呼和浩特局集团公司分界；宝中线于安口窑车站、崇信车站间K136+100公里处与西安局集团公司分界；太中线于安边镇车站、定边车站间K1461+280公里处与西安局集团公司分界；西平线于长武车站、长庆桥车站间K172+740公里处与西安局集团公司分界；兰新客专于陈家湾西车站、民和南车站间K1726+500公里处，于浩门车站、山丹马场车站间K1944+926公里处与青藏集团公司分界，于柳沟南车站、石板墩南车站间K2580+236处与乌鲁木齐局集团公司分界；天华线于青林车站、华亭车站间K113+864处与西安局集团公司分界；兰渝线于羊木车站、广元车站间K497+443公里处与成都局集团公司分界；徐兰高速（宝兰高铁）于宝鸡南车站、东岔车站间K1305+110公里处与西安局集团公司分界；敦煌线于苏干湖车站、塞什腾山车站间K412+835处与青藏集团公司分界；银西高铁（西银客专）于彬县东车站、宁县车站间K192+909处与西安局集团公司分界。

【基础设施】兰州局集团公司管辖线路延长总计13197.31公里，其中正线延长10757.12公里，站特线延长2440.19公里，道岔总计7723组，其中正线道岔3167组、站特线道岔4556组。受委托管理的太中银铁路太中线、定银线，兰渝铁路兰州北环线，敦煌线，西平线，中川城际线，天平（天华）线，酒额线等普速合资铁路延长3161.34公里，其中正线2535.70公里、站特岔线625.65公里；道岔总计1715组，其中正线601组、站特线1114组。受委托管理的徐兰高速、兰新高铁、银兰高铁、银西高铁线路延长3925.31公里，其中正线3680.88公里、站特岔线244.44公里；道岔总计757组，其中正线431组、站特线326组。全局运营铁路桥梁1828座10.88万米，隧道166座15.12万米，涵渠7102座15.79万横延米，桥隧涵合计 32.81 万换算米。路基设备长度总计 5790.74 公里，其中正线长度 4232.86 公里、站线长度 1557.88 公里。合资铁路桥梁总数为 1595 座 92.25 万米，隧道 258 座 95.53 万米，涵渠 4870 座 11.89 万横延米，桥隧涵合计 127.73 万换算米；路基本体长度 3621.43 公里，其中正线长度 2844.88 公里、站线长度 776.55 公里。接触网运营总里程 6174.90 公里（15420 条公里），其中高铁接触网运营里程 1838.70 公里（5143.20 条公里）。电力线路 2.43 万公里（高铁 1.04 万公里），其中电力贯通线 1.17 万公里、电力自闭线 8699.95 公里；接轨专用线、专用铁路 222 条，其中专用线 198 条、专用铁路 24 条。货运营业线路 23 条，营业里程 4580 公里（国铁 2775 公里、合资铁路 1805 公里）。

【运输主要指标】受疫情影响全年完成旅客发送量 2839.3 万人，日均 7.8 万人，超年度计划 104.3 万人，完成年度计划 2735 万人的 103.8%，比上年下降 45.9%。落实国铁集团“以货补客”决策部署，综合运用稳大宗、公转铁、调结构、提效率等策略，强化目标任务管理和经营过程管控，推动增运创效工作，货运任务指标完成实现新突破。全年日均发送 4509 车，比上年增加 848 车、增长 23.1%，增幅排全路第二，较全路平均增幅 5.5% 高出 17.6 个百分点，刷新集团公司建局以来最高纪录。完成货发量 9915.8 万吨，是年度目标的 119.3%，超 1605.8 万吨，任务兑现率排全路第一，同比增加 1729.5 万吨，增长 21.1%，增幅排全路第二，取得集团公司近十年来最好成绩。完成集装箱运量 1729 万吨，是年度计划的 102.9%，超 49 万吨，同比增加 210 万吨、增幅 13.8%，创集团公司历史最高纪录。

【运输安全】落实国铁集团党组 1 号文件精神，推进平安兰铁建设，抓实安全生产责任制修订、标准化规范化建设等 11 项基础工作，完善干部月度履职考评、安全红线管理等制度，安全治理能力持续提升。聚焦“防风险、保安全、迎二十大”，深化安全生产大检查和“守底线、补缺陷、除隐患、防风险”安全专项整治行动，成立 8 个督导组贯穿全年包保检查，细化落实 14 条防范遏制重特大事故措施，高质量完成兰新客专地震灾害复旧等 26 个工程化整治项目，研判 96 条“灰犀牛”、33 条“黑天鹅”事件项点，开展防火、油气管线、公跨铁桥梁等安全专项检查整治，有效管控高铁客车、防洪防汛、施工维修、调车防溜、外部环境等安全关键，实现安全年目标。

【列车运行图调整】年内，受地震、山体滑坡等地质灾害影响，动态调整兰新客专、兰新线客车开行方案，3 次编制并组织实施兰新客专分号图，组织开行临客，弥补河西地区运能损失，保障进出疆客运能力。围绕兰新线运输畅通和货运增量，组织哈密东（瓜州）至兰州北间 11 对煤炭直达货物列车迂回运输，释放兰新线运输能力。为确保疆煤外运，组织实施分号运行图，安北口新增 18 对货物列车，满足兰新线运输需求。自 6 月 16 日 18 时起，敦煌线货物列车，以及集团公司管内客、货单机运行速度提高至 90 公里 / 时。自 7 月 15 日 18 时起，敦煌线及苏干湖口货物列车牵引定数普超至 5000T（吨），实现兰新、敦煌、格库、青藏线西格段（上行）、兰青线牵引定数统一。10 月 11 日起，银西高铁首开银川—杭州西 G1943/6/3G1944/5/4 次动车组列车。12 月 29 日，银兰高铁中兰段开通运营，安排开行动车组列车 16 对，徐兰、银西、银兰高铁及中川铁路连通形成高铁环状路网。

【投资完成】建设系统充分发挥铁路建设对稳住经济大盘的支撑和拉动作用，对接国铁集团将投资计划由年初的 115.8935 亿元调增为 140.2355 亿元，调增 24.342 亿元，全年实际完成投资 141.99 亿元，完成年计划的 101.26%，超计划完成 1.7618 亿元。其中包银高铁惠银段完成投资 22.0 亿元，包银高铁包头至惠农段（宁夏境内，含银川至巴彦浩特支线）完成投资 6.0 亿元，中卫至兰州铁路宁夏段完成投资 5.40 亿元，中卫至兰州铁路甘肃段完成投资 17.0 亿元，兰州至张掖三四线铁路中川机场至武威段完成投资 51.0 亿元，酒泉至额济纳铁路酒泉至东风段升级改造工程完成投资 4.78 亿元，平凉南铁路综合性货场完成投资 0.47 亿元，兰新客专地震灾害复旧西宁至张掖段整治工程（青海省境内）完成投资 5.88 亿元，兰新客专地震灾害复旧及兰州至西宁段达速提质工程（青海省境内）完成投资 6.20 亿元，兰新客专兰州至西宁段达速提质工程（甘肃省境内）完成投资 0.0995 亿元，新建兰州至合作铁路完成投资 23.16 亿元。

【人才支撑】深入推进“十百千人才”工程，组织对 549 名集团公司“十百千人才”进行了年度考核。有序推进职称改革和优化专业技术人员晋升通道工作，向 36 个基层单位下放工程系列初级评审权限。培训管理和专业技术人员 9872 人次 . 集团公司及所属各单位共组织脱产培训 8.77 万人次，组织完成春（暑）运、调图、防洪防寒等专项适应性培训 73 万人次。集团公司在全路货车检修工种职业技能竞赛中荣获团体第二名，在国铁集团“振兴杯”青年师资授课总决赛中获得个人第三名。1 人获得“最美铁路人”荣誉称号，评选“感动兰铁”年度人物 10 名。52 名个人分别获得“甘肃省五一劳动奖章”和全路“火车头奖章”“铁路青年五四奖章”荣誉称号，唯旗必夺、唯先必争的氛围更加浓郁。加大科技创新力度，4 项课题获得中国铁道学会铁道科技奖，2 项课题获得甘肃省职工优秀技术创新成果奖，14 项课题获得全国铁路青年科技创新奖。

【民生工程】坚持工资分配向运输一线岗位、重点关键工种挂钩倾斜，调增夜班津贴、乘务和施工人员生活补贴、班组长岗位考核激励标准，实施“保安全、保稳定、保畅通”考核激励，全局职工平均工资比上年增长 6%。制定“十四五”改善职工生产生活条件规划，投入 7699.96 万元深化“三线一场”（文化线、生活线、卫生保障线和职场环境）建设，投入 2.15 亿元提升“幸福餐桌”质量，投入 3689.28 万元推进“健康兰铁”建设，投入 2398.87 万元帮扶救助 3.97 万人次，补助职工补充医疗保险 1.20 亿元，建成 1644 套职工保障性住房。完成 13967 户职工保障性住房不动产权证办理，实施职工福利网上集采、快递到家。干部职工获得感、幸福感更加充实。

【“慢火车”开行】根据国铁集团要求，陇西、银川、嘉峪关等6个车务段在桥湾、大坝、龙泉寺、玉泉营、磐安镇、黄羊镇、打柴沟、六盘山、三营等23个车站建立“双站长制”，并颁发“地方站长”聘任证书，共同负责站内外环境及基础设备设施的改善维护。同时对管内7503/4次、7505/6次、7507/8次、7535/87537/6次、7511/47513/2次共5对列车配置“慢火车”牌匾，提升公益性“慢火车”品牌形象。截至年底，集团公司管内共开行公益性“慢火车”14对。

【疫情防控】认真落实国家、国铁集团和属地疫情防控系列措施，集团公司安排6个片区包保组动态开展督导检查，科学精准抓好疫情防控工作。应对多轮散发疫情，建立每日会商对话机制，果断停运部分旅客列车，从严落实测温验码、消毒通风、分散候车等站车防控措施，做好重点人员协查处置，严格货运场所管理。分类分级加强内部防控，对机车乘务员、调度员等关键岗位人员和集团公司机关、行车公寓等重点场所实行集中封闭管理，严格餐饮、保洁等其他从业人员一体化管控，落实划小单元、分餐送餐、核酸检测等措施，维护职工身心健康，确保疫情防控期间铁路运输畅通。稳妥高效完成出疆、出藏等滞留人员疏解转运任务，有力服务疫情防控大局。

通信管理

【发展概况】2022年，甘肃省通信管理局落实“十四五”信息通信发展纲要，统筹推进发展、监管、安全各项工作，着力5G网络建设、应急通信保障、疫情防控、通信立法施行等重点工作，《甘肃省电信设施建设和保护条例》通过省人大常委会第三十二次会议审议。下半年虽然下行压力有所加大，但全行业运行总体平稳。全年，电信业务总量完成296.5亿元，比上年增长21.5%；电信业务收入累计完成221.4亿元，增加7.3%；完成固定资产投资73.2亿元（其中5G投资29.9亿元），增长6.7%。全省移动电话用户数2784.4万户，增长1.4%；固定电话用户数299.9万户，下降0.4%。固定互联网宽带接入用户数1092.7万户，增长6.6%，其中，FTTH/O用户占比达到97.7%。1000Mbps以上用户占比达到20.4%。

【政治机关教育】坚决做到“两个维护”。把传达学习贯彻习近平总书记重要指示批示精神作为“第一议题”，建立常态化学习机制，党组研究提出具体贯彻落实措施。开展以机关党建推动落实习近平总书记重要批示指示和党中央经济工作决策部署专项工作，以及党建专项整治、喜迎二十大深化模范机关创建等活动。深入学习宣传贯彻党的二十大精神。制定学习贯彻实施方案，掀起学习贯彻热潮。共开展集中学习6次，专题研讨6次。持续在学懂弄通党的创新理论上下功夫。全面贯彻落实省第十四次党代会精神，推进机关党建重点工作落实见效。党组理论中心组学习12次、专题研讨6次，支部集中学习累计40余次，邀请专家学者专题讲座2次，举办处级以上干部学习贯彻十九届六中全会精神专题读书班1期，开展专项测试8次，持续检验学习成果。持续推动党史学习教育常态化长效化。制定党史学习教育常态化长效化落实措施，召开党史学习教育专题民主生活会，开展专项测试8期。推进“我为群众办实事”实践活动，建立重点项目清单。

【信息通信网络设施建设】全年新建成5G基站1.83万个，提前完成年初目标任务，累计建成5G基站3.68万个。省5G网络建设协调推进领导小组推进解决“三难两高”问题196件，三年来累计解决6800多个问题，为基础电信企业节约建设成本约8700万元。部署5G网络精准覆盖及融合创新应用、保障网络健康发展专项行动。完成2022年电信普遍服务试点部署，组织申报实施第九批试点项目，获批建设96个基站。推进千兆光网建设，累计建成10GPON端口33万个，实现县域城区及部分重点乡镇千兆光网覆盖，组织兰州、嘉峪关、酒泉全面推进双千兆城市申建。加快建设兰州国家级互联网骨干直联点，推动全国一体化算力国家枢纽节点（庆阳）网络升级改造，研究论证庆阳建设新型互联网交换中心可行性问题。推动甘肃广电5G网络互联互通落实落地，试商用阶段网间通信畅通。

【5G创新融合应用】构建5G创新融合应用生态，聚焦5G+融合创新应用项目库，滚动选择成熟项目纳入年度清单，发挥省5G网络规划建设协调推进领导小组的协调作用，督促有关省直部门、市（州）政府重点推进。全年，在库项目87个，联合省工信厅选取29个项目重点推进，推动5G网络在全省大型企业渗透率达到25%。渭源大景区首阳山景区智慧旅游开发项目、陇南宕昌5G+智慧农业、西沟矿5G智慧矿山、敦煌月牙泉景区AR+数字化文旅新型消费应用4个项目荣获2022年全国第五届“绽放杯”5G应用征集大赛、2022年全国首届“光华杯”千兆光网应用创新大赛奖项。

【新冠疫情防控】面对全省疫情防控多重因素交织的严峻复杂形势，按照省新冠感染疫情联防联控领导小组部署，与省卫健委、省公安厅协作配合，落实“三公（工）合署”办公要求，利用通信大数据，做好区域协查、流调溯源等工作。推动全省疾控部门建立省（市、县）三级疫情快速登记机制，录入病患信息，支撑疫情防控工作。向省卫健委等部门推送数据956万余条；配合流调溯源信息核查，累计提供数据1909万余条；组织发送各类疫情防控信息超50亿余条。并加强疫情防控工作指挥调度，做好职工生命健康安全保护。

【应急通信保障】持续完善全省通信保障体系、应急预案保障机制、应急响应机制以及川甘青区域联动等工作，以省政府办公厅名义修订印发《甘肃省通信保障应急预案》，建立各成员单位和各市州应急办联络机制。配置100多部“天通一号”卫星电话给市州通信企业、抢修单位进行拨测演练，参与国家“应急使命—2022演习”，关注各类突发事件预警信息，全年发送各类自然灾害预警信息175条以上，涉及我省及周边地区地震信息24次。开展网络安全应急演练，圆满完成冬奥会、残奥会、省第十四次党代会、党的二十大、神舟十五号载人飞行通信保障任务。实现全省核心通信网络“零中断”、重要信息基础设施“零故障”、重大网络与数据安全事件“零发生”、突发事件应急处置“零失误”。

【行业监管与优化服务】严管业务营销宣传、“携号转网”服务等重点环节，依法查处违规问题，强化行业自律，保障“携号转网”服务质量，切实做到“处理一件投诉，解决一类问题”，持续改善消费环境，优化用户体验。新办“携号转网”服务共计41.3万户，1小时转网成功率99.82%，共受理用户各类咨询申诉问题1.06万人次，结案率和满意率均为100%。开展信息通信服务感知提升行动，持续推进适老化服务改造和面向中小微企业、特殊群体的精准降费。新增受惠用户118.17万户，受惠让利1999.2万元。

【“反诈”与“断卡”行动】开展行业“反诈”和“打猫”行动，推进“断卡”行动2.0，全省涉案电话卡风险防控取得初步成效，比上年下降41.84%。落实电话实名制管理，开展涉案电话卡问题倒查和整改，加强物联网安全全链条管理，从严规范管理语音专线、互联网专线、端口类短消息等重点业务，加强骚扰电话、垃圾短信治理，加大防诈反诈宣传，全方位降低群众被诈骗风险。组织实施全省信安系统升级改造，开展网络数据安全合规性评估，强化数据分类分级管理。

【守牢安全生产责任底线】坚决贯彻落实习近平总书记关于安全生产工作批示精神，筑牢安全生产责任底线，按照“三牵头三必管”责任要求，强化安全监管职责落实，组织开展安全生产风险隐患大排查，建立风险隐患排查清单，立查立改，全力防范化解安全风险。指导基础电信企业妥善处置甘肃健康码系统运行异常等安全问题。

【落实帮扶责任】完善帮扶责任清单逐项落实帮扶措施，领导班子成员主动与县乡党委政府开展帮扶衔接，与地方党委政府加强沟通。以产业振兴为基础，以“学业务、当能手”活动为载体，开展乡村振兴“岗位大练兵、业务大比武”“送温暖、献爱心”衣物捐助及疫情防控物资捐赠等活动。

邮政管理

【行业发展概况】2022年，全省邮政快递业寄递业务量6.14亿件，比上年增长17.18%，增速居全国第一；其中，快递业务量1.96亿件，增长6.12%，邮政寄递服务业务量4.18亿件，增长23.03%；快递业务收入38.16亿元，增长3.23%。建立惠企纾困服务专班，89家寄递企业享受减免税费6140万元，39家寄递企业申请物流专项贷款。

【寄递物流体系建设】出台《甘肃省加快农村寄递物流体系建设行动方案》，14个市州59个县区政府出台落实文件，组织现场观摩，召开推进会。与定西市政府、团省委分别就大物流建设、助力乡村振兴签订战略合作框架协议；与省商务、邮储、邮政企业签订合作协议。申报国家县域商业体系建设项目394个，落地11个。邮政企业打造农村寄递物流体系建设示范县16个、标准化建设重点县50个。打造客货邮融合发展样板县3个、示范线路38条。快递进村率达95%以上。“邮快合作”覆盖率达74%，代投量达2018.8万件，增长了4倍。协调顺丰全货机落地敦煌。培育申报5个农村电商快递协同发展示范区和20个快递服务现代农业示范项目，寄递农特产品3092.6万件，助力农产品销售额达52.7亿元。

【快递员关爱工程】积极推进快递职业技能提升行动，印发《关于贯彻落实<邮政快递职业技能提升工程实施方案>的通知》，对全省“十四五”期间补贴性培训做出总体安排，并就开展人才评价和等级认定工作提出要求。2022年全省开展行业培训12270人次、争取补贴351.02万元；全年共有643名快递从人员获评技术职称。广泛开展“暖蜂行动”，全年共落实323.38万元专项资金及物资慰问快递员，全年新增“快递员之家”“劳动者驿站”等327家。印发《甘肃省推进基层快递网点优先参加工伤保险实施方案》《关于进一步推动我省基层快递网点优先参加工伤保险工作的通知》，对于缴费基数、费率等进行明确，2022年10月18日，全省14个市州24610名基层从业人员实现参保全覆盖，快递员社会保险水平进一步提升。与省委组织部联合完成全省快递行业党建工作调研，甘肃省快递行业党委于2022年7月1日举行揭牌仪式，成为全国已成立的快递行业党委中首个由省委批复成立的行业党委。14个市州快递行业党委均批复成立。

【监管体系建设】省、市州（含兰州新区）1+15邮政业安全中心格局正式确立。11个市州的县级监管机构55个成立，其中8个市州实现全覆盖。系统行业共有19人当选省市县各级党代表、人大代表、政协委员。

【特色亮点工作】《甘肃省邮政条例》由甘肃省十三届人民代表大会常务委员会第三十四次会议修订通过，自2023年1月1日起实施。12305云客服完成建设投入运行。全面完成末端派费核算试点任务，经验做法获得国家邮政局肯定。全省邮政管理系统和全省邮政快递行业疫情防控、保通保供、复工复产等工作受到时任省委省政府主要领导及省政府分管领导多次批示肯定。

（李亚君）

财政金融

财政

【财政预决算收支】一般公共预算收支。2022年，全省一般公共预算收入907.6亿元，扣除增值税留抵退税等因素，同口径增长4.9%，其中：税收收入582.8亿元，同口径增长4.9%；非税收入324.9亿元，同口径增长5%。加上中央补助、政府一般债券收入等，收入总计5015.7亿元。全省一般公共预算支出4257.2亿元，增长5.6%。加上政府债券还本、补充预算稳定调节基金、上解中央支出等，支出总计4669.8亿元。收支总量相抵，结转下年支出345.9亿元。

政府性基金预算收支。2022年，全省政府性基金预算收入370.9亿元，下降37.7%，其中国有土地使用权出让收入214.6亿元，下降51.7%。加上上年结余、中央补助、政府专项债券收入等，收入总计1675.4亿元。全省政府性基金预算支出1463.6亿元，增长18.6%。加上政府债券还本支出、调出资金等，支出总计1579.9亿元。收支总计相抵，结转下年支出95.6亿元。

国有资本经营预算收支。全省国有资本经营预算收入25.1亿元，增长78.7%，主要是国有企业股权转让收入增加。加上上年结余、中央补助，收入总计33亿元。全省国有资本经营预算支出6.6亿元，下降12.1%。加上调出资金9.8亿元，支出总计16.4亿元。收支总计相抵，结转下年支出16.7亿元。

社会保险基金预算收支。2022年度全省各项社会保险基金预算收入总计1284.8亿元，下降4.4%。全省各项社会保险基金预算支出总计1162.1亿元，下降3.5%。2022年末各项社会保险基金滚存结余1260.7亿元，增长10.8%。

政府债务。财政部核定2022年全省政府债务限额6390.8亿元（一般债务2569.3亿元，专项债务3821.5亿元），比上年新增1169亿元（一般债券167.3亿元，专项债券994亿元，中央转贷地方外债7.7亿元）。另外，核定甘肃省使用专项债券结存额度86亿元。2022年末全省政府债务余额为6086.9亿元（一般债务2413.5亿元，专项债务3673.4亿元），其中：省级1919.1亿元（一般债务1136.2亿元，专项债务782.9亿元），市县4167.9亿元（一般债务1277.4亿元，专项债务2890.5亿元）。2022年，全省各级财政按照偿债计划将债务还本付息支出列入预算。全省偿还政府债务本金311亿元，其中：省级41.8亿元，市县269.2亿元。支付政府债务利息184.8亿元，其中：省级61.7亿元，市县123.1亿元。

【财政工作概况】把握机遇加强衔接，大力争取中央财政支持。坚持把争取中央支持作为财政工作的重中之重，积极向中央反映甘肃省重大政策落实、重点项目推进等情况，抢抓政策机遇，积极争取政策资金支持。2022年中央财政下达甘肃省各类转移支付3193.4亿元，增加213.9亿元，增长7.2%。特别是均衡性等财力性转移支付达到1413.5亿元，增加260.1亿元，增长22.5%，增量和增幅均为近几年最高，其中：均衡性转移支付963.2亿元，增长8.2%；重点生态功能区转移支付80.3亿元，总量居全国第一位；按照甘肃省上报财政部的生态及地质灾害避险搬迁规划，采取“先预拨、后清算”的方式，当年预拨补助资金19.7亿元。财政部主导分配的竞争性项目中，甘肃省申报的冬季清洁取暖、海绵城市建设示范、国土绿化试点示范、公立医院改革与高质量发展示范、公共就业服务能力提升示范等7个项目入围获批，建设期内中央财政共补助46亿元，2022年已下达15.2亿元。

全面落实财税政策，着力促进经济平稳运行。紧紧围绕中央稳经济“33条”、甘肃省委省政府“53条”（2022年6月8日，甘肃省政府印发《甘肃省贯彻落实稳住经济一揽子政策措施实施方案》，包括11个方面53条政策措施）以及接续措施，统筹运用组合式税费支持政策以及援企稳岗等措施，强化资金保障，加快政策落地，着力推动全省经济稳中向好。1.全面落实组合式税费政策。成立省级跨部门协作领导小组，制定工作方案，做好宣传解读，强化跟踪分析，不折不扣落实留抵退税政策，推动政策红利加快释放。全年退税272.2亿元，惠及市场主体2.5万户。认真落实增值税小规模纳税人免征增值税，小型微利企业减免企业所得税，顶格减征“六税两费”，对涉及企业、个体工商户缓缴部分行政事业性收费，阶段性缓缴企业社会保险费等政策，全年新增减税降费82亿元，办理缓缴税费超过40亿元。2.加快财政预算执行进度。严格资金下达时限规定，提前做好数据收集和项目储备，优化资金分配拨付程序，加快纳入年度预算重大项目实施，切实提高预算执行进度和资金使用效益。加强市县库款保障水平监测，完善库款调度机制，着力保障各级正常库款需求。3.积极扩大有效投资。一是集中力量支持省列重大项目，加快完善交通基础设施网络。投入374.1亿元支持公路建设养护；安排25.3亿元用于铁路建设运营；支持中川机场三期改扩建工程等民航机场建设运营。同时，统筹资金落实省政府“建设1万公里自然村通硬化路”为民办实事项目，加快推动“四好农村路”建设，解决农村出行难、运输难问题。二是多渠道筹资增加基础设施建设投入。统筹用好中央和省级基建资金，充分发挥财政资金“四两拨千斤”作用，激发全社会投资活力。2022 年，配合省发改委争取并及时下达中央和省级基本建设资金 232.25 亿元，比上年增长 8.32%，优先保障省委、省政府重大项目建设，重点支持甘肃省藏粮于地藏粮于技专项、教育强国推进工程、黄河流域生态环境保护和高质量发展、重点流域水环境综合治理、社会事业和社会治理、国家水网骨干工程等项目建设，引导政府投资项目有序实施，有效补足投资短板。三是加快政府债券发行使用，支持重点项目建设。全年发行项目建设专项债券 780 亿元，较上年增加 106 亿元，支持交通、水利等领域 1284 个重点项目建设，支出进度达 98%，充分发挥了专项债券对投资拉动作用。4. 加大财政奖励力度，支持制造业技术提升和“三化”改造。从 2020 年起连续三年每年安排省级制造业高质量发展专项资金 1.85 亿元，数据信息产业发展资金 1 亿元，支持制造业技术改造投资，组织实施“三化”（高端化、智能化、绿色化）改造重点项目，通过财政奖励，支持企业用高新技术和先进使用技术改造传统产业，积极利用工业互联网等新一代信息技术赋能新制造、催生新服务。5. 深入实施创新驱动发展战略。制定财政支持强科技行动若干措施，完善科技创新财税政策体系，加大基础研究和应用基础研究投入，促进科技创新成果转化，塑造经济发展新优势。全省科技支出 47.4 亿元，增长 35.6%。统筹考虑部分市县财力困难、科技投入不足等现状，安排奖补资金 5 亿元，引导市县加大科技创新投入。落实研发费用加计扣除等优惠政策，加大以奖代补力度，鼓励创新主体加大自主研发投入，激发内生动力，提升科技创新实力。6. 持续加力创业就业政策落实见效。一是持续加大创业担保贷款贴息力度，支持创业就业。积极争取中央财政支持，加大资金筹措力度，引导撬动银行业金融机构为符合条件的小微企业和个人发放信贷资金，推动创业担保贷款扩面增量，及时调整完善创业担保贷款贴息政策，对贷款人因疫情遇困的可申请展期。全省新增发放创业担保贷款 45.69 亿元，吸纳带动就业 6 万余人，有效对冲疫情影响，带动创业就业。二是强化就业资金保障。下达中央就业补助资金 21.25 亿元。省级下达就业补助资金 2.8 亿元，用于 3.5 万个省级乡村公益性岗位发放岗位补贴和落实创业带动就业政策。三是研究制定具体政策措施，积极落实阶段性降低、缓缴社会保险费政策，全年为 7.8 万户企业减负失业保险费 8.8 亿元，为 7490 户（次）企业缓缴养老、工伤、失业社会保险费 12.8 亿元，为 1.3 万户企业减负工伤保险费 2.1 亿元。落实失业保险稳岗返还政策，补贴支出 6 亿元。按照国家政策顶格执行技能培训补贴、一次性留工培训和扩岗补助三项政策，共发放补助 5.7 亿元。四是支持未就业高校毕业生就业。继续实施“三支一扶”计划，引导高校毕业生到基层就业创业，招募“三支一扶”人员 1850 名共下达财政补助资金 1.74 亿元。

持续加大“三农”投入力度，支持农林水事业发展。1. 确保“三农”资金投入，不断夯实农业生产基础。严格落实中央政策要求，推动全省各级财政将农业农村作为财政预算的优先保障领域，确保“三农”投入力度不断增强、总量持续增加。2022 年全省实现“农林水”支出 752.7 亿元，较上年增加 15.6 亿元、增长 2.1%。进一步拓宽农业农村投入渠道，明确分年度逐步提高土地出让收益用于农业农村的比例，到“十四五”期末达到 50% 以上，2022 年不低于 32%。2. 加大水利基础设施建设投入，强化农业生产根基。安排水利发展资金 2.37 亿元（中央 1.94 亿元，省级 0.43 亿元），支持 16 处中型灌区节水配套改造，着力提升农田灌溉供水保障能力。围绕重大工程，安排省级重大水利工程补助 4 亿元、省级水利建设基金 3.94 亿元，支持引洮供水二期骨干工程、甘肃中部生态移民扶贫开发供水等工程建设。安排水利项目前期费 1 亿元，支持推进白龙江引水等重大水利工程前期工作。制定《关于健全完善农业水价综合改革精准补贴和节水奖励机制的指导意见》，进一步推进农业水价综合改革中财政承担的建立精准补贴和节水奖励机制工作。3. 多渠道筹措资金，支持现代农业发展。大力支持实施“现代丝路寒旱农业优势特色产业三年倍增”行动，推动现代农业快速发展。省级财政安排现代丝路寒旱农业发展专项资金 4.5 亿元，由省农业农村厅统筹用于重点支持种业振兴行动、新型农业机械研发、省级农业产业园创建、龙头企业合作社培育等关键环节，推进实施龙头企业提质增效、“甘味”农产品品牌体系建设等专项行动。配合制定加强财政衔接资金使用管理的实施意见，逐年提高衔接资金用于产业占比，2022 年全省用于农业产业发展包括衔接资金在内的涉农整合资金总额达 153.23 亿元，占比达到 58.3%。配合省农业农村厅，争取中央农业产业融合项目资金 2.78 亿元，支持新创建特色优势产业集群 1 个、国家现代农业产业园 2 个、农业产业强镇 6 个；争取中央农产品仓储保鲜冷链建设资金 1.2 亿元，支持县区农产品保鲜库建设。撬动金融资金支持农业产业发展，助力解决新型农业经营主体融资难、融资贵、融资慢问题。落实中央保费补助和业务奖补 9026 万元，支持省农担公司做大做强，截至 2022 年底，省农担公司累计为 3.3 万个新型农业经营主体提供担保贷款 147.66 亿元，在保余额 66.39 亿元。4. 全力支持粮食生产，保障国家粮食安全。立足财政职能，心怀“国之大者”信念，配合实施“要把中国人的饭碗牢牢端在自己手里”的国家粮食安全政策，支持甘肃省粮食生产。一是支持“藏粮于地”。筹措安排农田建设补助 31.67 亿元（中央 26.87 亿元、省级 4.8 亿元），支持全省建设 256.1 万亩旱涝保收、稳产高产的高标准农田。下达中央耕地地力保护补贴 26.13 亿元，引导农户改善提升耕地地力。二是支持“藏粮于技”。安排农机购置与应用补贴 5.53 亿元（中央 4.98 亿元、省级 0.55 亿元），支持先进适用农机具研发、购置、推广、运用。三是落实涉粮补贴。及时下达中央实际种粮农民一次性补贴 7.94 亿元，较上年增长 3.89 亿元，支持种粮农民积极应对农资价格上涨压力，促进节本增效。

巩固拓展脱贫攻坚成果，支持乡村振兴有效衔接。1. 落实“四个不摘”要求，持续加大涉农资金投入。一是全省共投入衔接资金243.49亿元，较上年增加5亿元，增长2.1%。其中：中央衔接资金127.18亿元，增长4.05%；省财政面对经济下行压力增大、新冠疫情多点散发等不利因素，克服收支矛盾异常突出的困难，打足做实本级衔接资金72亿元，与上年持平，达到了国家考核要求；督促市县按照“只增不减”的要求落实44.31亿元，高于上年水平。二是安排县级一般债券额度69.29亿元，其中58个片区脱贫县47.29亿元，占下达县级额度的68.25%，要求优先用于乡村振兴等方面。三是按照国家新调整的结对帮扶关系，配合有关部门积极对接天津市、山东省，安排甘肃省东西部协作资金32.22亿元。2. 延续财政贴息小额信贷政策，解决农民发展产业资金问题。积极发挥财政职能，配合做好脱贫人口小额信贷贴息和风险补偿相关工作，推动脱贫人口小额信贷持续健康发展。指导县区在衔接资金中统筹安排贴息资金，对符合条件的农户贷款给予全额贴息，强化财政贴息资金的引导撬动作用，做到应贴尽贴，保障应贷尽贷。同时，将贴息资金拨付方式由按年度拨付调整为按季度拨付，进一步提高贴息资金使用效率。截至12月底，全省累计发放脱贫人口小额信贷821.9亿元，累计回收596.2亿元，贷款余额225.7亿元。督促指导市县财政进一步健全完善风险补偿和分担机制，积极做好风险补偿工作。省级风险补偿金累计支出7321.63万元，有效化解了贷款风险。3. 加大农业保险保费补贴资金投入。安排保费补贴资金11.15亿元（中央补贴5.15亿元，省级补贴6亿元），较上年增长5.2%，引导全省开展农业保险中央补贴品种12个，省级补贴品种10个以及“一县一（多）品”的地方特色品种82个，扩大农业保险覆盖面，提高农业保险保障水平，实现自然灾害造成的损失和市场价格波动造成的损失“两个兜底”4. 设立省乡村振兴投资基金。创新财政投入方式，设立乡村振兴投资基金，聚焦乡村振兴和县域经济，重点支持县域特色产业、现代种养业、农产品加工流通业、乡村休闲旅游业、新型服务业、信息产业等以及产业发展必需的配套设施，助力甘肃省巩固衔接持续向好发展。5. 资金分配使用上向重点地区倾斜。认真执行对片区脱贫县和乡村振兴重点帮扶县的倾斜支持政策，尽快补齐发展短板，进一步巩固拓展脱贫攻坚成果。在分配中央和省级衔接资金时，给58个片区脱贫县的衔接资金县均投入总额达2.99亿元，高于其他县县均投入总额2.1亿元；采取定额补助方式对国家和省级乡村振兴重点帮扶县分档予以倾斜支持，23个国家重点帮扶县每县定额补助1.13亿元，16个省级重点帮扶县每县定额补助0.6亿元，共下达39个乡村振兴重点帮扶县衔接资金138.22亿元，比上年增长2.7%，占全省投入总额的69.4%。延续财力性转移支付支持政策，安排58个片区脱贫县均衡性和县级基本财力保障机制奖补资金572.5亿元。6. 支持农村生态保护建设和人居环境整治。启动实施第三轮草原生态保护补助奖励政策，落实中央财政奖补资金10.22亿元，保护面积2.24亿亩，其中：禁牧0.92亿亩，草畜平衡1.32亿亩。多渠道筹措3.51亿元（中央3.16亿元，省级0.35亿元），支持废旧农膜、尾菜、秸秆等农业生产废物处置利用。安排农村公益事业财政奖补资金8.9亿元（中央5.2亿元，省级3.7亿元），在乡村建设中推广“一事一议”建管模式，引导农户建好、用好、管好、护好村内公共基础设施。继续实施农村危房改造和农房抗震改造，逐步建立农村低收入人口住房安全保障长效机制。2022年全省完成危房改造206户，其中：58个国家脱贫县136户、28个其他县70户；全省完成农房抗震改造4.72万户，其中：58个国家脱贫县3.08万户、28个其他县1.64户。争取落实补助资金6.98亿元（中央财政补助6.48亿元，省级补助0.5亿元），其中：58个国家脱贫县补助4.71亿元、28个其他县补助2.27亿元。落实农村厕所革命奖补资金8.49亿元（中央6.99亿元，省级1.5亿元），支持40万户农村卫生户厕所改建新建整村推进和后续管护设施建设。

坚持多措并举，促进消费扩容升级。一是优化营商环境，加大招商引资。落实省政府关于加大财税政策支持力度优化营商环境的意见，助力增强经济内生动力。省级预算安排招商引资奖励资金6000万元，支持承接产业转移和培育经济发展新动能，安排专项资金4250万元支持以线上线下融合方式成功举办“兰洽会”、开展招商引资及省外展会参展，采取“请进来走出去”方式，借智借力发展实体经济；持续配合抓好清理中小企业欠款，有效释放市场活力。二是推动稳外贸稳外资政策落地见效。安排外经贸发展专项资金1.84亿元，支持甘肃省承接加工贸易梯度转移、提升中小企业国际化经营能力、企业开展对外投资合作、进口贴息、促进外贸转型升级和创新发展；安排航空及国际货运补贴资金1.5亿元，支持甘肃省国际货运物流运营平台发运国际货运班列、保障国际货运班列的稳定运营，引导民航客货运和综合运输可持续发展。三是支持内贸流通产业创新发展。安排中央服务业资金和省级电子商务资金6000万元，加快全省农村电商发展；统筹使用省级服务业资金7000万元，支持县域商业体系建设、农产品冷链物流改造升级、产地批发市场和城乡农贸市场、中央厨房建设项目、牛肉面产业发展等；筹措促消费专项资金1000万元，开展全省促销活动及汽车家电促销活动；落实供销社综合改革发展专项资金2500万元，用于供销社社有企业实施农业社会化服务、发展经营服务网络体系建设。

推进生态文明建设，落实黄河流域生态保护规划措施。1. 紧盯目标任务，持续推进黄河流域甘肃段横向生态补偿。积极争取中央黄河专项资金及奖补资金，支持水源涵养、水土保持、污染防治等领域项目建设。引导黄河干流和一二级支流城市建立横向生态补偿机制。截至2022年底，兰州、白银、临夏3市州已签订黄河流域横向生态补偿协议，省财政下达中央引导资金1.4亿元和省级奖补资金0.95亿元。2. 支持实施治理污染，改善生态环境质量战略。坚持多渠道筹措资金，加大生态环保投入力度，统筹支持大气、水、土壤等污染防治，推动生态环境质量持续向好。出台甘肃省推动黄河流域生态保护和高质量发展财税支持方案，着眼黄河流域生态保护、节约集约用水、灾害防治、文化传承保护等重点领域，健全多元化资金筹集机制。3. 支持生态及地灾避险搬迁政策实施。按照省委省政府工作部署，落实财政补助政策，用活用好各类扶持政策，着力打造“10+‘5’+N”资金政策“支持包”，促进搬迁工作落地落实。按照搬迁4万户、户均10万元的标准，省级统筹中央转移支付、政府一般债券以及盘活存量资金等方式给予支持。省市县按照8∶1∶1比例，对每户5年期5万元贷款给予财政贴息。统筹现有资金渠道，落实好既有政策，支持迁入区基础设施建设和产业发展，保障搬迁群众基本生活需求，确保群众搬得出、稳得住、有产业、能致富、可持续。同时，通过支持棚户区改造、保障性住房、老旧小区改造和发展住房租赁市场等方式，增加保障性住房供给，改善城镇住房困难群众条件。支持做好“保交楼、稳民生”工作，促进房地产市场稳定健康发展。4. 持续加大投入，助力林业草原生态保护高质量发展。全年下达林业改革发展、林业草原生态保护恢复和资源保护资金58.09亿元，科学推进大规模国土绿化行动，巩固退耕还林还草成果，支持森林资源管护和森林草原火灾防控，实施森林质量精准提升工程。加强草原生态修复治理，强化湿地保护修复，研究制定甘肃省财政支持国家公园建设的实施意见，支持以国家公园为主体的自然保护地体系建设，为筑牢国家西部生态安全屏障奠定坚实基础。

全力兜底补短，在提升基本保障中增进民生福祉。1. 严格落实各级保障责任，增强基层财政保障能力。始终把兜牢“三保”底线作为财政工作的硬任务，坚持财力下沉，不断加大对市县转移支付力度，加强动态监测和提示预警，确保基层“三保”不出问题。落实分级负责制，建立健全“县级为主、市级帮扶、省级兜底”的三级保障机制，靠实压实市县主体责任，确保“三保”支出保障到位。统筹中央转移支付和自有财力，扩大转移支付规模，特别是将财力性转移支付向财政困难县区倾斜，进一步缓解基层财政困难，提高“三保”保障能力。2022年省对市县转移支付2902.5亿元，增加313亿元，增长12.1%，其中税收返还及一般性转移支付2533.1亿元，占省对市县转移支付总量的87.3%。落实常态化资金直达机制。持续完善优化流程，打通资金拨付、库款调度、资金使用等环节，探索推进常态化对账机制，确保资金快速精准直达基层，直接惠企利民。2. 认真落实“四个”机制。扩大审核覆盖面，选取52个重点县区开展“三保”支出预算审核，对预算安排存在缺口的，督促及时调整或调剂预算补足。完善工资专户管理，落实执行监控机制、风险防范和应急处置机制，及时研判可能出现的风险并提示预警，确保基本民生政策落实、机关事业单位工资发放和机构正常运转。加强地方财政运行监测，综合评估县区财政运行风险。对地方“三保”预算安排和执行情况、政府债务还本付息、暂付款、国库库款等开展联动监测和动态预警，特别是对风险评估为橙色和黄色的县区进行重点监测。加强库款调度，保障基层资金需求。牢固树立“以人民为中心”的发展理念，坚持民生投入只增不减，加强普惠性基础性兜底性民生建设，努力让群众生活越来越好。2022年教育等11类民生支出3339亿元，增加126.9亿元，占财政总支出的近八成。省委省政府确定的10件民生实事全部办结。3. 全面落实社保提标政策。企业和机关事业单位退休人员基本养老金人均增长4.2%、3.4%，城乡居民最低基础养老金补助标准由每人每月113元提高到118元，城乡低保指导标准分别提高8%、10%。提高孤儿和事实无人抚养儿童生活保障补助标准，其中：福利机构集中供养孤儿和事实无人抚养儿童补助标准由每人每月1360元提高到1470元，社会散居补助标准由每人每月1000元提高到1080元。健全公共卫生服务体系，基本公共卫生服务人均财政补助标准提高5元，达到每人每年84元，城乡居民基本医疗保险补助标准提高30元，达到每人每年610元。4. 保障困难群众生活，推动社会救助和福利事业发展。一是保障好困难群众基本生活。下达中央和省级困难群众救助补助资金128.24亿元。全省城乡低保和特困人员基本生活补贴分别比上年提高8%、10%；城乡特困人员照料护理标准根据全自理、半护理、全护理分档，分别达到全省最低工资标准1670元的9%、18%、27%；集中供养和社会散居的孤儿、事实无人抚养儿童基本生活保障标准分别每月提高110元、80元。二是支持甘肃省老年人福利和残疾人康复公益事业的发展。全省筹措一般公共预算和彩票公益金资金3.73亿元，支持甘肃省养老服务中心、儿童福利、残疾人福利等公益类项目发展。省级补助资金1.8亿元，落实“建设120个乡镇（街道）综合养老服务中心”省政府为民办实事项目。下达残疾人事业发展补助资金2.88亿元，用于支持残疾人康复托养服务、残疾人实用技术培训等项目。三是筹集彩票销售资金支持社会公益事业发展。2022年共筹集福利彩票公益金6.74亿元（地方留成3.42亿元），体育彩票公益金10.11亿元（地方留成5.05亿元），有力支持全省社会公益事业发展。

保障公共健康安全，全力支持疫情防控。将基本公共卫生服务经费人均财政补助标准提高到84元，共下达基本公共卫生服务补助资金20.23亿元，确保服务对象及时获得相应的基本公共卫生服务；下达公立医院综合改革类补助资金8.18亿元，有力推动甘肃省公立医院医疗服务与保障能力建设；下达中央重大传染病防治补助资金2.95亿元，支持开展艾滋病、结核病等重大疾病预防控制项目；下达中央和省级补助资金4.53亿元，有力提升基层医疗机构综合改革和公共卫生健康服务保障能力。健全常态化疫情防控保障机制，在测算下达补充县区财力专项、县级基本财力保障机制奖补等资金时，充分考虑疫情防控支出对县区财政的压力，支持县区落实好疫情防控责任。2020—2022年三年疫情防控全省各级财政共筹集拨付防疫资金129.95亿元，其中：2020年48.6亿元，2021年31.19亿元，2022年55.48亿元，三年未因资金问题影响全省患者救治、疫情防控和防疫物资保供。

【财政管理改革】持续推进财政管理改革。积极发挥财政改革突破和先导作用，持续深化财税体制改革，加强预算编制、执行全流程监管，深化预算绩效管理，强化财政监督检查，促进财政管理提质增效。认真落实深化预算管理制度改革举措，完善预算管理体制机制，加大收入统筹力度，规范预算支出管理，增强预算编制执行的科学性完整性。印发《关于厉行勤俭节约过紧日子确保财政平稳运行实施方案》，围绕严格落实过紧日子要求、兜实“三保”底线，确保基层财政平稳运行。出台省级部门财政结转结余资金管理办法，进一步明确结转结余资金的范围、使用等具体规定，强化源头审核把关，避免财政资金闲置浪费。规范公务员收入分配秩序，组织开展全省规范公务员工资津补贴实施情况专项检查，规范公务员工资津贴补贴发放。

全面实施预算绩效管理。坚持先有目标、后有预算，将绩效理念贯穿预算管理全过程，推动预算和绩效管理一体化。持续推进事前绩效评估，更加注重对新增事项的绩效评估，2022年核减资金4372万元。督促指导部门和市县全面梳理预期产出和效益，规范编制绩效目标，并将绩效目标与预算同步批复下达，作为事中监控和事后评价的重要依据。2022年省级部门共编报预算项目绩效目标910个，涉及资金927.3亿元。建立健全预算项目支出“单位自评+财政抽查复核”和“部门+财政重点评价”的全方位绩效评价机制，实现省级部门预算、对下转移支付安排项目绩效自评全覆盖。选取6个县区开展县级财政运行综合评价，引导县区加强预算绩效管理，提升资金使用效益。强化绩效评价结果应用，将评价结果作为预算安排的重要依据，充分发挥绩效结果导向和激励约束作用，提高预算编制的科学性。

加强政府债务管理，切实防范化解政府债务风险。优化债券额度分配机制。兼顾稳增长与防风险，既注重加快债券发行使用，着力扩大有效投资，也注重强化政府债务风险防控，增强财政收支可持续性。研究出台地方政府债务限额分配管理办法，在分配政府债券时充分考虑市县财力状况、债务风险水平、项目储备情况等因素，向偿债能力强、项目储备足的地区倾斜，确保债券资金到位后能够形成有效支出。按照“储备入库一批、发行使用一批、开工建设一批”的要求，做好专项债券项目常态化储备，优先支持纳入“十四五”规划和省委省政府确定的重点项目。强化债券资金使用管理。严格执行专项债券负面清单管理，严禁将债券资金用于楼堂馆所、形象工程和政绩工程以及非公益性资本支出项目等。强化日常监督管理，实行专项债券项目穿透式监测，按月通报支出进度，常态化开展专项债券使用管理情况核查。严格落实专项债券资金违规使用处理处罚机制，推动专项债券资金依法合规使用。坚决防范化解债务风险。督促市县和部门落实还本付息主体责任，通过预算安排、项目单位收益及发行再融资债券及时偿还到期债券本息，应付本息全部偿还。靠实隐性债务化解主体责任，积极筹措资金，稳妥化解隐性债务存量，超额完成既定的年度化解任务。

持续加强财会监督。聚焦减税降费政策落实、政府过紧日子、基层“三保”保障、涉农资金管理等8个领域，组织开展财经秩序专项整治行动，强化政策落实，防范化解风险隐患，进一步规范各级财政管理。修订《甘肃省会计管理条例》。高度重视审计、检查等反馈的问题，注重从政策制度层面建立长效机制，切实提高财政管理水平。

自觉接受人大审查监督。贯彻落实人大预算审查监督重点拓展改革有关要求，完善草案编制方式，不断提高预决算草案编制质量，自觉接受审查监督。扎实落实省人大及其常委会有关决议，及时报告工作落实和进展情况。认真落实《关于加强地方人大对政府债务审查监督的意见》，积极配合省人大做好政府债务审查监督。全面落实报告制度，按程序向省人大常委会报告政府债务、国有资产管理情况。认真研究代表委员提出的意见建议，把办理建议提案同完善政策、健全机制、改进工作结合起来，推动解决群众关心、社会关注的重点难点问题。

（王生国）

税务

【税收法治】对7件大额延期缴纳税款事项进行严格审核，办理法律咨询和审核意见113件，对1822个代账机构推行一局式管理。建成由142名公职律师组成的最大规模公职律师团队，成立16个“公职律师涉税争议咨询调解中心”。学习宣传贯彻习近平法治思想，建立“六个一”联动、“六个带头”机制，2家单位荣膺“全国普法工作先进单位”。“全员帮办优普法、陇税雷锋助企行”获评甘肃首批普法依法治理十大创新案例。

【税收政策落实】依托地方党政，联手财政人行，快准稳好落实政策。创推人防+技防“防得准”、督审+稽查“打得狠”、线上+线下“退得快”缓退税法，全年办理新增减税降费及退税缓税缓费超381.4亿元，其中增值税留抵退税272.2亿元，新增减税降费69.5亿元，办理缓税缓费39.7亿元。

【税收收入情况】依法依规征税收费，严守依法征收底线，强化自查自纠、专项督察和监督执纪，严实组织收入纪律。全年组织各项税费收入2547.9亿元。完成各项税收收入1325.73亿元（含海关代征增值税、消费税、未扣减出口退税）比上年下降12.4%。其中，税务部门组织收入1299.77亿元，减少195.97亿元，减少13.1%，海关代征完成25.95亿元，增加7.98亿元，增长44.4%，办理出口退税5.37亿元，增加1.15亿元，增长27.3%。

【社会保险费】税务与人社、医保、财政、人行建立部门间常态化协作机制，共同制定印发全省TMS实施方案，编制工作任务分工表，逐项明确时间表、路线图、责任人。与社保、医保部门协商确定城乡居民、灵活就业人员社保费“TMS”相关事宜。印发《甘肃省实施企业职工基本养老保险全国统筹制度工作方案》，配合人社部门完成养老保险全国统筹系统上线工作。印发《甘肃省失业保险省级统筹实施方案》，推动失业保险、工伤保险省级统筹。编制城乡居民养老保险和医疗保险征缴规程，社保非税征管服务进一步规范。全年征收社保费829.5亿元，比上年增长11.1%。

【非税收入】制定《非税收入基础管理规程》《非税收入征收操作指引》，确保非税收入及时足额安全入库。稳妥有序完成国有土地使用权出让收入、矿产资源专项收入征管职责划转工作，严格落实水土保持补偿费、城镇垃圾处理费阶段性缓缴政策，激活市场主体活力。加强与财政、自然资源等部门业务协作，将非税收入信息互联互通融入“数字甘肃”建设，不断优化缴费服务。全年征收各项非税等其他收入418.6亿元。

【税收经济分析】创推“贷款与税收比率分析”等六种产品入围税务总局第一批分析产品目录，向各级党政报送分析报告近千篇且半数获采纳。聚焦全省“四强”行动，强科技，切入研发费用加计扣除政策助力；强工业，对甘肃唯一世界500强金川集团，量身定制涉税风险报告；强省会，深入分析省会兰州发展优势与短板；强县域，创新“贷税比”分析，探讨经济金融供给新途径。累计完成“四强”分析报告77篇，其中获批示35篇；退税减税分析报告47篇，其中获批示42篇。

【税种管理】对新经济活动中出现的13类新问题明确规范，增值税规范化水平得到新提升。完成对599个白酒品牌消费税最低计税价格核定；优化升级4352户成品油经销企业开票软件，开发上线“成品油生产企业数据监控分析模块”等，消费税管理质量取得新成效。落实2.0升及以下乘用车车辆购置税减征政策，减征4.23亿元，车辆购置税管理取得新质效。扎实推进年度汇算清缴工作，37.42万户纳税人按期完成2021年度企业所得税汇算清缴，汇缴应补税额49.11亿元，应退税额14.06亿元。创推“提示提醒、督促整改、约谈警示、立案稽查、公开曝光”“五步”工作法，推进个税综合所得与经营所得汇算清缴，182.2万人进行2021年度汇算申报，全力打造土地增值税3D管理机制，应清算、可清算项目分别完成350个、518个。制定《甘肃省“四工程”“四堆场”环境保护税框收管理工作指引》，征收入库扬尘环保税4651.66万元。

【国际税收】加强反避税管理，提高申报质量，申报关联交易企业868户，申报金额4980.46亿元。组织反避税案件调查，顺利办结甘肃首例多焦点反避税调查案件，补征税款合计867.41万元。开展特别纳税调整监控管理，补缴企业所得税95.27万元。提高非居民管理质效，实现非居民税收收入1.39亿元。推进对外支付税务电子备案，办理电子备案138份。提升走出去服务水平，编印《“走出去”税收指引》，开展跨国视频税收辅导，受到纳税人一致好评。精确执行税收协定，为非居民企业减免税额1051.30万元。增强国际税收征管协作，缴纳税款1809.94万元。加强出口退税管理，建立出口应征税货物核查机制，补征税款144.4万元。

【办税缴费服务】推出5大类20项121条“甘味”便民办税春风行动措施。万名干部加入千个“陇税雷锋”帮办群，为40万户企业点对点个性化服务，获国务院督导组肯定。做好全电发票受票预服务，全省2874户纳税人接受全电发票6367份、金额24.42亿元。521项业务网上办、103项新功能接入“甘快办”、51项全省现场通办。量身打造应享政策“幸福菜单”和已享政策“幸福账单”，直达企业高管，针对性提升甘肃企业对政策知悉度和兑现响应度。主动向在甘党的二十大代表解读税费政策并推送“幸福两单”，总理在听取甘肃代表团汇报时给予肯定。联动税务“税银互动”与工商联“助微计划”，为2.92万户中小微企业发放贷款651亿元。依托“全国纳税人供应链查询”等机制，成功为75户企业牵线搭桥，累计金额达6400万元。推进历史遗留“登记难”涉税问题化解。截至2022年，全省累计办理涉税登记房屋36.16万套，入库税款42.29亿元。政务服务“好差评”好评率100%。

【征管改革】持续优化“指导基层、把握基点、夯实基础、理顺基本”“四基”改革路径，创新系列改革举措，省委《改革动态》专期推介，3篇创新案例入选全国百佳。印发《甘肃省税务局税收数据对外提供工作规程》《甘肃省税务局外部涉税数据获取工作规程》，持续完善数据共享工作机制。与财政等19个部门共享政务数据65类2600万条，获取22个部门第三方涉税数据56项3200万条，加快推进征管数字化转型。联合青海省税务局制定发布《甘青两省统一税务行政处罚裁量基准》，压缩了8大类52项税务违法事项裁量空间，明确了14项“首违不罚”和7项“不予处罚”事项，实现甘青两省税务行政处罚区域执法统一。

【税务稽查】深化“常善畅”打“三假”机制，稽查查补收入14.71亿元。开展打击骗取留抵退税违法行为，立案检查企业122户，追缴退税及挽回税额3.37亿元，曝光典型案例18起。常态化打击虚开骗税违法犯罪，检查涉嫌虚开增值税发票企业455户，查实196户，协同公安机关破获各类涉税犯罪案件174起，挽回税收损失1.3亿元。高效优化“双随机、一公开”监管模式，入库稽查收入11.07亿元。扎实开展稽查积案清理。共清理出达到清理标准的稽查积案180起，组织入库收入1.54亿元。

【大数据和风险管理】优化完善风险任务统筹机制，风险分析应对8782户次、入库税款16.15亿元。聚焦房地产等五个重点行业开展风险管理实战演练，建立风险指标模型26个，补缴税款310万元。制发《留抵退税一体化风险防控工作方案》，建立全业务链风险指标24个，统筹推送任务1766户次，入库税款3.02亿元。持续优化六税两费风险模型，识别风险疑点39949户次。建立“税务人＋纳税人”双视角评价、“5C+5R”双模型驱动的税收征管质量监控评价方法，有效监控改进风险隐患。加强税费收入质量监控，应对核实疑点数据20批次2365条。全面推进全省税收大数据仓库底层数据的归集、整备和结构性优化完善，数据存储规模达5289.07GB。自主研发构建“留抵退税”等大数据应用模块37个，有力支持决策指挥、监控分析和拓展应用。

【服务地方中心工作】“深化财税金融体制改革”“减轻企业税费负担”等建议纳入省第十四次党代会报告，“加强财税管理”等建议首次写进省委经济工作会报告，落实“减税降费催生放水养鱼”等建议写入政府工作报告。争取废止甘肃《非税收入管理条例》，加快修订《甘肃省税费保障办法》，推升税收治理体系和治理能力。研究制定助力地方金融风险化解工作的办法。助力省属企业加快上市步伐，依法依规指导风险防控。全力支持省委、省政府及有关厅局出台410多件涉税事项相关政策。作为组长单位，落实“四个不摘”要求，指导各级局实施乡村振兴帮扶项目453个，投入资金1800万元。

【党的建设】学懂弄通做实习近平新时代中国特色社会主义思想，学以致用习近平总书记关于税收工作的重要论述，坚定捍卫“两个确立”、坚决做到“两个维护”。细化管党治党责任清单144项，促推“两个责任”同向发力。持续加强对“一把手”和领导班子监督，完成2个开发区局党委巡察，实现党的十九大届期巡察全覆盖。落实“纵合横通强党建”机制体系，“党建+”“+党建”齐抓共进。持续落实税务系统《党的建设高质量发展两年行动方案》，深入实施党支部建设标准化规范化提质增效行动，全系统210个党支部被地方党委及其工作部门命名为“标准化示范党支部”。建成国家级文明单位35个，省级文明单位105个且占比达95%。1个单位获评“全国工人先锋号”，18个基层窗口单位被授予“省级青年文明号”，42个单位和个人获得全省“五四红旗团支部”“三八红旗集体”“三八红旗手”“最美家庭”等荣誉。

【党史学习教育】深化党史学习教育常态化长效化，推动中央巡视总局自查问题与党史学习教育专题民主生活会查摆问题一体整改。抓严政治纪律和政治规矩，严实总体国家安全观、意识形态责任制、保密责任制，开展微信泄密专项整治、信访积案专项治理及信息化专项整治，清理微信群等346个、信访办结率89.86%、整改信息化问题126个。制定全省税收领域重大风险防范化解方案，细化96条措施，分步有序实施，保障国家税费安全和系统安全稳定。将民族团结进步创建与税收工作深度融合，8个单位获评全省“民族团结进步示范单位”。

（何旻）

证券监管

【概述】2022年，甘肃证监局深入学习贯彻党的二十大精神，深刻领悟“两个确立”的决定性意义，增强“四个意识”、坚定“四个自信”、做到“两个维护”，紧紧围绕证监会系统工作会议重点任务要求，坚持“建制度、不干预、零容忍”，坚持“四个敬畏、一个合力”，一体推进服务发展、提升质量、风险化解、监管执法等各项工作，服务甘肃经济高质量发展取得新成效。

【坚持服务实体经济】2022年，全省新增上市公司3家、新三板挂牌企业1家、科创板辅导备案企业1家，1家企业已完成上市申报。全省企业实现直接融资76.62亿元，比上年增长75%，其中，企业首发融资30.91亿元，上市公司再融资3亿元，公司债券融资42.71亿元。此外，推进中的直接融资项目309.5亿元，其中，股权融资147.5亿元，公司债券融资162亿元。组织开展“资本市场市州行”活动，全年赴5个市州、兰州新区的9家上市后备企业进行政策宣讲、业务培训、座谈交流和实地调研。建立拟上市企业后备资源库，现有企业119家，其中，重点培育企业39家。联合地方政府相关部门建立基础设施REITs项目储备、申报工作机制。推动甘肃股权交易中心发展“专精特新板”，已有17家企业挂牌。推动郑商所4个“保险+期货”项目落地甘肃，引入相关补贴资金1600万元，目前“保险+期货”已覆盖甘肃27个县区。

【推动提高公司质量】持续提升全省上市公司治理水平，深入开展公司治理专项行动现场检查“回头看”，现场检查及公司自查发现问题整改率98.77%。对全省头部上市公司开展“定制式”监管，推动发挥“头雁”引领作用。召开“提高上市公司质量”专题培训会，开展“严厉打击财务造假坚决杜绝资金占用”专题培训。联合全国股转公司、兰州市政府开展5场北交所宣讲、挂牌公司规范培训会。强化法人证券期货经营机构党建和公司治理、投行业务、股权管理、廉洁从业监管，推动其提升规范发展水平，华龙证券获得证监会机构部首次公开发行A股股票并上市无异议函。

【稳妥化解各类风险】推动省内2家高风险上市公司新里程、银亿股份顺利完成破产重整，一揽子出清公司各类重大风险，实现摘星摘帽。针对荣华实业、皇台酒业2家退市风险公司，推动地方政府“一司一策”制定化险方案。推动中天羊业、宏良皮业两家“问题”新三板挂牌公司平稳摘牌，实现新三板风险动态清零。“拉网式”排查公司债券违约风险、私募资管及私募基金风险，稳妥处置1只城投债兑付风险，有效应对华龙期货资管产品涉众风险，按期完成私募基金风险整治。联动化解地方交易场所违规经营风险，及时向地方金融监管局通报“伪金交所”线索、提示甘肃股权交易中心发行可转债风险。

【强化优化监管执法】以问题和风险为导向，2022年开展各类现场检查38家次，覆盖上市公司、挂牌公司、债券发行人、证券期货基金经营机构等。严肃查处市场主体违规行为，采取行政监管措施16次，涉及8家市场主体和12名个人，较好发挥了警示问题、促进规范的作用。依法严厉打击证券期货违法行为，查办内幕交易案件4起，作出行政处罚1起，罚没款合计65.58万元，并移送刑事调查。协助兰州市公安机关破获“203”特大电信网络诈骗案，该案被评为甘肃省“2021年度全省公安十大精品案件”。稳妥处置机构网络安全事项10起，督促2家证券期货法人机构开展网络安全联合应急演练，做好重要敏感时期网络安全保障工作。深入落实证券纠纷代表人诉讼制度，印发工作方案，成立领导小组，与兰州市中院、兰州市城关区法院建立沟通协作机制。组织线上线下各类投资者宣传教育活动1459场，覆盖投资者67万余人次，在12所高校举办“投资者教育进高校”系列活动23场。

（姚觐轲）

金融监管

【金融业发展概况】2022年，全省金融业坚持稳中求进工作总基调，着力提升金融服务实体经济质效，坚决守住防范化解金融风险底线，为实施“四强”行动、做好“五量”文章、构建“一核三带”区域发展新格局和稳经济提供了有力金融支撑。2022年全省金融业实现增加值925.06亿元，比上年增长2.9%，占地区生产总值的8.26%，占服务业增加值的16.11%，已成为甘肃第三大支柱产业，金融为全省经济社会发展注入了强劲动力。

截至2022年末，全省有银行机构21家，其中，3家政策性银行、5家国有大型银行、1家邮政储蓄银行、9家股份制银行、甘肃银行、省农信联社、兰州银行。非银机构14家，其中，6家资产管理公司，分别是长城、信达、华融、东方资产管理公司、甘肃资产管理公司和长达资产管理公司；2家金融租赁公司，分别是信达金融租赁、兰银金融租赁；3家财务公司，分别是金川集团、酒钢集团、电投集团财务公司；3家农村资金互助社。另外，法人银行机构还有43家农村信用社、37家农村商业银行、5家农村合作银行；24家村镇银行；1家信托公司（光大兴陇信托公司）。全省有证券公司17家，期货公司2家。其中，法人证券公司（华龙证券）1家，法人期货公司（华龙期货）1家。全省有保险公司32家，其中，财产险公司20家，含法人保险公司（黄河财险）1家；寿险公司12家。全省有7类地方金融组织704家，其中：小贷公司366家、融资担保公司166家、典当行162家、融资租赁公司7家、商业保理公司0家、地方资产管理公司2家、区域性股权交易市场1家。

2022年末，全省金融机构本外币各项贷款余额25389.80亿元，比上年末增长6.21%，当年新增1484.47亿元，比上年末减少261.45亿元；全省金融机构本外币各项存款余额24896.37亿元，增长10.09%，当年新增2281.78亿元，比上年末多增659.87亿元。剔除3家政策性银行后，全省金融机构存贷比79.22%。

2022年，全省完成直接融资574.50亿元，比上年下降34.20%，其中，股权市场融资175.99亿元，债权市场融资398.51亿元。截至12月末，全省上市公司37家，其中，沪市主板16家，深市主板16家，创业板4家，H股1家。2022年全省新增上市企业3家，兰州银行于1月17日在深圳证券交易所上市，金徽股份于2月22日在上海证券交易所上市，广东金刚玻璃科技股份有限公司（现更名为金刚光伏）迁入甘肃。拟上市公司9家，分别为华邦建设、扶正药业、宇恒镍网、华龙证券、甘肃银行、华建新材、定西高强、交设股份和华洋电子。“新三板”挂牌企业27家，甘肃股权交易中心累计挂牌展示企业2495家。

2022年，全省保险业累计实现原保险保费收入490.90亿元，比上年增长0.12%。全省赔付支出158.04亿元，下降9.47%。新增险资入甘落地资金38.95亿元，涉及城市建设、医疗卫生、中小企业发展等。

【**金融支持经济社会发展**】引导银行机构信贷投放稳定增长，聚焦全省2022年确定的重大战略、重点项目、重要产业，加大融资支持力度，把更多信贷资源投向经济社会发展的重点领域和薄弱环节。签约政策性开发性金融工具项目36个、229.48亿元，已全部完成投放。抢抓政策性金融支持水利基础设施建设窗口，联合召开全省“四抓一打通”重大水利工程建设“政银企”协商座谈会，一批“十四五”重大水利建设融资项目签约。全省金融机构单位中长期贷款余额13246.88亿元，比上年末增长10.44%，增速高于各项贷款增速4.23个百分点，单位中长期贷款的持续稳定增长，为稳定经济和“四强”行动实施提供了坚实保障。紧盯“双碳”目标，引导金融机构积极对接绿色项目，联合组织召开2022年甘肃省绿色项目信贷签约仪式，12家金融机构与企业签订绿色项目贷款协议。持续推动《甘肃省兰州新区建设绿色金融改革创新试验区实施方案》落实，支持建立绿色金融支持产业绿色转型发展框架，兰州新区绿色金融改革创新试验区取得阶段性成效。2022年末，全省绿色贷款余额3020.09亿元，较年初新增490.76亿元，比上年末增长19.41%。

持续加大中小微企业专项贷款投放力度，2022年末，专项贷款余额9710.7亿元，较2020年初新增1881.84亿元（计划三年新增1000亿元），超额完成目标任务。出台《甘肃省政府性融资担保机构尽职免责工作指引》，鼓励加大“担保+”产品创新，推动政府性融资担保机构在可持续经营的前提下持续降费让利，提升“小农创新”企业融资担保贷款获得率。全省融资担保机构为13173户小微企业、12530户涉农主体提供融资担保服务132.49亿元、124.69亿元。省农业融资担保公司“数字化转型助力农村金融担保服务”案例入选全国融资担保行业18个优秀案例之一。

【**金融支持乡村振兴**】引导金融机构持续做好特色产业贷款、脱贫人口小额信贷投放工作，为全面推进乡村振兴提供金融支持。2022年发放特色产业贷款514亿元，有力推动了特色产业和县域经济发展。做好脱贫人口小额信贷投放工作，发放贷款104.29亿元，累计发放贷款821.93亿元，贷款余额224.61亿元，发放总量、新增贷款、贷款余额均居全国第一位。同时，充分发挥政策性农业保险保障作用，围绕防范自然灾害风险和市场风险，持续推动农业保险模式创新、制度创新和品种创新，为农业增效、农民增收保驾护航。全省实现签单保费20.63亿元，参保农户194.99万户，已支付保险赔款15.55亿元，受益农户115.73万户次。

【**地方金融组织监管**】加强对全省7类地方金融组织的监管，促进行业健康有序发展，修订《甘肃省小额贷款公司管理办法》，制定《关于促进全省小额贷款公司高质量发展的意见》《甘肃省小额贷款公司监管分类评级指引》《甘肃省融资担保行业发展规划（2022—2025年）》。加大行业整顿力度，认真做好现场和非现场检查，加强“穿透式”监管，加快“空壳”“失联”企业出清，对公司经营困难、难以为继的加大劝退力度，持续推动地方金融组织“减量增质”“做精做强”和规范健康发展。2022年全省共清理退出非正常经营小额贷款公司27家、融资担保公司17家、典当行16家，受理企业审批、变更、备案等事项72项。

【**金融安全稳定**】建立防范化解金融风险“1+N”责任和政策体系，加大不良资产清收处置，推进地方法人银行风险化解。积极应对资本市场风险，加强债券市场风险监测预警，对存在兑付风险的到期债券，第一时间进行预警并介入处置，确保兰州建投公开市场债券刚性兑付。做好私募投资基金风险防范，持续开展交易场所清理整顿，推动“伪金交所”风险处置。加大非法集资风险排查整治，防非处非工作入选第二届甘肃省市域社会治理创新实践“百强案例”，继续保持了全国非法集资少发地区的良好态势。

（王荣）

中国人民银行甘肃省分行

【货币信贷】面对严峻复杂的经济金融形势和多轮严重疫情冲击，扎实落实稳经济一揽子政策和接续措施，加大稳健货币政策实施力度，加强与地方政府沟通汇报、工作协同，高效推动新创设货币政策工具、政策性开发性金融工具等重大政策落地实施，取得了信贷增、结构优、成本降、服务实的成效，有力支持稳住全省经济大盘。2022年末，全省各项贷款余额25390亿元，增长6.21%。用足用好总行对10个省份再贷款使用优惠政策，进一步扩大央行资金机构覆盖面，积极引导地方法人金融机构扩大对乡村振兴、民营和小微企业的信贷投放。推动新型结构性货币政策工具加速落地，到2022年末，政策工具共撬动全省碳减排、煤炭清洁高效利用、科技创新贷款、交通物流贷款超过330亿元。聚焦受疫情影响较重行业、企业、群体金融支持，组织开展“贷动陇原惠企利民”“金融活水润百业”“科创企业主办行对接”系列活动，督导金融机构积极宣传政策、纾困解难。2022年，全省金融机构通过展期、续贷、调整还款计划等方式，累计对998.42亿元到期贷款本金实施了延期，惠及2.83万户中小微企业、个体工商户等经营主体。探索创建“总行监测清单、千户重点企业清单、行业部门推送清单、银行自建清单”四层清单监测机制，指导金融机构加强对头部重点企业客户融资服务和产品推介，“一企一策”解决融资问题，累计对接8000户（次），发放贷款2000亿元，稳住企业融资“基本盘”。

【金融稳定】发挥金融委办公室地方协调机制作用，推动建立党政主要领导负责的金融风险化解委员会，配合省上研究制定金融风险化解“1+N”责任和政策体系，出台风险化解党政同责意见、问责办法等14项制度文件，明确各单位各部门工作职责和问责措施，构建务实管用政策体系，推动各方履职尽责，为确保完成“十四五”化险任务提供有力保障。全力推进高风险机构“一行一策”化险方案实施，建立常态化监测机制，按月跟踪督促风险化解工作。不断完善央行评级工作机制，坚持“客观反映、动态调整、审慎严格、推动化险”工作原则，充分发挥评级委员会作用，注重收集掌握金融机构“活情况”，严格执行资产质量红线指标调整。强化重点领域风险防控，研究建立全省法人银行流动性监测工作机制，分类监测各机构流动性、市场业务、舆情及其他可能出险的情况，通过日监测、周报告、月分析和临时会商，准确研判风险状况，严防流动性风险。完善金融风险早期监测预警机制，有效整合运用日常监测、银行预警、压力测试、重大事项报告等措施，加强对央行评级1—7级机构的监测预警，对重点关注指标异常变动的机构及时预警提示并督促整改，实现银行预警名单机构阶段性清零。顺利开展阶段性提高存款保险费率工作，组织召开专题会议部署费率上调和保费征收工作，“一对一”向法人银行传达政策要求，按时完成存款保险保费和金融稳定保障基金归集工作。常态化加强存款保险宣传，组织开展“护航新征程存保伴您行”主题宣传活动，选取民勤、合水等37个重点县域指导开展“一地一特色”宣传工作，培育市县级存保宣传示范点，行领导带队现场督导甘肃银行、兰州农商行等重点机构宣传工作，联合监管部门、投保机构在地铁、公交车、商业大屏上精准投放存保宣传广告，通过多渠道多方式多场景加强政策宣传，增强公众认知。

【外汇管理】贯彻落实“金融23条”，制定《甘肃外汇金融助企纾困稳外资稳外贸八条措施》，为全力做好经济社会发展金融服务提供保障。优化外汇管理便利化政策“跨前一步”的扁平化传导机制，分地区建立汇企钉钉群或微信群，与500余家企业实现常态化直联互动。开展“外汇政策一图通”“汇暖民心”等宣传活动，制作“扫汇通”政策直达二维码，拓宽政策传导覆盖面。应对疫情连续冲击影响，用“特事特办”“急事速办”外汇便利化政策保障跨境资金结算通道畅通高效，疫情防控期间，指导省内各外汇银行累计办理跨境收付业务2931笔，涉及金额32.48亿美元。推进“多笔外债共用一个外债账户”便利化政策落地甘肃，帮助企业境外融入资金3.96亿美元。深化跨境金融区块链服务平台试点推广应用，累计帮助企业融资超2亿元人民币。拓面增效贸易外汇收支便利化试点，指导3家试点银行累计为13家企业办理试点业务1167笔、金额5.2亿美元。深化企业汇率风险管理服务，实施“企业汇率风险管理服务提质年”专项行动，累计举办专题培训逾100场次，参训企业500余家千余人，实地走访、专题辅导企业占省内外贸企业的90%，21家银行分支机构完成衍生品业务备案。

【绿色金融】组织2022年甘肃省推进绿色金融专项行动，通过政策支持、创新推动、优化服务等方式，加强全省绿色金融工作的整体协调、有序推进。截至2022年末，全省绿色贷款余额3020.09亿元，比上年末增长19.41%，增速高于全省各项贷款余额增速13.20个百分点，占各项贷款余额的11.89%，高于全国1.6个百分点。联合兰州新区试验区成功举办绿色金融改革创新试验区第五次联席会议，获得总行研究局和各试验区的一致好评。指导兰州新区绿色金融改革创新试验区深化绿色金融标准应用，不断丰富拓展“绿金通”综合服务平台功能，为金融机构产品服务创新提供高效、精准的信息支持。指导兰州新区试验区组织4家金融机构开展碳核算试点，探索建立包含碳排放数据采集、计算、评估的全流程方法和模板，为全省金融机构开展环境信息披露奠定基础。制定印发《关于开展甘肃省银行业金融机构环境信息披露工作的通知》，建立金融机构环境信息披露联系机制，制定工作规划和时间表，分层次、分重点、分步骤推进全省银行业金融机构环境信息披露。以绿色金融、转型金融、气候投融资为主题编发25万字的资料汇编，设计印制《绿色金融术语》《金融机构环境信息披露指南》等宣传折页5册7.5万份，组织全省人民银行和金融机构开展学习交流，指导金融机构更好服务经济社会绿色低碳转型。

【金融管理】加大差异化反洗钱监管力度。认真落实“风险为本”监管理念，对13家义务机构开展执法检查，依法对13家违规机构行政处罚，有力提升监管威慑。对146家机构实施监管走访，30家机构开展约见谈话，3家机构下发了监管提示函，逐步形成了“有风险梯度”的监管组合。积极开展联合监管。各级人民银行联合当地银保监局、证监局共对25家机构实施了监管走访，共同反馈监管意见，形成监管信息共享和监管结果互认的良好局面，金融领域反洗钱协同监管取得积极成效。深化特定非金融行业反洗钱协作机制。联合行业主管部门及行业协会对26家特定非金融机构开展业务培训12次，对16家特定非机构开展了联合监管走访，共同下发《反洗钱监管意见书》，持续推进整改落实，强化监管约束，有力推动特定非金融行业反洗钱义务履行。加强与公安、国安、税务等部门的沟通协作，积极配合反恐、禁毒、反腐、扫黑除恶、打击地下钱庄等专项行动，充分发挥了金融情报在线索预警和案件侦办中的职能作用。与省公安厅等部门开展联合宣传，共同制作动漫视频，点击量达4.5万人次；举办反洗钱知识进校园网络直播活动，共有1.1万余名大学生参与互动；线上组织开展反洗钱宣传系列活动集锦10多期，点击阅读量达10.3万人次，有效提升反洗钱宣传影响力和覆盖面。

【金融服务】全面推开账户分级分类管理，指导辖内银行机构落实简易开户服务，全部接入政府“一网通办”平台，办理预约开户2.1万户。推动银联“一键查卡”功能落地甘肃，满足群众银行卡跨行查询、管理需求。印发《甘肃省支付服务助力全面推进乡村振兴重点工作的意见》，构建支付结算城乡一体、区域联动新格局。推动“支付APP+”服务体系建设，实现政务服务、便民生活、特色产销等百种支付业务“云”办理。推广支付适老化“一站式”特色服务，建成“专人引导＋特殊代办＋上门服务”特色示范银行网点509家，帮助老年人等特殊群体跨越“数字鸿沟”。落实支付手续费降费政策，建立督查暗访、企业回访、政策宣贯长效机制。12月末累计减免支付手续费14.09亿元，惠及市场主体90.73万户。开展“反电诈面对面——甘肃金融在行动”集中宣传活动，组织辖内银行机构“一把手”参加新华访谈11期，播放量达1300万人次。建立起跨部门退税办理协作机制、信息共享机制和应急处置机制，实现了退税业务“即来、即审、即退”，全年办理新增留抵退税3.95万笔、金额264亿元，惠及市场主体3.85万户。推行“7×24”小时值守服务和全链条“非接触式”办理业务，开通国库紧急拨款“绿色通道”，全年拨付疫情防控资金1.7万笔、28.44亿元。省内86个县（区）已全部开通跨省异地电子缴税业务，缴税时间由原来的1周多缩短为1天，为异地缴税的纳税人提供了极大便利。加大对基层国库库款余额和异常波动情况的监测、预警力度，助推服务“六稳”“六保”工作任务落到实处。持续推进“国债下乡”，全省挂牌1794个“国债惠农服务站”，县域乡村地区国债销售占比提升到26.1%。建立起到期应兑未兑储蓄国债提醒兑付长效机制，督促指导国债承销机构为投资者兑付“沉睡”资金894笔、金额7853.91万元，切实维护了投资者合法权益。

【金融科技】制定新阶段《金融科技发展规划》甘肃省实施方案，充分发挥甘肃省金融科技创新自律机制和甘肃省金融学会金融科技专业委员会作用，持续推动全省金融科技健康有序发展。组织召开全省50余家机构参加的全省金融科技创新自律机制会议。大力推进金融科技创新监管工具推广实施，组织第一批创新应用按流程测试、第二批创新应用正式对外公示。组织辖内3家地方法人银行机构开展金融数字化转型提升工程，制定下发《甘肃省金融数字化转型提升工程实施计划》。深入实施金融数据综合应用试点，推动各试点项目按照试点方案有序推进并取得预期成效。

银保监管

【运行情况】2022年末，全省银行业金融机构总资产36534.12亿元，比上年末增长8.98%；总负债34907.23亿元，增长9.24%；各项贷款余额25375.36亿元，增长6.32%；各项存款余额24025.48亿元，增长10.75%。全省共有各类银行业金融机构142家，其中，政策性银行3家、国有大型银行6家、股份制商业银行9家、城市商业银行2家、农村合作金融机构85家、村镇银行24家、农村资金互助社3家、企业集团财务公司3家、信托公司1家、金融租赁公司2家、资产管理公司4家。

2022年末，全省保险业资产总额1456.04亿元，较年初增长11.07%。累计实现原保险保费收入492.76亿元，比上年增长0.09%。其中，产险公司累计实现原保险保费收入169.21亿元，增长5.96%；人身险公司累计实现原保险保费收入323.55亿元，下降2.73%。全省累计赔付支出159.02亿元，比上年下降9.66%。其中，产险公司累计赔付支出104.44亿元，下降7.04%；人身险公司累计赔付支出54.58亿元，下降14.29%。全省共有法人保险主体1家，省级保险主体32家，其中财产保险公司20家，人身保险公司12家，保险专业中介机构94家。

【助力全省经济高质量发展】在经济增长持续承压、新冠疫情反复冲击的情况下，积极发挥监管引领作用，全省银行保险机构顶住压力、多线发力，主动适应经济金融环境深刻变化，持续加大对重大基础设施建设、乡村振兴、科技创新、战略性新兴产业等重点领域的金融支持，为全省经济发展保驾护航。

全力以赴稳住经济发展大盘。加大区域经济发展战略金融支持力度，出台系列配套政策，支持甘肃省实施“四强行动”。截至2022年末，全省银行业中长期贷款余额为18233.36亿元，占各项贷款余额的71.85%；制造业贷款余额为2406.94亿元，占各项贷款余额的9.49%；基础设施建设贷款余额为7487.98亿元，占各项贷款余额的29.51%。持续关注社会、民生领域金融投入，全省教育、卫生、文化、体育、娱乐业等社会事业贷款余额390.21亿元，比上年增长14.51%。助力能源保供、供应链稳定和绿色低碳转型，支持兰州新区加速绿色金融改革创新试验区建设，积极推动黄河流域生态保护和高质量发展，联合相关厅局印发《甘肃省环境污染强制责任保险试点工作实施方案》，积极推进环境污染强制责任保险试点工作。大力发展首台（套）重大技术装备保险和重点新材料首批次应用保险，支持全省制造业和装备制造业发展。加大新市民创业、就业、住房、教育、医疗、养老等专属金融产品和服务供给，推出"新市民贷""创业贷""纳税e贷""惠农e贷"等特色金融产品。

多措并举助力小微企业纾困解难。印发《关于贯彻落实全省进一步强化金融支持中小微企业纾困发展实施方案相关工作措施的通知》，召开"金融支持制造业和科技发展工作情况督导座谈会""小微金融、三农金融工作督导推进会"和"金融支持中小微企业纾困发展新闻发布会"，开展"贷动陇原惠企利民"专项行动，加强监管联动，做好政策宣导，督导政策落地，采取一系列务实举措帮助小微企业渡难关、谋发展、保稳定。引导银行机构优化小微金融服务，提高信贷资源配置效能，用好"陇信通""信易贷""银税互动"等平台，努力提高小微企业首贷户、信用贷款占比。截至2022年末，全省银行业金融机构小微企业贷款余额7141.64亿元，比年初增长12.82%，高于各项贷款增速6.5个百分点。普惠型小微企业贷款余额1428.19亿元，比年初增长11.32%，高于各项贷款增速5.89个百分点；户数29.42万户，比年初增加4.07万户，实现普惠型小微企业贷款整体"两增"监管考核要求。普惠型小微企业贷款平均利率5.4%，比年初降低47个BP，近三年累计下降118个BP，为有统计以来历史最低。

携手共进推动乡村全面振兴。认真落实"三农"金融工作要求，印发、联合印发《关于做好2022年金融支持全面推进乡村振兴重点工作的通知》《甘肃省推进金融支持农业农村基础设施重大项目投资建设的实施方案》等政策文件；召开银行业保险业"三农"金融工作督导推进会，督促银行保险机构深耕"三农"金融服务，切实做到"政策有效衔接、信贷精准支持、保险增品扩面、服务创新下沉"。督促银行机构单列涉农信贷计划，确保涉农信贷投入持续增长，截至2022年末，全省涉农贷款余额7494.40亿元，比上年末增长6.71%，增速高于各项贷款0.39个百分点。农业保险实现原保险保费收入24.84亿元，比上年增长8.91%，为全省269万户次农户提供了960.79亿元的农业风险保障。持续推进"甘农贷"金融助力乡村振兴示范工程，聚焦全省六大农业产业和各县区优势特色农业，创新开发系列新型农业经营主体专属信贷产品，截至2022年末，"甘农贷"贷款余额357.89亿元，惠及新型农业经营主体10.71万户。加大23个国家级和16个省级乡村振兴重点帮扶县金融投入，全省脱贫地区贷款余额6309.16亿元，比年初增长8.93%，优势特色农产品保险421个。23个国家级重点帮扶县贷款余额2525.88亿元，较年初增长10.60%，优势特色农产品保险164个。扎实做好脱贫人口小额信贷投放及管理工作，脱贫人口小额信贷累放821.93亿元，181.44万户；贷款余额225.73亿元，48.19万户；当年新发放104.46亿元，22.29万户，累放数、余额数、新发放数实现三个全国第一。

【推进重点领域风险防控化解】坚持把防范化解金融风险放在更加重要的位置，以法人机构为重点，以信用风险为关键，加大监管力度，强化机构化险主体责任，深化公司治理改革，加快推进高风险机构处置，截至2022年末，全省不良贷款余额为1141.89亿元，比上年末下降21.09%，不良贷款率为4.50%，各类主要风险指标持续好转，全省化险工作取得突破性进展和阶段性成效。

稳妥推进法人机构风险化解。制定《甘肃银保监局处置中小法人金融机构集中办理业务事件应急预案（试行）》，加强风险防范，严防外部冲击，防止发生区域性金融风险。密切监测地方中小法人金融机构异地业务、投资业务等相关业务台账，重点关注流动性风险、信用风险、操作风险等重点风险指标，针对相关风险问题及时采取监管谈话和监管通报，推动核心监管指标修复，落实化险目标。全力推动全省农村中小银行机构风险化解，制定"十四五"期间辖内农村中小银行风险机构处置计划，发行第二批专项债，补充重点高风险农合机构资本。组织召开全省防范化解金融风险领导小组大会，配合省政府建立健全防范化解金融风险"1+N"责任和政策体系，支持配合地方政府和各级不良资产清收处置专班，多轮次开展不良清收行动。进一步压实高风险机构和高风险村镇银行主发起行的化险主体责任，加大力度推动高风险机构"摘帽"退出。密切关注村镇银行不良贷款上升较快、核心监管指标不达标等风险，督促机构进一步做实风险底数，推动不良资产真实入账、合规处置。

全面防范和有序化解集团风险。督导银行机构特别是法人机构强化大客户风险防范，关注重点企业风险状况，加强信用风险排查，密切关注企业集团客户风险，"一户一策"制定风险处置预案，加强与地方政府相关部门及其他金融监管部门的协同配合，稳妥有序缓释风险，严防风险外溢扩散。充分发挥债权人委员会、银团贷款、联合授信作用，推动银行机构科学管理授信规模，有效防范银企信息不对称、过度授信等问题，进而有效维护金融债权、缓释金融风险、帮扶困难企业。

深入推进公司治理改革。推动党的领导与公司治理有机融合，督促辖内机构将党的领导写入公司章程，全面构建"双向进入、交叉任职"机制，确定重大事项研究决定程序。扎实开展公司治理监管评估，坚持问题导向，对辖内40家银行保险机构审慎从严开展评估工作，针对评估结果对相关机构及时采取相应强制监管措施，以评促改、以评促管，公司治理评估结果得到有效运用。组织开展2022年股权和关联交易专项整治、防范内部人控制和外部人操作风险专项整治，完善内部人控制和外部人操纵识别认定标准，强化关联交易监管。加快稳步开展偿付能力风险管理能力评估、风险综合评级等监管工作，对相关保险公司偿付能力充足率状况、综合风险、风险管理能力进行全面评价，完成黄河财险风险综合评级。加快公司治理存量问题整改，严格问责处罚，加强公开披露。

做好其他重点领域风险处置。一是及时按照党中央、国务院及银保监会的新政策、新要求，进一步落实好房地产金融审慎监管工作，促进房地产市场平稳健康发展。加大房地产领域金融支持，督促辖内银行机构成立房地产工作专班，建立"六个"台账，放宽房地产贷款集中度管理。严格落实"保交楼、保民生、保稳定"工作要求，指导农发行甘肃省分行负责甘肃省保交楼专项借款条件落实和投放管理，支持全省"保交楼"项目顺利开展。二是做好地方政府隐性债务风险防范化解工作，持续开展平台企业数据监测，加强风险监测分析，着力推进存量债务及融资风险化解，指导银行保险机构有效应对处置风险、维护好金融债权，同时依法合规保障平台企业合理融资需求，平滑推进存量隐性债务风险化解。三是持续关注和加大保险、信托、租赁等非银机构风险处置力度，加大非标资金池信托清理力度，推动重点难点问题整改和存量风险化解。四是常态化开展扫黑除恶，开展打击整治养老诈骗专项行动，推进平安甘肃建设再上台阶。开展保险中介机构"多散乱"问题整治工作，对全省"三无"劣质保险兼业代理机构进行专项清理。五是加强互联网金融监管，抓实反恐怖、反洗钱工作，进一步清理规范联合贷、助贷业务，规范互联网保险、网络小额贷款等业务，持续推进网络借贷风险出清。加强多方协作联动，建立"甘肃保险业反欺诈数据平台"。

【全面提升监管质效】加强监管能力建设。构建高效顺畅的工作机制，推动形成"三横一纵"工作机制，搭建多跨协同的工作平台，保证了监管资源的有效配置和高效使用。高度重视监管人才培养，通过学习培训、问题探讨、经验分享等方式保持干部学习的常态化和长效化，以学促干、以行践学，不断加强干部能力建设。进一步提升数字化监管能力，积极推进监管大数据平台建设，强化系统运用，完善风险监测预警体系，深化数据质量专项治理成果，压实机构数据质量主体责任，加强现场检查与非现场监管协同，提升监管质效。保持行政处罚高压态势，对违法违规行为形成有效震慑。

持续深化银行业保险业改革。认真落实深化农村信用社改革的总体要求，按照加强党的领导、落实各方责任、规范股权关系、健全公司治理、普及专业指导的管理原则，加快推进甘肃农信社改革。积极开展全省村镇银行相关情况调研，配合提出辖内村镇银行兼并重组总体规划。规范大型银行综合化经营，督导地方法人机构找准定位，督促资产管理公司充分发挥不良资产处置核心功能，引导信托公司向私募资管机构转型发展，坚决打破刚性兑付，逐步解决信托、租赁等机构注册地与展业地监管职责分工问题。支持金融业职业经理人制度建设和完善，引导全国性银行管理人才通过市场化机制流转到地方金融机构任职。继续配合省政府在中央明确的总体原则和框架下，有序推进省联社改革试点。规范发展第三支柱养老保险，稳妥推进个人养老理财试点，持续推动车险综合改革，实现"降价、增保、提质"目标。

加强金融消费者权益保护。优化消保工作机制，将信访投诉工作归口至消保部门统一管理，打造12378维权热线中心、甘肃金融纠纷调解中心、投诉举报信访接待中心"三大中心"，推动形成统一受理、集中分办、部门协作、协会参与、行业自治、社会监督的立体式金融消费者权益保护模式。督导金融机构将消费者保护纳入公司治理、企业文化和经营战略中统筹谋划。全年共接收处理银行保险消费投诉事项6602件，比上年下降17.38%；甘肃省金融调解中心共调解案件637件，调解成功267件，调解金额6555.78万元。强化接待中心效能发挥，高度关注社会热点事件和重点领域，排查辖内农村中小金融机构风险隐患，加强"保交楼"项目风险排查，强化事前预警和研判，热情接待来访群众，倾听群众心声，协调机构妥善处理，给出合理方案，未发生社会负面舆情。

毫不松懈防范化解金融风险。严格按照"稳定大局、统筹协调、分类施策、精准拆弹"的基本方针，稳妥处置金融风险，坚决守住不发生系统性金融风险。一是加大高风险机构化险力度。压实各方责任，推动甘肃省"1+N"责任体系进一步发挥作用，稳妥有序推进处置目标落实。督促法人机构真实反映资产质量，做实资产分类，持续加大不良市场化处置力度。指导不良底数不实、拨备虚高的机构加快处置进度，巩固化险成效。二是持续做好重点领域风险管控。紧盯信用风险、流动性风险、声誉风险、案件风险等重点风险领域，审慎研判并做好风险防范预案。继续做好房地产风险防控工作，高度关注地方政府隐性债务风险、信托风险，严密盯防大额客户风险，严厉打击违法违规金融活动，维护经济金融环境总体稳定。

服务实体经济持续向好和高质量发展。按照稳字当头、稳中求进的要求，全力支持稳定宏观经济大盘，引导银行保险机构合理增加供给融资，更好发挥金融逆周期调节作用，全力做好"十四五"规划重点领域和重大项目融资保障，在实施强工业、强科技、强省会、强县域行动中更好的发挥金融作用，支持适度超前开展基础设施投资。加强稳企纾困，强化小微金融服务，稳定普惠型小微企业贷款投放，加大信用贷和首贷力度。提升乡村振兴金融服务质效，聚焦支持新市民安居乐业，推动机构优化产品和服务，有效满足新市民合理金融需求。紧盯我省在特色产业和种业制造方面的比较优势，强化农业现代化关键领域的金融供给，推动农业保险"提标扩面增品"，补齐农业农村基础设施短板。

（罗敏）

经济管理

国资监管

【国有企业概况】截至2022年底，全省国资系统监管企业资产总额达2.77万亿元、比上年增长9.32%，全省地方国有一级企业841户、全级次3727户，资产总额3.16万亿元，净资产1.04万亿元，资产负债率67.12%，在职职工30.67万人。其中，省政府国资委监管企业31户、全级次1835户，资产总额1.62万亿元、占全省的51.25%，净资产5530.62亿元，资产负债率65.81%，在职职工20.16万人。其他省直部门监管企业177户，资产总额3885.13亿元、占全省的12.31%，净资产365.01亿元，资产负债率90.6%。各市州和兰州新区所属企业704户、全级次1715户，资产总额1.15万亿元、占全省的36.44%，净资产4481.61亿元，资产负债率61.04%，兰州市和兰州新区所属企业资产总额分别为3938.34亿元、2400.76亿元，占市州企业国有资产的34.24%、20.87%。

【国有经济运行】经济运行稳定增长。2022年，省政府国资委监管的31户省属企业实现营业总收入9032.51亿元、比上年增长15.07%，利润总额191.22亿元、下降2.5%，净利润131.19亿元、下降7.59%，应交税费总额244.66亿元、增长5.17%，已交税费总额251.45亿元、增长14.32%，在全省经济社会发展中充分发挥了“压舱石”和“主力军”作用。金川集团、窑煤集团、电投集团、水电工程局等8户省属企业利润总额增幅超过30%，白银集团、国投集团、农垦集团等9户企业工业总产值增速超过20%。项目拉动作用突出。省属企业完成固定资产投资（不含房地产）1194.96亿元、比上年增长8.9%，其中，产业类项目投资409.61亿元、增长31.42%，9户省属企业承担的46个省列重大项目完成投资718.55亿元，完成年度投资计划的112.68%。铁投集团中兰客专、公交建集团敦当公路正式通车，机场集团中川机场三期扩建工程主楼封顶。各市州、有关省属企业认真落实“四个一”推进机制，服务保障央地合作项目加快实施，204个项目已开工157个，累计完成投资1416亿元，39个项目建成投产。产品产量稳步增长。省属企业全力释放产能、积极组织生产，主要工业产品稳定增长。其中，全年完成电镍产量15.4万吨，同比增长1.7%；阴极铜产量135.1万吨，增长10.6%；酒钢集团本部1号—6号高炉、榆钢3号高炉平均日产量达到近10年最好水平，完成钢材产量888.2万吨，电解铝产量165.6万吨，铅产量2万吨，锌产量37.4万吨，煤炭产量1494万吨，分别增长2.1%、1%、4.6%、2.6%和0.6%。

【优化产业布局】深入推进战略性重组和专业化整合。整合省市国有港口物流企业组建甘肃物流集团，打造面向“一带一路”的港口物流龙头企业，全年物流收入、货物吞吐量、货运班列数均实现两位数增长，实现“1+1>2”的效果。组建国家管网甘肃天然气管网公司，推动“地方管网融入国家管网”，保障国家能源供输安全。完成窑煤集团主业资产证券化，实现省属煤电板块主业资产整体上市。推动陇神戎发重组普安制药，实现甘肃药业集团优质资产整体上市。指导新盛公司、中金实业统筹推进内部资源整合和解决历史遗留问题，不断优化资源配置。大力推进传统产业改造提升。指导省属企业大力推进有色冶金、装备制造、煤炭化工等传统产业“三化”改造，促进企业转型升级发展。2022年省属企业实施“三化”改造项目396个，完成投资142.16亿元，较上年增长1.77倍，企业上云率达到70%，重点企业生产设备联网率达40%以上。白银集团阴阳极板产品实现全流程自主生产，兰石集团石油装备智能制造示范工厂等应用场景获工信部表彰，甘肃药业集团普安制药、甘肃公交建集团博睿重装、甘肃建投集团装工科技等6户企业被认定为省级绿色工厂，甘肃科技集团兰州助剂厂化工一车间等8个车间被认定为省级数字化车间，甘肃能化集团煤炭交易系统全年完成线上交易3500多万吨。

加快培育壮大特色优势产业和新兴产业。制定省属企业国有资本布局优化和结构调整“6+1”行动方案，经省委、省政府审定后，作为全省“强工业”行动的配套方案印发实施，有效推动新材料、煤基、新能源及装备制造、文旅、中医药、现代农业等特色优势产业率先发展。2022年，省属企业实施161个重点项目，完成投资215.5亿元，与有关市州及县区对接形成56个地企合作项目，总投资592.1亿元，全年开工45个，完成投资81亿元。国投集团、金川集团与金昌市联合设立首期规模10亿元的产业投资基金，助推新能源、新材料产业发展。农垦集团、药业集团加大产品推广运营，品牌影响力不断提升。着力提升产业链供应链韧性和安全水平。带头落实产业基础高级化产业链现代化攻坚战“1+N+X”政策体系，按照“1115”产业链工作模式，推动15户省市链主企业带动25条产业链延链补链强链，与上下游6600多户企业融通发展，巩固提升石油炼化、有色冶金2个2000亿级产业集群，强链升级数字智能、新材料、农产品加工及食品等5个1000亿级产业集群，培育壮大兰州新区精细化工园等8个百亿级产业园区。2022年，省属企业实施产业链重点项目90个，完成投资110亿元，带动960户重点链辅企业实现产值800亿元。

强化国有企业科技创新。深入实施“强科技”行动，建立国有资本经营预算协调机制，支持国有企业创新能力建设和关键核心技术攻关。强化研发投入刚性考核、视同利润加回等激励约束，2022年省属企业投入研发经费105.6亿元，比上年增长15.58%，新产品产值、“三新”业务收入分别增长18.38%、45.99%，省属工业企业研发投入强度达到2.62%，其中8户企业达到3%以上。实施“专精特新”中小企业和高新技术企业倍增行动，省属企业全年新增省级“专精特新”中小企业6户、省级高新技术企业16户，总数分别达到23户、117户。持续加大创新平台建设，省属企业建成国家级研发平台23个、省部级研发平台171个，牵头组建5个企业创新联合体。深入推进产学研用协同创新，近三年实施科研合作项目400多个，对99项重大科研项目、35项“卡脖子”技术联合攻关，兰石集团商用高温气冷堆核电站新燃料运输容器等3项技术攻关取得初步成效，金川集团高品质镍钴基高温合金开发及生产示范技术等19项重大科研项目取得明显进展。

【国资国企改革】健全工作机制，高位统筹推进。省委、省政府高度重视、高位推动国企改革三年行动，省政府主要领导担任省国企改革领导小组组长，省委省政府主要领导先后6次主持召开省委深改委会议、3次省国企改革领导小组会议、3次全省国企改革三年行动推进会听取汇报、部署推动，经常深入国资国企调研指导，多次作出指示批示。领导小组办公室实行月调度、季通报、半年评估、年度考核机制，各市州、各省属企业成立主要领导任组长的领导小组，层层立下“军令状”，逐级压紧压实责任，抓重点、补短板、强弱项，如期完成我省实施方案确定的110项改革任务，实现了“三个明显成效”目标。国企改革三年行动以来，领导小组办公室先后4次在全国国资系统交流工作经验做法，《甘肃推动国有资本向重要行业关键领域集中》在中央深改委《改革情况交流》刊发，5户企业改革案例入选全国《国企改革三年行动案例集》，5篇改革典型经验在《国企改革三年行动简报》刊发，104条改革信息在中央主流媒体宣传报道，省内主流媒体开展国企改革三年行动专题宣传46篇次。健全完善中国特色现代企业制度。全面落实“两个一以贯之”，推动省市国有企业全面完成“党建入章”，落实“双向进入、交叉任职”领导体制，建立各治理主体决策事项清单和党委前置研究讨论事项清单。制定董事会建设“1+19”制度体系，规范了董事会议事规则和运行流程，省市国有企业全部实现董事会应建尽建，各省属企业集团公司和97.6%的市州企业实现外部董事占多数。深入开展对标一流管理提升行动，推动省属企业加快建立系统完备、科学规范、运行高效的现代国有企业管理体系，金川集团入选全国管理提升标杆企业，兰石重装入选全国公司治理示范企业，金川镍盐入选全国专精特新企业。全面推进公司制改革，近三年完成省市430户各级子企业公司制改革，全省国有企业公司制改革基本完成，进一步夯实了国有企业独立市场主体地位和法律基础。健全市场化经营机制。持续深化三项制度改革，构建管理人员能上能下、员工能进能出、收入能增能减的“三能”机制，省市国有企业全面完成经理层成员任期制契约化管理，市场化选聘职业经理人385人，2022年省属和市州企业分别有78.1%、75.6%的新任管理人员实行竞争上岗，4.4%、6.4%的管理人员实行末等调整。深入推进薪酬分配制度改革，修订省属企业经营业绩考核与薪酬管理办法，强化业绩与薪酬挂钩的效益效率导向，8户具备条件的企业实施了中长期激励，激励企业核心骨干员工1189名，有效激发了企业内生动力活力。支持具备条件的企业探索超额利润分享、骨干员工跟投等机制，推动构建企业与员工利益共同体。积极稳妥深化混合所有制改革。坚持“三因三宜三不”原则，积极引入产业链上下游非公资本参与国有企业改革，截至2022年底，省属企业累计引入各类投资者900多家，引进社会资本530多亿元，省属企业混合所有制企业户数占比达57.8%，较2019年末提高15.9个百分点。注重引入持股比例超过三分之一的非公战略投资者，构建符合现代企业管理基础的股权结构，近三年来省属企业累计引入非公股东193家、非公资本79.42亿元，54%的实质混改企业非公股东持股比例超过三分之一。积极探索混改企业差异化管控，围绕企业规划投资、资产处置、人事管理等经营管理事项分类细化权责，合理授权放权，赋予企业更多依法依规自主经营空间。2022年，省属企业60%以上的营业收入、80%的利润来自混合所有制企业。深入推进国资监管机构职能转变。按照权由法定、权责一致、有权必有责、权责相匹配的原则，建立国资监管权责清单、出资人审批事项清单和授权放权清单，健全落实动态评估调整长效机制，进一步厘清权责边界，增强监管的针对性。调整设立监督稽查处等职能部门，建立落实董事会、外部董事、财务总监向出资人报告工作机制，规范日常监督检查、集中监督检查、责任追究工作流程，形成发现、整改、追责的监督工作闭环。强化监督力量协同，加强与审计、纪检监察、巡视等外部监督力量对接，建立定期会商、信息共享、问题移送、联合督查等工作机制。深入推进经营性国有资产集中统一监管，2022年底，省级经营性国有资产集中统一监管率达到99%以上，市州层面达到97%以上。不断提升信息化监管水平，搭建国资国企在线监管系统，依托信息系统动态监测，提高监管工作效率。加强国有企业党的领导党的建设。深刻领会“两个确立”的决定性意义，全面落实“第一议题”制度，构建传达学习、研究部署、贯彻落实、跟踪督办、报告反馈的工作闭环，确保党中央决策部署和省委省政府工作要求不折不扣落到实处。严格落实党建工作责任制，将党建工作以20%的权重纳入省属企业负责人经营业绩考核评价，推动党建责任制和生产经营责任制有效联动。深入推进党支部建设标准化和“四抓两整治”，扎实开展国企党建30项重点任务和党建质量提升三年行动回头看，推动省属企业基层党组织全面进步、全面过硬。省属企业党支部建设标准化达标率达98%以上，70个党支部被命名为“全省标准化先进党支部”，11个基层党组织被省委授予先进基层党组织荣誉称号，10 户企业理论成果在全国党建研究会上被评为党建理论创新成果。深入开展党建与生产经营融合不够专项整治，18 户企业的经验做法被“学习强国”等刊载推广，3 户企业在全国党建研究会上被评为党建与生产经营深度融合的典型案例。深入推进全面从严治党，驰而不息整治“四风”，全面从严治党主体责任清单，持续开展廉洁风险排查整治，强化对权力集中、资金密集、资源富集等重点领域和“三重一大”事项的监督，一体推进不敢腐、不能腐、不想腐，风清气正的良好政治生态加快形成。

【履行社会责任】积极助力乡村振兴。认真履行归口管理职责，组织召开中央定点帮扶企业、归口管理企业助力乡村振兴产业帮扶工作座谈会，持续协调服务和督促推动 11 户定点帮扶中央企业、归口管理的 48 户中央在甘企业和 31 户省属企业加大产业、就业、消费等帮扶力度。11 户定点帮扶央企和归口管理的 79 户企业全年共投入帮扶资金 4.7 亿元，实施帮扶项目 942 个，建设扶贫车间 73 个，培育合作社 180 个，消费帮扶 5.53 亿元，帮助解决就业及劳务输出 3.8 万人，为全省深入实施乡村振兴战略作出了积极贡献。带头落实纾困解难政策。认真落实国家和甘肃稳经济一揽子政策措施，研究制定稳定省属企业经济运行和助力中小企业纾困解难的 26 条措施，省属企业全年为 6561 户小微企业和个体工商户减免房租 2.86 亿元，助力 500 余户供应链上下游中小企业融资 205 亿元。机场集团等企业全力做好疫情防控期间公共交通、水电气等公共服务保障。靖煤集团、窑煤集团、甘肃电投集团积极承担迎峰度夏、迎峰度冬能源保供任务，完成日产煤炭 4.7 万吨保供目标，电力机组应开尽开、稳发满发。公航旅集团、电投集团、长城建设等 11 户省属企业腾出 1000 多套住房保障医护和隔离人员。甘肃药业集团全力以赴保障止咳类药品宣肺止嗽合剂生产，日产量由 6.5 万盒提升至 8.7 万盒，会同甘肃建投集团加速实施陇神戎发公司年产 1000 万盒生产线改造，仅用时 15 天即实现了按期运行投产。

（魏代虎）

市场监督管理

【市场主体】2022 年，全省新设立市场主体 27.67 万户，累计达到 217.06 万户，注册资本达到 5.36 万亿元，同比上年分别增长 -10.7%、6.78%、10.35%。全省个体工商户达到 148.73 万户，资金数额 0.18 万亿元；私营企业 54.73 万户，注册资本（金）3.17 万亿元；农民专业合作社 9.91 万户，出资总额 0.26 万亿元，成员总数 80.35 万个。非公经济市场主体累计达到 213.37 万户，占市场主体总数的 98.3%。全省累计登记注册外商及港、澳、台商投资企业 2037 户，注册资本 333.2 亿美元。

【登记注册】2022 年，甘肃省市场监管局与相关部门牵头起草《关于实施市场主体培育“五转”工程的意见》，报送省政府办公厅印发实施。进一步加大对中小微企业纾困帮扶力度若干措施任务进行分解，培育和催生更多量质齐升市场主体，持续推动我省经济转型发展。成立甘肃省扶持个体工商户发展联席会议，向联席会议 12 个组成部门印发《扶持个体工商户发展联席会议工作规则和近期工作要点》，指导全省扶持个体工商户发展，持续加大个体工商户发展扶持力度。重点对各地深化“放管服”改革优化营商环境措施落实情况、政务服务质量效能提升情况、《市场主体登记管理条例》贯彻落实情况、“证照分离”改革推进落实情况、企业开办“一窗通办”完成情况、企业档案管理和数据质量提升工作完成情况等工作进行督查检查，对各地落实政策措施存在的问题进行指导整改。组织全省各级登记机构清理不符合要求的市场主体名称 1838 家，排查整改含有“危险化学品（危化品）”类别市场主体 2131 家，按照“双减”工作要求督导全省 960 家培训机构实现转型登记，有效保障了全省市场公平竞争秩序。

【行政许可】完成市场监管部门行政许可事项梳理确认，并指导市州、县区对相应事项进行梳理，对《甘肃省行政许可事项清单》中办理层级与国家清单明确的办理层级不一致的 4 项事项，报省政府办公厅进行了专题研究和确认，确保事项同源、统一规范。按时限对我省地方性法规设定的“食品小作坊小经营店小摊点登记”许可事项进行了编制梳理，通过省政府办公厅审核后报送到国家行政许可事项平台。协调住建部门、消防总队将食品经营许可、户外广告宣传审批、公共场所营业前消防安全检查许可审批通过系统数据共享、一次提交申请、集成办理，实现一件事一次办好。通过多种方式掌握和化解受疫情影响企业诉求和困难，对疫情防控期间许可发证且纸质证书无法及时制发的，积极协调相关单位第一时间在省局网站特定栏目公示公布获证企业电子信息，为企业取证后顺利开展生产经营活动提供支撑。通过延长检验检测机构资质认定证书等各类相关证书有效期、积极减环节压时限等方式，最大程度为企业办事提供便利，为相关企业复工复产提供务实高效的许可服务。提供优质高效的线上线下办事服务，严格落实一次性告知、首问责任、限时办结、服务承诺等制度，实现“一门、一网、一次”办理。全年办理食品生产许可 14 件、工业产品生产许可 73 件、食品相关产品生产许可 39 件、计量标准器具核准等计量类许可 440 件、特种设备类许可 175 件、检验检测机构资质认定 538 件、“三品一械”广告 5715 件。

【信用监管】印发《甘肃省部门联合“双随机、一公开”监管实施细则》，细化完善“一单两库一细则”，建立“双随机、一公开”监管事项清单 72892 条，汇聚监管对象 442.6 万户，建立监管执法人员库 10.12 万人。建成“电脑端 + 移动端”相结合的全省“双随机、一公开”监管工作平台，实现了执法监管全流程闭环、可追溯查询。2022 年全省共制定单部门抽查计划抽查任务 7127 个、抽出检查对象 71136 户，制定跨部门联合抽查任务 6570 个、抽出检查对象 59632 户，通过双随机抽查发现问题立案 578 件。2021 年度全省 492939 户企业报送了年报，公示率达到 94.26%。不断优化完善甘肃省“互联网 + 监管”系统相关功能，系统共接入省市县三级监管部门 4336 个，注册用户 76277 个，全省共梳理监管事项 1638 项、编制检查实施清单 72034 条。2022 年共归集各监管部门行政许可信息41148条、行政处罚信息7442条、抽查检查信息130770条。将企业信用风险分类管理与推进"双随机、一公开"监管深度绑定，根据企业信用风险分类结果，对不同类别企业设置不同的抽查比例、频次，合理分配监管执法资源，进一步提升监管的精准性和有效性。通过企业信用风险分类监管开展信用分类"双随机、一公开"监管抽查任务789个，检查市场主体5167户。2022年，全省市场监管部门共列入经营异常名录企业37386户、标记异常状态个体工商户78197户、列入严重违法失信名单企业165户，鼓励引导失信当事人申请信用修复，为5.2万户市场主体重塑信用。

【法治建设】完成了《甘肃省消费者权益保护条例》《甘肃省专利条例》的修订；《甘肃省产品质量监督管理条例》修订已经省人大一审；会同省工信厅完成了《甘肃省促进个体私营经济发展条例》的废止工作；就《庆阳市燃气条例》进行协调研究，对《甘肃省节约用水条例》《甘肃省湿地保护条例》等55部地方性法规规章立法草案组织研究，提出修改意见建议；对2021年法规、规章和规范性文件清理结果向全省系统印发执行，并向社会公示；参加全国依法治国立法工作课题调研座谈会，并做交流发言。联合省司法厅印发《甘肃省市场监督管理行政处罚文书格式范本（2022版）》，继2019年全国率先出台并执行处罚文书格式范本后，又根据法律法规的修订和基层操作实际，在全国市场监管系统率先完成了修订工作；与青海省局签署合作协议共同印发文件，统一两省市场监管系统行政处罚文书格式；完成整改权责清单事项435项，对266项进行了修改和补充完善；审理上年度结转行政复议案件1件，新收4件，审理的行政复议案件已全部审结；应对国家总局行政复议案件2件，均驳回复议申请；应对行政诉讼案件18件（其中上期结转5件，本年度13件）；应对民事诉讼案件10件；对省局2021年出台的行政规范性文件及时向省司法厅备案；完成合法性审查45件、各类涉法类征求意见84件；继续发挥法律顾问单位"外脑"作用，审核各类合同103份。省市场监管局被省委依法治省委确定为2022年全省法治政府建设工作会议两家省直部门发言单位之一，获评全省法治政府建设绩效考评2021年度优秀等次。

【综合行政执法】全年全省市场监管系统共查办各类经济违法案件9239件，案件总值2648万元，罚没金额12095.79万元，有效维护了市场经济秩序。开展2022民生领域案件查办"铁拳"行动，严厉打击食品安全、产品质量、虚假广告等11类民生领域侵害群众生命健康安全的违法行为。查办民生领域"铁拳"行动案件630件，罚没款978.22万元，移送公安部门73件。市（州）局向省局上报典型案例277件，省局向总局报送典型案例91件，全省系统曝光典型案例38批次304件。开展打击整治养老诈骗专项行动，排查问题线索319条，完成整治276条，整治完成率86.52%。发现苗头性问题89个，完成整治81个，整治完成率91%。立案查处涉养老案件96起，办结62起，移送司法机关38起。持续开展打击整治非法制售口罩等防护用品专项行动，共查办案件14件，罚没金额29.74万元，查获涉案口罩0.79万只，查获其他防护用品334件。开展打击市场销售长江流域非法捕捞渔获物专项行动，出动执法人员29.53万人（次），检查批发市场、农贸市场、商超6.38万家，餐饮单位18.49万余家，水产及其制品生产企业、加工小作坊4771家（次），监测电商平台5182个（次），对电商平台开展行政指导1138次。组织开展"整治商品过度包装、天价月饼和蟹卡蟹券"专项行动，全省市场监管部门共出动执法人员9763人次，检查经营户8795户，责令整改19次，上报总局典型案件3起。全省系统组织《反有组织犯罪法》、养老诈骗等宣传活动2.5万余次，发放各类普法宣传资料50万余份，大力营造全社会积极主动参与扫黑除恶斗争的良好氛围。统筹安排部署全省系统"扫黄打非"工作，组织开展"固边""护苗""秋风""清源"等各类专项行动。配合相关部门组织实施烟草打假、农资打假、文娱治理、电信诈骗、跨境赌博、维稳反恐、侵犯公民个人信息、禁毒、反邪教、反洗钱等综合治理工作，全力维护市场秩序和社会稳定。全省各级市场监管部门共查办各类知识产权案件253件，罚没金额372.7万元，有力打击了知识产权违法行为。组织参加了全国双打办2022年侵权假冒伪劣商品全国统一销毁行动，销毁物品共计38.71万余件，58.03吨，货值502.68万元。

【反垄断工作】研究制定强化反垄断深入推进公平竞争政策实施的贯彻落实意见，构建统筹协调机制。根据公平竞争审查制度最新要求，修订印发联席会议制度，进一步明确职责，完善机制，建立了省级部门和市州政府公平竞争审查工作统计报告制度。全年为省直部门和市州政府提供有关竞争政策咨询意见97件（次），全省共上报审查增量政策措施4644件，其中调整修改95件；清理存量政策措施4652件，其中修订废止1383件。完成对省级10个成员单位、8个市州政府公平竞争审查工作的第三方综合评估，共提取文件1万多份，抽样政策措施980份，经评估论证发现问题政策文件共计159份。根据市场监管总局委托和有关线索，组织对11起涉嫌垄断行为依法进行了调查，办结滥用行政权力排除、限制竞争案件2起。开展了总局委托的涉及知网垄断案7个单位的调查取证，为总局做出的处罚提供了证据支撑。组织对9起涉嫌滥用行政权力排除、限制竞争行为依法进行调查，完成总局委托调查2起；办结案件2起。

【价格监督检查和反不正当竞争】对疫情防控期间发生的价格违法行为，全省各级市场监管部门从严从快从重处理。共出动价格监督检查执法人员13万人（次），检查各类市场经营主体24万户（次），现场责令整改问题911起，依法办理价格违法案件311件，曝光典型案例131件。全省共检查各类粮食经营主体6584个，立案处理违法案件31件，罚没款10.03万元。组织开展2022年治理涉企违规收费"纾困减负"专项行动，推动各项减费降费政策落地落实，全省共检查各类收费单位4217家，查处违规收费案件84件，责令退还违规收费822.02万元，没收违法所得146.31万元，罚款360.60万元，引导收费主体主动退还多收费用5041.78万元。联合省发展改革委、省教育厅组织开展全省教育收费专项检查，共检查各级各类学校和教育培训机构3646个，查处违规收费案件15件，责令退还违规收费163.31万元，没收599.64万元，罚款68.32万元。继续做好城区机动车停放“收费乱”问题专项整治，组织检查各类停车场5339个，立案处理违规收费案件26件，责令退还违规收费23.86万元，没收违法所得1.06万元，罚款28.71万元。在全省组织开展2022年“保公平、促发展”反不正当竞争专项执法行动，严厉打击扰乱市场秩序的不正当竞争行为，全省共立案处理不正当竞争案件69件，实施经济制裁216.95万元。

【网络交易监管】开展全省“百家电商平台点亮”行动，全省14个市州及兰州新区共40家电商平台，6871户经营主体参与自查，查验亮照7260个，亮证6464个，电商平台规则50项，全省共清理平台内过期证照62个，增加完善平台规则15项，全省40家电商平台全部实现了“亮照、亮证、亮规则”。全省共收集报送网络交易平台44个，平台内经营者身份信息1030户，数据项53560项，其中包含企业539户、个体工商户441户、农民专业合作社6户，自然人42户，其他2户。全省系统网络交易监测监管五级贯通系统设置用户900人，分发线索109条，处置率100%，全省入库市场主体13.59万户。开展了“元旦春节市场整治”“央视3.15晚会曝光相关问题的省内网上主体”“金银箔食品添加”“2022网络市场监管专项行动”“防疫物资价格”等网上专项监测，共监测省国内主流交易平台、辖区内网站总计24851家；甘肃省美团平台店铺21051家，总计监测到各类核查线索415条。配合相关部门开展了“2022清风行动”“2022清朗行动”、网络传销专项行动的专项监测，将线索及时分派至各市州局，进一步查证落实。网监平台的信息监测作用进一步精准定位违法线索信息，推进了“以网管网”工作的实现，推动全省网络市场规范有序。

【消费者权益保护】持续深化放心消费创建，净化消费环境，大力推进线下购物无理由退货工作。剖析汽车、化肥、培训、网购、健身、房屋中介、房屋装修、商家赠品、积分兑换、未成年人大额消费、消费活动人身安全等消费维权案例，发布《2021年全省消费维权典型事例》《甘肃省消协组织2021年全年消费者投诉情况分析》，累计发布各类消费警示提示36条。全年12315平台接收登记群众反映问题共计484874件，比上年上升8.11%。其中咨询349444件，上升4.65%；投诉100245件，上升14.08%；举报35142件，上升31.61%；表扬43件，为消费者挽回经济损失共计8461.79万元。电梯应急服务平台处置电梯困人4813件，解救人数11293人，电梯故障2006件。全年全省消协组织共接到消费者投诉9659件，调解处理8927件，解诉率92.42%，为消费者挽回经济损失8870578.50元；接待来访、咨询27112人次；加倍赔偿案件72件，赔偿金额32963.28元；支持消费者起诉案件54件；接到表扬信、锦旗29封（面）。

【广告监管】认真贯彻落实习近平总书记关于“广告宣传也要讲导向”的重要指示精神，严厉查处“软色情”“三俗”等涉及导向问题、政治敏感性问题以及违背社会良好风尚、妨碍社会公共秩序、造成恶劣社会影响的虚假违法广告，坚决维护广告宣传正确政治方向和价值导向。下发《关于进一步做好整治借党的二十大进行商业炒作工作的通知》《甘肃省市场监督管理局关于加强广告导向监管的通知》，组织开展了广告重点监测和专项监测，查处借党的二十大等名义违规从事商业广告宣传等案件12件，罚没款9.18万元。印发《甘肃省市场监督管理局关于加强广告监测工作的通知》，制定《广告监测工作制度》《广告监测工作规则》。共监测广告315.29万条次，发现涉嫌违法广告线索315条，向省局综合执法局移交案源线索10起，下发责令改正通知书64份。召开2022年整治虚假违法广告省际联席会议，审议通过了《整治虚假违法广告省际联席会议协调配合联动机制》，进一步促进各成员单位之间更加紧密的协作配合。召集省级8家新闻媒体单位主要负责人约谈会，通报媒体广告审查、发布等方面存在的突出问题，并提出具体的要求和改进措施。开展全省医疗美容突出问题专项治理工作，扎实有序推进专项治理工作开展。

【质量发展】制定《甘肃省深入推进质量强省建设行动方案（2022-2025年）》。协调相关部门研究制定《甘肃省公共服务提质增效实施方案》，编制完成2021年度《甘肃省质量状况分析报告》，为深入推进质量强省建设提供了决策参考。开展“质量月”宣传活动，全省共开展50多项质量专题活动、591场次宣传活动，制作宣传音视频225个。制定《甘肃省人民政府质量奖评审实施细则》，召开全省质量发展工作暨政府质量奖评选动员部署会议，组织开展了第八届省政府质量奖评选表彰工作，各地、各部门审核推荐63家组织、11个一线班组、29名个人，共103个申报对象参加评选。印发《关于开展“陇字号”品牌评价认证工作的指导意见》，公开有奖征集“陇字号”品牌标识设计方案和宣传语，经认真筛选和专家评审，共有11件品牌标识设计方案和11条宣传语进入公众投票环节。启动《甘肃省质量强市示范城市创建规范》《甘肃省质量品牌提升示范区创建规范》2个地方标准的编撰工作。修订完善《甘肃省质量工作考核办法》，协调有关部门完成2021年全省质量工作考核，形成《2021年全省质量工作考核情况报告》，经省政府批准，印发《关于对2021年全省质量工作考核结果的通报》和《关于对2021年全省质量工作考核情况的通报》，有针对性的提出了整改要求。组织专业机构编制完成了《甘肃省“十四五”质量基础“一站式”服务建设实施方案》，并将全省质量基础“一站式”服务线上平台纳入全省市场主体“一网通办”综合服务平台项目的子项目进行开发，平台已投入试运行，有60家机构入驻服务平台。制定《2022年度省缺陷产品召回技术中心工作计划》，积极督促各地落实消费品召回工作职责，指导各地按工作流程做好消费品召回管理工作。

【产品质量安全监管】制定《甘肃省重点工业产品质量安全监管目录（2022年版）》，将164种工业产品纳入了监管目录进行重点监管。在全省范围内统一开展危险化学品、危险化学品包装物、车载常压罐体、钢筋、水泥、电线电缆、燃气具、烟花爆竹、电动自行车、电动自行车充电器和电池、消防产品等11类重点产品风险隐患集中治理攻坚，共检查生产领域生产企业332家，发现整改问题企业23家；流通领域排查企业11843家，发现整改问题企业311家；查处案件40件，罚没金额18.23万元。帮扶企业81家，解决质量问题162个。持续推进塑料污染治理工作，全系统共组织专项检查270余次，出动执法人员1.2万人（次），检查各类塑料制品生产企业112家（次），检查流通环节各类塑料制品销售店面4.9万家（次），对全省40家生产销售企业发放责令整改通知书，查办案件50件，罚没款20.11万元，依法没收销毁各类"禁限塑"塑料制品近1.98万(个)。全年部署34大类242个食品细类的101384批次抽检监测任务，食品抽检计划数量高于国家规定4批次/千人。食品质量安全整体形势稳中趋好。强化不合格食品核查处置，共处置完成各类不合格食品案件3124件，立案1766件，作出行政处罚1721件，移送司法机关85件，责令停产停业89户，吊销许可证9个，下架、封存、召回不合格食品4.65万公斤，罚没金额达到1066.12万元。向社会发布食品安全抽检结果信息60639条，发布食品安全消费提示12篇，录制专家解析视频3期，有效引导公众对食品安全抽检信息的关注度。

【特种设备安全监察】持续推动燃气压力管道法定检验制度落实，全省在册燃气压力管道5799.44公里，法定检验覆盖率达到91.21%；累计检查移动式压力容器充装站98个，发现违法违规充装行为11起，检查移动式压力容器使用单位137家，发现并督促整改违法违规使用行为3起，检查发现不符安全技术规范要求移动式压力容器8台，均已完成整改。全省6个化工转移企业承接市州共有化工转移企业158户，在册特种设备6162台，压力管道109.9千米，移装特种设备使用单位47家，移装特种设备共计565台，企业自查发现安全隐患419处，各级检查发现安全隐患110处，均已完成整改。全省9041.985千米油气长输管道法定检验覆盖率达到100%。全省在用桥式、门式起重机械15330台，已加装"双限位"装置14995台。2022年既有住宅加装电梯625台，减免监督检验费用26.81万元，完成老旧电梯安全评估47台。全省特种设备年平均检验率由年初的98.1%提升至98.24%，年平均隐患设备率由年初的2.19%降低至1.97%；电梯质量安全明显提升，在用电梯综合管理的"八个指标均值"由年初的90.37%提升至92.25%，排查需拆解保养电磁铁或更换松闸导杆鼓式制动器电梯14370台，经检验机构确认完成整改14353台；检查发现超期未检气瓶1899只，报废气瓶3656只，违法违规充装行为11起，实施经济处罚53.5万元。全系统累计检查特种设备相关单位16859家，下达安全监察指令书2314份，立案240件，责令停产停业18家，查封扣押设备384台（套），实施经济处罚853.6万元，受理并办结投诉713件。检查特种设备获证单位43家，发现并督促整改安全隐患157项，对涉嫌存在违法违规的4家单位均已移交当地监管部门进行了调查处理。在用直梯应急处置平台进入率达到97.76%，累计处置电梯困人4806次，解救被困人员11283人次，日均处置13.17次，救援平均到达时间12.5分钟。

【计量工作】印发《关于开展全省社会公用计量标准建设工作督查的通知》，全省共建立了涉及长度、力学等十大类社会公用计量标准1261项，较2020底（1132项）新增了129项，增长率达10.2%，基本完成了任务指标，有力推动了省、市、县三级量传溯源体系进一步完善。2022年实施强制管理计量器具检定（校准）841154台（件），检定合格率89%，有力保证了全省量值统一和准确可靠。与山东等省份签订了黄河流域计量服务协同平台合作框架协议，全面深化黄河流域各省级市场监管部门计量合作，实现计量合作制度化、常态化、专题化，加快构建黄河流域高质量发展计量支撑服务体系。全省共检查国有粮食企业、基层粮库、粮食加工企业5499家，燃气企业1571家，燃气使用单位8542家，共计检查在用计量器具302765台（件），确保涉及人民切身利益的强制检定计量器具的准确可靠。组织市州对20家生产、销售企业的100批次定量包装商品开展计量监督专项检查，其中，净含量检验合格率为100%，净含量标注合格率为98%，对抽查不合格商品及时进行后处理，切实维护消费者的合法权益。全省组成计量技术服务队288个，帮扶中小企业2508家，开展计量培训3071人次，提供能源计量和碳计量服务542次，帮助企业解决计量技术问题979个，发放宣传资料52489册，有针对性地开展精准施"测"服务，不断夯实中小企业计量基础。组织开展了注册计量师计量专业项目考核，参加考核人数232人，通过考核人数228人，一级注册计量师注册58人，不断提升计量人才队伍专业化水平。为全省86个县（市、区）配备发放了加油站公平罐，推进基层社会公用计量标准建设，为保障和改善民生提供计量技术支撑。

【标准化工作】全年共征集地方标准立项建议318项，下达地方标准制修订计划72项，制定修订地方标准218项。启动地方标准集中复审工作，组织相关行业主管部门对1490项地方标准和189项地方标准制修订计划进行集中复审。积极支持省内企业事业单位积极参与国际国家标准化活动，主导或参与制定修订国际标准2项、国家标准51项、行业标准94项、军民融合标准1项。持续开展企业标准自我声明公开工作，全省有3486家企业公开15058项标准，涵盖29153种产品和服务种类。积极培育和发展团体标准，有5家社会团体在全国团体标准信息平台完成注册，新发布团体标准15项，全省累计40家社会团体发布团体标准132项。在农业、农村、社会事业、服务业等领域全面推进62个国家级和省级标准化示范试点项目建设，示范试点项目涉及养老服务、文物保护、公共文化、群体健身、主要农畜产品种植养殖、农村人居环境等多个行业。新获批国家级智能制造标准应用试点项目1项，国家级社会管理和公共服务综合标准化试点项目2项，国家级服务业标准化试点项目1项；下达各领域省级标准化示范试点项目13项；

向国家标准委推荐国家农业标准化综合示范区备选项目 9 项；新型城镇化和农村综合改革备选项目 3 项；社会管理和公共服务综合标准化试点备选项目 5 项。批复成立了甘肃省文化和旅游、民生民政和动物卫生等 3 个标准化技术委员会，组织筹建甘肃省蔬菜、物流等 2 个标准化技术委员会，甘肃省农业机械化、中医药、交通运输等 3 个标准化技术委员会完成换届。

【认证认可与检验检测监管】全省共有各类有效认证证书 18643 张，比上年增长 17%，涉及 6060 个组织。自愿性证书 16298 张（其中：食品农产品证书 2004 张，工业产品证书 2013 张，有机产品证书 358 张，服务认证证书 431 张）；强制性证书 2345 张（含自我声明），比上年增长 17%。检验检测机构 1286 家，增长 12.9%。对申请进口 3C 认证产品实行全程网不见面审批发证，有效减少和缩短了企业进口 3C 产品的通关时间和经济成本，全年发放 3C 免办证明 11 张。通过国家总局抽取 40 个获证组织的 40 张认证证书，涉及 5 家认证机构；通过省“互联网 + 监管系统抽取了 33 家获证检验检测机构实施检查，检查机动车、生态环境等重点领域机构 11 家。各市县市场监管部门加强日常执法检查，全年共检查认证活动 1549 次，涉及认证机构 276 家，获证检测机构 742 家，作出责令改正处理 158 家，对 30 家机构立案查处，罚款金额 70.52 万元。对钢材和室内环境 2 类机构开展能力验证，约谈了 37 家能力验证存在问题机构。全年各类检验营业收入为 43.05 亿元，比上年增长 3.3%；出具检验报告 705.7 万份，增长 9.9%，平均每天出报告 1.93 万份。举办了市州科长认证监管业务培训班，协调总局技术机构对 185 名县乡认证监管和执法人员业务培训。在质量月、“6.9 认可日”和有机产品宣传周等活动期间开展信息发布、专题讲座、座谈交流、参观实验室等宣传活动，持续提升认证检测影响力和采信度。

【食品安全监管】持续推进基层食安办规范化建设，全省 1372 个乡镇，有 1213 个乡镇食安办达到规范化建设标准，全面夯实了基层工作基础。全域推进食品安全示范城市创建工作，7 个市州、72 个县（市、区）命名为省级食品安全示范城市，兰州市、嘉峪关市创建国家食品安全示范城市进展顺利，酒泉市、平凉市和金昌市、张掖市分别列入第四批、第五批国家食品安全示范城市创建名单。深入开展食品安全“守底线、查隐患、保安全”专项行动和侵害群众利益突出问题专项整治行动，全省共检查食品生产经营主体 67.4 万户（次），检查覆盖率 100%；排查发现风险隐患问题 5.41 万个，完成处置 5.38 万个，处置率 99.36%。全省共有 1.1 万家食品生产企业和食品小作坊应用甘肃省“陇上食安”一体化智慧监管平台，9009 家食品生产主体实施“互联网 + 透明车间”，食品生产企业“互联网 + 透明车间”实施率达 100%。实施乳制品、肉制品质量安全提升行动，2022 年，全省共抽检熟肉制品 1279 批次，合格 1272 批次，合格率 99.45%；抽检乳制品 1545 批次，合格 1540 批次，合格率 99.68%。组织对 302 家食醋生产加工单位进行全覆盖监督检查，发现并处置各类问题 103 条；吊销食醋生产许可（登记）证 3 家，注销不符合生产条件的醋生产许可（登记）证 53 家。积极推进“互联网 + 阳光仓储”智慧管理，全省大中型超市、食品（含食盐）批发企业、第三方仓储、物流电商等食品仓储场所 11520 家，已完成并接入综合监管平台安装应用 10229 家，接入率已达到 89%。完成了农村假冒伪劣食品三年整治行动，共查处假冒伪劣食品行政处罚案件 2437 件，移送公安机关案件 146 件。强化进口冷链食品监管，将全省 86 个总仓优化整合为 2 个进口冷链食品集中监管仓，并如期完成提升改造正常投入运行，累计入仓进口冷链食品 72473 吨，出仓 72383 吨，核酸检测采样约 610208 份，赋码进口冷链食品约 281.6 万件。全省持证餐饮服务单位 91155 家，小餐饮 38648 家，网络订餐第三方平台（含分支机构）206 家，入网餐饮服务单位 43159 家。全年餐饮环节监督检查数 354991 户次，下达责令改正通知书 8251 份，立案 1313 起，罚没款 659.9 万余元，吊销许可证 2 家，取缔无证经营 29 家，移送公安机关案件数 8 起，刑事立案数 1 起。全省“互联网 + 明厨亮灶”实施单位已达到 7.9 万余家，完成年度 7.5 万家任务目标，全省学校食堂“互联网 + 明厨亮灶”实施率达 100%。

【商标专利监管】全年全省发明专利授权 2472 件，比上年增长 9.72%；有效发明专利累计 12000 件，万人口高价值发明专利拥有量达到 1.6 件。全省商标注册量 30104 件；商标有效注册累计 185375 件，比上年增长 17.73%；新增地理标志证明商标 19 件，地理标志证明商标累计 169 件，地理标志保护产品累计 67 个；新增地理标志专用标志使用企业 339 家，地理标志专用标志使用企业累计 574 家（其中地理标志商标许可企业 454 家，地理标志保护产品生产企业 120 家）。完成“甘味 GANWEI 及图”商标注册；“陇字号”图形商标已核准注册，文字商标注册进入复审阶段；指导完成“兰州牛肉面”商标注册申请。强化对商标品牌工作的行政指导，对“河沿面片”“凉州熏醋”商标使用问题做出答复并抄送各市州局。经各地推荐，3 项品牌建设成果入选国家知识产权局“商标品牌建设优秀案例”。拓展商标业务窗口服务范围，初步实现了地理标志商标企业使用专用标志申请和地理标志专用标志备案申请网上办理。在兰州新区布局建设知识产权服务专区，探索开展知识产权“一站式”综合服务。支持甘肃政法大学建设省级知识产权培训基地建设，构建更为完善的知识产权培训网络。甘肃省生产力促进中心和西北师范大学备案为国家知识产权信息公共服务网点，全省已备案网点达到 4 家。完成甘肃省地理标志专家库建设和地理标志资源整理，“靖远枸杞”“靖远文冠果油”“兰州百合”“甘加羊”成功入选国家知识产权局《地理标志助力乡村振兴典型案例汇编》。试点审核批准 5 个产品的 15 家企业使用地理标志专用标志。“国家地理标志产品保护示范区（甘肃甘谷）”获批筹建，全省国家级地理标志产品保护示范区达到 4 家。

【知识产权保护运用】制定《技术调查官参与专利侵权纠纷行政裁决办案实施办法》，全系统共受理专利侵权纠纷 586 件。印发《关于加强知识产权纠纷调解工作的实施意见》，通过知识产权纠纷诉调对接机制快速化解知识产权纠纷 35 起。制定《加强海外知识产权纠纷应对工作实施方案》，在全国范围内选任了 50 人的海外知识产权纠纷应对指导专家，组织企业参加“区域全面经济伙伴关系协定（RCEP）知识产权内容解读”“商标国际注册马德里体系与企业国际化经营”和举办“海外知识产权保护”线上培训。与青海、宁夏、国家知识产权局专利局北京审协中心及沿黄九省区知识产权部门签订知识产权保护战略合作协议。知识产权质押融资入园惠企行动成效明显，全省新增知识产权质押融资 4.04 亿元。落实企业专利权质押融资奖补和专利保险补贴政策，18 家企业享受奖补资金 189.94 万元。以质量和效益为导向开展省专利奖评审工作，完成 2021 年度省专利奖申报、评审、颁奖等工作，启动 2022 年度省专利奖励工作。兰州市、民乐县、民勤县、天水经济技术开发区分别获批新一轮知识产权强国建设试点城市、试点县区、试点园区；累计培育国家知识产权优势企业 112 家，示范企业 23 家，省级知识产权优势企业 214 家；通过《企业知识产权管理规范》国家标准认证的企业达到 544 家。

【药品监督管理】2022 年，甘肃省药品监督管理局在全国率先成立集中打击整治药品安全违法犯罪工作领导小组，部署集中打击整治危害药品安全违法犯罪工作，推进药品安全专项整治行动。紧紧围绕国家药监局明确的 22 项重点任务，排查风险隐患问题 9749 个，逐项建立清单台账，实施整改销号管理；查办违法违规案件 1584 件，处罚没款 1308 万元，案件数较上年同期增长 101.8%；向公安机关出具认定意见 10 件，移送公安机关涉刑案件 20 件，增长 5.7 倍；公安机关立案侦办药品领域刑事案件 179 起，增长 28.8 倍，捣毁制假窝点 18 个，打掉犯罪团伙 25 个，抓获犯罪嫌疑人 210 余人，审查起诉 48 人，涉案价值 7600 余万元。严防严管质量安全风险。完成疫苗、麻醉药品、精神药品、蛋肽类药品、四级监管医疗器械、装饰性彩色隐形眼镜等重点品种生产企业全覆盖性监督检查，对 100 余家药品批发企业和零售连锁总部的符合性检查，对 75191 家次药品经营企业和医疗机构的日常监督检查。将省不良反应监测中心更名为省药物警戒中心，推动甘肃药品不良反应、医疗器械不良事件和药物滥用监测工作逐步走向法制化、规范化、科学化。建立国家级监测哨点 15 个，省级监测哨点 95 个，初步确定了拟建的 94 家省外医美产品不良反应（事件）监测哨点，弥补了医美行业药物警戒工作的空白。收集、分析、评价药品不良反应监测报告 12766 例，比上年增长 36.8%。突出科技支撑和队伍建设。审定发布 61 个甘肃省中药炮制规范、110 个中药配方颗粒质量地方标准、3 个中药材标准和 18 个中药材产地生产加工地方标准。指导建立武威碳离子治疗系统使用和运行维护 2 个质量管理体系文件，为碳离子治疗系统注册上市后监管工作提供了标准支撑。立项建设总投资 2.25 亿元的甘肃省生物制品批签发中心（药物安全评价中心）项目并完成主体结构和 85% 以上的配套设施安装。完成投资约 2.23 亿元建成甘肃省医疗器械检验检测能力建设项目，完成实验室搬迁，项目投入使用，结束了我省 28 年来没有固定的专业化医疗器械检验检测场所的历史。联合甘肃中医药大学举办中药炮制大赛，组织开展药品监管科研项目 81 项，先后与兰州大学、中国药科大学、甘肃中医药大学签订《战略合作框架协议》，挂牌成立监管科学研究中心，在科技、人才、管理等方面开展战略合作，探索监管科学建设和基础创新研究新道路。完善省、市、县三级药品监管部门在药品全生命周期的监管协同、工作对接机制，融合于大市场体系下的药监体制基本形成。稳妥推进中药材产地加工。从全省遴选 20 家产地加工龙头药品生产企业，全面启动大宗地产中药材加工工作。20 家龙头企业改建或新建产地加工车间 29 个，带动合作社 315 个，覆盖种植户 3 万余户，自有或签约种植基地 17 多万亩。推动定西与亳州两地政府建立合作机制，引导鼓励我省中药企业对接安徽亳州专业市场，签约合作项目 12 个，金额 15.6 亿元，20 家龙头企业开始向全国饮片企业提供产地加工产品。向国家知识产权局申请认证甘肃产地加工产品商标标识，积极打造“厚道甘肃、地道陇药”品牌。持续深化“放管服”和审评审批制度改革，省级药品监管审批事项在 100% 实现“最多跑一次”的基础上，实现“网上办”“协同办”“一体化服务”，行政审批网上办事系统持续领跑全省。在兰州、平凉、金昌三市探索性开展药学服务健康管理示范药店创建活动，加快推动零售药店运营管理向专业、便民、利民、惠民的药学服务方向转型升级。成立服务生物医药产业发展工作专班，推动重大项目顺利实施，甘肃省生物制品批签发中心项目进展顺利。国药中生集团在我省血液制品生产基地项目 7 个血浆站最终获批，国药中生集团血液制品生产基地和医美产业化基地 2 个项目顺利实施。兰州生物所主要新产品研发注册取得重大进展。全力服务武威碳离子治疗系统 1 号变更注册和 3、4 号治疗室注册和兰州碳离子治疗系统注册工作，武威碳离子治疗系统 1 号治疗室的变更注册已于 2022 年 12 月 7 日通过国家药监局的批准。推进疫苗国家监管体系（NRA）评估工作，保障国家 3 级成熟度水平通过世卫组织 NRA 评估。加强疫情防控药械全链条质量安全监管、监测和核查处置，全省无一例因医用口罩、防护服质量安全造成的疫情传播事件，加强院内制剂生产、使用环节安全监管，指导“甘肃方剂”中在全省调剂使用，参与治疗率 97.8%。

（金光元　陈广宏）

统计

【党的建设】一是加强政治机关建设。始终把党的政治建设摆在首位，引导全省统计系统广大党员干部深刻领会“两个确立”的决定性意义，坚决做到“两个维护”。制定 2022 年度党建和精神文明建设重点工作，完善落实意识形态工作责任制细则和推动党史学习教育常态化长效化意见措施，加强对党员干部的思想引领和统计意识形态阵地建设，弘扬伟大建党精神，着力推动党建和业务深度融合，聚焦统计现代化新的实践提出新的课题，全体党员干部履职尽责的责任感、紧迫感和使命感不断增强。二是强化政治理论武装。全省各级统计部门严格落实“第一议题”制度，坚持先学一步、深学一层，及时制定《党组理论学习中心组2022年度学习计划》，采取理论学习、“三会一课”、主题党日等形式，充分发挥领导干部领学促学和“学习强国”“甘肃党建”等学习平台作用，持之以恒深入学习党的最新理论成果，不断提高政治判断力、政治领悟力、政治执行力。三是纵深推进全面从严治党。认真履行全面从严治党主体责任，将全面从严治党的思想政治学习贯穿统计改革发展全过程，严格执行“三重一大”集体决策制度，严肃党内政治生活，准确把握党风廉政建设主体责任的着力点，制定《2022年党风廉政建设和统计行风建设工作要点》《作风建设领导小组2022年作风建设要点》等重点工作计划，不断加强警示教育和廉政教育，党风廉政建设和统计行风建设得到进一步加强。四是着力打造高素质统计干部队伍。严格按照《党政领导干部选拔任用工作条例》，不断优化统计干部队伍结构，重视培养选拔优秀年轻干部，努力造就忠诚干净担当的统计干部队伍。全年选拔任用处级干部4人，晋升四级调研员以上职级干部15人，科级干部任职及晋升31人，先后选派30余名志愿者下沉基层参与疫情防控工作。五是不断夯实基层党建基础。大力实施基层组织建设提质增效行动，积极推进局机关党组织与乡村振兴帮扶村党组织结对共建，筹措落实乡村振兴各类帮扶资金1030万元。深化开展“一活动两行动”，持续开展“两级联动破解机关党建难题”活动。加强年轻干部学习研究小组工作，积极做好群团和统战工作，开展富有统计特色的道德讲堂、“双月论坛”等活动，深入实施公民道德建设工程，持续拓展群众性精神文明创建活动，推进志愿服务活动常态化，进一步巩固深化全国文明单位创建成果，为全省统计改革发展营造了风清气正的良好政治生态。

【重大决策部署贯彻落实】一是以高度的政治自觉全面落实党的十九大和十九届历次全会关于统计工作重要决策部署。紧紧围绕习近平总书记关于统计工作重要讲话指示批示精神及对甘肃重要指示要求，深入贯彻落实中办、国办《关于深化统计管理体制改革提高统计数据真实性的意见》《统计违纪违法责任人处分处理建议办法》《防范和惩治统计造假、弄虚作假督察工作规定》，不断深化统计管理体制改革，高效发挥统计监督职能作用，及时跟进国家统计现代化改革步伐，全面推动甘肃统计改革与发展。二是以扎实的有力举措抓好中央《关于更加有效发挥统计监督职能作用的意见》（以下简称《监督意见》）贯彻落实。省委常委会、省政府常务会专题传达学习《监督意见》精神并作出安排部署，结合甘肃实际，省委办公厅、省政府办公厅印发《关于更加有效发挥统计监督职能作用的若干措施》（以下简称《若干措施》），各市州印发《关于更加有效发挥统计监督职能作用的实施方案》，省统计局印发贯彻落实27项具体措施，进一步明确“责任人”“路线图”“时间表”“任务书”，确保《监督意见》落地落细。三是以强烈的使命担当把学习宣传贯彻党的二十大精神作为首要政治任务。局党组第一时间对全省统计系统学习宣传贯彻工作作出安排部署，省、市统计局党组理论学习中心组专题学习党的二十大精神并开展研讨交流，通过党组中心组带头学、主题党日集中学、“三会一课”系统学，线上线下同时学的方式，充分利用微信公众号、钉钉微信群、腾讯会议、甘肃党建等平台，广泛采取组织生活会、开展学习研讨、撰写心得体会等形式，把全省统计系统党员干部的思想和行动凝聚到党的二十大提出的各项目标任务上来，把党的二十大战略部署转化为工作思路、具体对策和实际行动，落实到推动新时代统计工作高质量发展全过程各方面。

【统计现代化改革】一是全面落实国家统计现代化改革任务。持续推进地区生产总值统一核算改革，不断规范统一核算方法制度，建立完善统一核算方法，制定2022年季度市州地区生产总值统一核算方案，核算结果实现市州汇总数与全省数在总量、速度、结构三方面的基本衔接。探索自然资源资产负债表编制和生态产品价值核算工作，推进2019年、2020年甘肃省自然资源资产负债表编制工作，做好省级生态产品价值实现机制前期准备工作。强化科技创新统计监测，积极拓展科技创新统计调查范围，加强对数据质量过程评估和综合评估，扎实开展数据质量核查工作。扎实做好贸经统计改革，顺利推进月度“金样本”调查和限额以下抽样调查改革，做好分季度累计服务零售额试算工作。稳步推进劳动工资统计改革，扎实做好服务业生产指数试编试算工作，有序完成投资历史数据修订，推进主营业务结构化和行业智能编码专项试点，持续推动“准四上”单位库建设更新等。二是大力推进全省高质量发展统计改革。扎实开展高质量发展和县域经济发展综合绩效评价改革，稳步推动十大生态产业增加值测算工作，健全完善《十大生态产业统计监测实施方案汇编（2022）》，完成2021年及2022年各季度全省及市州十大生态产业增加值测算工作。有序开展民营经济增加值试算工作，修订完善2020年全省及市州民营经济增加值试算数据，完成2021年全省及市州民营经济增加值的试算工作。积极探索数字经济核算工作，组织开展数字经济核心产业增加值核算方法学习研究，研究制定2022年全省数字经济统计监测与增加值核算工作计划。深入开展“三新”经济增加值核算研究，修订完善我省“三新”统计监测制度，按期完成“三新”统计情况数据资料的编印，做好全省“三新”经济发展的分析研究。围绕“双碳”目标开展碳排放核算研究，积极开展国家碳排放调查试点任务，做好国家“双碳”目标重点课题调查研究，与住建等部门研究制定“双碳”工作实施方案，与生态等部门协商开展季度碳排放预测等工作。

【“五经普”筹备工作】一是成立五经普筹备机构。印发《省统计局关于组建省第五次全国经济普查筹备领导小组及办公室的通知》，组建甘肃省第五次全国经济普查筹备领导小组及办公室，省市县三级统计局均已成立五经普筹备机构。明确筹备工作任务分工，综合协调组、方案设计与试点组、投入产出调查组、数据处理组等各组推进阶段性重点任务。积极向省政府汇报五经普工作进展，二是及时召开筹备研讨视频会议。认真传达国家局会议精神，介绍甘肃省五经普筹备工作开展情况及工作安排，研究分析全省五经普工作面临的困难，深入开展专题研究，定期汇总全省工作进展情况。三是深入开展调查研究。省、市统计局就基本单位名录库日常运维工作开展调研，对县级五经普筹备工作进行督导检查，及时指导帮助解决基层问题，总结四经普普查区划分经验和好的做法，推进地理信息系统建设，为普查后续工作打好基础。四是加大基本单位名录库维护审核。指导市、县对产业活动单位较多的大型企业开展有针对性的调研及法产整理工作，为普查多级法人及产业活动较多的大型企业做好先期准备工作，做好五经普投入产出专项调查及集团公司调查的前期工作。五是认真做好五经普经费预算编制工作。按照国家局相关通知精神，参考以往普查经费使用情况，坚持科学合理、厉行节约的原则，完成五经普经费省级预算编制，组织市县两级开展编制工作。

【统计服务】一是统计监督职能作用有效发挥。针对工业、贸易、服务业、投资等重点领域加强监测分析研判，竭力把统计分析研究作为服务省委省政府科学决策的有效载体。围绕保持经济运行在合理区间，联合省发改委、甘肃调查总队共同研判经济形势，针对疫情影响、要素短缺、大宗商品价格持续高位运行、中小微企业困难等问题加强分析研判。围绕中心工作开展专题统计分析研究，坚持以精准调研全方位把握省情省力，组织全省统计系统开展经济形势和专题调研，深入田间地头、企业单位和项目工地开展针对性调研，掌握生产经营活情况，摸清情况、分析症结，把调研成果转化为决策建议。二是统计服务保障成效日益显著。统筹疫情防控和统计工作，找准贯彻落实省第十四次党代会精神的结合点、切入点、着力点。围绕构建“一核三带”区域发展格局、实施“四强”行动、做深做细“五量”文章等重大部署深化建言献策。联合省委组织部、省发改委制定印发《甘肃省县域经济发展综合评价细则》，积极做好高质量发展和县域经济发展综合绩效评价等工作，按季度开展市州重点工作完成情况有关测算等工作。在全国首创《甘肃省研究和实验发展（R&D）投入统计工作管理办法》，不断扩大社情民意调查范围，“两会”期间为代表和委员编印各类统计资料。着力打造精准统计产品，优化《领导干部手册》《统计月报》，全年向省委、省政府和国家统计局编报各类政务信息 249 篇，采用量位居省政府各部门第 8 位。三是统计公信力影响力持续强化。加强网站、微信等新媒体平台管理，协调相关部门举行年度、季度全省经济运行情况新闻发布会，充分利用统计官方网站和微信、微博等政务新媒体平台加大统计宣传力度，合理引导社会预期、提振发展信心。积极协调做好数字政府建设相关工作，及时在网站公布统计年鉴、统计公报、月度统计资料，第一时间通过网站、函件、电话、邮件等方式向社会各界提供统计数据，全年共回复网上留言 443 条，办理依申请公开事项 98 次，满足社会各界对统计数据需求。积极配合宣传部门做好“十八大”以来甘肃经济社会发展成就宣传工作，创建学习贯彻党的二十大精神等专栏，省市县成功举办第十三届“中国统计开放日”活动，不断提升统计公信力和影响力。

【依法统计依法治统】一是扎实推进专项纠治工作。按照国家局关于开展统计造假不收手不收敛问题专项纠治工作要求，与纪检监察机关共同成立专项纠治领导小组，召开工作推进会、制定实施方案，建立整改台账、强化督促检查，为期 5 个月在全省开展专项纠治工作，确保整改实效。组建 5 个专项纠治工作组共检查全省企业（项目）30 家，对 1236 家企业开展现场统计执法检查。二是着力推进执法检查工作。制定《2022 年度统计执法检查工作方案》《2022 年度入库退库专项检查方案》，安排部署各市州、县区“双随机”执法检查和入库退库专项检查工作，省统计局抽调全省执法骨干组成 3 个检查组对 75 户企业进行了“双随机”执法检查，并以“四不两直”形式对企业和乡镇进行检查，向相关政府部门和企业发放了统计法律法规宣传资料 160 余册。三是稳步推进统计法律法规宣传。省市县三级统计部门多次提请党委、政府学习统计法律法规和国家统计政令，多次在全省专业会和部门、市州培训会开展统计法律法规知识讲座。编印发放《监督意见资料汇编》《统计工作手册》，持续提升统计法治建设工作水平。推动各级党校（行政学院）将统计法律法规列入培训课程，充分利用“八五”普法、统计开放日、宪法宣传日等重要时间节点开展统计法律法规宣传。推动党政领导干部这个“关键少数”学法工作，做好 2022 年全民国家安全教育日普法宣传活动。不断加大企业宣传培训力度，做好 2022 年度全省统计执法证考试培训工作，先后编印《统计法律法规规章及规范性文件汇编》《统计违纪违法案例汇编》。四是全面推进统计数据风险防控工作。不断完善防范和惩治统计造假、弄虚作假责任体系，建立健全数据质量责任制和问责制，及时向国家局和省政府报告全省防范统计数据质量控制风险情况，制度化向省纪委监委和省委组织部报送统计执法检查和领导干部违规干预情况，认真清理自 2016 年以来违反统计法精神的文件共 267 件，废止违反统计法精神的文件 224 件，主动做好统计数据风险防控工作。

【基层基础建设】一是认真贯彻落实国家《关于全面推进企业电子统计台账工作的指导意见》，研究探索电子统计台账工作。深入调研重点行业、重点企业电子台账建设情况，以调研促规范，以规范促提升，各专业处研究制定下发电子统计台账模板，各市州指导企业建立健全电子台账，完善企业统计原始资料，促使企业统计工作科学化规范化制度化。二是研究制定《甘肃省“十四五”时期统计现代化改革规划实施规划》《甘肃省统计质量保证框架》《甘肃省统计局贯彻落实〈国家统计局关于进一步加强统计基层基础建设的意见〉实施方案》。三是印发甘肃《统计业务流程规范》，制定各专业统计流程规范，狠抓基层统计队伍建设，强化基层业务指导与培训，切实提高基层统计工作规范化水平。全年组织参加培训共2129人(次)。四是修订完善《甘肃省统计数据质量控制办法》《甘肃省统计主要指标数据评估办法》，规范统计数据采集、审核、汇总等生产过程各环节，做到统计数据“即报即审即验”，加强统计数据质量核查，规范部门数据采集应用，进一步提高统计源头数据质量。

【统计信息化建设】一是探索研究统计信息化新模式。紧紧围绕《“十四五”时期统计信息化发展规划》，统筹推进全省统计信息化建设，积极探索云计算保障大型普查、省级联网直报调查等大型统计调查工作，科学高效利用云计算提升综合统计预测预警水平，实现投资统计分析系统对投资项目深度分析功能，积极探索统计信息化发展的新理念、新机制、新模式。二是强化网络信息安全管理。定期召开网络安全局长专题会，牢固树立网络安全意识，严抓网络安全工作责任落实，加强网络安全项目建设，强化疫情防控期间统计网络安全保障工作，开展网络安全技术培训，着力提升基层统计网络安全的防治能力和网络安全风险事件应急处理能力。三是加强统计信息化基础工作。着力提高统计网络运行效率，做好国家联网直报平台数据处理技术支持、系统维护等工作，顺利完成第七次全国人口普查数据资料处理开发，做好人口变动调查系统数据运维保障工作，优化完善2022年甘肃省高质量发展考核测评程序，采用“线上＋线下”模式加大基层信息化技术培训力度，分步骤开展重大信息化项目实施工作，为统计数据处理营造良好环境。四是大力推进“统计库”开发建设。为进一步整合全省统计信息，方便全省统计工作者快速、便捷地查询统计资料，充分发挥信息技术优势，自主研发“统计库”，推进统计信息资料快速高效共享，助力统计工作数字化升级，为统计现代化改革提供扎实的统计信息化支撑。

（马文俊）

应急管理

【安全生产】2022年，全省共发生各类生产安全事故602起，死亡487人，受伤368人，直接经济损失17412.86万元，比上年分别下降12.37%、17.74%、23.65%和0.76%。

一是层层压紧压实安全生产责任。提请省委省政府连续4年与各市州、兰州新区和省安委会成员单位签订安全生产防灾减灾应急救援和消防工作“四位一体”目标责任书，纳入经济社会发展和“平安建设”考核总体指标，严格实施“一票否决”。提请省委省政府印发《关于进一步强化安全生产责任落实坚决防范遏制重特大事故的实施意见》，将国务院安委会安全生产15条硬措施细化为35条具体措施，细化了党委政府安全生产责任和企业主要负责人第一责任人责任，指导督促各地各部门抓好贯彻落实。提请省委省政府对事故频发、问题突出的3个市政府、5家省级单位、2家省属企业开展了安全生产工作约谈。以省安委会名义修订出台安全生产约谈办法、预警办法，进一步强化了安全生产工作的制度约束。

二是深入推进安全专项整治。持续推进安全生产专项整治三年行动和大检查工作，着力排查治理安全风险隐患，全省各级共检查企业单位38.42万家，排查治理隐患40万余条，实施行政处罚13.36万次，责令停产整顿3894家，暂扣吊销证照96家，关闭取缔464家，约谈警示26458家，联合惩戒1279家。三年行动圆满收官，形成了一批制度性成果和成功经验做法，安全生产整体水平得到提升，风险防范能力明显加强。深刻吸取兰州新区“6·16”较大爆炸事故和白银景泰“7·23”重大煤矿边坡坍塌事故教训，制定出台进一步强化危险化学品、矿山安全生产工作的若干措施，明确硬要求、提出硬任务，举一反三排查治理突出隐患问题，迅速扭转安全生产被动局面。加快推进危化品安全风险集中治理，开展化工园区安全风险等级评估和提档升级安全整治，实现了高风险等级化工园区“清零”，11个化工园区达到一般风险等级。加大督促检查力度，实行“一矿一档”清单式销号整治，派出省级工作组，对露天煤矿开展全覆盖专项检查，坚决做到不安全不生产。统筹组织12个省级工作组，从8月初至10月底，对各市州安全生产工作实施驻点包抓，同时分批次组织开展安全生产“四不两直”诊断式督导检查，覆盖全省所有市州和县区以及规模以上企业。共检查行业部门191个，生产经营单位984家，排查治理问题隐患15412条（其中重大安全隐患594条），责令停产停业整顿企业122家。

三是持续开展风险研判。紧盯复工复产、两会、省党代会、党的二十大等重大活动和春节、清明、国庆等重点时段，围绕应急管理特点和规律，专题组织开展风险研判，提出针对性防范化解措施，通过视频调度、定期通报、风险提示、专项督查等方式，推动各地各有关部门抓好落实。共组织风险研判14次，制定具体防范措施100余条，发送预警预报信息3000余万人次，预警预报函件10余件次。

【消防安全】一是火灾隐患整治精准发力。持续推进消防安全专项整治三年行动巩固提升阶段各项任务，部署开展消防安全大检查、自建房综合治理、高层建筑专项整治、城市消防安全、冬春消防安全专项整治等专项行动，统筹推进打通消防生命通道、劳动密集型企业、危化品重大危险源企业、易燃可燃彩钢板建筑、燃气等专项排查整治。累计排查自建房2.7万余栋、连片区域455处、高层建筑5类重点整治对象2163栋、劳动密集型企业306家、危化品重大危险源企业97家、燃气重点场所3917家，督促整改各类隐患问题3.1万处，挂牌督办重大火灾隐患单位89家，拆除易燃可燃彩钢板建筑90余万平方米，50余家国家和省级文保单位消防设施更新改造，1748个老旧小区增设消防设施，71个高层安置点隐患整改率达到92%。全年发生火灾12318起，未发生较大以上火灾。

二是基础保障不断夯实。推动省委、省政府将基层消防监管力量建设纳入“十四五”消防规划重要内容，着力破解基层消防监管力量薄弱难题，全省

1381个乡镇街道已挂牌组建消防工作所1343个，挂牌覆盖率达97%。稳步推进“两智一图”和重大灾害场景融合数据平台建设，统一建成全省智能接处警系统、实战指挥平台和消防一张图。研发重大灾害场景融合数据平台，采集“高低大化”重点单位2万余条全域信息。统筹推进全省东、中、西三个区域性战勤保障消防站建设，构建“布局精准科学、梯次结构合理、功能辐射带动”的战勤保障体系。提请省政府常务会审议通过《甘肃省消防救援队伍装备建设三年规划（2022—2024）》，强化石油化工火灾扑救攻坚、高层建筑和大型综合体火灾扑救关键性装备、地质类灾害救援专业装备、消防员个人防护和特种器材装备、通信和战勤保障类车辆装备建设，初步形成高中低档相结合，结构合理、特点突出、保障有力的装备建设体系。

【防灾减灾救灾】2022年全省各类灾害共造成424万人受灾，因灾遇难15人，房屋倒塌、严重损坏1.39万间，一般损坏8.69万间，直接经济损失130.29亿元。

一是扎实推进自然灾害综合风险普查。统筹各级各部门力量，积极推进第一次全国自然灾害综合风险普查，先后组织召开10余次普查办主任办公会和工作推进会，编制印发工作方案7份，完成了普查调查工作，基本摸清了主要灾种在全省的分布底数，总体进度达到99.9%，位居全国前列。

二是全面做好防汛抗旱工作。及时传达学习习近平总书记在四川考察时关于防汛减灾工作重要讲话精神，定期召开全省防汛会商会，分析通报防汛形势，督促各地各部门抓实抓细各项工作。制定出台《关于加强防汛抗旱责任制管理的指导意见》，健全完善山洪灾害防御“四级”包抓责任制、淤地坝防汛安全责任制。组织对河南郑州“7·20”暴雨灾害经验教训进行复盘学习，推动各级压紧落实防汛救灾责任措施，有效应对了10多次强降雨过程和庆阳市大暴雨、马莲河历史第二大洪水。

三是全面加强森林草原防灭火工作。组织林草、自然资源、气象、森林消防等部门召开会商会议，对各地天气趋势和火险形势进行会商研判，及时发布“防火令”“禁火令”，向高火险地区发出火险形势预测，对森林草原火险气象等级开展旬预报、月预报，提前做好防范。各级共排查整治火险隐患2120条，查处违反森林草原防火案件24起。

四是持续强化地震灾害防范应对。制定进一步健全完善地方防震减灾救灾体制机制的实施意见，理顺防震减灾和抗震救灾职责分工，明确市县防震减灾救灾责任。制定《甘肃省重特大地震灾害应急处置手册（试行）》，提出了震后7天内各重要时间段省抗震救灾指挥部及成员单位重点工作任务，总结固化了相关工作模板。第一时间应急响应、开展督导、调拨物资，有效应对了青海门源“1·8”地震。

五是及时开展救灾救助。制定出台《甘肃省受灾群众集中安置管理服务规范》。全年共紧急转移安置1.87万人，下拨中央和省级冬春生活救助资金3.86亿元，下拨省级2022年度自然灾害生活救助资金1500万元，下拨中央自然灾害救灾资金1100万元，下拨救灾物资4300件，支持受灾市县全力做好救灾工作，保障了受灾群众基本生活。积极服务全省疫情防控大局，先后借调帐篷、折叠床、棉被等救灾物资3.34万件，用于设置疫情监测点和防控工作人员生活保障等，助力全省疫情防控工作。

六是扎实做好自然灾害应急。编制并提请省政府印发《甘肃省地质灾害应急预案》，明确各级各部门职责任务，细化应急处置各环节的措施。购置地质灾害应急监测预警设备，有效提升地质灾害应急监测预警能力，快速高效开展地质灾害应急处置。现场指导，妥善处置定西市漳县武当乡景家门社滑坡险情。组织开展黄土区域滑坡地质灾害成灾机理研究、舟曲县地质灾害综合治理和重大地质灾害链应急处置技术研究，提升科技支撑能力，提高应急决策的科学性。

【应急救援】高效有序完成了青海门源6.9级地震、张掖市肃南县5.1级地震应对处置工作，并成功应对了12次较大范围降雨过程和63起地质灾害。重点完成了兰州野生动物园观光车侧翻事故、“6·16”兰州新区滨农科技有限公司爆炸事故、“7·23”白银景泰泓胜煤矿边坡坍塌事故、“3·8”白银靖远红会支线列车脱轨坠桥应对处置工作。圆满完成庆阳“7·15”暴洪灾害抢险、黑河“8·23”孤岛救援、援渝扑火任务等各类应急救援任务34起。

【基础保障和能力建设】一是圆满完成“应急使命·2022”演习。2022年5月，国务院抗震救灾指挥部办公室、应急管理部、甘肃省政府联合在河西走廊地震带重点地区举行“应急使命·2022”高原高寒地区抗震救灾实战化演习。采取“1+4+4”模式，在张掖设主演习场，嘉峪关、酒泉、金昌、武威4个市设分演习场，按照景区、高层、地下、铁路设4个分科目点，共设置18类41个演习科目，分拉动检验、指挥演习和综合演习3个阶段组织实施。投入参演力量5000人，航空器7架，动用部分铁路、航空、公路运力资源、指挥车辆和救援装备器材。达到了提高应急指挥效能和救援合力、破解应对大震巨灾“断、慢、乱”难题、推动各地强化抗大震准备、促进抗震救灾能力提升的预期目的。

二是加强宣传培训和法治建设。2022年创建国家级减灾示范社区20个、省级减灾示范社区64个。举办“减轻灾害风险·守护美好家园”2022甘肃省防灾减灾知识网络竞赛活动，活动答题平台流量1267090人次。组织开展“安全生产月”各项活动，动员全社会参加全国“新安法知多少”网络知识竞赛，我省取得全国第四的好成绩。修订完成《甘肃省安全生产条例》，已经省人大审议通过，自2023年1月1日起正式施行，进一步强化了甘肃省安全生产工作的法治保障。

三是持续推进应急规划体系建设。深入推进应急管理体系和能力现代化建设，扎实推进《甘肃省“十四五”应急管理体系建设规划》《甘肃省“十四五”安全生产规划》《甘肃省“十四五”防灾减灾规划》实施，规划阶段性工作任务如期完成。国家西北区域应急救援中心建设项目已完成前期工作，于2022年12月20日正式开工，计划2024年12月建成。建立完善了应急管理省级项目库，将甘肃省航空护林站建设等5个项目纳入了省发改委《2022年全省重大前期项目清单》，应急管理体系和管理能力现代化建设取得了积极进展。

四是全力做好煤炭保供工作。按照省政府的安排，制定《省应急厅落实〈甘肃省贯彻落实稳住经济一揽子政策措施实施方案〉工作方案》，指导各地在保证安全生产前提下，切实做好煤炭增产保供工作。组织专家对全省保供煤矿开展安全技术服务，排查治理安全隐患916条，提出工作建议18条，确保煤矿安全生产。

（郭娟娟）

社会事业

科技

【概况】2022年，全省科技界在省委省政府的坚强领导下，坚持以习近平新时代中国特色社会主义思想为指导，深入贯彻党的二十大精神，全面落实省党代会关于大力实施“四强”行动的决策部署，坚持走特色化、差异化的强科技之路，全省科技工作取得长足进步，创新型甘肃建设取得重要进展。《中国区域科技创新评价报告2022》显示，全省综合科技创新指数达到54.92%，科技综合实力保持在全国第二梯队。制定《甘肃省强科技行动实施方案（2022-2025年）》等重大政策措施，出台兰白自创区条例，推动兰白两区赋能升级，兰白试验区、兰白自创区创新引擎作用更加彰显。在甘两院院士17人、杰青59人、省级科技拔尖人才69人。2家国家高新区、10家国家农业科技园区和10家省级高新区、56家省级农业科技园区加快提质增效，形成主体功能明显、优势互补、高质量发展的区域创新布局。科技进步贡献率达到58.2%，科技创新有力助推质量变革、效率变革和动力变革，对全省经济社会高质量发展的支撑引领作用更加凸显。

【科技创新统筹部署】坚持“三新一高”导向，贯彻省委省政府决策部署，突出以强科技支撑强工业、强省会、强县域，会同省科技领导小组成员单位共同制定强科技行动实施方案，从五个方面部署35项重点任务，提出一系列具有挑战性的目标和突破性的举措。面向各市（州）全覆盖签署厅市科技工作会商议定书，会同省财政厅在均衡性转移支付中安排5亿元强科技奖补资金，支持市（州）县科技创新。建立强科技行动年度评估和分层调度机制，推动各项任务落地实施。

【科技体制改革】科学把握国家科改三年攻坚方案释放的政策导向，坚持以改革破难题、促落实、增活力。从科技资源配置的全链条出发，再造科技管理流程，重构科技管理制度体系。制定省级科技计划专项资金管理办法，实施以信任和绩效为核心的科研经费管理改革。会同省财政厅出台省联合科研基金管理办法，与9家单位签约实施省联合科研基金项目。制定加强科技伦理治理的实施意见，促进科技事业健康发展。持续深化科技人才发展改革，会同省教育厅、省人社厅制定“十四五”科技人才发展实施方案，试点开展首席科学家负责制项目，在全国率先设立在读优秀博士生科技专项，持续推进职务科技成果赋权改革，清理整治人才评价“唯帽子”问题。组织科技政策宣讲和培训等系列活动，开展政策落地“最后一公里”专项行动，推动各类政策应知尽知、应落尽落。

【科技创新平台布局】通过“一室一策”制订重组方案，定向支持重大科技项目，高标准推进国家重点实验室建设与重组，3家实验室成功重组为全国重点实验室，国家重点实验室达到11家。深化兰白张江结对合作，兰州高新区跻身“2022中国生物医药百强产业园”。突出“强核心、大协作”，优化整合省级科技创新基地，在核技术、基因编辑、玉米种业、航空机电等方向新建一批科技创新平台。会同省财政厅制定省基础学科研究中心建设工作指引，启动建设省基础学科研究中心。修订省级高新区认定和管理办法，出台促进高新区高质量发展的若干措施，新设立酒泉省级高新区。陇西高新区获国家火炬中医药特色产业基地。

【关键核心技术攻关】结合国家重大战略需求，积极申报国家各类科研项目，获项目经费13.17亿元。聚焦我省重点产业发展方向，统筹资源在新能源、新材料、石油化工、生物医药、电子信息、装备制造、文物保护、生态环保、现代农业等比较优势领域布局一批省级重大科研项目，开展关键技术攻关，取得一系列重要成果。重离子加速器小型化、智能化、可视化关键零部件制造技术取得新进展，羊小反刍兽疫病毒抗体检测试纸条获得国家一类新兽药注册证书，核用316H不锈钢成功应用于霞浦核电快堆示范项目，Ni70比例的单晶正极材料开发技术国际领先，新审定玉米新品种49个。突出市场应用导向，制定促进成果转化的若干措施，常态化开展成果对接沙龙活动，推动成果向现实生产力转化。2022年全省累计认定登记技术合同13241项，技术合同成交额达到338.57亿元。

【企业自主创新能级】会同省工信厅新组建集成电路制造材料、中医药、化工新材料3家创新联合体，全省创新联合体达到10家，集聚省内外220余家单位科研人员联合开展技术攻关。实施高新技术企业倍增计划，培育科技创新型企业集群，科技型中小企业突破2510家，高新技术企业达到1696家。实施企业技术创新能力提升行动，扩大科技型中小企业技术创新基金规模，支持规上企业建设研发机构，从高校院所向企业选派首批100名科技专员，实施“银龄计划”引导退休科研人员服务企业创新。省级科技重大专项中由企业牵头承担的超过70%。

【科技惠民】面向人民生命健康，申报获批国家重点专项“小型化重离子治疗装置研发”揭榜挂帅项目，立项实施“‘甘肃方剂’防治新冠感染系列研究”省级重大专项。持续加大环境保护、自然灾害防范等领域研发部署，组织实施黄河上游水源涵养、高寒干旱区矿山生态修复等关键技术研发与示范。与省公安厅建立“科技兴警”协同工作机制，积极参与平安甘肃建设行动。强化农业科技支撑，加大乡村产业共性关键技术攻关力度，促进农业高质高效。深化科技协作定点帮扶，选派555名东西部“双地”科技特派员服务乡村振兴。争取科技部重点研发经费5700余万元，支持科技特派团面向23个国家重点帮扶县开展技术攻关与集成示范。

【支持大众创新创业】持续推进省级创新型县（市、区）建设试点，大力推动大众创业万众创新，培育发展新动能。加强对科技企业孵化器、众创空间的分类指导，1家企业获批国家级科技企业孵化器。成功举办第七届中国创新挑战赛（甘肃），签订产学研合作协议48项、金额3810万元。承办第十一届中国创新创业大赛（甘肃赛区），推荐19家企业参加全国行业赛，4家企业在全国赛决赛中获“优秀企业奖”。依托各类科技计划项目（平台）开发1272个科研助理岗位，吸引大学毕业生就业，实现创新与创业“双赢”。深入开展科技活动周系列活动，成功举办甘肃省第七届科普讲解大赛，推动文化科技卫生“三下乡”，提升全民科学素养。

【科技交流合作】与中国科学院签订新一轮战略合作协议，与中国工程院联合实施战略研究与咨询项目9项，会同省委组织部邀请30名院士专家来甘开展“陇上行”活动。深化东西部科技协作，与上海张江签订“1+8”合作协议，积极推动“大湾区·兰白自创区中医药创新发展示范区”建设，兰白张江结对合作被科技部等9部委纳入“十四五”东西部科技合作实施方案。举办“强科技支撑高质量发展”论坛，通过线上或线下方式参加各类科技交流活动。出台“一带一路”国际科技合作工作指引，深度参与“一带一路”科技创新行动计划，新建3家国际科技合作基地（平台）。

（张文炫）

教育

【综述】2022年，全省各级各类学校共1.49万所，在校生547.1万人、教职工45万人。其中幼儿园8021所，幼儿94.7万人，专任教师6.3万人；小学4782所及教学点4721个，在校生202万人，专任教师15.2万人；初中1453所，在校生90.4万人，专任教师8.3万人；高中368所，在校生52.6万人，专任教师4.8万人；中职学校177所，在校生20.1万人，专任教师1.4万人；特教学校47所，在校生2.1万人，专任教师1152人；高等学校49所，本专科在校生64.8万人，成人本专科8.9万人，研究生6万人，专任教师3.4万人，研究生培养机构（不计校数）15个，成人高校4所。

【党建引领】制定《高校领导班子和领导干部平时考核实施细则（试行）》，召开全省教育系统全面从严治党暨高校官僚主义整治工作推进会，督促落实党风廉政建设“两个责任”。落实省领导、厅党组成员联系高校基层党支部制度。培育省级示范党组织360个，全省高校“双带头人”书记配备率98.3%，高于全国平均水平3个百分点。举办或协办高校组织（统战）部长、基层党支部书记、党务干部等10类示范培训班（座谈会），累计培训6230人次。立项教育领域党建理论及实践研究课题（项目）200项。

【思政教育】制定全省教育系统党的二十大精神学习宣传工作方案，组织开展各类宣讲活动120余场次，受众师生40余万人次。召开全省教育系统贯彻落实学校思想政治理论课教师座谈会精神暨全国高校思政课平台建设启动会，指导各高校开设《习近平新时代中国特色社会主义思想概论》课程。立项结项一批思政教育研究课题，设立“党的二十大精神”专题研究项目。

【“五育”并举】积极培育创建100所左右“德育工作六星校”，开展“新时代好少年·强国有我”系列品牌活动。成功举办全省第五届中学生运动会，不断完善省市县校四级联赛体系。全省第七届中小学生艺术线上展演在甘肃电视台少儿频道及线上展演1000余件获奖作品。8所学校入选首批全省中小学美育工作坊。实施体育美育浸润行动计划，8所高校结对帮扶周边中小学开展体育美育浸润活动。创建13个省级中小学劳动实践基地，推动建设3个全国中小学劳动教育试验区。

【特色亮点工作】制定《贯彻落实〈关于建立中小学校党组织领导的校长负责制的意见（试行）〉工作方案》，全面强化党对中小学的领导。开展“青春献礼二十大强国有我新征程”等系列主题作品征集和“三下乡”社会实践研学活动，评选优秀作品200余件，形成实践研学成果1万多个。成立教育融媒体中心，策划实施“教育这十年喜迎二十大”等系列报道，厅门户网站、官方微信号共发布党的二十大相关报道和视频220篇，累计阅读量69万余次，甘肃日报等省级以上权威媒体宣传报道甘肃教育80余篇。

【基础教育】学前教育。出台《甘肃省“十四五”学前教育发展提升行动计划》，制定、修订我省幼儿园保育教育质量评估标准、示范性幼儿园评估标准。着力扩大普惠性学前教育资源、改善薄弱幼儿园办园条件、扶持普惠性民办园发展。

义务教育。修订《甘肃省义务教育条例》，强化义务教育法律保障。指导5个县做好国家义务教育优质均衡验收准备工作。印发规范民办义务教育发展、调整办学体制机制等有关工作方案，进一步规范和加强“公参民”学校管理。督促指导52个县（市、区）精简随迁子女义务教育入学证明材料65项。

普通高中教育。出台《甘肃省“十四五”县域普通高中教育发展提升行动计划》。在全省46所省级示范性高中遴选227名学科骨干教师与省外管理团队组队，到23所县中开展“组团式”帮扶和结队帮扶。指导17所卓越高中培育学校制定工作规划与年度工作方案。修订《甘肃省示范性普通高中评估标准》，新创建4所省级示范性高中。

特殊教育。制定《甘肃省标准化特殊教育学校建设评估标准》，创建残疾学生随班就读示范区、示范校，有效保障残疾儿童接受义务教育的权利。

特色亮点工作。实施城镇公办园扩

容工程，支持各地新建、改扩建城镇公办幼儿园60所，增加公办园位1.6万个。全省建设义务教育集团化办学团体262个、城乡共同体办学183个，分别涉及学校2607所、1930所。

【职业教育与继续教育】职业教育。印发《甘肃省职业教育集群建设方案》，巩固“一园三群”发展模式。全省63个县（市、区）组建了“一县一校一中心”，开展技能培训23.3万人次，全省职业院校培训10.9万人次。全面推行“1+X”证书制度试点，132所院校分6批申报了1386个职业技能等级证书试点，1.5万多名学生取得相应证书。印发《甘肃省职业学校学生实习管理实施细则》《普通本科学校试办职业本科专业实施方案》，2所职业本科大学共设置职业本科专业42个。制定《甘肃省高中阶段职普融通工作方案（试行）》，备案29所普通高中试点中职班、43所中职学校试点高中班。制定《甘肃省“双高计划”中期绩效评价工作方案》。

继续教育。制定《甘肃教育现代化继续教育五年行动计划》。开展学历继续教育校外教学点调研排查，研制《甘肃省高等学历继续教育校外教学点管理办法》。会同有关部门专项整治高等学历继续教育违法违规广告行动。完成高等学历继续教育专业设置系统填报及专业统筹。

特色亮点工作。召开全省职业教育大会，首批评选表彰5个市、15个县（市、区）为全省职业教育改革成效明显的地方。在全国率先印发产教融合型试点城市遴选建设办法，遴选确定兰州、酒泉、天水等3个城市为全省首批产教融合试点建设城市，分两批遴选产教融合试点企业55家。9个虚拟仿真实训基地被认定为国家级实训基地，遴选省级职业教育名班主任、名师工作室共50个。

【高等教育】高层次人才培养。举办新时代振兴中西部高等教育论坛高峰论坛。全省高校获批第三批国家级一流本科专业建设点54个。省级高等教育教学成果奖从上届的50项增加到120项，并增设特等奖。联合省直13个部门共同印发《甘肃省关于进一步支持大学生创新创业的若干措施》，获批建设国家级创新创业学院、教育实践基地各2个。培育“大创计划”国家级项目4412项。制定全省《普通本科高校绩效考核管理办法》《甘肃省本科毕业论文（设计）抽检实施细则（试行）》。河西学院增列为硕士学位授予单位，全省11所高校新增42个博士硕士学位授权点。

科研创新。兰州理工大学西北低碳城镇支撑技术科研平台获批省部共建“2011协同创新中心”，天水师范学院集成电路研究中心获批教育部工程研究中心。高校立项国家自然和社科基金项目、省哲社项目分别占全省总数的67%、93.7%、84.8%。修订《甘肃省教育科技创新专项资金管理办法》，投入1.25亿元（比上年增长25%）开展2022年教育科研创新项目，立项产业支撑计划、青年博士基金、优秀研究生“创新之星”项目等1971项。联合省直有关部门印发《甘肃省高校产业研究院建设方案》，首批建设12个高校产业研究院。

大学生就业。制定完善“周统计月通报”“就业督查”“重点群体帮扶”“就业约谈”等四项制度，扎实开展“访企拓岗”“两个一”活动精准促进就业。协同省直有关部门开发各类政策性岗位近6万个，提供市场化岗位38.9万个。2022届全省高校毕业生去向落实率为78.3%，“零就业”家庭等重点群体毕业生去向落实率达79.5%，高于全省平均水平。

特色亮点工作。教育部批复在甘肃省设立新时代振兴中西部高等教育改革先行区，出台全省加快普通高等教育高质量发展若干措施、省属高校国家一流学科突破工程建设方案等政策文件。省属高校在全国第八届中国国际“互联网+”大学生创新创业大赛决赛中获得2金7银48铜的历史最好成绩。

【教育改革】高考综合改革。出台全省普通高中学业水平选择性考试成绩计入考生总成绩实施办法和普通高校少数民族语言授课专业考试招生实施办法。全面加强高等教育招生计划管理，建立“优化存量+竞争增量”的分配方式。

教育评价改革。印发教育评价改革年度工作要点，指导各地上报教育评价改革试点项目320余项、典型案例230余项。扎实开展“唯帽子”问题自查自纠，推动人才称号回归学术性、荣誉性本质。

教育数字化战略行动。研制《甘肃省关于推进“互联网＋教育”高质量发展的实施方案》。召开2022年全省教育信息化现场会，甘肃省被确定为国家智慧教育平台第二批试点省份。2地、8校分别入选教育部网络学习空间应用普及活动优秀区域和优秀学校。持续推进“互联网＋支教”项目，组织师范类高校（专业）重点面向乡村振兴重点帮扶县学校开展线上授课，受众学生数29.58万人次。举行甘肃智慧教育平台（一期）发布仪式，为全省1.8万多所学校500.48万师生提供服务，累计访问量1.7亿次。

“双减”工作。制定省级课后服务指导意见，全省课后服务学校比例和服务时间达标率均为100%，学生参加率达99.34%，20个县（市、区）成为教育部第二批课后服务信息化试点。成立校外教育培训监管处，出台管理实施细则等政策文件，专项排查治理校外培训机构8000余家次，查处无证照、隐形变异培训500余家。全省线上、线下义务教育阶段学科类校外培训机构压减率分别达到100%、99.94%。

教育督导。制定《甘肃省义务教育质量监测实施方案（2022—2024）》，对10个县开展义务教育质量监测。核查整改幼儿园办园行为，对5个县（市、区）开展县域学前教育普及普惠督导评估工作。组织开展省级、市（州）级人民政府履行教育职责自查自评。专项整治全省大中小学校学生餐饮保障突出问题，督导检查各级各类学校春秋季开学。

语言文字。开展第25届推普宣传周、第四届中华经典诵写讲大赛、“童语同音”计划等活动。指导25个语言文字推广基地与省内21个民族县持续开展语言文字对口帮扶。17所省属学校通过新时代语言文字示范校初评。

合作交流。召开2022年高等学校对口支援与教育协作工作推进会、全省高校国际合作交流工作推进会。在泰国新建1所岐黄中医学院，国外岐黄中医学院开展7期中药及中医诊疗技术线上培训班，培训国外学员1000余人次。

成立甘肃国际职教师资交流培训基地。2所职业院校入围2022年全国“鲁班工坊”有条件运营项目。支持培黎职业学院具有招收留学生培养资质，并获批1项国家留学基金管理委员会创新子项目。

特色亮点工作。加快建设甘肃省国家教育考试命题基地和考务信息化建设。省级层面制定出台20余项教育评价改革政策文件。印发《关于制定义务教育阶段课后服务经费保障实施细则》，从2022年起每年设立义务教育学校课后服务奖补专项资金2500万元，全省所有县（市、区）全部建立义务教育课后服务经费保障机制。出台《甘肃省教育督导问责实施细则（试行）》，推动教育督导问责更加规范严肃。召开新时代以来首次全省语言文字会议，研制甘肃省贯彻落实国家语言文字事业“十四五”发展规划的实施方案。教育部确定16所高校对口支援甘肃10所高校，实现对口支援全省高校全覆盖。

【教育保障】疫情防控。全面强化“四方”责任和部门合力，成立工作专班提级指挥调度，有效应对处置了三年来最严峻复杂的疫情防控形势。印发大中小幼新冠感染疫情防控处置方案。厅党组安排11个包抓组常态化开展督查，派遣30余名处级以上干部驻点协调，圆满完成高考、研考等考试招生工作。

经费投入。全年全省一般公共预算教育经费累计投入629.2亿元，较上年增加38.8亿元，增长6.6%。全省义务教育教师人均工资高出公务员人均工资水平5个百分点。修订《甘肃省学生资助资金管理办法》，下达学生资助补助资金35.8亿元，惠及学生256.8万人。发放助学贷款28.3亿元，惠及全省35.6万贫困大学生，贷款发放金额、惠及人数较上年分别增长20.2%和3.1%。

项目建设。编制完成2023—2027年全省高校及厅直单位年度重点基本项目建设规划库，涉及6大类952个项目，规划投资需求846.8亿元，其中本科院校项目522个、592.9亿元，职业院校项目392个、247.7亿元。省属高校、中职学校、开放大学和省电教中心共申报成功中长期贷款项目、财政贴息贷款项目71个，获得贷款224.4亿元。兰州新区甘南实验中学项目23栋单体建筑封顶。

教师人才队伍。印发《甘肃省博士生导师队伍岗位管理若干意见》《甘肃省〈新时代基础教育强师计划〉实施方案》等文件。召开庆祝第38个教师节暨教师队伍建设座谈会，评选140名省级特级教师，14名乡村优秀青年教师入选教育部乡村优秀青年教师培养奖励计划，遴选首批优秀研究生导师20人、导师团队12个，第四批飞天学者125人。指导省属高校引才558人。定向招培国家、省级优师计划409人，招录“特岗计划”教师5000名，地方优师计划专业数量由4个增加到8个，为11个市州40个县（市、区）招收培养小学全科型教师500人。选派1348名教师开展“三区”支教行动。“国培”等各类项目培训1.07万人次以上。

教育法治建设。将习近平法治思想作为教育系统领导干部学法首要任务和干部教师培训必修课程。建立年度学法普法依法治理清单，创建中小学依法治校示范校，实现全省中小学法治副校长全覆盖。开展“送法进校园”“学宪法讲宪法”系列活动累计8500余场次，获学讲宪法国家奖项5个，330余万学生线上参加“宪法卫士”活动。

校园安全。制定全省年度教育安全工作方案等政策文件，召开11次全省教育系统校园安全稳定工作视频会议。开展14项专项整治工作，组建11个厅领导带队的学校安全稳定包抓工作组，联系督导各地各校安全稳定工作。

特色亮点工作。投入6.5亿元实施全省中小学“建宿舍扩食堂增学位改厕所”民生实事项目，建成925套教师周转宿舍，新建扩建全省农村中小学食堂605个（完成年度任务的110.2%），新增全省24个城区中小学学位2.57万个（完成年度任务的128.61%），新建改扩建全省农村中小学厕所261个。投入义务教育“能力提升”项目资金32.1亿元，改善2058所学校办学条件。

（李菲菲）

文化和旅游

【行业规模】截至2022年底，全省共有不可移动文物16895处，其中世界文化遗产地7处，全国重点文物保护单位152处；全省博物馆226家、公共图书馆104个、文化馆102个、乡镇（街道）综合文化站1348个、村（社区）综合性文化服务中心17114个。各级非遗项目8161项，传承人12436人；省级文化生态保护区8家，省级及以上非遗工坊121家。国有文艺院团72家（省级9家）。A级旅游景区444家（5A级7家、4A级134家）；星级饭店343家，旅行社949家，导游人员11736人。全域旅游示范区31家（国家级3家），省级旅游度假区11个，旅游休闲街区14个（国家级2个）。全国乡村旅游重点村（镇）50个；全国甲级旅游民宿4家、乙级2家、丙级13家。国家体育旅游示范基地1家、国家工业旅游示范基地2家、国家级文化和旅游消费试点城市3家、国家级夜间文化和旅游消费集聚区5家。

【法治建设】始终把习近平法治思想作为推进法治建设的方向和指引，常态化组织习近平法治思想学习宣传活动，制定《关于深入学习宣传贯彻习近平法治思想全面推动法治文旅重点工作的实施方案》《甘肃省“十四五”法治文旅建设规划》，确保文旅法治建设方向正确、引领有力。加快文化和旅游重点领域立法进程，《甘肃省公共文化服务保障条例》《甘肃省非物质文化遗产保护条例》颁布实施；《甘肃省娱乐场所管理条例》废止；《甘肃省红色资源保护传承条例》提交审议；《甘肃省公共图书馆条例》稳步推进，文化旅游强省建设的法治保障不断强化。

【文艺创作】坚持以人民为中心创作导向，深入推进陇原文艺高峰攀登工程。围绕迎接党的二十大等重大时间节点，组织开展“春绿陇原·云端盛宴”网络展演活动，组织主流网络平台展播优秀剧目和文艺演出140部，总播放量达6788万人次；组织甘肃交响乐团在张掖七彩丹霞举办“春绿陇原·永远的绿洲”实景云展播交响音乐会，单场网络收看达500多万人次；全省各地全年共举办1500多场文艺活动，惠及3600多万观众。肃南裕固族自治县民族歌舞团、肃北蒙古族自治县乌兰牧骑被中宣部、文旅部、国家广播电视总局授予“第九届全国服务农民、服务基层文化建设县级基层文艺院团先进集体”称号。组织完成组歌《“两弹一星”——江山民心》、歌剧《呼尔嘿哟》、歌剧《不遥远的胡麻岭》、秦腔《蔡文姬》等重点剧目创排工作；组织完成移植复排民族器乐剧《玄奘西行》，持续打磨提升话剧《八步沙》、陇剧《大禹治水》、儿童剧《大豆谣》等新创作优秀舞台艺术作品。话剧《八步沙》入选第十三届中国艺术节参演剧目暨第十七届文华大奖终评剧目，荣获第十七届文华大奖提名剧目；陇剧《大禹治水》入选文化和旅游部“2022年首届黄河流域戏曲演出季”；陇剧《司文郎》、秦腔《潞安州》入选全国地方戏精粹展演；杂技《生命礼赞》入选第十一届全国杂技展演。全省文旅系统创作的23部文艺作品获甘肃省第十届敦煌文艺奖，甘肃25幅优秀美术作品入选“第七届全国画院美术作品展览”。

【公共文化与服务】《甘肃省公共文化服务保障条例》经省人大常委会审议通过。全省投入87.38亿，实施16个文化馆新建、改扩建项目；投入20.4亿元，实施6个公共图书馆的改建或新建项目；投入后期建设资金13.2亿元，完成3个文化馆、2个公共图书馆新建任务。推动建成1137个乡镇（街道）文化馆分馆、1243个乡镇（街道）图书馆分馆，建成城乡新型公共文化空间200多个。加强对金昌市、张掖市国家公共文化服务体系示范区的指导支持。联合省委宣传部、省发改委在全省培育筛选6个县（区）公共文化服务高质量发展典型案例，为推动全省公共文化服务高质量发展提供可复制的经验模式。印发《甘肃省古籍保护工作方案（2022-2025）》，确立全省古籍保护工作目标任务、推进措施和责任时限。实施《四库全书》文献数字化工作，建成700多个TB的重大古籍文献数字资源库。完成全国古籍重点保护单位复核验收，开展第七次公共图书馆评估定级工作。积极适应疫情防控需求，推进智慧图书馆、公共文化云数字文化项目，建成“陇上飞阅”数字文化服务平台，制作《甘肃省基本公共文化服务实施标准》动漫宣传片，在全省建成3个基础资源库、26万条知识细颗粒度，开展群众文化活动直录播180场，全民艺术普及课程线上服务及预订课程700多次，线上展示文创产品3000多个，新媒体宣传与服务推广活动100多场。举办“喜迎二十大·奋进新甘肃”——“交响丝路·如意甘肃”短视频云上展播季、“赞颂党的二十大·我的悦读生活”经典诵读、第二届“陇韵书香季”全民阅读、全省群文优秀书法美术作品展、送戏曲进乡村、“群星艺术节”“黄河大合唱”群众艺术普及等活动，举办“冬奥过大年·春绿玉门关”百日千场演出活动。

【非物质文化遗产保护】《甘肃省非物质文化遗产条例》修订颁布。创建8家省级文化生态保护区，为申报国家级文化生态保护区奠定工作基础。与省人力资源和社会保障厅、省乡村振兴局新认定28家省级非遗工坊，进一步助力乡村文化振兴。于2022年农历除夕上线《甘肃非遗》宣传片；借力新媒体平台，统筹组织80余个非遗官方账号、700多个优质非遗年俗视频全面参与文化和旅游部“2022视频直播家乡年”活动，同步开展直播活动30余场；6月8日至11日期间，在张掖市举办2022年“文化和自然遗产日”全省非遗宣传展示主会场系列活动，呈现甘肃省非遗系统性保护的丰硕成果。2022年，兰州文理学院非遗保护本科专业首批45名学生于秋季入校学习。

【文旅产业】印发《甘肃省2022年省级旅游发展专项资金文化和旅游产业项目补助申报指南》，按程序支持具有引领示范效应文旅产业项目44个。编印完善《全省文化和旅游康养产业重点招商引资项目册》，储备文旅产业发展项目457个。举办“强省会·最美黄河故事”主题活动，评选8个优秀文旅产业项目和7名产业带头人进行表彰，谋划上报2023年文旅产业重大项目13个。用活纾困助企各项政策，策划开展“一核三带”发展格局促进文旅融合发展暨文旅企业服务月活动，审核申报文旅领域设备购置与更新改造贷款贴息项目60多个。组织文旅行业创新创业大赛，评选丝路手信——敦煌文创IP品牌项目、李海明陇派珐琅艺术项目等43个奖励项目，激活文创发展动能。以甘肃秦文化和西戎文化考古成果“战国戎人车马”为主题，创意研发非遗文创产品。甘肃省博物馆积极投入文创产业探索之路，先后推出蓝莲系列、彩陶系列、画像砖系列、铜奔马系列等文化创意产品500余种；以“马踏飞燕”为原型打造的“绿马”玩偶受到市场热烈追捧。

【旅游景区】指导陇南市官鹅沟景区成功创建为国家5A级旅游景区，兰州河口古镇创建为国家级旅游休闲街区。指导金辉矿业和玉门油田创建成为全国首批工业旅游示范基地。新评定4A级景区14个、省级全域旅游示范区6个，省级旅游休闲街区6个、省级度假区3个、省级体育旅游示范基地6个。积极动员全省339家A级旅游景区在2022年12月至2023年5月期间开展景区门票减免优惠活动，策划推出冰雪旅游活动41项。联合省民委、省发改委印发《甘肃省开展民族团结进步创建“进景区”指导意见》《甘肃省关于实施旅游促进各民族交往交流交融计划的指导意见》，指导20个4A级、5A级旅游景区开展民族团结进步创建“进景区”试点工作。

【乡村旅游】以乡村振兴重点帮扶县为重点，着力推动全省乡村旅游产品创新、基础提升、品牌创建。全年创建乡村旅游示范县6个、文旅振兴乡村样板村60个，乡村旅游合作社89个，创建全国乡村旅游重点村6个、重点镇3个。先后举办甘肃乡村旅游发展指数发布、春季乡村旅游精品线路产品推广、“陇上乡遇”甘肃省乡村旅游品牌发布、“我从陇上跑过”乡村旅游欢乐跑、冬春季乡村旅游线路和景区冬春季产品发布等活动，推出2022年甘肃乡村旅游乐享金秋精品线路产品61条，推动乡村旅游率先复苏，持续升温。省内5条乡村线路入选文化和旅游部推出的“乡村四时好风光——瑞雪红梅、欢喜过年”全国乡村旅游精品线路。全年组织乡村旅游带头人和从业人员骨干培训班52

期，培训8000多人次。联合公安、资源、环保等十部门印发《关于促进乡村民宿高质量发展的指导意见》。创建国家甲乙级民宿各2家，数量位居全国第二。

【红色旅游】启动《甘肃省红色资源保护传承条例》立法工作，通过地方立法推进红色资源保护传承工作规范化、法治化。联合省教育厅、团省委开展“赓续红色血脉培育时代新人”红色讲解员进校园活动，选拔优秀红色讲解员赴省内大、中、小学开展宣讲活动1000多场次。策划发布“红色陇原行甘肃人游甘肃”7大主题35条红色旅游精品线作。庆阳市环县河连湾陕甘宁省委省政府旧址、华池县南梁革命纪念馆、白银市会宁县红军长征会师旧址、武威市古浪县红军西路军古浪战役遗址、高台县中国工农红军西路军纪念馆等红色景区进入文化和旅游部发布的“长城红色精神传承之旅”国家级旅游线路。

【市场执法】以“雷霆行动2022”为统揽，依法规范文化市场秩序，全年共出动执法人员8.67万人次，检查各类经营场所3.19万家次，办结案件287件。深化“清源”“固边”“护苗”“净网”“秋风”五大行动，严厉打击非法有害出版传播，有力维护意识形态安全和文化安全。加强新兴业态监管，全面开展剧本娱乐经营场所备案、审查工作。与省气象局联合加强灾害性天气旅游安全应急联动机制，发布旅游气象风险提示54期。

【对外交流】策划制作2022“欢乐春节”线上海外交流项目，向五大洲30多个国家集中展示甘肃民俗、非遗、历史等文化旅游资源。以“线上＋线下”形式举办2021“东亚文化之都”中国敦煌活动年闭幕式，为2021“东亚文化之都”中国敦煌活动年画上圆满句号。与吉隆坡中国文化中心开展年度部省合作计划，以“丝路·连接·对话”为主题，举办敦煌数字文物展等文化体验及旅游资源展示活动；协助我驻荷兰大使馆在荷兰著名的“陶瓷城”代尔夫特市举办“马家窑回声”陶瓷艺术作品展；接待乌拉圭驻华大使费尔南多·卢格里斯一行到文溯阁《四库全书》藏书馆参观考察；应我驻蒙特利尔总领馆邀请，指导省歌剧院原创交响曲《永远的绿洲——河西走廊》以线上音乐会的形式为领区的华侨华人、留学生、中资企业、加拿大各界友人进行演出，共同庆祝新中国成立73周年。积极参与“2022中国—东盟博览会旅游展”，作为主题省开展专场推介、文艺展演、合作洽谈等活动，深化与东盟各国文化交流合作，持续推动陆上丝绸之路、海上丝绸之路文化旅游合作实现新突破；组织文旅企业进驻第20届香港国际授权展国际贸易平台，参加第十届澳门国际旅游（产业）博览会；再次成功入选“2022敦煌澳门双城青少年文化交流与服务学习行动”，强化港澳地区交流合作。敦煌研究院联合故宫博物院、香港故宫文化博物馆在香港回归25周年纪念活动期间举办《敦煌与故宫对话：飞越文化二千年》音乐会暨文化讲座活动；积极推进流失海外敦煌文物数字化复原工作，开展“敦煌文化环球连线”活动，为中外文化交流和敦煌文化弘扬发挥积极作用。

【智慧文旅】持续提升“一部手机游甘肃”智慧文旅公共服务功能，开发上线“周边游”和“自驾游”小程序，加载业态数量超170个，攻略游记内容超510条，发布视频路书、图文路书200余条；新增“数字阅读”文化产品版块，提供图书、期刊、报纸、音频、视频等数字化资源，内容涵盖高清期刊1500种以上、图书7万册以上、听书资源8000集以上。“一部手机游甘肃”综合服务平台累计服务游客和网民1500万人次，入选新华网主办的第九届文化和旅游融合创新论坛“2022公共文旅服务创优推荐案例”。联合人民网、新华网等网络平台，立体化、多角度、深层次推广甘肃文旅资源，年度搭建线上宣传专题专栏63个、发布图文稿件7916篇，浏览量超4.55亿次；制作发布短视频（含话题参与）2.76万条，播放量8.6亿次；组织直播110场次，观看人数1.17亿次。联合腾讯举办王者荣耀全国大赛西北赛区决赛、“如意甘肃·一面之缘”数字化赋能文创产品展示会，联合马蜂窝举办第二届“蜂游丝路自驾甘肃”自驾露营新玩法挑战活动，联合同程旅行举办“有态度的甘肃”户外线下活动，联合携程、时差岛推出《边走边唱2》甘肃相关视频，取得良好宣传效果。组织开展“如意甘肃·如约而至”网络媒体宣传活动等10余项系列活动，为甘肃冬春旅游种草。矩阵账号2022年以来先后45次入围全国省级文旅新媒体传播力指数榜单、政务文旅榜等，12次位居榜首，品牌宣传效应日益凸显。

【市场开发和宣传】克服疫情影响，政企合力推动“兰州—张掖—敦煌、兰州—庆阳”旅游串飞航线落地实施；合作开通“环西部火车游·崆峒号”品牌列车，完成“交响丝路·如意甘肃”品牌列车冠名宣传项目。先后在浙江、江西及上海等重点客源地合作开展“探寻交响丝路·畅游如意甘肃”“无问东西一家亲·甘肃人游甘肃”等系列文旅展览宣传推广活动；遴选优质广告平台开展整合宣传，在北京、上海、广州等9个重点客源地投放甘肃文旅宣传广告。与省广电总台、甘肃日报社合作开展省第十四次党代会主题宣传活动，充分宣传文旅融合以来的成绩和亮点；联合人民网甘肃频道，共同推出“交响丝路·如意甘肃”文旅形象及品牌活动线上专题展示宣传活动，累计采编刊发23期图文并茂的系列精品宣传报道。协调星球研究所拍摄推出《河西走廊——中国最伟大的走廊》《河西走廊——你身边的博物馆》纪录片，策划推出《唱游甘肃》《交响丝路·如意甘肃——发现你的千百度》等文旅宣传片，以丰厚的人文底蕴、丰富的画面效果、强烈的视觉冲击全方位宣传推介甘肃。组织召开全省“文化进万家　旅游迎新春”百日攻坚行动动员会和全省旅行社行业复工复产动员大会，谋划实施千余项冬春文化旅游惠民惠企活动和措施，全面推动全省文旅行业复工复产、复苏振兴。

（张萌）

卫生健康

【党的建设】坚持党建为引领，扎实推进重点任务落实。委党组紧紧围绕中心工作和重点任务，着力抓重点、补短板、强弱项，统筹推进党建与业务工作融合发展，各级党组织党员干部在阻击新冠疫情、提升医疗服务质量、完成重点工作中充分发挥战斗堡垒和先锋模范作用，动员各级党组织、党员干部冲锋一线，全面投身疫情防控工作。在援助西藏医疗队、援助新疆医疗队和省内调派的医疗队、方舱医院及时成立党组织，加强组织领导。全面从严治党，加强行业作风建设。召开党风廉政建设工作会、推进会，逐级签订《党风廉政建设责任书》《“一岗双责”责任书》，明确任务，靠实责任，印发《认真贯彻执行中央八项规定精神严肃整治“酒杯中的奢靡之风”的通知》。联合驻委纪检监察组开展明察暗访，坚决遏制“四风”问题，严肃查处违纪案件，把牢廉洁关，核查处置问题线索12件，回复单位、部门、个人廉洁意见91人次。加强党的领导，夯实党建基层基础。委党组始终把加强公立医院党的建设、落实党委领导下的院长负责制，作为公立医院改革发展的重要任务，《印发2022年公立医院党建指导工作重点》和任务清单，全省56家三级、124家二级公立医院实行书记、院长分设。严格落实党支部工作条例，13个党支部被省委直属机关工委命名为标准化建设示范支部。

【疫情防控】抓紧抓实常态化疫情防控。全面贯彻落实党中央决策部署，始终把人民群众生命安全和身体健康放在第一位，先后有效处置0306、0708、0909、1004四波较大规模的聚集性疫情。强化底线思维和忧患意识，全面复盘“0306”“0708”疫情，梳理总结形成《典型案例复盘剖析》材料，以案促改，确保以最小代价实现最大防控成效。适时优化调整政策，科学有效处置疫情。在“动态清零”阶段，全省共启用定点医院20家、救治床位1.16万张，累计收治感染者2.2万多人，完成15架次、2703名入境航班旅客的闭环管理任务。从国家“二十条”到“新十条”、再到“乙类乙管”，疫情防控重心从“防感染”转向“保健康、防重症”，卫生健康系统持续优化疫情防控措施，快捷扩充医疗救治资源、分级分类管理和救治重点人员、强化药品和物资储备，用坚守筑牢救治和生命保障的底线，做好人民群众生命安全和身体健康的“守门人”。安全有序推进新冠病毒疫苗接种工作。明确目标人群、疫苗选择、供需和经费保障，广泛宣传动员，完成国家新冠疫苗80岁以上人群第1剂次接种率、全程接种率和加强免疫接种率3个90%和60~79岁人群全程接种率和加强免疫接种率2个95%的目标要求，成为全国最先完成的11个省份之一。

【做好巩固拓展脱贫攻坚成果同乡村振兴有效衔接】推进基本医疗巩固提升。全面落实“四个不摘”要求，动态监测脱贫地区县乡村三级医疗机构和合格医生分类达标情况，及时反馈、动态清零，实现基本医疗稳定保障，基本医疗公平性、可及性不断增强。及时将脱贫人口和“三类户”全部纳入健康帮扶政策范围，落实大病专项救治和慢病签约管理健康帮扶，救治覆盖率分别达到99.95%、99.96%，实现“应治尽治、应签尽签”。推动重点帮扶县支持工作。持续加强乡村振兴重点帮扶县三级医院对口帮扶和城市医院帮扶基层医疗机构的力度，23个国家乡村振兴县和16个省定乡村振兴县帮扶工作实现全覆盖。积极推进长效机制建设。2022年全省居民健康素养水平达23.1%；共命名省级卫生乡镇（街道）566个、省级卫生村1428个。着力实现以“以治病为中心”向“以人民健康为中心”转变，让群众共享健康发展成果。

【聚势赋能强省优市】推动国家级优质资源聚能甘肃。中山大学附属肿瘤医院甘肃医院获批并开工建设，实现我省国家区域医疗中心零突破。推动省级优质资源扩容增效。总投资20.22亿元的省公共卫生医学中心项目开工建设，标志着全国首家公卫和医疗机构医防融合发展模式正式启动；省妇女儿童医疗综合体项目正式建成投入运营，成为西部地区最大体量妇幼医疗机构；投资11.47亿元的兰大二院重大疫情救治基地加快建设步伐；投资1.63亿元的省人民医院重大疫情救治基地全面建成投入使用，标志我省重大疫情救治资源加速扩容。推动区域优质资源均衡布局。张掖、庆阳、天水等3个省级区域医疗中心加快建设，并与省级高水平输出医院签订合作协议；临夏、天水2个省级区域公共卫生医疗中心基本建成，张掖省级区域公共卫生医疗中心正在加速建设，标志着我省优质医疗资源扩容下沉、均衡布局迈出实质性一步。推动公立医院高质量发展取得成效。国家三级公立医院绩效考核中，省中医院全国位次上升至39名，跃居全国上游；兰大二院连续3年位列前百名；省妇幼持续保持在全国专科医院前十名；庆阳市成功入选全国公立医院综合改革与公立医院高质量示范市。

【基层医疗卫生服务】推动紧密型医联体技术服务下沉。依托省市级医院牵头建成专科技术联盟130个，明确专科技术联盟牵头单位和成员单位工作内容以及联盟考核办法，帮助县域成员单位开展新技术新项目765项，建立医联体内部“县检查、省诊断、县治疗”工作机制，做到同质化检查、同质化诊断、同质化治疗。推动县域医学中心提质增效。75个县全面建成检验、病理、心电、消毒供应5个县域医学中心，建成率87.2%，加速推进县域医学中心与乡镇卫生院的互联互通，逐步打通群众家门口看病就医服务的最后一公里，实现“乡检查、县诊断、乡治疗”。推动县域急危重症救治体系建设。86个县市区中建成胸痛中心47个、卒中中心79个、创伤中心40个、危重孕产妇救治中心82个、危重新生儿救治中心82个；推动院前院内急危重症救治联通机制，建成急救中心14个，县级急救分站（中心）85个。持续推动县域“造血”功能。加大三级医院对口帮扶和东西部协作力度，省内外107家三级医院帮扶122家县级医院，基本实现一对一、手把手帮扶，突出解决一项医疗急需、突破一个薄弱环节、带出一支技术团队、新增一个服务项目的要求。持续推动县乡一体化改革。深入开展“优质服务基层行活动”，扶持332家基层医疗机构建设特色科室，基层医疗机构中999家达到国家基本标准、193家达到国家推荐标准。全省所有乡镇卫生院全部建成中医馆，实现乡、村两级中医适宜技术全普及，基层卫生健康发展主要评价指标位居全国第六，在全国各省进步程度中排名第一。

【群众看病就医】着力解决老年人慢性“四病”健康管理难的问题。完成人工智能赋能老年人慢病管理平台和人工智能辅助诊疗系统建设，2022 年底 65 岁以上老年人高血压管理率达到 77.13%，糖尿病管理率达到 55.08%，慢阻肺高危人群筛查率达到 91%，脑卒中干预人群规范随访率达到 100%。着力解决“新生儿出生一件事”跑路频办理繁的问题。建立多证联办机制，群众办理跑动次数由 6 次减至“最多跑 1 次”，事项办理时限由最长的 14 个工作日减至 3 日内，2022 年线上签发出生医学证明 12.98 万条。持续推动检查检验结果互认。制定印发《全面推进落实全省检查检验结果互认工作方案》，落实互认医院名单动态调整机制，实现二级以上医院（含中医院、妇幼保健院）检查检验结果互认全覆盖。

【“互联网 + 医疗健康”服务】变“人工随访”为“智能外呼”，释放人力资源精管理。搭建人工智能赋能老年人慢病管理平台，依托人工智能、智能语音等智能信息技术，赋能基层工作人员完成预防筛查、精细管理、健康教育、自我健康指导等 80% 的日常管理工作，协助医生完成 20% 的重点慢病人群分级分类精准管理；依托“甘肃 APP”，患者本人经身份认证后，可查询本人在二级以上公立医院的影像检查报告、电子病历和健康档案，可动态管理和监测本人诊前、诊中、诊后的健康状态，进一步提升患者就医体验。变“主动学习”为“智能提示”，助力基层医生提本领。在 33 个乡村振兴重点帮扶县部署基层人工智能辅助诊疗系统，为基层医生提供病历书写、病历质检、诊断和诊疗建议、合理用药建议、医学知识检索、数据统计分析等功能，同步辅助基层医生提高电子病历质量，着力破解基层医疗卫生机构人力资源短缺、技术水平有限等“短板”。变“现场排队”为“一键预约”，改善就医流程优体验。持续完善甘肃省预约挂号系统，省、市级医院全面提供分时段预约诊疗、智能导医分诊、候诊提醒等线上服务，预约诊疗时段精确到 1 小时以内，专家门诊号源网上开放比例达到 85% 以上。变“辗转就诊”为“远程会诊”，专家实时指导解难题。持续完善省远程医学信息平台功能，全面提供远程会诊、远程病理、手术示教等远程诊断应用功能，实现“基层检查，上级诊断、区域互认”，有效提升基层医疗机构的诊疗能力。变“人工排查”为“大数据管控”，支撑疫情防控保质效。对甘肃健康码系统进行优化升级，不断完善和规范甘肃健康码管理；对核酸检测系统进行加档提速，提高全员核酸检测速度，增设“查询外省市核酸检测结果”模块，实现核酸检测结果全国互认。

【中医药事业产业融合发展】推进中医“三大中心”和特色优势专科建设。遴选建设 4 个省级（区域）专科医疗中心、2 个中医药康复中心和 27 个中医特色优势专科，有力推动优质中医资源扩容，发挥区域中医服务体系在技术水平、人才储备、临床教学、科研能力等方面的引领作用。充分发挥中医药在疫情防控中的优势作用。总结凝练出包括预防、治疗、康复在内的“甘肃方剂”，不断提升中医药发展水平和持续缓解医疗资源挤兑，累计为 315.2 万 65 岁以上老年人等重点人群发放了“甘肃方剂”。提升县级中医医院服务能力。遴选 19 个县级中医医院开展“两专科一中心”建设，每个县级中医院建设 2 个中医特色优势专科、1 个中医适宜技术推广中心，发挥县级中医医院的辐射带动作用。高层次中医药人才培育取得新突破。获评国医大师 1 名，全国名中医 3 名，2 人被确定为青年岐黄学者，8 人获得第五批中医药临床优秀人才项目支持。加快推进中医药产业发展。深入实施中医药产业链链长制，围绕强龙头、补链条、聚集群，一体推进综合试验区建设和中医药全产业链发展。全省中药材种植面积突破 490 万亩，标准化种植面积 270 万亩以上，产量达 147 万吨；全省规模以上中医药生产企业达 86 家，实现工业总产值 73.94 亿元。甘肃中医药附属医院获批我省首个全国中医药特色服务出口基地。

【人才队伍建设】全面强化人才引进。修订印发《2022-2024 年省属高校、科研院所和医疗机构等单位急需紧缺专业目录》，举办 2022 年卫生健康人才“直播荐岗”线上招聘会。持续推进医疗机构高层次、急需紧缺人才引进，全年引进人才 4747 人，其中高层次人才 166 人、急需紧缺人才 2094 人。抓实抓好人才项目。深入实施全科医生特设岗位计划，招聘特岗全科医生 50 名，全省特岗全科医生累计达 565 人。建立“线下骨干基地强训 + 线上全员远程普训”人才培养机制。依托上海瑞金医院、山东大学齐鲁医院、山东第一医科大学附属医院、省人民医院、省疾控中心等单位建立省内外青年人才培养基地，安排省外培训 147 名、省内培训 1735 名；对 5.7 万名基层医务人员分专业、分层次、系统化远程网上培训。

【其他重点工作】妇幼健康服务能力持续提升。新增产前诊断机构 1 家总数达到 5 家；新增 2 家县级妇幼保健机构达到二甲水平，二级以上总数突破 30 家；推进 13 家县级妇幼保健机构的能力建设和省级“云上妇幼”平台建设；规范化培训基层儿童保健、儿科、产科医生 420 人；全省孕产妇、婴儿死亡率、5 岁以下儿童死亡率等关键核心妇幼指标优于全国平均水平。卫生健康法治建设有力推进。政务服务事项全部实现全程一网通办，承诺时限压缩比为 52.6%；开展不合理医疗检查专项治理行动，全年查处违法违规行为 451 起，处罚医疗机构 257 家，责令整改 409 家，停业整顿 21 家。食品安全工作扎实推进。新制定颁布我省食品安全地方标准 2 项、备案食品安全企业标准 508 项；全面完成党参、黄芪、肉苁蓉等食药物质生产经营试点工作；大力推进全民营养健康工作，经验和做法受到国家卫健委的充分肯定。继续保持地方病防控成效。全省碘缺乏病、克山病、大骨节病、饮水型氟中毒、饮水型地方性砷中毒、饮茶型氟病持续达到控制；发现并有效处置输入性疟疾病例 10 例；依托省人民医院、兰州大学第一医院开展麻风病病理研究工作，提高麻风病早诊断早治疗和疑难病例诊断能力。不断夯实紧急医学救援能力。制定并下发《甘肃省疫情防控人员高温中暑应急预案》，修订完善《甘肃省自然灾害卫生应急预案》《甘肃省地震灾害医疗卫生救援应急预案》，2022 年有效处置多起突发事件和事故紧急医学救援，全年救治伤员 117 人。抽调精干力量参加全省组织的西部 -2022 抗震救灾演习，通过演练进一步检验预案，磨合队伍，增强预案的实战性和可操作性，提升快速应急处置能力。

【卫生事业发展数据】2022年末全省卫生机构总数25267个（含村卫生室）；其中：医院706个，基层医疗卫生机构24072个（含村卫生室），专业公共卫生机构462个。与2021年相比，医院增加7个，卫生院减少2个，社区卫生服务中心增加3个，村卫生室减少37个，诊所、卫生所、医务室减少264个。

2022年末全省医疗机构床位共计188994张。其中：医院床位144613张（占76.52%），卫生院床位29671张（占15.70%），社区卫生服务中心（站）床位4566张（占2.42%），妇幼保健院（所、站）床位7893张（占4.18%）。与2021年相比，医疗机构床位增加5748张。

2022年末全省卫生人员254105人（包括乡村医生15817人）。卫生人员中：卫生技术人员207303人，其中执业（助理）医师72325人，注册护士94720人，其他技术人员11478人，管理人员10683人，工勤技能人员13086人。与2021年相比，卫生技术人员增加6204人，增长3.09%；执业（助理）医师增加1652人，增长2.34%；注册护士增加2997人，增长3.27%。

2021年全省卫生总费用为1110.71亿元，其中政府卫生支出412.92亿元，社会卫生支出382.47亿元，居民个人现金卫生支出315.31亿元；人均卫生费用4460.63元；卫生总费用占GDP的10.84%。

2022年全省医疗机构（含村卫生室）总诊疗人次达10086.03万次。其中医院总诊疗人次为4988.76万次（占49.46%），基层医疗卫生机构总诊疗人次为4586.36万人次（占45.47%），专业公共卫生机构总诊疗人次为509.49万人次（占5.05%）。与2021年相比，全省总诊疗人数减少1372.03万人次，医院总诊疗人次减少619.7万人次，社区卫生服务中心总诊疗人次减少69.34万人次，卫生院总诊疗人数减少88.16万人次，妇幼保健院总诊疗人次减少58.34万人次。

2022年全省医疗机构出院人数408.22万人，其中医院出院330.10万人次（占80.86%），基层医疗卫生机构出院57.45万人次（占14.07%），专业公共卫生机构出院20.48万人次（占5.02%）。与2021年相比，全省出院人数减少35.96万人，医院出院人数减少30.47万人次，卫生院出院人数减少6.19万人次，社区卫生服务中心出院人数减少0.63万人次。

（王晖）

医疗保障

【概况】2022年，全省基本医疗保险参保2555.2万人，其中，职工医疗保险参保381万人，居民医疗保险参保2174.2万人，参保率稳定在97%以上。基本医疗保险基金总收入402.1亿元，总支出282.7亿元，当期结存119.4亿元，累计结存491.2亿元。其中，职工医疗保险基金（含生育保险）总收入197.9亿元，总支出133.5亿元，当期结存64.4亿元，累计结存318.2亿元；居民医疗保险基金总收入204.2亿元，总支出149.2亿元，当期结存55亿元，累计结存173亿元。

【巩固拓展医保扶贫成果有效衔接乡村振兴】始终以习近平总书记关于巩固拓展脱贫攻坚成果同乡村振兴战略有效衔接的重要指示精神为行动指南，强化部门协作和工作调度，持续抓好巩固拓展医疗保障脱贫攻坚成果有效衔接乡村振兴工作。紧盯农村低收入人口参保缴费，切实发挥乡、村两级基层组织作用，确保将农村低收入人口全部纳入制度范围。落实参保资助政策，按照“当月缴费，次月资助”的要求，及时对农村低收入人口进行参保资助，减轻困难群众参保负担。督促市县定期开展数据比对筛查，按规定、按时限严格落实农村低收入人口基本医保、大病保险、医疗救助倾斜政策，按政策规定享受医保待遇。建立健全防止因病返贫致贫动态监测和帮扶机制，强化与民政、乡村振兴部门的数据共享，对监测对象参加基本医疗保险和医疗费用负担较大的数据信息及时推送相关部门，为纳入相关社会救助制度提供数据支撑。2022年，共向民政、乡村振兴部门推送存在因病致贫返贫风险人员医疗费用报销数据141140条，为相关部门纳入相应帮扶范围提供数据支撑。

【疫情防控】严格落实“两个确保”要求，全力做好新冠感染患者救治费用保障和疫情防控物资采购保障。先后三次向集中收治医疗机构紧急拨付新冠救治医保专项预付金合计5.49亿元，及时将《诊疗方案（试行第九版）》新增药品按甲类药品临时性纳入医保基金支付范围，同时，将宣肺化浊颗粒、岐黄避瘟颗粒等7个医院制剂纳入医保支付范围。新冠病毒抗原检测医疗服务费调整至2元/人次，检测项目价格+检测试剂（含采样器具）总费用不高于6元/人次。疫苗采购价格逐步下调至单剂16元，核酸检测价格下调至单检16元/人份、混检4元/人份，大规模检测价格限定为3.5元/人份。积极推进阶段性缓缴政策，2022年，享受缓缴政策企业2.79万户，涉及人数78.17万人，缓缴职工基本医疗保险费用4.79亿元。

【待遇保障】一是全民参保基本实现。进一步优化参保缴费流程，强化政策宣传引导，积极做好医保信息系统和税务系统数据对接和信息比对，全力推进参保缴费工作落实。2022年，全省基本医疗保险参保人数达2555.2万人，参保率保持在97%以上。二是医疗保障待遇清单制度稳步推进。根据《甘肃省贯彻落实医疗保障待遇清单制度三年实施方案（2021—2023年）》要求，逐步清理消化清单外政策，贯彻实施待遇清单制度，为基本实现决策权限清晰合规、制度体系统一规范、保障标准合理均衡的预定目标打下良好基础。三是基本医疗保险市级统筹全面做实。按照制度政策统一、基金统收统支、管理服务一体的总体要求，指导市州全面做实职工医保市级统筹，进一步规范居民医保市级统筹，全省14个市州均已实现职工基本医疗保险和城乡居民基本医疗保险市级统筹制度，有效解决了政策碎片化和基金共济能力弱的问题。四是重特大疾病医疗保险和救助制度有效推进。省政府办公厅印发《关于健全重特大疾病医疗保险和救助制度的实施意见》，省医保局、省民政厅、省财政厅制定印发《甘肃省因病致贫重病患者认定办法（试行）》《重特大疾病医疗保险和救助制度有关问题的答复意见》，明确对7类医疗救助对象实行分层分类救助，并全面建立依申请救助机制，使医疗救助制度从面向特定人群延伸到全体参保人员，实现了参保、参保资助、医疗救助等政策标准全省统一，进一步夯实了医疗救助托底保障功能。自政策实施以来，全省已有80余万困难职工或城乡居民获得医疗救助，人均救助0.16万元，有效减轻了大病、重病患者的医疗费用负担。五是职工基本医保门诊共济保障改革进展顺利。积极开展《甘肃省职工基本医疗保险门诊共济保障实施办法》解读、培训工作，指导各地制定实施细则，健全互助共济、责任共担的职工基本医疗保险制度，为2023年1月起在全省范围内启动实施做好了准备。同时，全力做好城乡居民高血压糖尿病门诊用药保障工作，截至2022年底，全省“两病”待遇享受82万人次，医保基金支出2976.27万元，政策范围内费用报销比例达到52%。

【医药服务管理】严格落实国家医保药品目录，累计纳入507个新药好药，调出391个疗效不确切的药品，目录内的西药和中成药数量增至2860种。支持中医药传承创新发展，按照省级调整权限，将25个民族药、42个有地方标准的中药饮片和668种医疗机构制剂纳入基金支付范围。推进国家谈判药品落地，2022年，全省275种谈判药品共惠及179.4万人次，药品总费用为10.83亿元，医保基金报销7.28亿元，人均报销67%以上。全面启动DRG/DIP医保支付方式改革、实现全省14个市州DRG/DIP改革实际付费，协同推进医疗机构内部运行机制转变，不断提升医保基金使用效能。积极配合省深化医药卫生体制改革领导小组办公室印发《甘肃省深入推广福建省三明市经验进一步深化医药卫生体制改革的若干措施》，研究探索紧密型县域医共体医保支付方式，积极发挥医保引擎作用，助推三医联动改革。

【药品和医用耗材集采】认真落实国家组织药品和高值医用耗材集中带量采购工作，完成了2个批次国家集采药品和人工关节中选结果落地工作，价格平均降幅59.33%；自行组织完成了国家集采协议期满药品的接续集采，价格在国家首次集采降幅超过50%的基础上平均再降42.73%，预计年节约医药费用7000万元；组织完成了2022年度全省药品集采工作，指导兰州、酒泉、平凉3个市州完成市际联盟药品集采，54个品种价格平均降幅35.76%，最高降幅92.34%，预计年节约医药费用1.18亿元；积极参加其它省际联盟1批次药品和14批次医用耗材集采工作。截至2022年底，共开展391种药品、16类医用耗材的集中带量采购，价格平均降幅超过50%，累计节约医药费用超过65亿元。

【医疗服务价格改革】建立公立医疗机构医疗服务价格动态调整机制，及时将条件成熟的新增诊疗服务价格项目纳入我省诊疗项目管理范围。初审通过省管各级和各市州新增医疗服务价格项目113项，统一全省器官移植和临床量表评估价格项目，动态调整人工关节集采中选产品支付标准，推进口腔种植医疗服务收费和耗材价格专项治理及种植牙集采工作，促进公立医疗机构可持续发展。

【基金监管】全面落实《医疗保障基金使用监督管理条例》，制定印发《甘肃省医疗保障基金使用监督管理行政处罚裁量权适用规则》，细化行政处罚的幅度和适用情形，推进我省基金监管执法规范化、标准化；制定印发《甘肃省医疗保障部门向纪检监察机关移送医疗保障基金监管中发现问题线索工作规程》等文件，建立健全行纪衔接、行刑衔接工作机制。依托全省统一的医保信息平台，初步建成医保智能监管系统，通过大数据分析及运用，规范定点医疗机构的诊疗行为。持续开展“假病人”“假病情”“假票据”欺诈骗保违法行为、医保领域突出问题专项整治等工作。2022年，全省医保系统共检查定点医药机构11953家，查处6058家，追罚合计9471.49万元；处理违法违规人员534人，追罚合计80.54万元；向社会曝光打击欺诈骗保典型案例86例。

【公共服务】推行综合柜员制服务模式，70%以上的事项实现了综合柜台即时办结。对群众高频经办服务事项实行“容缺受理”，减少群众“跑腿”。在推进跨省异地直接结算的基础上，自2022年1月1日起，取消临时外出省内异地就医备案手续，全面实现了“省内无异地”。在全省开通5种门诊慢特病（高血压、糖尿病、恶性肿瘤门诊放化疗、尿毒症透析、器官移植术后抗排异治疗）跨省直接结算，为参保群众跨省门诊慢特病直接结算提供方便。2022年，全省异地就医共计469.2万人次、医保基金支出55.29亿元。其中，省内异地就医直接结算362.97万人次，统筹基金支出30.45亿元；跨省异地就医直接结算106.23万人次，统筹基金支出24.84亿元。

【全省统一的医保信息平台】全面建成覆盖全省的医保信息系统，接入全国统一医保信息平台，融入全国“一张网”，初步形成了全省跨区域、跨层级、跨部门的医保信息业务“通用语言”。全面推进信息平台应用和运维保障工作，实现个人医保缴费、跨省转移接续等30余项业务“掌上办”“网上办”，有效发挥医保信息平台对公共服务、医保经办、异地就医、支付方式改革、基金监管、运行审计等工作的支撑作用。持续推广应用医保电子凭证，截至2022年12月底，全省医保电子凭证累计激活1329.3万人，占全省参保人数的51.7%；累计发生结算业务2.44亿笔，通过电子凭证结算2682万笔，甘肃省使用医保电子凭证开展医保结算工作排名全国前三。

民政

【资金投入】2022年，全省争取民政事业中央专项资金及省财政预算资金共计139.23亿元。其中，一般公共预算财政拨款129.48亿元（包括含困难群众救助补助资金128.24亿元、社会救助工作经费500万元、社会办养老机构一次性补贴600万元、综合养老服务中心提升改造工程资金1.1亿元、惠民殡葬和节地生态安葬政策资金240万元）；彩票公益金4.43亿元（包括老年人福利类资金2.8亿元、残疾人福利类资金3550万元、儿童福利类资金3825万元、其他公益类资金8960万元）；中央预算内投资项目资金5.33亿元。

【社会组织管理】一是强化党建引领，以扩大有效覆盖、发挥实质作用为着力点，持续开展“听党话、感党恩、跟党走”学习教育活动，增强社会组织党组织政治功能和组织功能。二是坚持扶持培育和综合监管相结合，严格社会组织登记审查，严厉打击整治非法社会组织，2022年查处47家，排查整治“僵尸型”社会组织909家。三是动员引导全省社会组织积极参与巩固拓展脱贫攻坚成果同乡村振兴有效衔接，2022年捐款捐物和消费扶贫6773万元；四是深入开展“我为企业减负担”专项行动，为企业减免会费2733万元；五是助力高校毕业生就业，吸纳大学生1760名，有效发挥了社会组织作用。

【困难群众基本生活保障】一是积极向民政部、财政部汇报甘肃省社会救助工作困难，争取中央困难群众救助补助资金108.8亿元，比上年增加4.2亿元；省级财政克服困难列支资金19.4亿元，比上年增加2000万元。当年共筹集下拨困难群众救助补助资金128.2亿元，比上年增加4.4亿元，增长3.6%。二是全省城市低保、农村低保省级指导标准分别提高8%、10%，达到每人每年8076元、5268元；城乡特困人员基本生活标准分别达到每人每年10500元、6852元；照料护理年标准分别达到全自理1800元、半护理3612元、全护理5412元。为缓解疫情对困难群众基本生活的影响，向低保对象和特困人员增发一次性生活补贴4.55亿元；为589.4万人（次）困难群众发放价格补贴1.3亿元；向31.41万人（次）困难群众发放了棉衣棉被、煤炭、火炉等御寒取暖物资。截至2022年底，全省共保障城市低保对象31.6万人、农村低保对象149.1万人、城乡特困人员9.9万人，实施临时救助198.5万人次，实现了应保尽保、应救尽救的目标要求。三是会同发改、财政等12部门下发《甘肃省低收入人口认定及救助帮扶办法》，会同财政等4部门制定《关于进一步做好最低生活保障等社会救助兜底保障工作的通知》等政策文件，指导各地完善分层分类的社会救助体系，规范低收入人口认定工作，通过自主申请、主动发现、监测预警等方式，精准落实各项社会救助政策，有力保障困难群众基本生活。四是定期比对相关部门低收入人口数据信息，全年累计开展监测预警9次，共发出预警信息12.85万条，对5.86万名符合条件困难群众落实了救助帮扶政策。建立与乡村振兴部门信息共享长效机制，全省3类户中纳入农村低保、特困人员20.67万人，占比46.8%。五是在落实定期走访探视的基础上，全面推进“资金＋物资＋服务”救助模式，由第三方服务机构为分散供养特困人员提供理发、洗衣、卫生打扫等服务，不断提高其幸福感、安全感。全年累计为有服务需求的分散供养特困人员提供救助服务超过300万人次。

【基层社会治理】一是推进基层治理创新。指导兰州市启动实施提升基层治理能力示范区创建，制定印发实施方案及指导意见，联合兰州市委、市政府举行启动仪式，并确定在5个街道、5个社区开展蹲点指导。总结验收全省第一批16个城乡社区治理创新实验区，形成了一批可复制、能推广的典型经验。二是加强自治组织建设。出台《关于进一步加强村民委员会规范化建设的指导意见》，推动村委会实现组织体系、职能事务、制度章程、阵地建设“四个规范”。印发《关于规范做好村民委员会调整有关工作的通知》，指导各地结合实际审慎有序开展调整工作。三是深化基层群众自治。积极开展村级议事协商创新实验，指导各地在15个村开展全国试点的基础上，自行确定不少于1%的村同步开展实验试点，不断提升基层议事协商水平。在指导各地实施《村务公开管理规范》国家标准的同时，报请省人大常委会审议废止《甘肃省村务公开条例》，实现了法规制度的有效适用。组织开展村规民约先进村遴选，指导各地选树典型。四是提升社区治理水平。编制并报请省政府审定，由省政府办公厅印发《甘肃省“十四五”城乡社区服务体系建设规划》，联合省发展改革委制定监测评估方案，推动社区服务体系建设目标任务落到实处。会同省委政法委等8部门出台《关于深入推进智慧社区建设的实施意见》，积极推进智慧共享、和睦共治的新型数字社区建设。

【区划地名与边界管理】全省辖14个市（州），86个县（市、区），1229个乡（镇），127个街道。2022年2月15日，省政府批复，变更兰州市城关区、安宁区、皋兰县部分行政区域界线，将皋兰县忠和镇罗官村、忠和村、水源村3个建制村划入城关区，其中罗官村、忠和村划入盐场路街道管辖，水源村划入青白石街道管辖；皋兰县九合镇及其所辖全部11个建制村，忠和镇及其所辖的盐池社区和崖川村、丰登村、平岘村、六合村、盐池村5个建制村划入安宁区；忠和镇、九和镇政府驻地、名称不变。深入开展《地名管理条例》宣传贯彻工作，建立甘肃省地名管理工作联席会议制度，完成住宅区、楼宇命名、更名审批职能划转。完成民政部部署开展的中国·国家地名信息库数据质量建设行动有关任务，审核修改地名信息32.37万条。组织实施“深化乡村地名服务点亮美好家园”试点活动，张掖市高台县被民政部确定为部级试点地区，白银市靖远县被省民政厅确定为省级试点地区。编辑出版《甘肃省标准地名志》。完成甘新省界和省内42条县级行政区域界线联检工作，至2022年底，甘蒙、甘川、甘陕、甘青、甘宁、甘新6条省界和省内202条县界第四轮联合检查工作全面完成。

【社会事务工作】政策创制。联合13部门出台《甘肃省未成年人保护强制报告制度实施办法》，明确了报告主体、报告情形、报告方式、受理处置、奖励保密、责任追究、监督管理等。制定《甘肃省未成年人保护工作站建设与服务规范》，对建设原则、建设标准、服务标准、管理规范、保障措施提出具体要求。联合8部门修订了《甘肃省弃婴救助管理办法》，对捡拾与救治、遗弃人查处、弃婴安置、部门职责作了进一步明确。制定《甘肃省收养评估实施细则》，细化了评估机构和人员、评估内容、评估流程、监督和管理等内容。印发《关于鼓励省内家庭依法收养机构内病残儿童的通知》，明确了收养对象、收养条件、保障政策、申请审批程序等。制定《甘肃省结婚登记颁证服务工作规范》，对颁证场所、颁证人员、颁证公告、颁证程序、颁证监督等内容作了细化规范。会同省财政厅出台《甘肃省节地生态安葬奖补实施办法》，对奖补对象、奖补标准、葬式标准、审批程序、经费来源、档案管理、监督管理等作了明确。出台《甘肃省“十四五”殡葬事业发展规划》。

改革创新。一是加大投入推进政府购买服务工作。首次安排省级福彩公益金260万元，用于支持各地开展政府购买服务工作，重点购买为农村留守儿童、妇女进行监护评估、精准帮扶、政策宣传、业务培训、家庭探访等关爱服务。有针对性地为精神关怀缺失、遭受家庭创伤等儿童、妇女提供人际调适、精神慰藉、心理疏导等专业服务。争取民政部2个社会工作服务示范项目80万元，委托2个省级社会组织在古浪县、临潭县开展农村留守儿童社会工作专业服务。二是实现结婚登记“市内通办”“省内通办”。在2021年试点的基础上，通过印发通知、总结经验、召开会议加强指导，全省于2022年4月1日全面实现了结婚登记“市内通办”，“市内通办”以来共办理市内跨区域结婚登记4381对。2022年11月印发《甘肃省内地居民结婚登记“省内通办”实施方案》，从2023年1月1日起全省实施结婚登记“省内通办”。三是推进全省婚俗改革。印发《关于开展全省婚俗改革工作的通知》，召开全省婚俗改革工作视频会进行安排部署。联合省委宣传部等7部门发布了以“婚事新办简办·真爱一生一世”为主题的《婚俗改革倡议书》。指导各地婚姻登记机关开展婚前辅导2万多人次，举办集体婚礼和集体颁证135场次，参与新人3000多对。四是推进殡葬习俗改革。在春节、清明节、农历七月十五、农历十月初一分别印发通知，对祭祀服务管理提出具体要求。特别是清明节期间，联合9部门发布《文明祭祀倡议书》，倡导防疫祭祀、文明祭祀、绿色祭祀、节俭祭祀，全省现场祭扫群众比上年减少41%，网络祭扫群众增加354%，实现了健康、文明、安全祭扫目标。五是实现残疾人两项补贴“全程网办”。专门印发通知，明确工作要求，作出安排部署，于5月15日实现了残疾人两项补贴“全程网办”，全年受理网办申请478例。持续落实残疾人两项补贴资格认定申请“跨省通办”，累计受理和办理异地申请58例。六是完成全省火葬区调整优化工作。全省新划定的火葬区范围共涉及兰州、嘉峪关、金昌、白银、天水、武威、张掖、平凉、酒泉、庆阳、定西、陇南、甘南等13个市州的75个县市区、111个街道、479个乡镇、1110个社区、3522个村；覆盖面积20721.5平方公里，占全省国土总面积的28.35%；覆盖人口1318.83万人，是全省常住人口的52.71%，上述13个市州火葬区之外区域，以及临夏州、兰州新区全部区域为土葬改革区。

政策落实。一是落实孤儿基本生活费动态调整机制。报请省政府研究决定，从2022年1月1日起，全省孤儿和事实无人抚养儿童基本生活保障标准提高8%，集中供养月标准由1360元提高到1470元，社会散居月标准由1000元提高到1080元。截至12月底，全省保障孤儿5249人、事实无人抚养儿童15527人，累计发放资金2.77亿元。二是根据民政部重点工作评估具体要求，结合我省救助管理工作实际情况和调研结果，在充分征求各市（州）意见建议的基础上，印发《甘肃省救助管理机构区域中心站试点工作实施方案》，安排在兰州、张掖、平凉三个市级救助管理机构开展全省救助管理机构区域中心站试点工作，试点工作从2022年10月起利用2年时间，按照先行一步的思路，在试点地区探索建设区域性中心站的方法路子，通过制定试点方案、完善救助制度、规范工作流程、解决实际矛盾等方式，不断提炼总结试点工作中的成功经验，全面打造区域中心站建设的示范样板，形成一套可复制、可推广的政策措施和工作模式。三是联合省检察院、省法院、省公安厅印发印发了《关于妥善处理以冒名顶替或者弄虚作假的方式办理婚姻登记问题的指导意见的通知》，进一步明确了各部门工作职责。

【基本养老服务体系建设】政策体系不断健全完善。报请省委、省政府印发《甘肃省“十四五”老龄事业发展和养老服务体系规划》《甘肃省推进基本养老服务体系建设实施方案》《甘肃省基本养老服务清单》，制定《甘肃省“十四五”养老服务体系建设规划》，明确未来一个时期甘肃养老服务体系建设的基本方向、着力重点和保障措施，以法律法规为统领、规范性文件为主体、部门专项政策和标准为支撑的养老服务政策体系初步形成。顺利完成为民实事任务。将“全省建设120个乡镇（街道）综合养老服务中心”纳入省政府为民实事任务，省、市、县共同配套列支3亿元，新增养老服务设施用房面积14.79万平方米，增加床位2700张。提升居家社区养老服务质量。积极争取将张掖市纳入“十四五”时期第二批中央彩票公益金支持的居家社区养老服务提升项目试点地区。争取中央专项资金1651万元，重点为经济困难的高龄、失能老年人建设1500张“家庭养老床位”和提供3000人/次居家上门服务。推进特殊困难老年人家庭适老化改造，投入省级专项资金1650万元，完成1.96万户改造任务。加强养老服务人才队伍建设。落实省人社厅、省财政厅印发《关于加强全省养老护理员职业技能培训工作的实施方案》，全年指导各地培训2万名养老护理员。联合省人社厅、省妇联举办“百千万”创业引领工程“创业达人”选拔活动暨“夕阳红·老有所养”创业创新大赛省级决赛，5人入围省级“创业达人”。深入开展打击整治养老诈骗专项行动。重点整治养老服务领域涉诈问题隐患，依法查处未经登记擅自以社会服务机构名义开展养老服务活动等场所，探索建立红黄橙绿四色名单制度，实施常态化综合监管。六是强化养老服务综合监管。认真落实《关于建立完善养老服务监管制度促进养老服务高质量发展的实施意见》，深化“双随机、一公开”，推行“互联网＋监管”，开展养老机构消防安全专项整治三年行动。

【慈善事业与社会工作】深入贯彻落实《中华人民共和国慈善法》，稳步推进慈善事业发展。报请省政府同意，省民政厅召开全省慈善工作推进视频会议，通报表扬近年来在全省慈善领域做出突出贡献的6个先进个人和9个先进集体，交流经验做法，研究部署今后工作。印发《关于慈善组织认定和监督管理的通知》，将慈善组织认定工作列入省厅对市州考核任务。全省共有慈善组织283个，其中省级60个，慈善组织占全省社会组织总数（21068家）的1.29%。全省累计完成慈善信托备案149单，总金额7.97亿元。积极组织开展第十二届“中华慈善奖”评选推荐工作，按时报送10个推荐对象的评审材料。召开全国加强乡镇（街道）社工站建设2022年年中交流会，为全面落实《民政部等4部门印发的《关于做好2022年普通高校毕业生到城乡社区就业工作的通知》精神，省民政厅及时印发《关于巩固深化省级示范成果加快推进乡镇（街道）社工站设立工作的通知》和《甘肃省民政厅关于进一步加快推进乡镇（街道）社工站建设的通知》，推动乡镇（街道）社工站建设，提前协调建设资金，新增349个建设任务。截至2022年12月底，全省覆盖率达到51%，全年共引导吸纳368名高校毕业生到乡镇（街道）从事社会工作服务。出台《甘肃省社会工作人才队伍建设实施方案》,社会工作专业人才培养、使用、评价、督导、激励等机制更加完善。社会工作专业人才培养、使用、评价、督导、激励等机制更加完善。积极主动配合省人社部门做好社会工作者职业水平考试工作，全省净增持证社工1673人，较上年增长32%，截至目前，全省共有社会工作人才约1.65万人，其中持证社工6920人。截至2022年底，全省注册志愿服务团体3.65万个，注册志愿者355.41万人，开展志愿服务项目15.26万个，记录时间人数约116.9万人，服务时间总数4932.8万小时。全省志愿服务站点1.735万余个，覆盖率为99.5%，其中13个市州已实现全覆盖。联合省文明委印发《关于加快推进全省基层志愿服务工作的指导意见》；出台《甘肃省志愿者激励嘉许暂行办法》，为全省志愿服务制度化、常态化、便利化、项目化、品牌化提供了政策支撑；制定印发《关于开展志愿服务记录与证明出具工作抽查实施方案》，受到民政部充分肯定和鼓励。围绕“3·5学雷锋纪念日”、志愿服务主题活动，联合省委宣传部、省文明办等19部门印发《关于组织开展“弘扬雷锋精神·聚力文明实践·共享美好生活》学雷锋主题志愿服务活动的通知》，3月5日，在兰州市东方红广场开展学雷锋志愿服务系列活动，省民政厅组织志愿服务队开展现场宣传活动。积极参与省委宣传部、省文明办等开展学雷锋志愿服务“四个十佳”“疫情防控优秀志愿者、志愿服务组织”先进典型的推选工作，推动城乡社区志愿服务规范化、制度化、常态化发展，全面提高基层社会治理水平。

（史磊）

体育

【全民健身】认真贯彻落实中央办公厅、国务院办公厅《关于构建更高水平的全民健身公共服务体系的意见》精神，制定印发了全省贯彻落实《意见》的任务分工。紧紧抓住“制度、活动、场地、组织、人才、文化”六个方面的工作，系统规划、有机结合、重点突出、整体推动，促进全民健身公共服务体系不断完善。努力克服疫情影响积极开展全民健身活动，坚持线上和线下相结合、集中和分散相结合、主管部门和社会组织相结合，成功举办甘肃省直属机关第十二届运动会，充分发挥了省直机关在全民健身上的示范引领作用。配合甘肃省残联圆满举办甘肃省第十一届残疾人运动会暨第五届特殊奥林匹克运动会。全年举办全国新年登高大会甘肃主会场、大众冰雪普及系列活动、陇越骑联红色之路自行车赛等全民健身主题示范活动、规模性赛事活动710项，参与人数超86万人次，群众性冰雪活动广泛开展，冰雪运动已经成为全民健身的重要组成部分。全民健身重点项目七里河体育场建设项目、省临洮体育训练基地二期项目进展顺利。兰州体育馆提升改造项目完成建设任务。各级累计投入体育彩票公益金近1.1亿元，新建169个乡镇（街道）多功能运动场、4个体育公园、10条健身步道、2个可移动式冰场、20个笼式足球场、500套健身路径、15套智能健身路径、47套行政村农民体育健身工程，人均体育场地面积达到2.0平方米。省级体育社会组织，不断完善自身建设，克服疫情带来的不利影响，努力开展线上线下的群众健身活动。张掖市临泽县被国家体育总局命名为第一批全民运动健身模范县，体育在健康甘肃建设中发挥出更加重要的作用。积极开展线上培训活动，社会体育指导员队伍不断壮大，人数达到65885人。全民健身服务能力和服务水平进一步提高。

【竞技体育】省优秀运动队努力克服疫情影响，积极参加国际国内大赛并取得较好成绩，全年在世界大赛中夺得3金4银2铜，在全国成年、青少年比赛中夺得12金6银6铜。射击运动员李雪在世界锦标赛上摘金，创造了甘肃运动员在世界射击顶级赛事中金牌数、奖牌数新纪录。男子曲棍球队斩获全国男子曲棍球冠军杯冠军，创造了16年来参加全国大赛的最佳成绩。积极应对杭州亚运会延期和粤港澳全运会改革，主动适应新变化，调整全省竞技体育备战策略。召开全省竞技体育工作发展战略与改革研讨会，为新周期甘肃竞技体育确定了改革方向和具体路径。落实体育总局“选星计划”部署，进一步完善全省优秀后备人才选材机制和青少年运动员训练体系。与体育总局共建曲棍球国家队，积极探索优秀运动队建设新途径，加速提升全省竞技体育综合实力。召开全省反兴奋剂工作会议，开展全省赛风赛纪和反兴奋剂工作专项检查，配合省教育厅完成2022年甘肃省普通高校招生体育类专业统一考试反兴奋剂工作，全年新培训5名兴奋剂检查官，全省体育领域赛风赛纪和反兴奋剂工作得到进一步加强。成功举办了甘肃省第十五届运动会，本届省运会是全省与全国一道全面建成小康社会、实现第一个百年奋斗目标后举办的首个大型综合性体育运动会，得到了省委、省政府的高度重视。各参赛代表团积极组队参加各项竞赛和活动，严格遵守赛风赛纪和反兴奋剂有关规定，实现“零投诉、零疫情、零事故”，充分展现了新时代甘肃体育人的良好形象。青少年组、群众组共计8008名运动健儿角逐赛场，18人3队31次打破19项省记录。兰州市等24个代表团荣获体育道德风尚奖，实现了运动成绩和精神文明“双丰收”。

【青少年体育】积极开展全省体教融合试点县创建活动，面向基层，面向学校，构建体教融合直通车，整合体育教育资源，发挥示范引领作用。会同省教育厅在全省范围评选出兰州市城关区等10个体教融合试点县（区）。持续开展“奔跑吧·少年”儿童青少年主题健身系列活动，全省各地全年开展各类线上线下青少年体育赛事活动500余场，80余万人次参与，有效地激发了青少年参加体育锻炼的积极性。配合省教育厅圆满举办省第五届中学生运动会。实施全省高水平体育后备人才基地（2022—2025）认定，评选出新周期重点高水平体育后备人才基地10个、单项体育后备人才基地（俱乐部）22个、传统特色体育学校26个，对“三大球”和田径、自行车、曲棍球等全省优势项目进行重点布局。依托省体校和兰州市体校2所中专体校创建青少年体育训练中心，夯实体育后备人才培养根基。与定西市人民政府合作共同筹建甘肃体育职业学院，已完成批筹手续，进入设计建设阶段。

【体育产业】印发《关于促进全民健身和体育消费推动体育产业高质量发展的实施意见》，为培育体育消费市场、促进体育产业高质量发展提供政策指引。贯彻落实省第十四次党代会“推动体育产业高质量发展”部署要求，提请省委常委会会议、省政府常务会议研究并同意筹建甘肃健陇体育产业集团有限公司，于11月正式登记成立。会同省文旅厅开展省级体育产业旅游示范基地评审工作，天水青鹃山体育旅游休闲公园等6家单位被命名为甘肃省体育旅游示范基地。全省体育彩票市场克服疫情影响逆势上扬，全年总销量达到43.54亿元，市场份额达到68%，取得历史最高销量成绩。陇越骑联国际山地自行车赛等6个项目入选中国体育文化博览会、中国体育旅游博览会精品项目，受到社会各界的普遍关注和一致好评。全省体育彩票市场克服疫情影响逆势上扬，全年总销量达到43.54亿元，市场份额达到68%，创造历史最高销量成绩。自2016年1月1日至今，全省体育彩票市场份额累计七年增长32.12%，涨幅全国排名第二；体育彩票销量累计七年增长43.04%，涨幅全国排名第六。

【体育法制】《甘肃省实施〈中华人民共和国体育法〉办法》在甘肃省第十三届人民代表大会常务委员会第三十三次会议上修订通过。围绕《体育法》和全省《实施办法》的贯彻实施，全面开展体育法规、规章、规范性文件立改废释工作。加快推动《甘肃省全民健身条例》等行政法规修订工作。认真贯彻省委全面依法治省工作部署，扎实做好体育系统第八个五年法治宣传教育工作，持续开展体育行政审批事项清理、“证照分离”、证明事项清理等“放管服”改革工作，提升依法治体水平。制定《甘肃省省级体育彩票公益金使用管理细则》，规范省级体育彩票公益金使用管理，提高资金使用效益。修订《甘肃省体育教练员系列职称评价条件标准》《甘肃省体育运动员教练员参加国际国内竞技体育比赛奖励办法》，进一步激发体育人才活力。落实中纪委、省委、体育总局和省纪委部署要求，扎实开展黄河石林百公里越野赛公共安全责任事件以案促改工作，制定体育系统以案促改工作《分工方案》，召开以案促改工作专题会议和全省体育系统安全稳定工作会议，在全省体育领域开展安全风险排查整治行动，切实推动以案促改工作落实见效。提请省政府办公厅印发《关于加强近期体育赛事活动安全风险防范工作的通知》，督促指导各级各相关部门严格执行“谁审批（备案）、谁负责，谁主办、谁负责，谁主管、谁负责”的要求，确保体育赛事活动平稳安全有序开展。调整充实省全民健身工作委员会各成员单位职能，强化体育赛事活动安全监管服务，多部门协作联动的工作机制初步建成。举办全省经营高危险性体育项目场所管理工作培训班，进一步提升全省体育系统相关工作人员的业务能力和水平。

【体育文化】将体育助力乡村振兴列入年度重点工作任务，着力推动体育文化建设和全民健身意识持续向农民、农村少数民族地区、对口帮扶地区覆盖和倾斜。全年在少数民族地区、对口帮扶地区等安排资金1700余万元，新建35个多功能运动场、46套健身路径、5套行政村农民体育健身工程、3条健身步道、1座小型智能体育公园、2个笼式足球场，落实公共体育场馆免费低收费开放补助资金853万元，进一步提升民族地区群众的体育获得感。深化党史学习教育“我为群众办实事”活动，在庆阳、临夏等地开展26场助力乡村振兴健身气功志愿服务活动，为广大农民提供科学健身指导，惠及群众50余万人次，以健康体质助力乡村振兴。落实兰州-西宁城市群发展规划，会同青海省体育部门开展“庆百年迎冬奥”甘青滑雪运动胜地评选活动。围绕加快建设文化强省，持续加大对全省体育文化资料的整理与研究，以体育赛事活动为平台大力弘扬丝路文化、黄河文化、红色文化、民俗文化等，加强少数民族传统体育保护传承，临夏天启棍入选2022中华体育文化优秀民俗民间项目。以甘肃省全民健身志愿服务队为载体，以体育志愿服务、文明参赛观赛、科学健身指导等为抓手，大力弘扬北京冬奥精神，推动体育工作与精神文明建设有机融合。

（刘志忠）

广播电视局

【概况】2022年，全省共有广播电视播出机构92家，开办广播节目90套，电视节目113套；广播覆盖率达到99.46%，电视覆盖率达到99.52%；14个市州86个县区户户通用户549.7万户，设立乡镇服务网点308个、村级业务代办点409个；全省IPTV用户共525.69万户，其中甘肃电信用户438.79万户，甘肃移动用户74.3万户，甘肃联通12.6万户；全省有线广播电视覆盖用户473.48万户，有线电视实际用户156.45万户；数字高清电视及交互用户68.4万户；有线网络宽带接入用户24.65万户；全省《广播电视节目制作经营许可证》持证机构536家，全年新增45家；全省《信息网络传播视听节目许可证》持证网站82家，市州广播电视台备案网站7家。受理国产电视剧备案6部，其中通过总局备案公示4

部；审查电视剧完成片 1 部；受理网络影视剧备案 86 部，其中 22 部通过总局规划备案，4 部通过成片审查取得上线备案。

【舆论引导】入实施“舆论引导能力提升”工程，持续深化广播电视媒体“头条”建设和视听新媒体“首页首屏首条”建设，深度阐释习近平新时代中国特色社会主义思想；突出迎接宣传贯彻党的二十大这条主线，开展“奋进新征程建功新时代”重大主题宣传及大型主题采访活动，开设“迎接党的二十大召开”网络视听宣传专栏；开展“喜迎二十大　奋进新征程”优秀网络视听节目展播活动，指导全省各级广播电视制作播出机构和网络视听节目制作机构，市（州）广播电视台和县（区）融媒体中心接续推出一批有分量、接地气的成就报道，奏响了爱党爱国的最强音，唱响了昂扬奋进的主旋律，极大地振奋了全社会的精神力量。大型微纪录片《我和我的新时代》（甘肃篇）在全国卫视频道和国内头部视听网站同步播出，策划的选题《瞬间中国布楞沟的春天》在央视播出，取得了良好的传播效果。

【深化改革】持续深化“放管服”改革，全面推行“一网通办”“全程网办”“不见面审批”和限时办结、一次性告知、证明事项告知承诺制等措施，积极推进电子证照标准化共享应用，全年办结行政审批事项 210 件，按期办结率、群众满意率持续保持 100%。《推行告知承诺制方便企业快捷审批》案例被司法部评为“减证便民”全国“十大优秀案例”之一。为 9 家新闻单位核发《信息网络传播视听节目许可证》。督促指导省、市两级播出机构推进资源整合、结构优化和精简精办，加强频道频率专业化、特色化建设，对省台和 8 个市州台公共频道予以调整或撤销。全面完成 75 家县级广播电视播出机构频道频率建设，审批并颁发县级《广播电视频道许全省广播电视工作可证》134 个。张掖、金昌、定西市级融媒体中心建设项目被确定为全国 60 个地市级融媒体中心试点。完成 IPTV 集成播控平台与传输系统规范对接省级初验，实现了平台对 525.69 万 IPTV 用户内容和 EPG 的管理。

【精品创作】深入实施“新时代精品”工程和陇原文艺高峰攀登工程，创作拍摄的大型系列微纪录片《我和我的新时代—我心归处是敦煌》在央视、全国卫视和网络平台同步播出，纪录片《梦幻凉州》《 ·事一生　一人一窟》《青春宣言（第一、二季）》等在央视、省级卫视和网络平台播出，纪录片选题《最后的野生动物》入选年度中外电视（网络视听）合拍项目，纪录片《放羊的画家》《祁连山国家公园》荣获全国年度优秀，我局宣传处被评为优秀组织机构，网络动画片《敦煌仙子和她的朋友们》入围总局 2022 年度“弘扬社会主义核心价值观共筑中国梦”主题原创网络视听节目征集活动 100 部优秀作品、入选 2022 年度全国 55 部网络视听精品节目，网络纪录片《幸福中国—奋斗甘肃（第一季）》被总局“中国视听”平台向全国推送。广播剧《芳华永韶》、电视剧《陇原英雄传》获省第十届敦煌文艺奖，广播剧《陇原星火》《青春敦煌》在中央人民广播电台及多家省级主频率播出，电视剧《英雄的旗帜》顺利开拍，《红果果金担担》获得总局电视剧剧本扶持，成片通过央视初审。甘肃荣获公益广告电视作品类、传播机构类、组织单位类等六项扶持奖励，创历年之最，甘肃省广播电视局获得优秀组织机构。联合省委宣传部组织开展了“礼赞新时代奋进新征程”优秀电视剧、纪录片、广播剧展播活动，向全省播出机构赠播 6 部电视剧、21 部纪录片及 8 部广播剧，为迎接党的二十大胜利召开营造了浓厚氛围。

【公共服务建设】深入实施“如意甘肃·智慧广电”建设工程，制定印发了《甘肃省智慧广电乡村工程实施方案》，甘肃 2 个智慧广电案例获总局表彰。酒泉市打造了以“新闻+政务+服务”为核心的综合性移动客户端，为广大市民提供了更加智能、便捷的服务。25 个县应急广播建设顺利推进，民族地区 3.92 万有线电视用户高清交互数字电视机顶盒完成更新更换，投入 1500 万元的肃北县智慧广电固边工程项目已全面实施，毛毛山微波站—天祝县融媒体中心、天水营房梁—花牛—天水市城际新城共三跳微波链路开通，省、市两级 17 家播出机构 29 个电视频道高清率达到 100%；对甘肃电视台、兰州、定西等 8 个市州广播电视台公共频道予以优化调整或撤销，圆满完成 520 座台站、971 部发射机的 700 兆赫频率迁移。中国广电甘肃网络公司“甘小果”智能终端累计发展用户 4.35 万户，市场口碑良好。甘肃矿区完成无线调频广播系统升级改造。同时，积极履行行业帮扶责任，认真落实定点帮扶工作任务，进一步夯实了脱贫群众发展致富的基础。

【安全播出保障】持续深化“安全播出”工程，成立迎接党的二十大全省广播电视和网络视听安全播出保障工作专班，深入开展全省安全播出大检查、“喜迎二十大安全播出”挑战应战、安全播出应急演练等活动，集中整治各类风险隐患，圆满完成北京冬奥会及冬残奥会、党的二十大、省第十四次党代会等重要保障期安全播出保障任务，甘肃和上海、浙江、江苏连续 3 年未发生重大安全播出事故，受到总局通报表扬，并在总局相关会议上作了经验交流。圆满完成 700MHz 频率迁移年度任务，移动多媒体广播电视播出效果良好。完成监测系统改造升级项目建设，大幅提升了全省广播电视和网络视听监测监管能力。开展“应急使命·2022”高原高寒地区抗震救灾实战化演习应急广播演练，组织参加全国广播电视网络安全攻防演习，加强指挥调度、巡视巡护和运行维护，严密防范非法攻击、破坏、干扰、插播等事件。

【行业监管】深入实施“管理优化”工程，严格落实意识形态工作责任制，督促全省各级广播电视播出机构认真落实节目播前三审和重播重审制度，监听监看广播电视节目栏目 112 个，编发评议通报 167 期；对全省 20 家国有广播电视节目制作企业开展年度社会效益评价考核；认真组织播出机构开展非法医药、非法集资等违法违规广告专项治理，全力维护人民群众利益。平凉、临夏认真落实新闻出版总署和广电总局部署，扎实开展广播电视机构规范使用汉字专项整治行动。考评通报各市州非法卫星电视接收设施整治工作，查处群众投诉广告问题 50 起，整改停播违法违规广告 60 余条，开展“清风行动”“清朗视听”、冬奥版权保护等专项行动，全力保障全省广播电视和网络视听节目内容安全。

【党的建设和人才队伍建设】持续深化党的建设和全面从严治党工作，组织召开全面从严治党暨党风廉政建设工作会议，深入落实全面从严治党主体责任；适时开展政治纪律、廉洁从政、案例警示等集中教育，从源头上减少失职失责和违规违纪行为；深入贯彻中央八项规定及其实施细则精神和省委《实施办法》，严防“四风”问题回潮反弹，开展“作风建设年”、模范机关创建等活动，对11个基层党组织进行换届改选，对2个直属单位开展巡察。坚持以群众公认为基础、以德才表现为准则、以工作实绩为尺度、以干事创业为导向，选优配强各级领导班子和领导干部，凝聚新时代广电人才合力，打造新时代高素质广电人才队伍，入选省委宣传部“四个一批”人才1名、青年创新人才1名，获全国“优秀广播播音员主持人”称号1名，做深做细做实人才工作，打造新时代高素质广电人才队伍。扎实开展干部教育培训，加大干部思想淬炼、政治历练、实践锻炼、专业训练，干部人才队伍整体素质稳步提升。在统筹疫情防控和推进改革发展工作中，发挥基层党组织战斗堡垒作用和党员先锋模范作用，展现了良好的精神面貌和过硬作风。

（豆红玉）

生态环境

【概述】2022年，全省生态环境质量总体趋稳向好。细颗粒物（$PM_{2.5}$）浓度均值为26微克/立方米，完成国家下达目标；空气质量优良天数比率为90.2%，同比持平。74个地表水国控断面水质优良（达到或优于Ⅲ类）比例为95.9%，劣Ⅴ类水体比例为2.7%，完成国家年度目标任务。土壤环境质量总体保持稳定，核与辐射环境质量稳定可控，环境风险有效防控。

【生态环境保护】始终把祁连山生态环境保护作为重大政治任务常抓不懈，祁连山问题整改成为“督察整改看成效”第一批全国正面典型案例。不断健全完善常态化整治、长效化保护制度机制，制定《甘肃省祁连山生态环境保护考核实施方案》《祁连山生态环境监测与评估机制化工作方案》等，建立“天空地”一体化生态环境监测网络，推进祁连山国家公园生态地面观测站项目建设，常态化实施祁连山生态环境监测与评估及市县生态环境保护考核，进一步压实地方党委政府主体责任和部门监管责任。制定实施《甘肃省青藏高原生态环境保护暂行办法》《自然保护地生态环境监管工作暂行办法》，连续6年开展“绿盾”自然保护地强化监督，省级自查发现的1845个自然保护区生态环境问题已完成整改1826个，整改完成率98.97%。加强生物多样性保护，制定《甘肃省进一步加强生物多样性保护的实施意见》，启动羌塘三江源甘肃片生物多样性本底调查。

制定印发年度黄河流域生态保护和高质量发展污染防治工作要点，牵头起草《甘肃省黄河流域生态保护条例》，已经省人大常委会一审。谋划推动兰西城市群生态建设，在全国率先启动黄河流域生态环境与污染现状调查，建成黄河流域生态环境基础数据库。率先在沿黄9省区开展入河排污口排查工作，对4个水系36条重要干支流的7大类15小类入河排污口排查，得到生态环境部肯定。开展黄河流域干流生态补偿，与四川建立黄河流域横向生态补偿机制，获中央生态补偿奖励资金2000万元，下达兰州、白银、临夏3市（州）省级生态补偿奖励资金9500万元。与上下游4省建立跨界流域水污染联防联控机制，我省黄河干流出境水质连续7年达到Ⅱ类。

建立生态安全预警监测制度机制，开展生态安全问题及风险隐患排查整治，做好生态安全风险防范化解工作。开展全省生态环境系统安全生产省级督导检查，加强尾矿库生态环境问题和环保设施安全管理，严密防控生态环境安全风险。全力做好核与辐射安全监管，修订印发《甘肃省辐射污染防治条例》《甘肃省辐射事故应急预案》等，持续推进并完成核与辐射安全隐患排查三年行动，在全国率先将核与辐射安全监管纳入省级生态环境保护督察，发布《甘肃省伴生放射性矿开发利用企业名录（2022年）》，加强放射性废物入甘的监督检查和监测工作，积极协调推进区域核与辐射应急监测物资储备库项目建设，筑牢核与辐射安全监管根基，全省辐射环境安全可控，未发生辐射安全事故。

【污染防治】印发实施甘肃省深入打好污染防治攻坚战的实施意见和年度重点任务台账，统筹推进主要目标和重点任务有效落实。深入打好蓝天保卫战，有序推进兰州、金昌、武威、临夏4个市（州）北方地区冬季清洁取暖试点项目。累计完成38台6302蒸吨锅炉改造任务。扎实推进挥发性有机物治理突出问题排查整治，开展加油站、储油库油气回收治理专项整治。改造升级市级机动车排放检验监管平台，完成3.8万辆非道路移动机械登记编码。深入打好碧水保卫战，持续巩固兰州等4市18条黑臭水体整治成效，对华亭、敦煌等5个县级城市黑臭水体开展排查，组织完成兰州、天水、张掖、平凉4市黑臭水体交叉监测。支持实施刘家峡、九甸峡集中式饮用水水源地环境保护项目，推进两个水源地水质自动综合监测站建设，对203个“千吨万人”集中式饮用水水源地环境保护开展专项整治。深入打好净土保卫战，加强用途变更为“一住两公”类重点建设用地准入管理，持续推进受污染耕地安全利用和严格管控。继续推动实施农村环境整治，累计完成3852个行政村生活污水治理。加强地下水污染防治，完成28个“两场两区”地下水污染状况调查。加强危险废物监管和利用处置，全省危废利用处置能力比2020年增加446万吨/年，医疗废物处置能力达到163.65吨/日。

【生态环境问题整治】两轮中央生态环境保护督察113项整改任务已完成110项，白银市东大沟重金属污染治理入选督察整改看成效正面典型案例，被中央电视台等多家央媒报道。组织完成第二轮省级督察，实现14个市（州）全覆盖和省属国有企业（白银公司）督察试点，统筹开展河湖长制专项督察，拍摄制作9部生态环境问题警示片，公开通报30个典型案例。规范开展生态环境保护派驻监察，完成4县、1重点行业派驻监察。组织开展全省生态环境问题排查整治工作，先后排查整治突出生态环境问题178个，立案查处生态环境违法行为776起，实施“五类案件”45起，解决了一批群众身边的突出生态环境问题。2021年度国家黄河流域生态环境警示片18个问题完成整改14个，其中12个污染防治类问题完成整改8个。全省生态环境问题“存量”进一步削减，“增量”得到有效遏制。

健全完善法规标准体系，加快推进我省黄河流域生态保护立法，完成《甘肃省噪声污染防治条例（草案）》《甘肃省机动车排气污染防治办法》立法调研。推动立项地方生态环境标准3项，发布5项。推进环境信息依法披露和生态环境损害赔偿工作，开展环境污染强制责任保险试点。不断优化执法监管模式，推进生态环境领域“双随机、一公开”监管工作制度化、科学化、规范化。扎实开展全省生态环境监测标准化培训练兵和生态环境执法大练兵活动，实行生态环境违法线索有奖举报。进一步优化完善生态环境监测网络，建成运行生态环境监测大数据平台，持续深化生态环境监测数据质量管理，印发《全省县级生态环境监测站建设指导意见》，加快推动省市两级生态环境监测体系和能力建设。不断强化生态环境保护宣传教育，定期组织召开新闻发布会，结合“六五”环境日等活动，持续加强生态环境宣传，全年在各类国家和省级媒体刊发稿件1000余篇，积极回应社会关切热点，放大生态环境保护主流声音，努力构建党委领导、政府主导、企业主体、社会组织和公众共同参与的现代环境治理体系。

【绿色低碳发展】配合落实碳达峰碳中和“1+N”政策体系，制定《甘肃省减污降碳协同增效实施方案》，举办碳达峰碳中和助推绿色高质量发展论坛。积极参与全国碳排放权交易市场建设，圆满完成第一个履约周期发电行业企业的碳排放配额发放和清缴工作，组织完成2021年度7大行业温室气体重点排放单位碳排放报告核查、复核工作。持续推动兰州、敦煌、金昌3个低碳城市和庆阳（西峰区）、白银2个气候适应型城市试点建设。酒泉敦煌熔盐塔式光热电站和庆阳、定西2市3人入选生态环境部绿色低碳典型案例。强化重点企业行业清洁生产审核，全年开展重点企业清洁生产审核评估及验收368家。谋划推动绿色环保（含绿色矿山）产业链发展，建立产业链发展联席会议制度，确定3家链主企业，协调解决产业发展难题障碍。

【服务经济社会高质量发展】出台《甘肃省生态环境厅贯彻落实稳住经济一揽子政策措施实施方案》，全力协调保障白龙江引水、引哈济党等重大水利工程、煤矿增产保供及省级重大招商引资项目环评审批工作，红沙梁煤矿、西成铁路项目环评获生态环境部批复。2022年全省共审批环评项目2494个，完成登记表备案项目10115个；234个省列重大项目完成环评或豁免审批184个，19个部分子项目完成环评审批；第一批18个重大招商引资项目中，已有17个完成环评或豁免审批；第二批31个重大招商引资项目完成环评审批27个；组织对未完成环评报告编制的项目开展技术指导服务工作；纳入国家保供煤矿目录的15家煤矿和纳入国家金融工具支持的36个项目均已完成环评审批。推动“三线一单”生态环境分区管控政策落地落实，与兰州市签署“强省会”战略合作框架协议，在全国率先出台促进乡村生态振兴的实施意见。深化“放管服”改革，所有政务服务事项实现“全程网办”“一网通办”。

谋划申报102个项目纳入中央污染防治项目储备库，涉及总投资26.83亿元。2022年下达的中央资金预算达26.3231亿元，比上年增长62%，2023年提前下达的中央专项资金达20亿元，比上年增加40%。指导嘉峪关市入围生态环境领域真抓实干成效明显地方激励城市名单，获奖励资金0.3亿元；水污染防治项目成效明显，获调整增加资金0.615亿元；临夏、金昌、武威3市州纳入北方地区冬季清洁取暖支持范围，给予27亿元资金支持。探索“产业生态化、生态产业化”绿色发展新路径，3个项目成功纳入第二批全国生态环境导向的开发（EOD）模式试点；5个项目纳入生态环保金融支持项目库；兰州市入选国家首批气候投融资试点城市，6个气候投融资项目获预授信额度达217.6亿元；兰州、金昌、天水、兰州新区等4地纳入“无废城市”建设名单，为西北地区获批最多的省份。张掖、白银2市入选全国首批区域再生水循环利用试点。

（杜欣荣）

民族事务管理

【民族团结进步创建工作】突出铸牢中华民族共同体意识的鲜明导向，着力打造民族团结进步创建“升级版”。制度规范不断健全。制定实施《甘肃省民族团结进步模范集体和模范个人评选表彰办法》。印发《铸牢中华民族共同体意识专项资金管理暂行办法》，及时下达资金9000万元。扎实推进民族团结进步示范区示范单位命名办法和测评指标的修订工作，编制民族团结进步创建工作指南。创建形式不断丰富。将民族团结进步创建同党的建设、乡村振兴、生态保护、精神文明建设、平安甘肃建设、双拥模范创建等深度融合，纵深推进“一廊一区一带”创建行动。深化创建工作“七+N进”活动，推动创建工作向社区、家庭、岗位延伸。在全省20个4A级以上旅游景区开展民族团结进步创建工作，推动将共同体理念融入景区文化展示、导游实地解说、文创产品开发、文艺节目创作、特色活动打造之中，在全国尚属首创。示范效应不断凸显。试点建设河西铸牢中华民族共同体意识示范走廊。积极推荐申报第十批全国民族团结进步示范区示范单位37个，配合国家民委赴嘉峪关、张掖、武威3市开展了调研验收工作。命名全省第八批民族团结进步示范区示范单位229个。截至目前，全省共命名省级民族团结进步示范区示范单位609个，成功创建全国民族团结进步示范区示范单位57个、教育基地8个，擦亮了创建工作“甘肃品牌”。

【中华民族共有精神家园建设】坚持把构筑各民族共有精神家园作为战略任务，大力开展铸牢中华民族共同体意识宣传教育。理论研究走深走实。省社科规划项目、省人文社会科学项目和相关社科研究机构都把铸牢中华民族共同体意识列入重点研究专项。加强铸牢中华民族共同体意识研究基地等的管理，设立41项课题开展攻关，取得了阶段成效。举办铸牢中华民族共同体意识理论研讨会、伏羲文化与铸牢中华民族共同体意识研讨会，积极打造甘肃省法官学院中华民族共同体法治文化“四个基地”，启动《中华民族交往交流交融史料汇编·甘肃卷》编纂工作。宣传月活动有声有色。创新开展全省第19个民族团结进步宣传月活动，形成了省市县乡四级联动、党政校企全面铺开的强大声势。省级层面开展的网络有奖知识竞答参与210万人次、影视作品展映覆盖1356个乡镇（街道）、“百场万人”大宣讲活动受众9100余人次，连续一个月在《甘肃新闻》前30秒投放民族团结进步主题宣传片，各级各类学校组织开展主题实践活动12万多场次，在《中国民族（甘肃增刊）》上省委主要领导刊发署名文章，各市州党委主要领导接受专访，成为历年来影响最大、反响最强的一次宣传月。常态化宣传教育有形有感。选树长城、长征、黄河、敦煌、铜奔马、伏羲、女娲等一批政治性强、接受度高的中华文化符号和形象，在重大节庆活动和公共场所、旅游景区等方面广泛运用。举办“石榴杯”铸牢中华民族共同体意识主题征文活动，征集稿件6900多篇，颁评奖项150个。积极构建大宣传格局，与文旅产业集团、省博物馆等7家单位签订战略合作协议，在《甘肃日报》和省电视台开设“同心筑梦”等专栏。不断提升《甘肃民族》杂志办刊质量，狠抓《甘肃民族工作》信息采编质效，持续加大民族工作宣传力度。以河西走廊为主题打造中华民族共同体体验馆第一期体验项目，创拍播出民族地区国家级非遗项目电视纪录片《丝路拾遗》18集，组织开展“陇原民族情”送文化下乡惠民演出活动17场次，现场和网络观看演出32万余人次。

【民族地区高质量发展】认真贯彻“三新一高”要求，赋予所有改革发展以彰显铸牢中华民族共同体意识的意义，以维护统一、反对分裂的意义，以改善民生、凝聚人心的意义。助推发展见行见效。指导民族地区主动融入黄河流域高质量发展、西部陆海新通道等国家战略，积极参与构建全省“一核三带”区域发展格局，编制实施《甘肃省“十四五”民族团结进步事业规划》，试点建设肃北县马鬃山镇“兴边富民行动中心城镇”。“三区”建设稳步推进。找准促进各民族共同富裕的切入点、发力点和突破点，谋划启动甘南州青藏高原生态环境保护和可持续发展先行区、临夏州巩固拓展脱贫攻坚成果同乡村振兴有效衔接示范区、河西走廊各民族共同富裕示范区建设，分别制定《实施方案》和《指导意见》。倾斜性政策全面落实。坚持和完善差别化区域支持政策，省级财政对民族地区均衡性转移支付补助系数高于其他地区平均水平，将21个民族县全部纳入生态功能区转移支付补助范围，落实高海拔民族自治州扶持政策等20余项特殊支持政策。及时下达中央财政衔接推进乡村振兴补助资金（少数民族发展任务）34174万元和省级衔接资金1700万元、民族乡发展资金3600万元。

【民族交往交流交融】坚持把促进各民族交往交流交融作为推动中华民族共同体建设的重要途径，创造各族群众共居共学、共建共享、共事共乐的社会结构和社会条件。推动各族群众互嵌式发展，促进各民族在空间、文化、经济、社会、心理等方面的全方位嵌入。全面推广普及国家通用语言文字。实施各族青少年交流计划，创新开展“陇原石榴籽”·同心共交流、同心共实践等系列活动。实施旅游促进各民族交往交流交融计划，通过注入新内涵、打造新线路、发展新业态、培育新主体、用好新基地，促进各民族相互理解尊重、相互包容欣赏、相互学习帮助。把少数民族流动人口服务管理工作纳入城市流动人口工作总体部署和规划，加强同17个兄弟省区市的协作配合，健全少数民族流动人口服务管理机制，帮助解决就学、就医、落户等方面的困难，推动少数民族流动人口市民化、公共服务均等化，各族群众的幸福感、归属感、认同感不断提升。

【民族事务依法治理】坚持把民族事务纳入共建共治共享的社会治理格局，牢牢守住不发生区域性系统性风险的底线。民族事务依法治理规范有序，加强法治宣传教育，制定实施全省民委系统“八五”普法《规划》。民族领域意识形态平稳向好，不断规范新闻出版、学术研究和文艺创作，受理审核涉民族事务公开出版物、影音制品9件，其中甘肃省地方教材1套32册。

【党对民族工作的全面领导】坚持把加强和完善党的全面领导作为做好民族工作的根本政治保证，着力构建新时代党的民族工作新格局。制度机制更趋完善。压实各级党委的主体责任，推动“两个摆在”“两个纳入”的要求落到实处。注重发挥党委统一战线工作（民族宗教工作）领导小组作用，坚持在大统战工作格局中开展民族工作，制定实施《省委统战部关于统一领导省民委有关事项的意见》《省民委向省委统战部请示报告制度》，民族工作重大问题、重要事项均提交省委统战部部务会议研究。推动落实扎实有力。召开省民委主任会议、省民委委员和省民族工作重点联系单位会议，建立工作台账，实行清单化管理、挂图式作战，对重点工作上门督促、书面提醒，逐项跟踪、推进落实。将铸牢中华民族共同体意识纳入政绩考核，作为市县领导班子考核的重要内容，并加大民族地区考核权重。实行重大问题请示报告、重大任务跟踪问效和下级党委向上级党委年度报告民族工作制度。省委分管领导先后多次深入基层调研督导，省民委开展多轮专项调研式检查，推动中央和省委决策部署落地落实。自身建设不断加强。坚持以党建引领民族工作高质量发展，把党的政治建设摆在首位，深入推进党风廉政建设和反腐败斗争，推动全面从严治党向纵深发展。启动省民委“三定”规定修订工作，积极推进省民族歌舞团改革工作。配合国家民委开展“五大专项”调研，全面总结、系统梳理相关工作。狠抓干部教育培训，举办系列专题培训班，不断提高干部职工的政治素养和业务水平。深入开展“五型机关”创建和能力提升行动，着力打造与新时代、新形势、新任务相适应的民族工作者队伍。

（任伟）

人民生活

城镇居民

【城镇居民收入】2022年，全省城镇居民人均可支配收入37572元，比上年增加1385元，增长3.8%。从收入构成看，工资性收入占比67.1%，较上年降低0.5个百分点；经营净收入占比7.3%，降低0.2个百分点；财产净收入占比7.9%，提高0.1个百分点；转移净收入占比17.7%，提高0.6个百分点。

政策措施综合发力，工资性收入继续增长。全省按照抓培训、促就业、保增收的工作思路，突出做好高校毕业生、农民工等重点群体就业工作；积极开展东西部劳务协作对接交流，输转城乡富余劳动力；不断落实从业人员多项增资补贴措施，并在年底集中发放冬季采暖费和年终考核奖金，在这些有利因素的支撑下，工资性收入继续增加。2022年人均工资性收入25223元，比上年增长3.1%，对全省城镇居民增收的贡献率为55%，拉动收入增长2.1个百分点。其中，不按月发放的奖金津贴过节费等人均4807元，增长19.3%。

经济持续回暖，经营净收入企稳。随着全省经营行业有序复工复产，需求和供给的双重压力得到一定缓解。2022年人均经营净收入2739元，比上年增长1.4%，对城镇居民增收的贡献率为3%，拉动收入增长0.1个百分点。分产业看，第二产业人均经营净收入226元，增长0.4%；第三产业人均经营净收入2200元，增长0.5%，其中，批发零售业、住宿和餐饮业收入1411元、261元，均增长6.2%。

理财观念逐渐转变，财产净收入小幅增长。近年甘肃持续加强体制机制改革，激发创新活力，充分利用各类资源、资产和资金，不断增加居民财产红利收入。2022人均财产净收入2950元，比上年增长4.2%，对城镇居民增收的贡献率为8%，拉动收入增长0.3个百分点。其中，出租房屋净收入558元，比上年增加48元，增长9.4%。

政策兜底力度加大，转移净收入增长稳健。全省各级政府积极出台各项政策稳定经济，对企业职工、机关事业单位养老保险待遇进行调整，不断加大社会救济、临时救助力度。2022年人均转移净收入6661元，比上年增长7.6%，对城镇居民增收的贡献率为34%，拉动收入增长1.3个百分点。其中，养老金或离退休金7634元，增长8.4%；社会救济和补助244元，增长7.7%；政策性生活补贴85元，增长18.1%。

【城镇居民消费支出】2022年，城镇居民人均生活消费支出25207元，比上年下降2.1%。从构成看，八大类消费中只有居住、交通通信保持增长，其他支出均有不同程度的下降。

刚性支出依旧主导消费行为。食品消费、居住消费作为居民刚性需求，所占的比重依然处于主导地位。2022年人均食品烟酒消费支出7530元，比上年减少12元，下降0.2%。食品消费中，薯类、食用油、蔬菜和食用菌、水产品、蛋类涨幅靠前，分别增长8.5%、9.4%、6.6%、21.5%、17.5%。烟酒、饮料消费继续增长，人均854元和216元，分别增长12.3%、10.9%。由于出行机会减少、在外活动空间压缩、户外经营场所管控等原因，饮食服务下降，人均1952元，下降9.2%。居住方面的消费有所增加，房屋修缮、房屋租金开支作为一项长期性的固定支出，呈现持续增长态势。2022年人均居住支出6006元，比上年增加274元，增长4.8%，其中，租赁房房租140元，增长10.6%；住房维修及管理1021元，增长21.6%。受冬季来临出行和年末促销的影响，居民购车意愿加强，对手机电脑等移动设备更新换代频率提高。2022年人均交通通信支出3335元，增长1.2%，其中，交通工具支出1171元，增长29.1%；通信工具支出296.6元，增长11.8%。

发展类、服务类消费需求降低。今年各地学校普遍延迟开学，课外培训机构关停，居民家庭子女教育培训费用支出明显减少，拉低城镇居民日常消费支出。2022年，人均教育文化娱乐消费2471元，下降8.2%，其中，教育支出1882元，下降4.5%；文化娱乐支出589元，下降18.4%。人均医疗保健消费2005元，下降12.5%，其中，医疗服务支出1301元，下降13.4%。

八大类消费支出比重三升五降。八大类消费支出中刚需型消费比重增加，发展性、享受型消费中除交通通信外均有不同程度的降低。人均食品烟酒消费、居住消费占比为29.9%、23.8%，分别比上年提高0.6和1.5个百分点。交通通信消费占比13.2%，提高0.4个百分点；衣着消费占比7%，下降0.5个百分点；生活用品及服务消费占比6%，下降0.4个百分点；教育文化娱乐消费占比9.8%，下降0.7个百分点；医疗保健消费占比8%，下降0.9个百分点。其他用品和服务消费占比为2.3%，下降0.1个百分点。

（杨振炜）

农村居民

【农村居民收入】2022年，全省农村居民人均可支配收入12165元，较上年增加732元，增长6.4%，高于全国平均水平0.1个百分点，较2019年增长26.3%，年均增长8.1%，高于全国平均水平0.2个百分点。从收入来源看，四大项收入全面增长，“三足鼎立”共同支撑农村居民收入稳步增长。

工资性收入稳步增长。全省继续落实稳岗就业政策，积极出台稳就业“硬核”政策措施，千方百计拓宽务工就业渠道，健全返乡创业服务制度，做强甘肃劳务品牌，规范公益性岗位管理，加大项目投资拉动本地就业，有力促进了农村劳动力转移就业。2022年农村居民人均工资性收入3498元，比上年增长4.8%，较2019年增长26.3%，年均增长8.1%，是农村居民收入的重要来源，占可支配收入的28.8%，对收入增长的贡献率为22.0%。

经营净收入比重最大。全省上下认真贯彻落实粮食安全战略，狠抓撂荒地复耕、粮食生产、生猪稳产保价和主要农产品供给，取得了良好效果。在粮食产量再获丰收，畜牧业稳步发展，主要农畜产品价格稳定，部分鲜菜鲜果价格上涨等有利因素的拉动下，农村经营净收入稳步增长。2022年农村居民人均经营净收入5435元，比上年增长6.1%，较2019年增长25.8%，年均增长7.9%，占可支配收入的44.7%，对收入增长的贡献率达42.5%，是农村居民收入的主要来源，占比和贡献率均为四大类收入中最高。2022年人均农业净收入3275元，增长9.7%，人均牧业净收入1008元，增长8.3%。

财产净收入增长空间较大。随着共享理念的深入贯彻，农村居民共享到更多发展成果，家底日益殷实，家庭储蓄增加，但受投资渠道有限、理财意识薄弱等多方面因素影响，农村居民财产净收入仍然较低，增长潜力较大，需持续加劲提升。2022年农村居民人均财产净收入161元，比上年增长7.5%，较2019年增长24.8%，年均增长7.6%，占可支配收入的1.3%，比重最小，对收入增长的贡献率仅为1.5%，是农村居民收入的短板。

转移净收入稳步增长。全省各地继续加大基本民生兜底力度，提高居民基础养老金最低标准，完善最低生活保障制度，提高医疗报销力度，实现参保和代缴全覆盖，人民群众幸福感、安全感、获得感明显增强。2022年农村居民人均转移净收入3071元，比上年增长8.8%，较2019年增长27.5%，年均增长8.4%，占可支配收入的25.2%，对收入增长的贡献率为34.0%。

农村居民收入增长与经济增长同步。2022年全省农村居民人均可支配收入名义增长6.4%，扣除价格因素实际增长4.5%，与2022年全省地区生产总值增长速度（4.5%）同步。

农村居民收入增速连续6年高于城镇居民。近年来，甘肃坚持城乡一体化的发展方向，着力推动农业调结构转方式和农民增收，努力促进城乡统筹发展，深化收入分配制度改革，有效促进了农村居民收入持续增长。2022年，全省农村居民人均可支配收入增速快于城镇居民2.6个百分点，继2017年以来连续6年高于城镇居民，城乡居民人均可支配收入比值为3.09，比上年缩小0.08，比2019年缩小0.27，城乡居民收入差距进一步缩小，收入分配状况进一步改善。

农村居民收入结构基本稳定。从2019—2022年农村居民收入结构变动来看，农村居民人均可支配收入结构基本稳定。人均工资性收入占比基本持平；人均经营净收入占比下降0.2个百分点，但仍然占据主要份额；人均财产净收入份额较小，比重变化较小；人均转移净收入呈上升态势，占比提高0.2个百分点。

【农村居民消费】2022年，全省上下始终将民生置于重要位置，积极挖掘消费潜力，拓展消费模式，释放消费需求，培育新型消费，持续改善消费环境，消费潜力稳步恢复，基本生活类消费保持稳定增长。2022年，甘肃农村居民人均消费支出11494元，比上年增长2.6%，较2019年增长18.6%，年均增长5.8%。

农村居民消费增长快于城镇居民。2022年，全省城镇居民人均消费支出25207元，比上年下降2.1%。农村居民人均消费增速快于城镇居民4.7个百分点。

消费八大项呈“三升五降”态势。人均食品烟酒、居住和交通通信支出保持增长，分别增长6.2%、5.3%和9.5%；人均衣着、生活用品及服务、教育文化娱乐、医疗保健和其他用品及服务支出呈下降态势，分别下降2.9%、6.0%、4.4%、4.0%和4.2%。

基本生活类支出保持稳定。2022年全省各地大力加强粮油肉蛋奶等基本民生产品的保供稳价力度，保障居民基本生活需要。农村居民以食品烟酒、衣着、居住为主的基本民生消费支出6633元，增长4.9%，占农村居民人均消费支出的57.7%。水产品、蛋类、奶类消费支出增长较快，分别增长16.0%、13.9%和17.0%；肉类、禽类消费支出有所下降，分别下降3.1%和16.1%。

服务类支出下降。受疫情影响，餐饮、线下教育和文体娱乐等接触型和聚集型消费活动受到一定限制，导致农村居民服务性消费支出有所下降。2022年，全省农村居民人均服务类消费支出3219元，比上年下降2.7%。

（杨振炜）

人力资源和社会保障

【就业创业】及时召开会议调度就业工作，全国第二家以省政府名义制定出台了关于进一步稳定和扩大就业的若干措施。持续为各类市场主体纾困稳岗，累计“降、缓、返、补”35.75亿元，涉及企业20.96万户（次）。省市县三级同频共振，合力攻坚，全力对冲疫情对就业工作的影响，创新实施人社部门“援企稳岗服务千企”、“百名人社局长”直播带岗、高校毕业生等青年群体“百日攻坚”、“陇原惠岗贷”等系列就业服务和援助活动。职业技能培训深入推进，深化“津甘技工”“鲁甘人力”合作，持续做优“西部海员”职业技能培训品牌，加大我省海上务工就业人员培训输转力度。创业带动就业成效明显，纵深推动“百千万”创业引领工程，累计评选“创业达人”142名、“创业新秀”926名、“新锐创客”7340名；全省新增发放创业担保贷款45.69亿元，吸纳带动就业6.01万人。重点群体就业有序推进，全面提前完成“1万名未就业普通高校毕业生到基层就业”为民实事项目和7080名各类基层服务项目招募工作，募集就业见习岗位1.3万个，应届高校毕业生就业率达到90%以上。全省实现城镇新增就业32万人，全省开展政府补贴性职业技能培训50.85万人次，全省累计输转城乡富余劳动力527.3万人，创劳务收入1483.3亿元，均超额完成年度目标任务。

【社会保障】社保统筹层次不断提升，顺利完成企业职工基本养老保险全国统筹，在全国较早实现信息系统部省对接。印发《甘肃省失业保险省级统筹实施方案》，工伤保险省级统筹正在稳步推进。社保覆盖范围不断扩大，全省基本养老、失业、工伤保险参保人数分别达到1904.8、202.76、287.49万人（次）。社保待遇水平稳步提高，全面完成2022年度企业、机关事业单位退休人员基本养老保险待遇调整及发放工作，惠及168万人；全省城乡居民基本养老保险基础养老金最低标准达到每人每月118元；失业、工伤保险待遇水平稳步提升，失业保险金平均标准达到1571元/月。推荐上报第三支柱养老保险试点城市，放开灵活就业人员参保限制。扎实开展社保基金管理问题专项整治，守牢基金风险防控底线。基金累计结余767.95亿元，基金运行总体平稳。全省社保卡持卡人数2607万人，实现全省常住人口全覆盖；签发电子社保卡2319万张。

【人事人才服务】修订甘肃省高层次专业技术人才津贴管理办法，修订省属高校、科研院所和医疗卫生机构等单位急需紧缺专业目录。首次选拔培养260名陇原青年英才，完成149名聘满3年省领军人才考核工作。首次为符合条件的252名博士后发放进站博士后补贴7545万元，首次向设站单位拨付152名博士后日常经费228万元，新设国家级博士后科研工作站9个、省级博士后创新实践基地15个，2022年招收博士后213名，完成招收计划的142%。深入推进职称制度改革，在全国率先出齐了26个职称系列，52个全省有效和10个基层有效职称评价条件标准；创新开展行业协会和民营企业职称社会化评价改革试点、在自然科学研究系列建立“代表作”清单制度。有序推进事业单位人事制度改革，县以下事业单位管理岗位职员等级晋升工作基本完成，涉及全省24088名事业单位管理人员，月人均增资359元。建成全省专业技术人员继续教育公务服务平台，将71家省级专业技术人员继续教育基地统一纳入管理。积极推进“人人持证”，进一步完善技能评价体系，已备案50家企业、121家社会培训评价组织，职业技能等级评价工作有序开展。创新建立全国首家省级“技能大师之家”，新建26个省级技能大师工作室，4个省级高技能人才培训基地。

【乡村振兴】会同交通、卫健等部门，扎实组织开展“春风行动”“就业援助月”“春暖农民工”等专项行动，全省通过包车包专列包机等方式，“点对点”输转务工人员11万人。扎实推进全省东西部劳务协作，天津、山东帮助全省58个受援县15.9万名农村劳动力实现转移就业，超目标任务5倍之多。统筹用好各类乡村公益性岗位，全省人社系统牵头开发乡村公益性岗位安置8.98万人、市县额外自主开发安置5.12万人。因地制宜转型认定乡村就业工厂（帮扶车间）2541个，共吸纳就业9.76万人，其中脱贫劳动力3.74万人，央视《新闻联播》报道了甘肃乡村就业工厂发展建设工作和经验。加大“兰州拉面师”“静宁果农”“庆阳香包绣女”“礼贤妹”等著名劳务品牌宣传推介力度，我省推荐的21个劳务品牌代言人上榜“全国劳务品牌形象代言人”。疫情发生后，加大返乡人员就业援助和托底安置力度，特别是针对目前河西地区新能源、装备制造等产业存在较大用工缺口的实际，组织举办省内东西部劳务协作招聘活动，破解河西部分地区“用工荒”难题。全省累计输转脱贫劳动力200.3万人，创劳务收入552.1亿元，培训脱贫劳动力9.31万人次，均超额完成国家下达目标任务。

【劳动关系监管】持续深化根治欠薪行动，制定印发了工程建设领域农民工工资保证金规定实施办法，升级完善“陇明公”平台功能模块，建立全省工程建设领域精准化监管网络体系，先后组织14次包保督查和实地检查，及时排查处置欠薪问题隐患。全省立案查处涉及农民工欠薪案件572件，共为1.25万名农民工追回工资9962.4万元，公布重大劳动保障违法行为121起，将34家企业和4名个人依规列入拖欠农民工工资失信联合惩戒名单。积极创建构建和谐劳动关系，甘肃4家企业被命名为全国和谐劳动关系创建示范企业，1个工业园区被命名为全国和谐劳动关系创建示范工业园区；在全省组织开展了劳动关系领域矛盾风险防范化解专项行动；组织对全省6400余户企业开展了薪酬抽样调查。在全国较早出台《关于维护新就业形态劳动者劳动保障权益的实施意见》，多方联动开展维护新就业形态劳动者权益”十大暖心行动，实现全省2.5万名基层快递网点从业人员参加工伤保险全覆盖，培训快递从业人员6950人次，1989名快递从业人员获评职称，中国劳动保障报在全国予以推广。调解仲裁处理效能不断提升，全省各级仲裁机构和调解组织共立案受理劳动人事争议案件9849件，审结9726件，结案率98.8%。

乡村振兴

【概述】2022年，全省农村居民人均可支配收入达到12165元，比上年增长6.4%；脱贫人口人均纯收入达到11766元，增长13.5%，增速持续跑赢全省农民平均水平，守住了不发生规模性返贫的底线，统筹推动乡村发展、乡村建设、乡村治理迈出新步伐。我省在国家巩固脱贫成果后评估、东西部协作考核评价中连续两年被评为“好”的等次，国家财政衔接资金绩效评价考核连续两年为“A”级等次。

【政治担当】始终站在衷心拥护“两个确立”、坚决做到“两个维护”的高度看待有效衔接工作，把习近平总书记关于“三农”工作的重要论述作为根本遵循，对习近平总书记发表的重要讲话、作出的重要批示指示，第一时间传达学习并安排部署贯彻落实工作，深刻领会习近平总书记关于“三农”工作的重要论述，强化系统谋划和工作统筹，确保全省有效衔接工作始终沿着正确方向前行。印发学习贯彻习近平总书记关于“三农”工作的重要论述《工作方案》和《通知》，组织开展不同层级学习宣传和培训研讨，不断提高各级干部抓“三农”的能力和水平。

【责任链条】省委、省政府印发关于做好2022年全面推进乡村振兴重点工作的《实施意见》，明确巩固拓展脱贫攻坚成果、全面推进乡村振兴的任务书和施工图。定期召开领导小组会议、专项调度会部署推动重点工作。分级分层签订2022年重点工作《责任书》，逐级传递责任压力。对照中央衔接政策，先后优化完善140多项政策措施，制定落实促进产业、人才、生态、文化、组织振兴的专门意见或规划。先后组织6轮暗访督导，对脱贫县逐一“过筛子”，对部分县进行“回头看”，跟踪督促整改落实。对标有效衔接“硬任务”和工作落实短板弱项，组织开展“十聚焦十到位”专项行动，以重点突破带动面上工作整体提升。

【监测帮扶】按照“不少一村、不漏一户、不留死角”的要求，在全省范围内3次开展防止返贫集中排查、专项排查和督查调研，遍访所有农村居民，对重点人群“六必访”“六必查”，消除死角盲区。对存在返贫致贫风险的农户，自风险发现之日起15个工作日内纳入监测范围，10天内制定“一户一策”帮扶计划。坚持“七不消”原则，对标注风险消除的监测对象全面“回头看”“回头帮”，确保返贫致贫风险稳定消除。新识别监测对象0.89万户3.84万人，监测对象累计达到10.9万户44.8万人，户均落实帮扶措施3.9项，风险消除率（户占比）70.1%，帮扶措施的针对性和风险消除的稳定性不断提高。

【稳定增收】全省衔接资金的55%以上用于产业发展，制定健全完善帮扶项目联农带农机制的《实施意见》，脱贫地区的2231家龙头企业带动脱贫户35万户，7.1万个农民合作社带动脱贫户80.4万户。扎实做好脱贫人口小额信贷工作，累计发放贷款181.44万户821.93亿元，贷款总量、余额和新增贷款均居全国第1。持续巩固提升光伏帮扶项目成效，累计收益37亿元，帮助9.7万个困难家庭就业增收。加强与16个劳务输入大省协作，全省输转脱贫劳动力200.3万人，完成年度计划的105.4%。引导劳动力在省内有序流动，促进陇东南地区劳动力资源和河西地区岗位潜力优势互补。推进2541个乡村就业工厂（帮扶车间）转型升级，吸纳就业9.76万人，其中脱贫劳动力3.74万人。

【支持重点区域】坚持“抓两头、带中间”，集中支持23个国家和16个省定乡村振兴重点帮扶县，带动其他脱贫县加快发展。全省安排财政衔接补助资金243.49亿元，支出进度97.45%，倾斜安排23个国家重点帮扶县103.91亿元、占中央和省上两级资金的52.17%。积极承接国家科技教育医疗帮扶资源，实现23个国家重点帮扶县每县1个科技特派团和教育、医疗人才“组团式”帮扶全覆盖，动员东部和省内368家民营企业、167家社会组织倾斜支持。编制实施省级和39个重点帮扶县有效衔接方案，分年度谋划实施10大类1.5万个补短板促发展项目，已完成投资327.1亿元。强化易地扶贫搬迁后续扶持，安排1.67亿元财政衔接补助资金用于产业发展和公共服务补短板，组织70个有搬迁任务的县区逐一编制后续扶持任务清单，到点到户完善搬迁群众产业就业扶持台账，谋划实施产业项目175个、基础设施和公共服务配套项目184个，有劳动能力且有就业意愿的搬迁脱贫家庭实现户均1人以上就业。

【社会帮扶】持续深化东西部协作和定点帮扶，天津市、山东省援助我省财政资金32.22亿元，启动实施协作项目1545个。成功举办2022年“津陇共振兴”和“鲁企走进甘肃”活动，签约项目107个，合同金额170.8亿元。接续推进“一县一园”和“百村振兴”计划，共建产业园区78个，协力打造乡村振兴示范村181个。打造“津甘技工”“鲁甘人力”品牌，帮助15.91万名农村劳动力实现就业。通过“走出去、请进来”方式，向东部协作省市选派挂职干部242名、专技人才2397名，东部向我省选派挂职干部270名、专技人才2030名。36家中央单位直接投入43个定点帮扶县帮扶资金5.97亿元，选派挂职干部107人，东部协作省市和中央单位消费帮扶72.82亿元。深化“万企兴万村”甘肃行动，引导民营企业支持发展产业、助力乡村建设，实施项目1065个，投入资金80.02亿元。举办“民企陇南行”活动，签约招商引资项目97个425亿元、消费帮扶项目1.11亿元。东部协作省市和中央单位消费帮扶金额72.82亿元。制定有效衔接帮扶工作《责任清单》，继续选派2.24万人开展驻村帮扶，7.19万名县乡干部全覆盖结对帮扶所有监测对象。优化升级驻村工作队管理平台，编印有效衔接《帮扶工作100问》，分层分类培训驻村干部、乡村干部等44万人次，加快推动驻村干部由“选优配强”向“管训促用”转变。

【乡村建设】启动全省乡村建设行动实施方案，全力开展以8大行动和7大工程为重点的乡村建设。充分发挥规划引领作用，优化调整确定发展类村庄8027个，累计编制完成6750个多规合一实用性村庄规划。大力实施农村人居环境整治提升五年行动，40.66万户农村卫生厕所年度改造任务全部完成。持续开展问题户厕摸排整改“回头看”，摸排出问题厕所8.83万座，整改完成率94.1%。持续开展村庄清洁行动，农村生活污水和清单内黑臭水体治理率分别达到24.15%、73.17%，农村生活垃圾收运处置实现行政村全覆盖。深化“5155”乡村建设示范行动，完成投资183.87亿元，年内完成50个省级示范乡（镇）、新建500个省级示范村创建工作，示范带动全省乡村建设行动。

【乡村治理】推动3个国家级试点县和15个省级试点市、县按期完成乡村治理体系建设试点示范任务。大力推广积分制、清单制等创新经验，持续开展移风易俗专项行动，全省村规民约实现全覆盖、96.7%的村镇成立红白理事会，乡村文明焕发新气象。深入宣传《乡村振兴促进法》，出台甘肃《乡村振兴促进条例》，累计创建国家和省级民主法治示范村（社区）130个、1545个，为乡村振兴营造了良好的法治氛围。

（李旭）

地县及兰州新区概况

兰州市

【基本情况】兰州，别称金城，甘肃省省会，地处中国陆域版图的几何中心，城区海拔约1520米，是黄河唯一穿城而过的省会城市。市区全年平均气温12℃，属于温带大陆性气候。地域总面积1.31万平方公里，市区面积1631.6平方公里。现辖城关、七里河、西固、安宁、红古5区和永登、榆中、皋兰3县，1个国家级新区—兰州新区，以及兰州高新技术产业开发区、兰州经济技术开发区2个国家级开发区。共设47个镇、14个乡、53个街道、731个村、433个社区。2022年末全市常住人口441.53万人，比上年末增加3.1万人；城镇化率为84.07%。

【资源优势】兰州境内已探明各类矿床156处、矿种35个，主要有黑色金属、有色金属、贵金属、稀土和能源矿产等9大类。是西北地区重要的工业基地、西部地区中心城市、国家综合交通枢纽、丝绸之路经济带的重要支点城市，是全国9大物流区域、10大物流通道和21个全国性物流节点城市之一，有西北地区最为密集的铁路网，是新亚欧大陆桥和我国面向中亚、西亚开放的战略通道。兰州北铁路编组站是我国西部最大的区域性编组站，世界一次性建设里程最长的高速铁路从兰州直通新疆，宝兰高铁、兰渝铁路、中兰客专建成通车后，打通了兰州与中东部和大西南的快速交通联结通道，已成为连接“一带”与“一路”的黄金支点。兰州是黄河上游最大的水利发电中心，水力资源丰富，水量稳定，是全国工业用电成本最低的城市之一。2022年全市总用水量10.92亿立方米。其中，生活用水量1.81亿立方米，工业用水量1.47亿立方米，农业用水量4.94亿立方米，生态用水量2.03亿立方米。人均用水量247立方米。黄河文化、丝路文化、中原文化、西域文化在兰州交相辉映，《读者》杂志被誉为“中国人的心灵读本”，是“中国期刊第一品牌”；《丝路花雨》、《大梦敦煌》等国家舞台艺术精品书写了“文化兰州”的新篇章。太平鼓、高高跷、黄河水车制作技艺、兰州鼓子、清汤牛肉面制作技艺列入国家级非物质文化遗产保护项目。兰州是中国最受欢迎的10大避暑城市之一，全市拥有国家A级旅游景区38家（国家AAAA级旅游景区7家）。兰州盛产白兰瓜、软儿梨、白凤桃、冬果梨等瓜果，是闻名全国的“瓜果城”；百合、玫瑰、高原夏菜、黑瓜子、水烟等土特产蜚声中外；兰州牛肉面被称为“中华第一面”，牛奶鸡蛋醪糟、酿皮、灰豆、甜醅子、手抓羊肉等独具地方特色。

【国民经济】2022年，经初步核算，全市地区生产总值3343.5亿元，比上年增长0.8%。其中，第一产业增加值65.0亿元，增长5.0%；第二产业增加值1150.8亿元，下降2.9%；第三产业增加值2127.8亿元，增长2.4%。三次产业结构比为1.94 ∶ 34.42 ∶ 63.64。规模以上工业增加值下降0.4%；固定资产投资下降3.5%；社会消费品零售总额1598.2亿元，比上年下降9.1%；一般公共预算收入221.0亿元，按自然口径下降20.14%，扣除增值税留抵退税因素，同口径下降7.8%；一般公共预算支出498.8亿元，增长2.9%。按常住人口计算，人均地区生产总值75992元，比上年增长0.3%。

【供给侧结构性改革】聚焦重振“兰州制造”战略，攻坚推进“强工业”行动，坚持“改旧”和“育新”并重，保持制造业比重稳步提升。积极培育提升石化、铝、玻璃、冶金、中医药等传统特色产业，系统推进兰州石化“减油增化”、窑煤资源能化共轨、中铝源网荷储等64个传统产业改造升级延链补链项目；以科技创新赋能高质量发展，不断促进发展动能接续转换，推进炼化核心技术创新，高端聚乙烯产品茂金属包装膜、流延膜等专用料实现产业化。聚力构建绿色制造产业体系，创建省级绿色工厂7户、培育国家级再生资源综合利用行业规范企业3户。不断提升国产碳离子治疗系统全产业链原创技术策源能力，超导质子重离子一体机研发项目科技部立项。创新策源地城市排名连续提档进位，2022年首次跻身全球创新百强科技集群城市。2022年新认定高新技术企业121家，“专精特新”企业27户。多项科技成果获得国家科技进步奖。医用重离子加速器高端医疗装备国内领先、替代进口。兰州软件园、兰州新区大数据产业园、兰州科技创新园等重点产业园加快建设。兰州新区经济增速连续6年领跑国家级新区。高新区首次上榜赛迪顾问2022园区高质量发展百强榜单。推动发展壮大鲲鹏生态产业链，发放鲲鹏适配认证证书266个。兰州新算力产业示范中心暨兰州工业互联网创新中心揭牌成立。全域创建社会信用体系建设示范城市，省市“信易贷”平台累计发布金融产品267款，放款70.51亿元。兰州银行成为省内第一家上市A股银行。兰州新区首单“9710”业务成功落地，加纳特马市自建8000平方米海外仓落地运营，外贸新业态新模式稳步发展。全市进出口总额168.8亿元，比上年增长19%。成功申报国家骨干冷链物流基地和国家物流枢纽建设。持续推进中国（甘肃）国际贸易“单一窗口”推广应用，单一窗口货物、舱单、运输工具申报等主要业务应用率达

100%。成功举办第28届兰洽会。常态化运行“兰州号”国际货运班列，共发运304列、货值3.91亿美元。

【项目建设】围绕交通、枢纽、产业、科技、生态、安全等领域，坚持项目化、工程化，加快“五个中心”建设，增强省会城市辐射带动力。建立“兰白两区”关键技术联合攻关、产学研联席会议制度，与上海张江、粤港澳大湾区共建中医药、先进能源、超算等研发平台。组建化工新材料、中医药产业省级创新联合体，成立兰州石化科技创新中心。建成七山300兆瓦、坪城95兆瓦等风光电项目，西北首个国家新型工业化产业示范基地数据中心落户兰州。加快实施金川科技城、酒钢产业园等重点项目。广东宏宇20万吨负极材料等项目落地建设，德福11.5万吨高档铜箔等项目建成投产，形成全球最大的年产35万吨高性能铜箔生产基地、百万吨级“新能源材料之谷”。新引进康鹏电池材料、道氏碳材料等产业项目162个，签约落地埃肯硅扩容、兰鑫焦化等项目105个，推进实施兰飞系列研发、兰州输变电等央地合作项目32个。加快实施北绕城、清傅公路、傅苦公路、沈阿公路、连霍高速公路清水驿至忠和扩容改造等重点项目。G2201兰州南绕城高速八里镇出入口、兰临高速长下坡处治改造等工程建成投运。完成1610蒸吨燃气锅炉低氮改造。中川国际机场T3航站楼主体结构封顶，轨道交通2号线一期开始联调联试，中兰客专即将通车运行。累计建成5G基站8972个。完成东郊学校未来城市分校等10所中小学和幼儿园新建改扩建项目。建成省康复医院新区分院和省人民医院新区分院重大疫情救治基地。

【乡村振兴】巩固拓展脱贫攻坚成果同乡村振兴有效衔接，全市“三类户”风险消除率达到71%。持续实施现代丝路寒旱农业优势特色产业三年倍增计划，推进13个现代农业产业园创建，着力打造“一百五十”六大优势特色产业集群。新（改、扩）建标准化规模养殖场30个，创建市级标准化示范场10个、规模化设施蔬菜生产小区10个，综合机械化率达到64%以上。将“智慧气象”融入“智慧农业”建设，建成兰州市智慧观光农业信息服务云平台。建成高标准农田15.84万亩，整治撂荒地30万亩。2022年全市粮食播种面积132.13万亩、产量达到33.8万吨；蔬菜种植面积94.67万亩、产量达到215.06万吨。推广应用科学储粮新技术，全市共实施科学保粮17.9万吨，科学保粮率达到92%以上。新认定市级以上农业产业化龙头企业15家；新认证“三品一标”农产品18个和“甘味”农产品企业商标品牌10个，“永登七山羊”获国家农产品地理标志。成功创建粤港澳大湾区“菜篮子”产品配送分中心。推进6.4万户冬季取暖热源清洁化改造，改造农村户用卫生厕所2384座。因地制宜推进八个县区错位发展，加快实施产业扶持项目。推动梨韵什川、甘味树屏等10个城乡融合示范镇建设，完成3个省级示范镇和37个省级示范村建设。皋兰县上车村、榆中县浪街村分别入选第二批、第三批全国乡村旅游重点村；西固区河口古镇入选第二批国家级旅游休闲街区；皋兰县上车村入选2022年中国美丽休闲乡村。

【环境保护】制定实施碳达峰、碳中和“1+N”政策体系，开展石油化工、有色冶金、建材等重点行业企业节能监察，完成绿色建筑认定435.57万平方米，绿电消纳比率持续提高，清洁能源使用比例达到49%，成功入选国家废旧物资循环利用体系建设重点城市。2022年全市规模以上工业综合能源消费量1452.89万吨标准煤，比上年增长0.17%。加快兰西城市群生态建设。黄河流域兰州段白塔山生态环境治理工程获批国家第二批生态环境导向的开发模式（EOD）试点。持续推进城关安宁北拓片区120平方公里未利用地试验区、黄河北部片区生态环境和水土流失生态治理示范区、百万亩国家储备林、呢嘛沙沟等53条河洪道综合治理等重点项目。庄浪河流域生态发展共同体项目加快实施。完成2773个入河排口整治，全市黄河干、支流各断面水质全优良，黄河兰州段干支流国省控断面水质优良率均为100%，出境断面水质稳定保持在Ⅱ类。持续开展大规模国土绿化，扎实推进北拓片区未利用地生态综合治理和土地整理、陇中地区生态保护和修复等重点工程。完成营造林4.2万亩、草原生态修复5.5万亩，新增改造城市绿地80公顷，义务植树630万株。2022年空气质量优良天数比率为82.5%，空气质量主要污染物浓度持续下降，六项污染物浓度达到国家二级标准，实现历史性达标。成功获批国家首批气候投融资试点城市、全国废旧物资循环利用体系建设重点城市、“十四五”时期“无废城市”。全面开展土壤污染隐患排查整治，重点建设用地和受污染耕地安全利用得到有效保障，受污染耕地安全利用率稳定达到90%以上。

【人民生活】2022年，全市城镇居民人均可支配收入45277元，比上年增长4.7%；农村居民人均可支配收入17178元，增长6.1%。城乡收入比为2.64，较上年缩小0.03。依托国家粮食应急保障信息系统，累计建立应急供应网点197家，加工企业3家，储运企业14家，配送中心10家，应急保障中心4家，实现城市街道、农村乡镇和3万人以上的社区100%覆盖。全市共有各类社区服务机构和设施527个。其中，社区服务指导中心8个，社区服务中心110个，社区服务站409个。共有社区养老照料机构和设施779个。其中，全托服务社区养老服务机构和设施59个，日间照料社区养老服务机构和设施210个，互助型社区养老设施510个。全面完成60岁及以上户籍老年人意外伤害保险续保工作；开展打击整治养老诈骗专项行动，切实维护老年人健康合法权益；提高特殊儿童基本生活保障标准，集中供养和散居孤儿基本生活费分别达到月人均1642元、1253元；积极开展全国婴幼儿照护服务示范城市创建和省级示范试点托育机构创建，建立托育机构38家。

【社会保障】坚持在发展中保障和改善民生，2022年全市民生支出401.9亿元，占一般公共预算支出比重80.6%。落实就业优先政策，年末全市城镇就业人员79.64万人。全年城镇新增就业7.85万人，其中失业人员再就业3.16万人。全年输转城乡富余劳动力25.25万人，创劳务收入76.27亿元。全面推行失业保险稳岗返还、一次性留工培训补助“免申即享”精准发放方式，发放稳岗返还资金 2.65 亿元，惠及职工 56.97 万人；发放一次性留工补助 2.34 亿元，惠及职工 46.87 万人。夯实和谐劳动关系基础，及时消除欠薪隐患，追回追发工资近亿元，进一步维护新就业形态劳动者劳动保障权益。城乡低保标准分别提高 8% 和 10%，年末全市共有 2.59 万人享受城镇居民最低生活保障，3.64 万人享受农村居民最低生活保障，0.37 万人享受农村特困人员救助供养。2022 年全市参加基本医疗保险人数达 338.52 万人，其中，参加职工基本医疗保险人数 130.87 万人，参加城乡居民基本医疗保险人数 207.65 万人。全市医保电子凭证激活率超 60%。市域内有住院条件的乡级及以上医保定点医疗机构全部实现“一站式”结算。优化升级“金城·惠医保”项目。切实推进“保交楼”稳民生工作，建设保障性租赁住房 2273 套、共有产权房 4000 套，化解办理房屋产权转移登记 18.7 万套，首次登记率达到 92.8%，全面开展“交房即交证”试点工作。

【社会事业】加快推进“智慧教育”示范区建设，2022 年，全市新增学位 1.2 万个。全市幼儿园在园幼儿 13.42 万人，其中公办园在园幼儿占比达 51.7%，普惠性幼儿园覆盖率为 94.91%。全市普通小学招生 4.69 万人，学龄儿童入学率为 100%；普通初中招生 3.79 万人，九年义务教育巩固率为 100.1%。全年中等职业教育招生 1.23 万人，普通高中招生 2.47 万人，特殊教育招生 290 人。高中阶段入学率为 99.59%。稳步扩大公共医疗资源供给，末全市共有医疗卫生机构 2059 个，卫生技术人员 4.5 万人。医疗卫生机构拥有床位数 3.49 万张。“精致兰州”建设更加深入人心，完成老旧小区改造 236 个，加装电梯 171 部。建成全民健身场所 72 处、文旅驿站 12 座；以 15 分钟生活圈配套建设和九类设施设备亮化美化为重点，整治通信设施 1091 个，新建及改造供热、供气、供水等管网 380 公里；优化调整公交线路 1 条，调整迁移公交站点 6 处，新增公共停车泊位 5000 个，修改建候车亭 12 座；设置便民瓜果摊点位 392 处、2090 个；城区道路机械化清扫率达 92.9%。创建星级公园 4 座，新建改建小游园 20 个，打造精品园林街区 13 条，城市绿化体系不断完善。建成甘肃政务服务网兰州站和“甘快办”兰州厅，形成四级一体化网上政务服务体系，为企业和群众提供一站式、智能化、个性化、便捷化服务。年末全市广播综合人口覆盖率 99.84%，电视综合人口覆盖率 100%。兰州奥体中心全面投运。年末全市共有体育场地 9625 个，体育场地面积 878.22 万平方米，人均体育场地面积 2.3 平方米。人均体育消费支出占居民人均消费支出的 7.8%。成功举办省第十五届运动会、省第十一届残疾人运动会。持续深化平安兰州建设，深入开展国防动员和“双拥”共建，扎实推进国家食品安全示范城市创建工作，常态化推进“五清行动”和扫黑除恶斗争，严厉打击电信网络诈骗等突出违法犯罪活动，建设智慧安防小区 310 个。

城关区

【基本情况】城关区是甘肃省省会兰州市的政治、经济、文化和商贸中心，位于甘肃省中东部，属中温带半干旱型气候，年平均气温 11.2℃，年平均降水量 327.8mm，年蒸发量 1437mm，日照时数 2446 小时，无霜期 180 天以上，年平均相对湿度 56%。土地总面积 305.19 平方公里，其中城区面积 68.96 平方公里，行政管辖 25 个街道和 154 个社区、21 个行政村。居住着回族、满族、藏族、蒙古族、东乡族等 56 个少数民族。2022 年末，全区常住人口 150.21 万人，城镇化率为 98.78%。经济总量占兰州市的 33.83%，占甘肃省的 10.10%，经济实力居全省 86 个区县之首，荣登“2022 中国西部百强区”第 17 位。

【资源优势】城关区处于大西北的“十字路口”，接南通北、承东启西，有西北地区最为密集的铁路网，陇海、兰新、兰青、兰渝、包兰等铁路干线和京藏、连霍、乌玛、青兰、兰海等国家高速公路交汇于此，是新亚欧大陆桥和我国面向中亚、西亚开放的战略通道。沿河而建的兰州水车雄浑粗犷、独具特色；中山铁桥是第一座横跨黄河的铁桥，被称为“天下黄河第一桥”；百里黄河风情线是全国最长的市内滨河公园和最大的城市带状公园，被誉为“兰州外滩”。两山对峙、大河中流，多样化的自然景观，造就了得山独厚、得水独秀的独特城市魅力。本土电影《丢羊》获中国电影最高荣誉华表奖、《丢心》获第 74 届威尼斯电影节“聚焦中国·青年电影人计划”最佳影片奖。

【国民经济】2022 年，全区实现地区生产总值 1131.06 亿元，比上年下降 3.4%。其中，第一产业增加值 0.57 亿元，下降 4.5%；第二产业增加值 156.07 亿元，下降 19.6%；第三产业增加值 974.42 亿元，下降 0.5%。三次产业结构比为 0.05 ∶ 13.8 ∶ 86.15。固定资产投资下降 11.9%；社会消费品零售总额 836.12 亿元，下降 11.2%；一般公共预算收入 25.09 亿元，扣除留抵退税因素后同比下降 14.8%；一般公共预算支出 51.26 亿元，下降 10.9%。

【乡村振兴】全年实现农林牧渔业增加值 5986 万元，比上年下降 4.9%，其中农林牧渔服务业增加值 317 万元，下降 12.8%。全方位夯实粮食安全根基，整治撂荒地 3110 亩，启动区级成品粮库建设选址工作，新增放心粮店网点 45 家，四级粮油供销保供体系初步建成。启动青白石农业科技示范园提升等项目，建成高标准农田 5000 亩。

【项目建设】扎实开展“项目建设百日攻坚”行动，组建市级项目团队 3 个，区级项目团队 85 个，加快推进“读者印象”精品街区等 106 个重大项目，开工建设润兰之城等 113 个项目，建成投用东方红广场枢纽站周边整治等 32 个项目。新建项目手续办结率、开工率达到 94.2%；谋划储备项目 308 个，总投资 9186 亿元。资金争取力度不断加大，中央预算内投资项目 22 个，争取到位资金 3.03 亿元；地方政府专项债券项目 19 个，争取到位资金 0.9 亿元。

【优势产业】加快建设兰州科创园二期、长城紫晶西北运营中心、兰州科技创新产教融合中心，成功签约科技企业 13 家，新增高新技术企业 65 家，扶持科技计划和人才创新创业项目 35 个，科技市场成交额达 51.25 亿元，获评全国优秀“双创”示范基地。深入实施“强三优二精一”产业发展战略，产业升级迈出新步伐，成功引进“500强”企业区域总部3家，打造甘肃文化大厦等税收千万楼宇2座，引进落地平安证券等金融机构2家，金融保险业增加值占地区生产总值的比重达到17.29%。引领和带动本土电商创新发展、组织推荐亚盛国贸捷时特、陇贸通等13家企业申报省市跨境电商项目，实现电商交易额500亿元。

【人民生活】2022年，全区城镇居民人均可支配收入51055元，比上年增长4.8%；农村居民人均可支配收入33782元，增长5.8%。城乡居民收入比值为1.51，比上年缩小0.02。城镇居民人均消费支出32390元，增长6%，恩格尔系数为31.7%；农村居民人均消费支出26424元，增长7.6%，恩格尔系数为24.1%。

【环境保护】深入推进区、街、社区（村）三级河长巡河模式，全区各级河长累计巡河6158次，发现和解决问题35个。强化洪道综合治理，对老狼沟、鱼儿沟、烂泥沟、石门沟等淤积较为严重的洪道开展清淤疏浚治理，累计治理洪道7400米，清理淤泥、垃圾约2.5万立方米。新增改造绿地25万平方米、垂直绿化3万平方米、屋顶绿化3000平方米；节日、重大会议摆花35.6万盆；栽植法桐、银杏等各类行道树1583株，花灌木西府海棠、樱花、红叶李等732株，小灌木19.38万余株；新建改建协和、东湖、乐水、雁东路、新港城、刘家滩等6处儿童友好空间及城市游园建设项目。全年空气质量达标（优良）天数299天，比上年增加16天，达标率83.88%。

【社会保障】深化社会保障制度，完善社保体系建设。年末全区参加基本医疗保险65.73万人，其中，城镇职工基本医疗保险20.03万人，城乡居民基本医疗保险45.7万人。城镇基本养老保险参保19.59万人，失业保险参保22.08万人，工伤保险参保22.17万人。落实一次性留工补助政策，惠及单位15770户39万人，发放补助1.95亿元；“免申即享”落实失业保险稳岗返还政策，返还稳岗补贴2640万元。扩大实施降费率、缓缴社保费政策至17个行业困难企业，申报单位450余户。率先在全省实现电子退休证全面上线。临时救助11341人，发放救助金1173.12万元；建设家庭养老床位911张。

【社会事业】全力打造西北地区的科技创新名片、数字经济的标杆园区—兰州科技创新园，园区引入5G大数据、物联网、数娱文创、云计算、区块链、智慧医疗等各类型科技企业71家，其中规上企业6家，“专精特新”企业2家，国家级高新技术企业9家，省级创新型企业5家，科技中小企业入库14家，就业人数近1500人。入驻企业获得高新、软著、专利、体系认证378项；举办各类论坛、路演、沙龙等活动近300场，累计上万人次参与；获评甘肃省省级孵化器、兰州市市级众创空间、兰州市科普教育基地、青年之家、留学人员创新创业基地、全国创新中心TOP10优秀代表中心。新培育云港、石榴等众创空间4家，新增创业孵化服务机构面积1.22万平方米，开展2022年“创响中国”兰州城关站暨全国双创活动周、“疫情时代创业者发展新路径线上论坛”等重点双创活动4场。签订技术合同1443项，技术合同成交金额51.25亿元。商标申请量6130件、商标注册量4695件，专利授权量4215件，每万人口发明专利拥有量34.46件，专利授权量、每万人口高价值发明专利拥有量位居省市前列。

教育资源总量持续扩大，知行中学、元森小区配建学校已投入使用，一只船小学扬帆分校、五里铺小学南校区、五泉小学已全面完工，新增学位5430个；通过公费师范生选聘、事业单位教师招聘、同工同酬教师选聘等方式引进教师380名。学前教育普惠优质发展，新开办公办幼儿园2所，治理回收小区配套幼儿园4所，新审批普惠性民办幼儿园5所，新增学位2530余个，普惠性托幼机构幼儿在园比例达到95.02%。稳步推进“双减”，义务教育阶段学科类培训机构压减232家，压减率达100%。年末拥有普通中学49所，招生18093人，在校生53027人，毕业生17377人；普通小学74所，招生16262人，在校生87305人，毕业生12351人；职业中学13所，招生3408人，在校生10227人，毕业生3402人；特教学校2所，招生24人，在校生265人，毕业生52人；幼儿园246所，招生10709人，在园幼儿42896人。学龄儿童入学率为97.5%，九年义务教育巩固率为100%，高中阶段入学率为99.68%。

文体旅产业集聚融合发展。开展线上线下群文活动15场，举办线上辅导活动9期，旗袍礼仪培训班1期；举办“送福送春联”活动等各类书画辅导及创作交流活动5次；城关书房到馆总人数约12000人次，借阅图书6000余册，借阅人数2356人次，不断提升公共文化服务水平。全区共有国有艺术表演团体10个，艺术表演场馆3个，图书馆3所，博物馆2所，文化馆3所，文化站25个。

建设培育文旅新业态。重点推进兰州非遗文化产业园、西部雍和民间藏品博物馆、《八步沙》全领域文创产品等9个项目；指导A9产业园等14家企业申报甘肃省2022年省级旅游发展专项资金文化和旅游产业项目补助资金1070万元。全年累计接待游客823.93万人次，比上年下降74.85%；实现旅游收入50.27亿元，下降84.18%。

高效完成新冠疫情防控任务。在区委区政府统一指挥调度下，高效完成“0306”“0708”等突发疫情及常态化疫情防控重点领域和关键环节的应急处突、流调溯源、核酸筛查、隔离管控、环境消杀、医疗救治等各项任务。加强医疗应急保障，组建专业应急医疗队伍，储备医疗应急救援物资，完成各级各类卫生应急医疗保障任务338次，出动保障人员1038人次，救护车辆172台次。强化免疫规划疫苗接种，基础免疫单苗接种率、全程合格接种率、加强免疫单苗接种率均达到90%以上；优化健康养老服务，完成2022年全国示范性老年友好型社区创建申报工作，为辖区60岁以上老年人办理老年优待证1552张。打造标准化中医药社区卫生服务中心9家、名老中医工作室16个，形成“一中心一特色”的中医特色诊疗服务格局。

年末全区共有医疗卫生机构893家，其中医院50家，基层医疗卫生机构843家。卫生技术人员22646人，社区卫生服务中心（站）医务人员1930人。

医疗卫生机构总床位15212张，其中三甲医院床位数12016张。全年总诊疗人次752.6万人次，出院人数33.5万人。五岁以下儿童死亡率2.5‰，婴儿死亡率1.98‰。

七里河区

【基本情况】七里河区地处兰州市中南部，位于东经103°36′~103°54′，北纬35°50′~36°06′。东至雷坛河，与城关区相壤；南与定西市临洮县为邻；东南至铁冶，与榆中县相邻；西南至七道梁、摩云关、湖滩，与定西市临洮县、临夏州永靖县交界，西至彭家坪、崔家大滩、深沟桥，与西固区毗邻；北濒黄河，与安宁区和城关区隔河相望。全区总面积397.5平方千米，黄河流经区内15千米，地表及地下水年经流量300多亿立方米。电力资源充足，森林覆盖率26.2%。年平均降水量360毫米，年平均气温10.5°C，全年日照时数平均2446小时，无霜期在180天以上，冬无严寒，夏无酷暑。

2022年末，全区常住人口72.12力人，比上年末增加0.37万人。其中，城镇人口63.24万人，城镇化率为87.69%。全年出生人口0.53万人，出生率7.37‰，死亡人口0.46万人，死亡率6.39‰，人口自然增长率0.97‰。辖1乡、5镇、9个街道，有汉族、回族等39个民族。

【国民经济】2022年，全区实现地区生产总值570.48亿元，比上年增长2.1%。其中，第一产业实现增加值9.4亿元，增长2.6%；第二产业实现增加值215.22亿元，下降1.3%；第三产业实现增加值345.86亿元，增长4%。结构调整持续深化，三次产业结构比为1.65 ：37.72 ：60.63，第三产业增加值占比重达到16.25%。全区实现地区性财政收入40.38亿元，比上年下降28.5%。其中完成公共财政预算收入9.86亿元，下降21.9%。一般公共预算支出23.97亿元，下降8.2%。税收收入81，35万元，下降32.3%；非税收入17.26万元，下降54.7%。年末本外币存贷款余额1897.74亿元，比上年末增长3.4%。其中，存款余额997.73亿元，增长6.8%；贷款余额900.01亿元，下降0.3%。

【基础设施】2022年，全区实施县乡公路升级改造，完成5项建设项目，共计建设里程11.79公里。马滩片区，完成S185#道路除照明及信号灯工程；完成B184#、B189#道路施工图编制，S187#、S190#道路初设设计编制。彭家坪片区，彭家坪中央生态公园项目完成东区瀑布假山塑石、木栈道钢结构主体及东区综合管沟，月桥综合楼完成主体钢结构施工及地下室主体结构，百合游客中心完成主体结构及屋面工程；B210#道路完成约350米沥青混凝土路面及人行道铺设；T212#道路完成雨污水管道及粗粒石混凝土路面铺设；S202#道路及B214#道路可行性研究报告已开始编制。崔家大滩片区，办理T086#、B093#、B097#和B069#道路的稳评报告、地形图测绘、地勘报告、可行性研究报告编制和评审，办理《用地预审和选址意见书》；审核并完成《B093#、B097#、B069#市政道路政府与企业共建协议》和《T086#市政道路政府与企业共建协议》的签订工作。在西园片区新建供水管网1200米、市政消火栓井12座。全年完成兰州市老旧住宅小区加装电梯任务40部，已全部建成、通过检验并交付业主使用。全年实施各类棚户区改造项目共7个，改造户数共5500户。新增兰州奥体中心综合体，共计开发利用人防平战结合工事面积26546平方米，为社会提供就业岗位53个。

【乡村振兴】2022年，全区巩固拓展脱贫攻坚成果和乡村振兴项目库入库项目共计184项，资金2.97亿元，组织实施巩固拓展脱贫攻坚成果与乡村振兴有效衔接建设项目91项，涉及中央和省市财政衔接资金6974万元，重点扶持发展百合、特色养殖、乡村旅游等产业项目建设，打造我区乡村振兴特色亮点，支付资金6974万元，支付进度100%。督促落实行业帮扶政策，“两不愁三保障”及饮水安全稳定达标，全区脱贫人口人均纯收入稳定增长达到7200元以上。落实常态化驻村帮扶机制，统筹选派驻村干部24名（其中第一书记8名），实现全区8个脱贫村、2个党组织软弱涣散村以及5个易地扶贫搬迁村第一书记全覆盖。

【招商引资与项目建设】2022年，全区招商引资省外到位资金155.38亿元，比上年下降29.6%。第28届“兰洽会”签约项目9个，总投资额113.69亿元，其中医疗卫生类项目2个，文化旅游项目1个，现代服务类项目1个，城市综合体项目4个，基础设施项目1个。已运营项目1个（北京华联小西湖店）；已开工等项目2个，分别是龙湖紫宸项目、甘肃（聚慈恒）儿童青少年健康发展中心项目，实际完成到位资金5.46亿元。全区在库项目124个，其中房地产项目50个，投资项目74个。固定资产投资比上年下降19.2%。全区共74个续建项目，于3月底前全部按期复工，复工率100%；40个新建项目已开工37个，开工率93%。2022年共承担省市列重大项目13个，在确保续建项目按期复工的同时，保证新建项目全部开工。截至12月底，完成投资83.89亿元，占全年计划任务的100.96%。

【国内贸易】全区实现社会消费品零售总额243.34亿元，比上年下降9.5%。全区三大支柱行业销售均有不同程度的下降。汽车消费市场实现销售额41.33亿元，下降25.9%；金属类实现销售额104.99亿元，下降18.9%；医药类实现销售额38.96亿元，下降1.2%。全年批发业实现销售额286.79亿元，增长9.2%；零售业实现销售额91.9亿元，下降13%，住宿业实现营业额2.6亿元，下降22.9%，餐饮业实现营业额6.65亿元，下降17.6%。

【人民生活】2022年，全区城乡居民收入持续增加，生活水平进一步改善，城镇居民人均可支配收入43634.6元，比上年增长5%，其中人均工资性收入达到29110.5元，增长1.4%；城镇居民家庭恩格尔系数为29.1%。农村居民人均可支配收入达到25771元，增长6.2%，其中人均工资性收入12312.9元，增长5.5%；农村居民家庭恩格尔系数为34.5%。全区全年城镇新增就业15542人，其中失业人员再就业5855人。全年输转城乡富余劳动力16183人，创劳务收入4.82亿元。

【环境保护】2022年，全区空气环境质量达标天数299天，比上年增加21天；达标率81.9%，比上年提升5.8%。可吸入颗粒物（PM_{10}）浓度64微克/立方米，比上年下降3.0%；细颗粒物（$PM_{2.5}$）浓度32微克/立方米，下降5.9%；二氧化氮浓度40微克/立方米，下降20.0%；二氧化硫浓度16微克/立方米，与上年持平；臭氧浓度146微克/立方米，下降0.7%；一氧化碳浓度1.5微克/立方米，下降16.7%；空气质量综合指数4.38，下降8.7%。六项污染物首次全部达标。全区黄河干流七里河段省控断面水质达到《地表水环境质量》Ⅱ类标准；水功能区达标率100%。2022年，七里河区未发生重大环境事件及核与辐射安全事件，未发生严重的环境违法行为，土壤环境质量总体良好。

【社会保障】2022年，全区企业职工应参保缴费人数40104人，实际缴费人数36943人。灵活就业人员应参保缴费人数27385人，实际缴费人数9148人；机关事业单位基本养老金支出29500万元，占全年预算支出32012万元的92.15%。全区城乡居民养老保险实际参保59995人。2022年度对符合代缴条件的8019名特殊群体按照每人每年100元的标准全部代缴养老保险费80.19万元，为2683名贫困人口发放养老保险待遇，发放率100%。全区城乡居民医保参保24.92万人，征收基金8721.37万元。行政事业单位、城镇职工和灵活就业人员参保6.4万人，征收医保基金3.28亿元。全区保障城市低保对象32985户次、51434人次，累计发放低保金3400.86万元，保障城市特困供养人员742户、749人，累计发放供养资金1334.65万元；保障农村低保对象12893户次、28632人次，累计发放低保金984.74万元，保障农村特困供养人员242户、242人，累计发放供养金243.65万元。

【社会事业】2022年，全区共有各级各类学校239所，区属学校220所。其中幼儿园160所、小学53所（另有教学点32个，不计入学校总数）、初中3所、九年制学校4所。全区各级各类幼儿园在园总人数22145人，学前三年毛入园率96.3%。年末义务教育阶段全区实际招生6870人（含民办小学），其中本区适龄儿童4161人，随迁子女2709人。平稳有序划拨5830名小学毕业生（含区外2365名）到辖区20所初中学校就读。小学学龄儿童净入学率100%，小学毕业生升学率100%，九年义务教育巩固率99.96%。

2022年，全区共有卫生机构427个，其中，区属卫生事业共15个，私人开办卫生机构288个。全部卫生机构拥有床位数9577个，卫生技术人员10152人，执业（助理）医师3366人。

2022年，全区新增科技型中小企业33家，总数达到73家；新增省级创新性企业14家，总数达到18家；新增高新技术企业14家，总数达到63家。超额完成高新技术企业培育市级目标任务。完成技术合同交易额5.35亿元。围绕双创工作建设创新创业平台4个（鑫联鑫科创孵化空间、西部智链大健康云创空间、兰州睿晴众创空间和倚能众创空间），全年通过评审科技计划项目14项，到位资金315万元。

2022年，全区文化产业单位共计522家，其中规上企业10家。建成6个乡镇综合文化站、9个街道综合性文化服务中心、59个农村综合文化服务中心、80个社区综合性文化服务中心，实现了公共文化服务场所全覆盖。区文化馆、区图书馆、乡镇（街道）、村（社区）的公共文化设施全部免费开放，固定开放时间。全年开展文体活动864场次，利用图书馆微信公众号发布每日好书推荐、每天30分钟名家讲座240条，满足各层面群众网络阅读需求，阅读量5万人次。2022年8月陆续开通“文旅小百合”抖音官方账号、西瓜视频、头条视频号，共发布视频作品21部。

西固区

【基本情况】西固区位于兰州市西南部，东与七里河区接壤，南连永靖县，西邻红古区，北与永登县、皋兰县、安宁区毗邻，黄河由西向东横穿全境，全区总面积385.3平方公里，辖5镇1乡40个行政村、7个街道70个社区，常住人口41.22万人，是甘肃省和兰州市核心工业区、中国西部最大的石油化工基地，素以“西部石化明珠”“石化工业摇篮”闻名遐迩。

【资源优势】西固区有开放平台优势，区内的甘肃（兰州）国际陆港位列全国九大物流区域、十大物流通道，随着陆港核心功能和基础设施日趋完善，四大贸易通道建设全面推进，铁路物流枢纽的集散分拨优势和发运国际货运班列的平台优势愈发明显，国际陆港成为西固对外开放的重要平台。

交通优势明显，地处国家“一带一路”倡议重要节点，向西辐射青海、新疆、西藏，陇海、兰新、兰渝等10个方向19条铁路穿城而过，G109、G312国道，兰海高速、南绕城高速等路网交汇，形成了“承东启西、连南贯北”的西北公铁联运中心。工业基础雄厚，“一五”期间，国家在西固投资建设兰炼、兰化等重点项目，奠定了雄厚的工业基础，经过长期发展，逐步形成了以石油化工等产业为支柱的工业体系，现已成为国家石化新材料产业化基地之一。

教育资源优质，辖区共有小学36所、中学24所。区幼儿园、石化幼儿园等优质学前教育资源密集，福利一校、兰化一校等重点小学分布均衡，兰炼一中、兰化一中等9所省、市级示范性高中聚集，教学质量连年位居全省前列。

文旅资源丰富，西固自然风光绝美，金城公园、关山森林公园、三江口湿地等旅游佳地众多，河口古镇被命名为“中国传统村落”“中国美丽休闲乡村”“甘肃历史文化名村”，成为兰州及周边最具旅游发展活力的区域之一。2022年，全区旅游人数274.2万人次，实现旅游收入10.02亿元。

【国民经济】2022年，全区实现地区生产总值481.62亿元，比上年增长3.2%。分产业看，第一产业增加值3.51亿元，增长1.4%；第二产业增加值277.29亿元，增长1.1%；第三产业增加值200.82亿元，增长5.7%。三次产业结构比为0.73 ： 57.57 ： 41.7。固定资产投资下降1.4%；社会消费品零售总额137.24亿元，下降10.6%；城镇居民人均可支配收入50210元，增长4.9%；农村居民人均可支配收入25553

元，增长 6.1%。

【乡村振兴】整合乡村振兴衔接资金 2494 万元，实施 39 个产业项目，制定出台高含金量农业产业发展奖补政策，促进新增鲜食玉米种植面积 1224 亩、百合 1272 亩、设施农业 50 亩。"尚古堂""菁叶"成功入选"甘味"农产品企业商标品牌目录，培育的 9 个玉米新品种通过国家和省级审定。整治撂荒地 2510 亩，新建 2000 亩高标准农田，粮食种植面积及产量超额完成市定目标。

【项目建设】在省市高位推进下，占地约 10.6 平方公里的化工园区成功划定，申报环节所需的 12 个专项报告通过市级审批，认定环节涉及的 57 项内容完成 45 项，园区筹建取得突破性进展。"双百"建设迎来龙头支撑项目，120 万吨乙烯、13 万吨丙烯腈项目得到中石油总部批复支持，有力支撑了园区产业延链补链。总投资 19 亿元的"产城融合"示范区污水处理设施项目破土动工，涩宁兰天然气管道两兰支线改造项目有序推进，配套设施加速完善。

紧密对接新一轮国土空间规划修编，编制完成产城融合发展规划和化工园区专项规划，拓展了 12 平方公里城市空间，完成代家河湾等 10 个项目用地规划调整，有效盘活 1900 亩土地，破解了多年来受四版规划制约的发展难题。加大向上争取和项目推进力度，2022 年谋划实施项目 122 个、总投资 946.3 亿元，新引进项目 19 个、总投资 267.3 亿元，向上争取各类债券资金 6.2 亿元、比上年增长 58%，项目建设的基础更加利好完备。

【优势产业】3.5 万吨丁腈橡胶装置竣工投产，合成橡胶生产规模达世界第三、全国第一。大万山 80 兆瓦、青石台 50 兆瓦光伏发电项目加快推进，中核兰铀五期工程开工建设，中小企业特色产业（合成橡塑）集群通过工信部初审，"强工业"行动全面推进。成功设立兰州石化科技创新中心、甘肃化工新材料创新联合体，全面攻克氯化聚乙烯、均三甲苯原料生产技术难题；兰高阀公司生产的 5 类阀门产品达到国际先进水平，天华院等科研企业研发的 28 类装备制造设备实现"以国代进"，兰州石化公司、中核兰铀分别荣获省级"科技进步一等奖"和"科学技术（专用项目）科技进步二等奖"，"强科技"成为助推工业高质量发展的"新引擎"。

【环境保护】全力支持兰石化、华能热电等企业绿色化改造，总投资 1.6 亿元的 7 个清洁能源技改项目开工建设，完成 42 台 131.2 蒸吨燃煤锅炉低氮燃烧改造，空气优良天数达到 74.3%。湟水河、庄浪河河洪道综合治理工程全面竣工，460 个黄河流域入河排污口完成监测、溯源，黄河流域国控断面连续五年实现 100% 达标。10 个无主地块土壤污染调查启动实施，安全转移处置危废 78.9 万吨，土壤污染风险安全可控。

【社会保障】发放稳岗补贴 767.6 万元、创业担保贷款 2465 万元，新增城镇就业 1.04 万人。调解处理欠薪案件 580 余件，追回拖欠劳动者工资 2940 万元。困难救助提标扩面，发放各类补助资金 5073.2 万元，对 9800 余户因疫致困对象进行临时救助，真正做到困难群众救助有门、受助及时。全力化解房屋产权登记历史遗留问题，为 3.6 万余户居民办理不动产权登记证。24 件省市区为民兴办实事基本完成。

【社会事业】天庆国际新城配建学校基本建成，普惠性幼儿园覆盖率达 95.8%，新增学位 1440 个，招聘同工同酬、公费师范生等教师 103 名，教育资源提质扩面。西北首家核医学中心投入运营，区医院胸痛中心顺利通过国家级认证；3 家社卫中心竣工投用，街道级社卫中心实现全覆盖。先锋路、西柳沟综合养老服务中心基本建成，区中医院医养综合服务中心加快推进，"医养结合"开启新篇章。

【城市品质】总投资 178 亿元的有机厂、南山小区棚改打捆项目启动实施，14# 街区、福源小镇二期开工建设，新城棚户区 600 套安置房交付入住；高家咀、广润家园等城改项目主体封顶。18 个老旧小区改造、60 部电梯加装工程全面竣工。建成三级保供网点 128 个，新建健身路径 8 条，"15 分钟生活圈"更加优化。

全面完成中兰客专征拆任务，T018# 道路南山路至福利路连接线基本完工，兰棉厂涵洞建成通车，梁家湾道口改造工程入场施工，杏胡台城市双修项目竣工投用，完成 77 条 4.5 万平方米道路提升改造。覆盖东川、新城片区的港务区输水管线工程全面完工，兰维厂污水管道和玉门街等 3 条道路雨污水管道改造工程开工建设，古河线天然气联络管道工程和城区集中供热管网改造项目启动实施，城市综合承载能力不断增强。

全国文明典范城市创建测评排名位居全市前列，环卫一体化外包试点启动运营，深度化保洁面积扩大 40 万平方米。扎实开展"一难两乱"专项整治，新增停车泊位 2000 个。完成南滨河路和石化厂界周边 25 万平方米风貌提升改造，美化范坪电厂外立面，整治 58 条背街小巷架空线缆，拆除违建 2.3 万平方米，清理整治回收站点 166 家。扎实开展农村人居环境整治五年提升行动，青石台、龙爪山等 4 个村成功创建省级乡村建设示范村。

【社会治理】持续巩固"平安中国建设示范县区"创建成果，排查调处各类矛盾纠纷 1515 件，圆满完成党的二十大维稳安保任务。全力开展夏季治安打击整治"百日行动"，刑事、治安案件发案分别下降 19.2% 和 20%，电信网络诈骗发案下降率稳居全市前列。全面落实"三管三必须"工作要求，率先在全省试点出台"两个清单"，排查整改危险化学品、经营性自建房等重点领域安全生产问题隐患 3886 个，死亡人数和事故数实现"双下降"。高效化解政府隐性债务风险。顺利通过国家级食品安全示范城市省级初评。

安宁区

【基本情况】安宁区是甘肃省会兰州市城区之一，位于黄河北岸，东接城关区，南临黄河与七里河区、西固区隔河相望，西至虎头崖与西固区相接，北与皋兰县接壤。区名源自明代军事城堡安宁堡，取"安宁无患、不受侵害"之意，是古丝绸之路的必经之地之一，有"金城西北之门户，河西五部之咽喉"之说。1953 年建区，区域总面积 441.74 平方公里。境内依山傍河，东西两侧高，中间低缓，呈马鞍形，形成狭长河谷平原—安宁平原。海拔 1517.3 米至 2067.2 米，相对高差 550 米。内陆性气候特征明显，日光充足，气候宜人。2022 年降水量 349.9 毫米，年蒸发量 1664 毫米；平均气温 8.9 摄氏度；日照 2476.4 小时，无霜期 172 天。主要自然灾害有霜冻、冰雹和风灾。全区公路网络四通八达，兰渝铁路、兰中城铁、京藏高速、连霍高速、109 国道、312 国道、201 省道、北环路穿境而过，陇海、兰新、兰青、包兰四大铁路干线交汇，基本形成东西贯通、南北交错的“六横八纵”主干路网骨架。

安宁区共辖 8 个街道办事处、2 个乡镇、64 个社区、16 个行政村，2022 年末常住人口 47.21 万人，有回、蒙古、满、藏等 29 个少数民族。科教资源密集，有西北师范大学、兰州交通大学、甘肃农业大学、甘肃政法大学等 17 所大中专院校和科研院所，大学生 12 万人、各类科技专业人才 3 万余人，各类众创空间 17 个，大学科技园 3 个，2022 年全区科技进步贡献率达到 61.3%。生态环境优美，是全国四大蜜桃之一“白凤桃”原产地，素有“十里桃乡”之称，辖区环境优美，城区绿化覆盖率 44.2%，人均公园绿地面积 16.1 平方米，享有“全国绿化模范县区”称号。黄河风情线西段纵贯安宁区全境，现有仁寿山（国家 4A 级景区）、兰州野生动物园、兰州植物园、银滩湿地公园、天斧砂宫、文溯阁《四库全书》藏书馆、兰州国学馆、九州台等自然、人文景观。

【国民经济】2022 年，全区完成地区生产总值 266.07 亿元，比上年增长 2.1%。其中，第一产业增加值 0.06 亿元，与上年持平；第二产业增加值 72.29 亿元，下降 3.1%；第三产业增加值 193.71 亿元，增长 4.2%。规模以上工业增加值下降 1.8%。固定资产投资下降 1.4%。社会消费品零售总额 163.12 亿元，下降 10%。城镇居民人均可支配收入 45989 元，增长 4.9%。

【环境保护】圆满完成“忠九”两镇行政区域界线变更工作，全区面积增加近 360 平方公里。深入开展“清四乱”专项行动，探索推行“河长 + 检察长 + 警长”机制，公开选聘民间河长 50 名，试点建成“多功能民间河长驿站”5 个，基本实现社会资源同行政管理良性互动。疏通全域雨污水管网 73 公里，建设完成盐池片区大青沟北段等 3 个综合治理项目，城市防洪排涝能力显著提升。深入实施“十里桃乡”再造工程，建成有机“白凤桃”种植基地 760 亩、景观桃园 500 亩，定植桃苗 4 万余株，“万亩桃园”生态项目有序推进。积极争取国家支持，5.8 万亩国储林项目纳入国家林业规划，先行开辟造林试验区 1500 余亩，为全域生态修复提供了安宁经验。强力开展“桃园深处”违法建设专项整治行动，共计拆除违法建筑 2 万余平方米。统筹推动农村厕所革命和清洁能源改造，新改建农村卫生厕所 198 个，改造“太阳能 + 电辅热取暖”清洁能源 1600 户，农村群众生活条件明显改善。大气、水、土壤三大污染防治攻坚战取得阶段性成效，空气质量优良天数同比增加 8 天，生态宜居成为安宁一道靓丽的名片。

【项目建设】致力“强县域”，编制完成《安宁区国土空间发展战略规划研究》《兰州市安宁区国土空间规划（分区规划）（2021—2035 年）》《统筹推进“四强行动”实施方案（2022—2025 年）》，谋划安宁迎门滩商务集中区等“十四五”“强县域”项目 364 个、总投资达 3025.39 亿元，其中安宁北拓片区土地整理、呢嘛沙沟流域治理等 4 个项目纳入全省兰西城市群第一批 26 个重点项目库；实施甘肃省妇女儿童医疗综合体、西北师大综合实训楼等社会性、地标性、支撑性强的固定资产投资项目 64 个、总投资达 634.56 亿元；第 28 届兰洽会成功签约项目 11 个、签约总额 80.85 亿元。致力“强工业”，持续抓好传统产业转型升级，助推中车 5G 智慧车间等 3 个项目换挡升级为市级智能工厂，进入发展“快车道”。兰飞大型无人机伺服系统、长风无人机蜂群自主指挥系统等 7 个研发项目成果丰硕。依托五矿工业园区引进万科冷链物流园和丰树中央厨房项目，有效填补我区现代物流和数字化食品产业空白。致力“强科技”，加快建设省级创新型试点县区，打造甘肃省创业就业孵化基地等科技创新平台 3 个，支持助力甘肃恒和交通工程科技公司等 26 家单位认定为国家级高新技术企业，推荐星火机床厂等 2 家企业申报引进国外智力成果示范推广基地，开工建设西北种质资源保存与创新利用中心等 5 个科技项目。

【民生与社会保障】2022 年，全区城镇新增就业 7626 人，安置困难人员就业 953 人，输转城乡富余劳动力 6220 人，就业形势持续向好。健全完善社保体系，城市低保标准提高 8%，发放各类救助金 2136.72 万元，进一步兜牢兜稳社会保障底线。加快建设安宁堡等 3 个街道养老服务中心、枣林路社区居家养老服务项目，深入推进教育资源向优质均衡发展，建设并启动学科教研基地 7 个，刘家堡安置小区配建学校（崔家庄小学）如期交付使用，银滩路小学扩建项目实现主体封顶，中海广场等 4 所幼儿园启动装修，新增义务教育和学前教育学位 1530 个，“一老一小”服务能力不断加强。积极向上争取政策性资金 9.83 亿元，十里店等 7 个棚户区改造项目按期收尾，为 3 万余名群众实现“安居梦”注入源头活水。“15 分钟便民生活圈”和“5 分钟步行如厕圈”实现城区全覆盖，T571# 路、B572# 路建设工程和黄河小区等 8 个老旧小区改造项目快速推进，建成智慧安防小区 30 个、平安驿站 14 个，加装电梯 40 部，新（改）建小游园 6 个、城市公厕 6 座、泊车位 500 个，群众生活更加舒适便捷。全域全时开展“登记难”化解工作，90 个项目 3.9 万余套化解任务首次登记率达到 88.2%，商品房总体登记率达到 76.6%，妥善解决了一大批房产办证历史遗留问题。成功举办兰沟村乡村旅游采摘节、第 39 届兰州桃花旅游节、第十五届省运会安宁站火炬传递活动，全区公共文化服务供给能力和全民健身意识不断增强。系统推动乡村振兴，扎实开展农业优势特色产业三年倍增行动，农作物播种面积达到 1.86 万亩，经济林面积 4700 亩。结对帮扶“互联互济”，32 个部门助销各类农产品 2300 余吨，农村居民可支配收入增长 15%，乡村振兴同脱贫攻坚成果得到进一步巩固拓展。

【社会治理】严格落实国务院安全生产“十五条”硬措施，持续推进安全生产隐患排查整治和自然灾害防治“九大工程”，安全生产专项整治三年行动圆满收官，四项指标实现全面下降。纵深推进自建房安全隐患排查专项行动，排摸整治房屋527栋，牢牢守住了人民群众生命财产安全。健全完善政府隐性债务风险化解和应急处置机制，坚决遏制隐性债务增量，科学规范化解债务存量，按期偿还各类贷款本金、利息，确保不发生系统性金融风险。如期完成涉粮问题巡视反馈意见整改工作，依托七里河土门墩粮库等3个储备库代储成品粮1020吨，全区粮食安全底线更加稳固。有效开展“舌尖上的安全”专项检查，食品药品安全水平总体保持健康向好态势。纵深开展扫黑除恶专项斗争，破获各类刑事案件558起，查处治安案件443起，全区“两抢”案件“零发生”，刑事、治安警情实现“双下降”。“阳光调解”等社会治理经验深入实践，创新解决物业纠纷37件、涉疫信访事项83件，接待来访群众159批次486人次，受理网上信访316件，办结率100%，最大限度将矛盾吸附在县域、化解在基层。

红古区

【基本情况】红古区位于兰州市的西北部，东与西固区相邻，西与永登县接壤，南与青海省海东市民和回族土族自治县隔河相望，北部黄土山岭与永登县毗邻。是亚洲第一龙——马门溪龙化石出土的地方，也是齐家文化、马家窑文化的发祥地之一，因境内享堂峡以东的红古川而得名，地理坐标东经102°50′~102°54′ 和北纬36°19′~36°21′之间。全区总面积567.66平方公里，现辖4镇3街道，34个行政村，22个社区，有回、满、东乡、藏、蒙古等18个少数民族，2022年末常住人口14.41万人。区位优势独特，位于兰州、西宁两大省会城市的几何中心，109国道、京藏高速、兰青铁路、兰新高铁贯穿全境。

【资源优势】境内矿产资源丰富，已查明的矿藏主要有煤炭、石油、天然气、硅石、蛇纹岩、坩土、页岩、石英石等矿产资源，素有“八宝川”之称。境内水力资源充沛，大通河、湟水河贯穿全境，谷丰渠、湟惠渠、海石渠、窑街二渠四条自流灌渠形成完善配套的灌溉体系，浇灌着约8万亩耕地，面积达9.7万亩的47个坪台地开发潜力巨大，农业生产条件得天独厚。建成了国家级工厂化育苗中心、陇海园艺、甘肃奶牛中心、伊利乳业生物科技园等一批特色基地，金砂台、罗金台两个大型绿色农业科技示范园初具规模，形成了以精细蔬菜、优质果品、高效养殖、林木种苗、牧草花卉、农副产品储运加工为主的农业产业体系，是兰州市重要的有机蔬菜生产基地、西北重要的“高原夏菜”生产基地。

【国民经济】2022年，全区实现地区生产总值146.11亿元，比上年增长5.6%。其中，第一产业增加值6.23亿元，增长4.6%；第二产业增加值91.97亿元，增长3.3%；第三产业增加值47.91亿元，增长8.8%。固定资产投资增长10.3%；社会消费品零售总额29.65亿元，增长4.3%。

【乡村振兴】全区强农业、美农村，围绕乡村振兴，重构兴农基础，粮食播种面积达到1.71万亩，总产量5137.92吨。发展现代农业，加快创建国家农村产业融合发展示范园等4个现代化园区，新改扩建特色种养基地5个，建成高标准农田4000亩、设施农业400亩。培育农业龙头企业和专业合作社16家，引进推广纳米微肥等新品种新技术218个，“鑫源航蕉”挂果采收，“裕丰香”高原水稻试种成功，走出了一条科技助农、产业兴农的新路子。协同推进乡村建设，深化农村人居环境整治提升五年行动，完成农村清洁能源及户厕改造921户，5G乡村网络基站实现全覆盖，打造乡村建设示范镇村6个，成功迈入“四好农村路”省级示范县行列。

【项目建设】全区抢抓国家支持新型基础设施建设利好政策，累计获得中央预算内、重点地区转型发展、乡村振兴有效衔接等上级转移支付6.39亿元，成功争取地方政府专项债券和一般债券4.54亿元，推动78个战略性、引领性、基础性项目加快实施。全力以赴保产业链供应链稳定，推动总投资49亿元的新蓝天双银LOW—E生产线、100兆瓦光伏发电等15个延链强基项目建成或投产，累计投资7.1亿元，建成或改造海石湾滨河路西延、鑫海北路、窑街金河煤矿道路及铁道口等市政路网9条，完成92栋4483户老旧小区改造、26公里管网新建改造等一批基础补短板工程，系统贯彻兰西城市群生态建设重大决策部署，高标准实施了总投资2.59亿元的湟水—大通河交汇段生态环境综合治理工程，以政策项目发力对冲经济下行压力，牢牢稳住了经济大盘。

【优势产业】全区围绕强龙头、补链条、聚集群，坚决打好产业基础高级化、产业链现代化攻坚战。坚持存量优化与增量扩张并举，加快构建主导产业清晰、比较优势明显的现代产业体系。推动工业提质扩量，精准实施延链补链强链工程，做大做强高端炭素、有色冶金等“七大”产业集群聚焦做强产业，建园区、延链条，让转型基础更加坚实。坚持“双碳”驱动绿色转型，推动行业领军企业中国耀华玻璃集团经营管理新蓝天新材料公司，加快实施总投资44亿元的新蓝天光伏玻璃生产线等8个绿色低碳项目，签约引进10亿元级新能源基地和电解铝节能减碳项目，以工业“三化”改造加速培育“7+X”支柱产业，战略性新兴产业占比17%以上，单位工业增加值二氧化碳排放量下降6.5%，打造了具有红古特色的工业复兴“低碳引擎”，工业总产值历史性突破200亿元大关。

【人民生活】全区聚焦聚力民生共享，大力改善人民生活。顺应人民群众对美好生活的新期待，23件民生实事全部兑现承诺，民生投入占财政支出76.8%。全区按照“生态治理＋城镇建设＋产业转型”的治理思路，用心用情解决8706套城镇住宅“登记难”和主城区南区7539户稳定供水问题。打造低碳窑街地区，高品质打造生态主题游园18个、完成生态及地质灾害避险搬迁68户，实施住房改善、道路改造、风貌整治等民心工程12个，让1.8万窑街地区人民共享绿色低碳生活。推进教育医疗提质。方正路幼儿园招生运营，窑街幼儿园加快建设，“一县一校一中心”体系创新提振职教水平。医疗分级诊疗制度有效落实，投资4.5亿元的区医疗服务中心项目开工建设，不断提升基层公共卫生服务能力。推动“一老一小”民生事业，加快实施公墓区等3个公益项目，建成综合养老服务中心2个、全民健身场地及健身舱3个，承办省运会红古站火炬传递活动。全区城镇和农村居民人均可支配收入分别达到38809元、26550元，比上年分别增长4.5%、5.9%，共同富裕基础更加牢固。

【环境保护】始终牢记习近平总书记“先发力、带好头”的殷殷嘱托，系统贯彻兰西城市群生态建设重大决策部署，高标准实施了总投资2.59亿元的湟水—大通河交汇段生态环境综合治理工程，持续优化生态环境。严守生态环保“三线一单”，第二轮省级环保督察反馈22个问题加快整改，纵深推进大气污染防控、水污染防治、土壤污染治理等攻坚战役，建成运营3个新鲜尾菜填埋场，“无废城市”建设试点成效显现，地表水和饮用水源地水质达标率均达到100%，环境空气质量优良率达到92%。

【社会保障】2022年，全区机关和企业参保单位625家，城乡居民社会养老保险参保37451人，城镇居民社会养老保险参保9595人；参加城镇居民基本医疗保险88541人，参保率98.46%。全区以青年发展型城市建设促进就业创业服务，新增城镇就业3689人。城乡低保补助分别提标8%、10%，发放各类政策性补助资金8994万元，实现基本医疗保险异地就医直接结算。全区共有7861人享受城镇居民最低生活保障，1619人享受农村居民最低生活保障，60人享受城市特困人员救助供养，99人享受农村特困人员救助供养。

【社会事业】全区现有各级中小学38所，在校学生16969人，中小学教职工1463人。全区现有医疗卫生机构107家，床位1206张，每千人拥有床位8.4张。社会办医院6家，乡镇卫生院4家，社区卫生服务中心、社区卫生服务站及村卫生所57家。现有卫生技术人员总数为1283人，每千人拥有卫生技术人员8.9人。培育高新技术企业2家，申报科技型中小企业3家。聚焦“精致兰州·精品红古”再出发，扎实推进全国文明典范城市创建，持续开展“一难两乱”、智慧城管等专项整治，精心打造精品街巷、精致广场5个，植绿增绿护绿8.1万平米，优化布局主城区平安路节能路灯155盏、智慧公交站亭18个，提升了城市颜值。建成兰西客货运综合枢纽中心，推进山台地道路一期、五星冷链物流等6个通道物流项目，成功将河桥至海石湾高速和海窑隧道复线两大工程纳入省级“十四五”交通规划，以节点交通物流枢纽建设，有力支撑县域经济提速发展。

永登县

【基本情况】永登县位于甘肃省中部、兰州市西北部，是古丝绸之路和亚欧大陆桥的要冲，是河西走廊的门户。东南与皋兰县、西固区、红古区相邻，西北与天祝藏族自治县、景泰县接壤。县域总面积6090平方公里，现辖3乡12镇、11个社区、185个行政村，2022年末常住人口26.95万人，主要有汉、回、满、藏、蒙、土、东乡等18个民族，地势由西北向东南倾斜，海拔在1590米至3650米之间。永登是马家窑文化、半坡文化的重要发祥地，享有“彩陶之乡”的美誉。自汉武帝元狩二年（公元前121年），骠骑将军霍去病始筑令居塞，距今已有2100多年。

【资源优势】全县耕地138万多亩，林地64万亩、草地485万亩。境内主要有黄河一级支流庄浪河和二级支流大通河，引大入秦工程年引流量4.43亿立方米。已探明矿产25种，石灰岩、石英岩、大理石、煤和水泥配料用黄土等矿产资源储量丰富，品位高，易开采。依托丰富的矿产资源和区位优势，先后建成了祁连山水泥、连铝、腾达西铁等一大批大中型骨干企业，基本形成了采矿、冶金、化工、建材、水电开发为支柱的工业产业格局，素有“冶金谷”“建材乡”之称。同时境内旅游资源极其丰富，拥有国内连片分布面积最广、规模最宏大、离省会城市最近的树屏丹霞地貌，有全国规模最大、历史最悠久、保存最完整，素有西北“小故宫”之称的官衙式建筑群鲁土司衙门，有国家十大标兵森林公园之一的吐鲁沟4A级国家森林公园，有“陇上都江堰、地上银河”之称的引大入秦工程，还有药水沟温泉等风格独特的自然资源和人文景观10余处。满城汉墓，汉、明长城遗址，宋代摩崖石刻等历史文物遗迹30多处。苦水高高跷、太平鼓被列为国家级非物质文化遗产，苦水下二调、铁芯子、玫瑰栽培技术等7个项目被列为省市级非物质文化遗产。

【国民经济】2022年，全县地区生产总值133.83亿元，比上年增长5.4%。其中，第一产业增加值14.42亿元，增长7.9%；第二产业增加值40.97亿元，增长2.2%；第三产业增加值78.43亿元，增长6.2%。固定资产投资增长11.7%。社会消费品零售总额33.94亿元，增长2.6%。一般公共财政预算收入5.71亿元；一般公共预算支出33.11亿元，增长21.4%。城镇和农村居民人均可支配收入分别达到30122元、14829元。

【乡村振兴】全面推进乡村振兴，继续落实“四个不摘”要求和“13539”动态监测帮扶机制，扎实开展“六必访六必查”行动，全县286户920人“三类户”应纳尽纳，各类帮扶政策全部落实。到位天津宝坻区帮扶资金3880万元，实施项目16个。投资近7000万元，硬化自然村组道路21公里，改造提升桥梁工程57座，完成农村公路安全防护工程23公里，农村公路养护实现全覆盖。完成农房抗震改造131户，整改安全隐患自建房174栋，建成农村卫生厕所1739座。全面开展乡村建设示范行动，8个省级示范村全部建成，2个市级美丽乡村、8个县级示范村和8个先行村加快建设。

【项目建设】深入贯彻落实中央和省市委经济工作会议精神，细化落实稳经济一揽子政策和接续措施，年内实施重点项目104个，总投资225.15亿元，争取专项债和中央预算内资金7.65亿元、政策性贷款10.8亿元。第28届兰洽会市县专场签约项目17个，签约总资金346.3亿元。兰张三四线永登段等6个省列重大项目加快建设，兰州水墨丹霞一期等12个市列重大项目扎实推进，永登县庄浪河流域生态发展共同体等29个县列重大项目进展顺利，县医院门诊综合楼等83个项目建成使用。

【优势产业】守牢粮食安全底线，建成小麦示范基地23个，扩种小麦3万亩，抢种秋粮10万亩，粮播面积、粮食产量均创历史新高。整治撂荒地37万亩，建成高标准农田10.69万亩，整治和建设面积为前5年总和。深入落实“玫瑰再造”计划。玫瑰种植面积达10.16万亩，建成马铃薯、绿色蔬菜标准化万亩生产基地2个，大同镇都市有机农业示范基地项目有序推进。培育龙头企业6家、县级示范合作社16家，完成“三品一标”认证6个，“永登七山羊”“塬上蘑菇村”入选“甘味”农产品目录，七山乡入选全国“一村一品”示范村镇。全力推进“能源再造”计划。华能坪城风电二期5万千瓦全容量并网发电，七山百万千瓦级光伏基地先期90万千瓦加快建设，连铝500千安电解槽全面复产，华能连电首台33万千瓦发电机组顺利重启。培育规上企业6家、“专精特新”等企业31家。加快实施“土司再造”计划。兰州水墨丹霞景区开发全面拉开，鲁土司衙门景区建设稳步推进，打造乡村旅游精品线路12条，红城镇下河村获评全省文旅振兴乡村样板村，树屏镇杏花村基地入选全国第一批农耕文化实践营地。

【环境保护】深化大气污染防治，突出“点、线、面”源头治理，空气优良天数达到329天。严格落实河湖长制，持续开展“3841”综合治理，庄浪河县城段综合治理提升、庄浪河流域（永登段）水污染防治、咀嘛沙沟综合治理工程有序推进。集中式饮用水水源地、两河进出水断面水质100%达标。扎实开展危废专项整治三年行动，强化土壤污染重点单位监管，土壤环境总体稳定。筑牢绿色生态屏障，三级林长体系高效运行，深入开展国土绿化行动，庄浪河柳树至红城段土地整治和生态修复综合治理项目加快推进，国家储备林项目一期6.2万亩启动建设，完成东西两山绿化1000亩、封山育林5000亩、草原生态修复2.5万亩。

【社会保障】落实减税降费、社保缓缴、政府供暖补贴、清欠中小企业账款等助企纾困政策，累计减免各类税费近5亿元。输转城乡劳动力88176人，城乡居民养老保险、医疗保险参保率分别达到96%、97%以上。发放社会救助补助资金1.26亿元。完成薄改提升项目43个，北城区幼儿园完成主体工程，县中医院门诊楼、县综合性养老院、县残疾人康复中心等项目加快建设。引进急需紧缺等人才23名，招录教师和医护人员148名。深入开展安全生产“百日攻坚”和矿山领域“铁拳执法”行动，聚焦重点行业领域，开展隐患排查整治，安全生产形势总体平稳。“平安永登”建设不断深化，扫黑除恶、禁毒人民战争纵深推进，矛盾纠纷排查化解、反电信网络诈骗等行动成效显著。

皋兰县

【基本情况】皋兰县地处甘肃省中部、兰州市东北部。公元前121年设立金城县，素有“名藩自古皋兰”之称。为丝路重镇，陇西要冲。东临白银市和榆中县，南接兰州市区，西连永登县，北依景泰县，县城距离兰州35公里、白银29公里、兰州新区23公里，是全省“一核三带”区域发展格局的重要节点。毗邻兰州中川国际机场、中川铁路口岸，包兰铁路、兰渝铁路互联互通，京藏高速、兰秦快速通道经纬交错，是丝绸之路经济带的重要交通枢纽，是兰白都市圈的核心节点城市，是兰州新老城区一体化发展的重要区域。皋兰属温带半干旱气候，年平均气温8.7℃，年平均降水量195.1毫米，年均日照2497小时，无霜期146天。黄河流经皋兰县境内，年均流量311亿立方米。地形属黄土高原丘陵沟壑区，多为黄土梁峁、沟谷和小川台地等类型，地势为北高南低、西高东低，呈西北向东南倾斜，山脉多为南北走向，海拔在1459.2米-2445.2米之间。现辖4镇38个行政村4个社区，年末常住人口9.33万人，城镇化率59.11%。

【资源优势】皋兰县有丰富的矿藏资源，金属矿有金、银、锌、铜等，非金属矿有石英砂、大理石、花岗岩、粘土等，具有较高的开采价值。黄河流经县境南部，引大入秦、西岔电力提灌两大水利工程覆盖全县，拥有调蓄水库四座、自来水厂三座，安全饮水管网覆盖全县。拥有装机23万千瓦的小峡水电站和330KV变电站一座、220KV变电所一座、110KV变电所三座。特色农产品高原夏菜、兰州白兰瓜、旱砂西瓜、红砂洋芋、优质林果软儿梨久负盛名。旅游资源得天独厚。东南部什川镇有“世外梨园”之美誉，2012年12月24日被国家生态环境部授予“国家级生态乡镇”荣誉称号，2013年4月12日由世界吉尼斯正式授牌并颁发“世界第一古梨园”认证证书，2013年5月21日由农业农村部授牌“中国重要农业文化遗产”，2014年被评为国家4A级旅游景区；中部石洞镇有远近闻名的古刹石洞寺。2009年5月20日，皋兰县被国家文化和旅游部命名为“中国民间文化艺术之乡”，太平鼓、兰州鼓子、魏振皆书法成为辖区三张亮丽的文化名片，其中，太平鼓和兰州鼓子被列为国家级非物质文化遗产。

【国民经济】2022年，全县地区生产总值89.5亿元，比上年下降3.0%。其中，第一产业增加值9.3亿元，增长0.1%；第二产业增加值38.6亿元，下降10.3%；第三产业增加值41.6亿元，增长2.5%。社会消费品零售总额44.2亿元，下降11.6%；固定资产投资下降29.7%；规上工业增加值下降6.6%；一般公共预算收入5.7亿元，下降31.7%。

【供给侧结构性改革】“放管服”改革持续深入，全力推进“跨域通办”，办理“跨省通办”事项64件，“省内通办”事项63件，“全市通办”事项3530件。深入推进医药卫生体制改革，县人民医院与省市级医院签订专科联盟15个、技术联盟1个，并与甘肃省人民医院签订优势学科医联体8个。制定出台《皋兰县优化营商环境评价评测工作制度》《皋兰县优化营商环境督导办法》等6项工作制度，初步建立“高位调度+清单推进+督察整改”的营商环境工作机制。坚持“两真四有”招商引资工作理念，全年实施招商引资项目50个，总投资326.99亿元，开工建设42个，开工率

84%，新增到位资金46.39亿元。加快“教育立县”步伐，推进教育领域综合改革，撤销学区4个、整合小规模学校6所，择优选聘、调配中小学校（园）长42名，调配交流教师143名，全县47所中小学校、幼儿园全部由教育行政部门垂直管理，城乡教育教学质量稳步提升。

【乡村振兴】编制完成《皋兰县巩固拓展脱贫攻坚成果同乡村振兴有效衔接实施方案（2022—2025年）》，坚持“六必访”“六必查”原则，全面开展排查摸底3轮次，新识别纳入监测户7户28人，并制定“一户一策”帮扶计划。对全县87户266人监测户逐户上门“会诊”，累计退出66户193人。坚决扛稳粮食安全政治责任，遏制耕地“非农化”，完成撂荒地整治2.66万亩，全力以赴保面积、稳产量，完成粮食种植面积10.66万亩，粮食产量达2.74万吨。创建禾尚头、软儿梨“甘味”区域公用品牌2个，“甘味”农产品企业商标5个，全县农产品外销加工量达25.5万吨。坚持示范引领，建成1个省级乡村建设示范镇、6个省级乡村建设示范村和1个市级美丽乡村。健全乡村基础设施，完成4900户农村冬季取暖热源清洁化改造。加快国家级数字乡村试点工作，建成皋兰县国家级数字乡村平台，全县行政村5G网络覆盖率提升至80%。持续加大巩固拓展脱贫攻坚成果同乡村振兴有效衔接资金投入，整合衔接资金2.25亿元，争取东西部帮扶资金3279万元，实施产业发展、农田水利设施、人居环境整治等项目151个。积极培育农业新型经营主体，创建省市级农民专业合作社5家、市级家庭农场2家，全县423家新型农业经营主体带动脱贫户和监测户2139户6881人发展富民产业。

【项目建设】坚持把项目建设作为推动经济社会发展的有力抓手和重要支撑，扎实开展“项目攻坚”和“项目五比五拼”活动，努力形成“谋划一批、储备一批、建设一批”的梯次滚动格局。围绕黄河流域生态保护和高质量发展、“一带一路”建设等战略，谋划补短板、增后劲、强基础、立长远。2022年固定资产投资额比上年下降29.7%。其中项目投资增长1.87%；房地产开发投资下降64.48%。新开工项目22个，完成新建投资8亿元，同比下降67.98%。县内项目投资中民间投资完成额比上年下降65.25%，占县内项目投资的比重为27.49%。自筹资金6.79亿元，占本年资金来源的40.13%。

【人民生活】全年全县城镇居民人均可支配收入28788元，比上年增长4.4%。农村居民人均可支配收入14952元，比上年增长6.1%。城乡居民收入比为1.93，比上年缩小0.03，人民获得感持续提升。全年全县城镇居民人均消费支出17950元，比上年增长18.34%，恩格尔系数为34.1%；农村居民人均消费支出9791元，增长9.51%，恩格尔系数为32.8%。

【环境保护】有序推进低碳社会建设，公交车电动率达85.34%。大力开展“省门第一道”绿化、城际铁路绿化等项目建设；高质量完成26.13万亩国家级重点公益林和20.31万亩天然林资源的管护任务，建成林业生态小康村30个。稳步推进石洞寺森林公园建设，改造提升1000亩、栽植各类苗木120万余株。草原植被综合覆盖度稳定在53.04%左右。水土保持治理加快推进，累计治理水土流失面积513km2，治理程度达56.39%。继续严格执行建设项目环境影响评价制度和排污许可证制度，推进主要污染物排放总量排污权交易。严控高污染行业新增产能，严格控制煤炭消费总量，确保实现污染物稳定达标排放。空气质量优良天数321天，达标率88%，集中式饮用水源地水质达标率100%。

【社会保障】全县城市低保标准提高8%，月人均补助水平由636元提高到687元；农村低保标准提高10%，一、二类低保对象年保障标准由4788元和4536元提高至5268元和5004元，三、四类对象年补助水平仍保持1200元和720元不变；城乡特困人员基本生活标准按照城乡低保标准的1.3倍确定，分别从不低于13198元和6224元提高至14268元和6852元。共向城市低保881户2083人、农村低保2387户5300人、城市特困69户71人、农村特困291户310人，发放救助资金5029.5万元。孤儿和事实无人抚养儿童保障标准分别从每人每月1160元、1000元提高到1253元、1080元。全年新增困难残疾人生活补贴96人，重度残疾人护理补贴105人，发放残疾人两项补贴资金398.35万元。持续加大困难群众救助力度，对黑石、什川两镇遭遇冰雹受灾困难群众64户139人发放临时救助资金33.87万元。依托水滴筹平台主动发现并实施急难型临时救助12户14人24.5万元。发放临时救助金977户1848人次502.9万元，兜牢民生底线。2022年，全县累计新增就业人员1230人，完成目标任务的102.5%；失业人员实现再就业511人，困难人员实现再就业350人。共组织开展各类培训班101期4491人次。全县共输转城乡富余劳动力2.68万人，创劳务收入7.74亿元。共审核发放创业担保贷款1902万元，带动299人就业。为17180名低保户、特困户、五保户、重度残疾人员、计划生育“两证户”、已脱贫人口等六类缴费困难群体，代缴城乡居民养老保险171.8万元（代缴忠和镇、九合镇4993人）。城乡居民养老保险发放率达100%；领取城乡居民基本养老保险待遇人员资格认证率达99%。全县基本医疗保险参保人数94449人，参保率稳定在98%以上，其中：职工医保参保人数10775人；城乡居民基本医疗保险参保人数83674人，比上年减少28.15%。全县参加生育保险10111人。年末共救助特困、孤儿、城乡低保、返贫致贫人口、易返贫致贫人口、脱贫人口29879人次，救助金额967.31万元。职工医保参保人员异地就医5078人次，异地就医费用373.4万元。居民医保参保人员异地就医922人次，异地就医费用548.07万元。

【社会事业】2022年，全县各级各类学校共57所，教职工1466人，其中专任教师1451人。学前教育毛入园率为96.63%，公办园在园幼儿占比63.34%。全县小学适龄儿童入学率和初中阶段入学率均达到100%，义务教育巩固率达到100%。完成全县普通高中招生780人，高中阶段毛入学率99.12%。应届毕业生440名，就业420人，就业率95.4%。全县有民办机构24所，其中民办幼儿园11所，在园幼儿1147人，教职工129人；民办培训机构

13所。全县有各级各类医疗卫生机构91个。其中：县级综合医院、中医医院、妇幼保健院、疾病预防控制中心、卫生监督所各1个，乡镇卫生院4个，标准化村卫生室38个，医疗点5个，社区卫生服务站3个，社会办机构36家。全县医疗卫生机构共开设床位537张，每千人口拥有床位5.75张；共有卫生技术人员606人，每千人拥有执业（助理）医师1.91人、注册护士3.25人；共有全科医生62人，每万常住人口全科医生数6.6人。全年签约乡村振兴健康监测对象15312人，签约率100%。坚守主流媒体阵地，制作播出《一把手访谈》时政栏目，县政府门户网站网民留言回复率达100%，开设“皋兰融媒小剧场”，《禾尚头——这里的小麦没有芒》等9个微视频在新华社、央视频客户端播发，央视《远方的家》《记住乡愁》栏目组来皋拍摄，兰州鼓子《鼓子新韵唱家乡》节目在央视戏曲频道播出。当年，皋兰县被评为全省新时代文明实践中心建设工作优秀县。实施“一村一品”群众性精品文化创建工程，推出2022年文体旅十大惠民活动。在甘肃省第十五次运动会上，皋兰业余体校自行车队摘得10枚金牌、3枚银牌、2枚铜牌，获得“体育道德风尚奖”荣誉称号。

榆中县

【基本情况】榆中县现辖11镇9乡，268个行政村，13个城镇社区、2个农村社区，总人口46.28万人，其中非农业人口13.35万人，农业人口32.93万人。全县总面积3301.62平方公里。全县海拔在1432—3671米之间，年平均气温8.4℃，比上年偏高0.5℃，年降水量462.2毫米，比上年偏多216.9毫米。境内有兴隆山、马啣山、官滩沟、青城古建民居等旅游风景名胜区。县城地处甘肃省中部、省会兰州东郊，东接定西市安定区和白银市会宁县、靖远县，西靠兰州市城关区、七里河区，南与定西市临洮县毗邻，北与皋兰县、白银市白银区、靖远县相望，区位优势明显。境内兴隆山景区为国家4A级风景名胜区，位于县城西南5千米，被誉为“陇右第一名山”“甘肃之名山、兰郡之胜景”，年接待游客60多万人次。官滩沟景区、石门度假村、青城景区、老家·浪街为“国家AAA级旅游景区”、李家庄田园综合体以及兴隆山烈士陵园、张一悟纪念馆、张一悟故居、张一悟墓等红色景点吸引了众多游客前来旅游观光。境内312国道、109国道及宝兰铁路、兰渝铁路通过，道路交通发达。

【国民经济】2022年，全县地区生产总值195.61亿元，比上年增长0.2%。其中，第一产业增加值18.36亿元，增长7.6%；第二产业增加值95.76亿元，下降7.2%；第三产业增加值81.49亿元，增长6.4%。三次产业结构比为9∶49∶42。按常住人口计算，全年人均地区生产总值41403元，增长0.4%。一般预算收入3.05亿元，下降24.5%。城镇居民人均可支配收入达到30516元，增长4.7%；农村居民人均可支配收入14618元，增长6.2%。

【结构转型】2022年，新增设施农业2000亩，高原夏菜、百合、中药材等特色产业总面积突破65万亩，总产值达到28亿元。新建高标准农田5万亩，整治撂荒地6万亩，完成粮播45.8万亩、产量13.6万吨，粮食生产能力持续增强。创建11个国家和省级生猪产能调控基地，畜禽养殖量达到275万头只。完成三电总干二三级渠系改造，启动甘肃榆中农产品加工产业园建设，加快推动冯湾设施农业产业园、甘肃大有种薯繁育基地建设，农业发展基础更加牢固。培育金阳高科、华能生态等4家“专精特新”企业，新增上规入库工业企业6家。鹏博士5G大数据产业园落地建设，兰州金川科技城入驻榆中县，兰州酒钢工业园等产业项目稳步推进，构建“百亿产业园、千亿产业链”迈出坚实步伐。和平工业园基础设施不断完善，建成园区道路13.5公里，迁改高压线路16条，平整土地2500亩，新入驻企业5家，园区发展活力不断释放。总装机量495兆瓦6个光伏发电项目持续推进。高原夏菜副食品采购中心、毅德商贸城等物流基地集散能力加速提升。开展“吃住行、游购娱”等让利促销活动，改造数商兴农综合服务站70个，电商交易额达到7.6亿元。成功打造浪街文旅振兴样板村，青城古镇景区高质量发展有序推进，榆中成为后疫情时代省内乡村旅游首选地，全年接待游客385万人次，创收27亿元。

【项目建设】2022年，围绕国家黄河战略、省委“四强行动”定向发力，统筹推进项目储备、项目引进、项目建设，大力实施公路港物流中心、西部创新研发基地、圆通速递智创园等135个重点项目，建成教育园区、和平集中供热（一期）等项目，完成投资108亿元。持续加大精准招商力度、提高引资层次，主动对接加加集团、鹏博士集团等上市公司，与国合、雪印集团等企业达成合作意向，第28届兰洽会成功签约项目16个，总投资224亿元，签约总额持续增加，项目质量不断提升。积极争取项目建设资金，成功申报债券项目11个，到位资金7亿元。争取中央预算内投资2.5亿元。收储土地700亩，全面推行“标准地”出让，项目建设实现“拿地即开工”。

【城乡建设】2022年，完成国土空间总体规划编制和报批，构建全域一张图规划发展新格局。编制4个乡镇国土空间总体规划、57个村庄规划，城乡规划布局更趋合理。清傅公路、连霍高速扩容改造项目加快实施，启动11条15.9公里市政道路提升工程，完成自然村道路硬化41条54.3公里，城乡路网布局不断优化。37个老旧小区、6个棚户区改造稳步推进，完成青城雨污分流改造8公里，城市配套功能更加完备。生态创新城70个重点基础设施项目有序实施。持续开展农村人居环境整治五年提升行动，完成11451户冬季取暖热源清洁化改造，建成16个乡村建设示范村。全面排查整治自建房安全隐患252户，完成农村房屋抗震改造110户。

【乡村振兴】2022年，严格落实“四个不摘”要求，健全防止返贫动态监测和帮扶机制，紧盯8.34万脱贫人口和1444名监测对象定期动态核查，将3430名脱贫人口纳入兜底保障范围，及时落实帮扶措施，脱贫成果进一步巩固。投入衔接资金3亿元，实施项目

87个，脱贫群众产业发展、脱贫村公共服务全面加强。开展“春风行动”送岗活动25场次，推送岗位信息1.7万个，输转脱贫劳动力2.9万人。建成13个乡镇农村饮水安全改造提升工程。高效利用东西部协作资金3800万元，实施产业开发、乡村设施、示范村打造项目19个，消费帮扶突破1亿元，脱贫乡村发展活力不断增强。强化扶贫资产管理，全面排摸历年建成的1924个扶贫项目，建立18.7亿元资产台账，扶贫资产管理使用更加规范高效。

【生态环境治理】2022年，全年空气优良天数达到300天以上，优良率88%。深入实施国家黄河战略，5万方污水处理厂新建项目、宛川河生态修复（一期）及入黄口段综合治理工程加快推进，治理河道21公里，生态补水1630万方，12个农村污水收集处理站建成运行，宛川河水质逐步好转。严格落实河湖长制，统筹推进水资源管理、水生态修复、水环境治理，成功创建水利部节水型社会达标县，荣获“全省水资源工作先进集体”称号。大力开展土壤污染治理，推广尾菜直接还田20万亩。扎实开展国土绿化行动，完成陇中地区生态保护和修复项目4.5万亩，新增国土绿化和封山育林2.6万亩。加压推进生态环境问题整改，中央环保督察反馈19个问题全面整改完毕，28件信访件全部办结销号，全县生态环境持续向优向好。

【推进社会事业提质】2022年，年初确定的10件县列为民兴办实事全面完成。投资5亿元的崇文实验学校建成招生，榆中县特殊教育学校实现迁建和自主办学，新改扩建校舍1.5万平方米，新开办2所小学、5所公立幼儿园，新增学位6240个，清华等“双一流”大学录取人数五年来实现新突破。县一院易地搬迁项目稳步推进，完成20家卫生院发热门诊改造，建成10个县域医学急危重症救治中心，医疗服务水平持续提高。广泛开展“喜迎二十大”系列活动，改造提升公共文化服务设施6个，建成健身步道12条，进一步丰富了群众文体生活。新增城镇就业1645人，输转城乡富余劳动力8.7万人，实现劳务收入26亿元。城乡居民基本医疗保险、社会养老保险参保率达98%，城乡低保标准分别提高8%、10%，特困人员基本生活保障提标10%，发放民生兜底保障资金1.1亿元。扎实开展“八五”普法，常态化开展扫黑除恶斗争，法治榆中、平安榆中建设深入推进。持续加大食品药品监管力度，建立健全县乡村三级包保责任机制，严厉打击电信网络诈骗等突出违法犯罪活动，人民群众安全感不断提升。集中开展建筑行业、道路交通、消防安全等重点领域综合整治，全县安全生产形势保持总体稳定。

嘉峪关市

【基本情况】嘉峪关市位于甘肃省西北部，河西走廊中部，东临河西重镇酒泉市，距省会兰州776公里；西连石油城玉门市，至新疆哈密650公里；南倚终年积雪的祁连山与肃南裕固族自治县接壤，与青海相距300余公里；北枕色如铸铜的黑山，与酒泉金塔县、酒泉卫星发射基地和内蒙古额济纳旗相连接，中部为酒泉绿洲西缘。境内地势平坦，土地类型多样。城市的中西部多为戈壁，是市区和工业企业所在地；东南、东北为绿洲，是农业区，绿洲随地貌被戈壁分割为点、块、条、带状，占总土地面积的1.9%。

嘉峪关是长城文化和丝路文化的交汇点，拥有世界历史文化遗产地——嘉峪关关城、世界一流的国际滑翔基地、国家重点文物保护单位魏晋墓群、“西部八达岭”之称的悬壁长城、万里长城第一墩、讨赖河大峡谷、长城博物馆、迎宾湖旅游园区、东湖生态旅游景区和方特欢乐世界、方特丝路神画等旅游资源，是中国优秀旅游城市。嘉峪关市还是中国铁人三项运动训练基地和专业赛场，是国际铁人三项赛和全国汽车场地越野赛重要举办地，有西北一流的体育场馆，是举办国际、国内重大体育赛事的理想城市。

【国民经济】2022年，全市地区生产总值362.6亿元，按不变价格计算，比上年增长4.8%。其中，第一产业增加值6.5亿元，增长5.5%；第二产业增加值241.9亿元，增长4.8%；第三产业增加值114.1亿元，增长4.9%。三次产业结构由上年的1.8 ：65.2 ：33调整为1.8 ：66.7 ：31.5，第一产业所占比重持平，第二产业所占比重上升1.5个百分点，第三产业所占比重下降1.5百分点。按常住人口计算，人均地区生产总值为114810元。

2022年，全市工业增加值235.7亿元，比上年增长4.9%。规模以上工业增加值增长7.2%。规模以上工业企业产品产销率99.6%，比上年下降2.4个百分点。全年规模以上工业企业实现营业收入1108.9亿元，增长5.2%；实现利润总额39.9亿元，下降53.2%；营业收入利润率3.6%。

全年全市社会消费品零售总额86.4亿元，比上年增长4.3%。按消费形态统计，商品零售额78.28亿元，增长4.4%；餐饮收入额8.12亿元，增长3.4%。全年限额以上单位商品零售23.48亿元，增长8.9%。其中，石油及制品类7.66亿元，增长20.9%；汽车类5.15亿元，下降9.1%；中西医药类0.83亿元，增长12.7%；烟酒类2.81亿元，增长27.1%。

【乡村振兴】推进乡村特色产业高质量发展。嘉峪关市认真贯彻市委、市政府安排部署，以七项帮扶重点任务为抓手，扎实开展全面推进乡村振兴精准帮扶工作，助推帮扶工作落实落细、取得实效。一是修订印发《嘉峪关市驻村帮扶工作队管理办法》。重点明确乡村振兴重点村驻村帮扶工作队干部选派、职责任务等内容，围绕“一融合三转变”工作目标，全面参与所驻村乡村振兴重大事项的研究决策，指导协助村“三委”落实乡村振兴各项任务，督促落实“四议两公开”和村务监督等制度，协助各村帮扶工作领导小组推进惠民实事和产业发展项目，加强走访联系群众，帮助解决农民群众实际困难。二是认真贯彻落实《2022年度全省巩固拓展脱贫攻坚成果同乡村振兴有效衔接帮扶工作要点》，印发《中共嘉峪关市委办公室嘉峪关市人民政府办公室关于做好过渡期内全面推进乡村振兴精准帮扶工作的通知》，明确“加强基层党组织建设、助力农业产业链发展、协助乡村建设示范创建、扶持壮大村集体经济、强化防返贫动态监测、健全完善乡村治理体系、帮办各类为民实事”七项帮扶重点任务，进一步靠实镇村和驻村工作队职责任务。三是市委农村工作领导小组办公室会同市委组织部向乡村振兴重点村选派驻村帮扶工作队18人，进一步增强帮扶队伍力量。健全完善“市级领导联系包抓”工作机制，明确市委组织部、镇党委等相关单位对驻村帮扶工作队的教育管理要求，细化完善驻村帮扶工作队学习、考勤、公示、例会、报告、自律六项管理制度。四是召开全市面向乡村振兴重点村选派驻村帮扶工作队安排部署会议，统筹各级帮扶力量，安排部署2022年全面推进乡村振兴精准帮扶重点工作。五是举办全面推进乡村振兴精准帮扶行动培训班，分别对帮扶牵头单位和驻村帮扶工作队开展集中培训，进一步落实市委、市政府关于全面推进乡村振兴精准帮扶行动决策部署，提升驻村帮扶干部在接续推进全市农村发展和乡村全面振兴中的能力和水平，确保精准帮扶工作落地见效。六是认真开展督查考核工作，通过开展实地督查和全面推进乡村振兴精准帮扶考核，对驻村帮扶干部到岗情况及驻村帮扶工作队工作开展情况进行检查督促，进一步激发帮扶干部和帮扶单位对乡村振兴工作及帮扶工作的重视和积极性，确保乡村振兴和帮扶工作有序开展。

【项目建设】全年共实施项目192个，开工率达98%，是历年来开工率最高的一年。从各行业领域看，三类领域项目增速较快，产业升级改造项目57项，完成投资额比上年增长38.4%；能源项目10项，完成投资额增长217.9%；社会事业项目23项，完成投资额增长25%，为全市各行业发展提供有力支撑。全年共实施续建项目66项，增长6.8%，新建项目126项，比2021年增长8.1%。大项目支撑带动作用明显，实施酒钢1号2号焦炉优化升级、索通20万吨锂电池高端负极材料、甬金年产22万吨精密不锈钢板带、S06酒嘉绕城高速公路、2022年老旧小区改造等55项，较2021年增长40.96%，为全市提供了63%的投资量，有效拉动全市投资稳步增长。

【人民生活】2022年，全市城镇居民人均可支配收入49634元，比上年增长3.7%；城镇居民人均生活消费支出33941元，增长2%；恩格尔系数32%。

农村居民人均可支配收入26284元，比上年增长6.3%；农村居民人均生活消费支出18872元，增长4.1%；恩格尔系数为29%。

【环境保护】全市从事环保工作人员60人；声环境功能区类别为4类，声环境功能区面积132.7平方公里；一年内空气质量优良天数319天，比上年增加7天。全市气象雷达观测站点1个，年平均气温9.6°C，比上年下降0.1°C，年平均降水量77.4毫米，比上年减少21.4毫米。全年完成人工造林面积65公顷，开展全民义务植树59.66万株。

【社会保障】2022年末，全市参加城镇职工基本养老保险14.17万人，增长3.71%，其中职工10.21万人，增长3.98%，离退休人员3.96万人，增长3.03%；年末参加城乡居民基本医疗保险12.17万人，下降0.25%；年末参加职工医疗保险10.38万人，下降2.39%；参加失业保险6.65万人，下降0.29%；参加工伤保险7.44万人，增长2.06%，其中参保农民工0.45万人，下降58.44%；参加生育保险6.93万人，增长1.84%；年末参加城乡居民基本养老保险2.28万人，增长0.08%。城镇居民得到政府最低生活保障15157人，下降6.5%；农村居民得到政府最低生活保障2359人，下降9.16%；城乡医疗救助1955人次；各类收养性社会福利单位收养73人，下降3.95%；市慈善协会接受社会募捐120.19万元，下降51.16%。

年末共有提供住宿的社会服务机构2个，养老服务机构10个。社会服务机构床位120张，养老服务机构床位758张。年末共有社区服务中心31个。

【社会事业】2022年，全市中等职业教育招生932人，比上年增长4.01%；普通高中招生1975人，下降0.35%；初中学校招生2857人，增长5.42%；普通小学招生3933人，增长14.53%；特殊教育招生5人，在校65人；幼儿园在园幼儿13323人，学前3年毛入园率98.5%。九年义务教育巩固率99.82%，高中阶段毛入学率95.56%。年末全市共有文化馆1个，公共图书馆2个，广播电视台1座，广播节目综合人口覆盖率99.7%，电视节目综合人口覆盖率99.5%。年末全市共有医疗卫生机构138个，比上年增长3.8%；其中，医院、卫生院11个，妇幼保健院（所、站）1个，社区卫生服务中心（站）16个，疾病预防控制中心（防疫站）1个。医院、卫生院床位数2296张，卫生技术人员4341人。其中，执业医师和执业助理医师1362人；注册护士2635人，疾病预防控制中心（防疫站）卫生技术人员36人。乡镇卫生院3个，乡镇卫生院床位65张，乡镇卫生院卫生技术人员88人。全市共有体育场地951个，体育场地面积78.09万平方米。全年举办体育竞赛活动14次；参加比赛人数6226人；参加省级及以上比赛9次。获得省级及以上各类奖牌90枚，其中金牌29枚，银牌28枚，铜牌33枚。

金昌市

【基本情况】金昌市1981年建市，位于东经101°04′35″~102°43′40″，北纬37°47′10″~39°00′30″，地处甘肃省河西走廊东段，祁连山北麓，阿拉善台地南缘。北、东与民勤县相连，东南与武威市相靠，南与肃南裕固族自治县相接，西南与青海省门源回族自治县搭界，西与张掖市山丹、民乐县接壤，西北与内蒙古自治区阿拉善右旗毗邻，全市总面积9600平方公里，下辖永昌县、金川区，共有12个乡（镇），6个街道办事处，金昌市人民政府驻金川区。2022年末全市常住人口43.44万人，城镇化率78.9%。

金昌地处河西走廊中段，有“河西咽喉、丝路孔道”之称，是“一带一路”的重要节点。自古以来自然条件较差，区域年均蒸发量是降水量的18倍，是全国110个重点缺水城市和13个资源型缺水城市之一，也是中国西部地区自然生态环境比较脆弱的地区。

近年来，金昌市以建设西部戈壁园林城市为目标，牢固树立“以人为本、生态立市”的理念，突出“活力镍都·戈壁绿城”的主题，切实加快以节水型城市园林绿化为重点的生态环境建设，创建工作取得了明显成效。2013年，中国社科院发布“2013年城市竞争力报告”，金昌进入全国宜居城市百强行列，排名第77位，成为甘肃省最宜居的城市之一；2014年，被国家城乡建设部命名为“国家园林城市”；2015年，被中央文明委评选为全国文明城市，成为甘肃唯一一座获得全国文明城市称号的城市，2017年、2020年又连续成功蝉联“全国文明城市”荣誉称号。

【资源优势】金昌缘矿兴企、因企设市，因盛产镍被誉为“祖国的镍都”。金昌横跨两个地质构造单元，以龙首山南侧深大断裂为界，北部为阿拉善台块，南部为祁连山褶皱带，在经历了漫长复杂的地质演化后，造就了优越的成矿条件，生成了丰富的矿产资源。境内已探明矿种38种，以镍、铜、钴和铂族贵金属为主的金川硫化铜镍矿床，在世界同类矿床中镍储量居世界第三，亚洲第一；与镍铜伴生的铂、钯、锇、钌、铑等稀贵金属储量居全国之首，铜、钴矿产储量居全国第二。风能、太阳能资源丰富，年平均日照辐射总量达到6200兆焦/平方米，年平均日照2955小时，风电规划区域70米高度实测年平均风速5.8米/秒以上，可开发风光电规模约1500万千瓦。先后被确定为全国首批工业资源综合利用示范基地、国家新材料产业化基地、国家新材料高技术产业基地、国家新型工业化示范基地、国家新能源示范城市、国家循环经济示范城市。驻金省属国有企业金川集团是世界领先的镍钴生产基地、铂族金属提炼中心和中国北方地区最大的铜生产企业，位列“世界500强”第339位，镍产量全球第三，钴产量全球第四，铂族金属产量全国第一，铜产量全国第四，高纯镍、高纯钴品质达到“5个9”，高纯铜品质达到“7个9”。

【国民经济】初步核算，2022年全市实现地区生产总值522.52亿元，比上年增长13.5%。其中，第一产业增加值31.92亿元，增长5.9%；第二产业增加值371.31亿元，增长17.9%；第三产业增加值119.3亿元，增长5.8%。规模以上工业增加值增长25.7%；固定资产投资增长17.3%；社会消费品零售总额104.57亿元，下降6.3%；一般公共财政预算收入28.72亿元，增长6.41%；进出口贸易总额232.2亿元，增长22.7%；居民消费价格上涨2.3%。

【乡村振兴】乡村建设全面推进，脱贫成果巩固拓展，脱贫群众收入增速高于农村居民可支配收入增速。金川区双湾镇省级示范镇建设任务全面完成，新建成省市级乡村建设示范村34个。农村人居环境整治提升行动深入开展，拆旧建新、改造提升农宅9985院，完成农户改厕1998座，金川区获评全国村庄清洁行动先进县。成功入围北方地区冬季清洁取暖试点城市，三年获得中央专项补助资金9亿元，完成热源清洁化和既有建筑节能改造171万平方米。积极争取并实施生态及地质灾害避险搬迁，获得国家和省上补助资金2.48亿元，2476户6971名群众乔迁新居。深入实施藏粮于地、藏粮于技战略，严守耕地保护红线，新建成高标准农田11万亩，粮食播种面积和产量实现“双提升”。现代丝路寒旱农业优势特色产业三年倍增行动加快推进，乡村振兴示范片带创建启动实施，奶绵羊、万头牦牛养殖基地及牛羊肉、饲草深加工等一批项目建成投用，获得国家级“三农”领域产业示范试点创建命名7个，永昌县被认定为省级现代农业产业园。

【优势产业】坚持工业强市、产业兴市，聚焦强龙头、补链条、聚集群，大力实施强工业行动，加快构建现代化产业体系。政策支撑更加有力，出台新能源电池及电池材料发展等政策措施，设立镍都产业投资基金、强工业和中小企业发展专项资金、农业特色产业投资基金、企业应急周转金，扩充市级政府性融资担保风险补偿金。完善考核激励机制，强化运行监测服务和生产要素保障，组建重点产业链党建联盟和新能源电池产业联盟。优势产业巩固壮大，精准培育提升“2+4”产业链，实施延链补链强链项目216个，产值突破1000亿元。5000吨电子铜箔、10GW单晶切片、40万吨合成金红石、60万吨新型作物专用肥、低镍高硫阳极泥及含铜含镍固危废资源综合利用等项目竣工投产。30万吨铜冶炼工艺技术提升、25万支镍钴锰酸锂电池、2GWh磷酸铁锂电池、330千伏汇集升压站等项目加快建设。永昌抽水蓄能电站、“陇电入浙”特高压直流工程配套火电等项目有序推进。新建成风光电250万千瓦，新能源装机规模突破500万千瓦，新能源电池原材料及辅材本地供应率达75%。新增规上工业企业15家。数据信息、商贸物流、文化旅游等现代服务业体系加快形成，金昌网络货运数字产业园交易额达30亿元，建成5G基站340个，紫金云数据中心获评国家绿色数据中心。农产品产地批发市场及冷链物流体系、县乡村电商公共服务体系不断完善，金川区率先在全省实现快递进村全覆盖。火星1号基地、紫金花城景区、金川公园入选“2022甘肃文旅100个美好目的地”。全年规模以上服务业企业营业收入增长19.48%。全年接待国内游客309.9万人次，实现旅游收入16.4亿元。

【项目建设】牢固树立“项目为王”理念，强化要素资源保障，加快建设，精准招商。园区承载功能持续提升，金昌经开区规划范围增加面积约6平方公里，建成标准化厂房11.4万平方米，实行5年免租奖补政策，长沙路（新华大道-武汉路）道路工程提升改造、中水回用净化园二期等10项基础设施项目建成投用。金川区中小企业创业创新孵化基地建成标准化厂房2.3万平方米。河西堡工业园总体规划获批实施，新增拓展区面积15.9平方公里，被列为全国发展农药产能重点园区。永昌工业园被评为全国和谐劳动关系创建示范工业园区。永昌县被认定为省级现代农业产业园。项目建设提速提质，承办全省下半年重大项目集中开工活动，举办全市重大项目观摩活动，省市列重大项目全部开复工，年度计划投资完成率分别达到116.5%、91.8%；355个重点投资项目开复工率98.6%，年度计划投资完成率89.2%；产业类项目投资占到全部投资的80%，民间投资占全部投资的50%。招商引资精准发力，绘制招商引资全景地图，分产业实施补链、增链、强链招商行动，举办新能源电池产业招商引资推介暨项目签约大会，第二十八届兰洽会签约招商引资项目47项、签约金额267亿元，兑付招商引资市级奖励资金808万元。向上争取有力有效，争取政策性开发性金融工具备选项目审核通过14个，签约投放1个1.58亿元；争取政府专项债券10.7亿元。

【人民生活】2022年，全市城镇居民人均可支配收入47292元，比上年增长3.6%；城镇居民人均生活消费支出31484元，恩格尔系数为29.3%。农村居民人均可支配收入19647元，增长6.2%；农村居民人均生活消费支出14287元，恩格尔系数为30.7%。城乡居民收入比由2020年的2.54 ∶ 1进一步缩小为2.41 ∶ 1。居民物质和信息化水平稳步提高。年末全市注册机动车总量137924辆，比上年末增加6186辆。其中，个人汽车保有量99951辆，增加8052辆。固定电话用户4.79万户；移动电话用户55.24万户，其中5G用户15.81万户。年末全市广播综合人口覆盖率100%，比上年末提高0.5个百分点；电视综合人口覆盖率100%，提高0.43个百分点。

【环境保护】坚持绿水青山就是金山银山理念，全方位、全地域、全过程加强生态环境保护。祁连山生态修复与保护、北部荒漠化治理等重大生态工程深入实施，完成造林2.14万亩、义务植树115.8万株、沙化土地综合治理10.79万亩，修复保护湿地1000亩，建成绿色矿山7家，完成废弃矿山生态修复24家。河湖长制、林长制全面落实，第二轮省级生态环境保护督察反馈问题整改有序推进。污染防治攻坚战深入开展，市区环境空气质量综合指数排名全省第5，地表水国家考核断面水环境质量排名全国前列，土壤环境质量总体稳定可控，能耗强度控制在合理区间，成功入围国家“无废城市”建设名单。

【社会保障】坚持以人民为中心，在践行宗旨中增进民生福祉。民生类支出占全市财政总支出的75%，省市民生实事全部兑现。新增城镇就业9584人，输转城乡富余劳动力8万余人。“双减”政策有效落实，教育“五好工程”扎实推进，县五幼、区二幼建成招生，永昌职专实训楼等项目即将建成，冶金学院立项甘肃“双高”建设计划，高考一本上线率创历史新高。市级医疗资源整合重组迈出坚实步伐，公共卫生应急指挥调度平台建成投用。长城国家文化公园永昌段、市体育公园等项目有序实施。我市运动健儿在省第十五届运动会、省第十一届残运会暨第五届特奥会上取得运动成绩和精神文明“双丰收”。“喜迎党的二十大”主题文艺创作和展演活动广泛开展，书香金昌建设深入推进。城乡居民医保、养老、低保、特困供养等保障标准持续提升，市精神卫生福利中心、残疾人托养服务中心全面建成，城市社区日间照料中心、农村互助老人幸福院覆盖率分别达91%、85%。国有土地上已售城镇住宅历史遗留“登记难”房屋发证率99.4%，排名全省第一。基础设施不断完善，韩家峡水库达到蓄水条件，引硫济金隧洞震后抢修工程建成使用，永清、河清公路改建工程建成通车，兰张三四线高铁金昌段前期工作有序推进，建成自然村组道路126公里，金川区获评“四好农村路”全国示范县。

【社会事业】加快推进基本公共服务均等化。社会就业稳定扩大，城镇新增就业9584人，输转城乡富余劳动力8.04万人，开展职业技能培训16407人次。教育水平稳步提升，教育“五好工程”扎实推进，成立全市学生德育发展中心，永昌县第五幼儿园、金川区第二幼儿园建成招生，永昌职专实训楼即将建成，金川区教育强基础补短板PPP、永昌一中综合楼建设等项目顺利推进。卫生服务能力持续增强，市公共卫生应急指挥调度平台和市直医院医疗收费电子票据信息平台建成投用，县域检验、心电、影像中心与乡镇卫生院实现互联互通全覆盖和远程影像、心电诊断，国家健康影响评估制度建设试点有序推进。文化服务水平不断提升，建成“悦读驿站”10个、“城市书房”1座，国家公共文化服务体系示范区通过文旅部国家公共文化服务体系示范区创新发展复核；新时代文明实践中心办公室、市融媒体中心揭牌成立。养老托育设施更趋完善，发放公租房租赁补贴812户，新建乡镇综合养老服务中心2个、城市社区日间照料中心5所、农村互助老人幸福院3所，市儿童福利院和未成年人保护中心提升改造、市精神卫生福利中心、永昌县残疾人康复中心等项目建成。社会保障提标扩围，城乡居民基本养老保险基础养老金最低标准每人每月提高10元、达到143元；城市低保标准提高到728元/月·人，农村低保标准提高到5268元/年·人；增发一次性生活补贴401.1万元，及时启动社会救助和保障标准与物价上涨挂钩联动机制，7—10月发放价格临时补贴215.5万元，困难群众基本生活保障有力。

金川区

【基本情况】金川区是金昌市政治、经济、文化、社会活动的中心。全区共辖宁远堡、双湾2个镇、27个行政村和6个城区街道办事处、26个城市社区，2022年末常住人口为26.15万人。金川区位于甘肃省河西走廊东段，龙首山支脉东大山北麓，阿拉善台地、巴丹吉林沙漠南缘，腾格里沙漠西北部，北东与武威市民勤县接壤，南与永昌县毗邻，西北与内蒙古自治区阿拉善右旗相连，西与张掖市山丹县搭界。区域总面积3060平方千米。境内属温带大陆性极干旱气候，南面局部属山地气候，北面具有明显蒙新沙漠气候特征，雨量少，光照强，风沙多。金川区是中共金昌市委、市人民政府的驻地，因镍矿储量居全国首位，被誉为“祖国的镍都”。金川区还是世界著名的多金属共生大型硫化铜镍矿之一，镍矿藏量仅次于加拿大萨德伯里矿，居世界第二位，被誉为丝绸古道上的“夜明珠”。

【国民经济】2022年，全区地区生产总值409.68亿元，比上年增长15.4%。其中，第一产业增加值8.39亿元，增长5.1%；第二产业增加值331.57亿元，增长18.8%；第三产业增加值69.72亿元，增长4.9%。全区完成一般公共预算收入5.29亿元，增长9.1%；一般公共预算支出18.92亿元，增长26.7%。固定资产投资增长16%。社会消费品零售总额69.42亿元，下降7.2%；进出口贸易总额232.2亿元，增长22.7%。

【乡村振兴】城乡公交一体化全线

运营，数字乡村建设试点上线试运行。稳步推进冬季清洁取暖试点项目，所有城中村实现供热、供水管网等基础设施与城市同网同源、互联互通。23个发展类村庄规划完成编制，全年财政投入农林水项目资金3.2亿元，组织实施5大类66个项目。江楠农产品批发市场、一村一品示范村、青刺湾土地整治、30万只蛋鸡养殖、5万吨有机肥生产等22项高品质菜草畜产业链项目加快推进。双湾镇省级示范镇创建任务全面完成，国家级农村改革试验区建设通过验收。“三带一廊一园”乡村振兴示范工程进展顺利，71个项目完成投资10.08亿元。

突出强龙头、补链条、聚集群，深入实施乡村产业培育行动，着力夯实乡村振兴产业支撑。做精蔬菜产业，大力推进蔬菜产业强基础补短板、有机农业示范基地提升等项目，高标准建设省级现代农业蔬菜产业园、粤港澳大湾区“菜篮子”基地、戈壁生态设施农业园区，累计建成高品质蔬菜基地9个，完成蔬菜种植面积5.8万亩，产量达到20.97万吨。做强畜牧产业，围绕奶牛、肉羊等特色优势产业，积极开展规模养殖场标准化示范建设，累计培育规模化养殖场35家，畜禽饲养总量达到95万头（只），肉蛋奶分别增长15%、100.91%和46.95%。做优饲草产业，以粮改饲项目建设、生态饲草站建设、畜禽养殖场订单种植为抓手，建成苜蓿、青贮玉米等优质牧草种植基地1.43万亩，累计实现农作物秸秆饲料化利用量10.94万吨。做精加工产业，加快推进金川区农副产品精深加工产业园建设，金川区中小企业创业创新孵化基地建设项目（一期）、白玉豆腐豆干等休闲豆制品系列产品研发生产项目、年产300吨沙漠茶生产线建设项目投产运营。全区农副产品加工规上企业达到6家，加工产值达1.5亿元。壮大经营主体，通过外引内培、规范提升，健全完善以农业龙头企业、农民专业合作社、家庭农场与小农户多种类型的利益联结机制，全区新型农业经营主体达到842家，其中，农业龙头企业22家、农民专业合作社93家、示范性家庭农场63家。积极打造“区域品牌＋企业品牌＋产品品牌”体系，培育“甘味”农产品企业商标品牌2个、“甘味金品”农产品6个，“三品一标”农产品累计达到32个。强化仓储能力，累计建成恒温保鲜库89座，库容达到44.81万立方米，存储能力达到8.96万吨。

【项目建设】坚持“项目为王”理念，组织实施重大重点项目95项，项目总投资157.83亿元，全年累计完成投资98.5亿元。清阳50万kW储能PCS生产制造及1.5GWh锂电池储能集成系统、金集储能集装箱制造、银泰年产2GW光伏逆变器、致信年产2.5GWh磷酸铁锂储能电池等新能源电池配套产业项目落地实施。

申报保障性安居工程、排水设施建设、资源型地区转型发展等7个领域的中央预算内投资项目23项，下达投资计划5项（合计6654万元）。三批次成功申报政府专项债券项目22项，安排专项债券资金2.42亿元。加快实施城市更新行动补短板PPP、城北停车场等一批项目，新建改造城市道路16条、停车场18个，铺设地下管网25.13公里，231栋老旧小区住宅楼完成年度改造任务。完成向上争取资金7.64亿元，增长24%；实施招商引资项目44项，到位资金45.26亿元，增长66.95%。

【优势产业】金川区作为中国最大的镍钴生产和第三大铜生产基地，拥有世界第三大硫化铜镍矿床，主产品涉及镍系列、铜系列、钴系列、贵金属系列和化工产品系列产品等。形成了以矿业和金属为主业，采、选、冶、化、深加工联合配套，相关产业共同发展，工贸并举，产融结合的金川集团公司，位列世界500强的339位。全区工业增加值比上年增长20.7%，其中规模以上工业企业增加值增长25.9%，电解镍、精炼铜的产量分别为15.26万吨和68.29万吨。

【人民生活】因时因势优化疫情防控措施，实现了疫情防控和经济社会发展“双赢”。2022年，全区城镇居民人均可支配收入达52509元，增长3.5%，恩格尔系数为29.4%；农村居民人均可支配收入24430元，增长6.1%，恩格尔系数为27.6%。金融机构住户储蓄存款285.42亿元，增长18.68%；年末个人消费贷款余额38.84亿元，下降3.93%。

全力稳就业稳经济保民生，全年累计新增城镇就业人数7851人，失业人员再就业7303人，全年输转城乡富余劳动力1.8万人，创劳务收入5.5亿元。

【社会保障】城乡居民养老保险、医疗保险基本实现了应保尽保。全年共有3610人享受城市居民最低生活保障，1212人享受农村居民最低生活保障，农村供养五保户人数123人。临时救助11811人（次）。年内组织实施了宁远堡镇敬老院服务能力提升拆旧建新及宁远村、龙景村周转房建设项目，残疾人康复中心基本建成，6个街道综合养老服务中心、23个城市社区日间照料中心和农村互助老人幸福院全部运营。公共卫生服务保障能力持续增强，基层公共卫生服务提标扩能和宁远堡镇卫生院（经开区社区医院）等项目顺利推进，城乡卫生室标准化建设全面完成，城乡诊疗实现互联互通。区二幼建成招生，区三幼、市六中、市九小主体完工，城乡学校共同体挂牌成立，“区管校聘”有力推进。

【环境保护】扎实推进国土绿化、防沙治沙、林草资源管护等重点工程，绿洲边缘经济型生态防护林、全域绿化、防沙治沙和生态蓄水工程有序实施，完成人工造林1.2万亩、森林抚育和封滩育林0.7万亩，沙化土地综合治理2万亩，改良退化草场0.6万亩。完成两轮中央和省级环保督察反馈整改任务82项，河（湖）长制、林长制全面落实。大气污染精准治理和管控，市区空气质量优良天数达标率87.5%；$PM_{2.5}$浓度均值20微克/立方米；PM_{10}浓度均值62微克/立方米。农用地土壤污染治理与修复技术应用试点项目完成验收，中型灌区（金川片区）节水配套改造、马家小沙沟河道治理、农田水利工程补短板（二期）、农村饮水安全巩固提升工程等7个水利建设项目加快实施。第二城市生活垃圾处理场、建筑垃圾循环再利用站等项目建成投用，医疗废弃物集中处置中心完成升级改造，城乡垃圾分类体系分拣处置中心基本建成，城区餐厨废弃物综合处理利用项目运营良好。

永昌县

【基本情况】永昌县地处河西走廊东部，祁连山北麓，阿拉善台地南缘，位于东经101°04′35″~102°43′37″，北纬37°47′21″~38°39′58″之间，东邻民勤、武威，西迎山丹，南依肃南、青海门源县，北与金川区接壤。县城距金昌市区50公里。全县辖9个镇1个乡，17个社区，112个村民委员会。区域总面积7439平方公里，2022年末常住人口17.29万人。境内地形以山地高原为主，山地、平川、戈壁、绿洲相连，属大陆性季风气候，平均海拔1950米，年平均气温6.3℃，年总降水量237.7毫米，全年大风日24天，干燥多风，昼夜温差大，春季回暖慢。

境内文物古迹较多，有新石器时代的鸳鸯池、二坝遗址；有西汉时期的骊靬遗址、汉明长城以及为数众多的汉墓群；有唐代圣容寺塔；有被誉为“河西中天一柱”的明代永昌钟鼓楼；有以北海子塔为主的古建筑群和骊靬城、骊靬公园，成为旅游休闲的好去处。

【国民经济】2022年，全县地区生产总值达到112.8亿元，比上年增长7.6%。其中，第一产业增加值23.5亿元，增长6.2%；第二产业增加值39.7亿元，增长9.6%；第三产业增加值49.6亿元，增长7.3%。人均生产总值达到65001元，增长8.8%。固定资产投资增长20.5%；一般公共预算收入3.1亿元，扣除增值税留抵退税因素增长16.8%，自然口径下降7.8%；社会消费品零售总额达到35.1亿元，下降4.4%。

【项目建设】认真把握国家投资重点，围绕“菜草畜”高品质现代特色农业、循环化工和新材料产业、基础设施建设、文旅产业、现代服务业、乡村振兴等领域，积极谋划申报中央预算内投资、地方政府专项债券等项目，国家发展和改革委员会反馈我县专项债券项目36项，切块下达2022年专项债券资金4.5亿元；累计争取农林水利，文化旅游等专项内中央预算内资金5762万元。全县以推动县域经济高质量发展为目标，紧紧围绕高品质菜草畜百亿级产业链、精细大化工百亿级产业链、集群式新能源百亿级产业链、全降解新材料百亿级产业链“四大百亿级产业链”和民生保障、安全体系建设，谋划实施了一批重点建设项目。县列131项重点投资项目，总投资330.3亿元；县列60项重大建设项目，总投资240.8亿元。

【“三农”工作】粮播面积、小麦产量双落实、双增长，实施高标准农田10万亩、耕地占补平衡1万亩，小麦宽幅匀播水肥一体化技术全省推广，被评为全国玉米制种大县。认定市级以上示范合作社22家、“三品一标”农产品9个，“永昌绵羊生乳”入选全国名特优新农产品名录，元生农牧获评国家级生态农场。朱王堡镇获评全国“一村一品”示范村镇，焦家庄镇国家农业产业强镇获批实施，高原夏菜种植农业产业化联合体省级认定，整县被认定为省级现代农业高原夏菜产业园，成功申报国家农业现代化示范区。全年农作物播种面积107.7万亩，比上年增长2.6%。其中，粮食作物播种面积72.6万亩，增长0.03%。油料播种面积2.9万亩，减少0.2万亩。中药材播种面积0.8万亩，增加0.02万亩。蔬菜播种面积20.7万亩，增加2.6万亩。其他作物播种面积10.8万亩，增加0.3万亩。全年畜禽总饲养量达到169万头（只），下降5.9%，其中，羊饲养量109.1万只，下降1%；猪饲养量10.7万头，下降2.8%；牛饲养量3.5万头，下降27.5%；家禽饲养量45.7万只，下降15%。全年完成造林面积1.4万亩，其中人工造林面积1.4万亩。封山育林40.4万亩、森林抚育0.4万亩。全县拥有农业机械总动力99.1万千瓦，比上年增加10.6%；年机耕面积达106.8万亩，增长4.1%；机播面积97.7万亩；机收面积94.2万亩；农业机械化综合作业水平达到92.3%。全年渔业养殖面积86.2亩，渔业产品471吨，下降17.4%。

【人民生活】城乡居民收入持续快速增加，生活水平和质量进一步提高。全年城镇居民人均可支配收入达到36507元，比上年增长3.9%；农村居民人均可支配收入达到18303元，增长6.4%。城镇居民人均生活消费支出23527元，增长6.4%；恩格尔系数为29.1%；城镇居民人均住宅建筑面积35.4平方米。农村居民人均生活消费支出13107元，增长6.7%；恩格尔系数为31.9%；农村居民人均住房面积42.8平方米。

【环境保护】全年完成环境治理项目3项，投入资金3265万元。全县工业二氧化硫排放量796.4吨，化学需氧量排放总量15.3吨，工业固体废物产生量185.8万吨，工业固体废物综合利用率达到27.2%。全县单位GDP能耗比上年下降12.8%。城区环境空气质量良好，县城空气质量优良天数比率达到85.2%。生活饮用水地表水、地下水达标率均达到100%。城市污水处理率100%；城市生活垃圾无害化处理率100%；城市建成区绿地率31.7%，建成省级乡村建设示范村15个。

【社会保障】全年城镇新增就业3275人，失业人员再就业3033人，就业困难人员实现就业911人，城镇年末登记失业人员1147人。全县登记应届高校毕业生921人，实现就业831人，就业率为90.2%，通过实施引导高校毕业生到基层企业服务项目，成功引导100名普通高校毕业生到26家企业服务。完成职业技能培训4097人，输转富余劳动力62292人（次），实现劳务收入16.5亿元。全县参加城镇企业职工基本养老保险14945人，参加失业保险15262人，参加工伤保险17111人。参加城乡居民基本养老保险113570人，参保率98.1%，待遇享受34604人。参加城镇职工基本医疗保险26843人，参加城镇职工生育保险15433人。参加城乡居民基本医疗保险179431人，全县基本医疗保险参保率96.5%。城乡居民基本医疗保险实行统一政策口径，统一筹资标准，统一报销比例、统一基金管理、统一报销流程。

2022年城市低保标准人均每月728元，年末全县城市低保对象1895户3289人，共发放低保金2353.1万元；农村低保标准由4788元/年·人提高到5268元/年·人，年末全县农村低保对象2828户5433人，共发放低保金3029.9万元。城市特困供养标准为11357元/年·人，农村特困供养标准为8067元/年·人，年末全县特困供养对象628户651人，共发放特困供养金

566.6万元。发放残疾人补贴488.3万元。建成互助老人幸福院3个，城市日间照料中心2个，乡镇老年活动中心2个。

【社会事业】全县共有文化馆1个，公共图书馆1个，博物馆1个，广播电视台1座，电视转播发射台5座，全县数字电视入户率达到98%，乡镇、村（社区）文化服务场所实现全覆盖，已报批国家级非遗项目1项、省级9项、市级42项、县级59项；建成县级非物质文化遗产传习所1个、乡镇非物质文化遗产传习所4个；"历史再现"博物馆3个；已建成"农家书屋"133个；全年图书馆共借阅图书近10万余册，接待读者17万余人次。

全县共有国家4A级景区1个、3A级景区1个、2A级景区1个，旅行社2家、旅行社营业部4家、星级宾馆9家，旅游商品研发企业20家，建成省级乡村旅游示范村7个，省级文旅振兴乡村样板村1个，乡村旅游品牌农家乐20家。全年接待游客169.8万人次，实现旅游综合收入8.6亿元。

全县共有卫生机构334个，其中：县级公立医院2所，公共卫生专业机构3所，乡镇卫生院10个；卫生机构拥有床位数850张；卫生技术人员1583人，其中执业（助理）医师591人、注册护士784人、其他卫生技术人员208人。全县已建成城镇社区卫生服务中心2个、社区卫生服务站8个；全县112个村共有村卫生室111个，标准化村卫生室111所。婴儿和5岁以下婴儿死亡率均为4.37‰，无孕产妇死亡；孕产妇住院分娩率保持在100%；国家免疫规划疫苗接种率平均保持在90%以上。全县餐饮业《食品经营许可证》持证率达100%，从业人员健康证持证率达到99%。餐饮单位量化分级测评达到优秀的40家，良好的963家，一般的42家，全县量化分级管理率达到97.5%；学校食堂（含托幼机构）量化分级测评达到优秀的24家，良好的10家，量化分级管理率达到100%。

全县实施多功能运动场3个，行政村（社区）健身路径项目12个，完成健身步道项目1条，建成农民健身工程1个。全年共举办体育活动7场次，参加人数1000多人次。成功申报省级全民健身场地设施项目17个。

全年立项实施省市科技项目51项，向上争取科技资金1226.8万元，兑现县级科技奖补资金139万元。全年入库国家科技型中小企业34家，认定国家高新技术企业4家、省级科技创新型企业7家，3名企业家被评为"全市绿色创新优秀企业家"。与省农科院蔬菜研究所开展新一轮期高原夏菜技术合作，引进高品质蔬菜新品种90多个，建立科技示范点4个，选聘市级农业科技特派员18名，实施县级科技特派员示范项目3项。成立县科技成果转化中心，围绕培育四个百亿级产业链，立项实施科技项目51项、市级揭榜挂帅项目1项，海量陇丰牵头组建"金昌市高品质蔬菜产业创新联合体"认定为市级企业创新联合体，杨柳青联合甘农大建成"国家牧草金昌综合试验站"，新认定市级农业科技示范园区2个，全年技术合同成交额达到2.7亿元。

全县现有普通中小学21所，教学点1个，职业中专1所。在校中小学生18775人，其中普通高中生3990人，职业中专学生1598人，初中生3990人，小学生7846人；中小学专任教师1710人。全县现有幼儿园23所，其中公办12所，民办11所，在园幼儿4295人。全县学前教育三年毛入学率达到99.3%；九年义务教育巩固率达到99.8%；高中阶段毛入学率达到99.8%；普通高考专科以上上线率达到99.7%。

（姚林　李雪琴）

白银市

【基本情况】白银市地处黄河上游、甘肃中部，是全国唯一以贵金属命名的城市，素以"铜城"闻名遐迩。1956年震惊世界的白银矿山大爆破，拉开了有色金属等矿产资源开发的序幕，白银市由此在一片戈壁荒滩上迅速崛起。1956年11月设市，1958年4月升格为地级市，1963年10月撤销，1985年8月恢复建市。是丝绸之路的枢纽要地、兰白都市圈的核心之地、藏金聚宝的资源富地、享誉全国的工业重地、绿色高效的农业基地、绚丽多彩的旅游胜地。位于北纬35°33′~37°38′，东经103°33′~105°34′之间，东西跨147.75公里，南北长249.25公里。总面积20098.54平方公里。黄河自南向北呈S形流经白银区、靖远县、平川区、景泰县，全长258千米，流域面积14710平方千米。境内海拔最高3321米、最低1275米。年平均气温9.2℃，年降雨量160—450mm，其分布由北向南逐渐增多。年日照时数2165—2485小时，由北向南逐渐减少。无霜期169—220天。现辖会宁、靖远、景泰三县和白银、平川两区，有53镇16乡9街道。2022年末，常住人口为150.21万人，其中，城镇人口87.6万人，乡村人口62.61万人。

【资源优势】白银矿产资源丰富，境内发现矿产45种，金属矿藏有铜、铅、锌、金、银等30多种，煤炭、凹凸棒、陶土、石膏等资源富集，被列为国家级地质找矿整装勘察区。具有良好的能源结构，是甘肃第二大电网，是西部地区重要的能源通道，西气东输、西电东送主干线横贯境内。在火电、水电、风电、光伏发电装机容量666.7万千瓦基础上，推进兰西城市群（白银）复合型能源千万千瓦级基地建设。以甘肃煤炭交易中心白银分中心为龙头，推进西部地区千万吨煤炭储运交易转化基地建设。依托平川丰富的陶土资源和深厚的陶瓷历史文化底蕴，推进集古陶瓷制作遗址保护、陶瓷制品生产、旅游休闲于一体的陶瓷小镇建设，着力打造"西部陶都"。白银曾创造了铜产量、产值、利税连续18年全国第一的辉煌，具有年产各类有色金属83万吨、稀土5万吨、煤炭1400万吨的生产能力。白银是我国规模最大的多品种有色金属工业基地、国家火炬计划有色金属新材料及制品特色产业基地、全国新型工业化产业示范基地，也是西部重要的新型化工能源基地，是国内聚氨酯产业和含能材料生产基地，拥有独特的光气资源，光化、氢化、硝化、氟化技术国内领先，光气化工、煤化工、医药化工、无机盐发展迅速。

【国民经济】2022年，全市地区生产总值635.53亿元，按不变价格计算，比上年增长5.6%。其中，第一产业增加值增长6%，第二产业增加值增长5.4%，第三产业增加值增长5.6%。三次产业结构比由2021年的18.3 ∶ 38.2 ∶ 43.5调整为18.3 ∶ 39.5 ∶ 42.2。固定资产投资增长12.5%；社会消费品零售总额197.5亿元，下降2.2%。一般公共预算收入完成32.53亿元，扣除增值税留抵退税因素后，同口径增长0.16%；居民消费价格上涨1.8%；城镇居民人均可支配收入37187元，增长4.5%；农村居民人均可支配收入12733元，增长7.2%。

【乡村振兴】落实各级财政衔接推进乡村振兴补助资金13.35亿元。健全落实“五覆盖一督查”巩固拓展脱贫攻坚成果长效工作机制，深入开展“十聚焦十到位”专项行动，户均落实帮扶措施3.7项。编制“多规合一”村庄规划139个，硬化自然村组道路958公里，生态及地质灾害避险搬迁979户，新改建卫生户厕4万余座，8个村入围全国传统村落名录，靖远三合村被评为全国乡村特色产业超亿元村，创建省市县示范村100个、乡镇13个，会宁县入选国家乡村振兴示范县创建名单，并被评为全国“四好农村路”示范县。

【农业经济】成功承办全省高标准农田建设撂荒地整治现场推进会，新增高标准农田16.97万亩，整治撂荒地74.02万亩，粮食总产量达到98.31万吨。新增储备原粮4万吨，产购储加销协同保障进一步强化。深入推进现代丝路寒旱农业优势特色产业三年倍增行动，建成标准化种养产业园324个，优势特色种养业规模分别达到521万亩、2030万头（只）。景泰入选国家级玉米制种大县，开工建设品高中央厨房、晨光前进乳业、景泰畜禽屠宰冷链加工等大型农业产业化项目，新增龙头企业7家。创建“甘味”农产品区域公用品牌6个、“甘味”企业商标品牌42个。

【工业经济】坚持产业兴市、工业强市战略不动摇，加快传统产业提档升级，战略性新兴产业持续壮大。有色、化工、煤炭、稀土等传统产业焕发生机，产业链向上下游和中高端延伸拓展，全市规模以上工业增加值比上年增长5.1%。十种有色金属产量达到68.25万吨，创历史新高。白银集团位列中国企业500强第323位，比上年提升10位。新材料、新能源、生物医药等新兴产业加速发展，十大生态产业增加值占地区生产总值比重达到27.9%。争取新能源项目指标100万千瓦，21个风光项目并网发电，新增装机规模81.29万千瓦。全市7户企业、4名企业家荣获全省“先进企业”和“优秀企业家”称号。拥有自主知识产权的银光集团百吨级改性硅油、国内行业单体产能最大的稀土萃取生产线等项目建成投产。白银集团白银炉技术升级、靖远煤电清洁高效气化气、东方钛业30万吨循环化钛白粉、中瑞铝业高端铝合金、长通超微线材产能提升、宏达30万吨铝合金新材料等项目加快实施。

【服务业】组织开展“乐享消费·惠购陇原”等促销活动，加快发展直播带货、同城配送等新业态和新模式，全年实现网络零售额21.36亿元，比上年增长22.8%。新增靖远水岸三合4A级旅游景区1家、3A级旅游景区2家，打造文旅振兴乡村旅游样板村5个，白银区水川镇入选全国乡村旅游重点镇，会宁红色驿站建成启用，全市实现旅游综合收入22.9亿元。利用5G、大数据、人工智能、物联网等新一代信息技术，赋能传统产业数字化转型和智能化升级，加快推进云创空间数字科创园建设，全市数字经济类市场主体9703家，初步形成“基础领先、产业集聚、核心壮大、融合创新”的数字经济发展新格局。

【项目建设】严格落实“项目为王”理念，举行3次重大项目集中开工活动，全年在库项目682个。其中，续建项目388个，新入库项目294个。强化要素保障，供应国有建设用地327.8公顷，争取政府债券资金38.21亿元。甘肃中部生态移民供水工程总干渠建成通水，靖远金滩黄河大桥建成通车。省道103线沿黄快速通道靖远段、靖会大型灌区续建配套与现代化改造等重点项目加快建设。全市人民期盼已久的中兰客专通车运行，白银驶入高铁时代。项目已成为白银高质量发展的硬支撑、压舱石。

【科技创新】实行“揭榜挂帅”机制，争取国家和省级重大科技专项及奖补资金3000万元，新立项市级科技计划项目72项。申报高新技术企业31家，新认定省级科技创新型企业30家，入库省级科技型中小企业118家。郝氏炭纤维“低密度碳复合筒材制备方法”获得中国专利优秀奖，图微新材料“硫酸（胺）酯类连接子聚合物的聚合方法”取得国际发明专利。开发科研助理岗位518个，得到科技部充分肯定。加强与西安交通大学、兰州大学等省内外高校、科研院所的交流合作，积极搭建良好产学研合作平台，巨亨孵化器获批国家小型微型企业创业创新示范基地，组建光化特种新材料创新中心、高端稀土新材料创新联合体，累计建成省级及以上创新平台60家、工程研究中心16家。白银集团固废协同利用技术等6项成果荣获省科学技术奖。举办兰白自创区科技成果转移转化对接活动，签订技术合作协议6项。登记科技成果64项，完成技术合同交易额9亿元。示范推广农业新品种15个、新技术20项，应用面积超30万亩。有效发明拥有量561件，居全省第2位，综合科技创新水平持续提升。

【园区建设】统筹推进以白银高新区为龙头，涵盖银东、银西、刘川、平川、会宁、景泰等工业园区的“一区六园”建设，总规划面积280.65平方公里，建成区面积101.79平方公里，入驻企业611家，白银高新区、银西生态产业园荣获国家级绿色园区称号。推动创新资源要素向园区集聚，有色金属、光气化工等“园中园”加快建设。白银高新区在国家综合考核中上升12位。西区经济开发区在省级考核评价中居第5位，获得优秀等次。景泰工业集中区晋升为省级开发区。

【环境治理】黄河流域生态保护和高质量发展“1+5+N”规划深入实施，市级国土空间总体规划形成中期成果。加快推进兰西城市群生态廊道建设，祖厉河流域水环境综合治理与可持续发展试点、文冠果国家示范基地及生态修复、水土保持等项目深入推进，治理水土流失340平方公里。河湖长制、林长制有效落实，整治黄河流域入河排污口

92个，完成国土绿化36.6万亩。中央和省生态环保督察反馈问题整改扎实推进，污染防治攻坚成效明显。空气质量优良率达到90.1%，连续4年达到国家二级标准。成功入选全国首批区域再生水循环利用试点城市，黄河、祖厉河国控断面水质全部达到考核要求。土壤环境质量总体稳定，东大沟治理成为全国重金属污染治理样板。编制完成碳达峰碳中和实施意见和工作方案，坚决遏制“两高”项目，能耗强度控制在合理区间。平川区创新“储备林+N”模式，谋划实施45万亩国家储备林项目，当年开工、当年造林11.5万亩，实现“地下挖煤、地上储碳”良性循环，为全省作出示范。

【城乡建设】加快中心城区建设，推动县域经济发展与乡村振兴互促互进，城乡融合步伐加快，全市常住人口城镇化率达到58.32%。以创建全国文明城市为抓手，下足绣花功夫，让城市更加宜居宜业，实施银西一路等市政道路15条、22.8公里，建成工农路十字等人行天桥2座，新建改造污水管网32.8公里，改造老旧小区9208户、棚户区203户，新增绿化面积110公顷，城市绿地率达到35.38%，城市美誉度、吸引力明显增强。

【民生工程】全年民生支出占一般公共预算支出比重达81.91%，省市20项民生实事全部办结，群众幸福指数持续攀升。坚持以快制快，连续打赢多轮疫情防控阻击战。及时调整优化防控措施，有序恢复正常生产生活秩序，设置定点医院2家、亚定点医院5家、方舱医院6家，全力保健康、防重症，最大程度守护了群众生命安全和身体健康。城镇新增就业2.61万人，输转城乡富余劳动力29.58万人，完成职业技能培训2.97万人次。城乡居民基本养老金最低标准提高到每人每月118元。城乡低保标准分别提高8%和10%，孤儿和事实无人抚养儿童保障标准提高8%，为困难群众发放一次性生活补贴和价格临时补贴4000余万元。市县两级智慧养老服务平台正式启用，建成乡镇综合养老服务中心4个。

【社会事业】大力改善办学条件，建成唐道实验学校等中小学幼儿园9所，新增普惠性学位6525个。“双减”政策有效落实，高考综合改革稳步推进，县域高中质量提升行动有序实施，会宁一中被列入省级卓越高中计划，全市一本上线率达到30.22%。全面完成市属职业院校资源整合，靖远职业教育产教融合实习基地开工建设。医药卫生体制改革持续深化，白银市被列为全省城市医疗集团试点城市，建成城市医联体和县域医共体15个，市第二人民医院住院部综合楼、市中心医院易地迁建等项目加快建设。深入开展爱国卫生运动，创建省级卫生乡镇街道35个、卫生村149个。建成全民健身场地场馆127个，靖远“七馆一中心”投入使用，白银在省十五运和第五届特奥会上取得竞赛成绩和精神文明双丰收。

白银区

【基本情况】白银区位于甘肃中部、白银市西部，黄河上游中段，地理坐标介于北纬36°14′38″至36°47′29″、东经103°54′24″至104°24′55″之间，地处陇西黄土高原西北边缘，地形总趋势西北高，东南低，平均海拔1946.5米。西与兰州市皋兰县接壤；南临黄河，与榆中县青城镇及靖远县平堡镇隔河相望；东与靖远县刘川镇毗邻；北与景泰县中泉镇为界。辖区东西长约47公里，南北宽约60公里，总面积1350平方公里。白银区是汉族聚居、少数民族散杂居的地区，有汉、回、满、蒙、土家、苗等27个民族。2022年末常住人口32.04万人，城镇人口29.26万人。荣获“全省县域经济发展先进县、十强县”。

【资源优势】坚持“产业兴区、工业强区”战略不动摇，大力实施“四强”行动，全面推行产业链链长制，制定一系列方案措施，惠企纾困、排忧解难、保障服务，现代化产业体系加快建设。建成高标准农田3000亩，累计整治撂荒地3.7万亩，粮食产量达2.3万吨，圆满完成目标任务。新增农业产业化龙头企业3家，奖励扶持农民专业合作社7家；创建“三品一标”绿色食品4个、“甘味”知名企业商标品牌1个，农业产业发展为稳经济做出了贡献。充分挖掘资源优势，在全市率先建成数字政府运营指挥中心，成立区大数据中心，有效实现一网通办、数据共享，为政府决策提供参考依据。深化“放管服”改革，推行“互联网+政务服务”，政务服务事项网上可办率达98.46%、全程网办率达97.24%，切实解决了企业群众办事存在的“堵点难点痛点”问题。

【国民经济】2022年，全区地区生产总值270.25亿元，比上年增长4.4%。其中，第一产业增加值6.68亿元，增长5.9%；第二产业增加值135.09亿元，增长1.7%；第三产业增加值128.49亿元，增长6.7%。规模以上工业增加值增长0.3%。固定资产投资增长18.7%。社会消费品零售总额107.02亿元，下降2.9%。一般公共预算收入6.93亿元，下降11.9%。

【供给侧结构性改革】严格落实中央经济工作会议精神和省、市委经济工作会议精神，牢固树立新发展理念，落实高质量发展要求，以供给侧结构性改革为主线，直面竞相赶超的发展趋势和艰巨繁重的目标任务，坚持向改革要动力、从自身挖潜力，不断增强担当实干、推动发展的能力水平。改革步伐纵深加快。国企改革三年行动如期完成。整合14家区属国有企业成立盛银资产运营集团有限公司，开展项目代建制，进行市场化运作，有效盘活资产、拓宽融资渠道、破解发展瓶颈；公司主导实施的银东生态综合物流园前城汽车城、铅锌路、危货物流园、电商快递物流园等项目加快推进；有效置换不良债务1.7亿元，区农村信用联社退出高风险机构步伐加快。

【乡村振兴】白银区始终把巩固拓展脱贫攻坚成果作为乡村振兴的重要任务来抓，制定《2022年白银区巩固拓展脱贫攻坚成果同乡村振兴有效衔接帮扶工作要点》《白银区乡村振兴局2022年工作要点》，聚焦重点群体、重点区域、重点工作，统筹推进防止返贫监测集中排查、专项排查、常态排查深度融合，严格落实“六必访”“六必查”“七个不消”工作要求，防返贫监测帮扶工作高效有序运转。截至目前，全区共有监测户89户265人，其中，脱贫不稳定户34户103人；边缘易致贫户15户28人，突发严重困难户40户134人。已落实衔接资金2.08万元，帮助18户监测对象发展产业；监测对象77人外出或就近务工，为11人安置公益性岗位；对72户163人落实低保（五保）。白银区2022年财政衔接推进乡村振兴补助资金9187.66万元（中央资金3691万元、省级资金1637万元、市级资金231.66万元、区级资金3700万元），计划实施项目67个，其中农村产业发展项目33个、农村基础设施建设项目10个、人居环境整治项目12个、巩固脱贫攻坚成果项目11个、国有林场巩固项目1个。持续做好脱贫人口和监测户稳岗就业动态管理工作。全区脱贫人口外出务工3701人，完成脱贫劳动力外出务工任务，完成进度108%。

【项目建设】2022年，白银区以重大项目为抓手，持续加大对重点产业项目的攻坚力度，举办3次重点项目集中开工活动，新开工亿元以上项目20个。实施基本建设项目160个，总投资589.03亿元，计划当年投资86.11亿元，完成投资74.32亿元，投资完成率86.3%。其中，3个省列重点项目，完成投资13.59亿元，投资完成率113.25%。26个市列重点项目完成投资50.18亿元，投资完成率130.24%。45个区列重点项目，完成投资55.01亿元，投资完成率123.09%。争取中央和省预算内投资项目10个、资金2.2亿元，发行专项债券项目21个、资金6.1亿元，涉及交通基础设施、社会事业、物流和城镇基础设施等领域的项目，充分发挥投资压舱石、稳定器的作用。

【优势产业】有色金属深加工：以白银有色集团股份有限公司为重点，以有色金属矿产资源和废旧有色金属拆解回收利用为核心，着重提高矿石回采率、原矿回收率、冶炼回收率、加工材成品率等利用水平，逐步形成铜、铅、锌、稀土及精细化工一体化产业链，有色金属粉体材料、高纯金属、高附加值压延加工产品、贵金属产品得到了有效发展，再生铜、再生铅等的高值利用得到了大幅提高。建材：以中材甘肃水泥有限责任公司、一刀玻璃有限责任公司等企业为重点，通过推广应用新型干法窑外分解、窑尾余热发电及利用工业废弃物和生活垃圾等工艺技术，高强煤粉灰砖、高强承重砌块、建筑保温材料等利用工业固体废弃物生产新型墙体材料和新型“生态水泥”得到了有效推广。装备设备制造：以中科宇能、倚能石化、一德新能源等已有一定基础的装备制造企业引入数字化、智能化与网络化技术，促进信息化与工业化“两化”深度融合，实现从生产型制造到服务型制造的改造升级。精细化工：以银光公司TDI为核心，整合区内化工资源，开发聚碳酸酯、碳纤维、锂材料、电池材料、氟材料高纯氢氟酸（PC）、MDI、PVC、DNT、民爆产品，扩大HDI、PC、PVC建设规模，通过延伸上下游产业链，促进上下游配套，建设醋酸、甲醇、涂料和化肥等生产线，精细化工产品的比重不断提高，形成了白银特色精细化工支柱产业。生物医药产业：依托银西生物医药园和白银科技企业孵化器，实施化学原料药、中药、医疗设备与器械、酶制剂、生物基础材料等重点工程建设，着力发展基础、前导、特色、辅助等四大产业，建设西北知名的生物医药中间体基地。农畜产品加工：依托雨润肉制品、鑫昊乳业、盼盼食品、德福祥面粉等知名企业，发挥区域农产品质量优良、特色明显的优势，形成了以蔬菜、瓜果为主的特色种植业，以养牛、养羊为主的畜禽养殖业，以特种畜产品生产、加工为主的产业体系。

【人民生活】2022年，全区城镇居民人均可支配收入45270元，比上年增长4.7%；城镇居民人均消费支出29028元，增长4.9%；恩格尔系数30.1%。农村居民人均可支配收入20130元，增长7.3%；农村居民人均消费支出11755元，增长7.2%；恩格尔系数32.6%。

【环境保护】全年完成造林任务2.3万亩。在S217线白银段、白榆公路土崖湾至水川段、白桦快速通道及G341川口服务区、水四路大坪、白靖公路等片区新增绿化面积1.3万亩，栽植香花槐、国槐等各类苗木140万余株。完成封山育林0.5万亩，退化林修复0.5万亩。

全年城区污水处理1515万立方米。处理生活垃圾9.76万吨、建筑垃圾23.35万吨、医疗垃圾2144吨。城区可吸入颗粒物（PM_{10}）平均浓度为60微克/立方米；细颗粒物（$PM_{2.5}$）平均浓度为25微克/立方米。城区空气质量二级以上优良天数达到329天，占全年天数的90.1%。空气质量综合指数为3.67。

【社会保障】全年城镇新增就业9553人，失业人员再就业4361人，就业困难人员再就业1420人，发放创业贷款60笔3045万元，开展各类职业培训6269人，全区完成劳务输转1.93万人，劳务收入5.13亿元。受理人事劳动争议案件250件。

全年完成金沟河滨河西路地下停车场续建工程项目建设总投资3080.48万元，建筑安装工程费2502.47万元，工程建设其他费297.77万元，预备费280.04万元；改造小区9个，楼栋46栋、住户1675户，改造面积约19.07万平方米，总投资9222万元；完成4412套续建棚户区改造项目，总投资26.31亿元；完成1128套安置房的主体施工和部分室外工程，交付使用2990套安置房；完成易地扶贫搬迁安置点改造投资626.535万元；提升城区供热管网改造项目3530.91万元。

全区企业职工养老保险参保22425人，征缴养老保险费17474万元；机关事业单位养老保险参保10399人，征缴养老保险费15356万元；工伤保险参保23141人，征缴工伤保险费854万元；失业保险参保19725人，征缴失业保险费1003万元；城乡居民基本养老保险参保58167人，基金收入4205万元。

全年发放最低生活保障资金1.41亿元，惠及城镇居民7993户、1.75万人；农村居民2067户、3941人。保障特困供养人员254户266人，发放供养金388.71万元。发放监护人照料护理补贴96.61万元；实施临时救助2379户5942人，发放临时救助1083.21万元；发放困难群众一次性生活补贴资金706.14万元，发放最低生活保障、特困人员、低收入家庭临时价格补贴124.23万元；发放城市低保对象供热补贴194.3万元。

【社会事业】辖区拥有各类学校

131 所（含教学点 11 所），在校学生 63653 人，教职工人数 5875 人，校舍建筑面积 86.4 万平方米。学前三年毛入学率 97.30%，小学入学率 100%，初中入学率 100%，高中阶段毛入学率 98.31%。全区普通高校录取人数（包含中职生）达到 2732 人。全年助力乡村振兴“写春联送祝福”活动 12 场次，开展戏曲（非遗）进校园活动 15 场次，开展送戏下乡活动 6 场次，书画展 3 场次，完成健身路径安装 30 套，新建体育场地 8 块，改造体育场地 4 块。全区接待游客 254.57 万人次，旅游综合总收入 7.32 亿元。其中，乡村旅游接待游客 112.35 万人，乡村旅游收入 2.4 亿元。全区文化产业法人单位 270 个，文化旅游产业增加值 3.44 亿元，增长 11.3%。年末辖区拥有卫生机构 194 个。其中，医院 6 个，基层医疗卫生机构 181 个，专业公共卫生机构 7 个。各类卫生机构拥有床位 2574 张。卫生技术人员 3684 人，其中执业（助理）医师 1280 人。

平川区

【基本情况】平川区是 1985 年随白银恢复建市而成立的市辖区，地处甘肃中部、黄河上游，是丝绸之路东段北线的黄金路段。位于白银市中部偏北，东与会宁县及宁夏回族自治区海原县接壤，南、北部均与靖远县相连，西与景泰县为邻。境内光热资源丰富，气温日差较大、干旱多风。2022 年平均气温 11.5℃，较历年平均高 0.9℃，年内最高 37.3℃，最低 -17.3℃，城区年降雨量 161.7 毫米，集中在 4 到 10 月份，蒸发量为 1947.7 毫米。平川区现辖 2 乡 5 镇 4 街道，61 个村、33 个社区。辖区总面积 2009 平方公里，年末全区常住人口 19.65 万人，城镇化率 75.61%。

【地质资源】平川区地处北纬 36°20 ＇至 37°00 ＇，东经 104°26 ＇至 105°26 ＇之间，总面积 2126 平方公里。地质构造位于祁连山东端，主要向西北方向收敛、向东南方向撒开的帚状旋转构造体系，经历多次构造运动，其中以加里东运动最为强烈，表现为强烈的沉降和局部的升起。境内陶瓷原料矿产丰富，尤其以粘土、长石、石英石、紫砂为主的陶瓷原料资源更是非常丰富，各类陶土的测算储量已达到 40 亿吨以上，而且这些陶土资源种类齐全，质地优良，开采方便，在质量上能满足多种陶瓷制品生产的要求。

【国民经济】2022 年，全区经济呈现稳中有进、质效并举的良好态势。实现地区生产总值 105.36 亿元，按可比价计算，比上年增长 8.8%。其中，第一产业增加值 7.75 亿元，增长 6.2%；第二产业增加值 62.89 亿元，增长 11.7%；第三产业增加值 34.72 亿元，增长 4.9%。三次产业结构比为 7.4 ： 59.7 ： 32.9。规模以上工业增加值增长 8.6%；固定资产投资增长 27.5%；社会消费品零售总额 19.32 亿元，增长 0.1%。

【农业经济】健全粮食安全保障体系，完善粮食监测预警体系，建立监测点 5 个。全年全区农作物播种面积完成 35.06 万亩，比上年增长 6.93%，粮食作物播种面积完成 24.01 万亩，增长 4.32%；粮食产量 5.41 万吨，增长 0.55%。落实“菜篮子”市长负责制，通过省级财政衔接推进乡村振兴生猪养殖奖补资金等项目，扶持合作社和企业 15 家。猪存栏 13.05 万头，增长 6.55%；猪出栏 12.1 万头，增长 5.03%。

【工业经济】制定强县域、强工业、强科技行动方案，全面推行产业链链长制，确定丝路寒旱农业、新材料、装备制造等产业链，高端特色乳品、陶瓷大板砖、200 万吨洁净环保型煤、“智慧矿山”智能防爆控制电器、10 万千瓦风电等产业项目建成投产。全年全区规模以上工业增加值比上年增长 8.6%。

【乡村振兴】扎实做好巩固拓展脱贫攻坚成果同乡村振兴有效衔接，落实财政衔接推进乡村振兴补助资金 8986 万元。乡村建设全面铺开，全域全要素编制村庄规划 13 个，创建乡村示范乡镇 3 个、示范村 11 个、美丽庭院 2227 户，因地制宜打造美丽乡村 26 个、清洁村庄 20 个，新建改建户卫生厕所 2000 个，硬化村组道路 83 公里，修建安防工程 40 公里，改造危桥 3 座。黄峤镇牛拜村避险搬迁安置工程主体完工，完成农村住房抗震改造 1141 户、生态及地质灾害避险搬迁 27 户。

【项目建设】大力开展“四看四比”项目建设大比拼行动，采取“专班专人包抓、集中开工推进、定期调度通报”等措施，强力扩大有效投资。平川区现代综合物流园区基础设施提升、国家储备林建设项目纳入财政部 PPP 项目库。中兰客专平川段建成投运，G109 提质改造平川段开工建设，平川抽水蓄能发电站、G341 平川段、S35 平川段、铁路专用线改迁等重大项目前期加快推进。全年固定资产投资比上年增长 27.5%。

【优势产业】大力实施优势特色产业倍增行动，做优做强菊芋、苹果、小杂粮、黑毛驴等优势特色产业，打造推广“峤之良品藜麦”“屈吴源山泉水”“利尔康菊粉”等“平字号”品牌，全区“三品一标”农产品达到 52 个，白银博康养殖公司“博犇”商标成功入选第三批“甘味”企业商标品牌目录；建成菊芋全产业链、黄峤微产业园，文冠果全产业链示范基地开工建设。

【商旅融合】加快商业体系建设，培育限上商贸流通企业 5 户，完成周家地农贸市场提升改造，增设便民市场 2 处，建成城市星光夜市 1 处。全年社会消费品零售总额完成 19.32 亿元，比上年增长 0.1%。按销售单位所在地统计，城镇社会消费品零售额完成 18.37 亿元，增长 1.87%；乡村社会消费品零售额完成 0.95 亿元，下降 1.7%。持续打造灵秀响泉、古韵陡城、陶瓷小镇、红色小镇等旅游品牌，美丽乡村串点成线，文旅市场加速恢复。全年接待旅游人数 76.79 万人次，旅游收入 2.72 亿元。

【人民生活】2022 年，全区城镇居民人均可支配收入 43727 元，比上年增长 4.6%；人均生活消费支出 22668 元，增长 4.57%。农村居民人均可支配收入 13688 元，增长 7%；人均生活消费支出 11434 元，增长 6.29%。城乡居民人均可支配收入比 3.19 ： 1，城乡居民差距缩小。

【生态建设】高质量编制国土空间总体规划，同步划定“三区三线”。落实碳达峰碳中和国家战略，谋划实施 45 万亩国家储备林建设项目，一子落全盘活，创新“国家储备林 +N”模式，探索“拆、整、填、平、造”工作法，完成造林11.5万亩，打造绿色通道270公里，治理河道45.9公里，为全省全市做出示范，得到省委、省政府充分肯定。持续打好“蓝天”“碧水”“净土”保卫战。在剔除沙尘天气影响后，PM_{10}平均浓度为78微克/立方米，比上年上升2.6%；$PM_{2.5}$平均浓度为36微克/立方米，上升9.1%。二氧化硫平均浓度为11微克/立方米，与上年持平；二氧化氮平均浓度为19微克/立方米，上升5.6%；一氧化碳平均浓度为0.9毫克/立方米，与上年持平；臭氧平均浓度为97微克/立方米，下降4.9%。优良天数262天，优良天数比例79.4%。实施黄河支流河道清淤疏浚项目，确保黄河平川段水环境质量保持在三类水质。

【社会保障】全面落实公益性岗位安置、社保降费、失业保险和就业补贴等各项减负稳岗扩就业政策，搭建“一站式”就业创业服务平台，全区城镇新增就业5015人，输转城乡富余劳动力2.55万人次，创收7.12亿元。

完善多层次社会救助体系，不断提升普惠性、兜底性社会保障水平，全年发放城市低保保障资金3226.48万元；发放农村低保保障资金1706.7万元。

市中心医院门急诊楼、市精神卫生福利院、市光荣院、区养老服务中心、平川二幼保教楼、旱坪川小学教学楼、白银五中公寓楼等主体工程完工，实施集中化、一体化、联盟化办学模式，持续提升教学质量。年末全区共拥有各类医疗卫生机构163个，共有中小学及幼儿园95所。

全区共有专业艺术表演团体21个，民间艺术表演团体42个，文化馆1个，公共图书馆1个，博物馆4个，纪念馆2个，文化广场94个，文化站11个，农家书屋68家。创作秦腔MV《定叫那新冠毒消散如烟》、歌曲《大爱无疆》、微电影《途归》等彰显平川特色的文艺作品。

靖远县

【基本情况】靖远县位于黄河中上游，地处甘肃省中东部，白银市腹地，介于东经104°18′至105°18′，北纬36°15′至37°15′之间，东西长120公里，南北宽135公里。东临宁夏海原县，西接白银区，南邻会宁县，北与景泰县、宁夏中卫市毗邻。全县总面积5595.36平方公里，属黄土高原丘陵沟壑区和干旱草原区，地势东高西低，由南向北倾斜，分为川区、山塬区和黄河谷地三类地形，平均海拔1398米。属温带半干旱气候，2022年，全年最高气温38.3℃，最低气温-17.8℃，平均气温11.2℃，年无霜期215天，年降雨量178.9毫米，年日照时间2612.9小时，四季分明，日照充足。

【区划人口】靖远是闻名陇上的西部历史文化名城和全省有名的文化大县。五千年前就有先民在这里生息繁衍，西汉武帝元鼎三年（前114年）始置县，有着2100多年的县级行政建置历史。现辖13镇5乡，177个村民委员会，17个居民委员会，1167个村民小组，77个居民小组。全县有汉、回、满等9个民族。2022年末常住人口36.88万人。

【国民经济】2022年，全县实现地区生产总值98.69亿元，按可比价格计算，比上年增长6.8%。其中，第一产业增加值41.80万元，增长6.0%；第二产业增加值23.54亿元，增长16.0%；第三产业增加值33.34亿元，增长4.8%。三次产业结构比调整为42.36 ∶ 23.85 ∶ 33.79。

【农业】坚持以优势资源为依托，以市场需求为导向，坚持不懈强龙头、补链条、聚集群，加快现代化农业提质增效。坚决落实“藏粮于地、藏粮于技”战略，2022年，完成高标准农田建设9.68万亩，整治撂荒地17.31万亩，全县农作物播种面积168.31万亩，其中粮食播种面积80.04万亩，粮食总产量达到21.24万吨；蔬菜种植面积16.9万亩（不包括薯类），蔬菜总产量达76.71万吨。培育壮大农业经营主体，农业龙头企业、专业合作社、家庭农场分别达到117家、2760家、1797家。坚定实施品牌强农战略，新增“三品一标”认证20个，入选“甘味”企业商标品牌目录9个。“靖远枸杞”“靖远文冠果油”成功入选国家地理标志助力乡村振兴典型案例，东湾三合被评为“全国乡村特色产业产值超亿元村”。

【工业】围绕“工业强县”战略，全力推动工业产业集聚壮大，2022年，全县新增规上工业企业11家、达到34家，实现工业增加值比上年增长22.6%。规上工业增加值增速连续两年位列全市之首。中天化工装备技术升级改造、高能环境冶炼废渣综合利用等5个循环化工项目建成投产，稀土公司1.1万吨萃取生产线升级改造项目全面完工，中瑞铝业10万吨技改项目、19.2万吨电解铝项目相继通电启槽。化工、冶金、稀土等传统产业在改旧育新中焕发新的生机，产业链向上下游和中高端延伸拓展。刘川工业集中区亚行贷款基础设施项目建成，产业承载能力显著提升，入驻企业达到130家，工业总产值达到146.7亿元，增长94.14%。新认定省级科技创新型企业2家、省级“专精特新”中小企业1家，入库省级科技型中小企业16家，创新资源要素向园区加速集聚。

【商业】开展系列促消费活动，发放政府消费补贴350万元，有效盘活消费市场，提振消费信心。加快推进县域商业体系建设，7个乡镇级连锁商超、57个村级公用网点建成投运，靖远县电商物流配送中心开仓运营，全县网络交易额达到6.43亿元，比上年增长43.3%。2022年完成社会消费品零售总额24.74万元，下降4.3%。年末全县限额以上批零住餐企业共45家，其中，批发业14家，零售业27家，住宿餐饮业4家，批零住餐个体户共11家。

【固定资产投资】全县坚持把项目建设作为稳增长的重要抓手，全力以赴抓开工、促进度、扩投资，有效促进了固定资产投资较快增长。2022年，全县实施固定资产项目个数116个，其中本年新建项目43个，续建项目73个。固定资产投资比上年增长11.17%。不断创新工作思路，改进招商方式，拓展招商领域，狠抓责任落实，着力改善和优化投资环境，多渠道撬动金融、社会资本参与项目建设，2022年全县共实施招商引资项目22个，其中新建项目18个，续建项目4个，到位资金41.11亿元，到位资金增长23.12%。

【交通通信】靖远距兰州150公里、白银67公里，白宝铁路、G025（刘白高速）、G109线、S207线、S308线及正在规划建设的包兰铁路复线贯穿全境。京呼银兰光缆横贯全县，已建成交换程控化、传输数字化、有线和无线相结合的现代化信息通信网络，邮电通信事业发展迅速，交通通信十分便捷。2022年，着力提升城市智慧化管理水平，新改建5G基站586个，实现主城区及重点区域5G网络全覆盖，全县客运量59.65万人，客运周转量4175.27万人公里，货运量794.20万吨，货运周转量103245.48万吨公里。本地固定电话年末用户达到4.67万户，移动电话用户年末达到37.83万户，互联网年末用户达到11.53万户。

【城乡建设】按照“山水园林城市”定位，坚持规划引领，以城带乡、以乡促城，畅通城乡要素流动，持续提升城乡发展水平。中兰客专通车运营，靖远北站、北滩站站前广场建成投用，金滩黄河大桥连通两岸，平堡黄河大桥、祖厉河大桥加快建设，人民路、五合路、东升街成功打通，城乡路网布局更趋合理，内畅外联的立体交通网络体系正在加快形成。“七馆一中心”相继建成，开元居西侧、人民路东段、浙江商贸城等一批景观绿化改造提升工程有序实施，新城小区四期、城隍庙片区等棚户区改造项目完成主体工程，47个老旧小区改造有序推进，城乡面貌焕然一新。深入推进“一难两乱”治理，加快建设智慧泊车系统，提升改造公共停车场3个，新建停车设施86处，施划停车泊位1.23万个，停车难、停车乱问题得到有效治理。大力开展市容环境治理专项行动，整治占道经营、店外摆放、流动经营2800余处，集中清理整治架空管线，改造城乡道路通信线路383.76公里。靖远县城的美誉度、吸引力明显增强，日渐成为充满活力、承载梦想的山水园林之城、魅力幸福之城。2022年，森林覆盖率达到2.99%，城市污水处理率达到92%，城市生活垃圾无害化处理率100%。

【财政金融】2022年，全县一般公共预算收入4.37亿元，扣除增值税留抵退税因素，同口径增长13.73%。其中，税收收入3.01亿元，增长10.02%，非税收入1.37亿元，下降41.09%。一般公共预算支出43.12亿元，增长3.76%。年末全县金融机构各项存款余额157.0亿元，比上年末增长14.86%；金融机构各项贷款余额121.04亿元，增长21.38%。

【人民生活】深入贯彻以人民为中心的发展思想，加快发展社会事业，积极措办惠民实事，全力维护社会稳定，人民群众的幸福感、获得感、安全感显著增强，民生事业在共建共享中实现新提升。城乡居民收入继续增长，全年城镇居民人均可支配收入31787元，比上年增长4.3%；农村居民人均可支配收入13420元，增长7.1%。大力支持高校毕业生、残疾人、返乡人员等重点群体创业就业，全年新增城镇就业4010人，共有1502名下岗失业人员通过各种渠道实现了再就业。城乡居民基本养老保险参保率达到98%，全年发放城镇居民最低生活保证金2340万元，发放农村居民最低生活保障金6521万元。

【医疗卫生】不断提升医疗卫生水平，纵深推进医药卫生领域改革，“互联网+医疗健康”信息平台投入使用，县人民医院心血管内科、呼吸科、妇产科被确立为白银市重点专科和重点建设学科。稳步推动重点医疗卫生项目建设，北湾卫生院主体建成，乡镇卫生院“中医馆”标准化改造有序推进。着力提升医疗卫生机构健康服务能力，引进急需紧缺专业人才42名。城乡居民医疗保险参保率达到96.83%。2022年底，全县医疗卫生计生机构达到499个。其中，县级综合医院、中医医院、疾病预防控制、妇幼保健和计生服务机构各1家，民营专科医院2家，社区卫生服务中心1家，卫生服务站3家，卫生监督所1家，乡镇卫生院20家，村卫生室177所，个体医疗网点290家。全县医疗卫生机构实有床位1714张。全县卫生计生机构共有在职职工2683人，其中卫技人员2483人。

【教育发展】持续提升教育教学质量，深化办学体制改革，推动联盟办学向集团化办学过渡，组建靖师附小教育集团，新增普惠性学位1620个。实施2022年教育续建、改薄能力提升、省政府为民办实事等项目62个。坚持五育并举，落实“双减”政策，深化“三新”改革，教育教学质量稳步提升。靖远职专“中小学职业启蒙教育”获得2022年全国“终身学习品牌项目”称号，职业教育改革工作受到省上表彰。县教育发展促进协会正式成立，募集社会助教资金4800余万元，全民支持教育发展的氛围更加浓厚。2022年末全县共有各类学校193所，共有幼儿园97所，在校学生人数53769人，全县教师总数6501人，2022年全县大中专院校录取人数3635人，其中普通高校招生考试二本上线总人数2407人（二、三本合并）。

【旅游资源】2022年平堡镇蒋滩村成功入选第六批中国传统村落名录。若笠乡取景拍摄的电影《沃土》，亮相第十二届北京国际电影节。水岸三合成功创建为国家4A级旅游景区，瓜园、大庙、中堡等全省文旅振兴样板村创建工作顺利推进，贯穿平堡文化古镇、北湾蔬菜强镇、东湾休闲名镇的黄河旅游风情线初步形成，全年累计接待游客72.96万人次，实现旅游综合收入2.34亿元。

会宁县

【基本情况】会宁县境属陇中黄土高原沟壑区，位于甘肃中部，白银市南端，总地势南高北低，并由东南向西北倾斜，地处北纬35°24'~36°26'，东经104°29'~105°31'之间，海拔1400—2200米。东与静宁、西吉、海原三县接壤，南同通渭县毗邻，西连定西、榆中两县，北靠靖远县、平川区。南北长约140公里，北部东西宽约90公里，南部宽约50公里，总流域面积6439平方公里。国道309线横贯东西、247线贯通南北，境内交通便利。县境群山连绵，梁峁交错，沟壑纵横，可概括为“七川八塬九道梁”，属典型的黄土高原丘陵沟壑区。2022年，平均气温9.4°C，无霜期日数154天，总降水量为234.8mm，降水偏少且分布不均匀，蒸发强烈，干旱、霜冻、冰雹等自然灾害频发。现辖24个镇4个乡，317个村（居）委会，2179个村（居）民小组，其中33个居委会，

99个居民小组。全县有汉、回、东乡、藏、满、哈萨克、蒙古族等7个民族。2022年末，全县常住人口为40.18万人。其中，城镇人口15.34万人，乡村人口24.84万人。

【资源优势】会宁县是全国红色旅游名城。1936年10月，中国工农红军一二四方面军三大主力在会宁胜利会师，是中国革命史上的一个新转折点。目前拥有会师楼、会师纪念塔、长征胜利纪念馆、将帅碑林、长征胜利景园等红色景点，赢得了中国优秀红色文化旅游名县、中国最佳红色旅游示范城市、中国十佳历史文化名城、中国十大文化休闲旅游县等一系列荣誉。每年都有300多万人次来会宁旅游参观、接受教育。会宁名副其实的成为甘肃红色旅游第一县，红军会宁会师旧址被评为全国首批百个爱国主义教育示范基地之一，是全国4A级旅游景区和全国重点文物保护单位。会宁全力补足红色风味，推进长征国家文化公园建设，以红军会师元素为基础、红色文化展示为主题、红色革命遗址为重点，推动红军会宁会师旧址创建国家5A级旅游景区。全年接待游客50.01万人次，其中，会师旧址34.01万人次，红军长征胜利景园16万人次。实现旅游综合收入8.25亿元。

【金色教育】会宁民风淳朴，文风昌盛，崇文修德，儒士辈出，仅明清两代就有进士20人、文武举人115人。恢复高考制度40多年来，会宁已向全国各类高校输送学生10多万名，更有5500多人获得硕士学位，1100多人获得博士学位，近100人出国留学，其中考入清华大学69人，北京大学33人，形成了领导苦抓、家长苦供、社会苦帮、教师乐教、学生乐学的“三苦两乐”会宁教育精神，素有“博士故里、状元之乡、西北教育名县”的美誉。至今还流传着“家有千石粮，不如一人在书房”的说法。年末全县各级各类学校共281所，其中幼儿园54所、小学80所（另有教学点96个）、初中39所、九年制学校2所、特教学校1所、高级中学5所、中职学校4所。参加高考人数4251人，高考一本上线率30.21%，二本上线率70.59%，清华北大录取4名，C9院校录取29名，211院校录取359人，其中，985院校154人。本科提前批、本科一批录取1399名，本科二批录取1160名。增补学位1980个，建设校舍3.7万平方米，维修改造校舍1.3万平方米，实施运动场2.4万平方米等及其他附属工程。

【国民经济】2022年，全县地区生产总值84.7亿元，比上年增长5.0%。其中，第一产业增加值37.1亿元，增长6.1%；第二产业增加值7.8亿元，增长1.7%；第三产业增加值39.8亿元，增长4.7%。三次产业结构比由上年的41.2 ：9.4 ：49.4调整为43.7 ：9.2 ：47.1。工业增加值增长8.2%；实现社会消费品零售总额26.8亿元，下降1.0%；固定资产投资下降20.6%；一般公共预算收入完成2.5亿元，下降28.9%；一般公共预算支出51.4亿元，增长0.9%。年末全县金融机构本外币存款余额165.6亿元，比上年末增长21.5%；本外币贷款余额118.2亿元，增长6.7%。

【乡村振兴】县委县政府与12位县级领导、25个县直部门、28个乡镇签订《会宁县2022年巩固拓展脱贫攻坚成果和全面推进乡村振兴重点工作责任书》，层层压实责任。以基础设施改造提升和村容村貌整治为突破口，不断完善城乡功能、塑造村庄风貌、促进特色发展。基础设施有改善。硬化城郊带泥路口8228平方米，改新建农村户用卫生厕所2万座，加快推进垃圾分类处理，建成“组保洁、村收集、镇运转、县处理”的城乡垃圾一体化处理体系。村庄建设有规划。累计完成149个行政村村庄规划编制工作，已实现发展类村庄规划全覆盖。美丽乡村有标杆。围绕祖厉河沿岸和国道沿线，投入衔接资金7649万元，打造4条乡村振兴示范带，创建6个省级、4个市级、16个县级示范村，完成146户563人生态及地质灾害避险搬迁。人居环境有提升。完成祖厉河生态廊道造林绿化3.2万亩，拆除破旧房屋、残垣断壁1.68万平方米，清理各类垃圾1.5万吨。高标准农田建设的“旱变水”模式得到新华社专题调研采访，并在《新华社甘肃领导专供》以“高标准农田助力甘肃‘藏粮于地’保障粮食安全”为题单篇刊发。

【项目建设】把项目建设作为促进经济发展和扩内需的重要抓手，着力扩大有效投资，不断增强内需拉动效应。2022年共谋划计划项目284个，全年复开工项目147个，占续建和新建项目的89.63%，完成投资占年度计划投资的94.6%。其中，51个续建项目已全部复工，完成投资占年度计划95.13%；113个新建项目开工95个、开工率84.07%，完成投资占年度计划的94.48%。120个前期项目稳步有序推进。1个省列重大项目完成投资6.80亿元、占年度投资计划的170%；24个市列重点项目共复开工21个，完成投资38.10亿元、占年度投资计划的94.48%。全年完成固定资产投资项目入库60个。

【优势产业】会宁海拔适中、雨热同期、光照充足，非常适宜农作物生长，是全省马铃薯、玉米、小杂粮等农作物主产区。经过多年的发展，培育形成了马铃薯、草畜、小杂粮、籽瓜、杏等特色产业，“懿隆”荞麦米，“三利”荞麦挂面、良谷米、胡麻油，“万里缘”杏仁露，“祁连雪”马铃薯淀粉等产品获得国家绿色食品认证。2022年，结合全县产业发展现状，明确以肉牛、肉羊、瓜菜、苹果、马铃薯、中药材和小杂粮等七大优势特色产业为主攻方向，及时制定出台了“6+1”产业奖补政策，落实养殖奖补资金兑付奖补资金9052户2732.18万元，整治撂荒地32.84万亩，落实粮播面积233.3万亩，新增农业产业化龙头企业2家、农民专业合作社48家、家庭农场87家。

【人民生活】2022年，全县城镇居民人均可支配收入23368.45元，比上年增长4.6%；城镇居民人均消费支出16835.85元，增长4.47%；恩格尔系数31.97%，比上年上升0.08个百分点。全年农村居民人均可支配收入10502.92元，比上年增长7.1%；农村居民人均生活消费支出8227.67元，增长6.14%；恩格尔系数34.2%，比上年回落0.4个百分点。

【环境保护】生态廊道加速成型，创新“祖厉河+”生态建设模式，实施黄河流域祖厉河会宁县康家河综合治理三期工程、厉河古城段综合治理工程、祖厉河生态长廊建设北二十铺湿地生态恢复及河道治理等重点项目，在祖厉河和国道247线沿线郭城等5个乡镇，完成造林绿化3.2万亩，新增村庄绿化5000亩。扎实推进"三个百万"工程(100万亩碳汇储备林、100万亩修复造林、100万亩改良草地)。2022年实施国家储备林项目0.8万亩，退化林修复治理15.8万亩，完成人工种草1.9万亩。大力实施全国坡耕地水土流失综合治理会宁县袁垴项目区2021年工程、黄土高原地区淤地坝项目会宁县2022年新建淤地坝工程，生态效应逐步显现。

【社会事业】坚持守住底线、突出重点、完善制度的基本思路，以增进人民福祉为核心，统筹教科文卫各项事业协调发展，人民获得感、幸福感不断增强。充分发挥服务平台作用，开展"春风行动""就业援助月"等线上线下公共就业服务活动，累计发布网络招聘75次，推送招聘单位376家，提供岗位12062个，意向性登记1035人。认真落实各项创业扶持政策。为符合条件的小微企业、自主创业人员提供资金扶持，发放创业担保贷款4063万元，为4家企业发放创业带动就业扶持资金21万元，对全县使用大就业信息系统的16个社区，落实就业创业服务补贴19万元。落实第一批一次性创业补贴304人152万元。2022年，受理线上平台投诉举报线索465件次，解决农民工工资144件次632人493.8359万元，线下受理各类欠薪问题线索229件次，解决农民工工资213件次1117人1245.8262万元，积极保障民生。

景泰县

【基本情况】景泰县位于甘肃省中部，河西走廊东端，东临黄河，西接武威，南邻兰州、白银，北依宁夏、内蒙古，历史上是通往河西、新疆、宁夏、内蒙古的交通要道，也是丝绸之路上的重要节点。全县总面积5484.72平方公里，地理坐标在东经103°33′~104°43′，北纬36°43′~37°38′之间。海拔1274—3321米。属温带大陆干旱气候，年均气温9.7℃，年降水量为131.7毫米，年均蒸发量2400毫米，无霜期在257天左右。年总日照2559.4小时，年降水量为131.7毫米。现辖8镇3乡，135个行政村，15个社区，2022年末，常住人口为21.46万人，城镇化率58.11%。黄河流经县域110公里，

景泰历史文化悠久，早在4500多年前，就有先民在这里繁衍生息。西汉以来，三次设县，五置县城，1933年始称景泰县县名寓"景象繁荣、国泰民安"之意，先后隶属武威、定西、皋兰、白银、武威、白银。农业生产便利，是黄河上游重要的农业灌溉区，黄河流经县境110公里，年引提黄河水5.1亿方，有被誉为"中华之最"的景泰川电力提灌工程，现有耕地面积100.64万亩，是甘肃省产粮和畜禽养殖大县。

【国民经济】2022年，全县地区生产总值完成76.5亿元，按不变价格计算，比上年增长4.9%。分产业看，第一产业增加值23.17亿元，增长5.8%；第二产业增加值21.96亿元，增长6.3%；第三产业增加值31.37亿元，增长3.5%。三次产业结构比为30：29：41。

全县粮食总产量21.21万吨，固定资产投资53.02亿元，增长20.9%；大口径财政收入20.08亿元，同口径增长140.62%。一般公共预算收入6.27亿元，同口径增长58.13%；规模以上工业增加值增长15.23%。实现社会消费品零售总额19.65亿元，增长0.8%，年末全县金融机构各项存款余额为127.54亿元，比上年末增长15.6%；各项贷款余额为84.7亿元，下降1.83%；存贷款比率为66.41%。

【乡村振兴】编制完成45个"多规合一"村庄规划，建成省市县示范村35个。着力补齐基础设施短板，开工建设国道247线景泰至水泉段公路，实施省道315线景泰至山丹公路维修工程44.8公里，硬化村组道路280公里，改造危桥2座，完成农村公路安全生命防护工程83公里，省道101线喜泉"生命通道"建管模式得到省委、省政府肯定。抢修农村水毁道路9条22公里，白墩子超限站启动运行。开展农村人居环境整治，拆除农村空壳房760院，复垦复绿850亩，改建卫生户厕3500座，清理农村生活垃圾5.1万吨，乡村面貌焕发新颜。

【项目建设】建立四班子"一把手"工程推进机制和项目包抓制度，落实一线工作法，高频次调度、高效率推动、高质量建设，全面解决土地、资金、能源等要素瓶颈，全力保障项目落地。实施重点项目142个，开工114个，亿元以上项目、开复工率、固定资产投资分别增长15%、13%、20.9%，全市重大项目集中开工观摩活动在我县举行。深研政策，谋划建立102项重大工程、黄河流域生态保护和高质量发展、"强县域"行动及以县城为重要载体的城镇化建设、黄河黑山峡河段开发等项目库，凝练储备项目564个，总投资2092亿元。争取债券资金6.13亿元、累计融资19.8亿元。

【工业经济】2022年，全县工业增加值15.7亿元，增长4.1%；36家规模以上工业企业完成工业总产值69.98亿元，增长5.9%，完成增加值15.23亿元，增长1.7%。截至2022年底，全县已建成新能源项目23个，装机容量81.9万千瓦，其中风电项目12个，装机容量59万千瓦，光伏项目11个，装机容量22.9万千瓦。

坚持传统产业绿色改造与新兴产业培育协同发力，实施"强工业"行动，诺克公司电弧炉节能改造、鑫铭瑞电气制造厂等项目建成投用。推行产业链"链长制"，出台支持寿鹿山水泥高质量发展若干措施，推动产业链延伸拓展，6家企业上规入统。编制完成全县"十四五"新能源产业发展规划，开工建设中核时代2吉瓦源网荷储一体化、协鑫渔光储互补等项目，新增新能源装机量18.4万千瓦，新能源装机总量81.9万千瓦。深度挖掘资源优势，冬青煤矿、白岩子煤矿等煤炭企业建设有序推进，完成寺滩郭家台煤炭探矿权交易50.16亿元。

编制完成园区总体发展规划，出台支持工业集中区高质量发展若干措施，实行"准入即准营""领照即开业"，推动资金项目向园区倾斜，资源要素向园区集聚。实施"七通一平"项目3个，中海绿色建材产业园建设等企业投资项目6个，园区承载能力不断提升，"投资洼地"效应更加明显，年内新入驻企业11家，招商引资额17.82亿元。清理

盘活闲置低效用地51.87亩，推行工业项目“标准地”供地模式，出让“标准地”28亩，推动企业签约即供地，拿地即开工。景泰工业集中区成功升级为省级开发区。

【农业发展】全县耕地面积100.64万亩，其中：水田0.44万亩，旱地100.2万亩。农作物播种面积94.3万亩，其中：粮食播种面积为57.18万亩，粮食总产量为21.21万吨；蔬菜播种面积4.28万亩，产量20.48万吨；瓜类2.22万亩、产量6.41万吨；中药材8.75万亩，产量5.21万吨。畜禽存栏量畏为牛1.44万头、猪13.01万头、羊67.88万只、家禽106.24万只；出栏量为牛0.32万头、猪17.97万头、羊76.03万只、家禽60.65万只。

实施“三年倍增行动”“三百三十”优势产业建设工程，2022年，全县实现一产增加值23.17亿元，增长5.8%，入选国家级玉米制种大县。出台支持条农、品高等链主企业高质量发展若干措施，推动更好发挥龙头企业引领作用。申报景泰德勤等市级以上龙头企业7家，寿鹿生态等农民专业合作社34家。绿康和尚头面粉、华达农业番茄等4个农产品入选“甘味”农产品区域公用品牌，更多“景字号”产品走进全国市场。守牢粮食安全底线，新增高标准农田3万亩，整治撂荒地11.89万亩。

【招商引资】景泰寿鹿实业集团挂牌运营，下设全资子公司7家，资产总额达49.3亿元。遵循“资源换资金、资源换产业”理念，充分利用全县新能源、砂石料及文化旅游等优势资源，撬动中铁一局、二十一局等央企，省公航旅、省文旅集团等省属国有大型企业开展深度合作，融资贷款9.72亿元。积极开展园区招商、节会招商、产业招商和以商招商，实施招商引资项目21个，到位资金35.6亿元，增长15.2%。落实《景泰县优化营商环境若干措施》《景泰县招商引资优惠政策和奖励办法》，兑现招商引资优惠资金1895万元。

【社会民生】落实各级各类补助资金2.73亿元，及时跟踪脱贫户收入和“两不愁三保障”及饮水安全巩固情况，累计识别监测对象369户1380人，消除返贫致贫风险113户373人，脱贫群众人均可支配收入增长10.8%。消费帮扶成效显著，帮扶总金额2.97亿元。开展“就业援助月”等行动，累计提供岗位1.8万个，城镇新增就业3510人，培训劳动力4590人，输转劳动力5.43万人。建立“10+5+1+N”资金投入保障机制，集中力量推进生态及地质灾害避险搬迁，寺滩农村集中社区一期工程如期封顶，528户1926人即将搬入新居，农村集中社区“景泰样板”得到省委、省政府充分肯定。2022年全县参加养老保险人数151658人，其中：参加机关单位养老保险10592人，参加城镇职工基本养老保险15386人，参加城乡居民基本养老保险125680人；参加城乡居民基本医疗保险人数188926人，参加城镇职工基本医疗保险职工19454人；最低生活保障城市人数2882人，发放最低生活保障金2175.9万元；农村人数8701人，发放最低生活保障金3670.75万元。城镇和农村居民人均可支配收入分别达32962元、15118元，分别增长4.4%、7.38%。

高质量办成省市县民生实事29件，民生支出24.11亿元，占一般公共预算支出80.3%。成立教育发展协会，“双减”政策全面落实，四幼、五幼等学校建成投用，景泰一中主体竣工，新增城镇学位1080个；中考成绩连续五年蝉联全市第一，高考一本、二本上线率位居全市第二。创建骨科、眼科等市级重点科室5个，景泰公共检验检测中心建成投用，中医院5G+智慧医疗、体检康复中心、单采血浆业务用楼等项目顺利推进，完成疾病预防控制中心能力提升。

【生态环境】深入践行“绿水青山就是金山银山”理念，加强生态环境系统治理、源头治理，美丽景泰建设迈出新步伐。

大力建设水利工程，永泰川灌溉引水、西部饮水安全水质提升供水、引大入中供水工程扩容改造等项目建成投用。健全《景泰县河道采砂规划》，完成年度开采方案、恢复治理方案和23条河道砂石资源储量普查评估。河湖长制有效落实，治理水土流失82.7平方公里，整治入河排污口69个、封堵取缔5个，沿河养殖场等一批河湖“硬骨头”问题得到解决。编制《景泰县水利高质量发展规划》和《景泰县黄河沿岸开发性移民高质量发展规划》，储备景泰中部现代化农业供水、中泉电力提灌提质扩容等重大水利工程10项，总投资393亿元。

严守环境质量底线，统筹推进大气、土壤、水环境治理，空气优良天数比例82%，土壤环境质量总体稳定；实施农村水源保障工程，受益人口6.18万人，黄河景泰段水质稳定达到地表水Ⅱ类功能区标准，县级饮用水源地水质达标率100%。谨守资源利用上线，全县耕地保有量不低于117.4万亩，建设用地总规模控制在64.36公顷以内。出台《景泰县废旧农膜及秸秆回收利用综合治理办法》，废旧农膜回收率、秸秆“五料化”利用率、粪污资源化综合利用率均达80%以上。坚守生态保护红线，两轮中央、第一轮省级督察60条反馈问题全部整改销号。开展河道非法采砂流域生态环境问题专项整治，完成26家河道采砂企业整治验收，河道岸线环境明显改观。

坚决遏制“两高”项目盲目发展，能耗强度控制在合理区间，农村清洁能源改造项目被确定为全省2022年绿色低碳典型案例。成立绿色生态发展协会。积极构建“一廊一城两园”生态绿网体系，实施储备林育苗及经济林建设、生态脆弱区综合修复治理与森林质量提升等项目，完成储备林1.6万亩、国土绿化营造林6.8万亩。北部沙化土地可持续治理暨百公里生态廊道、南部生态新城建设列入省级项目清单。

【城市建设】开展“33620”城市更新行动，建成人行天桥3座、街心公园3处，打造精品示范街6条，改造提升市政道路20条。新增绿化37.85公顷，城市绿地率16.23%。改造老旧小区161个8604户、棚户片区2个203户。全力解决“登记难”“一难两乱”问题，20个小区2675套房屋完成不动产登记，登记率90.5%，新增机动车停车位3317个。成立城市精细化管理办公室，扎实推进城市“清废”行动，清理积存垃圾1.5万余吨，拆除违章建筑8600平方米，更新废旧牌匾187块，补齐城市基础设施655处，完成早夜市提升改造，打造临时便民服务点5处，城市服务功能更趋完善，形象品位大幅提升。

成立县动迁服务中心，完成旧改征迁1.6万平方米，城区纳储土地2274亩，打通东环路与昌林路、永泰路与西干北路“断头路”2条。顺利完成城区南北大门改造及绿景路建设，谋划凝练滨河大道、城南片区地下综合管线、寿鹿河综合治理一期等项目3个，总投资7.81亿元，新城开发建设拉开序幕。

【社会治理】深化“放管服”改革，启动数字政府运营指挥中心，推行“互联网+政务”一站式集成服务，政务服务事项网上可办率99.03%、全程网办率96.55%。新培育市场主体2960户。推行“一事一议”“特事特办”系列政策，海景洲新能源盐碱数字渔业产业园项目实现当年签约、当年建成、当年投产，显现了项目审批景泰速度。新建商品房“交房即交证”改革试点进展顺利。积极推进省级农业科技园区建设，实施科技型企业培育工程，认定高新技术企业4家、省级科技创新型企业8家，落实支持科技创新若干措施奖补资金296万元。

全面兑现国家和省市稳经济一揽子措施，出台促进服务业领域困难行业恢复发展若干措施，累计办理留抵退税1.35亿元，落实小微企业贷款延期还本付息93户3.25亿元，新增小微企业首贷130户11.37亿元，清欠中小微企业账款1098.4万元。为420家企业降低失业保险费356万元，为289家企业发放稳岗返还补贴268.9万元，为361家企业7628人发放一次性留工培训补助381.4万元。疫情防控期间，一企一策解决用工、运输、销售等难题，品高食品、条农集团、华能热电等企业全部正常生产经营，有效稳住市场主体，稳定企业生产。

深刻汲取7·23边坡坍塌事故教训，成立公共应急安全发展协会，增列县级安全生产专项经费5000万元，补充安全监管人员35名，建成微型应急站66个。举一反三开展安全生产“百日攻坚”等专项整治行动，及时消除煤矿、交通、危化品等重点领域风险隐患，全年安全生产事故起数下降25%。率先推行安全、环保“双管家”，建立“专家把脉问诊、企业照方抓药、政府监督实施”机制，确保企业“在轨运行”。常态化开展扫黑除恶专项斗争，扎实推进“五清行动”，打击违法犯罪活动实现“两降一升”，“一村一辅警”实现全覆盖。破获刑事案件588起，办理法律援助案件585起，化解信访积案22件，帮助农民工追回欠薪1351万元，社会大局和谐稳定。

【作风效能】严格落实全面从严治党要求，锲而不舍纠治“四风”，政府系统崇廉尚实、干事创业的氛围愈加浓厚。坚持重大问题向县委请示报告，自觉接受人大法律监督、政协民主监督、社会舆论监督，认真办理县人大代表建议138件、县政协委员提案136件，办复率100%。出台政府投资项目审计监督管理办法，中央预算执行审计反馈问题全部整改到位。政府投资类项目审减金额2.01亿元，控制价审核水平不断提高。扎实推进人民调解工作，调解各类矛盾纠纷3265件，调成率98.4%。

天水市

【基本情况】天水市位于甘肃省东南部，辖秦州、麦积两区和武山、甘谷、秦安、清水、张家川回族自治县五县及国家级经济技术开发区，共有113个乡镇、10个街道办事处，总面积1.43万平方公里。2022年末，全市常住人口295.44万人。区位优势明显。是陕甘川三省要冲、西北咽喉通道、甘肃东大门，是兰州、西安两大省会城市居中相向的重要节点城市，高铁到兰州和西安车程均为1.5小时左右。陇海铁路、310国道、连霍高速、十天高速、宝兰客专，构成了四通八达的陆运网络。天水机场开通西安、重庆、天津、杭州、南京、银川等多条直飞航线，公路畅通、铁路贯通、航路广通的区域性综合交通枢纽初步形成。历史文化厚重。是中华民族和华夏文明的重要发祥地，是首批国家历史文化名城，有8000多年的文明史、3000多年的文字记载史和2700多年的建城史，人文始祖伏羲、女娲和轩辕黄帝皆诞生于此，以伏羲文化、大地湾文化、秦早期文化、麦积山石窟文化和三国古战场文化为代表的“五大文化”源远流长，构成了天水丰富的历史文化资源。现有文物保护单位1802处，其中国家级21处、省级50处、市县级399处。工业基础较好。是全国三线建设布局的老工业基地和重要的装备制造业基地之一，传统工业主要以集成电路、机械制造、电工电器、医药食品、建筑建材为主，集成电路封装测试、数控机床、中高压开关柜等在全国有较高知名度。航空维修制造、新材料新能源等新兴产业正在培育发展，具有较强的产业配套能力和竞争优势。国家级天水经济技术开发区和20多个工业园区发展势头良好，基础设施日益完善，项目承载能力较强，已成为承接产业转移的重要平台。农业特色鲜明。是我国北方最佳水果、蔬菜生产基地，国家级农业科技园区是中国西部航天育种基地，农业主要以果品、蔬菜、畜牧、中药材等特色产业为主，农林特产质优品繁，花牛苹果、秦安蜜桃、秦州樱桃、清水核桃、下曲葡萄、甘谷辣椒、武山蔬菜等农产品在全国具有较高知名度，发展特色农业、循环农业、农产品精深加工和农业高新技术产业前景广阔。人力资源丰富。“天水白娃娃”“羲皇故里建筑工”“羲里娲乡家政大嫂”等劳务品牌拥有良好口碑。相继荣获中国金融生态城市、国家商标战略实施示范城市、全国循环农业示范市等称号，先后被评为全省文明城市、全省卫生城市、甘肃省园林城市。

【自然资源】生态环境良好。天水地跨长江、黄河两大流域，属大陆性暖温带半湿润气候，冬无严寒，夏无酷暑，气候温和，四季分明，是西北最佳宜居城市，小陇山、关山、秦岭三大林区林地面积1026万亩，是西北最大的天然林基地，“天水蓝”“天水绿”成为靓丽名片。矿产资源丰富。已发现的矿种有金、铁、锰、铜、铅、锌、银、钼、钨、镍、镁、白云岩、蛇纹岩、透辉石、地热等40多个。旅游资源丰富。是中国优秀旅游城市，现有A级以上旅游景区46处，其中5A级景区1处、4A级8处。明代建筑伏羲庙和伏羲创画八卦遗址卦台山，是全球华人寻根祭祖的圣地。麦积山石窟是中国四大石窟之一，被称为“东方雕塑馆”，列入世界文化遗产名录，与大像山、水帘洞、拉梢寺等共同组成了古丝绸之路东段“石窟艺术走廊”，兼具南秀北雄的特点，是旅游休闲的理想胜地。

【国民经济】2022年，全市地区生产总值813.9亿元，比上年增长5.3%。其中，第一产业增加值155.7亿元，增长6%；第二产业增加值220.3亿元，增长4.9%；第三产业增加值437.9亿元，增长5.2%。第一产业增加值占地区生产总值比重为19.1%，第二产业增加值比重为27.1%，第三产业增加值比重为53.8%。按常住人口计算，全年人均地区生产总值27538元，增长5.7%。规模以上工业增加值增长4.5%。规模以上工业企业利润21.6亿元，下降26.5%，规模以上工业企业营业收入318.3亿元，增长2.4%。社会消费品零售总额279.4亿元，下降5.7%。按经营地统计，城镇消费品零售额218.1亿元，下降5.4%；乡村消费品零售额61.3亿元，下降6.6%。按消费形态统计，餐饮收入额37.1亿元，下降6%；商品零售额242.3亿元，下降5.6%。固定资产投资增长14.8%。按三次产业分，第一产业投资下降13.2%；第二产业投资增长12.7%，其中工业投资增长12.7%；第三产业投资增长15.8%。基础设施投资增长11.9%。民间投资增长2.6%。一般公共预算收入45.4亿元，扣除增值税留抵退税和上年一次性收入因素，同口径下降13.4%；一般公共预算支出321.1亿元，增长2.9%。年末金融机构人民币各项存款余额1937.8亿元，比上年末增长10.8%；金融机构人民币各项贷款余额1472.5亿元，增长5.9%。

【乡村振兴】严格落实防返贫动态监测和帮扶机制，扎实开展“过筛子清盘子强底子”专项督查整改行动，“一户一策”落实帮扶措施，未出现规模性返贫问题。扛牢粮食安全政治责任，落实最严格的耕地保护制度，建成高标准农田9.7万亩，整治撂荒地21.28万亩，“花牛苹果”连续5年荣登中国果品品牌价值榜，甘谷辣椒、甘谷花椒国家地理标志产品保护示范区获批筹建。积极创建现代农业产业园区，麦积区现代农业产业园、秦州区农业现代化示范区进入国家级创建名单。大力培育新型农业经营主体，新增龙头企业19家、合作社566家、家庭农场594家。多渠道开展果品营销，充分利用市场手段稳价促销，有力保障了果品价格稳中有升。深入推进乡村建设，扎实开展农村人居环境整治提升五年行动，建成省级乡村建设示范镇4个、示范村38个，建成市级乡村建设示范镇7个、示范村67个，创建市级乡村治理示范村30个，建成通自然村硬化路576公里，秦州区入选全国水系连通及水美乡村建设县，张家川县龙山镇、刘堡镇窑儿村和清水县郭川镇郭山村入选全国“一村一品”示范村镇。坚持城乡统筹，加快城市建设，藉河生态治理三期、成纪热源厂等项目顺利推进，天河广场地下空间综合利用项目建成投用，弘文园博物馆群建成开放。

【农业经济】2022年，全市粮食作物种植面积481.38万亩。油料种植面积83.44万亩。蔬菜种植面积90.79万亩。中药材种植面积25.86万亩。粮食产量134.98万吨，比上年增产1.47%。其中，夏粮产量45.67万吨，增产1.64%；秋粮产量89.31万吨，增产1.39%。油料产量11.97万吨，增产3.6%。蔬菜产量226.72万吨。中药材产量5.84万吨，增产4.86%。水果产量188.42万吨，增产8.46%。肉产量9.08万吨，增长6.26%。禽蛋产量1.99万吨，增长6.19%。年末牛存栏25.93万头，增长2%；牛出栏10.66万头，增长3.95%。羊存栏34.1万只，增长2%；羊出栏22.69万只，增长5.19%。生猪存栏90.72万头，增长3.26%；生猪出栏90.88万头，增长7.9%。

【项目建设】紧盯产业链“缺项”“短板”，制定产业链政策清单、企业清单、项目清单、招商清单等“一图一方案五清单”，找准产业链招商主攻方向、目标企业、线索项目。举办“建设区域中心城市”高峰论坛暨第28届兰洽会天水市招商引资项目推介签约仪式，签约项目94项，其中引进“三个500强”企业9家、高新技术及行业领军企业5家。组建集成电路封测、高端装备制造、建筑建材、伏羲始祖文化等11个市级招大引强工作专班，制定《天水市2022年“走出去、请进来”重点招商活动计划》，先后赴京津冀、长三角、珠三角等地开展招商考察活动，邀请中新太平洋、浙能电力等50多家企业来考察对接；与15家异地甘肃商会达成长期合作关系，设立“招商引资工作站”，招商引资渠道进一步拓宽。三阳川隧道全线贯通，甘谷白石45兆瓦风电项目并网发电，14个智慧城市项目建成投用。天水机场迁建试验段、陆港基础设施、静天高速、曲溪城乡供水、引洮供水二期配套、国家级海绵城市建设示范市、乡村振兴南北两山片区基础设施、有轨电车二期、陇海铁路改线等重点项目加快建设。清水汤浴水库全面开工，天陇铁路天水段启动征地拆迁。天水黄龙抽水蓄能电站、天水绕城高速、白龙江引水工程等项目前期工作顺利推进。在优化服务保障促落实方面，严格落实“项目管家”等工作机制，从土地供应、人才保障、金融服务等方面全面保障项目顺利推进，杰瑞10万吨锂电池负极材料、山东华贸复合陶瓷一体化、“麦积梦谷”国际艺术村等项目实现项目快落地、快建设，彰显了优化营商环境、推进招商引资的“天水速度”。

【优势产业】着力构建以集成电路封测为核心，以芯片制造、电子元器件、引线框架、专用设备模具为基础的产业体系。围绕建设先进制造业转型升级示范区，支持海林公司搬迁改造产业技术升级、电传所大型电气传动系统与装备技术国家重点实验室建设等一批项目建成投产，协调推进星火公司机床研发设计检测创新能力提升、长开厂公司输变电产业拓展与升级等一批延链补链强链项目加快建设，不断增强产业发展后劲。紧盯政策导向和东西部产业梯度转移机遇，加快布局新材料新能源等新兴产业。总投资152亿元的黄龙抽水蓄能项目完成选址和地勘，总投资70亿元的旭盛OLED载板玻璃项目、旭康中性硼硅药用玻璃管及制瓶项目部分投产，总投资25亿元的杰瑞集团锂电池负极材料项目中石墨化等7个车间全面建成。以数字化、网络化、智能化为主攻方向，在工业领域推广“5G+工业互联网”技术，完成天水工业互联网云平台基础框架搭建，加快总投资1.2亿元的甘肃移动第二大数据中心项目建设，加大新一代信息技术在研发、制造、管理和服务等环节的深度应用。

【人民生活】2022年，全市城镇居民人均可支配收入33541元，比上年增长4%；农村居民人均可支配收入10716元，增长6.8%。城镇居民人均消费支出18013元，增长3.8%；农村居民人均消费支出11355元，增长2.9%。城镇居民恩格尔系数26.9%，农村居民恩格尔系数30.5%。

【环境保护】深入贯彻习近平生态文明思想，认真落实黄河流域生态保护和高质量发展战略，全面落实河湖长制和林长制，持续抓好生态环境保护工作。强化污染防治，4万户城乡居民清洁取暖改造顺利完成，甘谷县集中供热燃煤锅炉超低排放改造等项目有序推。2022年，全市环境空气质量优良天数352天，占监测总天数的96.4%。剔除沙尘天气后，环境空气质量综合指数（AQI）为3.45，细颗粒物（$PM_{2.5}$）年平均浓度29微克/立方米。渭河葡萄园国控出境断面水质综合评价结果为Ⅲ类。国控、省控断面地表水水质达标率100%，县级及以上集中式饮用水水源地水质达到考核要求。麦积污水处理厂改造项目建成投用，甘谷渭河流域综合治理、秦安葫芦河水生态修复工程有序推进，城区集中式饮用水水源地规范化建设全面完成，整治入河排污口352个，地表水国省控断面水质稳定达标。338家固体废物产生单位全部纳入全省统一监管平台，危险废物安全处置率、重点建设用地安全利用率均达到100%。第二轮省级生态环保督察反馈问题和省级警示片披露问题有效整改。

【社会保障】2022年，全市参加机关事业单位基本养老保险人数13.76万人，参加城镇职工基本养老保险人数27.27万人，参加城镇职工基本医疗保险人数30.24万人，参加城乡居民基本养老保险人数204.3万人，参加工伤保险人数20.57万人，参加失业保险人数12.5万人，参加生育社会保险人数19.49万人。离退休人员12.33万人，养老保险基金支出46.95亿元。集体劳动合同签订率87.3%。年末全市共有城市最低生活保障对象1.77万户、4.3万人，累计发放低保补助资金2.58亿元；农村最低生活保障对象8.23万户、26.32万人，累计发放低保补助资金7.67亿元。农村临时救助20.67万人次。

【社会事业】2022年，全市共有体育场地10327块，体育场地面积585.95万平方米，人均体育场地面积1.98平方米。全民健身点396个，经常参加体育锻炼的约117万人。在省级以上各类比赛中共获得金牌74枚、银牌65枚、铜牌69枚。共有省级工程技术研究中心16家，重点实验室8家，其中，国家级1家、省级7家。省级科技创新型企业81家，高新技术企业94家。全年登记市级科技成果168项，其中，基础理论3项，应用技术类成果132项，软科学33项。专利授权量1202件，其中发明专利授权量64件。共签订技术合同1377项，技术合同成交额40.09亿元。中等职业教育招生1.1万人，在校生2.68万人，毕业生0.5万人。普通高中招生2.46万人，在校生7.65万人，毕业生2.72万人。初中招生4.29万人，在校生12.29万人，毕业生4.21万人。普通小学招生3.85万人，在校生25.34万人，毕业生4.33万人。特殊教育招生127人，在校生806人。幼儿园在园幼儿10.46万人。九年义务教育巩固率99.63%，高中阶段教育毛入学率96.2%。共有文化艺术表演团体33个，其中国有7个，民营26个。文化馆8个，乡镇综合文化站113个，公共图书馆8个，各类藏书110.67万册。广播、电视人口覆盖率分别达99.51%和99.5%，有线数字电视用户7.2万户。接待游客3208.33万人次，比上年增长10.9%；实现旅游收入186.31亿元，增长10.9%。接待入境过夜游客310人次。其中接待外国游客193人次，接待港澳台同胞117人次。年末共有医疗卫生机构3227个，其中医院104个，医院中有综合医院50个，中医医院20个，中西医结合医院1个，专科医院33个。基层医疗卫生机构3095个，其中社区卫生服务中心（站）93个，卫生院136个，村卫生室2502个。专业公共卫生机构26个，其中疾病预防控制中心8个，妇幼保健院（所、站）8个，卫生监督所（中心）6个，计划生育技术服务机构2个。卫生技术人员20845人，其中执业医师和执业助理医师6912人，注册护士9625人。医疗卫生机构床位19214张，其中医院14644张，卫生院3096张。

秦州区

【基本情况】秦州区位于甘肃省东南部，地处陕甘川三省交界，是天水市政治、经济、文化中心，总面积2442平方公里。现辖16镇420个行政村，7个街道办事处，48个社区居委会，2022年末常住人口65.15万人，其中城镇人口44.36万人，各少数民族人口占2.12%。地理位置独特，区位优势明显，古往今来，这里人流物聚，商贾云集，是陇东南最大的交通枢纽和商品物资集散地。受西安、兰州两大城市的双向辐射，是联系西北与中原、西南的交通枢纽。国道310、316线，省道306线，宝鸡—天水、天水—定西、湖北十堰—天水、平凉—天水高速公路横贯境内，天水—陇南铁路项目计划2027年将开通运行，东西连接、南北畅通的立体化现代交通网络日趋完善，交通枢纽地位更加凸显。秦州区是秦人的发祥地，区域内文物古迹众多，人文始祖伏羲就诞生在这里，故有“羲皇故里”之称。

【资源优势】秦州历史悠久，文化渊深，山川秀丽，景色宜人，旅游资源十分丰富，自然人文景观灿烂，名胜古迹众多，现有全国重点文物保护单位5处，省级、县级文化保护单位59处，国家A级旅游景区11处。其中4A级景区4个：伏羲庙，南郭寺，玉泉观，青鹃山。3A级景区6个：李广墓，齐寿山，炳灵寺，胡氏民居，佳水岸小镇，天水西关古城。2A级景区1个：诸葛军垒。还有苏湾民俗庄园，花舞南山等乡村旅游点。平南镇孙集村获评第四批全国乡村旅游重点村，平南镇成功创建为省级特色小镇，青鹃山旅游度假区被评为全国2022年体育旅游精品目的地，苏湾村成功创建为省级文旅振兴样板村。地跨黄河、长江两大流域，风景优美、气候温润，四季分明，生态良好，年平均气温11℃左右，年降雨量640毫米以上，森林覆盖率38.5%，素有“陇上江南”之美誉，先后荣获“中国苹果之乡”、“中国优质甜樱桃生产基地”、全国休闲农业和乡村旅游示范县、“中国最美生态文化旅游名区”、“中国最美宜居宜业宜游名区”等多项荣誉，自然生态景观交相辉映，是中国优秀旅游城市。2022 年共接待国内游客 960 万人次，旅游综合收入 49 亿元。

【国民经济】2022 年，全区地区生产总值 253.7 亿元，比上年增长 4.5%。其中，第一产业增加值 21.97 亿元，增长 6.3%；第二产业增加值 84.09 亿元，增长 0.5%；第三产业增加值 147.64 亿元，增长 6.3%。规模以上工业企业增加值增长 0.5%。规模以上工业企业实现利润总额 18.92 亿元，下降 26.67%，主营业务收入 184.22 亿元，增长 3.1%。社会消费品零售总额 88.32 亿元，下降 7.1%。按经营地统计，城镇零售额 67.77 亿元，下降 8.4%；乡村零售额 20.55 亿元，下降 2.5%。按消费形态统计，商品零售额下降 5.41%，餐饮收入额下降 11.96%。固定资产投资增长 8%。按三次产业分，第一产业投资增长 66.5%，第二产业投资下降 2.1%，第三产业投资增长 8.3%。民间投资增长 4.39%。项目投资增长 12.1%，房地产开发投资增长 4.4%。一般公共预算收入 8.16 亿元，自然口径下降 33.3%，同口径下降 21.3%。一般公共预算支出 43.28 亿元，下降 4.4%。年末金融机构人民币各项存款余额 789.61 亿元，比上年末增长 8.6%；金融机构人民币各项贷款余额 679.45 亿元，增长 3.1%。

【乡村振兴】2022 年，健全完善防止返贫动态监测和帮扶机制，紧盯防止返贫动态监测、精准帮扶和稳定退出三个环节，全覆盖落实帮扶措施，全区累计纳入监测对象 2414 户 9817 人，其中新纳入监测对象 47 户 221 人，累计风险消除 1722 户 7200 人，风险消除率 73.34%。“三保障”和饮水安全核心指标全部达标。严把项目储备、项目资金、资产管理“三个关口”，建立健全巩固拓展脱贫攻坚成果同乡村振兴有效衔接项目库，储备项目概算投资 8.12 亿元。安排实施中央和省、市、区各级财政衔接补助资金 4.26 亿元，推进实施乡村振兴。整合各类资金 7700 余万元，高质量创建 1 个省级示范镇 32 个省、市、区级乡村建设示范村，推动乡村建设向全域拓展提升。扎实开展农村人居环境整治“百日攻坚行动”和“美丽庭院示范创建”行动，绿化道路 157 公里、绿化村庄 58 个、栽植各类苗木 252 万株。各级反馈认领的 207 个问题全部整改销号。累计开展教育资助、关爱宣讲培训等“汇爱心”服务活动 100 余次，开展“练兵比武”活动 110 余次。

【农业经济】2022 年，秦州区实现农业增加值 22 亿元，增长 6.3%。全年粮食播种面积 73.07 万亩，总产量 22.72 万吨，增长 1.27%；亩产 310.9 公斤，增长 1.09%。蔬菜播种面积 9.22 万亩，蔬菜总产量 21.14 万吨，水果产量 37.54 万吨，增长 8.43%。抓点带面推进秦岭万亩连翘、牡丹草川万亩中药材基地提质扩面，中药材播种面积 5.19 万亩，增长 0.41%，产量 1.03 万吨，增长 1.49%。生猪产能持续恢复，年末生猪存栏 11.86 万头，增长 5.13%，出栏 8.35 万头，增长 11.05%；食草动物稳中有增，牛存栏 1.38 万头，增长 1.67%，出栏 0.32 万头，增长 2.08%；羊存栏 3.15 万只，增长 0.11%，出栏 1.96 万只，增长 1.74%；家禽饲养总体稳定，年末鸡存栏 90.73 万只，增长 0.03%，出栏 79.43 万只，下降 0.53%，禽蛋产量 2784.6 吨，增长 2.34%。

【项目建设】全年共实施招商引资项目 17 个，总投资 270.69 亿元，当年累计到位资金 88.2 亿元，比上年增长 29.12%，完成市上下达任务的 100.46%。其中：28 届兰洽会项目 10 个，总投资 105.32 亿元，位列全市第一，年内到位资金 40.77 亿元，开工率 100%，资金到位率 38.7%。续建项目 7 个，总投资 165.38 亿元，年内到位资金 36.82 亿元。

【优势产业】实施优势特色产业三年倍增行动，新增设施蔬菜大棚 1800 座、连栋温室 8.5 万平方米，改造果品基地 2 万亩，建成中药材生产基地 2 个、标准化畜禽养殖场 189 个，农业现代化示范区进入国家级创建名单。深入推进“强工业”行动，实施延链补链强链项目 11 个，天光半导体硅外延片、华天集成电路多芯片封装、三通康复医疗设备及运营基地加快建设，新增小升规企业 5 户，申报省级“专精特新”企业 4 家。秦州经济开发区升格为省级开发区，天水关现代工业示范园规划建设有序推进，天水装配式建筑产业园产值突破亿元，华天电子集团入围中国制造业民营企业 500 强。实施现代服务业升级行动，佳·水岸小镇获首批省级商业示范街，东煜金街招商运营，全市首家电商综合服务平台“乐享天水”上线，羲兴源冷链物流配送中心建成投用，培育入库限上企业 20 户，电子商务交易额 19.6 亿元。

【人民生活】2022 年，全区城镇居民人均可支配收入 36694 元，比上年增长 4.2%；农村居民人均可支配收入 12401 元，增长 6.9%。城镇居民人均消费支出 27454 元，增长 2.4%；农村居民人均消费支出 11635 元，增长 0.9%。城镇居民恩格尔系数 24.8%，农村居民恩格尔系数 26.5%。

【环境保护】2022 年秦州区国控点空气优良天数 342 天，优良天数比率 96.6%，剔除沙尘天气影响，空气质量综合指数 3.27，下降 3.25%，PM_{10} 平均浓度 50 微克 / 立方米，$PM_{2.5}$ 平均浓度 26.59 微克 / 立方米。秦州区国控 + 省控点，空气优良天数 353 天，优良天数比率 96.7%，剔除沙尘天气影响，PM_{10} 平均浓度 50 微克 / 立方米，$PM_{2.5}$ 平均浓度 26 微克 / 立方米。2022 年西汉水罗家堡国控断面综合评价结果为Ⅱ类水质，达到断面考核目标要求；藉河闫家河湾省控断面水质综合评价结果为Ⅲ类（良）水质，连续两年大幅改善。地表水考核断面水质优良比例达到 100%。全区区域噪声、道路交通噪声均达到国家《声环境质量标准》（GB3096-2008）规定要求。开展黄河流域生态环境专项执法检查，累计检查辖区企业 147 家，点位 307 处，提前一年完成 41 个排污口的整治。全区累计建成农村生活污水处理站 42 座，铺设污水管网 18.79 公里，污水收集处理率由原来的不足 20% 提升为现在的 25.2%，对已列入治理清单中的 10 条黑臭水体分年度开展治理工作，目前已完成治理 8 条，2 条计划 2023 年治理完成。四是加强水源地保护，8 个乡镇集中式饮用水源地已全部达到规范化建设标准。

【社会保障】2022 年，全区纳入

城乡居民社会养老保险参保人数33.03万人，参保率达98.3%，续保率达98.1%；为全区62667名符合待遇享受条件的60周岁以上参保人员发放养老金1.04亿元。为符合条件的315名村干部发放养老保险待遇41.32万元。全区参加企业职工养老保险统筹3.87万人，其中离退休人员1.51万人；机关事业单位养老保险：参保人数1.95万人，其中退休人员0.56万人。失业保险参保1.20万人。城镇职工基本医疗保险参保2.82万人，城乡居民基本医疗保险参保46.82万人，生育保险参保2.01万人。企业职工基本养老保险基金征缴收入1.84亿元。失业保险基金征缴收入226万元，工伤保险基金征缴收入191万元。劳务输转11.74万人，有组织输转率75.2%，实现劳务收入32.80亿元。城镇新增就业1.18万人，失业人员再就业0.46万人，就业困难人员再就业0.18万人，城镇公益性岗位0.17万人，乡村公益性岗位0.37万人。受理劳动监察案件16起，结案16起，清理拖欠农民工工资265.25万元。

【社会事业】2022年，共争取省、市科技项目32项、资金1085万元，共征集区级科技项目85项，评审立项59项268万元。培育高新技术企业6家、省级创新型企业15家、入库科技型中小企业58家；培育市级技术创新中心4家、众创空间1家；2022年完成技术合同交易额9.3亿元。当年企业新增减税降费9795.48万元，办理留抵退税7.65亿元。2022年授权专利294件，目前全区拥有有效专利1749件，有效发明专利199件，高价值发明专利89件。目前全区共有各类专业技术人才7406人，高技能人才1653人。实施农业科技项目50项，引进农业新品种23个，推广应用农业新技术18项，开展技术培训400多期2万多人次，建立农业示范点（示范基地）6个，目前全区主要粮食作物良种覆盖率保持在96%以上，粮食主推技术到位率达到95%。

全区现有区属（含市直）公办幼儿园、中小学校共253所，其中公办幼儿园135所，小学81所（另有教学点172所），初中27所（含初级中学19所、九年一贯制8所），高中10所（含完全中学8所、高级中学1所、十二年一贯制中学1所）。共有专任教师6941人，其中幼儿园专任教师451人、小学专任教师3441人，初中2195人，高中854人。在校学生数94704人，其中幼儿园7098人，小学在校学生49924人，初中在校学生24058人，高中在校学生13624人。2022年高考上线人数2275人，上线率48.49%。

年末区属医疗机构61家（不含民营医院），区级综合医疗1个（区人民医院），疾控机构1家（区疾控中心），妇幼保健机构1家（区妇幼保健院），专科医院2个（眼科医院、口腔医院），公共卫生健康教育培训中心1所镇卫生院20所（中心卫生院7所、镇卫生院9所、分院4所），社区卫生服务机构29个（社区卫生服务中心9个、服务站20个）；民营医院36家。医疗卫生机构现有床位数2362张（含民营医院）。专业技术人员650人，具有高级职称的85人，中级职称的193人，初级职称的372人。

麦积区

【基本情况】麦积区位于甘肃省东南部、秦岭西端北麓，是甘肃省和天水市的“东大门”。现辖17镇、3个办事处，379个行政村、35个社区。总面积3480平方公里，城市建成区面积37.5平方公里，现有耕地50.04万亩。是国家全域旅游示范区、全国新型城镇化综合试点区、全国农村一二三产业融合发展先导区、国家乡村振兴重点帮扶县区。麦积区横跨长江、黄河两大水系，东西长123公里，南北最宽处50公里、最窄处不足5公里，平均海拔1100米，年平均气温11度，年平均降水量600毫米，境内森林覆盖率68%，日照充足，四季分明，夏无酷暑，冬无严寒，被评为全国绿化模范县区、中国深呼吸小城100佳城市，连续四年入选“中国最美县域榜单”，是名副其实的陇上“小江南”。麦积区素有“丝路商贸明珠”之美誉，陇海铁路、宝兰客专、G30高速公路、310国道横贯东西，天平铁路、天陇铁路、天平高速、静天高速纵横交错、四通八达，天水机场开通多条直飞航线，区域性综合交通枢纽正在加速形成；“六大新城”拔地而起，商埠路地下商业街建成使用，甘肃（天水）国际陆港加快建设，与关中地区、成渝地区合作交流日益密切，被列为国家电子商务进农村综合示范区，是陇东南商埠“旱码头”和商贸物流中心。2022年末，常住人口55.27万人。

【资源优势】麦积区是驰名中外的“花牛”苹果的故乡，境内农林土特产品质优品繁，形成了“果、畜、蔬”三大农业主导产业和“药、菌、蜂、游”特色优势产业。“花牛”苹果荣膺“中国优质农产品”金奖、被评为“中国驰名商标”，“下曲”葡萄通过国家A级绿色食品认证，均获“中华名果”和“中国知名特产”称号；元龙花椒等85个农产品获得国家A级绿色食品认证。先后荣获全国“农业标准化示范区”、“优质葡萄生产基地”、“优质苹果生产重点县区”和“中国果品产业龙头县区”等荣誉称号，被评为全国农产品特色优势区，麦积区现代农业产业园成功入选国家现代农业产业园创建名单。境内有天水国家农业科技园区。麦积区是甘肃省、天水市装备制造业的重点集聚区和天水市的老工业基地，国家级天水经济技术开发区坐落区内，锻压大型数控机床、风动凿岩机、星火数控机床等产品在国内外享有较高声誉，拥有国家和省级技术中心、工程研究中心11个，三阳高新技术产业园加快建设，东柯河工业园等区属工业园区聚集功能不断增强，初步形成了以机械制造、电工电器、电子信息、医药食品、新型建材等行业为主的区域工业体系。麦积区是“东方艺术雕塑馆”世界文化遗产麦积山石窟所在地，是中华人文始祖伏羲故里，以伏羲文化、秦早期文化、石窟文化等构成了麦积丰富的历史文化资源。境内有麦积山国家5A级旅游景区、天水“第一洞天福地”仙人崖、人文始祖伏羲创画八卦的卦台山、享有“小黄山”美誉的石门、九曲清幽的曲溪胜景、荟萃珍奇物种的小陇山植物园，休闲健身理想场所翠湖公园、马跑泉公园，是西北最佳森林旅游避暑胜地，被评为中国优秀生态文化旅游区、全国休闲农业与乡村旅游示范县区。

【国民经济】2022年，麦积区地区生产总值213.3亿元，比上年增长5.2%。其中，第一产业增加值21.1亿元，增长5.7%；第二产业增加值96.0亿元，增长6.6%；第三产业增加值96.2亿元，增长4.1%。规模以上工业（不含经开区）增加值增长1.6%。规模以上工业企业营业收入26.3亿元，下降2.5%；销售产值83.9亿元，增长1%。规模以上工业企业产品产销率99.2%。社会消费品零售总额72.5亿元，下降8.2%。按经营地统计，城镇消费品零售额下降10.5%，乡村消费品零售额增长76.6%；按消费形态统计，商品零售额下降5%，餐饮收入额下降8.4%。固定资产投资增长17.8%。其中，项目投资增长16.2%，房地产开发投资增长20.6%。按三次产业分，第一产业投资下降59.6%，第二产业投资增长69.4%，第三产业投资增长16.8%。一般公共预算收入6.9亿元，下降16%；一般公共预算支出41.5亿元，增长0.5%。年末金融机构人民币各项存款余额375.4亿元，比上年末增长12.4%；金融机构人民币各项贷款余额340.4亿元，增长11.7%。

【乡村振兴】常态化开展防止返贫动态监测，分类落实帮扶措施，消除风险295户1262人，未出现规模性返贫问题。筹资130万元为1.3万人购买“防贫保险”，发放小额信贷8581户4.3亿元，输转脱贫劳动力5.7万人。实施苹果“保险＋期货”项目3.2万亩，赔付资金1302万元。整治撂荒地2.7万亩，建成高标准农田5000亩，大力发展现代农业，建成标准化果园5000亩，安装防灾减灾设施1558亩，发展设施蔬菜1.2万亩、中药材1.4万亩、中蜂养殖4000群，新改建标准化规模养殖场14个，麦积花椒产业园、利桥木耳产业园加快建设。编制“多规合一”村庄规划45个，硬化村组道路及产业路98.5公里，建成农村供水保障工程9处，打造省、市级乡村建设示范镇2个、示范村15个，创建美丽庭院561户，评选文明户590户。379个行政村集体经济收入均达到5万元以上。麦积区现代农业产业园成功入选国家现代农业产业园创建名单，“花牛苹果”连续5年荣登中国果品品牌价值榜。

【农业经济】2022年，全区粮食总产量20.2万吨，比上年增长1.8%。其中，夏粮产量7.3万吨，增长1.2%；秋粮产量12.6万吨，增长2.1%。蔬菜产量18.5万吨，下降7.7%。中药材产量0.5万吨，增长12.3%。水果产量33.1万吨，增长8.2%。粮食种植面积64万亩。油料种植面积10.1万亩，比上年减少0.1万亩。蔬菜种植面积7.2万亩，减少0.6万亩。中药材种植面积1.4万亩，增加16亩。果园面积22.2万亩，增加0.1万亩。年末牛存栏1.1万头，减少8%；牛出栏0.4万头，减少7%。羊存栏2.4万只，减少19%；羊出栏1.5万只，增长4%；生猪存栏14.7万头，下降2%；生猪出栏17.6万头，下降17%。

【项目建设】谋划实施城镇化重点项目116个，完成投资53.78亿元。颍川西路建成通车，前进南北路、陇昌西路、天河北路等4条市政道路完成提升改造，马跑泉公园片区海绵化改造加快推进。改造城区主次干道7.5万平方米、人行道5万平方米，新增城区停车位2712个，新改建城区公厕5座，建成城区小游园6个，新增城区绿化面积26.1万平方米。天水南站万达广场、金田仁和居等片区开发和天水医药站、区府润园、高家湾等棚户区改造项目进展顺利。17个片区73个老旧小区改造续建工程全面完工。完成锻压厂至风台雷达站公路改造，维修农村水毁公路38.1公里，建成农村公路生命安全防护工程58公里，改造农村危桥2座。66路公交线路开通运营。全力以赴做好20个国家和省、市列重大项目协调保障工作，完成投资44.2亿元。380个区列重点项目进展顺利，完成投资72.8亿元。

【人民生活】2022年，麦积区城镇居民人均可支配收入33880元，比上年增长3.7%；农村居民人均可支配收入10781元，增长7%。城镇居民人均消费支出17387元，增长3.3%；农村居民人均消费支出13707元，增长0.9%。城镇居民恩格尔系数26.2%，农村居民恩格尔系数28.2%。

【环境保护】认真落实黄河流域生态保护和高质量发展战略，坚决打好蓝天、碧水、净土保卫战，空气质量优良天数比率达到95%，主要污染物减排任务全面完成。新阳王家庄、社棠李家渠等8镇16村农村生活污水治理项目全面完工，建成村级污水处理站7座，铺设污水管网84.4公里。实施农村“三改一补”8000户。扎实推进农村人居环境整治，新改建农村户用卫生厕所1.2万户，打造整村推进改厕示范村27个。全面落实“林长制”“河湖长制”，完成生态造林2.9万亩，栽植行道树223公里，拆除河道违法建筑3处，治理黑臭水体11处，整治河道6.5公里、入河排污口94个，清理河道垃圾2.3万吨，治理水土流失面积15平方公里，三岔前进沟等4条沟道清淤疏浚工程有序推进。省级森林城市创建工作顺利通过评审验收。

【社会保障】2022年，麦积区民生支出36.2亿元，占一般公共预算支出的87.3%。30件省、市、区列民生实事全面完成。扎实开展援企稳岗行动，新增城镇就业9015人，输转城乡劳动力11.2万人次，创劳务收入31.7亿元。建成保障性租赁住房216套，发放住房租赁补贴404万元。城乡居民医保、低保、养老保险及优抚安置、特困供养、医疗救助、残疾人“两项补贴”等政策全面落实，发放各类保障金10.5亿元。

【社会事业】秦腔现代剧《村上春秋》荣获第十届敦煌文艺奖。坚持教育优先发展，区职业中专综合楼、凤凰初中教师周转宿舍等建成投用，天成学校教学楼、龙园小学、龙园幼儿园、建新路幼儿园等项目加快建设，“双减”年度任务全面完成。医疗救治保障能力持续提升，区第二人民医院、马跑泉综合养老服务中心等全面建成，市中西医结合医院门急诊综合大楼、残疾人康复及托养中心等项目加快建设。区中医医院整体搬入新院区。完成妇女“两癌”免费检查2050人次。投入资金4220万元，完成市二院、市四院及8个乡镇卫生院发热门诊、区疾控中心实验室提升改造。扎实推进“平安麦积”建设，建成智慧安防小区124个，安装高清视频监控1254路。加强安全生产专项整治，排查整治风险隐患2140处。强化食品药品安全监管，切实保障人民群众饮食用药安全。扎实推进“八五”普法，纵深推进扫黑除恶专项斗争，破获各类刑事案件1042起，4起10年以上命案积案成功告破。统计调查、民族宗教、精神文明、公共节能、审计、人防、地震、气象、地方志、残疾人等工作取得新进展。麦积区入选第八批全省民族团结进步示范区。

清水县

【基本情况】清水县位于甘肃省东南部，天水市东北，陇山西南麓渭河支流牛头河流域，东界陕西省陇县、宝鸡、南连麦积、秦州两区，西接秦安，北临张家川回族自治县，距陇海铁路天水站40公里，是关中——天水经济区和天水市连接平（凉）庆（阳）关中地区的“桥头堡”。天平铁路、庄天二级公路贯穿全境，全县260个行政村通上了沥青路或水泥路，744个自然村实现了交通畅通，公路通车总里程达1613公里。古称上邽，以“清泉四注”而得县名，历史悠久，人杰地灵。系中原与西北的古通道，素有陇上要冲，关中屏障之称。早在五千多年前，人类先祖就在这里生息繁衍。县境内发现马家窑——齐家文化古遗址30多处，出土珍贵文物3000多件。是中华人文初祖轩辕黄帝的诞生之地、秦统一全国的发祥地、西汉名将赵充国的桑梓故里。北逐匈奴、西击诸羌的战斗号角，秦先祖非子、一代天骄成吉思汗等历史人物都在这片土地上留下足迹。汤浴温泉为全国十三大名泉之一。庞公玉石被誉为“中国一绝”。轩辕文化、先秦文化、汉唐文化、宋金文化交融聚汇，汤浴温泉、三皇谷森林公园、万紫山、石洞山等陇上名胜独树一帜，使清水成为陇坂脚下的一方人文厚土，炎黄子孙寻根问祖、观光旅游的一方胜地。现辖15镇3乡，260个村民委员会，1118个村民小组，7个社区居委会。总面积2012平方公里。

【自然资源】清水县气候温和，四季分明，适宜多种农作物和果类生长。农作物有8大类、15科、46属、56种、419个品种，分为粮食、经济及近缘野生植物三大类群。有地方历史特色的清水大麻，栽培悠久，是全省大麻基地。树种有35科，54属、120种；其中乔木85种、灌木29种。果树有6科、12属、15种、75个品种。药材有262种、栽培种12个。牧草栽培种3-4个品种、野生132种，具有饲料价值的63种。动物家禽家畜13种、52个品种。野生动物百余种，可定名的鸟类52种。矿产资源丰富，已发现的有铁、锰、铜、铅、钼、白云石、大理岩钾长石等14种。旅游资源较丰富，见闻于记载和群众中流传的有清水八景、八奇。八景是霞洞悬珠、月台云影、宝盖朝岚、青岩暮雨、红崖晚照、清泉烟柳、玉屏拱翠、汤浴温泉。八奇是庞公仙境、高岭飞泉、驼眠白石、牛卧悬崖、击鼓深潭、八狼遗迹、悬石古洞、五龙胜景。位于县城南28公里处的花石崖，相传为唐玄奘取经途中大战黄木狼的万紫山、有黄木狼洞遗址，并有寺庙建于悬崖之上，此地林木苍郁、岩石嶙峋、寺庙兀立、有峻险之美，集人文景观和自然景观于一身，为观光旅游之胜境。另外，位于县城东8公里处的清水温泉，为全国十三大名泉之一，自宋明以来已为陇上胜迹，以水质优良而名扬国内，2012年被评为“中国温泉之乡”。

【国民经济】2022年，全县地区生产总值42.36亿元，比上年增长4.9%。其中，第一产业增加值15.31亿元，增长6%；第二产业增加值2.6亿元，增长5.1%；第三产业增加值24.45亿元，增长4.2%。三次产业结构比为36.2 ∶ 6.1 ∶ 57.7。规模以上工业增加值增长15.6%，规模以上工业总产值增长6.97%，销售产值下降0.9%。社会消费品零售总额10.14亿元，下降5.8%。按经营地统计，城镇消费品零售额下降7.4%，乡村消费品零售额增长3.8%；按消费形态统计，商品零售额下降5.1%，餐饮收入额下降8.3%。固定资产投资增长18%。其中，项目投资增长14.18%，房地产开发投资增长32.75%。按三次产业分，第一产业投资增长0.3%，第二产业投资增长163.1%，第三产业投资增长12.5%。一般公共预算收入5.39亿元，下降7.1%；一般公共预算支出34.32亿元，增长15.92%。年末金融机构人民币各项存款余额98.51亿元，比上年末增长13.2%；金融机构人民币各项贷款余额58.52亿元，增长2.1%。

【乡村振兴】严格落实“四个不摘”要求，创新推行“3533”监测帮扶机制，新识别监测对象284户1421人；坚持分类施策，消除风险监测对象68户293人，通过产业就业“双轮”驱动，实现了“两个高于”目标，牢牢守住了不发生规模性返贫的底线。投入衔接资金3.57亿元，其中县级财政1.1亿元，实施奖补项目76个，特色农业全产业链发展成效显著。持续深化定点帮扶和东西部协作，落实财政援助资金3400万元、社会帮扶资金1000万元，完成消费帮扶1.6亿元。积极创建“乡村建设省级示范县”，编制村庄规划147个，建成省级示范村10个、县级精品村30个、达标村60个，郭川镇郭山村入选全国“一村一品”花椒产业示范村。新改建农村卫生厕所2120座，拆除危旧房屋、废弃棚舍2377处。实施村集体经济突破提升行动，村均集体经济积累达25.5万元、5万元以上的村实现全覆盖。

【农业经济】2022年，全县农作物播种面积93.3万亩。油料播种面积10.96万亩，比上年减少1.34万亩。蔬菜播种面积9.64万亩，增加0.54万亩。中药材播种面积3.76万亩，增加1.22万亩。油料产量1.83万吨，下降0.23万吨。蔬菜产量12.2万吨，增长14.3%。中药材产量1.39万吨，增长44.5%。粮食总产量18.6万吨，增产3.2%。其中小麦产量5.81万吨，增长6.6%；玉米产量8.38万吨，增长0.7%。生猪出栏8.07万头，下降0.28%；牛存栏3.93万头，猪存栏8.09万头，羊存栏4.15万只。

【项目建设】始终把大抓项目作为扩投资、稳增长的关键抓手，实施重点项目168个。轩辕大道改建、城区供水扩网等125个项目全面完成，蔚文村棚改、东区热源厂扩容等43个项目进展良好，总投资5.33亿元的汤浴水库开工建设。争取到位各类债券资金5.21亿元，中央和省预算内资金8035万元。

积极实施招商引资“一把手工程”，翰林学府城市综合体等35个项目落地建设，落实到位省外资金25亿元。

【人民生活】2022年，全县城镇居民人均可支配收入31608元，比上年增长3.8%；农村居民人均可支配收入9757元，增长7.1%，城镇居民人均消费支出15375元，增长14.1%；农村居民人均消费支出10933元，增长4.4%。城镇居民恩格尔系数18.2%，农村居民恩格尔系数20.4%。

【环境保护】坚决打好污染防治攻坚战，完成“三改一补”4000户，实施城区生活垃圾填埋场封场工程，建设建筑垃圾填埋场，建成乡村污水处理站4个，敷设排水管网160公里，治理河道10.8公里，省考断面和饮用水水源地水质稳定达标，空气及土壤环境质量持续改善。完成各类造林6万亩，森林覆盖率达40%。草丰路、金南路等乡村道路栽植行道树105公里，沿线种植花草1100公里，景美路畅的路域环境成为生态建设的靓丽名片。与天津排放权交易所签订林业碳汇合作开发协议。获得全国第六批“生态文明建设示范区”荣誉称号，绿色生态已成为清水最鲜明的底色。

【社会保障】深化“接放管服”改革，数字政府运营指挥中心正式上线，工程建设项目审批服务实现“全程办”“并联办”，企业登记注册、开办时间均压缩至1个工作日以内，“一网通办”“一窗办理”全面推进，群众企业办事更加高效便捷。千方百计助企纾困，累计减税降费1.38亿元，投放融资贷款1.32亿元，政策红利惠及更多市场主体。农业农村、医疗卫生、财税金融等重点领域改革纵深推进。城投、农发等国有企业全部完成公司制改造，国企改革三年行动圆满收官。建设各类科技示范点32处，推广新技术33项，注册“邽山缘”“鑫颜果”等商标121件，兆达农业成功申报国家高新技术企业。大力发展跨境电商，实现外贸交易额2050万元，开放发展格局不断拓展。坚持把稳定就业放在突出位置，城镇新增就业3789人，输转劳动力8.22万人，实现劳务收入21.96亿元。发放城乡低保、特困供养等社会救助资金1.5亿元，建成保障性住房516套。

【社会事业】坚持把有限财力向民生倾斜，民生领域支出达24.5亿元，占一般公共预算支出的88.8%。实施教育项目40个，西关小学分校、县五幼、县六幼建成投用，新增学位4240个；深化教育综合改革，制定出台“三个措施”，健全教育评价体系，激发教师队伍活力，全方位推动教育高质量发展。县医院传染病区建成投用，疾控中心实验楼完成主体工程，卫生院救护车辆配备实现全覆盖，公共卫生服务能力持续增强。开展“喜迎二十大·建功新时代”系列文化活动，举办天津美术学院书画邀请展、全民健步走等活动，被评为“2022中国体育旅游目的地城市”。

秦安县

【基本情况】秦安县位于渭河支流葫芦河下游，属陇中黄土高原西部梁峁沟壑区，山多川少，梁峁起伏，沟壑纵横，基岩出露少，河谷多呈葫芦状，蜿蜒曲折，地势西北高而东南低。土壤比较瘠薄，酸碱度在8以上，属碱性土壤，有机质含量一般在1%以下，速效养分的状况以目前亩产衡量，含氮不足，磷极缺，钾有余。最大河流葫芦河由四大支流清水河、南小河、显清河、西小河等河流汇成，自北而南，纵贯秦安中部。秦安县东接清水县和张家川回族自治县，南邻麦积区，西连通渭县、甘谷县，北靠庄浪县、静宁县。现辖17镇，428个村民委员会，1410个村民小组，8个社区居委会，总面积1604平方公里。2022年末常住人口40.75万人。

【资源优势】粮食作物以冬小麦、玉米、洋芋三大作物为主；经济作物有胡麻、油菜籽、向日葵、蔬菜、瓜果等。药材资源较为丰富，药用植物靠人工栽培，以党参为主。野生药物有甘草、冬花、半夏、地骨皮、柴胡、陈皮、黄芩、土沙参、五加皮等。矿物类药物有龙骨、石膏等。人工栽培的草类主要有紫花苜蓿、草木樨、草高粱和零星种植的红豆草、沙打旺、聚合草、箭舌豌豆等。名优特产有蜜桃、西瓜、白脆、苹果和梨等，品种多、历史久、口感好、产量高。秦安县先后被命名为中国名特优经济林桃之乡、中国苹果之乡、中国花椒之乡、全国经济林建设先进县、全国经济林产业示范县、中国果业发展百强优质示范县。

【国民经济】2022年，全县地区生产总值94.0亿元，比上年增长4.7%。其中，第一产业增加值27.3亿元，增长6.1%；第二产业增加值9.3亿元，增长10.5%；第三产业增加值57.4亿元，增长3.2%。三次产业结构比为29∶9.9∶61.1。规模以上工业增加值增长0.3%，规模以上工业总产值增长4.3%，销售产值下降2.5%。社会消费品零售总额38.1亿元，下降2.3%。按经营地统计，城镇消费品零售额下降20.9%，乡村消费品零售额增长53.0%；按消费形态统计，商品零售额增长1.4%，餐饮收入额下降26.0%。固定资产投资增长18.8%。其中，项目投资增长50.3%，房地产开发投资下降17.7%。按三次产业分，第一产业投资增长201.0%，第二产业投资增长18.2%，第三产业投资增长17.6%。一般公共预算收入2.7亿元，下降12.5%；一般公共预算支出41.2亿元，增长1.4%。年末金融机构人民币各项存款余额207.5亿元，比上年增长14.1%；金融机构人民币各项贷款余额141.4亿元，增长9.7%。

【乡村振兴】创建书香郭河、人文暖泉、生态沟门、农耕郭山等美丽乡村50个，建成西川—千户、刘坪—五营—陇城、安伏—莲花乡村建设示范片带3条，叶堡镇白脆瓜、蔬菜设施农业发展势头良好，郭嘉镇苹果生产、加工、销售全产业链日渐成熟，王窑、千户镇花椒产业持续壮大，中山镇半夏种植规模有效增加，王铺镇马铃薯万亩良种基地集中连片建设，全县村集体经济均达到了5万元以上。叶堡新阳至魏店伏峡公路（一期）全面完工，硬化自然村组（产业）道路118条182公里，硬化小巷道105万平方米，新建产业砂化路150公里，改造乡村供水老旧管网165公里、电网400公里，乡村振兴根基进一步夯实。

【项目建设】围绕国家政策和投资

导向，谋划储备落实中央全面加强基础设施建设项目551项763.5亿元；储备申报两批次政策性开发性金融工具（基金）项目15项27.7亿元；编制2022年中央预算内项目39项，拟申请中央预算内资金14.4亿元，争取到位中央预算内资金较上年净增加1.1亿元；三批次谋划申报2022年专项债券项目109项286.3亿元，争取到位专项债券资金7亿元。“三个清单”项目开工率100%，落实各类重点建设项目123项，总投资210.5亿元。引进落地项目18个，总投资21.8亿元。

【优势产业】秦安蜜桃、秦安花椒、秦安苹果分别获国家地理标志产品保护，果椒生产蕴藏着巨大的发展潜力。郭嘉镇电商直播实训基地及千户、陇城等6镇电商中心建成运行，林果线上交易量突破10亿元，成功入选全国县域商业建设行动第一批实施县。持续扩大外贸销售，“秦安蜜桃”出口至RCEP国家，实现外贸出口额1.2亿元，跨境电商出口额突破4700万元。全面落实国家和省上稳经济一揽子政策及接续措施，先后为79家企业办理留抵退税1.1亿元，为662家企业新增信贷20.6亿元。

【人民生活】2022年，全县城镇居民人均可支配收入33013元，比上年增长4.1%；农村居民人均可支配收入10891元，增长6.6%。城镇居民人均消费支出17323元，增长5.9%；农村居民人均消费支出10264元，增长3.1%。城镇居民恩格尔系数28.5%，农村居民恩格尔系数30.3%。

【环境保护】常态化开展餐饮油烟、“四烧”污染管控，积极开展“冬防”，持续推进大气环境质量改善，完成清洁能源“三改一补”6000户，大气环境质量优良天数340天，优良天数比率达97.4%。对清水河沿岸12个重点排污口进行综合整治，对葫芦河、清水河入境及乡镇交界等设置的14处水质断面（点位）不定期监测考核。积极推动叶堡镇污水收集管网及并网工程，有效解决城区水源地农村污水治理。继续巩固集中式饮用水水源地环境保护专项行动成果，推进乡镇集中式饮用水水源地环境保护，保障饮用水水源环境安全。建成单村污水处理站3个，葫芦河秦安段水质保障及生态修复工程初见成效，安伏—叶堡—城区污水收集管网项目建设进入扫尾阶段。持续高位推进国土绿化，打造高标准造林绿化示范基地4600亩，完成飞播种草5000亩，新增城区绿化面积3.9万平方米。

【社会保障】2022年年末，城镇新增就业5143人，开展职业技能提升培训6450人，职工基本养老保险参保8857人，征缴企业职工基本养老保险费0.7亿元。城乡居民基本养老保险参保35.3万人，保费收入0.5亿元。城镇职工参加医疗保险2万人，报销医药费0.3亿元。城乡居民参加医疗保险48.3万人，报销医药费1.3亿元。参加工伤保险1.5万人，报销医药费29.3万元。

【社会事业】2022年，全县共有188名科技特派员开展技术服务，建立科技示范基地2个。拥有高新技术企业3家，国家级示范生产力促进中心1家，国家星创天地1家，省级企业技术研发中心1家，省级创新型企业5家，省级科技型中小企业评价入库18家，省级引智示范基地1处，市级众创空间5家。组织实施科技项目123项。共有各级各类学校290所。中小学生5.6万人。公办教职工6484人。普及初等教育的入学率100%，毕业率100%，升学率100%。学前三年毛入学率96.1%，九年义务教育巩固率为101.4%。普通初级中等教育入学率100%，毕业率100%。普通高中升学率60%，高中阶段毛入学率97.5%。二本及以上上线人数2822人，上线率48%。共有文化艺术表演团体2个，图书馆1所，各类藏书7.3万册，文化馆1所，农家书屋433个，乡村广播电视站728个，广播覆盖率99.98%，电视地面接收站6座，电视覆盖率99.98%，有线电视用户12000户，转播节目14套。共有各类卫生机构523家。其中，县级综合医院1家，县级中医医院1家，疾病预防机构1家，妇幼保健机构1家，卫生监督机构1家，地方病防治办公室1家。卫生院17家，卫生分院5家，民营医院10家，社区卫生服务站11家，村卫生室428家，个体诊所46家。卫生技术人员1225人。其中，执业医师402人，助理医师211人，注册护士436人，药剂人员106人，检验员70人，其他72人。标准床位1641张。

甘谷县

【基本情况】甘谷县位于渭河上游，东邻天水市秦安县、麦积区，南接天水市秦州区、陇南市礼县，西与天水市武山县接壤，北与定西市通渭县相连。南北长60公里，东西宽49公里。境内地表形态主要为山地、丘陵、河谷，渭河自西向东横贯全境，中部为断陷河谷，地势平坦，南部为秦岭山脉西延石质山区，海拔较高，北部为六盘山余脉黄土梁峁沟壑区，山势较低。人口以汉族为主，居住着汉、回、藏、维吾尔等多个民族。属温带气候，气候类型为大陆性季风气候，四季分明，光照充足，雨量偏少。境内河流主要有渭河、散渡河、古坡河、西小河四条，属黄河支流渭河水系，河流总长131.1公里。总面积1582.2平方公里，现辖13镇2乡10个社区405个行政村1553个自然村。2022年末常住人口50.14万人。

【资源优势】甘谷光、热、水、土条件较好，树种资源较为丰富，全县天然林和常用造林树种有32科44属107种81个品种，其中包括经济果种7科101属37种。天然林主要分布在南部古坡镇、武家河镇、磐安镇，境内其他各地均有零星落叶阔叶林、常绿阔叶林分布。县域文化旅游资源丰富，有“华夏第一县”黄金品牌、“姜维故里”经典品牌、“大像山石窟”文化品牌、“生态古坡”绿色品牌。实施文化创新和文化遗产保护工程，对毛家坪遗址开发加大保护力度，推动大像山、华盖寺、姜维墓等重点景区晋等升级，打造精品旅游线路。加快推进旅游与农业、文化、康养等产业深度融合，落实景区景点门票优惠和“引客入甘”政策。矿产资源有石灰石、花岗岩、磷矿、赤铁矿等二十多种。

【国民经济】2022年，全县地区生产总值96.5亿元，比上年增长6.8%。其中，第一产业增加值28.1亿元，增长5.8%；第二产业增加值15.8亿元，增长 8.9%；第三产业增加值 52.6 亿元，增长 6.8%。三次产业结构比为 29.1 ∶ 16.4 ∶ 54.5。规模以上工业增加值增长 10.7%。规模以上工业企业营业收入 14.7 亿元，增长 17.2%；销售产值 14.9 亿元，增长 7.2%。规模以上工业企业产品产销率 90.3%。社会消费品零售总额 33.4 亿元，下降 0.6%。按经营地统计，城镇消费品零售额增长 3.2%，乡村消费品零售额下降 5.9%；按消费形态统计，商品零售额下降 0.4%，餐饮收入额增长 1.8%。固定资产投资增长 19.5%。其中，项目投资增长 28.8%。房地产开发投资增长 1.7%。按三次产业分，第一产业投资下降 68.6%，第二产业投资增长 105.4%，第三产业投资增长 9.7%。一般公共预算收入 4.4 亿元，增长 1.8%；一般公共预算支出 41.4 亿元，增长 3.7%。年末金融机构人民币各项存款余额 202.8 亿元，比上年末增长 12.8%；金融机构人民币各项贷款余额 109.5 亿元，增长 7%。

【乡村振兴】持续巩固拓展脱贫攻坚成果、全面推进乡村振兴。紧盯“一收入、两不愁、三保障”和饮水安全，常态化开展动态监测，精准落实帮扶措施，监测对象风险消除率 73.7%。引洮二期配套城乡供水工程全面建成，新建农村供水管网 102 公里；实施易地扶贫搬迁后续扶持项目 9 个；转型升级乡村就业工厂（就业帮扶车间）109 家，带动就业 4200 余人；县财政投入 3250 万元，扶持村集体经济发展，405 个行政村村均收入 5 万元以上；落实东西协作、中央定点帮扶资金 4282 万元。

【农业经济】2022 年，全县粮食总产量 21.07 万吨，比上年增长 0.8%。其中，夏粮产量 8.06 万吨，增长 1.3%；秋粮产量 13.01 万吨，增长 0.5%。蔬菜产量 48.41 万吨，增长 3%；水果产量 23.89 万吨，增长 9.6%。年末生猪存栏 30.99 万头，增长 2.5%；生猪出栏 23.45 万头，增长 6.2%。农业产业实现新提升，围绕“农业优先型”发展定位，深入推进现代丝路寒旱农业优势特色产业三年倍增行动，新建优质线辣椒种植基地 1.6 万亩、中药材标准化种植基地 1.7 万亩，改造提质果园 5.2 万亩，畜禽饲养量达到 283 万头（只）。

【项目建设】牢固树立“以项目论英雄、以发展论能力”的鲜明导向，制定出台《甘谷县抓项目促发展激励考核办法（试行）》《甘谷县政府投资项目管理办法》，健全完善重大项目协同推进机制。2022 年，实施重点项目 149 项，总投资 227.22 亿元，完成投资 73.22 亿元，其中亿元以上项目 43 项。西城区九年制学校、东川公路提升改造、东北部及六峰人饮工程备用水源地、渭河流域综合治理等 46 个项目建成投用，县博物馆、全民健身中心、火车站站前广场改造、南滨河路拓宽改造等 96 个项目提速推进。谋划储备基础设施项目 265 项，概算总投资 656.39 亿元；向上争取到财政专项资金 26.8 亿元、地方政府专项债券项目 17 项 5.65 亿元。招大引强突破行动成效明显，新签约招商引资项目 11 项 57 亿元，到位资金 31.06 亿元。

【产业优势】立足打造“甘味”农产品基地，坚持产业定带、带上定村、村上办点，连点成线、统筹发展、整体提升，打造了“渭河、散渡河、清溪河、泾甘路沿线和南后山区”5 条乡村振兴示范带，省级现代农业产业园加快建设，建成县级现代农业产业园 3 个；新建农产品产地交易市场 3 处，引进农产品精深加工生产线 4 条，新培育龙头企业 2 家，合作社 50 家；“甘谷辣椒”“甘谷花椒”在全市率先获批国家地理标志产品保护示范区创建；“甘谷月季”成功注册国家地理标志证明商标，“溪园弘”“何家坪”“礼辛黑梨”入选“甘味”知名企业商标品牌。

【人民生活】2022 年，全县城镇居民人均可支配收入 32818 元，比上年增长 4%；农村居民人均可支配收入 10706 元，增长 6.7%。城镇居民人均消费支出 14477 元，增长 4.8%；农村居民人均消费支出 11614 元，增长 5.2%。

【环境保护】坚定不移践行习近平生态文明思想，全面落实河长制、林长制，统筹推进山水林田湖草综合治理，实施了渭河磐安东坪流域国土绿化、渭河北侧可持续发展、藉河流域水土保持综合治理一期等生态工程，营造各类林草 6.6 万亩，治理水土流失 35 平方公里，森林覆盖率 12.9%，草原植被盖度 83.99%。持续深入推进污染防治，城区集中供热燃煤锅炉超低排放改造、六峰生活污水处理厂、生活垃圾转运站、建筑垃圾综合处理场等项目顺利推进。完成“三改一补”6000 户，新增纯电动公交车 30 辆。全面完成了城区水源地综合治理和大像山镇白云、杨赵片区黑臭水体治理，城区、磐安污水处理厂、11 处农村污水处理站规范运行。建成专业化废旧农膜回收点 22 个，主要粮食作物化肥、农药使用量零增长。渭河甘谷段水质保持国家 Ⅲ 类标准，空气优良天数 332 天。

【社会保障】2022 年年末，全县城乡居民医疗保险参保人数 54.14 万人，征费及收入 5.04 亿元，支出 4.48 亿元，城镇职工医疗保险参保人数 2.59 万人，征费及收入 1.02 亿元，支出 0.87 亿元。继续加强基础性、普惠性、兜底性民生建设，财政投入民生领域资金 36.3 亿元。坚持就业就是最基本的民生，发放创业贷款 5110 万元，开展职业技能培训 6245 人，开发公益性岗位 4521 个，新增城镇就业 5513 人，输转城乡劳动力 11.77 万人，创劳务收入 32 亿元。高度重视困难群众生活保障，发放各类救助资金 2.79 亿元，发放抚恤补助金 2730 万元，完成城镇及农村妇女“两癌”免费检查 5300 人。

【社会事业】2022 年，全县共有中小学 475 所，其中公办高中 3 所、民办高中 2 所、完全中学 3 所、职业中等专业学校 1 所、独立初中 19 所、九年制学校 27 所、小学 78 所、教学点 236 个、特教学校 1 所。幼儿园 105 所。在校中小学生 107314 人，其中高中 16064 人、职校 4686 人、初中 21989 人、小学 46332 人、幼儿园 18157 人、特教 86 人。各类教职工 6897 人。参考人数 6445 人，上线 3948 人，上线率 61.3%。共有乡镇文化站 15 个，文化专干 15 人。举办展览 6 次，组织文化活动 28 次，剧团戏剧演出 124 场次。图书馆 1 所，各类藏书 7.52 万册，馆藏文物 23447 件。参加县及县以下运动会人次达 0.1 万人次，举办专项比赛 1 次，参加省、市比赛 4 次，获得国家省、市级荣誉 2 项，向省、市输送运动员 1 人。有线电视用户 5600 户，电视人口覆盖率 95%，村广播室410个，村通播率达100%。共有各类卫生机构431个，其中县级卫生机构2个、乡镇卫生院17个。其中，中心卫生院6个。疾病预防机构1个，妇幼保健机构1个，卫生监督机构1个，县红十字会1个，县计生协会1个，县卫健事务服务中心1个，县计生站1个，行政村医疗点405个。职工总数1328人，卫生技术人员1183人。

武山县

【基本概况】《清康熙宁远县志》记载：武山“东通三辅，西控五凉，渭水环城，南山瞰邑。落门扼其前路，广吴捍其上游。”武山史称宁远，位于甘肃省东南部渭水河畔，是中华民族古文化的发祥地之一。自西汉以来，这里就是“丝绸之路”南路通道的必经之地，亦是中西经济文化汇合的要塞。追溯历史，远在38000年前，境内渭河两岸就有人类踪迹，原始先民已在这块土地上生息繁衍，创造了史前文化。东汉灵帝中平五年（公元188年）在此建县。气候宜人，属温带大陆性季风气候，冬无严寒，夏无酷暑，四季分明，环境宜居，海拔在1365—3120米之间。区位优势明显，陇海铁路、连霍高速公路和310国道贯穿东西，洛礼二级公路、贺岷公路和武漳公路连通南北。是全国科技进步先进县、国家级电子商务进农村综合示范县、省级文明县、全省双拥模范县。总面积2011平方公里，现辖13镇2乡，344个行政村，13个社区。2022年末常住人口35.93万人。

【资源优势】文物古迹众多，有仰韶、马家窑和齐家文化遗址36处，水帘洞、木梯寺、狼叫屲、圣寿寺为国家级文物保护单位，省级文物保护单位7处。4A级景区水帘洞位于莲花峰下的天然石洞内，2001年被列为全国重点文物保护单位。拉梢寺摩崖浮雕大佛通高42.3米，为世界最大的摩崖浮雕。武山是“陇上玉器之乡”，享有“众山皆藏玉”的美誉，驰名中外的夜光杯是用鸳鸯玉精雕而成。境内非金属矿产资源丰富，已探明鸳鸯玉、石灰石、大理石、花岗岩等矿产10余种。水资源丰富，黄河一级支流渭河从距武山县82公里的鸟鼠山发源地滚滚而来，至鸦儿峡麻黄滩入境，自西向东横贯腹部，汇纳榜沙河、漳河、山丹河、大南河、聂河五条支流，干流总长48公里，激荡的渭水孕育出纹理别致、质地独特的渭河奇石。武山温泉为宁远八景之一，被誉为“西北第一泉”，属低硫高酮负碳酸温泉，水质富含天然氡因子，为极具医用价值的复合型矿泉。

【国民经济】2022年，全县地区生产总值76.9亿元，比上年增长6%。其中，第一产业增加值29.3亿元，增长5.8%；第二产业增加值9.5亿元，增长12.2%；第三产业增加值38.1亿元，增长4.8%。三次产业结构比为38.1：12.4 ：49.5。规模以上工业增加值增长6.4%。规模以上工业企业营业收入12.7亿元，增长28.2%；销售产值13.4亿元，增长27.1%。规模以上工业企业产品产销率103.67%。社会消费品零售总额26.9亿元，下降6.1%。按经营地统计，城镇消费品零售额下降0.2%，乡村消费品零售额下降19.5%；按消费形态统计，商品零售额下降5.1%，餐饮收入额下降12.9%。固定资产投资增长18.3%。其中，项目投资下降33.7%，房地产开发投资增长85.8%。按三次产业分，第一产业投资下降44.4%，第二产业投资下降52.7%，第三产业投资下降5.3%。一般公共预算收入2.5亿元，下降12.6%；一般公共预算支出34.2亿元，增长2.6%。年末金融机构人民币各项存款余额156.6亿元，比上年末增长10.5%；金融机构人民币各项贷款余额90.9亿元，增长2.7%。

【乡村振兴】2022年，研究制定《关于做好2022年全面推进乡村振兴重点工作的实施意见》等政策文件，提出“一线六圈”城乡振兴计划，明确“城乡一体、三产融合、全域统筹、富民强县”的总目标。扎实推进抓党建促乡村振兴行动，新建或改扩建村阵地44个，县级领导干部包抓127个乡村振兴重点村，打造党建引领示范合作社50个，落实各类帮扶资金940万元、帮办实事1152件。选优配强16个村“两委”班子成员，引进教育、卫生、专技人才到农村开展支教、支医、送技术，助力乡村振兴。农村集体产权制度改革试点工作基础任务全面完成。完成162个发展类村庄规划编制，美化村庄22个。投入专项衔接资金3400万元，建成省市县级乡村建设示范村25个。投入3075万元，启动了50个基础薄弱村农村人居环境整治提升工程。推进“五网”整治，改造卫生户厕6321座、电炕4000户，建成污水处理站8座、污水处理厂1座，铺设污水管网24.4千米，整治黑臭水体4条。开展农村精神文明创建，打造成功新时代文明实践站（所）示范点25个，评选表彰“百佳模范”100个、重教家庭200户，创建市、县级“文明乡镇”“文明村”等93个，修订完善“一约四会”章程600多个，建立家风家训教育文明实践基地14个，举办政策宣讲、法治宣传教育活动5200场次。排查化解矛盾纠纷1100多起，引导群众抵制高价彩礼，反对封建迷信，弘扬时代新风。高标准农田建设项目建设总任务2.4万亩，总投资3572万元，完成总任务的90%。各级财政衔接推进乡村振兴补助资金中安排种植业基地建设资金1583万元，落实蔬菜钢架大棚建设资金2497万元建设钢架大棚2270亩。安排“三类户”到户产业扶持资金169.47万元。调整轮换帮扶队员81名，培训帮扶干部1200多人次，落实驻村补助资金591.6万元。开展“万企兴万村”行动，组织38家民营企业结对帮扶38个乡村振兴重点村，引导脱贫群众发展产业，实现“输血”向“造血”过程转变。持续推进农业面源污染防治，废旧农膜回收利用率达到83%，尾菜处理利用率达到50%。栽植行道树374公里，绿化村庄24个，清理各类农村垃圾10435吨，拆除塌房烂院474户，清理路渠边沟663.8公里，村庄面貌焕然一新。

【农业经济】2022年，全县粮食总产量15.71万吨，比上年增长2.53%。油料产量1.73万吨，增长8.49%。蔬菜产量95.48万吨，下降0.96%。中药材产量1.3万吨，下降13.7%。肉类总产量1.72万吨，增长16.02%。年末生猪出栏20.35万头，增长7.05%；牛出栏1.25万头，增长3.06%；羊出栏6.85万只，增长4.91%。完成造林面积5.4万亩，增长13.68%。新建设施蔬菜钢架大棚2270亩、蔬菜产地市场8个，建成生猪养殖基地10个、标准化规模养殖场12个。建成8个蔬菜产地交易市场和7个高原夏菜标准化示范种植基地。发展中药材4.6万亩、饲草作物3.1万亩，完成果园提质增效9000亩，新认证有机农产品2个、国家绿色食品A级产品2个，“2+5+N”现代农业产业布局基本形成。粮食安全保障有力，新建高标准农田2.4万亩，整治撂荒地6.7万亩，粮食总产量达到15.79万吨。农业产业化龙头企业发展到25家，5万吨冷链物流、陇浆源浆水酸菜等龙头企业产销两旺。

【项目建设】2022年，全县实施各类投资项目78个，实施重点项目173个，总投资284亿元，争取中央预算内投资项目、债券项目和行业项目45个，到位资金8.77亿元，“清单式”项目管理模式全面推广。县道308线四门至滩歌段改建、县道537线鸳鸯丁门至漳县孙家峡公路、周庄渭河大桥、榜沙河防洪治理等51个项目建成投用，引洮供水城区及洛门镇区供水、渭河桦林至鸳鸯段可持续发展工程、云雾山50兆瓦风力发电等36个项目进展顺利，渭川大道生态环境治理、粮食仓储物流等6个预备项目开工建设，总投资13.2亿元的国家储备林建设PPP项目前期工作加快推进，项目数量、投资总量、单一体量大幅提升。加快城市更新步伐，渭北集中供热、渭川大道西段、城区至洛门供水管网、体育休闲公园、南北滨河路园林绿化等市政项目全面建成，安居园老旧小区改造、幸福园安置房建设等民生安居工程和花样年华、藏龙生态园等房地产开发项目加快推进，改造提升人行步道2.2万平方米，新增智慧停车位3350个，城市颜值和内涵实现双提升。创新招商引资模式，率先组建四个重点产业招商专班，组团赴外招商41次，新运康鞋业制造武山产业园、万星星级酒店等一批招商项目启动建设，引进项目21个，总投资49.92亿元，为加快高质量发展注入了强劲动力。

【优势产业】2022年，现代农业加速发展，蔬菜和生猪两个“五十亿级”全产业链建设成效显现，五大优势产业和多元特色产业初具规模，“2+5+N”现代农业产业布局基本形成。工业经济转型发展，均力塑业年产5000万条新型包装材料生产线、马力王门和鸳鸯颉门2条标准化机制砖生产线、渭川制砂等工业项目建成投产，祁连山水泥、源丰商砼等建材龙头企业产销两旺，湘大饲料、广丰糖业等26家入园企业实现产值5亿元。文旅产业融合发展，国家全域旅游示范区建设扎实推进，水帘洞国家5A级旅游景区创建全面启动，龙台马年乡村旅游设施、铁笼山大景区旅游公路、太皇山旅游专线等项目建成投用，水帘洞景区游客中心、宁远古堡文化产业园等项目进展顺利。商贸物流稳步发展，新培育限上商贸企业3家，宁远国际酒店、渭川印象酒店、鑫盛达商贸物流中心、东关市场投入运营，瑰宝玉器被认定为首批“甘肃老字号”企业，武山入选全国县域商业体系建设行动示范县。

【人民生活】2022年，全县城镇居民人均可支配收入31200元，比上年增长3.9%；农村居民人均可支配收入11189元，增长6.8%。城镇居民人均消费支出11285元，增长3.4%；农村居民人均消费支出10603元，增长1.9%。城镇居民恩格尔系数28.23%，农村居民恩格尔系数28.47%。

【环境保护】统筹山水林田湖草系统治理，实施坡耕地综合治理、矿山生态修复等生态保护项目34个，治理水土流失面积93.7平方公里，流域生态功能实现整体性提升。大气、水、土壤污染防治纵深推进，工业、燃煤、扬尘、机动车等领域主要污染物减排全部达标，完成农村“三改一补”4000户，空气质量优良天数达到330天；鸳鸯污水处理厂和四门、马力、桦林3个乡镇污水处理站建成运行，地表水国省考断面水质优良比例达到100%；畜禽粪污资源化利用整县推进项目全面建成，建筑垃圾资源化利用处理厂加快建设，马力瓦碴沟石灰石矿创建为省级绿色矿山。大规模国土绿化深入开展，完成生态造林6.2万亩，绿化道路217公里，森林覆盖率达到24.85%，呵护青山绿水、建设秀美山川已成为全社会的普遍共识和自觉追求。

【社会保障】2022年末，全县城镇新增就业4890人。其中，失业人员再就业1612人。发放创业担保贷款269笔3713万元，吸纳带动就业596人，为30名符合政策的各类创业人员发放5000元的一次性创业补贴15万元。完成劳动力职业技能培训10209人，新开发城镇公益性岗位46个，城镇公益性岗位总数达到717个。机关事业单位养老保险参保1.39万人，参保人员缴费率100%，发放养老保险待遇20060万元。企业职工养老保险参保1.3万人，征缴保费6640万元，发放企业职工基本养老保险待遇17085万元；支出失业保险待遇21.02万元。工伤保险参保519户，1.92万人，支付工伤待遇605.3万元。其中，新开工工程建设项目工伤保险参保率和农民工参保率达到100%。城乡居民基本养老保险参保27.33万人，参保率95%，发放养老金9015万元。共有3488人享受城市居民最低生活保障，40234人享受农村居民最低生活保障，1866人享受农村特困人员救助供养。

【社会事业】2022年，全年新增县列科技项目39项。中等职业教育招生1179人，在校生2369人，毕业生19人；普通高中招生3051人，在校生10830人，毕业生3922人；初中招生6326人，在校生19010人，毕业生4935人；普通小学招生4952人，在校生34499人，毕业生6376人；特殊教育招生6人，在校生88人，毕业生26人；幼儿园在园幼儿13891人。共有医疗卫生机构366个。其中，县直医疗卫生机构6个，乡镇卫生院15个，社区卫生服务中心1个，村卫生室344个。民营医院9个，个体诊所52个。编制床位数1539张，每千人口拥有病床数4.2张。人员编制879个，实有人员1068人。每千人拥有卫生技术人员2.59人，每千人拥有执业医师1.26人，每千人拥有注册护士3.34人。万元以上设备2179台（件），10万元以上医疗设备606台（件），救护车28辆。

张家川回族自治县

【基本概况】张家川回族自治县东依陕西陇县，南邻清水县，西接秦安县，北与华亭、庄浪两县接壤。境内自然景观和文化遗址较多，主要景观有五龙山、老龙潭、斩蛇崖、小麦积、五指山、青石崖、石人峰等，主要文化遗址有五龙山云风寺遗址、佛爷崖太极八卦图、二郎神脚印石、栓马桩以及宣化岗拱北、清真寺、正觉寺、花果山石窟、摩崖石刻、老庵寺、街亭古战场遗址、秦亭遗址、马家塬战国古墓遗址等。地势由东北向西南倾斜，东西长62公里，南北宽48公里。总面积1311.8平方公里，现辖10个镇、5个乡，255个行政村。2022年末，常住人口24.37万人。

【资源优势】境内植物有木本、草本、观赏和药用4大类，600多种。乔木类主要集中在东北部天然林区，有21目，32科，46属，84种，灌木类主要集中在东北部关山区，种类繁多。野生草本植物比较常见的有240多种，有31科、106属154种。观赏植物有70多种。中药材已达38科，124种，其中野生药材112种，栽种药材12种。珍贵动物9种，均属国家一、二、三级保护动物。铁、铜、铅、锌、水晶、长石、大理石、花岗岩等20多种矿产资源，储量丰富。

【国民经济】2022年，全县地区生产总值37.12亿元，比上年增长6.6%。其中，第一产业增加值12.58亿元，增长5.9%；第二产业增加值2.97亿元，增长16.9%；第三产业增加值21.57亿元，增长5.8%。三次产业结构比为33.9 ∶ 8 ∶ 58.1。规模以上工业增加值增长13.5%。规模以上工业企业营业收入4.16亿元，增长0.18%；销售产值4.13亿元，下降7.1%。规模以上工业企业产品产销率83.29%。社会消费品零售总额10.1亿元，下降1.6%。按经营地统计，城镇消费品零售额增长3.6%，乡村消费品零售额下降10.7%；按消费形态统计，商品零售额下降2.2%，餐饮收入额增长2.5%。固定资产投资增长17.8%。其中，项目投资增长22.6%，房地产开发投资下降3.2%。按三次产业分，第一产业投资增长215%，第二产业投资增长267%，第三产业投资增长9.4%。一般公共预算收入1.41亿元，增长9.3%；一般公共预算支出34.05亿元，增长9.2%。年末金融机构人民币各项存款余额107.5亿元，比上年末增长9.4%；金融机构人民币各项贷款余额52.46亿元，增长6.2%。

【乡村振兴】坚持“四个不摘”，紧跟“三个转向”，扎实开展“过筛子清盘子强底子”专项行动，建立“5544”防返贫监测帮扶机制，加强动态监测，强化帮扶措施落实，返贫风险稳定消除，“三保障”成果持续巩固，守住了不发生规模性返贫的底线。投入衔接和帮扶资金6.01亿元，实施产业就业、基础设施、公共服务、易地扶贫搬迁后续扶持等项目，完成生态及地质灾害避险搬迁294户、抗震设防改造379户，改造农村供水管网44.6公里，升级改造城乡电网103公里。建成自然村组道路、产业路、“窄路加宽”等182.4公里，成功创建为省级“四好农村路”示范县，X549龙山至张棉驿公路被评为2022年度陇原“最美农村路”，2人被评为陇原“最美路长”。坚持因地制宜，创建乡村建设示范村35个，打造提升村64个，龙山镇和刘堡镇窑儿村入选全国“一村一品”示范村镇。扛牢粮食安全政治责任，落实最严格的耕地保护制度，建设高标准农田3.5万亩，整治撂荒地9.4万亩，新增耕地7.2公顷、永久基本农田6.71万亩。

【农业经济】2022年，全县粮食总产量14.02万吨，比上年增长1.4%。其中，夏粮产量4.38万吨，增长1.9%；秋粮产量9.64万吨，增长1.1%。油料产量0.54万吨，增长8.6%。肉类总产量0.85万吨，增长6.3%。年末牛存栏12.4万头，增长2.4%；牛出栏5.43万头，增长4.4%。羊存栏11.75万只，增长2.5%；羊出栏6.5万只，增长8.3%。猪存栏1.73万头，增长1.8%；猪出栏2.17万头，增长3.8%。

【项目建设】争取各类项目资金31.9亿元，144个省市列重大项目完成投资63.4亿元，实施债券项目17个。静天高速县城连接线、县城至马河公路改造全面建成，县中医院、县妇幼保健院搬迁投用，图书馆、科技馆、战车展览馆完成主体工程。西城教育园区、中西部水源保障工程加快建设，S50“双陇”高速张家川段等重大项目前期进展顺利。积极实施招商引资突破行动，签约项目20项，总投资50.88亿元。实施招商引资项目28个，到位资金31.18亿元。

【优势产业】建成餐饮服务业大数据平台，完成公共实训基地主体工程，注册“张家川 • 兰州牛肉拉面”、“张家川 • 烧烤”2个品牌，新加盟品牌店610家，落实奖补资金1000万元，餐饮服务业迈上标准化、品牌化、数字化、产业化轨道。扎实推进农业优势特色产业三年倍增行动，种植饲草玉米15万亩，乌龙头、林果、蔬菜、中药材等13.7万亩，建成特色产业园区和示范基地17个，畜禽饲养总量达115万头（只），种养贮加一体推进的产业格局逐步形成。新能源建设扩量提质，5万千瓦天源风电二期项目并网发电，180万千瓦抽水蓄能项目前期进展顺利。创建省级乡村旅游示范村3个，平安草原晋升为国家3A级景区，累计接待游客142万人次，旅游综合收入达4.6亿元。深入推进“强工业”行动，着力做大做强食品加工、生物医药、新能源、新型建材等产业，实施张家川经济开发区胡川片区基础设施补短板项目，新型复合材料人防门、中国医药单采血浆站、中央厨房生产线等项目落地实施，新增规上企业2家、限上企业2家，工业招商引资和固定资产投资取得突破性进展。电子交易、现代物流等新业态快速发展，电子商务交易额达9907万元，增长20.1%。扎实推进“强科技”行动，实施科技项目54项，认定高新技术企业3家、省级科技创新企业5家，科技对经济社会发展的支撑引领作用不断凸显。

【人民生活】2022年，全县城镇居民可支配收入31001元，比上年增长4.3%；农村居民人均可支配收入9647元，增长6.5%。城镇居民人均消费支出12725元，增长8.2%；农村居民人均消费支出11344元，增长3.7%。城镇居民恩格尔系数25.9%，农村居民恩格尔系数28%。

【环境保护】深入践行习近平生态文明思想，坚守生态功能区定位，严格落实河湖长制、林长制，统筹推进山水林田湖草综合治理，实施南北两山绿化、荒山造林等绿化提升工程，新增造林面积8.04万亩。加强地质灾害预警防御体系建设，完成地质灾害综合治理13处、庄天公路沿线生态修复5处、东西主干道沿线生态节点14处。龙山镇和恭门镇污水处理厂配套管网建成投用，清水河流域13个农村污水处理站全面建成，东峡和石峡水库除险加固、马鹿河中小河流域治理和水毁堤防修复加固等工程全面完工，后川河城区段综合治理、城区生活污水处理厂人工湿地及后川河生态修复等项目加快建设，农业废弃物、畜禽粪污资源化利用率大幅提升。深入开展生态环境领域12个专项行动，严控建筑工地扬尘，严防餐饮油烟污染，严查交通道路遗撒，完成“三改一补”4000户，优良天气率99.6%。

【社会保障】2022年末，全县参加城乡基本医疗保险33.3万人，参加城镇居民最低生活保障1359人，参加农村居民最低生活保障人数3.01万人，农村五保户供养880人，参加城乡基本养老保险19.36万人，参加失业保险3200人。城镇新增就业3680人，坚持把稳岗就业作为对冲疫情影响、增加群众收入的关键，构建“4+4+6”稳岗就业保障体系，发放就业补助和稳岗返还资金1026万元、创业贷款1.32亿元，新增城镇就业3680人，转移城乡富余劳动力7.04万人。

【社会事业】建成恭门镇方舱隔离点、龙山镇中心卫生院等3个核酸检测方舱实验室，设置常态化核酸采样点42个，配置可移动式核酸采样屋25个，疫情防控能力大幅提升，齐心协力打赢了2场疫情阻击战和3场疫情歼灭战。坚持办好人民满意的教育，深化教育评价改革，加强师德师风建设，优化学校内部管理，推进督导教研双轮驱动，促进“双减”落地见效，各类教育协调发展。实施薄改与能力提升等项目39个，新增校舍面积3.5万平方米，新增学位5400个，资助学生4.41万人次，发放资助金5909万元，建成校园数字化图书馆5个。“书香张家川”建设深入推进，数字化博物馆建成投用，圪垯川遗址入选省级文保单位名录。建成县医院微创介入和重症监护临床服务中心，乡镇卫生院中医馆建设、救护车更新实现全覆盖，医疗服务体系不断健全。智慧安防小区建设实现全覆盖，不动产登记历史遗留问题有效化解。

武威市

【基本情况】武威位于甘肃省中部、河西走廊东端，是中国旅游标志——马踏飞燕的出土地。1986年被国务院命名为国家历史文化名城和对外开放城市，2001年经国务院批准撤地设市，2005年被命名为中国优秀旅游城市，2012年被命名为中国葡萄酒城。现辖凉州区、民勤县、古浪县和天祝藏族自治县。全市有84个镇、9个乡、9个街道办事处、1054个行政村。总面积3.23万平方公里，现有耕地面积638.47万亩，年末常住人口144.5万人，其中城镇人口71.3万人、乡村人口73.2万人，聚居着汉、藏、回、蒙等41个民族。

【资源优势】武威历史文化悠久，有中国旅游标志铜奔马、西藏归属中央政府行政管辖的历史见证地凉州白塔寺、“石窟鼻祖”天梯山石窟、稀世珍宝西夏碑、“陇右学宫之冠”武威文庙、罗什寺塔、吐谷浑王族墓葬群等珍贵历史文化遗存。境内名胜古迹众多，雪域高原、绿洲风光和大漠戈壁等自然景观与历史文化交相辉映，具有较高的文化旅游价值。地理区位优越，东接兰州、南靠西宁、北临银川和内蒙古、西通新疆，是古丝绸之路要冲，处于亚欧大陆桥的咽喉地位和西陇海兰新线经济带的中心地段，兰新铁路、干武铁路、连霍高速、定武高速、金武高速、G312国道贯穿全境。农业资源得天独厚，是全省瓜果及肉类生产基地，也是绿色食品最佳产区之一，更是酿酒葡萄的绝佳产地，设施瓜菜、肉蛋奶以及特色林果等发展优势明显。沿山沿川沿沙“三大产业带”初步形成，牛羊猪禽果菜菌草“8+N”现代农业优势主导产业发展势头强劲，以达利食品、青岛啤酒、伊利液态奶等农产品精深加工为主的生态工业蓬勃发展，全省最大的文旅PPP项目雷台文化旅游综合体建成投运，武威历史文化街区保护建设等一批重点文旅项目即将建成。一二三产业融合发展的格局加速形成，区域经济的“四梁八柱”初步构建，全市经济持续向好向上。

【国民经济】2022年，全市地区生产总值663.4亿元，比上年增长6.0%。其中，第一产业增加值215.1亿元，增长6.5%；第二产业增加值121.3亿元，增长7.5%；第三产业增加值327亿元，增长5.2%。三次产业结构比为32.4 ：418.3 ：49.3。按常住人口计算，人均地区生产总值45932元，增长6.5%。规模以上工业增加值增长9.7%，固定资产投资增长18.0%。实现社会消费品零售总额167.0亿元，增长3.1%。一般公共预算收入27.8亿元，同口径增长5.1%；一般公共预算支出237.1亿元，增长16.3%。城镇居民人均可支配收入35244元，增长4.3%；农村居民人均可支配收入15899元，增长7.0%。年末金融机构本外币存款余额1340.8亿元，比上年末增长20.6%；贷款余额967.1亿元，增长3.9%。

【乡村振兴】现代农业量质齐升，“8+N”优势主导产业产值占农业总产值的比重达75%，比上年提高5个百分点。年末牛存栏76.4万头、比上年增长6.5%，羊存栏619.1万只、增长11%，生猪存栏91.2万头、增长0.8%；蔬菜产量增长7.4%，青饲料面积33.1万亩、增长5.4%。新认证“三品一标”7个，累计达332个、居全省第3位，新增“甘味”品牌11个，建成粤港澳大湾区“菜篮子”生产基地4个，农产品外销量达70%以上。粮食安全保障有力，新建高标准农田47万亩、累计建成226.4万亩，整治撂荒地42万亩；粮食作物播种面积240.3万亩，粮食产量124万吨，超额完成年度任务；大豆玉米带状复合种植机械化技术被树为全国典型。乡村建设全面推进，编制实用性村庄规划747个，坚持典型示范、面上推广，建设省级示范村34个，完成农房抗震改造1万户，实施生态及地质灾害避险搬迁3343户，新改建农村公路2054公里，农村集中供水率达到93%；坚持党建引领，加强乡村治理，农村社会和谐有序；民勤县入选创建国家乡村振兴示范县；脱贫成果巩固提升，加强动态监测和精准帮扶，返贫致贫风险动态清零；落实各级财政衔接资金15.8亿元、耕地占补平衡指标交易资金3.1亿元，东西部协作和中央单位定点帮扶资金1.2亿元，易地扶贫搬迁后续成效明显，获国务院大督查通报表扬。

【生态建设】认真践行习近平生态文明思想，统筹山水林田湖草沙系统治理，保护祁连山，呵护石羊河，美丽武威建设取得新进展。绿色底蕴厚植显效，加快民勤生态示范区建设、八步沙区域生态治理，天祝县纳入全省青藏高原生态保护和可持续发展先行区。完成防沙治沙15.9万亩、人工造林24.1万亩，建设碳汇储备林5.1万亩，实施国土绿化提质增效12.7万亩，治理退化草原89万亩，武威市成功创建省级森林城市。凉州城区空气质量达到国家标准，国控、省控断面及集中式饮用水水源地水质全部达标，土壤环境质量总体良好。河湖管护创新升级，全面启动建设全流域美丽幸福河湖，实施“五赋两转一打造”工程，完成79条市级河流、18座湖库划界和岸线规划编制，开展水生态综合治理、妨碍河道行洪突出问题整治、河湖“清四乱”和健康评价工作，金强河成功创建为省级美丽幸福河湖，石羊河全国示范河湖成果巩固拓展。

【优势产业】发挥风光资源富集、特色农业领先、文旅资源丰厚等比较优势，确定7条重点产业链，攻坚突破引培“链主”，持续发力打造“链条”，不断完善“链长”机制，推动形成更具竞争力的现代产业格局。新能源蓬勃发展，实施新能源及装备制造产业链项目38项、总投资226亿元；开工建设风光电项目360万千瓦，年底并网125万千瓦，装机规模累计达到465万千瓦；创新“板上发电、板下种植、板间养殖、治沙改土、特色旅游”光伏治沙模式，治理沙漠8万亩。90米级大兆瓦风机叶片、智能风机总装、光伏组件等项目建成投产，风机整装全套生产能力初步形成。奶产业集群成势，依托龙头企业，招大引强，延伸带动上下游关联产业，初步形成乳制品、奶牛养殖、饲料加工、生物医药、彩印包装、物流物联等奶产业集群，奶业全产业链产值突破60亿元、增长71%。食品工业延链拓展，坚持前端抓规模夯基础、中端抓加工促增值、后端抓市场提效益，深化拓展肉牛、肉羊、生猪、食用菌、粮食、蔬菜6个分产业链，食品工业全产业链产值达到318亿元，增长16.9%。特色医药补链加速，从药源基地建设、中药材加工、市场流通、品牌培育等方面发力，实施10万亩中药材种植产业园、5000万盒宣肺止嗽合剂生产线项目，与甘肃药投集团合作建立医药物流配送体系，祖师麻膏药、宫瘤宁片等3个品种被列为陇药大品种大品牌目录。生态环保成链增效，坚持生态产业化方向，实施污染防治、垃圾资源化利用等项目35个，完成投资16.1亿元；以凉州静脉产业园为龙头的生活垃圾焚烧发电、建筑垃圾资源化利用全链条，以畜禽粪污、尾菜秸秆资源化利用为重点的农业废弃物循环产业链初步构建。文旅产业蓄势待发，雷台文旅综合体建成投运，历史文化街区即将建成，“凉州会盟”纪念地项目前期工作加快推进；实施重点文旅项目22个、完成投资19.2亿元，我市被新华网评为“最具文化魅力城市”。数字经济赋能聚力，围绕民生服务、产业发展、城市治理等领域，构建数字经济发展体系；新建5G基站645个、累计建成1784个，建成现代农业技术服务中心（MAP）、数字化车间、万头智慧牧场，“天马行”“金融通”“文旅通”上线运营，应用场景不断拓展。

【项目建设】确定高质量发展重大项目248个，完成投资320亿元、比去年增加140亿元，11个省列重大项目超额完成年度目标任务。资金争取成效明显，深研国家政策，紧盯资金投向，提高项目储备质量，争取中央预算内资金18.5亿元、增长20.1%，争取专项债券资金39.9亿元、增长81.5%，有力支持学校、医院、养老服务中心、城市基础设施等152个民生项目建设。重大项目快速推进，兰张三四线铁路中川机场至武威段控制性工程新乌鞘岭隧道提前2个月贯通，路基、桥梁工程提前完成计划进度，武威东、古浪北、天祝西3个高铁站房全部开工；北仙高速西渠至武威段通车运行，武威至仙米寺段完成投资13.5亿元，路基拉通80%；民勤通用机场站坪和跑道工程基本完工；引大入秦延伸增效工程列入国家《“十四五”水安全保障规划》，可研报告编制、现场勘察设计等前期工作加快推进；总投资18亿元、总容积2000万方的凉州区调蓄水池工程进展顺利，其中西营五干片区2座调蓄水池建成蓄水，全部建成后可形成4河13池水系连通网，实现丰蓄枯用、跨灌区调剂；总投资15.4亿元的西气东输四线武威段工程完成年度建设任务。

【人民生活】全年城镇居民人均可支配收入35244元、比上年增长4.3%，城镇居民人均消费支出27412元、增长6%；农村居民人均可支配收入15899元，增长7%，农村居民人均消费支出13403元，增长8.7%。全年城镇居民最低生活保障救助人数1.31万人，农村最低生活保障救助人数5.33万人，农村特困供养0.58万人。年末福利院1所，在院人数172人；民办养老机构7所，拥有床位4188张；农村敬老院9个。各类养老机构拥有床位数7548张，在院人数3090人。

【社会事业】就业社保稳中有升，落实稳就业政策，发放就业补助1.2亿元，开展职业技能培训3.1万人次，城镇新增就业1.8万人，富余劳动力转移就业40.3万人；兜底保障水平巩固提升，城乡低保、居民养老保险待遇逐年提标，建成乡镇（街道）综合养老服务中心13个、托幼机构5所。教育事业全面发展，全力保障教育用地，倾斜安排资金，加大校舍建设力度，新增园位、学位5200个，基础教育扩容提质步伐加快；“双减”政策全面落实，义务教育阶段学科类培训机构全部压减；教育教学质量明显提升，高考“双一流”大学和本科总体录取率稳步提高；加强校企合作，加大技能型人才培养力度，职业教育发展取得新成效。卫生服务持续提升，健全公共卫生服务体系，市妇幼健康服务中心、方舱医院建成投用，市、县区综合医院区域医学中心、急危重症救治中心全部建成，医疗服务能力明显提升；完善中医药服务体系，基层医疗机构中医馆实现全覆盖；重离子中心累计治疗患者656例，品牌效应日益扩大；基本医保按病种分值付费全国试点工作获评“优秀”等次。社会治理全面加强，安全生产专项整治三年行动成效明显，食品药品安全监管进一步加强；以铸牢中华民族共同体意识为主线，促进各民族交往交流交融，全国民族团结进步示范市创建工作取得阶段性成效；宗教事务管理法治化水平不断提升，扫黑除恶、反恐防暴、信访维稳有力推进，我市获评平安甘肃建设示范市。

【对外开放】武威国际陆港铁路集装箱场站建成投运，木材产业园开始“筑巢引凤”。开辟哈萨克斯坦（跨里海）—格鲁吉亚—土耳其—欧洲海铁联运南线新线路，开行武威—莫斯科国际货运班列，发运“天马号”21列，货运总值增长37.6%。新增外贸备案登记企业43家，累计达到387家，助推进出口总额快速增长。全年实现外贸进出口总额69976.9万元、比上年增长50.4%。拓展招商渠道，开展产业链精准招商，发挥新能源指标竞配政策撬动效应，引进落地一批新能源产业链项目。借助海内外侨界人士力量，成功举办外向型经济云招商推介会，组织“侨领侨商武威行”活动，全年实施招商引资项目234项，落实到位资金299.04亿元、比上年增长27.6%，其中省外到位资金258.49亿元、增长51%。

（刘锦莲　朱多璋）

凉州区

【基本情况】凉州区位于甘肃省中部，河西走廊东端，是中国旅游标志——马踏飞燕的出土地。1986年被国务院命名为全国历史文化名城和对外开放城市，2001年撤销县级武威市设立凉州区，2005年被命名为中国优秀旅游城市，2012年被命名为中国葡萄酒城。全区总面积4907.96平方公里，现辖37镇、2个生态建设指挥部、9个街道办事处，共有442个村民委员会、44个社区居委会，聚居着汉、藏、回、蒙等36个民族，常住人口88.14万人，其中：城镇人口48.52万人、乡村人口39.62万人，常住人口城镇化率55.05%，耕地面积148.35万亩。

【自然环境】凉州区属温带大陆性干旱气候，山区、川区、沙区面积各占约三分之一，境内有西营、海藏、金塔、杂木、黄羊、沙沟、红水河、马蹄河8条较大河流，多年平均径流量8.9亿立方米，是典型的资源性缺水地区，是河西走廊三大内陆河流域中人口密度最高、人均水量最少、水资源最缺乏的地区之一。区内光热资源丰富，属太阳能资源Ⅰ类区，建成光伏发电装机容量95.7万千瓦。

【特色产业】凉州区是全国农产品质量安全县、全国生猪调出大县、全省肉牛产业大县、肉羊产业强县、北方冬春设施蔬菜规模化生产基地，沿山沿川沿沙“三大特色产业带”发展初具规模，设施蔬菜、食用菌产量和生猪饲养量居全省前列。生态工业发展势头强劲，建成省级工业园区2个、市级工业园区1个，规上工业企业112户，形成以食品工业为主，生物医药、装备制造、光伏发电、清洁能源等协调发展的生态工业体系。文旅产业蓬勃发展，雷台文化旅游综合体、武威历史文化街区即将建成投运。商贸物流业加快发展，中欧班列常态化运行，外向型经济活力不断增强。

【国民经济】经初步核算，2022年，全区实现生产总值403.5亿元，按不变价格计算，比上年增长4.6%。其中：第一产业增加值110.6亿元、增长6.1%，第二产业增加值71亿元、增长1.1%，第三产业增加值221.8亿元、增长5.1%。三次产业结构比为由2021年的26.2∶18.1∶55.7调整为27.4∶17.6∶55。按常住人口计算，人均生产总值达到45851元，比上年增长4.7%。全部工业增加值增长4.0%。其中规模以上工业增加值增长2.5%。固定资产投资增长16.0%。社会消费品零售总额100.8亿元，增长3.3%。一般公共预算收入12.7亿元，同口径增长3.1%。年末金融机构本外币存款余额894.4亿元，比上年末增长20.0%；本外币贷款余额610.5亿元，增长6.0%。

【乡村振兴】扎实开展现代丝路寒旱农业优势特色产业三年倍增行动，紧紧围绕“10+N”特色主导产业发展，精细管理设施农业，稳步扩大养殖规模，农业经济发展势头良好。2022年全区实现农业增加值112.0亿元、增长6.1%。全年农作物播种面积163.9万亩、增长0.2%。其中：粮食作物总播种面积120.1万亩，经济作物播种面积43.8万亩、增长0.6%。全年粮食总产量71.2万吨、增长1.3%。其中，夏粮产量14.4万吨，秋粮产量56.8万吨。2022年，全区畜禽规模养殖场达到252个，其中：养牛场62个（奶牛场5个）、养羊场51个、养猪场122个、养鸡场17个；猪牛羊禽肉产量达13.2万吨、下降7.1%。全区牛存栏48.2万头、增长8.5%，出栏21.0万头、下降4.8%；羊存栏155.6万只、增长11.1%。生猪存栏66.5万头、增长1.1%；出栏116.8头、下降3.4%，鸡存栏376.0万只、下降4.3%；出栏257.2万只、增长6.0%；奶产量达12.2万吨、增长78.3%。

【项目建设】认真贯彻市、区高质量发展重大项目建设暨招商引资工作动员大会精神，继续推行领导包抓、“红黄绿”预警、专班推进等机制，全力推动重大项目落地“大提速”。全年全区实施500万元及以上在建项目244项，比上年增加9项，计划总投资455.4亿元、比上年增加60.5亿元。其中亿元以上项目68项、比上年增加2项。全年固定资产投资比上年增长16.0%。其中，第一产业完成投资增长15.3%；第二产业完成投资增长173.7%；第三产业完成投资下降9.3%。500万元及以上项目完成投资增长28.6%。工业在建项目58项，完成固定资产投资增长173.7%。全年房地产开发投资下降10.1%。民间投资增长17.6%。

【优势产业】凉州历史悠久、人文荟萃，以其“通一线于广漠，控五郡之咽喉”的军事战略要地和“车马相交错，歌吹日纵横”的商埠重镇为世人所瞩目。自汉武帝开辟河西四郡，历代王朝都曾在这里设郡置府，东晋十六国时期的前凉、后凉、南凉、北凉和隋末的大凉均在此建都，史有“五凉古都，河西都会”之称。现有全国重点文物保护单位10处，省级文物保护单位29处，馆藏文物5万多件，是全省文物资源最为丰富的地区之一。全年接待国内游客650.1

万人次，比上年下降 30.7%；旅游综合收入 35.5 亿元，下降 29.6%。

【人民生活】认真落实就业优先政策，全面梳理摸排企业、项目用工需求，持续开展“春风行动暨就业援助月”“民营企业服务月”等专项行动，为市场主体特别是中小微企业和个体工商户纾困解难，稳定市场预期，有效促进就业规模稳步扩大。全区城镇新增就业 10012 人；职业技能提升行动培训 12135 人。全区城镇居民人均可支配收入 37535 元，比上年增长 4.5%，净增 1623 元；农村居民人均可支配收入 19352 元，比上年增长 6.7%，净增 1215 元。城乡居民人均可支配收入比为 1.94，较上年缩小 0.04 个百分点，城乡收入差距进一步缩小。

【环境保护】坚决打好污染防治攻坚战，城区污水处理厂新建工程、北方地区冬季清洁取暖改造项目有序推进。在南部山区建设国家储备林 1.04 万亩，北部沙区压沙造林 15.6 万亩，全区完成义务植树 232 万株、机关干部职工义务压沙 6604 亩。凉州区调蓄工程项目加快实施，西营河至金塔河水系连通输水工程实现连通供水。全区有环境监测站 1 个，环境监测人员有 13 人，地表水考核断面水质达标比例为 100%；城市集中式饮用水水源地水质达标率 100%；农村集中式饮用水水源地水质达标率 100%；地下水水质达标比例为 100%。剔除沙尘影响后，PM_{10} 平均浓度 69 微克 / 立方米，$PM_{2.5}$ 平均浓度 30 微克 / 立方米，优良天数比例为 95.7%。全区完成人工造林 11.49 万亩，其中：防沙治沙 10 万亩，绿洲区绿化 0.45 万亩。

【社会保障】坚持民生为本，持续增进人民福祉，社会保障事业成效显著。2022 年末，全区城镇职工和城乡居民基本医疗保险参保人数分别达 61521 人、785018 人。全区企业职工、机关事业单位、城乡居民基本养老保险参保人数分别达 102716 人、24804 人、418498 人。参加失业和工伤保险人员分别达 51246 人、70678 人。全区保障城市低保对象 2761 户 6020 人，保障农村低保对象 10991 户 22893 人，全年共发放各类城乡低保资金 1285.74 万元；保障农村特困供养对象 2389 人，全年累计发放资金 1951.67 万元。全区共有养老机构 10 所，床位 2421 张。全区有各类运动场所 3176 个，室外全民健身路径 162 条，新建成农民体育健身工程行政村 15 个；全年经常性体育锻炼人数达到 32.9 万人次。

【社会事业】全年认定国家高新技术企业 7 家；争取国家和省、市级科技项目 35 项、项目资金 591 万元，认定国家和省、市级各类科技创新平台 6 家、市级科技创新型企业 5 家，省级科技创新型企业 16 家，争取省、市、区科技创新扶持资金 1834.5 万元；指导评价入库科技型中小企业 75 户；完成技术合同交易额 8.2 亿元、比上年增长 19.4%；选派科技特派员 100 名、选聘村科技助理员 50 名，特聘省市科技特派员专家 32 人，累计开展培训 1760 场次，培训农民 8 万人以上。2022 年授权专利 637 件，授权发明专利 28 件。

年末共有各类学校和幼儿园 409 所，在校（园）学生（幼儿）159043 人。其中：中等职业学校 9 所，在校学生 10592 人；中学 77 所，在校学生 48764 人；特殊教育学校 1 所，在校学生 104 人；小学 151 所，在校学生 66132 人；幼儿园 170 所，在园幼儿 33451 人；教师进修学校 1 所。小学学龄儿童入学率、巩固率、毕业率均达 100%；初中入学率 100%、巩固率 100%、毕业率 100%；初中毕业生升入高中阶段的比率为 96.04%。九年义务教育巩固率达 100%。

全区共有文化馆 1 个，公共图书馆 7 个，乡镇文化站 37 个。数字有线电视入户率和广播电视无线覆盖率分别达到 89% 和 99.98%。年末全区共有卫生机构 951 个，其中医院、卫生院 45 个。社区卫生服务中心（站）9 个。全区拥有床位 7734 张，卫生技术人员 9721 人。全年甲、乙类法定报告传染病发病人数 2392 例，报告死亡 6 人；报告传染病发病率 414.0775/10 万，死亡率 0.6735/10 万。

（张颖）

民勤县

【基本情况】民勤县地处河西走廊东北部，南依武威，西毗金昌，东北和西北面与内蒙古阿拉善左、右旗相接，地理位置在东经 101°49′41″~104°12′10″、北纬 38°3′45″~39°27′37″之间。民勤县历史悠久，人杰地灵，2800 多年前，境内就有人类生息繁衍，创造了灿烂的“沙井文化”。公元前 121 年，汉将霍去病率兵收复河西，在此置郡设县，后汉中郎将苏武奉命出使匈奴，被囚禁于北海（今民勤县境内）牧羊 19 年，积淀形成了独具特色的“苏武文化”。中华民国 17 年（1928 年），以“俗朴风醇，人民勤劳”易名民勤，是全省有名的“文化之乡”“教育名县”。全县总面积 1.59 万平方公里，耕地面积 179.7 万亩。现辖 18 个镇、248 个村民委员会、29 个社区居民委员会。2022 年末常住人口 17.33 万人，其中，城镇人口 7.38 万人，乡村人口 9.95 万人。

【资源优势】民勤属温带大陆性干旱气候区，境内光、热、水、土资源组合优越，绿色有机农产品质优量大，是农业农村部认定的“全国蔬菜产业大县”，甘肃省首批“有机产品认证示范区”，被中国食品工业协会、中国蔬菜流通协会誉名为“中国肉羊之乡”“中国蜜瓜之乡”“中国茴香之乡”“中国人参果之乡”。县内风光资源丰富，具有发展风电、光伏电等清洁能源产业得天独厚的地域优势。县内旅游资源富集而独特，有亚洲最大的沙漠水库红崖山水库、石羊河国家湿地公园、青土湖、瑞安堡等。依托丰富的沙漠旅游资源，建成 4A 级旅游景区苏武沙漠大景区，打造了全国独一无二的沙漠雕塑创作基地、全国首个沙漠天文科普特色小镇摘星小镇。

【国民经济】初步核算，2022 年，全县实现地区生产总值 107.9 亿元，按不变价格计算，比上年增长 9.4%。其中，第一产业增加值 49.8 亿元，增长 7.0%；第二产业增加值 21.7 亿元，增长 30.3%；第三产业增加值 36.4 亿元，增长 5.4%。三次产业结构比为 46.1 ∶ 20.2 ∶ 33.7。按常住人口计算，人均地区生产总值 62126 元，比上年增长 10.7%。全年全部工业增加值比上年增长 36.5%，其中规模以上工业增加值增长 42.3%。固定资产投资增长

20.4%。社会消费品零售总额21.7亿元，增长2.7%。一般公共财政预算收入1.9亿元，同口径增长7.0%。

【“三农”工作】围绕“强龙头、补链条、聚集群”，培育产业化龙头企业141家，加快实现农业全产业链发展。指导企业改进精深加工、储藏保鲜、冷链配送等装备条件，德兴食品、凯伟农牧等屠宰加工企业年屠宰加工能力达110万只，开发中、西式分割等系列产品150多种。新建15万只肉羊精分割生产线、10万吨蜜瓜饮料加工生产线，研发功能性、高端化、高值化产品，全面提升精深加工能力，增加产品附加值。民勤县纯种湖羊种羊场入选国家核心育种场，民勤蜜瓜入选2022年“甘味”系列十大地方公用精品品牌名单，东坝镇东一村（人参果）入选第十二批全国“一村一品”示范村镇，全县累计认证“三品一标”农产品93个。

坚决扛牢粮食安全政治责任，实施藏粮于技、藏粮于地战略，新建高标准农田10万亩，整治撂荒耕地2.16万亩。全年农作物播种面积92.44万亩。其中，粮食作物播种面积40.18万亩，经济作物播种面积52.26万亩。粮食作物中，小麦种植面积8.86万亩，玉米种植面积30.39万亩，薯类种植面积0.86万亩。全年粮食产量21.47万吨，比上年增长1.95%。畜禽饲养量达676.60万头（只），同比增长4.9%。猪牛羊禽肉产量4.17万吨、禽蛋产量0.7万吨。全年实现农林牧渔业增加值50.7亿元，比上年增长6.9%。

【乡村振兴】持续规范运行“336”防返贫动态监测和帮扶机制，对农村人口常态化动态监测，新识别纳入监测对象93户350人，全部落实“一户一策”帮扶计划。抓住用好省级乡村振兴重点帮扶县和全省乡村建设示范县机遇，结合生态及地质灾害避险搬迁政策，新建集聚收缩示范点8个，提升改造示范村2个，875户群众由老旧土坯房迁入新居。推广“防返贫保险”“富民贷”“安居宝”，全力支持广大群众持续稳定增收。规范运营县级智慧关爱服务云平台、建成养老服务驿站8个、“爱心理发店”4个、老年娱乐室8个，“巾帼家美积分超市”17家。接续实施农村人居环境整治提升五年行动，深化农村垃圾、风貌、厕所“三大革命”，完成农房抗震改造500户。打造省级乡村建设示范村10个，重兴镇成功创建省级乡村建设示范镇，民勤县被纳入2022年国家乡村振兴示范县创建名单。

【项目建设】牢固树立“项目为王”理念，高规格组建“一组四专班”，实行“五个一”包抓和重大项目协调推进机制，财政安排项目前期费1300万元，支持项目谋划争取。全年争取到位中央预算内资金4.02亿元、政府专项债资金28.62亿元，分别增长2.4倍、9.6倍。实施招商引资项目50项，落实到位资金52.72亿元，比上年增长26.91%，其中省外到位资金46.05亿元，增长34.41%。全县实施500万元及以上和房地产项目133项，完成固定资产投资比上年增长20.4%。其中5000万元及以上项目44项，完成投资增长1.35倍；房地产开发项目8项，完成投资下降89.9%。远景智能风机制造项目建成投产，实现新能源装备制造业“零”的突破；太西煤红沙岗一号煤矿生产线技改项目、广达科技新增生产线等项目建成投产；2022年老旧小区改造、高标准农田建设等项目全面完成，民勤县惠民殡仪服务中心、人民医院慢病管理中心等项目建成投运；启源30万千瓦风电项目、民勤县整县分布式96.4兆瓦光伏发电等项目加快推进；风机叶片、塔筒制造、储能设备等协同产业项目有序推进；“陇电入浙”大基地、±800千伏换流站、2×100万千瓦调峰煤电、750千伏升压站等重大项目完成预可研、初步选址。

【特色产业】坚持“3+1”主导产业发展方向不动摇，制定出台产业发展指导意见和现代农业提质增效行动方案，因地制宜、因地施策，精准发展蜜瓜、茴香、果蔬、肉羊等主导产业，做精做优人参果等特色产业。2022年，全县蔬菜产量50.72万吨，增长9.29%；蜜瓜产量43.73万吨，增长13.29%；茴香产量1.94万吨，增长18.17%；肉羊饲养量比上年增长10.25%。深入实施新能源产业三年倍增行动，科学编制新能源产业、红沙岗碳中和产业先行区规划。中节能、兴业、航天日泽等138兆瓦存量光伏发电项目和“十四五”第一批80万千瓦风光电项目中国能20万千瓦光伏发电项目、陇玉200MW光伏发电项目、隆旭5万千瓦风力发电项目建成并网运行。慈康中药材加工项目顺利引进投资方，中医药产业取得新的进展。加快全域旅游提档升级，文化体育中心、通用机场等项目基本建成；通航小镇、通航乐园完成主体工程建设；苏武沙漠景区通过市级研学旅行基地评定验收，入选“甘肃文旅100个美好目的地”名单，民勤县乡村记忆博物馆成功创建国家4A级旅游景区。红旗谷、瑞安堡、乡村记忆博物馆、苏武沙羊美食街、沙漠雕塑国际创作营、摘星小镇等景点成功入选文化和旅游部联合共青团中央推出“稻花香里说丰年”全国乡村旅游精品线路。全年接待旅游人数90万人次，实现旅游综合收入6.62亿元。

【人民生活】扎实做好稳定就业、技能培训、劳务输转等重点工作，就业规模不断扩大，就业结构持续优化，劳动者素质明显提升。2022年，全县共输转城乡富余劳动力60140人，创劳务收入17.14亿元；完成劳动力职业技能培训5964人；落实城镇新增就业2727人，其中失业人员再就业915人，就业困难人员实现就业261人。认真落实创业担保贷款政策，发放创业担保贷款6375万元，扶持创业人员529人，吸纳带动就业1255人。全县城镇居民人均可支配收入30362元，增长4.4%；农村居民人均可支配收入18202元，增长6.7%。城乡居民收入比为1.67，比上年缩小0.03。

【环境保护】持续打好蓝天、碧水、净土三大保卫战。完成县内24台10蒸吨及以下燃煤锅炉淘汰任务。全年城市空气优良天数比率为77%，比上年增加1.9个百分点。二氧化硫、二氧化氮、一氧化碳、臭氧四项气态污染物均控制在国家二级标准以内。县城污水处理人工湿地工程建成投用，畜禽粪污资源化利用整县推进项目进展顺利，各类生态环境问题有序整改。从严落实河湖长制，深化河湖“清四乱”专项行动，石羊河全国示范河湖创建成果有效巩固。实施河西走廊生态保护修复、石羊河中下游防沙治沙林草综合治理等项目，完成工程压沙 6.5 万亩，人工造林 3.2 万亩，退化林修复 0.5 万亩，封沙育林（草）4.5 万亩，草原修复治理 4.51 万亩，高标准完成民武、民湖公路等通道绿化 100 公里，全年义务植树 225 万株，草原植被盖度达 18.65%，民勤被国家林草局列入三北工程科学绿化试点县。

【社会保障】年末全县参加城镇职工基本养老保险人数 2.24 万人，参加城乡居民基本养老保险人数 12.39 万人。参加基本医疗保险人数 20.03 万人，其中参加城镇职工基本医疗保险人数 1.77 万人，参加城乡居民基本医疗保险人数 18.26 万人。参加失业保险人数 1.35 万人，领取失业保险金人数 144 人。参加工伤保险人数 2.56 万人。参加生育保险人数 1.34 万人。年末全县共有 3897 人享受城市居民最低生活保障，6280 人享受农村居民最低生活保障，762 人享受农村特困救助供养。全年救助医疗对象 3.62 万人次，增长 158.93%；救助城乡困难家庭 4800 户。全县共有公办养老机构 5 所，民办养老机构 1 所，设置床位 610 张，在院人数 378 人。日间照料中心 153 个，其中城市社区 7 个、农村社区 22 个、行政村 124 个。

【社会事业】科技创新取得新进展。全年科学技术支出 3797 万元，实施科技项目 43 项，其中省级 8 项、市级 10 项、县级 25 项，签订技术市场交易合同 82 份，技术交易额 4.87 亿元。累计认定高新技术企业 25 家，省市创新型企业 26 家，县域科技竞争力有效提升，民勤被确定为国家知识产权强县建设试点县。

教育事业稳步推进。全县中小学幼儿园教师“县管校聘”改革基本完成，教育管理队伍结构进一步优化。义务教育薄改与能力提升、职专智慧康养实训室建设、城乡幼儿园扩容提质暨托育中心建设项目中 18 所幼儿园提升改造全部完工，一中综合教学楼、县幼儿园南关分园主体完工，学校办学条件进一步改善。认真落实各项教育资助政策，累计发放资助资金 4970 万元，资助学生 24537 人次。年末全县共有各级各类学校和幼儿园 50 所，其中普通高中 2 所，独立初中 6 所，九年一贯制 4 所，中等职业中专 1 所，小学 14 所，幼儿园 22 所，特殊教育学校 1 所。全县适龄儿童入学率 100%，残疾儿童入学率 96.08%；九年义务教育巩固率 100%；高中阶段毛入学率 96.72%；高考综合录取率达到 98.7% 以上。

卫生事业健康发展。苏武山集中医学留观点、莱菔山留观点、县洗消站、方舱医院建成投用，县医院慢病管理中心、妇幼保健计划生育服务中心投入运营，公共卫生服务能力不断增强。精准落实国务院联防联控机制疫情防控方案及“二十条”“新十条”政策措施，完成疫苗接种 45.15 万人次，有力保障了群众生命安全和身体健康。全县共有镇以上医疗卫生机构 33 个，其中县级医院 2 个，镇卫生院（分院）、社区卫生服务机构 23 个，妇幼保健计划生育服务中心 1 个，疾病预防控制中心 1 个，民营医院 6 个。医疗卫生机构拥有床位数 1433 张，卫生技术人员 1437 人，其中执业医师和执业助理医师 418 人，注册护士 750 人。

文化事业加快发展。健全完善县、镇、村三级公共文化服务体系，深入推进文化馆图书馆总分馆建设。出版发行《民勤皮活制作技艺》《民勤非物质文化遗产》，选取优秀非遗作品参加第五届嘉陵江灯戏暨地方戏剧艺术节展演活动和第十届全国地市级文化馆“百馆联动”活动，民勤非遗文化影响力不断扩大。

（许晓伟）

古浪县

【基本情况】古浪，系藏语古尔浪哇的简称，意为黄羊出没的地方。古浪县地处河西走廊东端，为古丝绸之路要冲，隶属中国旅游标志之都——马踏飞燕的出土地甘肃省武威市。全县国土总面积 5046 平方公里，东南分别与白银市景泰县和武威市天祝县相连，西北与武威市凉州区接壤，北邻腾格里沙漠，是青藏、蒙新、黄土三大高原交汇地带。县境内区域类别多，自然条件差异大，地势南高北低，海拔 1550 ~ 3469m，平均气温 7.4℃，年降水量 300 毫米左右，蒸发量 2300 毫米以上，日照时数 2852.3h，无霜期 140 天左右。全县辖 15 镇 4 乡 1 个街道，186 个村、7 个社区。2022 年末常住人口 24.3 万人，其中城镇人口 8.24 万人。境内居住汉、回、藏、蒙、苗、满、东乡土、毛南、瑶等十多个民族。

【资源优势】主要矿产资源有石灰石、煤炭、石膏、花岗岩、重晶石等，其中石灰石储量达 12.4 亿吨，具有较高的开采价值。古浪区位优势明显，境内享誉古今的“金关银锁”古浪峡，“扼甘肃之咽喉，控走廊之要塞”，自古就以“驿路通三辅，峡门控五凉”的重要地理位置而闻名。县境内道路通畅、交通便捷，连霍高速 G30 线、国道 312 线和兰新铁路纵穿南北，省道 308 线、316 线、营双高速公路、干武铁路横贯东西，凉古路、金古路大海路、十条路等县乡公路与通村公路相互连接，共同构筑了四通八达的交通路网。古浪历史文化悠久，早在四千多年前的新石器时代，就有先民繁衍生息。汉武帝元狩二年（公元前 121 年）始置县。明初以水名“古尔浪洼”（藏语，意为黄羊沟）冠县名沿袭至今。县境内有仰韶、马家窑、齐家沙井等多处文化遗址，存有彩陶、汉代青铜器、唐代鎏金佛、宋元瓷器等文物，尤以明清水陆画和《甘珠尔》大藏经最为著名。古浪人文景观荟萃，国家级自然保护区昌灵山，素有“西北小武当”之称，是世界上距沙漠最近的原始次生林带；汉、明长城相互交汇，至今雄风犹存，是宝贵的历史文化遗产；南部山区石门峡、香林寺、寺洼冰峡等自然风光是夏季绝佳的森林避暑胜地；大靖财神阁、土门三义殿、山陕会馆、罗汉楼、玉皇殿等许多古代建筑遗迹，具有厚重的文化底蕴；红军西路军古浪战役纪念馆是华夏文明传承创新区“红色文化弘扬”板块红西路军“一综十二专”纪念馆之一，是省市县爱国主义、国防教育和党史教育基地。

【国民经济】2022 年，全县着力优化经济结构，转变发展方式，突出重点，狠抓落实，经济总量实现新突破。全年实现地区生产总值 80.9 亿元，按可比价计算，比上年增长 6.5%。其中：第一产业增加值 37.4 亿元，增长 6.8%；第二产业增加值 8.6 亿元，增长 9.7%；第三产业增加值 34.9 亿元，增长 5.6%。三次产业结构比为 46.2 ∶ 10.6 ∶ 43.2。按常住人口计算，人均地区生产总值33266元，增长7.6%。规模以上工业增加值增长 12.2%，固定资产投资比上年增长 21.1%。实现社会消费品零售总额21.69亿元，增长2.5%；完成一般公共预算收入 3.1 亿元，同口径增长 24.3%；完成一般公共预算支出 50.7 亿元，增长 18.8%。

【乡村振兴】用足用活国家乡村振兴重点帮扶县政策，坚守粮食安全和不发生规模性返贫两条底线，“三农”发展基础更加稳固。粮食安全保障有力，开工建设 2.5 万吨标准化粮食储备库。建设高标准农田 15 万亩，耕地地力提升 3.18 万亩，整治撂荒地 7.13 万亩。粮食作物播种面积达到 60 万亩，粮食产量达到 26 万吨，实现面积产量“双提升”。脱贫成果持续巩固，开展“十聚焦十提升十到位”专项行动，为所有农村人口购买防返贫保险，对 2089 户“三类户”落实针对性帮扶措施，风险消除率达到 78.9%。发展家门口的富民产业，63 家乡村就业工厂、就业帮扶车间吸纳 1919 人就近就地就业，乡村公益岗安置 3862 人。实现村集体经济收入 6116 万元、较上年增加 810 万元，村均达到32.9万元，支持村办公益事业。产业到户扶持资金入股分红1086万元，惠及群众 1.25 万户，持续增加群众收入。资金投入不断增加，坚持财政投入只增不减，落实县级财政衔接补助资金 9100 万元，争取中央和省市财政衔接补助资金 5.08 亿元。落实东西部协作和中央单位定点帮扶资金 7365 万元，实施帮扶项目 23 项。创新发放全省首笔“云上乡村农业资源交易平台”集群客户贷款 100 万元。创新发放全省首笔“活畜抵押贷款”，累计发放 4800 万元。

【“三农”工作】深入实施优势特色产业三年倍增行动，加快推进农业大县向农业强县转变。投资 9.03 亿元实施重点农业项目 35 项，羊如祥良种肉羊繁育场等 28 个项目建成投用。引进实施中化现代农业 MAP 全产业链项目，全方位提供产销信息和技术服务，打造西北地区功能最全、规模最大的现代农业技术服务中心。农业奖补政策提标扩面，落实补助资金 5300 万元，扶持群众新建日光温室 1000 座、养殖暖棚 5200 座，改造提升日光温室 1270 座，掀起了发展种养产业的热潮。发放肉羊价格临时补贴 1853 万元，对冲市场低迷，提振群众信心，全县畜禽存栏量达到 400 万头只，畜牧业产值占农业总产值的比重提高到 55%，成功创建省级现代农业（牛羊）产业园。牛羊、蔬菜交易量达到 460 万只、56 万吨，分别增长 64%、10%。古浪沙葱、红枣、沙地西红柿、小乳瓜认证为有机蔬菜，7 个农产品通过“三品一标”认证。

【项目建设】坚持一手抓谋划、一手抓推进，项目谋划的准度、资金争取的力度、项目建设的速度全面提升。资金争取再创新高，主动跑项目、全力争资金，到位中央及省级预算内资金 3.98 亿元、是去年的 3.4 倍；政府专项债券 6.11 亿元，增长 30%；一般债券 1.13 亿元，增长 25.6%。完成易地占补平衡补充耕地指标交易 12947 亩，到位资金 5.39 亿元。为 154 家企业及合作社协调发放贷款 16.16 亿元、增长 117.8%。金融机构存贷款余额分别达到 137.83 亿元、116.85 亿元，增长 18.63%、11.37%。重大项目扩面提速，完善项目工作机制，加快项目建设进度，呈现出投资规模大、覆盖领域广、转化程度高、建设速度快等特点。实施 500 万元以上项目 158 项，较去年增加 25 项，涵盖现代农业、绿色工业、生态环保、社会民生、基础设施等 8 大领域；计划总投资 203.89 亿元，是去年的 2.1 倍。97 个项目建成投用，其中 61 个项目当年开工、当年建成，刷新项目建设的“古浪速度”。新建调蓄水池 4 座 650 万方，黄花滩移民区水厂建成投运，移民区生活用水实现双水源保障，成功创建为 4 个“全省农村供水规范化建设试点县”之一。建成 S308 线至直滩公路、县综合交通服务中心，自然村组道路 300 公里、产业路 88 公里，成功创建为 7 个“四好农村路省级示范县”之一。西气东输一线 55 号阀室开口工程获准批复。

【招商引资】牢固树立“抓招商就是抓发展、抓项目就是谋未来”的大局意识，主动融入省第十四次党代会提出的“一核三带”区域发展格局，以推进“四强”行动为抓手，紧扣发展定位、明确目标任务、细化工作措施、强化服务保障。印发《招商引资工作考核评价办法》，严格落实“月跟进、季通报”制度，进一步靠实招商引资工作责任，不断凝聚招商合力。制定下发《古浪县 2022 年招商引资工作方案》《古浪县产业链精准招商工作方案》，摄制县长推介古浪推介片及兰洽会专题片，多层次、全方位介绍古浪投资环境，为重点节会、赴外招商、考察洽谈等活动推介项目提供了坚实保障。2022 年，全县共实施招商引资项目 59 项，到位资金 53.48 亿元，比上年增长 31.89%，其中，省外项目 37 项，到位资金 47.81 亿元，增长 57.43%。

【产业培育】深入实施现代寒旱农业优势特色产业三年倍增行动计划，完成投资 8.62 亿元，现代丝路寒旱农业产业园等29个农业重点项目建成投运，省级牛羊现代产业园成功创建。坚持外引内培并重，有针对性发展壮大一批农业产业龙头企业，推动重点产业链关联产业协同发展、集群发展。持续加大招商引资力度，羊如祥种羊繁育基地投入种羊 6000 只，金宇浩睿二期 1.5 万头奶牛养殖园、金宇浩盛 2 万头肉牛养殖示范牧场、金宇农光互补循环经济产业园区等项目加快建设。引进培育吉瑞农牧、陕西恒润等农产品销售企业 8 家，建成八步沙牛羊交易服务中心，打造全省功能最全、交易量最大、最有影响力的交易平台；建成运行全省首家县级云上乡村农业资源交易平台，成立八步沙羊经纪人协会，推动全县牛羊交易突破 460 万只，蔬菜交易量达到 56 万吨。

【文化旅游】紧紧围绕“文化兴”发展目标，以项目建设为抓手，以文旅融合为重点，以产业培育为关键，坚持上争外引内扩，全力克服疫情影响，加快推进项目建设和产业培育，文化旅游和体育事业迈上新台阶。2022 年全县接待游客数达到 114 万人次、实现旅游综合收入 6.4 亿元，同比增长 5%、6%。充分挖掘古浪富集的文化旅游资源，沿古哈路、武古路建设乡村旅游示范带，打造“古哈路”景观长廊、“名芍之约”千亩芍药基地、油菜花观光农业等全域旅游新业态，助力乡村振兴战略实施。推动精品民宿、星级农家乐发展，定宁镇水口子文旅生态园开工建设，古丰镇“小学时光”主题民宿建成使用。古浪镇峡峰村红色美丽村庄基本建成，黄羊川菜子口村药王神泉项目有序推进，古浪战役纪念馆、八步沙“两山”实践创新基地已实现5G网络全覆盖。深入挖掘红军西路军古浪战役红色资源，邀请专业团队拍摄制作古浪战役纪念馆宣传短视频，研发红色文创产品纪念币3套、6枚，古浪战役纪念馆入选“甘肃文旅100个美好目的地”，不断提升文化旅游品牌知名度和影响力。成功举办八步沙“两山”实践创新基地推介会，策划推出“一日游”精品线路4条、“两日游”旅游线路3条。在八步沙“两山”实践创新基地举行了第12个“中国旅游日”古浪分会场宣传活动启动仪式和全省乡村旅游（古浪县）培训班”。

【生态环保】扛牢政治责任，践行“两山”理念，推进扩绿治污节水，美丽古浪建设取得新成效。坚持以水定绿、应绿尽绿、全面增绿，投入资金2.3亿元，完成造林绿化17.6万亩，栽植苗木3142万株；完成治沙造林9.53万亩，义务压沙4000亩，草原改良3.8万亩。推行“一村万树”绿化模式，建成乡村森林小游园42个，打造路边皆景、花树相间的凉古路、古哈路等8条生态长廊。黑松驿镇创建为省级森林小镇。实施大气、水、土壤综合治理，持续改善生态环境。成功申报北方清洁取暖项目12项，争取到位中央预算内资金1.02亿元，县城集中供热站超低排放改造等5个项目建成投用。10蒸吨及以下燃煤锅炉全部淘汰。县城区再生水综合利用、尾水人工湿地水质净化项目开工建设，地表水监测断面和集中式饮用水水源地水质全部达标，土壤环境质量总体稳定。工业节能改造和清洁生产持续推进，万元GDP能耗下降2.5%。祁连山生态环境保护省级考核全省第一。落实河湖长制，严厉打击河道非法采砂及侵占河道行为，河湖“清四乱”持续推进。投资5105万元，实施龙泉寺水库除险加固、柳条河河道治理等工程，柳条河美丽幸福河湖顺利通过市级验收。县河长办获评全省河湖长制工作先进集体。节水行动深入实施。推广垄膜沟灌、滴灌等农艺节水技术，面积稳定在55万亩。加快工业节水减排，规模以上工业企业用水重复利用率保持在92%以上。推进城镇节水减漏降损，完成县城区供水节水改造，创建节水型示范单位和居民小区24个，县城区节水器具普及率达到97%。

【人民生活】2022年，全县城镇居民人均可支配收入28451元，比上年增长4.2%。其中，工资性收入22598元，增长4.6%；经营性收入2208元，增长3.9%；财产性收入979元，增长1.9%；转移性收入2667元，增长1.9%。城镇居民家庭人均消费支出19175元，增长5.2%。

农村居民人均可支配收入9682元，比上年增长8%。其中，工资性收入3579元，增长8.3%；家庭经营性净收入5144元，增长8.0%；财产性净收入143元，增长6.8%；转移性净收入817元，增长7.1%。农村居民人均生活性消费支出8804元，增长11.5%。

【社会保障】2022年，全县城乡居民医疗保险参保人数289445人，参保率99.23%。城乡居民医疗保险筹集总额27786.72万元，共为参保居民报销医疗费用16345.32万元。当年城乡医保基金使用率为68.7%。实际补偿中：住院补偿达75.71%，门诊补偿76.05%。城镇职工基本养老保险参保人数13902人，比上年上升3.88%；工伤保险参保人数16548人，下降6.81%；失业保险参保人数12042人，增长3.77%。农村社会养老保险参保人数214900人，参保率为98.60%。当年征缴个人养老保险费3974.12万元，全年发放养老金9252.29万元，年底累计基金余额8358.14万元。各项社会保险基金当年征缴12670.33万元，增长6.00%。

2022年，全县农村低保对象7185户17314人，农村特困对象1337户1465人，城市低保对象717户1554人。年末有孤儿90名，事实无人抚养儿童343名，留守儿童484人，困境儿童3538人，留守老人651人，残疾人“两项补贴”对象8907人。全县共有养老福利机构3所，设置床位800张，年底入住对象552人，其中残疾人377人。累计建成89个城乡社区老年人日间照料中心。当年共发放城乡低保、特困供养、临时救助、残疾人“两项补贴”等各类困难群众救助资金1.6亿元，全力保障了困难群众基本生活。

（方燕）

天祝藏族自治县

【基本情况】天祝，藏语称华锐，意为英雄之地，地处甘肃省中部、武威市南部、祁连山东端，素有河西走廊“门户”之称，1936年，以境内天堂寺、祝贡寺首字“天祝”命名。1950年设立天祝自治区（县级），1955年改为天祝藏族自治县，是周恩来总理命名的全国第一个少数民族自治县，是中国高原藜麦之都、中国白牦牛之乡、中国高原食用菌之乡、中国高原夏菜之乡、中国高原走马之乡。全县辖14镇5乡、178个行政村、20个居委会，有藏、汉、土、回、蒙古等28个民族，少数民族占总人口的37.1%，藏族占少数民族人口的81.7%。境内海拔2040—4874米，年平均气温0.3℃，年降水量397.4毫米。

【资源优势】天祝区位优越，地处祁连山东端，素有河西走廊“门户”之称。南接兰州，东靠景泰，北邻古浪，西邻青海，西北与肃南县接壤，距省城兰州市120公里，距中川机场100公里，距武威市130公里。位于县境中部的乌鞘岭横亘东西，是古丝绸之路咽喉要塞。兰新铁路、G30高速、G312国道和正在建设的兰张三四线高铁贯穿全境。天祝生态地位十分重要，是石羊河流域6条内陆河（金塔河、杂木河、黄羊河、古浪河、大靖河、西营河）和黄河流域2条外流河（大通河、金强河）的重要水源涵养区和水源补给区。天祝文化底蕴深厚，夏至汉初先后为羌戎、月氏、匈奴等民族驻牧地，自汉武帝时归入汉王朝版图，唐代后逐步形成以吐蕃（今藏族）为主体民族的多民族聚居地，明至清初实行千百户制度，清乾隆时期设庄浪茶马厅。境内有乌鞘岭长城、松山古城、栗家庄汉墓群、祁连岔山唐代吐谷浑王族成员墓群、岔口驿古堡等古迹，其中乌鞘岭长城是万里长城中海拔最高的一段，属省级文物保护单位。天祝旅游资源独特，境内自然风光神奇秀美，有景色瑰丽的天祝三峡、静谧幽美的冰沟山水、雄奇险峻的马牙雪山，祁连冰沟河景区创建为国家4A级旅游景区。具有多民族文化融合发展的独特魅力，万人锅庄舞、华锐藏族民歌、土族格萨尔说唱等，展现出浓郁的藏土民俗风情。出产“唯独天祝有”的高原珍珠白牦牛、健康美丽的“粮食之母”藜麦、肉质鲜美的手抓羊肉。“青藏之眼·绿色天祝”旅游品牌持续擦亮打响，是离内地最近的高原藏乡生态旅游目的地。

【国民经济】2022年，全县实现地区生产总值71.1亿元，按不变价格计算，比上年增长8.2%。其中，第一产业增加值17.4亿元，增长6.8%；第二产业增加值19.9亿元，增长16.8%，第三产业增加值33.9亿元，增长5.1%。三次产业结构比为24.4 ∶ 28.0 ∶ 47.6。全部工业增加值16.7亿元，增长5.1%，规模以上工业增加值增长3.9%；固定资产投资增长20.4%。社会消费品零售总额22.8亿元，增长3.0%。一般公共预算收入4.2亿元，同口径增长23.1%；一般公共预算支出45.7亿元，增长11.2%。城镇居民人均可支配收入31023元，增长4.3%。农村居民人均可支配收入10525元，增长4.3%。2022年度全省县域经济发展评价中，天祝县被评定为县域经济发展分类评价生态功能型第1名、农业优先型第3名，综合评定为县域经济发展进步县，并获得奖励5000万元。

【供给侧结构性改革】坚持向改革要动力，向开放要活力，持续优化发展环境，经济社会发展潜力得到有效释放。重点领域改革有序推进，国企改革三年行动主体任务基本完成，组建县国民经济发展集团，城乡污水处理、集中供热实现统一管理。医保付费方式改革进入实际付费阶段，行政复议体制改革完成阶段性任务，供销社综合改革有序推进。统筹推进数字政府建设，大力推动“互联网＋政务服务”制定优化营商环境和招商引资扶持“双40条”政策措施，出台高质量发展奖惩办法，对经济运行、项目建设、招商引资等工作中表现突出的15个部门、7个乡镇、6个行政村和9户企业兑现奖励资金182万元。推广“三变”＋“一户一块田”土地经营模式，17个试点村经营规模达到3.3万亩，全面改革呈现多点突破的良好态势。

【乡村振兴】坚决扛牢巩固拓展脱贫攻坚成果重大政治责任，全面筑牢防返贫堤坝，推动乡村振兴迈出坚实步伐。累计整合财政涉农资金6.25亿元，实施有效衔接项目127项，其中产业投入资金比重达60%。加强脱贫人口动态监测，精准制定落实“一户一策”帮扶计划，累计消除风险510户1676人，风险消除率达74.8%。教育、健康、住房、饮水、产业、就业、易地搬迁后续扶持、兜底保障等政策全面落实。开展电商直播专项活动10场（次），农特产品网上销售额达2.8亿元。2022年争取天津市蓟州区、交通银行帮扶资金4350万元，动员社会帮扶力量捐款捐物824万元；完成消费帮扶1217.18万元。引进甘肃格瑞丰农牧科技有限公司等3家东部企业落地投资，增加投资5431万元。按照“不搞大拆大建、不搞推倒重来、不搞千村一面、因地制宜、因户施策、缺什么补什么”原则，投资5.56亿元建成63个和美乡村，受益群众1.14万户4.28万人。完成489户生态及地质灾害避险搬迁工程，改造农村抗震房3500户。178个行政村全部完成清洁村庄创建工作，卫生厕所普及率达87.8%。开展“两富一美”“温馨进万家”活动，帮办实事4753件，解决群众“急难愁盼”问题1441件。发放脱贫人口小额信贷1096户5474.2万元，为1.5万户群众兑现分红资金3852万元。全县村集体经济收入3005万元，村均收入17.2万元，175个村集体经济收入全部达到5万元以上。

【项目建设】始终牢固树立“项目为王”理念，凝心聚力谋项目、引项目、建项目、管项目，县域经济高质量发展动能更加强劲。争取中央和省级预算内投资项目62项，落实资金超15亿元，特别是落实涉藏专项项目27项8.32亿元，落实地方政府专项债券项目25项6.76亿元、增长88%。168个高质量发展重大项目全部开复工，实施亿元以上项目21项、总投资113亿元，美丽乡村、城区路网联通、自然村道路硬化等114个项目已全部建成，项目开复工个数、完成投资分别是上年的1.77倍、1.6倍。谋划储备2023年中央预算内投资项目88项、总投资59.9亿元，地方政府专项债券项目107项、总投资65.3亿元，43个项目纳入市列高质量发展重大项目，总投资达127.8亿元。积极参加兰洽会、云招商等节会活动，签约项目20项62.9亿元。实施松山滩330千伏汇集升压站、格桑大酒店等招商引资项目40项，落实到位资金44.7亿元、增长22.3%。项目在建数量、投资体量和建设速度均创历史新高。

【优势产业】突出打造文旅产业，紧盯打造“距内地最近的高原藏乡生态旅游目的地”目标，投资5.66亿元实施华锐非物质文化遗产展示展演中心等9项文旅重点项目，成功举办赛马大会等重点文体节庆活动，推荐评定4星级农家乐4户，全年接待游客109.66万人（次），实现旅游综合收入7.22亿元，增长10.42%。集群发展现代农业，全力保障粮食生产，建设高标准农田5万亩，粮食种植面积达到20万亩、实现产量5.4万吨。聚焦强龙头、补链条、聚集群，发展壮大特色产业，种植高原夏菜12.6万亩、藜麦4.2万亩、中药材4.2万亩，袋栽食用菌5000万袋、畦栽30万平方米；养殖牛23万头、羊147.8万只、岔口驿马8058匹。高质量建设松山国家农村产业融合发展示范园、石门农业产业园，打造食用菌、高原夏菜、高效节水技术3个万亩示范点，建成10万亩省级绿色食品蔬菜和3万亩全国绿色食品荷兰豆标准化生产基地，带动特色产业集群发展。培育壮大生态工业，实施“强工业”行动，引导碳化硅企业完成16条生产线环保改造，玛岈冰川年产18万吨矿泉水改扩建、兰雨丰年产100万平方米防水材料生产线建成投运，推动金强工业集中区扩建增容，加快形成“一区两园”发展格局。编制完成430万千瓦新能源开发利用规划，华电20万千瓦、330千伏汇集升压站等项目开工建设，争取第二批风电指标50万千瓦。

【环境保护】勇担生态报国之责，统筹山水林田湖草沙系统治理，保护祁连山，呵护水源头，绿色底蕴厚植显效，天祝县被纳入全省青藏高原生态保护和可持续发展先行区。祁连山生态环境问题整改整治成效持续巩固，省级环保督察反馈问题完成年度整改任务，天祝煤矿创建为省级绿色矿山。推进国土绿化和林草资源保护“五大工程”“八大行动”，以400公里风情线为主线，完成人工造林6230亩，通道绿化400公里，义务植树106万株；实施草原禁牧160万亩、草畜平衡427万亩，建设景观围栏710公里，全县林木绿化率和草原综合植被盖度分别达34.6%、94.5%，天堂镇荣获“省级森林小镇”称号。持续深入打好蓝天、碧水、净土保卫战，全面完成10蒸吨以下燃煤锅炉淘汰整治，天然气入户累计达1.85万户，全年空气质量优良率达92%。全面落实河（湖）长制，投资9.7亿元实施黄河流域庄浪河县城段水生态综合治理（一期）、石门河水资源综合利用等项目26项，国控、市控断面及集中式饮用水水源地水质全部达标，金强河成功创建为省级美丽幸福河湖。强化农业面源污染治理和土壤污染风险管控，畜禽粪污资源化利用率达87.6%，废旧地膜回收率达84.5%，重点建设用地安全利用率达100%，天蓝水清地绿的天祝画卷正在加速绘就。

【城乡建设】坚持统筹城乡融合发展，着力推进以县城为重要载体的城镇化建设，县城承载功能明显增强。编制完成全县国土空间总体规划、中心城区控制性详细规划、县域村庄布局规划及152个“多规合一”实用性村庄规划，国土空间规划体系日趋完善。加快推进城市更新行动，新建城市广场2个、市政道路8条，打通“断头路”2条，改造供热管线12公里，建成便民市场2个、公共停车场2个、城乡有机废弃物综合利用处理场1座，生活垃圾无害化处理率达到100%。深入开展城区“十项提升”“一难两乱”等专项整治行动，新增停车位8501个，城市管理精细化水平不断提升。新建5G基站187座，城区5G网络实现全覆盖。新增城区绿化面积6.2万平方米，提升改造5.5万平方米，县城绿地率和绿化覆盖率分别达29.3%、34%。新建农村卫生户厕1868座，整改问题厕所1605座，农村卫生厕所普及率达87.8%，178个行政村全部完成清洁村庄创建工作，城乡面貌焕然一新，居民幸福感明显提升。

【社会事业】始终把保障和改善民生放在突出位置，大力增加群众收入，切实兜牢民生底线，不断提升治理水平，努力让发展成果更多惠及人民群众。财政用于民生支出达36.67亿元，占一般公共预算支出的80.23%。省列、市列、县列19件民生实事全部完成。选派122名高校毕业生到基层就业，城镇新增就业2647人，输转城乡富余劳动力4.2万人。城乡居民社会保险实现应参尽参、应保尽保，城乡低保年保障标准分别达到8076元、5268元。投资2.7亿元实施城北区九年一贯制学校、南阳山寄宿制学校等项目，新增义务教育阶段学位2700个、学前教育园位180个。全县各级各类学校由2021年底的164所优化调整为79所，学校空间分布和容量配置更加合理。“县管校聘”管理模式全面落实，教育发展活力显著增强。投资7.4亿元的县医院扩容迁建、传染病救治综合楼、藏医院门急诊医技楼等项目即将建成投用。投入资金3778万元用于常态化疫情防控，最大程度保护人民群众生命安全和身体健康，最大限度减少疫情对经济社会发展的影响，疫情防控取得阶段性胜利。先后选派医务人员833人（次），圆满完成支援西藏、青海和兰州市、凉州区疫情防控工作任务，得到了相关市区的高度评价和肯定。安全生产、道路交通、防汛减灾形势总体平稳，高质量完成“应急使命·2022”演习参演任务。全力做好高风险机构化险工作，累计清收处置天祝农商银行不良贷款15.52亿元，主要监管指标均已达到评级要求。持续深化平安天祝建设，推动扫黑除恶斗争常态化，连续三年被市委、市政府评为“平安建设优秀县”，获评“平安甘肃建设示范县”，民族团结、宗教和顺、社会和谐的良好局面持续巩固。

（韩海军）

张掖市

【基本情况】张掖，位于青藏高原和蒙古高原交汇的河西走廊中部，西汉以“张国臂掖，以通西域”而得名，历史上又称甘州。自古以来就是丝绸之路商贾重镇和咽喉要道，素有“塞上江南”“金张掖”之美誉。境内祁连山水源涵养区、黑河绿洲、荒漠戈壁三大生态系统交错衔接，雪山冰川、森林草原、七彩丹霞、田畴沃野、湿地候鸟、荒漠沙丘等地貌交相辉映，使张掖成为坐落在祁连山、黑河湿地两个国家级自然保护区之上的城市，2019年成功创建为国家生态文明建设示范市。国土总面积3.86万平方公里，辖甘州区、肃南县、民乐县、临泽县、高台县、山丹县一区五县，辖区有汉、裕固、藏、蒙、回等38个民族，其中分布于祁连山区的裕固族是全国独有的少数民族。2022年末，全市常住人口112.01万人，城镇人口59.91万人，城镇化率53.49%。

【资源优势】张掖境内河流众多，阳光充足，土地肥沃，灌溉便利，是国家现代农业示范区，是全国最大的玉米制种区和重要的粮食、蔬菜、瓜果、油料和牛羊生产基地，也是全省以钨钼、铜、金、铁、煤、粘土、钾盐等矿种为主的金属、非金属矿产集中区和水能、光能、风能开发区。张掖既有“半城芦苇”的自然美景，也有“半城塔影”的历史风貌，文化沉积深厚，人文景观丰富，是国家级历史文化名城和中国优秀旅游城市。这里有中国最美之一的祁连山草原、张掖丹霞、黑河湿地、黑河峡谷和平山湖大峡谷，有全国最大的山丹马场、保存最完整的汉明长城、历史文化名山焉支山、名城骆驼城、红西路军战斗遗址和烈士陵园，有距城市最近的七一冰川、沙漠公园，有全国最大的室内泥塑卧佛张掖大佛、坐佛山丹大佛，有与敦煌莫高窟同时代的马蹄寺石窟群，还有独特的裕固族、蒙古族、藏族风情等。

【国民经济】2022年，张掖市经济持续稳定恢复、好于预期，经济总量迈上新台阶，发展质量稳步提升，企业效益不断提升，民生福祉稳步增进，社会事业蓬勃发展，全方位推动高质量发展取得积极成效，为加快建设幸福美好新张掖奠定了坚实基础。全年全市实现地区生产总值581.51亿元，比上年增长6.1%。其中，第一产业增加值

170.33 亿元，增长 6.4%；第二产业增加值 118.90 亿元，增长 8.0%；第三产业增加值 292.29 亿元，增长 5.3%。三次产业结构比为 29.3 ：20.4 ：50.3。十大生态产业增加值 224.82 亿元，占全市地区生产总值的 38.7%，比重比上年提升 1.2 个百分点。工业增加值比上年增长 7.1%，其中规模以上工业增加值增长 9.0%。实现社会消费品零售总额 245.33 亿元，增长 7.3%。一般公共预算收入完成 31.29 亿元，增长 21.7%；一般公共预算支出 194.75 亿元，增长 24.0%。

【乡村振兴】落实到位各级财政衔接推进乡村振兴补助资金 8.3 亿元，健全完善防止返贫动态监测和帮扶机制，1495 户 4610 名监测对象落实帮扶措施 7752 项，脱贫群众人均可支配收入达到 18039 元，增长 13.2%。乡村振兴步伐加快，乡村振兴考核连续三年全省排名第一，获评全国促进乡村振兴重点工作成效明显激励市，省委农村工作会议首次离开省会以现场会形式在我市召开，临泽县入选国家乡村振兴示范县。因地制宜推进乡村建设，54 个省级示范村“多规合一”实用性村庄规划获批实施，15 个省市级示范镇、177 个示范村建设积极推进。完成生态及地质灾害避险搬迁 1.5 万户 5.3 万人，全省现场会在我市召开。“三联四保”投融资模式和农业农村执法改革等做法在全省推广。深入实施农村人居环境整治提升五年行动，所有村庄均达到省级“清洁村庄”标准。农村生活垃圾治理工作第二批次成效评价位列全省第一。甘州区黑河林场、山丹县大黄山（焉支山）入选国家级森林康养试点建设基地。甘州区古城村、高台县暖泉村、山丹县马营村等 9 个村庄列入第六批中国传统村落。

【农业经济】认真贯彻落实党中央和省委“三农”工作部署，集中力量打造绿色蔬菜、奶牛肉牛、现代种业、现代设施农业“四个百亿元”农业产业集群，不断壮大“六大区域特色产业”，全市农业农村经济保持稳中向好态势。全市粮食种植面积 318.85 万亩，比上年增加 0.96 万亩；油料种植面积 19.55 万亩，增加 5.24 万亩；蔬菜种植面积 61.37 万亩，增加 5.13 万亩；中药材种植面积 24.19 万亩，减少 0.64 万亩；果园面积 11.30 万亩，增加 0.38 万亩。粮食产量 151.17 万吨，比上年增长 1.4%；蔬菜产量 194.25 万吨，增长 9.5%；园林水果产量 8.08 万吨，增长 9.6%；中药材产量 10.28 万吨，增长 2.9%；肉类产量 16.86 万吨，比上年增长 7.1%；牛奶产量 19.24 万吨，增长 6.5%。年末牛存栏 70.90 万头，增长 5.1%；出栏 32.85 万头，增长 5.6%。羊存栏 375.92 万只，增长 7.1%；出栏 360.75 万只，增长 9.2%。生猪存栏 52.97 万头，增长 4.1%；出栏 90.84 万头，增长 6.5%。

【项目建设】坚持“项目为王”，谋划项目抓前期、签约项目抓落地、前期项目抓开工、续建项目抓进度、竣工项目抓投运。连续组织开展“冬日无闲大抓项目”活动，围绕国家政策支持领域谋划储备项目 222 项，逐步形成“储备一批、实施一批、投产达产一批”的良性循环。积极与国家、省发展改革委反复汇报衔接，最大限度争取国家支持，争取地方政府专项债券、中央及省预算内资金、专项基金 40.8 亿元，落实农发行项目贷款 36.86 亿元，资金争取额度创近年新高。紧盯投资项目“三个清单”，全面推行重大项目领导包抓和项目专班推进机制，组织 2 次重点项目集中开工活动，兰张三四线武张段、张掖机场改扩建、花草滩煤矿扩大区青阳煤矿等重点项目前期工作进展顺利，S593 元明二级公路、G30 高速新城互通立交等项目完成全部建设任务，河西硅业 20 万吨硅系新材料综合利用、张掖国家玉米种子产业园一期等一批重大项目建成投产。特别是盘道山、皇城 2 个抽水蓄能电站仅用时七个月即在全省率先核准开工建设，创造了项目前期推进的“张掖速度”。2022 年，全市固定资产投资比上年增长 17.6%，其中项目投资增长 17.2%，房地产投资增长 20.2%。按三次产业分，第一产业投资增长 13.4%；第二产业投资增长 128.9%，其中工业投资增长 128.9%；第三产业投资下降 18.1%。基础设施投资下降 36.4%，民间投资增长 21.4%。

【优势产业】特色高效农业蓬勃发展，玉米制种、奶牛肉牛、绿色蔬菜、戈壁农业分别达 109 万亩、110 万头、96 万亩、15 万亩。圆满完成国家生物育种产业化应用试点任务，张掖国家玉米种子产业园一期建成投用，临泽玉米制种产业园加快建设，20 户制种企业设立总部、区域总部或结算中心。新建高标准农田 32.4 万亩。新认证“三品一标”农产品 24 个、创建“甘味”企业商标品牌 21 个。张掖牛肉和食用菌荣获国家“名优特新”农产品。绿色蔬菜供应基地全国排名第 6。农产品加工转化率达 69%。甘州区成功创评全国首批农业现代化示范区和农村产业融合发展试点示范县，跻身全国农业社会化服务创新试点。临泽县入围国家农业现代化示范区。强工业行动实现突破。新建续建 65 个新能源及装备制造业项目，完成投资 124.1 亿元；年内建成 15 个风光电项目，实现并网 235 万千瓦。融万科技 10 万吨凹凸棒石干法提纯生产、锦拓生物年产 1 万吨糠醛等 29 个项目建成投产，LNG 储备中心等 15 个项目进入试生产，晋昌源 120 万吨捣固炼焦、河西硅业 20 万吨硅系新材料综合利用、维尔沃 100 吨硼同位素生产等项目加快建设，日产 4000 吨熟料新型干法水泥生产、甘电投张掖 2×100 万千瓦燃煤机组扩建项目获批实施。优化提升煤炭产能，东水泉煤矿 90 万吨矿井改造提升项目进入联合试运转，花草滩煤矿 180 万吨产能核增项目获批实施，花草滩扩大区、平山湖芦草台子、羊虎沟北矿区煤炭资源勘查全面开展。现代服务业基础更实。加快建设全省区域消费中心城市，建成地标性商业综合体 3 座、特色商业步行街 9 条、便民智慧生活服务圈 11 个、便民市场 18 个，甘州区甘泉文化旅游街区入选全国夜间文旅消费集聚区培育名单。推进电子商务进农村，建成县级电商运营服务中心 6 个、乡级电商服务站 44 个。深入实施数字经济赋能行动、会展产业培育发展行动和现代服务业壮大行动，“一国一品”品牌项目启动建设。在跨省旅游受疫情影响数度“熔断”、旅游业遭遇前所未有冲击的形势下，坚持内夯基础、外扩影响，精心打造“金张掖·六乐”品牌，七彩丹霞启动世界级旅游景区创建工作，平山湖大峡谷、马蹄寺创建 5A 级景区有序推进，甘州区前进村入选全国乡村旅游重点村。大力推进文旅企业纾困，发行文旅年卡1万多张。

【人民生活】用心用情补齐民生短板，民生支出占财政支出的80%。就业创业稳中向好，成功申报全国2022年公共就业服务能力提升示范项目。城镇新增就业2.01万人，全年输转城乡富余劳动力29.67万人，其中市外输转10.44万人，市内输转19.23万人。城镇居民人均可支配收入32366元，增长4.1%；农村居民人均可支配收入18854元，增长6.7%。城镇居民人均消费支出25177元，增长3.6%；农村居民人均消费支出16806元，增长6.0%。居民恩格尔系数城镇为29.8%，农村为30.2%。

【环境保护】始终把生态环境保护作为“国之大者”，筑牢绿色屏障，提升绿色质量，厚植绿色优势。生态建设全面加强，加快“一屏一带一廊一城”生态功能区建设，纵深推进祁连山和黑河湿地自然保护区生态保护修复，祁连山国家公园达到正式批建要求，祁连山国家级自然保护区荣获2022绿色亚太环保成就奖。国土绿化试点示范等重大项目加快实施，完成义务植树350万株、营造林30万亩、草原生态修复治理232万亩。国家森林城市创建通过备案批复。投资165亿元的138万亩国家储备林建设规划获批。投资9.05亿元的“双重”规划项目列入国家重大项目库。首单400万亩草原碳汇VCS项目成功签发，林草二期碳汇项目完成前期工作。甘州、临泽国家EOD项目稳步实施。生态环境持续向好。全年空气质量优良天数比例为89.3%，8个国家级、4个省级地表水考核断面水质和县级及以上城市集中式饮用水水源水质优良比例均达100%，山丹河水质稳定达到Ⅳ类目标要求。土壤环境安全可控。入选全国首批区域再生水循环利用试点城市。黑河（张掖段）“美丽河湖”优秀案例省级评审第一。城区交通主干道道路交通噪声状况好，噪声水平等级一级；区域环境噪声状况较好，噪声水平等级二级。全年平均气温为8.0℃，比上年偏高0.2℃。年日照小时数2848.1小时，比上年增加9.3小时。年降水量168.7毫米，比上年减少6.2毫米。

【社会保障】社会保障持续加强，企业职工养老保险全国统筹稳步推进，城乡居民养老保险参保率达97%。发放社会救助资金5.9亿元，救助城乡困难群众12.2万人次。全市参加城镇职工基本养老保险人数21.66万人，参加城乡居民基本养老保险人数68.06万人，参加城镇职工基本医疗保险人数14.69万人，参加城乡居民基本医疗保险人数104.31万人，参加失业保险人数9.60万人，参加工伤保险人数12.87万人，其中参加工伤保险的农民工3.76万人。全年保险公司保费收入40.88亿元，支付各类赔款及给付11.93亿元。年末城镇居民最低生活保障人数1.59万人，农村居民最低生活保障人数4.87万人。

【社会事业】科技事业有新进展，全市登记市级科技成果16项，其中应用技术类成果13项。专利授权量1522件，下降32.5%，其中发明专利授权量66件，有效发明专利406件，每万人口发明专利拥有量3.6件。共签订技术合同439项，下降18.4%；技术合同成交金额38.54亿元，增长13.1%。教育事业稳步推进。普通本专科招生0.71万人，在校生2.37万人，毕业生0.45万人。中等职业教育招生0.47万人，在校生1.26万人，毕业生0.35万人。普通高中招生0.78万人，在校生2.25万人，毕业生0.69万人。初中招生1.3万人，在校生3.8万人，毕业生1.32万人。普通小学招生1.1万人，在校生7.23万人，毕业生1.31万人。特殊教育招生21人，在校生191人。幼儿园在园幼儿4.02万人。文旅事业健康发展。年末广播节目综合人口覆盖率99.93%，比上年末提高0.02个百分点；电视节目综合人口覆盖率99.94%，提高0.02个百分点。全市共有体育场地4985个，体育场地面积334.2万平方米。全年体育获得各类奖牌54枚，其中金牌19枚。全年接待国内游客1529.09万人次，比上年下降55.5%；国内旅游收入84.44亿元，下降56.0%。医疗卫生条件持续改善。年末共有医疗卫生机构1356个。其中医院46个，医院中综合医院21个，中医医院17个，专科医院8个；基层医疗卫生机构858个，其中，社区卫生服务中心（站）30个，卫生院82个，村卫生室746个；专业公共卫生机构20个，其中，疾病预防控制中心7个，妇幼保健院（所、站）7个，卫生监督所（中心）6个。年末卫生技术人员1.22万人，其中，执业医师和执业助理医师0.5万人，注册护士0.65万人。医疗卫生机构床位1.13万张，其中，医院0.85万张，卫生院0.21万张。

（关玉冬）

甘州区

【基本情况】甘州区是张掖市的政治、经济、文化中心，位于古“丝绸之路”南北两线和“居延古道”交汇点上，南依祁连山，北邻内蒙古阿拉善右旗，东连镍都金昌，西接古郡酒泉，历来为河西走廊重镇，兵家必争、商旅必经之地。古甘州历史悠久，人文荟萃，据文字记载，已有5000年历史。从夏商到春秋战国时期，先后有羌、戎、狄等少数民族居住，北凉沮渠蒙逊建郡至西魏废帝三年改为甘州，因甘泉清冽而得名，甘州之称自此开始。1936年冬中国工农红军西路军西渡黄河，进入河西走廊，设立了“甘州中心县委”，1949年9月19日张掖解放。中华人民共和国成立后，先后在张掖设专区、地级市，1961年恢复县制，1985年成立县级张掖市，2002年3月1日撤市设甘州区。因具有良好的生态环境和区位优势，被誉为山青、水秀、天蓝、地绿的“塞上江南”，宜居、宜游、宜学的“湿地之城”，明净、清新、亮丽的“清凉之都”，文明、和谐、繁荣的“戈壁水乡”，黑河湿地国家级自然保护区、甘肃张掖国家湿地公园、张掖城北国家城市湿地公园、张掖绿洲现代农业试验示范区、国家级张掖经济技术开发区坐落其中，芦水湾景区创建为省级度假区，屋兰古镇升级为4A级景区，是国务院公布的中国历史文化名城和中国优秀旅游城市。全区国土总面积3661平方公里，张掖国家级经济技术开发区坐落其中，辖18个乡镇、5个街道办事处，245个行政村，2007个村民小组，32个社区，2022年末常住人口51.71万人，城镇化率55.57%，有汉、回、蒙、裕固等34

个民族。

【资源优势】甘州区地处甘肃省河西走廊中段，位于东经100°6′~100°52′，北纬38°32′~39°24′之间，平均海拔1474米，属典型的温带大陆性气候，年平均降水量113—120毫米，日照时数2932—3085小时，无霜期138—179天。境内有黑河、酥油口河、大野口河、山丹河4条主要河流和26条季节性河流，年径流量24亿立方米，水能蕴藏量达2.2亿千瓦，地下水储量10亿立方米，地表水与地下水富足，拥有广袤的河流湿地、沼泽湿地和人工湿地共7.7万亩，仅城北湿地就达2.8万亩。甘州区地处北纬38度"黄金带"上，境内地势平坦，光热资源充沛，土地肥沃，灌溉农业发达，盛产小麦、玉米、小杂粮、蔬菜等80多种农产品和名贵中药材，是全国最大的县级玉米制种基地、重要的商品粮生产基地、肉牛养殖示范区和五大"西菜东运"基地之一，是全国优势农产品区域、国家级杂交玉米种子生产基地核心区域、甘肃省7个粮食生产大县之一。近年来，先后被命名认定为国家现代农业示范区、农业改革与建设试点示范区、国家农业产业化示范基地、全国粮食生产先进县、全国无公害蔬菜生产十强区、全国畜牧大区、全国肉牛优势主产区、全国适度规模化母牛养殖示范区、全国生猪调出大县、第三批全国农村创业创新典型县、省级可持续发展实验区，农业整体发展水平处于全国一熟制地区先进行列。甘州环境优美，文化旅游资源丰富，是华夏文明传承区丝绸之路文化发展带的重要节点城市，1986年被国务院命名为全国历史文化名城。区内寺庙、古城、墓葬、烽燧等名胜古迹遍布，有亚洲第一卧佛之称的西夏国寺和汉代黑水国遗址、隋代木塔、明代钟鼓楼、西来寺以及古汉墓群等著名的历史文物古迹，曾有"一湖山光，半城塔影，苇溪连片，古刹处处"的赞誉。甘州境内祁连山水源涵养区、黑河湿地、荒漠戈壁三大生态系统交错衔接，中国第二大内陆河黑河穿境而过，森林草原、荒漠沙丘、七彩丹霞、绿洲沃土、湿地芦苇等各类地貌形态富集，是中国优秀旅游城市、中国最美乡村百佳县市。

【国民经济】2022年，全区实现地区生产总值253.58亿元，比上年增长6.7%。其中，第一产业增加值63.16亿元，增长6.4%；第二产业增加值43.72亿元，增长10.5%；第三产业增加值146.71亿元，增长5.1%。三次产业结构为24.9 ∶ 17.2 ∶ 57.9。人均地区生产总值49018元，增长6.5%。规模以上工业增加值比上年增长15%；固定资产投资增长18.4%；社会消费品零售总额136.7亿元，增长7.6%。一般公共预算收入10.7亿元，同口径增长17.86%；一般公共预算支出40.25亿元，比上年增长0.01%。居民消费价格比上年上涨1.8%，商品零售价格上涨3.3%。

【乡村振兴】大力实施乡村振兴战略，深化农业农村改革，围绕制种玉米、蔬菜、中药材、食用菌、肉牛、奶牛等特色优势产业，深入推进现代丝路寒旱农业特色优势产业三年倍增行动，按照"建基地、强龙头、延链条、兴园区、育集群、创品牌、拓市场"的思路，加快建设玉米种子、蔬菜精深加工、现代畜牧、食用菌、有机农产品、设施农业六大产业园区，全力打造玉米制种、绿色蔬菜、奶肉牛、特色种养四大产业集群。2022年建成农业产业化基地面积87.4万亩，市级以上农业产业化重点龙头企业90家，销售销售收入达到62亿元。全年全区农作物播种面积121.95万亩，比上年增加0.11万亩，粮食作物播种面积91.89万亩，粮食总产量达到49.81万吨。现代种业、绿色蔬菜、奶牛肉牛等主导产业集群初具规模。认证"三品一标"产品91个，张掖肉牛和食用菌荣获国家"名优特新"农产品，徐赵寨村（娃娃菜）入围2022年全国乡村特色产业超亿元村，乌江镇被认定为全国"一村一品"示范镇。2022年第一产业增加值达到63.16亿元，位居全省86个县区第2位。坚持脱贫攻坚与乡村振兴有效衔接，齐心协力攻脱贫、促振兴，农村面貌持续改善，农村人居环境整治成效显著，被确定为全国生活垃圾分类试点县（区），上榜中国最美乡村百佳县（区）。乡村振兴考核连续两年全省第一，产业发展典型案例入选全国乡村振兴优秀案例，创建为全国"四好农村路"示范县（区）。

【项目建设】把项目建设作为第一抓手，扎实开展"冬日无闲·大抓项目"和"抓项目、扩投资、赶进度、提效能"集中攻坚活动，破解瓶颈制约加快项目建设进度，列入全市"三个清单"的130个项目全面开工，5个省列、20个市列重点项目进展顺利，旅游大通道北线建成通车，酥油口下库下闸蓄水，河西硅业一期工程建成投产，15万亩标准化种子基地建设如火如荼，全年全区固定资产投资比上年增长18.4%。其中，项目投资增长18.85%，房地产投资增长17.17%。按三次产业分，第一产业投资增长25.86%；第二产业投资增长268.29%，其中工业投资增长268.29%；第三产业投资下降16.29%。

【优势产业】现代种业、绿色蔬菜、奶牛肉牛等主导产业集群初具规模。认证"三品一标"产品91个，张掖肉牛和食用菌荣获国家"名优特新"农产品，徐赵寨村（娃娃菜）入围2022年全国乡村特色产业超亿元村，乌江镇被认定为全国"一村一品"示范镇。做强现代种业，加快建设国家打赢种业翻身仗先行示范区和"张掖玉米种子"地理标志产品保护示范区，不断完善制种基地竞争性配置机制，持续推进10万亩玉米核心种源扩繁基地、张掖国家玉米种子产业园、玉米种子战略储备库和种质资源库等项目，2022年全区制种玉米种植面积67.41万亩，积极承接落实国家转基因玉米制种任务，打造全国育繁推一体化玉米种子产业创新高地。做精蔬菜产业，立足粤港澳大湾区、长三角经济带、京津冀都市圈等市场需求，加快蔬菜标准化基地建设，高标准打造蔬菜精深加工产业园，2022年全区蔬菜种植面积25.34万亩，蔬菜产量852057吨。围绕做大奶肉牛产业，以现代畜牧产业园建设为抓手，加快实施3万头肉牛智慧牧场、甘肃云鑫奶肉牛养殖基地及肉制品深加工、传祁乳业奶制品深加工、祁连牧歌预制品生产线及冷库改造等项目，建设前进奶业小镇，举办全国鲜奶论坛，新改扩建标准化规模养殖场区20个以上，2022年牛饲养量38.25万头，牛奶产量129236吨。大力实施工业突破发展三年行动，聚焦新能源及装备制造、新材料及冶金、农畜产品精深加工、先进制造四大战略性支柱产业，积极构建工业主导型经济格局。实施全域旅游提质增效三年行动，挖掘地域特色，整合优质资源，加大新模式、新业态、新产品开发力度。完善旅游基础设施，沙漠体育公园完成升级改造，奥体中心、职教中心体育馆等项目进展顺利，西大湖湿地、水云乡生态公园、黑河生态公园创建为3A级景区，芦水湾被评为省级体育旅游示范基地。大力发展以假日游、近郊游为重点的乡村旅游，推出“七彩甘州游”精品线路，举办花游季、丰收季、彩林季等系列节会活动，倡导“张掖人游甘州、丰收了游乡村”，“如画甘州·桑麻之地度假之旅”入选全国乡村旅游精品线路，前进牧业石岗墩万头牧场被农业农村部认定为休闲观光牧场，2022年全年接待境内外游客1251.94万人次，比上年增长10.17%；实现旅游综合收入63.72亿元，下降0.4%。聚力打造区域（特色）消费中心城市，重点培育明清街、欧式街、张掖老街、甘州府城等夜间经济消费聚集区，“甘州有礼”文创产品展销基地建成运营，甘美智慧农产品供应链溯源集配平台普及使用，甘泉文化街区被文化和旅游部列入夜间文游消费集聚区培育名单。推行直播带货、线上销售等营销模式，举办“直播带货赋能乡村振兴”电商人才技能大赛，开展大宗商品展销会、惠民消费券发放、购房家电补贴等促销活动，带动汽车、石油等商品销售额持续增长。

【人民生活】城乡居民收入持续增加，2022年全区城镇居民人均可支配收入33014元，比上年增长3.9%；城镇居民人均消费支出24737元，增长3.6%；城镇居民家庭恩格尔系数为29.89%。农村居民人均可支配收入19882元，增长6.8%；农村居民人均生活消费支出16820元，增长6%；农村居民家庭恩格尔系数为30.76%。

【生态环保】牢固树立和践行绿水青山就是金山银山理念，协同推进降碳、减污、扩绿、增长，坚定不移走生态优先、节约集约、绿色低碳发展之路。持续强化生态保护修复，奥林匹克森林公园、彩虹林海生态公园等项目加速推进，黑河林场获评全国绿化先进集体和国家级森林康养试点建设基地；坚决打好“蓝天、碧水、净土”三大攻坚战，开展锅炉煤炉、煤烟炕烟、施工扬尘综合治理，2022年全区空气可吸入颗粒物年日均值54ug/m³，二氧化硫年日均值9ug/m³，二氧化氮年日均值20ug/m³，空气质量优良天数为325天，优良天数比例为89%。严格落实河湖长制，194个农村小区污水处理实现全覆盖，农村生活污水治理率达79%，治理经验受到省生态环境厅通报表扬，水环境质量总体稳定；2022年黑河干流张掖段各监测断面水质达标率100%；水质均达到相应水域标准。深入开展农药、化肥、地膜减量化专项治理，土壤环境质量达到清洁等级。是全国绿色生态示范城市、国家生态文明建设示范市。

【社会保障】聚焦群众关心的教育、医疗、养老、就业等热点难点问题，加大民生投入保障力度，群众获得感、幸福感进一步增强。年末全区参加城乡居民基本养老保险247803人；参加城镇职工养老保险54224人；参加机关事业单位养老保险16311人。参加城乡居民基本医疗保险410544人；参加城镇职工基本医疗保险34500人；参加失业保险24775人；参加工伤保险41176人，其中，参加工伤保险的农民工15259人。全区享受城市最低生活保障的居民4713人，发放城市最低生活保障资金3168万元；享受农村最低生活保障的居民12195人，发放农村最低生活保障资金5336万元。

【社会事业】持续优化教育资源布局，第七、第八、第九幼儿园建成招生，西街小学、北街小学完成扩建，十幼新建、三中迁建、二中改造提升等项目加快推进，城区学位、园位分别增加2295个、1800个；全面落实教育经费“两个只增不减”，严格执行教育“双减”政策，公开招考100名中小学、幼儿园教师，现代职业教育创新发展，“甘州善育”“甘州优学”教育品牌在全省推广。2022年全区职业教育在校生7082人；普通高中在校生9334人；初中学校在校生15896人；普通小学在校生31295人；特殊教育在校生317人；幼儿园在园幼儿19526人。学龄儿童入学率达到99.5%，初中入学率达到100%。2022年向全国各类高、中等专业院校输送新生4355人，高考录取率达到96.76%。2022年全区拥有科研机构4个，全年全区科学技术支出4057万元，比上年增长0.3%。全年共取得市级以上科技成果60项。受理专利申请596件，授权专利532件，有效发明专利183件。全年共签订技术合同165项，技术合同成交金额15.19亿元，增长59.6%，科技创新取得新进展。积极推进优质医疗资源扩容升级，区妇幼保健院孕产保健大楼建成投用，河西走廊（张掖）公共卫生医疗中心、疾病防控与卫生应急处置中心、区中医院等项目进展顺利，区人民医院晋级三级乙等综合性医院；成功举办全国第七届“万步有约”健走激励大赛，有效促进了全民健康生活方式推广普及。2022年全区共有各类医疗卫生机构606个，其中综合医院13家，中医医院1家、专科医院13家，疾病预防控制中心（防疫站）2个，妇幼保健院（所、站）2个，乡镇卫生院22个，社区卫生服务中心6个。卫生技术人员6241人，其中注册执业医师1939人和执业助理医师302人，注册护士2901人。卫生机构拥有床位5257张，其中医院和卫生院拥有床位4995张。

（高彩花　王涛）

肃南裕固族自治县

【基本情况】肃南裕固族自治县成立于1954年，因地处肃州（酒泉）以南而得名，是全国唯一的裕固族自治县。地处河西走廊中部，祁连山北麓一线，东西长650公里，南北宽120—200公里，总面积23887平方公里，东邻天祝藏族自治县，西接肃北蒙古族自治县，南与青海省相邻，北与武威、永昌、山丹、民乐、张掖、临泽、高台、酒泉、嘉峪关、玉门等甘青2省7个市州15个县（市）区接壤。境内草原广袤、土地肥沃、森林茂密、河流纵横、矿藏丰富，除明花乡属沙漠外，其余均系山地，平均海拔约3200米。祁连山主峰素珠莲及著名的“七·一冰川”即在境内。由于地势复杂，气候差异明显，全年平均气温

5.0℃，日照时数2550.7小时，无霜期83天左右。178万公顷草原沃野千里，28万公顷森林郁郁葱葱，森林总蓄积量5741379立方米，全县森林覆盖率达10.4%。拥有草原面积2677.5万亩，湿地面积225.01万亩。境内主要河流分布有石羊河、疏勒河、黑河三大水系，总流域面积21462平方公里。辖3镇5乡、102个村委会、3个社区，是多民族聚居的少数民族县，境内居有裕固、藏、蒙古、回及少量的满、东乡、保安等19个少数民族。年末常住人口2.74万人，城镇化率41.01%。

【资源优势】矿产资源：已探明的矿产27种，分布在228处。已探明的主要金属矿产有铜、铁、钨、铬、锰等。非金属矿有萤石、石灰岩、石英沙、硫、粘土、石膏、石棉、磷镁、白云岩、玉石、芒硝、重晶石、大理石、矿泉水和能源矿产煤炭等16种32处。其中已探明的钨矿储藏量在全国单个矿山储藏量中排名前5位，储藏量达46万吨。

水资源：石羊河、黑河、疏勒河横贯全境，总流域面积为2.15万平方公里，水能蕴藏量达204万千瓦时，冰川蓄藏量约159亿立方米，共有大小河流33条，年径流总量约43.11亿立方米，人均流量11.4万立方米，是河西绿洲灌溉的主要水源。

旅游资源：从人文资源看，既有建于北魏时期的马蹄寺、文殊寺、金塔寺等历史文化遗迹，又有裕固族等独特的民族风情和历史文化；既有可与敦煌莫高窟相媲美的石窟壁画艺术，又有博大精深的藏传、汉传佛教等宗教文化。从自然资源看，既有雪山冰川、又有大漠戈壁；既有草原森林，又有河流瀑布；既有幽谷深涧，又有绿洲平原，具有得天独厚的旅游资源优势。

生物资源：境内动植物资源丰富，生物多样性程度高，在我国干旱半干旱生物多样性保护中占有极其重要的地位，是西北内陆干旱区重要的生物基因库。国家重点保护的一、二类野生动物（鸟兽类）59种，其它动物179种，占全省陆生野生动物的34.8%；植物84科499属1044种。

【国民经济】2022年全县实现地区生产总值38.63亿元，比上年增长6.3%。其中，第一产业增加值10.51亿元，增长6.2%；第二产业增加值14.74亿元，增长7.7%；第三产业增加值13.39亿元，增长5.2%。三次产业结构由上年的25.06 ：37.70 ：37.24调整为27.19 ：38.15 ：34.66，与上年相比，第一产业占比上升2.13个百分点，第二产业占比上升0.45个百分点，第三产业占比下降2.58个百分点。工业增加值12.51亿元，增长5.8%，其中规上工业增加值增长8.1%。固定资产投资增长18.4%。社会消费品零售总额6.58亿元，增长6.7%。一般公共预算收入29660万元，增长8.5%；一般公共预算支出214027万元，增长55.8%。

【生态保护】统筹推进山水林田湖草沙一体化保护和系统治理，争取资金1.96亿元实施草原生态修复治理、祁连山北麓水源涵养与生态保护修复、九条岭采煤沉陷区治理、大河乡历史遗留无主矿山地质环境恢复治理等项目。落实森林生态效益补偿资金660万元，对非天保工程区66.04万亩重点公益林进行有效管护。完成补播改良天然草原14.15万亩，发展人工草地0.32万亩，完成毒害草治理2万亩，虫害防治10万亩，鼠害治理2.8万亩，造林绿化0.2万亩，全县天然草原植被总盖度达70.6%、森林覆盖率达10.4%。主要污染物排放控制在限值以内，全年空气优良率达到94.9%，居全省第一。

【人民生活】城乡居民收入继续增加，生活水平进一步提高。全年城镇居民人均可支配收入34872元，比上年增加1341元，增长4%；城镇居民人均消费性支出34617元，增长0.62%；城镇居民家庭食品消费支出占消费总支出的比重为29.9%，比上年上升1.1个百分点。农村居民人均可支配收入23277元，比上年增加1494元，增长6.9%；农村居民人均生活消费支出22585元，增长0.25%；农村居民家庭食品消费支出占消费总支出的比重为30.2%，比上年上升0.17个百分点。

【乡村振兴】扎实推动巩固拓展脱贫攻坚成果同乡村振兴有效衔接，持续健全完善防返贫动态监测和帮扶“831”工作机制，全县100户320名脱贫对象、6户17名监测对象全部落实帮扶措施。因地制宜深入推进乡村建设，争取到位乡村振兴衔接资金8470万元，安排产业类、基础设施类等项目69个。充分发挥金融助力乡村振兴作用，发放“富民贷”、乡村振兴产业发展贴息贷款1.22亿元。坚持规划先行，编制完成28个发展类村庄“多规合一”建设规划。扎实开展乡村振兴“十二项行动”，投入4391万元高标准完成7个省级示范村创建任务，20个市级示范村全面完成当年创建任务。大力推进农牧村人居环境整治，新（改）建农牧村卫生户厕290座，“清洁村庄”创建实现全覆盖。集中精力打造祁丰东纳藏乡小镇、马蹄藏乡小镇、大河巴尔斯小镇、康乐裕固风情走廊、皇城民俗文化体验区、铧尖江让特色村寨等乡村振兴“样板工程”。

【项目建设】争取中央预算内投资1.43亿元、各类债券资金3.37亿元、政策性贷款2.67亿元，全年实施重点投资项目46个。全力推进大河工业园区供水、大瓷窑生态移民基地取水等17项水利重点工程建设。加速推进国省干线和“四好农村路”项目建设，S593元明二级公路已建成通车，G569线北仙高速公路、G213线元白二级公路有序推进，实施自然村通硬化路建设项目7项60公里，完成安全生命防护工程4项30公里。实施行政村光纤网络改造提升工程，新建4G基站27座、5G基站13座。全力推进县域电网改造升级，新建、改造康乐隆丰、大河松木滩、明花草沟井、皇城泱翔等10千伏线路42公里，0.4千伏线路21.6公里。

【供给侧结构性改革】“放管服”改革加力提速，累计调整、取消行政审批事项184项，全面推行企业开办“一窗通办”改革，实现企业开办“一门进出、一次告知、一窗受理”，政府采购、工程建设和不动产权项目交易实现“一网通办”，办理各类政务服务事项4.3万余件，办结率100%，数字政府建设步入快车道。商事制度改革持续发力，市场主体达到4174户，营商环境不断优化。稳步推进村集体公司化改革试点，实现增收19.9万元。开展生产、供销、信用“三位一体”供销合作试点，建成县乡村三级惠农服务中心（站）6个。成立县人民政府行政复议委员会，1+3

行政复议工作架构体系全面建成，国有企业、医药卫生、社会保障等重点领域改革取得新进展。

【共同富裕先行区建设】抢抓建设各民族共同富裕先行区历史机遇，积极谋划、主动对接，44个市直部门出台支持政策55项，谋划实施项目169项、计划投入资金20.6亿元。市内五县区从生态环境保护、基础设施建设、产业转型升级等12个方面确定帮扶事项77项。积极争取落实少数民族发展、对口支援藏区、民族乡扶持资金6092万元，实施基础设施、产业发展等项目34项。大力开展民族团结进步创建活动，培育示范单位31个、示范家庭37户，打造铸牢中华民族共同体意识教育阵地7个，成功获评第八批全省民族团结进步示范县，民族团结、宗教和顺、社会和谐的良好局面不断巩固。

【民生保障】认真践行以人民为中心的发展思想，累计投入民生资金17.18亿元，占一般公共预算支出的80.32%。省列8件、县列6件民生实事圆满完成。城镇新增就业505人，失业人员再就业473人，高校毕业生就业206人。累计输转城乡劳动力2356人，实现劳务收入8354万元。城市、农村年低保标准分别提高到8076元、5268元，发放各类困难群众救助补助资金2890万元。基础养老金标准由每月228元/人提高到253元/人，待遇标准居全省前列。离任村（社区）干部生活补贴标准由每年840元、960元、1080元、1200元、1320元，提高到每年1440元、1680元、1920元、2160元、2400元。为全县330名公益性岗位和221名临时聘用人员开展免费健康体检。完成城乡妇女“两癌”免费检查1000人。城乡居民参保率达98.1%，全年支出城乡居民医保2650万元、城镇职工医保基金3256万元。全县65岁以上老年人健康体检率87.8%，建成康乐镇综合养老服务中心和县城残疾人日间照料中心。投资2628万元建成县殡葬服务中心。

【绿色畜牧业】获评全国首批草原畜牧业转型升级项目试点县，首年度获国家补助资金4000万元。被评为2022年全国休闲农业重点县。完成牧草种植13.41万亩，落实种粮补贴等惠农资金1431万元。争取年度草原补奖资金2.68亿元，补奖标准提高27.6%。投资6470万元建成牛羊养殖棚、储草棚等85座3万平方米，青贮窖和无害化处理池34座3530立方米。累计完成“三品一标”认证21个；“共享牧场”云端销售羔羊3500多只。政策性农业保险增品扩面，各品种牛羊全部纳入保险范围，县财政补助保费500万元，承保机构为10803户农牧户兑付农业保险理赔金1665.72万元。

【全域旅游】以旅游景区质量提升扩容行动为抓手，投资1.19亿元实施马蹄寺旅游景区旅游基础设施改造提升项目；投资1350万元实施裕固风情走廊特色提升工程；投资1300万元建成裕固风情苑自驾游房车营地；投资5230万元启动实施文殊寺景区提档升级，打造酒嘉避暑胜地；投资1100万元提升改造巴尔斯景区停车场和景区道路；投资500多万元完善外星谷、冰沟丹霞等景区5G通信和供电设施；投资2000万元改造提升西柳沟民俗度假区；投资1960万元打造张肃—肃祁公路沿线生态旅游节点。加快乡村旅游发展，实施康乐镇榆木庄民俗体验区二期、白银乡蒙古风情体验区等项目，发放贴息贷款838万元，扶持农（牧）家乐和民宿改造升级，红石窝草原被命名为全国第一批“红色草原”，榆木庄民宿度假村被评为甘肃省丙级旅游民宿。全年全县共接待游客380.15万人次，比上年增长20.7%；实现旅游综合收入20.1亿元，增长28.1%。

【社会事业】投资3047万元实施县一中科技实验楼、职教中心实训楼、肃南裕苑游牧民定居工程配套幼儿园等项目。县幼儿园被命名为省级示范性幼儿园。学前教育普惠率达100%，全县高考录取率达97.85%。投资1517万元建成县人民医院引进人才公寓楼及职工和住院病人营养餐厅、8个乡（镇）卫生分院中医馆和皇城、祁丰核酸检测实验室。公共文化服务全面提升，《扶贫开发志》《全面小康建设志》编纂工作顺利推进，我县成功入选省级生态文化保护区。全县新入库科技型中小企业16家，认定省级科技创新型企业4家，新备案复审高新技术企业1家，登记科技成果6项，完成技术合同交易额2亿元。

【城乡环境】积极推进新型城镇化建设，整合资金1.86亿元统筹推进以“一河两岸两节点”布局为核心的“彩虹城市”建设，实施肃南裕固族民俗度假区景区停车场（县城地下停车场）一期工程、西柳沟桥社区便民市场等8项重点项目，裕固风情街住宅楼项目完成一期主体工程建设。完成县城绿化补植补造、水系景观打造、亮化提升改造工程；加快推进祁连山自然博物馆（科普教育基地）、少数民族传统项目综合体育馆室内工程，综合实施城区“飞线”整治，县城148栋居民住宅楼全部安装智能化充电桩，县城综合承载能力不断提升，特色鲜明、功能完备的“彩虹城市”初步呈现。

（王生忠）

民乐县

【基本情况】民乐县地处祁连山北麓、河西走廊中段，属祁连山水源涵养区，是黑河水资源可持续利用和永续补给的绿色生态屏障。境内有月氏东城遗址、东西灰山遗址、明清水陆画等历史文化遗迹127处，列入国家级文物保护单位6处、省级文物保护单位6处。总面积3687平方公里，辖10个镇，1个城市社区管委会，172个行政村，14个社区，有汉、回、藏等14个民族，常住人口19.06万人。兰新高铁第二双线、国道227线、G0611张汶高速穿境而过，毗邻张掖军民合用机场、G30连霍高速，铁路、公路、航空交错互补、快捷便利，是连接青海、新疆的必经之地，是建设丝绸之路经济带甘肃黄金段重要节点。

【资源优势】县境内海拔由北至南在1589—5027米之间，年均气温4.6℃，年均降水量365.1毫米、蒸发量1707毫米，年均日照时数2934小时，昼夜温差大，属大陆性荒漠草原气候。全县有耕地136.84万亩，其中高标准农田77万亩，水肥一体化面积36万亩，光照充足，土地肥沃，是培育天然绿色食品的理想之地，主要农作物中药材、马铃薯、高原夏菜、食用菌等以品质优良而闻名，紫皮大蒜、马铃薯入选全国名特优新农产品目录，被评为全国粮食生产先进县、中国板蓝根之乡、国家马铃薯标准化种植示范区、首批国家农村产业融合发展示范园。县境内自然风光唯美大气，荒漠戈壁、田园绿洲、森林草原、高山峡谷、雪山冰川等特色迥异、雄浑壮美的全景式高原生态景观从北到南依次呈现，“大斗拔谷”扁都口、“金色奇观”油菜花、现代丝路田园综合体、滨河九粮酒城等自然美景和人文景观交相辉映，现已建成国家4A级旅游景区3家、3A级旅游景区5家，其中扁都口景区获评“中国美丽田园”“全国体育旅游十佳精品景区”等称号，具有深厚的文化旅游融合发展潜力。

【国民经济】全年全县实现地区生产总值73.68亿元，比上年增长5.6%。其中，第一产业增加值24.3亿元，增长6.1%；第二产业增加值15.74亿元，增长5.7%；第三产业增加值33.64亿元，增长5.3%。全年固定资产投资增长14.8%；社会消费品零售总额28.29亿元，增长7.2%。一般公共预算收入3.11亿元，下降0.93%。

【工业园区】作为县域城市副中心和重要经济增长极的民乐工业园区，区位优势明显，交通快捷便利，发展空间大，地质条件好，太阳能、风能、地下水资源丰富，环境承载能力强；园区道路、标准化厂房、公租房、供水、供暖、供电、供气、通信、污水处理等配套基础设施完备，企业服务中心、医院、学校、银行、快递、物流等公共服务设施齐全，发展工业经济具有得天独厚的优势。园区空间结构为“一区五园”：“一区”即中央商务区，“五园”即农副产品加工产业园、生物制药产业园、装备制造建材轻工产业园、化工产业园、现代物流产业园，产业布局为“4+2+1”发展模式：“4”即农副产品加工产业、装备制造及轻工业、化工产业、建材产业4大主导产业，“2”即生物医药、新能源2大培育产业，“1”即集科研、创业、创新、现代物流、金融、贸易、商住、办公、娱乐、餐饮、康养文旅、居住生活为一体的配套服务业。现已入驻各类企业160户，其中规上企业27户（全县共31户）、高新技术企业19户，“专精特新”企业4户，从业人员达1.14万人。园区被省政府确定为“省级工业园区”“省级高新技术产业开发区”，先后被评为“省级新型工业化示范基地”“全省循环经济示范园区”“国家级绿色制造园区”“首批国家小型微型企业创业创新示范基地”“一带一路中小企业创业创新示范园区”。

【乡村振兴】持续推进巩固拓展脱贫攻坚成果同乡村振兴有效衔接，落实推进乡村振兴补助资金1.68亿元。为861户边缘户、脱贫不稳定户、突发严重困难户落实帮扶措施3467项，新开发农村公益性岗位100个，为130户脱贫户发放小额信贷633万元，10336名脱贫劳动力实现输转就业。大力实施乡村建设行动，全力推进“3区3镇30村”示范建设，编制完成50个发展类村庄规划，新改建老年人日间照料中心10个、党群服务中心等活动场所5个，创建省市级乡村建设示范村30个。深入实施农村人居环境整治提升五年行动，完成三堡村至六坝村15公里污水管网、南古镇污水处理厂及管网设施建设项目，建成卫生户厕2870座，完成风貌改造141户、农房抗震改造4541户，创建省级森林小镇1个、国家级森林乡村2个。成立乡村振兴投融资公司，探索推行农村土地经营权流转公司化运营管理改革，建成市级示范点2个。

【项目建设】新建续建各类重点项目112项，金山二号水库、城区道路及地下管网改造、仓宇包装、城北新区加油站、海潮坝河危桥改造等项目建成投用，生态及地质灾害避险搬迁、高标准农田建设、六坝镇集中供热等项目顺利推进，现代设施农业“四好一还粮”项目被确定为全省首批水光互补试点。争取各级各类财政补助项目31项、到位资金12.9亿元，谋划储备总投资438亿元的重点项目180项。成功签约乐民新城商业综合体等招商引资项目15项，签约总金额29.6亿元，落实省外到位资金16.15亿元。

【优势产业】大力实施工业突破发展三年行动，爱味客马铃薯全粉二期、滨河白酒二期、天祁生物孕马血清二期等项目投产运营，农副产品精深加工产业持续壮大。通试无机氟化盐、锦拓生物糠醛香料、维尔沃硼同位素、益唯森药食同源等项目建成投产，绿色生态产业加速集聚。三墩滩20万千瓦光伏发电、锦世羊湖滩5万千瓦农光互补、丝路网能共享储能电站、大民新材料光伏组件等项目建成投用，新能源产业集群初具规模。工业园区化工产业园特勤消防站、蒸汽热源厂、污水处理厂等基础设施建设加快推进，敷设各类管网260公里，新建道路2.8公里，化工产业园安全风险等级由较高安全风险（B类）降为一般安全风险（C类）。新增规上企业4户，登记省级科技成果22项，认定国家级“专精特新”企业2家、省级“专精特新”企业1家、高新技术企业6家、科技创新型企业7家，入库科技型企业49家，滨河集团获甘肃省先进企业贡献奖。民乐县成功入选国家知识产权强县试点县。

【人民生活】城乡居民收入平稳增长，生活水平逐步提高。2022年，全县城镇居民人均可支配收入29741元，比上年增长4.2%；农村居民人均可支配收入16194元，增长6.6%。城乡居民人均收入比值为1.84，比上年缩小0.03。开展劳动力就业技能、创业、岗位技能提升等培训5292人；建成市级创业孵化基地2个，发放创业担保贷款1.007亿元；输转城乡富余劳动力8.25万人，实现劳务收入23.17亿元。积极促进高校毕业生、下岗失业人员、退役军人、农民工等重点群体多渠道就业，城镇新增就业3156人。

【环境保护】深入推进祁连山国家公园保护与建设，中央和省市各类环保督察检查反馈问题整改整治成果持续巩固提升。全力推进国土绿化试点示范、黄河流域沙化土地可持续治理、河西走廊生态保护与修复等项目，实施退耕还林3.3万亩，完成营造林8.2万亩、草原生态修复治理20万亩、义务植树100万株。深入打好蓝天、碧水、净土保卫战，环境空气质量优良率保持在90%以上，地表水考核断面水质达到Ⅱ类水质标准，土壤环境安全可控，被确定为全国农业面源污染治理与监督指导试点县。全面落实河湖长制、林长制，严格“三线一单”生态环境分区管控，未发生重大及以上突发环境事件和严重违法行为。

【生态及地质灾害避险搬迁】科学编制5年规划和2022年工作方案，出台“10+5+N”搬迁优惠政策，开工建设安置点10处，组织动员8675户33861名群众有序搬迁，洪水镇李尤村、南丰镇渠湾村展尹组率先完成整村整组搬迁，全省生态及地质灾害避险搬迁现场会在我县观摩，“民乐经验”在全省推广。县城综合承载能力全面提升。文化产业园学校、单采血浆站、书香美苑、凯旋名门等项目建成投用，民乐大酒店、东城润园、城北民俗村二期等项目顺利推进。大力建设“彩虹城市”，升级改造迎宾广场、城南公园、洪水河生态水系，城市内涵品位有效提升。改扩建城市道路6条7.42公里，配套改造地下管网9.02公里，新增城市绿地531亩。深入推进全国文明城市提名城市创建，强力开展居民小区（楼院）、市容市貌、交通秩序三大专项整治行动，居民反映强烈的突出问题和私搭乱建、乱停乱放等违规行为得到有效整治。2.4万个停车位让“位”于民，“一难两乱”专项整治成效明显。乐民新城产城融合步伐加快。综合客运中心、职业教育实训基地、殡仪服务中心、垃圾转运站等项目建成运营，乐民新城学校宿舍楼、文化村、雨水收集循环利用系统等项目有序推进。供水供暖、供电供气绿化等配套设施不断完善，商场超市、餐饮娱乐、邮政金融等生活性服务业便利性不断增强。现代丝路田园综合体带动效应不断释放。市政道路、农贸综合市场、六坝中心卫生院综合楼、养老服务中心、电商孵化中心等项目建成投用，温泉康养度假村、客运邮综合服务中心、农村人居环境整治项目加快推进，全省首家劳动主题公园落成。鼎丰马铃薯种薯繁育中心建成投用，春禾国际农业科技园智能温室加快建设。

【社会保障及社会事业】持续加大民生投入力度，财政民生支出达27.7亿元，占一般公共预算支出的82.5%。坚持教育优先发展，民乐一中西校区全面投用，六坝镇九年一贯制学校（初中部）项目顺利实施。“双减”政策全面落实，普通高考再创佳绩，一本上线率创历史新高，职教高考居全市职业教育之首，第四中学成功创建国家级文明校园。第二人民医院门诊及附属楼、中医院医疗救治综合能力提升等项目顺利推进，建成省级中医特色专科2个、中医适宜技术推广中心1个，120急救体系不断完善，县医院成功创建三级乙等综合医院，我县入选全国首批“千县工程”示范单位。四种“慢病”签约管理率达100%，大病专项救治625人，妇女“两癌”免费筛查4918例，医保DIP支付方式改革进入模拟付费阶段，成功创建国家级医保经办服务示范点。持续推进县级文化馆和全县应急广播体系建设。实施全民健身补短板项目15项，完成全民健身中心智慧化信息化平台建设。发放创业担保贷款1亿元、各类社会救助资金1.3亿元，城镇新增就业3156人，公共实训基地项目顺利实施。为各类优抚对象发放优抚金1874万元。民联镇农村供水保障工程全面完工，巩固提升6170户2.41万人饮水安全水平。化解国有土地上已售城镇住宅历史遗留“登记难”问题9090套，总体登记率达100%。食安民乐建设稳步推进，成功创建省级食品安全城市。持续深化安全生产专项整治三年行动，全力推动常态化扫黑除恶斗争走深走实，严厉打击各类违法犯罪活动，社会大局和谐稳定。

（王延昭）

临泽县

【基本情况】临泽县地处河西走廊中段，东经99°51′~100°30′、北纬38°57′~39°42′之间。县境东邻张掖市甘州区，经武威、兰州与内地相连，西接高台县，过嘉峪关通新疆，南依祁连山与肃南裕固族自治县接壤，出梨园口可达青藏高原，北毗内蒙古自治区阿拉善右旗，越合黎山可抵蒙古大漠，为历代兵家必争、商旅必经之地。境内国家重要交通线密集，兰新铁路、兰新复线、兰新高铁、312国道、G30高速公路自东向西穿境而过，2016年建成全省首家通用航空机场，拥有立体化的交通网络。全县总面积2729平方公里，辖7个镇，71个行政村和5个社区，2022年末常住人口11.37万人。

【资源优势】矿产资源丰富，已探明的矿种主要有锰、铁、铜、金、煤、凹凸棒石、海泡石、石膏、石英石、矿泉水等，其中，凹凸棒石探明储量13.5亿吨，富含锌、硒、硼、锶等20多种微量元素，极具开发价值。全县注册各类凹凸棒石企业35家，从事凹凸棒石生产相关企业12家，以凹凸棒石为主的新材料开发进入快车道，融万凹凸棒石提纯转白、惠临食用级石膏等生产线建成投产，10万吨精深加工、36万吨有机肥、60万平方米生态木塑地板、5万吨石膏综合利用全产业链发展格局初步建立，产业高值化发展取得实质性突破。

【国民经济】2022年，全县实现地区生产总值70.29亿元，比上年增长6.6%。其中，第一产业增加值25.46亿元，增长6.5%；第二产业增加值11.5亿元，增长9.4%；第三产业增加值33.33亿元，增长5.8%。三次产业结构比为36.2 ∶ 16.4 ∶ 47.4。十大生态产业增加值29.64亿元，占地区生产总值比重为42.2%，比上年提升2.3个百分点。工业增加值比上年增长5.9%，其中规模以上工业增加值增长8.3%。固定资产投资增长19.1%。其中，第一产业投资增长21.2%，第二产业投资增长113.88%，第三产业投资下降27.81%。实现社会消费品零售总额23.33亿元，增长6.9%。全县一般公共预算收入2.31亿元，增长17.2%，其中税收收入1.08亿元，增长4%。一般公共财政预算支出19.49亿元，增长20.4%。年末金融机构各项存款余额105.07亿元，比上年末增长12.58%，其中城乡居民储蓄存款余额88.08亿元，增长19.92%。金融机构各项贷款余额78.43亿元，增长11.67%，其中城乡居民贷款余额31.15亿元，下降3.27%。

【乡村振兴】用活用好全省乡村振兴重点帮扶县政策，争取到位衔接资金1.48亿元，深入推进乡村建设示范行动，谋划实施的81个项目完成投资15.3亿元，4条乡村振兴廊道示范效应不断增强。高标准编制村庄规划66个、实现全覆盖，实施农村住房风貌改造1831户、改厕2530户，建成鸭暖“屯泉小镇”、平川“筑梦新居”等高质量住房示范点10个，安置生态及地质灾害避险搬迁358户，高质量打造省市级示范镇村33个，鸭暖、板桥集镇改造升级全面完成，“一行动一活动”做法在全省推广，成功入围“国家乡村振兴示范县”创建名单。

【“三农”工作】坚持以工业思维谋划农业，持续出台县委1号文件，做优做大做强“4+1+N”产业体系，用足用好新一轮制种大县奖励政策和农发行融资7亿元建设玉米制种基地重大机遇，新建高标准农田8.2万亩、建成“五化”制种基地18.3万亩，主要农作物生产综合机械化率达85%以上，成功入选“国家农业现代化示范区”，获评“国家农村产业融合发展示范园”。2022年，全县农作物总播种面积47.8万亩，粮食作物播种面积36.49万亩，其中小麦面积1.4万亩，玉米面积34.64万亩，种植各类蔬菜7.02万亩。全年粮食总产量173512.07吨。牛饲养量25.65万头，增长6.39%；出栏10.4万头，增长6.73%。猪饲养量22.12万头，增长6.8%；出栏15.6万头，增长7.95%。羊饲养量53.62万只，增长10.31%；出栏28.9万只，增长9.38%。家禽饲养量75.52万只，增长5.1%；出栏38.5万只，下降3.29%。全年肉类总产量2.53万吨，下降4.52%；禽蛋产量0.15万吨，增长35.15%；牛奶产量2.6万吨，增长8.26%。

【项目建设】争取债券资金6.36亿元，获得政策性金融支持34.1亿元。紧盯国家产业政策和投资导向，围绕5大产业、6大功能区和10条产业链谋划储备招商项目91个、总投资405.9亿元，综合运用网络招商、以商招商等方式，推动形成了人人议招商、人人能招商、人人去招商、人人招成商的浓厚氛围。坚持“请进来”“走出去”相结合，四班子主要领导带头示范，班子成员和各级各部门紧盯延链、补链、强链关键环节和目标客商，精准对接天合光能、智慧牧谷肉牛养殖、中材建凹凸棒石综合开发等16个项目，签约落地易事特2GWh新型储能装备制造、G30连霍高速丹霞服务区等项目7个，平川北滩30万千瓦风电等8个“兰洽会”签约项目全部开工建设，全年招引项目17个，省外到位资金比上年增长12.2%。

【优势产业】玉米制种：持续抓好企业准入和总部入临两个关键，全县准入玉米制种企业32家，落实玉米制种基地29.45万亩，玉米制种产量达13.88万吨。奶肉牛：全县累计建成标准化养殖场（区）159个。其中：其中：肉牛养殖场区86个，奶牛养殖场（区）6个，牛饲养量达25.65万头。通用航空：投资6.8亿元的孵化中心和实训基地（PPP）项目累计完成投资1.2亿元，年度完成投资7047万元。金汇公司成为甘肃首家获得CCAR145直升机维修资质的通航企业；丹霞机场成功跻身全国一流通用机场行列，并成功为“应急使命2022”高原高寒地区地震应急演练提供保障服务。凹凸棒石：深入落实五专机制，累计开展开放性课题研究29项，申报专利114项，凹凸棒石生物有机肥等10多项课题已实现或正在实现产业化。饲料添加剂、日用化妆品、空气净化剂等系列30多个产品已上市销售，初步构建起了集项目研发、生产加工、销售为一体的产业链格局。特色旅游：全面启动国家全域旅游示范区创建工作，有序开展张掖七彩丹霞世界级旅游景区创建，高标准打造彩虹文旅示范区、建设倪家营梨园红色美丽村庄，扎实推进乡村旅游提质增效，红沟客栈被评定为国家丙级旅游民宿，高老庄获批全国西游文化研学基地。《阿兰拉格达》《回道张掖》累计演出90余场次，观演4.28万人次。

【人民生活】全年全县城镇居民人均可支配收入31487元，比上年增加1237元，增长4.1%；城镇居民人均生活消费支出22286元，增长3.9%；城镇居民恩格尔系数为31%，提高1个百分点。农村居民人均可支配收入20156元，增加1276元，增长6.8%；农村居民人均生活消费支出16583元，增长6.4%；农村居民恩格尔系数为28.3%，下降1.6个百分点。

【环境保护】全县城区绿化面积达255.25万平方米，绿化覆盖率43.7%。绿地率达到40.3%，人均公园绿地面积16.12平方米。全县空气质量综合指数3.49，优良天数比例为86.6%，可吸入颗粒物（PM_{10}）浓度均值56微克/立方米，细颗粒物（$PM_{2.5}$）浓度均值为30微克/立方米。县城和11个乡镇集中式饮用水源水质达标率达到100%。全县回收废旧地膜1902吨（折纯）吨，废旧地膜回收率达85.51%，尾菜综合处理利用率达80.78%，秸秆综合利用率达90.5%。新（改）建户用卫生厕所2530户，农村卫生厕所覆盖率达81.5%，全县71个行政村全部创建为清洁村庄。

【社会保障】年内新增城镇就业2630人，674名高校毕业生实现了就业，年内输转劳动力3.13万人，其中有组织输出2.51万人，实现劳务收入8.53亿元，增长5.31%。年末城镇居民最低生活保障人数1549人，农村居民最低生活保障人数5556人，全县98.16%的适龄城乡居民纳入城乡居民社会养老保险范围，发放养老金4283.76万元。参加企业职工养老保险6059人，参加失业保险8620人，参加工伤保险13489人，参加城乡居民医疗保险119137人，参保率99.51%。

【社会事业】全社会研发经费支出6771万元，强度达1.03%。登记技术合同交易额5.496亿元，新增高新技术企业6家、累计达到33家，认定省级科技型企业8家，评价入库科技型中小企业42家。地方财政科技支出占财政支出的比重为1.55%。全年授予专利权119件，累计授权专利2260件。现有普通高中1所，在校学生2021人；职业中学1所，在校学生1279人；初级中学3所，在校学生3661人；普通小学80所（含教学点69个），在校学生6761人；幼儿园74所，在园幼儿3720人。3~6岁幼儿入园率99.93%；小学适龄儿童入学率、巩固率均达100%；初中适龄少年净入学率达100%，巩固率达99.92%；高中阶段毛入学率达96.41%。高考一本上线率67.58%，二本上线率98.23%。全县有文化馆（美术馆）、图书馆、博物馆各1个，村级文化广场72个。举办各类大型节庆和民俗文化体育活动20余场次；开展“送戏下乡”等文化惠民演出活动80余场次。全县有广播电视台1座、微波台1座，中央广播电视节目无线数字化覆盖工程基站2座，广播电视覆盖率100%；网络双向化改造达 82%，有线数字电视用户 20109 户，入户率 67.12%；宽带用户 4595 户，入户率 22.85%。全县有各级各类医疗卫生机构 123 家，其中二级甲等综合医院 1 家，二级甲等中医医院 1 家，中心卫生院 4 所，一般卫生院 4 所，村卫生室 84 个，个体诊所 25 所。医疗机构在职职工 900 人，其中卫生专业技术人员 826 人，拥有床位 1020 张。全县共有各类体育场地 541 个，其中城市社区居民体育健身场所 61 个，镇村体育健身场所 329 个，人均体育场地面积 4.2 ㎡。举办“全民健走达人”线上挑战赛、“奔跑吧·少年”系列第七届“阳光杯”校园足球联赛、全县中小学生乒乓球联赛及游泳技能交流展示赛、庆祝“父亲节”少儿游泳联谊赛、社区运动会等赛事活动。

（毕建国）

高台县

【基本情况】高台县位于河西走廊中部，介于北纬 39°03′50″~39°59′52″，东经 98°57′27″~100°06′42″ 之间。东接临泽县，南与肃南裕固族自治县相连，西与肃南县、酒泉市相邻，北与金塔县、阿拉善右旗接壤。县城位于黑河南岸，东距张掖市 80 公里，南距肃南县 60 余公里，西北距酒泉市 100 公里，东南距兰州市 500 公里。高台属张掖绿洲一部，南为祁连山北麓，北为合黎山，两山夹峙，中为绿洲平原。地势南北高，中间低，黑河纵贯全境，形若马鞍。地形地貌复杂，由祁连山北麓冲积洪积平原、黑河沿岸冲积平原、沙砾戈壁、中部平原、洪积细土平原、合黎山地、沙漠盐沼平积平原、黑河湿地构成。海拔介于 1260-3140 米，属冷温带大陆性干旱气候，光、热、风能资源丰富，温差大，干旱少雨。平均气温 9.6℃，最高气温 37.6℃，最低气温 -23.1℃，年降水总量 82.2 毫米，蒸发总量 893.6 毫米；无霜期 140 天；年平均日照时数 3015.6 小时。全县辖新坝、骆驼城、南华、巷道、合黎、宣化、黑泉、罗城、城关 9 镇，9 个城镇社区、136 个行政村、1005 个村民小组。有回族、藏族、维吾尔族、彝族、满族、裕固族、撒拉族等 16 个少数民族。

【资源优势】全县东西长 99.13 公里，南北宽 90.93 公里。自然条件优越，县境内有黑河、摆浪河、大河、水关河、石灰关河、红沙河 6 条主要河流，中小型水库 20 座，总库容 4988 万立方米，地下水允许开采量 1.57 亿立方米。风能、太阳能资源丰富，县境内已探明的矿种主要有芒硝、原盐、萤石、硅石、铁、锰等 20 多种，其中 2022 年末芒硝储量 1112.85 万吨、原盐储量 157.56 万吨、钾盐 26 万吨，为全省最大产盐地。境内有全国重点文物保护单位汉明长城、骆驼城遗址、许三湾城及墓群 3 处，分布有全国保护最完整、保护最密集的许三湾古墓群。有省级文物保护单位 5 处，县级文物保护单位 30 处、一般文物点 27 处。全县馆藏文物 5028 件，其中国家一级文物 133 件，二级 177 件，三级 425 件，主要有魏晋壁画砖、彩绘木器、木版画、十六国时期纪年简牍和汉晋丝绸等。有非遗保护项目 66 个，其中黄河灯阵、秦腔獠牙、高台民歌、铁芯子、通背锤八虎棍、清街习俗等 6 项列入省级保护名录，雕彩玻璃画、高台面筋等 31 项列入市级保护名录。博物馆被评为国家三级博物馆，图书馆为国家一级图书馆。建成国家 AAAA 级旅游景区 3 个（大湖湾水利风景名胜区、高台月牙湖公园、中国工农红军西路军纪念馆）、国家 AAA 级旅游景区 3 个（祁连葡萄庄园旅游区、高台县科技馆、高台县博物馆）。

【国民经济】2022 年，全县实现地区生产总值 651060 万元，比上年增长 5.4%。其中，第一产业增加值 251974 万元，增长 6.4%；第二产业增加值 103082 万元，增长 4.3%；第三产业增加值 296004 万元，增长 5.0%。人均生产总值达到 52611 元，增长 6.35%。三次产业结构比由上年的 38.7 ：15.3 ：46.0 调整为 38.7 ：15.9 ：45.4，第二产业比重提升 0.6 个百分点，第三产业比重下降 0.6 个百分点。全年工业增加值增长 13.9%，其中规模以上工业增加值增长 18.6%。全年开工建设各类项目 100 项，完成固定资产投资增长 15%。全年实现社会消费品零售总额 208163.8 万元，增长 6.4%。全年实现一般公共预算收入 24514 万元，下降 0.40%。年末金融机构存款余额达 1111110 万元，比上年末增长 13.88%；金融机构各项贷款余额 625082 万元，增长 2.95%。

【供给侧结构性改革】2022 年全县推广应用“五新”技术 38 项，建立农业科技示范点 45 个，引进推广作物新品种 58 个，示范面积 5.8 万亩。扶持培育农业龙头企业 58 家、农民专业合作社 654 家、家庭农场 408 家，流转土地 10 万亩，农产品加工转化率达 66.8%。全县累计认证“三品一标”农产品 91 个，农产品认证面积达 42.6 万亩。落实景辉、康翠、万盛达、三桥、太安冬季现代农业示范点 5 个，引进番茄、黄瓜、辣椒等新品种 8 个，推广病虫害绿色防控、水肥一体化、基质栽培等新技术 8 项。建立粮食、马铃薯及蜜瓜产业园、小麦宽幅匀播等农作物新品种、新技术示范点 11 个，引进小麦、玉米、胡麻等新品种 56 个。推广使用烘干、种子加工、畜禽粪污资源化利用智能终端设备 322 台（套）。示范制种玉米机械化分段式收获面积 4000 亩。引进河蟹、南美白对虾等新品种，加快传统渔业养殖品种转型升级。加强绿色优质农产品认证管理和宣传推介，着力提升绿色食品权威性和含金量。紧紧围绕“一控两减三基本”目标，推广应用增施有机肥、水肥一体化等技术面积 56.2 万亩；主推含腐植酸水溶肥料等新型高效肥料产品，化肥利用率保持在 41% 以上；完善以“病虫基数控制、部分害虫诱杀、植物免疫诱导、安全药剂防治、高效药械应用”为主要内容的绿色防控技术，农药利用率达 41.5% 以上；创新秸秆利用“四化”模式，推进综合利用率达到 92%；建立废旧农膜区域化回收网点 17 个，废旧地膜回收率达 85%；示范推广尾菜肥料化、饲料化、沼气化综合利用，全县尾菜处理利用率达到 78% 以上；加大畜禽养殖污染治理力度，畜禽粪污资源化利用率达 87%。加快传统产业提质增效进程，着力培育发展优势产业链（集群），发展低能耗高能效产业，重点推动张掖市晋昌源煤业有限公司资源综合利用余热发电项目、张掖市晋昌源煤业有限公司

20万吨/年中温焦油加氢处理项目油品质量升级改造工程项目、张掖市晋昌源煤业有限公司年产20万吨中温焦油加氢处理项目技改工程等项目实施，推动绿色化改造转型升级。

【乡村振兴】全年全县完成农业增加值25.49亿元，比上年增长6.47%。落实监测帮扶机制，县、镇、村三级分别建立了疑似风险库、动态预警库、帮扶救助库，不断提升动态监测准确性。坚持把“彩虹”城市建设元素融入乡村建设，努力打造一批彩虹田园、彩虹村庄、彩虹动线。新坝镇西大村、骆驼城镇新联村、巷道镇东湾村等29个村村庄规划已完成成果编制并通过专家评审。紧扣农业优先型县功能定位，培育壮大以蔬菜、制种、草畜三大主导产业和辣椒、马铃薯、中药材等区域特色产业为重点的现代丝路寒旱农业。通过优质基地竞争性配置，全县农作物制种面积达18.66万亩。制种玉米落实面积10.01万亩，比上年增加2.19万亩，围绕绿色蔬菜强链提质计划，带动蔬菜产业向规模化、标准化、品牌化方向迈进。蔬菜种植面积13.87万亩，比上年增长6.45%。围绕“六园一廊四带”畜牧产业规划布局，加快推进燕塘传祁6000头奶牛养殖基地、鑫达智慧牧场肉牛养殖等高标准产业基地建设，稳步扩大牛羊存(出)栏量，全县牛饲养量13.1万头，比上年增长8.35%；生猪饲养量29.67万头，增长4.11%；羊饲养量90.23万只，增长5.28%；鸡饲养量107.18万只，增长0.11%。肉类总产量2.92万吨，增长39.21%；奶类产量1万吨，增长6.68%。

【项目建设】全年全县5000万元及以上项目投资比上年增长42.27%，500—5000万元项目投资下降33.9%，房地产开发投资增长138.1%。固定资产项目投资按行业分：农、林、牧、渔业比上年增长184.38%；采矿业下降83.0%，制造业增长9.51%，电力、热力、燃气及水生产和供应业增长118.07%。基础设施投资比上年增长40.15%，全年建成完工项目58项，其中以杭泰20万千瓦光伏发电、甘电投盐池滩10万千瓦风力发电、中船罗城滩330kv汇集站、银泰500MWh储能智能装备制造、中船风电叶片塔筒装备制造等为主的新能源及配套协同产业项目，以2022年城区市政管网及道路改造工程（西城河路段）、城乡供水能力提升工程等为主的市政公用基础设施项目，以山水河水库工程、山水河河道治理工程（二期）、扶贫衔接资金小型农田水利工程等为主的水利基础设施项目，以职业教育实训实习综合基地、图书馆、骆驼城遗址保护利用设施建设、县医院/中医院综合服务能力提升等为主的教育文化卫生项目，以国土绿化试点示范、黑河湿地公园改造提升（二期）等为主的生态绿化项目，以鑫达智慧牧场、燕塘传奇等为主的畜牧养殖项目，以高标准农田建设、黑泉耕地占补平衡、县企共建水肥一体化等为主的农业种植项目已陆续建成，逐步投入使用。以北部滩40万千瓦风电项目、上海电气风机叶片整机装配制造、工业园区集中供水及固废处置、正清环保危废（固废）综合处置及资源化利用中心、西气东输四线天然气管道工程等为主的亿元项目，建设进度快，形成工程实物量大，有效拉动了全县固定资产投资平稳增长。

【人民生活】2022年，全县城镇居民人均可支配收入31361元，比上年增加1281元，增长4.3%；人均消费性支出25414元，增长1.7%；恩格尔系数30.27%。农村居民人均可支配收入19032元，比上年增加1162元，增长6.5%；人均生活消费支出17460元，增长5%；恩格尔系数31.84%。

【环境保护】紧扣“打造红色文化名城，建设绿色生态家园”目标，全县生态建设工作取得显著成效。坚持统筹污染治理、生态保护，纵深推进祁连山和黑河湿地保护区生态环境保护修复，祁连山自然保护区涉及我县的五座水库周边植被恢复良好、各类环境保护设施配套到位。实施国土绿化试点示范、河西走廊生态保护与修复等项目，完成营造林10.29万亩，义务植树215万株，退化草地改良4000亩。扎实做好冬春季大气污染防治工作，空气质量持续好转。深入推进农村人居环境整治提升五年行动，新（改）建村组道路47公里，建成无害化卫生户厕13676座，改厕率达到82.4%，创建清洁村庄136个行政村，达到全覆盖，建成农村污水处理站7个，农村污水处理率达60%以上，农业废弃物循环利用经验做法入选全国绿色发展典型案例。

【社会保障】落实就业政策，促进退役军人、农民工、高校毕业生等重点群体就业创业，全年城镇新增就业人数2628人；输转城乡劳动力3.2万人；城镇登记失业人数543人，比上年下降0.08个百分点。建成职业技能考核等级证书考核站点7个，开设“职普融通实验班”1个，获评“技能甘肃”内涵项目—“甘肃省职业教育教师教学创新团队”2个，全省中职生技能大赛16人获奖，会计技能项目获全省第一。挂牌成立了张掖开放大学高台学院，“红色非遗融合教育研学实践基地”被中国成人教育协会推介为2022年全国终身学习品牌项目，县职业中专被市委、市政府授予职业学校教育质量优胜奖，高台县被确定为全国义务教育优质均衡先行创建县。骆驼城镇新民小学教学辅助用房、第五幼儿园基础设施和室外活动场地、宣化中心小学运动场新建，西街小学运动场改造，教育信息化设备购置等21个项目通过验收投入使用。建成县域内互联互通的影像诊断、心电诊断、病理诊断、医学检验、消毒供应等资源共享“五大中心”及县域内远程会诊平台。年末全县参加基本养老保险人数99633人，全县城乡居民参加基本医疗保险126634人。年末全县低保户5136户、9965人，其中：农村低保户3826户、7750人；全县特困供养服务机构2个，集中供养特困对象363人。强化示范引领，创建第十批市级文明单位6个、文明村4个、文明校园1所，文明家庭7户；“让爱永续”器官捐献群体荣获2022年度“感动甘肃·陇人骄子”提名奖。加强综治中心规范化建设实体化运行，充分发挥“中心吹哨、部门报到”职能作用，落实平安建设工作责任制。打造“网格化+精细化+信息化”基层治理平台，着力提升网格化服务管理工作规范化水平。常态化开展扫黑除恶斗争，持续推进行业领域专项整治，着力构建打击治理长效机制。全面推行“四级七天”矛盾纠纷调解工作法、“一庭三所+”“情理法诉”等调解模式，不断健全矛盾纠纷多元化解纷机制，“一庭三所+”入选全国社会治理创新案例。推进信息化、立体化社会治安防控体系建设，加强智慧安防小区建设，拓展雪亮工程在镇村加密覆盖和功能应用，不断提升社会治理水平和能力。

（李建荣）

山丹县

【基本情况】山丹县位于河西走廊中段，地处东经 100°41′~101°42′，北纬 37°50′~39°03′ 之间。东靠永昌，西邻张掖、民乐，北过龙首山与内蒙古阿拉善右旗接壤，南以祁连山和青海省为界。县域地形波状起伏，山川交错。三面环山，南面有祁连山，东南有大黄山，北部有龙首山，西南是丘陵地带。海拔介于 1550 米—4441 米，属大陆性高寒半干旱气候，年平均气温 8.4℃，日照 2778.3 小明，年均降水量 205 毫米，全年无霜期 188 天。全县总面积 5402.43 平方公里，人口密度 27.4 人 / 平方公里。下辖 6 个镇、2 个乡，12 个居民委员会，111 个村民委员会。2022 年末全县常住人口 14.78 万人，城镇化率 57.15%，有汉族、回族、东乡族等 12 个民族。

【资源优势】山丹历史悠久，文化灿烂，旅游资源丰富。有亚洲最大的马场—山丹军马场，景色别致，是领略草原风光的好去处。有被称为“丝路绿宝石”的 4A 级旅游景区—焉支山景区，这里因西汉名将霍去病大败匈奴和隋炀帝西巡接见西域 27 国王公使节而载入史册。有全省保存最完整、被称为“露天长城博物馆”的汉、明长城。有著名新西兰国际友人路易・艾黎的陵园和捐赠文物陈列馆。有始建于北魏，距今 1600 年的全国最大室内泥胎坐佛——大佛寺景区。现已逐步演绎成“焉支风、马场梦、长城魂、艾黎情、佛山缘”五大旅游品牌。县内煤炭、黏土、铁、石灰岩、硅石、白云岩等矿产资源较为丰富。水资源主要来自降水和南部祁连山、中部大黄山的融雪补给，河流主要有源于祁连山北麓和大黄山区的马营河、霍城河、山丹河等河流以及北部龙首山浅山区的季节性间歇河流。县内有 95876 部队、中牧山丹马场、山丹农场、培黎职业学院、山丹培黎学校等省、市驻丹企业和单位。

【国民经济】2022 年，全县实现地区生产总值 80.22 亿元，比上年增长 6%。其中，第一产业增加值 21.71 亿元，增长 6.3%；第二产业增加值 22.9 亿元，增长 5.3%；第三产业增加值 35.61 亿元，增长 6.3%。三次产业结构比为 27.1 ： 28.5 ： 44.4。全部工业增加值比上年增长 4.9%，其中规模以上工业增加值增长 7.2%。固定资产投资增长 18.2%。实现社会消费品零售总额 29.61 亿元，增长 7.4%。一般公共预算收入和一般公共预算支出分别完成 4.21 亿元和 28.78 亿元。

【供给侧结构性改革】围绕“两园两基地”建设，组织实施农村产业融合发展示范园、现代农业产业园等项目 69 个，特色作物种植基地达到 26 万亩，畜禽饲养量达到 264 万头（匹、只、羽）。建成万亩以上良种繁育基地 2 个、千亩以上制种基地 3 个，粮食综合生产能力达到 22.5 万吨。新认证“三品一标”农产品 4 个，农业产业发展基础更加坚实。深入实施工业突破发展三年行动，抢抓国家煤炭保供和释放煤炭优质产能重大机遇，花草滩煤矿扩大区、羊虎沟北煤炭资源探矿权竞拍出让，张掖 LNG 储备中心投料试生产，东水泉矿业 90 万吨原煤生产矿井改造项目进入联合试运转，花草滩煤矿 180 万吨产能核增项目获批实施，新旧动能转换明显加快。国家全域旅游示范区创建加快推进，长城国家文化公园项目获得中央资金支持并开工建设，焉支山景区改造提升工程全面完工，马文化博物馆建成开放。十大生态产业增加值占地区生产总值的比重达到 39.99%，高质量发展的后劲越来越足。

【乡村振兴】持续巩固脱贫成果，健全完善防止返贫动态监测和帮扶机制，推进乡村建设行动，实施道路改造、人居环境整治、产业基地建设等项目 159 个，建成省级示范镇 1 个、省市级示范村 30 个，创建“清洁村庄”22 个，打造清泉村“清雅民居”、双桥村“花田巷子”、四坝村“锦绣田园”等乡村建设示范点 6 个，改造前庭后院 1700 户，改建卫生户厕 5392 座，建成污水处理站 6 座，全县清洁村庄创建率达 100%。举全县之力实施生态及地质灾害避险搬迁项目，建成集中安置点 13 个，搬迁安置 6209 户，乡村面貌和住房条件得到大幅改善。东乐镇（肉羊）入选全国“一村一品”示范村镇，南湖村、马营村、高庙村列入第六批中国传统村落。

【项目建设】花草滩循环经济产业区基础设施配套、云昇生物年产 300 万副肠衣加工等 14 个工业项目加速推进，全年开复工山丹河上游河库水系连通、山丹马场公铁联运客运站等项目 122 个，建成 X018 清泉至民联公路、新能源集维中心等项目 73 个，焉支大道贯通东西成为进出县城的样板工程。争取防沙治沙林草综合治理、西大街棚改等中央预算内和专债项目 26 个、7.16 亿元，河北焰中 49.5 兆瓦光伏等项目获批贷款 12 亿元。储备稳住经济一揽子政策措施新项目 84 个，新能源交通共享示范建设等 4 个项目入选政策性基金项目库。组建 10 个产业链招商专班精准招商，全钒液流电池储能装备制造等 22 个项目签约落地。

【优势产业】持续放大“山丹羊肉”品牌效应，现代肉羊融合发展产业园建成投运，全县肉羊饲养量达到 177 万只以上；培育壮大天泽农牧、合方农牧等饲草加工生产龙头企业 4 家，全县人工饲草种植面积达到 35.3 万亩（含马场）；着力打造马铃薯良种繁育“国家级示范县”，良种繁育面积达到 5 万亩，商品薯种植面积达到 10 万亩。培育壮大生态工业，东乐滩 30 万千瓦光伏等 9 个项目建成投产，全省“十四五”第一批新能源项目首座 330 千伏汇集站并网运行，新能源集维中心投入运营，新能源并网装机规模达到 54.8 万千瓦。创新发展现代服务业，长城国家文化公园、马文化产业园等 11 个文旅项目有序推进，“如意花海”二期建成投运。成功举办首届如意甘肃文旅产业运营高端论坛“天幕对话”等活动，全年共接待境内外游客 514.41 万人次，实现旅游综合收入 31.37 亿元。山丹马场—焉支山体育旅游线路获评国家级精品线路。组织实施促消费扩内需专项行动，开展“惠聚盛夏·嗨购山丹”等提振消费活动，发放电子消费券130万元。打通服务市场主体“最后一公里”，和谐彩虹街建成投运，山丹县被省商务厅确定为首批省级县域商业体系建设试点县并启动实施。

【人民生活】全年全县城镇居民人均可支配收入32218元，比上年增长4.1%；城镇居民人均消费支出26398.7元，增长4.6%；城镇居民家庭恩格尔系数为29.1%。农村居民人均可支配收入18140元，增长6.7%；农村居民人均消费支出15497.6元，增长8.4%；农村居民家庭恩格尔系数为29.2%。全年城镇新增就业2864人，全年输转劳动力6.38万人，劳务收入达到17亿元。

【环境保护】深入推进国家生态文明建设示范县创建，河西走廊生态保护和修复、祁连山浅山区山丹段生态治理等21个重点生态项目落地建设，完成营造林3.6万亩、草原修复治理22.4万亩，全县森林覆盖率达到21.5%，草原综合植被盖度达到40.5%，沙化土地治理率达到66%，湿地保护率达到61.3%，成功创建省级森林小镇1个、国家森林乡村2个，大黄山（焉支山）入选国家级森林康养试点建设基地。深入打好污染防治攻坚战，全年PM_{10}浓度均值56ug/m³，$PM_{2.5}$浓度均值25ug/m³，二氧化硫浓度均值3ug/m³，二氧化氮浓度均值20ug/m³，一氧化碳浓度均值1.2mg/m³，臭氧最大8小时浓度均值为123ug/m³。空气质量优良天数307天，优良天数比率为87.7%；省级地表水考核断面和城市集中式饮用水水源地水质优良比例均达到100%，土壤环境安全可控。坚持把引水节水作为生态保护治理的重要举措，山丹河上游河库水系连通工程进展顺利。全年总用水量13407.94万立方米，其中：地表水9087.08万立方米，地下水4320.86万立方米。山丹县被水利部命名为“全国第四批节水型社会建设达标县”。

【社会保障】年末全县企业职工基本养老保险参保人数17018人（含退休领取待遇人员），机关事业单位养老保险参保人数7951人（含退休领取待遇人员），城乡居民基本养老保险参保人数102455人，失业保险参保人数10203人，工伤保险参保人数16597人；各项社会保险待遇按时足额支付，全年发放企业离退休人员基本养老金22994.49万元，机关事业单位退休人员基本养老金15104.18万元，城乡居民基本养老金4169.59万元，失业人员失业保险金74.26万元，工伤保险金338.8万元。年末全县参加城乡居民基本医疗保险158011人。参加城镇职工基本医疗保险23709人，其中，参加职工生育保险12830人。全年支付城乡居民医疗保险费11333.18万元。年末全县城镇居民得到政府最低生活保障的人数3974人，发放城镇最低生活保障金2827.26万元；农村居民得到政府最低生活保障的人数7348人，发放最低生活保障金2666.49万元。1038人享受城乡特困人员救助供养，全年临时救助1.0317万人次。年末拥有敬老院5所，床位数720张，收养人数311人。

【社会事业】教育事业稳步发展，清北等3所幼儿园建成投用，西街小学、培黎中学加快建设，张掖开放大学山丹学院挂牌成立。全县拥有高等专业学校1所，中等专业学校1所，高级中学2所，普通中学5所，小学17所。小学学龄儿童入学率达100%；初中入学率达100%。2022年，向全国各类高等专业院校输送新生1554名，高考录取率达98.85%。培黎职业学院入围全省首批职业教育红色文化研学旅行示范基地。强力推进以“彩虹张掖·五彩山丹”为重点的城市更新行动，实施丹城河畔等棚改项目7个，改造银海家园等老旧小区26个，新建改建仁和南路等城市道路8条，新增城市绿地43.4万平方米，规范设置便民市场4处、沿街商铺门头牌匾655块，建设口袋公园10个，城市集中供热二级管网提升改造、西大街排水排涝工程建成投用。卫生事业健康发展，全年共设置各级各类医疗卫生机构177个，年末全县卫生技术人员1467人。实施医疗服务质量提升工程，县域医学中心及危急重症救治中心二期等项目启动运行。县妇幼保健院公共卫生应急和能力提升、县域医学中心及危急重症救治中心建设等医疗卫生项目完工，县人民医院医技综合楼投用。前窑社区荣获“全国红十字模范单位”称号。扎实推进“平安山丹”建设，全国社会治安防控体系建设示范城市加快创建，顺利通过全省民族团结进步示范县创建评估验收。重大风险防范化解工作进一步强化，安全生产责任制严格落实，新型应急管理体系加快构建。

（张海霞　丁述国）

平凉市

【基本情况】平凉市位于甘肃东部，是古“丝绸之路”西出长安“第一城”，关中平原城市群的重要节点城市，素有“陇上旱码头”之称。2002年撤地设市，地处陕、甘、宁三省（区）交汇处，东邻陕西咸阳，西连甘肃定西、白银，南接陕西宝鸡、甘肃天水，北倚宁夏固原、甘肃庆阳，是甘肃东部重要的区域性中心城市和承接中东部省区产业转移与开放开发的“东大门”。西平铁路及青兰、福银高速和312国道横穿东西，宝中铁路、天平铁路纵贯南北。随着彭大、灵华等高速公路以及平凉军民合用机场、平庆铁路的陆续建成，平凉将成为甘肃东部重要的交通枢纽。全市辖崆峒、华亭和泾川、灵台、崇信、庄浪、静宁7县（市、区），总面积1.1万平方公里，有汉、回、蒙等41个民族，2022年末常住人口182.25万人，城镇化率46.79%。

【资源优势】平凉资源相对富集，属黄土高原丘陵沟壑区，半干旱、半湿润大陆性气候，海拔890—2857米，年均气温10.1°C，年日照小时数2063.2小时，年降水量453.3毫米，水资源总量4.69亿立方米。平凉地处“中国聚宝盆”鄂尔多斯盆地西南，属于全国14个大型煤炭基地之一——黄陇基地的重要组成部分，是国家级陇东能源基地的核心区、全省最大的煤电化产业基地。境内煤炭资源储量巨大，煤炭资源预测储量650亿吨，探明储量110亿吨，石油资源储量5.7亿吨，探明储量4.3亿吨，石灰石储量30多亿吨。境内有国家首批5A级旅游景区崆峒山、佛教圣地大云寺等历史人文自然景观100多处。平凉红色圣迹遍布，毛泽东、周恩来、张闻天、王稼祥等党和红军领导人曾在这里留下了光辉的革命足迹。境内发现仰韶、齐家等各个时期的古遗址2262处，有全国重点文物保护单位13处、省级文物保护单位64处，馆藏文物4万多件，其中国家一级文物224件。出土的佛舍利金银棺、西周青铜器和南宋货币银盒子等文物，被誉为“中华之最”。特别是泾川县近50年间相继3次出土佛舍利，在全国绝无仅有，被誉为“华夏佛宝圣地”“世界佛舍利供养地”。崆峒山道源文化、古成纪伏羲文化、西王母远古文化、皇甫谧医学文化独具魅力，崆峒武术自成一派。

【国民经济】2022年，全市地区生产总值641.6亿元，比上年增长8.2%。其中，第一产业增加值151.7亿元，增长6.2%；第二产业增加值190.7亿元，增长12.1%；第三产业增加值299.1亿元，增长7.3%。三次产业结构由上年的23.5 ∶ 26.9 ∶ 49.6调整为2022年的23.6 ∶ 29.7 ∶ 46.7。全年居民消费价格比上年上涨1.5%。全部工业增加值153.4亿元，增长12.8%，其中，社会消费品零售总额197.2亿元，增长3.1%。全年共接待国内游客2910.6万人次，比上年下降8.4%；国内旅游收入153.2亿元，下降10.0%。全年一般公共预算收入41.0亿元，同口径增长13.0%；一般公共预算支出259.4亿元，增长13.2%。年末，全市金融机构本外币各项存款余额1252.7亿元，比上年末增长13.9%；金融机构本外币各项贷款余额833.4亿元，增长11.0%。

【供给侧结构性改革】深化“放管服”改革，324项行政许可事项实现清单化管理，203项政务服务事项跨省通办、省内通办，企业投资备案类项目“即来即办、秒批秒办”。全市数字政府应用平台上线运行。国企改革三年行动和市属国企分类改革重点任务全面完成，重组成立市城乡投、市基础产业投集团。崆峒山景区管理运营体制进一步理顺，市文旅投集团加速瘦身提质。市融媒体中心挂牌成立。出台优化营商环境38条措施，各类市场主体享受“组合式”税费支持政策11亿元，深化工业园区（集中区）管理体制改革，“标准地”改革启动实施。全市实施招商引资项目303项，省外招商引资到位资金225亿元。

【乡村振兴】平凉是西北重要的畜牧业基地和农林产品生产基地，被农业农村部划定为黄土高原苹果生产优势区和最佳适生区、全国肉牛优势产区，被商务部命名为“国家外贸转型升级苹果基地”。“平凉红牛”“静宁苹果”入选国家农业品牌精品培育计划，平凉红牛列入国家重要特色物种联合育种攻关计划。全年农林牧渔业增加值152.8亿元，增长6.2%。粮食播种面积431.3万亩，增长0.1%。粮食总产量115.6万吨，增长2.6%，其中，夏粮产量33.5万吨，增长0.4%；秋粮产量82.1万吨，增长3.4%。蔬菜种植面积45.1万亩，增长7.6%。蔬菜产量72.4万吨，增长8.4%。挂果园面积137.1万亩，增长0.9%。园林水果产量191.1万吨，增长8.4%。中药材种植面积8.1万亩，增长18.8%。中药材产量3.1万吨，增长12.0%。年末牛存栏56.2万头，增长7.2%；牛出栏41.4万头，增长6.5%。生猪存栏44.0万头，增长0.2%；生猪出栏57.1万头，增长1.6%。羊存栏22.7万只，增长7.5%；羊出栏19.9万只，增长8.3%。鸡存栏381.0万只，增长5.8%；鸡出栏353.5万只，增长5.0%。

【项目建设】全年500万元以上和房地产项目823个，完成固定资产投资比上年增长10.6%。分产业看，第一产业投资增长197.8%，第二产业投资增长58.9%，第三产业投资下降1.3%。全年500万元以上投资项目（不含房地产）705项，比上年增加142项，完成投资增长16.9%。民间投资（含房地产项目）增长10.0%。房屋施工面积781.4万平方米，下降6.7%。商品房销售面积191.7万平方米，增长0.9%。全年城镇棚户区改造390户。六类重点对象农房抗震设防改造1908户，农房抗震设防改造3086户。

【优势产业】平凉是陇东能源基地核心区和全省最大的煤电产业基地，现有生产煤矿24座，产能2818万吨，占全省煤炭产能的60%；已建成火电企业4户，装机容量418万千瓦，占全省的21.8%；甲醇产能57万吨，形成了以煤炭为基础、电力为龙头、化工冶材为主导的特色循环产业集群。国维150万吨玉米淀粉生产一期建成投产，智能光电企业入园13户、入规5户。全年全市规模以上工业增加值比去年增长12.6%。

【人民生活】全年全市居民人均可支配收入22005元，比上年增长5.2%。其中，城镇居民人均可支配收入34867元，增长4.4%；农村居民人均可支配收入11566元，增长7.1%。城乡居民人均可支配收入比值为3.01，比上年缩小0.08。全市城镇居民人均消费性支出21854元，增长5.0%，城镇居民恩格尔系数为30.1%；农村居民人均消费性支出10888元，增长8.2%，农村居民恩格尔系数为27.6%。

【生态环境】全年全市环境空气质量优良天数为337天，达标率为92.3%。细颗粒物（$PM_{2.5}$）年均浓度为28微克/立方米，比上年增长64.7%。大气环境可吸入颗粒物（PM_{10}）年均浓度为60微克/立方米，增长25.0%。二氧化硫（SO_2）年均浓度为7微克/立方米，与去年持平。二氧化氮（NO_2）年均浓度为32微克/立方米，下降3.0%。全市地表水断面水质优良比例为100%，其中水洛河、葫芦河全年水质综合评价达到国家Ⅲ类水质标准要求，泾河、汭河、达溪河全年水质综合评价达到国家Ⅱ类水质标准要求。城市集中式饮用水水源地水质达标率均为100%，地下水质量考核点位水质达标率100%。区域环境噪声54.1分贝，交通干线噪声平均值65.9分贝。

【社会保障】年末全市共有社区服务机构和设施2552个，其中社会服务中心111个，社区服务站1541个，社区养老机构和设施32个，社区互助型养老设施868个。年末全市城镇从业人员39.1万人，其中本年新增城镇就业2.7万人，失业人员再就业8750人。全年输转城乡富余劳动力47.0万人。年末全市参加城镇职工基本养老保险人数23.5万人，比上年末增加6206人。参加城乡居民基本养老保险人数128.9万人，减少7941人。参加基本医疗保险人数201.9万人，减少37207人。其中，参加职工基本医疗保险人数19.2万人，参加城乡居民基本医疗保险人数

182.7万人。全年资助参加基本医疗保险人数56.6万人，医疗救助25.6万人次。参加失业保险人数12.5万人，增加9394人。年末全市领取失业保险金人数1661人。参加工伤保险人数16.8万人，增加8085人，其中参加工伤保险的农民工3.1万人，增加1111人。参加生育保险14.1万人，增加1.3万人。各项社会保险基金总收入52.2亿元，各项社会保险基金总支出60.2亿元。年末全市共有2.6万城镇居民和13.1万农村居民享受政府最低生活保障，7524人享受农村特困人员救助供养，全年临时救助19.1万人次。国家抚恤、补助退役军人和其他优抚对象1.5万人。

【社会事业】全年全市科技、教育、文化、广播、卫生健康等社会事业取得新成就。全市争取国家和省上科技项目60项，其中国家项目2项。安排实施市列科技项目91项。全年登记市级科技成果41项，比上年增长2.5%。发明专利授权量30件，增长11.1%。全市有各级各类学校1653所。其中，幼儿园846所，特教学校4所，小学629所，初中107所，九年制学校29所，完全中学13所，中等职业学校8所，独立高中15所，普通高校2所。全年普通高校招生6640人，在校生19735人。中等职业学校招生7496人，在校生20852人。普通高中招生14679人，在校生42789人。初中招生25490人，在校生73346人。各类学校在校学生37.1万人。学龄儿童入学率95.1%，九年义务教育巩固率98.1%，高中阶段毛入学率95.6%。全市参加高考考生15025人，上线人数13823人，上线率92.0%。重点本科上线4205人，上线率28.0%。全市有各种艺术表演团体8个，公共图书馆9个，博物馆7个。全市有广播电台8座，广播电视卫星收转站10座。年末全市广播综合覆盖率99.3%，电视综合覆盖率98.4%。有线电视用户6.3万户。年末全市共有医疗卫生机构（包括村卫生室、诊所）2306个。其中，医院、卫生院157个，社区卫生服务中心70个，诊所（卫生所、医务室）495个，妇幼保健院8个，疾病预防控制中心（防疫站）8个，卫生监督所8个，乡镇卫生院102个。卫生技术人员17041人。其中，执业医师和执业助理医师6301人，注册护士7437人。医院、卫生院实有床位1.6万张，全年总诊疗850.2万人次，出院人数40.7万人。全市共有体育场地9448个，体育场地面积427.4万平方米，人均体育场地面积2.3平方米。全市运动员参加省级以上各类赛事获得奖牌72枚，其中金牌19枚，银牌26枚，铜牌27枚。

【安全生产】全年全市共发生各类生产安全事故19起，比上年下降44.1%；死亡17人，下降62.2%。亿元生产总值生产安全事故死亡人数0.026人，煤矿百万吨死亡人数0.087人。全年发生道路交通事故9起，死亡7人，受伤7人，直接经济损失7.3万元，道路交通事故万车死亡人数0.7人。

（郭敏）

崆峒区

【基本情况】崆峒区以国家风景名胜区崆峒山而得名，地处甘肃东部，六盘山东麓，东邻泾川、镇原，南依华亭、崇信，西与宁夏回族自治区泾源、原州区接壤，北与彭阳、镇原县毗邻，历史上为丝绸古道西进北上甘凉的第一座关隘重镇，亦为陕甘宁三省交通要塞和陇东传统商品集散地，素有“旱码头”之称，现为平凉市政治、经济、文化中心。区域属陇东黄土高原丘陵沟壑区，西北高峻多山，东南丘陵起伏，中部河谷密布，平均海拔1540米。气候属半干旱、半湿润季风型大陆性气候。全区辖17个乡镇、3个街道办事处和1个大景区，有252个村、24个城市社区，总面积1930平方公里。2022末全区常住人口50.04万人，城镇化率67.7%。

【资源优势】崆峒区矿产资源较为丰富，主要分布在中南部，境内矿藏有石油、天然气、煤、地热、石灰岩、白云岩、耐火粘土、膨润土、陶瓷土、砖瓦用粘土、水泥配料用粘土、矿泉水等矿产16种，已探明储量的矿产有15种（能源矿产2种，非金属矿产12种），其中煤炭储量0.7亿吨、石灰岩储量6.9亿吨、白云岩储量1亿吨，特别是石灰岩和部分非金属矿产资源储量较大。地表水资源量1.1亿立方米，地下水资源量0.5亿立方米。植物资源1300多种，动物资源50多种。境内发掘出仰韶、齐家和商周文化遗址150多处，重点文物保护单位40余处，珍藏文物1300多件。有国家5A级风景名胜区、国家级地质公园、道源圣地崆峒山等旅游景点。

【国民经济】2022年，全区地区生产总值完成193.0亿元，比上年增长7.3%。其中，第一产业增加值完成25.5亿元，增长6.1%；第二产业增加值完成49.0亿元，增长9.7%；第三产业增加值完成118.5亿元，增长6.6%。三次产业结构比为13.2 ∶ 25.4 ∶ 61.4。全部工业增加值完成32.1亿元，增长12.4%，其中规模以上工业增加值增长17%。固定资产投资增长2.3%。基础设施投资下降26.8%，民间投资增长3.4%。社会消费品零售总额93.9亿元，增长2.2%。一般公共预算收入4.9亿元，下降30.7%；一般公共预算支出39.6亿元，增长7.1%。全区金融机构本外币各项存款余额497.7亿元，增长10.6%；本外币各项贷款余额359.2亿元，增长8.4%。

【供给侧结构性改革】用足用好改革开放“关键一招”，加快新旧动能转换，激发市场活力，增强内生动力。审批效能全面提升。累计办理各类政务服务事项174.1万件，接待办事群众47.7万人次，事项按期办结率达98%以上。推进项目审批制度改革，投资项目全流程审批时限压缩至60个工作日内，完成全省企业投资项目承诺制改革试点，通过在线审批监管平台申报投资项目153项，其中审批类109项，备案类44项，办理投资项目130项，按期办结率100%。125兆瓦风力发电项目采用容缺开工，引进京洁源公司投资建设，从项目启动至建成并网发电，用时仅4个月，创造了同规模条件下山地风力发电项目的“中国速度”。营商环境更加优化。持续推进“多证合一”“证照分离”“一址多照”等改革举措落实，企业登记注册时间压缩至2个工作日，新增各类市场主体5623户，核发电子营业执照1263份，“多证合一”营业执照3630份。“双随机、一公开”随机抽检171批次，公示结果3555户。加强社会信用体系建设，归集共享“双公示”“五归集”信用信息15000余条，帮助企业完成信用修复25户，推广“信易贷”平台使用，入驻企业7000余户融资1999万元。积极落实减税降费政策，释放政策红利，落实减税降费4亿元。各项改革持续深化。全力推进经济体制各项改革举措落实落地，推进城市规划建设管理机构改革，完成城区园林绿化、公园管理等职责划转。国资国企改革117项重点改革任务全面完成，重新组建了城市更新集团和农业产业集团。深入推进投融资体制改革，财政预算绩效管理实现全覆盖，完成农村集体产权制度改革，信用承诺制改革稳步推进，各项重点改革任务有效落实。

【乡村振兴】抢抓省级重点帮扶县政策机遇，整合各类资金4亿元，实施巩固拓展脱贫攻坚成果同乡村振兴有效衔接项目122项，持续加大产业就业扶持力度，稳定增加脱贫人口收入，全区脱贫人口人均可支配收入达到10835元，同比增长15.5%。紧盯守住不发生规模性返贫底线，研究制定了《崆峒区防止返贫动态监测和帮扶机制工作管理办法》，新识别易返贫致贫户29户122人，针对全区881户2886人监测户，逐户制定落实“一户一策”帮扶计划，消除654户2268人返贫致贫风险，下剩风险未消除户227户618人持续深化东西部协作帮扶，争取帮扶资金4244万元，实施协作项目20项，完成东西部协作消费帮扶销售额1.1亿元。各级帮扶力量和驻村工作队累计进村入户7452人次，筹措各类帮扶资金122万元，帮办利民实事680件。扎实开展乡村振兴“一行动一活动”，区乡村三级累计关爱留守老人1006户1367人，联系干部689人，走访探视1401次；关爱留守妇女385户468人，联系干部272人，走访探视387次；关爱留守儿童1351户1756人，联系干部806人，走访探视2702次；关爱特困群体1404户2404人，联系干部1123人，走访探视11032次，全区17个乡镇252个村开展村内练1785次，9375人参与，开展乡内比96次，3319人参与，开展区内赛3次，1123人参与，进一步提升了群众的幸福感和满意度。

【项目建设】全区实施重点建设项目259项，其中：在建项目210项（续建55项，新建155项），前期项目49项，总投资533.9亿元，当年计划完成投资137.9亿元。其中：新型工业化发展项目23项、现代农业发展项目67项、城市规划建设管理项目82项、交通基础设施项目34项、旅游产业开发项目12项、民计民生项目13项、社会治理项目9项、能源项目19项。截至12月底，在建项目开工建设202项，开工率为96.2%，完成投资95.4亿元，占年度投资计划的69.2%。

【优势产业】坚持园区化布局、项目化推动、企业化运作，深入实施优势特色产业三年倍增行动，现代生态循环农业整区建设试点工作进展顺利，陇东活畜交易市场、10万吨有机肥生产线和10个标准化肉牛养殖场建成投用，全区肉牛饲养量达到21.4万头，“平凉红牛”入选农业农村部农业品牌精品培育计划，“种养加销”全产业链基本形成；投资3.6亿元，实施泾河川万亩现代农业产业园项目一期，建成日光温室1700座，积极开拓外部市场，与北京新发地、江苏绿港等大型企业建立了合作关系，带动蔬菜产业向高端化升级；全力巩固果品产业建设成果，完成果树经济林提质工程4600亩，种植麒麟西瓜2.2万亩，农业产业焕发出新的生机。积极拓展国家全域旅游示范区创建成果，建成大寨柳沟生态示范园、崆峒古镇非遗文化一条街等文旅项目，麻武月明、花所寺沟、上杨小岔等乡村旅游竞相发展，白庙乡贾洼村被评为省级文旅振兴乡村样板村。全方位完善商贸物流体系，平凉子越智能标准化冷链云仓、官庄加油加气站建成投用。开展电商直播大赛、汽车电器文化博览会等系列促销活动，汽车、家电等大宗消费回暖升温，外贸进出口总额完成620万元。

【文化旅游】2022年，围绕建设文旅康养体验区、打造崆峒文旅康养基地的目标任务，完成项目投资2.2亿元，文化馆、图书馆、美术馆投入使用，建成2个乡镇体育健身中心和22个村级体育惠民工程，实施了海寨沟通景公路改造和柳湖公园、南山公园、东湖公园基础设施改造提升，建成平凉城市活力公园、崆峒古镇非遗文化一条街等重点项目，抓建了麻武月明、花所寺沟、上杨小岔等一批乡村旅游景点，白庙乡贾洼村、崆峒镇西沟村成功创建省级乡村振兴文旅样板村，举办文化旅游产业从业人员培训班3期，发展特色民宿农家乐5户。成功举办了平凉崆峒文化旅游节、第六届冰雪文化旅游节等节会活动，全区共接待游客741.9万人（次），实现旅游综合收入32.5亿元。

【人民生活】着力稳定重点群体就业，完善就业创业服务体系。2022年全区城镇新增就业7571人，下岗失业人员再就业2617人。全年输转城乡劳动力8.8万人，其中，省外输转3.1万人，省内输转5.6万人。当年公益性岗位新援助385人，新开发岗位29个。发放创业担保贷款368户6444万元。全年城镇居民人均可支配收入35003元，比上年增长4.7%；农村居民人均可支配收入14346元，增长7.4%。全年城镇居民人均消费支出24279.1元，增长3.9%；农村居民人均消费支出11000.4元，增长7.1%。城镇居民恩格尔系数为32.7%，农村居民恩格尔系数为32.1%。

【环境保护】坚决扛起生态文明建设政治责任，严格执行河长制、湖长制、林长制，扩绿治污一揽子务实举措有效落实。平凉中心城区优良天数337天，优良率92.3%，剔除沙尘影响后，PM_{10}、$PM_{2.5}$平均浓度为60微克/立方米和28微克/立方米，同比上升25%和64.7%。黄河流域生态保护和高质量发展固沟保塬、北部面山绿化治理等生态环保项目加快实施，三北工程科学绿化试点县项目建设取得积极进展，完成造林4.9万亩，补植补造3.5万亩，建成绿色通道39条83.5公里、村庄绿化示范村25个，成功创建全省首个国家森林城市，新河矿山、海螺矿山荣获国家绿色矿山称号。投入财政资金7000余万元，更新环保基础设施，购置环卫设备，实施清洁能源改造，全面推广使用洁净型煤，完成餐饮油烟治理1423户。深入推进河湖“四乱”整治，妥善处置泾河跨省水污染事件，全区地表水、地下水和饮用水水质全面达标。扎实推进疑似污染地块排查治理，重点行业企业用地调查全面铺开，畜禽粪污资源化利用率、农作物肥料利用率分别达到92%和41%。水源保护全面加强。下大力气推进地下水综合治理与保护行动，依法关闭违规私设自备水源井723眼，安装自备水源井取水监测计量设施1418眼、大型取水单位在线监测计量设施58眼，建筑工地基坑排水问题得到有效整治，韩家沟水厂二期工程有序推进，水资源集约节约利用能力进一步提升。

【社会保障】城乡居民基本医疗保险、养老保险实现应保尽保，社会救助标准逐年提高，退役军人服务保障全面加强。培育市级农民工返乡创业示范乡镇1个、示范基地1个，省级创业典型32个，国家级充分就业示范社区1个、省级2个。拨付灵活就业人员社保补贴、公益性岗位补贴、高校毕业生见习补贴共3170.7万元。推行"电子培训券"模式，开展培训工种27个，完成各类培训154期7292人。深入开展失业保险援企稳岗"护航行动"，办理稳岗返还463户320.5万元，发放失业金、失业补助金0.3万人次370.9万元；开展建筑业"同舟计划"，推进高风险企业及其农民工全部参加工伤保险。落实事业单位公开招聘人事权限下放政策规定，引进紧缺专业人才221人。常态化推进扫黑除恶斗争，依法严惩各类违法犯罪活动，打掉恶势力犯罪集团1个，刑事案件、治安案件明显减少，尘封26年的命案成功告破；坚持宗教中国化方向，依法加强宗教事务管理；严格落实信访工作责任制和重点信访案件领导包案制度，化解信访突出问题92件，办理来信来访、网站留言、便民服务热线1.7万件，群众的安全感、满意度得到提升。

【社会事业】慎终如始加强新冠感染疫情防控，精准落实常态化防控措施，完成疫苗接种26.8万人次，有力保障了群众生命安全和身体健康。教育、卫生、养老等公共服务设施不断完善，新2022年实施教育建设项目20个，修建校舍总面积6.9万平方米，新增学位4050个，园位1785个。深入践行以人民为中心的发展思想，加大民生投入，落实惠民举措，省市区列民生实事全部兑现，城乡居民生活进一步改善。全区共有各级各类学校357所，九年义务教育巩固率98.2%。新河湾小学、玄鹤小学建设项目快速推进，文化街、新洲嘉苑等4所幼儿园建成招生；市二院发热门诊、疾控中心核酸检测方舱实验室和寨河、白庙、西郊社区3个中医馆建成投用。全面推进社会保险扩面提标，城乡居民基础养老金最低标准提高到每人每月119元，医疗保险住院报销比例提高6.5个百分点，全年累计发放各类社会救助资金1.9亿元。文化服务供给持续扩大，完成烈士陵园整修改造，文化馆、图书馆、美术馆免费对外开放。强化科技成果转化和知识产权保护，推广适用技术25项，申请专利242件。

（贾志高）

泾川县

【基本情况】泾川县位于甘肃省东部、陕甘交界处。总面积1461平方公里（含张老寺农场）。现辖14个乡镇，1个城市社区，212个行政村。2022年末，全县常住人口21.5万人，城镇化率41.4%。

【资源优势】泾川县人文历史悠久，是古人类重要发祥地之一，县内有早期旧石器时代文化遗存和晚期智人头盖骨化石，西汉设安定县，北魏建泾州，隋代置安定郡，金大定七年改名泾川县，建州置郡设县历时2100多年。区位优势独特，泾川是丝绸古道西出长安的门户重镇，目前，国道312线、福银高速、西长凤高速及西平铁路横贯全境，是西兰银三大中心城市交汇处和陇东重要交通枢纽。属暖温带亚湿润区，境内海拔930—1460米。自然条件优越，森林覆盖率47.3%，水土保持治理程度82.4%。泾河县内流长58公里，流域面积743平方公里；汭河县内流长18公里，流域面积105平方公里。先后荣获"甘肃省实现绿化第一县""全国生态林业建设先进县""全国水土保持先进县""全国主要农作物生产全程机械化示范县"等称号。文化底蕴深厚，是西王母文化发祥地，始建于西汉元封年间的王母宫被誉为"天下王母第一宫"，是甘肃省唯一的"海峡两岸交流基地"。1964年以来先后三次出土佛舍利，被誉为"华夏佛宝圣地"。旅游资源丰富，大云寺·王母宫大景区为甘肃省19个重点建设大景区之一，吴焕先烈士纪念馆为全省爱国主义教育基地，王母宫石窟、南石窟寺为国家级文物保护单位，现有国家4A级旅游景区2个，3A级旅游景区6个。产业资源富集，培育形成果品、畜牧、蔬菜等特色产业，探明煤炭资源量21.7亿吨，石油探明储量8000万吨、远景资源量1.8亿吨。

【国民经济】2022年，全县完成地区生产总值51.6亿元，按不变价格计算，比上年增长9.7%，其中，第一产业增加值15.6亿元，增长6.3%；第二产业增加值6.6亿元，增长17.5%；第三产业增加值29.4亿元，增长9.9%。固定资产投资增长41.2%；规模以上工业增加值增长58.8%；社会消费品零售总额13.6亿元，增长3.2%；一般公共预算收入1.4亿元，下降36.7%；一般公共预算支出26.1亿元，增长12.4%。年末全县金融机构各项存款余额136.3亿元，各项贷款余额86.4亿元。

【供给侧结构性改革】认真落实"三个不减"要求和最严格耕地保护制度，全力保障国家粮食安全。按照"依法、自愿、有偿"原则，流转农村土地累计达到9.8万亩。全年认证农产品24个，新申报绿色食品企业2家，续展绿色食品企业5家。全面落实城乡低保、特困供养、残疾人"两补"、就业创业等政策，城乡居民基础养老金、医疗保险住院报销比例进一步提高。新建、改扩建校舍3.0万平方米，县中医医院提标扩能一期、养老服务中心等项目加快实施。争取落实中央预算内、地方政府专项债券、一般债券资金分别比上年增长132%、141%、22%。大力推行县级干部包抓联系中小微企业制度，全面落实减缓降补、留抵退税、稳岗返还等政策。落实一系列税收优惠政策，确保政策直达快享、企业应享尽享，累计减税降费7790万元，惠及4227户。

【乡村振兴】围绕责任落实、政策落实、工作落实和成果巩固等重点，整合力量资源，强化政策措施，脱贫攻坚成果得到有效巩固，乡村振兴战略全面推进。积极构建常态化动态监测、精准化即时帮扶、联动式管控风险工作模式，对全县1040户3214人“三类户”精准落实产业、就业、兜底保障等措施，全力消除致贫返贫风险。持续推行产业链链长制和优势特色产业三年倍增行动，筑牢群众稳定增收基础。建成平凉红牛种公牛站和核心繁育场、千头肉牛养殖场（小区）2个，完成肉牛冻配改良1.2万头。落实帮扶车间、公益性岗位、以工代赈等就业政策，输转农村劳动力7.2万人。推行“企业+合作社+农户”运行模式，全县市级以上农民合作社达到99家，家庭农场达到310家。扎实开展东西部协作和驻村帮扶，围绕打造“一园两村”核心目标，争取协作资金4320万元、社会资金2239万元，建成泾汭河川区现代农业产业园王村核心区1处、饲草加工厂1处，扩建设施蔬菜产业园4处，搭建日光温室、钢架大棚311座，组织输转脱贫劳动力3065人，实现消费帮扶8021万元。有序推进乡村建设行动，坚持规划先行，为212个行政村制定了“一村一策”年度工作计划。注重典型培育，争取财政衔接资金1.56亿元，谋划实施产业发展、乡村建设等项目66个。全面推进王村镇省级乡村建设示范镇和高平镇牛家咀村、王村镇二十里铺村等17个省市级示范村创建。持续改善条件，硬化自然村组道路，实施安全生命防护工程。纵深推进农村人居环境“543”集中整治行动，改造农户卫生厕所8254户。全面落实脱贫人口、低保对象等特殊人群参保资助和养老保险代缴政策，累计落实参保资助金额976万元，代缴养老保险金1.62万人，代缴资金162万元。落实基本医保、大病保险、医疗救助三重保障政策，累计落实农村低收入人口基本医保报销4016万元，大病保险报销533万元，医疗救助报销1457万元。持续提高保障标准，累计为3.1万人农村低保、特困供养等人员发放各类物资和救助资金10032万元。深入推进关爱服务行动，开展各类活动3200场（次）。

【**项目建设**】紧盯“一带一路”、黄河流域生态保护和高质量发展、全面加强基础设施建设等重大机遇，深入研究政策导向，精心谋划论证，储备县级综合库项目314项，概算投资360.2亿元，为持续拉动县域经济高质量发展蓄势赋能。全力抓开工、促进度、扩投资，全年储备500万元以上项目172项，总投资170.1亿元，当年计划投资47.1亿元。全年固定资产投资比上年增长41.2%。其中，第一产业投资增长27.2%，第二产业投资增长339.5%，第三产业投资增长7.2%。全年500万元以上投资项目80个。老旧小区改造、城区供热扩容改造一期、水泉寺大桥提升改造、城西生态体育公园全面完成，南环路、城区污水管网改造提升等项目加快建设。

【**优势产业**】深入实施藏粮于地、藏粮于技战略，落实耕地地力保护和实际种粮农民补贴共3672万元。全县粮食播种面积43.7万亩，产量12.4万吨。围绕打造全国绿色苹果生产基地，开展“护园强果”行动，加快果树更新换代，年末全县挂果果园面积17.6万亩，水果产量23.9万吨。其中：苹果挂果面积15.2万亩，产量22.5万吨。坚持设施栽培和露地种植同步推进，实施设施蔬菜产业链重点项目10个，新建王村核心区、玉都下坳、罗汉洞张姚等设施蔬菜园区4处，搭建日光温室212座、钢架大棚755座，带动全县蔬菜种植3.0万亩，产量3.4万吨。新建飞云、丰台2个千头肉牛养殖场（小区），采取能繁母牛补贴、见犊补母等政策扶持，发展养牛户5034户，培育10头以上养牛大户1535户，完成平凉红牛选育性能测定和平凉红牛种公牛站建设，新建冻配改良站6个，完成肉牛冻配改良1.2万头。全面实施“秸秆变肉”工程，完成全株玉米青贮34万吨。全年全县牛饲养量6.0万头，猪饲养量17.2万头，鸡饲养量180.8万只。

【**人民生活**】全年城镇居民人均可支配收入31803元，比上年增长4.9%。其中，工资性收入22604元，经营净收入4191.6元，财产净收入1336.4元，转移净收入3671元。城镇居民人均消费性支出17825元，增长3.8%。全年农村居民人均可支配收入13410元，增长6.9%。其中，工资性收入3339.2元，经营净收入4979.4元，财产净收入37.3元，转移净收入5054.1元。农村居民人均消费性支出11495元，增长11.9%。

【**环境保护**】持续推进县域内燃煤锅炉和燃煤小火炉治理。通过推进重点整治措施，全年城区空气质量有效监测天数319天，优良天数289天，达标率90.6%，综合指数3.6，剔除沙尘影响后，PM_{10}平均浓度值为62微克每立方米；$PM_{2.5}$平均浓度值为35微克每立方米，达到国家空气质量二级标准，全面完成市政府下达的目标任务。常态化开展土壤污染状况详查和涉镉等重金属行业企业、污染地块排查工作。辖区内土壤环境安全可控，未发生重金属、石油等污染土壤问题，土壤环境质量及农用地土壤状况总体保持稳定。不断强化固危废监管，督促重点产废单位开展危险废物环保设施安全评估；依法加强医废监管，组织专人开展执法检查。不断加大重点流域、农业农村、饮用水源保护区等重点领域水污染治理，全面落实水生态保护各项工作措施。全面排查乡镇污水处理设施“建、管、用”情况，现有14座农村生活污水处理设施全部正常稳定运行，正常运行率达到100%。全县5个河流考核断面水质达到或优于地表水III类水质标准，5个集中式饮用水水源地水质综合评价均为III类，1个地下水考核点位水质为III类，达标率100%，顺利完成市政府下达的年度水质考核目标任务。

【**社会保障**】全面落实城乡低保、社会保险、特困供养、残疾人“两补”、城镇困难职工脱困解难等政策，县养老服务中心完成一层主体，3个乡镇“长者食堂”建成投用。全面落实保民生一揽子政策，发放失业保险稳岗返还资金、一次性留工培训补助等促进稳岗就业。全年城镇新增就业3375人，年末城镇登记失业人员1018人，安置高校毕业生131人，下岗人员实现再就业1061人。全年城镇居民最低生活保障人数1634人，农村居民最低生活保障人数13939人，临时救助2.0万人次，发放救助资金1049万元。

【**社会事业**】坚持政策向民生聚集、资金向民生倾斜、服务向民生覆盖，5件省列、8件市列、10件县列民生实事进展顺利，民生支出占全县财政总支出的 84%。持续提升医疗卫生服务能力，新冠病毒感染疫情防控扎实有效，疫苗接种和常态化核酸检测等工作有序开展。县中医医院提标扩能一期、养老服务中心等项目加快实施，年末全县实有床位 1793 张，卫生技术人员 2049 人，其中执业医师 499 人。不断优化城乡教育布局，第三小学教辅楼建成主体，世纪花园 C 区配建幼儿园装修、城关杨柳幼儿园日托制改造全面完成，新建改扩建校舍 3.01 万平方米，新增学位 1840 个、园位 720 个，有效缓解“入学难”“大班额”等问题，年末全县在校学生 4.18 万人，专任教师 4166 人。加快文旅产业融合发展，精心组织开展文化“三下乡”活动，群众精神文化生活不断丰富，年末县级文化馆和公共图书馆各 1 个，各类图书及期刊 50.3 万册。先后举办平凉市第二届槐花节暨“5·19”中国旅游日泾川县系列活动、苹果花节、油菜花节等节会活动 20 多场（次），全年游客总量 506.3 万人次，实现旅游综合业务收入 25.5 亿元。

（王海峰）

灵台县

【基本情况】灵台县位于陇东黄土高原南缘，地势西北高、东南低，海拔在 890~1520 米之间，其中县城海拔 966.8 米；地处东经 107°00′~107°57′，北纬 34°54′~35°14′；年平均气温 10.7°C；年降水量 586.6mm；年日照总时数 2036.4 小时，全年无霜期 265 天，城区空气质量优良天数比率达到 96%。境内有一塬（什字塬）一山（南部山区）两道川（达溪河、黑河川区），全境东西长 78 公里，南北宽 40 公里，总流域面积 1976.16 平方公里，属黄土高原沟壑区。东南与陕西长武、彬县、麟游、千阳、陇县接壤，西北与本省崇信、泾川县毗邻。全县辖 9 镇 4 乡 1 个城市社区管理委员会、186 个行政村 6 个城市社区、1260 个村民小组。2022 年全县常住人口为 15.27 万人。其中，城镇人口为 5.46 万人，占总人口的 35.75%；乡村人口 9.81 万人，占总人口的 64.25%。

【资源优势】灵台县素有“陇东旱码头”“甘肃东大门”之美称。历史源远流长，史前就有先民繁衍生息，商周时期建有密须国、密国，公元 605 年置灵台县，距今已有 1400 多年历史，孕育了世界针灸医学鼻祖皇甫谧、唐代名相牛僧孺等杰出人物。文化底蕴深厚，境内发现仰韶文化和齐家文化遗址 500 多处，发掘文物上万件，有古灵台荆山森林公园、皇甫谧文化园等人文自然景观 30 多处，是省级历史文化名城。生态环境优美，境内有一塬一山两道川，素有“陇东粮仓”之称。森林覆盖率 53%，先后被命名为“全国造林绿化百佳县”“中国绿色名县”。资源相对富集，地处鄂尔多斯聚煤盆地南缘，预测煤炭地质储量 100 亿吨以上，已探明 42 亿吨，是陇东能源基地核心区。境内规划建设大型矿井 5 对，煤炭产能 2100 万吨。耕地面积 76.7 万亩，农作物播种面积 89.96 万亩，粮食产量稳定在 19 万吨以上。现有苹果园 22.7 万亩，年末牛存栏 7.3 万头，年种植蔬菜 3.6 万亩，是全省肉牛产业和蔬菜产业大县、全省苹果优势区域重点县、全国现代矮砧苹果新技术集成示范县。

【国民经济】全县实现地区生产总值 47.7 亿元，按不变价格计算，比上年增长 9.9%。其中，第一产业增加值 16.1 亿元，增长 6.5%；第二产业增加值 8.5 亿元，增长 34.8%；第三产业增加值 23.1 亿元，增长 7.6%。三次产业结构比例为 33.7 ∶ 17.9 ∶ 48.4，与上年相比，第一、第三产业比重分别下降 2.2 和 6.6 个百分点，第二产业比重上升 8.8 个百分点。全县固定资产投资增长 30.2%；实现社会消费品零售总额 9.9 亿元，增长 3.0%。全县一般公共预算收入 4.77 亿元，比上年增收 30731 万元，增长 1.81 倍，同口径增长 1.87 倍；一般公共预算支出 24.63 亿元，比上年多支 5.11 亿元，增长 26.2%。年末全县金融机构各项存款余额 101.01 亿元，比年初增加 16.50 亿元，增长 19.52%；各项贷款余额 55.13 亿元，比年初增加 6.62 亿元，增长 13.67%。

【供给侧结构性改革】聚力打造煤电化、牛、果、菜、中医康养、生态环保“六条重点产业链”，各项工作高效有序开展，为全面推进县域经济高质量发展注入强劲动力。邵寨煤矿年产 240 万吨扩能技改工作正在抓紧推进，储煤棚及精煤转载皮带栈桥项目已建成投用，全年共生产原煤 129.9 万吨。唐家河、南川河、灵北、安家庄 4 对矿井完成现场勘查，百里煤田勘察区探矿权及灵北、安家庄煤矿采矿权成功出让。灵台电厂建设项目完成地质勘察、地基处理实验及主厂房地基开挖等，修建截洪沟 1010 米、场区道路 1500 米，移动土方 26.58 万立方米。年产 150 万吨煤基高端新材料示范项目完成可行性研究报告编制，正在办理其他审批手续。宝麟铁路北延线项目完成预可研编制，与中铁一局签订了合作框架协议。全县年末牛存栏 7.3 万头、当年牛出栏 5.7 万头，培育养牛大户 274 户，选育平凉红牛育种群 500 头，冻配改良肉牛 1.26 万头，新增平凉红牛 3500 多头。全县采摘销售新优品种早熟苹果 2.13 万吨，采购新优苹果苗木，完成新植和改造矮化果园 1.1 万亩，搭建防雹网 3500 亩，鼓励引导果农购买政策性农业保险 3.34 万亩，完成 4636 亩苹果“保险 + 期货”项目，新认证出口备案基地 793 亩。全县蔬菜播种面积累计达到 3.6 万亩，生产蔬菜 5.4 万吨。建办集约化育苗示范点 8 处，新建日光温室和塑料大棚 34 亩，维修灾毁日光温室 43 亩、钢架大棚 349 亩，建成千亩设施蔬菜生产基地 2 处，带动全县种植设施蔬菜 3118 亩，以“企业 + 合作社 + 基地”发展模式，建办 1000 亩朝天椒绿色种植示范点 1 处，500 亩朝天椒绿色种植示范点 5 处。建成 500 亩、300 亩高原夏菜示范点各 3 处，建成北部塬区万亩高原夏菜种植基地。陇药皇甫谧制药股份有限公司购置中药饮片切片机、二维运动混合机等生产设备 17 台（套），颗粒剂生产线建成投产。蓝康医疗器械有限公司取得了一次性使用无菌手术衣等 5 个产品的注册证和隔离衣等 3 个产品的备案。溪河韵文化旅游开发公司新研发皇甫谧康养旅游产品 7 种。县皇甫谧中医院顺利完成整体搬迁，建成皇甫谧针灸康养馆。建成集中连片中药材标准化种植基地 6 处 3700 亩。山东能源 10 万千瓦光伏农业复合发电项目完成办公楼、升压站、储能设施建设并投入使用，已实现并网发电。新集水库一期工程混凝土坝段及二期工程基坑开挖和连接坝段全部完成，邓家川水库完成混凝土坝段，坷台水厂改扩建及新集水库至工业园区（电厂）段输水管道工程完成清水池、管理楼、排泥水调节池、反冲洗废水回用池等主体工程。中台镇南店子村地质灾害综合治理项目基本完成，县城“三口两段”整治、达溪河县城过境段水生态环境综合治理和小城镇建设等项目进展顺利；城西生态未来城完成“两评一案”批复，已纳入国家财政部PPP项目库。

【乡村振兴】严格落实“四个不摘”要求，以“十聚焦十到位”专项行动和“查弱项、补短板、固成果、促振兴”集中行动为抓手，持续提升“两不愁三保障”及饮水安全水平，不断巩固脱贫攻坚成果。严格落实控辍保学“双线四包六到位”机制，全县小学、初中入学率均为100%，九年义务教育巩固率为98.82%，义务教育阶段无辍学学生。为学前幼儿、义务教育阶段和高职中学生免除学杂费用、发放各类补助补贴2550.34万元。投资1828万元，实施“义务教育能力提升”和“为民办实事”项目，新建校舍2444平方米，维修校舍8677平方米，教育基础条件持续改善。全县农村低收入人口参保率100%，落实参保资助55641人835.4万元。家庭医生签约履约率、管理率均达到100%。落实农村低收入人口住院报销16475人次，医疗费用总额9836.6万元，其中政策范围内费用8554.6万元。基本医疗报销4959.19万元，大病保险报销760.69万元，医疗救助1670.07万元，“三重保障”占住院政策范围内费用的86.39%。开展农村住房安全状况监测，排查消除安全隐患154栋。开展生态及地质灾害避险搬迁和农村住房改善提升行动，完成农村住房改善提升2303户、农房抗震改造716户，实施生态及地质灾害避险搬迁400户、灾后恢复重建366户。投资1333万元，实施梁原水厂水源工程和农村人饮供水工程维修养护项目，改造提升供水工程36处，维修供水管网40公里。持续开展“水量、水质、用水方便程度、供水保证率”四项指标评价监测，农村饮水安全达标率100%。投入1792万元，实施易地扶贫搬迁后续扶持项目9项，为1161户有劳动能力的家庭落实就业岗位2785人，确保有劳动能力和就业意愿的家庭至少有1名成员稳定就业。

【项目建设】牢固树立“项目为王”理念，精心谋项目、全力争项目、多措并举抓建项目，以项目牵引经济发展、积蓄潜力后劲、壮大总量增量。年内论证储备重点项目176项、总投资1257亿元，基础设施建设项目270项、总投资1186亿元。共申报中央预算内投资项目30项，总投资16.82亿元；专项债券项目24项，总投资10.92亿元；省市重大项目前期费项目9项，申请重大前期费1.17亿元；政策性开发性金融工具项目、中长期贷款项目、设备采购与更新贷款项目8项，总投资30.8亿元。全县实施的128项投资过500万元以上重大项目完成投资71.8亿元，超年度计划0.4个百分点；61个投资清单项目完成固定资产投资42亿元；6个市列重大项目完成投资15.8亿元，占年度计划的92.4%；预备项目S203线朝那至方堤口公路改建工程完成了可研报告编制。

【优势产业】按照强龙头、延链条、聚集群要求，链式开发牛果菜优势特色产业，编制完成北部塬区节水高效现代农业园区规划和灵台县平凉红牛省级现代农业产业园规划，推动苹果省级现代农业产业园实体化运行。实施“万千百十”工程，创建万头牛产业强镇1个，发展千头养牛重点村6个，新建改造养牛场区21处，培育百头以上新型经营主体13个，新增十头以上养牛大户159户，新增平凉红牛5180头，选育平凉红牛育种群500头，全县年末牛存栏量、当年牛出栏量分别达到7.3万头、5.7万头。推广“四新”模式，试验推广新优品种1.5万亩，“灵台矮砧苹果科技小院”成功入选国家支持建设的“科技小院”行列。全县矮化果园面积达到9.2万亩，果园面积达到22.7万亩，果品产量达到25.3万吨，实现产值15.4亿元。建设施蔬菜千亩基地2个，建办朝天椒、籽葫芦等规模种植基地2000亩，蔬菜加工厂2处，全县蔬菜种植面积3.6万亩，产量5.4万吨。持续推进规模化生猪养殖场改扩建和规范运营，累计建成规模养猪场20个，全县年末猪存栏3万头、当年猪出栏3.7万头，猪肉产量达到2936吨。建成集中连片标准化种植基地3000亩，全县中药材种植面积6300亩。打造乡村旅游品牌，巩固提升中台水泉、康家沟，邵寨干槐树等6个旅游示范村服务水平。围绕皇甫谧文化、古商周文化、灵台民俗三大文化，建成西屯白草坡文史陈列馆，创建国家AAA级景区2个，创建A级乡村旅游景区1家，推出精品旅游线路4条。

【人民生活】全县累计输转劳动力5.24万人，创劳务收入14.7亿元，其中输转脱贫劳动力2.16万人、就地就近输转1.58万人。深化东西部帮扶劳务协作，通过东西部协作累计输转劳动力3276人，其中脱贫劳动力2949人。转型认定的53家乡村就业工厂稳定吸纳1108名劳动力就业，其中脱贫劳动力541人。发放创业担保贷款4000万元、就业见习补贴42.38万元、一次性创业补贴11.5万元、企业吸纳就业社保补贴23.27万元、失业补助金7.03万元、创业带动就业扶持资金8万元、农民工临时生活补助1.07万元、职业技能提升补贴0.35万元，为省选支企人员发放生活费补贴219.9万元，为4户企业发放一次性留工培训补助2.4万元，为32家企业发放一次性扩岗补助17.85万元，阶段性降低154家企业失业和工伤保险95万元，阶段性缓缴2户企业社会保险4.5万元，返还109家企业失业保险42.67万元，为城镇公益性岗位人员发放岗位补贴和社保补贴1964.21万元。全县城镇新增就业2336人，失业人员再就业1000人，就业困难人员再就业366人，全县城镇居民人均可支配收入达到28802元，比上年增长5.0%；人均消费支出达到17371元，增长7.4%；恩格尔系数为27.3%，提高0.6个百分点。农村居民人均可支配收入达到11516元，增长7.0%；人均生活消费支出达到7999元，增长6%；恩格尔系数为31.9%，提高0.1个百分点。城乡居民储蓄存款余额为841225万元，增长18.68%；人均储蓄存款达到37500.4元，增长 19.4%。

【环境保护】深入打好污染防治攻坚战，严格落实大气、水、土壤污染防治措施，着力改善生态环境质量。制定印发了《邵寨煤矿生态环境问题整改方案》，督促企业对矿区内及周边路段进行湿法清扫，运煤车辆严格落实遮盖等扬尘治理措施。督促建筑工地严格落实扬尘治理“六个百分之百”和“三个必须”治理措施，落实率达到了97%以上。开展了成品油市场排查整治检查，全县9户加油站均安装了油气回收装置，运行状态良好。开展城乡煤炭专营市场联合执法检查，清理不合格摊点2处，开展市县煤炭质量抽样监测75批次，合格率为100%，完成燃煤锅炉清洁能源改造1台，全县燃煤锅炉整治任务实现了“清零”任务。开展柴油货车尾气检测100辆，完成冒黑烟车电子抓拍系统安装2处。加大对邵寨煤矿等涉水企业检查频次，确保了污水达标排放。邵寨等4镇生活污水处理站在线监控设施已比对合格并联网，什字、独店2镇正在实施改扩建工程。县城污水处理厂应急调蓄池已开工建设，拆除水源地一级保护区临时用房3间。配合县水务部门开展“河湖管护攻坚行动”、“河道非法采砂专项整治”等专项行动，处置非法采砂案件3起。争取中央环保专项资金2900万元，实施了灵台县泾河流域水环境综合整治（生物氧化塘）项目、独店镇张鳌坡村和上良镇杨家庄村农村生活污水治理项目，目前已完成全部建设任务。与陕西省麟游、长武2县生态环境部门就流域水环境保护分别签订了跨界河流水污染联防联控协议，切实解决了跨界流域水污染问题。严格落实农用地分类管理和建设用地准入管理相关要求，强化受污染耕地安全利用和风险防控。

【社会保障】持续提高社会保障水平，全年累计发放各类困难群众社会救助资金10148万元，其中城市低保资金714.4万元，农村低保资金5350.01万元，城市特困资金30.08万元，农村特困资金735.1万元，经济困难老年人资金41.12万元，孤儿资金58.97万元，事实无人抚养儿童资金103.84万元，“福彩圆梦·孤儿助学工程”资金20.5万元，临时救助资金1394.99万元，残疾人两项补贴资金859.46万元，政府购买服务资金194.56万元，统筹购买服务133.08万元。坚持应保尽保，持续扩大基本医疗保险覆盖面，全年全县城乡居民医疗保险参保182235人，住院报销43298人（次）15480.4万元，门诊报销150625人（次）1392.85万元，特慢病门诊报销20072人（次）1030.01万元，“两病”门诊报销18421人（次）168.7万元；谈判药品门诊报销366人（次）170.8万元；城镇职工住院报销4345人（次）2355.36万元，门诊报销31904人报销596.14万元，谈判药品报销92人次37.09万元，门诊特慢病报销4952人次206.38万元，职工生育保险报销429人次98.74万元，生育津贴19人次52万元。对17名重大疾病患者落实医疗救助资金25.19万元。

【社会事业】教育建设方面，投资1774万元实施义教能力提升项目，涉及中小学校26所31项，已建成竣工15项；投资54万元实施“为民办实事”改厕项目2个，已建成竣工并投入使用；灵台一中高中改善办学条件项目图书科技楼正在进行施工图审查；投资415万元新建中庆九年制学校教师周转宿舍1幢1044平方米，正在进行基础工程施工；投资4896万元实施学前教育建设项目，新建独店、邵寨中心幼儿园园舍，已开工建设。高考全县一本上线292人，上线率31.8%，应届二本以上上线761人，上线率82.9%；职业教育毕业生就业率达到92.5%；引进人才16名，招考中小学幼儿园教师29名、特岗教师69名，为县城区学校选调专任教师55名，选派城区学校15名优秀教师到乡镇学校、乡镇中心校60名优秀教师到村级学校交流任教。卫生健康方面，投资800万元实施“120”医疗急救体系建设项目，采购救护车17辆，购置急救医疗设施设备42台（套），建成标准化县级120急救指挥调度中心；投资3500万元实施皇甫谧中医院提标扩能建设项目，完成慢性病管理中心用房改造及一期、二期设备采购；投资50万元实施独店卫生院针灸康养分院建设项目，对皇甫谧文化园西院进行装修改造，建成针灸康养馆；投资506万元实施移动核酸检测方舱实验室建设项目，采购移动核酸检测实验室1台，配套建设停放平台等附属设施；投资40万元实施中医馆建设项目，在龙门卫生院、城市社区卫生服务中心建成中医馆。文化旅游方面，白草坡西周遗址旅游开发、古灵台荆山森林公园滑坡治理及景区提升、密须古城红牛小镇产旅融合完成建设进度；应急广播建设完成所有点位安装工作，正在进行调试；博物馆馆藏铜器保护修复项目年内未完成，纳入2023年续建项目。

（李浩君）

崇信县

【基本情况】崇信县位于甘肃省平凉市东部，关山东麓，泾河之南。东靠泾川、灵台两县，西与华亭市相连，北接崆峒区，南与陕西省陇县毗邻，地处北纬35°1′~35°25′，东经106°50′~107°10′之间。全县辖4镇2乡，1个工业集中区，79个行政村。2022年末常住人口8.2万人，城镇化率44.54%。

【资源优势】县域内自然资源丰富，主要矿藏有煤炭、陶土、坩泥、石灰石、石英砂、矿泉水等，尤以煤炭资源最为丰富，已探明煤炭储量18.8亿吨，是全国100个重点产煤县之一，煤炭产量占全省的六分之一，现有矿井9对、发电企业1家，煤炭核定生产能力1230万吨，火力发电能力72亿度，煤电化产业开发前景广阔，资源开发潜力巨大。川区地势宽阔平坦，土质肥沃，具有发展现代农业的独特优势。水资源丰富，泾河的主要支流汭河、黑河自西向东贯穿全境，年径流量2.1亿立方米。县内西南山区天然次生林区植被良好，森林植被覆盖度达到了90%以上，根据森林资源规划调查结果，全县境内约有植被29科42属69种，全县境内已知野生动物共170余种，其中鱼类4余种、鸟纲85种、哺乳纲74种、两栖纲3种、爬行纲5种。历史文化悠久灿烂，周人的先祖公刘定居芮鞫，发展农耕文化，影响深远；唐贞元四年（公元788

年），陇右节度使武康郡王李元谅筑崇信城，取“尊崇诚信”之意，建县于北宋建隆四年（公元963年），距今已有1057年的历史。境内有国家AAAA级旅游景区龙泉寺、国家AAA级旅游景区华夏古槐王、梁坡水街、绿源美生态苑、武康王文化园，省级风景名胜区五龙山、省级森林公园唐帽山等众多人文自然景观，“山水龙泉·养生崇信”声名远播。

【国民经济】2022年，全县地区生产总值62.8亿元，比上年增长9.6%。其中，第一产业增加值10.8亿元，增长5.4%；第二产业增加值37.1亿元，增长12%；第三产业增加值15.0亿元，增长8.6%。全县规模以上工业增加值增长12.5%；社会消费品零售总额5.5亿元，增长5.7%；一般公共预算收入7.3亿元，增长115.7%；一般公共预算支出18.7亿元，增长25.1%。年末全县银行业金融机构各项存款余额57亿元，比上年末增长10.9%；各项贷款余额43.2亿元，下降25.86%。

【优化营商环境】持续深化“放管服”改革，制定乡镇政府权责清单，成立大数据管理机构，数字政府运营指挥中心投入运行，社保转移、医保备案等337项政务服务事项实现跨省或省内通办，工程项目施工许可、竣工验收压缩至23个工作日和15个工作日以内，企业投资备案类项目实现“即来即办”。细化出台6个方面38条优化营商环境措施，顶格落实助企纾困政策，阶段性降低失业、工伤保险费率，大幅下调农业用水价格，累计为市场主体减税1.4亿元，办理延期还本付息3.8亿元，新增各类市场主体964户，完成“个转企”30户，培育“四上企业”6户、限额以上“大个体”3户。大力实施“强科技”行动和科技企业“三倍增”计划，培育省级科技创新型企业2户，新注册商标40件，申报专利29项，全国科普示范县创建通过省级验收。

【乡村振兴】健全完善防返贫动态监测帮扶机制，持续跟踪收入变化，巩固拓展“两不愁三保障”成果，76.8%的监测对象消除致返贫风险，顺利通过国家巩固脱贫成果后评估。2022年新识别监测对象15户68人，全县现有监测对象294户1053人。坚持以项目建设统揽巩固脱贫成果和乡村振兴，优化资金使用结构，创新资金使用方式，强化项目资金管理。2022年共投入衔接资金19684.9万元，共安排实施项目134项目，所有项目全部完工，累计打造乡村建设示范村32个；建办绿色标准化养殖基地11处，果品加工基地2处，蔬菜地基10处，修建产业道路15公里；硬化村组道路30公里；发放牛果菜产业补助1694万元（其中脱贫户635户270.9万元）；落实交通补助、公益性岗位补助等730.9万元。

【“三农”工作】2022年，全县农林牧渔业增加值11亿元，比上年增长5.3%。全县农作物播种面积38.8万亩，下降4.4%，粮食作物播种面积27.1万亩，其中，夏粮播种面积10.3万亩，秋粮播种面积16.8万亩，粮食总产量为6.4万吨，增长1.6%；蔬菜播种面积7.15万亩，蔬菜产量11.9万吨，增长4.5%；园林水果面积4万亩，果品产量3.6万吨，增长5.2%。全县猪、牛、羊出栏分别增长1.1%、2.3%、1.7%。引进推广玉米品种强硕168、西蒙208、玉研1807，小麦品种铜麦6号、灵选6号、兰航选122，胡麻品种陇亚10号、11号、宁亚17号等六十多个农作物新品种，种植全膜双垄沟播玉米5.1万亩，完成大豆—玉米带状复合种植4000亩，全县粮食播种面积27.14万亩，产量6.36万吨。坚持典型示范引领，部署开展了乡村振兴“十创十评”活动，评选出“十好村”14个、“十美户”403户。常态化开展“最美庭院”“最美家庭”评选，推荐省、市级“最美家庭”22户、市级“美丽庭院”示范村2个、示范户12户，县级“美丽庭院”示范村9个、示范户88户，

【项目建设】坚持把项目建设作为拉动投资、加快发展的核心引擎，全力挖潜蓄能、加力提速。争取中省项目资金2.7亿元，其中地方政府专项债券项目6项2.3亿元，中央（省）预算内投资项目4项4200万元。全年全县固定资产投资比上年增长37.6%。固定资产投资项目59个，其中5000万元及以上项目12个，完成投资增长66.8%；500—5000万元项目44个，完成投资下降21.7%；房地产开发项目3个，完成投资下降13.5%。按三次产业分，第一产业投资下降67.1%；第二产业投资增长289.1%；第三产业投资下降4.32%，三次产业投资占比分别为：0.8%、42.4%和56.8%。

【优势产业】坚定不移推进工业强县，周寨南、大兴东、戚家川东3宗矿业权成功出让，新周煤矿完成采矿权延续，五举煤矿产能核增至300万吨，实施了新窑、大柳、百贯沟等一批煤矿专项工程，全年生产原煤644.5万吨、发电55亿度。新能源、绿色建材产业取得新进展，创新推出“光伏贷”产品，实施3个片区分布式光伏发电项目，新增装机3000千瓦，裕金诚装配建筑研发、天成智能化沥青混凝土生产线建成投产。发放红牛活体抵押担保贷款7500多万元，新建窑洞养牛示范点6个、规模化肉牛养殖场2个，盘活改造闲置养殖场6个。柏树苹果小镇和汭河、黑河现代循环农业示范园加快建设，东庄蔬菜基地基本建成，杨家沟生猪繁育场即将投产，抓建牛肉精分割、果品储藏、果园提升改造、有机肥加工等一批延链补链项目，农业产业规模效益稳步提高。龙泉寺景区改造提升加快推进，后河沟、黄花塬成功创建国家3A级景区，“一核多点”的全域旅游发展格局初步形成。

【人民生活】全县居民人均可支配收入24204元，其中，城镇居民人均可支配收入41490元，比上年增长4.0%；农村居民人均可支配收入11155元，增长7.5%。城镇居民人均消费支出23408元，增长4.4%；农村居民人均消费支出10491.5元，增长8%。平价煤配售、困难家庭子女入学资助等27件省市县为民实事全部兑现，有力化解“登记难”问题，总体转移登记率达99.2%，城区住宅小区物业管理服务实现全覆盖。深入落实稳岗返还、社保补贴等稳就业政策措施，木林农民创业孵化园建成运营，发放创业担保贷款3200多万元，开发公益性岗位191个，城镇新增就业1918人。枣林沟水库、崖子水库开工建设，关河水库补充城区水源、汭河灌区续建与节水配套工程全面建成，治理山洪沟道15条，建设生态堤防48公里，

升级城乡电网52公里，新改建通信基站120座。铺油硬化乡村道路36公里，S28灵华高速和G312县城连接线、散花沟至花所段公路加快建设，青年大桥加宽和九功、赵湾、柏家沟桥重建通车，城乡居民人居环境得到明显改善。

【环境保护】积极践行绿水青山就是金山银山理念，有序推进国土空间规划编制。严格落实河（湖）长制、林长制，建立古树名木保护机制，实施黄土高原塬面保护、流域水环境综合整治、汭河水源涵养等生态治理项目44项，完成造林绿化2.2万亩，建设景观廊道190公里，林草、森林覆盖率分别达53.85%和46.64%，汭河县城段被列为省级美丽幸福河湖创建示范段。深入落实“双碳”战略，实现碳排放权交易收入1877万元，生态环保产业占地区生产总值比重提高2个百分点。全年环境空气质量优良天数为320天，达标率为91.2%。细颗粒物（$PM_{2.5}$）年均浓度为30微克/立方米，比上年上升36.4%。大气环境可吸入颗粒物（PM_{10}）年均浓度为60微克/立方米，上升15.4%。二氧化硫年均浓度为8微克/立方米，下降20%。二氧化氮年均浓度为13微克/立方米，与上年持平。

【社会保障】积极落实稳就业措施，全县城镇新增就业1954人，占年度任务1900人的103%，失业人员再就业604人，就业困难人员再就业393人。年末全县机关事业单位养老保险参保5687人，企业职工养老保险参保4738人，城乡居民养老保险参保57791人。参加基本医疗保险人数88692人，其中，参加职工基本医疗保险人数8042人，参加城乡居民基本医疗保险人数80650人。工伤保险参保8102人，生育保险参保8042人。养老、失业、工伤保险和低保提标政策全面落实，城乡居民医保住院报销比例提高5个百分点，发放各类社会救助资金4836万元。新建“长者食堂”7所，老年养护院被评为省级医养结合示范基地，鱼堡子社区入选全国示范性老年友好型社区。全县共有2120户5108农村困难群众享受农村低保，有503户1112名城镇困难居民享受城市低保，城乡特困供养人员264人。

【社会事业】续建县一中图书科技综合楼续建项目，实施学前教育发展、义务教育薄弱学校改善与能力、改善普通高中办学条件、现代职业教育质量提升4大类23个项目，新建面积3.4万平方米。全县有各类学校107所，其中普通高中1所，中等职业学校1所，独立初中5所，九年一贯制学校4所，小学50所（不含3个教学点），幼儿园46所。有教职工1384人，全县高考一本上线99人，上线率23.3%，二本上线208人，上线率49.1%。全民健康信息平台并网运行，县中医院医技综合楼建成投用，医疗机构综合服务和疾病预防控制能力显著提升。全县共有各级各类医疗机构137个，有医生307人，护士506人，各医疗机构共设病床997张。实施文明创建行动，繁荣发展文化体育事业和文化产业，争创全国文明城市、国家园林县城和国家“绿水青山就是金山银山”实践创新基地，县体育公园全面建成。全县电视覆盖率99.2%，广播覆盖率99%，组织各类文化活动49多场（次），年放映农村公益电影1035场（次），剧团演出180多场（次）。

（赵小勇）

庄浪县

【基本情况】庄浪县位于甘肃中东部，六盘山西麓，属黄土高原丘陵沟壑区，是国家乡村振兴重点帮扶县和全国农业社会化服务创新试点县。全县辖18个乡镇、1个城市社区、293个行政村，总面积1553平方公里，总人口44.8万人，其中农业人口31.4万人，有耕地98.4万亩、农业人均3.1亩。2022年末常住人口为33.3万人，城镇化率29.3%。境内海拔在1405—2857米之间，无霜期159天，年平均气温9.3℃，年降水量总量420.2毫米。庄浪人杰地灵，人文历史悠久，民风淳朴。为从根本上改善生产生活条件，从上世纪60年代开始，全县广大干部群众经过34年不懈努力，建成了近百万亩水平梯田，1998年被水利部命名为全国第一个“梯田化模范县”，铸造了“实事求是、崇尚科学、自强不息、艰苦创业”的庄浪精神。庄浪县先后荣获全国文化模范县、全国中医药工作先进县、全国农村劳动力转移就业示范县、全国休闲农业和乡村旅游示范县、国家首批绿色能源示范县、全国农村职业教育和成人教育示范县等荣誉称号，2019年顺利退出贫困县序列，累计稳定脱贫196个村、3.2万户、13.6万贫困人口，2018年荣获“全国脱贫攻坚组织创新奖”，2021年2月，庄浪县委、韩店镇党委被党中央、国务院授予“全国脱贫攻坚先进集体”。

【国民经济】2022年，全县经济发展保持了稳中有进好势头。地区生产总值85.0亿元，比上年增长7.0%。其中，第一产业增加值32.8亿元，增长6.2%；第二产业增加值8.8亿元，增长24.6%；第三产业增加值43.3亿元，增长5.0%。全县三次产业结构比由上年的37.6：8.8：53.6调整为38.6：10.4：50.9。从经济增长的动力因素看，三次产业对经济增长的贡献率分别为32.7%、28.9%、38.4%，分别拉动经济增长2.3、2.0和2.7个百分点。按常住人口计算，全年人均地区生产总值25526元，增长7.4%。规模以上工业增加值增长3.0%；固定资产投资增长0.4%；社会消费品零售总额25.0亿元，增长4.7%。全县一般公共预算收入2.6亿元，下降25.5%；一般公共预算支出43.3亿元，同口径多支3.6亿元，增长9.2%。年末全县金融机构本外币各项存款余额144.3亿元，比上年末增长13.0%；金融机构本外币各项贷款余额89.3亿元，增长10.9%。全年全县十大生态产业增加值22.6亿元，增长0.5%，占全县地区生产总值的26.5%。

【乡村振兴】严格落实“四个不摘”，深入推进“十聚焦十到位”专项行动，精准加强“三类户”动态监测和帮扶，稳定消除风险对象2086户9130人，风险消除率71%。持续夯实“两不愁三保障”基础，发放学生资助金9433万元，开展大病救助2967人，实施农村抗震农房改造229户，维修供水管网90公里。统筹整合财政涉农资金6.1亿元，实施产业发展和基础建设项目114个，发放小额信贷3.7亿元、“富民贷”3779万元，落实东西部协作和中央定点帮扶资金 6561 万元，新建乡村就业工厂 7 家，就近吸纳劳动力 315 人，开展技能培训 6347 人（次），输转劳务工 10.4 万人，创劳务收入 30.6 亿元，脱贫人口人均可支配收入同比增长 12.2%，守住了不发生规模性返贫底线。大力实施乡村建设行动，高质量编制“多规合一”村庄规划 62 个，完成“一村一策”乡村建设计划 257 个，建成省级乡村建设示范村 3 个、市级 18 个、县级 15 个。扎实开展农村人居环境综合整治，拆除废弃危旧房 12.3 万平方米，治理垃圾堆放点 955 处，新建农村户用厕所 1.3 万座，争创省级卫生单位 10 个、卫生乡镇 5 个、清洁村庄 84 个。着力构建乡村“三治融合”治理体系，创建市级乡村治理示范乡镇 2 个、县级乡村治理示范村 36 个，乡村治理水平全面提升。

【农业生产】2022 年，全县农作物播种面积 97.1 万亩，比上年增长 0.41%。粮食作物播种面积 81.8 万亩，增加 614.7 亩，增长 0.1%。粮食产量 21.8 万吨，增产 1.4%。其中，夏粮产量 6.1 万吨，增产 0.9%；秋粮产量 15.7 万吨，增产 1.5%。谷物产量 12.4 万吨，比上年增产 1.6%。油料产量 0.5 万吨，增产 7.1%。蔬菜产量 17.3 万吨，增产 9.5%。水果产量 59.2 万吨，增产 9.2%。中药材产量 0.6 万吨，增产 13.2%。肉类总产量 1.6 万吨，比上年增长 3.0%。禽蛋产量 0.5 万吨，增长 50.3%。牛奶产量 0.4 万吨，增长 33.1%。年末大牲畜存栏 11.3 万头，增长 9.6%。牛存栏 10.8 万头，增长 10.0%；牛出栏 4.1 万头，增长 8.9%。猪存栏 12.2 万头，增长 0.7%；猪出栏 12.7 万头，增长 0.6%。羊存栏 1.9 万只，增长 12.2%；羊出栏 1.5 万只，增长 16.4%。鸡存栏 117.0 万只，增长 13.0%；鸡出栏 81.3 万只，增长 5.0%。累计投入资金 2.3 亿元，发展果园 65 万亩、建成脱毒种薯基地 7 万亩、直种间种马铃薯 36.5 万亩，发展核桃 1800 亩，直种饲草 40.6 万亩、完成青贮 48 万吨，建成小杂粮基地 2250 亩，发展蔬菜 9.1 万亩。全面落实耕地地力保护补贴、种粮一次性补贴、农机具购置补贴和农业保险补贴等一揽子支农惠农政策，发放各类补贴资金 6535.2 万元、补贴各类农机具 769 户 920 台（件），完成粮食作物承保面积 21.4 万亩、占任务的 102.0%，发展旱作农业 70 万亩、粮食作物复种 4.2 万亩。

【项目建设】全县共组织实施县列重点项目 155 个（其中续建项目 30 个，新建项目 125 个），总投资 148.2 亿元，当年计划投资 71.3 亿元。开复工 145 个（续建项目全部复工；新建项目开工 115 个），开复工率 88.4%，完成投资 63 亿元。列入全市投资清单项目 86 个（其中续建项目 24 个，新开工项目 62 个），总投资 122.4 亿元，当年计划投资 52.4 亿元，全部开工建设，完成投资 51.9 亿元。列入全市“三个一”包抓责任制项目 4 个，总投资 25.4 亿元，当年计划投资 13.1 亿元。全部开工建设，完成投资 14.5 亿元。国省投资项目 11 个，总投资 1.9 亿元，到位国省投资 1.1 亿元，开工建设 11 个，完成投资 7100 万元，其中中央资金 5710 万元。争取地方政府专项债券项目 13 个，总投资 22.0 亿元，其中专项债券 5.2 亿元，年度债券资金支付 2.9 亿元，支付率 56%。

【优势产业】紧盯“两个高于”要求，突出园区化布局、项目化推动、企业化运作，深入开展优势特色产业三年倍增行动，全力推动苹果、肉牛、蔬菜、马铃薯等产业强链升级、补链增效、延链增值。红牛产业以打造全省平凉红牛产业强县和优质高档型肉牛产业基地为目标，实施肉牛养殖扩群增量和“甘味”平凉红牛产业集群项目，完成 33 个国有企业养牛场体制机制改革，新建 2000 头养殖场 1 个、百头以上养牛场 4 个、饲草料加工厂 7 处，完成饲草青贮 48 万吨，全县牛饲养量达到 14.9 万头、出栏 4.1 万头。苹果产业以发展现代生态循环果业为方向，抓建 12 万亩有机苹果、30 万亩绿色苹果、2 万亩老果园改造“三大生产基地”，开建智慧苹果、冷链物流“两个产业园”，实施果品保鲜贮藏、精深加工和农膜反光膜处理“三大提升工程”，全县果园面积稳定在 65 万亩（其中挂果园 45.2 万亩），苹果年产量达到 61.8 万吨。庄浪苹果被农业农村部认定为农产品地理标志，万泉镇连续两年入选全国特色产业超十亿元镇。蔬菜产业坚持设施蔬菜和高原夏菜协同发展，建成南湖现代农业产业园，新建农产品冷藏保鲜库 7 座，建成高原夏菜基地 3 个、蔬菜基地 4 个，全县蔬菜种植面积达到 9.1 万亩（其中设施蔬菜 2940 亩），总产蔬菜 18.4 万吨。马铃薯产业持续放大“庄浪马铃薯”国家级地理标志农产品品牌效应，建成省级马铃薯现代农业产业园和育种创新基地，发展脱毒种薯繁育基地 7 万亩，带动全县种植马铃薯 36.5 万亩，总产量 54 万吨；培育宏达、鑫喜 2 家省级重点龙头企业，年加工鲜薯 40 万吨，生产淀粉 6.5 万吨、马铃薯制品 8000 吨。县农技中心入选全国五星基层农技推广机构。中药材产业立足地域优势，建成关山中药材种植加工园，打造集中连片标准化种植基地 8100 亩、育苗基地 1000 亩，辐射带动全县种植大黄、独活等道地中药材 2.5 万亩，支持马麝繁育基地等 3 家药用动物养殖企业扩大规模、提升效益，产业链总产值达到 8800 万元。同时，坚持把劳务产业作为群众稳定增收的重要渠道，落实公益性岗位 3828 人、生态护林员 2513 人、农村公益性设施公岗 1712 人，扶持 62 家乡村就业工厂吸纳就业 2825 人，“点对点”输送 1845 人，累计输转农村劳动力 10.4 万人、创劳务收入 32.3 亿元（其中脱贫劳动力 5.1 万人、创劳务收入 14.9 亿元）。

【人民生活】全年全县城镇居民人均可支配收入 34682 元，比上年增长 4.3%；城镇居民人均消费性支出 21119 元，增长 11.5%。农村居民人均可支配收入 9453 元，增长 7.7%；农村居民人均消费性支出 10975.2 元，增长 12.1%。城乡居民人均可支配收入比值为 3.67，比上年缩小 0.12。

【环境保护】坚持生态优先、绿色发展，全面推行林长制，春季完成生态造林 2.2 万亩，绿化乡村道路 463 公里。实施坡改梯 9000 亩，新建淤地坝 4 座，综合治理水土流失 33.4 平方公里，完成水洛河生态综合治理 10 公里、河堤除险加固 9 公里。建成了城区第二生活垃圾填埋场，结合城市更新，新建县城延伸路段雨污管网 9.4 公里，改造城区雨污分流管网 24.6 公里，铺设完成朱店、万泉、岳堡、良邑等8个乡镇污水管网，年产5000吨的农用地膜及反光膜回收利用生产线建成投产。深入打好污染防治攻坚战，常态化落实河（湖）长制，扎实开展“清四乱”专项整治，清单化推动中央和省级环保督察反馈问题整改清零，县城和重点乡镇污水实现全收集、全处理，县内2处出境断面水质全部达标，全县空气优良天数比和$PM_{2.5}$、PM_{10}实现“一升两降”，城区空气质量综合排名全市第一，城乡生态环境进一步优化。

【社会保障】坚持在发展中保障和改善民生，全县民生支出占一般公共预算支出78%。精准落实城乡低保、医保、特困供养等救助政策，发放各类惠农资金3.3亿元、社会救助资金2.5亿元、养老金2.8亿元，报销医药费用3.8亿元。全面落实稳岗就业政策，签约引进紧缺人才166名，考录高校毕业生367名、公安辅警50名，发放创业贷款5942万元，新增城镇就业3760人，落实公益性岗位3828人、生态护林员2513人，安置退役军人42名，清偿企业账款150万元，追回拖欠农民工工资822万元。依托市列劳务输转民生实事项目，“点对点”输送务工人员1845人，累计输转10.4万人（次）、创劳务收入32.3亿元，有效推动富余劳动力高质量就业增收。水洛区域综合养老服务中心建成运营，卧龙、韩店2所敬老院全面竣工，社会保障水平不断提升。

【社会事业】优先发展教育事业，北城九年制学校招生投用，西城九年制学校加快建设，县第七幼儿园和3所住宅小区配建幼儿园秋季招生，新增园位900个，新建、改扩建中小学校舍5.4万平方米，国家级农村职业教育和成人教育示范县成果有效巩固，我县获得“全省职业教育成效明显县”荣誉称号。加快发展卫健事业，全省区域综合医改试点工作有序推进，县医院东城新院区、县中医院提标扩能项目全面建成。积极发展文体事业，完成了县体育馆和全民运动型体育公园改造提升，县“三馆”常态化免费开放，群众性文化体育活动广泛开展。积极推行科技特派员制度，省级农业科技园区加快创建，全市科技活动周启动仪式暨科技成果集中展示活动在我县成功举办。

（魏娟）

静宁县

【历史渊源】静宁是古城纪始建之地，“人文始祖”伏羲的降生之地，古丝绸之路的必经之道，更是红军长征大会师的革命圣地，历史源远流长，文化根脉深厚。曾孕育出汉“飞将军”李广、唐“诗仙”李白、宋“三将军”吴玠、吴璘、刘琦等众多民族精英，雄俊继踵，英贤辈出，钟灵毓秀，淳风播远。

【自然地理】静宁县位于平凉市西部，总面积2193平方公里，耕地129万亩，辖24个乡镇、1个城市社区管委会、333个行政村、14个社区，总人口47.3万人。静宁历史厚重，是“红色圣地”，境内有仰韶文化、齐家文化等文化遗存148处，建县置郡已有2000多年历史，红军长征五次途经静宁，毛泽东、周恩来等革命先驱曾在此宿营，是红军长征中的“领袖驻地”，是红军三大主力静会地区大会师的“中心基点”。静宁区位明显，是“陇上名城”，位于西兰银几何中心位置，312国道、静秦公路、静庄高速和平定高速穿境而过，是“一带一路”上的重要节点城市。静宁产业独特，是“苹果之乡”，四十年谋一果，全县果园面积稳定在百万亩以上，是全国苹果规模栽培第一县，建成甘肃首家苹果院士专家工作站。“静宁苹果”先后荣获8张国家级名片和17项大奖，2022年果品总产量98.6万吨、产值60亿元，2023年区域品牌价值达到161.3亿元。静宁重教兴学，是“教育强县”，现有各级各类学校446所，在校学生6.78万人，恢复高考以来累计向各类大中专院校输送人才12.3万人，有76名学子被清华北大录取。投资12亿元建成文屏教育园，占地5000亩，包括2所高中、1所小学、1所幼儿园、1所职业学校，可容纳1.6万学生就读。静宁充满活力，是“经济大县”，2022年全县地区生产总值100.01亿元，规模以上工业增加值1.62亿元，固定资产投资50.74亿元，社会消费品零售总额32.46亿元，地方财政收入3.53亿元，城乡居民人均可支配收入分别达到32052元和10605万元。入选国家农村产业融合发展示范园，纳入中央财政支持普惠金融发展示范区，获批静宁县红牛省级外贸转型升级基地。

【人口分布】2022年，全县户籍总人口47.30万人，其中：城镇人口11.45万人，主要有汉、回两个民族，人口密度217人/平方公里。现辖17个镇、7个乡、1个城市社区管委会，333个村民委员会、2313个村民小组，14个居民委员会。

【国民经济】2022年，全县地区生产总值达到100.0亿元，比上年增长7.7%，一、二、三次产业分别实现增加值42.2亿元、13.4亿元、44.4亿元，分别增长6.4%、6.3%、9.2%。三次产业结构由上年的41.3 ：13.5 ：45.2调整为42.2 ：13.4 ：44.4。农业：苹果总产量达到87.3万吨；牛、猪、鸡饲养量分别达到11.2万头、9.0万头、58.9万只；粮食总产量达到27.2万吨。工业、建筑业：工业企业实现增加值5.3亿元，增长9.5%；建筑企业实现增加值8.2亿元，增长4.8%。其中规模以上工业增加值增长4.0%。服务业：社会消费品零售总额完成32.5亿元，增长4.7%。交通运输仓储和邮政业完成增加值2.5亿元，增长26.3%。一般公共预算收入完成35265万元，下降23.8%；年末金融机构存款余额165.84亿元，比上年末增长15.6%；金融机构各项贷款余额123.16亿元，增长18.3%。投资：全年全县投资完成额增长18.2%。

【社会事业】教育：全县有各级各类学校446所，其中小学219所（含教学点135个），独立初中29所，完全中学5所，普通高中3所，幼儿园188所（其中公办175所、民办13所），中等职业学校1所，特殊教育学校1所，各级各类学校公办教职工6892人，各级各类在校学生6.79万名，高考二本上线率达到41.3%。科技：全县有综合性科研机构3家，高新技术企业3家，科技型中小企业7家，产业技术创新联盟1家；有正高级职称和享受政府津贴的专家型人才13人，入选平凉市“222”创新人才工程13人，“平凉市领军人才”11人。卫生：全县共有医疗卫生机构484个，其中医院6个，医院中综合医院3个、中医医院1个，专科医院2个，基层医疗卫生机构24个、村卫生室368个、民营医院4个、个体诊所75个。卫生专业技术人员3096人，县医院、妇幼保健院成功创建三级乙等综合医院和二级甲等妇幼保健院，县中医院已通过市级二级评审，24个乡镇卫生院按照乡级标准全部设置了规定的临床和医技科室，配备了必需的医疗设备。文化：全县共有公共图书馆、博物馆、文化馆各1个，乡（镇）文化站24个，村文化室333个。全县广播综合人口覆盖率为99.3%，电视综合人口覆盖率为98.6%，有线电视传输干线网络总长3380公里，有线电视用户0.97万户。

【社会保障】年末全县共有城镇居民5977人和农村居民3.6万人享受政府最低生活保障，2031人享受农村特困人员救助供养，全年临时救助3.79万人次。国家抚恤、补助退役军人和其他优抚对象3648人。年末全县参加城镇职工基本养老保险人数2.96万人，比上年末增加1410人。参加城乡居民基本养老保险人数27.52万人。参加基本医疗保险人数40.66万人，减少1.3万人。其中，参加职工基本医疗保险人数2.39万人，参加城乡居民基本医疗保险人数38.28万人。参加失业保险人数1.68万人，增加215人。年末全县领取失业保险金人数466人。参加工伤保险人数2.39万人，增加0.15万人，其中参加工伤保险的农民工0.65万人，增加0.11万人。

【人民生活】全县城镇居民人均可支配收入32052元，比上年增长4.4%；农村居民人均可支配收入10605元，增长7.6%；全县城镇新增就业人数4291人；参加城镇职工基本养老保险15655人；参加城镇职工失业保险16837人。

（贾彩霞）

华亭市

【基本情况】华亭位于甘肃省东部、关山东麓，东临崇信县，西连庄浪县和宁夏回族自治区泾源县，南接张家川回族自治县和陕西省陇县，地处陕甘宁三省（区）交汇处，总面积1201.3平方公里，辖7镇3乡、1个城市社区和1个省级工业园区，有101个行政村、26个社区，总人口19.7万人。

【资源禀赋】华亭人文历史悠久，隋大业元年（公元605年）置县，迄今已有1400多年的建县历史。2018年12月撤县设市。境内现存古人类遗址、石窟石雕、古城堡遗址和古动物化石点106处，馆藏珍贵文物1023件。以仰韶文化、齐家文化和先秦文化为重点的多种文化形式并存，有华亭曲子戏、皮影戏、打乐架、安口陶瓷、根雕和葫芦画等地方特色民间艺术。华亭自然资源富集，素有“煤城瓷镇”之称，主要矿产资源有煤炭、陶土、坩泥、石灰石等，其中煤炭已探明储量34亿吨，是优质的动力、气化和化工原料；陶土储量260万吨、坩泥13万吨、石灰石15亿吨。汭河、汭河、黑河3大水系源于本市，多年平均总径流量1.7亿立方米。华亭生态环境良好，地处关山腹地，森林覆盖率达到38.5%。年平均气温9.0℃，年降雨量510毫米，平均海拔1300米，气候宜人。关山林区有40万亩原始森林、38万亩天然草场，植物种类达400多种，关山莲花台景区为国家级风景名胜区和省级森林公园，有“天然氧吧”之称，森林覆盖率达96.2%，是周边避暑休闲的最佳目的地之一。境内野生中药材达263种，家种药材以大黄、独活、川芎、黄芪、党参、板蓝根等53个品种为主，“华亭大黄”、“华亭独活”“华亭核桃”获得国家地理标志认证，“华亭大黄”列入全国道地药材名录。华亭区位优势明显，北距平凉市55公里，西至兰州市360公里，南到咸阳国际机场290公里，连接3省4市6县，宝平、天平铁路、国道344、省道203、304线穿境而过，有年吞吐量1000万吨的煤炭铁路专用线和140万吨的铁路集运站，彭大、平天、泾华、平华一级4条高等级公路穿境汇聚，华崇灵高速即将建成，1小时内即可赴周边市区乘坐高铁、飞机出行。

【国民经济】2022年，全市经济总量实现历史性突破，高质量发展取得新成效。初步核算，全年地区生产总值101.5亿元，比上年增长9.3%。其中，第一产业增加值8.8亿元，增长6.0%；第二产业增加值67.3亿元，增长11.3%；第三产业增加值25.4亿元，增长7.1%。三次产业结构比为8.65 ∶ 66.32 ∶ 25.03。按常住人口计算，全年人均地区生产总值56625元，增长10.3%。社会消费品零售总额完成16.8亿元；一般公共预算收入完成7.6亿元，增长6.7%。全年招商引资到位资金34.9亿元，增长15.7%，共实施招商引资新、续建项目54个，其中省外项目31个，到位资金25.3亿元，增长95.8%。

【改革发展】深入推进“放管服”改革，高标准建成数字政府运营指挥中心和全省首家城市信息（CIM）系统，政务服务一体化平台上线运行，4898项事项实现网上在线办理，服务事项线上办结率达到99%。城投、产投公司完成整合重组，在平凉市率先完成国资国企改革。财税金融体制改革有序推进，政府债务管理有效加强。顺利通过全省首批省级创新型县（市）评估验收。农业农村、教育医疗、统计执法等各领域改革均取得积极进展。

【乡村振兴】持续巩固拓展脱贫攻坚成果，开展“六查六问六强化”活动，一户一策加强“三类户”监测帮扶，376户1235人返贫致贫风险动态清零，脱贫人口人均纯收入达到11710元，比上年增长12.6%。深入实施优势特色产业三年倍增行动，扶持培育农业新型经营主体152个，建设高标准农田1000亩，整治撂荒地6.5万亩，粮食播种面积31.2万亩、产量7.8万吨，守住了粮食安全底线。加快推进乡村建设，完成20个“多规合一”村庄规划编制，硬化村社道路18公里，新建卫生户厕3511座，建成4个乡村垃圾污水处理站点，搬迁生态及地质灾害避险区群众87户，全面完成1个乡村建设示范镇和20个乡村建设示范村创建任务。

【项目建设】紧盯国家、省市战略布局和投资导向，谋划论证产业链建设、城市更新、乡村振兴、民生事业等重点领域项目323项。坚持谋划与争取同步推进，积极争取中央预算内投资、政府专项债券项目26项，争取各类资金22.8亿元。建立重大项目建设协同推进机制，华煤集团下属煤矿安全工程等20个项目全面建成，灵华高速、陈家沟煤矿铁路专用线、神峪河装车站等项目进展顺利。全年固定资产投资比上年增长5.1%，其中工业固定资产投资增长64.0%。全年房地产开发投资增长118.7%。房屋施工面积26.8万平方米，增长25%。全年城镇棚户区改造212套，完成动态新增危房改造户10户。

【优势产业】聚焦做强工业、做精农业、做大三产，全面推行产业链链长制。煤炭清洁高效利用产业链加速延链补链，20万吨聚丙烯项目建成投产，中小企业创业园二期即将建成，化工园区申报进展顺利。绿色建材、生态环保产业链多元共生发展，年产5万平方米装配式建筑综合加工一期项目建成投产，金诚达再生资源开发利用等项目加快实施，完成绿色建材产值2.5亿元，形成了以煤电化为龙头，陶瓷、建材、冶金、新型制造为补充的新型工业体系。红牛、核桃、蔬菜、中医中药产业链全面扩规提质，实施东华镇现代化平凉红牛养殖场、饲料加工厂、安口西三村设施蔬菜、大黄城二期等项目38个，建成标准化养殖小区12个，千亩药材种植基地6处。文旅康养产业链全域多点突破，蔺莲路即将完成6.2公里一级路油筑，安口陇窑古镇、西华什民乡村旅游示范村建设等18个项目全面建成，策底大南峪、东沟小渔村成功创建3A级旅游景区，举办广场文化月、乡村文化旅游节等活动80场次，拉动全市旅游综合收入增长37%。

【人民生活】全年民生支出15.5亿元，占财政总支出的80.8%。28件省市列为民实事全部落到实处。严格落实稳就业各项政策，发放创业担保贷款4050万元，落实各类就业补助资金2371万元，开发城乡公益性岗位1330个，新增城镇就业3658人，输转城乡劳动力3.52万人，劳务创收10.6亿元。全年城镇居民人均可支配收入41685元，增长4.6%；农村居民人均可支配收入12303元，增长7.2%。全年城镇居民人均消费支出22941元，增长4.3%；农村居民人均消费支出11915.3元，增长9.2%。

【环境保护】严格落实河湖长制、林长制，强力推进生态环境保护和修复治理，集中排查整改各级生态环境保护督察反馈问题，建成大气污染防治监测、乡镇生活污水入户收集、畜禽养殖污染治理等生态环境保护项目40项，完成城乡造林1.9万亩，恢复治理历史遗留无主矿山地质环境1709亩。全市环境空气质量优良天数为297天，细颗粒物（$PM_{2.5}$）年均浓度为34微克/立方米，大气环境可吸入颗粒物（PM_{10}）年均浓度为64微克/立方米，二氧化硫、二氧化氮年均浓度分别为7微克/立方米和19微克/立方米。全市地表水断面水质优良比例为100%，汭河全年水质综合评价、城市集中式饮用水水源地水质、地下水质量考核点位水质达标率均达到国家Ⅲ类标准要求。

【社会保障】牢固树立以人民为中心的发展思想，西华综合养老服务中心、公益性骨灰安放堂及殡仪馆、“长者食堂”等项目全面建成，农村养老服务体系逐步完善。年末参加养老保险人数120854人，其中参加城乡居民基本养老保险（16岁及以上人口）88857人，参加城镇职工基本养老保险31997人，参加生育保险12220人。社保“一卡通”实现全覆盖，医保支付方式改革全面推开，城乡居民住院报销比例提高5个百分点，年末全市参加城乡基本医疗保险153084人，其中参加城乡居民基本医疗保险137426人，参加职工基本医疗保险15658人，全年医疗救助12107人次。助残、优抚、济困等兜底政策精准落实，发放各类救助资金9621万元。

【社会事业】优先发展教育事业，新建、改扩建校舍3.7万平方米，市二幼全面建成，仪山学校、职教中心图书馆及学术报告厅等7个项目进展顺利，中心城区教育资源供需矛盾加快破解；“双减”政策有效落实，高考上线率99.5%。积极满足群众文化需求，大力实施全民健身和全民阅读工程，举办“喜迎党的二十大”系列文化活动80余场次，申报科技专利27件。深入推进健康华亭建设，市一院急救医技综合服务楼、中医医院提标扩能项目即将建成，市二院门诊楼及健康体检中心加快建设，市乡村一体化公共卫生应急管理体系持续健全，市域医共体建设覆盖率达到100%。全市精准落实新冠疫情防控措施，坚决果断处置突发疫情，广大医务人员、公安干警、社区干部、志愿者坚守一线、无私奉献，各级干部群众联防联控、共克时艰，有力保障了人民群众生命健康安全，确保了社会大局和谐稳定。

（杨蓉）

酒泉市

【基本情况】酒泉地处河西走廊西端，南接青海，西邻新疆，北界内蒙古并与蒙古国接壤，东西长673公里，南北宽517公里，总面积16.8万平方公里。境内和周边分布着玉门石油管理局、酒泉钢铁公司、四〇四核工业城等一批国有重点大中型企业。酒泉历史悠久，文化积淀浓厚，是敦煌艺术的故乡、中国航天事业的摇篮、全国首座千万千瓦级风电基地、我国石油工业和核工业的发祥地、铁人王进喜故乡，被省委省政府确定为区域中心城市。全市辖1区2市4县，分别为肃州区、玉门市、敦煌市、金塔县、瓜州县、肃北县和阿克塞县，有68个乡镇438个村，8个街道办事处68个社区。境内聚居着汉、回、蒙、哈萨克、裕固等43个民族。2022年末，全市常住人口105.31万人，城镇化率65.9%。

【资源优势】酒泉是我国风光资源储量最为丰富、开发条件最为优越的地区之一。境内瓜州、玉门素有“世界风库”和“世界风口”之称。全市可用于风光资源开发利用的面积约9.7万平方公里，风能资源理论储量2亿千瓦，太阳能理论储量20亿千瓦。2022年末，全市发电装机容量2499.5万千瓦，比上年增长21.4%。酒泉是典型的绿洲灌溉农业区，祁连山和阿尔金山的雪山融水形成疏勒河、黑河、哈尔腾河三大水系，滋养着酒泉辽阔大地。区域气候干燥、昼夜温差大、光热资源丰富、天然隔离好，发展现代农业的自然条件得天独厚。粮食、棉花、蔬菜资源丰富，建成有5000余种种子的3个种植资源库，是全国、全省的商品粮棉基地，也是全国最大的瓜菜、花卉制种基地和全省重要的玉米制种基地。酒泉是甘肃省资源大市，矿产资源丰富，成矿地质条件优越，矿种齐全，黑色金属、贵金属和非金属矿产资源优势明显。全市已发现矿产97种，已查明资源储量的矿产73种，查明矿产地415处，已开发利用的矿产41种。酒泉旅游资源非常丰富，大自然的鬼斧神工造就出大漠戈壁、冰川雪山、草原湿地、雅丹丹霞、绿洲平原、河流湖泊、多彩胡杨等自然景观奇特壮美。全市有文物古迹1393处，其中世界文化遗产5处（莫高窟、汉长城、锁阳城、悬泉置、玉门关）。全市共有A级景区52家，是中国西部最具国际影响力的旅游目的地和最具人气的西部名城。酒泉是丝绸之路经济带重要节点城市和甘肃省向西开放的桥头堡，被确定为陆港型国家物流枢纽城市。兰新高铁、兰新铁路、京新高速、连霍高速、柳格高速、敦当高速和西气东输、西油东送、西电东送廊道横贯东西，敦格铁路、酒额铁路，肃州区至航天城一级公路和国道215线通达南北，敦煌、嘉峪关等机场与北京、上海、广州等大城市通航，拥有甘肃唯一的马鬃山边境口岸，形成了明显的通道优势，

【国民经济】2022年，全市地区生产总值840.9亿元，比上年增长6.1%。其中，第一产业增加值143.3亿元，增长6.5%；第二产业增加值371.3亿元，增长5.6%；第三产业增加值326.3亿元，增长6.5%。三次产业结构17 ∶ 44.2 ∶ 38.8。一般公共预算收入37.3亿元，比上年增长7.3%；一般公共预算支出183.2亿元，增长18.4%。规模以上工业增加值增长8.1%。固定资产投资增长17.6%。社会消费品零售总额310亿元，增长6.5%。居民消费价格上涨1.4%。按常住人口计算，全年人均地区生产总值79840元，增长6.2%。

【供给侧结构性改革】积极为市场主体纾困解难。2022年全市累计留抵退税28.14亿元，为3146户市场主体的69.7亿元贷款延期还本付息。发放稳岗返还、技能培训补贴、一次性留工补助等各类社保资金6726万元，减缓社保费4125万元。市场活力加快释放。政务服务事项网上可办率和全程网办率分别达到99.4%和99.7%，实现行政审批城乡一体、市县同权、跨域通办。2022年，全市新登记市场主体2.06万户，年末市场主体总数达13.71万户。科技创新动能持续增强。财政投入科技经费2亿元，比上年增长64.3%。全年登记省级科技成果88项，专利授权量1227件，增长4%。有效发明专利270件，每万人口发明专利拥有量2.56件。全年签订技术合同430项，比上年增长157%；技术合同成交额44.1亿元，增长21.1%。积极推进信息产业。全市城市家庭千兆光纤网络覆盖率达到100%，建成5G基站2090个，重点场所5G网络通达率达到96.3%，成为全省唯一甘肃首个千兆城市。酒泉新能源大数据中心已有82家电场完成设备接入并在线运行，“5G+工业互联网”综合服务平台已建成试运行，注册企业达到340余家，工业互联网标识解析通用设备制造行业二级节点已建成并接入国家顶级节点。企业效益持续改善。全市规模以上工业企业实现营业收入676亿元，比上年增长30.3%；营业收入利润率5.6%，比上年提高2.8个百分点；资产负债率64%，比上年末降低0.5个百分点。

【乡村振兴】脱贫成果持续巩固。坚持未贫先防、未返先帮，落实帮扶资金528万元、帮扶措施742项。脱贫群众稳步增收。争取到位各级衔接资金57784万元，发放小额贷款12120万元，输转脱贫劳动力22933人。2022年，全市脱贫人口人均纯收入达到15262元，较上年增长12.8%。乡村建设成效显著。新开工建设农房改造点117个10072户，同步配套基础设施和公共服务，全市累计建成农房改造点166个，完成农房改造12580户。环境整治纵深推进。新改建农村卫生户厕12580户，农村卫生户厕覆盖率达到87.8%。建成集中式农村污水处理设施121个，农村生活污水治理率达到33.2%。健全完善户清扫、村收集、乡运转、县处置的农村生活垃圾收运处置体系，创建“清洁村庄”425个。

【项目建设】坚持项目为王，一手抓谋划，一手抓推进。新能源及装备制造大干快上。酒湖工程存量项目、“十四五”第一批风光电项目建成，日月重工铸件制造项目当年落地、当年投产，运达、明阳大型风机制造顺利投产。重大基建工程接连上马。七瓜公路、马桥公路建成通车，柳红铁路进展顺利，红沙梁至明水铁路专用线前期工作基本完成。2022年，开工建设项目（含房地产）1121个，完成固定资产投资比上年增长17.6%。从投资构成看，项目投资1058个，完成投资增长21.5%，占投资总额的93.6%；房地产开发项目63个，完成投资比上年下降19.8%。分产业看，第一产业投资增长4.2%，第二产业投资增长35.7%，第三产业投资下降2.4%。基础设施投资比上年增长13%，占固定资产投资的比重为17.6%。民间固定资产投资增长17.9%，占固定资产投资的比重为49.4%。持之以恒抓招商。2022年，全市落地招商项目869个，引进到位资金686.1亿元，增长28%，引进省外到位资金514.9亿元，增长22.4%。

【优势产业】特色农业蓬勃发展。做大做强现代种业，2022年全市各类农作物种子总产量达13.4万吨，总产值约40亿元，高标准种子基地达到20万亩。稳步发展优质蔬菜，2022年中以（酒泉）绿色生态产业园开工建设重点项目22个，戈壁生态设施农业面积达到17.6万亩。加速壮大绿色畜牧，2022年市县两级财政列支1400万元畜牧业“富民贷”保证金，支持引导养殖业发展，甘肃铭鑫羊业、玉门市肉羊生态产业园等一批大型畜禽规模养殖场陆续建成投产，全市规模化养殖场达到534家。2022年，全市粮食种植面积101.9万亩，比上年增长1.4%；粮食产量56.5万吨，增产2.5%。蔬菜种植面积58.7万亩，增长9.7%；蔬菜产量182.3万吨，增产10%。全市牛饲养量30.3万头，比上年增长5.6%；羊饲养量778万只，增长11%；生猪饲养量61.8万头，增长7.3%；家禽饲养量1196.7万只，增长11.4%。“工业强市”成效显著。系统谋划强链条，实施装备制造产业链项目37项；实施矿产品采选冶深加工产业链项目19项，

西部矿业石煤提钒改扩建等项目建成运营；实施化工产业提质攻坚行动，新开工建设化工项目25个，世界500强企业陕煤集团落户玉门完成对浩海煤化并购。着力提升园区承载力，酒泉经开区被认定为全省代表性园区和省级高新技术产业开发区，瓜州工业集中区升级为省级开发区。2022年，全市工业工业增加值334亿元，比上年增长5%，其中规上工业增加值增长8.1%。新能源产业加速发展。统筹推进调峰电源、输出电网、电能消纳、装备制造等配套产业。2022年，全市新建成并网装机440万千瓦。全年发电量达532.8亿千瓦时，同比增长11.6%，其中，风电250.3亿千瓦时，增长14.2%；太阳能发电66亿千瓦时，增长44.3%。酒湖工程2022年外送电量284.4亿千瓦时，增长4.6%。文化兴市稳步推进。酒泉卫星发射基地集装箱宾馆、六分湿地景区提升等14个项目建成运营。酒泉1969文化创意旅游休闲街区成功创评省级旅游休闲街区，汉唐美食街被列入国家夜间文化和旅游消费集聚区培育名单。肃州小沙渠、金塔羊井子湾、玉门昌马、敦煌月牙泉等4个村成功创建为省级文旅振兴乡村样板村。成功举办"东亚文化之都"敦煌活动年闭幕式、第十三届金塔胡杨文化旅游节等品牌节会。全年全市共接待游客1539.8万人次，实现旅游收入82.8亿元。

【人民生活】就业优先政策全面落实。发放创业担保贷款2.3亿元，高校毕业生进企就业每月享受1500元补助。全年城镇新增就业14187人，其中失业人员再就业8700人。全年输转城乡富余劳动力16.1万人，其中，市内输转11.8万人，市外输转4.2万人。全年全市城镇居民人均可支配收入44420元，比上年增长3.8%；农村居民人均可支配收入23414元，增长6.8%。城乡居民人均可支配收入比值为1.9，比上年缩小0.05。全年全市城镇居民人均生活消费支出30614元，增长4.6%；农村居民人均生活消费支出16635元，增长5.4%。全市城镇居民恩格尔系数28%，比上年降低0.2个百分点；农村居民恩格尔系数28.8%，与上年相同。年末全市共有艺术表演团体3个，剧场6个，文化馆8个，各类博物馆、纪念馆46个。公共图书馆8个，图书总藏量105.3万册。全年出版报纸673万份，出版杂志1.3万册，发行图书514万册。全市共有调频、电视转播发射台15座，广播电视台8个。全年广播节目播出时间25955小时，电视节目播出时间49515小时。

【环境保护】深入学习习近平生态文明思想，有序推进生态环境问题整改，全市生态环境质量持续提升。深入打好蓝天保卫战。建成$PM_{2.5}$与O3协同防控精细化智能监管和黑烟车智能抓拍系统，淘汰燃煤锅炉9台370蒸吨，完成清洁取暖改造任务185户。检测非道路移动机械886台，路检路查柴油货车664辆，淘汰各类老旧机动车3840辆。深入打好碧水保卫战。实施肃州区、玉门市、瓜州县再生水循环利用项目。推进乡镇集中式饮用水水源地规范化建设，累计完成水源地规范化建设96个。深入打好净土保卫战。修复污染土壤12.5万m^3，重点建设用地安全利用率100%。指导建成省内首家危险废物刚性填埋项目，处置利用危险废物11.1万吨，削减重金属量6.97吨。2022年，酒泉城区空气质量优良天数313天，优良天数比例85.8%，比上年增加16天；$PM_{2.5}$、PM_{10}等6项指标达到国家二级标准。地表水水质达标率100%，优良率100%。功能区声环境质量昼间、夜间总达标率分别为99.1%、99.5%，城市道路交通噪声达标率为100%。全年累计削减氮氧化物260吨，挥发性有机物200吨，化学需氧量158.2吨，氨氮15吨。

【社会保障】保障体系不断完善。全市社会保障和就业支出20.6亿元，比上年增长13.9%。年末全市参加城镇职工基本养老保险人数21.91万人，比上年末增加0.51万人。参加城乡居民基本养老保险人数45.99万人，增加1.06万人。参加基本医疗保险人数94.87万人，减少0.57万人。其中，参加职工基本医疗保险人数18.32万人，参加城乡居民基本医疗保险人数76.55万人。参加失业保险人数12.05万人，增加0.43万人。年末全市领取失业保险金人数492人。参加工伤保险人数14.93万人，增加0.4万人，其中参加工伤保险的农民工3.01万人。参加生育保险人数13.12万人，增加0.76万人。年末全市共有1.79万人享受城市居民最低生活保障，2.37万人享受农村居民最低生活保障，0.23万人享受农村特困人员救助供养。社会安全基石更加稳固。扎实推进全国市域社会治理现代化试点建设，常态化推进扫黑除恶斗争，开展打击整治养老诈骗专项行动和夏季治安百日行动，刑事、治安案件实现双下降，刑事案件破案率全省第一。开展整治拖欠农民工工资专项行动，追讨农民工工资1.04亿元。民族团结、宗教和顺，4个县市区创建成为全国民族团结进步示范县（市）。高效应对金塔"8·13"强暴雨等13起自然灾害，守护了人民群众生命财产安全。

【社会事业】教育资源持续优化。6所公办幼儿园和5所中小学建成招生，新增学位7000个。酒泉中学列入全省卓越高中培育计划，玉门油田一中创建为省级示范高中。酒泉职业技术大学创办通过省级评估，列入省"十四五"高等学校设置规划第一梯队。酒泉入选全省首批产教融合型试点城市。全年普通小学招生9660人，在校生60150人，毕业生10046人。特殊教育招生12人，在校生130人，毕业生23人。幼儿园在园幼儿35103人。普通本专科招生4235人，在校生13244人，毕业生4460人。中等职业教育招生3462人，在校生10928人，毕业生3571人。普通高中招生7325人，在校生21022人，毕业生7153人。初中招生9882人，在校生30634人，毕业生11041人。九年义务教育巩固率99.74%，高中阶段教育毛入学率96.82%。卫生健康事业扎实推进。市医院迁建主体完工，市妇幼保健院和11家乡镇社区卫生机构中医馆建成投用。年末全市共有医疗卫生机构1024个。其中医院41个，医院中有综合医院18个，中医医院8个，专科医院15个；基层医疗卫生机构959个，其中，社区卫生服务中心16个，卫生院77个，村卫生室440个；专业公共卫生机构24个，其中，疾病预防控制中心8个，妇幼保健院（所、站）8个，卫生监督所（中心）8个。年末卫生技术人员9572人，其中，执业医师3057人，执业助理医师893人，注册护士4826人。医疗卫生机构床位8484张，其中，医院6072张，卫生院1694张。全年总诊疗人次532.3万人次，出院人数19.4万人次。

肃州区

【基本情况】肃州区位于甘肃省西部，河西走廊西段，是古丝绸之路上的重要历史文化名城，是国家实施“一带一路”战略甘肃段上的黄金节点城市，与现代驰名世界的中国航天城——酒泉卫星发射中心、世界闻名的敦煌莫高窟、“天下第一雄关”嘉峪关、中国最早的石油工业基地玉门油田、国家重要的核工业基地四〇四厂、西北最大的钢铁基地酒泉钢铁公司接壤紧邻。海拔高度1340—2200米，年平均气温8.7℃，年降水量145.8毫米，年日照时数3175小时。全区辖14个建制镇、1个民族乡，4个街道办事处，21个城市社区居委会，总面积3353平方公里，是酒泉市人民政府所在地，也是全市政治、经济、文化、科技、教育、金融中心。近年来，肃州区以推进经济高质量发展为目标，按照“疫情要防住、经济要稳住、发展要安全”的总体要求，聚焦市委“1246”思路目标，统筹疫情防控和经济社会发展，加快建设酒泉首善之区和现代化新肃州，经济社会呈现出蓬勃发展的良好局面。现有国家现代农业产业园、第二批国家农村产业融合发展示范园、全国农村一二三产业融合发展先导区、全国社区治理和服务创新实验区、陆港型国家物流枢纽承载城市、全国商贸流通重要节点城市、“高铁枢纽”城市、电子商务示范基地等国家级发展平台。

【资源优势】肃州属于国家光热资源一类地区，太阳能资源丰富，年平均日照时数在3000小时以上，是国家布局的百万千瓦级光电基地，也是全国重要的风光电装备制造基地，拥有集光伏开发与应用为一体的新能源综合利用示范试验区和酒泉新能源装备制造产业园。肃州区玉米、蔬菜、花卉制种享誉国内外，是全国重要的对外制种基地；盛产小麦、玉米、洋葱、蔬菜、瓜果、啤酒花等200多种农产品和奶牛、肉牛、肉羊、肉鸡、猪等大宗畜禽产品，是全国有名的洋葱生产集散中心和畜禽养殖中心。区内石油、花岗岩、祁连玉等矿藏与粘土、石膏、石灰石、沙石等建筑材料资源分布广、储量丰富。肃州区旅游资源丰富，境内已发现的文物古迹266处，4A级旅游名胜西汉酒泉胜迹、酒泉古泉、四坝文化遗迹、西河滩文化遗迹、东晋壁画墓、西凉李镐墓、钟鼓楼、晋城门等名胜古迹闻名全国；肃州清泉绿洲、大漠孤烟、长河落日、祁连雪峰、海市蜃楼等独具魅力的独特自然景观，使肃州成为丝绸之路上绚丽多彩的旅游观光胜地。

【国民经济】2022年，全区经济总量实现新突破，发展质效明显提升。初步核算，地区生产总值257亿元，比上年增长8.5%。分产业看，第一产业增加值44.8亿元，增长6.8%；第二产业增加值66.7亿元，增长11.7%；第三产业增加值145.5亿元，增长7.8%。三次产业结构比为17.4 ∶ 26.0 ∶ 56.6。人均地区生产总值56663元，比上年增长9.0%。十大生态产业增加值占全区生产总值的比重为24.7%，比上年下降3个百分点。规模以上工业增加值比上年增长8.7%，固定资产投资额增长17%；实现社会消费品零售总额155.5亿元，增长8.1%。全年完成一般公共预算收入6.3亿元，增长42.0%；一般公共预算支出54.82亿元，增长22.9%。年末全区金融机构人民币各项存款余额644.9亿元，比年初增长14.5%；各项贷款余额440亿元，增长5.5%。

【供给侧结构性改革】2022年，肃州区积极落实中央关于供给侧结构性改革工作部署，去产能、去杠杆、去库存、降成本效果显现。商品房销售较快增长，库存面积下降，全年商品房销售面积达到90万平方米，比上年增长4.2%，商品房待售面积为39.6万平方米，比上年减少8.7万平方米，下降18%。补短板投入持续加大。一般公共预算支出科学技术、节能环保、文化旅游体育与传媒、住房保障等支出增长较快。

【乡村振兴】2022年，肃州区以实施乡村振兴为统领，坚持农业农村优先发展导向，全力落实现代农业产业园建设、戈壁生态农业、农业产业发展等重点工作，持续发展壮大制种、蔬菜、草畜三大主导产业，农业农村经济稳中有进。全年实现农林牧渔业增加值52.1亿元，比上年增长7%。年内新认证绿色、有机农产品16个以上，新创建“甘味”品牌2个。大力挖掘特色农业“财富宝藏”，着力打造银达种旅研学、中以戈壁农旅、泉湖都市生态、铧尖水乡湿地、金佛寺花旅融合、西洞林果采摘等产业融合示范点，高质量筹办第五届酒泉种业博览会及第二届花卉博览会。以中以（酒泉）绿色生态产业园、粤港澳大湾区“菜篮子”供应基地、出口型蔬菜基地为主体，建成以总寨镇、上坝镇、下河清镇为主的粤港澳大湾区“菜篮子”供应基地3万亩，全区蔬菜面积达到25.8万亩（含复种），比上年增长9.9%，蔬菜产量77.8万吨，增长10.4%。全年农作物播种面积85.5万亩，增长0.4%。全区共新建标准化畜禽养殖场16个，其中万头以上生猪养殖场6个，百头以上牛羊养殖场4个，带动全区畜禽饲养总量达到1155.3万头（只），增长12.4%，存栏443.4万头（只），增长18.9%，出栏711.9万头(只)，增长8.8%。高标准农田整县推进示范区建设有序推进，2022年，肃州区投入资金1.6亿元，实施12万亩高标准农田建设项目，为全区现代化农业发展提供了坚实的基础保障。

【项目建设】2022年，全区上下狠抓项目建设，加强对重大项目的跟踪服务，采取多种有针对性的措施，全力以赴抓开工、促入库、保进度，以高质量项目助力高质量发展。全区完成固定资产投资额比上年增长17%，其中区本级完成投资增长12.9%，酒泉经开区完成投资增长50.7%。按三次产业分，第一产业投资下降14.8%，第二产业投资增长65.6%，第三产业投资增长9.8%。全年房地产开发项目完成投资比上年下降17.3%。中国电建东洞滩200MW光伏发电项目、未来国润东洞滩100MW光伏发电项目、东方电气酒泉风光氢储综合能源示范基地一期50MW光储等新能源项目进度较快，有力地支撑了全区工业投资增长达65.6%。自然村道路硬化、新城区三期及老城区道路维修改造项目、中小水库除险加固、洪水河水库建设、酒嘉绕城高速公路等项目的持续推动，有力地促进了基础设施建设的快速增长，基础设施投资比上年增长40.7%。

【优势产业】2022年，肃州区不断打磨农业品牌，持续提升国家现代农业（种业）产业园、国家玉米繁育制种基地、国家区域性良种繁育基地建设水平，实施建设高标准玉米制种示范基地10万亩、蔬菜5000亩、花卉3000亩。全区制种面积新增2.2万亩，总面积达到36万亩。2022年以来，面对国内复杂多变的疫情影响，肃州区牢固树立“项目为王、招商为要”理念，明确目标、细化路径、鼓足干劲，切实以高水平招商引资助推经济高质量发展。全年争取政府投资类项目7个；通过线上招商招引项目4个，总投资2.13亿元；加快推进酒泉百源现代畜牧业产业园区二期续建项目、奥凯种机高标准智慧农业示范园区等项目建设的同时，积极培育鑫西旺牧业、华硕农业、德顺建业、诚泰耀邦等本土项目10个。

【人民生活】2022年，肃州区科学统筹疫情防控和经济社会发展，全面落实稳经济一揽子政策，持续保持和改善民生，人民福祉不断增进。全年城镇居民人均可支配收入达到47738元，比上年增长4.2%，城镇居民人均生活消费支出34113元，增长4.6%，城镇居民恩格尔系数27.5%。农村居民人均可支配收入达到23087元，比上年增长6.8%，农村居民人均生活消费支出19872元，增长6.6%，农村居民恩格尔系数为27.7%。随着乡村振兴战略深入实施，积极落实农业增效、农民增收的各项措施，农民收入保持持续较快增长。2022年，全区农村居民人均可支配收入增速快于城镇居民2.6个百分点，城乡居民人均收入比值为2.1，比上年缩小0.05，城乡居民收入差距逐步缩小。与全省平均水平相比，2022年，全区城镇居民人均可支配收入高于全省10166元，农村居民可支配收入高于全省10922元。居民消费价格总水平比上年上涨1.4%，保持平稳可控。

【环境保护】2022年全区生态环境质量持续改善，污染防治攻坚战各项目标任务全面完成，全年没有发生重大环境污染问题，集中式饮用水全部达标，土壤环境质量保持稳定，全年空气质量优良天数达313天。全区建成区绿化覆盖面积2578.2公顷，绿地面积2175.3公顷，其中公园绿地面积574.8公顷，建成区绿化覆盖率达到41.7%。城市供水综合生产能力24万立方米/天（含自备水源），城市污水日处理能力10万立方米/天，城市生活垃圾无害化处理率达到100%。

【社会保障】全年新开发就业岗位11425个，城镇新增就业5645人，年末城镇登记失业人员1341人，输转农村劳动力7.2万人，实现劳务收入21.3亿元。年末全区城镇职工基本养老保险参保人数为6.1万人，其中在岗职工4.5万人，离退休人员1.6万人。城乡居民基本养老保险参保人数16.4万人，其中城镇居民养老保险参保人数2万人，农村居民养老保险参保人数14.4万人。基本医疗保险参保人数39.6万人，其中职工基本医疗保险参保人数9.8万人，城乡居民基本医疗保险参保人数29.8万人，生育保险参保人数4.6万人。年末参加失业保险人数为2.9万人，参加工伤保险人数为5.1万人。年末全区共有8103人享受城镇居民最低生活保障，6526人享受农村居民最低生活保障，741人享受农村特困供养。全区共有养老服务机构18个，城市日间照料中心26个，乡镇老年人活动中心4个，农村互助老人幸福院77个，养老服务机构床位数达到3803张。

【社会事业】辖区内有普通高校1所，在校学生13244人，教职工778人；中专（中职）学校6所，在校学生6365人，教职工446人；中学22所，在校学生22775人，教职工2150人；小学26所，在校学生25905人，教职工1790人；特殊教育学校1所，在校学生106人，教职工44人；幼儿园94所，在园幼儿16320人，教职工1954人。年内在“泉眼视频”中创作短视频7000条以上，全网浏览量突破50亿，“醉美肃州”话题量超25亿。创作编排喜迎党的二十大文艺作品394件，组织创作肃州边塞诗词100首，编纂了《酒泉宝卷》等一批非遗书籍。组织文化“六进”活动22场次，“百姓大舞台”演出10场次，秦腔演出2场次，“醉美肃州”艺术展览9期，举办省第六届“张芝奖”书法巡回交流展等书画展览5期，展出作品9200多幅。举办第二届冰雪文化旅游节、全民运动会、球类系列争霸赛、机关职工运动会等大型体育赛事活动18场次，成功举办春节全民健身大拜年活动，庆“三八”（智慧天辰杯）广场舞大赛等活动。全年接待国内外游客1531.4万人次，比上年增长11.6%；实现旅游收入140.3亿元，增长10.5%。全区新增高新技术企业19户。90户企业通过科技型中小企业评价认定，13户企业被认定为2022年度甘肃省科技创新型企业。全年省部级以上科技成果50项，基础理论成果2项，应用技术成果48项。签订技术合同93项，技术合同成交金额达24亿元。全年专利申请受理量826件，专利申请授予量640件，其中授权发明专利21件，万人发明专利拥有量达到2.99件。年末辖区内共有医疗卫生机构406个，其中医院20个、卫生院20个，卫生防疫防治机构2个，妇幼保健院（中心）2个，社区卫生服务中心（站）13个，其他卫生机构349个。年末卫生技术人员4821人，其中执业医师和助理医师1841人，注册护士2315人。医疗卫生机构床位数4399张，其中医院、卫生院床位3624张。卫生服务覆盖率达到100%。建成省级重点专科1个，市级重点专科4个，区级重点专科12个。

金塔县

【基本情况】金塔县位于河西走廊中端北部边缘，古丝绸之路沿线，是连接两省（甘肃、内蒙古）三市（酒泉、嘉峪关、张掖）重要通道，举世闻名的酒泉卫星发射中心坐落于县境内。辖区总面积1.88万平方公里，其中绿洲面积180万亩，现辖7镇2乡、1个城市社区管委会，全县常住人口12.01万人。县域内地形开阔，地势平坦，源于祁连山冰川群中的黑河、讨赖河流经全境，多年平均径流量达到14.5亿立方米，境内有鸳鸯池、解放村等水库14座，总库容量达1.8亿立方米，灌溉着金塔、鼎新两大绿洲。金塔县历史悠久、文化灿烂，旅游资源丰富，境内有国家级文物保护单位汉代大湾城、地湾城、肩水金关、长城烽燧等古城堡遗迹。省道214线和、酒航公路、肃航一级高速公路贯横南北与国道312相连，嘉策铁路、清绿铁路和在建酒航铁路贯穿全境，百公里内有通往全国各地的鼎新、嘉峪关和下河清三个机场，外进内出十分便利。通信网络覆盖城乡，设施完善；文化、教育、卫生、金融、商贸服务功能健全，经济发展保障有力。

【资源优势】金塔县水土条件优越，黑河、讨赖河流经全境，绿洲面积2400平方公里，荣获“全国商品粮基地县”、甘肃农区养羊大县、“全国三大对外制种基地”称号。光热资源富集，年平均日照时数30810小时，年平均风速2.4米/秒，获批新能源指标374.3万千瓦，光伏并网发电97.8万千瓦。矿产储量丰富，已探明矿产有八大类30多个品种，储量达20亿吨以上。旅游资源得天独厚，有自然人文景观200多处，航天摇篮、万亩胡杨、居延汉简三张名片久负盛名，其中国家沙漠胡杨森林公园于2017年创建为AAAA级景区。

【国民经济】初步核算，2022年，全县地区生产总值92.6亿元，比上年增长11.9%。其中，第一产业增加值34.9亿元，增长6.6%；第二产业增加值30.6亿元，增长36.3%；第三产业增加值27亿元，增长2.9%。三次产业结构比为37.7 ：33.1 ：29.2。人均地区生产总值76872元。十大生态产业增加值26.1亿元，占地区生产总值比重为28.2%。

【乡村振兴】依托戈壁生态农业和现代丝路寒旱农业大平台，持续发展优势特色产业集群发展，加快农业农村现代化发展，促进农业高质高效、乡村宜居宜业、农民富裕富足。2022年，全县农村经济蓬勃发展，农民收入稳步增长。全县农作物播种面积（含复种面积）为67.1万亩，比上年增加1.9万亩，增长2.9%。全年粮食种植面积24.9万亩，比上年增加0.8万亩，增长3.4%。其中，夏粮面积10万亩，增加0.5万亩，增长5.5%；秋粮面积14.9万亩，增加0.3万亩，增长2%。棉花种植面积475亩，减少2525亩，下降81.8%。油料种植面积1.1万亩，减少0.6万亩，下降32.9%。蔬菜种植面积16.7万亩，增加1.4万亩，增长9.5%。药材种植面积3.67万亩，增加0.27万亩，增长6.9%。瓜类种植面积6.7万亩，增加1万亩，增长18.6%。制种面积8.2万亩，减少0.1万亩，下降0.9%。孜然种植面积1.3万亩，减少0.5万亩，下降29.1%。

全年粮食产量14.3万吨，比上年增加0.6万吨，增长4%。其中，夏粮产量4.7万吨，增长5.2%；秋粮产量9.6万吨，增长3.5%。棉花产量68.1吨，下降81.8%。油料产量2311.2吨，增长30.8%。蔬菜产量67.7万吨，增长9.9%。瓜类产量31.6万吨，增长20.6%。孜然产量0.3万吨，增长28.7%。药材产量2.2万吨，下降23.8%。

全年猪牛羊禽肉产量2.8万吨，比上年增长10.8%。其中，猪肉产量0.8万吨，增长7.98%；牛肉产量0.05万吨，增长4.99%；羊肉产量1.8万吨，增长12.9%；禽肉产量0.2万吨，增长7.24%。禽蛋产1625.4吨，增长9.5%。牛奶产量1106.5吨，增长20.3%。年末生猪存栏5万头，比上年增长5.9%；全年生猪出栏11.1万头，增长8%。牛存栏8044头，增长5.9%；出栏4520头，增长5.2%。羊存栏73万只，增长10.6%；羊出栏112.5万只，增长12.1%。家禽存栏54.2万只，增长9.5%；出栏121.4万只，增长8.1%。全年水产品产量342吨，增长2.4%。羊毛产量1414.58吨，增长10.89%。

大力发展劳务经济，全年输转劳动力26681人，实现劳务收入8.2亿元，比上年增长0.2%。

【项目建设】全县开工建设各类项目134个，其中，5000万元以上项目38项，完成投资比上年增长2.7%；5000万元以下项目88项，完成投资下降20%。全年全县固定资产投资比上年增长16.4%。按三次产业分，第一产业投资下降31.2%，第二产业投资增长28.7%，第三产业投资增长18.6%。民间固定资产投资增长63.5%。基础设施投资下降98.7%。

【优势产业】金塔县地形开阔，地势平坦，县内光热资源、矿产资源、土地资源非常丰富。矿产资源县内已探明的主要有铜、铁、铅、锌、金、镁、钨、煤炭、芒硝、石膏、花岗岩、硅、红柱石等8大类50多个品种，总储量达20多亿吨。特别是煤炭、菱镁石、花岗岩等资源十分富集，发展煤化工、金属采选冶炼和花岗岩板材等高载能产业有着得天独厚的优势。县上以“建设三大产业基地、培育三大百亿级产业链、创建三大省级示范区”产业布局为抓手，放大资源优势、突出区位优势、集成发展优势。坚持工业强县战略不动摇，累计开工建设工业能源项目430项，完成投资232.6亿元，农副产品精深加工、新能源、矿产品采选加工、精细化工、建筑建材、装备制造“六大产业”初具规模。煤化工产业初见规模，海拓化工、晋泰森科技、金缘泰新材料等25个化工项目落地建设。累计培育杨氏宏图、闽兴石材等石材企业19户，粤水电、正泰光伏等项目相继建成并网。年末全县发电装机容量77.8万千瓦，比上年末增长6%。其中，水电装机容量0.6万千瓦，与上年持平。强力推进园区平台建设，工业集中区升格为省级开发区，北河湾循环经济产业园化工集中区获批全省首批化工园区之一，园区总规划面积达到216.2平方公里，入驻各类企业219户。

【人民生活】全县城镇居民人均可支配收入41790元，比上年增长3.9%；城镇居民人均消费支出27584元，增长3.8%。城镇居民恩格尔系数27.2%，比上年增长0.16个百分点。农村居民人均可支配收入23768元，比上年增长7.1%；农村居民人均消费支出15283元，增长6.2%。农村居民恩格尔系数30.6%，比上年下降1.8个百分点。

【环境保护】全县各类建设用地供应总量383.7公顷，比上年增长33.4%。全年水资源总量3.8亿立方米。全年总用水量3.8亿立方米，比上年增长0.5%。其中，生活用水0.07亿立方米，增长37.6%；工业用水0.1亿立方米，增长17.8%；农业用水3亿立方米，下降12%；生态用水0.6亿立方米，增长162.8%。国内生产总值用水量451.2立方米，下降14.27%；工业增加值用水量53.7立方米，下降2.4%。全年完成造林面积14.7万亩，其中人工造林面积12.2万亩，封沙育林2.5万亩。年末全县已建成省级自然保护区1个，总面积15.5万公顷，占全县国土总面积的9.3%。金塔城区空气质量优良天数313天，空气优良天数比率82.6%。细颗粒物（$PM_{2.5}$）年平均浓度24微克/立方米，细颗粒物（PM_{10}）年平均浓度66微克/立方米，综合质量指数3.3，比上年上升2.2%。地表水质达标率100%，饮用水质达标率100%。城区生活垃圾无害化处理率100%；集中供热面积199万平方米；建成区绿化覆盖率达到47.5%，比上年提高2.9个百分点；城市人均公共绿化面积23.07平方米。

【社会保障】全县参加城乡居民基本养老保险的人数为79079人，失业保险的人数为7945人，工伤保险的人数为11435人。全年社会保障部门共筹措基本养老保险金26522万元，企业职工养老保险7228万元、城乡居民养老保险8472万元、机关事业单位养老保险8027万元、机关事业单位职业年金2795万元，失业保险金499万元，工伤保险金本776万元。

2022年末，全县城乡居民医保参保人数为117956人，参保率106.4%。全年各级共筹集城乡居民医保基金10969.9万元，报销医疗费7433.5（不含大病保险1153.6）万元。为城乡医疗救助对象发放救助金1388.6万元，其中县级财政补助12.2万元。

年末全县共有2112人享受城市最低生活保障，2734人享受农村最低生活保障，518人享受农村特困人员救助供养。

【社会事业】全县组织实施各类科技项目41项，取得科技成果13项。科技对经济增长的贡献率57.2%，全县农作物新品种、新技术覆盖率96%，农业科技进步贡献率59.6%。全县科技特派员人数148人，下派服务率100%。全年登记新技术成果13项。专利申请受理量95件。全年共签订技术合同203项，技术合同成交金额5.6亿元，比上年增长37.3%。

教育事业。全年职业中专招生396人，在校生1226人，毕业生393人。普通高中招生767人，在校生2348人，毕业生787人。初中招生974人，在校生3290人，毕业生1316人。普通小学招生715人，在校生5089人，毕业生891人。学前教育在园幼儿2681人。九年义务教育巩固率99.8%。高中阶段毛入学率96.7%。全县高校招生二批以上上线率达到68.8%。

文化事业。年末全县有博物馆1个，公共图书馆1个，流通6万余人次，文化馆1个，档案馆1个。全县共有调频、电视转播发射台3座，广播电视台1个，广播节目综合人口覆盖率100%，电视节目综合人口覆盖率100%。

卫生事业。年末全县共有卫生机构144个，其中医院5个，卫生院10个，疾病预防控制中心1个，卫生监督所1个，妇幼保健院1个，社区卫生服务中心1个，其他卫生机构125个。卫生机构病床床位839张，其中：城镇659张，农村180张。卫生技术人员1086人，其中：城镇796人，农村290人。全县100%的行政村拥有医疗点。

瓜州县

【基本情况】瓜州县位于甘肃省河西走廊西端，东临玉门市，西通敦煌市，南北与肃北蒙古族自治县相连，西北与新疆维吾尔自治区哈密市接壤。是连接甘肃、新疆、青海、西藏四省区交通枢纽。1949年10月，安西县人民政府成立。2006年8月更（复）县名为瓜州县。县城位于东经94°45'-97°00'，北纬39°52'-41°53'，东西长185千米，南北宽220千米，般海拔1150米-2000米，总面积2.41万平方公里。瓜州县是移民大县，全县10镇5乡中整建制移民乡镇6个（民族乡镇4个），移民人口8.2万人，2022年末，全县常住人口13.28万人，城镇化率44.74%。

【资源优势】境内矿产资源居全国前列，已探明矿产品有金、银、铜、铁、铝、铅、锌、花岗岩、石英石等40余种，140个产地矿产地密度5.6个/千平方公里，地质储量2813万吨。主要矿冶产品有黄金、白银、贵金属、铅锌金属、铁精粉、铁球团、花岗石板材、工业硅、碳化硅等。瓜州素有“世界风库”之称，属我国一类光资源区和二类风资源区，风能资源可利用面积达到1万平方公里，年风能有效利用时数达2300小时以上，风能储量超过4000万千瓦，是全国风能储量最大的地区之一。太阳能资源丰富，年日照最长可达170天，总辐射量在6350兆焦耳/平方米以上，新能源装机规模已突破1000万千瓦，县域内可新增风光电开发容量超1亿千瓦，是名副其实的“全国新能源装机第一县”。同时配套建成正负800千伏换流站1座，750千伏变电站2座，330千伏变电站20座，110千伏变电站11座，是国内电网建设密度最大、输送条件最好的县域之一。境内有文物古迹465处，其中世界遗产1处，国家级文物保护单位10处。目前，已形成以世界遗产锁阳城遗址为代表的边关文化；以榆林窟、东千佛洞为代表的石窟文化；以张芝草书和汉简为代表的张芝文化；以玄奘之路、玄奘文化博物馆为代表的玄奘文化；以红西路军最后一战纪念地、安西战役纪念馆为代表的红色文化“五大文化”品牌，被誉为“西部户外运动之都”，其独有的胡杨秋色、雅丹地貌、边关古城、大漠驼铃、红柳花海、清泉绿洲等景观风貌，吸引来自世界各地的精英们体验戈壁之旅，已连续成功举办17届“玄奘之路”商学院戈壁挑战赛系列活动，成为国内户外运动第一品牌。瓜州是中国西北地区典型的荒漠绿洲灌溉农业区，已实现由传统农业向特色农业的转变，棉花、蜜瓜、枸杞、中药材和戈壁农业已成为农业农村重点产业，素有“中国蜜瓜之乡”“中国锁阳之乡”之美称，“瓜州蜜瓜”获2020年绿博会金奖，瓜州枸杞入选全国“名特优新”农产品名录。

【国民经济】全县实现地区生产总值120.9亿元，比上年增长4.0%，三次产业结构由上年的17 ：49 ：34调整为18.4 ：45.9 ：35.7。财政总收入15.24亿元，比上年增长44.4%；工业增加值52.86亿元，增长0.1%，其中规上工业增加值增长0.5%；固定资产投资增长 18.8%；社会消费品零售总额 43.54 亿元，增长 7.5%。

【乡村振兴】持续巩固脱贫攻坚成果，不断完善防返贫动态监测和帮扶机制，精准帮扶 36 户监测户、340 户低收入家庭，脱贫户人均可支配收入达到 14554 元、增长 13.5%。扛稳粮食安全政治责任，增储轮换储备粮 7200 吨，超额完成 11 万亩粮食种植任务。整合涉农资金 1.5 亿元，实施产业培育、基础配套等项目 181 个，全力打造高端蜜瓜、绿色枸杞、生态牛羊三个 10 亿级特色产业集群。与省农科院开展院地合作，蜜瓜产业技术研究院挂牌成立，成功创建省级蜜瓜产业园，西湖村入选全国乡村特色产业超亿元村。推广机采棉 7 万亩，特色产业面积突破 80 万亩，成功入选全国主要农作物生产全程机械化示范县。建成千头肉牛养殖园区 5 个、专业村组 17 个，牛羊饲养量达到 146 万头只。推行“土地托管”模式，规模经营面积 18.6 万亩，村级集体经济平均收入达到 8.5 万元。乡村建设有序推进，34 个“多规合一”实用性村庄规划编制完成，改造提升农房 1236 户，新改建村组道路 118 公里，14 万亩高标准农田加快建设。建立环境综合整治“红黑榜”机制，创建乡村治理示范村 13 个，农业农村焕发生机。

【项目建设】全县年内开工建设项目（含房地产）198 个，完成固定资产投资额比上年增长 18.8%。常乐电厂二期、柳红铁路等 23 个省市列重大项目完成年度计划，榆林河水库清淤、柳沟危废处理二期、城市饮用第二水源等项目建成投用，投资 200 亿元的宝丰多晶硅项目从签约到开工仅用时 30 天，全国首个全钒液流储能全产业链项目破土动工，刷新了百亿级项目落地的“瓜州速度”。全面推行“链长制”招商，制定产业链招商图谱，组建 7 个产业链招商组、3 个驻点招商组和 14 个政策咨询组，精心谋划重点招商项目 134 个，91 批次 400 余名客商来瓜考察，对接洽谈项目 283 个，引进项目 103 个，落实到位资金 120 亿元，招商成效排名全市前列。争取到位资金 29.5 亿元，增加 6.6 亿元、增长 23.1%。全面落实稳住经济一揽子政策和接续措施，精准滴灌市场主体，帮助企业对接订单 3.7 亿元，办理留抵退税 8 亿元，返还稳岗资金 660 万元，新增普惠小微贷款 10 亿元，存贷款余额首次实现“双过百”，兑现促进经济发展激励政策资金 3670 万元，新增市场主体 2155 户，为稳住经济基本盘提供了有力支撑。

【优势产业】瓜州素有“世界风库”之称，风能资源量大质优，年风能有效利用数达 3000 小时以上，风能储量超 4000 万千瓦，是全国风能储量最大的地区之一太阳能资源丰富，年日照最长可达 170 天，总辐射量在 6350 兆焦耳 / 平方米以上，截至目前，全县新能源装机并网达到 850 万千瓦，连续 5 年被评为“中国新能源产业百强县”和“中国风能产业强县”，同时配套 4*100 万千瓦调峰火电机组，清洁能源利用前景广阔。瓜州县依托境内丰富的新能源资源和西北最大火电调风电源及境内丰富的矿产资源，引进建成华能酒泉，龙源甘肃，中电国际等多家新能源企业，甘肃三新硅业、宝丰硅材料、甘肃中科凯越等 9 家硅材料加工企业，晶蓝科技、甘肃骐鹏科技等 50 余家化工企业、寰泰储能瓜州年产 300MW 全钒液流储能装备项目，腾飞矿业、古堡泉等矿产品加工企业 24 家，建立了以新能源产业集群、硅资源综合利用产业集群、煤化工和精细化工产业集群、绿电零碳产业园、柳园循环经济产业园区及北大桥现代高载能产业园区等现代工业体系，为县域经济高质量发展提供可靠支撑。

【人民生活】全县城镇居民人均可支配收入 39469.25 元，比上年增长 4.0%；城镇居民人均生活消费支出 24531.06 元，增长 6.74%，城镇居民恩格尔系数 30.17%，比上年上升 0.58 个百分点。农村居民人均可支配收入 22825.06 元，比上年增长 6.8%，农村居民人均生活消费支出 13105.48 元，增长 4.19%，农村居民恩格尔系数 30.69%，比上年上升 0.26 个百分点。星级公厕、公园广场、停车场、集中供热等公共服务条件显著提升，城市的活力、魅力、承载力实现了质的飞跃。

【环境保护】年内建成环境污染治理项目 1 个，完成环境保护总投资 427 万元。瓜州县城区区域噪声适用标准区划面积 11.01 平方公里，达标区面积 11.01 平方公里。地表水质达标率 100%，饮用水质达标率 100%。城区空气质量优良天数 299 天，空气优良率 83.4%。年末城市污水日处理能力 0.8 万吨，污水处理率达到 98.98%；生活垃圾无害化处理率 100%，集中供热面积 248.66 万平方米。城市建成区绿化覆盖率 42.49%。人均公园绿地面积 16.28 平方米。

【社会保障】全县参加城镇职工基本养老保险 19284 人，比上年增加 586 人，参保率 97.2%；城乡居民养老保险参保人数 6.89 万人，参保率 98.5%。城乡居民基本医疗保险参保人数 11.23 万人，参保率 97.5%。失业保险参保人数 7540 人，比上年增加 309 人。工伤保险参保人数 10892 人，比上年增加 392 人，其中农民工参保人数 1109 人，较上年增加 179 人。生育保险参保人数 12854 人，比上年增加 2597 人。年末全县共有 1463 人享受城市居民最低生活保障，5510 人享受农村居民最低生活保障。2022 年建成省级充分就业社区 1 个，市级充分就业社区 2 个，全年城镇新增就业人员 2363 人，全年引进急需紧缺人才 77 人，全年审核推荐高级职称 127 人，中级职称 157 人，考核认定初级职称 79 人，有效释放了人才红利。

【社会事业】全县教育、卫生、文化、体育、就业等社会事业全面发展。瓜州一中建设项目顺利推进，全市中考状元、高考理科状元落户瓜州，群众对教育工作的满意度不断提高。九年义务教育巩固率为 99.62%。高中阶段教育毛入学率 96.42%。初中教育六合率 35.7%，普通高中考生本科上线率 85.4%。学龄儿童入学率 100%，巩固率 100%。小学毕业生升学率 100%。全年专利授权量 140 件，下降 12.5%，其中有效发明专利 4 件。全年技术合同成交金额 5.18 亿元，比上年增长 20.73%。“健康瓜州”稳步推进，县医院纳入省级检验互认医院，三级远程诊断系统实现全覆盖，“两癌”筛查 1600 余人，65 岁以上老人全部免费体检，医保报销比例持续提高，群众就医负担不断减轻。建成乡镇综合养老服务中心 2 个，全市首家公建公营殡仪馆投入运营。全县共有艺术团体8个，剧场、影剧院1个，文化馆1个，公共图书馆1个，各类博物馆5个。公共图书馆图书总藏量16.95万册。年末全县共有档案馆1个，馆藏档案3.84万件、4.70万卷，累计馆藏档案8.54万件（万卷），全年开放各类档案1.65万卷。年内向各类大专院校输送体育人才22名。在各类体育比赛中，获得奖牌22枚，其中金牌9枚，银牌8枚，铜牌5枚。全县举办运动赛会13次，参加人数0.173万人。获评“平安甘肃建设示范县”“甘肃省食品安全示范城市”“全省民族团结进步示范县”，柳园公安检查站荣获“全国优秀公安基层单位”称号。荣获2022年国务院“免督查”激励，是全省唯一获此殊荣的县区。

肃北蒙古族自治县

【基本情况】肃北县地处河西走廊西段，是甘肃省唯一的以蒙古族为主体的少数民族自治县，也是全省唯一的边防县。肃北县周边与1个国家（蒙古国）、3个省区（新疆、青海、内蒙古）、10个县市接壤，县总面积55263平方公里，是甘肃省面积最大的县。辖地分南北两部分，南部祁连山区（习惯称南山），平均海拔3000米以上。北部马鬃山区（习惯称北山），平均海拔2000米左右。县辖4个乡镇26个行政村2个社区。2022年末全县常住人口为1.51万人，城镇人口1万人，城镇化率达66.13%。

【国民经济】2022年，县政府坚持以习近平新时代中国特色社会主义思想为指导，认真学习贯彻党的十九大、十九届历次全会、党的二十大精神和习近平总书记对甘肃重要指示要求，坚持稳中求进工作总基调，立足“三新一高”导向，全面推进“126”发展思路，在发展中以改促进，在挑战中以稳应变，经济社会高质量发展步伐明显加快，量身定制稳经济一揽子政策48条具体措施和25条接续措施，让退税减税降费、金融信贷支持、租金减免缓缴等政策无缝落实，有效稳住了高质量发展大局。2022年全县地区生产总值25.9亿元，比上年增长17%。其中：第一产业增加值1.5亿元，增长6.3%；第二产业增加值13.9亿元，增长25%；第三产业增加值10.5亿元，增长11.4%。全部工业增加值13.2亿元，增长26.1%，规上工业增加值增长39.4%，其中马鬃山经开区增长42.8%；固定资产投资增长17.8%，其中马鬃山经开区增长14.3%；社会消费品零售总额3.8亿元，增长4%。城镇居民人均可支配收入46286元，增长3.5%；农村居民人均可支配收入33750元，增长6.5%。

【乡村振兴】全面落实农业优势特色产业三年倍增行动，粮食播种7010亩、李广杏2.6万棵、畜禽饲养总量45万头（只）。充分发挥资金杠杆作用，发放“富民贷”“增收贷”2923万元。出台牧农产业扶持办法，发放扶持资金286万元。突出项目引领，争取乡村振兴有效衔接补助资金2761万元，重点实施石板墩特色村寨民宿改造、马鬃山高标准骆驼设施养殖基地等18个项目，挂牌成立西部（肃北）牦牛繁育驯化基地，甘南来肃调引牦牛100头，全力打造省级现代（羊）产业园，“肃北雪山羊肉”成功入选第三批“甘味”特色农产品。大力实施乡村建设行动，创建2个省级乡村建设示范村，完成118户农房改造。投入490万元，发放抗灾饲草料，有效缓解旱情不利影响。整顿提升农民专业合作社，运营规范率达80%，牧农村集体经济总收入达270万元。深化畜牧兽医技术服务改革，动物疫病防控能力不断提升。

【园区建设】以创建省级经开区为目标，启动马鬃山集镇西扩规划编制，完成“十四五”新能源发展规划、七角井园区控制性详规。重点实施马鬃山供热、给水、东环路、第二人民医院及金庙沟供水、供电等一批基础设施项目，不断补齐基础设施短板。引导工商银行、信用联社等金融机构入驻经开区，信息化综合服务平台投入使用，“县区同权”顺利实现。充分发挥马鬃山综投公司作用，竞得岌岌台子饰面用花岗岩、大柳沟铜多金属等2宗探矿权。先后邀请中电国际、盛疆能源等近百家企业实地考察，明水铁达公铁物流园、龙旺大酒店、天宝红沙梁井工等项目进展顺利，马鬃山公铁、红沙梁等物流园稳步推进，工贸物流调度中心开工建设，酒泉春光集团、绿源超市连锁店正式运营，综合承载能力逐步提升。

【优势产业】不断做大做强黑色金属、煤炭、有色、非金属产业，工业经济主导作用和基础地位进一步凸显。推进重点工业项目16个，博伦钒矿开采，谦和牛圈子洗煤厂，银玄附属设施建设等项目建成投产，北东采矿系统改建、金庙沟金矿选矿、120万吨铁球团等项目稳步推进，君泰煤矿整合工作进度加快。华润、三峡、龙源、鲁能等风光电项目并网发电。由政府全额出资对23宗优势矿产资源进行勘查，完成第一批勘查矿权5宗，出让矿权11宗，县级财政收益8159万元。积极争取“小巨人”项目支持，培育酒钢华润等规上企业2户，支持停产6年的金鹰黄金取得采矿证，协助钰垠、金元泉、镁弘科技等企业复工复产，预计新能源装机达183万千瓦，生产黄金1.5吨、铜精粉9000吨、铁精粉120万吨、煤300万吨，完成规上工业增加值比上年增长30%以上，主导产业跑出了高质量发展的加速度。

【文旅融合】主动融入大敦煌文化旅游经济圈，出台文旅产业扶持办法，启动编制全域旅游规划，组建文旅发展公司，新策划11条特色旅游线路，雪域紫亭文化生态景区、党河峡谷民族文化风情园成功入选甘肃文旅100个美好目的地。全域旅游集散服务中心、石包城景区基础设施提升、智慧广电固边等项目有序推进，民族体育活动中心健身步道等项目如期完成。大美边疆行-肃北专栏在央视播出，乌兰牧骑亮相敦煌大剧院，肃南民族歌舞团来肃交流演出，第六届丝绸之路那达慕文化旅游节圆满闭幕，肃北知名度大幅提升。深度发掘文化底蕴，成功创建省级雪山蒙古族文化生态保护区，打造非物质文化遗产展示长廊，顺利完成第四批市级非遗项目申报，首次发售民族特色文创产品20余种，文旅融合发展步伐持续加快。

【项目建设】抢抓国家扩大政策性、开发性金融工具有利时机，储备项目216个，谋划交通、基础设施等领域项目17个，争取到位资金6.1亿元。政府投资项目进展顺利，累计完成投资22.5亿元，重点实施马桥二改一、肃德公路自然村道路、二道川疏勒河桥梁等交通项目10项，高标准农田、党河县城段水源调蓄水池等农田水利项目7项，疾控中心综合能力巩固提升、城区集中供热改扩建等社会民生项目19项。组织开展线上云签约等活动，积极参加兰洽会、厦门投洽会、酒泉枸杞博览会等集中招商活动，签约项目40个，到位资金20.5亿元，招商引资对经济发展的助推作用发挥明显。

【生态环保】坚决扛起祁连山生态安全屏障的政治责任，两轮中央、省级环保督察反馈问题基本完成整改。开展全域生态环境大排查行动，首次摸清遗留问题底数，提出"自然恢复为主、人工修复为辅，逐步治理存量、坚决遏制增量"的工作思路，争取1.47亿元实施山水林田湖草沙系统治理、生态修复等项目11个。顺利完成省级祁连山生态环境保护考核，创新设立祁连山国家公园肃北县盐池湾片区生态文明示范区管委会。坚决打赢蓝天碧水净土保卫战，空气质量优良天数287天以上，综合指数全市排名第一。全面推行河湖长制，38条河流沟道、5个湖库完成划界，3个地表水监测断面水质均优于目标要求，城镇饮用水、地下水、地表水达标率100%。持续开展大规模国土绿化行动，启动党河城区段绿化工程，完成康沟口、马鬃山公益林补植补造1897亩，石包城西泉新区绿化项目新植568亩，绿水青山新画卷逐步展开。

【城乡建设】开展"一难两乱"、"蛛网"清理、自建房安全整治百日攻坚等专项行动，城市精细化管理水平不断提升。生活垃圾减量化处理等项目进度加快，城市生态修复、市政基础设施建设等项目施工完毕，七彩花田·千亩花海绿雕复种、木栈道维修延伸等提升改造工程顺利收官，城镇老旧小区改造及配套基础设施建设圆满完成。以政府购买服务方式创新开展市政设施维修改造，供水、供热改革成效逐步显现，安装更换智能化水表1500余户，维修改造供热管网6.4公里。先后投入1522万元，实施鱼儿红牧场道路改造等18项养护维修工程，投资3261万元，完成疏勒河桥连接线、玉门东至肃北、马场村一组自然村道路等交通项目，内通外联的交通格局初步形成。

【民生福祉】持续加大民生投入，"三保"支出3.3亿元，财政民生支出占一般公共预算支出的62.81%，惠民实事基本完成。深化教育体制改革，实行集团化办学，引进教师人才16人，开展"5+2"课后服务，教育服务能力不断提升。医疗卫生体制改革全面推进，首次开展膝关节置换等手术、胃肠镜等检查，医疗综合服务水平逐步提高。顶格执行"稳岗位、保就业"政策，下达就业补助资金757万元，实现城镇新增就业156人，兜牢基本民生保障底线，城乡居民最低生活保障标准提高8%，医保参保率、资助率均达100%。退役军人优抚政策全面落实，市场监管成效突出。开展安全生产专家互查隐患模式，成立雪域应急救援队、马鬃山消防救援站，应急处突能力不断增强。紧盯党的二十大安保维稳主线，常态化推进扫黑除恶专项斗争，扎实开展夏季治安整治"百日行动"，人民群众幸福感、安全感明显提升。

阿克塞哈萨克族自治县

【基本情况】阿克塞哈萨克族自治县位于甘肃河西走廊西陲，青藏高原北缘。东接肃北蒙古族自治县，北靠敦煌市，西与新疆维吾尔自治区隔戈壁相望，南依赛什腾山与青海省为邻。敦格铁路、柳格高速、甘青藏公路穿越南北，地理位置十分重要。阿克塞县于1954年8月建县，县辖三乡一镇11个行政村，聚居着以哈萨克族为主体，汉、回、维、藏、土、裕固、萨拉等十三个民族，常住人口1.1万人，面积2.92万平方公里，其中天然草场面积98.64万公顷，占总面积的29.47%，享有"塞上明珠""塞外侨乡"和"百里黄金地、塞外聚宝盆"等美。

【资源优势】阿克塞县境内草原广阔，戈壁浩瀚，崇山连绵，畜产丰富。阿克塞草原由海子、前山、哈尔腾等三大草场组成，属高山荒漠半荒漠草原。可利用草场面积1.18万多平方公里，约占全县总面积的35%，草场面积大，牧草资源丰富，是甘肃发展畜牧业得天独厚的地区之一。野生动物有二纲五目、八科十四种，其中野骆驼、野牦牛、野驴、盘羊、藏原羚、黄羊、雪豹、猞猁、雪鸡、天鹅等数量达7358头（只）。矿产资源比较丰富，现已发现的有铁、铜、镍、铅、黄金、锌、石棉、水晶、蛇纹石、白云母、石墨、岩盐、芒硝、煤等41个矿产品种，其中石棉和水晶尤为著名。风、光、热资源丰富，可开发利用装机规模达1亿千瓦以上，全年风能资源可利用发电小时数在3300小时以上，光伏可利用发电小时数在1860小时以上，属全国太阳能资源一类地区，发展清洁能源产业优势得天独厚。

【国民经济】初步核算，2022年，全县完成地区生产总值11.7亿元，比上年增长5.6%。其中，第一产业增加值1.3亿元，增长5.5%；第二产业增加值3.1亿元，增长0.7%；第三产业增加值7.4亿元，增长7.4%。三次产业结构比为11 ：26.15 ：62.9。人均地区生产总值106780元，增长5.6%。全年完成固定资产投资比上年增长18.4%；社会消费品零售总额3.4亿元，增长3.0%；财政总收入2.3亿元，增长18.2%。

【乡村振兴】加强耕地保护和质量的提升，落实最严耕地保护制度，坚决制止耕地非农化，防止耕地非粮化。发放45户达标设施养殖场户饲草奖励补助88万元，对55户养殖户发放产业"富民贷"1000万元，落实草原生态保护补助奖励资金1075户5375万元，完成农业保险投保3大类共11个品种290户。全面试行食用农产品合格证制度，农产品质量安全例行监测合格率稳定在97%以上。以建设生态宜居美丽乡村为导向，坚持保护与建设并举，统筹推进乡村建设。建成省、市级乡村建设示范村各2个，投入2300万元实施民族新村村民住房及村容村貌改造项目和绿化引水管线工程、裸露土地整治工程、路灯照明系统提升工程、5兆瓦屋顶分布式光伏发电项目等基础设施建设项目，群众居住环境提档升级。

【项目建设】全年开工建设项目（含房地产）45个，完成固定资产投资比上年增长18.4%。从投资构成看，建筑安装工程下降48%，设备工器具增长211.7%，其他费用下降23.7%。分产业看，第二产业投资增长3.1倍，第三产业投资下降61%，第二、三产业占固定资产投资的比重分别为21.2%、78.8%。全县房地产开发项目3个，完成投资比上年下降71.03%。

全县房屋施工面积2.7万平方米，其中住宅2.7万平方米。本年新开工面积0.5万平方米，其中住宅0.5万平方米。

【优势产业】畜牧业是阿克塞传统基础产业和优势特色产业。近年来，阿克塞县不断调整牧农产业结构，以绿色发展为导向，聚焦产业提质增效为目标，大力发展饲草料种植、种养结合，走出了一条产业增效、农民增收的发展之路。

着眼长远，大力发展新能源产业，阿克塞县抢抓国家"双碳"机遇，提前谋划、创新思路，实现资源开发与产业培育深度融合，全面推动全县新能源产业发展提质增效。全力打造千万千瓦级可再生能源多能互补基地，组建成立两家国有新能源公司，全县已并网发电新能源企业5家，累计装机42.2万千瓦，其中风电装机99兆瓦，光伏装机323兆瓦。

依托独特的民族优势和资源禀赋，大力发展文化旅游业，形成了以阿尔金山、博罗转井影视基地、库木塔格沙漠为龙头，胡杨峡、博罗转井、苏干湖和红柳湾地貌等为主体的全域旅游大格局，着力将阿克塞县打造成为大敦煌文化旅游经济圈和甘青、甘新双循环大环线旅游的"后花园"。县域内3A级和2A级景区不断扩容增量。同时，凭借甘青、甘新大环线和大敦煌文化旅游经济圈、丝绸之路世界遗产廊道建设，提升了博罗转井影视基地、胡杨峡户外徒步大营、甘肃阿克塞国家沙漠公园等景区设施和通道建设，使得"梦幻影城""醉美胡杨""决胜荒野""逐日追光""激情民族"5大特色领域、10大主题研学旅行实践活动逐步形成。

【人民生活】随着一系列惠民政策的全面落实，城乡居民收入稳步增长。城镇居民人均可支配收入47862元，比上年增长3.6%；城镇居民人均消费性支出33250元，增长3.8%；人均居住面积38.2平方米；恩格尔系数26.9%，比上年降低0.07个百分点。农村居民人均可支配收入达到36420元，增长6.4%；农村居民人均消费性支出28559元，增长5.6%；人均居住面积50.7平方米；恩格尔系数27.9%，比上年降低0.9个百分点。

【环境保护】阿克塞县城区空气质量优良天数为275天，优良天数比例达到76.8%，指标均在国家空气质量二级标准范围内。1个省控地表水断面水质综合评价均达到考核目标要求，水质达标率100%，优良率100%。1个县级及以上城市集中式饮用水水源地和1个乡镇集中式饮用水源地水质均达到Ⅲ类标准。5个农牧村地表水引水点水质均达到Ⅲ类标准。各功能区噪声昼夜检测标准均符合规定限值，达标率100%。未发生重大以上级别突发环境污染事件、生态破坏事件及较大以上级别辐射安全事故。

县城城区绿化面积140.9万平方米，城市绿化覆盖率达53.8%，人均公共绿地面积131.6平方米，公园绿地面积59万平方米，人均公共绿地面积55.7平方米；县城建成区人均道路面积达到38.4平方米；县城生活污水处理率91%；生活垃圾无害化处理率、城市自来水普及率、燃气普及率均达到100%。

【社会保障】全县基本养老保险参保人数6577人，参保率98%，其中：城乡居民养老保险参保人数1375人，企业职工养老保险参保人数3003人，机关事业单位养老保险参保人数2199人；失业保险参保人数2991人；工伤保险参保人数3993人，其中农民工参保人数400人。全年发放企业离退休人员基本养老金2425万元，失业金48万元，工伤保险金353万元。年末全县医疗保险参保人数9584人，参保率100.5%；生育保险参保人数3490人。支付城乡居民医疗保险费用492万元。累计发放城乡低保资金206.2万元，特困供养资金40.4万元，残疾人两项补贴28.7万元，孤儿和事实无人抚养儿童基本生活保障金10.6万元。

【社会事业】文化、教育事业稳步发展，全县拥有集文化、图书、博物为一体的综合文化馆一个，总藏书6.2万册。电视综合人口覆盖率均达到100%，全县有线电视网络总长180公里。全县拥有学校3所，中、小学各1所，幼儿园1所（两个校区）；城乡适龄幼儿入园率达到了100%，落实义务教育全免费政策，大力开展"控辍保学"专项行动，义务教育巩固率、中小学适龄儿童入学率、小学毕业率均达到了100%，残疾儿童入学率达到100%；高考录取率达99.1%。卫生事业健康发展，全县拥有医疗卫生机构13个。卫生技术人员142人，卫生机构床位82张，每千人拥有床位8张。居民健康档案建档率90.7%，老年人健康管理率97%，高血压管理率97.7%，Ⅱ型糖尿病患者管理率98.8%，老年人健康体检率78.7%，重性精神病人管理率100%，0—6岁儿童管理率70%，孕产妇管理率100%。

玉门市

【基本情况】玉门是古丝绸之路重镇，历史悠久、文化灿烂，因西域和阗美玉由此通关而得名，又因唐代诗人王之涣"羌笛何须怨杨柳，春风不度玉门关"的诗句而声名远扬。玉门地处甘肃省河西走廊西部、祁连山北部，位于东经96°15′~98°30′，北纬39°40′~41°00′之间，主要地貌由祁连山地、走廊平原和马鬃山地三部分构成，属中温带干旱气候。国道312线、连霍高速公路、兰新铁路、兰新高铁横贯全境，是通往新疆、青海、西藏和连接蒙古、中亚、欧洲的重要通道。玉门因油而兴、依矿而建市，是中国石油工业的摇篮、"铁人"王进喜的故乡，全国重要的新能源基地，国家园林城市，全国文明城市提名城市，县域综合实力连续多年位居全省第一。全市总面积1.33万平方公里，辖新老2个市区、3个工业园区、12个乡镇、3个街道办事处，境内聚居着汉族、回族、蒙古族、藏族、东乡族等29个少数民族。2022年末，全市常住人口13.7万人，城镇化率为65.11%。

【资源优势】境内矿产资源丰富，煤、铁、铅、锌、芒硝、石膏等14种资源储量较大，煤、金、石膏、水泥石灰岩、饰面用花岗岩开发利用率非常高。境内水资源充沛，有发源于祁连山的疏勒河、小昌马河、石油河和白杨河4条河流，全年水资源总量8.08亿立方米，水资源可利用量5.58亿立方米。风光资源丰富，玉门是全国1类光资源区、2类风资源区，全市新能源可开发面积达4000平方公里，现已形成风、光、水、火、生物质能等多能并举、互补开发的多元产业体系，先后被授予“国家绿色能源示范县”“中国新能源产业百强县”等荣誉称号。

【国民经济】2022年，全市地区生产总值245.1亿元，比上年增长2.6%。分产业看，第一产业增加值26.1亿元，增长6.6%；第二产业增加值181.9亿元，增长1.1%；第三产业增加值37.1亿元，增长5.7%。三次产业结构比为10.6 ∶ 74.2 ∶ 15.2。人均地区生产总值178690元，增长2.7%。十大生态产业增加值88亿元，占全市地区生产总值的35.9%，比上年提高1.6个百分点。全市规模以上工业增加值增长5.4%；固定资产投资增长17.8%；实现社会消费品零售总额31.1亿元，增长6.7%。全年完成一般公共预算收入4.7亿元，同口径增长41.2%；一般公共预算支出24.9亿元，比上年增长9.3%。年末金融机构本外币各项存款余额108亿元，比上年末增长21.7%；金融机构本外币各项贷款余额100.3亿元，增长20.5%。

【乡村振兴】坚决扛牢粮食安全政治责任，粮食面积稳定在16万亩以上，新增县级储备粮7260吨，规模达到13010吨。以“富民贷”“增收贷”扶持政策为支撑，撬动金融贷款1.6亿元，整合各类涉农资金2.16亿元，建设高标准农田8万亩，新建日光温室1016亩，钢架拱棚5414亩。以农业产业项目为牵引，推动县域集采集配中心及冷链仓储产业园、玉门伊汇畜产品加工、“甘杞”1号2号种源基地等重点项目加快建设，建成枸杞小镇、万亩番茄产业园，成功举办首届甘肃·酒泉枸杞博览会，玉门被命名为“国家林业产业示范园区”，“玉门珍好”入围2022中国区域农业形象品牌。以乡村建设为抓手，深入实施农村人居环境整治提升行动，编制完成32个发展类村庄规划，出台农村土坯房改造补助政策，改造土坯房1648户，新改建农村户厕1555座，创建省级乡村建设示范村4个，玉门成功创建为省级“四好农村路”示范县。全面实施“百企帮百村”行动，村集体经济收入均达到10万元以上。

【项目建设】牢固树立“抓项目就是抓发展”的理念，严格落实重大项目包抓责任制，组建重大项目推进工作专班，全力推动124个重点项目建设，西部鑫宇、玉门油田30万千瓦光伏等41个项目建成投运，疏勒河引水工程、鲁玉东壹等80个新续建项目加快推进，昌马抽水蓄能电站项目获得核准开工。大力开展节会招商、以商招商、产业链招商，成功引进世界500强企业陕煤集团项目签约落地，中钢集团、山东纳宇集团等大项目、好项目相继落户玉门，全年累计签约项目91个，签约金额398.1亿元，落实到位资金130.2亿元，招商引资取得了重大突破。主动融入国家战略，紧盯“十四五”规划102项重大工程和以县城为重要载体的城镇化建设意见等政策导向，建立年度建设、近期谋划推进和远期规划储备3个项目库，谋划储备项目794个。设立1000万元重大项目前期经费，做实做细项目前期工作，最大限度争取政策支持，全年共争取到位资金25亿元，为加快发展提供了强劲动力。

【优势产业】玉门工业基础较为完善，现有经济开发区工业园、老市区化工工业园、玉门东建材化工工业园3个工业园区，总规划面积近100平方公里。坚持把工业作为立市之本、强市之要，坚持优势资源向优势产业倾斜，持续壮大新能源及装备制造和化工两大产业集群，现已初步培育形成石油化工、煤化工及精细化工、新能源及装备制造等支柱产业。全力支持玉门油田稳产增产，顺利完成炼厂大检修，原油产量、加工量稳定在40万吨、200万吨。推动煤化工与精细化工融合发展，陕煤集团(陕焦化工）完成对浩海煤化兼并重组，宇鹏化工、金色润盛等15个精细化工企业建成投产。加快新能源产业扩容增量，争取新能源指标205万千瓦，龙源20万千瓦风电、大唐50兆瓦光伏等8个风光电项目并网发电，中车整机组装、艾郎480套大叶片等装备制造项目加快推进，新能源装机总量达到553.9万千瓦。不断提升园区承载功能，投资6亿元用于园区基础设施建设，优化完善“一区三园”总体规划，经济开发区连续五年在省级开发区考核评价中被确定为优秀等次，玉门建化园区被列为“十四五”全国发展农药产能重点园区。

【人民生活】以创建全国文明城市为引领，科学划定“三区三线”，投资3.2亿元实施城建重点工程74项，玉泽湖公园提档升级项目全面启动，新建保障性租赁住房536套，改造老旧小区754户、棚户区4580户，改建换热站3座，架设供热管网16.6公里，新增城区供热面积41万平方米。新建5G基站163个，新市区实现了5G信号全覆盖。大力实施城市增绿扩绿工程，新增绿地面积16.7万平方米，城市绿化覆盖率达到39.7%。全面开展“一难两乱”和市容市貌专项整治，新增停车位1300个，新建工程车辆停车场2个。妥善化解城镇住宅“登记难”遗留问题，帮助7494户群众解决了多年的房产证办证难题，拿到了盼望已久的房本子。全市城镇居民人均可支配收入41078元，比上年增长3.9%；城镇居民人均生活消费支出24759元，增长3.6%。城镇居民恩格尔系数29.6%，比上年降低0.6个百分点。农村居民人均可支配收入23457元，比上年增长6.9%；农村居民人均生活消费支出13895元，增长6.1%。农村居民恩格尔系数30.4%，比上年提高0.7个百分点。

【环境保护】牢固树立“两山”理念，坚定不移走安全发展、绿色发展道路，实施大规模国土绿化行动，完成国家储备林1000亩、人工造林1.5万亩、沙化土地综合治理9.5万亩。全面落实河湖长制，扎实推进“四抓一打通”水利工程和河湖“清四乱”专项整治，新市区备用水源和城乡供水一体化项目加快推进，新市区污水处理厂尾水深度处理及综合利用项目建成运行，治理水土流失面积 117.9 平方公里，主要水功能区水质达标率、城市饮用水水源地水质达标率均达到 100%。全面落实建筑工地“六个百分百”管控措施，大力开展煤炭市场专项整治，四项主要污染物减排约束性指标全面完成，城区空气质量优良天数比率达到 81.4%，大气监测指标达到国家二级标准。定期开展化工企业环境隐患巡查检查，全市 32 家建成化工企业实现联网在线实时监测。玉门市相继获评“国家园林城市”“全国生态文明建设典范城市”“全省绿化模范市”。

【社会保障】坚持在发展中保障和改善民生，民生支出达到 20.3 亿元，占一般公共预算支出的比重达到 80% 以上。实施更加积极的就业创业政策，发放创业担保贷款 5600 万元，新增城镇就业 2516 人，安置高校毕业生 160 名，开展政府补贴性技能培训 5310 人，输转农村富余劳动力 2.5 万人，新增创业就业孵化基地 2 家。年末全市基本养老保险参保人数 10.6 万人，比上年末增加 0.06 万人，参保率 98.8%。其中城乡居民养老保险参保人数 7.1 万人。全市基本医疗保险参保人数 13.6 万人，其中，城乡居民基本医疗保险参保人数 10.9 万人。失业保险参保人数 2.4 万人，增加 0.02 万人。工伤保险参保人数 1.8 万人，减少 0.08 万人，农民工参保率 100%。全年发放企业离退休人员基本养老金 5.7 亿元，发放失业保险金 0.2 亿元，发放工伤保险金 0.1 亿元。全市共有 4476 人享受城市最低生活保障，5987 人享受农村最低生活保障，全年发放城乡最低生活保障金 5016.4 万元。全市公办兜底养老机构 3 所，公建民营养老机构 3 所，社区老年人日间照料中心 17 个，农村互助老人幸福院 32 个，老年人活动中心 5 所，基本形成了覆盖城乡的“15 分钟养老服务圈”。

【社会事业】全面优化教育规划布局，扩大教育资源供给，志远学校、第四小学、小金湾中心幼儿园加快建设，玉门二中宿舍楼建成投用。发放普通高中政府奖学金和高中阶段政府助学金 184 万元，高考本科上线率达 85.9%，适龄幼儿学前三年教育毛入学率达到 98.6%，义务教育巩固率达到 99.7%，高中阶段教育入学率达到 96.8%。加快健康玉门建设，六墩镇卫生院和老市区、花海镇区域核酸检测实验室建成运行，第一人民医院门诊医技综合楼、第二人民医院、花海镇卫生院、建化园区卫生服务站、中医院康复楼等项目进展顺利，新建省级重点专科 2 个，第一人民医院成功入选全国“千县工程”服务能力提升县医院。坚决落实国家疫情防控政策，科学精准做好疫情防控工作，全力保障生产生活，用最小的代价实现了最大的防控效果，有效守护了人民群众生命安全和身体健康。全市人均体育场地面积 2.9 平方米，超过全省平均水平；全市 12 个乡镇 59 个行政村实现健身广场全覆盖，全市共有健身站点 96 个，15 分钟健身圈在城市社区全覆盖，公共体育设施免费或低收费开放率达到 100%。

敦煌市

【基本情况】敦煌市位于甘肃河西走廊最西端，是甘肃、青海、新疆三省（区）交汇地。处于东经 92°13′~95°30′、北纬 39°40′~41°40′之间。2022 年全年降水量 17.3 毫米，年均气温 11.3℃，全年日照时数 3116.8 小时，年太阳辐射量 6594.7 兆焦耳/平方米，属典型的温带大陆干旱性气候。总面积 2.67 万平方公里，绿洲面积约 1400 平方公里。平均海拔 1139 米，东西长 60—240 公里，南北宽 90—230 公里，发源于祁连山的党河是敦煌重要的水利命脉，全长 390 公里，流域面积 1.68 万平方公里，年径流量 4.05 亿立方米。全市辖 9 镇，8 个城市社区居民委员会，56 个村民委员会。2022 年末常住人口 18.5 万人。

【资源优势】光能、矿产等自然资源丰富。全年日照时数 3116.8 小时，年太阳辐射量 6594.68 兆焦耳/平方米。矿产资源已探明有金、银、钒、铁、磷、硫、石棉、芒硝等 26 个品种。其中，已探明钒资源储量 153.86 万吨，位居全国第四。旅游资源得天独厚，有 3 处世界文化遗产，分别是莫高窟、玉门关遗址、悬泉置遗址；全国重点文物保护单位 4 处，分别是莫高窟、玉门关遗址、悬泉置遗址、敦煌境内长城；省级文物保护单位 12 处；市级文物保护单位 1 处；县级文物保护单位 47 处。5A 级景点 1 处（鸣沙山·月牙泉），4A 级景点 2 处（阳关和雅丹国家地质公园），3A 级景点 9 处（敦煌古城、三危山景区、敦煌夜市、敦煌同舟岛、敦煌雷音寺、敦煌光电博览园、党河生态公园、千年敦煌月牙泉小镇民俗文化旅游景区和敦煌市玉门关遗址景区），1A 级景点 1 处（白马塔）。

【国民经济】2022 年全市地区生产总值 87.7 亿元，比上年增长 3.6%。其中，一产增加值 12.5 亿元，增长 5.4%；二产增加值 19.6 亿元，增长 3%；三产增加值 55.5 亿元，增长 3.4%，三次产业结构由上年的 14.5 ∶ 23 ∶ 62.5 调整为 14.3 ∶ 22.4 ∶ 63.3，人均地区生产总值 47363 元，增长 3.6%。全年社会消费品零售总额 51.2 亿元，增长 1.5%。从销售单位所在地看，城镇消费品零售额 41.2 亿元，乡村消费品零售额 10 亿元。从消费形态看，商品零售 39.1 亿元，餐饮收入 12.1 亿元。全市在建项目 108 个，完成固定资产投资同比增长 17%。分产业看：第一产业投资下降 60.3%，第二产业投资增长 1.6 倍，第三产业投资下降 32%。非公经济固定资产投资增长 69.4%，占固定资产投资的比重为 63.2%。

【供给侧结构性改革】推动文旅企业做大做强，完成文旅集团、广至传媒、莫高鸿杰等国企整合重组。按照“4 级 46 同”要求（针对省市县乡四级所有事项的承诺办结时限、受理条件、办理流程、到现场次数、申请材料等 46 个基础关键要素在全省范围进行统一规范，实现同一事项在全省范围内同标准同流程），进一步完善政务服务事项规范化水平。精简企业开办登记流程，推行企业名称自助核准和全程电子化办理，企业开办时间压缩至 0.5 天，个体工商户注册实现秒批。持续推进“跨域通办”，跨区域涉税事项报验、异地购房提取、省内异地身份证、异地就医结算等异地事项跨域通办，2022 年共计办结 5619 件。升级服务模式，率先推行“多规合一”“多审合一”“多证合一”“多测合一”“多评合一”，合并事项、精简要件、缩短时限，预选意见书、规划许可证、工程建设证等办理时限均压缩80%以上，并在全省形成典型经验。始终坚持人民至上，科学有效应对疫情风险，实时落实国家疫情防控政策，着力提升医疗救治水平，定点救治医院改造升级，最大限度减少疫情对经济社会发展和群众生活影响。

【乡村振兴】坚决守牢稳产保供底线，全年农作物播种面积19.6万亩，比上年增加1.1万亩，其中：粮食播种面积7.7万亩，比上年增加0.8万亩；棉花播种面积4万亩，比上年增加0.9万亩；蔬菜、瓜类高效特色产业播种面积达到4.4万亩，比上年增加0.03万亩。争取中央、省、酒泉市财政衔接补助资金1.3亿元，秸秆饲草综合利用加工等43个项目全面完工。春季2.3万亩高标准农田和水肥一体化项目全面建成，亩均节约成本30%，增产增收10%以上，秋季1.7万亩高标准农田建设项目全面推进。确定耕地保护目标28万亩，划定永久基本农田保护19.2万亩，超额完成年度粮食生产任务，粮食播种面积7.7万亩，建成1万吨粮食应急保障储备库。新建钢架大棚3089亩，发展特色林果、瓜菜15.9万亩，畜禽饲养总量123万头（只）。成功打造“甘味”农产品国际展销中心，配套电商服务中心和直播基地，探索建立“产地+云仓”的电商销售模式，农产品网货物流价格下降20%以上。设立线下农资配送点56个，销售种子、化肥等各类农资4500余吨。编制“多规合一”实用性村庄规划30个，打造农房示范点10个，新改建农房596户、养殖圈舍485栋、卫生户厕2673座，疏通硬化消防通道13.6公里，清理农村生活垃圾4560余吨，创建省级示范村10个，酒泉市级示范镇1个、示范村13个。

【项目建设】全市在建项目108个，完成固定资产投资增长17%。其中：亿元以上项目35个，完成投资增长27.6%；5000万元以上项目47个，完成投资增长16.6%；500万元至5000万元项目61个，完成投资增长19.8%。紧盯重大项目扩投资，年度投资亿元以上项目42个，招商引资到位资金28.2亿元，向上争取资金19.9亿元。多能互补新能源综合基地建设步伐加快，落地在建新能源项目1750兆瓦。沙州能源、特变电工等12个新能源项目建设提速提效，北湖风电基地海装49.5兆瓦风力发电项目并网运行，首台风电机组成功实现量化生产，“十四五”第二批350兆瓦风电项目率先开工，年产10万吨铁精粉、年产3万吨钾肥项目全面建成。甘肃（敦煌）国际空港经济区基础设施项目加快实施，“中老泰公铁联运”专列从敦煌首发，实现省内首次通过西部陆海新通道铁路线出口本地产品，外贸出口总额达2500万元，比上年增长47.5%。

【优势产业】大敦煌文化旅游经济圈建设步伐加快，争取到每年2.5亿元、连续支持5年的产业发展专项资金，玉门关成功创建3A级景区，鸣沙山月牙泉景区东西入口游客服务中心建成投用，莫高窟数字展示中心（二期）、悬泉置遗址保护开发等项目顺利推进，“乐动敦煌”如期封顶，敦煌国际艺术研修中心建设项目有序推进，东方、碧玥山居等高端酒店建成。敦煌市文物局按照新机制开始高效运转，充分发挥玉门关遗址保护所和悬泉置遗址保护所职能，推进重点文物保护考古研究。全力创建国家级文物保护利用示范区，开展省级文物保护单位规划编制，完成敦煌佛爷庙一新店台墓群、阳关、寿昌城遗址保护规划编制。主动加强与“一带一路”沿线国家文化交流，创新开展“敦煌文化环球连线”活动8场次，与亚美尼亚、德国、俄罗斯、日本等国家城市互联互通更加紧密。“东亚文化之都”中国敦煌活动年闭幕式、第六届（敦煌）中国民族器乐·民族舞蹈艺术周等品牌活动成功举办。全方位定制冬春旅游优惠政策措施，推出敦煌文化研学季“大礼包”，敦煌研究院名誉院长樊锦诗先生通过视频形式寄语敦煌冬春旅游，点击量突破百万。第四中学文化元素校服、《舞美敦煌》课间操引爆全网。被省委、省政府评为“甘肃省文旅赋能型县域经济发展先进县”第2名，入选全国旅游百强县第12名，入列省级文化生态保护区，月牙泉村成功创建省级文旅振兴乡村旅游样板村。举办曲子戏展演、全民阅读、全民健身等文体活动近百余场次，连续开展文化培训、社教活动、体教融合等200余场次，文艺演出50余场次，文化惠民下基层演出9场次，惠及近120万人次。顺利承办曹操宗族墓群文字砖拓片全国巡展、中国社会科学论坛、大海道汽车耐力赛等重要会展及赛事活动，助力于敦煌文化大发展大繁荣。创作普法快板、敦煌曲子戏等文艺作品6部，编辑《敦煌曲子戏精编》《敦煌非遗》《华戎所交一大都会—敦煌博物馆》等丛书，创作大型现代敦煌曲子戏《党河情》。全年接待国内外游客319.3万人次，比上年下降68.8%；全年实现旅游总收入21.1亿元，下降79.6%。

【人民生活】全年城镇居民人均可支配收入41843元，比上年增长3.7%；农村居民人均可支配收入23594元，增长6.7%。城镇居民人均消费支出29331元，增长5.3%，恩格尔系数为27.6%；农村居民人均消费支出17991元，增长8.1%，恩格尔系数为26.7%。年末城镇居民人均住宅建筑面积33.12平方米，农村居民人均住房面积53.2平方米。科学划定国土空间“三区三线”，“一轴一带一线两城五片区”城市空间发展格局逐步形成。阳关大道提升改造项目全线通车，首座菱形立交全面建成，城区干渠旅游步道高效贯通，两小时城区慢行旅游圈逐步形成。通过靶向发力、精准施策、集中攻坚，彻底贯通飞天大道北段等6条多年影响交通出行的“断头路”“卡脖子路”，三危路等年久失修、破损严重道路焕然一新，敦煌二中校门区域建成“中学巷”，周边环境美化改善，交通压力有效缓解，师生出行更加便利。第三热源厂建成投用，成为全国首个集中供暖已建规模最大的电极锅炉供暖项目。城市后备水源地建设基本完工，第一热源厂供热设施及管网提标改造等项目加快实施。沙州夜市风貌提升改造项目全面完成，大型商业综合体明珠广场主体建成，碧水阳光、瑞和嘉园等8个房地产项目竣工。城乡环境卫生、市场经营秩序“两项综合整治”成效显著，全国文明城市创建深入推进，国家卫生城市通过复审，入列全省以县城为重要载体的城镇化建设试点城市，成功创建全国民族团结进步示范市。

【环境保护】严格落实河湖长制、林长制，实施敦煌水安全与高质量发展、循环经济产业园供水、黄水坝水库除险加固、党河河道清淤等19项水利工程，全面筑牢防汛引洪安全防线，党河敦煌段获评省级美丽幸福河湖。天牛虫害综合防控科学有效，完成生态造林6185亩，义务植树80.5万株，栽植农田防护林70.9亩，东戈壁国家沙化土地封禁保护、国家级省级公益林管理、草原生态修复治理成效显著。城区环境空气质量优良率88.2%，水质达标率、生活垃圾无害化处理率均达到100%。全面开展生态环境问题排查整治，坚持问题导向、动真碰硬、从严执法，“三危山矿山关闭退出”“拦河坝砂石矿区治理”等重点环保问题快速彻底整改完成，中央环保督察反馈问题整改销号，第二轮省级生态环保督察反馈问题扎实整改。全年全市规模以上工业能源消费量7.82万吨标准煤，比上年下降14.2%。有色金属冶炼和压延加工业，非金属矿物制品业，电力、热力生产和供应业三大高耗能行业能源消费量7.78万吨标准煤，下降9.2%。

【社会保障】全市新开发公益性岗位202个，城镇新增就业人数2357人，发放再就业小额担保贷款4089.7万元。年末全市基本养老保险参保人数98556人，比上年增长0.9%，其中：企业职工养老保险参保人数为19242人，增长1.8%；城乡居民养老保险参保人数为71875人，增长0.5%；机关事业单位养老保险参保人数为7439人，增长2.4%。参加失业保险人数为17558人，增长4.9%。参加工伤保险人数为19525人，增长3.3%。参加生育保险人数为17162人，增长1.7%。参加医疗保险136938人，增长0.3%，其中：城镇职工参保人数23332人，增长1.9%；城乡居民参保人数114039人，增长0.3%。全年各项医疗保险基金总收入25553万元，其中：职工医疗保险（含大病医疗保险和补充医疗保险）收入13328万元；居民医疗保险收入10617万元；城乡居民医疗救助资金收入1608万元。全市有社会福利院1所，农村敬老院1个，民办养老机构2个，城市流浪乞讨人员救助站1所，城市社区老年人日间照料中心12个，农村互助老人幸福院28个。全年救助城乡特困供养对象3309人次、城市低保对象12070人次、农村低保对象26423人次、孤儿158人次，临时救助3602人。发放各类救助资金4076.1万元，其中：城乡低保金2085万元、城乡特困供养救助361.7万元、临时救助金1048万元、孤儿基本生活费20.7万元，无人抚养儿童生活补贴61.6万元，残疾人两项补贴499.3万元。全市共有老年人口养老床位1007张，其中机构养老床位388张，日间照料床位557张。

【社会事业】始终坚持民生工程优先推动、民生资金优先安排、民生问题优先解决，支出民生领域资金15.4亿元，同比增长30.4%。第四中学如期建成招生，第二、第三中学等3座学校运动场提升改造项目竣工投用，西关小学综合楼、农村学校扩食堂改厕所等项目全面完工，第四幼儿园全面开工建设。全市普通中等专业学校1所，高级中学1所，九年一贯制学校1所，初级中学2所，普通小学14所。高中阶段教育毛入学率97.4%，初中教育入学率100%，初中毕业生升学率98.7%，学龄儿童入学率100%，学前三年教育普及率99.2%。适龄残疾儿童、少年入学率100%，进城务工人员和流动人口子女入学率100%。高考上线率、本科（二批次）上线率、重点（一批次）上线率分别达94.2%、69%和35.6%。全民健身设施补短板工程高效推进，改造月牙泉镇、七里镇等文化馆图书馆分馆4个，升级莫高镇等多功能运动场3个，完成体育活动中心综合体育馆提升改造，在党河风情线东岸建成塑胶健身步道1.5公里。城乡低保、优待抚恤、特困供养、孤寡老人等困难群体保障标准持续提高，发放救助资金及物资4887万元、惠及8.5万人次。建成镇级综合养老服务中心2个、农村互助老人幸福院6所，提质改造敦煌市烈士陵园。中医医院新院全面启用，医共体信息化平台建设项目加快实施，医保支付方式改革纵深推进，医保基金使用效率有效提升。

庆阳市

【基本情况】庆阳市位于甘肃省东部，地处东经106°20′~108°45′与北纬35°15′~37°10′之间，习称“陇东”。东接陕西省宜君、黄陵、富县、志丹等县；北邻陕西省定边、吴起、志丹县及宁夏回族自治区盐池县；西与宁夏回族自治区固原市原州区、彭阳县、同心县接壤；南与平凉市泾川县及陕西省彬州市、长武县、旬邑县相连；南北长207公里，东西跨208公里，总面积27119平方公里。辖庆城、环县、华池、合水、正宁、宁县、镇原7县和西峰区，116个乡（镇），6个街道办事处，75个社区。地形北高南低，海拔在885—2082米之间，中南部为黄土高原沟壑区，北部为黄土丘陵沟壑区，东部为黄土丘陵区。境内山、川、塬兼有，沟、峁、梁相间，高原风貌雄浑独特。全市有董志、早胜、宫河、平泉、新集、孟坝、屯字、西华池、盘克、临泾、春荣、永和等12条较大塬面，塬地总面积27万公顷，是农作物主产区。董志塬面积为136.47万亩，平均海拔1421米，横跨四个县区，是世界上面积最大、土层最厚、保存最完整的黄土塬面，堪称“天下黄土第一塬”。地处东南部的子午岭，林木茂密，水草丰盛，其470多万亩次生林，为植被最好的水源涵养林，有“天然水库”之美誉。近年来，随着“一带一路”建设和新一轮西部大开发战略的深入实施，特别是中央和省委、省政府相继出台了一系列支持庆阳革命老区开发建设的政策文件，境内高铁、高速公路、水利骨干工程等重大基础设施项目加快建设，民航线路通达北京、上海、天津、深圳等全国11个城市，银西高铁南北贯穿全境，区位发展优势更加突出，开发潜力集聚释放。全市年平均气温9.1—11℃，年日照2181-2448小时。年降水量429—677毫米，比历年偏少12%。2022年末，全市常住人口215.84万人，占全省常住人口的比重为8.66%，城镇化率为43.98%。

【资源优势】庆阳油煤气资源富集，是甘肃的石油天然气化工基地、长庆油田主产区。已探明油气总资源量

59.74 亿吨，占鄂尔多斯盆地总资源量的 40%，其中石油地质储量 17.96 亿吨；已探明天然气总资源量 2 万亿立方米，占鄂尔多斯盆地总资源量的 10%，天然气地质储量 318.6 亿立方米。2022 年原油产量 1049.51 万吨，加工量 305.04 万吨。新能源装备制造从无到有，西部重工项目建成投产，三一重能项目开工建设。能源化工取得突破，获批省级氦气生产基地，年产 20 万方天然气提氦项目投产，年产 20 万吨双氧水项目建成。CCUS、疏干水深度处理等项目顺利推进。庆阳素有“陇东粮仓”之美誉，是农业农村部批准正在创建的绿色有机无公害农产品生产加工示范基地和现代旱作农业示范区；是全国苹果最佳优生区，黄花菜、白瓜籽和小杂粮品质优良、享誉中外。庆阳黄花菜、环县羊羔肉、曹杏、黄柑桃、九龙金枣等地方特产倍受消费者青睐，以晚熟红富士苹果为最。庆阳地处全国优质红富士苹果最佳适生区，是农业农村部确定的中国优质苹果栽培的最佳优生带。“庆阳苹果”以个大形正、色泽艳丽、质脆肉细、甜酸适口、香味浓郁而备受广大消费者欢迎，远销国内多个大中城市及东南亚、中东欧等“一带一路”沿线国家。第十七届中国国际农产品交易会上，“庆阳苹果”品牌入选2019首批中国农业品牌目录，旗下的“庆阳苹果—赤诚”品牌 SOD 奶蜜苹果、“庆阳苹果—陇清”品牌、“庆阳海升苹果”等一批驰名品牌，是其中的代表。庆阳是甘肃优质农畜产品生产基地，早胜牛、环县滩羊、陇东黑山羊、羊毛绒等大宗优质农牧产品享誉国内外。庆阳是全国规模最大的白瓜籽仁加工出口和杏制品加工基地，是全国品质最优、发展面积最大的黄花菜基地，是国家有关部门和单位命名的“中国优质苹果之乡”、“中国黄花菜之乡”、“中国小杂粮之乡”和“中国杏乡”。庆阳还是中医药之乡，产有甘草、黄芪、麻黄、穿地龙、柴胡等 300 多种中草药，其中 69 种已列入《中华人民共和国药典》。

【国民经济】2022 年，全市经济承压前行、持续恢复，经济总量突破一千亿元，实现历史性跨越，总体呈现稳中加固、稳中有进、动能集聚的良好态势。全市完成地区生产总值 1022.3 亿元，比上年增长 4.4%。其中，第一产业增加值 124.8 亿元，增长 6.3%；第二产业增加值 551.9 亿元，增长 5.0%；第三产业增加值 345.5 亿元，增长 3.0%。三次产业对经济增长的贡献率为 19.7%、52.4% 和 27.9%，分别拉动经济增长 0.9 个、2.3 个和 1.2 个百分点。

【乡村振兴】巩固拓展脱贫攻坚成果同乡村振兴有效衔接焕发强基固本、提质增效新面貌。严格落实“四个不摘”，各级投入衔接资金 44.2 亿元。脱贫成果持续巩固，识别纳入监测对象 1004 户 4427 人，返贫致贫风险消除率 59.9%，脱贫人口人均纯收入增长 14.2%，高于全市城乡居民收入增速。乡村建设扎实有序，建设省市级示范乡镇 15 个、示范村 55 个，建成“一村万树”达标村 242 个，生态及地质灾害避险搬迁 421 户，改造农房 1534 户、户厕 5.2 万户。津庆协作和中央定点帮扶走深走实，互派挂职干部和专技人才 370 名，直采、助销农特产品 3.9 亿元。天津市援助 3.3 亿元，实施帮扶项目 166 个，合作打造乡村振兴示范村 17 个。驻村帮扶、社会帮扶持续加强，“万企兴万村”富有成效。

【项目建设】区域性中心城市建设掀起高起点规划、大项目驱动新热潮。综合投入 116 亿元实施 124 个重点项目，着力提升城市承载力和吸附力，城镇化率提高 0.85 个百分点。强化交通水利支撑，华池通用机场全面竣工，甜永高速、二车公路建成通车，打庆、太华、华二公路加快建设，高速公路“开口子”拓展工程启动实施。甜水堡调蓄引水、巴家咀水库除险加固等项目进展顺利，市区应急水源工程全线通水，莲花寺水库引水入合、小盘河水库引水入宁、吴家沟水库综合利用等工程开工建设。2022 年，全市在库固定资产投资项目 899 个，完成固定资产投资增长 11.3%。5000 万元以上项目 237 个，完成投资增长 8.9%；5000 万元以下项目 587 个，完成投资增长 35.8%；房地产开发项目 75 个，完成投资额增长 0.6%。第一产业投资下降 35.2%；第二产业投资增长 115.5%，其中工业投资增长 117%；第三产业投资下降 11.2%。

【优势产业】综合能源开发取得突破，页岩油发现了储量 10 亿吨级的庆城大油田，已探明地质储量 10.5 亿吨；天然气庆城境内探明地质储量 318 亿立方米；煤炭已探明地质储量 215 亿吨，分布在全市 1.98 万平方公里范围内。境内自产天然气组分中氦气含量达到万分之七点五，优于国内其他区域，具备很高的商业开发价值。新能源乘势而上，陇电入鲁特高压直流外送工程前期进展顺利，正宁 2×100 万千瓦调峰煤电项目快速推进，核准、在建的 679 万千瓦风光电项目加快实施，源网荷储一体化格局加速形成。油气配套服务、农产品加工、生物制药、精细化工等产业不断壮大。2022 年全市粮食产量达到 143.63 万吨。现代农业势头良好，持续壮大“牛羊猪鸡果菜菌药”主导产业，着力推广种养菌“三元双向”循环模式。圣越农牧白羽肉鸡产业集群、正大生猪屠宰加工等 58 个农业产业化项目补链强链，肉羊、肉鸡、生猪、肉牛出栏增速居全省前列。“庆阳苹果”入选中国最具影响力的十大苹果区域品牌。“环县羔羊肉”被中国畜牧业协会评为全国十佳羊肉品牌。“东数西算”汇聚强劲动能，开辟了转型升级新赛道。坚持周调度、专班推进、一体化招商，实行“两张清单”制度，建立 3 名院士领衔、208 名专家组成的智库。中能建、秦淮数据、金山云、京东等 48 家企业签约落地，12 个重大项目开工建设，占地 1.7 万亩的“东数西算”产业园全面铺开。打造“东数西算”大数据产业集群的经验做法，被列为国务院第九次大督查典型案例，受到国务院办公厅和省政府通报表扬。文化旅游深度融合，南佐遗址等考古发掘取得重大进展。南梁长征国家文化公园顺利建设。保护修缮 30 处革命遗址。子午花溪谷、庆州古城等 6 个景点晋升 3A 级景区。接待游客 856.6 万人次，实现旅游综合收入 26.6 亿元。

【人民生活】居民收入持续增加，2022 年全市城镇居民人均可支配收入 37585 元，比上年增加 1549 元，增长 4.3%；农村居民人均可支配收入 12276 元，比上年增加 738 元，增长 6.4%。城乡居民人均可支配收入比值为 3.06，比上年缩小 0.06 个百分点，农村增速高于城镇 2.1 个百分点。人民群众生活品质不断提升，群众生活更加体面。

【环境保护】坚持绿水青山就是金山银山，全力整治生态环境突出问题，为构筑黄土高原生态安全屏障作出了庆阳贡献。污染防治多点发力，173台燃煤锅炉全部达标排放，市区优良天气率89.2%。建设城镇污水处理厂站14座，境内23个地表水考核断面全部达标，水质优良比例91.3%。生活垃圾无害化处理率100%。加大油区污染治理力度，基本实现“废气不上天、泥浆不落地、废水不外排”。

【社会保障】保障和改善民生取得普惠共享、品质提升新进步。社会保障坚实有力，实现城镇职工基本医保市级统筹，城乡居民基本医保参保率稳定在95%以上。积极推进DRG支付方式改革，建立职工医保门诊共济保障制度。城乡低保水平稳步提高，发放困难群众救助资金13亿元，特殊群体保护关爱政策有效落实。2022年末，全市参加城乡居民养老保险人数155.79万人，其中，60岁以下116.68万人，60岁以上39.11万人。企业职工参加养老保险人数10.06万人，其中，在职职工6.63万人，参保离退休人员3.43万人。参加机关事业养老保险人数9.55万人，其中，在职6.55万人，退休3万人。参加城镇职工基本医疗保险人数17.68万人。参加失业保险人数13.74万人。参加工伤保险人数13.56万人，增加9786人。参加生育保险人数12.43万人，增加0.47万人。参加城乡居民基本医疗保险人数216.12万人，参保率稳定保持在95%以上。全年筹集城乡居民医保基金204206.69万元，基金支出共计166598.49万元，基金累计结余86598.3万元。全市城市低保10568户23967人，比上年末减少571户1657人；农村低保61771户178185人，增加2621户5472人。年末全市共有城乡社区服务设施1576个。其中，社区服务中心119个，城市社区服务站87个，村级综合服务设施1370个。社区养老照料机构和设施65个，社区互助型养老设施821个。

【社会事业】社会事业呈现服务加强、全面进步的新气象。科技推广成效显著，全年专利授权量817件，下降24.3%，其中发明专利授权量69件，增长56.8%。实用新型专利605件，外观设计143件。有效发明专利178件，每万人口发明专利拥有量0.81件。教育质量稳步提升，“双减”政策全面落实，“优教庆阳”深入实施，优化学校布局，改善办学条件，高考一本上线率提高1.2个百分点。全市普通高等学校招生8208人，在校学生29518人，毕业7547人；中等职业学校招生8803人，在校学生18283人，毕业2511人；普通高中招生16953人，在校学生51185人，毕业16525人。九年义务教育巩固率达到99.7%。全市大专以上高考录取人数15468人，比上年增加124人，录取率86.7%，比上年提高0.7个百分点。文体事业蓬勃发展，市文化馆、图书馆、画院整体搬迁，市融媒体中心挂牌运行，组团参加省十五届运动会、省十一届残运会取得历史最好成绩。全市共有专业国有文化艺术表演团体9个，全年演出1259场（次），观众122万人次；年末共有公共图书馆9个，藏书90.1万册；博物馆、纪念馆18个，文物藏量35176件；综合性档案馆9个，馆藏各类档案70.12万卷、116.4万件，资料9.78万册，照片2.05万张；文化站122个。全市有线电视人口覆盖率达到100%。广播人口覆盖率达到100%。全年《陇东报》出版365期，发行1150.95万份。全市共有体育场地6043个，体育场地面积418万平方米，人均体育场地面积1.94平方米。全市举办县级以上运动会29次，参加运动员21426人次。在省级以上运动会上全市体育健儿共夺得42.5枚金牌，23枚银牌，36枚铜牌。医疗体系不断健全，城市医联体、县域医共体、乡村一体化建设梯次推进，县域外转诊率下降1.8个百分点。全市医疗卫生机构总数1881个。其中，医院47个，乡镇卫生院124个，社区卫生服务中心（站）27个，村卫生室1277个，门诊部11个，诊所359个，妇幼保健院（站）9个，疾病预防控制中心9个，卫生监督所（中心）8个，采供血机构1个，地方病防治机构9个。2022年年末实有医疗床位15245张，比上年净增828张，增长5.7%。

西峰区

【基本情况】西峰区地处甘肃省东部，泾河上游，位于董志塬腹地，处在东经107°27′42″~107°52′48″和北纬35°25′55″~35°5′11″之间，北靠庆城县，南接宁县，西和镇原县毗邻，东与合水县相望，总土地面积999.31平方公里。属陕、甘、宁三省区金三角地带，是庆阳市政治、经济、文化、交通和商贸流通中心。新中国成立初期，陇东分区改名为庆阳分区，区署设西峰，遂成立西峰市，1950年6月西峰市撤销，划归庆阳县管辖，1954年改市为区，1955年改区为镇。1985年5月，经国务院批准设立西峰市（县级），2002年6月，西峰撤市设区，2022年全区共辖5镇2乡和6个街道办事处。年末全区常住人口为51.08万人，其中城镇常住人口33.1万人，农村常住人口17.98万人，城镇化率达到64.8%，比上年提高1.6个百分点。

【资源优势】西峰区系黄土高塬沟壑区，海拔1421.0米，地势由东北向西南倾斜。地形呈扇形，南北长约47.7公里，东西宽约34.8公里，以董志、彭原两镇为中心的董志塬，是世界上面积最大、土层最厚、保存最完整的黄土塬面，地势平坦，土壤肥沃，自古有“八百里秦川，不如董志塬边”之说。主要农作物以小麦、玉米为主、并盛产洋芋、黄豆、油菜等。庆阳苹果、什社小米、黄花菜、杏子、寿桃、酥梨等优质农产品享誉国内外。作为长庆油田的主产区，已探明西峰油田含油面积800平方公里，地质储量4亿吨以上。主要旅游资源有发掘多处的新石器时代仰韶文化、齐家文化遗址，北魏永平二年开凿的北石窟寺，二十世纪六十年代建设的巴家咀水库大坝，肖金宋代金城寺砖塔、小崆峒山、南小河沟等自然景观以及以周祖农耕文化为主线的公刘庙、老洞山等历史遗迹。民俗文化绚丽多彩，皮影、剪纸、刺绣、陇东道情被誉为“陇东四绝”。

【国民经济】2022年全区实现地区生产总值301.3亿元，按不变价格计算，比上年增长0.1%。其中，第一产业实现增加值8.5亿元，增长6.2%；第二产业实现增加值144.2亿元，下降6.7%；第三产业实现增加值148.6亿元，增长5.7%。三次产业结构比由上年的2.7 ∶ 49 ∶ 48.3调整为2.8 ∶ 47.6 ∶ 49.6，第一产业占比提高0.1个百分点，第二产业占比下降1.4个百分点，第三产业占比提高1.3个百分点。规模以上工业增加值同比下降11.7%，建筑业增加值增长0.04%，固定资产投资增长11.2%，社会消费品零售总额增长1.1%，一般公共预算收入同比下降12.8%，居民消费价格指数同比上涨1.6%。

【供给侧改革】2022年，全区千方百计扩投资、稳增长、提质效，经济高质量发展的后劲更足、基础更牢。全年腾空土地4500多亩，盘活处置批而未供土地977亩，有力保障了“东数西算”产业园、市区保障性租赁住房等重大项目落地开工。建立扁平化招商引资工作机制，组建专班“全方位、零距离”跟进服务保障，科元控股天然气深加工等7个工业项目成功签约。全力推动数字经济发展，中国能建、中国电信云计算大数据中心开工建设，全国一体化算力网络国家枢纽节点建设取得实质性突破，开辟了工业转型升级新赛道。

【乡村振兴】2022年，全区持续巩固拓展脱贫成果。严格落实“四个不摘”要求，常态化开展防返贫监测，改造敷设农村供水管线860公里，提升巩固安全住房328户，消除返贫风险户85户。积极构建以种植业为基础支撑、畜牧业为效益牵引、菌业为闭环关键的“三元双向”现代循环农业体系，完成肖金设施蔬菜基地821座日光温室提质改造，建成年产1500万株蔬菜育苗基地，新建钢架大棚1586座、百亩露地蔬菜示范点7个。深入实施“1315”示范工程。启动基础设施、风貌整治提升等项目202个，新建改造村组道路及产业路115公里，创建市级以上示范乡（镇）2个、示范村16个。加快文旅融合发展。启动实施陇东风情园建设项目，完成110千伏变电站改造及园区道路等基础设施配套。建成凤凰塬舍、重香四季生态庄园等一批文旅融合项目，打造了“乡村美食＋民宿”“自然景观＋赏花”“大棚蔬菜＋采摘”等乡村旅游品牌。

【项目建设】2022全区紧盯国家、省市投资导向，申报中央预算内投资和地方政府专项债券项目91个，争取中省预算及债券项目27个，中省预算内资金争取额度位列全市县（区）排名首位。申报成功基金项目1个，中长期贷款项目8个，国家发展和改革委员会审核反馈入库项目1个。继续推行“五个一”包抓责任制，全区共实施500万元以上建设项目136个（新建55个，续建81个），80个区级重点包抓建设项目，开复工项目56个，开复工率70%。全区通过在线审批监管平台办理项目149个，其中审批类项目75个，备案类项目74个。

【优势产业】2022年，全区坚持以养殖业带动种植业提质增效，以加工业带动养殖业扩量增值，依托正大集团建基地、扩规模、延链条，从前端繁育育肥、中端屠宰加工到末端销售，从向前延伸的饲料加工厂到向后拓展的有机肥厂，都紧紧依靠正大、围绕正大来谋划布局和推进实施，推动生猪产业链循环发展。年内在彭原草滩村、肖金纸坊村、肖金芮岭村、后官寨沟畎村分别建成6000头、2400头、2000头、600头种猪繁育基地，现存栏能繁母猪1.1万头，年末种猪存栏达到1.34万头。按照“果业强、果农富、果乡美”的总体目标，以苹果产业为主，以樱桃为增收”突破口”，按照“合作社＋基地＋农户”“公司＋基地＋农户”等经营模式，全力打造绿色、现代、优质、高效果业。年内实施老旧果园提质改造1万亩，在显胜乡铁楼村创建山地樱桃园300亩。完成有机肥替代化肥1万亩，绿色食品认证300吨。以建设千亩瓜菜基地为目标，严格落实“菜篮子”目标责任制，以“一乡（镇）一基地”为抓手，持续巩固肖金设施基地、蒲河川和武川“一园两川”设施瓜菜生产面积，大力建设露地蔬菜基地，通过抓点示范和持续抓促，强力推进全区瓜菜生产。地方工业步入链式开发、集中突破、整体跃升的新阶段，宏大20万吨双氧水2万吨吗啉项目快速推进，瑞华天然气提氦项目建成投产，天然气深加工产业扩能上产，实现“由小到大”；酒钢风电塔筒生产线项目建成投产，三一重能项目开工建设，新能源装备制造产业乘势而上，实现“从无到有”。

【人民生活】2022年，全区城镇居民人均可支配收入39864元，比上年增长4.8%。农村居民人均可支配收入13757元，同比增长6.6%。城镇居民人均生活消费支出25883元，增长7.9%。农村居民人均生活消费支出12857元，增长7.8%。城镇居民恩格尔系数27%，同比下降0.02个百分点。农村居民恩格尔系数31.6%，下降0.1个百分点。全年城镇新增就业6017人，其中失业人员再就业3441人，全年劳务输转5.86万人，创劳务收入18.98亿元，其中，输转脱贫劳动力8800人，实现劳务收入2.85亿元。

【财税金融】2022年，全区一般公共预算收入8.7亿元，比上年下降12.8%；财政支出36.8亿元，增长5.8%。其中，民生支出28.2亿元，增长12.3%。地方各项收入累计入库26.4亿元，增收5.8亿元，增长27.9%。其中，税收收入14.4亿元，非税收入12.0亿元。年末全区金融机构人民币存款余额达到623.4亿元，比上年增长17.4%，其中，非金融企业存款同比增长20.3%，住户存款增长13.3%。各项贷款余额333.8亿元，增长0.2%。其中，短期贷款同比下降1.8%，中长期贷款增长0.6%。

【环境保护】2022年，全区无重大环境污染事件及核与辐射安全事故发生。空气质量综合指数为3.27，全省排名第五。优良天气数为324天，优良天气率为88.7%，比上年下降4.5个百分点。可吸入颗粒物（PM_{10}）累计浓度值为57微克/立方米，细颗粒物（$PM_{2.5}$）累计浓度值为29微克/立方米，二氧化硫（SO_2）为8微克/立方米，二氧化氮（NO_2）为14微克/立方米，一氧化碳（CO）为1微克/立方米，臭氧（O_3）为144微克/立方米，均达到国家环境空气质量二级标准。固体（危险）废物管理有序，处置规范，全区未发现污染地块，土壤环境总体保持稳定。

【社会事业】2022年，全区全年授权专利371件，其中授权发明类55件，实用新型技术类285件，外观设计类31

件。辖区共有各类学校238所，中等职业学校5所，中学25所（其中：独立初中7所，完全中学5所，高级中学5所，一贯制中学8所），特殊教育学校1所，普通小学84所，幼儿园123所。各类学校共有教职工10448人，其中专任教师8860人，在校学生122041人，全年毕业学生30347人，招生人数30836人。辖区有专业剧团2个，文化馆2个，图书馆2个，博物馆2个，电影院3个，画院1个，文化站10个，村（社区）文化室115个，农家书屋123个，星级宾馆1个，农家乐27个。辖区共有医疗卫生机构443个，其中医院17个，基层医疗卫生机构419个，专业公共卫生机构7个，年末卫生技术人员6468人。全年举办县级以上运动会22场（次），参加人数26750人，年末拥有等级运动员30人，等级教练员43人，等级裁判员698人。全年累计接待国内外游客239.6万人（次），旅游综合收入6.24亿元。太一农庄旅游景区成功申报为国家3A级旅游景区，龙栖谷景区成功申报为国家4A级旅游景区，凤凰塬舍窑洞民宿成功申报为国家丙级民宿。

庆城县

【基本情况】庆城县位于甘肃东部、泾河上游，陕甘宁三省区交汇处，处于中国版图的几何中心。境内有“五高一铁”（兰州至青岛、银川至百色、延安至九寨沟、西合公路、东绕城路5条高速和西安至银川高铁），国道309、211、244线贯通全境，县城距庆阳机场40公里、距庆城高铁站10公里，县内有6个高速出口，是陇东地区重要交通枢纽，是西安、银川经济圈的重要节点。县城三面环山，两水绕城，形似“飞凤”，又称凤城。庆城县辖9镇6乡、153个行政村，总土地面积2690.4平方公里，2022年末全县常住人口23.3万人。近年来，庆城县紧紧依托地域优势和历史文化特色，锚定建设“两区两地一节点”目标（乡村振兴样板区、新型工业增长区、全域旅游目的地、生态文明宜居地和银西经济带节点城市），全县经济社会发展取得了长足进步，发展质量和效益稳步提升。

【资源优势】庆城古属雍州之地，秦汉设北地郡，隋唐置庆州，宋元明清设庆阳府，拥有5000多年的岐黄中医药文化和4000多年的周祖农耕文化。中医鼻祖岐伯诞生于庆城，并在此与轩辕黄帝谈医论道，成就中华医学巨著《黄帝内经》，被中国社科院确定为世界非物质文化遗产。夏太康年间，周先祖不窋率族人迁徙于此，教民稼穑，削土筑城，陶复陶穴，开创了华夏农耕文明的先河。庆城亦是原陕甘宁边区的重要组成部分，1937年1月建立中共庆阳县委，蔡畅同志为第一任书记；抗战时期，作为拱卫延安党中央的西大门和陇东地区政治军事指挥中心，王维舟、耿飚率领八路军129师三八五旅驻防庆城达八年之久；1940年，毛泽东同志亲笔为陇东中学题写了校名。庆城地处鄂尔多斯盆地底部，油煤气资源富集，境内探明石油储量7.1亿吨、煤炭储量50亿吨、天然气储量318亿立方米，煤层气储量818亿立方米。庆城是长庆油田的发源地和原油主产区，1970年钻出第一口油井（庆一井），经过50多年的发展壮大，目前长庆油田已成为全国第一大油气田。2022年，庆城县原油产量达到163.6万吨，天然气产量达到3.6亿立方米。庆城县是农业农村部确定的全国绿色无公害农产品示范县和首批无公害苹果示范基地，现已形成以苹果、肉羊两大产业为主导，瓜菜、小杂粮等特色产业为补充的农业产业体系。

【国民经济】2022年，庆城县实现地区生产总值113.9亿元，比上年增长6.2%（可比价，下同）。其中，第一产业增加值13.2亿元，增长6.2%；第二产业增加值73.9亿元，增长10.4%；第三产业增加值26.7亿元，下降1.1%。规上工业增加值增长5.7%。固定资产投资总额增长10.5%。社会消费品零售总额完成18.7亿元，增长0.4%。一般公共预算收入完成4.8亿元，增长21.8%。年末，金融机构各项存款余额162.8亿元，比上年末增长18.1%；各项贷款余额129.9亿元，增长3.6%。

【供给侧改革】全年民生领域投入资金占一般公共预算支出的75.8%。县政府承诺的7件民生实事全部兑现，幼儿园新建、改扩建项目启动建设，城乡教育资源布局调整加快推进，县人民医院综合能力提升项目全面完成，岐伯中医院方舱实验室建成投用，实施村组硬化道路432公里，64个“登记难”遗留问题小区发证率100%，发放困难群众救助补助资金1.2亿元。“放管服”改革深入推进，依托“一窗通”、手机“掌上注册通”APP等平台，实行企业设立、税务登记、一照一码登记确认、社保、住房公积金登记、银行开户等企业开办多部门事项“全链条式一网通办”服务模式，实现线上办事企业“一网办、零跑路”。

【乡村振兴】2019年至2022年12月，全县累计纳入“三类户”888户3483人。全年累计落实“一户一策”奖补资金1039.05万元。持续推行防返贫保险，将全县“三类户”作为投保对象，按程序核定发放保险资金35户61.4万元。积极筹集资金62.8万元为18户实施了农村住房抗震改造项目。按照示范乡镇、示范村23项建设标准，投资10358.1万元，扎实实施“2镇19村”示范创建行动。严格落实小额信贷发放政策规定，累计发放贷款412户1307.15万元，确保有意愿且符合条件的农户应贷尽贷。开展两后生培训2315人，兑付补助资金374.4万元，做到了符合条件的贫困家庭子女全面享受资助政策。

【项目建设】全年实施500万元以上项目147个，13.4亿元的乡村振兴基础设施及产业一体化PPP项目、6.5亿元的津庆产业园基础设施综合配套基金项目等一大批重大项目开工建设，环海检测等26个项目当年落地、当年建成、当年运营，争取转移支付资金、债券资金22.2亿元、3.9亿元，较2021年分别增加1.3亿元、2.4亿元。实施招商引资项目73个，到位资金45亿元，综合排名居全市第一；实施工业项目20个，新增规上工业企业2户。

【优势产业】建成“331+”肉羊合作社、千只湖羊示范社和万只育肥场157个，组建草业公司和合作社37家，引进国家肉羊核心育种场—天津奥群牧业育种公司，建成现代化肉羊“育繁推”一体化产业园。与西北农林科技大学合作建成全省首家苹果试验示范站，大力推广矮化密植、间伐改造等先进生产管理技术，形成了三大生产片区。建成香菇生产示范基地3处，年生产香菇86万棒，总产量1210吨，产值1542万元。白瓜籽种植3万多亩，年生产加工3000吨以上，开发产品10多种。黄花菜栽植10万多亩，年产鲜菜15万吨以上。长庆油田在庆城县新打天然气井256口，建成集气站4座、供气站2座，预计“十四五”末天然气年产量达到20亿立方米。招引了博纳汇、中旖能化、中梁宜达、庆阳能化、京航科创5户天然气加工企业，建成了天然气开发综合利用产业园。现有油井4551口，利用废弃井场站建成轻烃厂站8个，年回收伴生气5663万立方米。共有钻井、试油、压裂、修井、化学试剂等各类工业企业229户。现有4个油气生产建设单位、7个产能建设项目组、6个采油气作业区从事油气勘探开发，川庆钻井第二项目部、川庆井下陇东项目部、渤海钻探、辽河钻探4家国有企业开展钻井、试油业务。以长庆油田深化地企融合发展为契机，积极承接东部产业转移，围绕油气配套、机械维修制造等领域，在西川工业集中区形成了以众行新能源、恒信达建材等为代表的装备制造及轻工建材产业和以新康运输、衍河管具等为代表的油田生产服务产业。庆城是农耕文明和岐黄中医药文明的发祥地，境内有2个国家4A级旅游景区和1个3A级旅游景区，中国农业博物馆庆阳分馆、岐黄中医药文化博物馆、马岭黄酒古镇等自然人文景观，普照寺、慈云寺、“周旧邦”木坊、三八五旅旧址等名胜古迹遍布全县，玻璃观景台、庆州老宅子、范公祠等景点独具特色，被确定为甘肃省首批“全域旅游示范区”，正在创建岐黄周祖文化旅游区5A级景区。香包、刺绣、剪纸被称为庆城民俗“三宝”。庆城是国家中医药管理局确定的“国家中医师承甘肃岐伯基地”。

【人民生活】2022年，全县城镇居民人均可支配收入达到37593元，比上年增长4.0%；城镇居民人均消费支出30042元，增长2.2%。农村居民人均可支配收入达到11875元，增长6.6%；农村居民人均生活消费支出11469元，增长3.0%。

【环境保护】2022年，全县环境空气质量优良天数285天，优良天气率84.1%；可吸入颗粒物（PM_{10}）平均浓度60ug/m³，细颗粒物（$PM_{2.5}$）平均浓度30ug/m³，二氧化硫（SO_2）、二氧化氮（NO_2）、一氧化碳（CO）和臭氧（$O_3$8h）平均浓度分别为10ug/m³、26ug/m³、1.1mg/m³、140ug/m³，均控制在环境空气质量二级标准范围内。植树造林6.2万亩，完成道路绿化774公里，治理水土流失132平方公里，西川污水处理厂建成调试，马莲河、黑河省考断面水质均优于考核目标1个等次。

【社会保障】2022年新增城镇就业人员3227人，全县城市居民最低生活保障人数为2767人，全年发放城市低保资金19507807万元。农村最低生活保障人数为12620人，全年发放农村低保资金4332.3979万元。全县农村特困救助人数780人，城市特困救助人数15人，其中集中供养174人，全县共有福利机构1个，床位180张。全年企业职工基本养老保险征缴基金7747万元，参保缴费4061人，较上年3942人增加119人，发放养老保险金6207万元；失业保险参保10472人，缴费9100人，参保缴费率达86.9%，累计发放失业保险待遇226万元；工伤保险农民工参保率100%，新开工项目参保率100%，累计发放工伤保险待遇703万元；机关事业单位养老保险征缴基金16957万元，职业年金2338万元，发放养老金18337万元，参保6006人，参保缴费率100%。

【社会事业】年末，全县共有文化馆总馆1个，分馆17个，群众书画交流培训服务中心一处。挖掘非遗项目达到59项，其中省级3项，市级12项，县级44项；传承人达到134人，其中省级1人，市级19人，县级114人。全年组织文艺活动11次，受益观众5000人；举办培训班8场次，培训人员600人次；举办展览4场，参观人员1000人次；组织公益性讲座8场，参观人员700人次。年末图书馆藏书量169763册，年接待读者7260人次，年流通10868册，新办借书卡70张，因疫情原因，年开馆时间305天，周开馆56小时。博物馆1个，共有3个固定展室，举办3个临时展览，接待观众79723人，学生和儿童共28853人。全年文化产业增加值为5800万元，共计注册文化企业133家，无增减；艺术表演团体1个，全年完成公益性演出90场，大型综合演出2场，无商业性演出，无经济收入。全年开展羽毛球、太极拳、乒乓球、“全民健身日”等培训宣传活动15期，举办庆城县“喜迎二十大奋进新征程”干部职工运动会、庆城县中小学生运动会、庆城县2022年社区运动会等赛事活动25场次，共指导体育健身站点60多个，指导群众健身26000多人次。县融媒体中心编排电视新闻365期，播报新闻稿件2568条；庆城人民广播电台共编排播出广播新闻350期4300条。中央和省级用稿11条，庆阳电视台用稿635.3条。年末，全县共有卫生健康单位29个，其中县直卫生健康单位8个，基层医疗卫生单位21个。共有正式职工871人，其中行政管理人员91人，专业技术人员717人，工勤人员63人；共设病床1213张，每千人拥有病床5.16张。孕产妇住院分娩率100%，5岁以下儿童死亡率7.8‰，婴儿死亡率6.0‰，新生儿死亡率5.4‰，无孕产妇死亡，出生缺陷发生率60.02/万，全年共发放《出生医学证明》1072份，辖区内医疗机构出生新生儿1036例，新生儿遗传代谢疾病筛查1036人次，筛查率达到100%，听力筛查997人次，筛查率达到96.23%。甲状腺功能低下复筛5例，确诊3例。2022年，全县各级各类学校191所，其中幼儿园60所（公办28所，民办32所）、小学26所、教学点83所、初中10所、九年制7所、高中3所（完中2所）、特教学校1所、职中1所。在校人数44323人，其中幼儿园8720人、小学21382人、初中9748人、职专1383人、高中3044人、特教学校46人。教职工3214人，其中专任教师3191人，专任教师中幼儿教师81人、小学教师1672人、初中教师990人、普通高中教师301人、职专教师113人、特教学校34人。学前三年教育毛入园率达到98.94%、九年义务教育阶段巩固率为99.93%、高中阶段毛入学率 96.54%。全县高考一本进线率 27.96%，本科进线率 75.62%，两者均位居全市第 1 名；总录取率 92.51%。全年完成各级各类培训 11580 人次，其中：国培 55 人次、美丽园丁项目 5 人次、省培 2981 人次、市培 4007 人次、县培 1316 人次，继续教育培训 3216 人次。落实普通高中国家助学金全年资助 1558 人次，资助金额 155.8 万元；落实中职国家助学金全年 2061 人次，资助金额 205.1 万元；落实中职免学费全年 2365 人次，资助金额 241.57 万元；落实中职国家奖学金 2 人次，资助资金 1.2 万元；落实普通高校家庭经济困难新生入学路费资助 73 人次，资助金额 5 万元；落实省内高职（专科）院校原建档立卡贫困家庭学生免学费书本费资金共计 564 人次，资金 141 万元；办理生源地信用助学贷款 2961 人次，资助金额 2309.3424 万元；落实城乡义务教育家庭经济困难学生生活补助资金 693.15625 万元，惠及学生 17029 人次；落实幼儿保教费全年资助 17047 人次，资金 898.983 万元；金辉公益金爱心助学全年资助 20 人次，金额 4 万元。全年分别完成 R&D 经费投入、技术合同交易金额、财政科技投入 1402.73 万元、2.695 亿元和 1760 万元，科技创新工作综合考核位居全市第二。完成入库评价科技型中小企业 15 家，培育认定省级创新型企业 2 家、高新技术企业 3 家，入库纳统科研与技术服务业企业、非企业单位各 1 家；推荐上报省级众创空间 1 个、市级星创天地 3 个、市级重点实验室 1 个，庆阳长情实业有限公司荣获“甘肃省科普基地”称号；立项实施县列科技计划项目 13 个，组织实施东西部协作科技帮扶资金项目 2 个；聘请选派科技特派员 90 名，科技特派员服务团队 5 个，科技特派员累计参与实施各类科技项目 10 项，引进试验示范各类农业新品种 30 多个，推广实用技术 20 多项，举办各类培训班 100 多期。组织开展了“甘肃省第十六届中小学生科学知识网络竞答”“第十二届庆阳市青少年科技创新大赛”，庆城县喜获“学生个人奖”6 项，“科技创新作品奖”64 项。

环县

【基本情况】环县踞陕、甘、宁三省（区）之交界，鄂尔多斯盆地之腹中，大西北经济圈之中枢，银（川）—（长）武大动脉纵贯全境，神府、宁东、华亭、彬长四大煤田分布四周，中石化、中石油、延长油矿开采区块均有分布。西距兰州 480 公里，北距银川 260 公里，南距西安 420 公里，东距榆林 280 公里、延安 320 公里。全县辖 20 个乡镇、251 个行政村，1487 个村民小组，总土地面积 9236 平方公里，2022 年末，全县常住人口 30.17 万人，境内海拔高度在 1200—2089 米之间，2022 年年均气温 10.5℃，全年降雨量 413.2 毫米，全年日照总时数 2448.2 小时。

环县是红色教育的传播地，传统光荣，民风淳朴。环县是 1936 年解放的革命老区，红军长征途经之地，原陕甘宁省委、省政府驻地，是陕甘宁根据地的重要组成部分、中国人民解放战争的总后方。第二次国内革命战争最后一战山城堡战役就发生在环县境内。习仲勋同志为第一任县委书记。革命战争年代，环县人民的无私奉献，为中国革命做出了巨大贡献。计划经济时代，环县作为农业大县，曾将大批粮食调往省内外，有力地保障了城市粮食供给，支援了国家的工业化发展。进入市场经济后，环县由于特殊的地理环境，经济发展相对缓慢，属于国家扶贫开发工作重点县和干旱困难县。

【资源优势】环县是绿色杂粮的原产地，品质优良，物美价廉。环县盛产荞麦、糜子、谷子、洋芋、燕麦等小杂粮和胡麻、葵花、黄豆、中药材等多种经济作物，质优品良，属绿色无公害产品。其中小杂粮产量居全省之首，被命名为“中国小杂粮之乡”。全县羊只饲养量居全省第二，是西北羊绒、羊毛、皮张和各种肉食品的主产地之一。

环县矿产资源丰富，境内有石油、天然气、石灰岩、煤炭、白云岩等多种矿藏。石油地质储量达 5 亿多吨，是长庆油田的主产区之一；优质石灰岩储量达 2000 多万吨，正在开发利用；白云岩储量达 18 亿吨，属特优品位；全县煤炭预测储量 684 亿吨，其中千米以浅整状煤田预测储量 51 亿吨，煤层气预测储量 3480 亿立方米。现已探明千米以浅整状煤田储量达 22 亿吨，构造简单，煤质优良，煤炭开发全方位展开。

【国民经济】2022 年，全县地区生产总值 151.8 亿元，按不变价计算，比上年增长 4.6%。其中，第一产业增加值 20.6 亿元，增长 6.8%；第二产业增加值 90.7 亿元，增长 4.9%；第三产业增加值 40.5 亿元，增长 3.2%。规模以上工业增加值增长 4.9%；500 万元及以上固定资产投资额增长 2.7%；社会消费品零售总额 18.5 亿元，增长 1.4%；一般公共预算收入 6 亿元，下降 5.4%；城镇居民人均可支配收入 37075 元，增长 4.4%，农村居民人均可支配收入 11915 元，增长 7.0%。

【巩固提升脱贫成果】坚持把防返贫动态监测帮扶作为筑牢防止规模性返贫的第一道防线，常态化制度化开展监测帮扶。坚持线上预警和线下排查反馈“双线”核查，闭环管理，依托“三个系统”（全国防返贫监测信息系统、甘肃省防止返贫动态监测系统、庆阳市防贫监测预警和帮扶管理系统）“五条途径”（农户自主申报、基层干部排查、部门筛查预警、社会监督发现、系统数据分析），先后组织开展全县性集中排查 4 次，共新识别监测对象 407 户 1895 人（脱贫不稳定户 44 户 235 人、边缘易致贫户 55 户 243 人、突发严重困难户 308 户 1417 人），现有监测户 2507 户 10583 人（脱贫不稳定户 921 户 3964 人、占 37.46%，边缘易致贫户 1201 户 4889 人、占 46.20%，突发严重困难户 385 户 1730 人、占 16.35%），占农业人口的 3.21%、占脱贫人口的 7.64%，占全市 36%。探索建立“精准施策、以帮代防”的常态化帮扶机制，对纳入监测的户，按照“缺什么、补什么”的原则，指导乡镇和部门分类采取产业、就业、教育、健康、住房、饮水、兜底保障等帮扶措施，精准制定“一户一策”，每户确定帮扶责任人，跟踪推进帮扶措施落地见效，户均享受帮扶措施 3.8 条，累计消除风险 1282 户 5387 人，风险消除率 51.14%。针对 2021 年底全县 3.5 万户 15.1 万人农村低收入家庭，启动开展消除农民收入万元以下防止规模性返贫三年行动，摸底建立人员台账，采取“四个一”措施（发展产业扶持一批、劳务输转带动一批、兜底保障扶持一批、财产收入提升一批），全部制定“一户一策”帮扶计划，按照“442”步骤（2022年40%、2023年40%、2024年20%）梯次推进，稳步推进脱贫群众收入增长，2022年消除23855户100073人，消除率66.24%。

【乡村振兴】以村庄规划带动乡村风貌提升，协调配合县自然资源部门，按照“政府主导、部门配合、专家领衔、村民参与”的工作机制，完成35个发展类村庄的实用性村庄规划编制（7个省级示范村、5个市级示范村、18个县级示范村以及5个非示范发展类村庄），共创建示范乡镇2个（省级1个、市级1个）、示范村24个（省级5个，市级1个，县级18个），为全面推进乡村建设积累经验、探索路子。对标乡村建设3大类23项指标，持续改善农村基础公共服务设施，共投入各类财政资金3亿元（农村公共基础设施方面1.8亿元，农村基本公共服务方面0.55亿元，产业发展方面0.65亿元），建设示范村易地搬迁后续基础设施3处，产业道路8条、村组道路40条，给排水工程19处，高标准农田项目13059.09亩，坡耕地水土流失综合治理工程1处，行政村卫生公厕改造项目13个，农村厕所革命奖补项目1个，垃圾中转站7个，电力设施省级改造2处。探索建立自治、法治、德治“三治”融合治理模式，充分发挥群众自治组织作用，研究制定《关于常态化召开村民小组群众会议“保平安、促振兴”十条意见》，坚持每季度召开一次村民小组会议，发动群众、依靠群众，激发基层自治活力。以开展中华优秀传统文化“七进”（进社区、进校园、进机关、进农村、进企业、进家庭、进公益）为牵引，大力弘扬优秀传统文化，推动形成新时代文明乡风。

【项目建设】项目建设跑出了投资“加速度”。2022年实施500万元以上项目98个，完成投资额比上年增长2.7%。实施各类招商引资项目6个，到位资金50.66亿元，增长63.3%。第28届兰洽会签约项目2个70.6亿元。争取中央预算内投资项目11个、到位资金1.62亿元，争取地方专项债券资金5.8亿元、安排项目14个；争取以工代赈和易地搬迁后续扶持各类衔接资金4880万元，实施易地搬迁后续扶持项目23个、以工代赈项目2个。G341国道二车段全面通车。甜水堡调蓄引水工程完成总投资的94%，预计2023年底可建成投用。冷链物流园及配套道路、绿色农产品加工园配套基础设施、北区公共租赁住房建设等项目加快实施。制约环县经济社会发展的瓶颈加快破解。

【优势产业】发展特色草羊产业。坚定不移走肉用羊、奶山羊、黑山羊“三羊开泰、共发羊财”的路子，着力创建良种培育输出基地。坚持政企社联合、乡村户协同发展，提标健全“五位一体”产业联合体，建设利益联结更加紧密、经营能力更加突出的多元主体集群。坚持“自用草”与“商品草”两手抓，走好南北差异化、品种多样化、产品商品化、经营市场化的兴草促牧之路；发展特色种植业。每年推广种植以全膜双垄沟播技术为主的地膜种粮110万亩，建立核心示范基地36万亩。实施现代丝路旱寒脱毒马铃薯、现代丝路旱寒道地中药材、现代丝路旱寒设施瓜菜、小杂粮、综合示范点、大豆玉米复合带状种植、春小麦7个基地建设。每年申报国家级合作社2个，省级合作社20个，市级家庭农场10个。每年新建仓储保鲜库库容5000吨。2022年开展耕地托管代耕代种社会化服务3.3万亩；发展壮大村集体经济。将村级各类资源、资产、资金入股龙头企业、合作社等新型经营主体，参与经营、股份合作、按股分红，培育壮大村级集体经济。进一步加强村集体经济发展资金管理，用好村级集体经济发展资金，

【人民生活】全县城镇居民人均可支配收入37075元，比上年增长4.4%。农村居民人均可支配收入11915元，增长7.0%。全年输转劳动力6.8万人，创收20亿元，其中，贫困劳动力输转4.1万人，创收11.53亿元。城镇累计新就业3291人，新增就业3029人。

【环境保护】2022年环县空气质量综合指数为3.94，比上年下降1.5%；优良天气率为85.1%，上升1.2%。除PM_{10}外（浓度为76微克/立方米，超出国家二级标准6微克/m立方米，与上年相比下降6.2%，空气质量总体呈改善态势），其它5项污染物项目均达到国家二级标准。国家和省市在县域共设置地表水监测断面4个，按月监测通报，剔除地质因素后均达到考核要求。严格落实环境空气质量日报告和监督性监测结果统一发布机制，设置乡镇出境监测断面20个，实施按月监测通报，进一步明确乡镇责任，倒逼措施落实。建成运行黑烟车电子抓拍系统2处，继续开展非道路移动机械摸底调查和编码工作；24小时在线监控城区和19个乡镇生活污水处理厂（站），出水水质达到一级A标准。

【社会保障】以落实政策、做强监管、优化服务、提升能力、做细内控为抓手，以执行医保便民、惠民、利民、为民各项措施为落脚点，有序推进全县医疗保障事业健康发展。城乡居民基本医疗保险人均筹资930元，其中财政配套610元（中央488元、省级110.8元、市级0.6元、县级10.6元），个人缴纳320元。全年共参保306086人、参保率98.06%，基金收入28466万元，较去年增加1816.66万元，增长6.8个百分点。全年基金支出17693.44万元（基本医保报销支出14816.31万元、划拨大病保险2877.13万元）。全年医疗救助资金总收入11239.37万元（中央财政补助8105万元、省级财政补助422万元、上年结余2712.37万元），较上年增加3450万元，增长67.95%。全年医疗救助资金支出6999.06万元。

【社会事业】全县上下紧紧围绕打造全省教育均衡发展样板县目标，坚持走优质教育强基之路，着力办人民满意的教育，坚定不移推进教育优先发展，全县教育事业取得长足进步。全县在教育领域累计投入7.6亿元。其中在高中教育、“三优+”工程、教师培训、素质教育和超课时津贴等方面列支6488万元，较上年增长11.86%。深入推广三明医改经验、推动公立医院改革与高质量发展。县人民医院城北新区征地92.63亩，分两期新建环县人民医院传染病区，初步概算一期投资2.4亿元，计划2023年开工建设；县财政投入

1314.25 万元，完成城关社区卫生服务中心南北服务站建设；完成洪德、八珠、合道、小南沟、山城、芦家湾、樊家川 7 个乡镇卫生院业务综合楼和曲子、天池 2 个乡镇卫生院职工宿舍楼可研等前期手续。

华池县

【基本情况】华池县位于甘肃省东部，庆阳市北部，地处东经 107°29′~108°33’，北纬 36°07′~36°51’之间。东、北与陕西省志丹、吴旗、定边县接壤，西、南与环县、庆城、合水为邻，县境南北长 37~110 公里，东西宽 27~84 公里，地形北高南低，海拔在 1100—1780 米之间。华池古属雍州，1934 年，陕甘边区苏维埃政府成立，同时成立华池县。1958 年至 1961 年合并于庆阳县。1962 年恢复华池县至今。全县共辖 6 镇 9 乡，5 个社区，111 个行政村，646 个村民小组，2022 年末全县常住人口 11.83 万人，有汉、蒙、回、藏等 13 个民族居住。总土地面积 3790 平方公里，可耕地面积 99.92 万亩。

【资源优势】华池属黄土高原丘陵沟壑区，境内梁峁相间，沟壑纵横。境内有元城河、柔远河、城壕河、二将川河四条主要河流，年总流径量 6288 万立方米。石油蕴藏面积 2200 平方公里，储量 8.6 亿吨，初步预测悦乐矿区（含庆城、环县）储煤面积约 2364 平方公里，预测储量约 80 亿吨。横跨县境东端的天然屏障子午岭林区原始次森林面积达 150 多万亩；土地资源丰富，土层深厚，光照充足，适生作物品种繁多。白瓜籽、黄花菜、黑木耳、小杂粮等土特产品驰名陇上。黄豆、荞麦深受国内保健食品原料市场的青睐。沙棘原浆口服液、白瓜籽等走出国门，销往美国、东南亚等地。华池是陕甘边区最早的革命根据地之一。1929 年建立党组织，1931 年建立了装南梁游击队。1934 年刘志丹、谢子长、习仲勋等老一辈革命家在南梁创建了西北第一个陕甘边苏维埃政权—南梁政府。以南梁为中心的陕甘边革命根据地，是第二次土地革命战争后期我党“硕果仅存”的革命根据地，是党中央和中央红军长征的落脚点，是八路军奔赴抗日前线的出发点。南梁革命纪念馆是国家“AAAA”级旅游景区，被国家确定为全国爱国主义教育示范基地和全国国防教育基地。

【国民经济】初步核算，2022 年全县实现生产总值 150.6 亿元，比上年增长 10.2%，其中：第一产业增加值 7.7 亿元，增长 6.1%；第二产业增加值 126.0 亿元，增长 12.5%；第三产业增加值 16.9 亿元，增长 1.0%。三次产业结构比由上年的 6.7 ∶ 76.5 ∶ 16.8 调整为 5.1 ∶ 83.7 ∶ 11.2。规模以上工业增加值增长 9.7%；500 万元以上固定资产投资增长 43.7%。社会消费品零售总额完成 9.0 亿元，增长 1.5%。城镇居民人均可支配收入 38451 元，增长 4.6%；农村居民人均可支配收入 11841 元，增长 6.5%。

【供给侧改革】认真贯彻落实全面从严治党要求，党的二十大精神学习宣传深入开展，中央八项规定不折不扣落实，政府系统作风建设持续加强，政风行风明显好转。持续深化“放管服”改革，承接、取消、调整各类行政审批事项 246 项，梳理涉企惠企政策 59 条，为企业留抵退税 704.6 万元。扎实推进国有企业改革，对县属国有企业进行重组，成立了花池投资发展集团。建成了数字政府运营指挥中心，完成了一体化政务服务平台建设。深入开展“两型”机关创建，106 名干部帮助 106 家企业解决困难问题 208 条，营商环境持续优化。坚持党的领导，自觉接受人大法律监督、工作监督和政协民主监督，提请县委常委会审议“三重一大”事项 48 项，办理人大代表建议 53 件、政协委员提案 56 件，办复率均为 100%。

【乡村振兴】精准落实“三保障”和安全饮水、产业就业、补助救助等帮扶政策。投入帮扶资金 4.2 亿元，实施帮扶项目 110 个，消除返贫致贫风险群众 469 户 1708 人。发放养殖、种植类产业贷款 2931 万元，兑现产业奖补资金 4695 万元，落实产业保险 761.8 万元，带动群众实现稳定增收。新修自然村（组）硬化路 29 条 138 公里，打通产业断头路 17 条 47.3 公里；改造农房 114 户；实施 4 个乡镇示范村自来水改造项目，1568 户群众喝上了“放心水”；完成电网提升改造 700 公里。编制了 64 个美丽乡村规划，打造富有华池特色的省级示范乡镇 1 个、市级示范乡镇 1 个、省市县级示范村 17 个，南梁镇荔园堡村、乔川乡铁角城村、城壕镇定汉村等村庄发展成为新时代美丽乡村样板村。东西部扶贫协作和中央企业定点帮扶工作富有成效，争取天津北辰区、中国化学帮扶资金 4735 万元，实施帮扶项目 24 个。各帮乡单位和驻村工作队累计协调各类帮扶资金 1272.8 万元，帮办实事好事 592 件，群众对帮扶工作的满意度持续提升。

【“三农”工作】聚焦粮食安全，完成粮食作物种植 64.5 万亩，粮食产量达到 13.9 万吨，新建高标准农田 7 万亩，腾退苗木还原耕地 2.11 万亩。聚焦肉羊、肉牛产业，打造 5 乡 10 村肉牛、7 乡 15 村肉羊“两个百公里”产业示范带，创建养羊专业村 7 个、养牛专业村 16 个，发展养羊家庭农场 131 个、养牛家庭农场 71 个，发展规模养羊户 1134 户、规模养牛户 539 户，建成太阳陇东黑山羊保种育种基地等 19 个标准化养殖基地，全县牛、羊饲养量分别达到 2.7 万头、29.0 万只。聚焦食用菌产业，构建了“三元双向”循环农业模式，建成的山庄乡尚湾村、山庄村两个食用菌示范基地和城壕镇菌光互补产业园，菌棒达到 800 万棒，食用菌产量达到 3000 吨，带动 530 户农户增收致富，产品出口日本、加拿大等国家，创汇 152.74 万元，实现了华池对外贸易“零突破”。聚焦中药材产业，打造五蛟镇中药材小镇，建成万亩中药材种植示范片带 5 个，千亩绿色标准化示范基地 5 个，带动全县种植中药材 4 万亩，总产量达到 1.6 万吨。聚焦饲草产业，建成 500 亩紫花苜蓿种植示范点 10 个，种植饲草 17.2 万亩，饲草留存面积 108.56 万亩。完成饲草青黄贮 52 万吨。

【项目建设】全力以赴争资金、引项目、快建设，谋划储备各类项目 226 个，开（复）工实施重点项目 67 个。华池通用机场、城镇老旧小区改造等 24 个重大项目建成投运，G244 打庆高速、城乡融合示范区建设等 43 个重大项目快速推进。实施招商引资项目24个，到位资金比上年增长4.4%。项目资金、供地等保障服务及时跟进，争取中央预算内资金1.77亿元、专项债券资金2.3亿元，落实项目保障用地1.15万亩，优化项目“并联”审批，项目服务事项申报效率大幅提高。2022年全县500万元以上固定资产投资增长43.7%，其中：5000万元以上项目投资增长70.4%；5000万元以下项目投资下降17.6%；房地产投资下降69.5%。

【优势产业】深入推进“强工业”行动，挖潜能、提品质、扩规模、延链条，工业经济发展迅速。全县原油产量达到369.6万吨，增长10.5%，占全市原油产量的35.2%，传统产业实现扩量增产。绿源石油伴生气回收利用一期、亿德顺石墨深加工一期等8个重点工业项目全面建成，油田工业废弃物生态处理项目有序推进，新兴产业发展势头强劲，带动工业产业结构正从“一油独大”向“稳油增化、多元发展”新格局迈进。华池县50万千瓦新能源项目启动实施，华能6万千瓦风电、华润5万千瓦风电项目建成并网运营，实现收益2162万元，清洁能源产业效益逐步凸显。

深度挖掘红色资源，保护传承推介“红色南梁”品牌，投资1.74亿元实施了南梁长征国家文化公园、东华池旅游区建设、习仲勋旧居文物保护展示利用等红色文旅项目，投资1000万元建设了南梁镇荔园堡村和林镇乡黄渠村、范台村、东华池村等红色民俗重点村镇，南梁镇荣获“中国最美村镇”。全县旅游接待人数107.65万人（次），实现旅游综合收入3.73亿元。优化全县农村电子商务运营体系，新发展网店9家，全年电子商务交易额达到2.7亿元。开展“百万钜惠·乐享华池”促销活动，发放消费券130万元，有效激发了疫情冲击下的市场活力。

【人民生活】2022年，全县城镇居民人均可支配收入38451元，增长4.6%。其中，工资性收入32976元，增长4.7%；经营净收入3441元，增长4.9%；财产净收入461元，增长1.6%；转移净收入1573元，增长3.3%。农村居民人均可支配收入11841元，增长6.5%。其中，工资性收入5463元，增长7.6%；经营净收入4550元，增长6.6%；财产净收入76元，增长2.6%；转移净收入1753元，增长3.1%。城乡收入比为3.25∶1。城乡居民恩格尔系数分别为29.8%和33.5%。城乡居民人均住房面积分别为31.69平方米和24.65平方米。

【财税保险】2022年，全县一般公共预算收入4.0亿元，比上年同口径增长10.1%。其中，税收收入1.85亿元，增长45.3%；非税收入2.15亿元，下降9.9%。从主体税种看，增值税0.75亿元，增长41.4%；企业所得税223万元，下降31.4%；个人所得税346万元，增长2.7%。一般公共预算支出25.62亿元，增长8.2%。

年末全县金融机构人民币各项存款余额72.10亿元，比年初增加8.91亿元，增长14.1%；其中住户存款余额58.87亿元，比年初净增8.39亿元，增长16.6%。金融机构人民币各项贷款余额40.12亿元，比年初增加6.99亿元，增长21.1%。全年保费总收入18365.42万元，比上年增长4.3%。其中，财产险保费收入8704.23万元，增长26.1%；人身险保费收入9658.19万元，下降9.8%。支付各类赔款及给付8695.37万元，增长21.8%。其中，财产险支付6256.19万元，增长8.3%；人身险支付2439.18万元，增长79.1%。

【环境保护】2022年县城空气优良天数321天，优良天气率93.9%，综合指数排名全市第一。可吸入颗粒物（PM_{10}）均值为48微克/立方米，细颗粒物（$PM_{2.5}$）均值为17微克/立方米；气态污染物中二氧化硫（SO_2）、二氧化氮（NO_2）、臭氧（O_3）、一氧化碳（CO）浓度分别为8微克/立方米、9微克/立方米、118微克/立方米、1.1毫克/立方米。

全县2条河流考核断面中（柔远河新堡断面、葫芦河林镇断面），水质为优的1个（葫芦河林镇断面），水质为良1个（新堡大桥断面），水质达标率为100%，水质优良（达到或好于Ⅲ类）比例为100%。与上年相比，柔远河新堡大桥、葫芦河林镇断面水质持续向好。

全县开展监测的2处县级集中式饮用水源地均达到地表水（地下水）Ⅲ类水质标准。全县声环境质量Ⅰ类、Ⅱ类、Ⅲ类、Ⅳ类功能区昼间、夜间等效声级均达标。

全年全县平均气温为9.1℃，比上年增加0.2℃。年日照小时数2415.6小时，比上年增加121小时。年降水量575.20毫米，比上年减少77.80毫米。年平均相对湿度63.0%，比上年上升1个百分点。无霜期236天，比上年增加26天。

【社会保障】2022年全县参加城乡居民养老保险人数81552人。参加企业养老保险人数3070人，其中，参保职工2232人，参保离退休人员838人。参加机关事业养老保险人数6289人，其中，在职4353人，退休1936人。参加城乡居民基本医疗保险人数116463人，其中：农村居民109089人；城镇居民7374人，参保率99.08%。参加城镇职工基本医疗保险人数9065人。参加失业保险人数5908人。参加工伤保险人数9891人。参加生育保险人数9065人。全县城市低保905户2003人，比上年末减少286人；农村低保3923户11094人，比上年减少387人。年末全县共有各类社区服务机构和设施23个。其中，社区服务中心5个，社区服务站15个，社区养老照料机构和设施3个。

【社会事业】全年共组织实施农业、工业、医疗卫生和社会公益事业等各类国家、省、市科技计划项目5项，共投入科技经费383万元。专利授权量37件，下降50.7%，其中发明专利授权量0件。有效发明专利8件，每万人口发明专利拥有量0.68件。全县共有各类学校138所，其中，高级中学1所，职业中专1所，十二年一贯制学校1所，九年一贯制学校3所，独立初中8所，完全小学41所，教学点52所，标准化幼儿园31所（含民办园4所）。全县共有重点文物保护单位72处，其中：国家级7处、省级8处、市级12处、县级45处。全县共有专业国有文化艺术表演团体1个，全年演出300场（次），观众15万人（次）；年末共有公共图书馆1个，图书藏量4.3万册；博物馆、纪念馆2个，文物藏量2009件；乡镇文化站15个，广播电视机构1个，调频转播台1座，卫星地面接收站1座。

合水县

【基本情况】合水古称乐蟠，位于甘肃省最东部，是著名的黄河象故里、古石刻之乡、秦直道要冲、子午岭腹地、红二十六军摇篮。合水县地处陇东黄土高原，东邻陕西省富县，西连庆城县，南接宁县，北靠华池县及陕西省志丹县，东西长138公里，南北宽80公里，辖8镇4乡，80个行政村，5个社区，2022年常住人口13.47万人，总土地面积2934.2平方公里。合水县地势山、川、塬相间，子午岭纵贯南北，东北高，西南低，岭上穿境而过的"秦直道"被誉为中国古代的高速公路，闻名遐迩，岭下有"陇上江南"及"鱼米之乡"之称的太白镇。合水县属温带大陆性季风气候，光照充足，雨量充沛，四季分明，气候宜人，年平均气温10.0℃，年总日照时数2336小时，无霜期204天。合水境内四条主要河流，以子午岭为分水岭，马莲河、县川河、固城河为泾河支流，葫芦河为洛河支流。国道309、211纵横过境，银百、青兰高速贯通全境，西合、太华一级公路正在建设，被评为"四好农村路"全国示范县，全县森林覆盖率68.4%，是"全国绿化模范县"。

【资源优势】合水县资源富集，是陇东能源大县，石油、煤炭等矿产资源丰富，已探明石油储量5.6亿吨、煤炭总储量71.3亿吨、煤层气贮量2150亿立方米。建成光伏扶贫项目装机规模12兆瓦，2021年被确定为全省分布式光伏整乡推进试点县，被评为全国清洁能源示范县。合水物产丰饶，小麦、玉米、马铃薯等粮食作物和黄豆、油料等特色小杂粮品质优良、备受推崇；白瓜籽、黑木耳、羊肚菌、鹿茸等优质土特产品久负盛名、备受青睐。苹果、瓜菜、奶羊、肉牛、牧草、食用菌等特色产业初具规模，百跃乳业、振海塑业等骨干企业产品远销国内外。历史悠久，隋末设县，至今已有1400多年的建置史。1973年出土了世界上最早、骨骼最大、个体保存最完整、全国唯一的黄河剑齿象化石。境内现存北魏以来石刻造像3000多件，秦直道遗迹103.3公里。太白起义、包家寨子会议旧址等现存各类红色革命遗址遗迹32处。子午花溪谷、红土林等旅游景点远近闻名。

【国民经济】2022年，全县实现地区生产总值85.2亿元，比上年增长5.1%（按可比价格，下同）。其中：第一产业增加值7.8亿元，增长5.7%；第二产业增加值59.9亿元，增长7%；第三产业增加值17.5亿元，增长0.9%。三次产业结构比为9.2 ∶ 70.3 ∶ 20.5。按常住人口计算，全年人均地区生产总值63440元，比上年增长5.5%。规模以上工业增加值增长3.7%；固定资产投资增长1.4%；一般公共预算收入2.5亿元，增长1.5%；社会消费品零售总额10.5亿元，增长0.9%；金融机构各项存款余额89.8亿元，比年初增长10.1%；各项贷款余额39.38亿元，比年初下降2.22%，全县经济社会高质量发展稳步推进。

【乡村振兴】2022年，合水县聚焦农业优先发展，统筹推进"五个振兴"，着力改善群众生产生活条件，全力推进巩固拓展脱贫攻坚成果同乡村振兴有效衔接。核算脱贫人口及监测对象1.42万户5.77万人，补齐各类弱项短板328项，识别防止返贫监测对象1059户3860人，风险稳定消除778户2885人，风险消除率73.7%，全面构建了防止规模性返贫的坚实防线。统筹安排衔接资金23920万元，实施项目5大类137个，其中：投资13350.35万元，支持奶羊、肉牛、牧草、苹果、瓜菜产业扶持及配套设施等项目72个；投资8401.7万元，支持村组道路、饮水安全、住房提升及乡村建设等基础设施类项目49个；投资1639万元，支持公益性岗位补助、雨露计划、技能培训等就业培训类项目10个。大力开展乡村建设行动，完成段家集、太莪2个市级示范乡镇和赵楼子、铁赵等13个省市级示范村创建，实施农村住房质量提升172户，生态及地质灾害避险搬迁45户，卫生厕所普及率达到78%；建成村组道路、产业路57条，乡村入户路硬化率达到80%；改造提升农村供水管网78公里、供电线路129.2公里；建成瑶子头产业带动、王庄乡村旅游、铁赵乡风文明等一批特色村庄，形成了示范先行、梯次推进的发展格局。东西部协作、中央单位定点帮扶和团省委等省市帮扶单位助力乡村振兴，落实援助资金5730万元，实施项目36个，助销农产品5514万元，驻村帮扶、社会帮扶持续加强，"万企兴万村"成效明显。

【项目建设】2022年，合水县坚持把项目作为拉动经济增长的强引擎，立足"工业主导型、农业优先型"战略定位，抢抓政策机遇，不断加大招引力度，切实以项目建设支撑经济社会高质量发展。紧盯中央预算内投资和专项债券支持领域，加大储备和争取力度，全年储备项目415个，争取到位各类项目资金12.8亿元（其中：中省预算内投资9307万元，专项债券2.4亿元）；紧盯生态农业、新能源利用、大数据产业等新业态，依托8个产业链招商专班，坚持上争外引、统筹发力，签约招商引资项目26个，到位资金30.9亿元，比上年增长32.2%。全县实施82个市、县列重点项目中63个实施项目开工62个，建成23个，完成投资21.2亿元，是历年来项目开工率最高的一年。子午花溪谷、西合公路、太华公路、莲花寺水库引水入合等一批重大项目落地实施，为县域经济高质量发展注入了强劲动力。

【优势产业】2022年，合水县深入推进现代丝路寒旱农业优势特色产业三年倍增行动，大力发展果、菜、畜等特色优势产业。建成标准化果园7200亩，示范推广防霜机、智能烟雾发生器等技术设施2970亩，苹果产量达到10.3万吨，产值5.6亿元。种植各类瓜菜6.7万亩、菌菜110万棒，建成板桥白黄瓜保种产业园、西华池师家庄菌菜产业园等集中连片综合示范点6处。奶羊良种繁育中心建成投运，引进澳大利亚萨能种羊1548只，新建规模化养殖场10个，奶羊存栏达到3.3万只。发放肉牛贷款201户2838万元，投放基础母牛308户2534头，新改扩建专业合作社、养殖场3个，发展家庭农场6个，建设养殖小区4个，牛饲养量达到4.2万头。深入实施"工业强县"战略，新打油水井203口，新增产能19.2万吨，油气当量达到160万吨。何家畔陇82天然气井场测试日产气量20万方，刷新长庆油田气田单井产量记录。新培育市场主体1164家，建办工业企业7户，科进环保、金科阳光纳入规模以上企业，秦直乳业羊乳湿法生产线建设加快推进，工业集中区10户投产企业总产值达到2.2亿元。深入实施特色产业集群数字化转型行动，提质升级电商服务和物流配送体系，建成快递物流分拣中心，电商交易额达3.3亿元。纵深推进文旅康养融合发展，子午花溪谷建成运营并成功创建3A级景区，旅游收入突破2亿元，集中打造了张举塬红色村庄和安集古堡、固城枣园、王庄民宿等一批乡村旅游景点，县域旅游业发展活力迸发。

【人民生活】2022年，合水县统筹城乡发展，持续实施富民增收、提质增效的民生实策，人民福祉不断增进。城镇居民人均可支配收入35979.1元，比上年增长4.5%，高于全省、全市0.7、0.2个百分点，农村居民人均可支配收入12120.2元，增长6.3%。城乡收入比2.97，比上年缩小0.05。全年城镇居民人均生活消费支出20354.3元，比上年增长4.8%；农村居民人均生活消费支出10324.2元，增长2.7%，农村居民人均生活消费增速低于城镇居民2.1个百分点。从恩格尔系数看，城镇居民人均食品消费支出5859.9元，增长4.5%，即恩格尔系数为28.8%，比上年降低0.2个百分点。农村居民人均食品消费支出3460.3元，增长2.2%，即恩格尔系数为33.5%，比上年降低0.4个百分点，城乡居民收入差距逐步缩小，人民生活水平显著提升。

【环境保护】持续打好“蓝天、碧水、净土”保卫战，从严落实河（湖）长制、林长制，3条主要河流断面和县乡集中式饮用水水源地水质全部达标，被评为全省河湖长制工作先进集体；积极开展全域无垃圾专项治理，深入推进“三大革命”和“拆危治乱”清零行动，建成乡镇垃圾中转站4座、污水处理站9个，生活垃圾无害化处理率100%，完成国土绿化3.56万亩、保护塬面36.6平方公里，打造风貌提升示范线4条、绿树花廊600公里，被评为全国清洁村庄行动先进县。排查整改自建房和城镇燃气安全隐患50余处，全国自然灾害综合风险普查调查数据质检通过率全省第一。城区二氧化硫浓度9mg/m³、二氧化氮浓度12mg/m³、可吸入颗粒物52mg/m³，平均浓度达到《环境空气质量标准》二级标准，城区空气优良天数比例达95.4%，城区及交通干线环境噪声平均等效声级均达到《声环境质量标准》限值。

【社会保障】2022年，积极落实落细稳就业举措，新增城镇就业1595人，再就业城镇失业人员593人、困难人员194人；输转城乡富余劳动力4.33万人，实现劳务收入13.55亿元；全面落实城乡低保、特困供养、残疾人“两项补贴”、临时救助等政策，救助困难群众29325人（次），发放救助资金9796万元；建成老年人日间照料中心5个，养老示范基地加快建设，养老保险参保105908人，发放养老金4038.8万元；城乡居民基本医疗保险参保148755人，参保率为96.9%；药物零差率销售1780万元，减免群众医药费267万元；安置退役军人6名，为1114名重点优抚对象发放补助金792.3万元。“登记难”问题化解率达100%，总体登记发证率达到97.04%，“交房即交证”改革全面推开，社会保障体系进一步健全。

【社会事业】2022年，坚持以人为本，积极落实惠民政策，统筹推进各项社会事业发展，实施教育项目59个，改扩建校舍4.4万平方米；完成合水一中整体搬迁，恢复了西华池初级中学；三里店小学整体搬迁有序推进；公开选聘合水一中校长；落实各类教育补助资金2327万元，惠及学生16574人（次），高考本科一批、二批进线率分别提升6.24、8.7个百分点，教育教学水平不断提升。疾控中心实验楼、县医院诊治能力提升、应急救治保障中心等项目在建，医疗基础设施覆盖面进一步扩大。新建基层医疗机构特色科室4个，与省、市人民医院等医疗机构建立专科联盟16个，引进新技术30余项、专业技术人才30人。包家寨子革命纪念馆、古石刻艺术博物馆、陕甘红军纪念园面向社会免费开放；花溪谷生态旅游景区建成开园运营，建成旅游农家乐2户，累计达到17户，全县共接待各类旅游人数44.6万人（次），实现旅游业收入2.4亿元。

正宁县

【基本情况】正宁县位于甘肃省庆阳市东南部、子午岭西麓，属陇东黄土高塬沟壑区，东与陕西省黄陵县以子午岭为界，南与陕西省旬邑县、西南与陕西省彬州市相邻，西与陕西省长武县以泾河为界，北与庆阳市宁县相接。地形东高西低、东宽西窄，略呈三角形，东部为子午岭林区，中西部为平原沟谷宜农区。全县辖8镇2乡、94个行政村、7个社区居委会、678个村民小组。县域总面积1319.5平方公里，耕地43万亩，年末全县常住人口17.16万人。其中，城镇常住人口7.42万人，占常住人口比重（常住人口城镇化率）为43.24%，人口自然增长率为-0.58‰。

【资源优势】正宁是“能源富集区”“煤电联建地”，煤炭已探明储量25亿吨，石油、天然气资源勘探开发处于起步阶段。核桃峪800万吨煤矿正式投产，华能正宁2×1000兆瓦调峰煤电项目开工建设，是陇电入鲁重要配套电源，是陇东综合能源化工基地的重点区域。正宁是“高原氧吧”“陇上江南”，境内被支党河、四郎河、嘉峪河三条河流分割为四塬三川，海拔高度880米—1756米，平均温9.2C，年均降雨量709.8毫米，气候温和、降水丰沛、环境优美，森林覆盖率48.96%，是陇东高原宜居宜游的生态宝地。正宁是“黄帝故里”“农耕先河”，华夏始祖轩辕黄帝在此生息，周先祖公刘教民稼穑。西汉始置阳周县，清朝更名为正宁县，县制时间长达2100多年。黄帝冢、罗川古城、秦直道等文化遗址，文物古迹星罗棋布，香包、剪纸、刺绣等民间艺术巧夺天工，民俗文化底蕴深厚，滋养一方人民。正宁是“陇东粮仓”“农业优势区”，物产富饶，是天然的绿色农产品生产基地，“陇蜜”苹果、“宫河”大葱、罗川旱烟享誉陇原，早胜牛、紫苏是地道的本土物种，正在打造肉牛养殖、猪养殖“两大县”，高品质苹果、高水平设施蔬菜“两基地”，食品加工发展有良好基础。正宁是“甘陕桥梁”“关陇襟带”，是甘肃东大门，俯瞰关中平原城市群，国道211线、327线穿境而过，银西高铁、甜永高速建成通车，处于西安2小时都市圈，对外连通度和开放度日益扩大。正宁是“革命老区”“红色家园”，刘志丹、谢子长、习仲勋等革命先驱曾在这里浴血播火，建立了陕甘边区第一个临时革命政权（1932年成立的寺村塬革命委员会），邓小平、任弼时等老一辈无产阶级革命家都在这里留下了宝贵的革命遗迹和精神财富，是陕甘宁革命边区的重要组成部分。

【国民经济】2022年，全县上下坚持以习近平新时代中国特色社会主义思想为指导，深入学习贯彻党的十九大、十九届历次全会和二十大精神，高效统筹疫情防控和经济社会发展，攻坚克难，砥砺前行，全县经济稳健增长、民生持续改善、社会安定和谐。全年全县地区生产总值36.2亿元，按可比价格计算，比上年增长19.6%。其中，第一、二、三产业增加值分别完成7.3亿元、10.2亿元、18.7亿元，分别增长6.4%、240.6%、-0.9%。三次产业结构比由上年的23.9 ∶ 8.3 ∶ 67.8调整为2022年的20.2 ∶ 28.1 ∶ 51.7。按常住人口计算，人均地区生产总值21186元。全年全县一般公共预算收入17296万元，下降22.5%。全年全县社会消费品零售总额122340.8万元，比上年增长0.3%。

【乡村振兴】持续健全完善纵向到底、横向到边的防止返贫监测体系，不断优化识别程序，缩短认定时间，常态化、网格化排查返贫致贫风险，做到全覆盖、无死角。累计识别纳入监测对象431户1558人（脱贫不稳定户174户692人、边缘易致贫户153户474人、严重困难户104户392人）；协同相关部门“一对一”落实产业、就业、医疗、兜底保障等帮扶措施1794项，做到了应扶尽扶、应帮尽帮；按照“七个不消”要求，严把风险消除关口，累计动态消除风险285户1048人，风险消除率67%；谋划入库项目2大类327个，总概算6.3亿元，安排下达衔接资金项目计划6批次15666万元（中央4217万元、省级6741万元、市级2408万元，县级2300万元），实施巩固拓展脱贫成果、特色产业培育、稳岗就业、乡村建设、人居环境整治等项目104个。目前，所有项目全部建成完工，拨付资金15666万元、支付率100%；落实东西部协作资金4200万元，谋划实施产业发展、基础设施、健康医疗、教育培训、人才支援等帮扶项目10大类24个，拨付4118.77万元，支付率98.07%，接受北辰区社会帮扶资金及捐物折款272.27万元，累计受益群众3140人；向北辰区选派挂职党政干部5人，医务骨干、教师、农业专技人才45人赴北辰区相关单位挂职（跟师）学习；举办东西协作天津企业用工信息宣传活动17场（次），向天津输转城乡富余劳动力292人(脱贫劳动力126人)，向省外输转已脱贫劳动力1420人，就近就地就业脱贫劳动力341人，组织东西协作技能培训150人；积极引导和鼓励销售主体开展消费帮扶，充分利用中国社会扶贫网、“832”等商贸平台，实现消费帮扶7169万元。

【“三农”工作】全年全县农林牧渔业增加值完成7.5亿元，按可比价格计算，增长6.4%。其中，一产增加值7.3亿元，增长6.4%；农林牧渔服务业增加值0.2万元，增长8.5%。

粮食作物播种面积12.0万亩，下降7.1%。蔬菜种植面积2.9万亩，增长92.6%。瓜类种植面积3866.3亩，增长104.1%。果园面积11.5万亩，下降2.6%。中药材面积3.6万亩，增长21.3%。粮食总产量5.1万吨，下降1.3%；粮食平均亩产428公斤，增长5.9%。蔬菜产量3.7万吨，增长62.1%。水果产量8.4万吨，增长6.0%。瓜类产量12310.5吨，增长115.1%。中药材产量17478吨，增长21.5%。肉类产量5840.9吨，增长1.9%。奶类产量280吨，增长11.9%。牛存栏1.9万头，增长0.6%；出栏0.8万头，增长6.1%。羊存栏1.8万只，增长10.1%；出栏1.2万只，增长7.6%。猪存栏8.6万头，增长3.2%；出栏6.1万头，增长1.2%。家禽存栏22.5万只，增长8.4%；出栏12.5万只，增长5.2%。

【项目建设】全年固定资产投资额比上年增长10.6%。按三次产业分，第一产业投资下降84.4%；第二产业投资增长57.8%，其中工业投资增长57.8%；第三产业投资增长17.5%。全年在库项目69个（含房地产项目7个、跨境项目3个）。其中，5000万元以上项目27个，增长35%，完成投资额增长36.0%；5000万元以下项目42个，下降10.6%，完成投资额下降47.1%。全年房地产开发投资额比上年下降11.6%。商品房销售面积0.5万平方米，下降48.9%。

【人民生活】全年全县城镇居民人均可支配收入35571元，比上年增长4.1%；农村居民人均可支配收入13227元，增长6.2%。全年全县城镇居民人均生活消费支出24545元，比上年增长4.7%；农村居民人均生活消费支出9030元，增长5.3%。城镇居民恩格尔系数为30%，农村居民恩格尔系数为32.5%。全年城镇新增就业1990人，失业人员再就业755人，困难人员再就业296人。开展政府补贴性职业技能培训2510人。其中，就业技能培训1510人，输转城乡富余劳动力4.8万人。

【财税金融】全年全县一般公共预算收入17296万元，比上年下降22.5%。其中，税收收入9448万元，增长26%；非税收入7848万元，下降49.4%。从主体税种看，增值税2208万元，增长0.8%；企业所得税109万元，下降62.2%；个人所得税172万元，增长17%。一般公共预算支出206498万元，下降6.9%。其中，一般公共服务支出22804万元，增长2.1%。年末全县金融机构人民币各项存款余额112.2亿元，比上年末增长15.2%；金融机构人民币各项贷款余额48.0亿元，增长5.4%。

【环境保护】全年空气监测总天数为365天，剔除无效天数后，有效监测天数336天，优良天数304天，优良率为90.5%，高于年度控制目标5.5个百分点。PM_{10}年均值为52μg/m³，低于年度控制目标18个百分点，$PM_{2.5}$年均值为21μg/m³，低于年度控制目标14个百分点，全面完成了省市的控制标准。国控四郎河罗川断面及支党河张家堡断面均达到《地表水环境质量标准》（GB3838-2002）Ⅲ类标准，达标率100%。县城集中式饮用水源地庵里水库水质达到《地表水环境质量标准》（GB3838-2002）Ⅲ类标准，水质良好，水质达标率100%。农村环境质量监测正宁县龙咀子村大气及水质（四郎河出入境断面）均达到省市控制目标。乡镇集中式饮用水源地红土窑水库、嘉峪川水库监测结果均符合《地表水环境质量标准》（GB3838-2002）中Ⅲ类标准；三嘉乡东庄村地下水符合《地下水质量标准》（GB/T14848-1993）中Ⅲ类标准。

【社会保障】全年共发放各类救助资金10820.9万元。其中，发放城乡低保金6666.6万元，保障城乡低保对象6067户15942人，发放特困供养金538.3万元，保障特困供养人员503户542人，发放临时救助资金2184.4万元，救助因病、因学、因灾等原因导致基本生活困难的人员10424人次，发放残疾人"两项补贴"758.6万元，保障残疾人两补人员7170人次，发放一次性生活补贴378.4万元，城乡困难群众基本生活得到有效保障。全年城乡居民基本养老保险参保134932人；机关事业单位养老保险参保7207人；城镇企业职工养老保险参保6157人；工伤保险参保9207人；失业保险参保6974人。全年参加城乡居民基本医疗保险193572人，参保率99.3%，参加城镇职工基本医疗保险11618人。

【社会事业】全年共争取科技项目5个，累计引进新品种72个，推广新技术25项，申报发明专利2件。组织"三区"人才、科技特派员组成科技宣传服务队开展科技宣传10场（次），宣传群众5000多人（次），发放科技宣传资料5000多份（册），联合举办专题培训班，累计培训中小企业负责人、合作社负责人及优秀科技特派员150人。全县共有各级各类学校132所。其中，幼儿园31所，教学点8所，小学76所，九年制学校6所，初中7所，完全中学2所，独立高中1所，职专1所。全县学前教育毛入园率96.6%，九年义务教育巩固率99.15%，高中阶段毛入学率达到94.2%。全县年末共有文化馆、图书馆、博物馆各1个，藏书7.5万册，文物藏量1945件；乡镇文化站10个；广播电视台、中短波广播转播台各1个，电视播转台2个，广播节目综合人口覆盖率100%，电视节目综合人口覆盖率100%。全年接待游客68.3万人次，实现旅游综合收入12294万元。全年组织开展"戏曲进乡村"线上展播55场次，文博进基层32场次，非遗进课堂（乡村）7场次，全民阅读活动暨传统文化进校园活动41场次，博物馆、图书馆、文化馆免费开放天数达到232天。组织编写了《回民支队》《赵邦清》两个新创剧目。以姚牛文化大院为基础，创建了"正宁作家之家"，吸纳正宁籍国家、省、市级作家和县内文学爱好者79名，为正宁的文学创作注入了新的活力。开展了革命文物资源普查工作，全县新录入革命文物保护单位17处，新申报省级文物保护单位3处，新申报并公布市级非遗项目5个，申报公布市级非遗传承人15人。全县共有医疗卫生机构16个，床位1034张，在职职工1039人，卫生技术人员901人。其中，执业医师248人，执业助理医师46人，注册护士439人，药师39人，检验技师39人，影像技师55人，卫生监督员13人。全县共有体育场地492个，体育场地面积29.36万平方米。国家级社会体育指导员9人，一级体育指导员48人，二级体育指导员96人，三级体育指导员498人。

宁县

【基本情况】宁县位踞甘陕两省结合部，东、南与陕西黄陵、长武相连，西临平凉泾川，北与庆阳市合水、西峰接壤，属鄂尔多斯盆地之腹地，西咸、关中—天水经济圈之中枢，是庆阳市南通陕西、西达兰州的门户。南距咸阳国际机场200公里，北距庆阳机场50公里，银西高铁、银百高速穿越县城，西平铁路、福银高速、国道327、211、244线穿境而过，城乡路网纵横交错、四通八达，电力、通信网络覆盖全境。是三省结合部人流、物流、信息、资金流的窗口，具有显著的区位优势，全县总土地面积2653.72平方公里，耕地面积96.28万亩。辖14镇4乡、257个行政村、13个社区，2个工业园区，年末常住人口33.22万人，年降水量543.5mm，年平均气温10.2℃，无霜期229天，属典型的大陆性季风气候，海拔860-1760米，境内主要有九龙河、马莲河、泾河、蒲河等9条河流，绵延县境东部的子午岭原始森林为中国黄土高原上面积最大、植被最好的水源涵养林区，素有"天然水库"之美誉。罗山府、桂花园森林公园景观奇特，为绝佳的观光旅游、休闲度假胜地。土壤以黑垆土、黄绵土为主，是小麦、油料、黄豆等农作物的主产区，素有"陇东粮仓"之美称，是中华民族最早开拓的区域之一。境内历史文化遗址众多，黄土地域文化深厚，香包、刺绣、剪纸、石雕等民俗文化产品享誉陇上。

【资源优势】宁县是新兴的能源资源大县，境内煤炭、石油、天然气资源丰富，预测煤炭储量1027亿吨、全国县区排名第一，石油10亿吨、天然气1636亿立方米。县内长庆桥工业集中区是国务院支持甘肃重点建设的工业集中区，也是国家能源局批准的煤电化产业聚集区。宁县也是甘肃省重要的优质农畜产品生产基地和绿色农产品精深加工基地，苹果、曹杏、黄甘桃、九龙金枣、羊肚菌、黑木耳和早胜牛等特色农畜产品，品质优良、驰名全国。2021年成功创建了以苹果为主导产业的国家级现代农业产业园。

【国民经济】2022年全县实现地区生产总值78.0亿元，比上年增长4.2%。其中，第一产业增加值24.0亿元，增长6.0%；第二产业增加值15.6亿元，增长8.7%；第三产业增加值38.4亿元，增长1.9%。三次产业结构由上年的30.56 ∶ 17.59 ∶ 51.84调整为30.73 ∶ 20.05 ∶ 49.22。规模以上工业增加值增长11.4%；固定资产投资增长16.0%；社会消费品零售总额24.2亿元，增长0.2%。一般公共预算收入完成2.9亿元，增长18.7%。单位生产总值能耗和主要污染物排放均在控制目标以内。

【供给侧结构性改革】全县"放管服"改革持续深化，深入推进"两型机关"创建，县级数字政府平台上线运行，县政务大厅新增服务事项332项，窗口年办件28万多件，全程网办率99.5%。工程建设项目网上申办时限压缩至45个工作日、比上年减少50%。企业开办实现"零费用"，审批时限压缩至0.5个工作日。"12345"便民热线实行"7×24小时"服务，受理各类诉求1.6万件，诉求解决率97.4%。助企纾困政策有效落实，"退减缓"企业税费发放信用贷款，扎实开展"千名干部帮千企"行动，领导干部包联企业活动，为企业解难题、办实事。重点改革活力迸发，完成行政复议体制改革。坚持“一企一策”，深入推进县属国有企业改革。成立宁州投资发展集团并实体运营，实现国有资本经营收益提质增效。

【乡村振兴】严格贯彻中央、省市巩固拓展脱贫攻坚成果同乡村振兴有效衔接决策部署，持续加强返贫监测，识别新纳入监测对象145户590人，一户一策、精准帮扶，稳定消除风险96户402人，守住了不发生规模性返贫的底线。严格落实“四个不摘”要求，制定《健全防止返贫动态监测和帮扶机制工作方案》，建立“四种方式”发现响应、三级评审认定风险、“一户一策”抓实帮扶、三级复核稳定消除监测帮扶机制、跟进落实各项帮扶措施。严格落实“四个不摘”要求，健全常态化防返贫监测帮扶机制，动态监测、应纳尽纳。紧盯1058户监测户和新识别纳入户，坚持“一户一策”，精准落实“产业＋就业＋兜底保障”等组合帮扶措施。完善联农带农机制，及时落实分红资金；扶持发展“五小产业”500户，持续增加产业收入；新建就业工厂20个，引导就近务工增收；新开发公益性岗位300个，优先向“三类户”倾斜；全面落实低保、慢性病、大病救助等政策，保障稳定脱贫、持续增收。

【项目建设】全年固定资产投资比上年增长16.0%，实施500万元以上固定资产项目151个，其中5000万元以上项目24个，5000万元以下项目116个，房地产项目11个。按三次产业分，第一产业投资增长67.9%，第二产业投资增长42.2%，第三产业投资同比下降14.8%。长庆桥—庆阳铁路专线项目正在开展前期，G327县城—长官一级公路完成社会资本方招标，G211县城段改线即将开工，S504春荣古城—石鼓段、S318岘头—盘克段提质改造工程开工建设，宁文公路改扩建项目竣工投用；小盘河引水入宁工程加快推进；湘乐—县城天然气输气主干线开工实施，“气化宁县”取得实质性进展；融资16.5亿元的县城基础设施补短板、和盛工业园区标准化厂房2个PPP项目落地建设，一批支撑当前、事关长远的重点项目取得突破性进展，实现历史性突破。

【优势产业】油煤气资源开发按下“快进键”，新庄煤矿加快建设，生产原煤26.8万吨，宁中煤田矿业权成功出让；新打油井61口、天然气井32口，全县生产原油32.6万吨、天然气5368万方，分别超额完成2.1万吨、2368万方。新建日产百万方工业气流井1口，创鄂尔多斯盆地铝土岩气藏井日产量最高纪录。西部苹果商贸港、正洋冷链物流园、恒瑞康果胶果醋果酱生产线建成投产，苹果产业实现全链条发展，全县苹果产量35万吨、产值26.8亿元。宁县苹果多次被央视宣传报道，“人类第四个苹果”入选中国农业品牌目录，焦村镇、中村镇被命名为全国苹果产业“百强镇”。

【人民生活】2022年千方百计筹措、争取、调度资金，持续加大民生领域投入，民生支出占到县财政总支出的81.5%。省、市列14件民生实事高效办结。宁县加强普惠性、基础性、兜底性民生建设，不断提升人民群众获得感幸福感安全感。全年输转劳动力13.06万人，劳务收入41.97亿元。安置高校毕业生、退役军人及城镇事业人员1656人，扶持建办中小微企业412户，新增市场主体1887户，城镇新增就业4170人，输转富余劳动力12.6万人，建成兆春、凯盛源等乡村就业工厂（帮扶车间）26个，带动就近就业2055人。城乡居民收入不断增加，全县城镇居民可支配收入37367元，增长4.4%；农村居民人均可支配收入12246元，增长6.4%。投资1.18亿元实施教育类项目125个，高标准规划建设新区教育综合体，办学条件不断改善。研究出台加快教育发展“15条措施”，撤销乡镇学区，精简学校领导班子，提升管理效能。引进高中急需紧缺人才7名，招聘特岗教师93名，开展教育培训9880人（次）。投资3.3亿元实施医疗卫生类项目6个，县妇计中心门诊楼、兰生单采血浆站、县二院医养结合中心及门诊楼建成投用，3所县级医院与省内28家医疗机构建立医疗联盟，县医院建成区域医学中心、救治中心10个，县二院被认定为全省卒中防治中心，乡镇卫生院主要医疗设备配备率达到100%。

【环境保护】县城污水处理厂提标改造全面完成，乡镇污水处理站全覆盖，污水实现达标排放，马莲河、蒲河国考断面水质稳定达标。全面落实控煤、减排、抑尘、禁燃等措施，全年县城天气优良天数295天，比上年下降37%。可吸入颗粒物平均浓度53微克/立方米，下降15.5%；细颗粒物平均浓度23微克/立方米，下降25.8%；二氧化硫、二氧化氮、一氧化碳、臭氧4项指标平均浓度均达到国家二级标准，空气质量综合指数为2.88，全市排名第二。

【社会保障】年末全县参加城乡居民医疗保险45.26万人，参加机关事业单位养老保险7906人，参加企业职工基本养老保险人数5539人，参加工伤保险16453人，参加失业保险12648人，参加城乡居民养老保险35.22万人，全年输转劳动力13.063万人，劳务总收入41.97亿元，发放城乡低保1.44亿元，居民养老保险1.3亿元，报销城乡居民医疗费用2.42亿元。

【社会事业】高标准规划建设新区教育综合体，办学条件不断改善。研究出台加快教育发展“15条措施”，撤销乡镇学区，精简学校领导班子，提升管理效能。引进高中急需紧缺人才7名，招聘特岗教师93名，开展教育培训9880人（次）。开展教育培训9880人（次）。县医院建成区域医学中心、救治中心10个，县二院被认定为全省卒中防治中心，乡镇卫生院主要医疗设备配备率达到100%。发放城乡低保、特困供养、临时救助和残疾人“两项补贴”等2.83亿元，优抚、抚恤补助金比上年翻了一番。报销医疗费用14.4万人（次）2.1亿元，城乡居民基本养老保险参保率98.7%，医保电子凭证激活应用率全市第一。

建成乡镇多功能运动场3个，举办“花海炫宁州文化旅游周”活动，创建义渠百花园、正洋苹果公园2个3A级旅游景区，义渠百花园入选“甘肃省15条夏季精品旅游线路”。发放城乡低保、特困供养、临时救助和残疾人“两项补贴”等2.83亿元，优抚、抚恤补助金比上年翻了一番。

全县61个小区历史遗留“登记难”问题全部化解，办理不动产证7915户。

深入排查整治各类安全隐患，道路交通事故预防“减量控大”走在全市前列。健全应急救援体系，成立和盛消防救援站和18个乡镇消防所。坚持“一企一策”，深入推进县属国有企业改革。成立宁州投资发展集团并实体运营，实现国有资本经营收益1000多万元。强化社会治安综合治理，常态化推进扫黑除恶专项斗争，依法打击各类违法犯罪行为。深入排查化解矛盾纠纷，积极回应群众关切，全县社会大局和谐稳定。

镇原县

【基本情况】镇原县地处甘肃省东部，庆阳市西南部，东临革命圣地延安，南眺十三朝古都西安，西望省会兰州，北界塞上明珠银川，是陕甘宁革命老区的重要组成部分，国扶贫困县和六盘山连片扶贫开发重点县之一。属于黄土高原沟壑区，境内山川塬兼有，沟峁梁相间，地势西北高东南低，平均海拔1456米，最高点海拔1767米（三岔老爷山），最低点海拔1011米（上肖毛河），平均气温10.4℃，年均降水量589.1毫米，无霜期175天左右。

【资源优势】镇原历史源远流长，人文底蕴厚重，文化资源丰富，自然景观独特，民俗产业多彩，是陇上久负盛名的: 地域人口大县。全县辖13镇6乡、215个行政村、5个社区、1991个自然村，常住人口35.7万人。历史文化大县。早在旧石器时代就有人类在此繁衍生息，是东汉著名政论家、文学家、思想家王符和北魏灵太后胡充华的故里，历代文臣武将层出不穷，特别是王符所著“潜夫论”，针砭时弊，蜚声中外。镇原民间艺术底蕴深厚，被文化和旅游部命名为“中国民间文化艺术之乡”，香包刺绣、民间剪纸、窑洞民居被列入国家级非物质文化遗产名录；镇原也是中书协命名的“中国书法之乡”，书画产业蓬勃发展。旅游资源大县。境内有“三寺、三池、三山，两馆，一驿”。“三寺”就是北石窟寺、石空寺、玉山寺，其规模宏大，造像生动，是北魏、唐宋石窟艺术的经典代表；“三池”就是太阳池、翟池、白马池，其群山环抱、碧波荡漾，堪称“高原明珠”；“三山”就是潜夫山、原峰山、鸡头山，山山有来历，个个有传奇；“两馆”就是红军长征纪念馆、援西军纪念馆，再现了毛泽东等老一辈无产阶级革命家途径镇原，留下的光辉战斗历史。“一驿”即是“关陇丝路第一驿”——北石窟驿景区，融丝路、石窟、民俗文化于一城，再现了丝路古驿的历史沧桑和繁华景象，是全国百佳旅游目的地之一。传统农业大县。县内盛产小麦、玉米、高粱等多种农作物，荞麦、小米、黄豆等特色小杂粮久负盛名，红杏、苹果、忘忧草等农产品享誉国内外，是陇东主要粮油和瓜菜生产基地之一，素有“陇东粮仓”“中国杏乡”的美誉，曾被命名为“全国黄花菜基地县、优质瓜果生产基地重点县、粮食生产先进县”。近年来，随着产业结构调整和乡村振兴战略实施，肉鸡、草畜、瓜菜、苹果、药材等富民产业快速发展，实现了助农增收和“产业兴县”的华丽转身。矿产储备大县。境内石油、天然气、煤炭、石英砂、黏土等矿产资源富集，已探明石油储量2.6亿吨，天然气储量135亿立方米，煤炭储量193亿吨，是陇东能源化工基地的重要组成部分。

【国民经济】2022年，全县地区生产总值完成105.2亿元，比上年增长3.7%，其中，第一产业增加值35.6亿元，增长6.7%，第二产业增加值31.4亿元，增长5.7%，第三产业增加值38.2亿元，增长0.5%；规模以上工业增加值增长4.9%；固定资产投资增长13.6%；社会消费品零售总额24.4亿元，增长0.7%；一般公共预算收入3.0亿元，增长25.9%。

【供给侧结构性改革】盯住有限目标，解决突出问题，切实优化营商环境。全县新登记注册市场主体2102户，同比增长4.1%，日均新增市场主体7户，全县市场主体累计达到1.9万户，为全县经济社会发展提供有力支撑。围绕18个一级指标87个二级指标持续发力，全力打造高效快捷政务环境。有效落实“四办”“一窗通办”等改革，县级政务大厅累计办件31.6万件，其中网办件4639件。建成运营数字政府指挥中心，政务服务事项全程网办率达到98.7%。累计办理施工许可证40个，全部实现了电子证照化；累计完成新装、增容客户2375户，实现了全流程线上办电，高低压线上办电率、办电e助手完成率均实现100%。年内办理《不动产权证书》3万本、《不动产登记证明》3131份、预告登记168笔，办理查封、解封登记业务102笔。深入推进投资建设领域审批制度改革，加强投资项目在线审批监管平台应用，推行项目审批“一网通办”在线办理，通过投资项目在线审批监管平台审批项目218个74.5亿元。完成政府采购项目101个，节约资金724.2万元；完成公共资源交易项目145个，节约资金310万元。

【乡村振兴】严格落实防返贫动态监测帮扶机制，累计识别“三类户”904户3693人，稳定消除风险508户2040人，守住了不发生规模性返贫的底线。中央党史和文献研究院、天津市静海区援助资金6915万元，实施项目34个，完成消费帮扶2.2亿元；各级帮扶单位落实帮扶资金898.2万元，帮办实事1045件。修编村庄规划21个，创建乡村振兴示范村镇23个，巩固提升示范村31个，太平镇枣林村入选第十二批全国“一村一品”示范村镇。增配垃圾转运车辆56台，拆除残垣断壁3863处，改造户厕14308座，农村人居环境明显改善。

【项目建设】实施重点项目210个，其中招商引资项目40个。县医院整体搬迁、西区中学、西区供水设施改扩建、西区综合管网改造、老年人养护院、城区3个停车场和东、西区集中供热等一批重点项目加快推进；改造老旧小区（楼宇）41栋。建成乡镇公厕18座、停车场5处，临泾、平泉、屯字、郭原、马渠等5乡镇完成街区硬化，城镇支撑能力不断增强。完成S318线路坡至姚川段、屯字北川桥维修改造，硬化村组道路195.5公里，养护农村公路2084公里，实施安防工程49公里，翟池至上肖、张庄至武沟2条21.2公里三级公路开工建设，平庆铁路和G327一级公路镇原段前期工作进展顺利。吴家沟水库综合利用工程开工建设，农村供水保障改造项目竣工投用，解决了1.7万人饮水不稳定问题；茹河水环境综合治理一期、河堤护岸等重点水利项目全面建成。完成农网提86.2公里，新改建配变48台改造户表1767户。

【优势产业】围绕产业链构建，实行链长负责制，推动产业补链强链、集群发展。落实最严格的耕地保护制度，推广大豆玉米带状复合种植、马铃薯复种新模式，实现了一季双收、一年两熟，全年播种粮食132万亩、产量达到32.2万吨。大力实施优势特色产业三年倍增行动计划，圣越加工二厂、饲料二厂建成投运，产能达到1.2亿羽，肉鸡饲养量占全省一半以上；肉牛饲养量23.2万头、居全市第一；肉羊、生猪饲养量分别达到62.8万只、27.2万头；新建设施大棚763座，带动种植瓜菜29.7万亩；改造老旧果园1.1万亩；栽种万寿菊7.1万亩、中药材1.6万亩；建成50吨食用菌生产线，生产菌棒60万棒，“三元双向”循环农业起步良好。实施省级农业科技园区创建等项目9个，培育入库科技型中小企业12家，有效推动了科技成果向产业的转移转化。金龙工业集中区总体规划和产业规划编制工作有序推进。“一企一策”纾困解难，11户规上工业企业稳定生产，培育规上企业2户。金龙工业集中区基础设施改造提升、中小微企业孵化基地项目快速推进，工业污水处理厂二期建成投用，园区公共服务水平进一步提升。锦运泰声学装备制造生产基地建成投产，实现装备制造业“零突破”。国家级县域商业建设行动示范县项目获批。组织开展“乐享消费·惠购镇原”系列活动，线上线下双向发力促消费，完成电商交易11.5亿元；积极拓展外贸市场，圣越农牧、中贸冷链和鹏涛茂源签订外贸订单8000多万元。实施重点文旅项目6个，旅游服务功能更加完善；充分依托县域旅游资源，积极拓展本地游，实现旅游收入2亿元。

【人民生活】2022年，镇原县城镇居民人均可支配收入36031.8元，比上年增长4.3%；城镇居民人均消费支出21240.1元，增长5.4%。农村居民人均可支配收入11966.7元，增长6.8%；农民人均消费支出11222.1元，增长7.0%。居民家庭恩格尔系数城镇为27.6%，比上年下降0.5个百分点，农村为29.9%，提高0.3个百分点。

【环境保护】坚持山水林田湖草沙系统治理，举一反三整改各级反馈环保问题。国土绿化行动扎实推进，造林绿化20.1万亩，新建水保梯田1.5万亩、淤地坝4座，治理水土流失面积162平方公里。实施扬尘污染治理专项行动，整治燃煤锅炉71台，空气优良率91.1%。金龙工业集中区和孟坝污水处理厂尾水人工湿地项目快速推进，11个乡镇街区雨污分流和污水处理厂基本建成，城镇污水处理设施实现全覆盖，境内监测断面水质全部达标。农村面源污染得到有效治理。

【社会保障】年末全县城乡居民养老保险参保324030人。机关事业单位养老保险参保12850人，其中在职职工9064人，退休职工3786人。企业职工基本养老保险参保6875人，其中在职职工4133人，离退休职工2742人。工伤保险参保14632人。参加城镇职工基本医疗保险人数19830人，参加城乡居民基本医疗保险人数424314人，参保率98%。全年筹集医保基金职工5873.2万元、居民40734.1万元，基金支出共计33102.8万元。全县共有城市低保对象1262户2520人；农村低保对象16428户45957人，全年共发放困难群众生活救助补助资金2.7亿元。全县共有城市社区6个，日间照料中心145处，养老服务机构7个。

【社会事业】始终把保障和改善民生作为一切工作的出发点和落脚点，民生领域投入34.2亿元、占财政支出的81%。发放创业担保贷款3.3亿元，输转劳动力11.9万人、创收35.3亿元，新增城镇就业4200人。动态监测管理低收入对象6.5万人，为11.2万名困难群众发放各类救助资金2.7亿元。城乡居民医疗、养老保险应保尽保。省、市列14件民生实事全部办结；投入1272.7万元，办理县定民生实事4件，一些群众急难愁盼问题得到有效解决。“双减”政策有效落实，“四项”改革全面完成，“四优+”工程深入推进，2022年高考本科一批进线率22.1%，163人被“985”“211”“双一流”院校录取。县中医院与省中医院等4家三级医院合作共建紧密型医联体，县一院增设21诊疗项目，建成7个基层卫生院特色诊室。以喜迎二十大为主线，组织开展了系列文体活动，群众文化生活更加丰富。全面开展“八五”普法，高风险金融机构化险、脱贫人口小额信贷清收、“登记难”问题化解、自建房排查整治、矛盾纠纷排查化解、常态化扫黑除恶斗争等工作扎实推进，安全生产形势稳定向好，平安镇原、法治镇原建设取得新成效，临泾镇席沟圈村被评为全国民主法治示范村。

【疫情防控】坚持人民至上、生命至上，全面落实“外防输入、内防反弹”总策略和“动态清零”总方针，严格落实交通检疫、核酸检测、疫苗接种、“一扫三查”等常态化防控措施，最大限度维护人民群众身体健康和生命安全。特别是面对“0820”疫情，我们以科学果敢的执行力，迅速激活应急响应体系，果断决策、统筹指挥，尽锐出战、以快制快，3天实现社会面清零、1周恢复常态化防控。

【发展活力】全面推进法治政府建设，自觉接受人大依法监督和政协民主监督，办理人大代表建议51件、政协委员提案60件。持续深化“放管服”改革，深入推进“两型”机关创建、“双百”帮企行动，企业群众好评率99%，营商环境明显优化。数字政府指挥中心建成投运，政务服务事项全程网办率达到98.7%。积极搭建政银企平台，金融服务实体经济、助力乡村振兴、支撑县域经济发展的质效明显提升，荣获市长金融奖。累计减免企业税费2.1亿元、留抵退税4580万元，新增市场主体2102户、增长4.1%，市场活力不断激发。争取转移性支付、中央预算内、新增债券和再融资债券等资金24.3亿元，为历年最高，为经济社会发展提供了强力保障。

定西市

【基本情况】定西市位于甘肃中部，通称“陇中”，境内有以国家4A级旅游景区漳县贵清山、遮阳山和渭河源大景区为代表的自然景观，以红军长征通渭“榜罗会议”、岷县“岷州会议”纪念馆为代表的红色旅游景点。陇海铁路、兰渝铁路、宝兰高铁和G30连霍高速、G22青兰高速、G75兰海高速穿境而过，地方主导建设的陇漳高速建成通车。定西是国家中医药产业发展综合试验核心区和全国首批区域性马铃薯良种繁育基地，正在全力打造“中国药都”“中国薯都”“中国西部草都”和全国特色种子种业基地。陇西县、岷县、渭源县分别被命名为“中国黄芪之乡”“中国当归之乡”“中国党参之乡”。“定西马铃薯”“渭源白条党参”“顺和”荣获中国驰名商标。全市总面积1.96万平方公里，总耕地1210.4万亩。现辖1区6县，32个乡、87个镇、3个街道办事处，97个居民委员会、1888个村民委员会。2022年末全市常住人口250.58万人，城镇化率40.3%。

【国民经济】2022年，面对严峻复杂的宏观环境和疫情反复冲击等多重挑战，全市上下以习近平新时代中国特色社会主义思想为指导，高效统筹疫情防控和经济社会发展，深入实施“两聚力四强化一抓实”追赶发展方略，经济运行顶住压力持续发展。全市经济发展稳中有进、稳步提质，地区生产总值突破550亿元大关，达到558亿元，比上年增长7.8%。其中，第一产业增加值112.5亿元，增长6.2%；第二产业增加值96.6亿元，增长11.2%；第三产业增加值348.9亿元，增长7.5%。三次产业结构比为20.2 ∶ 17.3 ∶ 62.5，对经济增长的贡献率分别为16.5%、22.2%、61.3%。人均地区生产总值22257元，增长8.1%。固定资产投资增长16.7%；社会消费品零售总额201.5亿元，增长8.6%；完成一般公共预算收入30.9亿元，增长8.1%；一般公共预算支出313.9亿元，增长11.6%。

【农业农村】全市坚持农业农村优先发展战略，紧盯“5678”关键指标支撑下的“三更有、三倍增”发展目标，加快农村一二三产业融合发展，不断巩固拓展脱贫攻坚成果同乡村振兴有效衔接，全市农村经济实现稳步增长。全年种植各类农作物841.7万亩，比上年增长1.7%。其中粮食作物603.5万亩，增长0.4%；经济作物238.2万亩，增长5.2%。马铃薯、中药材、蔬菜等特色优势产业种植面积分别达到268.5、139.1、51.5万亩，分别比上年增长-1.7%、2.4%、6.1%。全年粮食总产量161.9万吨，增长1.9%。年末大牲畜存栏55.4万头，比上年增长4%。猪、牛、羊、家禽存栏分别为81.0万头、47.6万头、144.3万只和631.4万只，比上年分别增长-6.1%、3.8%、5.3%、13.9%；出栏分别为66.0万头、12.5万头、105.4万只和445.6万只，分别增长5.1%、4.4%、8.3%、-1%。肉类总产量8.6万吨，增长3.9%；鲜蛋产量2.1万吨，增长2.1%；牛奶产量3万吨，增长104%。坚决扛起粮食安全政治责任，新建高标准农田28万亩，整治撂荒地18.5万亩。升级改造农村供水管网244公里，硬化自然村组道路2421公里，定西市确定为全省首批“四好农村路”示范市。农村人居环境整治成效明显，建成卫生厕所6.8万座，乡镇生活垃圾收集转运处理实现全覆盖，117个村完成人居环境整村提升。发展类村庄规划全部编制完成，成功创建省级乡村建设示范乡镇5个、示范村33个，市级示范村33个，县级示范村106个。积极组织开展生态及地质灾害避险搬迁，2722户1.03万群众入住新家园、开启新生活。

【工业经济】全市纵深推进“工业产业攻坚大突破年”行动，持续实施工业发展“333”行动计划，加快十大工业产业链建设，工业发展克服经济下行压力和疫情影响，在逆境中追赶进位，全年工业经济保持平稳增长。实现工业增加值53.3亿元，比上年增长7.2%。其中规模以上工业增加值增长7.7%。以医药制造业、电力热力生产和供应业、有色金属冶炼和压延加工业、非金属矿物制品业为主的四大重点行业实现增加值44.8亿元，分别比上年增长22.4%、8.0%、6.1%、0.4%。涉及的21个大类行业中18个呈现增长态势，增长面达85.7%。152户民营企业实现增加值比上年增长12.2%，占规上工业增加值的比重由上年的47.7%提高到52.7%。

【乡村振兴】全市上下牢记习近平总书记殷切嘱托，坚决落实“四个不摘”要求，健全完善防返贫动态监测帮扶体系，对2.01万户8.03万监测人口精准落实“一户一策”帮扶措施，及时消除返贫致贫风险，脱贫群众收入增长14%。深化拓展协作帮扶，争取东西部协作和中央单位定点帮扶资金5.7亿元，引进实施漳县三岔食用菌基地等项目358个。马铃薯良种繁育、标准化种植、精深加工水平不断提升，“定西宽粉”地方标准制定发布，适销产品接连推出，产量突破10万吨，市场销售额翻番增长，达到14.4亿元，马铃薯全产业链产值达到225亿元，增长6.1%。大力发展畜草产业，新增规模养殖户1.3万户，培育提升现代化草牧企业23家。

【项目建设】全市认真落实项目建设“3246”调度机制，靠实“1+1托4”机制包抓责任，压茬推进项目集中开工，实施清单项目728个，固定资产投资比上年增长16.7%。重大项目取得突破性进展，陇漳高速建成通车，成为全市主导建成的第一条地方高速；通定高速主线贯通，定临高速主体工程基本建成，风合高速岷县段一期、漳县至三岔高速加快推进；风合高速岷县段二期开工建设，成为全省首个高速公路延长合作期融资试点建设项目，为破解地方高速建设融资难题闯出了新路。岷州国际陆港已具雏形，多式联运物流中心基本建成，科技创新产业园等重点项目加速推进。寺子川10万千瓦风电场基本建成，总装机60万千瓦的7个风光电项目有序推进，清洁能源装机总规模达到256万千瓦。实施“四抓一打通”供水保障工程，引洮供水城乡配套工程加快推进，内官、首阳、王家河三座百万方调蓄水池建成蓄水。新建成5G基站770座，市县城区和重点乡镇实现5G信号全覆盖。实施电网基建项目7个，兰临330千伏输变电线路全线贯通。全年全市工业投资增长34.6%，占全市固定资产投资的26.2%，拉动投资增长8.7个百分点。

【优势产业】全市围绕“三都两基地”建设目标，大力实施现代丝路寒旱农业三年倍增行动，不断健全完善“7+X”农业特色产业体系，促进“五小”产业健康发展，以中医药、马铃薯等产业培育为重点，以果蔬、食用菌等特色产业为补充，推动特色产业加快发展。马铃薯、中药材、蔬菜种植面积分别达到268.5万亩、139.1万亩、51.5万亩，其中马铃薯种植面积和产量均居全省首位。生产原原种14亿粒，建立马铃薯原种繁育基地12.1万亩，建立一级种繁育基地106.04万亩，已成为全国马铃薯四大主产区之一。制修订甘肃地方农业标准60多项，引导和扶持新型农业经营主体认证"三品一标"179个，认证规模占农作物播种面积的51.2%，推动农产品实现"带标上市"。着力打造定西"甘味"知名农产品品牌，4个农产品入选"甘味"农产品区域公用品牌、30个企业商标入选"甘味"企业商标品牌目录。"定西马铃薯""岷县当归"入选部级农业品牌精品培育计划，陇西、岷县、渭源、漳县被列为中药材国家产业集群实施县。

【城市建设】全市加快以县城为主要载体的新型城镇化建设，"十大城建工程"顺利推进，完成投资220亿元，市县城区建成区面积突破100平方公里，城镇化率达到41%。实现建筑业增加值43.3亿元，增长15.8%。用心用情建好百姓"幸福房"，实施棚户区改造6503套、保障性租赁住房906套、老旧小区改造6080户。市区凤城大道、解放路完成改造提升，背街小巷综合整治和人行道畅通行动深入推进，群众出行更加顺畅。建成道路绿篱86公里、"口袋"公园和小游园15个，三河景观广场、渭水公园等9个大型公园建成开放，关川河城区段十座桥美化亮化基本完成，城区人均公共绿地面积达到16.4平方米、增加0.8平方米。实施关川河、牛谷河、渭河城区段综合治理工程，加快建设沿河风情线，新增水面400亩，城市更显灵动秀美。新增天然气入户10882户、城市停车位3.2万个、充电桩505处，城市"不体面"问题得到有效整治，市民生活更加舒心美好，城市品位进一步提升。

【人民生活】全市坚持在高质量发展中保障和改善民生，解决好人民群众的急难愁盼问题，不断提升城乡居民收入水平，努力让人民群众生活得更加体面、更有尊严。财政用于民生领域支出263.4亿元，比上年增长12.2%，支出占一般公共预算支出的比重保持在80%以上。城镇新增就业17127人，失业人员实现再就业4366人，就业困难人员实现再就业1879人。输转城乡劳动力62.2万人，实现劳务收入168.5亿元，比上年增长5.4%，人均劳务收入27107元。全年全市城镇居民人均可支配收入31077元，比上年增长4.6%；城镇居民人均消费支出20884元，增长3.3%；恩格尔系数30%，比上年提高0.3个百分点。农村居民人均可支配收入10425元，比上年增长6.4%；农村居民人均生活消费支出10141元，增长3.8%；恩格尔系数33.5%，比上年下降0.2个百分点。

【社会保障】全市全面加强医保基金监管，继续实行带量采购，持续推进按病种分值付费国家改革试点，建成市县乡村四级医保经办服务体系。城乡居民基本养老保险市县级基础养老金最低标准提高到118元。年末全市城镇职工养老保险参保人数12.02万人，比上年增长5.1%；机关事业单位养老保险参保人数11.6万人，增长1.6%；城乡居民基本养老保险参保人数165.8万人，下降0.1%。城镇职工基本医疗保险参保人数18.4万人，增长1.7%；城乡居民基本医疗保险参保人数250.2万人，下降1.4%。失业保险参保人数11.2万人，增长4.3%。工伤保险参保人数14.2万人，增长7.5%。生育保险参保人数13.3万人，增长1%。全年享受城市最低生活保障的居民2.3万人，共发放城市低保金1.6亿元；享受农村最低生活保障的居民21.6万人，共发放农村低保金7.6亿元。全市城乡特困供养1.6万人，发放特困供养金1.5亿元。发放临时救助金2.2亿元，救助城乡困难群众27.8万人。综合养老服务机构60个，服务床位3460张。全年发行福利彩票1.1亿元，比上年增长4.5%，筹集公益金0.3亿元。

【社会事业】全市坚持教育优先发展，市幼儿园新城分园、安定区关川中学、漳县西城九年制学校等9所城区学校建成招生，新增学位9200个。"双减"政策落地见效。高考综合改革有序推进，高中教育质量稳步提升。高职教育迈出新步伐，定西职业技术学院获批筹建，主要建筑完成主体，首批教师配备到位，全省首家体育职业学院落户定西。精准落实医保政策，符合条件人群全部落实参保资助，减轻群众负担1.7亿元。实施市中医院门诊综合楼等重点卫生项目31个，新增床位4380个，乡镇卫生院和社区卫生服务中心实现中医馆全覆盖，陇西县医院创建为三级乙等综合医院。8个乡镇综合养老服务中心建成投用。殡葬服务改革有力推进，完成土葬区改革调整，6个县公益性公墓和渭源县殡仪馆相继建成。市公共文化综合服务中心开工建设，秦腔剧目《许铁堂》、动漫电影《灵草小战士》和报告文学《引洮记事》获甘肃省第十届敦煌文艺奖。年末共有医疗卫生机构2734个，床位19659张，技术人员17793人。每千人口卫生机构数1.09个、床位7.85个、医生2.68人。全市公共体育场地面积496.56万平方米，人均公共体育场地面积1.98平方米，比上年增加0.05平方米。全年各类体育比赛中获得奖牌97.5枚。其中金牌43.5枚、银牌20枚、铜牌34枚。

【环境保护】全市统筹山水林田湖草一体化保护和系统治理，深入实施"双碳"战略，严格落实河湖长制、林长制，协同推进黄河流域生态保护和高质量发展，全面启动兰西城市群定西片区生态建设，实施项目305个，完成投资145亿元。渭河源林草生态扶贫巩固提升工程完成投资6.8亿元，较上年增加4.6亿元。扎实开展"绿满陇中"行动，完成造林封育56万亩，全民义务植树1786万株。治理河道49公里，新建高标准淤地坝11座、改造提升42座，新增水土流失治理面积520平方公里，水土保持率提高到66.6%，陇中生态屏障进一步筑牢。蓝天、碧水、净土三大保卫战取得明显成效，空气质量优良率达到96.2%，地表水、地下水及水源地水质全部达标，临洮建成全省首个县级智慧水利综合服务平台。从严从实抓好生态环保问题整改，39个省级第二轮生态环境保护督察反馈问题完成整改37个。年内完成造林封育3.7万公顷，比上年增长6.4%。全市林地总面积602.82公顷，占国土总面积的21.06%，森林面积23.3万公顷，森林蓄积量679万立方米，森林覆盖率达12.19%；天然草原面积43.3万公顷，草原综合植被覆盖度达78.8%；各类湿地资源1.5万公顷。全市有漳县贵清山、岷县双燕、陇西仁寿山、岷县水生生物四个省级自然保护区和漳县珍稀水生生物一个国家级自然保护区。

（张剑　杨虎）

安定区

【基本情况】安定区位于甘肃省中部偏南，地跨东经104°12′48″~105°01′06″，北纬35°17′54″~36°02′40″之间，南北长82.9千米，东西宽73.3千米，总流域面积3671.95平方千米，东面和东北面与会宁县接壤，西面和北面与榆中县毗邻，西南面和临洮县交界，南面与渭源、陇西二县相连，东南面和通渭县邻接，是定西市委、市政府所在地，全市政治、经济、文化中心。青（岛）兰（州）、连（云港）霍（尔果斯）高速公路在此汇集，陇海、兰渝铁路和宝兰客专穿境而过，在建的通（渭）定（西）、定（西）临（洮）2条地方高速公路纵贯南北。距省会兰州仅98千米，因而被称为“兰州门户、甘肃咽喉”，是“丝绸之路”经济带甘肃黄金段和兰西城市群、兰白都市经济圈重要节点城市。安定区气候属中温带干旱、半干旱区，大陆性季风气候显著。年平均降水量375毫米左右，蒸发量高达1526毫米。全区辖12镇7个乡和3个街道办事处。年末常住人口42.03万人，城镇化率53.79%。耕地215.7万亩，是全省马铃薯、玉米、胡麻、豆类等作物的主要产区之一。

【国民经济】2022年，全区地区生产总值143.18亿元，比上年增长8%。其中，第一产业增加值22.48亿元，增长6.3%；第二产业增加值27.83亿元，增长8.7%；第三产业增加值92.87亿元，增长8.2%，三次产业结构比为15.7 ∶ 19.4 ∶ 64.9。固定资产投资增长14%。社会消费品零售总额76.15亿元，增长8.2%。一般公共预算收入5.50亿元，增长15.8%。年末全区各类金融机构存、贷款余额分别达到359.97亿元和272.33亿元，比上年末分别增长10.5%和8.4%。

【乡村振兴】全区争取衔接资金4亿元，整合其他涉农资金2.3亿元，大力实施乡村建设行动，112个发展类村庄规划批复实施，硬化产业路510公里，改造农村电网338公里，405户新增危房全部消除，农村供水安全稳定。打造了50个人居环境整村提升示范村，鲁家沟镇和香泉池沟等4个村成功创建省级乡村建设示范镇、示范村。坚持集中安置与分散安置相结合，大规模实施生态及地质灾害避险搬迁工程，812户2838名群众搬出了“便利条件、幸福生活”，创新经验做法在全省交流推广。持续巩固拓展脱贫攻坚成果，深入开展防返贫监测帮扶，1518户6027人消除返贫致贫风险，守住了不发生“一户一人”返贫底线。东西部协作、中央单位定点帮扶高质高效推进，援助资金8745万元，消费帮扶2.1亿元

【农业生产】全区实现农林牧渔业增加值22.63亿元，比上年增长6.3%。全区粮食作物播种面积149.56万亩（马铃薯88.86万亩、玉米41.5万亩、小麦9.69万亩），经济作物30.45万亩。全年粮食产量41.67万吨，油料产量1.16万吨，蔬菜产量37.93万吨，中药材产量0.54万吨。年末大牲畜存栏9.75万头，比上年增长4.6%，其中牛存栏8.23万头，增长4.0%；大牲畜出栏2.42万头，增长4.4%，其中牛出栏2.35万头，增长4.4%。羊存栏40.18万只，增长0.1%；羊出栏32.47万只，增长8.2%。生猪存栏14.64万头，下降8.0%；生猪出栏8.82万头，增长2.6%。

【项目建设】全区坚持项目建设全周期“3246”调度，落实“1+1托4”包抓机制，总投资309亿元的103个市列重点项目完成投资120亿元，增速保持两位数增长。项目结构、投资领域多元化延伸拓展，产业类项目占比大幅提高，达34%，实现了从强基础向促产业、增效益转变。争取专项债券、中央预算内投资11.6亿元，占全市近三分之一。带动性强、投资量大的黄河流域关川河综合治理、顺优万头肉牛养殖基地等50个亿元以上项目进展顺利，西岩山生态公园、凤凰城壹号院等重大项目迅速落地，引领经济发展和政策叠加的效应充分显现。实施招商引资项目36个，到位资金74.69亿元，比上年增长45.9%。

【优势产业】全区获批创建首批国家农业现代化示范区，国家现代农业产业园被省政府认定为全省代表性园区。综合示范、现代种业、绿色蔬菜、生态草牧“四大产业园”规划完善批复、建设全面铺开，实施总投资12.9亿元的重点项目36个，园内完成产值84亿元，川河经济带产业集约化发展初见成效。马铃薯种植面积稳定在100万亩，以标准化订单种植提产量，总产量达到160万吨。做强马铃薯种业“芯片”，改建种薯育苗棚514座，生产微型薯7.5亿粒，育种繁种制种全链条生产典型做法在全国推广。建成定西洪珠农业机械装配车间，助力提升马铃薯全程机械化水平。加快草畜一体化发展，种植优质牧草42万亩，加工草产品170万吨，发展规模养殖场（户）2310家，形成“千家万户搞养殖、示范标兵强带动”的发展势头，畜禽饲养量达到497万头（只）。以设施化提产量、绿色化提品质，种植蔬菜21万亩，总产量达到110万吨，销售额25亿元。新培育合作社144家，创建市级以上示范社74家。

【人民生活】全区全年城镇新增就业3314人。其中，失业人员实现再就业928人，就业困难人员实现就业373人。全年城镇居民人均可支配收入32750元，比上年增长4.8%；城镇居民人均生活消费支出20114元，增长3%；恩格尔系数30.3%。全年农村居民人均可支配收入10872元，比上年增长6.5%；农村居民人均生活消费支出9560元，增长1.5%；恩格尔系数38.6%。

【环境保护】全区扎实开展“绿满陇中”行动，实施总投资1.6亿元的重点生态建设项目11个，关川河生态湿地加快建设，造林绿化13万亩，“四旁”植树262.5万株，新增水土流失治理67平方公里。全面落实林长制成效显著，获国务院督查激励。持续打好三大污染防治攻坚战，空气质量优良率达到96.7%，地表水、地下水水质全部达标，立帆商贸体彻底拆除，河道采砂、矿产开采恢复治理和砖瓦落后产能淘汰三大专项整治圆满收官。从严从实推进生态环保问题整改，28个省级第二轮督查反馈问题完成整改27个，环境治理的成果持续巩固，生态立区的效益充分彰显。

【社会保障和社会事业】全区社会

保障更加坚实。出台减负稳岗扩就业系列政策措施，推行“四员”服务模，落实“双创”贷款9.1亿元，扶持100名高校毕业生到基层就业。开展职业技能培训4950人，输转城乡劳动力9.7万人，实现劳务收入26.2亿元。创新根治欠薪“标准化、网格化”管理机制，为农民工追回欠薪5685万元。重点人群保障有力，低保和特困供养提标全面完成，城乡居民基本养老和医疗保险参保率分别达99.8%和98.6%，落实参保资助12.3万人，减轻群众负担1566万元。全面完成征兵任务、民兵训练和国防动员各项工作。社会事业接续给力。投资8.9亿元实施重点教育项目7个，西川小学启动建设，关川中学、关川小学和实验幼儿园、市幼儿园新城分园建成招生，新增学位5460个，城区学校布局进一步优化。高考本科上线率提高2.8个百分点，达到71.7%。投资4.4亿元实施定西市第二人民医院巉口分院、定西市安定区中西医结合医院、定西市安定区区域医学影像中心等重点卫生项目7个，定西市安定区第二人民医院医疗综合楼、香泉镇等3所乡镇卫生院业务楼建成使用，区乡村三级医疗资源优势互补、布局更加合理。《扶贫开发志》《全面小康建设志》完成初稿编纂。创新设立新莽权衡文艺奖，新创排大型现代纪实秦腔剧《大坪故事》《许铁堂》荣获第十届敦煌文艺奖，《潞安州》入选全国地方戏精粹展演，举办第三届乡村旅游节、第二届社区睦邻节等系列节会，群众精神文化生活更加丰富充实。选派157名运动员参加省第十五届运动会，摘得金牌17枚、奖牌总数36枚，创历史最好成绩。获评全国“公共文化服务创优优秀区”。同时，退役军人、外事侨务、气象服务、档案管理、供销、地震、人防、工会、妇女、儿童、老龄、青少年、残疾人、工商联、红十字等事业都取得了新的进步。

（杨倩）

通渭县

【基本情况】通渭县位于甘肃省东南部，定西市东侧，介于东经104°57′~105°38′，北纬34°55′~35°29′之间，海拔高度为2521—1410米。东西长约78公里，南北宽约64公里，总面积2908.5平方公里。东南、南分别与秦安、甘谷县接壤，西南、西分别与武山、陇西县相邻，西北、北、东北分别与安定、会宁和静宁县毗连。全县现辖14镇、4乡，332个村民委员会、10个社区居委会，2440个村民小组。通渭县地处黄土高原南部边缘地带，为黄土丘陵沟壑区，地势西北高，东南低。县内主要河流牛谷河、金牛河、安逸河、清溪河、苦水河，由于干旱少雨，加之地下水位下降，部分河流出现断流。全县矿藏资源主要有地热、建筑用花岗岩、建筑用砂岩、白云岩、砖瓦用粘土、钼、普通萤石、耐火粘土、饰面用花岗岩等9种。其中，已开发利用的矿产主要为砖瓦用粘土、建筑用花岗岩、建筑用砂岩、地热。县内矿产资源具有金属矿产资源比较稀缺、建材矿产较多且具有优势地位两个明显特点。全县建筑用花岗岩年产量31.57万立方米，砖瓦用粘土年产量10.21万立方米，建筑用砂岩年产量40.5万立方米。距县城8公里处有一温泉，山幽泉雅，可供人们治病、疗养、休闲，通渭温泉日泛水量0.6万吨以上，地下200米处恒温113℃，地表水温53.9℃，富含钾、钠、锂、锶、硼、钙、铁、碘、硼酸、硫酸、氟、氡等32种元素和化合物，属国内少见的复合型富质高热矿泉。全县适宜于多种农作物的生长，粮食作物以冬小麦、春小麦为主，其次为玉米、马铃薯、豆类（扁豆、豌豆、蚕豆）、糜子、谷子、莜麦、荞麦等；经济作物主要有油料（胡麻、油菜）、蔬菜、甜菜等；药材主要有金银花、党参、柴胡、黄芪、甘草、板蓝根等。通渭历史悠久，县内建有榜罗红军长征纪念馆、义岗红军烈士陵园、红军长征纪念碑等革命纪念建筑。鹿鹿山、尖岗山、清凉山是避暑、游玩的理想场所。

【国民经济】2022年，全县实现地区生产总值67.30亿元，比上年增长7.6%。其中，第一产业增加值13.08亿元，增长6.1%；第二产业增加值8.38亿元，增长9.8%；第三产业增加值45.84亿元，增长7.6%。三次产业结构比由上年的19.1 ∶ 12.3 ∶ 68.6调整为19.4 ∶ 12.5 ∶ 68.1。第一、二、三产业对经济增长的贡献率分别为16.2%、15.9%、67.9%。固定资产投资增长24.0%；社会消费品零售总额15.58亿元，增长8.8%。完成一般公共预算收入2.81亿元，增长11.6%；一般公共预算支出42.96亿元，增长7.4%。

【农业生产】全县全年农作物播种面积163.61万亩，比上年增长1.8%，其中粮食作物播种面积132.69万亩，增长0.5%。粮食总产量达到37.1万吨，增长0.8%；粮食单产279.56公斤/亩，增长0.27%。油料种植面积14.79万亩，增长3.9%；油料产量1.9万吨，增长9.8%。全年共完成造林面积9.08万亩，下降30.8%。肉类总产量1.1万吨。大牲畜存栏12.05万头，比上年增长3.5%；牛存栏9.25万头，增长3.9%；出栏2.55万头，增长4.4%；猪存栏8.6万头，下降6.6%；出栏10.2万头，增长2.1%；羊存栏12.92万只，增长1.8%，出栏9.28万只，增长8.2%；鸡存栏57.56万只，增长14.9%；出栏38.96万只，下降0.9%。年末全县拥有农业机械总动力30.52万千瓦；农业生产用电量2537.3万千瓦小时；化肥施用量（折纯）17572.85吨，下降3.5%；农田有效灌溉面积4.07万亩；全年水平梯田累计179.4万亩。

【工业经济】全县共有23家规模以上工业企业实现增加值比上年增长19.5%。其中，占规模以上工业增加值77.0%的重工业增加值增长36.8%，占比23.0%的轻工业增加值下降3.0%。实现工业销售产值14.1亿元，增长26.7%；产销率达96.6%。从主要产品产量看，生产小麦粉4.8万吨，下降11.5%；饲料0.8万吨，下降27.1%；塑料制品1.2万吨，增长2.4%；商品混凝土26.8万立方米，增长32.8%；发电量19.4亿千瓦时，增长82.7%。

【乡村振兴】全县严格落实“四个不摘”要求，不断完善防返贫动态监测机制，新识别监测对象275户1378人、累计识别3363户1.4万人，消除致贫返贫风险2311户。持续巩固提升“三保障”成果，群众参保资助和医疗“三重保障”政策应享尽享，改造农村危房、抗震农房 1837 户，实施生态及地质灾害避险搬迁 66 户、易地搬迁后续扶持项目 13 项，自来水入户保险 6.3 万户，发放学生资助资金 7.1 万人次 1.1 亿元。乡村建设行动深入推进，编制“多规合一”实用性村庄规划 101 个，发展类村庄规划 148 个，碧玉镇创建为省级示范镇，打造市县示范村 24 个。不断弥补乡村基础设施和基本公共服务短板，硬化村组道路 500 公里、巷道 35 万平方米，实施安全生命防护工程 100 公里，改造农村供电线路 62.4 公里，改建 5G 基站 131 座，改造卫生户厕 1.13 万座，建成新时代文明实践所（站）360 个，更新村规民约 332 个，创建清洁村庄 23 个。抢抓国家乡村振兴重点帮扶县和国家能源局定点帮扶机遇，衔接落实东西部协作帮扶资金 7436.6 万元，中央定点单位帮扶资金 2577.6 万元，实施金银花健康产业园、青岛生态林等帮扶项目 34 个，落实各类消费帮扶资金 1.4 亿元。

【文化旅游】全县共有文化相关产业机构 153 个，共有艺术表演团体 1 个，文化馆 1 个，公共图书馆 1 个（被文化和旅游部命名为“国家三级图书馆”），博物馆 1 个，影剧院 1 个，美术馆 1 个，档案馆 1 个，馆藏档案 25732 卷、46648 件。电视覆盖率 98.5%，广播覆盖率 99.0%。

年末全县实施文化旅游产业项目 5 个，完成投资 1.42 亿元，比上年增长 23.0%。全年接待游客 187.7 万人次，增长 13.0%；实现旅游总收入 7 亿元，减少 7.0%。成功举办“走进中国书画名城相约温泉康养小镇畅游传统村落古堡体验耕读人家风情”2022 年通渭县五一康养周暨第四届常家河山楂小镇乡村文化旅游活动；神泉沐浴体验活动；“不夜书画情·休闲逛襄城”灯光秀活动；“感悟中华文化享受美好旅程——赋能乡村振兴　乐游如意甘肃”主题宣传活动；2022 年通渭县“避暑消夏浴温泉　涤彩结符享端午”康养文化旅游节暨群众文化惠民活动；通渭县 2022 群众文化惠民活动暨古镇马营第五届马莲花生态旅游节活动；“呦呦鹿鸣”通渭县首届文化旅游暨书法篆刻展开展活动；“迎国庆·庆丰收·看变化”通渭人游通渭暨第四届常家河山楂小镇乡村文化旅游节；月是故乡明——通渭县 2022 年中秋节民俗文化旅游系列活动；2022 年“庆丰收·看变化”暨通渭人游通渭乡村旅游活动；通渭县冬春季冰雪温泉文化旅游系列活动等 11 场次乡村文化旅游节等文化旅游活动。

【项目建设】全县认真落实国家和省市稳经济稳增长一揽子政策措施，研究提出 10 个方面“70 条”硬核举措。健全落实项目包抓“1+1 托 4 机制”和全周期“3246”等全过程推进机制，全力推进通定高速主线贯通，城区集中供热、引洮二期配套城乡供水工程等 45 个项目建成投用，G247 线会宁（侯家川）至通渭段升级改造、平襄 110 千伏输变电工程等 50 个项目有序推进，完成投资 65.1 亿元，拉动固定资产投资增速稳居全市前列。用足用活国家和省市政策，争取到中央及省预算内资金 2.1 亿元，增长 47.0%；地方政府专项债券 5.6 亿元，增长 210.0%；一般债券 0.9 亿元，增长 27.0%；省重大项目前期费 268 万元。赴外开展招商对接活动 7 次，第 28 届兰洽会招商签约总投资 63.5 亿元项目 4 个、签约额较上届增长 84.0%，实施招商引资项目 26 个，省外到位资金 80 亿元，增长 159.0%。

【优势产业】全县强县域引领下的强工业、强农业、强服务业、强城镇行动深入实施，“六大现代产业园区”集聚效应充分释放，“人均一头牛、人均一亩药、人均一万元”增收工程落地见效，粮食播种面积和粮食产量同步增加，草畜、果蔬、中药材三大现代农业产业园全域布局，差异化落实奖补资金 3786 万元，牛羊年末存栏量分别为 9.25 万头、12.92 万只；川河经济势头强劲，果蔬产业集约发展，苹果产业提质增效，高原夏菜破题起步；中药材产业扩面和提质并重，金银花基地累计达 14 万亩，获评国家级金银花标准化示范区，黄芪种子田、种苗田、致富田“三田齐抓”助农增收。新能源、纺织服装两大新型工业产业园赋能强工业行动，陇中首个百万千瓦级风电基地全面建成，10 万千瓦集中式光伏电站加快推进；新能源、农副产品加工、装备制造、新型建材、纺织服装五大产业链增效扩量，实现总产值 18.5 亿元。中广核新能源等 5 家企业成长为规上企业，京贝新能源成长为过亿元企业。现代服务业产业园加快构建，新增冷链物流仓储库容 1.4 万吨，农村商贸物流配送体系不断完善，西关农贸市场提档升级，假日经济、夜间经济稳步发展。推进现代服务业稳步发展，全县已培育规模以上服务业企业 6 家。

【人民生活】全县城乡居民收入稳定增长，城镇居民人均可支配收入 29260 元，比上年增长 4.4%；人均住房建筑面积 27.2m^2，恩格尔系数为 28.2%，比上年提升 0.8 个百分点。农村居民人均可支配收入 9417 元，增长 6.4%；人均住房建筑面积 27.6m^2；恩格尔系数为 29.1%，比上年降低 0.7 个百分点。开展线上线下招聘服务活动，转移城乡劳动力 8.66 万人，实现劳务收入 6.2 亿元，增长 12.7%；人均劳务收入 7621 元，增长 19.2%。

【环境保护】全县“绿满陇中”行动深入开展，实施生态修复工程 10 万亩，建设青岛林 2600 亩，城乡面山绿化 1.2 万亩、通道绿化 663 公里、农村“四旁”绿化 220 万株。全面加强煤质管控，空气质量优良率 95.7%。建成清溪河堤防工程、牛谷河碧玉段入河口综合治理工程，新建淤地坝 2 座，排查整治河湖“四乱”问题 93 个，清理疏浚河道 138 公里，治理水土流失 84 平方公里，锦屏水库集中式饮用水水源地水质达标率 100%。废旧农膜回收率、畜禽粪污资源化利用率分别达到 83%、85%，重点建设用地安全利用率达到 100%。实施“三线一单”分区管控，巩固提升综合整治成效，良好的生态环境成为最普惠的民生福祉。全年剔除输入性沙尘天气后，空气可吸入颗粒物（PM_{10}）年平均浓度为 58ug/m^3，细颗粒物（$PM_{2.5}$）年平均浓度 25ug/m^3，二氧化硫年平均浓度为 12ug/m^3，二氧化氮年平均浓度为 17ug/m^3；地表水国考断面水质达标 75%，县级以上城市饮用水水源地水质达标率 100%。

【社会保障以及社会事业】全县农村低保人数 3.9 万人，发放保障资金 1.4 亿元；城乡特困供养人数 2144 人，发放特困供养资金 2062.6 万元；累计发放城镇低保资金4883.1万元，保障对象达到7038人。全县共有独立高中3所，独立初中5所，九年一贯制学校37所，在校学生普通高中5713人，职业生1220人，初中生7289人；完全小学26所，在校学生18805人；幼儿园125所，在园幼儿10295人。小学适龄儿童入学率达到100%，小学毕业升学率100%。年末全县共有卫生医疗机构394个，其中医院4所；病床1319张；卫生机构人员数2344人，其中卫生技术人员2162人。有疾控中心、妇幼保健站各1个，卫生社区服务中心1个。乡镇卫生院18所，床位数385张。举办县级各类群体竞赛活动26项（次），共有8500余人/次参加了全民健身竞赛活动。向上级体校、大中专院校共输送学生37名，319名运动员参加省市级比赛25项（次）。

（邢珍文）

陇西县

【基本情况】陇西县位于甘肃省东南部，定西市中部，渭河上游。地处陇中黄土高原中部，北纬34度50分至35度23分，东经104度18分至104度54分之间。东接通渭县，南连武山、漳县，西邻渭源县，北靠安定区，东西宽52公里，南北长46公里，总面积2408平方公里。辖12镇5乡，215个行政村，18个社区，1287个村民小组，居住着汉、回、满等27个民族。2022年末全县常住人口42.47万人。境内有“陇西堂”“李家龙宫”“李贺墓”等多处李氏文化遗址遗迹，是中华民族传统文化的重要组成部分。

【国民经济】2022年，全县实现地区生产总值97.68亿元，比上年增长7.8%。其中第一二三产业增加值分别完成18.82亿元、19.07亿元、59.79亿元，比上年分别增长6.3%、8.9%和8%。固定资产投资增长8.7%；社会消费品零售总额35.55亿元，增长9%；一般公共财政预算收入6.4亿元，增长8.2%；年末金融机构存贷款余额分别达到220.66亿元和212.64亿元，比上年末分别增长11.1%和7.3%。

【农业生产】2022年，全县耕地面积171.25万亩，乡村人口人均占有耕地5.9亩。全县共播种各类农作物138.37万亩，其中粮食作物97.02万亩，经济作物40.07万亩。中药材、草牧、马铃薯、菌菜是农村的主导产业。全县已普查到的中药材品种310种，在全国统一普查的363个主要品种中，陇西有96种，占全国的26.4%；常用的130多个品种中，陇西有93种，占全国的72%。全年中药材种植面积30.37万亩，总产量9.88万吨。陇西是“中国腊肉之乡”，畜产品加工具有悠久的历史，千吨以上肉制品加工企业7家，年加工各类肉制品近1.5万吨，金钱肉、口条、火腿被誉为“陇原三绝”，“陇原情”“足赤”牌肉制品为地方名优产品，驰名陇上。年末牛、羊、猪、鸡存栏分别为7.1万头、20.39万只、17.34万头、90.03万只，牛、羊、猪、鸡出栏分别为1.57万头、12.46万只、12.96万头、46.39万只。禽蛋产量2108.04吨，奶产量2202.93吨。

【乡村振兴】全县聚焦监测帮扶，坚决守住防止返贫底线。紧盯风险排查、对象识别、精准帮扶、风险消除“四个环节”，建立健全监测标准年度调整机制、县级层面月调度机制，特别是不断完善“1+5”网格化防贫监测帮扶机制，及时排查发现返贫致贫风险，坚决守住不发生规模性返贫底线。强化衔接资金使用管理，紧盯财政衔接资金使用投向，加快资金拨付进度，推动各类资金健康、规范、高效运行。全县共安排财政衔接推进乡村振兴补助资金3.5亿元。接续落实雨露计划补助政策。有力有效推动“雨露计划+”就业促进行动，全面提高脱贫家庭新成长劳动力技能水平。完成春季补助发放3911人609.9万元，分两批次完成秋季补助发放3604人558万元，所有合规学生补助发放实现全覆盖，有效降低因学致贫返贫风险。深化拓展帮扶工作实效。严格落实“四个不摘”工作要求，积极深化东西部协作帮扶，持续加强中央单位定点帮扶，不断推进各级结对帮扶，全面助力乡村振兴。积极深化东西部协作帮扶，落实到位东西部协作财政帮扶资金5803万元。向青岛市及崂山区“点对点”输转农村劳动力175人，组织开展劳务技能培训4期200人，帮助脱贫人口在省外第三地就业、省内就近就地就业分别为4360人、1930人。不断推进各级结对帮扶，138个县直帮扶单位结对帮扶全县215个行政村，136支驻村帮扶工作队、2460名县乡两级帮扶干部结对帮扶全县3178户监测对象。加强乡村建设，着力建设美丽宜居乡村。按照“抓点示范、以点带面、整体推进”思路，创新“146”工作法，稳步推进乡村建设行动，全力提升示范村建设和治理水平。新建农村户用卫生厕所10127座，行政村卫生公厕覆盖率达到100%。不断提升乡村治理程度。深入实施“基业长青”强筋工程和党建引领“双构建双提高”工程，启动实施“中国药都党旗红”引领保障工程，全面提升乡村建设效果。

【项目建设】全县聚焦“补短板、扬优势、延链条、促发展”，制定实施强县域行动、强工业引领追赶发展、强科技、黄河（渭河）流域基础设施高质量发展等规划方案，申报中央预算内项目67项、地方政府专项债券项目114项、政策性金融工具项目45项。谋划水利成系项目71项、交通成网项目28项、生态成林项目21项。全要素保障项目，发放政策性银行贷款25.8亿元。快节奏推进项目。全县实施项目115个、总投资352.7亿元，投入资金1500万元，建成5G基站381个。陇漳高速建成通车，首阳水厂调蓄池建成蓄水，粮油物资储备库等重点项目顺利推进，中医药信息物流港、陇西经济开发区（中医药循环园区）基础设施、城市综合更新暨儿童友好城市等重大带动性工程启动建设。

【资源优势】全县种植中药材历史悠久，有“千年药乡”“天下药仓”美称。2022年持续锚定中药材产业的优势特色主导地位，按照“扩面提质增效”的总体思路和“一核两园四带”的总体布局，优化调整中药材种植产业布局，在原来没有种植习惯的乡镇大力推广种植，下力气解决过度使用化肥，长期不倒茬导致土质退化、品质下降、产量减少等问题。全县中药材种植面积较上年增加10万亩，达到45万亩（种子种苗繁育 5 万亩），绿色标准化种植面积达到 32 万亩，绿色标准化率达到 80%。依托绿色标准化种植基地建设中药材产地初加工车间 10 座，全面推动中药材产业提质增效，聚力实现面积、品质、品牌、效益齐提升，为抢占中医药产业绿色发展新高地，擦亮“中国药都”名片打下坚实基础。

【人民生活】2022 年，全县城镇居民人均可支配收入 30130.9 元，比上年增长 4.3%；农村居民人均可支配收入 11563.5 元，增长 6.7%。高校毕业生就业率保持在 90% 以上；城乡居民基本养老保险和基本医疗保险参保率分别达到 98.3% 和 98%；普惠性幼儿园覆盖率达 100%，义务教育巩固率达到 99.7%，学前教育毛入学率达到 98.5% 以上；全县医疗卫生机构达到 336 家，县乡两级医疗卫生机构实际开放床位达到 3070 张。供水供气、污水处理等市政公共设施更加完善，城市规划区供水普及率、燃气普及率、污水处理率、生活垃圾无害化处理率持续提升。农村面貌发生历史性变迁，“四好农村公路”助力促农增收和脱贫攻坚，等级公路达到 1931.86 公里，高速公路总里程达到 129 公里，乡镇硬化路通达率、行政村道路硬化率均达到 100%。农村居民用水用电等生活条件大幅改善，以“厕所革命”、全域无垃圾治理为重点的农村人居环境整治取得显著成效。

【环境保护】全县全面贯彻习近平生态文明思想，全力呵护绿水青山、建设秀美山川、推动绿色发展。蓝天、碧水、净土保卫战取得明显成效，完成城市规划区居民土炕、土灶、小火炉清洁能源改造，大气和水污染防治智慧监管平台建成试运行，城区空气质量优良天数比例 92.9%。“河长制”落实有力，修复治理河道 10.2 公里，建成 5 个农村污水处理工程，莲峰河饮用水水源地水质达标率 100%。废旧农膜回收利用率、畜禽粪污资源化利用率分别提高到 85.2% 和 84.2%，土壤环境安全总体可控。“林长制”全面推行，大规模国土绿化行动扎实推进，造林封育 8.9 万亩，农村“四旁”植树 162.6 万株，义务植树 292.4 万株。重大林业生态工程加快实施，建成“崂山陇西生态友谊林”1500 亩，渭河源林草生态扶贫巩固提升项目完成投资 1.1 亿元，国家储备林 PPP 项目完成前期工作。水土综合治理提质提效，新建淤地坝 4 座、除险加固 3 座，治理水土流失面积 67 平方公里。谋划黄河（渭河）流域基础设施高质量发展和兰西城市群生态建设项目，碳达峰碳中和实现良好开局，单位 GDP 能耗比上年下降 2.4%。

【社会保障和社会事业】全县社会保障覆盖面逐步扩大。城乡居民基本养老保险参保人数达 26.1 万人，城乡居民基本养老保险基金支出 1.6 亿元；城镇基本医疗保险参保人数 44.9 万人，职工参加养老保险 4.9 万人，其中企业基本养老保险 2.96 万人；工伤保险参保人数 2.96 万人，享受工伤待遇人数 105 人，参加生育保险人数 2.4 万人；参加失业保险人数 2.1 万人，发放失业保险金人数 986 人（次），发放失业保险金 138.96 万元；城镇居民最低生活保障人数达到 2726 人，比上年增长 9.7%；农村居民最低生活保障人数达到 31407 人，增长 8.6%。社会保障和就业支出 6.68 亿元，卫生健康支出 3.65 亿元，灾害防治及应急管理支出 0.8 亿元，住房保障支出 1.11 亿元。坚持以人民为中心的发展思想，大力投入民生改善和社会事业资金，解决了一批事关群众切身利益的热点难点问题。全县公路营运汽车 1498 辆。5G 网络基本覆盖城区和重点乡镇。城区环卫作业实现网格化全天候保洁。高校毕业生、城镇失业人员、退役军人等重点群体就业倾全力保障，城乡医疗和养老保险实现统一管理。教育布局更趋科学合理，师德师风建设全面加强，教育质量稳中有升。县乡村医疗服务体系更加健全，医疗服务水平大幅提升，医共体建设稳步推进，疫情防控常态化开展。文化、科技等事业取得全面进步和长足发展，扫黑除恶成效显著，社会治理更加有力，社会大局和谐稳定。

（原伟伟）

渭源县

【基本情况】渭源县位于甘肃省中部，定西市西南部，是黄河最大支流渭河的发源地，也是中国古丝绸南路和唐蕃古道的必经之地，属西秦岭末端向北部黄土高原过渡区，地形地貌复杂多样。公元前 205 年设立县制，名首阳县，公元 551 年改名渭源县。县域面积 2053.25 平方公里，海拔在 1930 米—3941 米之间，县城海拔 2080 米，地势西南高，东北低。全年平均气温 7.3℃，年日照时数 2164.7 小时，年总降水量 432.6 毫米，全年无霜期 223 天。全县共辖 12 镇 4 乡 218 个行政村 12 个社区居委会，县城距省会兰州市 174 公里，距陇海铁路陇西站 55 公里，交通区位优势明显。2019 年实现整县脱贫摘帽，2021 年被确定为国家乡村振兴重点帮扶县，是国家乡村振兴重点帮扶县、甘肃省乡村建设示范县、国家乡村振兴局定点帮扶县和青岛市城阳区东西协作帮扶县。

【资源优势】渭源县素有“中国党参之乡、中国马铃薯良种之乡”之称，是全国马铃薯标准化种植示范县。年种植马铃薯 40 万亩，年产种薯 80 万吨，脱毒瓶苗 5.4 亿株、原原种 5 亿粒、原种 10 万吨。其中，马铃薯原原种产量占全国的四分之一，被农业农村部授予“全国马铃薯标准化种植示范县”。县内有野生中药材资源 485 种，中药材种植品种 15 种，素有“渭水当归传两广”之说和“千年药乡”“党参故里”的美誉。年产干药量 8 万吨，中药材年加工量 8 万吨，其中中药饮片年生产能力 5 万吨，是“国家级出口食品农产品（中药材）质量安全示范区”，“渭源白条党参”荣获中国驰名商标称号，党参、当归享誉陇上。

【国民经济】2022 年，全县实现地区生产总值 51.32 亿元，比上年增长 7.9%。第一、二、三产业增加值分别为 18.41 亿元、4.98 亿元、27.94 亿元，比上年分别增长 6.4%、17.2%、7.6%。三次产业结构比为 35.9 ∶ 9.7 ∶ 54.4，对经济增长的贡献率分别为 49.8%、18.4%、31.8%。按常住人口计算，人均地区生产总值 18731 元，增长 12.0% 全县社会消费品零售总额达到 11.8 亿元，固定资产投资增长 21.6%。

【优势产业】全县良好的生态环境

孕育了丰富天然的绿色食品原材料，形成了马铃薯、中医药、草牧业三大优势主导产业。打造了绿色食品、有机农产品、无公害农产品、地理标志农产品和“甘味”农产品的安全优质特色农产品公共品牌，建立了蚕豆、洋芋、油料、中药材、牛羊等一批依据区位优势而发展起来的优质高效农产品生产基地，淀粉、畜牧、林果、水产、蔬菜、中药材六大支柱产业已具有一定规模。同时，“三品一标”认证通过的农产品数量和面积持续增长，逐渐形成了“渭源白条党参”“渭水源”中药材、“秀峰”牛肉、“牧儿山”乌鸡蛋、“来点土豆”牌系列方便食品等一批具有较大知名度的农业公共品牌。

【农业生产】全年全县共实现农林牧渔业增加值18.6亿元，比上年增长6.4%。全年农作物种植面积110.9万亩，增长0.2%。粮食作物播种面积72.5万亩，总产量18.61万吨。蔬菜播种面积1.48万亩，产量1.23万吨。中草药材播种面积33.82万亩，产量11.38万吨。花卉种植面积0.15万亩。全年猪出栏5.43万头，增长3%；牛出栏1.46万头，增长4.3%；羊出栏12.08万只，增长8.2%；鸡出栏99.31万只，下降0.98%。

【工业发展】全县现有工业企业236家，其中小型企业153户，微型企业83户。省级龙头企业11家市级龙头企业10户。全县6种工业产品获得“甘肃名牌”称号，5个商标被标为甘肃省著名商标。全县现有渭源工业园、会川工业园、渭源物流园3个园区。自2010年启动建设渭源工业集中区以来，累计投入资金6.6亿多元，构建形成了渭源工业园、渭源物流园、会川工业园“一区三园”布局，累计入驻企业68家，完成固定资产总投资40亿元，已通过GMP认证企业30家，GSP认证企业5家。2022年，工业集中区年产值达到13.2亿元，上缴税金2710万元，稳定就业达到4500多人，被认定为“省级农民工返乡创业示范基地”“市级创业就业孵化示范基地”，已成为县域经济发展的核心板块。完成工业增加值2.04亿元，比上年增长9.0%，占地区生产总值的3.97%。年末规模以上工业企业18户，比上年增加38.5%，实现增加值增长15.2%。

【乡村振兴】全县制定实施《下沉责任靠实工作做好防返贫动态监测帮扶办法（试行）》等一系列措施办法，建立“5446”防返贫监测帮扶工作机制。开展防止返贫监测帮扶全覆盖集中大排查行动、“三类户”脱贫成果巩固实效集中平茬行动，排查整改问题1434个，全面补齐收入、人居环境、安全住房、基本医疗等方面的短板弱项。截至2022年底，全县共有监测对象3020户10780人（2022年新纳入313户1326人），已消除风险1983户6966人，风险消除率64.62%。以人居环境整治提升五年行动为抓手，聚焦“五大革命”，扎实开展“三清三建三提升”人居环境整治行动，改造卫生厕所9258座，创建市级美丽庭院示范村5个、市级美丽庭院示范户69户、县级美丽庭院示范户274户，完成全民义务植树和农村“四旁”绿化230.5万株。聚焦城乡接合部等重点区域，加快推进煤改气、煤改电。全面完成102个发展类村庄规划编制工作和34个乡村建设示范村创建任务。投入资金1.37亿元，着力打造元古堆等15个精品示范村，并邀请北京农道天下公司负责5个示范村的规划编制、建设和后期运营。安排“三类”资金财政衔接补助资金、整合其他财政涉农资金、东西部协作资金6.2亿元，实施产业发展、劳务输转等项目141个。以“四群八链”现代产业体系建设为抓手，促进集群建设和延链补链联动发力、融合并进，着力打造特色鲜明、结构合理、链条完整的优势特色产业发展新格局，重点推动4个现代农业产业园和“三河三川”产业经济带建设，建成标准化产业基地50个，2022年人均在产业中获得收入4726.5元，其中脱贫人口人均3547元。

【招商引资】全县围绕把传统产业做优做精、新兴产业做大做强，积极实施补链招商、强链招商和扩链招商。2016年—2022年共签约引进招商引资项目95个，总投资291.96亿元，落实到位资金275.54亿元，有效支撑了工业集中区项目和工业经济产能，对产业进行嫁接改造、关联配套，形成完整的产业链条，招商引资工作取得了明显成效。

【项目建设】全县牢固树立“项目为王”理念，把项目建设作为追赶发展的总抓手，保要素、促前期、保开工，运用项目建设集中开复工机制，全面推进各项目开复工建设，有力保障固定资产投资稳定增长。2022年，全县共实施500万元以上和房地产项目147个，其中5000万元以上项目29个，500—5000万元项目108个，房地产开发项目10个。项目投资完成额占全部投资额的71.58%，其中，5000万元以上项目占39.73%，500—5000万元项目占31.85%。房地产开发项目完成投资额占全部投资额的28.4%。全年固定资产投资比上年增长21.6%。

【人民生活】全县全年城镇新增就业1547人，失业人员实现再就业420人。年末城镇登记失业人数147人。当年安置退役士官4人。年末共有公益性岗位就业人员927人，其中本年安排149人。全年累计劳务输转7.24万人，其中组织输转6.38万人，输转脱贫人口3.72万人；实现劳务收入18.0亿元，比上年增长3.7%。累计兑现发放务工奖补资金320.67万元，受益工厂（车间）36家，发放乡村就业工厂吸纳就业奖补资金134.49万元。2022年，全县城镇居民人均可支配收入30008元，比上年增长4.7%；农村居民人均可支配收入10393元，增长6.6%。城乡居民收入比2.89，比上年下降0.05。城镇居民人均消费支出21723元，增长4.9%；农村居民人均消费支出10202元，增长6.4%。

【文化旅游】全县境内融汇了仰韶文化、马家窑文化、齐家文化等三大古代文化，文化底蕴深厚，自然风光秀美，积淀形成了以公而忘私、变堵为疏、科学治水精神为主的“大禹导渭”文化，以互让君位、耻食周粟、抱节守志精神为主的“伯夷叔齐”文化，是黄河上游古文化发祥地之一。境内有始建于明朝洪武年间的灞陵桥，葬有孤竹国二圣伯夷、叔齐的首阳山、省级森林公园莲峰山、鸟鼠同穴渭水源、秦长城遗址等16处旅游景点。全县有AAAA级景区2个、AAA级景区1个、AA级景区3个，旅游业从业人员2200人。《渭水医魂》《公民张三》《渭河源小夜曲》《吉祥颂》《红火渭源》等一大批文艺精品脱颖而出，拍摄了《花开渭源别样红》《羌蕃鼓舞》等纪录片；音诗画佳作《高高的元古堆》搬上舞台，得到观众一致好评。依托渭河源文旅投、科奥文创等企业，研发灞陵桥系列水晶内雕、炭雕摆件、木质拼装产品和知名建筑物等文创产品14种，传统非遗和农耕作物手工类产品30余种。制定《渭河源国家AAAAA级创建工作方案》，5A级景区创建工作有序推进。全年接待国内外游客201万人次，比上年增长6.12%；实现旅游综合收入8.7亿元，增长3.75%。

【社会保障】年末全县城镇最低生活保障人数229户504人，农村居民最低生活保障人数9493户26466人，城镇特困供养22户22人，农村特困供养2609户2685人。机关事业单位养老保险参保人数8919人，城镇职工养老保险参保人数6205人，城乡居民养老保险参保人数21.4万人。工伤保险参保人数1.4万人，失业保险参保人数1.03万人。城乡居民医疗保险参保人数29.1万人，保险费收入9316.5万元；城镇职工医疗保险参保人数1.4万人，保险费收入6218.49万元。年内门诊诊疗22.88万人次。

【社会事业】年末全县共有普通高中4所，专任教师874人，年末在校学生5781人。初级中学12所，专任教师652人，年末在校学生5716人。小学35所，专任教师1306人。九年制学校12所，专任教师518人，年末在校学生5366人。中等职业教育学校1所，专任教师136人，年末在校学生1217人。特殊教育学校1所，专任教师25人，年末在校生78人。各类幼儿园160所，在园幼儿10587人。学龄儿童入学率为100%，九年义务教育巩固率为99.96%，初中毕业生升学率100%，学前教育三年毛入园率99.32%。全县当年本科上线人数1555人，本科上线率79.87%。全年财政科技投入3494万元，完成技术合同成交额2.18亿元。年末全县共有工程技术研究中心12个，科技特派员年末人数96人，全年专利申请授权量143件，其中实用新型专利申请授权量136件，外观设计专利申请授权量3件。年末注册商标拥有量951件，其中本年注册成功136件。年内认定高新技术企业4家，省级科技创新型企业4家，认定国家级科技型中小企业22家，认定市级众创空间1家。年末全县共有医疗卫生机构316个，其中，医院6个，乡镇卫生院18个，村卫生室217个，社区卫生服务中心（站）1个，诊所、卫生所、医务室71个，专业公共卫生机构3个。医疗卫生机构卫生技术人员1875人，其中执业医师（含助理）689人，注册护士856人。乡村医生、卫生员221人，医疗卫生机构床位数2374张。孕产妇住院分娩率100%，婴儿死亡率1.66‰。

【环境保护】开展大气污染、燃煤锅炉污染、燃煤污染、扬尘污染、餐饮油烟污染、工业企业污染、秸秆、垃圾等焚烧治理，全力打好污染防治攻坚战。对城区36个建筑工地严格落实“6个100”防尘抑尘措施。全县优良天数339天，优良率95.5%。当年完成“三同时”环保验收项目7个，总投资8047.7万元，其中环保投资235.85万元。全县城镇生活污水处理率91%，工业废水处理7.92万吨，工业固体废物综合利用率99.98%。峡口水库、漫坝河、石门水库3个饮用水水源地水质均达到《地表水环境质量标准》（GB3838-2002）Ⅲ类水质标准，渭河进出口监测断面水质稳定达到《地表水环境质量标准》（GB3838-2002）Ⅲ类标准，县城区生活污水处理厂自动监控数据传输有效率、监测结果公布率和监督性监测达标率均为100%。

（马宏）

临洮县

【基本情况】临洮因境内有洮河而得名，位于甘肃中部、定西市西部。全县有18个乡（镇），323个村、12个社区，总面积2855平方公里，现有耕地153.9万亩。2022年末，全县常住人口47.79万。历史文化悠久。临洮，古称狄道，是黄河古文化的重要发祥地之一，素有“彩陶之乡”“文化县”之称。举世闻名的马家窑文化、寺洼文化、辛店文化均因首先发现于境内而得名。自周安王18年（公元前384年）建置狄道县以来，长期为郡、州、道、府、县治所在地，迄今建县已有2400多年历史。境内战国秦长城、陇西李氏祖籍地、汉代古墓群、唐代哥舒翰纪功碑、八思巴文化等人文遗产遗迹星罗棋布，剪纸、皮影、花儿、傩舞等民俗文化风情多样，马家窑文化命名地、战国秦长城西起首、老子飞升地和貂蝉故里是临洮的四张“文化名片”。现有国家AAAA级景区2家、国家级文物保护单位4个、省级文物保护单位10个。区位优势明显。临洮是省会兰州的南大门，县城距兰州市区80公里，是南向通道经济带上重要节点城市。兰临、临渭高速和国道212及省道309、311、229线穿境而过，城乡道路纵横交错，四通八达，是连接甘肃中南部与临夏、甘南两个少数民族地区的必经之地和欧亚大陆桥经济带辐射圈内重点县区。人居环境良好。全县海拔1730—3670米，年平均气温7℃，年降水量317—760毫米，无霜期80—190天。境内南屏山、岳麓山、玉井峰等景区生态植被良好，洮河谷地光热水条件得天独厚，气候湿润，是居家生活、休闲度假的理想之地。县城建成区面积达17.96平方公里，景观水面达100万平方米，在川区10个乡镇全面开展生活垃圾统一收集、集中处置行动，城市绿化覆盖率达32%，全县森林覆盖率达8.65%，城乡环境卫生面貌得到全面改善，被评为“省级卫生城”和“省级园林城市”。发展前景广阔。围绕“一点一河两岸三区五板块”的空间布局，规划建设了“一区三园”的工业聚集发展平台，占地19.5平方公里的中铺工业园被纳入兰州高新技术产业开发区；成功创建占地88.8平方公里的临洮国家现代农业产业园，成为推动全县农业全产业链发展的重要平台；占地24.7平方公里的马家窑洮砚特色小镇成为全省18个重点特色小镇之一、8平方公里的洮河国家湿地公园荣获“中国森林氧吧”殊荣，谋划建设的战国秦长城国家文化公园、马家窑遗址公园将成为推动文旅融合发展的强劲引擎。

【资源优势】黄河上游最大的支流—洮河，流经县内9个乡镇115公里，年过境水量46亿立方米，水质优良无污染，属国家一级保护水系。全县有效灌溉面积33万亩，有大中型灌区3个，现代农牧业发展条件优越。境内分布高岭土、方解石、花岗岩、萤石等矿产资源10多种、30多处，洮河谷地地势平坦、地貌完整，沿岸可开发利用的滩涂地达2万多亩。

【国民经济】2022年，全县完成地区生产总值101.97亿元，比上年增长7.5%；规上工业增加值增长5.6%；固定资产投资增长16%；社会消费品零售总额完成29.43亿元，增长8.2%。一般公共预算收入完成5.2亿元，增长10.6%。年末全县人民币各项存贷款余额分别达到240.73亿元和144.76亿元，分别比上年末增长10.71%和3.37%，金融助力经济发展的能力不断提高。全年县内旅游人数169.88万人（次），比上年增长4.1%；旅游收入6.43亿元，增长4.5%。

【乡村振兴】全县严格落实“四个不摘”要求，对9288名监测人口全覆盖落实“一户一策”帮扶措施，及时消除返贫致贫风险。因户施策培育富民产业，输转城乡劳动力10.88万人次，开发公益性岗位7076个。持续深化协作帮扶，争取各类帮扶资金6375万元，实施产业提升项目55个，帮助销售农产品1.4亿元。扎实推进农村人居环境整治五年提升行动，新改建卫生厕所1.2万座，创建清洁村庄20个，打造省市县示范村36个。累计落实产业帮扶政策1635户、就业帮扶政策2091人、农房抗震改造46户、教育资助政策1877人、医疗救助政策1435人337.65万元、公益性岗位人员627人、小额信贷615户2464.5万元、兜底保障1357户4602人。统筹安排各类资金8210万元，谋划示范村产业发展、农村人居环境改善、基础设施提升等项目156个。

【项目建设】全县牢固树立“项目为王”理念，论证储备重点项目174个、总投资325亿元。签约引进重点项目23个、资金95.89亿元，到位资金67.71亿元、增长66.33%。大力推行“1+1托4”项目包抓责任，开复工建设游客接待中心等重点项目148个，奇正藏药医药产业基地等38个亿元以上项目进展顺利，完成投资80亿元。积极争取国家专项资金10亿元、中央预算内资金1.92亿元、地方政府债券资金6.88亿元，安排实施项目31个。签约引进年产15万吨环保再生纸建设等项目23个、资金95.89亿元，为经济高质量追赶发展注入了强劲动力。组织申报2023年中央预算内项目19个、申请资金7.2亿元。通过国家重大项目库推送2023年地方政府专项债券项目15个、总投资27.58亿元，专项债券资金需求10.29亿元。申报基金项目和设备购置贴息贷款项目10个，共反馈基金项目8个，设备购置贴息贷款项目2个。

【优势产业】全县依托洮河谷地良好的气候条件，培育形成了560万头（只）畜禽、60万亩马铃薯、27万亩蔬菜、18万亩中药材、7万亩花木、6万亩百合生产基地，临洮花卉先后在各类花卉博览会上获得70多个奖项。谋划实施马家窑洮砚特色小镇、李氏文化产业园等过亿元文化旅游项目23个，甘肃临洮体育训练基地荣升为西北第二个国家级综合性体育训练基地。引进建设了甘肃（南部）农产品交易集散中心、“一带一路”智慧产业创新城等重大商贸物流项目，全县限额以上商贸流通企业达到38家。依托临洮经济开发区，引进入驻企业92家，发展形成了以金属冶炼、建筑建材、机械制造为主导产业的工业产业体系，规模以上工业企业达到39家。

【人民生活】2022年，全县城镇新增就业人口3809人，全年城镇居民人均可支配收入31150元，比上年消费支出21558元，增长1.1%。农村居民人均可支配收入10964元，增长6.2%；农村居民人均生活消费支出10314元，增长1.3%。

【环境保护】全县生态环境进一步改善，实施工程减排项目2个，全年主要污染物总量控制指标化学需氧量减排量64吨、氨氮减排量63.9吨、挥发性有机物减排量16.09吨、氮氧化物减排量95.98吨。全县严格执行项目环评和“三同时”制度，对全县26个建设项目进行了环评审批，完成了28个项目竣工环境保护验收备案。

【社会保障及社会事业】全县应参保31.8万人，已参保31.19万人，参保率98.08%；为8.85万60周岁以上城乡居民累计发放养老金1.35亿元；为2587人60岁以上死亡人员发放丧葬金368.8万元。为县内183家企业发放失业保险稳岗返还资金183.45万元，全面落实阶段性降低失业、工伤保险费率政策，为失业、工伤保险参保企业减轻经济负担160.85万元和126.84万元，进一步增强了县内企业经济发展的内生动力。全县共办结劳动保障监察举报投诉案件1592件，办理人民网反映案件16件，各类信访案件11件，民生平台转办件768件，帮助1100名农民工追回拖欠工资857.3万元；农民工工资保证金余额6415万元；认定工伤64件、组织劳动能力鉴定27人。

（夏文静）

漳县

【基本情况】漳县位于甘肃省东南部、定西市南部，地处黄土高原陇西地台和西秦岭山地交汇过渡地带，海拔1640—3941米，年平均气温8.2°C，无霜期296天，年总日照时数2293.1小时，年总降水量332.7毫米。全县总面积2165.18平方公里，总耕地面积102.69万亩。全县现辖10镇3乡135个行政村768个村民小组和5个社区，2022年末常住人口16.52万人，城镇化率35.25%。

【资源优势】漳县物华天宝，资源较为丰富。现已查明资源储量矿产11种，其中岩盐、石灰石、红柱石、大理石储量丰富，石灰岩探明储量1000多万立方米，红柱石远景储量约1亿吨，矿产资源开发年产值达15亿元。特别是岩盐矿石资源富集，目前已探明的岩盐储量近1亿吨，远景储量2亿吨，平均品位为70%，有害微量元素低于国家标准，具有很高的开采价值，发展盐化工、建材等具有很大优势。根据漳县第三次全国土地调查公布数据，全县林地面积132.41万亩，占全县土地面积的40.77%；森林面积59.37万亩，森林覆盖率18.28%；森林蓄积量32.59万立方米；草地面积 65.47 万亩，草原综合植被覆盖度 78.33%，发展双碳经济和林下经济具有比较优势。境内有漳县珍稀水生动物国家级自然保护区、贵清山国家森林公园、贵清山省级自然保护区、泰山省级森林公园等 4 个自然保护地，总面积 16231 公顷、占国土面积 7.5%，其中 2 个自然保护区核心保护区面积 3450 公顷、占国土面积 1.6%。境内有漳河、龙川河、榜沙河三条主要河流，河道总长 131.5 公里，年径流量 5.59 亿立方米。漳县是“中国蚕豆之乡”“中国沙棘之乡”“中国绿色名县”，境内中药材、高原夏菜、食用菌品质好，沙棘、蕨菜、乌龙头等野生果菜加工开发前景广。

【国民经济】2022 年，全县实现地区生产总值 33.26 亿元，比上年增长 7.8%。其中，第一产业增加值 8.42 亿元，增长 6.1%；第二产业增加值 6.76 亿元，增长 8.7%；第三产业增加值 18.09 亿元，增长 8.3%。三次产业结构比为 25.3 ∶ 20.3 ∶ 54.4，对经济增长的贡献率分别为 19.4%、20.9%、59.7%。社会消费品零售总额 7.29 亿元，增长 9.8%。一般公共预算收入 2.01 亿元，增长 7.23%；一般公共预算支出 20.04 亿元，增长 9.4%。

【农业经济】2022 年，全县实现农林牧渔业增加值 8.44 亿元，比上年增长 6%。共种植各类农作物 51.89 万亩，增长 3.4%。其中，粮食作物 33.15 万亩，下降 0.67%；经济作物 18.72 万亩，增长 11.5%；其他农作物 0.02 万亩，增长 1.36%。马铃薯、中药材、蔬菜等特色优势产业种植面积分别达到 8.16 万亩、10.19 万亩、5.11 万亩，分别增长 -19.62%、4.06%、0.8%。全年粮食总产量 8.53 万吨，增长 4.05%。年末大牲畜存栏 3.12 万头，增长 5.31%。猪、牛、羊、家禽存栏分别为 2.5 万头、2.44 万头、9.89 万只和 25.38 万只，分别增长 -2.15%、4.25%、35.11% 和 14.12%；出栏分别为 2.63 万头、0.49 万头、3.55 万只和 22.92 万只，分别增长 1.64%、4.34%、11.72% 和 -0.99%。全年肉类总产量 0.39 万吨，增长 7.34%；禽蛋产量 0.08 万吨，增长 20.7%；牛奶产量 0.01 万吨，下降 2.67%。

【工业经济】全年全县完成工业增加值 5.62 亿元，占全县地区生产总值的 16.9%，增长 5.8%。分门类看，采矿业增加值下降 8.7%，制造业增加值增长 6.3%，电力热力燃气及水生产和供应业增加值增长 5%。规模以上工业企业完成增加值比上年增长 1.2%；实现营业收入 9.91 亿元，增长 10.7%；实现利润总额 1.99 亿元，增长 7.5%；营业成本 6.95 亿元，增长 9.7%。全年生产水泥 216.14 万吨，商品混凝土 11.59 万立方米，建筑用天然石料 31.1 万立方米，饮料 247.64 吨。年末共有规模以上工业企业 4 户。

【乡村振兴】全县持续完善“1+5”风险排查预警体系。2022 年共识别“三类户”182 户 834 人，监测对象累计达到 1683 户 7004 人，其中，脱贫不稳定户 454 户 2036 人，边缘易致贫人口 1111 户 4440 人，突发严重困难户 118 户 528 人，累计风险消除监测人口 1085 户 4563 人。通过落实“一户一策”精准帮扶计划，为 1227 户监测群众落实产业帮扶措施、为 717 户监测群众落实就业帮扶措施、为 580 户监测群众落实兜底保障帮扶措施、为 431 户监测群众落实医疗帮扶措施，实现监测户户均落实帮扶措施 5.1 项。通过发展高原夏菜、食用菌、中药材等特色产业，持续带动 1.6 万户 6.8 万名脱贫群众和 1607 户 6669 名监测群众，借助东西部协作劳务输转等途径，先后输转脱贫人口 2.59 万人，实现务工收入 7.6 亿元。

【项目建设】2022 年，全县固定资产投资比上年增长 25%，实施 500 万元以上项目 87 个。按三次产业分，第一产业投资增长 21.1%，第二产业投资增长 219%（其中工业投资增长 80.1%），第三产业投资增长 9.9%，占固定资产投资的比重分别为 4%、15%、81%。基础设施投资增长 48.9%，民间固定资产投资增长 12.1%。全年房地产开发投资比上年增长 357%。商品房销售面积 2.29 万平方米，增长 86.53%。房屋施工面积 29.4 万平方米，增长 277.3%。

【人民生活】2022 年，全县城镇居民人均可支配收入 30051 元，比上年增长 4.6%；城镇居民人均消费支出 18667 元，增长 4.6%。农村居民人均可支配收入 9801 元，增长 6.3%；农村居民人均消费支出 9842 元，增长 3.8%。城乡居民人均可支配收入比值为 3.1，比上年缩小 0.1。

【社会保障】2022 年，全县城镇职工养老保险参保人数 4350 人，比上年增长 3.01%；机关事业单位养老保险参保人数 5625 人，增长 0.01%；城乡居民基本养老保险参保人数 12.5 万人，增长 2.4%。城镇职工基本医疗保险参保人数 9907 人，增长 2.53%；城乡居民基本医疗保险参保人数 17.11 万人，下降 2.4%。失业保险参保人数 4239 人，增长 3.2%。工伤保险参保人数 7260 人，增长 3.02%。生育保险参保人数 7270 人，增长 3.18%。全年享受城市最低生活保障的居民 1535 人，共发放城市低保金 952.69 万元；享受农村最低生活保障的居民 18201 人，共发放农村低保金 5217.12 万元。全县城乡特困供养 720 人，发放特困供养金 673.95 万元。发放临时救助金 1284.56 万元，救助城乡困难群众 8857 人。年末全县共有各类社区综合服务机构和设施 153 个。综合养老服务机构 3 个，服务床位 142 张。

【环境保护】全县积极践行“绿水青山就是金山银山”理念，抓住“双碳”“黄河”等国家重大战略，紧紧围绕“改善环境质量”这一核心，守住了全县生态环境安全底线，为奋力谱写新时代漳县追赶发展新篇章夯实了绿色底蕴。2022 年，漳县城区空气质量优良天数比例 96.1%，优良天数 344 天；可吸入颗粒物（PM_{10}）剔除沙尘影响后浓度值为 54 微克 / 立方米，比上年下降 6.9%；细颗粒物（$PM_{2.5}$）剔除沙尘影响后浓度值为 24 微克 / 立方米，上升 4.35%，各项指标均控制在《环境空气质量标准》（GB3095-2012）二级标准以内）。漳县城区集中式饮用水水源地和 6 个“千吨万人”以上的乡镇饮用水源地水质均能达到《地下水环境质量标准》（GB/T14848—2017）和《地表水环境质量标准》（GB3838—2002）的Ⅲ类标准，达标率 100%；3 个省控监测断面基本达到考核要求，漳河高尧村断面、榜沙河马力桥断面和龙川河桥断面能够持续达到《地表水环境质量标准》（GB3838—2002）Ⅱ和Ⅲ类标准（漳河高尧村断面考核要求为达到Ⅲ类水质），达标率100%。

【社会事业】 全县共有各级各类学校148所。其中，高级中学2所，初级中学4所，九年一贯制学校11所，小学40所，小学教学点33所，幼儿园57所，职业高中学校1所。年末共有县乡村医疗卫生机构154个（含民营医院）。其中，县级医院2个（综合医院1个，中医医院1个），乡镇卫生院13个，村卫生室134个，疾病预防控制中心1个，妇幼保健院（所、站）1个，综合监督执法所1个，民营医院2个。个体诊所46个，健康教育所14个。医疗卫生机构实有床位890张。年末全县共有文化馆1个，公共图书馆1个，博物馆1个，档案馆1个。乡镇（街道）综合文化站13个，农家书屋140个，城市智慧书屋2座，文化信息资源共享工程村级终端接收站点112个，村级综合性文化服务中心（乡村舞台）142个，城市数字影院1个。年末全县有广播电视台1个，有线电视用户2500户，广播节目综合人口覆盖率为95%；电视节目综合人口覆盖率为97%。全县国家学生体质健康标准测试合格率达99.1%以上。全年科学技术支出415.1万元，比上年增长40.4%。登记备案科技成果2项，认定登记技术服务合同7份，交易额5000万元，比上年增长25%。专利授权28件，增长16.7%。

（张喜梅　李慧）

岷县

【基本情况】 岷县古称临洮，位于甘肃省定西市南部。岷县由于地理位置优越，地处甘肃南部中心地带，国道212线纵贯南北、国道316线横贯东西，“兰渝”铁路和“兰海”高速过境，是通往兰州、陇西、陇南、甘南和四川的必经之地。自古就有“西控青海，南通巴蜀，东去三秦”之说，商贸活跃，享有陇原“旱码头”美称。全县总流域面积3578平方公里，耕地157.7万亩，水域面积22万亩，森林面积97万亩，草场面积390万亩，森林覆盖率10.94%。年末常住人口42.29万人，辖15镇3乡、359个村委会、13个社区，2240个村民小组。是“中国当归之乡”“中国洮砚之乡”“中国花儿之乡”“中华诗词之乡”“中国黄芪蜜之乡”“联合国民歌考察采录基地”。全境地形属高原形态，山峦起伏，沟壑纵横。其中岷县与迭部交界处的达拉梁海拔高度为3574米，属岷县最高峰。马坞油坊庄海拔高度为2040米，为最低点，相对高度差1714米。岷县气候高寒阴湿、复杂多变，年平均气温6.6℃，年平均降水量571.2毫米左右，年无霜期90—120天，平均海拔2751.7米，年平均日照时数2160.7小时。受大陆性气团、副热带暖湿气团的交替影响和地形对大气抬升的作用，容易形成极端天气，冰雹、暴雨、霜冻等自然灾害多发频发，防灾减灾任务繁重。

【国民经济】 2022年，全县地区生产总值63.21亿元，按不变价格计算，比上年增长8.1%。其中，第一产业增加值12.68亿元，增长6.1%；第二产业增加值7.57亿元，增长13.8%；第三产业增加值42.96亿元，增长8.0%。三次产业结构比为20∶12∶68。工业增加值2.8亿元，增长13.8%，其中规模以上工业增加值增长10.1%。固定资产投资增长25.2%；社会消费品零售总额25.69亿元，增长9%；一般公共预算收入3.15亿元，增长22.9%。城镇居民人均可支配收入30431元，增长4.5%；农村居民人均可支配收入9824元，增长6.5%。

【乡村振兴】 全县围绕巩固拓展脱贫攻坚成果、特色优势产业发展、稳岗就业及劳务输转、乡村基础设施建设、乡村基本公共服务设施建设、生态帮扶、社会保障、乡村建设、乡村治理等9大领域，共谋划项目145个，总投资达到44.09亿元，投入各类资金9.14亿元。持续巩固“三保障”和饮水安全成果。常态化开展控辍保学，对全县532名适龄残疾儿童进行了统筹安置，全县无一人因贫失学辍学。投入资金1.16亿元，新建、维修、改造义务教育薄弱学校62所。加强乡村教师队伍建设，竞聘交流教师284名，新补充特岗教师338名全部安排到乡村学校任教。县、乡、村三级医疗机构医疗条件达到标准要求并能正常提供基本医疗服务。脱贫人口35种大病专项救治率达100%，慢病签约率、履约率均为100%，全县所有脱贫人口和“三类”监测对象参保率达100%。实施农房抗震改造163户，实施地质灾害避险搬迁275户。群众饮水水质、水量、方便程度、供水保证率“四项指标”全部达标，实现了农村饮水安全“全覆盖”。积极落实产业就业帮扶政策。2022年全县整合安排用于产业发展方面的涉农资金达到2.99亿元。

【项目建设】 全县坚持争引并举、合力攻坚，重大项目支撑引领作用逐步凸显。项目建设强力推进。实施500万元以上项目89个，完成投资352亿元。争取到位中央预算内投资1.29亿元、地方政府专项债券资金5.72亿元。项目储备科学充足。谋划2023年投资项目95个349.05亿元、重点前期推进项目26个223.82亿元。甘肃（岷州）国际陆港建设区19个在建项目沿迭藏河两岸依次排开，一横一纵“十字形”的国内通道和“T字形”国际通道将“一港、三区、五中心”的发展格局一一串联，一座总规划面积约12.58平方公里，计划总投资83.4亿元的现代化陆港新城已具雏形。招商引资成效显著。组团参加第二十八届兰洽会、青岛·定西招商推介活动等重点活动，全年招引项目21个、总投资117.45亿元，省外到位资金70.45亿元，增长60.62%。

【优势产业】 全县坚持以中药材为主，推进特色产业竞相发展。全域推进中药材绿色标准化基地建设，建设当归集约化种子育苗基地110亩、种苗基地1000亩、中药材绿色标准化种植万亩示范片带3个3.6万亩、500亩以上中药材基地25个，辐射带动全县中药材种植面积达到65.77万亩，总产量16.3万吨；实施万亩马铃薯原种应用工程，安排衔接资金1142.48万元，建成马铃薯原种应用、马铃薯种植基地2.14万亩，推广带动全县马铃薯种植面积17万亩，产量38.3万吨，产值4.6亿元；建成西江马铃薯种薯繁育产业园。引进推广试验示范高原夏菜，建成相对集中连片高原夏菜种植示范基地19个4520亩，引进芸豆、儿菜、棒菜等高原夏菜新品种96个、新技术8项，繁育高原夏菜种苗500万株。

【人民生活】2022年，全县城镇居民人均可支配收入30431元，比上年增长4.5%；城镇居民人均消费支出21677元，增长3.7%；恩格尔系数为30.1%，比上年降低0.06个百分点。农村居民人均可支配收入9824元，增长6.5%；农村居民人均生活消费支出9490元，增长5.4%；恩格尔系数为34.5%，比上年提高0.6个百分点。

【环境保护】全县造林封育1.53万亩，人工造林1.202万亩，退化林分修复1.58万亩。城乡面山绿化1.29万亩。通道绿化331.3公里，全民义务植树337.8万株。全县林地面积139.82万亩，占国土面积的25.48%，森林面积69.56万亩，活力木蓄积205.63万立方米，全县森林覆盖率达到10.94%；草原面积191.28万亩，草原植被盖度79.4%。全年剔除输入性沙尘天气后，空气可吸入颗粒物（PM_{10}）年平均浓度为51ug/m^3，细颗粒物（$PM_{2.5}$）年平均浓度17ug/m^3，二氧化硫年平均浓度为12ug/m^3，二氧化氮年平均浓度为13ug/m^3，一氧化碳年平均浓度1.1ug/m^3，臭氧年平均浓度121ug/m^3。

【社会保障】2022年，全县企业职工养老保险参保人数10240人，比上年增长5.34%；机关事业单位养老保险参保人数14699人，增长0.99%；失业保险参保人数14097人，增长10.82%；工伤保险参保人数14605人，增长7.82%；城乡居民基本养老保险实际参保268926人，增长0.02%；生育保险参保人数0.7万人，增长5.71%；全年城镇职工基本医疗保险参保人数1.96万人，增长2.4%；城乡居民基本医疗保险参保人数44.17万人，下降1.25%。城乡居民基本医疗保险基金支出总额2.74亿元，增长8.7%；累计享受待遇31.21万人次。全年享受城市最低生活保障的居民2881人，共发放城市低保金1879.24万元；享受农村最低生活保障的居民40338人，共发放农村低保金14119.44万元。全县城乡特困供养人数2748人，发放特困供养金2454.93万元；发放孤儿基本生活保障金91.036万元，共保障孤儿65人；发放临时救助资金5192.48万元，救助城乡困难群众20871人；落实困难残疾人生活补贴和重度残疾人护理补贴8115人，共发放补贴资金1244.27万元；落实经济困难老人补贴1070人，共发放补贴资87.4万元。

【社会事业】全县全年科学技术支出3460万元，比上年增长16.4%。荣获省科学技术奖3项；登记市级科技成果2项；认定登记技术服务交易额1.8亿元，增长191.5%。全县专利授权41件（其中发明专利1件），目前全县有效量专利量达174件，其中发明专利有效量19件，每万人口发明专利拥有量达到0.40件。年末全县共有各级各类学校478所，其中高级中学2所。在校（册）学生9.63万人，其中高中在校生9909人。全县共有教职工6505人，其中专任教师6323人。学前教育三年毛入园率99.95%，九年义务教育巩固率为99.91%，高中阶段毛入学率为96.8%。向全国各类高等院校输送新生3389人，高考录取率达到83.82%，比上年提高1.15个百分点。年末共有乡镇综合文化站18个，农家书屋310个，文化信息资源共享工程村级终端接收站点300个；建成村级综合性文化服务中心（乡村舞台）310个；建成城市数字影院1个。全县有广播电视台1个，发射主站1个，辅站14个，补点站29个，有线电视用户0.4万户。年末广播节目综合人口覆盖率为95.44%；电视节目综合人口覆盖率95.44%。全年实施文化旅游产业项目1个，完成投资1000万元。全年接待境内外游客207.36万人次，增长37.8%；实现旅游综合收入8.9亿元，增长18.6%。创建省级文旅振兴乡村样板村1个。年末共有医疗卫生机构394个，其中，县级公立医院2个，疾病预防控制中心1个，妇幼保健院1个，卫生监督所1个，民营医院8个，民营社区卫生服务中心1个，乡镇卫生院22个，村卫生室358个。全县医疗机构编制床位2354张，医疗服务门诊639340人次，住院79719人次。卫生技术人员2670人。其中，执业（助理）医师1260人，注册护士1410人。全年新增公共体育场面积5400平方米，人均公共体育场地面积1.74平方米，比上年增加0.14平方米，学校施行《国家体育锻炼标准》的达标率为92%。

（李成杰）

陇南市

【基本情况】陇南市位于甘肃省东南部，东邻陕西，南接四川，位于秦巴山区、青藏高原、黄土高原三大地形交汇区域，西部向青藏高原边缘过渡，北部向陇中黄土高原过渡，东部与西秦岭和汉中盆地连接，南部向四川盆地过渡，整个地形西北高东南低，西秦岭和岷山两大山系分别从东西两方伸入全境，境内形成了高山峻岭与峡谷盆地相间的复杂地形，是甘肃省唯一的长江流域地区。全市辖1区8县，共199个乡镇（街道），总面积2.78万平方公里，常住人口238.91万人，其中城镇人口91.95万人。境内分布着汉、回、藏、蒙等29个民族，古为“秦陇锁钥、巴蜀咽喉”之要地，今有“陇上江南”之美誉，既是北方人眼中的南方、温婉而秀丽，又是南方人眼中的北方、粗犷而豪放。

【资源优势】北纬33°“魔线”在这里穿越而过，孕育了南北兼具的独特气候条件和高达45.27%的森林覆盖率。秦岭和岷山在这里交汇，嘉陵江、白龙江、西汉水在这里奔腾，水能资源可开发量260.42万千瓦，大熊猫、金丝猴等国宝和600多种野生动物在这里繁衍生息，有自然生长树种1300多种、中药材1200多种，是甘肃重要的绿色农特产品生产基地，油橄榄、花椒、核桃等特色产业均居全国地级市前列。已探明金属和非金属矿34种，有亚洲最大类卡林型金矿（文县阳山金矿）、全国最大规模的单体方解石矿床（两当方解石矿）、全国第二大铅锌矿体（西成铅锌矿）、全国第三大锑矿体（西和崖湾锑矿），被地质学家李四光誉为“宝贝的复杂地带”。

【国民经济】2022年，全市实现地区生产总值562.4亿元，比上年增长7.8%。其中，第一产业实现增加值104.2亿元，增长6.1%；第二产业实现增加值148.4亿元，增长7.6%；第三产业实现增加值309.8亿元，增长8.4%。全市规模以上工业增加值比上年增长11.5%；完成营业收入201.2亿元，增长12.6%；实现利润总额41.6亿元，增长22.8%。全市固定资产投资比上年增长16.9%。其中，第一产业投资增长148.2%，占全市投资的2.5%；第二产业投资增长201.9%，占全市投资的16.5%；第三产业投资增长2.4%，占全市投资的81%。实现社会消费品零售总额180.0亿元，比上年增长9.6%。其中，城镇消费品零售额121.2亿元，占全市社会消费品零售总额的67.3%，增长11.3%；乡村消费品零售额58.8亿元，占全市社会消费品零售总额的32.7%，增长6.3%。分行业看，批发业实现消费品零售额52.1亿元，增长6.2%；零售业实现消费品零售额109.6亿元，增长12.5%；住宿业实现消费品零售额2.4亿元，下降2.2%；餐饮业实现消费品零售额16亿元，增长3.8%。外贸进出口总值2.8亿元，比上年增长32.6%，全部为出口，商品主要为水果和中药材。完成大口径财政收入63.4亿元，比上年增长7.3%；一般公共预算收入27.8亿元，增长4.3%。年末金融机构人民币各项存款余额1377.3亿元，比上年末增长11.2%；金融机构人民币各项贷款余额842.3亿元，增长13.6%。

【乡村振兴】紧扣“守底线、抓发展、促振兴”，坚持“三个转向”，聚焦“三个重点”，统筹推进“五大振兴”，持续巩固拓展脱贫攻坚成果，全力有效衔接乡村振兴。2022年，全市监测对象总数达到2.27万户8.81万人，户均落实帮扶措施3.62项，稳定消除风险6.42万人。创建乡村振兴示范村55个、乡村建设示范村101个、精品村20个、示范乡镇10个、示范县1个。深入实施厕所、垃圾、污水、风貌、庭院等“五大革命”，完成卫生厕所改造7.2万户，创建清洁村庄400个，创建美丽庭院示范户1万个，农村人居环境持续改善。加快生态及地质灾害避险搬迁，完成4155户1.67万人生态及地质灾害避险搬迁年度任务，全省现场会在陇南召开。以畜牧业为牵引带动农业产业结构优化升级，以花椒、核桃、油橄榄、中药材等精深加工为牵引推动农业特色产业价值提升，建立健全联农带农富农机制，通过订单收购、土地流转、入股分红、务工就业等形式，让群众更多分享产业增值收益。加大劳务输转力度，2022年共输转城乡富余劳动力68.51万人，实现劳务收入179.28亿元，脱贫人口年人均收入达到12171元、增长12.4%，高于农村居民人均可支配收入增速4.9个百分点。

【项目建设】坚持把项目建设作为推动高质量发展的重要抓手，旗帜鲜明大抓项目，持续开展项目攻坚行动，千方百计争项目、扩投资。2022年实施500万元以上项目748个，争取国省预算内投资、债券资金分别增长28.3%、49.5%。与省发改委、省交通厅、省自然资源厅、省公航旅集团、省农发行等单位和企业签订合作框架协议。加快完善立体交通网络，天陇铁路全线开工，武九高速年内实现区间通车，西和至宕昌高速、橄榄新城、万象大景区等一批重大项目开工建设，景礼高速、康略高速加快推进。新能源建设实现零的突破，礼县10万千瓦风电年内并网发电，宕昌县农光互补光伏发电、武都区风光储一体化发电等项目加快建设，武都区生活垃圾焚烧发电、国家电投50万千瓦风光储氢一体化示范项目开工建设，抽水蓄能项目前期工作进展良好。

【优势产业】大力实施特色产业三年倍增行动计划，巩固提升油橄榄、花椒、核桃、中药材、食用菌等特色优势产业，2022年实现产值240亿元。其中，花椒301.67万亩，产量6.12万吨，产值61.19亿元；油橄榄91.93万亩，产量4.72万吨，产值29.34亿元；核桃439.59万亩，产量15.17万吨，产值24.28亿元；中药材111.2万亩，产量19.24万吨，产值31.99亿元；食用菌生产5382万袋，产量4.55万吨，产值6.43亿元。新入选“甘味”企业商标品牌37个、累计达65个，进一步提升了特色产品知名度和影响力。全面实施“强工业”行动，谋划实施了雄伟万利循环生态新材料、金徽新材料石灰岩矿深加工、陇南祁连山水泥循环经济产业园等重大项目。实施市列重点工业项目33个，西和中宝矿业小东沟金矿等10个项目建成投产，文县新材料产业园等在建项目稳步推进。恒康医疗完成破产重组，金徽股份成功上市。推动矿业经济高质量发展，15家矿山企业复工复产，矿业经济对工业的贡献率达到53.8%。积极培育生态、中医药、历史文化等文旅康养新业态，武都万象、文县天池、康县青龙山、两当云屏、西和云华山等大景区建设加快推进。宕昌官鹅沟成功创建为国家5A级景区，康县创建为省级全域旅游示范区。建成省级文旅振兴样板村5个、国家等级旅游民宿5家。康县、文县、两当县入选“2022健康中国·康养旅游百强县”，金徽矿业获评“国家工业旅游示范基地”。2022年全年全市旅游总人数达1277.38万人次，旅游综合收入64.44亿元。大力推进产业数字化，建成金徽酒业数字化应用综合平台、油橄榄数字农业示范基地、陇南绿茶质量溯源区块链、礼县苹果大数据平台。深入推进智慧文旅、智慧交通、智慧教育、智慧社区等建设，5G+智慧健康一期工程建成投用。新建5G基站709个。

【人民生活】全年全市城镇居民人均可支配收入29899元，比上年增长4.2%。农村居民人均可支配收入10013元，比上年增长7.5%。城乡居民收入比值为2.99，比上年缩小0.09。全市城市面积达到70.69平方公里，公园绿地面积1185公顷，绿地面积达到2099公顷。常住人口城镇化率为38.49%。全市实施棚户区改造873套、教师安居住房开工3775套、市级公租房192套。2022年67个小区3284户改造任务，已全部开工建设。完成18个物业小区为“美丽小区”物业管理示范创建任务。10个住宅物业小区被省住建厅评为“美好家园小区”。启动的橄榄新城支五路、支七路、汉王路、阶州大道东段、南支线等3个项目5条主次干道建设，总投资6.33亿元。

【环境保护】深入学习贯彻习近平生态文明思想，坚定不移践行“两山”理念，积极创建“两山”实践创新基地，陇南市荣获“绿色高质量发展十佳城市”“2022绿水青山就是金山银山实践优秀城市”“2022乡村振兴绿色实践优秀城市”等多项荣誉，两个案例入选“2022绿水青山就是金山银山实践典型案例”，两当县被生态环境部命名为全国第六批“两山”实践创新基地。2022年陇南市城区环境空气质量优良天数比例为98.6%，位居全省第一；空气质量综合指数2.82，位居全身第二；细颗粒物（$PM_{2.5}$）浓度值为19微克/立方米，位居全省第一；可吸入颗粒物（PM_{10}）浓度值为47微克/立方米，位居全省第二；环境空气质量各项指标均达到国家空气质量二级标准。全面推行河湖长制、林长制，统筹山水林田湖草一体化保护修复，加强“两江一水”流域综合治理，加快建设以大熊猫国家公园为主体的自然保护地体系，2022年，全市森林面积达到1890.46万亩，森林覆盖率45.27%。

【社会保障和社会事业】坚持以人民为中心的发展思想，全力解决民生难题、办好民生实事、增进民生福祉，向着幼有善育、学有优教、劳有厚得、病有良医、老有颐养、住有宜居、弱有众扶的目标奋力迈进，全力打造美好生活福地。全市学校总数2280所。教职工35198人，其中专任教师32937。在校学生数506883人，其中小学在校生219538人、初中生101131人、高中生55140人、中等职业学校18102人、幼儿园97761人、特殊教育学校444人、陇南开放大学5409人、陇南师专9358人。学龄儿童入学率100%，初中入学率100%。2022年普通高考报名22080人，其中3935人通过综合评价录取，实际参加考试18145人，本科录取9866人，录取率54.37%。其中，8名考生被清华大学录取，8名考生被北京大学录取，95名考生被“C9+1”院校录取，415名考生被原985院校录取。全市有公立医疗卫生机构296个，其中县级以上综合医院11个、中医院8个、疾病防控中心10个、社区服务中心（站）26个、妇幼保健院（站）9个、卫生监督所10个、乡镇卫生院222个。拥有病床位13309张，共有卫生技术人员18147人。全面提升公共文化设施建设和服务水平，深入实施文化惠民工程，积极发展竞技体育，广泛开展群众性文体活动，不断满足群众高品质文化生活需求。全年全市共有艺术表演团体105个，美术馆（书画院）9个、艺术馆2个；文化馆10个；公共图书馆9个，藏书达123.67万余册；全市共有博物馆纪念馆16个，其中：博物馆7个，纪念馆9个；全市共有全国重点文物保护单位8处，省级文物保护单位34处，市县级文物保护单位410处；博物馆纪念馆藏品数量11699件/套。全市直播卫星及广播和电视综合覆盖率分别为98.21%和98.57%。全面落实积极的就业政策，不断完善功能，大力促进高校毕业生就业和城乡富余劳动力转移就业，认真开展职业技能培训，城乡就业创业水平稳步提高，全市城镇新增就业1.5万人。深入实施全民参保计划，完善基本养老保险和基本医疗保障制度，完善大病、工伤、失业等保险制度，全市各险种社会保险基金总收入42.4亿元、支出32.4亿元，累计结余26.6亿元。城乡居民养老保险参保166.7万人，工伤保险参保13.89万人，失业保险参保5.58万人。全市城镇职工和城乡居民医保参保人数分别为17.1万人和245.2万人。

（王蘅）

武都区

【基本情况】武都区地处长江流域嘉陵江水系白龙江上游，秦巴山系结合部，素有“巴蜀咽喉、秦陇锁钥”之称。全区辖36个乡镇、4个街道，643个村、58个社区，2022年末常住人口54.52万人，城镇化率46.91%。武都历史悠久，先秦时期就有道（县）建置，西汉元鼎六年（公元前111年）设武都郡，唐景福元年（公元892年）武州更名为阶州，历来为镇、郡、州、地、市所在地，2004年1月撤县设区，现为陇南市委、市政府所在地。

【资源优势】武都区幅员面积4683平方公里，耕地128.99万亩，有林地和疏林地190多万亩，境内山大沟深、沟壑纵横，海拔667—3600米，年降水量460毫米左右，年均气温14.6℃，属北亚热带半湿润气候，素有“陇上江南”之称。但降水时空分布不均，暴雨、冰雹、泥石流等自然灾害频发。自然资源丰富，油橄榄和花椒种植面积、产量、产值、品质均居全国首位，油橄榄可与地中海沿岸媲美，“大红袍”花椒享誉全国，是“中国油橄榄之乡”和“中国花椒之乡”；“米仓红芪”饮誉中外，是“中国红芪之乡”，有“千年药乡”之美誉；栗香毛尖、仁和绿茶和金陇红茶色润清香，备受青睐；有水杉、红豆杉和大熊猫、金丝猴等国家级保护动植物。旅游开发前景广阔，全区森林覆盖率达30.4%，高于全省平均水平，旅游资源丰富，发展潜力巨大，享有“华夏第一洞”盛誉的国家4A级景区万象洞、水帘洞、朝阳洞、千坝草原、裕河金丝猴保护区等景点绚丽多姿、美妙神奇，与天水麦积山、四川九寨沟连成一条旅游热线。矿产资源富集，被著名地质学家李四光称为“复杂的宝贝地带”，已探明的金属和非金属矿藏有铁、铜、磷、金、煤炭、石膏等30余种，品质优良，储量可观。水力资源潜力巨大，境内有白龙江、广坪河、西汉水三大水系，年径流量53.7亿立方米，水力理论蕴藏量70万千瓦，可开发量为20万千瓦。

【国民经济】2022年，武都区地区生产总值167.69亿元，比上年增长7.8%。其中，第一产业增加值33亿元，增长6.1%；第二产业增加值18亿元，增长8.5%；第三产业增加值完成116.69亿元，增长8.1%；固定资产投资增长22.1%；社会消费品零售总额87.16亿元，增长9.7%；全区经济社会呈现质量效益同步提升的良好态势。

【乡村振兴】创新机制做实做细动态监测帮扶。严格落实“3229”防返贫动态监测帮扶机制，设立防返贫保增收产业发展项目，安排资金550万元用于“三类户”到户产业发展奖补，激发群众的内生动力，从源头上化解致贫返贫风险。经排查摸底新识别纳入监测户160户660人，累计纳入3822户14057人。已资助因病、因学、因房、因水未消除风险监测户共计415.59万元，稳定消除风险2540户9507人。强化低收入人口常态化监测帮扶。健全完善农村低收入人口定期核查和动态调整机制，加大监测预警和救助帮扶，综合运用购买“政府防贫救助保险”等救助措施，有效防止致贫返贫。管好用好涉农帮扶资金。2022年实际整合涉农资金6.09亿元，全年到位各类补助资金4.96亿元，实施了3大类183个项目，其中产业发展97个，就业帮扶3个，项目已全面完工。全力促进脱贫人口就业增收。稳定劳务输转就业规模，建立脱贫劳动力就业信息台账，广泛收集区内外就业岗位信息，组织开展“一对一”就业岗位推荐，帮助脱贫人口就业。脱贫人口稳定就业64018人，占年度任务的100.5%。因地制宜采取以工代赈方式组织实施项目建设，累计发放劳务报酬2872万元。东西协作结硕果。全年共到位青岛市区两级财政帮扶资金8390万元，社会帮扶资金471万元，主要用于产业园区、示范村建设、订单辣椒等28个帮扶项目。

【项目建设】树牢“发展为要，项目为王”理念，坚定不移实施项目带动战略，推进项目攻坚行动。承办了2022年全市第二季度重大项目集中开工仪式武都分会场及重大项目观摩活动，有力推动了全区重大项目开复工。全年共实施重点投资项目113个，其中续建项目42个、新建项目71个，总投资277.3亿元，年计划投资67.55亿元。截至年底，累计完成投资55.91亿元，滨江体育场、县门街一期棚改及幼儿园建设、2022年村组道路硬化工程、高标准农田建设、油橄榄三年倍增行动计划、实验小学新校区等项目全面建成。东南阶州御府房产开发、2022年700MHZ网络二期新建工程、两水中学二期工程、凤凰公园等项目进展顺利。争取国省预算内资金1.62亿元，累计完成投资1.41亿元。共申报13个项目争取地方政府专项债券和一般债券，累计落实地方政府专项债券资金6.15亿元，一般债券项目资金1.27亿元。招商引资成效明显，全区共签约招商引资项目15项，签约资金46.47亿元，已开工14个，开工率为93.33%。实现省外到位资金18.28亿元，完成市上下达任务的121%。兰州新区移民搬迁工作有序推进，截至年底，落实贴息贷款297户，其中城镇35户，农村244户；户籍信息迁转报审561户，162户已报兰州新区复核；移交农村二期住房钥匙379套，兰州新区金融机构已累计投放城镇住房按揭贷款15户。

【人民生活】年末全区常住人口54.52万人，比上年末增加0.04万人。其中：城镇人口25.58万人，占比46.91%，比上年末提高1.12个百分点。城镇居民人均可支配收入31810元，比上年增长3.9%；农村居民人均可支配收入10558元，增长7.7%。年末全区企业职工参加基本养老保险9480人，参加失业保险7462人，城乡居民参加基本养老保险228065人，城镇职工参加医疗保险2.36万人，城乡居民参加医疗保险52.66万人，城镇居民发放低保金7875万元，农村居民发放低保金1.54亿元，供养特困人员5062人，发放特困供养金4649.18万元。

【环境保护】努力践行“绿水青山就是金山银山”理念，牢牢把握新发展理念，切实加强新时代环境保护和生态文明建设，积极作为，全力打好污染防治攻坚战，全区生态环境质量稳步改善。完成天保工程荒山造林0.4万亩、封山育林1万亩，植被恢复人工造林0.32万亩；在公路沿线建设绿色长廊65.5公里；义务植树180万株；落实草原禁牧面积132.05万亩，草畜平衡面积187.79万亩；全区草原综合植被盖度为93.6%。扎实开展大气污染防治工作现场检查，严查餐饮油烟污染违法行为，强化“三尘”“四烧”污染常态化管控，持续加大散煤管控力度，开展露天矿山和工业炉窑专项整治。全年，PM_{10}浓度值为47微克/立方米，$PM_{2.5}$浓度值为19微克/立方米，优良天数比率为98.6%，全省综合排名第二。25个乡镇级集中式饮用水源地水质达标率均为100%。中央环保督察反馈问题已上报销号报告；省级第一轮环保督察反馈的26项问题已完成25项；第二轮省级生态环境保护督察反馈的32项问题，已完成整改20项，其余12项正在有序整改。

【城乡统筹】“8·12”暴洪灾害居民住房灾后重建，目前群众自建、进城入镇、新疆生产建设兵团移民搬迁任务均已完成，农房抗震改造169户已全部竣工。建成了陇南市武都区东堤路道路及给排水改造、陇南市武都区截污干管、武都区吉石坝下黄排洪渠治理、城区集中供热热源增容提标及管网等改造工程。全区城市供水普及率达96.5%；燃气普及率达90.8%；污水收集率95.3%，污水处理率98%；城区绿化覆盖率达36%，供热面积130万平方米。全面完成自然村组路硬化项目57项116公里、8.12暴洪灾害水毁路段及2021年新增水毁路段105条333.28公里维修、村道安全生命防护工程27项90公里，5座危桥改造、G212线至桔柑小城镇连接线道路工程；S206大岸庙至姚渡公路三河过境段改建工程、白龙江干流陇南市武都区角弓镇构林坪段、白鹤桥消坝子段防洪治理工程，武都区拱坝河流域恢复区河堤工程等项目有序推进。持续加大乡村建设力度，统筹整合财政涉农资金6.09亿元，用于乡村级基础设施建设、产业发展、就业帮扶等方面，建设示范乡镇3个、乡村振兴示范村21个（其中：省级精品村4个、市级示范村10个、区级示范村7个）已全面完成。扎实推进城乡环境卫生整治行动，持续开展“全域无垃圾”活动，清理农村生活垃圾5747.75吨、村内沟渠1865.8公里、村内淤泥8450.9吨、整治生产生活物资乱堆乱放，完成户厕改建16038座，创建清洁村庄100个，村容村貌和环境卫生显著改善。

【财政金融】全年全区实现大口径财政收入12.45亿元，比上年下降3.59%。其中，地方财政收入4.35亿元，下降6.81%；一般公共预算支出49.05亿元，增长5.88%。年末金融机构各项存款余额432.93亿元，比上年末增长8.1%。其中住户存款余额240.95亿元，增长15.4%。金融机构各项贷款余额329.65亿元，增长19.81%。

【教育医疗】年末全区有各类学校335所，其中：高级中学2所，完全中学4所，十二年一贯制学校2所，独立初中16所，九年制学校16所，完全小学60所，教学点86所，职中2所，特教学校1所，公办幼儿园16所，具有独立法人的民办幼儿园130所。年末有教职工6467人。其中：高中962人，初中1903人，小学3056人，公办幼儿园243人，职业教育276人，特教教育27人。年末在校学生数124173人，其中：高中14736人，初中24463人，小学54463人，幼儿在校生25162人，职业中学5251人，特教学校98人。年末学龄儿童入学率100%，9年义务教育巩固率 98.79%，高中阶段毛入学率 96.66%。年末全区有公立医疗卫生机构 48 个，其中县级综合医院 1 所，中医院 1 所，疾病防控中心 1 所，社区服务中心 5 所，乡镇卫生院 34 所分院 6 所，拥有病床位 2509 张，有卫生技术人员 1891 人，其中：执业医师和执业助理医师 640 人，注册护士 805 人，药师（士）61 人。

【社会事业】着力改善办学条件，投资 1.3 亿元完成 29 所中小学扩建项目。高标准建成武都区两水第二小学与陇南市实验小学分校，调整撤并了部分教学点，教育布局更加优化。教育教学质量整体提升，2022 年高考本科上线 2832 人，上线率 65%。建立健全控辍保学长效机制，义务教育巩固率达到 98.79%。落实国家“双减”政策，实现课后服务义务教育阶段学校全覆盖、有需求的学生全覆盖。持续深化医药卫生体制改革，城乡居民医保、大病保险等制度运行良好，公共卫生服务水平不断提升，乡村一体化服务体系不断健全，建立居民健康档案 46.42 万人，建档率 86%；完成农村妇女“两癌”检查 3561 人、免费孕前优生健康检查 2350 对，均已全面完成任务。通过就业岗位推送、公益性岗位托底安置、组织实施“万名大学生基层就业”“百万就业见习岗位募集计划”“千名大学生就业计划”等多种措施，目前全区城镇新增就业 2811 人。全年，输转劳动力 13.83 万人（其中脱贫劳动力 6.21 万人），创劳务收入 34.02 亿元。对社会救助对象精准认定，动态调整管理，确保应保尽保、应兜尽兜，全年，临时救助 13332 户 4401.1 万元。社会救助保障标准逐步提高，城市低保标准提高到年人均 8076 元；农村低保一、二类对象年补助水平分别提高到 5268 元、5004 元，城乡特困人员基本生活标准分别提高到 10500 元、6852 元。年底全区有城市低保 5013 户 11073 人，农村低保 12981 户 35737 人，特困供养 4975 户 5062 人，发放城市低保金 7875 万元、农村低保金 14977 万元、特困供养金 4649.18 万元。科技、文体、退役军人事务等各项事业规范有序开展。

（宗春荣）

成县

【基本情况】成县位于陇南市东北部，东北与徽县接壤，西与西和相邻，南以西汉水为界与康县相望，东南与陕西略阳毗邻。属西秦岭余脉，地势呈西北高，东南低，海拔在 750—2377 米之间，境内多高山峡谷，地貌特征南北为山地，中部为丘陵。属暖温带半湿润气候，四季分明，冷暖适度，年均气温 13.3℃。无霜期 226 天，年日照时数 1611.2 小时。年均降雨量 692.6 毫米左右，相对湿度 76%。境内有犀牛江、东河、南河、洛河等“一江三河”丰厚的水资源。全县辖 14 镇 3 乡，245 个村 14 个居委会，土地总面积 1677 平方公里，其中耕地 59.7 万亩，林地 173.5 万亩，森林覆盖率 45.4%。2022 年末全县常住人口 24.1 万人，其中，城镇人口 12.7 万人，常住人口城镇化率为 52.5%。人口出生率为 8.4‰，人口死亡率为 9.4‰，人口自然增长率 -1.1‰。主要有汉族、回族、藏族、东乡族等 29 个民族，少数民族以回族为主。

【资源优势】成县自然资源丰富，境内四季分明，气候宜人，生态良好，土地肥沃。县内已知植物种类 1958 种，动物种类 54 种。特色农业逐步壮大，初步形成了“一主四辅两补充”多元化产业发展体系；以核桃产业为主导，养殖、中药材、果蔬、油料等为辅助，辣椒为补充的多元化产业发展体系。目前，核桃实现适宜区全覆盖 51 万亩、1100 万株。成县矿产资源富集。境内已发现矿产 23 种，金属矿藏主要有铅、锌、金、银、铜、铁等，非金属矿藏主要有大理石、花岗岩、石英石、冰洲石等。其中，铅锌地质储量约 1100 万金属吨，是国内第二大铅锌矿，品位高，储藏浅，易开采，成为继白银、金川之后甘肃第三个有色金属工业生产基地，目前已形成了年产铅锌原矿 320 万吨、冶炼 10 万吨、白酒 6000 吨、水泥 320 万吨的生产规模，发展壮大和基本形成了“一主导”（铅锌）、“两优势”（建材、白酒）、“三补充”的工业产业格局；全县大理石储藏量 92 亿吨，品类齐全，质地细腻，花纹艳丽，居全省首位。成县历史悠久，文化底蕴厚重。先秦设道，东汉置郡，唐、宋、元设州，治同谷县，明初降州为县，始称成县，相沿至今。县域生态环境良好，自然景观奇特，文化胜迹众多，风光秀丽，山水有致。境内有国家级森林公园鸡峰山、国家重点文物保护单位《西狭颂》摩崖石刻为全国仅存“汉三赋”中保存最完整，历史研究价值极高，古西汉栈道，风光峻奇、环境优美；南宋抗金名将吴挺陵园，历史蕴藏丰富；诗圣杜甫流寓同谷纪念地“杜少陵祠”，合山环水，景幽文蕴；唐韵遗风裴公湖人文景观和五龙山红色旅游景区；省级森林公园尖子山；有五仙洞、大云寺、甸山、金莲洞、泥功山、石门沟、浪沟峡等风景名胜。

【国民经济】2022 年，全县实现地区生产总值 82.2 亿元，比上年增长 7.5%。其中，第一产业增加值 9.7 亿元，增长 6.3%；第二产业增加值 39.5 亿元，增长 5.7%；第三产业增加值 33 亿元，增长 9.9%。三次产业结构比为 11.9 ∶ 48 ∶ 40.2，与上年相比，第一产业占比下降 0.3 个百分点，第二产业占比上升 0.7 个百分点，第三产业占比下降 0.4 个百分点。按常住人口计算，全年人均地区生产总值 34111 元，比上年增长 12.1%。全年全县大口径财政收入完成 13.3 亿元，比上年增长 17.3%；全年完成固定资产投资增长 22.1%；全年粮食种植面积 32.7 万亩，粮食产量 10.3 万吨；全年实现社会消费品零售品总额 18.5 亿元，增长 9.4%；年末全县金融机构各项存款余额 168 亿元，比上年末增长 16.6%；金融机构各项贷款余额 97.3 亿元，增长 15.9%。全年城镇居民人均可支配收入 29197.2 元，比上年增长 3.6%；农村居民人均可支配收入 11986.0 元，增长 7.0%。

【乡村振兴】坚持补短板拓成效，乡村振兴步伐加快。紧盯“三落实一巩固”，严格落实防返贫动态监测和帮扶机制，持续完善快速发现、评估核查、精准帮扶、风险消除措施，守住了不发生规模性返贫底线。整合各类资金 4.1 亿元，全力补齐短板弱项，实施 25 个村农村饮水安全改造提升工程，硬化自然村组道路 91.4 公里，新建卫生厕所 2000 座，农村生活环境和面貌持续改善。

稳步推进乡村建设示范行动，编制完成村庄规划 40 个，整合涉农资金 5330 万元，创建乡村建设示范村 18 个。全年输转劳动力 5.5 万人，其中脱贫人口 2 万人，实现劳务收入 16 亿元。持续深化东西协作帮扶，强化“五联五促”工作举措，城阳区 8 个街道办事处结对帮扶成县 16 个乡镇；扎实推进消费帮扶，实现销售额 8949 万元。

【项目建设】坚持抓项目扩投资，发展动能不断增强。聚力推进项目攻坚行动，全年安排项目前期经费 1000 万元，谋划实施 500 万元以上投资项目 77 项，完成投资 29.6 亿元。发行专项债券项目 14 项，落实债券资金 4.7 亿元，较 2021 年增长 126%。天陇铁路成县段开工建设，城区东西出口道路建设工程顺利推进，实施生命安防工程、养护维修道路 162 公里，成功创建“四好农村路”全国示范县。县第二、第三幼儿园、职业中专及第二中学迁建等一批教育振兴项目启动建设，医疗救治中心、中医院整体迁建、儿童医学救治中心等医疗服务能力提升项目加快推进，实验小学、县妇幼保健院搬迁项目建成启用。支旗片区旧城改造、林业苗圃和农贸市场片区改造、原邮政局家属楼棚户区改造等居住条件改善项目进展顺利。红川酒业 1.2 万吨纯粮原浆白酒酿造、利和萃取特色农产品深加工、九源 5000 吨核桃及农林系列产品综合加工等一批补链强链延链项目顺利推进。建立重大招商引资项目帮办代办制，新签约招商引资项目 10 个，总投资 38.8 亿元，到位资金 15.1 亿元，比上年增长 52.8%。

【优势产业】坚持扩优势促转型，产业发展量质并进。大力推进特色山地农业提质增效，51 万亩核桃喜获丰收，实现产值 4.4 亿元，在杭州成功举办招商引资洽谈会暨网上核桃节展销推介活动，成县核桃节入选“全国 100 个丰收节庆特色活动”；发展蔬菜、中药材、万寿菊、烤烟等区域特色产业 24.5 万亩，建成标准化规模养殖场 598 家，“1+3+X”特色农业产业质量效益同步提升，店村镇被农业农村部列为农业产业强镇。坚决扛牢粮食安全政治责任，整治撂荒地 1.1 万亩，新建高标准农田 7 万亩，完成粮食播种面积 32.7 万亩，粮食产量 10.3 万吨。大力推进工业振兴示范县建设，制定工业振兴“123810”工作思路和奖励扶持办法，新增规上工业企业 2 户。陈院生态园通过国家 4A 级景区认定，西狭颂国家 5A 级景区和杜甫草堂国家 4A 级景区创建及基础设施提升项目进展顺利，西狭颂摩崖石刻、吴挺墓神道碑被遴选为全国名碑名刻文物。完成文旅康养基础设施和业态培育项目 2 个，建成乡村旅游服务节点 182 个，打造旅游重点村 27 个。建成“电商+供销”县乡村三级配送总仓和“陇货入浙”甘味直营店，新研发网货产品 72 款，全年开展电商培训 2206 人次，完成电商销售额 4.7 亿元。

【城市建设】坚持夯基础精管理，城市更新加速推进。坚持全县整体谋篇布局，“多规合一”编制全域全要素管控规划，“三区三线”划定通过审核，《国土空间总体规划（2020—2035）》形成初步成果，12 个城区片区修建性详细规划顺利完成。依法依规解决了一批遗留问题，征收土地 3200 余亩，拆除“两违”建筑 21 座。34 个老旧小区改造项目接续实施，城区西出口环境综合整治、东河生态治理项目顺利完成，成州城市综合停车场及城市公园、莲湖公园二期项目进展顺利；北大街提升改造加速推进，谷府家园商务中心历时半年封顶。17 个房地产开发项目有序推进，完成投资 24 亿元，新增房屋面积 32 万平方米。集中力量打通城区 10 条“肠梗阻路”，全力推进地下管网改造和道路提升工程，埋设雨污管网 20 千米，完成道路改造 9.1 公里，梁山路、青岛路、团结路等按期建成投用，陇南大道、同谷北路等正在按时序进度统筹推进。全面推动环卫清扫保洁市场化运行，深入落实城市精细化治理，集中开展城区环境秩序整治，实施了城区路灯桥梁更新工程、绿化提升改造项目和架空线缆专项整治，顺利完成果蔬批发市场、二手车交易市场搬迁入园。

【环境保护】坚持可持续利长远，生态底色更加靓丽。坚持以绿色发展为导向，深入推进“两山”理论实践，持续保持生态环保高压态势，第二轮第二批省级生态环境保护督察反馈问题及市、县集中排查问题整改按时序推进。依法依规淘汰拆除 10 座砖瓦轮窑生产线，实施祁连山节能减碳、厂坝矿智能化车间、锌冶炼污酸污水技术改造等项目，主动落实节能降耗有关措施，全县规模以上工业单位综合能耗、用水量分别比上年下降 14.9%、8.09%，空气质量优良天数、地表水水质、土壤环境质量稳定达标。严格落实河长制，深入开展河湖“清四乱”、联合执法等涉水生态环境专项行动，全面清理河道违法设施，打击侵占河道、乱采乱挖等违法活动，“一江三河”生态治理成效明显。全面实施林长制，持续推进人工造林、封山育林、退化林修复、森林抚育等林业生态修复建设，完成义务植树 122 万株，栽植补植绿化苗木 1.7 万株，建设绿色通道 162 公里，全县森林覆盖率、蓄积量持续“双增长”。

【社会保障】坚持解民忧增福祉，普惠保障提标扩面。加大财政对民生的投入力度，全力推动社会事业发展，全年民生支出达 22.5 亿元，占一般公共预算支出的 82.2%。各项纾困措施直达基层、直接惠及市场主体，办理增值税留抵退税 130 户 6700 万元。推出“小微快贷”等优惠金融产品，阶段性降低失业保险、减免房租等助企纾困政策全面落实。建成综合养老服务中心 3 个、农村幸福食堂 10 个，完成经济困难老年人家庭适老化改造 140 户。为 3512 户群众办理不动产登记证，落实到户财政补助资金 3928 万元、政策性贷款 7485 万元，开工建设生态及地质灾害避险搬迁集中安置点 3 个，完成 492 户 1829 人搬迁任务。全县共有各类提供住宿的社会服务机构 59 个，其中：县级综合福利院 1 个，乡镇综合养老服务中心 1 个，乡镇中心敬老院 2 个，村级五保家园和日间照料中心 55 个。社会服务床位 695 张，其中：养老机构服务床位 145 张，村级五保家园和日间照料中心床位 550 张。年末共有社区服务中心 13 个，社区服务站 13 个。年末全县机关事业单位养老保险参保人数 13305 人（其中在职参保人员 9861 人，退休人员 3444 人）。企业职工养老保险参保缴费人数 7578 人，城乡居民基本养老保险参保人数 15.1 万人，工伤保险参保缴费人数 17535 人，失业保险参保缴费人数 8339 人。年末全县参加基本医疗保险人数 247801 人，比上年减少 3438 人，其中：参加职工基本医疗保险人数 22799 人，减少 730 人；参加城乡居民基本医疗保险人数 225002 人，减少 2708 人。年末全县共有 618 户 1114 人享受城市最低生活保障，发放低保金 65.8 万元；5866 户 12975 人享受农村最低生活保障，发放低保金 522.8 万元。全年国家抚恤、补助退役军人和其他优抚对象 15088 人次，优抚对象补助资金 759 万元。

【社会事业】投资 8.8 亿元实施教育项目 30 个，薄改与能力提升等项目全部完工，新增学位 1450 个，大班额问题有效缓解；2022 年中考综合评比全市第一，高考上线率全市第三。市九运会奖牌榜位列第二，省运会金银铜牌各有斩获，被确定为全省体教融合试点县。全县学校总数 248 所，其中：中等职业学校 1 所，职业高中 1 所，完全中学 4 所，独立初中 5 所，九年一贯制学校 16 所，小学 47 所（含 1 所民办学校），教学点 105 所，幼儿园 68 所(其中：公办幼儿园 2 所，乡镇中心幼儿园 24 所，民办幼儿园 42 所)，特殊教育学校 1 所。教职工 2981 人，在校学生数 51945 人。其中：职业高中在校生 1315 人，教职工 40 人；普通高中在校生 5222 人，教职工 353 人；初中在校生 10482 人，教职工 786 人；普通小学在校生 22962 人，教职工 1511 人；特殊教育在校生 82 人；学前教育在园幼儿 11508 人；中等职业教育在校生 374 人；九年义务教育巩固率为 98.8%，高中阶段入学率为 95.0%，学前教育三年毛入学率 99.3%。全县高等教育专科学校 1 所，教职工 641 人，在校学生数 9363 人。医疗保障能力进一步提升，县医保服务中心成功创建“全国医疗保障服务窗口示范点”。年末全县共有医疗卫生机构 584 个，其中：公立医院 3 个、民营医院 6 个、厂矿企业医院 1 个、乡镇卫生院 20 个、个体诊所 305 个、村卫生室 245 个、疾病预防控制中心 1 个、卫生监督所 1 个、卫校 1 个、成县城关社区服务中心 1 个(含健康教育所 1 个)。年末卫生技术人员 2192 人，其中：执业医师 554 人和执业助理医师 246 人、注册护士 1365 人。医疗卫生机构床位 1586 张，其中医院 1380 张、乡镇卫生院 206 张。全年总诊疗人次 78.82 万人次，出院人数 3.5 万人。全县共有体育综合训练场地 1 个，室内体育馆 1 座，室内体育场地面积 1600 平方米，全民健身路 1 条，公共健身设施完善。

【行政效能】坚持优环境激活力，行政效能显著增强。持之以恒深化“放管服”改革，不断优化营商环境，持续释放发展活力，全年新增市场主体 2046 户、增长 10%。强化审批服务在线办理，在线审批平台申报项目 321 个，申报投资额 276.7 亿元，按期办结率 100%。数字政府运营指挥中心建成启用，17 个乡镇便民服务中心实现自助办理，政务事项网上可办率 100%。全面落实强科技行动，不断提高自主创新能力，培育国家高新技术企业 3 家、省级科技创新型企业 7 家、入库科技型中小企业 22 家；争取国家和省、市各类科技项目 9 项，新登记国家和省级科技成果 6 项，启动实施各类科研项目 37 项，完成技术合同成交额 1 亿元。不断深化农村集体产权制度改革，有序推进新建商品房“交房即交证”改革试点，积极推动政府融资平台整合升级和市场化转型发展，国企改革三年行动任务全面完成。

（侯彦明）

文县

【基本情况】文县位于甘肃南陲，坐落在甘、川、陕三省交界处，地处秦巴山区，素有“陇上江南”、“大熊猫故乡”美誉。被文化和旅游部命名为“中国民间文化艺术之乡”，被中国民协命名为“中国白马人民俗文化之乡”。全县总土地面积 5003.4875 平方公里。辖 14 镇 6 乡，305 个村民委员会，7 个社区，1305 个村民小组。境内有汉、藏、回、满、羌等 12 个民族，少数民族乡镇 1 个。地理位置处于亚热带向暖温带过渡地带，素有“一山有四季，十里不同天”的特征，境内气候宜人，冬无严寒，夏无酷暑。

【资源优势】一是水资源富甲陇原。有“两江八河”、360 条溪流，年径流总量 90 多亿立方米，水能理论蕴藏量 303 万千瓦，其中可开发利用的达 212 万千瓦，约占甘肃省的五分之一。二是矿产资源富集。有金属和非金属矿藏 20 多种。境内已探明的阳山金矿是亚洲最大类卡林型金矿。硅矿储量 3 亿多吨，铜金属储量 5 万多吨，重晶石矿储量 4200 多万吨。三是生物资源丰富。茶叶、纹党参、花椒、油橄榄等为陇上著名农特产品。境内有国家级自然保护区 1 个（白水江自然保护区）、省级自然保护区 3 个（博峪河自然保护区、大鲵自然保护区、尖山自然保护区）。特别是白水江国家级自然保护区栖息着大熊猫、金丝猴等珍稀动物 20 多种，生长银杏、珙桐和红豆杉等珍稀树种 20 多种。四是旅游资源独特。中国四大天池之一的文县天池、白马藏族民俗村、碧口古镇与茶文化、阴平古道、白水江自然保护区等一批旅游景点闻名遐迩，与四川省九寨沟、黄龙、陕西省青木川古镇等景区景点连成了一条黄金旅游线，开发前景广阔。

【国民经济】2022 年全县地区生产总值 70.1 亿元，比上年增长 7.9%。其中，第一产业增加值 8.5 亿元，增长 6.1%；第二产业增加值 40.2 亿元，增长 8.7%；第三产业增加值 21.4 亿元，增长 7.2%。规模以上工业增加值比上年增长 22.5%；社会消费品零售总额 7.7 亿元，增长 9.4%；城镇居民人均可支配收入 28076 元，增长 4.3%；农村居民人均可支配收入 9256 元，增长 8%。一般公共财政收入 2.4 亿元，增长 0.6%。年末金融机构人民币各项存款余额 109.1 亿元，比上年末增长 11.2%，其中住户存款 83.2 亿元，增长 14.2%；金融机构人民币贷款余额为 60 亿元，增长 3.1%，其中中长期贷款 52.9 亿元，增长 1.3%。

【“三农”工作】农业特色产业三年倍增行动持续推进。着力发展特色山地农业、设施农业、农产品加工业、乡村旅游业、电子商务等现代乡村产业。高标准建成文县即墨现代农业产业园、洋汤河现代农业产业园、碧口石龙沟流域茶产业观光体验园、文县纹党参现代农业产业园“四大园区”。推进畜牧养殖牵引行动，新发展万头以上商品猪养殖场1个、5千头以上3个，万羽以上放养鸡场5个。申报创建羊肚菌、青花椒绿色食品，“天境文县”、“让水缘”核桃、“碧山玉叶”茶叶入选“甘味”品牌。引进培育龙头企业2家，规范提升专业合作社90家。全年全县各类农作物播种面积40.8万亩，比上年增长5.1%。粮食面积20.9万亩，增长1.6%，粮食产量42630.8吨，增长9.7%，其中夏粮产量10051.6吨，减少1.7%，秋粮产量32579.2吨，增长13.3%。特色产业中蔬菜种植面积81610.8亩，增长8.1%，产量117475.9吨，增长6.4%；油料面积4.4万亩，增长21.1%，油料产量4377.2吨，增长9.5%。全年全县中药材产量12626吨，增长13%；油橄榄产量1194吨，增长57.9%；花椒产量4774吨，增长1.3%；核桃产量6925吨，增长3.5%；茶叶产量820吨，增长23.9%。全年全县生猪存栏62367头，增长13.9%，出栏61321头，增长8.7%；牛存栏12235头，增长5.1%，出栏4195头，增长8.4%；羊存栏41031头，减少4.3%，出栏23162只，增长9.1%；家禽存栏33.47万只，增长15.1%，出栏15.9万只，增长3.9%；水产品产量695吨，增长3.7%。

【乡村振兴】深入开展“十聚焦十到位”“抓巩固促增收”“八大冲刺攻坚行动”，取得明显成效。强化动态监测帮扶，推行“月访视”制度，新识别纳入“三类户”，稳定消除致贫返贫风险人员。持续推进产业帮扶、稳岗就业。加大5个易地搬迁安置点后续扶持，搬迁群众就业率91.3%。深化拓展帮扶协作，实施东西部协作项目38项，实现消费帮扶8365.42万元，腾讯未来教室等定点帮扶项目建成投用。大力推进乡村建设行动，编制完成58个“多规合一”村庄规划，投入资金1.4亿元，创建提升村25个、精品村19个、市级示范村9个、市级清洁村5个。持续推进农村厕所、垃圾、污水“三大革命”，建成卫生厕所8185座，普及率达到70%以上，建成农村污水处理项目7个，11个垃圾焚烧项目进展顺利。

【项目建设】扎实开展项目建设攻坚行动，谋划实施“三个清单”项目。实施重大交通项目21个6.5亿元，武九高速剩余征地拆迁任务全面完成，实现区间通车。文广高速余凡段、武九高速尖山互通立交、碧范路改建及白龙江特大桥等项目前期加快推进，完成村组道路硬化204公里、危桥改造15座、安防工程90公里。实施水利项目11个1.72亿元，修复农村安全饮水110处，洋汤河流域集中供水升级改造等项目进展顺利。尚德抽水蓄能电站、光伏发电项目全面启动。白龙江干流水库水环境综合治理暨碧口至罐子沟航运工程试验段启动实施。完成农村电网改造107.21公里，新建5G基站165个。争取国省预算内资金7154万元，加快推进“8.12”暴洪泥石流灾害恢复重建项目，近中期重建任务基本完成。

【环境保护】严格落实“三线一单”分区管控制度，绿色发展方式和生活方式加快转变。“河湖长制”“林长制”和“十年禁捕”行动持续推进，山水林田湖草系统综合治理水平不断提升。聚力实施生态廊道建设，按照“一心四线”布局，栽植行道树215公里，栽植各类苗木170万株，打造节点65处，极大改善了路域环境，厚植了绿色底蕴，实现了生态效益、社会效益相得益彰。开工建设石鸡坝水磨沟等地质灾害综合治理项目，实施白水江重点河段清淤疏浚。全面启动“两山”实践基地创建行动，20项指标体系中14项达到创建标准。完成人工造林8.69万亩，实施封山育林7万亩，森林覆盖率达到50.8%。持续推进大气、水、土壤污染防治，环境空气质量优良天数达到97.6%，白龙江、白水江水质优良率达到100%，城乡集中式饮用水水源地水质达标率100%。

【社会保障】把为民造福作为最大政绩抓紧抓实，省市县民生实事全部办结，民生支出占一般公共预算支出比重达到81%。稳岗就业取得扎实成效，输转劳务5.95万人，新增城镇就业1500人，新开发公益性岗位1000个、总数达到6463个，通过开展以工代赈等方式，吸纳两千多名农民工就近就业再就业。社会保障水平不断提升，城乡低保、特困供养对象基本生活提标全面完成，发放各类社会救助资金1.7亿元。建成2个乡镇养老服务中心、10个农村幸福食堂、15个乡镇社会工作站，“一老一小”服务体系逐步完善。教育教学质量稳步提升，严格落实“双减”政策，完成12所中小学校薄改与能力提升项目，建成中寨小学教师周转房，实验中学、职教中心实训综合楼、新区幼儿园等项目开工建设。文县一中、二中分别获得全市高中教育质量优胜奖、进步奖，城关中学被评为全市初中教学质量先进学校。高考本科上线率56.07%。健康文县建设加快推进，建成县域医学中心5个，完成县第一人民医院、县第二人民医院救治能力提升和疾控中心检测检验中心改造，改造建成亚定点医院和方舱医院，购置方舱实验室，建成青林医院西园门诊楼，医疗服务能力和公共卫生服务能力有效提升。实施乡村医疗振兴“十百千”工程，50种常见病实现医疗不出乡。文化体育事业成果丰硕，完成灯光球场提升改造，建成9个文化广场。组织各类文体活动120场（次），成功承办文旅部“欢乐过大年”“喜迎冬奥会”“村晚示范展示”等系列活动。文化馆通过国家三级馆评估定级。

（杜敏）

宕昌县

【基本情况】宕昌县位于甘肃南部，陇南市西北部，东接礼县，南连武都，西邻舟曲，北靠岷县，地处西秦岭、青藏高原、黄土高原交汇的复杂构造带，境内最高海拔4154米，最低海拔1138米，年平均气温10.0℃，年平均无霜期180天，年平均降水量635.5毫米，年蒸发量1180.9毫米，年平均日照时数2085.1小时，年太阳辐射量119.5千卡/㎝²，境内气候温和，光照充足，冬无严寒，夏无酷暑，属大陆温带季风气候区。全县辖14个乡、11个镇、336个行政村，幅员3331平方公里，2022年末全县常住人口24.86万人，其中城镇人口7.3万人。

【资源优势】一是驰名中外的中药材，有当归、大黄、党参、红芪、丹参、柴胡等636种，尤以当归、党参、红芪、大黄四大药材质优量大，远销中外。二是种类繁多的矿产资源，已探明的矿产有锑、铜、铅、锌、金、铁等金属，石灰石、石膏、重晶石、煤、泥、炭、玛瑙等非金属。三是有珍稀动物金钱豹、香獐、鹿、熊、狐等。四是林副特产主要有野生蕨菜、松花蜂蜜、生漆、羊肚菌、花椒、核桃、柳编工艺品、手工地毯等。五是丰富的旅游资源，主要旅游景点有：哈达铺红军长征纪念馆、素有“小九寨沟”之称的国家AAAA级风景区官鹅沟、南阳牛头寺、宕昌古国遗址、高庙山公园等。宕昌先后被国家有关行业协会评为“中国绿色名县”“中国最佳文化生态旅游目的地”“中国低碳旅游示范县”“中国红色经典旅游胜地”。

【国民经济】全年全县地区生产总值36.97亿元，比上年增长7.6%；规模以上工业增加值增长0.1%；固定资产投资增长20.17%；实现大口径财政收入2.4亿元，下降19.5%。一般公共预算收入1.29亿元，下降28.3%，其中税收收入0.58亿元，下降17.1%；财政支出33.47亿元，增长6.26%；完成社会消费品零售总额15.26亿元，增长9.9%。城镇居民人均可支配收入达28548.2元，增长3.5%；农村居民人均可支配收入9279.6元，增长8.1%。城镇居民人均生活消费支出16698元，增长3.5%；农村居民人均生活消费支出9790.3元，增长6.5%。

【乡村振兴】严格落实“四个不摘”要求，深入开展“抓巩固促增收”百日提升和“一行动一活动”，乡村振兴稳步推进。实施农房抗震改造854户，完成56个村供水保障和67个村供水提升工程，为215个村安装了饮水净化设备，控辍保学、基本医疗、易地扶贫搬迁成果持续巩固。输转劳动力8.39万人次，创劳务收入22.04亿元，培育就业工厂10家，发展“五小产业”3821户，巩固提升“宕昌模式”，创新合作社运行模式，龙头企业及合作社兑现分红1724万元，发放小额信贷6795户3.3亿元，牢牢守住不发生规模性返贫底线。争取东西部协作、中央定点单位和省市帮扶单位帮扶资金1亿元，完成消费帮扶0.91亿元。投入资金5.68亿元实施乡村振兴项目145个，建成示范村32个、美丽庭院示范村13个、示范户1100户、卫生厕所9500座，新建农村污水和垃圾处理工程11处、安全防护工程43公里、便民桥10座，硬化自然村组道路45公里，获评省级“四好农村路”示范县。

【项目建设】紧紧扭住项目建设“主引擎”，强化推进管理。谋划实施重点项目142项，争取各类资金4.68亿元，累计完成投资23.9亿元，和昌高速、羊马城隧道、城区水源地、官鹅沟互通立交等重大项目顺利开工。全年签约招商项目19个38.06亿元，一大批新能源项目落地宕昌，农光互补光伏发电项目成为全市第一个开工建设的新能源项目。培育规上工业企业2家，新设矿业权1宗，三昌矿业9万吨锑矿采选项目投产，南河非金属矿产业园建成运营。

【优势产业】坚持把产业作为富民强县的根本，扩充产业链，培育增长极，打造产业集群。官鹅沟成功创建为陇南首家国家5A级景区，投入1.38亿元改造提升哈达铺红军长征一条街，谋划旅游项目8个，着力打造景观节点。落实600万元奖补资金支持农家乐、农家客栈改造提升。深入推进中药材产业提质增效，实施特色优势产业三年倍增项目41个，创建中药材绿色标准化生产基地80个，建成中药材种苗繁育基地1.5万亩，中药材综合产值达到35.01亿元，药农药材收入平均提高16.3个百分点。哈达铺工业集中区建设快速推进，制定落实十项奖补政策，中药材商贸物流园实现综合交易额6.5亿元。蔬菜（食用菌）、养蜂、养鸡、经济林果等产业稳步发展，培育提升农业龙头企业24家、家庭农场107家。投入500万元与中国养生协会合作开发“黄芪茶”系列产品，“三品一标”认证产品达到27个，新入选“甘味”农产品1个，新建成的电子商务公共服务中心入驻企业26家，在青岛市南区、安徽亳州市建成农特产品体验馆2个，电商线上线下销售额5.74亿元，特色优势产业呈现良好发展势头。

【环境保护】围绕生态立县，全面落实河湖长制、林长制，深入推进污染防治攻坚战和蓝天净土保卫战。在全市率先建成智慧水务远程监管平台，编制19条县级河流“一河一策”，完成25条河流河湖岸线保护利用划界。关闭砂厂14家，清理河道13.86千米，新建污水处理设施1处、污水管网2590米，岷江重现碧波荡漾美景。持续推进耕地保护，投入385万元实施地膜回收、化肥减量增效、中药材基地轮作倒茬项目，完成受污染耕地安全利用与严格管控8890亩。落实“双碳”政策，积极推进生态修复，谋划国家储备林9.24万亩，完成荒山造林2.1万亩、退耕还林1.6万亩、义务植树112万株，建设生态长廊305公里，修复治理退化草原2.5万亩，全县森林、草原覆盖率分别达到31.21%、11.02%。扎实开展污染防治，整顿规范煤炭市场168家，安装汽修厂VOCs处理设备28家，优化升级餐饮企业油烟处理系统350家，整改环保问题16个。$PM_{2.5}$达到国家二级标准，空气优良率达到98.5%，天蓝、地绿、水清、土净的优美生态更加靓丽。高效统筹发展与保护、生态与安全，3920户群众纳入生态及地质灾害避险搬迁5年计划，776户群众搬进新家，“当年规划、当年建设、当年入住”的宕昌速度得到省市充分肯定。

【社会保障】围绕教育兴县，制定“1+5”教育改革方案，全面落实“双减”政策，设立200万元“县长教育奖学金”，县振兴教育促进会奖励资助学生659人。实施教育类项目28个，投资2.13亿元开工建设县第二中学，39所学校建成新型供暖设施，开工建设教师安居住房1660套。全县高考本科上线率69.66%，位居全市第二，宕昌县荣获“陇南市普通高中教育教学质量先进县”称号。持续推动文化宕昌建设，开展“戏曲进乡村”文化惠民演出150场次，省第十五届运动会圣火采集仪式在哈达铺举行。持续增进人民健康福祉，建成第二人民医院住院楼，完成第一人民医院、第三人民医院、传染病医院项目前期，新引进医疗人才5人，与兰大一院建立“组团式”帮扶关系，培训村医311人，通过基本医保、大病保险、医疗救助三重保障机制，报销医疗费用6.4万人次1.27亿元，报销比例达到80%以上，健康宕昌建设取得新成效。开展“一老一小”“三留守”关爱服务，建成综合养老服务中心3个、幸福食堂10个，为4.07万60岁以上老人购买意外伤害险，发放低保、特困供养、残疾人、孤儿等困难群体各类补贴2.6亿元、优抚对象抚恤和生活补助资金835.7万元、义务兵家庭优待资金975.9万元。落实创业担保贷款3200万元，开发城镇公益性岗位113个，新增城镇就业1750人。3415套城镇住宅历史遗留“登记难”问题全部化解，群众的获得感更加充实。

（权伟）

康县

【基本情况】康县位于甘肃省东南部，嘉陵江上游，西汉水之滨，陕甘川三省交汇地带。东经105°18′~105°58′，经间距离41′14″；北纬32°53′~33°39′，纬间距离45′59″。南北长84.9公里，东西宽64.2公里。东邻陕西略阳县，南接陕西宁强县，西邻武都区，北隔西汉水（犀牛江）同成县相望，总面积2967.95平方公里，耕地总面积69万亩。全县共有21个乡镇（18个镇3个乡）、350个村、3个社区、1个居委会，年末常住人口16.17万人，共有25个民族，汉族人口占99.6%，有回族、苗族、土家族、藏族、东乡族、壮族、布依族、彝族、满族、蒙古族、侗族、瑶族、维吾尔等少数民族。康县地处西秦岭南侧陇南山中，地质构造为昆仑秦岭地槽褶皱地带，地势西高东低，起伏大，中部高，南北低；最高海拔2484.8米，最低海拔560米。境内气候属亚热带向暖温带过渡区域，雨量充沛，气候湿润，光照充足，年总降水量831mm，年均气温11.8℃，年总日照时数1403.7小时，无霜期267天。

【资源优势】康县物产丰富，素有“万宝山”之称，境内有高等植物172科1400余种，有香果、红椿、香樟、红豆杉、楠木等珍贵稀有树种28种；有银耳、木耳、羊肚菌、天麻、猴头、灵芝等林木真菌96种；有天麻、杜仲等野生药材576种；生存栖息着各类野生动物600多种，其中有国列一、二级重点保护的金丝猴、林麝、猕猴、大鲵等野生动物14种。康县享有“中国核桃之乡”“中国有机茶之乡”“中国黑木耳之乡”“中国西北蚕桑重点基地县”“全国经济林建设先进县”“全国食用菌行业先进县”。生态优势，境内青山绿水，现有森林约338.29万亩，活立木蓄积量1252.72多万立方米，全县森林覆盖率达到70.61%，林木绿化率高达74.3%，是一块难得的绿色净土，是西北地区生态环境最好的县之一，拥有“中国绿色名县”和“陇上江南”之美称。矿产资源，康县地处秦岭西南段，属陕南、陇南、川北“金三角”的一部分，境内已发现的主要矿种有金、铜、铁等金属矿产，金矿是县内优势资源，黄金储量丰富，岩金矿在县境内大部分地区均有分布。铜矿主要分布在康南的阳坝—太平一带地区，已探明铜矿石资源储量448.8万吨。水利资源，全县共有一江十四河，水能蕴藏量（理论）9.98万kw，可开发量约占3.68万kw。人力资源，全县城乡劳动力资源总数13.96万人，其中乡村劳动力12.21万人；当年输转劳动力5.7094万人，创劳务收入15.73亿元。

【国民经济】2022年，全县实现地区生产总值288402万元，比上年增长7.5%。其中，第一产业增加值52575万元，增长6.2%；第二产业增加值49977万元，增长8.1%；第三产业增加值185850万元，增长7.8%。三次产业结构为18.23 ∶ 17.33 ∶ 64.44。按常住人口计算，人均地区生产总值16893元，增长7.5%。一般公共预算收入15085万元，增长6.99%。年末各项存款余额810471万元，比上年末增长11.5%，各项贷款余额320023万元，下降6.21%。实现社会消费品零售总额82868万元，比上年增长9.3%。固定资产投资增长17.7%。

【供给侧结构性改革】始终把产业结构调整作为转型升级的重要抓手，传统产业加快转型升级，现代医药制造、农特产品深加工、电子商务、乡村旅游、休闲康养等产业蓬勃发展，经济发展呈现新格局。以金融、邮政快递外卖、演艺广告服务、电子商务、旅游康养等为主体的现代服务业快速发展，经济结构实现持续优化。2022年末，全县共有市场主体12597户。其中，个体工商户9630户，私营企业1711户，农民专业合作社1256户。全县非公经济增加值达到16.9亿元，占地区生产总值的比重达到58.6%。

【“三农”工作】2022年，全县农林牧渔业总产值8.9958亿元；农林牧渔业增加值5.2575亿元，比上年增长6.2%。粮食生产保持稳定，粮食总产量达到40281.17吨，增长7.57%。其中，小麦17781.23吨，增长2%；玉米13624.06吨，下降1.05%；薯类4872.73吨，增长40.71%；大豆1825.45吨，增长13.04%。畜牧业呈现恢复性增长态势，牛出栏2448头，增长7%；猪出栏42301头，增长7%；羊出栏9792只，增长2%；家禽出栏17.43万只，下降21.13%。特色产业产品产量持续增长，核桃产量9964吨，增长8.61%；花椒产量881.52吨，增长1.11%；中药材产量10073.72吨，增长9.08%；茶叶产量849.77吨，增长9.54%；蚕茧产量141.14吨，增长5.73%；食用菌产量2878.95吨，增长7.18%。完成高标准农田建设项目任务1.5万亩，整治撂荒地面积37105.1亩。组建食用菌、茶叶、中蜂等产业协会6个，发展特色产业扶贫车间11个，组建多元化规模化产业基地32个；规范提升农民专业合作社104家，新培育家庭农场45家，开展农民专业合作社示范社创建活动，创建国家级示范社4家、省级示范社13家、市级示范社36家、县级示范社81家。持续推进特色产业振兴示范村建设，加强三品一标培育，“三品一标”新认证绿色食品3家企业5个产品。全年打造农业特色产业示范村21个，其中：市级示范村4个（岸门口贾坝村、长坝山根村、大南峪窑坪村、阳坝田坝村）、县级示范村17个。

【乡村振兴】全面贯彻落实中央、省市各项决策部署和“四个不摘”、“三个落实”要求，紧紧围绕收入持续稳定、“两不愁三保障”和饮水安全持续巩固等方面，着力在抓巩固、促拓展上下功夫，有力有效推进“三个共同”，选派驻村帮扶工作队203个610名工作队员，对全县350个村实施常态化动态管理“三类户”共1682户5802人（其中脱贫不稳定户508户1909人、边缘易致贫户1108户3627人、突发困难户 66 户 266 人），通过兜底保障、农村公益性岗位聘用、发展产业、劳务输转、购买“政府防贫救助保险”等措施，累计风险消除 1153 户 3884 人（其中脱贫不稳定户 350 户 1310 人、边缘易致贫户 803 户 2574 人），输转脱贫劳动力 2.87 万人。全年县级巩固拓展脱贫攻坚成果与乡村振兴项目库资金规模达 86313.197 万元。年度财政衔接推进乡村振兴补助安排资金 32323 万元，其中：中央资金 14431 万元、省级资金 15894 万元、市级资金 1000 万元、县级资金 998 万元。强力推动脱贫人口小额信贷工作，为辖区内脱贫人口和边缘易致贫人口发展产业、持续稳定增收提供金融支撑，累计发放脱贫人口小额信贷 4631 户 21898.24 万元。加强驻村帮扶管理，各帮扶单位累计投入帮扶资金 1171.3 万元，引入社会力量捐助 302.17 万元，帮办好事实事 1080 件，化解矛盾、解决纠纷 499 件。积极做好东西部协作和中央定点帮扶工作，2022 年李沧区落实帮扶资金 5630 万元，动员社会力量捐款捐物 550 万元；中建集团落实帮扶资金 2906 万元，吸纳 1260 名务工人员就业，采购农特产品 1243.78 万元。

【项目建设】扎实推进重大产业、基础设施、民生和生态环境项目等各类重点项目 63 个；全面启动了青龙山大景区建设，青龙山度假区基础设施建设项目一期工程大石滩至青龙山山顶生态游憩步道建设、康县全域旅游游客集散中心基础设施建设、多功能服务中心等 5 个重点项目正在加快推进建设；二期工程长坝山根村旅游基础设施提升建设项目已完工。全力推进城市更新 18 个片区、城西新区集中供热、康县公共卫生应急医疗救治中心门诊住院综合大楼、急救中心、多功能立体停车场、粮油储备及冷链物流等建设项目；全面启动生态及地质灾害避险搬迁工作，完成搬迁入住 371 户 1172 人。康县水系连通暨水美乡村全国试点基本建成。S44 康略高速全段开工建设，天陇铁路康县站如期开工，建成自然村组硬化路 92 公里，实施村道安全生命防护工程 173 公里；实施“四抓一打通”水利项目 10 项；康县花椒籽油及副产品综合利用项目一期建成投产，35MW 分布式光伏发电项目开工建设。

【旅游产业】康县生态旅游资源丰富，全县从南到北无山不青、无水不秀，风光旖旎，景色迷人。茶园、竹海、灵山、秀水、幽谷、茂林、飞瀑、流泉、构成了康县独具特色自然生态风光，这里山川秀美，千峰叠翠，万峡溢绿，悬泉飞瀑，百鸟争鸣，是西北天然生物园和野生动物园，已成为西北地区较有名的生态旅游胜地和享誉省内外的生态旅游名县。有国家级湿地公园 1 个，省级森林公园 1 个，省级大鲵自然保护区 1 个。旅游景点主要有白云山森林公园、梅园沟、幽梦谷、海棠谷、龙神沟、红豆谷、清河原始森林、响水泉、白马关古城遗址、托河溶洞等等，县内有近百处自然和人文景观。美丽乡村建设实现 350 个行政村和 1642 个自然村全覆盖，已有 2 镇和 20 村被评为“中国最美村镇”，建成 4 个国家 4A 级景区和 2 个 3A 级旅游景区，康县长坝花桥旅游示范村和阳坝自然风景区，已成为省内黄金旅游线路，其风光具有“陇上版纳”之赞誉，其中的房车露营地、菩提广场、梅园沟、红豆谷、清河原始森林更是景区之精华。近年来，依托美丽乡村打造全域乡村旅游大景区，实施了“十村百户千床”乡村旅游示范工程，建成了 70 多个以长坝镇花桥村、长坝镇福坝村、城关镇凤凰谷村、王坝镇大水沟、何家庄村、阳坝镇宋沟村、阳坝珍爱茶山村、岸门口镇朱家沟村等为典型的乡村旅游示范村和农家客栈 317 户、乡村宾馆 12 家，建成省级文旅振兴乡村样板村 1 个、国家等级旅游民宿 2 家。不断提升康县旅游的美誉度和知名度，全县已初步打造成了“不要门票的生态旅游大景区”。康县已荣获“国家全域旅游示范县”、“中国最佳生态宜居宜旅游目的地”、“中国最美绿色生态旅游名县”及“全国休闲农业和乡村旅游示范县”“中国最美康养文旅度假县”等荣誉称号。“一带一路”美丽乡村论坛主会址项目全面竣工投入使用。全国生态文明建设示范县创建进展顺利，“两山”实践创新基地建设和“中国天然氧吧”创建工作全面推进，入围“2022 健康中国·康养旅游百强县”，获批省级全域旅游示范区。全域 4G 基站全覆盖，新建 5G 基站 56 个。全年旅游总人数 181.86 万人次，旅游综合收入 8.38 亿元，全县旅游从业人数 3920 人。

【人民生活】全年农村居民人均可支配收入 9321 元，比上年增长 7.5%；农村居民人均消费支出 12274 元，增长 4.8%；农村居民恩格尔系数为 27.89%，比上年下降 1.1%。城镇居民人均可支配收入 28604 元，比上年增长 4.2%；城镇居民人均消费支出 21455 元，增长 2.9%；城镇居民恩格尔为 31.84%，比上年下降 0.4%。

【环境保护】持续加强生态文明建设，着力构建生态安全屏障，“两山”实践创新基地建设全面推进，城乡环境质量进一步提高。有林草地面积 342.77 万亩，活立木蓄积量 1252.72 万立方米，全县森林覆盖率达到 70.61%，林木绿化率高达 74.3%。重点生态县环境质量考核全面达标，全面完成了四项主要污染物总量控制计划指标。其中：SO2、NO2、可吸入颗粒物 PM_{10}、细颗粒物 $PM_{2.5}$ 浓度均值均达到国家二级标准。城区和 18 个乡镇集中式饮用水水源地水质标准达标率 100%；城市环境空气质量优良率 99%，城市燃气普及率 83%，城市供水率 99.8%，城市污水处理率 99%，垃圾处理站 6 个，生活垃圾无害化处理率达 90%，城市绿地率 39.1%。

【社会保障】不断增进民生福祉，基本实现了养老、医疗、失业、工伤和生育保险全覆盖。城乡居民养老保险参保人数 130050 人，参保率 97%，其中：城镇居民养老保险参保 2368 人，农村居民养老保险参保 127682 人。城镇企业职工养老保险参保职工人数3579人，工伤保险 2785 人，机关事业单位职工参加养老保险 5171 人，参加失业保险人数 2795 人。城乡居民基本医疗保险参加人数 171946 人，城乡居民参合率达 97.15%，其中：乡村居民参加医疗保险 171177 人，城镇居民参加医疗保险 769 人。城镇职工基本医疗保险参保 9785 人。城镇居民最低生活保障 524 人，发放低保金 376.18 万元；农村低保 11866 人，发放低保 5572.13 万元；农村特困供养对象 2021 人，发放供养资金 1703.53 万元；城镇新增就业 1367 人。

【社会事业】科技、教育、文化、卫生健康等社会事业取得新成就。2022 年，康县佳纺蚕桑开发有限责任公司、康县满福农产品开发有限公司、甘肃省康县兴源土特产商贸有限责任公司 3 家企业最终被认定为 2022 年省科技创新型企业。2022 年，全县共新增申请注册商标 165 件，核准注册商标 76 件，全县注册有效商标累计达到 824 件。全县有实用新型专利 23 件、外观专利 3 件、有效发明专利 19 件。全县共有各级各类学校 166 所，其中小学 101 所，中学 18 所，幼儿园 45 所，中等职业学校 1 所，教育培训中心 1 所。现有在校学生 30919 人，其中学前幼儿 6178 人、小学 13793 人、初中 6268 人、高中 4094 人、中等职业学校 586 人。全县有教职工 2794 人，其中专任教师 2342 人。学前三年毛入园率 98.28%，九年义务教育阶段巩固率 98.34%，高中阶段毛入学率 96.58%，高考本科上线率 69.67%。全县有博物馆（含纪念馆）1 个，非物质文化遗产馆 1 个，21 个乡镇 192 个村配置了文化活动乐器，全县 350 个农家书屋配发图书 35000 册。乡镇综合文化站全部达到了三级以上标准，“乡村舞台”、农家书屋在全市率先实现了全县行政村全覆盖，县城区建成文化小广场 4 个，安装健身器材 18 件；建成农村文化广场 210 个，乡村戏台 41 个，建村史馆 30 个，农民体育健身工程 45 个，安装体育健身器材 1450 余件。全县农家书屋、文化活动室、新时代文明实践（所）站等公共服务的文化场所覆盖率达到 80%。村村都配套了服务中心、村史馆、小广场、健身工程、卫生室、乡村戏楼、文化小广场等公共服务设施。全县现有医疗卫生机构 565 个（含诊所 126 个），其中：综合医院（县医院）、中医院、社区卫生服务中心、妇幼站、疾控中心、卫生监督所各 1 个，社会办医院 3 个、专业公共卫生机构 23 个，乡镇卫生院 24 个，村卫生室 350 个，个体诊所 126 个。共有医疗卫生工作人员 1821 人。拥有床位 797 张，共有卫生技术人员 898 人，其中：执业医师 180 人，执业助理医师 81 人，注册护士 327 人，药师 40 人，其他卫生人员 199 人。落实医疗体系和服务两个链条，全县累计建立电子健康档案 162218 人份，建档率 99%，婚前医学检查率 71.09%，孕产妇产前筛查率 82.76%。建立儿童预防接种证 10701 人份，预防接种建证率 100%，儿童免疫规划接种率 90.38%，全年妇女“两癌”检查 1615 人，65 岁及以上老年人高血压、糖尿病健康管理率达 100%，2022 年被重新确认为省级卫生县城。

（郗明）

西和县

【基本情况】西和县位于甘肃省东南部，西秦岭南侧长江流域西汉水上游，因古西和州而得县名。东临徽县、成县，南依武都、康县，西北与礼县交界东北与礼县接壤。行政区域面积为 1861 平方公里平均海拔 1692 米。平均气温 10.6℃，无霜期 181 天，日照时数 1667.4 小时，年降水量 414 毫米，属大陆性季风气候。辖 16 个建制镇 4 个乡，行政村 384 个，社区居委会 10 个。2022 年末全县常住人口 34.88 万人。其中，城镇人口 10.48 万人，常住人口城镇化率为 30.06%。西和北距天水市 90 公里，东距西安市 400 公里，十天高速（湖北十堰至甘肃天水）横贯全境，交通便利，处于“关天经济区”辐射交汇点，是南下川渝，进入湖北的重要通道和枢纽。

【资源优势】西和自然资源富集，是全省最适宜马铃薯生长的地区之一，是名副其实的“半夏之乡”。境内有中药材 358 种 489 味，所产旱半夏品质优良，产量占全国市场份额的 60% 以上。有亚热带、温带、寒带树木 1000 多种，森林覆盖率 39.16%。铅、锌、锑、铜、金等矿产资源富集，南部铅锌矿区为全国第二大铅锌矿带——西成铅锌矿带西延部分，崖湾锑矿为全国第三大锑矿，探明铅锌保有金属量 90 万吨，锑金属量 2.7 万吨，黄金探明保有金属量约 125.6 吨。因独特的地理位置和气候特征，西和的地上地下资源富集，被著名地质学家李四光先生称之为“复杂的宝贝地带”。

【旅游资源】西和人文历史悠久，是人文始祖伏羲的诞生地和仇池国的故土。《路史》记载：“伏羲生于仇夷、长于成纪”。境内仰韶、马家窑、齐家文化遗址遍及西汉水及漾水河流域。长道镇宁家庄遗址，距今已有七千多年的历史，是陇南先民开拓最早的地区之一。北部河谷是秦王朝发祥的摇篮，氐羌民族又在南部高山崛起。三国时期，诸葛孔明挥师北伐，六出祁山，两度过境。魏晋时期，杨氏氐羌在此建立政权，史称“仇池国”，历经四百余年，称雄一时。境内省级文物保护单位 5 处，有云华山、八峰崖和仇池山等多处旅游景区，其中晚霞湖为国家 4A 级旅游景区。西和民俗文化璀璨，是声名远扬的“乞巧之乡”。流传千年、独具特色的“陇南乞巧”，是集信仰崇拜、诗词歌赋、音乐舞蹈、工艺美术、劳动技能等为一体的综合性节日民俗文化活动，传承在西汉水流域的近 20 个乡镇、300 多个村。因其持续时间之长、参与女性之多、传承之久远、唱词之淳朴、歌舞之精彩、情感之真挚、程式之完整，在全国绝无仅有，被誉为中国古代乞巧风俗的“活化石”，是名副其实的“中国女儿节”。

【国民经济】2022 年，全县实现地区生产总值 44.41 亿元，比上年增长 8%。分产业看，第一产业增加值 9.39 亿元，增长 6.1%；第二产业增加值 9.79 亿元，增长 6.8%；第三产业增加值 25.23 亿元，增长 8.9%。三次产业结构比 21.14 ∶ 22.04 ∶ 56.82。按常住人口计算，人均地区生产总值 12732.2 元。全年固定资产投资比上年增长 5.4%；规模以上工业增加值增长 14.6%；社会消费品零售总额 10.51 亿元，增长 9.8%；一般公共预算收入 24584 万元，增长 11.78%；城镇居民、农村居民人均可支配收入分别达到 28899.5 元、9399.6 元，分别增长 4% 和 7.6%。主要指标运行在合理区间，高质量发展基础进一步夯实。财税金融保障到位，一般公共预算收入 2.46 亿元、同口径增长 11.9%，争取财力性转移支付增量 3.25 亿元。年末金融机构各项存贷款余额分别达到 157.8 亿元和 72.3 亿元，比上年分别增长 17% 和 7.9%。

【“三农”工作】扎实推进乡村振兴示范行动，深入开展“十聚焦十到位”专项行动和“抓巩固促增收”百日提升活动，脱贫攻坚成果持续巩固，乡村振兴全面推进。守牢粮食安全底线，86.98万亩耕地数量不减、质量不降，粮播面积56.5万亩、产量15.8万吨。建成高标准农田3.2万亩，整治撂荒地1.05万亩，全市高标准农田建设和撂荒地整治工作现场推进会在西和召开。轮换省级储备粮3000吨，储备县级应急成品粮1510吨、食用油151吨。守牢不发生规模性返贫底线，加强防返贫动态监测和跟踪帮扶，新识别监测对象220户1095人，稳定消除风险3314户15228人。到位衔接资金5.6亿元、东西部协作帮扶资金7800万元、定点帮扶资金641万元，统筹整合其他财政涉农资金8022万元，安排实施项目203个。建立联农带农和就业奖补机制，多措并举促农增收，脱贫人口人均收入达到14645元、比上年增长10.4%。强化示范引领，建成乡村振兴示范村20个。深入推进“五大革命”，改厕1.21万座，创建清洁村庄70个。“一行动一活动”深入开展，乡村治理体系不断完善。

【项目建设】大力推进项目建设攻坚行动，开展重大项目集中开工和重点项目现场观摩活动，“发展为要、项目为王”的理念深入人心。安排项目前期工作经费2000万元，争取中央预算内投资项目21个、地方政府专项债券项目12个、一般债券项目16个，到位资金分别为2.21亿元、4.65亿元和1.01亿元，是2021年的2.67倍、2.21倍和1.26倍。99个500万元以上重点投资项目全部开复工，完成投资28.26亿元。全力推进招商引资提效行动，落实“一把手工程”，建立联席会议制度，修订出台优惠政策，组团参加第二十八届兰洽会、“民企陇南行”等节会和招商活动，与普洛斯新能源、葛洲坝集团等知名高新技术企业签订合作协议，全年签约并落地开工招商引资项目19个，签约资金42.5亿元，省外到位资金15.4亿元。

【产业融合发展】全面实施产业转型升级行动，立足“工业主导型”和“农业优先型”发展方向，构建4类23条重点产业链，建立包抓机制，出台升规上限奖补办法，新增规上企业4户、限上企业8户、中小微企业302户。工业“主导”地位不断增强，中宝、尖崖沟、恒安等重点工矿企业开足马力生产，葆元半夏饮片二期工程、丽神早餐奶等6个重点项目建成投产，带动工业经济强劲增长。完成矿产资源规划编制，申报矿权延续6宗。确立工业园区“一区三园”发展格局，出台入园企业服务管理和新入园项目审核办法，园区公共服务、管理体制和承载能力进一步提升。农业“优先”地位更加突出，发展中药材15万亩、经济林果蔬58万亩、畜牧养殖149万头（只、箱），建成产业示范村55个，巩固提升种养加产业示范基地104个，新培育龙头企业2家，农民合作社质量提升整县推进试点工作扎实有效。“西和八盘梨”通过国家地理标志农产品认证，“西和半夏”等6个农产品品牌入选“甘味”品牌。编制完成全域旅游发展规划和晚霞湖4A级旅游景区修建性详细规划，投入3.32亿元，实施文旅康养项目25个，建成乡村旅游示范村12个，晚霞湖、云华山等景区基础设施全面提升，接待游客48.8万人次，实现旅游综合收入2.44亿元。西和大酒店建成投用。“陇货入沪”甘味上海直营店、青岛·陇南东西协作西和农特产品直销店揭牌运营，京东“中国特产西和馆”上线运营，“姜席”荣获“甘肃省助农网货品牌”，电商线上线下销售额4.9亿元。新培育外贸企业4户，实现外贸出口额420万元。新建5G基站114座，数字技术应用覆盖面持续扩大。

【城乡建设】科学编制国土空间规划，完成“三区三线”划定，编制“多规合一”村庄规划73个，供应国有建设用地32宗578.6亩，完成“增减挂”跨省域调剂69亩。深入开展乱修乱建和“一难两乱”专项整治，实施城区老旧小区改造、小巷道管网改造、民主街提升改造和智慧停车场等项目38个，完成汉源大道和漾水河汉源段生态修复、城区污水厂扩容提标和城南垃圾转运站等工程，启动实施伏羲大道孟磨至东河桥段拓宽改造工程，城市品质提升行动成效明显。新投入市场商品住房922套，销售均价与2021年持平。新建小区物业管理实现全覆盖，新增设社区5个。建成城南集中供热扩容提升改造一期工程，完成城北集中供热管网改造，城区供暖能力达到200万平方米。天然气覆盖2.3万户。建成产业路、自然村组硬化路和旅游路344公里，新建便民桥10座，农村客运实现“五统一”。8个建制镇污水处理厂建成投用，农村供水保障工程稳定运行。新建堤防14.6公里，治理水土流失61.6平方公里。成功实现“邮快合作”“快快合作”，城乡配送时效缩短至1天。

【生态环境】扎实推进生态环境提质行动，深入打好污染防治攻坚战，系统推进生态修复治理，河（湖）长制、林长制全面实施，“三线一单”分区管控制度有效落实。空气优良天数比率99%，考核断面和饮用水水源地水质稳定达标，土壤环境质量持续改善。各级环保督察反馈和自查问题年度整改任务全面完成。清运河道淤积5.4万方，平整疏通河道25公里。实施天保工程、公益林补偿生态工程和退化林修复项目，完成荒山造林和退耕还林3.1万亩，义务植树135万株，绿化美化国道及县乡村道60公里，建成川大长廊和国道G567“百里绿色长廊”，全县森林覆盖率达到39.16%。严控“两高”项目，优化核定选址、选线项目18个。治理姜席西王集等不稳定斜坡9处。城乡环境整治行动深入开展，“九个美丽”创建成效显著。“双碳”工作稳步推进。

【社会事业】细化落实国务院安委会“15条硬措施”和省市县配套措施，聚焦非煤矿山、交通、消防、自建房、燃气等重点领域，深入开展执法检查、宣传教育和隐患排查治理，安全生产形势持续稳定向好。持续完善防灾减灾体系、提升救灾能力，实现了安全度汛目标。按照“稳定大局、统筹协调、分类施策、精准拆弹”的基本方针，以政府债务风险防范、高风险机构化险、小额信贷清收、防非处非、信用体系创建等为重点，采取真招实举，投入真金白银，标本兼治、靶向发力，守住了不发生区域性系统性金融风险的底线。严厉打击网络电信诈骗，扎实开展矛盾纠纷排查化解，下功夫解决了一批群众关切的热点难点问题和历史遗留问题，信访总量和网上投诉量大幅下降。深入推进常态化扫黑除恶斗争，打好禁毒人民战争，依法严厉打击违法犯罪活动，人民安居乐业，社会安定有序。强力推进民生福祉增进行动，全年民生支出32.93亿元，占一般公共预算支出的85.2%。省市县列民生实事全部办理。新增城镇就业1972人、劳务就业11.9万人、创收29.4亿元。教育事业稳步发展，实施教育建设项目51个，高考本科上线率52.8%，职业中专新校区建成投用，社会各界为教育发展促进会慷慨捐资1529万元。全力推进县人民医院、县传染病医院、中医院业务楼等项目建设，建成铭欧医药药品智能物流配送中心，完成基层医疗卫生服务能力提升工程，县乡村医疗机构服务水平不断提高。争取强科技奖补资金640万元，实施科技项目11个。西和秧歌等4个项目成为第五批全市非物质文化遗产代表性项目。首部乡镇志《洛峪镇志》出版发行。社会保障政策全面落实，民政兜底保障2.37万人，政府补贴失地农民养老保险3451万元。“一老一小”工作扎实推进。生态及地质灾害避险搬迁户入住449户，占年度任务的143%。国有土地上已售城镇住宅历史遗留“登记难”问题全面化解。

（姜流洋）

礼县

【基本情况】礼县地处甘肃省东南部、陇南市西北部，长江流域嘉陵江水系西汉水上游，东邻天水、西和，西接宕昌、岷县，南连武都，北与武山、甘谷接壤。幅员面积4266平方公里，辖29乡镇568个行政村9个社区。民族构成以汉族人口为主，另外还有回、藏、满、蒙、苗、彝等6个少数民族。境内海拔最高3312米，最低1080米，年均气温11.2℃，年降水量349.9毫米，年无霜期315天左右。礼县历史悠久，文化底蕴深厚，是秦人的发祥地，先秦文化与中华原生文明的摇篮，黄河仰韶文化与长江巴蜀文化的交汇点，古称“西垂、西犬丘”，为秦人最早都邑所在地，素有“秦皇祖邑·三国胜地”之美誉。礼县是传统农业县，是全国苹果生产重点县，优质水果生产基地县，全国电子商务进农村综合示范县。

【资源优势】礼县历史悠久，文化底蕴深厚，是秦人的发祥地，先秦文化与中华原生文明的摇篮，黄河仰韶文化与长江巴蜀文化的交汇点，古称“西垂、西犬丘”，为秦人最早都邑所在地，素有“秦皇祖邑·三国胜地”之美誉，以大堡子山秦西垂陵园为代表的先秦文化、祁山武侯祠为代表的三国文化、盐官盐井祠为代表的盐井文化、大香山为代表的观音文化和以乞巧文化为代表的地域民俗文化，积淀深厚、魅力独特，具有极大的保护开发利用价值。礼县是全国优质苹果生产重点县和国家级苹果原产地保护示范区，目前已形成沿西汉水上游两岸及其支流60公里的苹果产业带，礼县苹果是国家地理标志保护产品，深受国内外市场和广大消费者欢迎，通过跨境电商远销20多个国家和地区。礼县是甘肃省确定的牛羊产业大县、畜牧产业发展示范县，畜牧产业前景广阔。礼县是国家级大黄生态原产地保护示范区和出口大黄质量安全示范区，独特的自然条件和地理环境非常适宜中药材生长，有中药材152科629种，中药材面积达10.23万亩，礼县大黄是国家地理标志保护产品，黄芪、党参、当归、淫羊藿等道地药材品质上乘，市场销量好。礼县劳动力资源富集，有乡村劳动力30.1万人，可供输转劳动力12.3万人，“礼贤妹”“礼贤大嫂”等成为全国劳务知名品牌。礼县矿产资源丰富，境内矿产资源富集，已探明矿藏有金、锑、铅、锌和花岗岩等20多种，已探明黄金储量150吨、远景储量300吨以上，花岗岩大理石地质储量400万立方米、远景储量1200万立方以上。

【国民经济】2022年，全县地区生产总值516826万元，比上年增长7.9%。分产业看：第一产业增加值127864万元，增长6.0%；第二产业增加值72807万元，增长10.3%；第三产业增加值316155万元，增长8.3%。第二产业中工业增加值42175万元，增长7.0%；建筑业增加值30632万元，增长14.3%。三次产业结构比为24.7 ∶ 14.1 ∶ 61.2，与2021年相比，第一产业占比下降0.8个百分点，第二产业占比上升1.0个百分点，第三产业占比下降0.2个百分点。全年全县固定资产投资比上年增长22.1%。其中，500万元以上项目投资增长16.0%；房地产开发投资增长50.9%。分产业看：第一产业投资增长162.4%，占全县投资的0.9%；第二产业投资增长349.9%，占全县投资的19.5%；第三产业投资增长3.0%，占全县投资的79.6%。全年全县规模以上工业增加值比上年增长14.6%。主要工业产品花岗岩575123平方米，增长12.8%；黄金5535.6千克，增长12.2%；果汁6212吨，下降44.7%。全年全县社会消费品零售总额170100万元，比上年增长9.5%。全年全县一般公共预算收入25507万元，增长12.9%；一般公共预算支出442403万元，增长16.5%。年末全县金融机构存款余额达到1790808万元，比上年末增长13.7%。其中，住户储蓄存款余额1453052万元，增长14.7%。金融机构贷款余额965530万元，增长15.0%。

【供给侧结构性改革】坚持以供给侧结构性改革为主线，持续优化调整产业结构，三产结构调整为24.7 ∶ 14.1 ∶ 61.2。紧紧围绕“农业优先型、文旅赋能型”县域经济发展定位，深入推进产业转型升级行动，启动建设12条重点产业链，产业集群逐步形成，发展动能不断增强。深入推进农业优势特色产业三年倍增行动，新建农业特色产业示范点112个、产业振兴示范村88个，新建提升苹果、花椒、核桃、油橄榄等经济林果示范基地6.8万亩，发展中药材10.2万亩、蔬菜11.4万亩。发展规模养殖场18个、养殖大户53户，扶持新建、改扩建、规范提升养殖场（合作社）66个。全年全县农业总产值达到22.2亿元，比上年增长7.3%。规范提升合作社135家，培育家庭农场76家，引进农业龙头企业2家。良源果业合作社入选全国农民合作社500强。陇上春天健康食品公司、礼县大黄科技公司进入规上工业序列，工业固定资产投资比上年增长338%。全年实施省市列重点项目13项，完成投资41亿元。积极发展数字产业，加快电子商务高质量发展，实现电商交易额7亿元。

【乡村振兴】严格落实“四个不摘”要求，深入开展“抓巩固促增收”百日提升行动，脱贫攻坚成果得到有效巩固拓展。加强防返贫动态监测和跟踪帮扶，新识别监测对象171户804人，稳定消除返贫风险2478户10500人。对全县监测对象全部购买了“因病因灾救助保险”。加强农村住房、教育、医疗、饮水动态监测，实施农房抗震改造274户，改造提升村卫生室47所，改造提升123个行政村安全人饮工程。加强产业就业帮扶，扶持监测帮扶对象发展“五小产业”3459户，实施“雨露计划”培训6994人，落实脱贫劳动力外出务工交通补助3.9万人，发放脱贫人口小额信贷4.2亿元。深入推进乡村建设行动，完成城关镇王林村等15个示范村村庄规划编制，打造乡村振兴示范村13个。深入推进农村人居环境整治提升五年行动，实施农村卫生厕所改造19472座，创建“清洁村庄”130个，创建“美丽庭院”示范村10个、示范户1000户。持续提升帮扶协作成效，落实东西部协作帮扶资金8450万元，消费帮扶6896万元。引进山东泰基石化有限公司在礼县投资建设新型清洁能源推广应用项目。国家市场监管总局协调捐赠帮扶物资1400万元，帮助销售农产品2134万元，培训技术人员2778人。坚决扛牢粮食安全政治责任，扎实整改省委涉粮问题巡视反馈意见，整治撂荒地3.3万亩，建设高标准农田2.1万亩，推广旱作农业16.1万亩。

【“三农”工作】2022年全县实现农林牧渔业增加值131624万元，比上年增长6.0%；农林牧渔业总产值222400万元，增长7.3%。粮食作物播种面积86.25万亩，增长0.3%；粮食总产量16万吨，增长3.7%。猪存栏37810头，下降9.3%；羊存栏39446只，下降4.6%；牛存栏27697头，下降6.0%；鸡鸭存栏57万只，下降49.1%。猪出栏91169头，增长6.4%；牛出栏13048头，增长3.2%；羊出栏50041只，增长8.4%；鸡鸭出栏31.7万只，增长3.1%。中药材产量8701吨，增长2.4%；花椒产量4309吨，增长1.0%；苹果产量16.59万吨，增长10.36%；蔬菜产量60371吨，增长4.8%；瓜果产量1000吨，增长35.1%。花椒产量4309吨，增长0.9%；核桃产量达14177吨，下降12.3%。林果产业成为农民增收的重要支柱。劳务经济稳定增长，全县输转劳务12.3万人，实现劳务收入33亿元，有力促进了农民增收。

【项目建设】落实县级领导包抓重点项目责任制，全力推进项目建设攻坚行动，祁山三国文化产业园、礼县四中迁建、西城区集中供热、全民健身中心等一批重大项目落地实施。实施省市列重点项目13项，完成投资41亿元。加快完善立体交通网络，景礼高速加快推进，和昌高速开工建设，瑶峪至上坪公路、盐官至马河公路改建工程全面完工，罗坝至湫山公路建设进展顺利，实施自然村组通硬化路350公里、农村公路水毁维修工程180公里，交通出行条件显著改善。持续加大水利建设，建成盐官小城镇集中供水工程，解决了沿途4乡镇6.9万人的生活用水问题。新能源建设取得重大突破，固城100兆瓦风力发电项目建成并网运行，开创了全市风电项目的先河。建成5G基站60座，改造提升农网线路535千米。

【优势产业】新建苹果矮砧密植园2114.5亩、苹果矮砧密植苗木繁育基地190亩，创建绿色标准化示范基地3.5万亩，建设中药材标准化种植基地4.5万亩，发展万寿菊1万亩，发展订单辣椒1.4万亩。积极实施农业保险，办理种植业保险15.8万亩，养殖业保险49.6万头/只/箱，累计落实保险理赔714.4万元，受益农户8165户次。编制完成《陇南秦汉文化产业园旅游总体规划》《大堡子山国家考古遗址公园规划》和秦皇湖、盐井祠、武侯祠等重点景区规划。谋划多年的祁山三国文化产业园项目全面开工建设，秦皇湖成功创建为国家3A级旅游景区，文化旅游发展取得实质性重大进展。积极发展乡村旅游，打造文旅康养示范村3个，发展农家乐32家，实现旅游综合收入5.1亿元。积极发展数字产业，建成礼县苹果大数据平台，启动实施陇南紫金“智慧矿山”项目，“互联网+医疗健康”二期项目建成投用。加快电子商务高质量发展，大力发展直播电商、短视频等电商新模式新业态，实现电商交易额7亿元。坚持龙头带动、示范引领，加快推进重大园区建设，礼县现代苹果产业园开工建设，4500吨苹果脆片加工生产线、年产2000万只纸箱加工厂项目进展顺利。礼县中药材产业园2000吨淫羊藿智能加工生产线建成投产。工业集中区孵化园区项目前期工作基本完成。

【城乡建设】科学编制国土空间规划，“三区三线”划定成果已通过国家审核，西城新区规划取得阶段性成果。实施城市品质提升项目68项，完成投资27亿元。全民健身中心、原一中操场停车场、南商场地下停车场、西城区集中供热等一批重大民生工程落地实施。棚户区改造取得重大突破，完成征迁安置697户。坚持“房住不炒”，实施房地产开发项目11项，商品房销售11.8万平方米，实施老旧小区改造158户。实施盐官镇基础设施及风貌改造项目，镇区面貌焕然一新。白河、雷坝、永兴、红河等中心小城镇建设稳步推进。扎实开展“一难两乱”专项整治，建设智慧停车泊位1190个。深入推进城乡环境卫生整治行动，铺设城区、重点镇区污水管网18公里，新建乡镇垃圾处理站3座，创建“九美”示范点28处，卫生乡镇、村社、单位14个，城乡环境持续改善。

【人民生活】新增城镇就业2105人，发放创业贷款3910万元、就业补助2492万元，完成职业技能培训10332人次，输转劳务12.3万人，实现劳务收入33亿元。积极发展养老服务业，建成乡镇综合养老服务中心2处，为全县60周岁以上老年人购买了意外伤害保险。省、市、县确定的民生实事全部办结。化解城镇住宅历史遗留“登记难”问题3469套。扎实推进生态及地质灾害避险搬迁工作，坚持“日研判、日调度、日推进”，组建专班，密集调度，举全县之力，采取超常措施，高质量打赢了生态及地质灾害避险搬迁攻坚战，完成搬迁安置564户2321人，排名全市第一，得到各级领导的高度肯定，央视进行了专题报道。全年城乡居民人均可支配收入分别达到27615.9元、9379.1元，比上年分别增长3.6%、7.7%。深入开展矛盾纠纷排查化解，加强法治宣传教育，完善社会治安防控体系，扎实推进信访积案化解，维护了社会大局持续稳定。

【环境保护】坚持生态优先、绿色发展，系统推进生态修复治理，河湖长制、林长制全面实施，生态环境持续改善。开展大规模国土绿化行动，完成人工造林 5.1 万亩、退化林修复 1 万亩、封山育林 0.9 万亩、城区绿化 500 亩、义务植树 174 万株，建设绿色长廊 185 公里，高标准打造造林绿化示范点 3600 亩。整改完成各级环保督察反馈问题和转办信访问题 103 件。持续开展环境安全隐患排查治理，加大生态环境执法监管力度，县域空气质量、饮用水源主要河流断面水质稳定达标。常态化开展河湖“清四乱”行动，扎实推进河道采砂专项整治，有效改善了水生态环境。加强地质灾害修复治理，实施江口镇茨坝村青石沟等地质灾害治理工程 3 处。全面落实“双碳”要求，加快建设“两山”实践创新基地，陇南紫金李坝金矿申报省级绿色矿山进展顺利，国家储备林建设积极推进，绿色发展理念、低碳生活方式深入人心。

【社会事业】深入推进教育改革发展，义务教育“双减”政策全面落实，校长、教师队伍建设不断加强，教育教学质量稳步提升，高考本科上线率达到 63.4%，礼县被评为全市普通高中教育教学先进县。礼县四中迁建、职业中专学校宿舍楼、城关镇第一幼儿园等重点项目建设进展顺利，实施学校校舍、食堂、厕所建设项目 24 所，新建教师周转宿舍 80 套，办学条件显著改善。建成县域卒中、创伤、新生儿、孕产妇、胸痛五大医学中心，培训县乡村医务人员 1150 人次，居民电子健康档案建档率达到 97%。县中医院急诊门诊医技综合楼、县妇幼保健院门诊医技综合楼、石桥镇卫生院建设项目进展顺利，三峪乡卫生院完成整体搬迁，11 所乡镇卫生院发热诊室全面建成，医疗卫生服务能力明显提升。深入推进文化惠民工程，全民健身中心项目加快推进，新建村级文体广场 6 个，完成非物质文化遗产保护 30 项，申报全国重点文物保护单位 1 处、省级文物保护单位 6 处，开展文化下乡活动 256 场次。

（苏麟）

徽县

【基本情况】徽县位于甘肃省东南部，西秦岭南麓，嘉陵江上游，东邻秦川，南通巴蜀，素有“陇上江南”之美誉。全县辖 15 个乡镇、213 个村民委员会，10 个居民委员会，总面积 2722 平方公里，年末常住人口 18.9 万人，城镇化率 43.6%。全年出生人口 1771 人，出生率 7.9‰；死亡人口 1844 人，死亡率 8.2‰，人口自然增长率 -0.3‰。人口主要以汉族为主，少数民族以回族为主，全县约 0.9 万人。境内海拔在 700—2500 米之间，南北为山地，中部为浅山丘陵，属北暖温带向亚热带过渡性气候，年均气温 12.9℃，无霜期 287 天，年降雨量 748.5 毫米。国道 316 线、省道江武公路、十天高速及宝成铁路从县境内穿过。

【资源优势】现已探明的矿藏有铅、锌、铁、金、铜、汞、硫、砩石、大理石、石灰石等 4 大类 22 种矿产资源，储量丰富。全县主产小麦、玉米、大豆、油菜籽、稻米等粮油作物，盛产核桃、银杏、板栗、柿子、生漆、狼牙蜜等林副产品，出产杜仲、柴胡、黄芩、金银花、天麻等 400 多种野生中药材。全县有各类野生植物 250 多种，百年以上银杏树遍布全县。有野生动物 200 多种，其中有羚牛、红腹锦鸡、白唇鹿、梅花鹿、大鲵等珍贵动物 10 多种。徽县地质构造复杂，地貌奇特，自然风光集北国之雄奇与南国之灵秀于一体，景色怡人，民风淳朴，文化古迹众多，旅游资源丰富独特。境内的三滩风景名胜区总面积约 800 平方公里，森林覆盖率达 80% 以上，保持着原始如初的自然风貌，高山草甸、峡谷溶洞、飞瀑流泉、云海日出、奇花异卉、珍稀动植物和人文古迹融为一体，是徽成盆地的绿色屏障和天然动植物乐园，也是闻名省内外的旅游胜地，被誉为陇上的“西双版纳”。险要的地理位置和优美的自然风光，自古以来就牵引着文人墨客的目光和脚步，形成了徽县厚重的历史文化积淀。诗仙李白在《蜀道难》中吟唱：“青泥何盘盘，百步九折萦岩峦”，抒发了诗人面对青泥岭之雄奇的感叹。诗圣杜甫寓居徽县栗亭，写下了《木皮岭》、《水会渡》、《白沙渡》等名篇，“始知五岳外，别有他山尊”的诗句使木皮岭名载史册。南宋名将吴玠抗金的蜀道要塞仙人关、闻名天下的青泥古道和具有重要历史文物价值的“新修白水路记碑”、佛爷崖唐代摩崖石刻、栗川郇庄宋代白塔等众多文物古迹，极具文化研究和旅游开发价值。

【国民经济】2022 年，全县经济整体呈现平稳增长态势。地区生产总值 67.2 亿元，比上年增长 8.2%。其中，第一产业增加值 12 亿元，增长 6.2%；第二产业增加值 26.7 亿元，增长 7.9%；第三产业增加值 28.5 亿元，增长 9.2%。三次产业结构由上年的 19.1 ：37.6 ：43.3 调整为 17.9 ：39.7 ：42.4。按常住人口计算，人均地区生产总值 35542 元。县域经济整体呈现出以农业稳定增长为基础，工业合理运行为动力，三产相关行业协同发展为促进的平稳增长格局。

【农业】围绕“调优农业结构、培育特色产业、加快土地流转、争创示范园区”，以农业增效、农民增收为核心，在保障粮食生产安全的基础上，大力推进农业结构调整，发展富民产业，有力促进了农村经济平稳健康发展。全年全县粮食总产量 15.1 万吨，比上年增长 3.4%。

【工业】积极推进新型工业化进程，按照“项目支撑、龙头引领、园区承载、产业集群、组团发展”的总体思路，改造提升传统产业，大力培育新兴产业，做大做强骨干企业，培优培强中小企业，加快工业园区建设，打造具有区域竞争力的产业集群，促进工业经济负压前行，实现了较快增长，运行质量和效益明显提升。2022 年，13 户规模以上工业企业完成增加值 28.5 亿元，比上年增长 16%；其中：轻工业工业增加值 12.8 亿元，增长 37.7%，重工业增加值 15.7 亿元，增长 2.6%。

【项目建设】准确把握当前投资运行形势，充分发挥投资稳增长、调结构、促转型、惠民生的关键作用，全力推进项目建设，加快调整投资结构转型升级，固定资产投资保持了较稳的上升态势，2022 年全县固定资产投资比上年增长

20.2%。按投资分类看：项目投资增长78%，占全县固定资产投资的78%。

【生态旅游】充分发挥“陇上江南”的独特资源优势，积极探索自然生态、人文景观和休闲娱乐相结合的特色旅游产业开发路子，初步形成了以三滩生态旅游为主体，以嘉陵江漂流、月亮峡度假村、特色农家乐为辅助的三滩风情旅游线，旅游业蓬勃发展。全年接待游客149.7万人次，实现旅游收入7.3亿元。

【人民生活】城乡居民生活水平明显提高。全县城镇居民人均可支配收入达到28833.1元，比上年增长3.4%；农村居民人均可支配收入达到12063.7元，增长7.1%。社会保障覆盖面进一步扩大。年末全县参加基本养老保险人数156007人，其中：城镇职工基本养老保险参保人数22996人，城乡居民基本养老保险参保人数133011人；基本医疗保险参保人数209095人，其中：城乡居民基本医疗保险参保人数190399人；失业保险参保人数7200人。社会救助稳步推进。2022年，全县农村最低生活保障3654户，8372人，发放保障金3787.81万元；城镇最低生活保障279户，485人，发放保障金384.4万元；发放社会临时救济金1636.4万元；发放特困供养金679.2万元，其中：城镇供养金发放13.6万元，农村供养金发放665.6万元；发放残疾人两项补贴597.6万元；发放孤儿供养金21.8万元；发放事实无人抚养儿童保障金43.1万元；发放经济困难老年补贴16.3万元。

【社会事业】科技工作取得新进步。2022年新登记省级科技成果4项，市级科技成果1项。教育事业成果显著。2022年全县共有幼儿园74所，幼儿园在校学生人数7628人，其中民办幼儿园19所，民办幼儿园在校学生人数4065；共有小学65所，小学在校学生人数15915人，其中民办小学在校学生人数117人；共有初中22所，初中在校学生人数7691人，其中民办九年一贯制学校1所，民办初中在校学生人数77人；共有普通高中3所，高中在校生人数3974人。全年适龄儿童入学率100%，初中入学率均达到99.9%，全县高考录取人数达到1140人，录取率达到87.4%。文化、广播电视工作快步发展。2022年全县共有文化机构40个，从业人员680人（含个体户）。电视人口覆盖率达到98.9%，城区有线电视节目增至184套，城区有线电视用户2124户。城乡人民文化生活水平显著提高。医疗卫生条件不断改善。年末全县共有县级医疗机构3个，乡镇卫生院17个，预防保健所1个，民营医疗机构10个，村级卫生室218个，村级卫生室覆盖率达到100%。卫生技术人员1509人，其中执业医师609人（含助理医师），每千人拥有卫生技术人员8人。医疗机构共有床位1378张，每千人拥有病床7.3张。体育事业健康发展。积极开展全民健身运动，中老年健身活动广泛开展，广场舞健身运动蓬勃发展，增强了全民健身意识，提高了体育事业发展水平。2022年全县共举办各类群众运动会22次，参与活动3.6万余人次。

（马亮）

两当县

【基本情况】两当县位于甘肃省东南部、陇南市东北部，地处陕甘交界的秦岭山区，属长江上游嘉陵江水系，北靠天水，西邻徽县，东南二面与陕西省宝鸡、汉中相连。辖6镇6乡116个行政村，5个社区，2022年末，常住人口3.93万人，其中城镇常住人口1.91。全县总面积1408.7平方公里，耕地面积156343.5亩，是典型的山区农业县。秦属陇西郡置故道县，北魏延兴四年（474年）更名两当县，已有2300多年的置县历史。自古素有“秦陇之捍蔽、巴蜀之襟喉”之称。这里是甘肃省工农武装斗争第一枪“两当兵变”的发生地和红二十五军长征入甘第一站，是作家杜鹏程《夜走灵官峡》的创作地、电影《白莲花》的拍摄地。书圣王羲之家谱在此珍藏，地方民歌“两当号子”2020年入选第五批国家级非物质文化遗产代表性项目名录。近年来，先后荣获全国生态文明建设示范县、全国“绿水青山就是金山银山”实践创新基地、全国水土保持示范县、全国绿化模范县、全国卫生县城、全国红色旅游经典景区县、全国休闲农业与乡村旅游示范县、全国村庄清洁行动先进县、全国森林乐活十佳县、国家园林县城、中国绿色名县、中国深呼吸小城一百佳、“2022健康中国·康养旅游百强县”省级森林城市、全省最具人居环境竞争力县等殊荣，争创了两当兵变纪念馆、云屏三峡两个国家4A级旅游景区。

【资源优势】两当县森林覆盖率达到74%，名列全省第一、全国前列，境内有亚洲最大白皮松林、小陇山国家级自然保护区和张家黑河省级自然保护区。属长江水系及嘉陵江、汉江流域，有嘉陵江、两当河、红崖河、云屏河、三渡水、红河、广金河、冷峪河“一江七河”。年平均气温11.3℃，平均降雨量630mm，空气相对湿度70%左右，无霜期193天，粮食作物以小麦、玉米、黄豆为主；特色产业有以核桃、花椒为主的“双百千万”长效产业和以食用菌、中蜂养殖、生态放养鸡、中药材为主的“三养一药”速效产业，有“狼牙蜜乡”之称。国道316线和宝成铁路穿境而过，两当至徽县高速公路建成通车，与十天高速、太凤高速连接，是出甘入陕通川的重要通道。已探明的矿点有31处，矿产种类有铅、锌、铁、金、银、汞、铜、煤、大理石、陶土等10余种。

【国民经济】2022年，全县地区生产总值132206万元，比上年增长7.3%。其中，第一产业增加值43398万元，增长6.0%，第二产业增加值4981万元，增长10.9%，第三产业增加值83828万元，增长7.7%。规模以上工业增加值比上年增速15.7%；固定资产投资增长17.3%；社会消费品零售总额17130万元，增长9.2%。一般公共预算收入达到6731万元，增长13.3%。

【供给侧结构性改革】围绕谋划的10条重点产业链，大力实施延链补链强链行动，推动产业持续发展壮大。加快县级农业综合产业示范园、26个产业振兴示范村及19个产业示范点建设，全县累计发展核桃448万株、花椒495万株，基本实现人均百株总量千万株目标。发展中蜂7.9万群、食用菌900万袋、生态放养鸡130万羽，中药材种植累计达到8万亩，规范提升农民专业合作社

40家，培育发展家庭农场35家。新入选第三批“甘味”企业商标品牌2个，承办了全市农产品质量安全监管工作现场会。

【乡村振兴】认真落实“3229”防返贫监测帮扶机制，扎实开展“十聚焦十到位”专项行动和“抓巩固促增收”百日提升工作，对全县48户162名监测人群落实“一户一策”帮扶措施，有效消除19户60人的返贫风险，“三保障”及安全饮水成效持续巩固提升。深入开展“岗位大练兵、业务大比武”活动和“关爱服务”行动，激发了争先创优的热情，营造了扶弱济困的氛围。整合涉农资金1.3亿元，改善农村基础面貌，促进产业提质增效。大力实施“5155”乡村建设示范行动，规划建设乡村振兴示范村6个。深化拓展与青岛莱西市的东西协作，争取协作资金3240万元，实施项目36个，完成消费帮扶6500余万元，输转就业群众900余名。太平保险集团定点帮扶投入资金1100余万元，实施项目5大类17个，促进全县农特产品实现销售收入1900余万元。

【项目建设】深入推进项目攻坚行动，健全“周分析、月调度、季观摩”和领导包抓重大项目机制，毫不懈怠抓前期、促开工、保进度，争取中央预算内资金1.3亿元、政府债券1.25亿元，谋划实施的32项500万元以上项目完成投资6.3亿元；投资2.4亿元、实施了15个城市品质提升工程，“福”“寿”桥建成通行，两当桥至彩虹桥段城市双修二期工程、城区排水防涝及给水管网改造工程建成投用，保障性安居工程及人才公寓等重点市政项目加快实施，泰山北路及花园路完成改造提升并实现联通。新建城区给水管网32公里、污水管网22公里、雨水管网14公里。安装智能水表6500块。新建照明线路127公里，全面建成智慧路灯管理系统。改造老旧小区23个，受益群众430户。完成城区部分停车场升级改造，新增停车位430个。劳动者驿站及电影院演播厅建成投用。气象观测站搬迁项目启动实施。改造提升东西二山大型宣传标识，增设迎宾大道“槐花”路灯，实施广香河两岸夜景提升工程。全方位加强城市运行管理，整洁有序的县城白天与夜晚各展其美、美美与共；实施自然村道路硬化13.5公里、安全生命防护工程40公里，建成云屏火地便民桥，全县自然村道路硬化率达到95%以上。徐杨河引水二期、两当河堤防维修治理工程加快推进，河子沟及青咀沟小流域治理项目全面竣工。农村卫生户厕普及率达到97.5%。实施了覆盖全县所有乡镇的配农网改造项目，被列为全省配农网工程建设示范县，成为全省首个配网数字化建设县。

【优势产业】大力发展“三养一药”速效产业及“双百千万”长效产业，全面实施特色产业三年倍增行动，严格落实产业奖补，聚焦延链、补链、强链，抓示范、建园区、聚集群，推动特色山地农业提质增效。发放农业发展资金7000余万元、特色产业奖补资金1000余万元、脱贫人口小额信贷1800余万元、产业链贷款1700万元。“八有”山地立体农业持续壮大，农业产业园及龙头企业加快建设，全县农业增加值完成4.34亿元，经营性收入占农村居民可支配收入比重超过51%。培育龙头企业1家，规范提升农民合作社40家，创建市级以上示范性合作社10家，新培育家庭农场35家，创建市县级示范性家庭农场5家。指导新型农业经营主体积极开展“两品一标”认证。全县共有绿色产品16个，有机产品5个，地理标志1个，新入选“甘味”知名企业商标龙头企业2家，“甘味”企业商标品牌5个，“甘味”区域公用品牌1个。续建两当县农业产业综合园，加快实施站儿巷镇农旅融合产业园项目，完成云屏镇乡野拾光体验园升等改造，全面推进乡村休闲农业、文旅康养、民俗娱乐、农家餐饮等多业态融合发展，开发“乡趣”、打造“乡味”、留住“乡愁”，实现农业总产值增加，农村居民可支配收入稳步增加。

【人民生活】2022年，全县城镇居民人均可支配收入30451.1元，比上年增长3.3%元。农村居民可支配收入完成9178.7元，增长7.3%。全县城乡居民医疗保险实际参保人数39635人，参保率为99.4%。其中低收入人口参保14641人，农村低收入人口参保率达到100%；全面落实困难群众参保资助政策，共资助14641人，185万元，低收入人口参保资助达到100%；全县低收入人口住院共2550人次，报销金额915.8万元；大病保险报销457人次，报销金额125.738万元；落实医疗救助2550人次，支付救助金额315.2万元。

【环境保护】常态化开展城乡环境卫生整治行动，设置“红黑榜”，打造秩序井然、全域无垃圾的美丽城乡。完成义务植树造林500亩、退化林修复3600亩、封山育林5000亩，实施西坡至显龙、太阳至云屏道路沿线绿化提升和最美旅游公路建设工程。河长制、林长制有效落实。着力整改生态环保问题，久久为功推进污染防治攻坚战和蓝天净土保卫战，实施西坡镇和兴化化垭、文家及杨店颜河生活污水治理项目，城区空气质量优良天数保持在95%以上，饮用水水源地水质达标率100%，各项污染排放指标全部控制在省市下达的范围之内。

【社会保障】发放创业担保贷款960万元，兑现劳务奖补资金100余万元，落实社会补贴资金170万元，完成职业技能培训3200余人，输转农村劳动力1.09万人（次），创劳务收入2.78亿元。招考事业干部89人（其中为全县医疗队伍补充了37名医疗技术力量），引进人才11人。落实了事业单位职员等级晋升制度。大力整治农民工欠薪问题，帮助追讨工资230余万元；新建的金洞小学、金洞幼儿园建成投用，城区新增小学学位900个、幼儿学位270个，全县10人以下小规模学校全部优化整合。香泉中学综合楼加快建设。西坡、杨店、显龙、鱼池等校舍维修项目建成投用；加强医疗救治能力建设，县医院传染病区、中医综合楼项目建成投用，城关社区卫生服务中心挂牌运营，疾控中心饮用水理化实验室建成验收，县妇幼保健院达到一级甲等妇幼保健机构标准；城乡居民基本养老保险参保率达到98.7%、医疗保险参保率达到99.4%。县养老照护中心开工建设，城关镇综合养老服务中心建成投用，一批老年人幸福食堂及青年人才共享食堂建成运营；发放残疾人护理及生活补贴227万元；积极化解国有土地上已售城镇住宅历史遗留“登记难”684套；扩大了住房公积金缴存基数；云屏、张家、太阳等乡镇职工周转房加快建设；营造尊老、敬老、助老的社会氛围，为全县高龄老人发放了“福”“寿”徽章。

【社会事业】全年民生支出8.9亿元，占一般公共预算支出的83%。省市县列民生实事全部办结。142户454名群众享受了生态地灾避险搬迁政策，住进了安全舒适的新居。盘活了城区土地资源，商住楼建设实现突破。教育、医疗条件显著改善，低保提标、城乡居民养老保险、医疗保险、民政救助、优抚安置等政策全面落实，使“民生温度”成为了高质量发展的“价值刻度”。全县各级各类学校58所，其中幼儿园21所、小学11所（另有教学点19个）、初中1所、九年制学校4所、高级中学1所，职业中学1所。在校学生6036人，其中幼儿园1456人、小学2611人、初中1070人、普通高中899人。教职工657人，其中专任教师604人，专任教师中幼儿园135人、小学310人、初中86人、普通高中63人、职业中学10人。学前三年毛入园率98.91%，公办园在园幼儿占比85.5%。免除学前保教费148.1万元，资助学生2894人次。小学学龄儿童净入学率100%，小学毕业生升学率100%，九年义务教育巩固率100%。发放义务教育阶段寄宿生生活费补助项目资金39.3万元，资助家庭经济困难寄宿生694人次；发放义务教育阶段非寄宿生生活补助项目资金42.7万元，资助家庭经济困难非寄宿生1608人次，发放农村义务教育阶段学生营养改善计划专项资金148万元。普通高中招生320人，高中阶段毛入学率98.5%。参加高考312人，高考本科上线166人（本科提前批35人、本科一批37人、本科二批94人），上线率59.4%；本专科录取300人，录取率96.2%。发放普通高中免学费项目资金80.8万元，资助学生1542人次；发放普通高中助学金72.6万元、资助学生721人次。全面完成了健康扶贫目标任务，县人民医院于2019年8月31日通过了二级医院等级评审，全县13个乡镇卫生院全部配备了DR、彩超，全自动生化、心电图机、新款“福田”救护车和急救设备，全部执行基本药物制度，药品实行网上集中采购并实行零差率销售，覆盖率达100%。村卫生室108所、村医78名。对全县脱贫人口及“三类户”全部落实了家庭医生签约服务，对“四类”重点慢性病患者进行了规范管理。

（两当县）

临夏回族自治州

【基本情况】临夏回族自治州位于甘肃省中部西南面，北邻兰州、东邻定西，西邻青海省，南与甘南藏族自治州毗邻，总面积8169平方公里。临夏位于黄河上游，地处黄土高原向青藏高原过渡地带，临夏全境属黄河流域，自古以来就是黄河上游重要的水源补给区和生态安全屏障。临夏回族自治州成立于1956年11月，是全国两个回族自治州和甘肃两个少数民族自治州之一。州内聚居回、汉、东乡、保安、撒拉等40多个民族，其中东乡族和保安族是以临夏为主要聚居区的甘肃特有少数民族。临夏州现辖临夏市1个县级市，临夏县、康乐县、永靖县、广河县、和政县5个县，东乡族自治县、积石山保安族东乡族撒拉族自治县2个自治县，123个乡镇、7个街道办事处，1090个行政村、103个社区居委会。2022年末全州常住人口212.40万人，城镇化率为39.02%。州内地形复杂，河谷纵横，丘陵起伏，海拔在1563~4585米之间，平均海拔2000米。年平均气温5.6~9.7℃，年平均降水量273.7~592.7毫米，年平均蒸发量1190.8~1551.7毫米，年日照总时数2360.6~2571.1小时，年平均相对湿度59%~70%，无霜期178 ~ 221天。

【资源优势】临夏州历史文化悠久，区位优势明显，民族风情浓郁，旅游资源富集，商贸流通活跃，是甘肃省“回藏风情草原风光线”上的黄金地段。临夏州地处西秦岭与祁连山多金属成矿的延伸交汇部，具有较为丰富的矿产资源，已发现的各类矿产资源43种，占全省已发现矿种数的25%。全州境内河流纵横，有黄河、洮河、湟水河、大夏河及其支流43条。黄河自西入境横贯北部，流长124公里，多年平均流量882.4立方米/秒。境内有形成距今1.7亿多年前的恐龙足印群，其数量之繁多、分布之密集、清晰度之高世所罕见，还有距今1300多万年的在亚欧大陆分布最为集中的三趾马、铲齿象、和政羊等古动物化石群，其数量、品种、规模和完整程度占据了六项世界之最，被誉为“古动物的伊甸园”。临夏是中华文明的重要起源地之一，是我国新石器文化最集中、考古发掘最多的地区之一，著名的马家窑文化、齐家文化、半山文化闻名遐迩，黄河文化、彩陶文化、丝路文化、民俗文化、红色文化等交相辉映。因国家博物馆珍藏的“彩陶王”出土于临夏，被誉为“中国彩陶之乡”。黄河文化在临夏源远流长，被誉为“大禹治水的源头”；有世界文化遗产炳灵寺石窟，距今已有1600多年历史；有世界非物质文化遗产民歌“花儿”,被誉为“中国花儿之乡”。临夏州古称河州，自古是丝绸之路南道、唐蕃古道、甘川古道之要塞，素有“西部旱码头”“茶马互市”之称。黄河三峡、炳灵寺石窟等景观巧夺天工，临夏美食、民族特需用品、毛纺地毯、手工艺品享有声誉，民族建筑、砖雕、木雕、彩绘等别具一格。临夏四季分明、气候宜人，境内既有黄河三峡、松鸣岩、莲花山、大墩峡等雄奇秀美的自然风光，又有炳灵寺石窟、齐家文化、八坊十三巷等绚丽多彩的文化名片。临夏美食历史悠久、种类繁多，既有东乡手抓、爆炒草鸡、黄河鲤鱼等为主的美味大餐，又有河州包子、油馃馃、牛肉拉面、河沿面片等为主的精致面食；既有临夏八大碗、东乡平伙等彰显地域特色的系列套餐，又有酿皮子、甜醅子、发子面肠等老少皆宜的风味小吃，色香味俱全，品意形绝佳。如今，河州味道临夏美食已经成为甘肃、西北乃至全国人民津津乐道的美食品牌。

【国民经济】2022年，全州实现地区生产总值408.6亿元，比上年增长6.0%，其中，第一产业增加值75.8亿元，增长5.6%；第二产业增加值82.3亿元，增长10.6%；第三产业增加值250.5亿元，增长4.8%。全年全州粮食总产量72.3万吨、增长2.12%，肉类总产量7.02万吨、增长6.2%。固定资产投资增长

30.0%；完成社会消费品零售总额108.6亿元，下降7.5%；完成一般公共预算收入20.9亿元，同口径下降3.0%；一般公共预算支出320.7亿元、增长4.0%。2022年末全州金融机构各项存款余额926.7亿元，比上年末增长12.0%；各项贷款余额607.1亿元，增长3.4%。

【供给侧结构性改革】坚持优环境、抓服务、扩开放，持续深化制度改革，破除行业壁垒，拓宽发展空间，经济社会发展活力进一步激发。营商环境优化提升，累计取消调整下放行政许可事项975项，审批时限缩减到80天以内，在临夏市、临夏经济开发区试点企业推行投资建设项目信用承诺改革。落实企业开办“一窗通办”大礼包服务，累计新设各类市场主体1.71万户；投入运营州县（市）智慧中心，实现政府服务统一入口、一网办理、政务事项应上尽上。助企纾困精准及时，全年累计退还增值税留抵退税4.6亿元，小型微利企业减免企业所得税1.12亿元，2.85万户市场主体减征“六税两费”0.3亿元，减免和缓缴企业各类保险费1743万元，国有企业减免房租430万元。

【乡村振兴】建立防返贫监测体系，识别三类监测对象1.44万户6.89万人，明确帮扶责任人，分类落实了产业帮扶、就业奖补、公益性岗位、小额信贷、兜底保障等扶持政策。2022年全州安排中央、省、州、县级财政衔接资金37.52亿元，年底支出资金37.32亿元；济南市财政援助资金5.5亿元，实施191个项目。累计引进山东企业51家，吸纳农村劳动力1580余人。成功承办2022鲁企走进甘肃·临夏投资洽谈会，签约项目23个、总投资31.58亿元。安排6240万元专项资金集中打造东西部协作示范村16个。积极探索具有临夏特色的乡村建设模式，累计投入各类资金26.09亿元，打造了一批“农业强、农民富、农村美”的“强富美”乡村。

通过光伏产业进行帮扶，设置光伏公益性岗位1.3万个，落实公益性岗位工资8806.09万元。发放金融贷款24.98亿元，其中脱贫人口小额信贷2.9万户13.34亿元，富民贷964户1亿元，创业担保贷款5.7亿元。派驻了1098支驻村帮扶工作队和3359名驻村工作队员实行“一对一”帮扶。推动乡村振兴“岗位大练兵、业务大比武”活动走深走实，共组织村内练8867场次，参与67180人次，乡内比1582场次、参与33863人次，县内赛30场次、参与6582人次，州内晒14场次、参与1850人次。制定了《临夏州关于全面深入持久开展农村留守老人妇女儿童和特困群众关爱服务行动的工作方案》，共开展关爱服务14066户17251人，其中：农村留守老人1685户2427人，农村留守妇女1795户1849人，农村留守儿童2941户3624人，农村特困群众7645户9351人。

【项目建设】全年共实施重点项目834个、总投资2166亿元。用足用活扩投资、专项债、政策性开发性金融工具、PPP项目融资等政策，全年全州共争取到中央和省级预算内投资25.1亿元、增长16.49%、资金量创历年之最，专项债券资金55.9亿元、增长5.47%，政策性开发性金融工具资金21.6亿元，项目资金保障进一步加强，支撑固定资产投资持续高位增长。交通项目再接硕果，兰永临和永大（积石山）2条高速动工建设，兰临合铁路、临大高速、临康广高速、安临一级公路、临夏市环城北路加速推进，形成高铁和5条高等级公路同时在建的喜人局面，临夏市（四家咀）至和政县（三岔沟）二级公路、临夏县环湖公路建成通车。水利事业再上台阶，临夏县石门滩水库、永靖县刘家峡至盐锅峡城乡生活供水工程建成投用，广河县城乡供水提质增效、和政水系连通及水美乡村建设试点县、临夏县西北片农村供水提质改造、积石山县北部五台峡水源保障工程开工建设。城市建设再添新彩，争取省农发行住建领域项目融资48亿元，和政县滨河东区文化旅游综合开发、临夏市再生水综合利用、康乐县城北生活污水处理、广河县东区集中供暖项目开工建设，黄河国家文化公园—河州牡丹文化公园、东乡县达板污水处理厂扩建项目全面建成。

【优势产业】产业培育日益见效。立足县市发展基础，落实落细强县域行动，以培育壮大实体经济为抓手，持续释放文旅、农业、工业等优势产业增长潜力。文旅产业稳步发展，着力打造旅游大通道和环炳灵湖开发康乐县草长沟、临夏县云上河州、永靖县黄河三湾等精品景点，八坊十三巷被评为国家级旅游休闲街区，组织开展河州牡丹文化嘉年华、黄河三峡文化旅游节等30多项节会活动。2022年，全州接待游客955.57万人次，实现旅游综合收入37.46亿元。农业产业质效并进，扎实推进农业产业结构调整，大抓牛羊全产业链发展，特色种植面积达到177.2万亩；全州牛羊饲养量分别达到99万头、903万只；州级以上农业重点龙头企业达到122家。工业产业势头强劲，大力实施“5540”百亿工业企业培育工程，实施光伏发电、电力装备产业园、包装产业园、鲁甘健康产业园等延链补链工业项目，“5540”工业企业完成产值75.58亿元、比上年增长16%、占全州规上工业产值的76%，全年新增规上工业企业16户，完成3户产值10亿元、3户5亿元、11户1亿元工业企业培育目标。美食产业量质双升，深入实施“政策集成、体系构建、强链延链、提质优质、品牌振兴、服务提升、金融破题”七大工程，发放美食产业贷款1.4亿元、奖补资金2938万元，完成品牌餐饮门店756家、品牌商标嵌入2122家、餐具服饰配置1991家、“三统一”门店1148家，成功争创世界中餐业联合会“国际（丝路）美食名城”。商贸企业加速壮大，深入实施“十百千万”商贸企业培育工程，“一企一策”制定扶持措施，落实省州商贸企业奖补资金3300万元，扶持商贸企业发展，新培育亿元以上企业3户、2000万元以上企业22户、500万元以上企业261户和100万元以上企业2445户。

【人民生活】2022年全州城镇居民人均可支配收入25773元，比上年增长3.5%；农村居民人均可支配收入9672元，增长7.4%。城乡居民人均可支配收入比为2.66，比上年缩小0.11。全州城镇居民人均生活消费支出19448元，增长6.6%；农村居民人均生活消费支出8407元，增长5.1%。全州城镇居民恩格尔系数为28.2%，农村居民恩格尔系数为31.8%。就业形势稳定。全年城镇新增就业1.9万人，其中失业人员再就业0.6万人。全年劳务输转人数58.4万人，比上年增长2.2%。

【环境保护】强化区域联防联控，加强煤质管控，建成煤炭一级交易市场12个，二级配送网点221个，煤炭配送体系基本实现全覆盖；会同公安、交通部门深入开展“柴油货车污染治理”专项行动，建成20套“黑烟车”电子抓拍系统。2022年，临夏市PM_{10}均值为54微克/立方米，$PM_{2.5}$均值为28微克/立方米，优良天数比率为91.5%。扎实推进水源地保护和水环境治理，完成667个入河排污口整治工作，实施污水处理厂扩容与提标改造，全州污水处理能力达到13.15万吨/日，8县市城区生活污水处理厂均达到一级A排放标准。全州5个国控断面、7个省控断面优良率达到100%，37个水源地水质达标率均为100%。实施16个以农村生活污水治理为主的农村环境综合整治项目。严防严惩偷排、超标排放和不正常使用污染防治设施等违法行为，全年共办理环境行政处罚案件46件、共处罚款194万元。成功实施总投资63.5亿元的北方地区冬季清洁取暖项目。实施总投资1.86亿元的牛津河和政县段、临夏县段水生态环境修复项目，兰州市刘家峡水源地东乡段、临夏县水源地综合整治等7个水污染防治项目。与兰州市签订《黄河流域（临夏—兰州段）横向生态补偿协议》，争取到省级黄河流域横向生态补偿奖补资金2800万元，实施广通河流域生态廊道可持续发展工程等3个项目。

【社会保障】年末全州参加城镇职工基本养老保险11.7万人，参加城乡居民基本养老保险142.5万人。参加基本医疗保险240.3万人，参加城乡居民基本医疗保险227.2万人。参加失业保险的职工人数3.3万人，领取失业保险人数765人次。参加工伤保险12.0万人，其中参加工伤保险的农民工2.6万人。年末全州共有3.9万人享受城市最低生活保障，25.2万人享受农村最低生活保障，8678人享受农村特困人员救助供养。全年共实施临时救助29.3万人，救助资金2.8亿元，资助90.2万人参加基本医疗保险，全年国家抚恤、补助退役军人和其他优抚对象6320人。年末全州共有养老机构142所，集中供养床位数1734张；儿童福利机构5所，集中供养床位数826张。年末共有社区服务中心130个，其中乡镇123个，街道7个；社区服务站1192个，其中城市102个，农村1090个。

【社会事业】以民生改善为重点，扎实推进社会事业全面发展。年末全州各级各类学校2495所，其中幼儿园1276所，小学1093所，九年一贯制学校21所，初级中学69所，完全中学6所，高级中学15所，开放大学1所。普通高中在校生4.4万人、初中9.6万人、普通小学25.7万人、在园幼儿11.5万人。全州普通中学专任教师11455人、小学15152人。九年义务教育巩固率为98.0%，高中阶段毛入学率为86.1%。年末全州共有医疗单位1876个，其中县级及以上医院66个，乡镇卫生院127个；年末专业卫生技术人员13432人，其中执业医师4048人，注册护士5945人。医疗卫生机构床位14195张，其中医院11233张，乡镇卫生院2962张。年末全州共有体育场地6167个，体育场地面积348.4万平方米，人均体育场地面积1.7平方米。

临夏市

【基本情况】临夏市地处黄河上游，位于甘肃省西南部，是临夏回族自治州州府所在地，全州政治、经济、文化和商旅中心，距省会兰州117公里，地理坐标北纬35°37′，东经103°11′，地势以0.8%的纵坡自西南向东北倾斜。市区北、西、南被临夏县环抱，东与东乡县隔河相邻，形成北塬坡，南龙山、路盘山、凤凰山诸峰耸崎合围的黄土高原带状河谷阶地，地势平坦，大夏河（古称漓水）穿境而过，牛津河、红水河在市区汇入大夏河后注入黄河刘家峡水库。属中温带内陆气候，海拔1823—1960米，四季分明、日照充足、雨量充沛、气候宜人，年日照时数2236.9小时，年降水量447.9毫米，年平均气温8.9℃，无霜期226天，土地肥沃物产丰饶、自然条件优越。总面积88.6平方公里，辖4个镇、7个街道，35个行政村、43个社区，常住人口36.48万人，境内有汉、回、东乡、保安等18个民族，少数民族占总人口的51.26%。

【资源优势】区位资源优势突出，地处丝绸之路经济带甘肃黄金段上重要节点，与兰州市、甘南州只有1小时车程，有着依藏面兰得天独厚区位优势，在历史上是古丝绸之路南道重镇，是西部地区的重要商埠，素有“茶马互市”、西部“旱码头”和“河湟雄镇”之称。牡丹资源优势：临夏是牡丹故里，紫斑牡丹的发源地，汉唐之前先民在河州地区驯化栽培牡丹，沿着黄河流传到长安、中原地区、中华大地、世界各地。紫斑牡丹和河州大地密不可分、相互成就，自唐以来，无数文人墨客在这里留下了咏牡丹、赏牡丹的故事，临夏人民写牡丹、画牡丹、雕牡丹、刻牡丹、绣牡丹、种牡丹、赏牡丹、唱牡丹、浪牡丹成为源远流长的文化传承。文化资源优势：临夏“花儿”艺术自成一脉、源远流长。临夏是一座绚丽多彩的彩陶之城，五千年前就有先民繁衍生息，被誉为“中国彩陶之乡”，市域内现存的王坪遗址、罗家湾尕塬遗址、冯家台遗址、张家咀遗址，集中出土了马家窑类型、边家林类型、半山类型、马厂类型彩陶文物，构成了时间跨度长达3000多年的彩陶文化序列。还有河州贤孝、河州平弦、砖雕、蛋雕、葫芦雕、木雕、泥塑、天启棍等38项民间传统文化相继被列入国家、省、州级非物质文化遗产保护名录。美食资源优势：临夏市围绕十大名宴之东乡平伙宴、十碗名面之临夏牛肉面、十大名菜之河州暖锅、十大小吃之发子面肠、十大名点之河州花馃馃、十大名点之河州包子，全力以赴把美食产业培育成群众增收致富的支柱产业、县域经济发展的核心产业和展示临夏形象的品牌产业。东乡手抓、河州包子、发子面肠、临夏锅盔……，临夏美食已经成为甘肃、西北乃至全国人民津津乐道的美食品牌。

【国民经济】2022年，全市地区生产总值112.7亿元，比上年增长5.1%。其中，第一产业增加值1.5万元，下降22.8%；第二产业增加值20.3亿元，增长12.9%；第三产业增加值90.9万元，增长4.3%。按常住人口计算，人均地区生产总值31108元，比上年增长

5.2%。一般公共预算收入6.7亿元，下降5.2%。一般公共预算支出30.87亿元，增长0.8%。年末全市金融机构人民币各项存款余额396.44亿元，比上年末增长14.6%，各项贷款余额249.63亿元，增长0.4%。全年全市固定资产投资比上年增长30.3%，社会消费品零售总额54.82亿元、下降7.6%。全年居民消费价格比上年上涨2.0%。全年货物运输总量2359万吨，下降4.8%；货物运输周转量462642万吨公里，增长12.9%；旅客运输总量392万人次，下降24.5%；旅客运输周转量22749万人公里，下降18.4%。年末全市出租车拥有辆1137辆，其中新能源纯电动车240辆。公交车拥有量244辆，均为纯电动公交车。

【乡村振兴】始终把巩固拓展脱贫攻坚成果同乡村振兴有效衔接作为一号工程，消除返贫风险253户1129人，为"三类户"和已脱贫户全覆盖办理防返贫保险，牢牢守住了不发生规模性返贫的底线。扛牢粮食安全政治责任，划定永久基本农田、整治撂荒地。扎实推进乡村建设行动，编制完成8个村实用性村庄规划，整合资金1.1亿元实施项目55个，完成折桥镇和拜家、慈王、妥家等9个省州市级乡村建设示范镇村创建任务。深入开展农村人居环境整治五年行动，统筹推进农村"五改"和供水设施、管网敷设、绿化美化、卫生整治，加强教育、医疗、文化、体育、养老、托幼等公共设施建设，不断提高公共服务便利度、人居环境舒适度，加快建设宜居宜业和美乡村。

【项目建设】2022年，全市固定资产投资比上年增长30.3%。按三次产业分，第一产业投资增长287.5%；第二产业投资下降64.5%，其中工业投资下降64.5%；第三产业投资增长34.5%。民间固定资产投资增长78.0%。项目投资增长1.7%。房地产开发投资增长65.50%，其中住宅投资增长67.92%。房屋施工面积492.29万平方米，增长31.80%，其中住宅施工面积396.56万平方米，增长34.25%。在房屋施工面积中，房屋新开工面积131.09万平方米，其中住宅新开工面积107.55万平方米。房屋竣工面积0.066万平方米，其中住宅竣工面积0.066万平方米。商品房销售面积37.62万平方米，其中住宅销售面积37.35万平方米。

【优势产业】一是以"五大园区"建设为统揽，大力发展高精尖现代农业，投产运营百益亿农国际鲜花港，折桥树莓基地等农业产业项目规模效益不断提升。二是围绕城市服务型和工业主导型的县域经济发展方向，立足"工业主导型"发展类型，扎实推进"5540"工业企业培育工程，临夏供电公司年产值超10亿元，俊林、清源等5家企业年产值超1亿元，亿农公司被认定为省级科技创新型企业。扎实推进"十百千万"商贸企业培育工程。2022年完成全市社会消费品零售总额548204万元，占全州的50.5%。三是持续发展文旅产业。凤凰山文旅景区、折桥大院等重点项目进展顺利，成功举办2022河州牡丹文化嘉年华、第四届冬春季文化旅游活动等品牌节会，临夏市入选第三批省级全域旅游示范区，八坊十三巷成功创建为国家级旅游休闲街区，折桥镇成功创建为全国乡村旅游重点镇，折桥湾、人民红园晋升国家3A级景区。

【人民生活】2022年，全市城镇居民人均可支配收入26587元，比上年增长3.6%；农村居民人均可支配收入19038元，增长7.2%。城乡居民人均可支配收入比值为1.40，比上年缩小0.05。城镇居民人均消费支出22690元，增长10.2%；农村居民人均消费支出15127元，增长1.8%。城镇居民恩格尔系数为27.5%，农村居民恩格尔系数为29.7%。

【环境保护】落实国家"双碳"战略，启动实施林业碳汇项目，完成公益林管护8800亩、退化林修复2000亩、新造林1450亩。深入开展"冬病春治""冬病夏治"19项行动，落实推进"减排、抑尘、控煤、限车、管油、禁烧"46项管控措施，补贴群众购买环保洁净型煤450吨180万元，完成冬季清洁取暖改造473户，空气质量持续优化。全面落实三级河长责任，重拳整治河道"四乱"问题，安装河道视频监控110处，建成运行临夏医疗废物集中处置中心，启动实施再生水综合利用、污水处理厂提质扩容等项目，地表水、饮用水水源水质均100%达标，土壤环境总体保持稳定。全市空气环境质量优良天数333天，$PM_{2.5}$平均值28微克每立方米，PM_{10}平均值54微克每立方米，绿色宜居的城市名片更加靓丽。

【社会保障】全心全意办好省州市列民生实事，发放各类民生保障资金1.36亿元，分批次向4.2万名困难群众发放3987.5万元的救助物资和补贴资金，7个街道和城郊镇综合养老服务中心全部建成投入使用，完成妇女"两癌"筛查2750人。开展各类技能培训121期6461人，开发公益性岗位775个，新增城镇就业3455人，完成劳务输转4万人次、劳务创收达10.77亿元。完成住房租赁补贴提标扩面，化解"登记难"问题小区51个、房屋26842套。

年末全市参加城镇职工基本养老保险9490人，基本医疗保险230243人，失业保险3772人，工伤保险17868人，职工生育保险12472人。年末全市共有14081人享受城市居民最低生活保障，8028人享受农村居民最低生活保障，333人享受农村特困人员救助供养。年末全市共有各类社区服务机构和设施81个，社区养老照料机构和设施38个。其中，日间照料社区养老服务机构和设施18个，互助型社区养老设施12个，其他社区服务机构和设施8个。

【社会事业】坚持教育优先发展，扎实推进教育"1683"工程，有效落实"双减"政策，投入5.4亿元建成使用河州中学、实验小学分校综合楼及操场，新增学位6420个，补充学科教师464名、培训5715人次，2022年4月份被评为全省职业教育改革成效明显县（市、区）。全市高等职业教育招生2257人，在校生6423人，毕业生1887人，专任教师289人。中等职业教育招生2194人，在校生5252人，毕业生421人，专任教师312人。普通中学招生9811人，在校生25638人，毕业生7473人，专任教师2193人。普通小学招生6276人，在校生35693人，毕业生5159人，专任教师1734人。特殊教育招生29人，在校生194人，专任教师66人。幼儿园在园幼儿19846人。

启动国家级健康促进县创建工作，建成使用市人民医院二期、疾控中心项目，公共医疗卫生服务水平进一步提升。年末全市共有医疗卫生机构 22 个。其中医院 4 个，基层医疗卫生机构 45 个，其中，社区卫生服务中心 6 个，镇卫生院 4 个，村卫生室 35 个；专业公共卫生机构 6 个，其中，疾病预防控制中心 2 个，妇幼保健院 2 个，卫生监督所 2 个。年末卫生技术人员 3723 万人。其中，执业医师和执业助理医师 1134 人，护士 1929 人。医疗卫生机构床位 3545 张。其中，医院 2850 张，妇幼保健院 510 张，卫生院 113 张。

（刘旭光）

临夏县

【基本情况】临夏县位于甘肃省中部、临夏州西南部，地处黄河上游、黄土高原与青藏高原的过渡地带，县境东西宽 53.1 公里、南北长 59.85 公里，总面积 1212.4 平方公里；地势东北低、西南高，海拔 1735—4636 米之间，平均海拔为 2287.6 米。辖 25 个乡镇（16 个乡 9 个镇），218 个行政村（2102 个村民小组），7 个社区居委会（74 个居民小组），有汉、回、藏、东乡、撒拉、保安、土、蒙古、哈萨克等民族，2022 年末，常住人口 32.23 万人，城镇化率为 20.98%。

【资源优势】历史文化悠久。境内历史自然遗存丰富，马厂、半山、马家窑等古文化遗址星罗棋布，有崔家庄、杨家河、任家崖等省级文物遗址 3 处，临夏砖雕、葫芦雕刻、马五哥等 5 项民间文化艺术被纳入省级非遗名录。生态环境秀美。地处黄土高原与青藏高原过渡地带，地形地貌丰富多样，山水川田交相辉映，境内有大夏河、牛津河、老鸦关河、红水河等 9 条黄河支流，有三岔坪林场、太子山国家级自然保护区，自古以来是黄河上游重要的水源涵养区和生态安全屏障。交通条件便利。临夏县地处甘、青两省交界处，自古以来是兰州通往甘南、青海、四川等地的“黄金通道”，东通省会兰州，西接青海牧区，国道 213 线穿境而过，连接着天府之国的四川盆地，兰临合高速直达省城、直通九色甘南，临循高速全程贯通，成为连接青海的大通道，兰永临高速、兰临合铁路动工建设，互联互通、四通八达的区位优势日益凸显。旅游资源富集。四季分明、气候宜人，山清水秀、生态良好，素有“天然氧吧”的美誉。境内有露骨积雪太子山、高山湖泊五山池、碧波荡漾莲花湖，以及关滩沟、龙首山、槐树关等雄奇秀美的自然风光，有红色文化传承的解放军抢渡黄河纪念馆，还有手抓羊肉、河州包子、发子面肠等特色小吃。已创建 3A 级景区 2 处、红色教育基地 1 处、乡村旅游示范村 2 个，星级农家乐 22 家，打造形成了河西·莲花环库山水观光游、北塬农业休闲采摘游、西南森林生态度假游、大夏河沿岸风情游的精品旅游路线。

【国民经济】2022 年，全县实现地区生产总值 56.7 亿元，比上年增长 7.9%。其中：第一产业增加值 14.3 亿元，增长 7.24%；第二产业增加值 7.6 亿元，增长 22.28%；第三产业增加值 34.8 亿元，增长 5.68%。三次产业比重为 25.21 ∶ 13.36 ∶ 61.43，第一、第二产业比重分别提高 1.55、1.42 个百分点，第三产业比重下降 2.97 个百分点。按常住人口计算，人均地区生产总值 17589.01 元，增长 7.85%。全年万元地区生产总值能耗比下降 4.15%。完成固定资产投资 42.8 亿元，增长 32.7%。完成社会消费品零售总额 10.4 亿元，下降 6.0%。一般预算收入 2.6 亿元，同口径增长 3.7%。

【供给侧结构性改革】不断深化供给侧结构性改革，全力推动县域经济高质量发展。以建设“北塬农业科技园区、西南片丝路寒旱农业产业园区、沿黄库区经济林果产业园区”为统揽，坚持以工业化的思维发展农业、公园式的理念打造农村、城市化的习惯引导农民，采取“园区+企业”“合作社+基地+农户”带动发展和“创业贷款+奖补”自主发展模式，培育壮大“牛羊菜果薯药菌花”等特色产业，有力推动农业结构调整。全年粮食播种面积达到 35.02 万亩，比上年增长 0.49%。其中：夏粮播种面积 12.01 万亩，增长 2.48%；秋粮播种面积 23.18 万亩，下降 0.5%。粮食总产量为 14.58 万吨，增长 1.73%，其中：夏粮产量 3.76 万吨，增长 6.56%；秋粮产量 10.82 万吨，增长 0.15%；牛、羊、猪、鸡存栏分别达到 9.32、24.18、9.6、110.22 万头（只），分别增长 2.26%、4.16%、1.56%、1.96%；牛、羊、猪、鸡出栏分别达到 2.07、14.24、8.89、101.36 万头（只），分别增长 21.62%、16.16%、7.53%、2.8%。

【乡村振兴】统筹整合资源，发展优势产业，全力巩固脱贫成果，加快美丽乡村建设，健全落实防返贫动态监测帮扶机制，新识别监测对象 90 户 437 人，稳定消除风险 2399 户 1.07 万人；落实产业就业奖补 5196.7 万元，发放各类贷款 2064 万元，开发乡村公岗 4232 名，完成技能培训 1.96 万人，劳务输转 11.6 万人、创收 30.2 亿元，脱贫人口人均可支配收入稳定增长。持续深化帮扶协作，争取帮扶资金 6653 万元、实施项目 19 个，完成消费帮扶 1.6 亿元。高标准推进乡村建设，编制村庄规划 96 个，实施乡村建设项目 73 个，创建示范乡 1 个、示范村 9 个，高质量完成旅游大通道、环湖路沿线风貌改造，持续推进农村公路优化升级，关滩村旅游产业路入选陇原“最美农村路”，先锋前韩、南塬张河西、刁祁围场等一批乡村公园式、产业转型式、生态秀美式村庄成为幸福宜居新家园。创新推进数字乡村建设，推广“七彩先锋”等乡村治理模式，走出了建设与治理互融共进的新路子。

【项目建设】围绕谋长远、重实效、抓重点、补短板、守底线的项目建设思路，积极争取谋划实施项目。石门滩水库建成蓄水，县职校、康复医院、西北片农村供水提质改造、棚户区等项目稳步实施，民生事业硕果累累。环湖路、黄罗路、漫双路全线通车，兰临合铁路、临大高速、北塬移民区农旅产业路顺利推进，内联外通的立体化交通网络加快完善。村集体经济产业园、农特产品加工产业园加速建设，隧道窑烧结砖生产线、黄泥湾综合物流园相继开工，产业项目再添新彩。2022 年，全县实施固定资产投资项目 118 个，完成投资比上年增长 32.7%。项目建设完成投资增长 9.47%，房地产项目17个，完成投资12.03亿元，增长1138.4%。按三次产业分，第一产业投资下降43.5%，第二产业投资下降20.7%，第三产业投资增长49.9%。按项目构成分，建筑安装工程投资增长26.6%，设备工器具购置投资增长157.4%，其他费用投资增长121.9%。民间投资增长177.2%。

【优势产业】积极引培龙头企业，做大做强高原蔬菜产业，通过“政府引导、企业和合作社带动、群众参与”的模式，大力发展日光温室，钢架大棚，建设果蔬保鲜库和冷链设施，形成产供销一体化蔬菜产业体系，现有百益、远达、河州云菇等农业产业化龙头企业58家，合作社1092个，家庭农场1275个。建成钢架大棚8976座、日光温室2540座、果蔬保鲜库及冷链设施82座，储藏能力4.47万吨。2022年种植娃娃菜、红笋、红头葱、辣椒、西瓜、西兰花、甘蓝、荷兰豆、迟菜心等为主的各类蔬菜7.97万亩，产量达到15.77万吨，产值达5.78亿元。着力打好文旅产业深度开发攻坚战，投入8.6亿元持续完善云上河州、莲花湖、北塬国家农村公园大景区基础设施，旅游大通道游客服务中心及文化长廊、湿地公园、农投云享康养小镇全面推进，大夏河音乐喷泉、牧云营地、漫花小岭民宿建成运行，河州苑及云上河州成功创建3A级景区，建设标准化农家乐、特色民宿88家，全年完成旅游接待98.4万人次、实现旅游收入3.8亿元。持续扩大“河州味道”品牌影响力，发放美食产业贷款和奖补551.8万元，改造提升品牌门店395家，临夏县群众在全国各地开办的餐饮门店达到1.02万家，带动就业4万余人。全力为中小微企业纾困解难，制定落实培育市场经营主体奖补办法，减免落实各类税费及补贴5157.3万元，新增中小微企业贷款超1.7亿元，培育亿元以上工业企业1家，新增规上工业企业4家、限上商贸业5家，稳定和激发了市场主体活力。

【人民生活】全县城镇居民人均可支配收入达到25614.5元，比上年增长3.7%。从收入来源看，工资性收入、经营净收入、财产性收入、转移性净收入分别为16618.4元、6191.6元、397.7元、2406.80元，分别增长4.14%、2.84%、3.47%、2.95%；农村居民人均可支配收入达到10206元，增长7.40%。从收入来源看，工资性收入、经营净收入、财产性收入、转移性净收入分别为4024.9元、4046.7元、181.4元、1953元，分别增长7.95%、8.00%、4.39%、5.37%。全县城乡居民人均收入比为2.51，比上年缩小0.09。全年全县城镇居民人均生活消费支出13572.9元，比上年增长3.6%；农村居民人均生活消费支出8688.1元，增长6%。全县城镇居民恩格尔系数为33.36%，农村居民恩格尔系数为33.24%。

【环境保护】协同推进黄河流域生态保护和高质量发展，系统开展生态修复治理，全面落实河湖长制、林长制，实施生态项目11个、完成投资2.7亿元。狠抓大气污染防治，常态化开展控煤、减排、抑尘、禁烧行动，实施北方地区冬季清洁取暖项目4388户、占全州的43%，空气质量平均优良天数比例达到81%。扎实开展水生态保护，治理河道39公里、水土流失面积77平方公里，完成县城生活污水处理厂改扩建。深入实施国土绿化行动，完成造林绿化7万亩，建设绿色通道143公里，森林覆盖率达到18.5%。以山川河流为底板、生态治理为画笔，绿色可持续已成为发展新的起航地。

【社会保障】保民生，增福祉，人民群众获得感幸福感持续增强。全年民生资金支出达到38.3亿元、占预算支出的85%；新增城镇就业2437人，发放救助资金2.1亿元；完成抗震房改造2950户、棚户区改扩翻2060户、生态及地质灾害避险搬迁800户；年末全县重点优抚对象1400人；得到最低生活保障的城镇居民2002人，发放低保金1406.05万元；农村居民46195人，发放低保金1147.85万元；特困供养对象1899人，发放供养资金1865.86万元；残疾人两项补贴对象11451人，发放补贴资金1226.45万元；孤儿25人，发放保障金42.66万元；事实无人抚养儿童694人，发放保障金671.03万元。年末全县企业职工养老参保人数2851人，机关事业单位养老参保人数9794人，城乡居民养老保险参保人数达到21.16万人。参加本地城乡居民基本医疗保险403985人，城镇职工参加基本医疗保险15508人。

【社会事业】坚持以人民为中心的发展思想，持续加大投入，把财力精力更多地投向教育、医疗、就业、文化等民生事业，全面提升公共服务普惠共享水平，更好满足人民群众对美好生活的向往。投资13.6亿元实施教育项目13个，新增学位供给4980个，补充紧缺教师329名，培训教师4018名，义务教育均衡发展顺利通过国家督导评估认定，一本和本科上线率分别达到18.6%和58%、近十年来最高，教育事业稳步发展。全县共有各级各类学校406所，教职工4835人，在校学生70093人，学前教育三年毛入园率95.93%，九年义务教育巩固率97.6%，高中毛入学率84.45%。始终坚持“人民至上、生命至上”，毫不动摇落实“外防输入、内防反弹”总策略和“动态清零”总方针，因时因势优化防控措施，精准扑灭零星散发疫情，有效应对四轮疫情冲击，全面做好“保健康、防重症”，全力保障群众身体健康；县医院、康复医院、疾控中心能力提升项目加快实施，建成3所PCR核酸检测实验室和1座移动方舱实验室，购置医用救护车10辆，医疗卫生水平明显提升。有县级医院3个（在建1个），乡（镇）卫生院29个。医院床位数1490张，专业卫生技术人员791人，其中：副高及以上129人，中级职称241人。村卫生所(室)216个，个体诊所33个，村级卫生从业人员219人。

（唐志光）

康乐县

【基本情况】康乐县于1940年建县，位于甘肃省中南部，临夏回族自治州东南部，东经103°43′，北纬35°22′，东临临洮县、南接渭源县和临潭县、西靠和政、北连广河县，距省城兰州108公里，属兰州一小时经济圈。国道310线（临康和二级公路）、国道248线（康治二级公路）、省道311线和322线贯穿全境，沿太子山旅游扶贫大通道已经全线开通，县乡公路四通八达。位处黄土高原向青藏高原过渡的农牧交汇地带，海拔2015.8米，年均气温7.5℃，年降水量443.6毫米，无霜期221天。康乐县历史悠久，素有“胭脂三川米粮川”之美称，自古就是丝绸之路、唐蕃古道之要冲、“茶马互市”的活跃区，是貂蝉故里，胭脂赤兔马的产地。全县国土面积总计1083平方公里，辖5镇10乡，4个社区，152个行政村。2022年末全县常住人口为25.78万人，有回族、汉族、东乡族、保安族等9个民族。

【优势资源】历史上曾有羌、狄、匈奴、吐谷浑、鲜卑、吐蕃等民族生产生活，古代文化遗址星罗棋布，新时期时代的马家窑、半坡和齐家文化遗址80多处，出土钟石刀、石斧、骨针、陶罐、瓮等众多文物。莲花山国家4A级旅游景区因形似莲花而驰名，境内河谷纵横，群峰叠翠，风光秀丽，有白石暑雪、药水灵津、麻山雄关、亥姆晨烟、走龙飞瀑、悬崖古道、古木擎天、古殿雄阁、虎狼锁钺等十大景观，旖旎的自然风光和悦耳的洮岷“花儿”，吸引八方游客。

【国民经济】2022年，全县地区生产总值27.9亿元，比上年增长7.7%。其中，第一产业增加值8.9亿元，增长4.6%；第二产业增加值5.7亿元，增长21.1%；第三产业增加值13.4亿元，增长4.9%。三次产业结构比为31.7 ：20.4 ：47.9。按常住人口计算，全年人均地区生产总值10849元。社会消费品零售总额8.26亿元，下降7.2%。固定资产投资增长40.3%。一般公共预算收入完成1.5亿元、同口径增长8.55%；一般公共预算支出完成34.58亿元、增长9.01%。年末全县金融机构人民币各项存款余额78.2亿元、比上年末增长5.58%，各项贷款余额41.8亿元、增长11.5%。

【供给侧结构性改革】立足当地自然资源条件，充分挖掘资源潜力，大力调整农业产业结构，发展“牛羊菜药菌”五大产业，农业产业结构调整面积累计达到13.98万亩，产值7.33亿元。围绕牛羊产业和食用菌、中药材、高原夏菜、林下经济落实各类奖补资金。全县牛饲养量12.43万头，能繁母牛存栏3.49万头，羊饲养量35.05万只。建成牛羊养殖重点村25个，标准化牛羊养殖示范户250户，国家级标准化规模养殖小区1个，省级标准化规模养殖场5个。

【乡村振兴】建立党政主要领导抓部署、分管领导抓调度、牵头部门抓协调、行业部门抓指导、乡镇村抓落实的“五抓”责任制和每月召开一次领导小组会议、召开两次重点工作调度会议、下发一张清单、开展一次入户走访的“1211”工作法，严格落实“四个不摘”要求，全县2781名包户长全覆盖包抓6.14万农户，形成了齐抓共管、合力推进的良好局面。坚持把发展产业作为富民强县的根本之策，制定出台“一规划六方案”产业扶持政策，因地制宜、因势利导打出特色产业组合拳，取得了强县域、富人民的双重效应。全县粮播面积达到32.5万亩，产量12.6万吨；大力调整农业产业结构，种植食用菌7075亩、高原夏菜1.5万亩、中药材5.3万亩，农业产业结构调整面积达到14.1万亩，产值达到7.33亿元、比上年增长7.8%。制定印发了《康乐县乡村振兴牛羊产业发展规划（2021—2025年）》《康乐县2022年牛羊产业发展实施方案》，全力实施“龙头带动、百千万、良种繁育、粪污利用、市场营销及品牌提升”五大工程，加快推进标准化肉牛繁育示范基地建设，完成康乐县数字农业信息化平台注册6.4万户、完成率100%，累计发展规模养殖户6359户，累计发展规模养殖场282个；牛存栏10.2万头、出栏5.36万头，比上年增长17.5%、13.2%；羊存栏24.23万只、出栏16.74万只，增长24.8%、13%；畜牧业增加值达到2.68亿元，增长9%。

【项目建设】全年共实施500万元以上项目70个、总投资110.02亿元，完成投资26.5亿元。其中，续建项目31个、总投资54.82亿元，完成投资12.89亿元；新开工项目39个、总投资54.97亿元，完成投资13.62亿元。结合国家产业政策和投融资政策，积极指导各部门开展项目谋划工作，强化项目储备。谋划2023年重点投资项目104个、总投资155.02亿元。

【优势产业】旅游资源：高质量举办各类文体活动和旅游节会，宣传推介康乐旅游资源，加快文旅和美食产业融合发展，提升县域景区知名度和影响力。鼓励群众开办农家乐，多方位增加经济收入。加强旅游行业服务指导水平，积极开展星级农家乐评定工作，截至目前，全县初评四星级农家乐10家，三星级农家乐28家，二星级农家乐10家。全县特色产业食用菌：共计投资2.58亿元，建成占地1500亩的康乐县现代农业科技示范基地，培育以甘肃千枫祥菌业科技有限公司为主的经营主体12家；2022年累计投放香菇菌棒456.54万棒，建成香菇生产棚614座，投放木耳菌棒103.2万棒，建成木耳生产棚55座，种植羊肚菌114亩，建成羊肚菌大棚166座；在景古温家河基地试验种植平菇18棚，投放菌棒21.6万棒；食用菌全年总产量达5205吨，产值达6815万元。高原夏菜：引进培育以甘肃康晖现代农牧产业有限责任公司为代表的经营主体28家；全县种植各类高原夏菜1.5万亩，建成设施蔬菜大棚550座，日光温室42座；全县建成千亩高原夏菜种植示范基地一处，设施蔬菜及标准化育苗基地一处；2022年全县蔬菜总产量达2.85万吨，产值达8550万元。中药材：建成中药材标准化种植基地3个，培育中药材种植、加工经营主体65家；中药材种植面积达5.23万亩，主要以当归、黄芪、柴胡、羌活、党参等的种植为主；中药材年产量达4.47万吨，产值达4.78亿元。

【人民生活】全年城镇居民人均可支配收入25536元，比上年增长3.8%；农村居民人均可支配收入9890.2元，增长7.5%。全年全县城镇居民人均生活消费支出18671.9元，比上年增长3.1%；农村居民人均生活消费支出8904.7元，增长3.6%。

【环境保护】生态环境持续改善，制定并落实《康乐县2022年生态环境问题排查整方案》和《康乐县2022年重点生态环境问题整改方案》，分解细化为24项具体工作任务，协调成立6个专班抓各自领域整治整改。共组织执法检查300余人次，发出督办通知30

份、提醒函12份，排查出51条问题。根据《康乐县2022年污染防治攻坚和“冬病春（夏）治”工作实施方案》，通过督办、检查、巡回督查等方式从抑扬尘、洗浮尘、控烟尘三个方面进行了重点突破，对全县重点企业、行业进行全覆盖检查，督促企业安装并运行环保设施，扎实推进了污染防治“冬病春（夏）治”。积极对接并成功申报康乐县北方冬季清洁取暖改造项目，制定《康乐县2022年度冬季清洁取暖改造工作方案》，纳入并实施6个中央大气污染防治资金补助子项目，下达中央资金2470.07万元。督促相关部门完成莲麓镇集中供热及配套管网建设项目主体工程，城区既有建筑节能改造项目4万㎡建设任务；煤改气改造108户；煤改电改造378户。

【社会事业】现有各级各类学校189所，中小学生51842人，幼儿园181所，在园幼儿14882人，教师3915人。2022年普通高考本科一批上线257人，本科二批上线460人，本科以上上线717人。加强教师队伍建设，引进人才72名，招录特岗153名，招聘“同工同酬”教师170名。落实学生生活补助资金、高中国家助学金、学生营养餐经费、学校公用经费、高中免课本费、学前教育保教费、班主任补助、山区教师生活补助等资金1.12亿元；办理生源地助学贷款2856.72万元；高中社会实践活动经费390万元。

全县共有医疗单位220家（包含民营医院及诊所），其中县级及以上医院2家，民营医院2家，个体诊所42家，乡镇卫生院17家，村卫生室154家，其他类医疗单位3家。年末全县专业卫生技术人员1494人，其中主任医师9人，副主任医师58人，主治医师71人，执业医师241人，执业助理医师129人，主管护士82人，护师223人，护士678人，其他类专业卫生技术人员49人。医疗卫生机构床位1673张，其中医院床位299张，妇幼保健站床位45张，计划生育服务站床位3张，各卫生院床位455张。

（马兰英）

永靖县

【基本情况】永靖县位于黄河中上游、甘肃省中部西南、临夏回族自治州北部，是国家“三区三州”所属县。全县地理位置介于北纬35°47′~36°12′、东经102°53′~103°39′，之间，东界兰州市西固区、七里河区和定西市临洮县，南连临夏县、东乡县、积石山县，西接青海省民和县，北濒湟水河与兰州市红古区相望。县域总面积1863.6平方公里，辖17个乡镇、134个村（社区）。2022年末，全县常住人口17.85万人。

【经济运行】2022年，全县地区生产总值75.8亿元，比上年增长5.5%。其中，第一产业增加值20.4亿元，增长8.1%；第二产业增加值26.3亿元，增长4.6%；第三产业增加值29.1亿元，增长4.8%。三次产业结构比为26.85 ： 34.76 ： 38.39。按常住人口计算，人均地区生产总值42429元，增长11.16%。万元地区生产总值能耗下降3.04%。实现社会消费品零售总额9.73亿元，下降8.0%。完成固定资产投资增长39.8%。

【脱贫巩固】抢抓国家乡村振兴重点帮扶县政策机遇，投入资金4.77亿元，扎实推进巩固拓展脱贫成果同乡村振兴有效衔接，严格落实“四个不摘”要求，紧盯“两不愁三保障”和饮水安全，探索建立并常态运转防返贫“355”监测帮扶机制，为所有监测对象试点购买防返贫救助保险，跟踪收入变化和“两不愁三保障”及饮水安全巩固情况，做到农村人口全面监测，重点人群跟进关注，返贫风险及早发现，风险农户及时纳入，帮扶措施精准落实，风险因素动态清零，返贫致贫风险消除率达71.1%，代表省州成功接受了国家第三方后评估验收。

【乡村振兴】坚持点上抓示范、面上促提升，扎实开展“5155”乡村建设示范行动，紧盯3大类23项创建指标，投入各类资金4.83亿元，实施人居环境整治、道路提升改造、污水管网、绿化美化等47个项目，全面完成三塬镇省级示范镇、州级示范县和15个省州县示范村年度创建任务。建成罗家沟、砂子沟、抚河自流渠灌区维修改造等重点项目，黑台片区节水控水改造提升、大坝自流渠灌区维修改造等工程取得显著进展，农田水利基础持续加强。推广使用设施农业轨道运输车、智能物联系统、水肥一体机等农机设备，实施马铃薯黑膜全覆盖垄沟种植全程机械化项目，持续普及机械深松、节水灌溉等技术。建成高标准农田2.8万亩，整治撂荒地5万亩，拓宽改造撂荒地道路362公里，新增节水灌溉面积1710亩，完成粮播面积23.7万亩、粮食产量8.55万吨。紧盯产业和就业两个关键，投入2.4亿元，完成特色种植37万亩，认证有机产品6.9万亩，加快实施牛羊倍增工程，建成良种肉羊繁育场、牛羊交易市场，落实牛羊奖补资金991万元，全县牛、羊饲养量达到3.84万头、61.45万只。开发乡村、光伏公益性岗位4076个，乡村就业工厂吸纳劳动力1405人，全县在建项目工程吸纳永靖籍普工占比达78%，向厦门、济南输转劳动力243人次，累计输转劳务5.99万人次，创收12.37亿元。加快推进乡村建设，编制完成村庄规划109个，实施风貌改造、环境整治、污水管网等47个项目，高质量完成1个省级示范镇和15个省州县示范村建设任务。深化帮扶协作，济南市天桥区倾情投入协作资金6291万元，实施各类帮扶项目24个。组织开展中国地震局定点帮扶永靖30年系列活动，全方位、多层次展现帮扶成果。

【项目建设】全年实施总投资110.79亿元，重点项目105个，完成投资42.6亿元。兰合铁路、兰永临高速、永积高速3个重大项目相继动工。总装机容量130兆瓦的永靖县“十四五”第一批光伏发电项目实现全容量并网发电，总装机容量490兆瓦的第二批光伏发电项目动工建设，总投资168亿元的抽水蓄能项目前期进展顺利。工业园区加速转型发展，天桥·永靖产业协作示范园投入使用，三塬木雕产业园稳步推进。实施永靖县盐锅峡库区水环境综合治理、东山盐锅峡区域农村供水保障、黑台片区节水供水改造提升等11个项目。大力开展节会招商、全员招商、上门招商、线上招商，实施招商引资项目20个、增长169%。

【特色产业】坚持“做出特色、打

造有机、延伸链条、提升效益”的路子，培育壮大“牛羊菜果薯药菌百合”八大特色产业，建成露地蔬菜、黄芪育苗、标准化有机黄芪产业带等生产基地74个，发展百合、蔬菜、中药材等特色产业37万亩，认证有机产品6.6万亩。投资4083万元建成良种肉羊繁育基地和牛羊交易市场，坚持良种引进、冻精配种、饲草保障、动物防疫、交易流通等全链条扶持，打造以种促养、种养一体养殖模式。实施良种牛羊集群达标示范工程，引进基础母牛1182头，新增犊牛5183头。实施靖海耒台、黄洮交汇观景平台建成使用，盐锅峡818片区鱼塘服务提升、黄河三湾民宿及乡村振兴学堂、炳灵5A旅游景区塔坪游客服务中心等500万元以上文旅项目14个，总投资3.12亿元，刘家峡恐龙博物馆投入运营，环湖北路文化长廊、达可可营地、靖海耒台成为网红打卡地，成功创建刘家峡国际滑翔营地国家4A级旅游景区、小茨村和抱龙山国家3A级绿景区和吧咪山国家2A级旅游景，举办香水百合文化旅游节等特色节会活动28场次。培育产值过亿元工业企业7家，总投资10.4亿元的永靖工业园区标准化厂房和基础设施建设、广晟稀土高性能抛光粉生产线项目加速推进，与济南今日复兴电气集团合资成立永靖马世基智能环保科技有限公司，实施年产15万千米军工线缆、船舶线缆及1万吨大型发电机组导线高端装备材料项目。设立工业发展基金，扶持5家有潜力的工业企业700万元，全力打造工业经济高新区。新增限上商贸企业6家，培育销售额亿元以上企业1户、2000万元以上企业3户、500万元以上企业17户。

【城市建设】以创建全国文明城市为目标，深入实施城市更新行动，投资3.01亿元完成城区道路维修改造、县城四大出入口提升改造、鸿瑞名都十字人行天桥等续建项目。投资2.15亿元实施环城南路（折达公路）延伸段拓宽改造、太极北路拓宽改造、环湖（太极湖）北路提升改造等新建项目。实施阳光嘉园房地产建设项目，完成令牌·玖号院、令牌·优家国际、金德三期、假日花城三期续建项目，有效推进润泽·君悦府续建项目，实施城区智慧停车场、新区停车场等项目，累计新增车位3100个。投资3753万元先后改造老旧小区楼宇25栋、平房11栋、住户807户，城镇住宅“登记难”问题化解发证5575套。实施棚户区改造2027户，配套建设县城及周边乡镇污水管网约60公里。完成城市绿地系统专项规划，新增城市绿地5.6万平方米。

【生态环保】持续打好污染防治三大攻坚战，大力整治扬尘污染、尾气污染和乡镇“四烧”问题，全力推进煤改电、煤改气和城区既有建筑节能改造，实施永靖县黄河流域农业面源污染综合治理、秸秆能源化利用等项目，拆除砖瓦轮窑7家，完成冬季清洁取暖改造1138户，全年优良天气数达283天，比上年上升5.19%。严格落实河（湖）长制，深入推进河湖“清四乱”，强化视频监控和无人机巡检，从严审批监管涉河建设项目，规范整治、依法取缔、纳管合并黄河流域排口522个，全县饮用水水源地、地表水、地下水水质达标率100%。新建县级及乡镇垃圾压缩中转站6个，村收集、乡转运、县处理模式规范运行，探索实施畜禽粪污农业废弃物处理中心建设项目，推动农业面源污染治理走深走实。积极践行“双碳”战略，持续做好“增绿、护绿、用绿”文章，从严落实“四水四定”要求，实施国家储备林、陇中地区生态保护修复等重点项目，治理水土流失面积15.77平方公里、完成造林绿化8.6万亩。坚持山水林田湖草沙系统治理、综合治理、源头治理，实施刘家峡镇红柳沟砂石矿区地质环境恢复治理、砂子沟水土保持、金家池沟淤地坝等重点项目。

【疫情防控】始终坚持人民至上、生命至上，坚持平战结合、慎始如终，县级领导以上率下、一线督导，指挥部“一办十五组”高效运转，全县各级党组织和党员干部闻令而动、冲锋在前，社会各界群众令行禁止、积极响应参与抗疫斗争，日夜坚守3个县级交通卡口，所有来永返永人员提前报备，分类落实管控措施，严防疫情输入。建成4座核酸实验室，日核酸检测能力达到2.5万管。规范运行15个集中隔离点，累计隔离管控9695人，其中支援兰州市和兄弟县市2766人。高效开展流调溯源、重点人群摸排管控，加强物资调运储备，全力保障群众生产生活。疫情发生后，迅速出击、高效运转、沉着应对，用最短的时间阻断了疫情传播，维护了社会大局和谐稳定。党中央“二十条”及“新十条”相继出台后，迅速抓好贯彻落实，科学划定风险区域，优化调整隔离方式，科学设置阳性病区、发热门诊，第一时间稳步推进复工复商、复产复市，强化药品储备和医药市场监管，加快老年人疫苗接种，引导群众科学做好自我管理、自我防护，推动全县经济稳步回暖、社会秩序重回正常轨道。

【社会事业】高效办理16件为民实事。投资9400万元实施县职校（产教融合示范园）改扩建、甘肃国家教育考试命题基地项目，投资6230万元实施移民中学创建卓越高中楼项目，投资5.16亿元建成黄河中学、三峡中学、新区幼儿园，改扩建中小学31所。投资2亿元的县中医院建成投入使用，投资1.07亿元的永靖县医疗紧急救援中心、妇幼保健院异地新建等项目进展顺利。选派180名医务人员到省中医院等三级医院进修培训，招录补充医务人员212名。建成刘家峡综合养老服务中心、王台中心敬老院。落实低保、临时救助等各类救助资金8748万元，新增城镇就业2677人，完成抗震房改造247户，实施生态及地质灾害避险搬迁项目，2022年搬迁入住334户。

【居民生活】全县城镇居民人均可支配收入25543.3元，增长3.4%；农村居民人均可支配收入9602.2元，增长7.5%。城乡居民人均可支配收入比值为2.66，比上年缩小0.1。城镇居民人均消费支出15845.3元，增长3.3%；农村居民人均消费支出9213.1元，增长5.4%。

【社会治理】以铸牢中华民族共同体意识为主线，以“沿黄河—洮河民族团结进步提升带”创建为抓手，持续巩固全国民族团结进步示范县创建成果。全面贯彻党的宗教工作基本方针，坚持我国宗教中国化方向，依法加强宗教场所、活动、教职人员等管理，持续提升宗教事务管理法治化水平。深入实施“八五”普法宣传，不断完善公共法律服务体系，加大矛盾纠纷排查调处化解，群众办事依法、遇事找法、解决问题用法、化解矛盾靠法的意识持续增强。常态化推进扫黑除恶斗争，严厉打击各类违法犯罪活动，全力推进“金融风险大化解、政策法规大宣传、诚信意识大提升”行动，累计清收化解不良贷款 3.08 亿元。

（芝世菊）

广河县

【基本情况】广河，古称太子寺。广河县地处黄土高原丘陵沟壑地带，位于甘肃省中部西南，临夏回族自治州东南部，东临定西市临洮县，西接和政县，南连康乐县，北靠东乡族自治县，平均海拔 1953 米，年平均气温 6.9℃，降雨量 466.5 毫米，无霜期 140 天左右，平均日照2571小时。全县辖6个镇、3个乡，总面积 538 平方公里，108 个行政村及社区，1121 个村民小组。2022 年末常住人口 26.41 万人，城镇化率 36.46%。广河县是临夏州的“东大门”，东跨洮河至兰州 70 公里，西距临夏州府 40 公里，省道兰郎公路和康临高速公路纵贯全境，兰临高速公路近邻而过。背靠藏区，面向兰州，历来是中国西部的一个重要商埠，商贸流通活跃，市场功能完善，具有“西部旱码头”的美誉。早在汉朝时期，这里就是“丝绸之路”的一个重要驿站，举世闻名的“唐蕃古道”穿此而过，明代又是“茶马互市”的一个重要市场。县内民间资本相对富足，特别是皮毛市场与国内各大市场接轨，是西北地区乃至全国的重要集散地之一，三甲集镇被誉为“西北皮毛集散第一集”。广河县于2019年整县脱贫摘帽，先后被评为全国粮改饲示范县、全国电子商务进农村综合示范县、全国“四好农村路”建设示范县、首批国家农业绿色发展先行区、国家羊产业集群发展项目县、全国绿色种养循环农业试点县、省定牛羊产业园、全省有机肥示范县、全省民族团结进步示范县。

【旅游资源】广河历史悠久，文化底蕴丰厚。广河历史文化悠久，自然遗存丰富。古称大夏县、太子寺，是距今有四千多年历史齐家文化的发祥地，境内文物古迹众多，有马家窑文化半山类型、齐家文化等文化遗址和丰富的古动物化石遗迹，出土的文物主要为陶器、石器、玉器、骨器和青铜器等五大类器物，有“齐家文化摇篮”之美称。齐家文化博物馆是目前我国唯一一家以齐家文化命名的主题文化博物馆，是国家 3A 级景区，也是临夏世界地质公园的人文景观之一。总占地面积 14538 平方米，外形像一个巨大的玉琮，现有馆藏文物 3601 件套，国家一级文物＂中华第一镜“陈列于此馆中，是一座集研究、珍藏、展览为一体的现代化、专业化、标志性的齐家文化专题陈列展馆，不仅为齐家文化搭建了一个国际化的研究平台，也是宣传推介广河、展示广河形象的重要窗口。2011 年被甘肃省委宣传部命名为省级爱国主义教育基地，2022 年被评为“2021—2025 年度全国科普教育基地”。

历史上广河曾设立过郡、县、城、司等建制，有过大夏、定羌、宁定等不同的县名。广河历史建制可追溯到秦昭襄王 28 年（公元前 279 年），秦国设置陇西郡和枹罕县，广河县境便归于秦国行政管辖。西汉时，从枹罕县析置大夏县，为广河建县之始。之后的唐、宋、元、明、清、民国时期，先后改名为诃诺城、定羌城、定羌县、定羌巡检司、太子寺城等。民国 6 年（1917 年）设宁定县，1961 年更名为广河县，延续至今。

【国民经济】2022 年，广河县地区生产总值 24.3 亿元，按不变价计算，比上年增长 4.1%，其中，第一产业增加值 6.9 亿元，增长 4.5%；第二产业增加值 4.2 亿元，增长 13.4%；第三产业增加值 13.3 亿元，增长 1.6%。产业结构进一步优化。三次产业比例为 28.2 ： 17.4 ： 54.4，结构更趋优化。

坚定不移强工业，筑巢引凤、培育特色，强县域基础不断牢固。完善规划，改善基础，提升工业污水、固体废物处置能力，建设达三路隧道、产业园规划路，升级电网通信，洮河经济带连接更加通畅。秉承“栽下梧桐树、引得凤凰来”的理念，总投资 8.5 亿元的加工制造包装产业园一期项目已完成工程量的 80%，承接产业能力全面提升。积极落实各项助企纾困措施，发放援企贷款 1.69 亿元，落实减税降费、退税缓税 8477 万元，为国富皮革争取贷款 1500 万元，各类市场主体发展到 17065 户。扎实推进“5540”百亿工业企业培育工程，一对一包抓、点对点服务，鑫国源皮业产品顺利通过国际皮革管理体系认证，荣获金牌证书，福禄海铝型材实现产值过亿目标，中渝燃气达到入规标准，全县完成工业总产值比上年增长 22.8%，规上工业产值增长 34.4%。深入落实州上“千亿招商”行动部署，召开政银企座谈会，完善招商优惠措施，从用地审批、生产招工等环节全程帮办，引进各类项目 29 项，签约资金 53.5 亿元，到位资金 10.5 亿元。调整优化开发区机构配置，一企一策、一企一专班帮助企业解除后顾之忧，开足马力生产，开发区完成总产值 10.86 亿元，带动就业 4950 人，工业聚集度 90% 以上。今天的广河，产业集群效应加快凸显，转型发展之路加快推进，强工业行动迈出坚实步伐。

【乡村振兴】主动适应“三农”工作重心的历史性转移，投入各类资金 6.5 亿元，其中衔接资金 3.57 亿元、涉农整合资金 8455 万元、东西协作资金 5839 万元、其他资金 1.5 亿元，扎实推进巩固脱贫成果同乡村振兴有效衔接。严格落实“四个不摘”的要求，所有农户纳入县乡村三级监测网，持续监测收入及“两不愁三保障”、饮水安全情况，全力消除致返贫风险。建成牛羊产业大数据中心，充分发挥牛羊产业协会作用，构建线上线下销售体系，完成牛羊（肉）销售 48 亿元。现代农业产业园种植、养殖、繁育、加工、冷链、物流、销售链条逐步完善，核心区企业初具规模，辐射、示范、集聚、提升效应初步显现，全产业链高质量发展体系初步建立。开展技能培训 1.24 万人，完成有组织输转 30 批 1.08 万人，累计输转 6.04 万人，开发公益性岗位 2328 个。落实美食产业贷款 1875 万元，全国各地开办的 4600 多家美食店带动就业 2.05 万人。全面编制完成 74 个村庄规划，高质量完成 1 个省级示范乡镇、4 个省级示范村、3 个州级示范村、5 个县级示范村创建。全面推进三甲集综合开发，实施总投资15.5亿元的高速公路出口道路提升、石炭沟开发、东关至水家道路等项目15项，统筹买家巷、齐家、官坊、阿力麻土等重点集镇人居环境提升、文旅融合、示范创建、配套管网等项目建设。深入推进美丽县城（乡镇）规划建设“十大行动”，大力开展“一难两乱”、物业、“蜘蛛网”整治，新增停车位3591个、新建改造公厕12座，拆除违章建筑222宗，评定星级小区31个，如厕难、停车难、管理难的问题得到有效解决。今天的广河，群众居住环境更加舒适、出行条件更加便利，城乡一体化发展多彩画卷正徐徐铺开。

【优势产业】围绕养殖业扎实推进农业产业结构调整，实施粮改饲21.5万亩，加工饲草100多万吨。先后筹措4000多万元，对牛羊产业高质量发展经营主体和农户进行奖补，引进培育千头牛、万只羊养殖基地，着力打造链主企业，推进种养加销各链条同步发力。依托甘农大科研团队，建立牛羊养殖、品种、饲料、肉质4个标准和高效繁育综合技术体系，认定“田秀才”“土专家”20名，科技人才助力产业发展成效显著。培育2个“甘味”品牌，认证4个“三品一标”农产品，成功举办广河羊肉品鉴大会，“广河羊肉、广通天下”宣传片在央视1台、9台、13台连续播出，品牌效应逐步凸显。引进牛羊肉精深加工生产线，打通了牛羊肉从农产品向商品转化的最后一公里。全县电商企业完成销售3.57亿元，增长18.6%。今天的广河，产业带动更加有力，公共服务更趋完善，人居环境更加宜居，乡村治理更加有效，文明乡风更加凸显。

【环境保护】2022年以来，全面落实黄河流域生态保护和高质量发展各项部署，投资15.38亿元实施国家储备林、坡耕地水土流失综合治理、万亩灌区改造、广通河水环境治理等生态项目13项，在洮河五户面山、齐家镇面山、广通河北山一线栽植各类苗木224万株、行道树174公里，提升改造绿化带65公里，新增水土流失治理面积3万亩，水土保持率72%。投资4.45亿元，实施县城东区集中供暖、“煤改气”“煤改电”等冬季清洁取暖项目8项，改造公共场所55所、农户2805户，政府户均补助1万元，优化用能结构，从源头改善空气质量，空气优良天数285天，比上年增加23天，增长5.4%。全面落实河湖长制，督促8家涉水企业安装热成像设备，重点河段设置监控48处，洮河、广通河地表水断面、饮用水源地水质全部达标。规范处置工业和医疗废弃物，秸秆综合利用率95%以上、废旧农膜回收利用率86%以上、畜禽粪便利用率85%以上。今天的广河，生态基础更加牢固，环境质量明显提升，绿色发展深入人心。

【社会保障】2022年以来，广河县牢固树立以人民为中心的发展思想，持续加大民生投入，补齐公共服务短板，让改革发展成果更多惠及广大群众。全年民生支出23.9亿元，占一般公共预算支出的80.4%，比上年增加9452万元。全面完成城乡低保提标，发放各类救助金1.58亿元。化解“登记难”、妇女“两癌”筛查等涉及广河县的19件省列、州列为民实事全部办结。投资3.13亿元，实施生态地质灾害避让搬迁工程，在落实国家和省上“10+5”补助政策的基础上，针对群众装修困难、搬迁慢、入住难的问题，筹措县级财力4872万元，按家庭人口进行差异化补助，户均补助高达12万元，成立工作专班，采取超常规攻坚模式，全力加快进度，完成搬迁406户2002人，实现拎包入住，使偏远山区地质灾害等隐患区域群众一跃成为城镇居民；投资9亿元，开工建设县城和三甲集两个生态搬迁小区，可安置搬迁群众1500户。投资1.35亿元，实施三甲集移民小学、移民幼儿园、五中综合楼等项目12项，通过人才引进、特设岗位、同工同酬等方式招录教师412名，争取教师编制1085个，有效缓解教师队伍结构性紧缺，高考本科上线420人，比上年提升7.7个百分点，中考均分超州均11.4分，综合升学率75%，被省级示范性高中录取171人。投资3.9亿元，实施卫生健康项目4项，妇幼保健院投入运行，中西医结合医院基本完工，医疗服务水平进一步提升。编制《齐家文化旅游带总体概念规划》等4项规划，实施齐家坪遗址保护、“新马太”、马浪风景区基础设施、齐家文化遗址公园一期、体育馆提升改造等项目，加大文物收集、保护力度，社会各界踊跃捐赠藏品2697件，馆藏水平不断提升。举办环城跑、篮球、赛马、乒乓球、山地自行车等赛事20余场次。今天的广河，群众急难愁盼问题得到有效解决，精神文化生活不断丰富，获得感、幸福感更加充实、更有保障、更可持续。

（王勇）

和政县

【基本情况】和政历史悠久，古为羌戎之地，前凉设金剑县，宋崇宁四年称宁河县，明嘉靖十年设和政驿，和政之名自此而始。县域位于临夏回族自治州南部，地处黄土高原与青藏高原交汇地带，东与广河县、康乐县接壤，南与甘南州卓尼县、夏河县相邻，西与临夏县毗连，北与临夏县、东乡县交界，总面积960平方公里。和政县全境以太子山为主山脉，形成四个河谷地带和两个沟谷地带，平均海拔2200米，年平均气温6.7摄氏度，年日照小时数2253.9小时，年平均降水量631.8毫米，农作物主要有小麦、油菜、蚕豆、玉米等，特色林果有啤特果。境内主要河流有广通河、牛津河、大小南岔河、牙塘河，年径总流量为3.62亿立方米，水能总蕴藏量为3.7万千瓦，可开发量为2.6万千瓦。境内康临高速公路、临康和二级公路贯通东西，和合公路贯穿南北，县城距省城兰州市90公里，距州府临夏市20公里，面向兰州、服务藏区的交通区位优势明显。全县辖9镇4乡，122个行政村，4个社区，1438个村民小组。

【资源优势】自然资源富饶，全县森林覆盖率为36.56%，植被覆盖率达95%，特色林果啤特果闻名遐迩，是全国绿化委员会命名的“全国绿化模范县”。旅游资源丰富，境内有松鸣岩、博物馆、法台山、万兽谷4处国家4A级景区；省级风景名胜区太子山、省级森林公园南阳山等为代表的“宁河八景”享誉陇上，被誉为“陇上绿色明珠”，是农业农村部、国家文化和旅游部命名的“休闲农业与乡村旅游示范县”。古动物化石富集，已发现古动物化石出露点达80多处，建成的和政古动物化石一、二、三号馆共收藏各类化石标本3万余件，分属3纲8目150个属种，占据了六项世界之最，被誉为“东方瑰宝、高原史书”“古动物化石之乡”。文化底蕴深厚，是河州花儿的发祥地之一，松鸣岩花儿会被列入第一批国家级非物质文化遗产保护名录，入选联合国教科文组织“人类非物质文化遗产代表作名录”，被中国民协授予“中国花儿传承基地”，被国家文化和旅游部命名为“中国民间文化艺术之乡”。

【国民经济】综合实力显著提升。2022年，全年全县地区生产总值34.2亿元，比上年增长7.2%。其中，第一产业增加值5.7亿元，增长5.3%；第二产业增加值8.0亿元，增长19.4%；第三产业增加值20.5亿元，增长3.9%。三次产业结构比为16.6 ：23.5 ：59.9。完成工业增加值2.5亿元，增长9.75%。其中，规模以上工业增加值增长18%。社会消费品零售总额4.7亿元，下降6.5%。

【“三农”工作】农业经济稳步发展。全年全县粮食种植面积15.99万亩，比上年增加0.45万亩。油料种植面积5.4万亩，增加0.5万亩。蔬菜种植面积1.18万亩，减少0.05万亩。中药材种植面积0.81万亩，减少0.39万亩。果园面积1.25万亩。全年粮食产量5.91万吨，增加2.96%。其中，夏粮产量1.7万吨，增加15.65%；秋粮产量4.2万吨，减少1.64%。全年蔬菜产量2.41万吨，增加0.42%。园林水果产量1.08万吨，增加18.68%。中药材产量0.31万吨，减少27.9%。全年肉类产量4442.94吨，减少3.73%。牛奶产量3050.65吨，减少17.26%。年末大牲畜存栏4.11万头(只)，比上年末增长10.19%，其中牛存栏4.1万头，增长10.81%；牛出栏2.4万头，增长15.94%。羊存栏10.73万只，增长4.58%；羊出栏6.2万只，增长9.73%。生猪存栏0.89万头，增长5.95%；生猪出栏0.89万头，增长6.02%。

【乡村振兴】乡村振兴再上台阶。把防止返贫作为底线任务，建立了“4+4”防返贫工作体系，为1565户7188名监测对象落实帮扶措施6088条，开发乡村公益性岗位3069个，发放创业担保贷款1.2亿元、脱贫人口小额信贷1.13亿元、富民贷1226万元，完成劳动力培训1.1万人次，实现劳务输转6.32万人次、创收16.14亿元。组织3700多名干部担任“包户长”联系全县4.55万户农户，构建了横向到边、纵向到底的三级网格化包抓工作机制。深化中央定点帮扶和东西部协作，累计落实帮扶资金6719万元，完成消费帮扶1.35亿元。稳步推进乡村建设，投资1.72亿元实施了风貌改造、村社道路建设等项目，全面完成了17个省州示范村创建任务，建设高标准农田5万亩，复垦复耕“撂荒地”4618亩，硬化村社道路38公里，和政县被评为省级“四好农村路”示范县。高标推进生态及地质灾害避险搬迁，完成搬迁1314户6637人，落实补助资金1.04亿元、贴息贷款2110万元。全面打响城市空间更新优化攻坚战，谋划实施了总投资65.6亿元的供热管理站供热系统扩建、市政基础设施提升改造、龙泉大桥、育才初中、县医院内科综合楼等39个项目，建成了智慧停车场、城乡水源保障工程、滴珠山公园提升改造等项目，西关下新村、前川、南关等棚户区改造项目拔地而起，新建住房1248套、实施改扩翻7882户，新增学位5000个、车位1416个、新能源充电桩83个，县城产业集聚能力、人口承载能力、就业吸纳能力不断增强。

【项目建设】项目发展后劲持续增强。全力以赴争资金、引项目、抓开工、扩投资，总投资119.5亿元的110个新续建项目中，大南岔河流域水生态修复治理工程、“三站合一”、城区学校校舍改造、松鸣特色小镇供热工程等45个项目已建成，临夏四家咀至三岔沟二级路、安临一级路和政连接线、香花坪旅游产业路、桦林至扎马梁旅游产业路等道路工程建成通车，古动物化石研究和展示中心、水系连通及水美乡村建设试点县、广通桥至三河大桥道路工程等项目加速推进，累计完成投资37.4亿元，比上年增长65.6%。争取到中央省级预算内资金3.02亿元、增长41.8%，政府专项债券资金5.35亿元、增长40.7%，资金争取创历年新高。在第28届“兰洽会”上成功签约了和政向月航天科技研学中心等35个项目、总投资87.42亿元，27个项目已开工建设、开工率77%。积极承接东部产业转移，动工建设了投资3.9亿元的东西协作和政绿色新型建材产业园、1.03亿元的高能电子加速器辐照产业园，综合农贸市场及冷链物流仓储中心即将建成投运。

全年全县固定资产投资比上年增长32.5%。按三次产业分，第一产业投资增长3.91%，第二产业投资增长357.18%，第三产业投资增长91.55%。全年房地产开发投资下降46.86%。房屋施工面积616903平方米，增长12.03%，其中住宅施工面积493940平方米，增长15.54%。在房屋施工面积中，房屋新开工面积86595平方米，下降3.3%，其中住宅新开工面积70450平方米。

【优势产业】特色产业加速升级。按照“两园驱动、三带协同”产业发展布局，全面打响农业产业结构调整攻坚战，在保证18.27万亩粮食播种面积的基础上，大力发展特色产业，实施了现代农业综合试验示范基地、赤松茸产业园、循环农业示范基地等项目，创建农业生产全程机械化示范基地5个，完成粮油类保险8万亩、养殖类保险7.7万头（只）、赤松茸保险2800亩，落实产业奖补6976万元，认证“三品一标”6个，打造“甘味”农产品区域公用品牌2个。探索建立了太子山沿线食用菌种植片区党委，通过“党支部+科研院所+企业+合作社+基地+农户”的模式，鼓励企业和群众大力发展食用菌产业，食用菌种植面积达1.2万亩，打造形成了沿太子山万亩食用菌产业带。文旅产业加速转型，投资17.2亿元实施了滨河东区游客服务中心、垄上行乡村振兴文旅综合开发、博物馆一二号馆展陈等12个文旅项目，三岔沟、乡语乡村、宁河古城成功创建3A级景区，建成了中国河砚博物馆，咀头村获评“全国乡村旅游重点村”，松鸣岩旅游度假区成功入选省级旅游度假区。高水平举办了梨花节、油菜花节、“花儿会”等节会活动，全县共接待游客115.63万人次，实现旅游综合收入4.56亿元。工业经济逆势走强，县循环经济产业园区成功升格为省级开发区，实施了企业孵化园、帐篷家乡村振兴配套装备研发制造产业园等项目，临夏海螺水泥产值突破5亿元、华龙乳业产值突破1亿元，园区31家企业累计投资23.84亿元，实现生产总值9.5亿元，完成税收3100万元，吸纳就业2000余人。培育规上企业1家、限上企业14家，打造美食产业门店240家，新增市场主体1018户，中小微企业贷款新增余额5.9亿元，办理留抵退税4793万元。

【人民生活】居民收入持续增加。全年全县城镇居民人均可支配收入24951.5元，比上年增长3.5%；人均消费支出21890.5元，增长3.3%；农村居民人均可支配收入9169.1元，增长7.4%；人均消费支出8776.3元，增长5.5%。

【环境保护】美丽和政焕发新貌。扎实推进生态修复治理，实施了广通河水生态修复治理、牛津河流域水土保持综合治理、坡耕地综合治理等项目，完成营造林7.3万亩，绿化美化行道210公里，治理水土流失面积23.44平方公里。常态化整治扬尘、烟尘、机动车尾气污染，大力实施冬季清洁取暖、光伏发电、海螺水泥脱硝改造等项目，完成清洁能源改造1531户。深入开展河湖“清四乱”行动，持续加强水源地保护和地表水、地下水污染防治，实施了水源地保护区规范化建设、达浪中型灌区节水改造等项目，疏浚河道12万方。扎实开展废旧农膜回收利用、畜禽粪污资源化利用、医疗废物收集处置等工作，完成畜禽粪污资源化利用78万吨、利用率87.6%，回收废旧农膜445吨、回收率85.5%。扎实开展农村人居环境整治，累计清理垃圾3100多吨、沟渠1800多公里，拆除危房、破旧院门等1175处，建成垃圾转运站2座，全县生活垃圾实现了无害化焚烧处理。

【社会保障】民生保障更加有力。年末全县共有3064户6826人享受城市居民最低生活保障，8535户30067人享受农村居民最低生活保障。1004户1130人享受城乡特困人员救助供养。全年243192人参加城乡居民基本医疗保险。其中，本地参保223718人，异地参保8762人，职工参保10712人，参保率98.94%。

【社会事业】社会事业全面进步。年末全县共有初级中学10所，小学76所，教学点48所，普通高级中学1所，中专及职业技术学校1所，幼儿园142所。普通中学在校学生数13031人，比上年增加1084人，其中高中360人，初中724人。小学在校学生数27150人，比上年增加472人。幼儿园在校学生数9678人，比上年增加40人。全县中专及职校专任教师45人，高中专任教师260人，初中专任教师659人，小学专任教师1491人，幼儿园专任教师392人。小学入学率100%，巩固率100%；初中入学率100%，巩固率100%；高中毛入学率83.76%。

年末全县有县级公立医疗机构3个，其中县人民医院1家，中医医院1家，妇幼保健院1家。乡镇卫生院14所，村卫生室123所，个体诊所47家，民营医院4家。全县共有卫生技术人员1586人，其中正式职工567人，临聘人员562人，民营机构人员213人。公立医疗机构医师474人（有证270人，无证204人），护士485人（有证428人，无证57人），医技人员172人（有证73人，无证99人），高级职称91人，中级职称89人，初级职称203人，无职称人员263人。设置医疗床位1235张，每千人拥有床位5.88张；民营医院4所，卫生技术人员213人（其中医师79人，护士102人，医技32人）。村卫生室123所，村医123人（其中持有执业证3人，助理医师证30人，乡村医生证90人）。

（虎瑞鹂）

东乡族自治县

【基本情况】东乡族自治县是全国唯一的以东乡族为主体的少数民族自治县，是国列省扶重点贫困县，也是甘肃三个特有少数民族之一东乡族的发祥地和主要聚居区，地处西北黄土高原和青藏高原的过渡地带，位于甘肃省中部，临夏回族自治州东部，东以洮河与临洮县为界，南与广河县、和政县相连，西隔大夏河与临夏市、临夏县为邻，北邻刘家峡水库与永靖县相望。境内山峦起伏，沟壑纵横，四面环水，境内缺水，植被稀疏，总面积1510平方公里，最高海拔2664米，最低海拔1735米，年平均气温为5~9°C，年均降水量350毫米，年蒸发量1400多毫米，无霜期138天。全县共有16个乡，8个镇，193个村民委员会、15个社区，年末常住人口29.19万人，确权耕地面积57.29万亩，人均耕地仅为1.46亩。

【资源优势】东乡族自治县地形中间高、四周低，呈“凸”字形，黄河、洮河、大夏河环县奔流，水利水电能源富集；高峡平湖、民俗故居、杏园风光、丹霞地貌、化石遗址等各类旅游资源遍布，先后建成了东大坡森林公园、盛世生态旅游度假村、布楞沟红色村史馆、韩则岭古兰经珍藏馆、“杏花村”等一批旅游景点；名优土特产品有东乡洋芋、唐汪大接杏、唐汪葵花籽、唐汪大红枣、河滩大红袍花椒、河滩桃梨等。

【国民经济】2022年，全县地区生产总值43.5亿元，比上年增长5.8%，其中，第一产业增加值11.2亿元，增长7.7%；第二产业增加值7.8亿元，下降0.5%；第三产业增加值24.5亿元，增长6.8%。全县工业增加值下降6.6%，其中规模以上工业增加值下降7.1%；社会消费品零售总额完成3.3亿元，下降8.8%；固定资产投资增长31.5%；全县一般公共财政预算收入1.45亿元，增长10.5%，一般公共财政预算支出48.87亿元，增长3.1%。

【乡村振兴】按照“产业兴旺、生态宜居、乡风文明、治理有效、生活富裕”的总要求，巩固拓展脱贫攻坚成果，用脱贫攻坚精神推进乡村振兴战略，弥补基础设施短板，严格落实“四个不摘”要求，紧扣防止发生规模性返贫这一底线任务，按照“缺什么、补什么”的要求，压紧靠实行业主管部门工作责任，持续提升“两不愁三保障”水平。2022年，全县共安排衔接资金和统筹整合财政涉农资金12.17亿元，共安排项目108个，重点用于产业发展、技能培训、易地搬迁后续扶持、“雨露计划”、乡村建设和社会事业等方面，共识别纳入“三类户”102户570人，落实各项帮扶措施331项，户均落实3.25项，风险消除监测对象66户360人，发放“雨露计划”补助2034人305.1万元，生态及地质灾害避险搬迁4350户，完成农房抗震改造5551户，完成巷道硬化215公里、天然气入户1800户、改厨1146户、改厕4651户，建成生活垃圾中转站3座，落实困难群众救助补助资金4.2亿元，兜底保障10991户、4.24万人，坚决守住了不发生规模性返贫的底线。同时聚焦资源整合，继续深化东西协作，共援助资金6861万元，实施产业发展、就业奖补、干部培训、乡村振兴、教育帮扶、基础设施、社会事业7大类19个项目，中央定点帮扶投入资金8659万元，实施项目11个，完成消费帮扶9157万元，累计引进企业7家，新增投资7504.3万元，全县建成集“饲草料加工厂、良种肉羊养殖场、牛羊交易市场、牛羊肉屠宰加工厂、农产品冷链物流产业园、金银花加工产业园、食品加工产业园”为一体的农村一二三产业融合发展示范区，为巩固拓展脱贫攻坚成果同乡村振兴有效衔接注入强劲动力，夯实了发展基础，有效巩固了脱贫攻坚成果，全面开启了乡村振兴新征程。

【“三农”工作】积极采取各种有效措施，依托种养龙头企业，推广种植脱毒马铃薯、全膜玉米粮食作物，推广种植金银花、藜麦、甜高粱、百合、当归、黄芪、高原夏菜等特色经济作物，合理调整产业结构，推进农业产业化经营，使粮食生产获得大丰收，促进了农业和农村经济的全面发展，加快了农业产业化进程。2022年全县粮食总产量达到121148.73吨，比上年增长3.74%，粮食平均亩产为283.97公斤，增长3.54%；全县当年共完成各类造林面积5.51万亩，育苗面积达1190亩。花椒产量达到2015吨，增长1.2%，水果产量达到3746吨，增长9.7%；全县大小牲畜存栏75.54万头只，增长7.56%，大小牲畜出栏106.37万头只，增长5.97%，实现农业增加值12.02亿元，增长11.86%；有效灌溉面积累计达到10.45万亩，保证灌溉面积累计达到8.42万亩，完成机修梯田1.65万亩。

【项目建设】牢固树立抓项目就是抓发展的理念，坚持争取与引进并举、建设与管理并重，紧盯国家政策投资导向，加大项目筛选论证，紧紧围绕保固投、稳增长目标，全县共列500万元以上建设项目60项，总投资190.08亿元，其中续建项目33项，投资166.9亿元，新开工项目27项，投资23.18亿元。东乡县沿洮河经济带开发建设项目安居工程、兰合铁路、安临一级公路等新开工项目进展顺利，“达三公路东乡段、县城南区易地扶贫搬迁后续产业基地、达板镇易地扶贫搬迁后续产业基地等重大项目建成竣工；总投资100亿元的抽水蓄能电站项目已列入国家“十四五”中长期专项规划，并通过预可研审查，“四大”经济带同步推进，全面加快了基础设施建设项目步伐，项目建设成效显著，继续保持项目大建设良好势头。2022年全县固定资产投资比上年增长31.5%。

【优势产业】县委县政府立足县情实际，坚持把产业扶贫作为增加收入、巩固拓展脱贫攻坚成果的核心任务来抓，因地制宜、因势利导，以畜牧养殖产业、东乡美食餐饮产业和劳务增收产业三大产业为主导，培育多元产业，形成以扶贫车间、光伏、设施农业、五小产业、旅游、电商等新兴产业为补充的产业发展格局，持续在挖潜力、扩优势，招大商、引强企，延链条、创品牌上下功夫，着力打造符合乡村实际的特色种植、畜牧养殖、餐饮美食、劳务优势产业。特色种植方面，在发展传统农业的基础上，2022年种植藜麦1万亩，累计种植金银花2.1万亩，食用菌、高原夏菜、中药材等其他经济作物2万亩；畜牧养殖方面，成功申报全省唯一一个以肉羊产业为主的国家级现代农业产业园，重点扶持建设规模化养殖场（小区）、养殖示范村、养殖合作社和养殖大户，新发展规模养殖场（合作社）10家、养殖大户310户，落实奖补资金4355万元。“东乡贡羊”入选2022年“甘味”系列十大地方公用精品品牌；餐饮美食方面大力实施“东乡美食餐饮走出去”和大培训大就业工程，聚焦“十亿元产业链”发展目标，累计发展各类餐饮店4000多家，从业人员超过3万人，新建和改造“河州味道·临夏美食”品牌标准的餐饮门店81家，2022年以来，共培训劳动力1.8万人次，“点对点”输转劳动力3018人，落实务工奖补2070万元，累计输转9.26万人、创收21.6亿元。

【人民生活】加大产业发展、稳岗就业力度，认真落实促农增收扶持措施，积极发放小额信贷，开发公益性岗位，加大劳务输转，落实务工奖补，全面增加居民收入。农民人均可支配收入达到7695.5元，比上年增长8.0%；城镇居民人均可支配收入达到24285.2元，增长3.3%。

【环境保护】牢固树立和践行“绿水青山就是金山银山”的理念，不折不扣落实上级关于生态环境保护的各项决策部署，严格工作措施，全面推进大气、水、土壤污染防治，加大危险废物监管，严格控制污染物排放总量，通过各污染物的监测，各项指标均在约束范围之内，各减排项目按期完成，二氧化硫、氮氧化物、化学需氧量、氨氮控制指标均达到减排要求，饮用水源地水质安全得到有力保障，城乡环境面貌展现出新气象，着力提高了人居环境质量。

【社会事业】科技推广和应用力度加大。全县上下牢固树立抓科技就是抓发展、谋创新就是谋未来的观念，坚定不移实施科技创新战略，不断加大研发投入，大力推广全膜双垄沟播玉米、马铃薯良种繁育、马铃薯黑膜覆土机械化等种植技术，实施了日光温室、塑料大棚等高效农业增产项目；加大科技引进、推广和应用的力度，创新驱动步伐加快，科技支撑作用明显。2022年，全县研究与试验发展(R&D)经费支出2552万元，是2012年的36.5倍，年均增长43.3%；占地区生产总值的0.58%。

教育教学质量稳步提高。教育事业继续实施“长效工程”，紧盯国家义务教育均衡发展验收指标，投资2.3亿元的新建东乡八中，新建（改扩建）学校（幼儿园）18所，招录特岗教师498名，一次性从西北师范大学引进优秀毕业生89名，实施“雨露计划”补助2034人305.1万元，实施了“薄改与能力提升”、“为民办实事”、中石化帮扶等项目，优化调整了中小学布局，全面提高区域内学校的办学水平和教育质量，推进区域义务教育均衡和谐发展，通过努力提高了教育管理水平和教学质量。全县现有各级各类学校445所，现有学生78633名；义务教育阶段学生55194名、教职工4441人，幼儿毛入园率达到95.25%；九年义务教育巩固率达到96.37%，高中阶段毛入学率达到82.15%。

卫生事业蓬勃发展。医疗卫生事业稳步发展，大力改善卫生软硬件环境，积极推行新型农村合作医疗，大力发展村级卫生事业，引进医学领域急需紧缺人才18人，招聘同工同酬医护人员50名，对347名财政招聘医护人员每人增资300元，使全县农村医疗卫生条件得到了进一步改善，公共卫生服务体系建设步伐加快。2022年底，全县共有医疗机构27个，医务人员627人，其中医疗人员477人，护理人员150人，病床达到1003张，其中县级658张，乡镇345张，平均每千人拥有病床3.87张。

文化体育事业更加繁荣。坚持以社会主义核心价值观为引领，持续开展了“数家珍、说变化、话未来”“说变化、感党恩、爱家乡”两项活动，建强基层公共文化服务阵地，组织开展丰富多彩的群众性文化活动，加强非物质文化遗产传承保护，打造具有东乡特色的乡村文化品牌，开展了“同饮黄河水携手新征程”鲁企走进甘肃等系列演出活动，谋划筹办了“喜迎二十大·奋进新征程”第二届“图书馆杯”有奖征文活动，营造了浓厚的文化氛围，推动文化产业健康发展。持续开展了职工篮球赛、乡村篮球比赛等群众性体育赛事，组织参加省州举办的各项赛事活动，进一步丰富了群众的文化生活。

乡村旅游发展初具规模。积极探索旅游资源，以打造乡村旅游示范村为契机，持续加大旅游交通、文化体育等基础设施配套力度，进一步完善服务功能，拓展乡村旅游，举办旅游节会系列活动，开发打造景区景点，成功创建“布楞沟”3A级、唐汪石拉泉大峡谷2A级旅游景区，在全州打响叫亮了融生态观光、民俗体验、田园休闲为一体的乡村旅游，进一步聚集了旅游人气，提升了乡村旅游文化内涵，促进文旅体融合发展。2022年全县接待游客36.68万人次，旅游综合收入达1.82亿元。

财政收入大幅度增加。大力培育财源，加强税收征管，狠抓增收节支，公共财政职能不断增强，财政收支再创历史新高。全县累计一般公共预算收入完成1.45亿元，增长10.5%。全县一般公共预算支出48.87亿元，增长3.1%。

【社会保障】全县参加失业保险的职工人数0.27万人，参加基本养老保险的人数15.94万人，参加基本医疗保险的人数34.56万人。全社会低保人数5.94万人，其中农村5.17万人，城镇0.14万人，基本实现了应保尽保。

（唐占英）

积石山保安族东乡族撒拉族自治县

【基本情况】积石山保安族东乡族撒拉族自治县位于甘肃省西南部，是甘肃省唯一的多民族自治县，成立于1981年，全县总面积910平方公里，辖17个乡（镇）、145个行政村、11个社区居委会、1296个村民小组，常住人口23.89万人。有保安、东乡、撒拉、回、汉、土、藏等10个民族，少数民族占全县总人口的63.12%，其中保安族人口18165人，占全国保安族总人口数的95%以上，是全国唯一的保安族聚居地。积石山保安族东乡族撒拉族自治县位于甘肃省西南部，东南与临夏县接壤，西与青海省循化撒拉族自治县毗邻，北与青海省民和县隔河相望，东北部与永靖县以黄河为界，南北宽约33公里，东西长约37公里，总面积909.97平方公里。全县地形由西南向东北倾斜，西南高、东北低，西南部为高寒阴湿地区，中部为二阴山区，东北部为高寒干旱山区，海拔1787—4308米。全县属典型的大陆性季风气候区，既含山地、高山综合气候特征，受地势影响，全县气候差异很大，又具有小区域性气候特征。年均降水量为660.2毫米，年蒸发总量约1158.9毫米。全年日照时数1846.7小时，无霜期216天。

【旅游资源】旅游资源独具特色，积石山地处黄土高原和青藏高原的交汇处，是中原地区与边远少数民族地区的过渡地带，是农业文化和草原文化的结合部，是一个多元文化荟萃之地，是天然的地质民俗博物馆。积石山西南部山峰横亘，山势连绵起伏，巍峨挺拔，极富阳刚之美。大山峻岭之间有幽邃曲折、小溪潺潺、鸟语花香的大墩峡、崔家峡、樊家峡等美丽的峡谷，山麓有天高云淡、碧草如茵、牛羊成群的宽阔的黄草坪、香水坪等天然牧场。积石山县AAAA级景区大墩峡，被誉为西北的“西双版纳”，植物物种极为丰富，西北杜鹃、紫丁香等漫山遍野、姹紫嫣红，特别是“红桦”“华山松”全国少有。河州八景之一的积石关、国家AA级旅游风景区积石民俗村、极具科考价值的古冰川遗迹石海更是旅游名胜。县东北与著名的炳林寺石窟隔黄河相望，西与青海省循化县孟达“天池”国家级自然保护区毗邻。三坪遗址汇集了马家窑、马厂、齐家、辛家四种类型的古文化层，现珍藏于中国历史博物馆的“彩陶王”出土于积石山县安集乡三坪村。

【国民经济】2022年，全县完成生产总值33.5亿元，比上年增长6.9%，其中，第一产业增加值7.0亿元，增长6.2%；第二产业增加值2.4亿元，增长16.4%；第三产业增加值24.1亿元，同比增长6.3%。固定资产投资增长19.1%。一般公共预算收入1.2亿元，下降1.9%。社会消费品零售总额7.0亿元，下降6.9%。

【供给侧结构性改革】坚持稳中求进工作总基调，深化供给侧结构性改革，推动经济运行稳中向好。建成了积石山县“AI豆计划”数字经济产业园，直接带动近400名高校毕业生稳岗就业，年创造社会价值千万元以上。全年新增各类市场主体1800个，增长11.99%。大力发展文旅首位产业，实施旅游大通道旅游配套设施建设、保安族民俗文化园基础设施建设、大墩峡生态智能停车场、肖红坪村旅游产业基地供电及给排水等旅游基础设施建设项目，河崖旅游小村、阳洼庄芍药园、三二家民族村寨等乡村旅游项目，积极推进全域旅游发展。全县累计发展农家乐138家，成功举办了首届樱桃采摘节，创建省级旅游示范村4个，全年接待游客107.33万人次，实现旅游收入4.24亿元。

【乡村振兴】坚持把巩固拓展脱贫攻坚成果作为“三农”工作的重中之重，全面实施乡村振兴战略，完善防返贫动态监测帮扶机制，对各行政村帮扶单位、驻村帮扶工作队、“大村长”“包户长”进行调整优化，全县3477名干部包抓54492户农户，实现了所有农户全覆盖；精准加强“三类户”帮扶，截至2022年底消除风险对象1977户9080人，风险消除率77.03%，新识别监测对象112户592人，牢牢守住了不发生规模性返贫的底线。统筹整合财政涉农资金6.2亿元，实施特色产业和农林水利项目169个，重点支持农村产业发展和乡村建设。持续夯实“三保障”基础，九年义务教育巩固率达到98.64%，农村低收入人口医疗保险、养老保险参保率均达到100%，改造农村抗震房1750户，改造农村道路55公里，改造供水管网11公里，农村供水保证率达96%、水质达标率100%，新建及改造供电线路67.8公里。分层分类落实农村低保和特困供养政策，累计拨付各类社会救助资金1.97亿元。积极落实应对疫情15条促农增收措施，开发乡村公益性岗位1176个，落实劳务奖补资金1153.8万元，开展就业技能培训7446人，紧盯疫情窗口期“点对点”输转5600人，完成劳务输转8.124万人，实现劳务收入20.66亿元。为1148户6065名易地扶贫搬迁群众落实光伏收益分红296.5万元。加快乡村振兴步伐，高标准编制完成村庄规划76个，投资3.4亿元打造乡村建设示范村15个。深化与中央统战部、国家医保局和济南市章丘区的帮扶协作，济南市章丘区落实帮扶资金6678万元，实施项目21个，完成消费帮扶9416万元，引进东部企业3家，东西部协作产业园建设项目正在抓紧实施。

【项目建设】2022年实施500万元以上重点项目83项，完成投资42.34亿元，完成招商引资项目29个，到位资金10.97亿元。总投资4220万元的旅游大通道生态修复项目、总投资4200万元的北部五台峡水源保障工程、总投资2452万元的银河村锅底湾至尕白家道路建设项目等28个项目全面建成；总投资95.44亿元的临大高速、总投资1.9亿元的旅游大通道配套设施建设、总投资1.8亿元的旅游大通道与国道310连接线等8个项目已基本建成；总投资1.73亿元的县委党校迁建及职业能力平台建设项目、总投资4280万元的黄河甘肃大河家至炳灵电站航运建设工程等47个项目有序推进。

【优势产业】光伏产业初具规模。建成联村光伏扶贫电站18座，总装机容量67.149兆瓦，截至2022年底，全县光伏电站累计发电2.49亿千瓦时，分配收益资金1.6亿元。大力发展美食产业。完成“河州味道·临夏美食”品牌门店100家，县内三统一门店200家，发放美食产业贷款551笔3866万元。下功夫提高农业效益，严格落实粮食安全生产责任制，全县新建高标准农田6万亩，整治撂荒地5967.84亩，粮食作物播种面积达到21.18万亩，粮食总产量达7.9万吨。种植中药材1.51万亩，新建养殖小区14个，新发展养殖大户1382户，全县牛存栏达到5.01万头、羊存栏23.06万只、猪存栏5.4万头、鸡存栏36.57万只。大力发展花椒产业，实施花椒提质增效2.25万亩，花椒挂果面积27万亩，产量达到450万公斤，实现产值2.7亿元。

【人民生活】城乡居民收入持续增加，生活水平逐步提高，四项收入全面增长，收入结构不断优化。2022年全县居民人均可支配收入12066.5元。按常住地分，城镇居民人均可支配收入24862.8元，比上年增加887.1元，增长3.7%；农村居民人均可支配收入8229.1元，较上年增加595.4元，增长7.8%。全县城乡居民人均收入比为3.02，比上年缩小0.12。

全年全县居民人均消费支出9851.3元。按常住地分，城镇居民人均消费支出19519.1元，比上年增长1.7%；农村居民人均消费支出6952.1元，增长1.6%。全县城镇居民恩格尔系数为27.5%，农村居民恩格尔系数为35.0%。

【环境保护】坚守底线抓生态、强治理，绿色发展取得新进步。扎实推进大气、水、土壤污染防治工作，完成“三区三线”划定，全县生态环境质量明显改善，全年空气优良天数301天，优良率91.5%。全面推行林长制，完成造林7.5万亩，义务植树75万株，通道绿化160公里。实施了旅游大通道和国道310沿线生态综合修复、黄河生态廊道等工程项目，完成了林业碳汇交易开发前期工作和国家储备林PPP项目的上报争取工作。持续推进人居环境整治，大力推进农村厕所、垃圾、风貌“三大革命”，加快实施吹麻滩生活垃圾填埋场清场及土地修复再利用项目，督促中科康洁公司加强管理、提升效率，对全县垃圾进行统一清运处理。完成卫生厕所改造7708户，废旧农膜回收率达到85.1%，145个行政村全部创建为清洁村庄，成功争取实施清洁取暖项目1468户。注销到期粘土采矿许可证14家，关闭拆除砖厂27家。组织实施吹麻滩河、斜套河和银川河水环境综合治理工程，常态化开展河湖清四乱，落实落细河（湖）长制，着力打造黄河上游生态安全屏障。

【社会保障】坚持民生为本，持续增进人民福祉，社会保障事业成效显著。2022年全县基本医疗保险参保人数258515人，其中：城镇职工参加基本医疗保险人数10942人，城乡居民参加基本医疗保险人数247573人。参加个人医保金额7922万元，国家补助基本医疗金额15102万元。全县共有城镇低保户数296户，人口1031人。农村低保户数9059户，人口34854人。

【社会事业】用情用力抓民生、强保障，人民生活实现新改善。城西小学、城南幼儿园、县城棚户区幼儿园投入使用，新增学位1920个；吹麻滩初级中学食堂及功能室项目、高关初级中学学生宿舍楼项目基本完成，县职业技术学校开工建设；招录“同工同酬”学前教育教师120名、“特岗计划”教师48名，人才引进6名，培训教师6000余人次。县医院二期住院部楼建成投入使用，应急救援中心业务楼、附属设施能力提升工程等项目基本建成，创建国家基本公共卫生服务示范乡镇卫生院3家、村卫生室3个，招录“同工同酬”医护人员68名。成功举办了首届春节联欢晚会、百姓大舞台文艺演出、第四届保安族文化艺术节暨首届金露梅旅游观光花儿歌手邀请赛等活动。全面完成省列州列民生实事，全县民生支出达26.68亿元，占一般公共预算支出的80.77%，全年发放特困人员供养金、低保、残疾人两项补贴等惠民资金2.7亿元，城乡低保保障面从9%提高到15.45%。全面落实稳岗就业政策，事业单位招聘高校毕业生78名，高校毕业生进企业70名，招聘公安辅警100名，新增城镇就业1997人，“登记难”问题化解发证3261套，实施生态及地质灾害避险搬迁883户。广泛开展民族团结进步创建活动，深化平安积石建设，全面启动“八五”普法，常态化开展扫黑除恶斗争，严厉打击各类违法犯罪活动，持续抓好安全生产，维护了社会大局的和谐稳定。

（徐尚娟）

甘南藏族自治州

【基本情况】甘南藏族自治州是全国十个藏族自治州之一，位于甘肃省西南部，地处青藏高原东北边缘与黄土高原西部过渡地段，是藏、汉文化的交汇带，是黄河、长江的水源涵养区和补给区，被费孝通先生称之为“青藏高原的窗口”和“藏族现代化的跳板”，并被国家确定为生态主体功能区和生态文明先行示范区，境内草原广阔，海拔1100—4900米，大部分地区在3000米以上。自治州辖夏河、碌曲、玛曲、迭部、舟曲、临潭、卓尼七县及合作市，共有99个乡镇（街道办）、662个行政村，国土总面积4.5万平方公里。全州总人口（户籍人口）74.82万人，比上年末减少0.52万人，其中藏族人口42.98万人，占总人口数的57.4%。常住人口68.37万人，其中，城镇人口30.28万人，城镇化率为44.3%。

【资源优势】文化旅游：全州共有A级景区35处，自然保护区8个，其中国家级自然保护区4个；森林公园15个，其中国家级森林公园5个；地质公园5个，其中国家级地质公园2个。有全国文物保护单位夏河拉卜楞寺、卓尼禅定寺和碌曲郎木寺等121座藏传佛教寺院；有红军长征经历的天险腊子口、俄界会议遗址等十多处革命历史遗迹；有香浪节、晒佛节、采花节、花儿会等几十种民俗节庆活动；扎尕那景区上榜2022全国热门经典徒步线路TOP10，甘川古道重走长征研学之旅入选全国乡村旅游精品线路，甘南环线自驾线路产品跻身马蜂窝国内热门自驾线路TOP10榜单前五名。山野珍品：全州中藏药和林下资源丰富，是全省重要的中藏药材和山野珍品生产加工基地。境内有红景天、雪莲、冬虫夏草、贝母等中藏药材850多种，羊肚菌、蕨菜、木耳、松茸、沙棘等山野珍品130多种。清洁能源：甘南地处长江、黄河上游，境内有黄河、洮河、大夏河、白龙江等120多条干支河流，水电资源理论蕴藏量达361万千瓦，占全省水电资源蕴藏量的21%，可开发量为216万千瓦，占全省可开发量的22%。全州日照时间长，风量大，太阳能、风能等清洁能源资源也十分丰富。

【国民经济】根据地区生产总值统一核算结果，初步核算，全年全州实现地区生产总值245.12亿元，按不变价格计算，比上年增长4.0%。其中，第一产业增加值41.98亿元，下降6.1%，对经济的贡献率-30.05%，下拉经济增长1.2个百分点；第二产业增加值28.14亿元，下降4.1%，对经济的贡献率-11.90%，下拉经济增长0.5个百分点；第三产业增加值175.00亿元，增长8.3%，对经济的贡献率141.94%，拉动经济增长5.7个百分点。三次产业结构比由2021年的18.5 ∶ 12.3 ∶ 69.2调整为17.1 ∶ 11.5 ∶ 71.4，第一产业比重下调1.4个百分点，第二产业下调0.8个百分点，第三产业上调2.2个百分点。全年全州社会消费品零售总额46.72亿元，比上年下降4.2%。一般公共预算收入9.79亿元，增长1.1%。一般公共预算支出231.77亿元，增长16.8%。年末金融机构人民币各项存款余额451.74亿元，比上年末增长8.7%，各项贷款余额257.61亿元，下降1.4%。

【乡村振兴】全年到位中央和省级财政衔接推进乡村振兴补助资金13.94亿元，各县市安排县级衔接补助资金1.9亿元，州级预算安排财政衔接补助资金0.18亿元，共筛选产业、就业、基础设施、易地搬迁后续扶持、乡村建设等项目1518个。临潭、舟曲、卓尼三个重点帮扶县认真研究制定了《巩固拓展脱贫攻坚同乡村振兴有效衔接实施方案（2022—2025）》，共谋划10大项3938个项目。持续强化与天津市区及中央定点帮扶单位的沟通对接，大力推进实施产业合作、劳务协作、人才培训、消费帮扶、园区建设、乡村振兴示范村建设等重点工作新增引导落地企业20个，累计援建帮扶车间122个，吸纳劳动力就业2845人。与天津市区共建10个产业园区，18家企业入驻园区，完成投资1.2亿元。积极谋划“津陇共振兴”合作交流洽谈活动，共签约项目17个，合作资金总额9.4亿元。全州认定的185家乡村就业工厂（帮扶车间）吸纳5908名富余劳动力实现就近就地就业，其中吸纳脱贫劳动力2254人。

【项目建设】全年组织2次重大项目集中开工仪式和4个重点项目开工仪式，推动基础设施、生态保护、社会事业等领域项目加快建设。55个省州列重大项目进展顺利，完成投资88.5亿元。兰合铁路、西成铁路全线开工建设，完成投资5亿元。卓尼至合作高速建设顺利推进，完成投资20亿元。合作至赛尔隆高速碌曲特长隧道开工建设。48个州列重大项目全部完成年度建设任务。“十四五”第一批光伏发电项目总装机30万千瓦、总投资达到13.1亿元，玛曲县5万千瓦并网发电，合作、夏河25万千瓦加快建设。落实“十四五”第二批光伏发电项目建设指标80万千瓦，总投资35亿元。夏河、碌曲两个330千伏汇集站项目加快开展前期工作。甘南多合变至渭河源变330千伏线路工程开工建设。实施7度及以上高烈度设防地区农房抗震改造5647户，建成易地搬迁后续扶持项目16个。完成以工代赈项目25个，发放劳务报酬1637万元。州人民医院传染病区和应急能力提升项目、州全科医生培训基地项目完成建设。全年城镇棚户区住房改造开工4240户，申报2023年城镇棚户区改造任务5762户，城市老旧小区改造1180户。全年共组织施工项目715个，其中5000万元及以上项目112个，新开工项目414个。

【优势产业】文化旅游产业：全年全州建成文化旅游标杆村17个、建成观景台84处、3A级旅游厕所338座、全域旅游专业村103个、生态文明小康村218个、培育精品民宿和星级农家乐3000余家。完成洮州厅志古籍标签标引、智慧图书馆、公共文化云平台、脱贫县资源建设等19个公共数字文化资源建设、8个县级图书馆总分馆制建设和5个村级综合性文化服务中心提升项目。古战、庙花山、卡加曼成功创建国家3A级旅游景区，当周草原创建国家5A级旅游景区资料已上报文旅部。持续打造8条精品旅游线路和生态景观廊道。鼓励引导文旅企业创新发展，扶持甘南国投集团、古今丝路旅游开发公司、甘南道源文化创意有限公司等研发“甘南有礼”系列文创产品50余种。全年全州接待国内外游客498.8万人次，比上年下降62%；实现旅游综合收入24.65亿元，下降65%。现代农牧业：加快种植业结构调整，粮经饲比例优化调整为55.3 ∶ 36.9 ∶ 7.8。建设高标准农田7.5万亩，复垦复耕撂荒地2.59万亩，农作物种植面积达127.63万亩，比上年增加6.44万亩。全州藏中药材种植面积31万亩，临潭、舟曲、卓尼建成万亩以上药材生产基地3个、药材种子种苗繁育基地0.88万亩、药材标准化样板示范点132个。临潭、卓尼建成5000亩以上高原夏菜生产基地2个、高原夏菜标准化样板示范点20个。人工种植食用菌0.59万亩、建设标准化样板示范点43个。青稞新品种甘青10号通过中华人民共和国农业农村部非主要农作物品种登记。“鑫羚”牛羊肉等9个企业商标品牌入选全省第三批“甘味”农产品品牌。新认证“三品一标”农产品8个（7个绿色食品和“甘南蕨麻猪”地理标志登记产品），全年“三品一标”认证将达到18个。“甘南州农牧村人才实训基地”在临潭县冶力关镇全域旅游培训基地命名挂牌。州直农技推广和科研单位在全州6县市55个村建立特色农作物示范点55个，示范面积4818亩。舟曲县被农业农村部列入第二批全国农产品品牌帮扶重点县。

【人民生活】全年全州城镇居民人均可支配收入30660元，比上年增长4.0%；城镇居民人均消费支出25262元，增长11.9%；城镇居民恩格尔系数为35.6%，下降0.4个百分点；城镇家庭每百户拥有家用汽车67.2辆。全州农村居民人均可支配收入10883元，比上年增长7.3%；农村居民人均消费支出8734元，增长6.6%；农村居民恩格尔系数为41.4%，降低0.2个百分点。农村家庭每百户拥有家用汽车37.3辆。全年居民消费价格比上年上涨1.9%。商品零售价格上涨2.1%。全年全州城镇新增就业4562人，失业人员再就业2075人，就业困难人员再就业1595人。全年输转城乡富余劳动力11.85万人，劳务创收26.2亿元，通过东西协作，提供就业岗位使5353名劳动力就业；全年应届高校毕业生报到注册3545名，就业3318名；招聘800名普通高校毕业生到基层实现就业、“三支一扶”人员203名、特岗教师159名；举办网络招聘会21场，提供就业岗位1803个，“直播带岗”活动101场，提供就业岗位2.8万余个；通过开发公益性岗位，解决4260名就业困难人员再就业；建成扶贫车间185个，吸纳富余劳动力5954人。发放创业担保贷款24964万元。

【环境保护】全年争取重大区域发展战略建设（黄河专项）中央预算内投资7522万元、中央财政重点生态保护修复治理奖补资金8亿元、重点流域水环境综合治理2022年度中央预算内投资5147万元，实施甘南黄河上游水源涵养区卓尼县洮河流域九甸峡水源地保护建设项目、2022年度甘南黄河上游水源涵养区山水林田湖草沙一体化保护和修复工程项目等一大批草原、湿地、森林生态保护修复以及矿山生态修复、小流域治理、土地综合整治重点生态工程。全州森林蓄积量达到9453万立方米，森林覆盖率达到24.57%，草原综合植被覆盖度达到97%。全州8个地表水国控断面、6个地表水省控断面、3个地级和11个县级集中式饮用水源地以及11个重要水功能区水质优良（优于Ⅲ类）比例均达到100%；受污染耕地安全利用率100%，重点建设用地安全利用率100%；合作市城区空气质量优良天数比例为97.3%，七县城区优良天数平均比例保持在98%以上。城市区域声环境质量等级为二级，城市道路交通声环境质量平均等效声级64.0分贝，声环境质量评价为较好。新增改造污水管网22.6公里，合作市污水处理率达到95.95%，其他七县平均91.5%，污泥无害化处置率100%。排查黄河流域入河排污口623个，完成整治609个。完成10个农村环境整治项目，建成7个农村污水处理站，正常运行率为85.7%。

【社会保障】年末全州参加城镇职工养老保险人数2.84万人，其中待遇领取0.87万人。参加城乡居民基本养老保险人数39.27万人。参加城镇职工基本医疗保险人数8.4万人。参加城乡居民基本医疗保险人数62.58万人。参加失业保险人数4.15万人。年末全州领取失业保险金人数111人。参加工伤保险人数7.33万人，其中：参加工伤保险的农民工0.97万人。参加生育保险人数6.46万人。全年为37630名农村低保对象发放低保金10963万元；为10260名城市低保对象发放低保金7502万元；为3706名特困供养对象发放供养金3440万元；为848名孤儿和事实无人抚养儿童发放生活补助1306万元；为7371名困难残疾人和10267名重度残疾人发放生活补贴和护理补贴2716万元。全年实施临时救助6.28万人次；救助各类流浪乞讨和临时遇困人员149人次。全年办理结婚登记5273对，办理收养登记5例。全年福利彩票销售4876万元。年末全州社会养老床位2847张（含社区日间照料中心），投入运营的养老机构24家。

【社会事业】全州共有各级各类学校（园）831所，其中：幼儿园422所，小学355所，普通中学47所，职中3所，中专3所，特殊教育学校1所；在校（园）学生（幼儿）138064名，其中幼儿园25694名，小学64796名，初中28132名，高中15794名，中职3498名，特校150名。双语中小学143所，在校学生49847名；双语幼儿园101所，在园幼儿5003名；寄宿制学校188所，寄宿学生59632名。学前三年毛入园率94.63%，九年义务教育巩固率99.35%，高中阶段毛入学率96.28%。全年全州中职教育招生2197名，“内地普通高中民族班扩招工程”招收少数民族初中应届毕业生90名，“千名人才培养计划”录取799名，天津定向医学类本科录取41名。年末全州共有医疗卫生机构885个，其中医院32个，医疗卫生机构床位0.39万张。全州婴儿死亡率降至3.35‰，5岁以下儿童死亡率降至4.08‰，孕产妇实现零死亡，住院分娩率99.4%。全州建成区域医学中心38个、急危重症救治中心24个，职业病诊断检查服务机构覆盖率100%。全年推荐省列科技计划项目42项，中央引导地方科技发展资金项目2项；选派科技特派员227名，选派“三区”人才120名；技术合同成交金额0.40亿元。全年授权专利197件，其中发明专利5件；实用新型专利178件；外观设计专利14件。全州共有各类体育场地3499个，体育场地面积128.76万平方米。共有健身站点141个，单项体育协会和农民体协105个，社会体育指导员2254名，国民体质监测站8个。全年在县乡共举办群众性体育赛事活动20余场，参与总人数8万多人次；在农牧村举办群众性体育赛事活动10余场，参与人数2万多人次。成功举办甘南州第二届运动会，来自全州42个代表团的1678名运动员参加了青少年组、群众组、少数民族传统体育项目组的14个项目比赛。全州150余名运动员参加甘肃省第十五届运动会群众组象棋、围棋、线上广场舞、健身气功、篮球、羽毛球、足球共7项比赛项目。在群众组围棋比赛中获得团体第二名和团体体育道德风尚奖。组织参加了甘肃省第十五届运动会，根据项目布局和训练发展实际，共组织123人参加了青少年组田径、足球、篮球、三人制篮球、排球、柔道、武术套路、国际式摔跤、跆拳道、拳击10大项比赛，共获得6枚金牌，8枚银牌，12枚铜牌。

合作市

【基本情况】合作市地处青藏高原东南端，甘、青、川三省交界处，位于甘肃省西南部，地理坐标东经102°54′，北纬39°59′。东连卓尼，南靠碌曲，西接夏河，北倚临夏州和政和临夏两县，距省府兰州265公里，国道213线，省道306线中贯合作，形成了甘青川藏区与内地联系较为便捷的公路网络，是内地通往青海、西藏的枢纽。境内大部分地区海拔在3000—4000米之间，平均海拔2936米，年均气温3.8℃，没有绝对无霜期，属高寒阴湿地区，夏季受印度洋暖湿气流的影响，形成湿润凉爽的气候特征。市区四周山阜罗列、山清水秀，是西北高原一颗璀璨的明珠。合作藏语为“黑措”，意为羚羊聚居的地方，是一方吉祥的热土，是夏季旅游避暑的圣地。全市总面积2670平方公里，辖3乡、3镇、4个街道办，38个村民委员会，249个村民小组，8个社区（居委会）。2022年，全市总人口11.27万人，其中，城镇人口6.85万人，占总人口的68.5%。

【资源优势】大力发展工业经济，全年生产奶粉2920吨、干酪素乳粉3200吨、黄金3100千克。持续推动文旅融合发展，投资1.2亿元建成加拉尕玛旅游标杆村和麻木索那、门娄开斗等专业村，投资1200万元实施米拉日巴佛阁景区基础设施建设项目，推进当周草原5A级景区创建，开工建设当周林卡高端民宿，积极打造合冶公路美仁草原风情线，进一步完善景区基础设施。争取专项债券1.9亿元支持燎原、百草做大做强。成功申报“绿色食品”2家12个产品、“无公害农产品”4家4个产品，“一心三区”产业布局初步形成。

【国民经济】根据地区生产总值统一核算结果，初步核算，全市实现生产总值完成69.09亿元，按可比价计算，比上年增长8.9%。其中，第一产业增加值3.17亿元，下降6.4%；第二产业增加值10.74亿元，增长8.8%；第三产业增加值55.17亿元，增长10.1%。完成一般公共预算收入28410万元，比上年增长17.3%；一般公共预算支出228530万元，下降25.9%。

【供给侧结构性改革】优化投资结构、产业结构开源疏流，在经济可持续高速增长的基础上实现经济可持续发展与人民生活水平不断提高；优化产权结构，国进民进、政府宏观调控与民间活力相互促进；优化投融资结构，促进资源整合，实现资源优化配置与优化再生；优化产业结构、提高产业质量，优化产品结构、提升产品质量。

【乡村振兴】坚持“三农”优先发展，建设生态文明小康村、新建改造“四好农村路”、实施乡镇集中供热、垃圾填埋、垃圾中转和污水处理工程，巩固提升农牧村饮水安全工程，实施农村公益事业财政奖补项目。大力扶持村集体经济发展，规范提升农民专业合作社，推进“三变”改革。积极开展农村人居环境整治三年行动，聚焦“三大革命”“六大行动”，创建清洁村庄、实施农村环境综合整治、新建公厕、改造提升户厕，农牧村人居环境明显改善，奏响了一曲农业农村全面进步的羚城乐章。深入推进巩固拓展脱贫攻坚成果同乡村振兴有效衔接。

【项目建设】始终树牢发展抓项目理念，投资14.27亿元实施重大项目61个，合和公路、北城区天然气集中供热、卡加曼田园综合体、录豆囊旅游基础设施等重点项目抓紧建设，引洮济合工程实现并网供水，市综合服务中心建成投用。争取政府债券10.76亿元，用于推进重点项目建设和支持化解中小银行风险。用足用好优商惠商政策，新签约各类招商引资项目12个，总投资22.6亿元，云账户结算中心、环保手提袋生产等4个项目建成投用，碧桂园·瑞府、首曲家园、永丰名都、牧光互补新能源基地、格桑花大厦等6个项目开工建设，5G分布式数据存储中心、玉海锦绣苑即将开工，招商引资成效突飞猛进，“十四五”发展实现开门红。

【优势产业】在全市范围内广泛征集非物质文化遗产线索，进一步充实我市非遗名录库；实施濒危剧种“南木特”藏戏公益演出项目，组织我市12支“南木特”藏戏民间演出队开展“南木特”藏戏公益性演出56场次。完成全市6家星级酒店及2家3A级景区、1家4A级景区的复核工作；对合作市勒秀洮河旅游景区一期建设项目申报办理了甘肃洮河国家级自然保护区试验区建设的行政许可手续，正在申报办理项目使用林地手续；完成了

《合作市“十四五”文体广电和旅游发展规划》《合作市全域旅游发展规划》的修改及评审工作；加大人才培训力度，举办了全市乡村旅游培训班，对80余名景区管理人员，乡、镇、街道文化旅游分管领导，乡村旅游从业人员进行了为期两天的专业指导培训，有效提高了从业人员业务能力水平。

【人民生活】全年全市城镇居民人均可支配收入为30697元，比上年增长4.2%；农村居民人均可支配收入为11023元，增长6.9%。全面贯彻党的教育方针，落实立德树人根本任务，紧扣市委、市政府全年重点工作和州教育局工作要点，紧紧围绕“一个目标、两大理念、五项任务”的工作目标，按照“11279”工作思路和“改革、突破、协同、优质”的发展理念，稳步推进教育各项工作，取得了阶段性成果。基本养老保险参保人数为40489人，缴费人数32050人，享受待遇9947人，累计收入15933.99万元，累计支出12314.24万元，上年结余为9533.98万元；工伤保险参保人数为7898人，缴费人数为7898人，共征缴工伤保险费299.43万元，累计支出55.86万元，共发生工伤（亡）事故23起（其中：州级已认定15起，5起放弃申报，2起正在受理，1起正在提交资料中）；失业保险参保人数4783人，共征缴失业保险费351.95万元，累计支出42.68万元（其中：累计领取失业金人员为36人，发放失业金24.96万元；累计领取失业补助金人员为46人，发放失业补助金16.09万元；累计发放代缴医疗费1.63万元）。

【环境保护】全年全市空气优良天数为342天，优良天数比例为98.8%。可吸入颗粒物（PM_{10}）浓度均值为37微克/立方米，比上年下降15.9%，低于年度目标值6微克；细颗粒物（$PM_{2.5}$）浓度均值为19微克/立方米，下降13.6%，低于年度目标值3微克，空气质量逐年有明显改善。城市区域监测点位共125个，平均等效声级50.6分贝，声环境质量评价为较好。城市道路交通声环境质量合作市道路交通2022年昼间监测1次，监测点位共20个，平均等效声级62.1分贝，声环境质量评价为好。城市功能区声环境质量合作市功能区全年监测4次，监测点位共7个，昼间平均等效声级范围在46.0—60.0分贝之间，夜间平均等效声级范围在37.5—50.0分贝之间，达标率为100%。

【社会保障】全市城镇新增就业735人，完成全年目标任务730人的100.6%；安置失业人员再就业164人，就业困难人员再就业137人，安置城镇公益性岗位465人，发放1—10月份岗位补贴753.3万元。共落实创业担保贷款94笔3857万元，完成全年目标任务3500万元的110.2%。开发疫情防控期间临时性城镇公益性岗位人员共40名，每人每月发放岗位补贴1770元。招聘交通安全管理类警务辅助员、森林管护员、乡村振兴专岗、校园安保、司勤等工作人员104人，并已全部安排上岗。全市现有乡村公益性岗位人员450名，临时公益性岗位人员39名。大就业信息系统录入期末从业人员15529人，登记失业人员397人。今年全市高校毕业生报到347人，实现就业316人，就业率为91.07%。全市共有正常参保缴费企业341户，均享受阶段性降低失业保险和工伤保险费率政策。失业保险费率降低至1%，降费金额为98.83万元；工伤保险费率政策2—8类行业费率减半执行，降费金额为102.66万元。通过宣传已有2家中小微企业申请缓交社会保险，缓交金额为25.98万元。全市稳岗返还政策涉及企业185户2136人，共返还86.22万元，并已全部发放完成；发放一次性留工培训补助资金124.35万元，惠及企业263户2487人；发放一次性扩岗补助资金13.8万元，惠及企业56户92人；拓宽技能补贴受益范围，为27人发放技能提升补贴资金3.5万元。

【社会事业】围绕全市重点工作和教育系统实际，精心谋划，制定了《合作市教育工作要点》，以七个方面39条任务谋篇布局，推动全市教育事业稳步向前合作市现有各级各类学校66所，其中中学2所、小学21所，幼儿园43所。在校学生15367人，教职工1161人，招聘教师67人。全市科技工作以习近平新时代中国特色社会主义思想为指导，全面贯彻党的十九大、二十大精神，深入贯彻落实“强科技”行动以及全州科技创新大会精神，围绕市委、市政府重点工作，以实施创新驱动发展战略支撑引领高质量发展为主线，坚持问题导向、目标导向，综合施策、补短板、强弱项，推动科技体制改革，加快发展各类技术创新要素，大力推进以科技创新为核心的全面创新，为打造“五无甘南”，创建“十有家园”，加快建设青藏高原绿色现代化先行示范区建设以及特色产业发展提供了有力科技支撑。

（李淑莉）

临潭县

【基本情况】临潭，古称洮州，位于甘肃省南部、甘南藏族自治州东部，北接康乐县和渭源县，东临岷县，西南两侧均与卓尼县接壤，地处青藏高原东北边缘，是农区与牧区、藏区与汉区的结合部，行政区域面积1393.5平方公里，地貌大致分为河谷川塬、低山丘陵、高山深谷三种类型，平均海拔2825米，为典型的高寒阴湿地区，夏季多雷暴雨、冰雹。辖11镇5乡，141个行政村。2022年全县总人口16.12万人，有汉、回、藏、蒙古等15个少数民族，少数民族人口6.29万人，占总人口的38.8%。全年平均气温5℃，全年总降水量420.8mm，总日照时数为2167.2小时。

【国民经济】2022年，全县经济恢复发展势头，全县地区生产总值实现29.7亿元，比上年增长4.2%。其中，第一产业增加值5.0亿元，下降5.2%；第二产业增加值2.3亿元，下降20.5%；第三产业增加值22.4亿元，增长9.9%。全县完成农林牧渔业增加值54162万元，下降4.7%；实现社会消费品零售总额41161万元，增长0.2%；累计完成一般公共预算收入9586万元，增长18.1%；财政累计支出314325万元，增长8.2%；年末金融机构各项存款余额58.08亿元，比上年上升0.2%；金融机构各项贷款余额30.42亿元，下降10.5%。

【乡村振兴】全县共识别监测对象

1646户6768人（其中：2022年新识别边缘易致贫户41户185人、脱贫不稳定户33户142人、突发严重困难户22户89人）。通过落实产业、就业、教育、医疗等方面扶持政策，1062户4407人稳定消除风险。2022年全县脱贫人口人均纯收入增幅达10.62%，全年没有发生一起因责任、政策、工作落实不到位导致的返贫问题。继续落实常态化控辍保学工作机制，认真落实劝返、登记、报告、管理制度，推动控辍保学由“动态清零”向“常态清零”转变，义务教育入学率达100%。足额落实“奖、贷、助、补、减免”等各类保障资金7317.7万元，累计受益8.2万人次。投入各级资金7413.7万元，实施义务教育薄弱环节改善与能力提升计划项目15个。全面落实分类资助参保政策，累计资助特殊困难群体5.8万人695万元，低收入人口参加基本医疗保险实现全覆盖。坚持守好住房安全底线，聚焦六类重点对象，按期完成了880户农户住房抗震改造计划，开工率、竣工率、农户档案信息录入率均达到100%。完成农村供水工程改造提升75处，建立健全农村供水工程长效管护机制，压实农牧村饮水“三级管理”责任，确保了农牧村居民饮水安全率达到100%。将所有符合条件的困难群众按程序全部纳入相应保障范围，做到应保尽保、应退尽退、不漏一户一人。全县城乡低保标准分别提高8%、10%。

【优势产业】深入实施现代丝路寒旱农业三年倍增计划行动，第一批、第二批有效衔接资金投入产业发展资金2.45亿元，产业资金占总资金的比例达到60%，实施到户产业扶持、特色种植基地、牛羊养殖示范点、养殖专业村、农畜产品加工、品牌建设、产销对接、科技培训等产业项目46个。持续加大到户产业扶持，支持全县1473户“三类户”真种真养真发展，发展特色种养产业及“五小产业”增收。建成中药材标准化种植基地73个1.69万亩，高原夏菜、蚕豆、青稞、燕麦、油菜、羊肚菌等标准化种植基地9.45万亩；精心打造了冶力关葸家庄村田园综合体。投入2849.6万元全额补助有机肥2.71万吨。投入710万元在卓洛乡建设藏湖羊三元杂交繁育基地1处，投入300万元在新城镇建设牦牛舍饲育肥示范点1个，投入3500万元在长川乡、新城镇建设万只肉羊养殖示范点3个，完成种羊引进1.1万余只。加快推进7个牛养殖专业村和2个人畜分离小区建设；规范提升12个生猪养殖合作社。实施资产收益产业加工扶持项目3个，实施经营主体以奖代补扶持项目2个；积极开展农畜产品品牌创建和产销对接，开展临潭青稞、临潭燕麦地理标志证明商标认定，组织申报益康粮油公司菜籽油、兴中公司当归饮片2个“甘味”品牌，对美味醋业公司陈醋、金谷丰公司设施蔬菜等6个产品进行绿色认证。持续加大农牧民产业技术培训，投入320万元完成高素质农民、一户一个科技明白人培训3450人次。

【项目建设】持续加强项目储备，全面发挥1000万元项目前期滚动经费作用，累计储备各类建设项目192项，总投资114亿元，涵盖基础设施、生态保护、社会事业、产业发展等领域。同时对标国家“十四五”规划纲要102项重大工程专栏，高质量谋划5个方面9个重点领域137项“落实中央全面加强基础设施建设项目”，总投资558.23亿元，目前已上报上级部门审核。全县项目储备量较上年度增加35项，增加投资7.2亿元。完成前期项目较上年增加12项，增长14.6%。不断推进项目建设，全县共有在建项目共151项，其中：5000万元及以上施工项目23个，完成投资4.5亿元；500—5000万元施工项目128个，比上年增加23个，完成投资2亿元。2022年下达的14个中央预算内新建项目，已有10个开工建设，开工率71.4%。8个州列重大项目开工7个，累计完成投资2.68亿元，占计划任务的39%。加快推进专项债券项目，2022年共申报专项债券27项，总投资37.8亿元，其中申请专项债券资金30.3亿元，已发行第一批专项债券资金2.91亿元（含S10卓合高速2亿元）。其中：中部片区供水工程已开工建设并拨付使用0.26亿元；临潭县现代物流园区建设项目正在编制初步设计，公用新能源充电桩（站）采用EPC总承包已完成招投标工作，即将开工建设。

【人民生活】2022年，全县年内新增城乡就业人员704人，全县城镇居民人均可支配收入30197元，比上年增长3.7%。从收入构成情况看：工资性净收入22444元，增长3.7%；经营性净收入6918元，增长3.8%；财产性净收入422元，增长2.6%；转移性净收入413元，增长3.5%。城镇居民家庭人均消费支出16752元，增长5.8%。全县农村居民人均可支配收入10429元，增长7.5%。从收入构成情况看：工资性净收入5767元，增长7.5%；经营性净收入2891元，增长7%；财产性净收入17元，增长7.2%；转移性净收入1754元，增长8.2%。农村居民家庭人均消费支出9318元，增长5.2%。

【环境保护】2022年，全县牢固树立“绿水青山就是金山银山”理念，切实扛起打造“五无甘南”创建“十有家园”生态责任，紧紧围绕打赢蓝天、碧水、净土三大保卫战工作任务，强化日常监管，狠抓信访调处，加大处罚力度，落实普法宣传，扎实推进了县域环境质量改善，保障了生态安全。一是打好蓝天保护战。先后制定印发《关于在县城区开展空气质量整改提升“百日攻坚”行动实施方案的通知》《2022—2023年冬季大气污染防治工作方案》，全面推进大气污染防治工作。完成了建成区外11台10蒸顿以下燃煤锅炉改造治理验收工作；紧盯元旦、春节、元宵节及婚丧嫁娶日等重点监管时段，联合县公安局、县住建局开展了烟花爆竹禁燃管控工作；加大县城区建设项目、砖厂、砂厂的执法检查力度和执法频次，督促施工场地、煤场、料场、渣场等严格执行扬尘控制“六个百分百”要求，协调环卫部门出动喷雾车、洒水车辆，对城区主干道进行清洗和清扫；加大高排放老旧车淘汰更新工作，共淘汰约260余台机动车辆。临潭县城区省级空气自动监测站监测数据分析，城区空气质量优良天数比例为97.4%。二是协调推进水污染防治工作。完成了临潭县13处分散式水源地的区划报告编制工作，区划报告已通过专家审查批复。中央水专项项目冶力关人工湿地污水回用项目已开工建设并已完成主体工程。

境内地表水冶木河峡口国控监测断面水质、引洮入潭工程牙当饮用水源地水质优良比例达 100%。完成了 2022 年度农村黑臭水体更新排查并将结果在政府网站公示，全县境内无黑臭水体。三是持续推进土壤污染防治工作。加强对土壤污染重点监管单位的监督管理，督促土壤污染重点监管单位对其用地开展土壤环境监测；根据《甘南州生态环境局关于做好异地搬迁村庄生活污水治理工作的通知》，开展全县 8 个乡镇 11 个易地搬迁安置区生活污水治理现状摸底排查工作，重点排查了村庄内人口数量、改厕情况、污水处理设施建设及运行情况等。

【社会保障】2022 年全县城镇职工医疗保险参保人 9452 人，比上年实际增长 4.7%，征缴保金 6700 万元，下降 9.3%，报销支出 3370 万元，下降 3.1%；城乡居民医疗保险参保人 139269 人，下降 0.5%，征缴保金 4874 万元，增长 9.1%，报销支出 6831.43 万元，增长 79.2%；城乡居民养老保险参保人 96024 人，下降 0.4%，征缴保金 1332.23 万元，下降 22.9%，发放养老金 3377.4 万元，增长 0.5%；企业职工基本养老保险参保人 1586 人，增长 6.4%，征缴保金 1667.62 万元，增长 7.6%，发放养老金 1997.29 万元，增长 10.3%；机关事业单位养老保险参保人 6590 人，增长 0.8%，征缴保金 12033.07 万元，下降 6.8%，发放养老金 10306.69 万元，增长 1.5%；失业保险参保人 4346 人，增长 3.2%，征缴保金 314.11 万元，下降 9.5%，发放保险金 81.1 万元，下降 7.8%；工伤保险参保人 9313 人，增长 1.4%，征缴保金 267.49 万元，增长 32.2%，发放保险金 278.4 万元，增长 18.8%。全县农村低保享受人数 9198 人次，增长 4%；发放农村低保金 2987.48 万元，增长 16.9%。城市低保享受人数 1428 人次，下降 10.4%；发放城市低保金 1104.3 万元，下降 6.7%。城乡特困供养人员 1230 人，增长 12.7%；发放供养金 1063.23 万元，增长 32.4%。临时救助共救助 3948 人次，共救助金额 753.2 万元。

【社会事业】2022 年全县有各级各类学校 217 所。其中：完全中学 2 所，独立初中 3 所，职业技术中学 1 所，九年制学校 5 所，小学 111 所，其中，教学点 89 所，幼儿园（含学前）95 所，其中民办 9 所。在校学生 24589 人，减少 767 人；在校教职工 2523 人，增加 8 人。九年义务教育巩固率达到 99.33% 以上，小学适龄儿童入学率达到 100%。初中阶段入学率达到 100%。中小学生人均校舍建筑面积为 12.34 平方米，图书 705038 万册。全县有客运企业 3 家，货运企业 4 家，三级驾校 2 所，二级维修企业 1 家；有客运班线 17 条，客运班车 30 辆，普通货运车辆 78 辆，出租汽车 132 辆，5 座城乡公交车 124 辆，19 座公交车 2 辆，从业人员共计 600 余人；全县建成乡镇汽车站 16 所（其中，三级车站 1 所，其他为四级、五级和简易车站），建制村通客车率 100%。全县孕产妇死亡率 0/10 万，5 岁以下儿童死亡率 1.02‰，婚前医学检查 73%，孕产妇产前筛查率 90.6%。坚持落实“四个不摘”要求，过渡期内保持现有健康帮扶政策基本稳定。重点监测“三类户”1639 户 6750 人，重点对象入户核实率 100%、救治率 100%。家庭医生签约服务共 12981 户，56053 人，已签约 56051 人，签约服务率 100%。30 种大病专项救治进展累计确诊 376 例，在管对象 350 例，救治率均达 100%。全县健康档案建档 140134 人，建档率 100%，档案规范率 81%。老年人管理 14187 例。今年投入 600 余万元新建 18 个发热诊室，已全部投付使用，发热诊室设置率为 100%。全县有博物馆 2 个、纪念馆 1 个、公共图书馆 1 个、文化馆 1 个。乡镇综合文化站 16 个，乡村文化舞（戏）台 141 个，健身广场 141 个，旅游道路观景台 6 个。全县全年共接待游客 56.09 万人次，创旅游综合收入 2.728 亿元，分别比上年实际下降 69.9% 和 71%。

（杜元恒）

卓尼县

【基本情况】卓尼县位于甘肃省南部，甘南藏族自治州东南部，地理位置介于东经 102°43′~104°02′ 和北纬 34°40′~35°40′。东邻定西市岷县、漳县和渭源县，北靠临夏回族自治州康乐县、和政县，西连本州合作市、碌曲县和夏河县，南接迭部县和四川省若尔盖县。海拔高度 2000 至 4972 米，年均气温 6.4°C，全年降水量 470.9mm，属大陆性气候。现辖 11 个镇，4 个乡，3 个居委会，97 个村委会，461 个村民小组。土地总面积 5419.68 平方公里，耕地面积 24361 公顷，林地面积 333487 公顷，草场面积 273956 公顷。户籍总人口 11.14 万人，有藏、汉、回、土、满、苗等10多个民族,其中藏族人口 6.79 万人，占总人口的 71.05%。

【资源优势】卓尼县地域辽阔，历史悠久，人杰地灵，物产丰富。境内有马家窑文化、齐家文化和寺洼文化遗址，有历史悠久、环境清幽的安多古刹—禅定寺、旗布寺、杓哇寺、贡巴寺等十多处寺院，灿烂的古文化源远流长，民族风情五彩缤纷，独特的“觉乃藏族三格毛”头饰和服饰别具一格，多姿多彩，具有浓郁的地方特色，这使得旅游产业逐渐发展成为卓尼县的特色优势产业。全县抢抓创建“国家全域旅游示范区”的有利时机，进一步提升了旅游产业发展的层次和水平，积极参加敦煌文博会、津洽会、兰洽会及藏区传统村落保护与生态文明小康村建设展览论坛等活动，对我县旅游资源进行了专场推介，有效提升了卓尼的对外知名度，文化旅游业的综合效益持续显现。首届“秘境卓尼”摄影大赛、“畅想卓尼”主题歌曲征集、文创产品征集等活动全面启动，成功举办第十届“和谐杯”篮球运动会，旅游宣传力度持续加大，“藏王故里·秘境卓尼”品牌影响力和知名度持续提升，游客人数和旅游综合收入分别达 46.38 万人次、2.25 亿元。

【国民经济】2022 年，全县实现地区生产总值 31.59 亿元，按不变价计算，比上年增长 3.1%，其中，第一产业增加值 6.64 亿元，下降 1.5%；第二产业增加值 3.61 亿元，下降 14.5%；第三产业增加值 21.34 亿元，增长 8.2%。完成工业增加值 2.77 亿元，下降 24.1%。固定资产投资同比增长 12.3%。完成一般公共预算收入0.88亿元，下降18%；一般公共预算支出26.48亿元，增长10.5%。完成社会消费品总额3.97亿元，下降2.6%。年末金融机构人民币各项存款余额为46.98亿元，比上年末增长4.2%，人民币各项贷款余额为21.36亿元，下降8.2%。

【供给侧结构性改革】持续深化“放管服”改革，全力打造优质营商环境，大力推行“互联网+政务服务”，编制发布政务服务事项1520项。建成数字政府指挥中心，积极对接省州“甘快办”移动端、“12345”热线等平台，推动便民服务数字化、智能化。全县事业单位职称改革、应急管理综合行政执法改革全面完成。新时代教育评价体系改革、医药卫生体制改革深入推进。深化国资国企改革，组建成立三合资产投资公司和兴众市政公司。开展拆违治乱、拆墙透绿等专项整治行动，拆除15个单位围墙，改造院落4500平方米，释放停车位362个。扎实推进“一难两乱”专项整治，出台“一标准两办法”，洮河祥苑、柳林家园等41个小区和家属院现有停车位4482个，新增、盘活停车位2929个，在建停车场2处停车位1031个，建成后县城停车位将达到8804个。化解城镇住宅历史遗留“登记难”问题房屋4576套，发放不动产权证书4248本，总体登记率达92.8%。落实减税降费6171万元。着力推进金融机构化险工作，清收处置县信用联社不良贷款3.16亿元，完成目标任务的89%。

【乡村振兴】严格落实“四个不摘”要求，推动巩固拓展脱贫攻坚成果同乡村振兴有效衔接，对220户962人监测对象精准落实产业、就业、综合保障等“一户一策”帮扶措施，稳定消除风险103户462人。紧盯“三保障”，劝返失辍学适龄儿童126人，落实“雨露计划”补助288万元、惠及学生1803人。全面落实家庭医生签约服务和分类医保参保资助政策，脱贫人口及监测对象实现“应签尽签”，脱贫人口参保率达100%。强化农牧村住房和饮水安全动态监测，投入1576万元对1034户高烈度地区农房实施了抗震改造，投入1123万元维修改造了100个自然村饮水工程。投入以工代赈资金2131万元完善了易地扶贫搬迁点基础设施。投入到户产业帮扶资金654万元，实现脱贫户和监测对象全覆盖。投入1000万元扶持村集体经济42个。继续落实乡村公益性岗位4095个。发放脱贫人口小额信贷和富民贷1.58亿元。不断扩大农牧业保险覆盖面，投保牧业品种35万头（只），农业品种8.6万亩（棒），理赔322户72万元。建成乡村建设示范镇1个、示范村8个。天津市和河西区、中建集团、兰州市及省直帮扶单位分别投入帮扶资金4256万元、2961万元、2500万元和133万元，产业帮扶、技能培训、劳务协作、消费帮扶等成效明显。

【项目建设】全年争取项目241项，总投资17.8亿元。S10卓合高速（卓尼段）累计完成投资17.9亿元，总投资6000万元的G248线扎古录镇至江车段公路养护维修工程建成通车，总投资5440万元的S230线峡城至藏巴哇段公路改建一期工程完成投资4400万元。配合启动G248线江迭一级公路前期工作，正在编制可研报告。建成农牧村公路生命安全防护工程40公里。总投资3949万元的奋盖洮河大桥建成通车。总投资1.23亿元的藏王廊桥商业综合体、9983万元的集中供暖二期及热平衡改造、4983万元的城区供水改扩建、1885万元的新城区道路改造提升、1000万元的县城滨河健走步道、1000万元的登山步道、1600万元的申藏等3个乡镇职工周转房提升改造等项目建成并投入使用。总投资2.39亿元的城区管网改造提升、1.06亿元的叶儿地下停车场、6938万元的老城区中心停车场、4844万元的棚户区改造、4214万元的老旧小区改造、3000万元的康多等3个乡镇供水工程、1830万元的阿子滩等两个乡镇集中供热提升改造和1503万元的城区道路连接支路等项目进展顺利。投资2.1亿元建成生态文明小康村35个。总投资860万元的公路驿站全面建成。加当生态经济产业园区详规编制、征地及土地转性报批工作有序推进，总投资6485万元的多架新城区道路及排水项目全面建成，总投资7016万元的园区洮砚路、3950万元的多架新城区连接路分别完成总工程量的60%和50%。

【优势产业】坚持把产业振兴作为乡村振兴的核心，将2.01亿元财政衔接资金中的1.37亿元用于“五个万亩”产业培育、牦牛产业高质量发展、良种繁育、绿色标准化种植、“甘味”品牌打造、绿色循环农业发展、新型经营主体培育、乡村旅游等方面，6400万元用于巩固“三保障”和饮水安全、外出务工补助、劳务技能培训、农牧村公共基础设施建设、村集体经济发展等方面。扶持美石菇源、西诚农业、九峰生态药业、车巴实业等龙头企业，带动农业产业发展。推广种植以木耳为主的食用菌1600亩，建成种植大棚936座，打造集标准种植、示范带动、技能实训为一体的秋古、纳尼黑木耳种植基地，创新“党组织+龙头企业+基地+人才+农户”运行模式和“木耳+高原夏菜+羊肚菌”一年三茬轮作模式，实现了经济效益、社会效益和生态效益的有机统一。种植中藏药材8万亩、高原夏菜1万亩、青稞5.8万亩、油菜2.5万亩，建设青稞标准化良繁基地1.1万亩、油菜绿色标准化基地1.05万亩，产业培育初见成效。推广使用有机肥1.78万吨。改造提升申藏、喀尔钦等乡镇废旧大棚668座。建设高标准农田8000亩，粮食播种面积达9.25万亩、产量达1.26万吨。加快高原酥油蘑菇等野生食用菌研发培育，采集野生菌种样品100份，完成鉴定92份11个菌株。强化与甘肃农业大学合作，开展柳兰、紫斑牡丹、芍药等野生花卉的培育驯化。推进畜牧业高质量发展，开展牦牛良种繁育体系建设，发放牧区越冬饲草料补助1450万元，实施了总投资600万元的动物防疫专用设施项目，引进天祝白牦牛56头、阿万仓牦牛34头组建良种繁育核心群8个。加快实施品牌强农战略，新认证“三品一标”产品7个，“天河”“松塔”“洮水流珠”3个企业商标入选“甘味”品牌名录，“卓尼木耳”和“卓尼青稞”地理标志证明商标申请进入国家审核阶段。九峰生态药业公司购买转让发明专利两件，实现我县发明专利零突破。

【人民生活】城乡居民收入增加，生活水平不断提高。2022年全县城镇居民人均可支配收入30651元，比上年增长4.1%。其中：工资性收入26649元，增长4.3%，占城镇居民收入的86.94%；经营净收入1504元，增长3.7%，占城镇居民收入的4.91%；财产净收入493元，增长2.6%，占城镇居民收入的1.61%；转移净收入2005元，增长2.1%，占城镇居民收入的6.54%。全县城镇居民人均生活消费支出27198元，增长7.6%。

全县农村居民人均可支配收入10707元，比上年增长7%。其中：工资性收入2902元，增长7.8%，占农村居民收入的27.1%；经营净收入7347元，增长6.8%，占农村居民收入的68.62%；财产净收入33元，增长1%，占农村居民收入的0.31%；转移净收入425元，增长5.7%，占农村居民收入的3.97%。全县农村居民人均生活消费支出7682元，增长9.8%。

【环境保护】认真践行绿水青山就是金山银山的理念，积极推进“两山”实践创新基地建设及国土绿化行动，全县91个单位1.1万名干部群众积极参与，义务植树31.46万株、工程造林36万株。国家“两山”实践创新基地创建工作进入生态环境部审核阶段，国家生态文明示范县创建工作有序推进。总投资1.2亿元的2021和2022年度山水林田湖草沙一体化保护和修复、3000万元的洮河干流水环境综合治理、1555万元的黄河重要水源补给生态保护和修复、1500万元的农牧村护田河堤等项目全面建成。总投资1.34亿元的洮河流域九甸峡水源地保护与治理（丁尕至石旗嘴段）、5162万元的2022年水环境综合治理、3867万元的洮河干流卡子至白地段防洪治理、3836万元的城区周边水污染防治及生态修复、3327万元的城区污水处理厂提标改造、2291万元的九甸峡水库集中式饮用水水源保护与污染防治等项目进展顺利。空气优良天数达98.7%，地表水、地下水环境质量优良比率达100%。整改各级环保督察反馈问题26项，排查整治生态环境问题14项。河湖长制、林长制、田长制等全面落实，洮河卓尼段美丽幸福河湖创建通过省级验收。

【社会保障和社会事业】实施老旧小区改造等省州列民生实事15件。全力推动教育事业提质增效，优化调整县乡学校班子，开展涵盖各学段各学科的“同课异构”、业务比拼、技能大赛，教师队伍专业素养持续提升。县幼儿园被评为省级示范性幼儿园。全县小学三科合格率为49.5%，较去年提升28.81个百分点，超出全州平均水平19.07个百分点。初中六科合格率为15.37%，较去年提升1.44个百分点，中考成绩位于全州前列，中央民大附中和西北师大附中分别录取全县考生5名、11名，占全州名额的71%和35%。高考本科上线率22.98%，较上年提升6.49个百分点，本科录取率49.13%，较上年提升15.06个百分点，文理科总均分在全州平均水平以上，10名考生被武汉大学等“985”“211”重点院校录取。投入9020万元实施了柳林镇九年制学校、柳林中学标准化体育场、县一中学生宿舍楼及大灶餐厅、纳浪九年制学校教学楼等教育基础设施建设项目。成立教育发展促进会，筹集募集资金691万元（河西区和中建集团各资助300万元，募集社会资金91万元），支出300万元资助困难学生1465人。不断提升医疗服务水平，县医院血透室建成运行，县中医医院通过二甲医院复审，省级卫生县城、乡村创建工作有序推进。投入8425万元实施了医疗垃圾废物收集转运体系、县医院救治能力提升、县中医医院医疗设备采购和移动式核酸检测实验室、洮砚中心卫生院门诊楼、县妇幼保健院业务用房等建设项目。城镇新增就业570人，发放创业担保贷款3300万元。招录“三支一扶”、特岗教师、社区工作者等89人。输转城乡富余劳动力1.65万人次，创劳务收入3.56亿元。创新实施“千人千万”培训计划，投入984万元组织1050人次前往山东蓝翔、成都新东方等院校及秋古黑木耳种植示范基地开展职业技能培训。城乡居民养老保险和医疗保险参保率分别达到98.2%、98%。发放各类社会救助资金2560万元。投入856万元为3737名困难群众采购冬季用煤等生活必需品。申领发放退役军人优待证975张，发放优抚金、义务兵家庭优待金等392万元。

总投资1900万元的县公安局交警大队及城关派出所业务用房建成并投入使用。扫黑除恶专项斗争长效机制不断健全，平安卓尼建设取得新成效。“无诈县”创建工作深入推进，破获电信、养老诈骗案件33起，挽回经济损失43万元，国家反诈中心APP注册率居全州第一。认真贯彻落实国务院15条硬措施、省上35条及州上33条具体措施，全面排查整治重点行业领域安全隐患，整改各级安全生产督导检查反馈问题299项。扎实开展自建房安全专项整治，排查自建房3.4万栋，整治安全隐患房屋8栋。

（吴杰　牛彦春）

舟曲县

【基本情况】舟曲县位于甘肃南部，甘南藏族自治州东南部，介于东经103°51′30″~104°45′30″，北纬33°13′~34°1′。东邻陇南市，北接宕昌县，西南与迭部县、文县和四川省九寨沟县接壤。舟曲县地处南秦岭山地，岷山山系呈东南—西北走向贯穿全境，海拔高度在1173米—4504米之间，地势西北高，东南低，东西长99.4公里，南北宽88.8公里。白龙江谷地海拔较低，其高度在1200米左右，南北两侧的山地高峰可达4000米以上，中部的大草坡、葱花坡、吊草坡一带，山势较缓，海拔在3000米左右。县境内山峦重叠，沟壑纵横，地形复杂，是典型的高山峡谷区。山高、谷深、石头多、坡陡、土薄、水流急，荒山荒坡水土流失、泥石流、滑坡严重是舟曲的自然现状。土地总面积3010平方公里。辖4个乡，15个建制镇，208个行政村，4个社区居委会，528个村民小组分布在403个自然村。年末全县常住总人口11.66万人，其中：城镇人口3.95万人，乡村人口7.71万人。

【资源优势】围绕“1+6”产业发展布局和“一特三高四小”发展定位，推进现代丝路寒旱农业三年倍增计划，做大基地、做强龙头、做亮品牌、做活市场，统筹整合资金2.32亿元，建设产业基地27个、示范点149个、产业园2个，建立160余人的专家智库和本土人才信息库，舟曲省级农业科技园区启动建设。创新财政扶持方式方法，筹集1000万元用于农业产业奖补，落实农业保险补贴资金1394万元，引导和支撑全县特色产业破茧成蝶。全县中藏药材、从岭藏鸡、中华蜂、黑土猪、羊肚菌、花椒等6大产业种养殖规模分别达9万亩、81.98万羽、6.19万群、7.65万头、2001亩、2.83万亩。完善联农带农富农链接机制，加强新型经营主体培育，扶持龙头企业1家，新建家庭农场42家、联合社9个，全县农民专业合作社达1248个，2个入围省级联农带农“百强”合作社，“五有”合作社率达50%以上。立节镇创建全国农业产业强镇，从岭藏鸡蛋、六月梅花椒获国家绿色食品认证，舟曲纹党参、舟曲羌活入列全国名特优新农产品名录，天河菌业、舟江源入选“甘味”知名企业品牌目录，实现线上农特产品销售额1508万元，“舟味”农特产品在全国高端市场的知名度、美誉度不断提升。发挥文旅富民富村功能和融通发展特性，逆周期谋划、从谷底运作，聚焦“一轴两区三带”和“一十百千万”工程，在基础设施建设、公共品牌打造等方面舍得投入、花大心思、不遗余力。投资1.27亿元提标打造各峪水地、杰迪、拉尕3个文化旅游标杆村，投资2.47亿元提升拉尕山、白龙江风情线、庙沟、翠峰山等6个景区基础设施，预计全年接待游客49.75万人次、实现旅游综合收入2.26亿元。成功创建全省首个“中国天然氧吧”县，入围全国休闲农业重点县，两个“国”字头金字招牌的入揽，必将助推我县优质旅游资源“变现”“变金”“变财”，助推我县文旅农旅乡旅大产业实现融合融汇融通。

【国民经济】2022年，全县实现地区生产总值32.70亿元，按可比价格计算，比上年增长4.0%。其中，第一产业增加值5.04亿元，下降3.1%；第二产业增加值3.13亿元，下降0.3%；第三产业增加值24.51亿元，增长7.1%。完成一般公共预算收入1.20亿元，增长6.0%；一般公共预算支出31.43亿元，比上年末增长19.9%。金融机构各项存款余额74.52亿元，增长1.9%，金融机构各项贷款余额43.26亿元，下降8.1%。社会消费品零售总额4.56亿元，比上年下降3.2%。

【供给侧结构性改革】全面推进基础性、关键性改革，梳理部门政务服务事项1474项，纳入清单管理行政许可事项185项。深入推进“多证合一、一照一码”“证照分离”等商事制度改革，电子营业执照网上登记，市场主体3个工作日内拿证，全县非公经济市场主体总数达9638户、注册资本85亿元，同比增长11.7%和7.7%。“双随机、一公开”监管全覆盖，“一处违法、处处受限”联合惩戒机制逐步完善。数字政府建设加快推进，“12345”便民服务热线办理群众诉求920余件，应共享政务数据资源挂载率100%，行政村实现电子政务外网全覆盖，全程网办率93%。在全州率先成立四大国有公司，在投融资改革、基础设施建设、促进就业等方面蹚出了新路子。盘活存量资金1.99亿元，统筹用于乡村振兴、民生保障等重点支出。减税降费、留抵退税等6589万元，全力助企纾困。清查资产21.33亿元，化解存量债务4379万元，清收化解金融机构不良资产6.26亿元。全面化解已售城镇住宅历史遗留“登记难”问题，转移登记房屋597套，总体登记率达到100%。农村土地承包地改革、农村集体产权制度改革稳步推进，组建村级股份经济合作社208个，发放股权证3.12万户。供销综合改革持续推进。

【乡村振兴】坚守不发生规模性返贫底线，强化779户3319名“三类户”动态监测，落实帮扶措施，消除返贫风险445户1910人。投入财政衔接推进乡村振兴补助资金4.05亿元，实施项目215个，“三保障”成果持续巩固。发放过渡期脱贫人口小额信贷722户3598.67万元，筹资460.23万元购买“防贫保”受益30682人。通过引进劳动密集型产业带动就业等方式，村集体经济累计收入5万元以上的行政村达60%。播种粮食22.7万亩，建设高标准农田0.8万亩，整治撂荒地6438亩，粮食产量达4.3万吨，守住保障粮食安全底线。中央定点帮扶成效显著，天津市及和平区投入帮扶资金6100万元，消费帮扶1232万元，省州县132家帮扶单位投入2349万元帮办实事978件。扎实稳妥推进乡村建设，编制67个发展类村庄规划，建设5个省级乡村建设示范村和27个生态文明小康村，立节镇、杰迪村数字乡村建设走在全省前列。接续实施农村人居环境整治提升五年行动，新改建农户卫生厕所4717座，卫生保洁机制更加健全，公共服务短板不断补齐，乡村人居环境大幅改善。

【项目建设】坚持“项目为王”理念，把项目建设作为壮大县域经济的第一抓手，投资2.83亿元实施20个中央和省预算内投资项目，投资3.18亿元实施9个政府专项债券项目，舟永公路、“两桥一隧”建成通车，南峪至峡子梁、瓜咱沟至沙滩、拉尕山至广子山公路及“8·17”暴雨灾害公路水毁修复一期工程和大川石门坪等6座桥梁全面完工，完成自然村组道路建设和农村公路安防、养护维修164公里，投资2.08亿元的“一江两河”河道生态治理及综合开发利用融资项目已开工，投资4.77亿元的槐树坝至丁字河口公路项目有望明年初开工建设，舟曲至迭部高速公路、沙滩森林公园康养小镇项目前期工作加快推进。实施供热、供水、管网等市政基础设施建设项目7个，南门片区、广坝片区老旧小区改造进展顺利，完成峰迭新区天然气管网敷设，布设新能源充电桩386台，全县城镇化率达45%。强化市场观念引入，着力优化营商环境，总投资10.09亿元的11个招商引资项目加快推进，谋划储备2023年项目94个、估算总投资38亿元，县域经济发展硬环境更强、软环境更优。

【人民生活】控辍保学机制更加健全，医疗机构标准化建设取得新成效，合规医疗费用报销比例85%以上，义务教育入学率、农村住房和饮水安全率均达100%。支出16.9亿元保障改善民生、比上年增长26.1%，占财政支出的53.4%以上。筹措资金506万元为全县群众购买团体人身意外伤害保险，配套资金1.2亿元办理省州民生实事19件。发放创业担保贷款4100万元，城镇新增就业700人，65家乡村就业工厂和帮扶车间吸纳带动就业2247人，精准开展各类培训1432人次，输转劳务3.55万人、创收7.8亿元。紧盯省政府为民办实事2257户舟曲群众搬往兰州新区和67处地质灾害隐患点群众年底全部搬离的两大底线性任务，开展为期四个月的联乡抓村包户集中攻坚行动，1100余名州县乡村干部混合编组、精准发力、倾心帮扶，帮助群众算好“安全账”“经济账”“发展账”“生态账”等几本大账。在“10+5+N”搬迁优惠政策中的“N”上下功夫，创新出台先搬先奖、先搬多奖、过渡补贴、货币安置等政策，全面启动城关沿川坝、立节水地坝县内搬迁安置小区建设。两年来，17批次3107户12361名舟曲群众乘坐“感恩号”专列搬迁兰州新区，如期完成省政府为民办实事重任，如期实现“三年任务两年完成”目标。搬迁群众实现就业3458人，1929名随迁子女在兰州新区中小学校入学，养老、医疗、社保等惠民政策全面落实，群众实现安心安业安居。9个行政村、12个自然村整村搬迁，完成拆旧复垦170亩。全省生态及地质灾害避险搬迁工作肇始地曲告纳镇实现了搬迁任务“清零”，605户2700名群众彻底搬离危险区域、奔向安全幸福生活。全年农村居民人均可支配收入达到9825元，比上年增长10.8%。城镇居民人均可支配收入达到29128元，增长6.3%。

【社会保障】落实教育惠民资金6380万元，投资4739万元实施薄改、教师周转房等项目8个，新建城区幼儿园2个，办学条件持续改善。在全州率先开展教育教学改革，中小学校长全部“去行政化”，完成舟曲一中与峰迭新区中学整体置换，合理分流487名教师，幼儿园师资得到整合优化，优质生源外溢外流减少，职普融通、产教融合开创新局面，甘南州普通中学骨干教师跟岗学习基地在舟曲一中挂牌，全县高考本科录取率同比增长10.96%。医药卫生体制改革持续深化，县乡村医疗机构全部达标提升，基本公共卫生均等化服务扎实推进，“组团式”帮扶成效显著。筑牢新冠疫情联防联控、群防群控坚固防线，投入资金5000余万元保障“一办十八组”开展工作，打造8个集中隔离点，改善疫情防控卡点条件，建设方舱实验室，疫苗应接尽接，疫情防控能力全面提升。坚决落实“二十条优化措施”和“新十条”措施，加快复工复产复商复市，有效应对疫情冲击。发放城乡居民养老保险待遇2873万元，医疗保险参保率99.78%，为6.67万人次报销6400余万元。发放低保金、供养金、残疾人“两补”、优抚金等近9000万元。举办“坪定跑马节”等民俗文化展示活动，“藏乡江南·诗画舟曲”短视频在全省抖音话题赛中获得优秀奖；《舟曲文艺》《花开舟曲诗歌集》出版发行；写生中国女子画会“舟曲写生创作基地”挂牌；舟曲刺绣入围第五批省级非物质文化遗产代表性传承人项目，成功创建西北首个“楹联文化村”。

【环境保护】牢固树立和践行绿水青山就是金山银山的理念，投资1.79亿元实施白龙江流域综合治理、国家水土保持重点工程、“水韵馨村”、立节北山滑坡治理等生态综合治理项目9个，新建堤防5.2千米，治理水土流失21.5平方千米。完成义务植树42.3万株，实施人工造林、封山育林等2.4万亩，白龙江沿线栽植苗木6万余株，新增造林面积1万亩。加强草畜平衡动态监测，兑现奖补资金1192.1万元。1.4万名干部群众投身山水林田湖草沙系统治理活动，共建人与自然和谐共生的美好家园。污染防治攻坚战深入推进，中央和省州环保督察反馈的128个问题整改到位，县级自查98个生态环境问题加快整改。14座已关停燃煤锅炉实行名录管理，13家私人采砂点全部取缔关停，组建国有水投公司，对全县疏浚砂进行集中有效管理和依法综合利用。从严落实河长制，维护河畅水清岸绿的流域环境。完成受污染耕地安全利用集中推进区建设5500亩，完成坪定、八楞等无主矿区污染防治，86家产废单位全部网上备案。推广施用商品有机肥3139吨，回收废旧农膜149吨、回收率达85%以上。严查环境违法行为2起。全县优良天数比、流域断面水质均在目标范围内。

（谈俊隆）

迭部县

【基本情况】迭部县位于甘肃省南部，地处白龙江上游的甘肃和四川两省结合部，地理坐标北纬33°39′~34°20′，东经102°55′~104°05′，土地总面积5108平方公里。古称“叠州”，藏语的意思是“大拇指”，被称为是山神“摁”开的地方，境内重峦叠嶂，群山连绵，森林广袤，河流纵横，冬无严寒，夏无酷暑。可供开发利用的水能、矿产、森林、旅游、山野珍品等资源十分丰富。全县辖11个乡镇、52个村委会、233个村民小组。

【资源优势】白龙江横贯全境110公里，落差700米，平均坡降6.4‰，是县内最大河流。大小支流30多条，水能蕴藏量80.74万千瓦；矿产资源20余种；木本植物种类60科、123属、314种；野生山野菜菌类130种；野生珍稀动物27种；药用植物有545种，其中著名的藏中药药用植物127种，主要有红景天、雪莲、冬虫夏草、贝母、猪苓、羌活、大黄、黄芪等。境内举世闻名的天险腊子口、俄界会议遗址、次日那毛主席旧居、崔古仓开仓放粮遗址、巧夺天工的大峡谷等人文、自然景观以及浓厚纯朴的民族风情形成了一道熠熠生辉的风景线。与驰名中外的九寨沟山水相连，是得天独厚的天然“氧吧”。

【国民经济】2022年完成地区生产总值20.86亿元，比上年增长3.6%。其中，第一产业完成增加值4.01亿元，下降4.3%；第二产业完成增加值3.69亿元，增长3.2%，其中完成工业增加值2.72亿元，增长1.8%。第三产业完成增加值13.16亿元，增长6.6%。三次产业结构由上年的20∶20∶60调整为19∶18∶63。

【乡村振兴】围绕“守底线、抓发展、促振兴”，推动巩固拓展脱贫攻坚成果同乡村振兴有效衔接，牢牢守住不发生规模性返贫底线。落实财政衔接补助资金1.08亿元，争取东西部协作资金3180万元。落实“三精准一覆盖”防返贫动态监测和帮扶机制，识别“三类户”242户1157人，消除风险129户600人，风险消除率达53.3%。落实雨露计划补助1703人259.05万元，生源地助学贷款1476人975万元，购买防返贫保险14467人217万元。脱贫人口和监测对象养老和医疗保险全覆盖。

巩固“三保障”和饮水安全成果，投资570万元实施农牧村供水提升改造项目12处，投资4935万元实施乡村振兴示范项目6个。东西部协作产销对接成效显著，销售农特产品3600万元，带动群众增收致富。落实到户产业资金282.76万元，发放涉农贷款3.24亿元，农业政策性保险718.68万元。职业技能培训939人次，技术指导服务6749人次，劳务输转5083人，选聘生态管护员2169人，开发乡村公益性岗位656个。23家乡村就业工厂和帮扶车间吸纳就业280人。全县村集体经济收入1100万元以上。脱贫人口人均可支配收入12348元，比上年增长12.7%。

【项目建设】凝心聚力、补齐短板，城乡基础日趋完善。2022年全县完成固定资产投资13.8亿元，同比增长11.8%。争取到各类项目37个、资金9.75亿元，项目资金争取量创历史新高。投资1.8亿元的X412线扎尕那代巴至卓尼界旅游公路完成路基工程，投资3400万元的阿夏大桥和G345线九龙峡隐患路段安全棚洞开工建设，投资2786万元实施道路安全生命防护工程70公里、硬化自然村道路22公里。白龙江引水工程前期工作取得实质进展，已列入国家水网建设规划纲要。实施南山、河日滩2座桥梁，白龙江北岸健康游步道，河日滩道路及排水工程，延伸打通滨江路东西两端。实施7个老旧小区和林业总场棚户区改造。投资5888万元实施城区风貌改造、美化亮化，县城旧貌换新颜。智慧停车、智慧供水供热项目建成投用，实现线上支付。投资2.05亿元建成24个生态文明小康村，农村基础条件明显改善。投资4020万元改造提升7个乡镇干部和教职工周转房。有序推进乡镇道路排水、护村护田河堤、垃圾污水处理等基础设施建设，全县城镇化率41.4%，较上年提高1.5个百分点。

【优势产业】聚焦优势、扩量提质，产业发展转型升级。推进特色产业三年倍增行动，整合涉农资金1.17亿元，着力提升“白龙江百里风情线·乡村振兴产业富民路”，农牧产业发展形势向好，实施农牧产业发展项目123个，大力发展蕨麻猪、食用菌、经济林果、青稞酒等特色产业，续建蕨麻猪省级农牧产业园区，加大牛羊舍饲半舍饲养殖，完善野生菌产业链条，建成特色种养殖基地67个，特色产业种植2.96万亩以上，存栏牲畜13.23万头（匹、只），智慧农业云平台上线运行。夯实粮食安全根基，发放种粮补贴428万元，播种粮食5.87万亩、产量达1.13万吨，建设高标准农田1万亩，复耕复种撂荒地3253亩。培育农业产业化龙头企业8家，高标准联合社11个，规模经营合作社5个，“五有”合作社比例达60%。扎尕那老青稞酒亮相全国糖酒商品交易会，“扎尕那蕨麻猪”“扎尕那羊肚菌”国家地标产品获批在即，认证“甘味”品牌2个。推动文旅产业发展，认真落实省委尹弘书记对扎尕那大景区资源开发建设十条要求，加快推进景区高层次开发建设。“洛克之路”上榜全国热门经典徒步越野线路。扎尕那村成功入选第四批全国乡村旅游重点村。谢协乡村文化旅游示范村通过省级验收。扎尕那生态旅游养生特色小镇完成投资1.69亿元。全年接待游客135万人次，旅游综合收入达7.12亿元，旅游接待人数全州第一。

【人民生活】城乡居民收入增加，生活水平不断提高。2022年全县城镇居民人均可支配收入30229元，比上年增长3.8%。其中：工资性收入22418元，增长4.6%；经营净收入1359元，增长0.86%；财产净收入1613元，增长0.13%；转移净收入4838元，增长2%。全县城镇居民人均生活消费支出26473元，同比增长7.9%。

全县农村居民人均可支配收入10375元，比上年增长7%。其中：工资性收入4708元，增长9.9%；经营净收入4313元，增长4.9%；财产净收入105元，增长1.8%；转移净收入1249元，增长6.9%。全县农村居民人均生活消费支出8275元，增长5.6%。

【环境保护】深入践行习近平生态文明思想，坚决扛牢生态保护政治责任，纵深推进污染防治攻坚战，全县空气质量综合指数、各类水体和土壤指标位居全省前列。推广清洁能源，管控扬尘污染，强化燃煤治理，空气优良天数比例达99.65%。推进水污染防治行动，第二备用水源地投入运行，划定11个乡镇饮用水源地保护区，190个入河排污口实现监测全覆盖，延伸改造城镇污水管网5.8公里，污水处理率达97%。开展土壤污染防治行动，投资3340万元完成桑坝、洛大无主金矿土壤污染治理和县医废处置中心建设。环保督察反馈问题整改见底清零。投资3174万元实施生态修复治理，国土绿化1.5万亩，义务植树300万株，修复森林草原23万亩，全县植被覆盖率88%，森林覆盖率54.38%。扎实推进“五无甘南”建设，清运垃圾800余吨，拆违治乱3万余平方米，卫生户厕普及率94.88%，乡村生活垃圾无害化处理率73%，有机肥替代化肥率100%，秸秆还田率87%，尾菜处理率55%，废旧农膜回收利用率80%，耕地质量提高0.2个等级。

【社会保障和社会事业】践行人民政府为人民，全力以赴增进民生福祉，省州民生实事全面完成，民生支出12.36亿元，占财政支出比重58.58%。拓宽就业渠道，新增城镇就业455人，发放创业担保贷款2015万元，劳务创收1.04亿元。教育教学质量持续提升，学前教育毛入园率、适龄儿童入学率、九年义务教育巩固率分别达98.86%、100%、99.78%，二本以上录取率同比增长7.68个百分点。落实教育惠民资金835.59万元，生源地助学贷款974.64万元，惠及学生12990人次。投入3212万元实施29个校园提升改造和10个智慧教学项目。深入贯彻“双减”政策，落实补助资金229.97万元，有效减轻了家庭经济负担和学生作业负担。医疗服务能力进一步提升，全面推行“先诊疗后付费”服务方式，县藏医院创建二级民族医院通过复审，县医院危重孕妇和新生儿急救中心、县妇幼保健院投入使用。投资4890万元的县医院康复中心和县藏医院住院部完成主体工程。社会保障提标扩面，城乡低保标准分别提高8%、10%，城乡居民养老、医疗保险参保率分别达100%和99.89%。发放各类社会救助资金2568.51万元，惠及困难群众11590余人次。新建示范性退役军人服务站2个，殡仪馆建设项目落地建成。

抢抓稳经济一揽子政策及接续措

施窗口期，全力助企纾困，减税降费5068.13万元，发放企业贷款1.56亿元，新增市场主体932户，比上年增长23%。深化“放管服”改革，优化营商环境，数字政府指挥中心建成运行，梳理公布行政许可事项245项、政务服务事项告知承诺194项，“好差评”满意度达100%。项目告知承诺、容缺受理、多评合一、多规合一等改革深入推进。“12345”政务服务成效明显、广受好评。积极开展招商引资，签约有机肥生产、房地产开发、星级酒店建设等6个项目，签约资金2.29亿元，项目落地率达100%。组建兴迭城投和丰迭旅投2家县属国有企业。行政复议体制改革全面完成。应急管理综合行政执法改革、教师“县管校聘”管理体制改革、公立医院综合改革、供销系统改革、农牧村综合改革进展顺利。化解“登记难”问题，转移登记房屋735套，化解率100%。稳步化解金融风险，清收处置不良资产4.76亿元，超额完成年度清收化解任务。

（桑杰次力）

玛曲县

【基本情况】玛曲县位于青藏高原东端，甘南藏族自治州西南部，地处甘青川三省结合部，是一个以藏民族为主体的纯牧业县。东与甘肃省碌曲县、四川若尔盖、阿坝县相邻，西与青海久治县、甘德县、玛沁县相连，北与青海河南蒙古族自治县相接，总面积10190.80平方千米，境内草原、高原、河谷相间分布，地形复杂多样，平均海拔3600米，年平均气温1.2℃，平均日照2531.9小时，全年降水日为151天，年降水量611.9毫米，气候寒冷阴湿，属明显的高原大陆性高寒湿润气候区，无绝对无霜期。畜产、矿产、水利、中藏药材、旅游是其优势资源。全县辖2乡（木西合乡、欧拉秀玛乡）6镇（尼玛镇、欧拉镇、阿万仓镇、曼日玛镇、齐哈玛镇、采日玛镇）1场（河曲马场）2个社区（卓格社区和尼玛社区）36个行政村和5个牧业生产队（智龙、统宝、德吉、玛洋、赛祥，属河曲马场）259个村民小组，另有县属阿孜高科技示范园区和大鹿养殖场，年末总人口5.9万人。

【资源优势】玛曲是甘肃省重要的畜牧业生产基地之一，自古就以“羌中畜牧甲天下”著称，境内草原广袤，拥有连片集中、草质优良、耐牧性强的优质牧场1288万亩，原始湿地37万亩。玛曲畜牧、矿产、水电、旅游、中藏药材资源丰富，开发前景十分广阔，是河曲马、阿万仓牦牛、欧拉羊和河曲藏獒四大优良畜种的产地。玛曲是黄河上游重要的水源补给区和调蓄区，是维系黄河中下游地区生态安全的天然屏障，生态地位突出，素有“中华水塔”之称，被誉为“地球之肾”和“天然蓄水池”。黄河在境内流程达433公里，水能资源丰富，理论蕴藏量达151.7万千瓦。玛曲矿藏富集，县境内有金、铁、铜、汞、锡、钼、钨等金属矿和方解石、大理石、泥炭等非金属矿，尤以金、铁、磁铁矿丰富。玛曲是生物多样性的活标本库，有47科413种植物，植物药材资源更为丰富，有151种野生药用植物，其中分布面积广、数量多、药用价值及经济价值高的有冬虫夏草、水母雪莲、川贝、大黄等20余种。玛曲自然风光雄奇壮丽，人文景观神秘独特，“天下黄河第一弯、格萨尔文化发祥地、亚洲第一天然草场、中国赛马之乡、藏民歌弹唱故里”等旅游品牌享誉海内外。

【国民经济】2022年，全县实现地区生产总值21.95亿元，按不变价格计算，比上年增长0.7%。其中，第一产业增加值6.41亿元，下降7.3%；第二产业增加值1.4亿元，下降27.3%；第三产业完成增加值14.15亿元，增长9.6%。三产结构由上年的33.8 ：8.6 ：57.6调整为29.2 ：6.4 ：64.4。在第三产业中：交通运输、仓储和邮政业完成增加值1.27亿元，增长51.0%；批发和零售业完成增加值0.75亿元，下降8.1%；住宿和餐饮业完成增加值0.62亿元，下降12.6%；金融业完成增加值1.39亿元，增长1.6%；其他服务业完成增加值9.61亿元，增长10.6%。

【乡村振兴】2022年，以坚持不发生规模性返贫为底线，累计监测易致贫返贫户341户1329人、风险消除176户684人，风险消除率达51.6%。争取财政衔接补助资金8874.5万元，谋划实施乡村振兴项目49个；落实天津东西部协作和对口支援资金4270万元，实施天津援建项目23个。强化易地扶贫搬迁后续扶持，全面落实“两不愁三保障”政策措施，不断加大控辍保学力度，义务教育失辍学保持动态清零；完成8个乡镇卫生院能力提升建设项目和脱贫户、“三类户”家庭医生签约服务、慢病管理随访工作；脱贫人口和监测对象实现养老、医疗保险全覆盖；举办各类职业技能培训班16期，实现就业634人次；引导2家乡村就业帮扶车间（乡村就业工厂）吸纳劳动力52人（脱贫劳动力40人）；劳务输转1900人、创收5900万元；为181名外出务工人员兑现奖补资金79.8万元。编制完成尼玛镇贡玛村、欧拉镇曲河村等10个村庄规划，建设完成齐哈玛镇塔哇村、采日玛镇秀昌村等4个示范村。

【项目建设】始终把项目建设作为稳增长、夯基础、促发展的有力抓手，凝心聚力抓项目、扩投资。依托“兰洽会”“津陇共振兴”等展会节会签约项目3个，签约总额达1.05亿元；投资24.88亿元，实施各类项目53个，开工率100%。尤其是生态文明小康村、首曲康养家园、城市更新、棚户区改造、城区道路提升改造、农牧村水源保障工程、自然村组道路工程、S204线阿孜试验站至齐哈玛黄河大桥改建工程、S583线沙木多至木西合段公路工程等一大批项目的顺利实施，极大改善了城乡基础设施条件。

【优势产业】推进“强县域”“强工业”行动，持续优化产业结构，促进传统畜牧、畜产品加工、文化旅游、新能源“四大产业”高质量发展，不断拓展牧民增收渠道。全力实施牦牛产业高质量发展战略，依托5个牦牛繁育产业带和3个藏羊繁育产业带，打造河曲马场万头牦牛和欧拉镇扎西滩万只藏羊养殖基地，培育“五有合作社”15家、生态牧场60家、牦牛藏羊示范点5个；阿孜畜牧科技示范园被认定为国家级牦牛保种场，玛曲牦牛肉、藏羊肉被纳入全国名特优新农产品名录，全年预计出栏牲畜32.5万头（只、匹），实现产值7.1亿元。实施牦牛生鲜乳冷链物流、牦牛藏羊精深加工生产线提标升级、中藏药材仓储物流中心等项目，扶持畜产品加工企业转型发展，为第二产业发展注入强大活力。推进畜禽粪污资源化利用，加工销售有机肥24万吨、销售额达9000万元。实施阿万仓4A级大景区等基础设施建设项目，打造旅游标杆村1个，景区景点服务功能不断完善；成功举办首曲牧歌县域品牌暨旅游推介会等节会活动，全年接待游客20.34万人次、创收1.07亿元。200兆瓦牧光互补光伏发电一期项目建成投用，累计发电714万千瓦时、创收214万元；积极推进3000兆瓦抽水蓄能电站项目前期工作，新能源产业发展取得新突破。

【人民生活】2022年全县城乡居民收支持续增长，人民生活水平不断提高，全县农村居民人均可支配收入13008元，比上年增长7.2%。其中，工资性收入90.62元，增长1.9%；经营净收入9532.93元，增长9.5%；财产净收入33.16元，增长3.0%；转移净收入3350.85元，增长1.2%。农村居民家庭人均消费性支出12201元，增长8.0%；农村居民恩格尔系数43.9%，比上年降低0.56个百分点。城镇居民人均可支配收入31841元，比上年增长3.6%。其中，工资性收入31170.36元，增长3.5%；经营净收入160.93元，增长5.1%；财产净收入496.35元，增长7.7%。转移性净收入12.86元，增长12.2%。城镇居民家庭人均消费性支出24655元，增长8.6%。城镇居民恩格尔系数为31.7%，比上年降低0.7个百分点。

【环境保护】全力打造"五无甘南"、创建"十有家园"，结合牧村人居环境整治提升工作，大力整治公路沿线人居环境，打造226户人居环境样板，经验做法在全州推广。投资5.48亿元，实施山水林田湖草沙一体化保护和修复等生态工程，治理退化沙化草原18.47万亩、小流域治理5.75万亩、建设黄河沿岸阻沙林1万亩、修复矿山生态0.33万亩，草原生态不断向好。持续打好三大污染防治攻坚战，强化煤炭质量管控、施工场地扬尘防控、餐饮业油烟及烟花爆竹燃放整治，加强饮用水源地保护，整治黄河玛曲段入河排污口34个，县域空气质量优良率、水质优良率均达100%。常态化推进草畜平衡，足额兑现奖补资金1.2亿元。积极推行林长制，划定9个县级林长片区。全面落实河湖长制，完成采日玛镇麦果尔村国家水土保持项目，水资源环境不断改善。完成13项生态环境排查整治问题整改及成效评估，86项各级生态环境保护督察反馈问题全部通过州级复核，生态环境问题整改取得显著成效。国土空间规划编制取得阶段性成效，成功创建阿万仓国家草原公园试点。完成100户486人生态及地质灾害避险搬迁任务。

【社会保障】2022年全县城镇新增就业492人，失业人员实现再就业163人，就业困难人员再就业62人。为44名个人和6家县内企业提供创业贷款1800万元；完善牧村劳动力转移就业工作机制，全年劳务输转1900人，创收0.62亿元。企业职工基本养老保险缴费人数1691人，基金收入2400万元，基金支出968万元，缴费人数增长8%；机关事业单位养老保险缴费人数3230人，基金收入8868万元，支出9079万元，参保人员缴费率100%；工伤保险缴费人数5457人，基金收入178万元，支出42万元，农民工参保率100%，新开工项目参保率100%；失业保险缴费人数3626万人，基金收入294万元，支出112万元，参保人员缴费率100%；征缴城乡居民基本养老保险1012万元，支出632万元，城乡居民基本养老保险贫困人口覆盖率达100%；全县城乡居民医疗保险参保人数47936人，参保率98%；城镇职工医疗保险基金本年收入4813万元，支出2099万元；州级下拨城乡居民基本医疗保险基金600万元，支出111万元；医疗救助补助资金上年结余741万元，财政配套支出369万元。

【社会事业】普惠政策全面落实，办理省州为民办实事项目15项。优先保障教育发展，落实各类补助资金2933.15万元，惠及学生2.13万人次；投资1.07亿元提升办学条件，新（改）扩建幼儿园5所、中小学11所，新增校舍1835.95平方米；稳步推进国家通用语言文字教育和义务教育阶段"三科"统编教材，学前教育三年毛入园率、义务教育巩固率、高中阶段毛入学率分别达68.13%、97.07%、94.41%，办学质量进一步提高。续聘各类乡村公益性岗位1882人、发放生活补贴1640余万元，发放创业担保贷款1800万元。扎实推进智慧医院和紧密型医共体建设，总投资1.32亿元的高原慢特病康复中心、县人民医院外科综合楼等项目建成投用，医疗服务设施日趋完善；严格落实疫情防控各项政策措施，妥善处置突发疫情，保持社会面平稳；筹资1000余万元购置救护车、核酸检测、方舱实验室等设备，新冠感染疫情防控和处置能力不断加强；组建医疗志愿队8批100人次，支援兰州市、合作市、夏河县、迭部县、舟曲县抗疫工作。城乡居民电子健康档案建档率达95.71%，城乡居民养老和医疗保险参保率分别达到96%和98%，门诊住院、大病保险、医疗救助1.2万人、报销2269万元。提高城乡低保、特困供养等保障标准，落实保障资金2650.44万元，核发临时救助金712.09万元；加快玛曲县殡仪馆建设进度，建成乡镇敬老院6个、社会工作服务站4个，社会保障更加完善。严格落实粮食安全责任制，强化粮食市场调控和储备粮管理，储备小麦3700吨，建立9家应急网点、3家"放心粮店"和2家"陇上好粮油"门店。

（李莉）

碌曲县

【基本情况】碌曲县地处青藏高原东部，位于甘南藏族自治州西南部，在甘、青、川三省交界处，南邻四川省若尔盖县，西界青海省河南蒙古族自治县，西南与本州玛曲县接壤，东连本州卓尼县，北部与本州夏河县毗邻。地理坐标位于东经101°35′36″~102°58′15″，北纬33°58′21″~34°48′48"。地势西高东低，东西长126公里，南北宽93公里，海拔最高处额日宰4483米，最低处吾乎扎滩2860米，相对高差1623米，平均海拔在3000米以上，极端高温28.5°C，极端低温-23.1°C，年降水量441.3mm，年均气温3.2°C，气候高寒、阴湿、降温频繁。全县总面积4342.91

平方公里。现辖7乡镇、24个村民委员会、95个村民小组。2022年末，全县户籍总人口3.83万人，藏族人口3.42万人，占总人口的89.4%，是一个以藏族为主多民族杂居的纯牧业县；常住人口3.6万人，其中城镇人口1.69万人，城镇化率46.9%。

【资源优势】始终坚持补链强链，五大产业蓬勃发展。深入推进牧业改革，创新开展“千名干部入百村大抓产业”行动，全面推广“十户联产”抱团发展模式，引导702户群众组成53个产业联合体，撬动资金投向产业发展，共发放“十户联产”及首位产业县级财政全额贴息贷款2476万元。落实草畜平衡政策，发放草原奖补资金4110万元。着力推动文旅产业融合发展，实施景区提质增量工程，改造提升郎木寺、则岔石林、尕海湖、尕秀等重点景区基础设施，投入9900万元实施则岔景区基础设施提升工程，整合各类资金3500余万元，提升完善夏泽滩文化旅游产业园区功能布局，打造集全民健身、儿童游乐、餐饮娱乐为一体的文旅综合体，全年旅游人数52.7万人次，综合收入2.35亿元。全面提升藏医药产业，投资1.86亿元，依托甘南藏药国家非物质文化遗产资源优势，建成甘青川交界规模最大、最有影响的藏医药生产加工展示和文化传承基地。持续发展劳务经济，组织开展农牧民技能培训1500余人次，“点对点”输转富余劳动力5735人，劳务创收9745万元。大力发展清洁能源产业，积极争取光伏指标30万千瓦，协调推进330千伏拉仁关变电站工程，“牧光互补”新能源基地建设进展顺利。

【国民经济】2022年，全县地区生产总值15.36亿元，按可比价计算，比上年增长3.6%。其中，第一产业增加值4.09亿元，下降7.0%，对经济的贡献率-64.0%，第二产业增加值1.05亿元，增长19.2%，对经济的贡献率28.6%，第三产业增加值10.22亿元，增长7.8%，对经济的贡献率135.4%。三次产业结构比由2021年的29.6 ：5.9 ：64.5，调整为26.6 ：6.8 ：66.6，第一产业比重下降3个百分点，第二产业比重上升0.9个百分点，第三产业比重上升2.1个百分点。社会消费品零售总额2.79亿元，下降5.5%；固定资产投资增长10.9%；一般公共预算收入0.39亿元，增长11.9%；财政总支出17.1亿元，增长9.1%；年末金融机构各项存款余额16.46亿元，比上年末下降2.2%，各项贷款余额12.23亿元，下降1.0%。

【供给侧结构性改革】始终坚持改革开放，发展活力有效激发。在全州率先启动教育体制改革，推进校长“去行政化”、教师“县管校聘”、学科“末位淘汰制”，全面落实“十五年”免费教育，持续巩固控辍保学成果，扎实推进义务教育“双减”工作。积极学习借鉴“三明”医改经验，在全州率先试点推行医药卫生体制改革，成立县人民医院和妇幼保健院两个医共体，将乡镇卫生院和社区卫生服务中心并入医共体，在县藏医院和疾控中心加挂医共体分院牌子，并于11月1日正式投入运营。持续深化“放管服”改革，公布行政许可事项252类347项，减税降费114万元、降低失业保险费和工伤保险244万元、发放政府补贴消费券50万元、返还稳岗资金18.5万元，“一网通办”“一门办理”全面实现，群众企业办事更加便捷，便民服务措施和营商环境更加优化。“最美环境”的筑巢引凤作用也得到全面显现，2022年新签约招商引资项目4个，签约额1.7亿元，到位资金7779万元；新增市场主体318户，新增注册资金9.4亿元；培育升规入库企业4家。

【乡村振兴】始终坚持“四个不摘”，乡村振兴全面铺开。不断巩固拓展脱贫攻坚成果，健全防止返贫动态监测和帮扶机制，新识别“三类户”7户34人，消除风险63户327人。财政衔接资金、东西部协作资金投入产业的比例分别达到69.0%和75.5%，投入比例位居全省前列。农村低保、残疾脱贫人口兜底保障政策全面落实，聘任生态护林员、草管员1464名，安置光伏乡村公益性岗位258人。整合各类财政涉农资金1.05亿元，实施了富民产业发展、特色产品开发、农牧村基础设施建设和环境综合整治等一大批惠民利民项目。“最美乡村”建设持续发力，投资1.1亿元新建提升生态文明小康村12个，打造乡村建设示范村6个，尕秀村入选2022年中国美丽休闲乡村。实施农房抗震改造2227户，维修养护农牧村安全饮水工程设施26处，累计改造农牧村户厕5271座，卫生厕所普及率达92%、安全饮水覆盖率和电网入户率均达到100%，“两不愁三保障”水平稳步提升。创新村集体经济发展方式，设立产业发展基金2000万元，提高乡镇党委、政府的话语权，公开、公平、公正支持110家专业合作社、企业发展特色富民产业，全县各村村集体经济收入在全省率先达到5万元以上全覆盖。

【项目建设】始终坚持项目为重，城乡基础持续完善。抢抓政策机遇，年内争取各类转移支付资金18.11亿元，其中县级可支配财力8.24亿元，较上年度增加1.03亿元，增幅15.2%，达到金矿关闭后最大规模总量。争取实施中央预算内投资项目18个，总投资4.65亿元。争取一般债券资金5800万元，较上年度增长16.0%。争取地方政府专项债项目15个3.96亿元，较上年度增加3.76亿元，增长20倍，国债项目数量、通过率、资金量均居全州第一。西成铁路、G1816合赛高速公路国家重大项目开工建设，将历史性填补碌曲没有高速、没有高铁的空白。聚焦群众急难愁盼，筹措资金392万元，稳妥解决了阿拉吾乎扎大桥、县城华格新农村大桥等历史遗留问题；投资7672万元改造提升双岔镇至阿拉乡通乡公路、贡去乎至则岔公路；投资3366.5万元开工建设博拉至阿拉三级公路，逐步解决多年来困扰洮河沿线农牧民群众出行不便、产业发展受限等问题；投资5.5亿元，实施城南集中供热、城区人行道改造提升、城区污水处理厂提升改造、城西道路改扩建等市政设施建设项目，改造棚户区876套、老旧小区1606户，城镇公共服务和综合承载能力显著提升。深入推进城市精细化管理，实施城西入口改造、县城风貌改造等项目19项36个，新增停车场8处、划定停车位495个。

【优势产业】抓住牧业发展繁育和育肥两个关键环节，组建了以李恰如国有种畜场为核心的牦牛繁育高质量发展联盟，引进中投万方打造李恰如万亩牦牛生态养殖示范基地，形成高效科学的发展新模式。紧盯产业链条的短板和空白，投资2000万元建设集舍饲养殖和活畜交易、虫草交易功能为一体的甘青川贡巴活畜交易市场，为农牧民群众搭建直通全国活畜交易大市场的平台，年内实现了试运营，首日交易额达389万元，为带动牧户增收坚定了信心、奠定了基础；投资5000万元实施牛羊屠宰冷链仓储精深加工项目，今年第一条生产线已正式投产运营，彻底弥补了我县没有屠宰加工企业的空白，生产、加工、销售链条联结更加紧密，群众增收渠道更加多元。

【人民生活】始终坚持安全发展，社会大局安定有序。扎实开展平安碌曲创建行动，常态化开展扫黑除恶斗争，从严打击“黄赌毒、食药环、盗抢骗”等多发性违法犯罪行为，坚决遏制犯罪多发高发态势，累计侦破刑事案件77起。稳步推进“8+”基层社会治理，及时有效处置各类涉稳风险、不安全因素，全力维护保障社会大局安全和谐稳定。进一步加大食品药品安全监管，实施“互联网+智慧监管”227家，开展食品药品监督抽检148批次，老百姓“舌尖上的安全”得到有效保障。严格落实安全生产“党政同责、一岗双责”责任制和“三管三必须”要求，开展各类应急演练，排查整治各类安全问题隐患，全年各类安全生产事故起数下降80%，安全生产形势全面向好。全面提升道路交通安全管控能力，开展专项整治行动，新增区间测速2处、定点测速1处、道路交通预警龙门架5处，事故起数比上年下降37.5%，死亡人数下降63.2%，受伤人数下降50%，直接财产损失下降94.4%，人民群众的生命财产安全得到了有力保障。

2022年全县城镇居民人均可支配收入31410元，增长3.5%。城镇居民家庭人均生活消费支出29945元，增长9.4%。农村居民人均可支配收入12826元，增长7.1%。农村居民家庭人均生活消费支出9091元，增长10.7%。

【环境保护】始终坚持生态优先，生态建设强力推进。投资2.39亿元，实施甘南黄河上游水源涵养区山水林田湖草沙一体化保护和修复治理工程16个，生态修复2.4万公顷，建设草原围栏30万米，人工种草4万亩，治理退化草原、黑土滩、毒害草35万亩，人工造林、退化林修复、封山育林7000亩。投入1200万元，超常规、大力度打造“最美国道、最美省道”，组织动员干部群众、两代表一委员、商会和宗教人士等12.9万人次直接参与山水林田湖草沙系统治理工程，道路沿线牧点、围栏、杆线、公路设施和裸露地块得到全面治理，国道213线生态旅游廊道颜值大幅提升，持续强化生态环境保护，投资8175万元实施水环境综合治理工程和水土保持项目等涉水新建续建项目7个，投资4300万元的城区二期生活垃圾填埋场建成并投入使用，整改销号环保督察检查反馈问题40个，超载过牧问题整改高质量通过省级验收。投资3761万元实施生态及地质灾害避险搬迁工程，214户983名农牧民群众搬入新居。

【社会保障】始终坚持人民至上，民生福祉全面增进。招聘辅警、专职消防员、医务人员、“三支一扶”和特岗教师64名，争取“万名高校毕业生进基层”岗位100个，安置城镇公益性岗位99人，失业人员再就业157人，就业困难人员实现就业135人，全县大中专毕业生就业人数达到近三年最好水平，落实创业贷款贴息和小额免担保政策，支持个体户和小微企业发展，累计发放创业贷款1500万元。成功追讨356名农民工欠薪工资376万元。积极化解国有土地上已售城镇住宅历史遗留“登记难”问题524件，化解率达94.6%。强化医保、养老服务和各类救助工作，城乡居民医疗保险参保率达98%以上。干部群众医疗保险报销比例达85%。城乡居民基本养老保险参保19457人，发放养老保险补助478万元。关注残疾人和老年人生活，投资625万元在全州率先建成残疾人托养服务中心，整合资金1600多万元在西仓镇建设碌曲县老年养护院，全面提升养护水平。动态调整城乡低保91户334人，落实低保、特困供养、孤儿救助、残疾人补贴等各类兜底保障补助2513万元。足额发放退役军人生活补助资金、慰问金、退役士兵优待金。发放疫情影响特殊时期临时救助130户596人112万元，临时救助困难家庭大中专学生400户564人158万元，采购发放生活物资和温暖过冬物资518万元。发放自然灾害冬春生活困难救助99万元，全力保障特殊困难群众的基本生活。

【社会事业】年内办理省州列民生实事16件、人大代表建议和政协委员提案90件；农作物籽种“改良工程”、基层学校“温暖工程”和干部职工健康“关爱工程”三件民生实事得到全面落实，取得了显著的成效。籽种“改良工程”，落实资金510万元，免费发放各类优质籽种712吨，推动种植业种业振兴，洮河沿线农作物实现大丰收，经州农科所测算仅青稞每亩就增产50—90斤，增收125—225元。基层学校“温暖工程”，落实资金117万元，对基层学校取暖缺口资金进行全额补贴。干部职工健康“关爱工程”，严格落实干部职工带薪休假制度、县直单位干部公开遴选制度、职级晋升及薪资提标等政策，提高干部职工体检标准每人100元。动员2807名干部职工和396名医护人员战斗在防疫一线，投资4996万元建成全州最规范的传染病区，落实资金680万元建成4个乡镇发热诊室、购置储备医疗应急物资、配备核酸提取仪和扩增仪4台。累计接种新冠病毒疫苗94372人次，接种率达到96%，最大程度保障广大干部群众身体健康和生命安全。先后选派156名医护人员、筹集100万元物资支援兰州、合作、夏河、迭部等地，高质高效完成夏河县417人次密接人员的集中隔离管控，派出工作组全面接管阿木去乎方舱医院。组织313名运动员参加全州第二届运动会，取得12金8银5铜的喜人佳绩。成功举办首届“锅庄杯”全民球类运动会，有效刺激了疫情影响下的经济复苏，赢得了全县广大干部群众普遍称赞。

（冯睿）

夏河县

【基本情况】夏河县位于甘肃省西南部，甘南藏族自治州西北部，东经102°31′，北纬35°12′，地处青藏高原东部边缘，处于甘南高原和黄土高原的过渡带，东南面分别与州属合作市、碌曲县相邻，北依临夏州临夏县及青海省循化县、同仁县，全县土地总面积为6274平方公里，大部分地区海拔高度在3000—4200米之间，最高点为甘加达里加山主峰，海拔4636米，最低点在夏临交界处的土门关一带，海拔2200米。气候寒冷湿润，年平均气温4.4℃，年均降水量410毫米，平均无霜期56天，全年日照时间2296小时。辖5个乡，8个镇，65个村委会，4个社区（居委会），435个村民小组，有藏、汉、回、撒拉、蒙古、朝鲜、土等14个民族。

【资源优势】夏河县境内各类植物品种较多，既有大量的牧草、药材、林木等野生物，又有适量的农作物、蔬菜、花卉等栽培植物。夏河县地处秦岭山脉的西段，拥有比较丰富的矿产资源，县内有大夏河和洮河两大水系，自产水资源16.3亿立方米，人均占水量11673立方米，为全省丰水区。夏河县旅游资源得天独厚，堪称中国藏区的缩影。藏传佛教文化辉煌灿烂，草原风光景色如画，森林松涛神韵幽怨，高山湖泊清澈深邃，民俗文化绚丽多姿，人文景观特色浓郁，已形成了功能齐全，设施配套的旅游服务体系和以草原生态、宗教文化、藏族风情为品牌的特色旅游。

【国民经济】2022年，夏河县实现地区生产总值23.84亿元，按可比价计算，比上年下降2.1%。其中：第一产业完成增加值7.58亿元，下降6.4%；第二产业完成增加值2.24亿元，下降20.0%；第二产业中：工业增加值完成2.03亿元，下降21.7%，建筑业增加值完成0.20亿元，增长1.1%；第三产业增加值完成14.01亿元，增长3.9%。固定资产投资增长1.2%；实现社会消费品零售总额5.46亿元，下降14.3%。年末金融机构人民币各项存款余额38.14亿元，比上年末下降1.88%；金融机构人民币各项贷款余额22.28亿元，增长10.3%。

【供给侧结构性改革】2022年，夏河县全面完成行政复议体制改革。持续深化简政放权，梳理422项行政许可事项纳入清单管理。新增各类市场主体652户，新增注册资金6.3亿元。大力推行"一件事一次办"，办理政务服务事项7.9万件。加快数字政府建设，积极推广"甘快办"和甘肃政务服务网等网上办事平台，实现政务服务"居家办、零跑动"。稳步推进职称制度改革，评审中高级职称153人，完成事业单位管理岗位职员职级晋升170人，专业技术人员岗位认定208人。认真落实《甘南藏族自治州住宅物业管理条例》，扎实开展"一难两乱"专项整治行动，规范管理停车场（位）136处、泊车位6353个。全力化解国有土地上已售城镇住宅历史遗留"登记难"问题，积极推进新建商品房"交房即交证"改革试点工作，化解"登记难"问题住房420套，首次登记化解率达100%，总体登记率达99.76%。全面完成农牧村集体产权制度改革，65个行政村界定集体成员1.37万户7.25万人，累计注入村集体发展资金2.1亿元，空壳村全面消除。

【乡村振兴】2022年，夏河县大力弘扬伟大脱贫攻坚精神，紧紧围绕创建全国民族地区乡村振兴示范县奋斗目标，扎实推进巩固拓展脱贫攻坚成果同乡村振兴有效衔接。落实财政衔接推进乡村振兴补助资金1.86亿元、东西部协作和对口支援资金4200万元、中海油帮扶资金2000万元、省直部门和庆阳市帮扶资金1390万元，谋划实施乡村振兴项目100个。义务教育失辍学学生保持动态清零，"三类户"大病专项救治覆盖率达100%。投资498.72万元实施农房抗震改造331户，投资1395万元实施农牧村饮水安全维修养护保障工程102处。省州县选派162名干部扎根基层、坚守一线，为巩固拓展脱贫攻坚成果同乡村振兴有效衔接付出艰辛努力。

【项目建设】2022年，夏河县完整准确全面把握国家和省州县稳住经济一揽子政策措施，加大项目谋划和争取实施力度。年内共争取各类项目115个资金8.47亿元，续建项目43个完成投资14.8亿元，签约招商引资项目7个总投资24亿元，产业发展、公共服务、民生保障水平大幅提升。总投资5.6亿元的县医院综合楼项目已完成主体工程。S38线王格尔塘至夏河（桑科）高速公路建成通车，兰合铁路、西成铁路夏河段全线开工建设，G668夏河至青海泽库公路（桑科至达久滩公路）建设项目前期工作顺利推进。总投资7453万元开工建设X409麻布索纳至麦西（夏河段）和S582博拉至阿拉公路路网改善等重大民生项目。投资2.29亿元建成生态文明小康村36个，全县生态文明小康村建设覆盖率累计达66.3%。建成5G基站167个，城乡覆盖率达100%、行政村覆盖率达38%。吉仓乡农村信用合作社、加油站等民生项目加快推进。投资969万元实施拉卜楞镇柔扎村、海螺湾广场等人居环境提升改善项目，投资439.85万元实施天然气入户改造1476户，城市综合服务功能和整体形象品质大幅提升。

【优势产业】2022年，夏河县突出现代畜牧业和文化旅游两大首位产业，加快推进产业转型升级。成功申报并争取总投资2亿元的国家草原畜牧业转型升级试点项目。加快推进牦牛产业高质量发展，投资4000万元实施草原畜牧业转型升级项目，投资2490万元打造夏河县现代畜牧产业园，投资1800万元建设加尕滩娟姗犏雌牛奶牛养殖基地，投资2505万元建设万只甘加藏羊繁育基地，为畜牧产业高质量发展奠定坚实基础。投资700万元从青海玉树等地引进半血野牦牛、娟珊犏雌牛等良种种畜466头。投资360万元在博拉、吉仓等地建成鲜奶收购站3个。"甘加羊"入选国家地理标志助力乡村振兴典型案例。扶持壮大43家"五有"农牧民专业合作社。全年出栏各类牲畜42万头只，完成畜牧业增加值7亿元。大力实施"藏粮于地、藏粮于技"战略，建设高标准农田6000亩，整治撂荒地4500亩，建成青稞良种繁育基地5000亩、马铃薯种植示范基地1000亩，推广种植羊肚菌、中藏药材5500亩，选派农技特派员27名。认证"三品一标"农畜产品2个。深化有机肥、农家肥代替化肥行动，完成10万亩耕地粪肥还田任务，组织群众施用农家肥18.3万吨、有机肥5800吨，畜禽粪污综合利用率达80%以上。加快推进文旅融合发展，投资7000万元成功打造拉卜楞镇曼克尔村、王格尔塘镇达尔宗村、达麦乡当应道村等4个文化旅游标杆村，培育星级藏家乐和精品民宿100家。投资3700万元建成桑科天境帐篷营地和甘加西科赛钦帐篷营地，旅游基础条件和服务品质大幅提升。扎实推进文旅融合发展“六个一”工程，特色文创产品开发取得新成果，“中国拉卜楞世界藏学府”和全国特色旅游度假目的地旅游品牌影响力持续提升，夏河县荣获“2022年美丽中国·深呼吸小城”称号。

【人民生活】2022年，夏河县城镇居民可支配收入30799元，比上年增长4.27%；农村居民可支配收入10898元，增长6.78%。动态监测帮扶“三类户”17户93人，消除风险14户69人，建档立卡脱贫人口人均可支配收入同比增长10.44%。落实各类抗疫救助资金721.6万元惠及全县1444户困难群众，牢牢守住了不发生规模性返贫底线。完善联农带农机制，整合村级互助资金3482万元购置海螺湾文化产业园商铺34套，支持58个行政村发展村集体经济。认定、转型升级就业工厂（帮扶车间）8家，发放一次性带贫奖补资金100万元。续聘生态护林员1183名、草管员196名、公益性岗位1929名，帮助3308名建档立卡脱贫人口实现稳定就业。

【环境保护】2022年，夏河县紧紧围绕创建全国生态文明建设示范县和建设山川秀美、绿色发展的生态夏河奋斗目标，全面实施《夏河县大夏河流域夏河段生态保护与修复管理办法》，全力推进大夏河流域综合治理和源头保护工作。编制完成《夏河县新一轮林地利用规划》，总投资2.58亿元实施山水林田湖草沙生态修复项目31个。完成12处历史遗留无主矿山治理及大夏河源头退化草地生态修复、面山绿化和水土保持等项目，栽种苗木153万余株，治理退化草原8.8万亩。全面启动国家储备林建设，编制完成林地保护利用规划。完成新一轮生态保护红线划定工作，划定面积10.13万公顷。严格落实河湖长制、林长制，累计巡河9091次、管护林草资源954.3万亩。常态化开展环境卫生综合整治，总投资1.9亿元的夏河县城乡垃圾无害化综合处理中心项目开工建设，农牧村生活垃圾集中收集清运率达78%以上。强化农业面源污染治理，农作物秸秆资源化利用率达85%以上。坚决打好污染防治攻坚战，县城区及周边建筑工地“六个百分百”抑尘措施抽查合格率达98%以上，全县空气优良天数比例达96%以上。全面彻底完成64项中央和省州环保督察反馈问题及12件群众信访举报问题整改工作，整治入河排污口117处，县城污水处理率达97%，污泥无害化处置率达100%，地表水、地下水、集中式饮用水水源地水质达标率达100%。成功创建国家节水型城市，持续巩固提升草畜平衡成果，发放新一轮草原生态补助奖励资金6398万元。

【社会保障及社会事业】2022年，夏河县始终坚持以人民为中心的发展思想，全年用于各类民生支出占财政总支出的58%以上，比上年增长5.8%。足额落实全县干部职工过渡期奖励性补贴2.08亿元，全面兜牢“三保”底线。28件省州县列民生实事全部落实。就业创业稳步扩大，新增城镇就业556人，输转城乡富余劳动力6600余人次，实现劳务收入1.4亿元。全力支持高校毕业生、退役军人、残疾人等重点群体创业就业，发放创业担保贷款2900万元，打造“拉卜楞工匠”省级劳务品牌实训基地6家，开展职业技能培训1326人次。投资1492万元实施义务教育薄改与能力提升项目16个，拉卜楞第一幼儿园和拉卜楞第二幼儿园已建成投入使用，九年义务教育巩固率、高中阶段毛入学率、学前教育三年毛入园率分别达到99.62%、95.03%、92.25%。全面推进国家通用语言文字教育，“三科”改革实现全覆盖。发放政策性教育资助资金438.57万元，受益学生7800余人次，发放助学贷款390.08万元，惠及学生534人。县人民医院综合楼建设项目加快推进，县藏医医院顺利通过二级甲等民族医院评审，乡镇卫生院、村级卫生室合格医生配备全覆盖，全县分级诊疗体系初步建成，转诊率比上年下降0.33%，异地就医实现直接结算。完成农牧村适龄妇女“两癌”检查660人、免费孕前检查200对夫妇。代缴特殊人群养老保险1.67万人179.1万元，城乡居民县级基础养老金提标10元，居民养老服务体系实现全覆盖。高度重视特殊群体生产生活，累计发放各类社会救助补贴4202万元，办理退役军人优待证481张。大力根治拖欠农民工工资，办结欠薪案件219件，解决拖欠工资834.73万元。对277户1348人实施生态及地质灾害避险搬迁，发放生态搬迁补助资金834万元，落实贴息贷款91户455万元。

（祁荣龙）

兰州新区

【基本情况】兰州新区位于甘肃省兰州市北部的秦王川盆地，南北长约49公里，东西宽约23公里，地处兰州、西宁、银川3个省会城市共生带的中间位置，是丝绸之路经济带上的重要节点，也是甘肃对外开放的重要窗口和门户。2010年12月，甘肃省设立兰州新区。2012年8月，国务院批复为国家级新区，并赋予“西北地区重要的经济增长极、国家重要的产业基地、向西开放的重要战略平台、承接产业转移示范区”战略定位，规划范围涉及兰州市永登、皋兰两县6镇，总面积1744平方公里，规划控制面积821平方公里，核心区规划建设面积246平方公里。现已托管永登县中川镇、秦川镇、上川镇和皋兰县西岔镇4个镇，面积约1165平方公里。2022年，新区年末常住人口32.85万人。兰州新区是青藏高原、内蒙古高原、黄土高原的过渡带和阻断腾格里沙漠南移的重要屏障，也是回族、藏族、东乡族等多民族的交融地。地势由西北向东南倾斜，东西两面是低矮黄土山丘，平均海拔1910米。属典型的温带半干旱大陆性气候，四季分明，阳光充足，冬季寒冷干燥，春季多风少雨，夏无酷暑，秋季温凉。

兰州新区是渝新欧、蓉欧、郑新欧等国际货运大通道必经之地，是国家“八纵八横”铁路网的重要枢纽，有10条铁路干线在这里交汇，7条高速公路与周边城市相连。省内唯一的大型国际机场——中川国际机场，2022年兰州中川机场完成旅客吞吐量594.24万人次，相比2021年减少了622.87万人次，下降51.2%；货邮吞吐量5.55万吨，下降24.1%；飞机起降5.8

万架次，下降 43.5%。

【国民经济】2022 年，新区完成地区生产总值 342 亿元，比上年增长 11%，增速在全省和国家级新区中处于领先地位。其中，第一产业增加值 4.46 亿元，增长 21.6%；第二产业增加值 163.14 亿元，增长 15.6%；第三产业增加值 174.39 亿元，增长 6.1%。三次产业占比为 1.3 ：47.7 ：51.0。规模以上工业增加值增长 20.3%；社会消费品零售总额 73.96 亿元，增长 10.3%；固定资产投资增长 18%；一般公共预算收入 35.17 亿元，增长 8.7%；一般公共预算支出 72.88 亿元，增长 1.9%。年末本外币存款余额 257.91 亿元，比上年末增长 17.09%，本外币各项贷款余额 658.96 亿元，增长 3.8%。

【供给侧结构性改革】着眼于新区建设发展实际，深入推进供给侧结构性改革，围绕“去产能、去库存、去杠杆、降成本、补短板”五大任务，在承接产业转移、招商引资方面严把入口关，严格环保、质量、安全等标准，坚持引进专精特新产业，坚决淘汰落后产能，全力促进经济向高质量发展方向迈进。持续加大对战略性新兴产业支持力度。2022 年，新区战略性新兴产业实现规上工业增加值 32.37 亿元，比上年增长 7.6%，战略性新兴产业占规上工业增加值的比重为 43%，比上年提高 19 个百分点；医药、电子等高技术制造业企业实现增加值 11.18 亿元，增长 52.5%，占规上工业增加值的比重为 14.9%，比上年提高 4.2 个百分点。受市场价格波动影响，新区规上工业企业每百元营业收入中的成本为 92.71 元，比上年增 0.72 元。紧盯新区“承接产业转移示范区”的战略定位，坚持用产业集聚吸引人口集聚，抢抓新区黄金发展机遇，用好土地改革、财税制度改革、创新创业引导机制，大力在引进龙头企业和人才引进方面下功夫，努力减少房地产库存储备，提升储备空间的利用效率和周转量。2022 年，新区商品房待售面积 3.04 万平方米，下降 85.95%，其中住宅待售面积 2.1 万平方米，下降 56.7%。2022 年引进优质产业项目 216 个、总投资 635 亿元，完成工业固定资产投产增长 52%，构建了新能源新材料、绿色化工、装备制造、生物医药、大数据、商贸物流、文化旅游、现代农业等优势产业集群。2022 年，新区工业投资比上年增长 54.13%；民间投资增长 19.39%。

【乡村振兴】全面拓增“三农”发展空间。抢抓国土空间规划编制和黄河流域兰西城市群生态建设行动机遇，以“陇中生态平原”战略工程为牵引，着力建设兰州—兰州新区—白银黄河中上游水土保持及生态修复示范区，创新“生态修复治理＋耕地高效利用”“生态修复治理＋城乡融合发展”模式，全面拓增“三农”发展空间，新增耕地 3 万亩，改造提升高标准农田 10 万亩，粮食种植面积和产量分别完成省级任务的 129%、111%，已累计承接舟曲地质灾害避险搬迁 16 批次 2694 户 10597 人，其中今年完成 9 批次 1844 户 7102 人。建成现代农业产业园 10 个（其中现代设施农业产业园区 6 个、现代畜牧养殖循环产业园区 4 个），形成设施花卉、设施果蔬、优质牧草、畜牧养殖等全产业链生态循环发展模式，新区全域现代农业产业园区获批创建省级现代农业产业园，现代农业示范园被认定为粤港澳大湾区“菜篮子”生产基地，草莓无土栽培标准化示范区入选“省级农业标准化示范区”，农投集团获评国家农业农村信息化示范基地，现代农业示范园、空港现代农业产业园、现代农业双创基地获评全国农村创业创新园区。实施好优势特色产业三年倍增行动，建成推广装配式、移动式、夯土式等各类日光温室和双膜连栋、钢架大拱棚等设施大棚 2200 余座、现代智能化玻璃温室 53 万平方米；结合高标准农田建设、土地流转等建成规模化种植基地 20 万亩左右，规模化种植基地面积占耕地面积的 70% 以上；以养殖业牵引农业产业结构优化升级，引培新希望、天兆、天欣、新区农投集团等种养龙头企业和益海嘉里、高金、大北农、海大等加工龙头企业 23 家，培育形成 1 亿枝鲜切花、200 万头生猪、2 万头奶牛、百万吨饲料、200 万吨粮油加工、百万头生猪屠宰、万吨有机蔬菜等特色农业产业集群，有力保障省会城市肉蛋奶、果蔬等重要农产品供给。日产 30 万枝鲜切花热销全国、“香飘海外”，国内市场占有率达到 25%，“猪住楼房坐电梯”成为全省首个全自动化生态立体养殖样板，多个产品获国家绿色食品标志认证。

【项目建设】以项目建设为抓手，以资金争取为重点，强化责任担当，细化工作措施，扎实开展固定资产投资各项工作。全力以赴抓项目、促投资、稳增长，对重点投资项目实行“管委会领导牵头包抓、行业主管部门统筹协调、责任单位具体负责”三级包抓责任制，建立“续建项目抓复工、新建项目抓开工、前期项目抓审批”工作协调机制，常态化调度、清单式管理，力促项目早开工、早入库。全年实施投资项目 390 个，完成固定资产投资比上年增长 18%，增速位居全省第二，有力支撑了经济快速发展。充分发挥重大项目“压舱石”关键作用，把重大项目作为稳投资的重中之重，2022 年谋划实施省市列重大项目 31 个，总投资 930 亿元，年度计划投资 191 亿元。全年投资完成率 121%，较上年提高 23 个百分点，占新区固定资产投资的 43%，充分发挥了重大项目的拉动经济发展作用。成功举办全省上半年、下半年重大项目和黄河流域兰西城市群重点项目集中开工活动，以及庆祝新区获批十周年重大项目集中开工活动，集中开工项目 106 个、总投资超 1000 亿元。抢抓国家和省上稳经济一揽子政策及接续政策措施，紧紧围绕中央预算内投资、地方政府专项债券、政策性开发性金融工具、设备购置贴息贷款等重点投向领域，深入谋划储备各类重点项目 300 多个，总投资超 2000 亿元。经汇报衔接、多方协调、积极争取，全年共计下达中央预算内投资 8.3 亿元、省预算内基建资金 4000 万元，发行地方政府专项债券 27.8 亿元，投放中长期贷款 3000 万元，安排金融工具基金 6700 万元，有效缓解了项目建设资金短缺问题。加快推进黄河流域兰西城市群生态建设项目，制定印发了《黄河流域兰西城市群兰州新区生态建设行动方案》，2022—2025 年谋划实施重点生态建设项目 83 个，总投资 550 亿元。目前已开工项目 36 个，累计完成投资 48 亿元。纳入省级重点项目库项目 10 个。黄河流域生态储备林、庙儿沟水库工程、第三城镇生活污水处理与水循环利用中心等5个项目已开工建设。积极组织举办黄河流域兰西城市群甘肃片区生态建设重点项目集中开工活动，集中项目共20个、总投资103亿元。将积极争取政府专项债券、中央预算内投资等各类项目资金，组织召开政银企对接会议，共发行专项债券4.45亿元，落实农发行等政策性银行贷款5.8亿元，下达中央预算内投资及财政资金近1亿元，为项目建设提供了有力支撑。

【人民生活】2022年，新区城镇居民人均可支配收入39361元，比上年增长5.1%。其中，工资性收入28013元，增长5.1%；经营净收入3172元，增长4.4%；财产净收入5242元，增长5.08%；转移净收入2935元，增长6.8%。农村居民人均可支配收入15505元，增长7.5%。其中，工资性收入13438元，增长7.5%；经营净收入292元，增长7.5%；财产净收入332元，增长6.9%；转移净收入1443元，增长7.6%。

【环境保护】环境质量持续稳定向好。2022年，兰州新区环境空气质量优良天数314天，优良天数比例为86.0%，环境空气质量综合指数为3.67。可吸入颗粒物（PM_{10}）年均浓度为68微克/立方米，细颗粒物（$PM_{2.5}$）年均浓度为27微克/立方米，二氧化硫（SO2）年均浓度为15微克/立方米，二氧化氮（NO2）年均浓度为21微克/立方米，一氧化碳（CO）24小时平均第95百分位浓度为1.1毫克/立方米，臭氧（O3）日最大8小时滑动平均第90百分位浓度为141微克/立方米。各项污染物浓度达到《环境空气质量标准》（GB3095-2012）二级标准。集中式饮用水水源地水质达标率均为100%。新区无污染地块，土壤环境保持稳定。危险废物规范处置率达到100%。未发生任何核与辐射环境事件，辐射环境安全可控。未发生任何突发环境事件。

【社会事业】持续加大民生投入，强化教育医疗等公共服务保障，社会事业保障水平不断提升。2022年，新区共有学校108所，其中幼儿园63所，小学26所，初级中学12所，高级中学6所，共有在校学生48943人，教职工3981人。学前教育普惠率达到100%；义务教育招生及时有效率达到100%。建成三中、七小、瑞岭名郡东区等中小学幼儿园10所，新增义务教育阶段学位10080个、学前教育学位2070个。开展课后服务精品课程资源推介，切实减轻中小学生课业负担，课后作业压减率达20%以上；新区27000中小学生自愿参加课后服务，城市、农村学生参与率分别达到100%、90%以上。2022年，新区创建省级示范性幼儿园、省级一类幼儿园、市级标准化幼儿园5所；创建国家级足球、篮球、排球、冰雪运动体育特色校21所。完成瑞岭名郡学校、第十二小学、第三小学3所学校的体育场地对外开放，推进学校体育资源全民共享。2022年，新增城乡居民基本养老保险参保3.83万人，累计达到17.49万人，4.75万名被征地农民纳入养老保险制度保障范围，城乡居民基本养老保险参保率达98.65%，特殊困难群体参保率、代缴率100%，实现“应参尽参、应保尽保”。新增城镇职工基本医疗保险参保4659人，城乡居民基本医疗保险参保14.83万人，基本医疗保险参保率稳定在98%以上，17859名低收入人口实现全参保全资助，低收入人口政策范围内报销比例达到了90%以上。结算城乡居民和城镇职工基本医疗保险54.70万人次，累计报销医疗费用1.06亿元，政策范围内住院费用报销比例分别达到81.44%、95.09%。2022年，新区城镇新增就业2.52万人，共输转城乡富余劳动力2.31万人；创劳务收入6.02亿元。开展招聘活动30余场，服务企业1508家（次），提供就业岗位7.6万个，超20万人参加招聘，供需矛盾得到积极化解；累计开发公益性岗位1067个，发放困难毕业生求职创业补贴747.5万元；高质量完成为民实事职业技能培训1.72万人次发放培训补贴3296.346万元。

1

综 合

General Survey

简要说明

一、本篇资料主要内容

本篇资料主要包括行政区划、河流基本情况、国民经济和社会发展综合资料、私营个体经济基本情况及法人单位与产业活动单位基本情况资料。

二、本篇资料来源

1. 甘肃行政区划资料是截至 2022 年末全省行政区划变更情况汇总，由省民政厅提供。

2. 河流资料由省水利厅提供。

3. 国民经济和社会发展综合资料是由省统计局国民经济综合统计处抽取全书的精华，通过对各篇章主要统计指标及其速度、结构、比例和效益等加工计算，来反映国民经济和社会发展的总体情况。

4. 全省私营个体经济资料来自省市场监督管理局。

5. 全省法人单位与产业活动单位资料由省统计局普查中心汇总、加工整理。

1-1 行政区划（2022）
Divisions of Administrative Areas in Gansu (2022)

单位：个 (unit)

地级区划名称	Prefectures, Autonomous Regions and Municipalities	地级 Prefecture Level	县级 County Level	县 Counties	自治县 Autonomous Counties	县级市 County-level Cities	市辖区 Districts under the Jurisdiction of Cites	乡镇级 Townships Level	镇 Towns	乡 Towns	民族乡 Ethnic Community Towns	街道办事处 Street Commu-nites
甘肃省	**Gansu**	**14**	**86**	**57**	**7**	**5**	**17**	**1229**	**892**	**305**	**32**	**127**
兰州市	Lanzhou	1	8	3			5	61	47	14		53
嘉峪关市	Jiayuguan	1						3	3			3
金昌市	Jinchang	1	2	1			1	12	11	1		6
白银市	Baiyin	1	5	3			2	69	53	15	1	9
天水市	Tianshui	1	7	4	1		2	113	101	12		10
武威市	Wuwei	1	4	2	1		1	93	84	9		9
张掖市	Zhangye	1	6	4	1		1	60	48	8	4	5
平凉市	Pingliang	1	7	5		1	1	102	70	23	9	3
酒泉市	Jiuquan	1	7	2	2	2	1	68	53	9	6	8
庆阳市	Qingyang	1	8	7			1	116	73	42	1	3
定西市	Dingxi	1	7	6			1	119	87	32		3
陇南市	Longnan	1	9	8			1	195	140	51	4	4
临夏州	Linxia	1	8	5	2	1		123	58	61	4	7
甘南州	Gannan	1	8	7		1		95	64	28	3	4

1-2 河流基本情况
Major Rivers

名 称	River	流域面积（万平方公里）Drainage Area Within Borders (10 000 sq.km)	河流长度（公里）Length Within Borders (km)	年径流量（亿立方米）Annual Flow (100 million cu.m)
长江	Yangtze River	3.83	3484.66	90.00
#白龙江	Bailong River	1.81	450.00	57.07
黄河	Huanghe River (Yellow River)	14.27	7752.46	86.45
#洮河	Taohe River	2.52	673.00	29.53
内陆河	Inland Rivers	27.00	4691.00	45.14
#疏勒河	Shulehe River	13.01	583.00	9.45
黑河	Heihe River	5.60	413.00	21.43
石羊河	Shiyanghe River	3.98	179.60	11.21
苏干湖	Sugan Lake	1.89	204.00	3.05

注：1. 流域面积依据第三次全省水资源调查评价（审查通过）已更新。
2. 增加了苏干湖水资源信息，河长为大小哈尔腾河河长之和。

a) The basin area has been updated based on the third water resources survey and evaluation of Gansu province (passed by review).

b) The water resources information of Sugan Lake has been added, and the length of the river is the sum of the lengths of the large and small Harten Rivers.

1-3 国民经济和社会发展总量与速度指标

指 标	Item	总量指标 Aggregate Data	
		2010	2015
人口（万人）	**Population (10 000 persons)**		
年末常住人口	Permanent Population at Year-end	2559.98	2523.18
城镇人口	Urban Population	924.66	1116.26
乡村人口	Rural Population	1635.32	1406.93
就业（万人）	**Employment (10 000 persons)**		
就业人员数	Total Number of Employed Persons	1397	1346
第一产业	Primary Industry	861	768
第二产业	Secondary Industry	215	217
第三产业	Tertiary Industry	322	361
城镇登记失业人数	Number of Registered Unemployed Persons in Urban Areas	10.72	9.48
国民经济核算	**National Accounts**		
地区生产总值（亿元）	Gross Regional Product (100 million yuan)	3943.73	6556.55
第一产业	Primary Industry	472.61	733.37
第二产业	Secondary Industry	1910.35	2505.41
第三产业	Tertiary Industry	1560.77	3317.77
人均地区生产总值（元）	Per Capita GDP (yuan)	15421	25946
固定资产投资（%）	**Investment in Fixed Assets (%)**		
固定资产投资总额	Total Investment in Fixed Assets	36.24	11.17
第一产业	Primary Industry	10.69	30.75
第二产业	Secondary Industry	32.99	-2.74
第三产业	Tertiary Industry	39.98	21.94
财政（亿元）	**Finance (100 million yuan)**		
财政收入	Government Revenue	745.25	1386.28
一般公共预算收入	General Public Budget Revenue	353.58	743.86
一般公共预算支出	General Public Budget Expenditure	1468.58	2958.31
物价总指数（上年 =100）	**Price Indices (preceding year=100)**		
商品零售价格指数	Retail Price Index	104.6	101.0
居民消费价格指数	Consumer Price Index	104.1	101.6
工业生产者出厂价格指数	Producer Price Indices for Industrial Products	115.0	87.0
工业生产者购进价格指数	Purchasing Price Index for Industrial Producers	114.4	87.0
能源（万吨标煤）	**Energy (10 000 tons of SCE)**		
能源生产总量	Total Energy Production	4631.59	5816.78
能源消费总量	Total Energy Consumption	5829.85	7488.50

Principal Aggregate Indicators on National Economic and Social Development and Their Related Indices and Growth Rates

			速度指标（%） Indices and Growth Rates						
			指数（2022 年为以下各年 %） Index (2021 as Percentage of the Following Years)				年均增长速度 Average Annual Growth Rate		
2020	2021	2022	2010	2015	2020	2021	2011-2015	2016-2020	2021-2022
2501.02	2490.02	2492.42	97.36	98.78	99.66	100.10	-0.29	-0.18	-0.17
1306.28	1327.93	1350.64	146.07	121.00	103.40	101.71	3.84	3.19	1.68
1194.74	1162.09	1141.78	69.82	81.15	95.57	98.25	-2.96	-3.22	-2.24
1331	1319	1307	93.56	97.10	98.20	99.09	-0.74	-0.22	-0.91
597	580	614	71.34	79.94	102.85	105.86	-2.25	-4.91	1.41
237	238	227	105.79	104.69	95.78	95.38	0.21	1.79	-2.13
497	501	466	144.84	129.04	93.76	93.01	2.34	6.60	-3.17
12.20	13.08	13.38	124.81	141.14	109.67	102.29	-2.43	5.17	4.72
8979.67	10225.49	11201.60	241.75	145.63	111.79	104.54	10.67	5.43	5.73
1188.09	1364.80	1515.32	200.37	151.23	116.36	105.72	5.79	5.38	7.87
2824.84	3451.24	3945.04	225.32	134.59	110.33	104.19	10.86	4.05	5.04
4966.74	5409.46	5741.25	265.70	152.34	111.53	104.44	11.77	6.43	5.61
35848	40976	44968	248.25	147.68	112.42	104.72	10.95	5.61	6.03
7.85	11.11	10.14	359.28	89.24	122.38	110.14	23.67	-6.12	10.62
37.01	-3.06	-4.58	704.99	97.01	92.50	95.42	37.46	0.96	-3.82
0.45	39.86	56.91	253.33	84.23	219.46	156.91	17.63	-17.43	48.14
8.05	6.06	-1.75	495.78	100.30	104.20	98.25	28.32	-0.76	2.08
1625.97	1863.93	1686.68	226.32	121.67	103.73	90.49	13.22	3.24	1.85
874.55	1001.86	907.65	256.70	122.02	103.78	90.60	16.04	3.29	1.87
4163.40	4032.56	4257.16	289.88	143.90	102.25	105.57	15.03	7.07	1.12
101.3	102.0	103.7							
102.0	100.9	101.9							
93.9	116.4	110.9							
94.1	118.1	113.5							
6729.39	7031.70	7778.97	167.95	133.73	115.60	110.63	4.66	2.96	7.52
8104.71	8434.23	8667.89	148.68	115.75	106.95	102.77	5.14	1.59	3.42

1-3 续表 1

指标	Item	总量指标 Aggregate Data 2010	2015
农业	**Agriculture**		
农林牧渔业从业人员（万人）	Employed Persons of Agriculture, Forestry, Animal, Husbandry & Fishery (10 000 persons)	724.82	668.07
农林牧渔业总产值（亿元）	Gross Output Value of Agriculture Forestry, Animal Husbandry and Fishery (100 million yuan)	905.22	1386.18
主要农产品产量（万吨）	Output of Major Farm Products (10 000 tons)		
粮食	Grain	948.82	1154.58
棉花	Cotton	7.99	4.82
油料	Oil-bearing Crops	66.06	76.71
中草药材	Chinese Medicinal Materials	48.47	83.75
甜菜	Beet Roots	23.31	18.26
蔬菜	Vegetables	752.71	1086.19
园林水果	Garden Fruits	197.17	304.06
肉类	Meat	81.50	89.90
# 猪牛羊肉	Pork,Beef,Mutton	75.15	82.43
工业	**Industry**		
工业增加值（亿元）	Value-added of Industry (100 million yuan)	1613.76	2031.55
规模以上工业主要产品产量	Main Product Output of Industry above Designated Size		
原煤（万吨）	Coal (10 000 tons)	4547.20	4390.27
原油（万吨）	Crude Oil (10 000 tons)	382.14	820.09
原油加工量（万吨）	Crude Oil Processing (10 000 tons)	1383.54	1424.31
发电量（亿千瓦小时）	Electricity (100 million kWh)	791.53	1139.45
粗钢（万吨）	Crude Steel (10 000 tons)	662.25	852.10
水泥（万吨）	Cement (10 000 tons)	2414.11	4764.30
乙烯（万吨）	Ethene (10 000 tons)	69.48	64.20
卷烟（万箱）	Cigarettes (10 000 pack)	80.00	103.00
建筑业	**Construction**		
建筑业从业人员（万人）	Number of Employed Persons of Construction (10 000 persons)	45.76	55.10
建筑业增加值（亿元）	Value-added of Construction (100 million yuan)	296.59	484.24
房地产业	**Real Estate**		
房地产业施工房屋面积（万平方米）	Floor Space of Buildings under Construction (10 000 sq.m)	3130.40	8586.18
房地产业竣工房屋面积（万平方米）	Floor Space of Buildings Completed (10 000 sq.m)	598.66	962.24
房地产业商品房销售面积（万平方米）	Floor Space of Commercialized Buildings Sold (10 000 sq.m)	756.51	1434.96
# 住宅	Residential Buildings	692.07	1307.48
房地产业商品房销售额（亿元）	Total Sale of Commercialized Buildings (100 million yuan)	227.81	704.93
# 住宅	Residential Buildings	201.47	603.08
交通运输	**Transportation**		
货运量（万吨）	Freight Traffic (10 000 tons)	29009	58258
# 铁路	Railways	4926	5936
公路	Highways	24050	52281

continued

			速度指标（%） Indices and Growth Rates						
			指数（2021 年为以下各年 %） Index (2021 as Percentage of the Following Years)				年均增长速度 Average Annual Growth Rate		
2020	2021	2022	2010	2015	2020	2021	2011-2015	2016-2020	2021-2022
638.90	629.09	622.79	85.92	93.22	97.48	99.00	-1.62	-0.89	-1.27
2103.61	2439.54	2680.74	197.54	150.89	117.90	105.94	5.54	5.06	8.58
1202.21	1231.46	1264.99	133.32	109.56	105.22	102.72	4.00	0.81	2.58
3.01	3.06	3.99	49.89	82.70	132.41	130.42	-9.62	-8.98	15.07
61.45	58.79	61.32	92.82	79.94	99.79	104.31	3.03	-4.34	-0.11
123.22	131.46	137.48	283.63	164.16	111.57	104.58	11.56	8.03	5.63
22.42	15.88	15.83	67.91	86.73	70.62	99.70	-4.77	4.19	-15.96
1478.51	1655.25	1736.64	230.72	159.88	117.46	104.92	7.61	6.36	8.38
481.07	539.07	575.39	291.82	189.23	119.61	106.74	9.05	9.61	9.36
110.09	135.31	142.65	175.04	158.68	129.58	105.42	1.98	4.14	13.83
101.67	124.60	131.60	175.11	159.66	129.44	105.62	1.86	4.29	13.77
2265.39	2835.35	3297.20	239.61	139.18	111.57	104.06	11.48	4.52	5.63
3848.12	4151.06	5351.76	117.69	121.90	139.07	128.93	-0.70	-2.60	17.93
968.74	1029.05	1092.24	285.82	133.19	112.75	106.14	16.50	3.39	6.18
1467.55	1469.87	1454.31	105.11	102.11	99.10	98.94	0.58	0.60	-0.45
1601.18	1724.61	1816.58	229.50	159.43	113.45	105.33	7.56	7.04	6.51
1059.17	1059.00	1084.89	163.82	127.32	102.43	102.44	5.17	4.45	1.21
4651.15	4450.03	4008.21	166.03	84.13	86.18	90.07	14.56	-0.48	-7.17
69.70	73.85	70.54	101.53	109.88	101.21	95.51	-1.57	1.66	0.60
92.24	93.20	93.60	117.00	90.87	101.47	100.43	5.18	-2.18	0.73
40.86	49.34	51.39	112.30	93.27	125.76	104.15	3.78	-5.80	12.14
568.30	625.87	657.59	171.97	116.18	105.56	104.60	8.16	1.94	2.74
11328.26	13197.55	12268.44	391.91	142.89	108.30	92.96	22.36	5.70	4.07
881.36	1463.07	917.80	153.31	95.38	104.13	62.73	9.96	-1.74	2.05
1967.92	2224.09	1470.42	194.37	102.47	74.72	66.11	13.66	6.52	-13.56
1863.81	2118.38	1388.16	200.58	106.17	74.48	65.53	13.57	7.35	-13.70
1293.41	1344.89	835.48	366.74	118.52	64.59	62.12	25.35	12.91	-19.63
1205.42	1267.78	780.54	387.42	129.42	64.75	61.57	24.52	14.86	-19.53
67240	76110	72945	251.46	125.21	108.49	95.84		2.91	4.16
5966	6444	8861	179.88	149.27	148.52	137.50	3.80	0.10	21.87
61272	69665	64084	266.46	122.58	104.59	91.99		3.22	2.27

1-3 续表 2

指 标	Item	总量指标 Aggregate Data	
		2010	2015
客运量（万人次）	Passenger Traffic (10 000 person-times)	53776	41516
#铁路	Railways	2178	3123
公路	Highways	51404	37242
邮电通信业	**Postal and Telecommunication Services**		
邮政业务总量（亿元）	Business Volume of Postal Services (100 million yuan)	8.49	16.32
电信业务总量（亿元）	Business Volume of Telecommunication Services (100 million yuan)	444.81	347.29
移动电话年末用户（万户）	Number of Mobile Telephone Subscribers at Year-end(10 000 subscribers)	1390.10	2108.10
固定电话年末用户（万户）	Number of Fixed Telephone Subscribers at Year-end (10 000 subscribers)	411.90	325.99
互联网宽带接入用户（万户）	Broadband Subscribers of Internet (10 000 subscribers)	109.52	245.34
批发、零售和旅游业	**Wholesale, Retail Sales and Tourism**		
社会消费品零售总额（亿元）	Total Retail Sales of Consumer Goods (100 million yuan)	1373.52	2737.10
国内旅游人数（万人次）	Number of Domestic Tourists (10 000 person-times)	4284.45	15633.00
国内旅游收入（亿元）	Earnings from Domestic Tourism (100 million yuan)	237.20	975.00
对外经济贸易	**Foreign Trade**		
进出口总额（万元）	Total Value of Exports and Imports (10 000 yuan)	5026829	4939668
出口总额	Total Exports	1111806	3611754
进口总额	Total Imports	3915023	1327914
金融业（亿元）	**Financial Intermediation (100 million yuan)**		
金融机构人民币各项存款	Deposits of National Banking System	7115.37	16141.19
金融机构人民币各项贷款	Loans of National Banking System	4433.05	13292.18
保险公司保费收入	Insurance Premium of Insurance Companies	146.34	256.89
保险公司赔付支出	Indemnity Expenditure and Payment of Insurance Companies	31.18	92.75
教育	**Education**		
专任教师数（人）	Number of Full-time Teachers (person)		
#普通高等学校	Regular Higher Education Institutions	20761	26132
普通中学	Regular Secondary Schools	120689	128621
普通小学	Regular Primary Schools	140381	140320
在校学生数（万人）	Students Enrollment (10 000 persons)		
#普通高等学校	Regular Higher Education Institutions	38.15	45.05
普通中学	Regular Secondary Schools	203.10	153.86
普通小学	Regular Primary Schools	237.04	180.24
地方财政用于教育的支出（亿元）	Government Expenditures on Education (100 million yuan)	228.23	498.33
科技	**Science and Technology**		
研究与试验发展经费支出（亿元）	Expenditure on R&D (100 million yuan)	41.59	82.72

continued

			速度指标（%） Indices and Growth Rates						
			指数（2021 年为以下各年 %） Index (2021 as Percentage of the Following Years)				年均增长速度 Average Annual Growth Rate		
2020	2021	2022	2010	2015	2020	2021	2011-2015	2016-2020	2021-2022
26831	15634	8097	15.06	19.50	30.18	51.79		-8.36	-45.07
4153	4601	2444	112.21	78.26	58.85	53.11	7.47	5.87	-23.29
22478	10813	5544	10.78	14.89	24.66	51.27		-9.60	-50.34
47.13	49.80	49.45							
2556.96	292.31	296.54							
2673.83	2744.72	2784.35	200.30	132.08	104.13	101.44	8.68	4.87	2.05
309.80	301.20	299.90	72.81	92.00	96.80	99.57	-4.57	-1.01	-1.61
931.42	1025.24	1092.69	997.71	445.38	117.31	106.58	17.50	30.58	8.31
3632.35	4037.11	3922.20	285.56	143.30	107.98	97.15	14.79	5.82	3.91
21288.22	27601.91	13482.02	314.67	86.24	63.33	48.84	29.55	6.37	-20.42
1454.38	1841.78	665.02	280.35	68.21	45.72	36.11	32.67	8.33	-32.38
3824498	4919265	5679692	112.99	114.98	148.51	115.46	-0.35	-4.99	21.86
856364	969151	1200181	107.95	33.23	140.15	123.84	26.57	-25.01	18.38
2968133	3950114	4479510	114.42	337.33	150.92	113.40	-19.45	17.45	22.85
20938.25	22546.39	24826.46	348.91	153.81	118.57	110.11	17.80	5.34	8.89
21935.57	23730.41	25280.97	570.28	190.19	115.25	106.53	24.56	10.54	7.36
485.19	490.32	490.90	335.46	191.10	101.18	100.12	11.91	13.56	0.59
169.31	174.57	158.04	506.82	170.39	93.34	90.53	24.36	12.79	-3.39
31030	32369	34021	163.87	130.19	109.64	105.10	4.71	3.50	4.71
127233	129645	130572	108.19	101.52	102.62	100.72	1.28	-0.22	1.30
150870	152144	151868	108.18	108.23	100.66	99.82	-0.01	1.46	0.33
58.11	61.34	64.81	169.88	143.88	111.54	105.67	3.38	5.22	5.61
139.00	139.99	142.93	70.37	92.90	102.83	102.10	-5.40	-2.01	1.41
200.91	202.50	202.01	85.22	112.08	100.55	99.76	-5.33	2.19	0.27
662.99	661.92	699.58	306.52	140.39	105.52	105.69	16.90	5.88	2.72
109.64	129.47	144.15	346.61	174.26	131.47	111.34	14.74	5.80	14.66

1-3 续表 3

指 标	Item	总量指标 Aggregate Data	
		2010	2015
文化	**Culture**		
图书出版总印数（万册）	Number of Books Published (10 000 Volumes)	6737	6650
期刊出版总印数（万册）	Number of Magazines Issued (10 000 Volumes)	11082	9672
报纸出版总印数（万份）	Number of Newspapers Issue (10 000 Copies)	40714	50828
人民生活	**People's Livelihoods**		
全省居民人均可支配收入（元）	Per Capita Disposable Income of Households (yuan)	7358	13467
城镇居民人均可支配收入（元）	Per Capita Disposable Income of Urban Households (yuan)	13820	23767
农村居民人均可支配收入（元）	Per Capita Disposable Income of Rural Households (yuan)	3747	6936
城镇居民人均居住面积（平方米）	Per Capita Net Floor Space of Urban Residents (sq.m)	27.9	34.0
农村居民人均居住面积（平方米）	Per Capita Net Floor Space of Rural Residents (sq.m)	21.0	29.3
卫生	**Health Care**		
卫生机构数（个）	Number of Health Care Institutions (unit)	10267	11031
#医院、卫生院	Number of Hospitals and Health Centers	1728	1793
卫生机构床位数（张）	Number of Beds in Health Care Institutions (unit)	94883	127011
#医院、卫生院	Number of Beds in Hospital and Health Centers	82422	118609
卫生技术人员（人）	Number of Medical Technical Personnel (person)	97387	129523
#执业（助理）医师	Number of Licensed (Assistant) Doctors	38249	49663
社会保险	**Welfare and Social Insurance**		
社会保险基金收入（亿元）	Revenue of Social Insurance Fund (100 million yuan)	227.37	444.56
社会保险基金支出（亿元）	Expenses of Social Insurance Fund (100 million yuan)	174.41	413.69
参加基本养老保险人数（万人）	Participants in Basic Endowment Insurance (10 000 persons)	621.47	1542.94
参加失业保险人数（万人）	Participants in Unemployment Insurance (10 000 persons)	164.46	162.76
参加基本医疗保险人数（万人）	Participants in Basic Medical Insurance (10 000 persons)	588.79	634.96

注：本表中卫生机构数不包含村卫生室数。

continued

			速度指标 (%) Indices and Growth Rates						
			指数 (2021 年为以下各年 %) Index (2021 as Percentage of the Following Years)				年均增长速度 Average Annual Growth Rate		
2020	2021	2022	2010	2015	2020	2021	2011-2015	2016-2020	2021-2022
9593	11445	12155	180.43	182.79	126.71	106.21	-0.26	7.60	12.56
7971	8193	8625	77.83	89.18	108.21	105.28	-2.69	-3.79	4.02
34404	31054	27405	67.31	53.92	79.66	88.25	4.54	-7.51	-10.75
20335	22066	23273	316.30	172.82	114.45	105.47	12.85	8.59	6.98
33822	36187	37572	271.87	158.09	111.09	103.83	11.45	7.31	5.40
10344	11433	12165	324.66	175.39	117.60	106.41	13.11	8.32	8.44
35.0	35.5	32.9	118.12	96.89	94.21	92.89	4.04	0.56	-2.94
31.9	32.1	32.5	155.23	111.04	101.92	101.49	6.93	1.73	0.96
9829	9456	9002	87.68	81.61	91.59	95.20	1.45	-2.28	-4.30
2073	2058	2063	119.39	115.06	99.52	100.24	0.74	2.94	-0.24
177929	183246	188994	199.19	148.80	106.22	103.14	6.01	6.97	3.06
167260	171393	174284	211.45	146.94	104.20	101.69	7.55	7.12	2.08
188932	201099	207303	212.87	160.05	109.72	103.09	5.87	7.84	4.75
66396	70673	72325	189.09	145.63	108.93	102.34	5.36	5.98	4.37
1010.80	1226.48	1284.80	565.06	289.00	127.11	104.75	14.35	17.85	12.74
1029.76	1127.36	1162.12	666.30	280.91	112.85	103.08	18.86	20.01	6.23
1872.68	1890.39	1904.10	306.39	123.41	101.68	100.73	19.95	3.95	0.84
187.36	196.08	202.76	123.29	124.58	108.22	103.41	-0.21	2.86	4.03
2590.40	2587.19	2555.12	433.96	402.41	98.64	98.76	1.52	32.47	-0.68

a) Number of health care institutions in this table doesn't include villages clinics.

1–4 国民经济和社会发展结构指标
Structural Indicators on National Economic and Social Development

单位：%　　(%)

指 标	Item	2005	2010	2015	2020	2022
人口	**Population**					
城乡结构	Urban and Rural Composition					
城镇	Urban	30.02	36.12	44.24	52.23	54.19
乡村	Rural	69.98	63.88	55.76	47.77	45.81
性别结构	Sexual Composition					
男	Male	51.44	51.08	51.04	50.76	50.80
女	Female	48.56	48.92	48.96	49.24	49.20
年龄结构	Age Composition					
0—14 岁	Aged 0-14	23.42	18.16	17.54	19.40	18.71
15—64 岁	Aged 15-64	69.35	73.61	72.63	68.02	67.85
65 岁及以上	Aged 65 and Over	7.23	8.23	9.83	12.58	13.44
就业	**Employment**					
产业结构	Industrial Composition					
第一产业	Primary Industry	63.67	61.61	57.06	44.85	46.98
第二产业	Secondary Industry	14.66	15.36	16.11	17.81	17.37
第三产业	Tertiary Industry	21.67	23.03	26.83	37.34	35.65
国民经济核算	**National Accounts**					
生产总值产业结构	Industrial Composition					
第一产业	Primary Industry	16.32	11.98	11.19	13.23	13.53
第二产业	Secondary Industry	41.42	48.44	38.21	31.46	35.22
第三产业	Tertiary Industry	42.27	39.58	50.60	55.31	51.25
财政	**Government Finance**					
一般公共预算收入中	Of General Public Budget Revenue					
税收收入	Tax Revenue	74.46	62.30	71.22	64.94	64.21
# 国内增值税	Domestic Value-added Tax	27.55	20.01	16.95	45.81	35.63
企业所得税	Corporate Income Tax	9.17	9.07	11.17	11.34	14.54
个人所得税	Individual Income Tax	5.63	5.05	3.57	3.62	4.06
非税收入	Non-tax Revenue	25.54	37.70	28.78	35.06	35.79
能源	**Energy**					
能源生产	Energy Production					
原煤	Raw Coal	71.72	68.37	52.02	39.17	44.32
原油	Crude Oil	12.07	11.79	20.14	20.57	20.06
天然气	Natural Gas	0.57	0.28	0.27	0.70	0.84
一次电力及其他能源	Primary Electricity and Other Energy	15.64	19.56	27.57	39.56	34.78
能源消费	Energy Consumption					
煤炭	Coal	67.84	64.08	60.21	52.74	55.00
石油	Petroleum	16.17	16.99	16.15	15.33	15.46
天然气	Natural Gas	2.88	3.39	4.45	5.29	5.46
一次电力及其他能源	Primary Electricity and Other Energy	13.11	15.54	19.19	26.64	24.08
投资	**Investment in Fixed Assets**					
固定资产投资结构	Composition of Total Investment in Fixed Assets					
产业结构	Industrial Composition					
第一产业	Primary Industry	4.79	4.08	6.20	4.94	3.73
第二产业	Secondary Industry	40.04	47.29	39.82	16.27	29.18
第三产业	Tertiary Industry	55.17	48.62	53.98	78.79	67.09

1-4 续表 1 continued

单位：% (%)

指 标	Item	2005	2010	2015	2020	2022
资金来源结构	Composition of Funding Sources					
国家预算内资金	State Budget	9.62	16.41	13.01	15.02	21.19
国内贷款	Domestic Loans	19.90	18.36	11.69	20.30	11.35
债券	Bonds			0.21	0.34	0.001
利用外资	Foreign Investment	1.65	0.53	0.25	0.40	0.14
自筹资金	Self-raising Funds	55.31	52.54	64.81	40.30	47.46
其他投资	Other Investments	13.52	12.16	10.02	23.64	19.86
农业	**Agriculture**					
农林牧渔业产值结构	Composition of Gross Output Value of Agriculture					
农业	Agriculture	66.01	69.47	68.62	67.69	67.39
林业	Forestry	2.89	2.44	2.44	1.51	1.36
牧业	Animal Husbandry	20.80	15.63	15.69	23.54	24.70
渔业	Fishery	0.19	0.09	0.10	0.09	0.07
农林牧渔服务业	Service for Agriculture,Forestry, Animal Husbandry and Fishery	10.11	12.37	13.14	7.17	6.49
工业（规模以上）	**Industry (above designated size)**					
按轻重工业分	Grouped by Light and Heavy Industries					
轻工业	Light Industry	18.77	14.09	19.24	15.25	12.10
重工业	Heavy Industry	81.23	85.91	80.76	84.75	87.90
按工业门类分	Grouped by Industries					
采矿业	Mining				18.54	27.20
制造业	Manufacturing				62.60	61.20
电力、热力、燃气及水生产和供应业	Production and Supply of Electricity, Heat, Gas and Water				18.86	11.50
建筑业	**Construction**					
建筑业总产值结构	Composition of Gross Output Value of Construction Industry					
国有经济	State-owned Enterprise	37.22	17.33	14.77	28.32	26.44
城镇集体经济	Collective-owned Enterprises	11.97	7.72	6.74	2.75	2.05
其他	Others	50.81	74.95	78.49	68.93	71.51
运输业	**Transportation**					
货运量结构	Composition of Freight Traffic					
#铁路	Railways	12.67	16.98	10.19	8.87	12.15
公路	Highways	87.14	82.91	89.74	91.12	87.85
国内商业	**Domestic Trade**					
社会消费品零售总额构成	Composition of Retail Sales of Consumer Goods					
城镇	Urban		80.55	79.69	82.35	82.00
#城区	City Subdivision		59.82	58.79	59.07	58.90
乡村	Rural		19.45	20.31	17.65	18.00
对外经济贸易	**Foreign Trade**					
进出口总值构成	Composition of Imports and Exports					
出口	Exports	41.51	22.12	73.12	22.39	21.13
进口	Imports	58.49	77.88	26.88	77.61	78.87
教育	**Education**					
普通学校在校学生结构	Composition of Student Enrollment in Regular Schools					
大学	Colleges and Universities	4.40	7.98	11.88	14.60	15.82
中学	Secondary Schools	37.32	42.46	40.58	34.92	34.88
小学	Primary Schools	58.28	49.56	47.54	50.48	49.30

1-4 续表 2 continued

单位：% (%)

指 标	Item	2005	2010	2015	2020	2022
普通学校专任教师结构	Composition of Full-time Teachers in Regular Schools					
大学	Colleges and Universities	6.05	7.37	8.86	10.04	10.75
中学	Secondary Schools	40.50	42.82	43.59	41.16	41.26
小学	Primary Schools	53.45	49.81	47.55	48.80	47.99
科技	**Science and Technology**					
R&D 经费内部支出结构	Composition of Intramural Expenditure on R&D by Sources					
基础研究	Basic Research		13.58	15.45	14.68	14.03
应用研究	Applied Research		21.05	15.59	21.85	21.67
试验发展	Experimental Development		65.37	68.95	63.47	64.31
人民生活	**People's Living Conditions**					
农村居民消费结构	Consumption Composition of Urban Residents					
食品烟酒	Food,Tobacco and Liquor	47.20	44.71	32.86	30.89	32.03
衣着	Clothing	5.07	6.26	6.83	6.13	5.69
居住	Residence	13.23	18.75	17.88	19.21	19.98
生活用品及服务	Household Facilities,Articles and Services	4.07	4.99	6.52	5.93	5.16
交通通信	Transport and Communications	8.52	8.73	11.88	12.44	13.36
教育文化娱乐	Education, Cultural and Recreation	14.17	8.09	12.50	12.21	10.75
医疗保健	Health Care and Medical Services	6.26	6.90	9.81	11.49	11.38
其他用品及服务	Other Goods and Services	1.48	1.57	1.73	1.70	1.64
城镇居民消费结构	Consumption Composition of Urban Residents					
食品烟酒	Food,Tobacco and Liquor	36.04	37.41	30.63	28.72	29.87
衣着	Clothing	12.35	12.69	10.08	7.55	6.98
居住	Residence	10.43	9.20	20.28	23.51	23.83
生活用品及服务	Household Facilities,Articles and Services	5.61	6.04	6.45	6.75	6.05
交通通信	Transport and Communications	9.78	10.88	10.60	12.52	13.23
教育文化娱乐	Education, Cultural and Recreation	14.44	11.49	11.72	9.86	9.80
医疗保健	Health Care and Medical Services	7.54	8.37	7.97	8.49	7.95
其他用品及服务	Other Goods and Services	3.82	3.92	2.27	2.60	2.29
卫生	**Health Care**					
卫生机构人员结构	Composition of Health Agency Personnel					
#执业助理医师	Licensed (Assistant) Doctors	36.65	33.15	27.24	27.92	28.46
#执业医师	Licensed Doctors	28.65	27.14	22.04	22.61	23.58
注册护士	Registered Nurses	27.64	25.70	26.24	35.85	37.28
药师（士）	Pharmacist	6.20	4.38	3.36	3.24	3.25
技师（士）	Technician	4.27	4.79	3.68	4.45	5.62
医院床位结构	Composition of Hospital Beds					
#医院	Hospitals	73.97	64.25	74.48	77.90	76.52
卫生院	Health Centers	20.09	22.62	18.91	16.10	15.70

注：2014 年以前城乡居民食品烟酒支出为食品支出（下表同）。

a) Expenditures of food, tobacco and liquor are the expenditures of food before 2014.The same applies to the tables following.

1-5 国民经济和社会发展比例及效益指标
Indicators on Proportions and Efficiency in National Economic and Social Development

指 标	Item	2005	2010	2015	2020	2022
人口与就业	**Population and Employment**					
出生率（‰）	Birth Rate (‰)	12.59	12.05	12.36	10.55	8.47
死亡率（‰）	Death Rate (‰)	6.57	6.02	6.15	7.91	8.51
自然增长率（‰）	Natural Growth Rate (‰)	6.02	6.03	6.21	2.64	-0.04
总抚养比 （%）	Gross Dependency Ratio (%)	44.20	35.85	37.68	47.02	47.38
少儿抚养比（%）	Children Dependency Ratio (%)	33.77	24.67	24.15	28.52	27.58
老年抚养比 （%）	Elderly Dependency Ratio (%)	10.43	11.18	13.53	18.49	19.81
城镇登记失业率（%）	Registered Unemployment Rate in Urban Areas(%)	3.26	3.21	2.14	3.27	
国民经济核算	**National Accounts**					
全员劳动生产率（元 / 人·年）	Overall Labor Productivity (yuan/person·year)	12045	22044	48601	64197	76457
第一产业	Primary Industry	2950	4275	8079	14649	23158
第二产业	Secondary Industry	29704	65333	147425	139920	134051
第三产业	Tertiary Industry	23683	41090	76688	98222	114572
人均生产总值（元）	Per Capita GDP (yuan)	7332	15421	25946	35848	44968
人民生活	**People's Livelihoods**					
城乡收入比（农村居民收入为 1）	Urban and Rural Income Ratio(Rural Income as 1)	3.98	3.69	3.43	3.27	3.09
财政	**Government Finance**					
财政收入相当于生产总值比例（%）	Proportion of Government Revenue to Gross Regional Product (%)	13.65	18.90	21.14	18.11	15.06
一般公共预算支出相当于生产总值比例（%）	Proportion of General Public Budget Expenditure to Gross Regional Product (%)	23.03	37.24	45.12	46.36	38.00
农业	**Agriculture**					
农业从业者人均农产品产量（千克）	Output of Farm Corps per Agricultural Laborer (kg)					
粮食	Grain	1099.19	1309.00	1728.24	1881.68	2031.15
中草药材	Chinese Medicinal Materials	46.70	66.87	125.36	192.86	220.74
油料	Oil-bearing Crops	66.08	91.14	114.82	96.18	98.46
猪牛羊肉	Pork,Beef and Mutton	84.18	103.69	123.38	159.13	211.31
每公顷播种面积农产品产量（千克）	Output of Farm Crops Per Hectare of Sown Area (kg)					
粮食	Grain	3235.00	3485.17	4251.48	4556.78	4685.55
中草药材	Chinese Medicinal Materials	2489.19	3183.20	4026.80	4295.77	4604.70

1-5 续表 continued

指 标	Item	2005	2010	2015	2020	2022
工业	**Industry**					
总资产贡献率（%）	Ratio of Total Assets to Industrial Output Value (%)	8.37	11.01	5.65	8.00	8.97
资产负债率（%）	Assets-Liability Ratio (%)	58.70	62.32	65.37	60.02	59.98
流动资产周转次数（次 / 年）	Number of Times of Annual of Turnover Circulating Funds (times/year)	1.96	2.05	2.08	1.71	1.87
成本费用利润率（%）	Ratio of Profits to Industrial Cost (%)	3.49	4.73	-1.08	4.31	6.14
产品销售率（%）	Proportion of Products Sold (%)		95.15	94.78	99.55	97.70
建筑业	**Construction**					
产值利税率（%）	Ratio of Pre-tax Profits to Gross Output Value (%)	3.80	8.10	7.48	6.58	7.30
全员劳动生产率（元 / 人）（按总产值计算）	Overall Labor Productivity (yuan/person) (By Gross Output Value)	73456	164323	303474	383299	482133
对外经济贸易	Foreign Trade					
进出口总额相当于生产总值比例（%）	Proportion of Total Value of Imports & Exports to Gross Product (%)	11.61	12.75	7.53	4.26	5.07
邮电通信业	**Postal and Telecommunication Services**					
移动电话普及率（部 / 百人）	Popularization Rate of Mobile Telephone (set/100 persons)		52.75	81.37	101.00	111.80
金融	**Financial Intermediation**					
金融机构人民币存款相当于生产总值比例（%）	Deposits of Financial Institutions as Percentage of GDP (Renminbi) (%)	155.30	180.42	246.18	233.17	221.63
金融机构人民币贷款相当于生产总值比例（%）	Loans of Financial Institutions as Percentage of GDP(Renminbi) (%)	103.16	112.41	202.73	244.28	225.69
教育	**Education**					
小学学龄儿童净入学率（%）	Net Enrollment Ratio of Primary Schools (%)	98.87	99.46	99.83	99.99	99.99
小学升学率（%）	Promotion Rate from Primary Schools to Junior Secondary Schools (%)	96.67	95.67	96.90	99.52	99.03
初中升学率（%）	Promotion Rate from Junior Secondary Schools to Senior Secondary Schools (%)	48.58	48.31	60.00	60.22	60.90
平均每个教师负担学生数（人）	Students Taught Each Teacher (person)					
普通高等学校	Regular Higher Education Institutions	15	18	18	19	21
普通中等专业学校	Regular Secondary Vocational Schools	20	23	17	14	15
普通中学	Regular Secondary Schools	20	17	12	11	11
普通小学	Regular Primary Schools	23	17	13	13	13
科技	**Science and Technology**					
R&D 经费内部支出相当于生产总值比例（%）	Ratio of Intramural Expenditure on R&D to GDP (%)	1.01	1.03	1.22	1.22	1.29
卫生	**Health Care**					
每万人执业（助理）医师（人）	Number of Licensed (Assistant) Doctors per 10 000 Population (person)	11.7	14.9	19.1	26.54	29.02
每万人口医疗卫生机构床位数（张）	Beds of Medical Institutions per 10000 Population(unit)	25.0	37.1	48.9	71.1	75.8
城市市政建设	**Urban Municipal Development**					
供水普及率（%）	Coverage Rate of Urban Population with Access to Tap Water(%)		91.57	97.28	96.12	98.88
燃气普及率（%）	Coverage Rate of Urban Population with Access to Gas (%)		74.29	85.77	94.80	96.93
人均公园绿地面积（平方米）	Public Recreational Green Space Per Capita (sq.m)		8.12	12.23	15.15	16.36

1-6 甘肃国民经济主要指标占全国比重（2022）
Percentage of Gansu's National Economy in the Whole Nation (2022)

指 标	Item	全国 Whole Nation	甘肃 Gansu	甘肃省占全国 % As Percentage of the Whole Nation
年末总人口（万人）	Total Population at Year-end (10 000 persons)	141175	2492	1.77
就业人员（万人）	Employment at the Year-end (10 000 persons)	73351	1307	1.78
国内生产总值（亿元）	Gross Regional Product (100 million yuan)	1210207.24	11201.60	0.93
第一产业	Primary Industry	88345.12	1515.32	1.72
第二产业	Secondary Industry	483164.50	3945.04	0.82
第三产业	Tertiary Industry	638697.63	5741.25	0.90
固定资产投资增长（%）	Growth Rate of Investment in Fixed Assets (%)	4.88	10.14	
一般公共预算收入（亿元）	General Public Budget Revenue (100 million yuan)	203649.29	907.65	0.45
一般公共预算支出（亿元）	General Public Budget Expenditure (100 million yuan)	260552.12	4257.16	1.63
在岗职工平均工资（元）	Average Wage of Fully Employed Staff and Workers (yuan)	117177	94231	80.42
全体居民人均可支配收入（元）	Annual per Capita Disposable Income of Households (yuan)	36883	23273	63.10
城镇居民人均可支配收入（元）	Per Capita Disposable Income of Urban Residents (yuan)	49283	37572	76.24
农村居民人均可支配收入（元）	Per Capita Net Income of Rural Residents (yuan)	20133	12165	60.42
主要农产品产量（万吨）	Output of Major Agricultural Products (10 000 tons)			
粮食	Grain	68652.77	1264.99	1.84
油料	Oil-Bearing Crops	3654.21	61.32	1.68
肉类	Output of Meat	9328.44	142.65	1.53
主要工业产品产量	Output of Major Industry Products			
农用化肥（万吨）	Chemical Fertilizers (10 000 tons)	5573.38	17.12	0.31
原煤（万吨）	Coal (100 million tons)	455855.29	5351.76	1.17
原油（万吨）	Crude Oil (10 000 tons)	20472.24	1092.24	5.34
发电量（亿千瓦小时）	Electricity (100 million kWh)	88487.12	1816.58	2.05
粗钢（万吨）	Crude Steel (10 000 tons)	101795.90	1084.89	1.07
水泥（万吨）	Cement (10 000 tons)	212927.18	4008.21	1.88
邮政业务总量（亿元）	Business Volume of Postal Services (100 million yuan)	14316.73	49.45	0.35
电信业务总量（亿元）	Business Volume of Telecommunication Services (100 million yuan)	17501.05	296.54	1.69
社会消费品零售总额（亿元）	Total Retail Sales of Consumer Goods (100 million yuan)	439732.50	3922.20	0.89
进出口总额（亿元）	Total Exports and Imports (100 million)	418011.60	567.97	0.14
#出口总额	Total Exports	237411.50	120.02	0.05
普通高等学校在校学生数（万人）	Students Enrollment in Institutions of Higher Education (10 000 persons)	3659.42	64.81	1.77
R&D 经费内部支出（亿元）	Internal Expenditure on R&D (10 000yuan)	30782.90	144.15	0.47
医疗卫生机构数（个）	Number of Health Care Institutions(unit)	1032918	25267	2.45
医疗卫生机构床位数（万张）	Number of Hospital Beds(10 000 units)	974.99	18.90	1.94
执业（助理）医师（万人）	Licensed (Assistant) Doctors (10 000 persons)	443.47	7.23	1.63

注：1. 国家数据来源于《中国统计年鉴2022》。
2. 本表卫生机构数包含村卫生室数。

a) Data of national are from the *China Statistical Yearbook 2022*.

b) Number of health care institutions in this table include villages clinics.

1-7 人均国民经济主要指标
Per Capita Major Indicators of National Economy

指　标	Item	2005	2010	2015	2020	2022
生产总值（元）	Per Capita GDP (yuan)	7332	15421	25946	35848	44968
第一产业	Primary Industry	1196	1848	2902	4743	6083
第二产业	Secondary Industry	3036	7470	9914	11277	15836
第三产业	Tertiary Industry	3099	6103	13129	19827	23046
主要工农业产品产量	Output of Major Industry and Agricultural Products					
粮食（千克）	Grain (kg)	329	371	457	480	508
中药材（千克）	Chinese Medicinal Materials （kg)	14.0	19.0	33.1	49.2	55.2
油料（千克）	Oil-Bearing (kg)	19.8	25.8	30.4	24.5	24.6
肉类	Output of Meat	27.4	31.9	35.6	43.9	57.3
禽蛋（千克）	Eggs (kg)	5.7	6.2	8.2	7.9	8.7
牛奶（千克）	Milk (kg)	12.5	13.6	14.9	23.0	36.9
粗钢（千克）	Crude Steel (kg)	180	259	337	423	435
原煤（千克）	Coal (kg)	1423	1778	1737	1536	2148
发电量（千瓦小时）	Electricity (kWh)	1990	3095	4509	6392	7292
社会消费品零售总额（元）	Total Retail Sales of Consumer Goods (yuan)	2435	5371	10831	14500	15744
一般公共预算收入（元）	General Public Budget Revenue (yuan)	486	1383	2943	3491	3643
一般公共预算支出（元）	General Public Budget Expenditure (yuan)	1688	5742	11706	16620	17089
在岗职工平均工资（元）	Average Annual Wage of Staff and Workers (yuan)	14939	29588	54454	83392	94231
全体居民人均可支配收入（元）	Annual per Capita Disposable Income of Households (yuan)	3962	7358	13467	20335	23273
城镇居民人均可支配收入（元）	Per Capita Disposable Income of Urban Residents (yuan)	8323	13820	23767	33822	37572
农村居民人均可支配收入（元）	Per Capita Disposable Income of Rural Households (yuan)	2091	3747	6936	10344	12165

1-8 个体工商业基本情况（2022）

Basic Statistics on Individual Industrial and Commercial Business (2022)

行 业	Item	户数（户）Number of Household (household)	资金数额（万元）Amount of Funds (10 000yuan)
合计	**Total**	**1487316**	**18200268**
农、林、牧、渔业	Agriculture,Forestry,Animal Husbandry and Fishery	113139	3484809
采矿业	Mining	548	40493
制造业	Manufacturing	63430	664894
电力、热力、燃气及水生产和供应业	Production and Supply of Electricity, Heat, Gas and Water	254	8756
建筑业	Construction	6767	152166
批发和零售业	Wholesale and Retail Trades	796197	7639810
交通运输、仓储和邮政业	Transport,Storage and Post	24165	344910
住宿和餐饮业	Hotels and Catering Services	253412	3275979
信息传输、软件和信息技术服务业	Information Transmission, Software and Information Technology	13859	123560
金融业	Financial Intermediation	31	387
房地产业	Real Estate	752	10878
租赁和商务服务业	Leasing and Business Services	26174	545565
科学研究和技术服务业	Scientific Research and Technical Services	3026	56659
水利、环境和公共设施管理业	Management of Water Conservancy, Environment and Public Facilities	215	4611
居民服务、修理和其他服务业	Services to Households，Repair and Other Services	157067	1426047
教育	Education	734	15410
卫生和社会工作	Health and Social Service	9711	87337
文化、体育和娱乐业	Culture, Sports and Entertainment	17812	317750
其他	Others	23	246

1-9 私营企业基本情况（2022）
Basic Conditions of Private Enterprises (2022)

行业	Item	户数（户）Number of Enterprises (unit)	注册资本（金）（亿元）Registered Capital (100 million yuan)
合计	**Total**	**547258**	**31734.52**
农、林、牧、渔业	Agriculture,Forestry,Animal Husbandry and Fishery	52580	2225.80
采矿业	Mining	2889	665.87
制造业	Manufacturing	27121	2448.47
电力、热力、燃气及水生产和供应业	Production and Supply of Electricity, Heat, Gas and Water	3198	788.43
建筑业	Construction	83521	5850.78
批发和零售业	Wholesale and Retail Trades	177011	6861.29
交通运输、仓储和邮政业	Transport,Storage and Post	13947	1098.97
住宿和餐饮业	Hotels and Catering Services	14106	507.03
信息传输、软件和信息技术服务业	Information Transmission, Software and Information Technology	20446	735.30
金融业	Financial Intermediation	4188	2023.23
房地产业	Real Estate	16277	1609.72
租赁和商务服务业	Leasing and Business Services	57981	2990.62
科学研究和技术服务业	Scientific Research and Technical Services	28194	2319.47
水利、环境和公共设施管理业	Management of Water Conservancy, Environment and Public Facilities	3200	322.82
居民服务、修理和其他服务业	Services to Households，Repair and Other Services	19979	529.48
教育	Education	5567	71.31
卫生和社会工作	Health and Social Service	2147	118.05
文化、体育和娱乐业	Culture, Sports and Entertainment	14815	561.60
其他	Others	91	6.29

1-10 分地区按行业门类分组的法人单位数（2022）
Number of Legal Entities Grouped by Industry Category in Regions (2022)

单位：个 (unit)

地 区	Region	法人单位数 Number of legal Entities	农、林、牧、渔业 Agriculture, Forestry, Animal Husbandry and Fishery	采矿业 Mining	制造业 Manufacturing	电力、热力、燃气及水生产和供应业 Production and Supply of Electricity, Heat,Gas and Water	建筑业 Construction	批发和零售业 Wholesale and Retail Trades
甘肃省	**Gansu**	**422738**	**82186**	**2024**	**22363**	**2525**	**39391**	**99167**
兰州市	Lanzhou	80426	6608	120	4941	208	7455	25484
嘉峪关市	Jiayuguan	6039	269	34	424	47	466	2252
金昌市	Jinchang	12149	1708	121	931	160	987	3642
白银市	Baiyin	27092	7130	245	1375	109	2457	6268
天水市	Tianshui	48666	9561	109	2285	136	5277	11155
武威市	Wuwei	23352	5201	68	1289	151	2452	5066
张掖市	Zhangye	40558	9302	169	1814	257	5393	8129
平凉市	Pingliang	22458	4366	54	969	106	1753	5375
酒泉市	Jiuquan	23705	2817	313	1627	404	2521	5901
庆阳市	Qingyang	33704	6151	342	1700	148	3009	8374
定西市	Dingxi	32187	9072	113	1717	223	2615	6286
陇南市	Longnan	30781	11136	184	1035	230	1772	4727
临夏州	Linxia	29852	4996	60	1628	154	2560	5097
甘南州	Gannan	11769	3869	92	628	192	674	1411

1-10 续表 1 continued

单位：个 (unit)

地 区	Region	交通运输、仓储和邮政业 Transport, Storage and Post	住宿和餐饮业 Hotels and Catering Services	信息传输、软件和信息技术服务业 Information Transmission, Software and Information Technology	金融业 Financial Intermediation	房地产业 Real Estate	租赁和商务服务业 Leasing and Business Services	科学研究和技术服务业 Scientific Research and Technical Services
甘肃省	**Gansu**	**8390**	**8809**	**7755**	**1740**	**11303**	**36073**	**14002**
兰州市	Lanzhou	2082	2302	2766	359	3389	8913	4238
嘉峪关市	Jiayuguan	194	128	129	39	169	719	195
金昌市	Jinchang	468	179	280	54	260	1111	466
白银市	Baiyin	558	314	402	73	676	1814	581
天水市	Tianshui	858	1139	733	112	1254	3157	1728
武威市	Wuwei	343	312	296	47	643	1451	623
张掖市	Zhangye	695	729	805	128	874	5173	1128
平凉市	Pingliang	655	569	292	114	542	1546	683
酒泉市	Jiuquan	573	581	433	98	659	2315	1031
庆阳市	Qingyang	648	556	560	471	788	3058	1284
定西市	Dingxi	481	459	328	89	689	1685	738
陇南市	Longnan	337	394	329	59	505	1691	464
临夏州	Linxia	390	581	284	60	660	2657	632
甘南州	Gannan	108	566	118	37	195	783	211

1-10 续表 2 continued

单位：个 (unit)

地 区	Region	水利、环境和公共设施管理业 Management of Water Conservancy, Environment and Public Facilities	居民服务、修理和其他服务业 Service to Households, Repair and Other Services	教育 Education	卫生和社会工作 Health and Social Service	文化、体育和娱乐业 Culture, Sports and Entertainment	公共管理、社会保障和社会组织 Public Management, Social Security and Social Organizations
甘肃省	**Gansu**	**2837**	**8497**	**13835**	**4113**	**8264**	**49464**
兰州市	Lanzhou	502	2136	2312	836	1827	3948
嘉峪关市	Jiayuguan	44	212	198	49	144	327
金昌市	Jinchang	99	245	276	79	240	843
白银市	Baiyin	173	429	932	195	603	2758
天水市	Tianshui	345	1049	1256	455	743	7314
武威市	Wuwei	154	339	910	282	339	3386
张掖市	Zhangye	313	652	815	286	969	2927
平凉市	Pingliang	177	529	926	267	451	3084
酒泉市	Jiuquan	204	542	632	205	722	2127
庆阳市	Qingyang	236	800	1612	278	564	3125
定西市	Dingxi	183	435	1790	340	601	4343
陇南市	Longnan	154	442	853	327	413	5729
临夏州	Linxia	156	513	991	388	404	7641
甘南州	Gannan	97	174	332	126	244	1912

1-11 分地区按三次产业和机构类型分组的法人单位数（2022）
Number of Legal Entities by Three Strata of Industry and Type of Institutions in Regions (2022)

单位：个 (unit)

地 区	Region	法人单位数 Number of legal Entities	按三次产业分 Grouped by Three strata of Industry			按机构类型分 By Type of Institutions				
			第一产业 Primary Industry	第二产业 Secondary Industry	第三产业 Tertiary Industry	企 业 Business Entity	事业单位 Institution Entity	机 关 Government Entity	社会团体 Social Organization	其 他 Others
甘肃省	**Gansu**	**422738**	**76857**	**65588**	**280293**	**288370**	**16715**	**6586**	**14316**	**96751**
兰州市	Lanzhou	80426	6390	12548	61488	70748	1868	746	1356	5708
嘉峪关市	Jiayuguan	6039	236	947	4856	5199	169	68	131	472
金昌市	Jinchang	12149	1561	2171	8417	9894	334	181	298	1442
白银市	Baiyin	27092	6730	4164	16198	17655	1053	394	1061	6929
天水市	Tianshui	48666	9016	7786	31864	31238	1441	554	2816	12617
武威市	Wuwei	23352	4827	3950	14575	14483	935	400	1548	5986
张掖市	Zhangye	40558	8523	7602	24433	30500	1271	468	1021	7298
平凉市	Pingliang	22458	4188	2868	15402	14334	1392	511	381	5840
酒泉市	Jiuquan	23705	2119	4830	16756	18160	986	448	716	3395
庆阳市	Qingyang	33704	5453	4881	23370	22848	1817	520	745	7774
定西市	Dingxi	32187	8362	4658	19167	16716	2093	545	1393	11440
陇南市	Longnan	30781	10919	3214	16648	13264	1349	695	1243	14230
临夏州	Linxia	29852	4816	4389	20647	17454	1398	561	1200	9239
甘南州	Gannan	11769	3717	1580	6472	5877	609	495	407	4381

1-12 分地区按登记注册类型分企业法人单位数（2022）
Number of Business Entities by Status in Regions (2022)

单位：个 (unit)

地 区	Region	企业单位数 Number of Enterprises	内资企业 Domestic Funded Enterprises	国有企业 State-owned Enterprises	集体企业 Collective-owned Enterprises	股份合作企业 Cooperative Enterprises	联营企业 Joint Ownership
甘肃省	**Gansu**	**288370**	**288119**	**1728**	**1142**	**221**	**114**
兰州市	Lanzhou	70748	70651	530	341	97	35
嘉峪关市	Jiayuguan	5199	5197	26	8	1	2
金昌市	Jinchang	9894	9885	46	41	7	2
白银市	Baiyin	17655	17637	68	100	10	5
天水市	Tianshui	31238	31226	199	102	16	7
武威市	Wuwei	14483	14469	79	68	8	11
张掖市	Zhangye	30500	30483	144	83	18	7
平凉市	Pingliang	14334	14327	99	52	3	2
酒泉市	Jiuquan	18160	18124	113	32	17	10
庆阳市	Qingyang	22848	22835	74	39	11	4
定西市	Dingxi	16716	16709	115	115	11	13
陇南市	Longnan	13264	13260	90	65	8	6
临夏州	Linxia	17454	17444	102	66	13	6
甘南州	Gannan	5877	5872	43	30	1	4

1-12 续表 continued

单位：个 (unit)

地 区	Region	有限责任公司 Limited Liability Corporations	股份有限公司 Share-holding Corporations Ltd.	私营企业 Private	其他 Others	港、澳、台商投资企业 Enterprises with Funds from Hong Kong, Macao and Taiwan	外商投资企业 Enterprises with Foreign Investment
甘肃省	**Gansu**	**40095**	**3536**	**237361**	**3922**	**105**	**146**
兰州市	Lanzhou	8035	851	60536	226	47	50
嘉峪关市	Jiayuguan	390	24	4706	40	1	1
金昌市	Jinchang	1940	105	7595	149	6	3
白银市	Baiyin	1585	203	15546	120	4	14
天水市	Tianshui	4771	402	24774	955	2	10
武威市	Wuwei	2682	199	11361	61	8	6
张掖市	Zhangye	2929	181	26452	669	6	11
平凉市	Pingliang	1615	227	12145	184	3	4
酒泉市	Jiuquan	6670	200	10810	272	13	23
庆阳市	Qingyang	2236	238	20203	30	5	8
定西市	Dingxi	2876	267	13042	270	2	5
陇南市	Longnan	1813	404	10718	156	2	2
临夏州	Linxia	1284	162	15154	657	3	7
甘南州	Gannan	1269	73	4319	133	3	2

注：数据来源为基本单位名录库2022年年报库，登记注册类型划分仍按照国家统计局、国家市场监督管理总局《关于划分企业登记注册类型的规定》（国统字〔2011〕86号）文件。

a) The Data Source is the 2022 annual report of the basic unit register. The classification of registered types is still in accordance with the National Bureau of Statistics and State Administration of Market Supervision and administration"Provisions on the classification of types of enterprise registration"(Guotong character [2011] No. 86)。

主要统计指标解释

行政区划 指国家对行政区域的划分。根据有关法规规定，我国的行政区域划分如下：（1）全国分为省、自治区、直辖市；（2）省、自治区分为自治州、县、自治县、市；（3）自治州分为县、自治县、市；（4）县、自治县分为乡、民族乡、镇；（5）直辖市和较大的市分为区、县；（6）国家在必要时设立的特别行政区。

平均增长速度 平均增长速度表明社会经济现象在一个较长的时期内逐期平均增长变化的程度，它不能根据各个环比增长速度直接求得，但与平均发展速度之间存在着一定的数量关系：平均增长速度 = 平均发展速度 − 1。

平均发展速度是一种根据环比发展速度计算的序时平均数，由于各时期对比的基础不同，所以计算平均发展速度不能采用一般的序时平均数的计算方法，计算方法分为水平法和累计法。水平法，又称几何平均法，即将环比发展速度按连乘法用几何平均数公式计算。累计法，也称方程法，根据一段时期内各年发展水平总和与基期水平的关系，列出方程式计算平均发展速度。水平法着重考虑最后一年所达到的发展水平；累计法着重考虑整个时期累计发展水平的总量。

本《年鉴》内所列的平均增长速度，除固定资产投资用“累计法”计算外，其余均用“水平法”计算。从某年到某年平均增长速度的年份，均不包括基期年在内。如“十二五”平均增长速度是以 2010 年为基期计算的，则写为 2011—2015 年平均增长速度，其余类推。

企业（单位）登记注册类型 是以在工商行政管理机关登记注册的各类企业为划分对象，以工商行政管理部门对企业登记注册的类型为依据，将企业登记注册类型分为内资企业、港澳台商投资企业和外商投资企业三大类。内资企业包括国有企业、集体企业、股份合作企业、联营企业、有限责任公司、股份有限公司、私营公司和其他企业；港澳台商投资企业和外商投资企业分别包括合资经营企业、合作经营企业、独资经营企业和股份有限公司。对不在工商行政管理部门进行登记注册的行政机关、事业单位和社会团体，主要按其经费来源和管理方式进行划分。

国有企业 指企业全部资产归国家所有，并按《中华人民共和国企业法人登记管理条例》规定登记注册的非公司制的经济组织。不包括有限责任公司中的国有独资公司。

集体企业 指企业资产归集体所有，并按《中华人民共和国企业法人登记管理条例》规定登记注册的经济组织。

股份合作企业 指以合作制为基础，由企业职工共同出资入股，吸收一定比例的社会资产投资组建，实行自主经营，自负盈亏，共同劳动，民主管理，按劳分配与按股分红相结合的一种集体经济组织。

联营企业 指两个及两个以上相同或不同所有制性质的企业法人或事业单位法人，按自愿、平等、互利的原则，共同投资组成的经济组织。联营企业包括国有联营企业、集体联营企业、国有与集体联营企业和其他联营企业。

有限责任公司 指根据《中华人民共和国公司登记管理条例》规定登记注册，由两个以上、五十个以下的股东共同出资，每个股东以其所认缴的出资额对公司承担有限责任，公司以其全部资产对其债务承担责任的经济组织。有限责任公司包括国有独资公司以及其他有限责任公司。

股份有限公司 指根据《中华人民共和国公司登记管理条例》规定登记注册，其全部注册资本由等额股份构成并通过发行股票筹集资本，股东以其认购的股份对公司承担有限责任，公司以其全部资产对其债务承担责任的经济组织。

私营企业 指由自然人投资设立或由自然人控股，以雇佣劳动为基础的营利性经济组织。包括按照《公司法》《合伙企业法》《个人独资企业法》规定登记注册的私营独资企业、私营合伙企业、私营有限责任公司、私营股份有限公司和个人独资企业。

其他内资企业 指上述企业之外的其他内资经济组织。

2

人　口

Population

简要说明

一、本篇资料主要内容

本篇资料主要包括人口方面的基本情况。

二、本篇资料来源

1. 本篇资料由省统计局人口与就业处整理。

2. 总人口指当地户籍人口与户口待定人口之和，包括户籍外出人口，不包括外来人口。

3. 常住人口是指实际经常居住在某地区半年以上的人口，包括离开户籍地半年以上的外来人口，不包括当地户籍外出半年以上的外出人口。常住人口包括：居住在本乡镇街道、户口在本乡镇街道或户口待定的人；居住在本乡镇街道、离开户口所在乡镇街道半年以上的人；户口在本乡镇街道、外出不满半年或在境外工作学习的人。

4. 家庭户是指以家庭成员关系为主、居住一处共同生活的人组成的户。

5. 城乡人口是指居住在城镇、乡村地域上的人口，城镇、乡村是按 2008 年国家统计局《统计上划分城乡的规定》划分的。

2-1 人口数及构成
Population and Its Composition

单位：万人 (10 000 persons)

年 份 Year	年末总人口 Total Population (year-end)	按性别分 By Sex 男 Male 人口数 Population	比重（%） Proportion	女 Female 人口数 Population	比重（%） Proportion	按城乡分 By Urban and Rural 城镇 Urban 人口数 Population	比重（%） Proportion	乡村 Rural 人口数 Population	比重（%） Proportion
1978	1870.05	965.88	51.65	904.17	48.35	269.44	14.41	1600.61	85.59
1979	1893.79	977.39	51.61	916.40	48.39	279.89	14.78	1613.90	85.22
1980	1918.43	989.72	51.59	928.71	48.41	290.65	15.15	1627.78	84.85
1981	1941.40	1004.29	51.73	937.11	48.27	304.72	15.70	1636.68	84.30
1982	1974.88	1021.41	51.72	953.47	48.28	305.83	15.49	1669.05	84.51
1983	1999.84	1034.52	51.73	965.32	48.27	324.91	16.25	1674.93	83.75
1984	2025.88	1047.58	51.71	978.30	48.29	345.18	17.04	1680.70	82.96
1985	2052.89	1063.19	51.79	989.70	48.21	366.71	17.86	1686.18	82.14
1986	2085.39	1078.36	51.71	1007.03	48.29	389.58	18.68	1695.81	81.32
1987	2115.73	1093.41	51.68	1022.32	48.32	413.88	19.56	1701.85	80.44
1988	2148.15	1110.38	51.69	1037.77	48.31	439.69	20.47	1708.46	79.53
1989	2184.86	1128.92	51.67	1055.94	48.33	467.12	21.38	1717.74	78.62
1990	2254.67	1151.95	51.09	1102.72	48.91	496.25	22.01	1758.42	77.99
1991	2284.92	1180.85	51.68	1104.07	48.32	508.76	22.27	1776.16	77.73
1992	2314.19	1197.59	51.75	1116.60	48.25	521.59	22.54	1792.60	77.46
1993	2345.23	1194.25	50.92	1150.98	49.08	534.75	22.80	1810.48	77.20
1994	2387.25	1222.27	51.20	1164.98	48.80	548.23	22.96	1839.02	77.04
1995	2437.95	1256.49	51.54	1181.46	48.46	562.06	23.05	1875.89	76.95
1996	2466.86	1276.67	51.75	1190.19	48.25	572.07	23.19	1894.79	76.81
1997	2494.20	1278.57	51.26	1215.63	48.74	582.26	23.34	1911.94	76.66
1998	2519.37	1289.16	51.17	1230.21	48.83	592.63	23.52	1926.74	76.48
1999	2542.58	1292.05	50.82	1250.53	49.18	603.18	23.72	1939.40	76.28
2000	2515.31	1303.69	51.83	1211.62	48.17	603.93	24.01	1911.38	75.99
2001	2523.35	1307.85	51.83	1215.50	48.17	618.47	24.51	1904.88	75.49
2002	2530.76	1311.95	51.84	1218.81	48.16	656.99	25.96	1873.77	74.04
2003	2537.19	1313.00	51.75	1224.19	48.25	694.68	27.38	1842.51	72.62
2004	2541.48	1314.45	51.72	1227.03	48.28	727.12	28.61	1814.36	71.39
2005	2545.10	1309.20	51.44	1235.90	48.56	764.04	30.02	1781.06	69.98
2006	2546.79	1308.54	51.38	1238.25	48.62	791.80	31.09	1754.99	68.91
2007	2548.19	1308.50	51.35	1239.69	48.65	804.97	31.59	1743.22	68.41
2008	2550.88	1309.11	51.32	1241.77	48.68	820.11	32.15	1730.77	67.85
2009	2554.91	1310.16	51.28	1244.75	48.72	834.18	32.65	1720.73	67.35
2010	2559.98	1307.64	51.08	1252.34	48.92	924.66	36.12	1635.32	63.88
2011	2551.73	1302.66	51.05	1249.07	48.95	950.52	37.25	1601.21	62.75
2012	2550.15	1302.87	51.09	1247.28	48.91	988.95	38.78	1561.20	61.22
2013	2537.13	1295.71	51.07	1241.42	48.93	1027.54	40.50	1509.59	59.50
2014	2531.08	1292.37	51.06	1238.71	48.94	1070.14	42.28	1460.94	57.72
2015	2523.18	1287.83	51.04	1235.35	48.96	1116.26	44.24	1406.93	55.76
2016	2520.10	1286.01	51.03	1234.09	48.97	1161.01	46.07	1359.09	53.93
2017	2522.07	1286.76	51.02	1235.31	48.98	1213.62	48.12	1308.45	51.88
2018	2515.08	1282.94	51.01	1232.14	48.99	1249.74	49.69	1265.34	50.31
2019	2509.02	1279.60	51.00	1229.42	49.00	1272.07	50.70	1236.95	49.30
2020	2501.02	1269.52	50.76	1231.50	49.24	1306.28	52.23	1194.74	47.77
2021	2490.02	1266.01	50.84	1224.01	49.16	1327.93	53.33	1162.09	46.67
2022	2492.42	1266.15	50.80	1226.27	49.20	1350.64	54.19	1141.78	45.81

注：1.1981 年及以前数据为户籍统计数；1982、1990、2000、2010、2020 年数据为当年人口普查数据推算数，其余年份数据为年度人口抽样调查推算数据（下表同）。
2. 2000 年及以后数据为常住人口口径。
3. 根据第七次全国人口普查结果，修订了 2011—2019 年年末常住人口数。

a) Figures 1981 (inclusive) are from household registrations; for the year 1982,1990,2000,2010 and 2020 are the census year estimates; the rest of the data covered in those tables have been estimated on the basis of the annual national sample surveys of population. The same applies to the relevant tables following.

b) Data since 2000 are obtained from the standard of permanent population.

c) According to the results of the Seventh National Census, the data of Permanent Population at Year-end from 2011

2-2 人口出生率、死亡率和自然增长率
Birth Rate, Death Rate and Natural Growth Rate of Population

单位：‰ (‰)

年 份 Year	出生率 Birth Rate	死亡率 Death Rate	自然增长率 Natural Growth Rate
1978	17.77	5.87	11.90
1980	16.53	5.15	11.38
1985	18.31	5.46	12.85
1986	21.14	5.91	15.23
1987	20.55	5.71	14.84
1988	20.41	5.06	15.35
1989	22.57	5.60	16.97
1990	20.68	6.08	14.60
1991	19.38	6.05	13.33
1992	19.37	6.64	12.73
1993	20.16	6.84	13.32
1994	20.82	6.84	13.98
1995	20.65	6.49	14.16
1996	18.43	6.64	11.79
1997	17.22	6.20	11.02
1998	16.45	6.41	10.04
1999	15.61	6.44	9.17
2000	14.38	6.41	7.97
2001	13.58	6.43	7.15
2002	13.16	6.45	6.71
2003	12.58	6.46	6.12
2004	12.43	6.52	5.91
2005	12.59	6.57	6.02
2006	12.86	6.62	6.24
2007	13.14	6.65	6.49
2008	13.22	6.68	6.54
2009	13.32	6.71	6.61
2010	12.05	6.02	6.03
2011	12.08	6.03	6.05
2012	12.11	6.05	6.06
2013	12.16	6.08	6.08
2014	12.21	6.11	6.10
2015	12.36	6.15	6.21
2016	12.18	6.18	6.00
2017	12.54	6.52	6.02
2018	11.07	6.65	4.42
2019	10.60	6.75	3.85
2020	10.55	7.91	2.64
2021	9.68	8.26	1.42
2022	8.47	8.51	-0.04

2-3 七次人口普查基本情况

Basic Statistics on National Population Census in 1953, 1964, 1982, 1990, 2000 , 2010 and 2020

指 标	Item	1953	1964	1982	1990	2000	2010	2020
总人口（万人）	**Total population (10 000 persons)**	**1109.36**	**1263.06**	**1956.93**	**2237.11**	**2512.43**	**2557.53**	**2501.98**
男	Male	580.80	657.17	1012.37	1159.28	1302.17	1306.41	1270.09
女	Female	528.56	605.89	944.56	1077.83	1210.26	1251.11	1231.89
性别比（以女性为 100）	Sex Ratio (female=100)	109.88	108.46	107.18	107.56	107.59	104.42	103.10
家庭户规模（人／户）	**Average Family Household Size (person/household)**	**5.40**	**4.95**	**5.17**	**4.58**	**3.99**	**3.49**	**2.77**
各年龄组人口（%）	**Population by Age Group (%)**							
0-14 岁	Aged 0-14	39.56	40.18	36.32	27.97	27.00	18.16	19.40
15-64 岁	Aged 15-64	57.35	57.75	60.19	67.97	68.00	73.61	68.02
65 岁及以上	Aged 65 and Over	3.09	2.07	3.49	4.06	5.00	8.23	12.58
民族人口	**Population by Ethnicity**							
汉族（万人）	Han (10 000 persons)	1013.18	1167.50	1802.03	2051.50	2292.51	2316.48	2236.34
占总人口比重（%）	Percentage to Total Population (%)	91.33	92.43	92.08	91.70	91.25	90.57	89.38
少数民族（万人）	Ethnic Minorities (10 000 persons)	96.18	95.56	154.90	185.61	219.92	241.05	265.64
占总人口比重（%）	Percentage to Total Population (%)	8.67	7.57	7.92	8.30	8.75	9.43	10.62
每十万人拥有的各种受教育程度人口（人）	**Population with Various Education Attainments Per 100 000 Persons (person)**							
大专及以上	Junior College and Above			551	1104	2665	7520	14506
高中和中专	Senior Secondary School and Technical Secondary School			6246	7825	9863	12686	12937
初 中	Junior Secondary School			12190	16851	23925	31213	27423
小 学	Primary School			27679	29127	36907	32504	29808
文盲人口及文盲率	**Illiterate Population and Illiterate Rate**							
文盲人口（万人）	Illiterate Population (10 000 persons)			634.48	631.06	361.32	222.22	168.03
文盲率（%）	Illiterate Rate (%)			50.91	39.17	19.68	8.69	6.72
城乡人口（万人）	Population by Residence (10 000 persons)							
城镇人口	Urban Population	111.27	140.58	300.19	493.06	603.23	923.66	1306.73
乡村人口	Rural Population	998.09	1122.48	1656.74	1744.05	1909.20	1633.87	1195.25
平均预期寿命（岁）	**Life Expectancy (year old)**			**65.75**	**68.25**	**70.39**	**72.23**	**75.64**
男	Male			65.05	67.42	69.28	70.60	73.64
女	Female			66.49	69.17	71.88	74.06	77.85

注：1. 1953 年、1964 年、1982 年及 1990 年全国人口普查标准时点为当年 7 月 1 日零时，2000 年、2010 年和 2020 年全国人口普查标准时点为当年 11 月 1 日零时。

2. 2000 年、2010 年、2020 年人口为常住人口。

a) Standard reference time of national population census in 1953,1964,1982 and 1990 was zero hour of July 1st, and in 2000,2010 and 2020 was zero hour of November 1st.

b) Total population of 2000,2010 and 2020 are permanent population.

2-4 人口年龄结构和抚养比
Age Composition and Dependency Ratio of Population

单位：% (%)

年 份 Year	按年龄组分 By Age			少儿儿童抚养比 Children Dependency Ratio	老年人口抚养比 Elderly Dependency Ratio	总抚养比 Gross Dependency Ratio
	0-14 岁比重 Aged 0-14 Proportion	15-64 岁比重 Aged 15-64 Proportion	65 岁及以上比重 Aged 65 and Over Proportion			
1953	39.56	57.35	3.09	68.98	5.39	74.37
1964	40.18	57.75	2.07	69.58	3.58	73.16
1982	36.32	60.19	3.49	60.34	5.80	66.14
1990	27.97	67.97	4.06	41.15	5.97	47.12
2000	27.00	68.00	5.00	39.71	7.35	47.06
2001	25.98	68.41	5.61	37.98	8.20	46.18
2002	24.95	69.31	5.74	36.00	8.28	44.28
2003	23.91	70.06	6.03	34.13	8.61	42.73
2004	22.75	71.01	6.24	32.04	8.79	40.83
2005	23.42	69.35	7.23	33.77	10.43	44.20
2006	22.29	70.36	7.35	31.68	10.45	42.13
2007	21.33	71.18	7.49	29.97	10.52	40.49
2008	21.17	71.25	7.58	29.71	10.64	40.35
2009	20.81	71.56	7.63	29.08	10.66	39.74
2010	18.16	73.61	8.23	24.67	11.18	35.85
2011	18.03	73.47	8.50	24.54	11.57	36.11
2012	17.84	73.28	8.88	24.34	12.12	36.46
2013	17.72	73.04	9.24	24.26	12.65	36.91
2014	17.62	72.83	9.55	24.19	13.11	37.31
2015	17.54	72.63	9.83	24.15	13.53	37.68
2016	17.44	72.19	10.37	24.16	14.36	38.52
2017	17.46	71.62	10.92	24.38	15.25	39.63
2018	17.49	71.25	11.26	24.55	15.80	40.35
2019	17.42	70.97	11.61	24.55	16.36	40.90
2020	19.40	68.02	12.58	28.52	18.49	47.02
2021	19.16	67.79	13.05	28.26	19.25	47.51
2022	18.71	67.85	13.44	27.58	19.81	47.38

2-5 年末各市（州）人口年龄构成和抚养比（2022）

Age Composition and Dependency Ratio of Population by Region at Year-end (2022)

市（州）	Region	年末常住人口（万人）Permanent Population at Year-end (10 000 persons)	0-14 岁 Aged 0-14	15-64 岁 Aged 15-64	65 岁及以上 Aged 65 and Over	总抚养比(%) Gross Dependency Ratio (%)	少年儿童抚养比 Children Dependency Ratio	老年人口抚养比 Old Dependency Ratio
甘肃省	**Gansu**	**2492.42**	**466.33**	**1691.11**	**334.98**	**47.38**	**27.58**	**19.81**
兰州市	Lanzhou	441.53	59.81	325.60	56.12	35.60	18.37	17.24
嘉峪关市	Jiayuguan	31.63	4.91	22.92	3.80	38.00	21.42	16.58
金昌市	Jinchang	43.44	5.71	31.25	6.48	39.00	18.26	20.74
白银市	Baiyin	150.21	27.45	100.29	22.47	49.78	27.37	22.41
天水市	Tianshui	295.44	58.64	196.48	40.32	50.37	29.85	20.52
武威市	Wuwei	144.51	24.47	99.08	20.96	45.86	24.70	21.16
张掖市	Zhangye	112.01	17.92	78.28	15.81	43.08	22.89	20.19
平凉市	Pingliang	182.25	34.26	120.07	27.92	51.79	28.53	23.25
酒泉市	Jiuquan	105.31	14.95	76.50	13.86	37.65	19.54	18.12
庆阳市	Qingyang	215.84	45.06	140.81	29.97	53.29	32.00	21.28
定西市	Dingxi	250.58	48.96	166.23	35.39	50.75	29.45	21.29
陇南市	Longnan	238.91	49.38	158.05	31.48	51.16	31.25	19.92
临夏州	Linxia	212.40	59.86	129.46	23.08	63.94	46.20	17.74
甘南州	Gannan	68.37	14.95	46.10	7.32	48.30	32.42	15.88

2-6 各市（州）城乡人口及构成（2022）
Population of Urban and Rural and Its composition by Region (2022)

单位：万人 (10 000 persons)

市（州）	Region	年末常住人口 Permanent Population at Year-end	城镇 Urban		乡村 Rural	
			人口数 Population	比重（%） Proportion（%）	人口数 Population	比重（%） Proportion（%）
甘肃省	**Gansu**	**2492.42**	**1350.64**	**54.19**	**1141.78**	**45.81**
兰州市	Lanzhou	441.53	371.18	84.07	70.35	15.93
嘉峪关市	Jiayuguan	31.63	29.88	94.47	1.75	5.53
金昌市	Jinchang	43.44	34.28	78.90	9.17	21.10
白银市	Baiyin	150.21	87.60	58.32	62.61	41.68
天水市	Tianshui	295.44	140.81	47.66	154.63	52.34
武威市	Wuwei	144.51	71.31	49.35	73.20	50.65
张掖市	Zhangye	112.01	59.91	53.49	52.10	46.51
平凉市	Pingliang	182.25	85.27	46.79	96.98	53.21
酒泉市	Jiuquan	105.31	69.40	65.90	35.91	34.10
庆阳市	Qingyang	215.84	94.92	43.98	120.92	56.02
定西市	Dingxi	250.58	100.99	40.30	149.59	59.70
陇南市	Longnan	238.91	91.95	38.49	146.96	61.51
临夏州	Linxia	212.40	82.87	39.02	129.53	60.98
甘南州	Gannan	68.37	30.28	44.29	38.09	55.71

2-7 分地县年末人口数
Population at Year-end by Region & County

单位：万人 (10 000 persons)

地、县	Region & County	2010	2015	2017	2018	2019	2020	2021	2022
兰州市	**Lanzhou**	**361.91**	**397.89**	**414.31**	**421.53**	**428.67**	**437.18**	**438.43**	**441.53**
城关区	Chengguan	128.00	137.81	142.42	144.35	146.34	148.74	149.00	150.21
七里河区	Qilihe	56.14	63.50	66.76	68.22	69.71	71.48	71.75	72.12
西固区	Xigu	36.43	38.36	39.38	39.79	40.21	40.77	40.95	41.22
安宁区	Anning	28.86	35.77	39.14	40.72	42.32	44.21	44.30	47.21
红古区	Honggu	13.62	13.93	14.15	14.22	14.30	14.39	14.40	14.41
永登县	Yongdeng	41.94	33.49	31.61	30.59	29.58	28.33	28.27	26.95
皋兰县	Gaolan	13.20	12.29	12.42	12.45	12.49	12.50	12.49	9.33
榆中县	Yuzhong	43.72	45.39	46.32	46.67	47.04	47.45	47.26	47.23
兰州新区	Lanzhou New Area		17.36	22.12	24.52	26.69	29.30	30.00	32.85
嘉峪关市	**Jiayuguan**	**23.21**	**27.16**	**28.89**	**29.68**	**30.49**	**31.40**	**31.53**	**31.63**
金昌市	**Jinchang**	**46.44**	**44.98**	**44.64**	**44.35**	**44.09**	**43.76**	**43.53**	**43.44**
金川区	Jinchuan	22.88	24.38	25.12	25.42	25.74	26.09	26.10	26.15
永昌县	Yongchang	23.56	20.59	19.52	18.93	18.35	17.67	17.43	17.29
白银市	**Baiyin**	**170.98**	**160.58**	**157.29**	**155.24**	**153.26**	**150.88**	**150.30**	**150.21**
白银区	Baiyin	29.47	31.52	32.51	32.93	33.36	33.84	32.28	32.04
平川区	Pingchuan	19.26	19.61	19.86	19.93	20.02	20.10	19.96	19.65
靖远县	Jingyuan	45.54	41.29	39.81	38.97	38.14	37.17	36.58	36.88
会宁县	Huining	54.11	46.98	44.38	42.96	41.57	39.93	40.04	40.18
景泰县	Jingtai	22.60	21.18	20.73	20.45	20.18	19.85	21.44	21.46
天水市	**Tianshui**	**326.63**	**311.55**	**307.21**	**304.25**	**301.44**	**298.00**	**295.65**	**295.44**
秦州区	Qinzhou	64.45	64.86	65.37	65.46	65.59	65.69	65.14	65.15
麦积区	Maiji	55.39	55.33	55.60	55.60	55.62	55.61	55.27	55.27
清水县	Qingshui	26.73	25.31	24.88	24.61	24.34	24.02	23.85	23.83
秦安县	Qinan	51.61	46.47	44.66	43.65	42.65	41.47	40.82	40.75
甘谷县	Gangu	56.03	53.18	52.34	51.78	51.24	50.59	50.18	50.14
武山县	Wushan	43.78	39.95	38.63	37.87	37.13	36.25	35.99	35.93
张家川县	Zhangjiachuan	28.64	26.45	25.72	25.29	24.87	24.37	24.40	24.37
武威市	**Wuwei**	**181.66**	**163.55**	**157.18**	**153.59**	**150.07**	**145.91**	**144.33**	**144.51**
凉州区	Liangzhou	101.12	94.52	92.39	91.09	89.83	88.32	87.86	88.14
民勤县	Minqin	24.13	20.92	19.75	19.11	18.48	17.74	17.39	17.33
古浪县	Gulang	38.91	31.86	29.20	27.80	26.41	24.79	24.34	24.30
天祝县	Tianzhu	17.50	16.25	15.84	15.59	15.35	15.06	14.75	14.74
张掖市	**Zhangye**	**120.06**	**116.21**	**115.30**	**114.55**	**113.86**	**112.99**	**112.25**	**112.01**

注：2010，2020 年数据为当年人口普查数据推算数；其余年份数据为年度人口抽样调查推算数据。各地区数据为常住人口口径。

a) Data of 2010 and 2020 are the census year estimates; the rest are the estimates from the annual national sample survey of population. Data by region are of permanent residents.

2-7 续表 1 continued

单位：万人 (10 000 persons)

地、县	Region & County	2010	2015	2017	2018	2019	2020	2021	2022
甘州区	Ganzhou	50.79	51.19	51.63	51.72	51.83	51.93	51.76	51.71
肃南县	Sunan	3.37	3.06	2.96	2.90	2.84	2.77	2.73	2.74
民乐县	Minle	21.96	20.54	20.08	19.80	19.53	19.20	19.07	19.06
临泽县	Linze	13.44	12.48	12.16	11.97	11.78	11.56	11.43	11.37
高台县	Gaotai	14.35	13.42	13.12	12.93	12.75	12.54	12.40	12.35
山丹县	Shandan	16.15	15.53	15.36	15.24	15.13	14.98	14.86	14.78
平凉市	**Pingliang**	**207.01**	**195.31**	**191.69**	**189.38**	**187.17**	**184.49**	**182.47**	**182.25**
崆峒区	Kongtong	50.53	50.32	50.51	50.48	50.47	50.42	50.01	50.04
泾川县	Jingchuan	28.14	25.10	24.02	23.41	22.82	22.12	21.56	21.47
灵台县	Lingtai	18.41	16.96	16.47	16.19	15.91	15.58	15.34	15.27
崇信县	Chongxin	10.22	9.19	8.82	8.62	8.42	8.18	8.21	8.20
庄浪县	Zhuanglang	38.32	35.83	35.03	34.53	34.06	33.49	33.29	33.27
静宁县	Jingning	42.44	39.37	38.36	37.76	37.17	36.47	36.13	36.08
华亭市	Huating	18.95	18.54	18.48	18.40	18.33	18.23	17.92	17.91
酒泉市	**Jiuquan**	**109.69**	**107.29**	**106.92**	**106.45**	**106.04**	**105.50**	**105.33**	**105.31**
肃州区	Suzhou	42.88	44.08	44.81	45.05	45.32	45.61	45.49	45.21
金塔县	Jinta	14.76	13.42	12.96	12.70	12.44	12.13	12.08	12.01
瓜州县	Guazhou	14.89	13.87	13.53	13.33	13.13	12.90	12.89	13.28
肃北县	Subei	1.50	1.50	1.51	1.51	1.51	1.51	1.51	1.51
阿克塞县	Akesai	1.06	1.08	1.09	1.09	1.09	1.10	1.10	1.10
玉门市	Yumen	15.99	14.83	14.45	14.22	14.00	13.74	13.73	13.70
敦煌市	Dunhuang	18.61	18.51	18.57	18.55	18.54	18.52	18.53	18.50
庆阳市	**Qingyang**	**221.39**	**218.99**	**219.23**	**218.78**	**218.44**	**217.91**	**215.94**	**215.84**
西峰区	Xifeng	37.80	44.46	47.37	48.71	50.07	51.61	51.38	51.08
庆城县	Qingcheng	26.22	24.79	24.35	24.07	23.80	23.47	23.20	23.30
环　县	Huanxian	30.33	30.30	30.46	30.46	30.47	30.47	30.22	30.17
华池县	Huachi	12.10	11.98	12.00	11.97	11.96	11.93	11.80	11.83
合水县	Heshui	14.59	14.05	13.90	13.80	13.70	13.57	13.38	13.47
正宁县	Zhengning	18.12	17.67	17.58	17.49	17.41	17.31	17.04	17.16
宁　县	Ningxian	40.61	37.00	35.76	35.04	34.34	33.52	33.22	33.17
镇原县	Zhenyuan	41.62	38.75	37.81	37.24	36.69	36.03	35.70	35.66
定西市	**Dingxi**	**270.11**	**260.43**	**257.98**	**256.08**	**254.31**	**252.11**	**250.78**	**250.58**
安定区	Anding	42.09	42.03	42.24	42.23	42.25	42.24	42.07	42.03
通渭县	Tongwei	34.98	33.57	33.18	32.90	32.64	32.32	32.11	32.09

2-7 续表 2 continued

单位：万人 (10 000 persons)

地、县	Region & County	2010	2015	2017	2018	2019	2020	2021	2022
陇西县	Longxi	45.37	43.91	43.57	43.29	43.02	42.69	42.50	42.47
渭源县	Weiyuan	32.44	30.00	29.19	28.71	28.24	27.68	27.41	27.39
临洮县	Lintao	50.78	49.24	48.89	48.59	48.32	47.97	47.83	47.79
漳 县	Zhangxian	19.32	17.97	17.52	17.26	17.00	16.69	16.54	16.52
岷 县	Minxian	45.13	43.71	43.38	43.10	42.84	42.52	42.32	42.29
陇南市	**Longnan**	**256.97**	**248.06**	**245.84**	**244.10**	**242.48**	**240.46**	**238.73**	**238.91**
武都区	Wudu	55.58	54.95	54.99	54.88	54.78	54.65	54.48	54.52
成 县	Chengxian	24.26	24.13	24.21	24.19	24.18	24.16	24.09	24.11
文 县	Wenxian	21.88	20.72	20.37	20.14	19.92	19.65	19.44	19.45
宕昌县	Tanchang	27.44	26.38	26.10	25.90	25.70	25.46	24.84	24.86
康 县	Kangxian	18.01	17.07	16.79	16.60	16.43	16.21	16.16	16.17
西和县	Xihe	39.36	37.11	36.42	35.97	35.55	35.04	34.85	34.88
礼 县	Lixian	45.87	44.00	43.49	43.13	42.78	42.36	42.03	42.06
徽 县	Huixian	20.03	19.45	19.32	19.21	19.10	18.97	18.91	18.92
两当县	Liangdang	4.54	4.24	4.15	4.09	4.03	3.96	3.93	3.93
临夏州	**Linxia**	**194.93**	**202.32**	**206.40**	**207.90**	**209.51**	**211.24**	**211.66**	**212.40**
临夏市	Linxia	27.47	31.44	33.20	34.00	34.81	35.73	35.97	36.48
临夏县	Linxia	32.65	32.35	32.41	32.36	32.32	32.26	32.22	32.23
康乐县	Kangle	23.36	24.40	24.95	25.17	25.39	25.63	25.74	25.78
永靖县	Yongjing	18.02	17.99	18.07	18.07	18.07	18.07	17.88	17.85
广河县	Guanghe	22.80	24.35	25.11	25.43	25.75	26.11	26.31	26.41
和政县	Hezheng	18.54	19.44	19.90	20.08	20.28	20.48	20.56	20.58
东乡县	Dongxiang	28.50	28.66	28.88	28.92	28.97	29.01	29.09	29.19
积石山县	Jishishan	23.59	23.69	23.86	23.88	23.92	23.94	23.89	23.89
甘南州	**Gannan**	**69.00**	**68.87**	**69.20**	**69.19**	**69.20**	**69.18**	**69.10**	**68.37**
合作市	Hezuo	9.04	10.10	10.58	10.79	11.01	11.25	11.23	11.26
临潭县	Lintan	13.72	13.19	13.05	12.94	12.84	12.72	12.70	12.72
卓尼县	Zhuoni	10.07	9.77	9.71	9.65	9.60	9.53	9.53	9.55
舟曲县	Zhouqu	13.21	12.83	12.75	12.68	12.61	12.53	12.51	11.66
迭部县	Diebu	5.22	5.20	5.23	5.22	5.22	5.22	5.20	5.21
玛曲县	Maqu	5.49	5.58	5.65	5.67	5.69	5.71	5.71	5.72
碌曲县	Luqu	3.57	3.57	3.59	3.59	3.59	3.59	3.59	3.60
夏河县	Xiahe	8.68	8.63	8.66	8.65	8.65	8.63	8.63	8.65

2-8 分地县年末城镇人口比重
Proportion of Urban Population at Year-end by Region & County

单位：%　　　　(%)

地、县	Region & County	2010	2015	2017	2018	2019	2020	2021	2022
兰州市	**Lanzhou**	**76.28**	**80.58**	**82.68**	**83.03**	**83.08**	**83.10**	**83.56**	**84.07**
城关区	Chengguan	98.47	98.62	98.72	98.76	98.76	98.76	98.77	98.78
七里河区	Qilihe	83.86	86.16	87.57	87.66	87.66	87.66	87.67	87.69
西固区	Xigu	87.99	90.90	91.66	91.80	91.81	91.81	91.82	91.85
安宁区	Anning	100.00	100.00	100.00	100.00	100.00	100.00	100.00	100.00
红古区	Honggu	73.54	75.31	75.89	75.99	76.00	76.01	76.03	76.06
永登县	Yongdeng	32.98	44.84	48.53	48.63	48.64	48.64	48.71	49.02
皋兰县	Gaolan	32.04	46.78	55.68	56.51	56.52	56.53	56.54	59.11
榆中县	Yuzhong	31.94	45.20	48.77	49.23	49.23	49.23	52.03	52.68
兰州新区	Lanzhou New Area		43.86	57.31	57.94	57.95	57.96	60.04	60.67
嘉峪关市	**Jiayuguan**	**93.32**	**94.31**	**94.40**	**94.41**	**94.41**	**94.43**	**94.44**	**94.47**
金昌市	**Jinchang**	**62.10**	**69.51**	**73.08**	**74.33**	**75.43**	**77.40**	**78.43**	**78.90**
金川区	Jinchuan	85.50	89.70	90.45	90.79	90.99	91.38	91.38	91.43
永昌县	Yongchang	39.39	45.60	50.72	52.25	53.62	56.90	59.04	59.95
白银市	**Baiyin**	**39.48**	**47.46**	**51.44**	**53.10**	**54.47**	**56.56**	**57.69**	**58.32**
白银区	Baiyin	83.69	88.48	89.49	89.99	90.30	90.81	91.29	91.32
平川区	Pingchuan	61.21	66.61	70.40	71.70	71.83	73.54	74.69	75.61
靖远县	Jingyuan	25.00	31.92	35.59	37.03	38.07	39.45	41.39	42.50
会宁县	Huining	19.29	25.84	29.85	31.21	32.93	35.34	37.33	38.18
景泰县	Jingtai	40.91	46.93	50.27	52.22	53.37	56.22	57.08	58.11
天水市	**Tianshui**	**28.36**	**36.56**	**40.71**	**42.52**	**43.54**	**45.57**	**46.68**	**47.66**
秦州区	Qinzhou	49.50	57.66	61.53	63.72	64.05	65.61	66.98	68.09
麦积区	Maiji	41.16	49.14	52.50	55.11	55.29	57.91	59.09	60.16
清水县	Qingshui	15.73	22.88	26.73	28.12	28.88	32.90	33.84	34.71
秦安县	Qinan	18.22	26.77	29.29	31.11	32.31	33.77	35.25	36.05
甘谷县	Gangu	18.13	26.57	32.35	33.28	34.89	36.26	36.81	37.77
武山县	Wushan	19.96	27.31	32.44	33.59	34.34	35.91	37.09	38.08
张家川县	Zhangjiachuan	18.93	22.87	25.16	25.94	28.27	29.94	30.49	31.29
武威市	**Wuwei**	**27.56**	**36.12**	**40.94**	**43.06**	**44.67**	**47.01**	**48.22**	**49.35**
凉州区	Liangzhou	32.89	41.78	46.70	48.78	50.31	52.83	53.94	55.05
民勤县	Minqin	18.99	28.31	33.38	35.68	37.55	40.12	41.45	42.58
古浪县	Gulang	16.96	23.28	27.19	28.96	30.29	31.71	32.79	33.93
天祝县	Tianzhu	32.17	38.43	42.14	43.85	45.02	46.37	47.60	48.61
张掖市	**Zhangye**	**34.84**	**42.96**	**46.86**	**48.47**	**49.59**	**51.29**	**52.52**	**53.49**

2-8 续表 1 continued

单位：% (%)

地、县	Region & County	2010	2015	2017	2018	2019	2020	2021	2022
甘州区	Ganzhou	42.97	49.27	51.83	52.32	52.65	53.57	54.56	55.57
肃南县	Sunan	31.09	35.91	37.54	37.98	38.78	39.33	40.57	41.01
民乐县	Minle	22.88	32.48	37.90	41.67	43.83	46.70	48.20	49.40
临泽县	Linze	28.10	37.03	40.22	43.19	44.97	46.84	48.56	49.18
高台县	Gaotai	24.60	36.82	45.90	47.40	48.85	51.10	52.71	53.45
山丹县	Shandan	41.02	47.53	49.73	51.31	52.82	55.11	56.04	57.15
平凉市	**Pingliang**	**29.09**	**36.58**	**40.25**	**41.83**	**42.81**	**44.77**	**46.02**	**46.79**
崆峒区	Kongtong	49.44	60.21	64.58	65.29	65.55	65.92	66.98	67.66
泾川县	Jingchuan	24.66	31.55	35.08	37.12	37.99	39.14	40.73	41.37
灵台县	Lingtai	19.79	25.12	27.47	28.80	31.18	34.49	35.26	35.75
崇信县	Chongxin	31.09	39.87	42.68	42.79	42.89	43.02	44.00	44.54
庄浪县	Zhuanglang	15.01	19.13	22.25	23.79	25.41	28.42	28.78	29.30
静宁县	Jingning	16.16	20.72	24.20	26.71	27.37	30.90	32.97	34.18
华亭市	Huating	46.72	55.50	58.17	59.32	59.88	60.67	62.35	63.28
酒泉市	**Jiuquan**	**50.05**	**57.05**	**60.40**	**61.63**	**62.57**	**64.20**	**65.22**	**65.90**
肃州区	Suzhou	59.54	66.23	68.28	70.01	70.84	71.88	72.47	73.12
金塔县	Jinta	31.88	38.44	41.98	43.70	44.49	50.12	50.91	51.20
瓜州县	Guazhou	29.79	35.00	39.17	38.56	39.41	39.96	42.82	44.74
肃北县	Subei	50.80	58.47	62.25	63.91	64.24	65.81	66.08	66.13
阿克塞县	Akesai	95.21	94.26	93.85	93.67	93.58	93.26	94.35	94.35
玉门市	Yumen	49.40	56.39	61.66	62.27	63.04	63.56	64.23	65.11
敦煌市	Dunhuang	56.73	63.44	66.61	67.60	68.61	70.10	71.21	71.84
庆阳市	**Qingyang**	**23.79**	**32.61**	**37.17**	**39.16**	**40.22**	**41.89**	**43.13**	**43.98**
西峰区	Xifeng	48.41	53.51	57.87	59.61	60.61	61.94	63.20	64.80
庆城县	Qingcheng	26.27	32.34	36.41	38.27	39.05	40.57	41.94	42.58
环　县	Huanxian	18.65	27.66	31.93	33.78	34.53	36.21	37.23	37.98
华池县	Huachi	21.18	34.01	38.15	40.01	40.78	42.15	43.49	44.21
合水县	Heshui	21.91	31.44	35.55	37.38	38.24	39.64	41.18	41.72
正宁县	Zhengning	24.10	33.27	37.41	39.09	39.89	41.22	42.72	43.24
宁　县	Ningxian	14.86	24.05	28.13	29.75	30.63	32.34	33.35	34.04
镇原县	Zhenyuan	13.61	20.55	24.68	26.65	27.58	28.98	29.92	30.51
定西市	**Dingxi**	**23.42**	**30.82**	**34.38**	**35.91**	**36.93**	**38.39**	**39.51**	**40.30**
安定区	Anding	37.82	43.99	47.51	49.14	51.05	52.65	52.89	53.79
通渭县	Tongwei	13.15	20.49	24.02	25.55	26.23	27.09	27.43	28.12

2–8 续表 2 continued

单位：% (%)

地、县	Region & County	2010	2015	2017	2018	2019	2020	2021	2022
陇西县	Longxi	36.03	42.81	46.35	47.82	48.81	51.27	51.60	52.23
渭源县	Weiyuan	14.61	23.43	26.93	27.46	27.83	28.49	29.22	29.95
临洮县	Lintao	24.49	31.32	34.83	37.50	38.38	39.30	39.79	40.56
漳　县	Zhangxian	19.58	28.38	31.91	32.61	32.00	33.83	34.71	35.25
岷　县	Minxian	12.03	19.51	22.97	24.08	25.56	27.14	31.45	32.35
陇南市	**Longnan**	**19.70**	**27.96**	**31.85**	**33.58**	**34.67**	**36.18**	**37.28**	**38.49**
武都区	Wudu	25.22	33.60	38.91	40.24	42.09	44.55	45.79	46.91
成　县	Chengxian	35.33	40.03	44.84	45.47	46.43	50.14	51.07	52.52
文　县	Wenxian	15.64	20.87	27.66	28.54	30.73	32.50	33.49	34.52
宕昌县	Tanchang	15.25	20.65	23.45	25.55	27.09	27.31	28.43	29.35
康　县	Kangxian	15.94	21.22	25.78	30.05	30.25	30.35	31.16	32.17
西和县	Xihe	12.49	23.29	25.54	27.78	27.83	27.88	29.06	30.06
礼　县	Lixian	12.03	23.49	26.59	28.69	29.51	30.23	31.33	32.94
徽　县	Huixian	27.76	36.66	37.82	38.18	38.67	41.70	42.28	43.59
两当县	Liangdang	34.50	41.03	43.41	44.97	45.34	45.46	47.11	48.64
临夏州	**Linxia**	**24.30**	**31.02**	**34.07**	**35.29**	**35.86**	**36.75**	**38.01**	**39.02**
临夏市	Linxia	80.48	86.10	87.92	88.12	88.31	88.51	88.90	90.21
临夏县	Linxia	8.03	13.79	14.96	15.27	15.50	15.87	19.06	20.98
康乐县	Kangle	10.66	16.64	19.72	21.49	21.94	22.97	23.78	24.56
永靖县	Yongjing	38.69	44.30	49.47	51.02	51.63	52.50	52.94	53.16
广河县	Guanghe	20.14	26.90	30.98	32.01	33.32	34.41	35.48	36.46
和政县	Hezheng	16.36	22.02	25.48	26.69	26.94	27.82	28.94	28.98
东乡县	Dongxiang	12.15	16.82	17.97	18.60	18.92	19.48	20.87	21.48
积石山县	Jishishan	8.79	15.03	18.40	20.77	20.78	21.88	22.54	23.07
甘南州	**Gannan**	**24.46**	**33.67**	**37.95**	**39.78**	**40.82**	**42.27**	**43.52**	**44.29**
合作市	Hezuo	63.56	67.16	67.20	67.21	67.21	67.44	69.28	69.98
临潭县	Lintan	19.03	29.26	34.25	36.24	36.99	37.53	38.74	39.15
卓尼县	Zhuoni	15.62	24.87	29.35	31.50	33.02	34.88	35.99	36.02
舟曲县	Zhouqu	13.12	21.82	27.29	28.94	29.90	31.90	32.77	33.88
迭部县	Diebu	18.08	27.88	32.76	34.87	36.21	38.07	39.42	39.73
玛曲县	Maqu	20.22	36.02	44.25	48.32	51.49	55.62	57.09	58.57
碌曲县	Luqu	18.23	30.81	37.05	40.11	42.34	45.43	46.52	46.94
夏河县	Xiahe	28.92	31.98	33.03	33.18	32.64	32.20	33.14	33.76

2-9 各地、县人口的城乡结构和出生率、死亡率、自然增长率（2022）
Total Population by Urban and Rural Residence and Birth Rate,Death Rate, Natural Growth Rate by Region & County (2022)

单位：万人　(10 000 persons)

地、县	Region & County	年末常住人口 Permanent Population at Year-end	城镇 Urban		乡村 Rural		出生率 (‰) Birth Rate (‰)	死亡率 (‰) Death Rate (‰)	自然增长率 (‰) Natural Growth Rate (‰)
			人口数 Population	比重（%）Proportion	人口数 Population	比重（%）Proportion			
兰州市	**Lanzhou**	**441.53**	**371.18**	**84.07**	**70.35**	**15.93**	**6.61**	**5.98**	**0.64**
城关区	Chengguan	150.21	148.38	98.78	1.83	1.22	6.75	5.41	1.34
七里河区	Qilihe	72.12	63.24	87.69	8.88	12.31	7.37	6.39	0.97
西固区	Xigu	41.22	37.86	91.85	3.36	8.15	5.11	4.62	0.49
安宁区	Anning	47.21	47.21	100.00			6.56	5.90	0.66
红古区	Honggu	14.41	10.96	76.06	3.45	23.94	8.33	6.25	2.08
永登县	Yongdeng	26.95	13.21	49.02	13.74	50.98	6.52	7.61	-1.09
皋兰县	Gaolan	9.33	5.51	59.11	3.82	40.89	6.42	7.33	-0.92
榆中县	Yuzhong	47.23	24.88	52.68	22.35	47.32	4.87	5.71	-0.85
兰州新区	Lanzhou New Area	32.85	19.93	60.67	12.92	39.33	8.27	7.64	0.64
嘉峪关市	**Jiayuguan**	**31.63**	**29.88**	**94.47**	**1.75**	**5.53**	**8.41**	**6.00**	**2.41**
金昌市	**Jinchang**	**43.44**	**34.28**	**78.90**	**9.17**	**21.10**	**5.88**	**9.86**	**-3.98**
金川区	Jinchuan	26.15	23.91	91.43	2.24	8.57	5.74	7.27	-1.53
永昌县	Yongchang	17.29	10.37	59.95	6.92	40.05	6.34	13.82	-7.49
白银市	**Baiyin**	**150.21**	**87.60**	**58.32**	**62.61**	**41.68**	**8.37**	**8.85**	**-0.48**
白银区	Baiyin	32.04	29.26	91.32	2.78	8.68	4.35	5.59	-1.24
平川区	Pingchuan	19.65	14.86	75.61	4.79	24.39	8.58	8.08	0.50
靖远县	Jingyuan	36.88	15.67	42.50	21.21	57.50	9.80	9.26	0.54
会宁县	Huining	40.18	15.34	38.18	24.84	61.82	10.72	12.46	-1.74
景泰县	Jingtai	21.46	12.47	58.11	8.99	41.89	7.46	6.99	0.47
天水市	**Tianshui**	**295.44**	**140.81**	**47.66**	**154.63**	**52.34**	**8.58**	**9.10**	**-0.52**
秦州区	Qinzhou	65.15	44.36	68.09	20.79	31.91	7.68	8.14	-0.46
麦积区	Maiji	55.27	33.25	60.16	22.02	39.84	8.50	8.87	-0.36
清水县	Qingshui	23.83	8.27	34.71	15.56	65.29	10.07	10.91	-0.84
秦安县	Qinan	40.75	14.69	36.05	26.06	63.95	8.83	10.54	-1.72
甘谷县	Gangu	50.14	18.94	37.77	31.20	62.23	8.57	8.97	-0.40
武山县	Wushan	35.93	13.68	38.08	22.25	61.92	8.34	8.62	-0.28
张家川县	Zhangjiachuan	24.37	7.62	31.29	16.75	68.71	9.84	9.02	0.82
武威市	**Wuwei**	**144.51**	**71.31**	**49.35**	**73.20**	**50.65**	**7.84**	**10.55**	**-2.72**
凉州区	Liangzhou	88.14	48.52	55.05	39.62	44.95	8.30	9.43	-1.14
民勤县	Minqin	17.33	7.38	42.58	9.95	57.42	5.76	14.40	-8.64
古浪县	Gulang	24.30	8.24	33.93	16.05	66.07	8.22	11.51	-3.29
天祝县	Tianzhu	14.74	7.16	48.61	7.57	51.39	6.78	10.85	-4.07
张掖市	**Zhangye**	**112.01**	**59.91**	**53.49**	**52.10**	**46.51**	**7.12**	**9.11**	**-1.99**

2-9 续表 1 continued

单位：万人 (10 000 persons)

地、县	Region & County	年末常住人口 Permanent Population at Year-end	城镇 Urban		乡村 Rural		出生率(‰) Birth Rate (‰)	死亡率(‰) Death Rate (‰)	自然增长率(‰) Natural Growth Rate (‰)
			人口数 Population	比重（%） Proportion	人口数 Population	比重（%） Proportion			
甘州区	Ganzhou	51.71	28.73	55.57	22.97	44.43	6.88	8.68	-1.80
肃南县	Sunan	2.74	1.12	41.01	1.62	58.99	8.84	11.51	-2.67
民乐县	Minle	19.06	9.42	49.40	9.64	50.60	7.18	9.30	-2.12
临泽县	Linze	11.37	5.59	49.18	5.78	50.82	6.72	10.24	-3.51
高台县	Gaotai	12.35	6.60	53.45	5.75	46.55	8.21	11.94	-3.73
山丹县	Shandan	14.78	8.45	57.15	6.33	42.85	6.98	6.72	0.26
平凉市	**Pingliang**	**182.25**	**85.27**	**46.79**	**96.98**	**53.21**	**8.30**	**9.48**	**-1.19**
崆峒区	Kongtong	50.04	33.86	67.66	16.19	32.34	8.42	7.79	0.62
泾川县	Jingchuan	21.47	8.88	41.37	12.59	58.63	8.04	12.16	-4.11
灵台县	Lingtai	15.27	5.46	35.75	9.81	64.25	7.39	11.87	-4.48
崇信县	Chongxin	8.20	3.65	44.54	4.55	55.46	8.85	9.28	-0.43
庄浪县	Zhuanglang	33.27	9.75	29.30	23.52	70.70	8.49	9.31	-0.81
静宁县	Jingning	36.08	12.33	34.18	23.75	65.82	8.57	9.93	-1.36
华亭市	Huating	17.91	11.34	63.28	6.58	36.72	7.86	8.41	-0.55
酒泉市	**Jiuquan**	**105.31**	**69.40**	**65.90**	**35.91**	**34.10**	**6.80**	**7.74**	**-0.94**
肃州区	Suzhou	45.21	33.06	73.12	12.15	26.88	5.95	7.89	-1.94
金塔县	Jinta	12.01	6.15	51.20	5.86	48.80	7.30	10.05	-2.75
瓜州县	Guazhou	13.28	5.94	44.74	7.34	55.26	9.39	8.26	1.14
肃北县	Subei	1.51	1.00	66.13	0.51	33.87	8.74	7.28	1.46
阿克塞县	Akesai	1.10	1.04	94.35	0.06	5.65	6.55	6.36	0.18
玉门市	Yumen	13.70	8.92	65.11	4.78	34.89	7.73	7.95	-0.22
敦煌市	Dunhuang	18.50	13.29	71.84	5.21	28.16	6.09	5.73	0.37
庆阳市	**Qingyang**	**215.84**	**94.92**	**43.98**	**120.92**	**56.02**	**8.76**	**9.02**	**-0.27**
西峰区	Xifeng	51.08	33.10	64.80	17.98	35.20	9.68	9.37	0.31
庆城县	Qingcheng	23.30	9.92	42.58	13.38	57.42	8.60	8.82	-0.22
环 县	Huanxian	30.17	11.46	37.98	18.71	62.02	8.94	9.27	-0.33
华池县	Huachi	11.83	5.23	44.21	6.60	55.79	8.80	9.31	-0.51
合水县	Heshui	13.47	5.62	41.72	7.85	58.28	7.45	8.19	-0.74
正宁县	Zhengning	17.16	7.42	43.24	9.74	56.76	8.77	9.36	-0.58
宁 县	Ningxian	33.17	11.29	34.04	21.88	65.96	8.13	8.43	-0.30
镇原县	Zhenyuan	35.66	10.88	30.51	24.78	69.49	8.41	8.97	-0.56
定西市	**Dingxi**	**250.58**	**100.99**	**40.30**	**149.59**	**59.70**	**8.73**	**9.21**	**-0.47**
安定区	Anding	42.03	22.61	53.79	19.42	46.21	9.24	8.33	0.91
通渭县	Tongwei	32.09	9.02	28.12	23.07	71.88	8.35	8.79	-0.44

2-9 续表 2 continued

单位：万人 (10 000 persons)

地、县	Region & County	年末常住人口 Permanent Population at Year-end	城镇 Urban 人口数 Population	城镇 Urban 比重（%） Proportion	乡村 Rural 人口数 Population	乡村 Rural 比重（%） Proportion	出生率（‰） Birth Rate (‰)	死亡率（‰） Death Rate (‰)	自然增长率（‰） Natural Growth Rate (‰)
陇西县	Longxi	42.47	22.18	52.23	20.29	47.77	9.08	10.26	-1.18
渭源县	Weiyuan	27.39	8.20	29.95	19.18	70.05	8.13	10.16	-2.03
临洮县	Lintao	47.79	19.38	40.56	28.41	59.44	8.48	9.01	-0.53
漳 县	Zhangxian	16.52	5.83	35.25	10.70	64.75	9.48	9.99	-0.51
岷 县	Minxian	42.29	13.68	32.35	28.61	67.65	8.54	8.78	-0.24
陇南市	**Longnan**	**238.91**	**91.95**	**38.49**	**146.96**	**61.51**	**8.63**	**9.74**	**-1.11**
武都区	Wudu	54.52	25.58	46.91	28.95	53.09	7.58	7.90	-0.33
成 县	Chengxian	24.11	12.66	52.52	11.44	47.48	8.37	9.43	-1.06
文 县	Wenxian	19.45	6.72	34.52	12.74	65.48	9.02	9.52	-0.51
宕昌县	Tanchang	24.86	7.30	29.35	17.57	70.65	8.91	10.74	-1.83
康 县	Kangxian	16.17	5.20	32.17	10.97	67.83	9.07	10.47	-1.40
西和县	Xihe	34.88	10.48	30.06	24.39	69.94	9.05	10.30	-1.25
礼 县	Lixian	42.06	13.86	32.94	28.21	67.06	9.48	11.17	-1.69
徽 县	Huixian	18.92	8.25	43.59	10.67	56.41	8.06	9.29	-1.23
两当县	Liangdang	3.93	1.91	48.64	2.02	51.36	9.27	10.94	-1.67
临夏州	**Linxia**	**212.40**	**82.87**	**39.02**	**129.53**	**60.98**	**13.54**	**8.07**	**5.47**
临夏市	linxia	36.48	32.91	90.21	3.57	9.79	10.77	6.90	3.86
临夏县	linxia	32.23	6.76	20.98	25.47	79.02	12.10	8.38	3.72
康乐县	Kangle	25.78	6.33	24.56	19.45	75.44	13.59	8.15	5.44
永靖县	Yongjing	17.85	9.49	53.16	8.36	46.84	10.63	7.84	2.80
广河县	Guanghe	26.41	9.63	36.46	16.78	63.54	17.07	8.73	8.35
和政县	Hezheng	20.58	5.97	28.98	14.62	71.02	14.58	8.26	6.32
东乡县	Dongxiang	29.19	6.27	21.48	22.92	78.52	17.16	8.58	8.58
积石山县	Jishishan	23.89	5.51	23.07	18.38	76.93	12.56	7.95	4.61
甘南州	**Gannan**	**68.37**	**30.28**	**44.29**	**38.09**	**55.71**	**10.25**	**7.89**	**2.36**
合作市	Hezuo	11.26	7.88	69.98	3.38	30.02	9.78	8.89	0.89
临潭县	Lintan	12.72	4.98	39.15	7.74	60.85	11.01	8.65	2.36
卓尼县	Zhuoni	9.55	3.44	36.02	6.11	63.98	10.48	9.43	1.05
舟曲县	Zhouqu	11.66	3.95	33.88	7.71	66.12	9.10	7.45	1.65
迭部县	Diebu	5.21	2.07	39.73	3.14	60.27	9.61	5.76	3.85
玛曲县	Maqu	5.72	3.35	58.57	2.37	41.43	10.50	7.00	3.50
碌曲县	Luqu	3.60	1.69	46.94	1.91	53.06	8.34	2.78	5.56
夏河县	Xiahe	8.65	2.92	33.76	5.73	66.24	11.57	8.10	3.47

主要统计指标解释

人口数 指一定时点、一定地区范围内有生命的个人总和。年末统计的年末人口数指每年12月31日24时的人口数。

城镇人口和乡村人口 城镇人口是指居住在城镇地域内的全部常住人口；乡村人口是除上述人口以外的全部人口。

出生率（又称粗出生率） 指在一定时期内（通常为一年）一定地区的出生人数与同期内平均人数（或期中人数）之比，用千分率表示。本资料中的出生率指年出生率，其计算公式为：

$$出生率=\frac{年出生人数}{年平均人数}\times 1000‰$$

式中：出生人数指活产婴儿，即胎儿脱离母体时（不管怀孕月数），有过呼吸或其他生命现象。年平均人数指年初、年底人口数的平均数，也可用年中人口数代替。

死亡率（又称粗死亡率） 指在一定时期内（通常为一年）一定地区的死亡人数与同期内平均人数（或期中人数）之比，用千分率表示。本资料中的死亡率指年死亡率，其计算公式为：

$$死亡率=\frac{年死亡人数}{年平均人数}\times 1000‰$$

人口自然增长率 指在一定时期内（通常为一年）人口自然增加数（出生人数减死亡人数）与该时期内平均人数（或期中人数）之比，用千分率表示，其计算公式为：

$$人口自然增长率=\frac{本年出生人数-本年死亡人数}{年平均人数}\times 1000‰$$

$$=人口出生率-人口死亡率$$

总抚养比 也称总负担系数。指人口总体中非劳动年龄人口数与劳动年龄人口数之比。通常用百分比表示。说明每100名劳动年龄人口大致要负担多少名非劳动年龄人口。用于从人口角度反映人口与经济发展的基本关系。计算公式为：

$$GDR=\frac{P_{0\sim14}+P_{65^+}}{P_{15\sim64}}\times 100\%$$

其中：GDR为总抚养比；

$P_{0\sim14}$为0~14岁少年儿童人口数；

P_{65+}为65岁及65岁以上的老年人口数；

$P_{15\sim64}$为15~64岁劳动年龄人口数。

老年人口抚养比 也称老年人口抚养系数。指某一人口中老年人口数与劳动年龄人口数之比。通常用百分比表示。用以表明每100名劳动年龄人口要负担多少名老年人。老年人口抚养比是从经济角度反映人口老化社会后果的指标之一。计算公式为：

$$ODR=\frac{P_{65^+}}{P_{15\sim64}}\times 100\%$$

其中：ODR为老年人口抚养比；

P_{65+}为65岁及65岁以上的老年人口数；

$P_{15\sim64}$为15~64岁的劳动年龄人口数。

少年儿童抚养比 也称少年儿童抚养系数。指某一人口中少年儿童人口数与劳动年龄人口数之比。通常用百分比表示。以反映每100名劳动年龄人口要负担多少名少年儿童。计算公式为：

$$CDR=\frac{P_{0\sim14}}{P_{15\sim64}}\times 100\%$$

其中：CDR为少年儿童抚养比；

$P_{0\sim14}$为0~14岁少年儿童人口数；

$P_{15\sim64}$为15~64岁劳动年龄人口数。

3 国民经济核算

National Accounts

简要说明

一、本篇资料主要内容

本篇资料主要包括国民经济核算基本情况资料。

二、本篇资料来源

本篇资料由省统计局国民经济核算处汇总、加工整理。

地区生产总值数据是由省统计局国民经济核算处根据不同产业部门、不同支出构成的特点和资料来源情况而采用不同方法计算的。本年鉴公布的地区生产总值以及与之有关的指标数据，最后一年数据不是最终数，还会在获得更多的财务和行政记录等资料后发生变动。如果遇到普查或者重大核算方法改革，在能够获得更详细的基础资料的情况下，地区生产总值的历史数据还会发生变动。

3-1 地区生产总值
Gross Regional Product

单位：亿元　　本表按当年价格计算。Data in this table are calculated at current prices.　　(100 million yuan)

年份 Year	地区生产总值 Gross Regional Product	第一产业 Primary Industry	第二产业 Secondary Industry	第三产业 Tertiary Industry	农林牧渔业 Agriculture,Forestry, Animal Husbandry and Fishery Industries	工业 Industry	建筑业 Construction
1978	64.73	13.21	39.04	12.48	13.21	34.66	4.38
1979	67.51	12.89	40.98	13.64	12.89	36.90	4.08
1980	73.90	16.46	39.85	17.59	16.46	35.25	4.60
1981	70.89	17.63	35.30	17.96	17.63	31.33	3.97
1982	76.88	19.68	38.54	18.66	19.68	33.63	4.91
1983	91.50	27.65	42.92	20.93	27.65	37.52	5.40
1984	103.17	27.83	49.98	25.36	27.83	43.65	6.33
1985	123.39	33.08	58.81	31.50	33.08	50.54	8.27
1986	140.74	38.02	65.27	37.45	38.02	56.01	9.26
1987	159.52	45.27	68.40	45.85	45.27	58.26	10.14
1988	191.84	52.77	81.33	57.74	52.77	67.28	14.05
1989	216.84	59.01	91.79	66.04	59.01	77.62	14.17
1990	242.80	64.06	98.33	80.41	64.06	83.93	14.40
1991	271.39	66.55	111.91	92.93	66.55	97.19	14.72
1992	317.79	74.20	128.66	114.93	75.32	110.21	18.45
1993	372.24	87.43	159.96	124.85	88.88	136.74	23.22
1994	453.61	103.87	198.67	151.07	105.59	174.56	24.11
1995	557.76	110.65	256.83	190.28	112.67	226.29	30.54
1996	722.52	188.12	311.98	222.42	191.13	276.37	35.61
1997	793.57	190.21	337.79	265.58	193.76	286.70	51.09
1998	887.67	202.76	373.43	311.48	206.73	311.26	62.17
1999	956.32	191.84	410.07	354.42	196.21	326.99	83.08
2000	1052.88	194.10	421.65	437.13	199.18	327.60	94.04
2001	1125.37	207.96	458.07	459.35	213.55	355.51	102.56
2002	1232.03	215.51	501.69	514.83	221.30	389.38	112.31
2003	1399.94	238.00	572.24	589.70	244.39	452.32	119.92
2004	1653.61	283.32	680.27	690.02	287.00	549.52	130.75
2005	1864.63	304.28	772.24	788.11	308.41	633.32	138.92
2006	2202.97	329.83	972.50	900.64	334.51	818.27	154.23
2007	2675.12	365.93	1254.14	1055.05	390.98	1070.21	183.93
2008	3071.70	391.24	1429.93	1250.53	418.60	1197.09	232.84
2009	3268.26	418.39	1473.24	1376.63	447.31	1214.03	259.21
2010	3943.73	472.61	1910.35	1560.77	501.73	1613.76	296.59
2011	4816.94	525.60	2288.63	2002.71	558.26	1947.15	341.48
2012	5393.12	590.94	2493.31	2308.87	626.71	2107.12	386.19
2013	6014.53	658.10	2674.04	2682.39	698.34	2262.55	428.90
2014	6518.39	695.77	2823.26	2999.36	739.69	2374.32	466.12
2015	6556.55	733.37	2505.41	3317.77	780.74	2031.55	484.24
2016	6907.91	800.75	2483.50	3623.66	834.46	1995.53	498.33
2017	7336.74	859.75	2515.75	3961.24	896.00	2020.50	504.60
2018	8104.07	926.05	2761.64	4416.38	962.28	2253.41	518.24
2019	8718.30	1059.33	2862.42	4796.55	1097.15	2319.75	552.99
2020	8979.67	1188.09	2824.84	4966.74	1227.29	2265.39	568.30
2021	10225.5	1364.80	3451.24	5409.46	1406.84	2835.35	625.87
2022	11201.6	1515.32	3945.04	5741.25	1561.34	3297.20	657.59

注：1. 根据地区生产总值最终核实，修订了 2021 年地区生产总值相关数据。
2. 2022 年地区生产总值数据为初步核算数。
3. 以下相关表同。

a) According to the final verification of gross regional product ,the relevant data of gross regional product 2021 were revised.

b) Data of gross regional product 2022 are preliminary accounting figures.

c) The same applies to the relevant tables following.

3-1 续表 1 continued

单位：亿元 (100 million yuan)

年 份 Year	批发和零售业 Wholesale and Retail Trades	交通运输、仓储和邮政业 Transport,Storage and Post	住宿和餐饮业 Hotels and Catering Services	金融业 Financial Intermediation	房地产业 Real Estate	其他 Others	人均地区生产总值（元） Per Capita GDP (yuan)
1978	3.23	4.55		1.18		3.52	348
1979	3.26	4.83		1.32		4.23	359
1980	3.27	6.86		1.95	0.09	5.42	388
1981	3.50	7.07		0.10	0.60	6.69	367
1982	3.74	7.18		2.17	0.10	5.47	393
1983	4.07	8.63		2.26	0.11	5.86	460
1984	5.14	10.16		2.52	0.12	7.42	513
1985	7.36	11.40		3.76	0.13	8.85	605
1986	9.33	12.71		5.54	0.13	9.74	680
1987	10.67	15.67		8.37	0.17	10.97	759
1988	10.94	22.55		10.50	0.45	13.30	900
1989	11.82	29.08		10.90	0.50	13.74	1001
1990	12.01	30.64		11.30	0.90	25.56	1094
1991	12.45	31.17		13.28	0.96	35.07	1196
1992	28.29	14.18	10.86	14.87	1.14	44.47	1382
1993	31.01	15.03	12.10	15.73	1.48	48.05	1598
1994	37.48	21.40	12.69	24.02	7.83	45.93	1917
1995	46.72	28.72	20.27	30.74	9.76	52.05	2312
1996	54.96	33.66	23.90	32.54	11.25	63.10	2946
1997	63.25	43.74	26.29	41.64	13.71	73.40	3199
1998	68.42	52.20	29.92	50.55	18.66	87.76	3541
1999	73.57	60.26	33.58	54.08	21.48	107.08	3778
2000	78.54	78.38	34.27	55.87	24.78	160.21	4163
2001	84.37	89.00	36.91	57.53	27.44	158.50	4467
2002	94.83	107.01	35.08	42.08	41.52	188.52	4875
2003	100.45	127.13	38.15	43.05	49.26	225.27	5525
2004	116.90	126.11	44.64	44.51	59.66	294.52	6512
2005	129.71	152.23	48.38	47.12	68.58	337.96	7332
2006	144.31	181.45	52.05	54.14	80.65	383.36	8653
2007	164.59	197.24	57.63	67.18	94.26	449.10	10501
2008	193.73	233.66	63.07	80.44	108.46	543.81	12048
2009	226.83	240.50	69.92	99.66	120.08	590.72	12802
2010	266.25	260.10	74.38	126.08	139.74	665.11	15421
2011	343.43	303.58	91.26	201.85	182.81	847.12	18846
2012	387.79	330.26	101.14	262.47	217.61	973.83	21141
2013	445.59	349.19	112.36	342.99	269.79	1104.81	23647
2014	475.83	343.92	118.94	449.21	313.05	1237.31	25724
2015	490.29	342.21	126.70	555.13	335.34	1410.35	25946
2016	516.57	343.74	133.31	646.29	364.70	1574.98	27396
2017	540.63	378.28	138.67	717.99	394.35	1745.72	29103
2018	587.60	407.23	142.98	774.45	440.82	2017.06	32178
2019	646.28	438.39	158.27	862.33	470.49	2172.66	34707
2020	662.13	409.88	138.77	859.27	540.47	2308.17	35848
2021	763.67	471.97	163.60	887.82	586.97	2483.41	40976
2022	795.61	555.57	155.05	925.06	573.18	2680.99	44968

3-2 地区生产总值构成
Composition of Gansu Gross Regional Product

单位：% 本表按当年价格计算。Data in this table are calculated at current prices. (%)

年 份 Year	地区生产总值 Gross Regional Product	第一产业 Primary Industry	第二产业 Secondary Industry	第三产业 Tertiary Industry	农林牧渔业 Agriculture,Forestry, Animal Husbandry and Fishery Industries	工业 Industry	建筑业 Construction
1978	100	20.41	60.31	19.28	20.41	53.55	6.77
1979	100	19.09	60.70	20.20	19.09	54.66	6.04
1980	100	22.27	53.92	23.80	22.27	47.70	6.22
1981	100	24.87	49.80	25.34	24.87	44.20	5.60
1982	100	25.60	50.13	24.27	25.60	43.74	6.39
1983	100	30.22	46.91	22.87	30.22	41.01	5.90
1984	100	26.97	48.44	24.58	26.97	42.31	6.14
1985	100	26.81	47.66	25.53	26.81	40.96	6.70
1986	100	27.01	46.38	26.61	27.01	39.80	6.58
1987	100	28.38	42.88	28.74	28.38	36.52	6.36
1988	100	27.51	42.39	30.10	27.51	35.07	7.32
1989	100	27.21	42.33	30.46	27.21	35.80	6.53
1990	100	26.38	40.50	33.12	26.38	34.57	5.93
1991	100	24.52	41.24	34.24	24.52	35.81	5.42
1992	100	23.35	40.49	36.17	23.70	34.68	5.81
1993	100	23.49	42.97	33.54	23.88	36.73	6.24
1994	100	22.90	43.80	33.30	23.28	38.48	5.32
1995	100	19.84	46.05	34.12	20.20	40.57	5.48
1996	100	26.04	43.18	30.78	26.45	38.25	4.93
1997	100	23.97	42.57	33.47	24.42	36.13	6.44
1998	100	22.84	42.07	35.09	23.29	35.06	7.00
1999	100	20.06	42.88	37.06	20.52	34.19	8.69
2000	100	18.44	40.05	41.52	18.92	31.12	8.93
2001	100	18.48	40.70	40.82	18.98	31.59	9.11
2002	100	17.49	40.72	41.79	17.96	31.60	9.12
2003	100	17.00	40.88	42.12	17.46	32.31	8.57
2004	100	17.13	41.14	41.73	17.36	33.23	7.91
2005	100	16.32	41.42	42.27	16.54	33.96	7.45
2006	100	14.97	44.14	40.88	15.18	37.14	7.00
2007	100	13.68	46.88	39.44	14.62	40.01	6.88
2008	100	12.74	46.55	40.71	13.63	38.97	7.58
2009	100	12.80	45.08	42.12	13.69	37.15	7.93
2010	100	11.98	48.44	39.58	12.72	40.92	7.52
2011	100	10.91	47.51	41.58	11.59	40.42	7.09
2012	100	10.96	46.23	42.81	11.62	39.07	7.16
2013	100	10.94	44.46	44.60	11.61	37.62	7.13
2014	100	10.67	43.31	46.01	11.35	36.42	7.15
2015	100	11.19	38.21	50.60	11.91	30.99	7.39
2016	100	11.59	35.95	52.46	12.08	28.89	7.21
2017	100	11.72	34.29	53.99	12.21	27.54	6.88
2018	100	11.43	34.08	54.50	11.87	27.81	6.39
2019	100	12.15	32.83	55.02	12.58	26.61	6.34
2020	100	13.23	31.46	55.31	13.67	25.23	6.33
2021	100	13.35	33.75	52.90	13.76	27.73	6.12
2022	100	13.53	35.22	51.25	13.94	29.44	5.87

3-2 续表 1 continued

单位：%　　(%)

年 份 Year	批发和零售业 Wholesale and Retail Trades	交通运输、仓储和邮政业 Transport,Storage and Post	住宿和餐饮业 Hotels and Catering Services	金融业 Financial Intermediation	房地产业 Real Estate	其他 Others
1978	4.99	7.03		1.82		5.44
1979	4.83	7.15		1.96		6.27
1980	4.42	9.28		2.64	0.12	7.33
1981	4.94	9.97		0.14	0.85	9.44
1982	4.86	9.34		2.82	0.13	7.11
1983	4.45	9.43		2.47	0.12	6.40
1984	4.98	9.85		2.44	0.12	7.19
1985	5.96	9.24		3.05	0.11	7.17
1986	6.63	9.03		3.94	0.09	6.92
1987	6.69	9.82		5.25	0.11	6.88
1988	5.70	11.75		5.47	0.23	6.93
1989	5.45	13.41		5.03	0.23	6.34
1990	4.95	12.62		4.65	0.37	10.53
1991	4.59	11.49		4.89	0.35	12.92
1992	8.90	4.46	3.42	4.68	0.36	13.99
1993	8.33	4.04	3.25	4.23	0.40	12.91
1994	8.26	4.72	2.80	5.30	1.73	10.13
1995	8.38	5.15	3.63	5.51	1.75	9.33
1996	7.61	4.66	3.31	4.50	1.56	8.73
1997	7.97	5.51	3.31	5.25	1.73	9.25
1998	7.71	5.88	3.37	5.69	2.10	9.89
1999	7.69	6.30	3.51	5.66	2.25	11.20
2000	7.46	7.44	3.25	5.31	2.35	15.22
2001	7.50	7.91	3.28	5.11	2.44	14.08
2002	7.70	8.69	2.85	3.42	3.37	15.30
2003	7.18	9.08	2.73	3.08	3.52	16.09
2004	7.07	7.63	2.70	2.69	3.61	17.81
2005	6.96	8.16	2.59	2.53	3.68	18.12
2006	6.55	8.24	2.36	2.46	3.66	17.40
2007	6.15	7.37	2.15	2.51	3.52	16.79
2008	6.31	7.61	2.05	2.62	3.53	17.70
2009	6.94	7.36	2.14	3.05	3.67	18.07
2010	6.75	6.60	1.89	3.20	3.54	16.86
2011	7.13	6.30	1.89	4.19	3.80	17.59
2012	7.19	6.12	1.88	4.87	4.03	18.06
2013	7.41	5.81	1.87	5.70	4.49	18.37
2014	7.30	5.28	1.82	6.89	4.80	18.98
2015	7.48	5.22	1.93	8.47	5.11	21.51
2016	7.48	4.98	1.93	9.36	5.28	22.80
2017	7.37	5.16	1.89	9.79	5.38	23.79
2018	7.25	5.02	1.76	9.56	5.44	24.89
2019	7.41	5.03	1.82	9.89	5.40	24.92
2020	7.37	4.56	1.55	9.57	6.02	25.70
2021	7.47	4.62	1.60	8.68	5.74	24.29
2022	7.10	4.96	1.38	8.26	5.12	23.93

3-3 地区生产总值指数（上年 =100）

Indices of Gansu Gross Regional Product (preceding year=100)

本表按不变价格计算。Data in this table are calculated at constant prices.

年 份 Year	地区生产总值 Gross Regional Product	第一产业 Primary Industry	第二产业 Secondary Industry	第三产业 Tertiary Industry	农林牧渔业 Agriculture,Forestry, Animal Husbandry and Fishery Industries	工业 Industry	建筑业 Construction
1978	113.2	96.0	115.1	128.8	96.0	113.7	129.2
1979	101.4	87.4	104.9	103.2	87.4	105.7	97.2
1980	109.1	123.9	98.0	135.4	123.9	96.6	112.1
1981	91.6	93.8	85.9	102.3	93.8	85.8	86.3
1982	108.9	116.1	108.3	104.0	116.1	107.6	113.3
1983	114.9	112.6	113.1	120.4	112.6	112.3	119.4
1984	113.8	111.2	112.9	117.7	111.2	113.2	110.9
1985	113.2	108.1	113.5	116.9	108.1	111.2	129.8
1986	111.0	106.9	106.2	122.7	106.9	105.0	113.2
1987	108.9	106.5	102.4	120.3	106.5	102.2	103.4
1988	113.7	107.6	113.9	116.9	107.6	113.1	118.8
1989	108.8	106.0	109.8	109.0	106.0	110.0	108.2
1990	105.6	105.0	105.4	106.3	105.0	105.9	102.4
1991	106.6	101.6	109.0	107.6	101.6	109.0	108.9
1992	109.9	105.8	110.2	112.6	107.6	110.3	109.9
1993	111.6	108.8	113.6	111.1	108.8	114.2	110.2
1994	110.8	106.1	111.0	113.7	106.1	111.3	109.4
1995	110.4	103.1	110.0	115.5	103.1	110.1	109.3
1996	112.0	109.9	110.4	114.9	109.9	110.5	109.9
1997	109.1	98.1	110.0	114.1	98.1	110.3	108.3
1998	109.7	105.1	108.8	112.9	105.1	107.3	118.6
1999	109.0	99.5	108.5	113.8	99.5	96.3	178.7
2000	109.7	101.6	110.1	112.5	101.6	110.2	109.8
2001	109.8	107.6	109.5	111.0	107.6	110.0	107.8
2002	109.9	105.9	110.2	111.3	105.9	110.9	107.9
2003	111.3	105.5	111.8	113.2	105.5	113.9	104.3
2004	110.9	106.3	112.5	111.2	105.9	115.1	102.2
2005	111.8	105.8	113.4	112.6	105.9	116.1	101.2
2006	112.0	105.1	114.6	112.1	105.2	116.4	106.3
2007	112.3	99.7	117.4	111.8	106.1	117.9	114.8
2008	110.1	107.5	108.7	112.5	107.1	110.3	100.5
2009	110.2	105.2	111.3	110.7	105.1	111.5	110.2
2010	111.8	105.8	114.8	110.3	105.6	115.8	109.2
2011	113.2	105.9	116.0	111.9	105.9	117.6	107.2
2012	111.8	106.8	112.6	112.1	106.8	113.1	109.6
2013	111.3	105.4	110.5	114.0	105.6	111.4	110.2
2014	109.0	105.5	107.9	111.3	105.6	107.8	108.2
2015	108.2	105.3	107.5	109.6	105.4	107.8	105.7
2016	107.6	105.5	106.8	108.8	105.5	107.4	104.4
2017	103.5	105.4	99.2	106.3	105.3	99.4	98.2
2018	106.1	104.9	104.2	107.8	104.6	105.2	99.5
2019	106.2	105.8	104.7	107.2	105.6	104.9	103.6
2020	103.8	105.3	105.6	102.2	105.1	105.9	104.2
2021	106.9	110.1	105.9	106.8	109.9	107.2	100.9
2022	104.5	105.7	104.2	104.4	105.8	104.1	104.6

3-3 续表 1 continued

年 份 Year	批发和零售业 Wholesale and Retail Trades	交通运输、仓储和邮政业 Transport,Storage and Post	住宿和餐饮业 Hotels and Catering Services	金融业 Financial Intermediation	房地产业 Real Estate	其他 Others	人均地区生产总值 Per Capita GDP
1978	122.0	105.5				116.5	111.9
1979	105.0	100.0		120.2		97.9	100.2
1980	136.7	104.4		128.4		155.7	107.7
1981	222.4	50.2		98.3	97.9	97.2	90.4
1982	101.8	103.0		109.4	108.2	105.6	107.4
1983	112.2	113.7		104.3	105.3	141.8	113.2
1984	117.9	121.0		108.9	107.7	118.2	112.3
1985	112.0	129.5		120.3	118.8	114.5	111.7
1986	150.0	109.7		136.2	119.3	98.8	109.4
1987	135.2	110.2		139.7	118.8	96.5	107.3
1988	124.3	111.1		123.2	120.2	101.7	112.0
1989	114.2	112.2		109.0	107.2	92.7	107.0
1990	105.6	97.3		109.3	108.8	115.3	103.1
1991	278.6	41.3		109.4	109.0	105.8	104.2
1992	86.8	108.0		106.4	105.4	104.0	108.5
1993	116.2	109.6	118.1	109.4	111.4	104.7	110.1
1994	119.6	121.1	103.8	111.1	114.6	109.2	109.1
1995	108.4	122.9	139.0	115.8	117.4	110.5	108.2
1996	115.3	121.8	115.6	114.8	117.3	110.0	110.1
1997	110.8	124.6	105.9	119.9	115.4	113.0	107.8
1998	108.0	119.0	113.6	105.5	117.3	118.3	108.6
1999	109.8	116.6	114.6	107.0	115.1	119.7	108.0
2000	109.7	119.8	104.9	103.1	113.1	118.0	109.8
2001	108.4	114.4	108.7	103.8	113.0	113.3	110.2
2002	114.1	121.8	96.5	72.9	152.9	113.8	109.5
2003	111.4	123.8	114.4	101.4	116.2	110.4	111.0
2004	108.6	95.0	104.2	132.2	89.5	124.7	110.7
2005	110.7	116.2	103.9	110.4	108.2	114.3	111.7
2006	109.9	109.4	109.2	165.1	75.0	114.7	111.9
2007	109.2	108.2	109.4	112.8	101.4	110.6	112.2
2008	109.1	109.8	111.3	103.9	95.8	119.4	110.0
2009	115.0	102.5	122.2	109.6	105.3	112.0	110.1
2010	112.4	105.5	121.7	110.9	100.3	110.9	111.6
2011	113.0	105.9	207.8	125.1	55.6	112.8	113.2
2012	110.1	105.5	127.0	116.3	105.0	112.4	112.0
2013	112.0	101.2	129.3	119.1	102.8	113.6	111.7
2014	105.7	98.0	128.6	114.0	102.6	113.4	109.4
2015	102.0	101.4	123.6	108.2	103.8	111.3	108.5
2016	104.4	101.0	103.5	116.4	109.0	109.7	107.9
2017	103.2	109.9	102.4	107.1	104.4	107.2	103.5
2018	106.9	107.7	101.7	104.4	106.5	110.6	106.2
2019	107.9	108.0	109.3	110.6	104.7	106.0	106.4
2020	104.0	94.9	89.7	102.4	106.0	103.5	104.1
2021	109.3	111.3	115.5	100.1	106.4	107.3	107.4
2022	99.5	117.7	92.5	102.9	96.8	106.5	104.7

3-4 地区生产总值指数（1978=100）
Indices of Gansu Gross Regional Product (year of 1978=100)

本表按不变价格计算。Date in this table are calculated at constant prices.

年 份 Year	地区生产总值 Gross Regional Product	第一产业 Primary Industry	第二产业 Secondary Industry	第三产业 Tertiary Industry	农林牧渔业 Agriculture,Forestry, Animal Husbandry and Fishery Industries	工业 Industry
1979	101.4	87.4	104.9	103.2	87.4	105.7
1980	110.6	108.3	102.8	139.7	108.3	102.1
1981	101.3	101.6	88.3	142.9	101.6	87.7
1982	110.3	118.0	95.6	148.6	118.0	94.3
1983	126.7	132.9	108.1	178.9	132.9	105.9
1984	144.1	147.8	122.1	210.5	147.8	119.9
1985	163.2	159.8	138.6	246.1	159.8	133.3
1986	181.2	170.8	147.1	302.0	170.8	139.9
1987	197.3	182.0	150.7	363.4	182.0	143.0
1988	224.2	195.9	171.7	424.8	195.9	161.7
1989	243.9	207.6	188.4	463.2	207.6	177.9
1990	257.6	217.9	198.5	492.5	217.9	188.4
1991	274.5	221.4	216.4	529.8	221.4	205.4
1992	301.7	234.3	238.5	596.3	238.3	226.5
1993	336.6	254.9	270.9	662.4	259.3	258.6
1994	372.9	270.4	300.7	753.4	275.1	287.8
1995	411.5	278.8	330.8	870.1	283.6	316.8
1996	460.7	306.4	365.2	1000.1	311.7	350.1
1997	502.5	300.6	401.8	1141.0	305.8	386.1
1998	551.4	315.9	437.3	1287.8	321.4	414.3
1999	601.2	314.3	474.4	1465.6	319.8	398.9
2000	659.5	319.4	522.2	1648.2	324.9	439.5
2001	723.8	343.5	571.8	1829.1	349.5	483.4
2002	795.3	363.6	630.3	2035.1	369.9	535.9
2003	885.4	383.7	704.7	2304.6	390.2	610.3
2004	982.0	407.7	792.7	2563.8	413.2	702.3
2005	1098.4	431.2	898.7	2887.9	437.4	815.1
2006	1230.1	452.9	1029.9	3237.5	460.1	949.0
2007	1381.5	451.5	1209.0	3619.4	488.0	1118.8
2008	1521.4	485.6	1314.2	4070.0	522.7	1234.1
2009	1676.6	510.6	1462.3	4503.9	549.1	1375.6
2010	1873.5	540.3	1679.2	4969.6	579.9	1593.2
2011	2120.5	572.2	1947.8	5562.6	614.2	1873.8
2012	2369.7	611.3	2193.0	6236.4	655.9	2119.0
2013	2638.1	644.2	2423.8	7107.5	692.4	2360.6
2014	2875.4	679.7	2614.5	7908.6	731.2	2544.2
2015	3110.1	715.9	2811.3	8667.7	770.7	2742.9
2016	3347.7	755.3	3002.1	9427.0	813.0	2945.2
2017	3465.6	796.4	2978.0	10021.8	856.4	2926.7
2018	3678.3	835.4	3102.1	10800.3	895.6	3079.6
2019	3904.6	883.8	3246.9	11579.6	945.7	3230.5
2020	4051.4	930.4	3429.3	11838.9	993.7	3421.6
2021	4332.7	1024.1	3631.6	12643.2	1092.5	3668.7
2022	4529.2	1082.7	3783.6	13204.4	1155.4	3817.6

3-4 续表 1 continued

年 份 Year	建筑业 Construction	批发和零售业 Wholesale and Retail Trades	交通运输、仓储和邮政业 Transport,Storage and Post	金融业 Financial Intermediation	其他 Others	人均地区生产总值 Per Capita GDP
1979	97.2	105.0	100.0	120.2	97.9	100.2
1980	109.0	143.5	104.3	154.3	152.5	107.9
1981	94.1	319.3	52.3	151.7	148.3	97.5
1982	106.6	325.2	53.9	166.0	156.6	104.7
1983	127.3	365.0	61.3	173.1	222.1	118.5
1984	141.1	430.4	74.1	188.5	262.6	133.1
1985	183.2	482.2	96.0	226.8	300.8	148.7
1986	207.4	723.4	105.3	309.0	297.1	162.7
1987	214.5	978.4	116.1	431.6	286.7	174.6
1988	254.7	1216.1	129.0	532.0	291.5	195.5
1989	275.7	1388.8	144.7	579.8	270.3	209.2
1990	282.3	1466.5	140.8	633.6	311.8	215.7
1991	307.4	4085.7	58.2	692.8	329.8	224.8
1992	337.9	3545.8	62.8	736.8	343.1	243.8
1993	372.3	4119.1	68.8	806.1	359.2	268.5
1994	407.4	4927.7	83.4	895.5	392.4	292.9
1995	445.3	5343.7	102.5	1037.0	433.7	317.0
1996	489.4	6161.3	124.8	1190.5	477.3	349.2
1997	530.0	6828.1	155.4	1427.4	539.5	376.6
1998	628.6	7371.6	185.0	1505.9	638.0	408.8
1999	1123.1	8096.1	215.6	1611.4	763.8	441.5
2000	1233.1	8883.3	258.3	1661.3	901.6	484.7
2001	1329.7	9631.7	295.6	1724.4	1021.9	534.0
2002	1435.4	10989.4	359.9	1257.4	1162.5	585.0
2003	1496.6	12241.5	445.8	1275.0	1283.0	649.4
2004	1529.3	13288.8	423.5	1686.0	1600.1	718.8
2005	1547.9	14712.8	492.3	1861.7	1829.4	802.7
2006	1646.0	16174.9	538.5	3073.9	2097.8	898.1
2007	1889.6	17664.2	582.9	3467.0	2320.0	1008.0
2008	1898.4	19268.1	640.2	3601.0	2769.0	1109.1
2009	2092.9	22161.7	656.4	3948.3	3100.3	1220.7
2010	2284.9	24915.7	692.7	4380.5	3439.5	1361.7
2011	2450.0	28151.7	733.4	5480.9	3878.1	1541.4
2012	2685.3	30990.0	773.5	6374.8	4358.8	1726.4
2013	2958.9	34707.0	782.8	7594.7	4953.5	1928.4
2014	3200.2	36680.6	767.3	8660.6	5615.5	2109.6
2015	3382.2	37422.7	777.8	9368.3	6247.3	2288.9
2016	3530.0	39076.9	785.8	10904.0	6850.4	2469.8
2017	3467.2	40332.3	864.0	11681.5	7341.1	2556.2
2018	3449.2	43103.6	930.1	12197.4	8116.0	2714.7
2019	3573.4	46522.5	1004.5	13490.3	8606.4	2888.4
2020	3722.3	48367.6	953.1	13813.9	8903.8	3006.9
2021	3756.5	52860.0	1061.2	13821.3	9553.6	3227.9
2022	3929.5	52619.4	1249.1	14218.4	10175.3	3380.4

3–5 分行业增加值
Value-added by Sector

单位：亿元　　本表按当年价格计算。Data in this table are calculated at current prices.　　(100 million yuan)

行　业	Sector	2015	2019	2020	2021	2022
地区生产总值	**Gross Domestic Product**	**6556.55**	**8718.30**	**8979.67**	**10225.49**	**11201.60**
农林牧渔业	Agriculture, Forestry, Animal Husbandry and Fishery	780.74	1097.15	1227.29	1406.84	1561.34
采矿业	Mining	455.69	488.59	425.46	623.89	846.17
制造业	Manufacturing	1220.49	1417.14	1394.69	1749.69	1999.59
电力、热力、燃气及水生产和供应业	Production and Supply of Electricity, Heat, Gas and Water	355.37	414.01	445.24	461.77	451.44
建筑业	Construction	484.24	552.99	568.30	625.87	657.59
批发和零售业	Wholesale and Retail Trades	490.29	646.28	662.13	763.67	795.61
交通运输、仓储和邮政业	Transport, Storage and Post	342.21	438.39	409.88	471.97	555.57
住宿和餐饮业	Hotels and Catering Services	126.70	158.27	138.77	163.60	155.05
信息传输、软件和信息技术服务业	Information Transmission, Software and Information Technology	96.39	156.23	184.66	196.19	202.22
金融业	Financial Intermediation	555.13	862.33	859.27	887.82	925.06
房地产业	Real Estate	335.34	470.49	540.47	586.97	573.18
租赁和商务服务业	Leasing and Business Services	128.04	172.76	169.21	189.25	201.86
科学研究和技术服务业	Scientific Research and Technical Services	116.00	218.92	233.53	262.39	298.02
水利、环境和公共设施管理业	Management of Water Conservancy, Environment and Public Facilities	28.71	42.62	45.79	49.32	52.73
居民服务、修理和其他服务业	Service to Households, Repair and Other Services	67.56	96.13	95.03	101.46	101.01
教育	Education	315.52	503.41	533.03	581.67	628.84
卫生和社会工作	Health and Social Service	154.76	228.80	244.03	273.74	303.97
文化、体育和娱乐业	Culture, Sports and Entertainment	39.12	56.77	48.51	57.59	57.16
公共管理、社会保障和社会组织	Public Management, Social Security and Social Organization	464.25	697.01	754.39	771.78	835.18

3-6 三次产业和主要行业贡献率
Share of the Contributions of the Three Strata of Industry and Main Sectors to the Increase of the GDP

单位：% 本表按不变价格计算。Data in this table are calculated at constant prices. (%)

年 份 Year	地区生产总值 Gross Domestic Product	第一产业 Primary Industry	第二产业 Secondary Industry	第三产业 Tertiary Industry	#工业 Industry	#批发和零售业 Wholesale and Retail Trades	#金融业 Financial Intermediation
1995	100	6.77	40.87	52.36	35.57	11.41	6.93
1996	100	17.49	36.76	45.75	31.91	10.46	5.90
1997	100	-4.34	45.98	58.36	40.72	16.92	10.72
1998	100	9.79	38.17	52.04	27.24	13.99	3.04
1999	100	-0.99	39.13	61.85	-14.60	14.22	4.01
2000	100	2.69	43.08	54.23	32.87	16.91	1.62
2001	100	21.51	38.03	40.45	30.82	6.26	5.31
2002	100	10.72	41.38	47.91	34.31	17.11	-13.77
2003	100	8.48	41.82	49.70	38.58	18.11	0.41
2004	100	9.45	46.02	44.52	44.41	-4.37	8.95
2005	100	7.68	46.05	46.28	45.28	11.22	3.18
2006	100	17.22	47.64	35.15	38.77	5.14	4.54
2007	100	-0.38	59.85	40.54	51.34	5.34	3.87
2008	100	10.11	38.07	51.81	37.74	7.47	1.43
2009	100	6.72	48.34	44.94	41.72	1.90	3.34
2010	100	6.26	55.73	38.00	50.58	3.35	3.27
2011	100	9.29	60.24	30.46	51.44	4.77	3.65
2012	100	6.51	53.16	40.33	47.34	2.87	4.90
2013	100	5.09	46.48	48.43	43.31	0.62	6.22
2014	100	6.22	43.41	50.36	37.23	-1.17	6.14
2015	100	6.41	45.33	48.26	40.76	0.80	4.12
2016	100	28.87	-102.30	173.44	-116.82	10.51	73.68
2017	100	16.97	-8.63	91.66	-5.53	13.85	18.55
2018	100	8.89	24.66	66.44	25.26	6.49	6.82
2019	100	10.41	27.06	62.54	23.43	6.86	16.06
2020	100	15.42	52.51	32.07	45.72	-7.30	6.20
2021	100	19.18	26.72	54.10	26.23	9.86	0.07
2022	100	17.18	28.76	54.06	22.64	-0.76	5.67

注：贡献率指三次产业或主要行业增加值增量与GDP增量之比。

a) Share of the contributions of the three strata of industry or main sectors to the increase of the GDP refers to the proportion of the increment of the value-added of each industry to the increment of GDP.

3-7 三次产业和主要行业对地区生产总值增长的拉动

Contribution of the Three Strata of Industry and Main Sectors to GDP Growth

单位：百分点　　本表按不变价格计算。Data in this table are calculated at constant prices.　　(percentage points)

年份 Year	地区生产总值 Gross Domestic Product	第一产业 Primary Industry	第二产业 Secondary Industry	第三产业 Tertiary Industry	#工业 Industry	#批发和零售业 Wholesale and Retail Trades	#金融业 Financial Intermediation
1995	10.36	0.70	4.23	5.43	3.68	1.18	0.72
1996	11.96	2.09	4.40	5.47	3.82	1.25	0.71
1997	9.08	-0.39	4.17	5.30	3.70	1.54	0.97
1998	9.72	0.95	3.71	5.06	2.65	1.36	0.30
1999	9.03	-0.09	3.53	5.59	-1.32	1.28	0.36
2000	9.70	0.26	4.18	5.26	3.19	1.64	0.16
2001	9.76	2.10	3.71	3.95	3.01	0.61	0.52
2002	9.87	1.06	4.08	4.73	3.39	1.69	-1.36
2003	11.33	0.96	4.74	5.63	4.37	2.05	0.05
2004	10.92	1.03	5.03	4.86	4.85	-0.48	0.98
2005	11.85	0.91	5.46	5.48	5.36	1.33	0.38
2006	11.99	2.06	5.71	4.21	4.65	0.62	0.54
2007	12.31	-0.05	7.37	4.99	6.32	0.66	0.48
2008	10.12	1.02	3.85	5.24	3.82	0.76	0.14
2009	10.20	0.69	4.93	4.58	4.25	0.19	0.34
2010	11.75	0.74	6.55	4.47	5.94	0.39	0.38
2011	13.18	1.22	7.94	4.01	6.78	0.63	0.48
2012	11.76	0.77	6.25	4.74	5.57	0.34	0.58
2013	11.32	0.58	5.26	5.48	4.90	0.07	0.70
2014	9.00	0.56	3.91	4.53	3.35	-0.10	0.55
2015	8.16	0.52	3.70	3.94	3.33	0.07	0.34
2016	7.64	2.21	-7.82	13.25	-8.93	0.80	5.63
2017	3.52	0.60	-0.30	3.23	-0.19	0.49	0.65
2018	6.14	0.55	1.51	4.08	1.55	0.40	0.42
2019	6.15	0.64	1.66	3.85	1.44	0.42	0.99
2020	3.80	0.59	2.00	1.22	1.74	−0.28	0.24
2021	6.94	1.33	1.85	3.75	1.82	0.68	0.01
2022	4.54	0.78	1.30	2.45	1.03	-0.03	0.26

注：拉动指GDP增长速度与三次产业或主要行业贡献率之乘积。

a) Contribution of the three strata of industry or main sectors to GDP growth refers to the growth rate of GDP multiplied by the contribution share of every industry

3-8 全员劳动生产率
Overall Labor Productivity

单位：元 / 人 · 年 (yuan/person·year)

年 份 Year	全员劳动生产率 Over all Labor Productivity	第一产业 Primary Industry	第二产业 Secondary Industry	第三产业 Tertiary Industry
		按 1970 年价格计算	Price Base Year=1970	
1979	919.21			
1980	934.90			
		按 1980 年价格计算	Price Base Year=1980	
1980	979.46			
1981	826.16			
1982	860.96			
1983	908.36			
1984	943.73	280.70	4073.73	2548.05
1985	1024.24	305.66	3875.36	2365.80
1986	1110.14	329.55	3439.36	2783.45
1987	1177.68	358.43	3339.04	2648.03
1988	1292.30	383.62	3696.74	2631.97
1989	1361.74	388.93	3922.11	2931.99
1990	1373.21	384.32	4161.38	3003.44
		按 1990 年价格计算	Price Base Year=1990	
1990	1937.44	743.33	5316.57	3894.89
1991	1994.39	723.48	5583.22	4203.68
1992	2180.27	765.82	5867.99	4781.47
1993	2329.48	800.31	6136.56	5224.61
1994	2460.54	832.30	6091.22	5379.84
1995	2654.57	872.55	6086.88	5624.34
1996	2890.33	946.38	6343.43	6151.33
1997	3104.16	926.81	6663.90	6803.05
1998	3385.54	994.42	6998.07	7208.94
1999	3741.61	1026.29	7724.67	7722.36
2000	4192.28	1067.45	8955.59	8558.59
		按 2000 年价格计算	Price Base Year=2000	
2000	7100.98	2206.86	14600.57	13903.40
2001	7794.21	2362.74	16650.70	15076.75
2002	8494.27	2489.45	18399.54	16335.12
2003	9387.47	2621.82	20302.90	18190.80
2004	10344.50	2783.09	22585.12	19887.54
2005	12044.91	2950.21	29704.47	23683.44
		按 2005 年价格计算	Price Base Year=2005	
2005	12807.33	3425.75	31611.04	24369.51
2006	14954.74	3607.96	43045.35	28986.77
2007	16656.18	3595.48	49528.31	31655.78
2008	18053.62	3832.37	52416.10	34604.97
2009	19394.34	3949.42	56377.21	37004.63
2010	22043.78	4275.22	65333.26	41090.14
		按 2010 年价格计算	Price Base Year=2010	
2010	27333.61	5298.99	86492.51	47288.30
2011	32157.49	5869.84	103702.60	54324.89
2012	36449.98	6420.27	117358.55	60625.11
2013	40982.10	6947.13	128435.61	67797.44
2014	44834.28	7509.86	137051.36	72775.15
2015	48601.32	8079.11	147424.88	76688.50
		按 2015 年价格计算	Price Base Year=2015	
2015	48675.20	9461.63	115490.67	93466.35
2016	52531.22	10190.72	124346.52	97759.04
2017	54562.81	10996.12	125289.36	99582.04
2018	57998.95	11769.47	132456.61	103043.99
2019	61658.73	12691.10	141740.26	106180.91
2020	64197.28	14648.70	139919.99	98222.26
		按 2020 年价格计算	Price Base Year=2020	
2020	67414.94	18234.86	128975.91	107641.81
2021	72477.71	22220.76	125956.35	106295.43
2022	76456.72	23157.80	134050.90	114572.14

3-9 各市（州）地区生产总值（2022）
Gross Regional Product by Region (2022)

单位：万元　　本表按当年价格计算。Data in this table are calculated at current prices.　　(10 000 yuan)

市（州）	Region	地区生产总值 Gross Regional Product	第一产业 Primary Industry	第二产业 Secondary Industry	第三产业 Tertiary Industry	农林牧渔业 Agriculture, Forestry,Animal Husbandry and Fishery Industries	工业 Industry	建筑业 Construction
兰州市	Lanzhou	33434962	649724	11507559	21277679	675011	9353575	2183503
嘉峪关市	Jiayuguan	3625714	65296	2418944	1141474	65332	2356760	63270
金昌市	Jinchang	5225203	319163	3713055	1192985	341707	3483514	232023
白银市	Baiyin	6355319	1164573	2512763	2677983	1198952	2086689	426677
天水市	Tianshui	8138814	1556498	2203196	4379120	1566371	1652560	567853
武威市	Wuwei	6633559	2151317	1212549	3269693	2182690	882320	330492
张掖市	Zhangye	5815117	1703269	1188995	2922853	1796497	764954	427609
平凉市	Pingliang	6415771	1517317	1907017	2991437	1527804	1534413	372750
酒泉市	Jiuquan	8408726	1433261	3712598	3262867	1545792	3339933	374357
庆阳市	Qingyang	10222558	1248309	5519403	3454846	1270212	5183352	374680
定西市	Dingxi	5579289	1124602	966016	3488671	1145085	533005	433414
陇南市	Longnan	5623697	1042173	1483717	3097807	1060449	1261401	223257
临夏州	Linxia	4086096	757830	823204	2505062	792648	335318	488619
甘南州	Gannan	2451192	419830	281389	1749973	444836	204221	77431

3-9 续表 1 continued

单位：万元　　(10 000 yuan)

市（州）	Region	批发和零售业 Wholesale and Retail Trades	交通运输、仓储和邮政业 Transport, Storage and Post	住宿和餐饮业 Hotels and Catering Services	金融业 Financial Intermediation	房地产业 Real Estate	其他 Others	人均地区生产总值（元） Per-Capita GDP (yuan)
兰州市	Lanzhou	2760481	2949135	391048	4298161	2081961	8742087	75992
嘉峪关市	Jiayuguan	173947	122339	46686	180302	89496	527582	114810
金昌市	Jinchang	154710	56251	25944	172649	87746	670659	120161
白银市	Baiyin	375045	282370	57944	415752	273629	1238261	42297
天水市	Tianshui	600210	415302	85827	648020	494191	2108480	27538
武威市	Wuwei	832248	201382	74847	388600	443384	1297596	45932
张掖市	Zhangye	512926	261607	99805	437501	209264	1304954	51861
平凉市	Pingliang	266201	120326	77663	403046	408494	1705074	35182
酒泉市	Jiuquan	529705	390144	99589	494596	327734	1306876	79840
庆阳市	Qingyang	515813	189148	193696	425843	311780	1758034	47351
定西市	Dingxi	468924	157471	119148	482896	314284	1925062	22257
陇南市	Longnan	406082	101302	86878	472905	342266	1669157	23548
临夏州	Linxia	250279	102568	114641	284651	250688	1466684	19271
甘南州	Gannan	109502	206400	76777	145717	96918	1089390	35662

3-10 各市（州）地区生产总值构成（2022）
Composition of Gross Regional Product by Region (2022)

单位：%　　本表按当年价格计算。Data in this table are calculated at current prices.　　(%)

市（州）	Region	地区生产总值 Gross Regional Product	第一产业 Primary Industry	第二产业 Secondary Industry	第三产业 Tertiary Industry	农林牧渔业 Agriculture, Forestry,Animal Husbandry and Fishery Industries	工业 Industry	建筑业 Construction
兰州市	Lanzhou	100	1.94	34.42	63.64	2.02	27.98	6.53
嘉峪关市	Jiayuguan	100	1.80	66.72	31.48	1.80	65.00	1.75
金昌市	Jinchang	100	6.11	71.06	22.83	6.54	66.67	4.44
白银市	Baiyin	100	18.32	39.54	42.14	18.87	32.83	6.71
天水市	Tianshui	100	19.12	27.07	53.81	19.25	20.30	6.98
武威市	Wuwei	100	32.43	18.28	49.29	32.90	13.30	4.98
张掖市	Zhangye	100	29.29	20.45	50.26	30.89	13.15	7.35
平凉市	Pingliang	100	23.65	29.72	46.63	23.80	23.92	5.81
酒泉市	Jiuquan	100	17.04	44.15	38.81	18.38	39.72	4.45
庆阳市	Qingyang	100	12.21	53.99	33.80	12.42	50.70	3.67
定西市	Dingxi	100	20.16	17.31	62.53	20.52	9.55	7.77
陇南市	Longnan	100	18.53	26.38	55.09	18.86	22.43	3.97
临夏州	Linxia	100	18.55	20.15	61.30	19.40	8.21	11.96
甘南州	Gannan	100	17.13	11.48	71.39	18.15	8.33	3.16

3-10 续表1 continued

单位：%　　(%)

市（州）	Region	批发和零售业 Wholesale and Retail Trades	交通运输、仓储和邮政业 Transport, Storage and Post	住宿和餐饮业 Hotels and Catering Services	金融业 Financial Intermediation	房地产业 Real Estate	其他 Others
兰州市	Lanzhou	8.26	8.82	1.17	12.85	6.23	26.14
嘉峪关市	Jiayuguan	4.80	3.37	1.29	4.97	2.47	14.55
金昌市	Jinchang	2.96	1.08	0.50	3.30	1.68	12.83
白银市	Baiyin	5.90	4.44	0.91	6.54	4.31	19.49
天水市	Tianshui	7.37	5.10	1.05	7.96	6.07	25.92
武威市	Wuwei	12.55	3.04	1.13	5.86	6.68	19.56
张掖市	Zhangye	8.82	4.50	1.72	7.52	3.60	22.45
平凉市	Pingliang	4.15	1.88	1.21	6.28	6.37	26.58
酒泉市	Jiuquan	6.30	4.64	1.18	5.88	3.90	15.55
庆阳市	Qingyang	5.05	1.85	1.89	4.17	3.05	17.20
定西市	Dingxi	8.40	2.82	2.14	8.66	5.63	34.51
陇南市	Longnan	7.22	1.80	1.54	8.41	6.09	29.68
临夏州	Linxia	6.13	2.51	2.81	6.97	6.14	35.87
甘南州	Gannan	4.47	8.42	3.13	5.94	3.95	44.45

3-11 各市（州）地区生产总值指数（2022）
Indices of Gross Regional Product by Region (2022)

（上年 =100） 本表按不变价格计算。Data in this table are calculated at constant prices. (preceding year=100)

市（州）	Region	地区生产总值 Gross Regional Product	第一产业 Primary Industry	第二产业 Secondary Industry	第三产业 Tertiary Industry	农林牧渔业 Agriculture, Forestry,Animal Husbandry and Fishery Industries	工业 Industry	建筑业 Construction
兰州市	Lanzhou	100.8	105.0	97.1	102.4	105.0	97.9	95.1
嘉峪关市	Jiayuguan	104.8	105.5	104.8	104.9	105.2	104.9	101.0
金昌市	Jinchang	113.5	105.9	117.9	105.8	105.5	119.5	100.1
白银市	Baiyin	105.6	106.0	105.4	105.6	106.1	104.9	107.7
天水市	Tianshui	105.3	106.0	104.9	105.2	106.0	103.5	107.9
武威市	Wuwei	106.0	106.5	107.5	105.2	106.4	109.4	103.5
张掖市	Zhangye	106.1	106.4	108.0	105.3	106.3	107.1	109.0
平凉市	Pingliang	108.2	106.2	112.1	107.3	106.2	112.8	110.0
酒泉市	Jiuquan	106.1	106.5	105.6	106.5	106.6	105.0	110.1
庆阳市	Qingyang	104.4	106.3	105.0	103.0	106.4	104.1	107.7
定西市	Dingxi	107.8	106.2	111.2	107.5	106.2	107.2	115.8
陇南市	Longnan	107.8	106.1	107.6	108.4	106.1	106.1	115.0
临夏州	Linxia	106.0	105.6	110.6	104.8	106.2	95.6	122.9
甘南州	Gannan	104.0	93.9	95.9	108.3	94.4	91.5	110.0

3-11 续表 1 continued

（上年 =100） (preceding year=100)

市（州）	Region	批发和零售业 Wholesale and Retail Trades	交通运输、仓储和邮政业 Transport, Storage and Post	住宿和餐饮业 Hotels and Catering Services	金融业 Financial Intermediation	房地产业 Real Estate	其他 Others	人均地区生产总值 Per-Capita GDP
兰州市	Lanzhou	97.9	114.6	85.0	100.9	88.5	105.3	100.3
嘉峪关市	Jiayuguan	105.7	110.4	98.1	100.8	101.8	105.9	104.4
金昌市	Jinchang	88.2	118.6	93.0	116.7	93.0	109.9	113.9
白银市	Baiyin	99.7	128.1	97.4	102.4	102.5	105.3	105.8
天水市	Tianshui	96.8	122.3	96.2	103.2	101.7	106.5	105.7
武威市	Wuwei	102.2	121.6	99.2	105.9	101.4	106.4	106.5
张掖市	Zhangye	102.9	117.8	99.9	103.7	103.0	105.7	106.6
平凉市	Pingliang	99.1	125.8	98.8	107.4	106.0	108.2	108.8
酒泉市	Jiuquan	107.7	110.3	99.8	104.6	107.8	105.8	106.2
庆阳市	Qingyang	100.3	117.8	88.9	105.2	102.2	105.1	104.9
定西市	Dingxi	104.9	120.0	106.2	104.0	102.6	109.1	108.1
陇南市	Longnan	102.5	124.3	98.9	106.5	106.0	110.6	108.1
临夏州	Linxia	96.3	131.5	90.7	103.6	100.7	106.8	105.7
甘南州	Gannan	95.4	149.8	81.4	103.0	96.2	108.8	104.6

3-12 各地、县地区生产总值（2022）
Gross Regional Product by Region & County (2022)

单位：万元　　本表按当年价格计算。Data in this table are calculated at current prices.　　(10 000 yuan)

地、县	Region & County	地区生产总值 Gross Regional Product	第一产业 Primary Industry	第二产业 Secondary Industry	第三产业 Tertiary Industry	农林牧渔业 Agriculture, Forestry,Animal Husbandry and Fishery Industries	工业 Industry	建筑业 Construction
兰州市	**Lanzhou**	**33434962**	**649724**	**11507559**	**21277679**	**675011**	**9353575**	**2183503**
城关区	Chengguan	11310576	5669	1560713	9744194	5986	938075	637946
七里河区	Qilihe	5704808	94037	2152202	3458569	101162	1786989	376097
西固区	Xigu	4816247	35136	2772886	2008225	35594	2599356	176842
安宁区	Anning	2660663	644	722888	1937131	659	578262	144626
红古区	Honggu	1461141	62333	919715	479093	63300	907328	12402
永登县	Yongdeng	1338279	144211	409737	784331	146022	386319	23418
皋兰县	Gaolan	895304	92514	386438	416352	94486	374911	11527
榆中县	Yuzhong	1956063	183578	957630	814855	194349	841858	115772
兰州新区	Lanzhou New Area	3291881	31602	1625350	1634929	33453	940477	684873
嘉峪关市	**Jiayuguan**	**3625714**	**65296**	**2418944**	**1141474**	**65332**	**2356760**	**63270**
金昌市	**Jinchang**	**5225203**	**319163**	**3713055**	**1192985**	**341707**	**3483514**	**232023**
金川区	Jinchuan	4096778	83864	3315700	697214	95222	3130152	187414
永昌县	Yongchang	1128425	235299	397355	495771	246485	353362	44609
白银市	**Baiyin**	**6355319**	**1164573**	**2512763**	**2677983**	**1198952**	**2086689**	**426677**
白银区	Baiyin	2702525	66757	1350869	1284899	69697	1184790	166079
平川区	Pingchuan	1053609	77558	628852	347199	86719	508500	120352
靖远县	Jingyuan	986902	418043	235424	333435	426108	195696	39728
会宁县	Huining	847247	370507	78033	398707	375046	40094	37939
景泰县	Jingtai	765036	231708	219585	313743	241382	157609	62579
天水市	**Tianshui**	**8138814**	**1556498**	**2203196**	**4379120**	**1566371**	**1652560**	**567853**
秦州区	Qinzhou	2536964	219708	840878	1476378	220821	634319	206559
麦积区	Maiji	2133422	211209	959932	962281	212565	903413	73736
清水县	Qingshui	423591	153137	25955	244499	154586	11782	14173
秦安县	Qinan	939903	273013	93043	573847	273462	28053	64990
甘谷县	Gangu	964794	280601	158415	525778	282645	42884	115531
武山县	Wushan	768946	293060	95282	380604	295090	22602	72680
张家川县	Zhangjiachuan	371194	125770	29691	215733	127202	9507	20184
武威市	**Wuwei**	**6633559**	**2151317**	**1212549**	**3269693**	**2182690**	**882320**	**330492**
凉州区	Liangzhou	4034895	1106324	710397	2218174	1119644	471019	239582
民勤县	Minqin	1078507	497670	217339	363498	506520	192563	24813
古浪县	Gulang	809033	373612	86045	349376	378291	52023	34033
天祝县	Tianzhu	711124	173711	198768	338645	178235	166715	32064
张掖市	**Zhangye**	**5815117**	**1703269**	**1188995**	**2922853**	**1796497**	**764954**	**427609**

3-12 续表 3 continued

单位：万元 (10 000 yuan)

地、县	Region & County	批发和零售业 Wholesale and Retail Trades	交通运输、仓储和邮政业 Transport, Storage and Post	住宿和餐饮业 Hotels and Catering Services	金融业 Financial Intermedia-tion	房地产业 Real Estate	其他 Others	人均地区生产总值（元） Per Capita GDP (yuan)
兰州市	**Lanzhou**	**2760481**	**2949135**	**391048**	**4298161**	**2081961**	**8742087**	**75992**
城关区	Chengguan	1397845	800608	193944	1955802	1083316	4297054	75755
七里河区	Qilihe	243435	859954	46263	914206	336387	1040315	79306
西固区	Xigu	136401	474002	23740	545100	126182	699030	117228
安宁区	Anning	391140	1661	43347	221732	197610	1081626	59825
红古区	Honggu	27484	166324	10990	55327	31060	186926	101425
永登县	Yongdeng	72737	296509	14403	111708	46831	240332	47372
皋兰县	Gaolan	50674	57461	4479	48531	68178	185057	71779
榆中县	Yuzhong	59351	109496	26061	86457	124458	398261	41403
兰州新区	Lanzhou New Area	381414	183120	27821	359298	67939	613486	106882
嘉峪关市	**Jiayuguan**	**173947**	**122339**	**46686**	**180302**	**89496**	**527582**	**114810**
金昌市	**Jinchang**	**154710**	**56251**	**25944**	**172649**	**87746**	**670659**	**120161**
金川区	Jinchuan	86403	28911	14735	101159	49724	403058	156814
永昌县	Yongchang	68307	27340	11209	71490	38022	267601	65001
白银市	**Baiyin**	**375045**	**282370**	**57944**	**415752**	**273629**	**1238261**	**42297**
白银区	Baiyin	194814	222277	22904	308308	69648	164008	84034
平川区	Pingchuan	37855	14055	8323	22284	41489	214032	53199
靖远县	Jingyuan	48095	14956	7206	32060	48420	174633	26869
会宁县	Huining	36426	3957	10419	29409	62987	250970	21123
景泰县	Jingtai	57855	27125	9092	23691	51085	134618	35666
天水市	**Tianshui**	**600210**	**415302**	**85827**	**648020**	**494191**	**2108480**	**27538**
秦州区	Qinzhou	167912	73992	26298	320640	126302	760121	38943
麦积区	Maiji	166569	225101	17130	122223	77395	335290	38600
清水县	Qingshui	13145	2027	7368	24062	36258	160190	17768
秦安县	Qinan	145903	28296	11204	61714	67379	258902	23045
甘谷县	Gangu	66033	64074	13428	52444	78686	249069	19234
武山县	Wushan	31195	8631	6410	42183	74059	216096	21383
张家川县	Zhangjiachuan	9453	13181	3989	24754	34112	128812	15222
武威市	**Wuwei**	**832248**	**201382**	**74847**	**388600**	**443384**	**1297596**	**45932**
凉州区	Liangzhou	739502	152156	60813	235143	291405	725631	45851
民勤县	Minqin	50355	6653	3344	48022	44932	201305	62126
古浪县	Gulang	23992	23066	3608	46159	69011	178850	33266
天祝县	Tianzhu	18399	19507	7082	59276	38036	191810	48228
张掖市	**Zhangye**	**512926**	**261607**	**99805**	**437501**	**209264**	**1304954**	**51861**

3-12 续表 4 continued

单位：万元 (10 000 yuan)

地、县	Region & County	批发和零售业 Wholesale and Retail Trades	交通运输、仓储和邮政业 Transport, Storage and Post	住宿和餐饮业 Hotels and Catering Services	金融业 Financial Intermedia-tion	房地产业 Real Estate	其他 Others	人均地区生产总值（元） Per Capita GDP (yuan)
甘州区	Ganzhou	311094	143366	52170	141894	92054	659578	49018
肃南县	Sunan	19613	4493	3813	18618	8031	77817	141239
民乐县	Minle	53437	13647	6677	87025	41841	130518	38646
临泽县	Linze	43097	38384	10119	53726	19731	147388	61669
高台县	Gaotai	37511	24827	12879	66418	11582	140647	52601
山丹县	Shandan	48174	36890	14147	69820	36025	149006	54124
平凉市	**Pingliang**	**266201**	**120326**	**77663**	**403046**	**408494**	**1705074**	**35182**
崆峒区	Kongtong	139592	57496	26482	215482	169912	575108	38584
泾川县	Jingchuan	21470	3586	11520	33614	52706	170837	23975
灵台县	Lingtai	11646	1013	4505	30182	23886	158250	31133
崇信县	Chongxin	9639	5200	7787	17450	13229	94602	76607
庄浪县	Zhuanglang	32596	8454	10346	42329	56893	280447	25535
静宁县	Jingning	36205	24795	8583	36277	66462	269438	27702
华亭市	Huating	15053	19782	8440	27712	25406	156392	56625
酒泉市	**Jiuquan**	**529705**	**390144**	**99589**	**494596**	**327734**	**1306876**	**79840**
肃州区	Suzhou	278858	95820	36496	207049	199712	563365	56663
金塔县	Jinta	21549	20348	5419	63924	24974	112508	76872
瓜州县	Guazhou	113250	84167	11268	47366	24187	143094	92426
肃北县	Subei	7042	20868	2936	7475	3027	63596	171273
阿克塞县	Akesai	5271	10193	2713	6166	1586	47781	106780
玉门市	Yumen	41614	71756	6939	50576	29774	163925	178690
敦煌市	Dunhuang	62121	86992	33818	112040	44474	212607	47363
庆阳市	**Qingyang**	**515813**	**189148**	**193696**	**425843**	**311780**	**1758034**	**47351**
西峰区	Xifeng	268234	125463	72763	251361	87853	651643	58812
庆城县	Qingcheng	29375	19043	18506	22584	25189	137516	48992
环　县	Huanxian	69773	5942	29392	31535	34683	230663	50266
华池县	Huachi	26594	5408	11991	20101	15473	88256	127499
合水县	Heshui	14808	4733	13251	21194	17381	101507	63442
正宁县	Zhengning	16010	4729	8826	14043	28269	113131	21184
宁　县	Ningxian	29963	14050	11754	33897	51182	238269	23509
镇原县	Zhenyuan	61056	9780	27213	31128	51750	197049	29491
定西市	**Dingxi**	**468924**	**157471**	**119148**	**482896**	**314284**	**1925062**	**22257**
安定区	Anding	189981	65275	26591	143083	35477	466508	34050
通渭县	Tongwei	43569	13310	12882	44769	51532	291551	20965

3-12 续表 5 continued

单位：万元 (10 000 yuan)

地、县	Region & County	批发和零售业 Wholesale and Retail Trades	交通运输、仓储和邮政业 Transport, Storage and Post	住宿和餐饮业 Hotels and Catering Services	金融业 Financial Intermedia-tion	房地产业 Real Estate	其他 Others	人均地区生产总值（元） Per Capita GDP (yuan)
陇西县	Longxi	82772	34885	23798	88295	45612	312039	22993
渭源县	Weiyuan	29558	7449	8702	34727	36156	161344	18731
临洮县	Lintao	74481	13158	21286	87489	64289	347415	21328
漳　县	Zhangxian	18640	5177	6541	21995	22289	106002	20124
岷　县	Minxian	29923	18218	19349	62538	58930	240202	14941
陇南市	**Longnan**	**406082**	**101302**	**86878**	**472905**	**342266**	**1669157**	**23548**
武都区	Wudu	185756	46365	32284	274378	87964	538676	30769
成　县	Chengxian	32447	4069	9228	24945	28544	224263	34111
文　县	Wenxian	22079	5474	7768	17945	24009	136070	36055
宕昌县	Tanchang	46419	4725	10625	29410	37959	134251	14877
康　县	Kangxian	7197	3957	2966	22502	18756	129195	17841
西和县	Xihe	16701	4277	8050	24987	54513	141530	12738
礼　县	Lixian	25860	14548	4632	47492	57325	162538	12292
徽　县	Huixian	61309	16175	6550	21490	28185	148873	35547
两当县	Liangdang	8314	1712	4775	9756	5011	53761	33640
临夏州	**Linxia**	**250279**	**102568**	**114641**	**284651**	**250688**	**1466684**	**19271**
临夏市	Linxia	112748	51097	30814	124214	69247	517161	31109
临夏县	Linxia	34616	11891	20523	24859	19919	230443	17589
康乐县	Kangle	13418	3657	7315	22549	27611	53529	10850
永靖县	Yongjing	18801	12346	14329	36473	27248	176657	42425
广河县	Guanghe	19255	3921	11567	20081	31294	43735	9235
和政县	Hezheng	18129	3373	7121	21389	24707	127841	16619
东乡县	Dongxiang	15747	3893	10322	18082	26732	161845	14911
积石山县	Jishishan	17565	12390	12650	17004	23930	155473	14027
甘南州	**Gannan**	**109502**	**206400**	**76777**	**145717**	**96918**	**1089390**	**35662**
合作市	Hezuo	34787	120854	15559	53130	45509	280262	61441
临潭县	Lintan	13399	31394	5450	15003	12924	142291	23400
卓尼县	Zhuoni	3653	8863	5666	13971	8193	169554	33111
舟曲县	Zhouqu	26223	16105	9124	19496	10610	158890	27049
迭部县	Diebu	9751	9131	21648	8557	4989	76698	40081
玛曲县	Maqu	7465	12709	6162	13926	2165	96126	38416
碌曲县	Luqu	4391	4243	3381	7503	1546	77026	42723
夏河县	Xiahe	9833	3101	9787	14131	10982	88543	27588

3-13 各地、县地区生产总值指数（2022）

Indices of Gross Regional Product by Region & County (2022)

（上年=100） 本表按不变价格计算。Data in this table are calculated at constant prices. (preceding year=100)

地、县	Region & County	地区生产总值 Gross Regional Product	第一产业 Primary Industry	第二产业 Secondary Industry	第三产业 Tertiary Industry	农林牧渔业 Agriculture, Forestry,Animal Husbandry and Fishery Industries	工业 Industry	建筑业 Construction
兰州市	**Lanzhou**	**100.8**	**105.0**	**97.1**	**102.4**	**105.0**	**97.9**	**95.1**
城关区	Chengguan	96.6	95.5	80.4	99.5	95.1	77.5	86.8
七里河区	Qilihe	102.1	102.6	98.7	104.0	102.9	100.7	93.6
西固区	Xigu	103.2	101.4	101.1	105.7	101.3	101.6	94.9
安宁区	Anning	102.1	100.0	96.9	104.2	99.4	97.5	94.6
红古区	Honggu	105.6	104.6	103.3	108.8	104.6	103.2	92.9
永登县	Yongdeng	105.4	107.9	102.2	106.2	107.8	102.3	100.9
皋兰县	Gaolan	97.0	100.1	89.7	102.5	100.1	90.7	68.7
榆中县	Yuzhong	100.2	107.6	92.8	106.4	107.6	94.5	83.6
兰州新区	Lanzhou New Area	111.0	121.6	115.6	106.1	120.7	115.4	115.9
嘉峪关市	**Jiayuguan**	**104.8**	**105.5**	**104.8**	**104.9**	**105.2**	**104.9**	**101.0**
金昌市	**Jinchang**	**113.5**	**105.9**	**117.9**	**105.8**	**105.5**	**119.5**	**100.1**
金川区	Jinchuan	115.4	105.1	118.8	104.9	104.5	120.7	96.9
永昌县	Yongchang	107.6	106.2	109.6	107.3	105.9	108.5	117.0
白银市	**Baiyin**	**105.6**	**106.0**	**105.4**	**105.6**	**106.1**	**104.9**	**107.7**
白银区	Baiyin	104.4	105.9	101.7	106.7	105.6	102.1	98.9
平川区	Pingchuan	108.8	106.2	111.7	104.9	106.4	108.2	126.5
靖远县	Jingyuan	106.8	106.0	116.0	104.8	106.0	122.6	103.1
会宁县	Huining	105.0	106.1	101.7	104.7	106.3	108.2	96.7
景泰县	Jingtai	104.9	105.8	106.3	103.5	106.0	104.1	112.4
天水市	**Tianshui**	**105.3**	**106.0**	**104.9**	**105.2**	**106.0**	**103.5**	**107.9**
秦州区	Qinzhou	104.5	106.3	100.5	106.3	106.3	102.2	96.1
麦积区	Maiji	105.2	105.7	106.6	104.1	105.7	104.7	124.8
清水县	Qingshui	104.9	106.0	105.1	104.2	106.1	97.3	111.6
秦安县	Qinan	104.7	106.1	110.5	103.2	106.2	95.6	118.3
甘谷县	Gangu	106.8	105.8	108.9	106.8	105.9	100.6	112.1
武山县	Wushan	106.0	105.8	112.2	104.8	105.9	109.9	112.7
张家川县	Zhangjiachuan	106.6	105.9	116.9	105.8	105.9	115.2	117.7
武威市	**Wuwei**	**106.0**	**106.5**	**107.5**	**105.2**	**106.4**	**109.4**	**103.5**
凉州区	Liangzhou	104.6	106.1	101.1	105.1	106.1	104.0	96.2
民勤县	Minqin	109.4	107.0	130.3	105.4	106.9	136.5	103.0
古浪县	Gulang	106.5	106.8	109.7	105.6	106.7	108.8	111.0
天祝县	Tianzhu	108.2	106.8	116.8	105.1	106.7	105.1	199.7
张掖市	**Zhangye**	**106.1**	**106.4**	**108.0**	**105.3**	**106.3**	**107.1**	**109.0**

3-13 续表 1 continued

（上年 =100） (preceding year=100)

地、县	Region & County	地区生产总值 Gross Regional Product	第一产业 Primary Industry	第二产业 Secondary Industry	第三产业 Tertiary Industry	农林牧渔业 Agriculture, Forestry,Animal Husbandry and Fishery Industries	工业 Industry	建筑业 Construction
甘州区	Ganzhou	106.7	106.4	110.5	105.1	106.0	110.0	110.8
肃南县	Sunan	106.3	106.2	107.7	105.2	106.4	105.8	116.7
民乐县	Minle	105.6	106.1	105.7	105.3	106.1	100.1	119.1
临泽县	Linze	106.6	106.5	109.4	105.8	107.0	105.9	111.7
高台县	Gaotai	105.4	106.4	104.3	105.0	106.5	113.9	94.5
山丹县	Shandan	106.0	106.3	105.3	106.3	106.4	104.9	104.7
平凉市	**Pingliang**	**108.2**	**106.2**	**112.1**	**107.3**	**106.2**	**112.8**	**110.0**
崆峒区	Kongtong	107.3	106.1	109.7	106.6	106.0	112.4	105.3
泾川县	Jingchuan	109.7	106.3	117.5	109.9	106.3	125.9	112.4
灵台县	Lingtai	109.9	106.5	134.8	107.6	106.5	139.4	111.8
崇信县	Chongxin	109.6	105.4	112.0	108.6	105.3	111.9	112.8
庄浪县	Zhuanglang	107.0	106.2	124.6	105.0	106.1	108.8	134.1
静宁县	Jingning	107.7	106.4	106.3	109.2	106.5	109.5	104.8
华亭市	Huating	109.3	106.0	111.3	107.1	105.9	111.2	114.3
酒泉市	**Jiuquan**	**106.1**	**106.5**	**105.6**	**106.5**	**106.6**	**105.0**	**110.1**
肃州区	Suzhou	108.5	106.8	111.7	107.8	107.0	111.5	111.9
金塔县	Jinta	111.9	106.6	136.3	102.9	106.6	140.6	108.7
瓜州县	Guazhou	104.0	106.7	100.5	107.8	106.8	100.1	109.9
肃北县	Subei	117.0	106.3	125.0	111.4	106.2	126.1	108.5
阿克塞县	Akesai	105.6	105.5	100.7	107.4	105.6	105.7	65.1
玉门市	Yumen	102.6	106.6	101.1	105.7	106.3	101.0	108.7
敦煌市	Dunhuang	103.6	105.4	103.0	103.4	105.5	103.4	96.2
庆阳市	**Qingyang**	**104.4**	**106.3**	**105.0**	**103.0**	**106.4**	**104.1**	**107.7**
西峰区	Xifeng	100.1	106.2	93.3	105.7	106.5	91.0	100.0
庆城县	Qingcheng	106.2	106.2	110.4	98.9	106.3	108.3	115.4
环　县	Huanxian	104.6	106.8	104.9	103.2	106.7	105.3	92.2
华池县	Huachi	110.2	106.1	112.5	101.0	106.1	111.5	135.1
合水县	Heshui	105.1	105.7	107.0	100.9	105.7	106.8	114.3
正宁县	Zhengning	119.6	106.4	340.6	99.1	106.4	563.1	88.4
宁　县	Ningxian	104.2	106.0	108.7	101.9	106.0	103.5	126.5
镇原县	Zhenyuan	103.7	106.7	105.7	100.5	106.6	104.4	135.0
定西市	**Dingxi**	**107.8**	**106.2**	**111.2**	**107.5**	**106.2**	**107.2**	**115.8**
安定区	Anding	108.0	106.3	108.7	108.2	106.3	106.3	111.0
通渭县	Tongwei	107.6	106.1	109.8	107.6	106.1	109.5	109.9

3-13 续表 2 continued

（上年 =100） (preceding year=100)

地、县	Region & County	地区生产总值 Gross Regional Product	第一产业 Primary Industry	第二产业 Secondary Industry	第三产业 Tertiary Industry	农林牧渔业 Agriculture, Forestry,Animal Husbandry and Fishery Industries	工业 Industry	建筑业 Construction
陇西县	Longxi	107.8	106.3	108.9	108.0	106.1	108.1	110.1
渭源县	Weiyuan	107.9	106.4	117.2	107.6	106.4	109.0	123.4
临洮县	Lintao	107.5	106.0	113.9	106.0	106.1	105.8	124.4
漳　县	Zhangxian	107.8	106.1	108.7	108.3	106.0	105.8	122.3
岷　县	Minxian	108.1	106.1	113.8	108.0	106.0	106.3	118.7
陇南市	**Longnan**	**107.8**	**106.1**	**107.6**	**108.4**	**106.1**	**106.1**	**115.0**
武都区	Wudu	107.8	106.1	108.6	108.1	106.1	97.8	116.4
成　县	Chengxian	107.5	106.3	105.7	109.9	106.3	104.7	116.0
文　县	Wenxian	107.9	106.1	108.7	107.2	106.0	108.8	107.3
宕昌县	Tanchang	107.6	105.9	101.0	108.5	105.9	95.9	114.1
康　县	Kangxian	107.5	106.2	108.1	107.8	106.2	103.4	116.1
西和县	Xihe	108.0	106.1	106.8	108.9	106.1	107.0	104.9
礼　县	Lixian	107.9	106.0	110.3	108.3	106.0	107.0	114.3
徽　县	Huixian	108.2	106.2	107.9	109.2	106.2	107.4	115.2
两当县	Liangdang	107.3	106.0	110.9	107.7	106.0	108.3	112.6
临夏州	**Linxia**	**106.0**	**105.6**	**110.6**	**104.8**	**106.2**	**95.6**	**122.9**
临夏市	Linxia	105.1	77.2	112.9	104.3	80.8	92.6	128.3
临夏县	Linxia	107.9	107.2	122.3	105.7	107.2	106.1	130.2
康乐县	Kangle	107.7	104.6	121.1	104.9	104.5	95.0	129.5
永靖县	Yongjing	105.5	108.1	104.6	104.8	108.0	90.9	125.6
广河县	Guanghe	104.1	104.5	113.4	101.6	104.5	107.1	129.2
和政县	Hezheng	107.2	105.3	119.4	103.9	105.2	109.8	123.9
东乡县	Dongxiang	105.8	107.7	99.5	106.8	111.9	93.4	100.6
积石山县	Jishishan	106.9	106.2	116.4	106.3	106.1	110.2	128.5
甘南州	**Gannan**	**104.0**	**93.9**	**95.9**	**108.3**	**94.4**	**91.5**	**110.0**
合作市	Hezuo	108.9	93.6	108.8	110.1	94.0	111.4	100.7
临潭县	Lintan	104.2	94.8	79.5	109.9	95.3	48.7	100.7
卓尼县	Zhuoni	103.1	98.5	85.5	108.2	98.9	75.9	156.6
舟曲县	Zhouqu	104.0	96.9	99.7	106.0	97.3	98.1	106.5
迭部县	Diebu	103.6	95.7	103.2	106.6	95.8	101.8	108.2
玛曲县	Maqu	100.7	92.7	72.7	109.6	93.2	60.4	115.7
碌曲县	Luqu	103.6	93.0	119.2	107.8	93.9	94.4	139.9
夏河县	Xiahe	97.9	93.6	80.0	103.9	94.1	78.3	101.1

3-13 续表 3 continued

（上年 =100） (preceding year=100)

地、县	Region & County	批发和零售业 Wholesale and Retail Trades	交通运输、仓储和邮政业 Transport, Storage and Post	住宿和餐饮业 Hotels and Catering Services	金融业 Financial Intermedia-tion	房地产业 Real Estate	其他 Others	人均地区生产总值 Per Capita GDP
兰州市	**Lanzhou**	**97.9**	**114.6**	**85.0**	**100.9**	**88.5**	**105.3**	**100.3**
城关区	Chengguan	95.0	114.8	82.0	100.0	86.2	102.7	96.3
七里河区	Qilihe	95.7	115.1	81.2	98.9	88.8	108.6	101.7
西固区	Xigu	99.2	110.8	77.7	104.6	102.2	106.3	102.6
安宁区	Anning	98.8	455.8	90.9	101.4	96.0	108.4	101.6
红古区	Honggu	105.7	112.7	90.7	97.0	99.1	113.5	105.5
永登县	Yongdeng	101.8	109.7	89.7	104.0	100.6	106.5	105.6
皋兰县	Gaolan	96.0	123.5	86.2	115.2	83.9	104.6	97.1
榆中县	Yuzhong	114.1	130.2	95.4	102.3	86.7	108.3	100.4
兰州新区	Lanzhou New Area	108.6	115.9	104.9	102.6	79.2	107.7	106.8
嘉峪关市	**Jiayuguan**	**105.7**	**110.4**	**98.1**	**100.8**	**101.8**	**105.9**	**104.4**
金昌市	**Jinchang**	**88.2**	**118.6**	**93.0**	**116.7**	**93.0**	**109.9**	**113.9**
金川区	Jinchuan	81.8	121.4	92.8	118.3	87.1	110.4	115.3
永昌县	Yongchang	97.8	115.8	93.4	114.5	102.0	109.1	108.8
白银市	**Baiyin**	**99.7**	**128.1**	**97.4**	**102.4**	**102.5**	**105.3**	**105.8**
白银区	Baiyin	100.3	129.7	98.9	100.1	103.5	106.4	107.3
平川区	Pingchuan	99.2	128.9	94.9	108.4	107.5	104.3	110.0
靖远县	Jingyuan	98.0	126.6	95.1	113.5	103.5	104.4	107.2
会宁县	Huining	99.7	137.2	98.2	111.0	98.5	105.7	104.7
景泰县	Jingtai	99.4	116.3	96.9	105.1	101.3	103.4	101.0
天水市	**Tianshui**	**96.8**	**122.3**	**96.2**	**103.2**	**101.7**	**106.5**	**105.7**
秦州区	Qinzhou	97.1	133.3	95.7	100.7	99.7	110.0	104.9
麦积区	Maiji	96.0	111.1	95.6	106.9	99.0	105.3	105.6
清水县	Qingshui	96.3	165.1	96.3	104.1	103.5	104.8	105.3
秦安县	Qinan	97.4	106.0	96.4	107.0	105.3	105.1	105.6
甘谷县	Gangu	97.6	159.2	97.2	105.6	96.3	103.8	107.3
武山县	Wushan	96.0	143.4	97.2	102.9	109.0	104.1	106.5
张家川县	Zhangjiachuan	96.7	137.7	96.0	103.6	104.5	104.7	106.6
武威市	**Wuwei**	**102.2**	**121.6**	**99.2**	**105.9**	**101.4**	**106.4**	**106.5**
凉州区	Liangzhou	102.5	124.0	99.1	106.6	99.7	106.6	104.7
民勤县	Minqin	102.3	126.4	101.0	107.2	103.1	105.9	110.7
古浪县	Gulang	97.0	116.6	98.9	107.5	107.0	104.9	107.6
天祝县	Tianzhu	97.7	110.0	99.4	100.8	103.3	108.1	109.4
张掖市	**Zhangye**	**102.9**	**117.8**	**99.9**	**103.7**	**103.0**	**105.7**	**106.6**

3-13 续表 4 continued

（上年=100） (preceding year=100)

地、县	Region & County	批发和零售业 Wholesale and Retail Trades	交通运输、仓储和邮政业 Transport, Storage and Post	住宿和餐饮业 Hotels and Catering Services	金融业 Financial Intermedia-tion	房地产业 Real Estate	其他 Others	人均地区生产总值 Per Capita GDP
甘州区	Ganzhou	103.3	119.9	99.7	101.4	103.7	105.4	106.5
肃南县	Sunan	102.5	116.9	98.8	107.2	102.2	105.3	106.9
民乐县	Minle	102.0	115.1	100.7	105.8	102.9	106.2	106.0
临泽县	Linze	102.6	117.9	99.0	105.3	104.3	104.1	107.5
高台县	Gaotai	102.8	111.9	101.0	103.2	96.1	106.3	106.2
山丹县	Shandan	102.4	117.2	99.9	104.6	103.1	107.5	106.8
平凉市	**Pingliang**	**99.1**	**125.8**	**98.8**	**107.4**	**106.0**	**108.2**	**108.8**
崆峒区	Kongtong	99.5	126.6	101.5	105.5	105.0	108.0	107.7
泾川县	Jingchuan	94.7	126.4	95.9	108.1	107.6	113.8	111.3
灵台县	Lingtai	98.2	129.2	97.2	111.6	105.9	108.1	111.0
崇信县	Chongxin	100.8	122.2	97.1	111.9	106.8	109.7	109.5
庄浪县	Zhuanglang	99.4	128.5	100.1	107.5	107.3	104.4	107.4
静宁县	Jingning	99.9	126.3	98.0	111.2	106.3	109.9	108.2
华亭市	Huating	97.4	122.7	96.8	110.0	105.5	106.5	110.3
酒泉市	**Jiuquan**	**107.7**	**110.3**	**99.8**	**104.6**	**107.8**	**105.8**	**106.2**
肃州区	Suzhou	107.5	109.8	104.6	103.8	109.9	108.5	109.0
金塔县	Jinta	104.7	126.9	99.2	104.0	105.3	98.1	112.4
瓜州县	Guazhou	115.3	105.2	100.9	108.0	103.7	105.5	102.5
肃北县	Subei	104.5	128.1	101.2	103.8	104.6	110.1	117.0
阿克塞县	Akesai	100.7	117.5	104.2	103.5	104.4	107.2	105.6
玉门市	Yumen	110.8	107.8	100.1	110.2	103.6	103.6	102.7
敦煌市	Dunhuang	97.6	111.5	94.4	103.0	105.1	103.6	103.6
庆阳市	**Qingyang**	**100.3**	**117.8**	**88.9**	**105.2**	**102.2**	**105.1**	**104.9**
西峰区	Xifeng	101.5	121.3	89.3	105.6	103.2	110.0	100.6
庆城县	Qingcheng	100.0	104.9	89.9	105.3	103.3	100.9	106.6
环　县	Huanxian	101.6	111.9	87.7	101.4	101.7	106.4	105.1
华池县	Huachi	102.1	128.7	83.8	108.8	103.2	100.8	110.6
合水县	Heshui	99.8	118.7	89.6	101.9	103.2	101.5	105.5
正宁县	Zhengning	97.2	96.7	90.8	105.8	101.1	98.7	120.2
宁　县	Ningxian	95.3	122.8	85.5	104.8	102.5	102.3	104.8
镇原县	Zhenyuan	96.8	107.9	91.7	106.2	100.1	101.8	104.3
定西市	**Dingxi**	**104.9**	**120.0**	**106.2**	**104.0**	**102.6**	**109.1**	**108.1**
安定区	Anding	107.9	117.5	107.1	103.0	99.0	109.5	108.2
通渭县	Tongwei	107.6	115.7	109.6	98.7	105.8	109.0	107.9

3-13 续表 5 continued

（上年 =100） (preceding year=100)

地、县	Region & County	批发和零售业 Wholesale and Retail Trades	交通运输、仓储和邮政业 Transport, Storage and Post	住宿和餐饮业 Hotels and Catering Services	金融业 Financial Intermedia-tion	房地产业 Real Estate	其他 Others	人均地区生产总值 Per Capita GDP
陇西县	Longxi	109.2	114.5	108.5	102.7	96.8	110.7	108.1
渭源县	Weiyuan	109.3	117.0	109.0	101.6	105.6	108.6	108.5
临洮县	Lintao	107.5	117.2	107.8	103.6	108.7	105.3	107.7
漳　县	Zhangxian	109.5	125.9	108.9	103.8	108.8	108.3	108.4
岷　县	Minxian	108.5	111.5	107.1	107.7	103.3	108.9	108.4
陇南市	**Longnan**	**102.5**	**124.3**	**98.9**	**106.5**	**106.0**	**110.6**	**108.1**
武都区	Wudu	102.3	122.8	98.6	107.0	103.6	110.7	107.9
成　县	Chengxian	102.3	125.3	98.6	109.2	103.6	112.4	107.6
文　县	Wenxian	102.5	125.3	98.8	103.3	103.3	109.0	108.4
宕昌县	Tanchang	103.3	130.6	99.5	102.3	109.5	111.6	108.9
康　县	Kangxian	102.3	125.3	100.0	104.6	103.3	109.0	107.7
西和县	Xihe	103.3	124.0	98.9	106.6	113.5	108.6	108.2
礼　县	Lixian	102.6	125.3	99.1	107.7	105.0	109.7	108.3
徽　县	Huixian	102.6	125.3	99.5	107.6	105.2	112.0	108.3
两当县	Liangdang	101.7	125.6	98.7	102.0	103.3	110.5	107.7
临夏州	**Linxia**	**96.3**	**131.5**	**90.7**	**103.6**	**100.7**	**106.8**	**105.7**
临夏市	Linxia	95.7	132.6	90.6	103.2	97.9	106.2	104.0
临夏县	Linxia	96.2	135.0	90.1	100.8	106.5	108.1	107.9
康乐县	Kangle	97.3	115.9	90.2	103.3	105.1	109.3	107.4
永靖县	Yongjing	98.3	134.0	90.9	102.7	98.0	106.8	106.1
广河县	Guanghe	94.8	119.3	91.1	103.7	98.6	108.0	103.5
和政县	Hezheng	97.8	126.0	91.3	112.9	99.6	104.6	107.0
东乡县	Dongxiang	93.4	122.0	90.7	106.6	103.4	107.2	105.5
积石山县	Jishishan	100.6	135.9	91.6	99.8	104.2	107.6	107.1
甘南州	**Gannan**	**95.4**	**149.8**	**81.4**	**103.0**	**96.2**	**108.8**	**104.6**
合作市	Hezuo	94.4	149.6	78.8	110.7	86.0	107.8	108.9
临潭县	Lintan	95.5	150.7	84.6	96.1	105.9	108.7	104.2
卓尼县	Zhuoni	96.6	150.9	78.4	99.9	123.6	108.4	103.0
舟曲县	Zhouqu	96.5	148.0	66.0	96.6	105.2	110.0	107.7
迭部县	Diebu	104.1	150.7	94.1	98.2	104.5	108.6	103.7
玛曲县	Maqu	91.9	151.0	87.4	101.6	108.5	110.6	100.6
碌曲县	Luqu	95.0	151.0	83.4	101.2	103.3	109.2	103.4
夏河县	Xiahe	105.7	111.4	110.6	101.8	105.0	108.6	104.9

主要统计指标解释

国内生产总值(GDP) 指按市场价格计算的一个国家(或地区)所有常住单位在一定时期内生产活动的最终成果。国内生产总值有三种表现形态，即价值形态、收入形态和产品形态。从价值形态看，它是所有常住单位在一定时期内生产的全部货物和服务价值超过同期投入的全部非固定资产货物和服务价值的差额，即所有常住单位的增加值之和；从收入形态看，它是所有常住单位在一定时期内创造并分配给常住单位和非常住单位的初次收入之和；从产品形态看，它是所有常住单位在一定时期内最终使用的货物和服务价值减去货物和服务进口价值。在实际核算中，国内生产总值有三种计算方法，即生产法、收入法和支出法。三种方法分别从不同的方面反映国内生产总值及其构成。对于一个地区来说，称为地区生产总值或地区 GDP。

三次产业 三次产业的划分是世界上较为常用的产业结构分类，但各国的划分不尽一致。根据《国民经济行业分类》（GB/T 4754—2017），我国的三次产业划分是：

第一产业是指农、林、牧、渔业（不含农、林、牧、渔服务业）。

第二产业是指采矿业(不含开采辅助活动)，制造业(不含金属制品、机械和设备修理业），电力、热力、燃气及水生产和供应业，建筑业。

第三产业即服务业，是指除第一产业、第二产业以外的其他行业。

4
就业和工资
Employment and Wages

简要说明

一、本篇资料主要内容

本篇资料反映劳动就业方面基本情况，主要包括经济活动人口数、就业人员及职工人数、城镇登记失业人数、职工工资总额、平均工资及指数变化等情况。

二、本篇资料来源

1. 本篇资料中劳动就业和工资等资料由省统计局人口与就业处整理提供。

2. 城镇登记失业与新增就业等资料来源于省人力资源和社会保障厅。

4-1 就业基本情况
Employment

单位：万人 (10 000 persons)

项 目	Item	2010	2015	2020	2021	2022
经济活动人口	**Economically Active Population**	**1407.72**	**1355.48**	**1343.20**	**1332.08**	**1320.38**
就业人员	**Total Number of Employed Persons**	**1397**	**1346**	**1331**	**1319**	**1307**
第一产业	Primary Industry	861	768	597	580	614
第二产业	Secondary Industry	215	217	237	238	227
第三产业	Tertiary Industry	322	361	497	501	466
就业人员构成（合计=100）(%)	**Composition of Employed Persons (total=100) (%)**					
第一产业	Primary Industry	61.61	57.06	44.85	43.97	46.98
第二产业	Secondary Industry	15.36	16.11	17.81	18.04	17.37
第三产业	Tertiary Industry	23.03	26.83	37.34	37.98	35.65
按城乡分就业人员	**Number of Employed Persons by Urban and Rural Areas**					
城镇就业人员	Urban Employed Persons	403.98	497.37	618.00	626.00	618.00
#非私营单位就业人员	Non-private Unit Employed Persons	194.29	261.76	262.22	261.30	257.55
国有单位	State-owned Units	147.36	153.88	137.83	138.56	140.00
城镇集体单位	Urban Collective-owned Units	6.88	10.17	5.69	5.23	4.60
股份合作单位	Cooperative Units	1.03	0.70	0.90	0.93	0.95
联营单位	Joint Ownership Units	0.46	0.10	0.12	0.11	0.10
有限责任公司	Limited Liability Corporations	23.84	70.65	79.40	79.72	77.10
股份有限公司	Share-holding Corporations Ltd.	10.36	22.05	31.14	29.71	27.56
港澳台商投资单位	Units with Funds from Hong Kong, Macao & Taiwan	0.47	0.85	0.84	0.85	0.79
外商投资单位	Foreign Funded Units	0.77	1.56	1.84	1.98	1.91
其他	Others	3.12	1.82	4.47	4.20	4.53
乡村就业人员	Rural Employed Persons	993.02	848.63	713.00	693.00	689.00
在岗职工人数	**Number of Staff and Workers**	**187.96**	**228.97**	**222.01**	**220.50**	**222.22**
国有单位	State-owned Units	142.46	137.97	122.84	122.04	124.31
城镇集体单位	Urban Collective-owned Units	6.76	9.14	4.95	4.62	4.07
其他单位	Units of Other Types of Ownership	38.74	81.87	94.22	93.85	93.84
城镇单位女性就业人员	**Number of Female Employed Persons in Urban Units**	**63.56**	**86.29**	**100.57**	**100.83**	**100.96**
城镇新增就业人员	**New Increased Urban Employed Persons**	**29.30**	**43.70**	**35.68**	**33.25**	**32.02**
城镇登记失业人数	**Number of Registered Unemployed Persons in Urban Areas**	**10.72**	**9.48**	**12.20**	**13.08**	**13.38**
城镇登记失业率（%）	**Registered Unemployment Rate in Urban Areas (%)**	**3.21**	**2.14**	**3.27**	**3.40**	

注：1. 就业人员按常住人口口径统计。

2. 自 2022 年起，省人社厅不再统计城镇登记失业率指标（下表同）。

a) the number of employed persons is calculated according to the caliber of permanent residents.

b) since 2022,the Department of People Society of Gancu Province no longer statistical urban unemployment rate indicators(The following table is the same).

4-2 就业人员
Employed Persons

单位：万人 (10 000 persons)

年 份 Year	经济活动人口 Economically Active Population	就业人员 Total Employed Persons	按三次产业分 By Three Strata of Industry			按城乡分 By Urban and Rural Areas	
			第一产业 Primary Industry	第二产业 Secondary Industry	第三产业 Tertiary Industry	城镇 Urban Areas	乡村 Rural Areas
1978		694				160	534
1979		713				164	549
1980	805	796				173	623
1981	853	842				182	660
1982	879	870				187	683
1983	999	994	797	108	89	191	803
1984	1051	1047	803	124	119	205	842
1985	1089	1081	786	153	143	211	870
1986	1106	1099	790	179	131	221	878
1987	1151	1140	754	171	215	231	909
1988	1191	1179	798	189	192	236	943
1989	1228	1214	824	184	206	237	977
1990	1305	1292	899	186	207	240	1052
1991	1314	1302	900	198	205	257	1045
1992	1315	1306	899	205	202	264	1042
1993	1428	1418	974	232	212	271	1147
1994	1449	1439	936	257	246	282	1157
1995	1492	1483	942	282	260	283	1200
1996	1531	1521	961	289	271	288	1233
1997	1539	1530	946	308	276	284	1246
1998	1548	1540	922	311	307	320	1220
1999	1497	1489	879	298	313	336	1153
2000	1484	1476	881	280	316	320	1156
2001	1496	1489	887	275	327	324	1165
2002	1509	1501	889	278	333	327	1174
2003	1520	1511	890	282	339	333	1178
2004	1530	1520	891	285	345	339	1181
2005	1401	1391	886	204	302	364	1027
2006	1411	1401	886	207	308	372	1030
2007	1424	1415	886	212	316	383	1032
2008	1456	1446	902	219	326	398	1049
2009	1499	1489	923	227	338	414	1075
2010	1408	1397	861	215	322	404	993
2011	1390	1379	845	213	321	416	963
2012	1368	1358	821	212	325	449	909
2013	1361	1352	801	217	334	462	890
2014	1358	1348	782	217	349	478	870
2015	1356	1346	768	217	361	497	849
2016	1351	1341	750	213	377	512	829
2017	1347	1337	733	210	393	531	806
2018	1347	1337	721	207	409	548	789
2019	1344	1333	706	201	425	565	768
2020	1343	1331	597	237	497	618	713
2021	1332	1319	580	238	501	626	693
2022	1320	1307	614	227	466	618	689

注：2005年及以后，就业人员按常住人口口径统计。

a) Since 2005, the number of employed persons is calculated according to the caliber of permanent residents.

4-3 按登记注册类型和行业分城镇非私营单位就业人员数（2022）
Number of Employed Persons in Urban Non-private Units at Year-end by Status of Registration Sector in Detail (2022)

单位：万人 (10 000 persons)

项 目	Item	就业人员数 Total Employed Persons	国有单位 State-owned Units	城镇集体单位 Urban Collective-owned Units	其他单位 Units of Other Types of Ownership
城镇非私营单位就业人员	**Urban Non-private Unit Employed Persons**	**257.55**	**140.00**	**4.60**	**112.94**
按企、事业和机关分	**By Enterprises, Institutions and Agencies**				
企业	Enterprises	137.51	24.42	3.46	109.63
政府	Government Organs	117.68	115.13	1.01	1.54
民间非营利组织	Folk Non-profit Organization	2.23	0.40	0.13	1.70
其他	Other	0.13	0.05		0.08
按国民经济行业分	**By Sector**				
农、林、牧、渔业	Agriculture, Forestry, Animal Husbandry and Fishery	1.95	1.18	0.03	0.75
采矿业	Mining	7.60	1.67	0.12	5.80
制造业	Manufacturing	28.33	1.53	0.08	26.72
电力、热力、燃气及水生产和供应业	Production and Supply of Electricity, Heat, Gas and Water	10.79	6.60	0.02	4.17
建筑业	Construction	27.90	3.46	2.19	22.25
批发和零售业	Wholesale and Retail Trades	9.74	1.19	0.10	8.45
交通运输、仓储和邮政业	Transport,Storage and Post	13.07	2.27	0.02	10.79
住宿和餐饮业	Hotels and Catering Services	2.79	0.39	0.04	2.35
信息传输、软件和信息技术服务业	Information Transmission,Software and Information Technology Services	3.32	0.72		2.60
金融业	Financial Intermediation	11.63	1.69	0.53	9.42
房地产业	Real Estate	6.66	0.73	0.11	5.82
租赁和商务服务业	Leasing and Business Services	4.43	1.32	0.12	2.99
科学研究和技术服务业	Scientific Research and Technical Services	7.90	4.68	0.05	3.17
水利、环境和公共设施管理业	Management of Water Conservancy, Environment and Public Facilities	4.96	3.22	0.03	1.71
居民服务、修理和其他服务业	Services to Households,Repair and Other Services	0.69	0.10	0.01	0.58
教育	Education	41.23	37.63	0.72	2.88
卫生和社会工作	Health and Social Services	21.11	19.43	0.37	1.31
文化、体育和娱乐业	Culture, Sports and Entertainment	2.85	1.97	0.05	0.84
公共管理、社会保障和社会组织	Public Management,Social Security and Social Organization	50.60	50.20	0.02	0.38

4-4 按行业分城镇非私营单位年末在岗职工人数

Number of Staff and Workers in Urban Non-private Units at Year-end by Sector

单位：万人 (10 000 persons)

行 业	Sector	2010	2015	2020	2021	2022
在岗职工人数	**Number of Staff and Workers**	**187.96**	**228.97**	**222.01**	**220.50**	**222.22**
农、林、牧、渔业	Agriculture, Forestry, Animal Husbandry and Fishery	5.19	4.52	1.67	1.92	1.72
采矿业	Mining	8.87	10.48	6.68	6.77	7.16
制造业	Manufacturing	34.54	32.51	25.31	25.16	25.58
电力、热力、燃气及水生产和供应业	Production and Supply of Electricity, Heat,Gas and Water	6.60	11.02	9.43	9.29	9.56
建筑业	Construction	14.32	30.25	21.03	19.11	18.93
批发和零售业	Wholesale and Retail Trades	9.93	7.30	7.82	8.61	8.76
交通运输、仓储和邮政业	Transport,Storage and Post	1.66	11.48	11.63	11.42	11.35
住宿和餐饮业	Hotels and Catering Services	5.59	2.88	2.59	2.59	2.36
信息传输、软件和信息技术服务业	Information Transmission,Software and Information Technology Services	1.82	2.13	3.36	3.25	3.09
金融业	Financial Intermediation	6.59	6.52	8.60	8.33	8.21
房地产业	Real Estate	1.68	4.00	4.82	5.02	4.72
租赁和商务服务业	Leasing and Business Services	1.33	1.99	3.20	3.39	3.46
科学研究和技术服务业	Scientific Research and Technical Services	5.01	6.43	6.42	6.56	6.70
水利、环境和公共设施管理业	Management of Water Conservancy, Environment and Public Facilities	3.05	5.03	3.92	3.72	3.76
居民服务、修理和其他服务业	Services to Households,Repair and Other Services	0.22	0.29	0.75	0.75	0.65
教育	Education	33.40	37.25	39.00	39.16	38.76
卫生和社会工作	Health and Social Services	9.66	12.43	16.51	17.26	18.75
文化、体育和娱乐业	Culture, Sports and Entertainment	2.76	2.29	2.54	2.58	2.46
公共管理、社会保障和社会组织	Public Management,Social Security and Social Organization	35.73	40.17	46.74	45.63	46.23

4-5 按登记注册类型和行业分城镇非私营单位年末在岗职工人数（2022）
Number of Staff and Workers in Urban Non-private Units at Year-end by Status of Registration and Sector in Detail (2022)

单位：人 (person)

项 目	Item	年末在岗职工人数 Number of Staff and Workers	国有单位 State-owned Units	城镇集体单位 Urban Collective-owned Units	其他单位 Units of Other Types of Ownership
在岗职工人数	**Number of Staff and Workers**	**2222218**	**1243101**	**40721**	**938397**
按企、事业和机关分	**By Enterprises, Institutions and Agencies**				
企业	Enterprises	1126007	186866	29891	909250
政府	Government Organs	1074040	1052078	9647	12314
民间非营利组织	Folk Non-profit Organizations	20998	3673	1172	16153
其他	Other	1173	483	10	680
按国民经济行业分	**By Sector**				
农、林、牧、渔业	**Agriculture,Forestry,Animal Husbandry and Fishery**	**17243**	**10236**	**272**	**6735**
农业	Agriculture	4921	2091	14	2815
林业	Forestry	5245	4754	39	452
畜牧业	Animal Husbandry	2779	573	3	2203
渔业	Fishery	74			74
农、林、牧、渔服务业	Services in Support of Agriculture	4224	2817	216	1191
采矿业	**Mining**	**71585**	**14988**	**1218**	**55379**
煤炭开采及洗选业	Mining and Washing of Coal	50137	3634	1218	45285
石油和天然气开采业	Extraction of Petroleum and Natural Gas	11250	10809		441
黑色金属矿采选业	Mining and Processing of Ferrous Metal Ores	2797			2797
有色金属矿采选业	Mining and Processing of Non-Ferrous Metal Ores	4511	488		4023
非金属矿采选业	Mining and Processing of Non-metal Ores	2470	57		2413
开采辅助活动	Support Activities for Mining	355			355
其他采矿业	Mining of Other Ores	65			65
制造业	**Manufacturing**	**255775**	**13566**	**672**	**241537**
农副食品加工业	Processing of Food from Agricultural Products	9840	261	4	9575
食品制造业	Manufacture of Foods	5087	51		5036
酒、饮料和精茶制造业	Manufacture of Liquor, Beverages and Refined Tea	10798	4		10794
烟草制品业	Manufacture of Tobacco	1903			1903
纺织业	Manufacture of Textile	1671		5	1666
纺织服装、服饰业	Manufacture of Textile, Wearing Apparel and Accessories	1989	159		1830
皮革、毛皮、羽毛（绒）及其制品和制鞋业	Manufacture of Leather, Fur, Feather and Related Products and Footwear	475	8		467
木材加工及木、竹、藤、棕、草制品业	Processing of Timber, Manufacture of Wood, Bamboo, Rattan, Palm and Straw Products	217			217
家具制造业	Manufacture of Furniture	98			98

4-5 续表 1 continued

单位：人 (person)

项 目	Item	年末在岗职工人数 Number of Staff and Workers	国有单位 State-owned Units	城镇集体单位 Urban Collective-owned Units	其他单位 Units of Other Types of Ownership
造纸及纸制品业	Manufacture of Paper and Paper Products	435		142	293
印刷业和记录媒介复制业	Printing and Reproduction of Recording Media	2116	1104	176	836
文教、工美、体育和娱乐用品制造业	Manufacture of Articles for Culture, Education, Arts and Crafts, Sport and Entertainment Activities	481			481
石油、煤炭及其他燃料加工业	Petroleum, Coal and Other Fuel Processing Industries	24531	1072	25	23434
化学原料及化学制品制造业	Manufacture of Raw Chemical Materials and Chemical Products	21648	2428	12	19208
医药制造业	Manufacture of Medicines	10760	437		10323
化学纤维制造业	Manufacture of Chemical Fibres	386	357		29
橡胶和塑料制品业	Manufacture of Rubber and Plastic Products	3012	13	77	2922
非金属矿物制品业	Manufacture of Non-metallic Mineral Products	27179	1575	138	25466
黑色金属冶炼和压延 加工业	Smelting and Pressing of Ferrous Metals	20460			20460
有色金属冶炼和压延 加工业	Smelting and Pressing of Non-ferrous Metals	47851	3479		44372
金属制品业	Manufacture of Metal Products	6437	348	9	6080
通用设备制造业	Manufacture of General Purpose Machinery	8345	763	28	7554
专用设备制造业	Manufacture of Special Purpose Machinery	12707	149		12558
汽车制造业	Manufacture of Automobile	826	23		803
铁路、船舶、航空航天和其他运输设备制造业	Manufacture of Railway, Ships, Aerospace and Other Transport Equipments	249			249
电气机械及器材制造业	Manufacture of Electrical Machinery and Apparatus	13199	1198	22	11979
计算机、通信和其他电子设备制造业	Manufacture of Computers,Communication and Other Electronic Equipment	19115	4		19111
仪器仪表制造业	Manufacture of Measuring Instruments and Machinery	594	31	3	560
其他制造业	Other Manufacture	296			296
废弃资源综合利用业	Utilization of Waste Resources	1298	67	31	1200
金属制品、机械和设备修理业	Repair Service of Metal Products, Machinery and Equipment	1774	36		1738
电力、燃气及水生产和供应业	**Production and Supply of Electricity, Heat, Gas and Water**	**95585**	**58461**	**110**	**37014**
电力、热力生产和供应业	Production and Supply of Electric Power and Heat Power	81247	52652	87	28508
燃气生产和供应业	Production and Supply of Gas	3390	134		3256
水生产和供应业	Production and Supply of Water	10947	5675	23	5249
建筑业	**Construction**	**189262**	**10327**	**18176**	**160760**
房屋建筑业	Construction of Buildings	131545	3475	17240	110830
土木工程建筑业	Civil Engineering	39625	3750	454	35421

4-5 续表 2 continued

单位：人 (person)

项 目	Item	年末在岗职工人数 Number of Staff and Workers	国有单位 State-owned Units	城镇集体单位 Urban Collective -owned Units	其他单位 Units of Other Types of Ownership
建筑安装业	Building Installation	12961	2914	201	9846
建筑装饰业和其他建筑业	Building Decoration and Other Construction	5131	188	281	4662
批发和零售业	**Wholesale and Retail Trades**	**87625**	**11011**	**778**	**75835**
批发业	Wholesale Trade	37835	6207	376	31251
零售业	Retail Trade	49790	4804	402	44584
交通运输、仓储和邮政业	**Transport, Storage and Post**	**113525**	**17943**	**172**	**95410**
铁路运输业	Railway Transport	58929	5		58924
道路运输业	Road Transport	37163	9804	49	27310
水上运输业	Water Transport	45			45
航空运输业	Air Transport	3650	668		2982
管道运输业	Transport Via Pipelines	250	250		
多式联运和运输代理业	Multimodal Transport and Transportation Agency	849	61	44	744
装卸搬运和仓储业	Handling and Warehousing	4226	959	79	3188
邮政业	Post	8414	6197		2217
住宿和餐饮业	**Hotels and Catering Services**	**23614**	**3284**	**430**	**19900**
住宿业	Hotels	12867	2470	335	10063
餐饮业	Catering Services	10746	814	95	9837
信息传输、软件和信息技术服务业	**Information Transmission,Software and Information Technology Services**	**30930**	**6846**	**8**	**24076**
电信、广播电视和卫星传输服务	Telecommunication,Radio and Television, Satellite Transmission Services	26407	6434		19973
互联网和相关服务	Internet and Related Services	503	290		214
软件和信息技术服务业	Software and Information Technology Services	4019	122	8	3889
金融业	**Financial Intermediation**	**82081**	**16736**	**4923**	**60422**
货币金融服务	Monetary and Financial Service	60894	16273	4916	39705
资本市场服务	Capital Markets Service	2176	99	7	2070
保险业	Insurance	18376	352		18024
其他金融活动	Other Financial Activities	634	12		622
房地产业	**Real Estate**	**47175**	**3639**	**1004**	**42532**
租赁和商务服务业	**Leasing and Business Services**	**34613**	**8940**	**1137**	**24535**
租赁业	Leasing	1855	4	17	1834
商务服务业	Business Services	32758	8936	1120	22701

4-5 续表 3 continued

单位：人 (person)

项　目	Item	年末在岗职工人数 Number of Staff and Workers	国有单位 State-owned Units	城镇集体单位 Urban Collective -owned Units	其他单位 Units of Other Types of Ownership
科学研究和技术服务业	**Scientific Research and Technical Services**	**67045**	**41193**	**455**	**25397**
研究与试验发展	Research and Experimental Development	9832	7717	77	2038
专业技术服务业	Professional Technical Services	48702	27080	373	21248
科技推广和应用服务业	Science and Technology Popularization and Application Services	8511	6395	5	2111
水利、环境和公共设施管理业	**Management of Water Conservancy, Environment and Public Facilities**	**37617**	**24064**	**295**	**13258**
水利管理业	Management of Water Conservancy	11126	10313	24	789
生态保护和环境治理业	Ecological Protection and Environmental Treatment	5612	4393		1220
公共设施管理业	Management of Public Facilities	20529	9095	268	11166
土地管理业	Management of Land	350	263	3	84
居民服务、修理和其他服务业	**Service to Households, Repair and Other Services**	**6451**	**869**	**110**	**5473**
居民服务业	Services to Households	2499	543	85	1872
机动车、电子产品和日用产品修理业	Repair of Motor Vehicle, Electronics and Household Products	883			883
其他服务业	Other Services	3069	326	25	2718
教育	**Education**	**387615**	**353135**	**6892**	**27588**
卫生和社会工作	**Health and Social Services**	**187536**	**172321**	**3420**	**11795**
文化、体育和娱乐业	**Culture,Sports and Entertainment**	**24623**	**16461**	**451**	**7711**
新闻和出版业	Journalism and Publishing Activities	3420	1950		1470
广播、电视、电影和影视录音制作业	Radio, Television, Motion Picture and Videotape Programme	4726	3938	2	786
文化艺术业	Cultural and Art Activities	13514	9451	449	3614
体育	Sports Activities	953	591		362
娱乐业	Entertainment	2011	531		1480
公共管理、社会保障和社会组织	**Public Management,Social Security and Social Organization**	**462319**	**459081**	**199**	**3039**
中国共产党机关	Organs of Communist Party of China	25317	25265		52
国家机构	Government Agencies	426709	424218	167	2324
人民政协和民主党派	People's Political Consultative Conference and Democratic Parties	3868	3868		
社会保障	Social Security	2470	2462		8
群众团体、社会团体和其他成员组织	Non-Governmental Organizations, Social Organizations and Other Member Organizations	3945	3269	32	644
基层群众自治组织	Grass Roots Self-Governing Organizations				

4-6　城镇登记失业人数及失业率

Registered Unemployment Persons and Unemployment Rate in Urban Areas

单位：万人　　　　(10 000 persons)

年 份 Year	城镇登记失业人数 Number of Registered Unemployed Persons in Urban Areas	城镇登记失业率(%) Registered Unemployment Rate in Urban Areas (%)	城镇新增就业人员 Newly Increased Urban Employee	城镇失业人员实现再就业人数 Number of Re-employment of Urban Laid-off Workers	城镇就业困难对象再就业人数 Number of Re-employment of the Object of Urban Employment Difficulties
2006	9.69	3.63	18.40	7.40	2.50
2007	9.51	3.34	22.70	9.20	3.60
2008	9.43	3.20	25.60	11.70	4.80
2009	10.28	3.25	27.80	10.90	4.40
2010	10.72	3.21	29.30	10.90	4.70
2011	10.80	3.11	29.55	11.70	4.60
2012	9.78	2.68	36.00	13.60	5.20
2013	9.28	2.35	43.46	16.10	5.89
2014	9.71	2.19	43.50	15.81	5.19
2015	9.48	2.14	43.70	16.80	4.80
2016	9.77	2.20	43.70	14.90	4.80
2017	9.65	2.71	43.78	15.70	3.70
2018	9.95	2.78	43.13	16.50	4.20
2019	10.83	3.00	39.22	16.20	5.95
2020	12.20	3.27	35.68	14.68	5.20
2021	13.08	3.40	33.25	13.97	4.92
2022	13.38		32.02	13.91	4.70

4-7　城镇非私营单位就业人员工资总额

Total Wage Bill of Employed Persons in Urban Non-private Units

单位：万元　　　　(10 000 yuan)

年 份 Year	工资总额 Total Wage Bill	国有单位 State-owned Units	城镇集体单位 Urban Collective-owned Units	其他单位 Units of Other Types of Ownership
2005	2838270	2450917	117662	269691
2006	3296705	2552452	104095	640158
2007	3925014	3104484	107857	712673
2008	4610436	3613034	116787	880615
2009	5177207	4129160	139368	908679
2010	5689458	4443116	155806	1090536
2011	6240152	4775310	197167	1267675
2012	7967933	6066343	264201	1637389
2013	11105296	6735143	374031	3996122
2014	12472598	7628223	375881	4468494
2015	13851432	8860878	390032	4600522
2016	14956853	9836352	356876	4763625
2017	16239401	10786806	338019	5114577
2018	17306537	10700469	302495	6303573
2019	18532006	10670698	293327	7567981
2020	20751775	12054560	333678	8363536
2021	22001560	12675854	315259	9010447
2022	23426338	13919114	295198	9212026

4-8 城镇非私营单位就业人员工资总额指数
Indices of Total Wage Bill of Employed Persons in Urban Non-private Units

（上年 =100）　　(preceding year=100)

年 份 Year	工资总额指数 Indices of Total Wage Bill	国有单位 State-owned Units	城镇集体单位 Urban Collective-owned Units	其他单位 Units of Other Types of Ownership
2005	111.99	169.56	95.74	110.45
2006	116.15	104.14	88.47	237.37
2007	119.06	121.63	103.61	111.33
2008	117.46	116.38	108.28	123.57
2009	112.29	114.29	119.34	103.19
2010	109.89	107.60	111.79	120.01
2011	109.68	107.48	126.55	116.24
2012	127.69	127.04	134.00	129.16
2013	139.37	111.02	141.57	244.05
2014	112.31	113.26	100.49	111.82
2015	111.05	116.16	103.76	102.95
2016	107.98	111.01	91.50	103.55
2017	108.57	109.66	94.72	107.37
2018	106.57	99.20	89.49	123.25
2019	107.08	99.72	96.97	120.06
2020	111.98	112.97	113.76	110.51
2021	106.02	105.15	94.48	107.73
2022	106.48	109.81	93.64	102.24

4-9 城镇非私营单位就业人员平均工资
Average Wage of Employed Persons in Urban Non-private Units

单位：元　　(yuan)

年 份 Year	平均工资 Average Wage	#在岗职工 Staff and Workers	国有单位 State-owned Units	城镇集体单位 Urban Collective-owned Units	其他单位 Units of Other Types of Ownership
2005	14654	14939	15840	9089	11626
2006	16843	17246	17108	11411	15313
2007	20657	20987	21968	12858	17681
2008	23524	24017	24625	15761	20801
2009	26743	27177	28082	18914	23191
2010	29096	29588	29889	22084	27375
2011	32092	32906	33232	28129	32565
2012	37679	38440	38401	32580	36074
2013	42833	44109	45636	32822	39834
2014	46960	48470	49614	34257	44297
2015	52942	54454	57888	37465	46869
2016	57575	59549	63930	38772	49255
2017	63374	65726	70549	43138	53549
2018	70695	73704	75730	48721	64786
2019	73607	77336	78904	51496	68282
2020	79730	83392	88145	58131	71012
2021	84500	88289	92296	59787	76515
2022	90870	94231	99763	62234	81138

4-10 城镇非私营单位就业人员平均工资指数
Indices of Average Wage of Employed Persons in Urban Non-private Units

（上年 =100） (preceding year=100)

年 份 Year	平均工资指数 Indices of Average Wage					平均实际工资指数 Indices of Average Real Wage				
	平均工资 Average Wage	#在岗职工 Staff and Workers	国有单位 State-owned Units	城镇集体单位 Urban Collective-owned Units	其他单位 Units of Other Types of Ownership	平均工资 Average Wage	#在岗职工 Staff and Workers	国有单位 State-owned Units	城镇集体单位 Urban Collective-owned Units	其他单位 Units of Other Types of Ownership
2005	109.95	109.66	110.05	110.96	101.14	108.11	107.83	108.21	109.11	99.45
2006	114.94	115.44	108.01	125.55	131.71	113.46	113.96	106.62	123.94	130.02
2007	122.64	121.69	128.41	112.68	115.46	116.25	115.35	121.72	106.81	109.44
2008	113.88	114.44	112.09	122.58	117.65	105.25	105.77	103.60	113.29	108.73
2009	113.68	113.16	114.04	120.01	111.49	112.22	111.71	112.58	118.47	110.06
2010	108.80	108.87	106.43	116.76	118.04	104.51	104.58	102.24	112.16	113.39
2011	110.30	111.21	111.18	127.37	118.96	104.15	105.01	104.99	120.27	112.33
2012	117.41	117.21	115.55	115.82	110.78	114.32	114.13	112.51	112.78	107.87
2013	113.70	114.70	118.80	100.70	110.40	110.17	111.14	115.12	97.58	106.98
2014	109.64	109.89	108.72	104.37	111.20	107.38	107.63	106.48	102.23	108.92
2015	112.74	112.35	116.68	109.36	105.81	110.96	110.58	114.84	107.64	104.14
2016	108.75	109.36	110.44	103.49	105.09	107.36	107.95	109.02	102.16	103.74
2017	110.07	110.37	110.35	111.26	108.72	108.55	108.85	108.83	109.72	107.22
2018	111.55	112.14	112.66	116.25	124.39	109.36	109.94	110.45	113.97	121.95
2019	104.12	104.93	104.19	105.70	105.40	101.78	102.57	101.85	103.32	103.03
2020	108.32	107.83	115.99	115.27	108.92	106.19	105.72	113.72	113.01	106.78
2021	105.98	105.87	104.71	102.85	107.75	105.04	104.93	103.78	101.93	106.79
2022	107.54	106.73	108.09	104.09	106.04	105.53	104.74	106.07	102.15	104.06

4-11 按登记注册类型和行业分城镇非私营单位就业人员工资总额（2022）
Total Wage Bill of Employed Persons in Urban Non-private Units by Status of Registration Sector in Detail (2022)

单位：万元 (10 000 yuan)

项目	Item	工资总额 Total Wage Bill	国有单位 State-owned Units	城镇集体单位 Urban Collective-owned Units	其他单位 Units of Other Types of Ownership
城镇单位就业人员工资总额	**Total Wage Bill of Employed Persons in Urban Units**	**23426338**	**13919114**	**295198**	**9212026**
按企、事业和机关分	**By Enterprises, Institutions and Agencies**				
企业	Enterprises	11611961	2401499	200633	9009829
政府	Government Organs	11703159	11485863	88925	128371
民间非营利组织	Folk Non-profit Organization	104107	28327	5542	70238
其他	Other	7112	3425	98	3588
按国民经济行业分	**By Sector**				
农、林、牧、渔业	Agriculture, Forestry, Animal Husbandry and Fishery	131245	89414	2005	39826
采矿业	Mining	945346	290196	7789	647361
制造业	Manufacturing	2514452	155572	4171	2354709
电力、热力、燃气及水生产和供应业	Production and Supply of Electricity, Heat, Gas and Water	1107464	663048	669	443747
建筑业	Construction	1892279	224563	116021	1551695
批发和零售业	Wholesale and Retail Trades	678050	148303	4440	525307
交通运输、仓储和邮政业	Transport,Storage and Post	1297303	193721	706	1102876
住宿和餐饮业	Hotels and Catering Services	120127	18760	1846	99521
信息传输、软件和信息技术服务业	Information Transmission,Software and Information Technology Services	318759	55718	24	263017
金融业	Financial Intermediation	1119216	186859	47009	885347
房地产业	Real Estate	356588	36482	4802	315303
租赁和商务服务业	Leasing and Business Services	270472	81629	5706	183138
科学研究和技术服务业	Scientific Research and Technical Services	922243	555832	3637	362774
水利、环境和公共设施管理业	Management of Water Conservancy, Environment and Public Facilities	323626	241384	429	81814
居民服务、修理和其他服务业	Service to Households, Repair and Other Services	35525	8675	364	26487
教育	Education	4257544	4029808	65719	162018
卫生和社会工作	Health and Social Service	1923112	1813793	24765	84555
文化、体育和娱乐业	Culture, Sports and Entertainment	236264	178552	3257	54454
公共管理、社会保障和社会组织	Public Management,Social Security and Social Organization	4976723	4946806	1840	28078

4-12 按登记注册类型和行业分城镇非私营单位就业人员平均工资（2022）
Average Wage of Employed Persons in Urban Non-private Units by Status of Registration Sector in Detail (2022)

单位：元 (yuan)

项 目	Item	平均工资 Average Wage	国有单位 State-owned Units	城镇集体单位 Urban Collective-owned Units	其他单位 Units of Other Types of Ownership
城镇单位就业人员平均工资	**Average Wage of Employed Persons in Urban Units**	**90870**	**99763**	**62234**	**81138**
按企、事业和机关分	**By Enterprises, Institutions and Agencies**				
企业	Enterprises	84062	98878	55565	81731
政府	Government Organs	99741	100068	88526	82783
民间非营利组织	Folk Non-profit Organization	47270	69791	43594	42075
其他	Other	55734	70616	98400	45945
按国民经济行业分	**By Sector**				
农、林、牧、渔业	Agriculture, Forestry, Animal Husbandry and Fishery	66538	78039	70238	49897
采矿业	Mining	126398	179056	71916	112582
制造业	Manufacturing	88697	104988	47266	87932
电力、热力、燃气及水生产和供应业	Production and Supply of Electricity, Heat, Gas and Water	103777	101007	41568	108465
建筑业	Construction	66281	64374	49581	68294
批发和零售业	Wholesale and Retail Trades	68944	121866	46550	61638
交通运输、仓储和邮政业	Transport,Storage and Post	101047	86274	41148	104281
住宿和餐饮业	Hotels and Catering Services	42096	46607	40439	41372
信息传输、软件和信息技术服务业	Information Transmission,Software and Information Technology Services	96245	76858	59000	101684
金融业	Financial Intermediation	94893	109069	89456	92650
房地产业	Real Estate	53348	50487	42525	53911
租赁和商务服务业	Leasing and Business Services	60622	60726	46722	61141
科学研究和技术服务业	Scientific Research and Technical Services	117070	118965	75854	114892
水利、环境和公共设施管理业	Management of Water Conservancy, Environment and Public Facilities	64880	75003	14878	46993
居民服务、修理和其他服务业	Service to Households, Repair and Other Services	50526	84398	33064	44944
教育	Education	103957	107836	91259	56548
卫生和社会工作	Health and Social Service	92029	94328	67080	65092
文化、体育和娱乐业	Culture, Sports and Entertainment	81669	90596	74032	62017
公共管理、社会保障和社会组织	Public Management,Social Security and Social Organization	98185	98368	83754	74549

4-13 按行业分城镇私营单位就业人员平均工资
Average Wage of Employed Persons in Urban Private Units by Sector

单位：元 (yuan)

项　目	Item	2015	2020	2021	2022
甘肃省	**Gansu**	**31091**	**43771**	**47212**	**48108**
农、林、牧、渔业	Agriculture, Forestry, Animal Husbandry and Fishery	26297	35617	36288	41394
采矿业	Mining	34446	49055	56744	61185
制造业	Manufacturing	32110	43266	49597	52947
电力、热力、燃气及水生产和供应业	Production and Supply of Electricity, Heat, Gas and Water	33692	46701	49125	51583
建筑业	Construction	30687	46026	49822	49375
批发和零售业	Wholesale and Retail Trades	33872	43422	45462	46785
交通运输、仓储和邮政业	Transport,Storage and Post	30261	46927	54220	55704
住宿和餐饮业	Hotels and Catering Services	26854	35796	38661	36473
信息传输、软件和信息技术服务业	Information Transmission,Software and Information Technology Services	30890	60125	72000	69263
金融业	Financial Intermediation	29668	55295	59202	58217
房地产业	Real Estate	27716	42654	44020	42840
租赁和商务服务业	Leasing and Business Services	33373	47213	50989	53057
科学研究和技术服务业	Scientific Research and Technical Services	35573	56872	54918	55119
水利、环境和公共设施管理业	Management of Water Conservancy, Environment and Public Facilities	32320	32421	32023	31236
居民服务、修理和其他服务业	Service to Households, Repair and Other Services	25121	38985	41490	42992
教育	Education	29412	37998	36228	35960
卫生和社会工作	Health and Social Service	30324	41784	45302	44381
文化、体育和娱乐业	Culture, Sports and Entertainment	26491	36888	40309	40453
公共管理、社会保障和社会组织	Public Management,Social Security and Social Organization				

4-14 按行业分非私营单位在岗职工工资总额（2022）
Total Wages of Staff and Workers in Non-private Units by Sector (2022)

单位：万元 (10 000 yuan)

项　目	Item	工资总额 Total Wage Bill	国有单位 State-owned Units	城镇集体单位 Urban Collective-owned Units	其他单位 Units of Other Types of Ownership
工资总额	**Total**	**21561496**	**13240475**	**267876**	**8053144**
按企、事业和机关分	**By Enterprises, Institutions and Agencies**				
企业	Enterprises	10137383	2097134	175063	7865186
政府	Government Organs	11317431	11112804	87463	117164
民间非营利组织	Folk Non-profit Organization	100166	27113	5252	67802
其他	Other	6515	3425	98	2992
按国民经济行业分	**By Sector**				
农、林、牧、渔业	Agriculture,Forestry,Animal Husbandry and Fishery	122463	85013	1989	35461
采矿业	Mining	903203	260318	7749	635136
制造业	Manufacturing	2331861	143832	3219	2184810
电力、热力、燃气及水生产和供应业	Production and Supply of Electricity, Heat, Gas and Water	1047203	626134	435	420634
建筑业	Construction	1246114	98067	95026	1053022
批发和零售业	Wholesale and Retail Trades	631399	142601	3821	484977
交通运输、仓储和邮政业	Transport,Storage and Post	1204295	164769	706	1038820
住宿和餐饮业	Hotels and Catering Services	105216	15966	1846	87404
信息传输、软件和信息技术服务业	Information Transmission,Software and Information Technology Services	304294	53834	24	250437
金融业	Financial Intermediation	948895	186097	45425	717373
房地产业	Real Estate	288275	23337	4396	260542
租赁和商务服务业	Leasing and Business Services	230465	65793	5419	159253
科学研究和技术服务业	Scientific Research and Technical Services	847904	525857	3608	318439
水利、环境和公共设施管理业	Management of Water Conservancy, Environment and Public Facilities	283533	214573	414	68547
居民服务、修理和其他服务业	Service to Households, Repair and Other Services	33343	7659	364	25320
教育	Education	4174042	3952111	64576	157355
卫生和社会工作	Health and Social Service	1812319	1710443	23831	78045
文化、体育和娱乐业	Culture, Sports and Entertainment	219064	164164	3244	51657
公共管理、社会保障和社会组织	Public Management,Social Security and Social Organization	4827607	4799909	1785	25914

4-15 非私营单位在岗职工平均工资及指数
Average Wage of Staff and Workers and Related Indices in Non-private Units

年 份 Year	平均货币工资（元） Average Money Wage (yuan)				指数（上年=100） Indices (preceding year=100)							
					货币工资 Average Money Wage				实际工资 Average Real Wage			
	合计 Total	国有单位 State-owned Units	城镇集体单位 Urban Collective-owned Units	其他单位 Units of Other Types of Ownership	合计 Total	国有单位 State-owned Units	城镇集体单位 Urban Collective-owned Units	其他单位 Units of Other Types of Ownership	合计 Total	国有单位 State-owned Units	城镇集体单位 Urban Collective-owned Units	其他单位 Units of Other Types of Ownership
1978	708	751	437									
1979	792	824	557		111.8	109.7	127.5		110.7	108.6	126.2	
1980	875	896	676		110.5	108.7	121.4		105.0	103.3	115.4	
1981	878	904	676		100.3	100.9	100.0		98.1	98.7	97.8	
1982	907	937	649		103.3	103.6	96.0		102.2	102.5	95.0	
1983	944	973	702		104.1	103.8	108.2		103.7	103.4	107.8	
1984	1200	1251	866		127.1	128.6	123.4		123.0	124.5	119.5	
1985	1363	1400	1116	1640	113.6	111.9	128.9		102.7	101.2	116.5	
1986	1555	1630	1090	1848	114.1	116.4	97.7	112.7	106.6	108.8	91.3	105.3
1987	1680	1761	1188	1880	108.0	108.0	109.0	101.7	99.6	99.6	100.6	93.8
1988	1949	2040	1400	2331	116.0	115.8	117.8	124.1	96.2	96.0	97.7	102.9
1989	2207	2317	1577	1927	113.2	113.5	112.6	82.7	95.8	96.0	95.3	70.0
1990	2407	2546	1675	2058	109.1	109.9	106.2	106.8	107.1	107.9	104.2	104.8
1991	2566	2706	1918	2155	106.6	106.3	114.5	104.7	100.9	100.6	108.3	99.1
1992	2902	3077	2127	2205	113.1	113.7	110.9	102.3	105.4	106.0	103.4	95.3
1993	3422	3627	2457	3389	117.9	117.9	115.5	153.7	102.3	102.3	100.3	133.4
1994	4796	5059	3506	4409	140.2	139.5	142.7	130.1	112.5	112.0	114.5	104.4
1995	5493	5747	3944	6534	114.5	113.6	112.5	148.2	96.3	95.5	94.6	124.6
1996	5882	6131	4471	6734	107.1	106.7	113.4	103.1	97.1	96.7	102.8	93.5
1997	6182	6445	4598	6703	105.1	105.1	102.8	99.5	102.2	102.2	100.0	96.8
1998	6418	6757	4774	5528	103.8	104.8	103.8	82.5	104.8	105.9	104.8	83.3
1999	6928	7311	5118	5837	107.9	108.2	107.2	105.6	111.0	111.3	110.3	108.6
2000	7913	8278	6228	6504	114.2	113.2	121.7	111.4	115.1	114.1	122.7	112.3
2001	9177	9690	5929	8244	116.0	113.2	95.2	126.8	112.6	109.9	92.4	123.1
2002	10272	10925	6127	8712	111.9	112.7	103.3	105.7	112.7	113.5	104.0	106.4
2003	11419	12079	6674	10115	111.2	110.6	108.9	116.1	110.2	109.6	107.9	115.1
2004	12711	13427	7676	10957	111.3	111.2	115.0	108.3	109.9	109.8	113.5	106.9
2005	14939	15840	9291	11827	117.5	118.0	121.0	107.9	116.1	116.6	119.6	106.6
2006	17246	18108	11514	15515	115.4	114.3	123.9	131.2	114.1	112.9	122.4	129.6
2007	20987	22314	12979	17948	121.7	123.2	112.7	115.7	115.7	117.1	107.1	110.0
2008	24017	25284	16179	20966	114.4	113.3	124.7	116.8	105.9	104.9	115.5	108.1
2009	27177	28565	19453	23360	113.2	113.0	120.2	111.4	112.2	112.0	119.1	110.4
2010	29588	30475	22249	27616	108.9	106.7	114.4	118.2	104.3	102.2	109.6	113.2
2011	32906	33232	28129	32565	111.2	109.0	126.4	117.9	104.9	102.8	119.2	111.2
2012	38440	39177	32524	36896	116.8	117.9	115.6	113.3	113.7	114.8	112.6	110.3
2013	44109	47050	33040	40833	114.7	120.1	101.6	110.7	111.1	116.4	98.4	107.3
2014	48470	51366	34978	45437	109.9	109.2	105.9	111.3	107.6	106.9	103.7	109.0
2015	54454	59989	37625	47365	112.3	116.8	107.6	104.2	110.6	114.9	105.9	102.6
2016	59549	66511	38907	50093	109.4	110.9	103.4	105.8	108.0	109.4	102.1	104.4
2017	65726	73328	43892	54974	110.4	110.2	112.8	109.7	108.8	108.7	111.3	108.2
2018	73704	79483	50146	66612	112.1	108.4	114.2	121.2	109.9	106.3	112.0	118.8
2019	77336	83141	52623	71255	104.9	104.6	104.9	107.0	102.6	102.3	102.6	104.6
2020	83392	91524	59359	74370	107.8	110.1	112.8	104.4	105.7	107.9	110.6	102.3
2021	88289	96007	60837	79937	105.9	104.9	102.5	107.5	104.9	104.0	101.6	106.5
2022	94231	103457	62801	83703	106.7	107.8	103.2	104.7	104.7	105.8	101.3	102.8

注：2005 年起职工工资为在岗职工平均工资。

a) Since 2005 , data in this table are average wage of staff and workers.

4-16 按登记注册类型和行业分非私营单位在岗职工平均工资（2022）

Average Wage of Staff and Workers in Non-private Units by Status of Registration Sector in Detail (2022)

单位：元 (yuan)

项目	Item	平均工资 Average Wage	国有单位 State-owned Units	城镇集体单位 Urban Collective-owned Units	其他单位 Units of Other Types of Ownership
职工平均工资	**Per Capita Wage of Staff and Workers**	**94231**	**103457**	**62801**	**83703**
按企、事业和机关分	**By Enterprises, Institutions and Agencies**				
企业	Enterprises	86778	101633	55547	84379
政府	Government Organs	103591	103964	90465	84790
民间非营利组织	Folk Non-profit Organization	48089	73393	43994	42570
其他	Other	57018	70616	98400	46196
按国民经济行业分	**By Sector**				
农、林、牧、渔业	Agriculture,Forestry,Animal Husbandry and Fishery	70174	82838	73241	51422
采矿业	Mining	127792	178848	72213	114203
制造业	Manufacturing	90495	108453	46803	89650
电力、热力、燃气及水生产和供应业	Production and Supply of Electricity, Heat, Gas and Water	104675	101820	39066	109455
建筑业	Construction	64184	67675	48783	65457
批发和零售业	Wholesale and Retail Trades	71261	123399	47466	63666
交通运输、仓储和邮政业	Transport,Storage and Post	102589	88108	41148	105717
住宿和餐饮业	Hotels and Catering Services	44155	47459	40439	43669
信息传输、软件和信息技术服务业	Information Transmission,Software and Information Technology Services	97723	77042	59000	103729
金融业	Financial Intermediation	113804	109307	91307	116798
房地产业	Real Estate	54632	51742	43554	55203
租赁和商务服务业	Leasing and Business Services	61629	61248	46911	62421
科学研究和技术服务业	Scientific Research and Technical Services	119709	120586	75854	119061
水利、环境和公共设施管理业	Management of Water Conservancy, Environment and Public Facilities	68688	79871	14670	48930
居民服务、修理和其他服务业	Service to Households, Repair and Other Services	50806	85863	33064	45084
教育	Education	107191	111363	92121	57156
卫生和社会工作	Health and Social Service	96054	98745	69495	65420
文化、体育和娱乐业	Culture, Sports and Entertainment	85400	95351	74747	63831
公共管理、社会保障和社会组织	Public Management,Social Security and Social Organization	102047	102238	89255	77312
国际组织	International Organizations				

4-17 各市（州）地区就业再就业工作情况（2022）
Work Situation of Employment and Re-employment by Region (2022)

单位：人 (person)

市（州）	Region	城镇新增就业人员 Newly Increased Urban Employee	城镇失业人员再就业人数 Number of Re-employment of Urban Laid-off Workers	城镇就业困难对象再就业人数 Number of Re-employment of the Object of Urban Employment Difficulties
兰州市	Lanzhou	78475	31601	9374
嘉峪关市	Jiayuguan	6012	1801	336
金昌市	Jinchang	9869	8584	2030
白银市	Baiyin	26130	11147	4124
天水市	Tianshui	42254	14750	6921
武威市	Wuwei	18281	5453	2271
张掖市	Zhangye	20126	19297	2527
平凉市	Pingliang	26798	8750	3871
酒泉市	Jiuquan	14187	8700	2825
庆阳市	Qingyang	18065	7924	1276
定西市	Dingxi	17127	4366	2879
陇南市	Longnan	15266	5037	2002
临夏州	Linxia	18981	6015	2387
甘南州	Gannan	4562	2075	1595

4-18 各市（州）按行业分城镇非私营单位就业人员数（2022）
Number of Employed Persons in Urban Non-private Units at Year-end by Sector and Region (2022)

单位：万人 (10 000 persons)

市（州）	Region	合计 Total	农、林、牧、渔业 Agriculture, Forestry, Animal Husbandry and Fishery	采矿业 Mining	制造业 Manufacturing	电力、热力、燃气及水生产和供应业 Production and Supply of Electricity,Heat, Gas and Water	建筑业 Construction	批发和零售业 Wholesale and Retail Trades
甘肃省	**Gansu**	**257.55**	**1.95**	**7.60**	**28.33**	**10.79**	**27.90**	**9.74**
兰州市	Lanzhou	76.61	0.35	0.96	8.43	5.31	11.95	4.31
嘉峪关市	Jiayuguan	5.57			2.52	0.33	0.22	0.52
金昌市	Jinchang	9.28	0.25	0.02	3.71	0.34	0.98	0.18
白银市	Baiyin	14.76	0.05	1.45	1.99	0.45	1.41	0.45
天水市	Tianshui	23.06	0.16	0.06	3.93	0.39	2.89	0.80
武威市	Wuwei	12.44	0.17	0.34	1.09	0.32	1.15	0.51
张掖市	Zhangye	11.68	0.18	0.36	0.78	0.29	1.12	0.56
平凉市	Pingliang	16.70	0.08	2.18	0.42	0.60	1.38	0.43
酒泉市	Jiuquan	12.75	0.16	0.20	2.33	0.58	1.29	0.53
庆阳市	Qingyang	17.41	0.07	1.60	0.33	0.81	0.86	0.52
定西市	Dingxi	15.70	0.10	0.03	0.95	0.30	1.49	0.33
陇南市	Longnan	14.61	0.15	0.36	1.12	0.46	0.88	0.35
临夏州	Linxia	13.92	0.07	0.02	0.46	0.31	1.92	0.16
甘南州	Gannan	7.01	0.16	0.01	0.27	0.30	0.35	0.09

注：表中分市州统计口径不包含兰州铁路局数据。

a) The statistical caliber of cities and states in the table does not include the data of Lanzhou Railway Administration.

4-18 续表 1 continued

单位：万人 (10 000 persons)

市（州）	Region	交通运输、仓储和邮政业 Transport, Storage and Post	住宿和餐饮业 Hotels and Catering Services	信息传输、软件和信息技术服务业 Information Transmission, Software and Information Technology Services	金融业 Financial Intermediation	房地产业 Real Estate	租赁和商务服务业 Leasing and Business Services	科学研究和技术服务业 Scientific Research and Technical Services
甘肃省	**Gansu**	**13.07**	**2.79**	**3.32**	**11.63**	**6.66**	**4.43**	**7.90**
兰州市	Lanzhou	3.55	1.13	1.82	4.48	3.78	2.10	4.65
嘉峪关市	Jiayuguan	0.08	0.07	0.04	0.15	0.12	0.08	0.06
金昌市	Jinchang	0.37	0.06	0.11	0.30	0.12	0.09	0.07
白银市	Baiyin	0.31	0.07	0.11	0.51	0.36	0.12	0.25
天水市	Tianshui	0.39	0.26	0.22	0.43	0.53	0.34	0.77
武威市	Wuwei	0.21	0.11	0.10	0.97	0.26	0.21	0.22
张掖市	Zhangye	0.18	0.11	0.09	0.78	0.22	0.32	0.34
平凉市	Pingliang	0.23	0.16	0.11	0.67	0.23	0.18	0.34
酒泉市	Jiuquan	0.19	0.24	0.13	0.72	0.27	0.21	0.26
庆阳市	Qingyang	0.46	0.18	0.14	0.83	0.22	0.18	0.22
定西市	Dingxi	0.38	0.11	0.11	0.47	0.26	0.24	0.30
陇南市	Longnan	0.39	0.09	0.16	0.49	0.15	0.11	0.15
临夏州	Linxia	0.23	0.10	0.09	0.63	0.11	0.18	0.19
甘南州	Gannan	0.05	0.10	0.07	0.20	0.03	0.08	0.08

4-18 续表 2 continued

单位：万人 (10 000 persons)

市（州）	Region	水利、环境和公共设施管理业 Management of Water Conservancy, Environment and Public Facilities	居民服务、修理和其他服务业 Service to Households, Repair and Other Services	教育 Education	卫生和社会工作 Health and Social Service	文化、体育和娱乐业 Culture, Sports and Entertainment	公共管理、社会保障和社会组织 Public Management, Social Security and Social Organization
甘肃省	**Gansu**	**4.96**	**0.69**	**41.23**	**21.11**	**2.85**	**50.60**
兰州市	Lanzhou	1.39	0.35	8.00	4.67	0.98	8.42
嘉峪关市	Jiayuguan	0.10	0.01	0.33	0.43	0.07	0.45
金昌市	Jinchang	0.11	0.02	0.65	0.61	0.10	1.18
白银市	Baiyin	0.33	0.01	2.20	1.53	0.07	3.10
天水市	Tianshui	0.41	0.07	4.97	1.96	0.16	4.30
武威市	Wuwei	0.57	0.03	2.06	1.55	0.10	2.48
张掖市	Zhangye	0.47	0.03	1.89	1.18	0.17	2.61
平凉市	Pingliang	0.42	0.04	3.41	1.64	0.18	4.00
酒泉市	Jiuquan	0.36	0.04	1.44	0.97	0.27	2.55
庆阳市	Qingyang	0.17	0.02	3.79	1.59	0.16	5.26
定西市	Dingxi	0.30	0.03	4.69	1.51	0.18	3.91
陇南市	Longnan	0.21	0.01	3.44	1.54	0.12	4.42
临夏州	Linxia	0.05	0.02	3.10	1.53	0.17	4.58
甘南州	Gannan	0.09	0.01	1.46	0.50	0.11	3.04

4-19 各市（州）按行业分非私营单位在岗职工平均工资（2022）
Average Wage of Staff and Workers in Non-private Units by Sector and Region (2022)

单位：元 (yuan)

市（州）	Region	平均工资 Average Wage	农、林、牧、渔业 Agriculture, Forestry, Animal Husbandry and Fishery	采矿业 Mining	制造业 Manufacturing	电力、热力、燃气及水生产和供应业 Production and Supply of Electricity,Heat, Gas and Water	建筑业 Construction	批发和零售业 Wholesale and Retail Trades
甘肃省	**Gansu**	**94231**	**70174**	**127792**	**90495**	**104675**	**64184**	**71261**
兰州市	Lanzhou	100596	81080	103041	105278	106494	74115	76554
嘉峪关市	Jiayuguan	101817	108763	81874	108464	110777	70457	114677
金昌市	Jinchang	94440	59651	47790	107449	109355	99938	63920
白银市	Baiyin	86963	54176	111671	77912	120260	47651	63848
天水市	Tianshui	79407	60575	84301	65245	74040	56757	45641
武威市	Wuwei	86066	77683	109000	62280	92566	49054	57320
张掖市	Zhangye	92578	76045	95619	61114	104646	53394	62200
平凉市	Pingliang	99140	74943	134909	60574	99649	56613	62460
酒泉市	Jiuquan	91808	58086	83502	96078	146838	56582	57582
庆阳市	Qingyang	94674	84464	181509	107800	103584	45558	60268
定西市	Dingxi	85145	54597	48420	64947	69385	49514	71437
陇南市	Longnan	81721	77061	81597	77201	80754	41772	79794
临夏州	Linxia	86627	40414	66142	49804	131133	47683	68833
甘南州	Gannan	105441	75986	91398	57458	66319	64575	88729

4-19 续表 1 continued

单位：元 (yuan)

市（州）	Region	交通运输、仓储和邮政业 Transport, Storage and Post	住宿和餐饮业 Hotels and Catering Services	信息传输、软件和信息技术服务业 Information Transmission, Software and Information Technology Services	金融业 Financial Intermediation	房地产业 Real Estate	租赁和商务服务业 Leasing and Business Services	科学研究和技术服务业 Scientific Research and Technical Services
甘肃省	**Gansu**	**102589**	**44155**	**97723**	**113804**	**54632**	**61629**	**119709**
兰州市	Lanzhou	80453	50045	91409	134466	58131	70077	137327
嘉峪关市	Jiayuguan	89097	66583	117328	111909	64404	78790	108979
金昌市	Jinchang	92234	41256	103903	120025	47217	58500	118830
白银市	Baiyin	73408	39135	119197	98961	49320	59553	99828
天水市	Tianshui	72538	34034	98322	109445	47127	47798	88214
武威市	Wuwei	63104	33475	98733	108270	40612	49262	89222
张掖市	Zhangye	80884	42337	96868	108718	42988	57404	104461
平凉市	Pingliang	56548	46540	114373	110365	52299	58271	116076
酒泉市	Jiuquan	72368	44367	113830	96748	65169	58795	91455
庆阳市	Qingyang	60975	37221	109788	83237	44581	46584	80934
定西市	Dingxi	71315	37153	130421	80664	49103	49199	86208
陇南市	Longnan	62638	33137	89925	100508	56307	55336	78818
临夏州	Linxia	74533	45915	87753	83028	50225	45808	103168
甘南州	Gannan	68374	38249	103080	103750	53997	60768	118296

4–19 续表 2 continued

单位：元 (yuan)

市（州）	Region	水利、环境和公共设施管理业 Management of Water Conservancy, Environment and Public Facilities	居民服务、修理和其他服务业 Service to Households, Repair and Other Services	教 育 Education	卫生和社会工作 Health and Social Service	文化、体育和娱乐业 Culture, Sports and Entertainment	公共管理、社会保障和社会组织 Public Management, Social Security and Social Organization
甘肃省	**Gansu**	**68688**	**50806**	**107191**	**96054**	**85400**	**102047**
兰州市	Lanzhou	74819	51239	132358	116987	99016	117868
嘉峪关市	Jiayuguan	57136	66139	97556	96650	55041	98222
金昌市	Jinchang	71250	42671	95855	61981	53587	82537
白银市	Baiyin	66597	46906	88893	96247	70918	97736
天水市	Tianshui	48334	41153	90696	90313	61479	96019
武威市	Wuwei	55219	47853	110224	105585	77046	96694
张掖市	Zhangye	96092	67468	122294	99604	80440	107413
平凉市	Pingliang	53354	56819	114548	95833	82102	101922
酒泉市	Jiuquan	95128	41916	118199	92242	88326	99531
庆阳市	Qingyang	57654	78998	96759	84409	71872	89902
定西市	Dingxi	43990	47902	97398	83767	72926	100880
陇南市	Longnan	77973	38246	91068	63443	83510	91784
临夏州	Linxia	52026	54426	100362	84926	91063	97432
甘南州	Gannan	58310	36224	123497	121655	99905	115070

主要统计指标解释

经济活动人口 指在16周岁及以上，有劳动能力，参加或要求参加社会经济活动的人口。包括就业人员和失业人员。

就业人员 指在一定年龄以上，有劳动能力，为取得劳动报酬或经营收入而从事一定社会劳动的人员。具体指年满16周岁，为取得报酬或经营利润，在调查周内从事了1小时（含1小时）以上的劳动或由于学习、休假等原因在调查周内暂时处于未工作状态，但有工作单位或场所的人口。

单位就业人员 指报告期末最后一日24时在本单位中工作，并取得工资或其他形式劳动报酬的人员数。该指标为时点指标，不包括最后一日当天及以前已经与单位解除劳动合同关系的人员，是在岗职工、劳务派遣人员及其他就业人员之和。就业人员不包括：

（1）离开本单位仍保留劳动关系，并定期领取生活费的人员；

（2）利用课余时间打工的学生及在本单位实习的各类在校学生；

（3）本单位因劳务外包而使用的人员。

城镇私营和个体就业人员 城镇私营就业人员指在工商管理部门注册登记，其经营地址设在县城关镇（含县城关镇）以上的私营企业就业人员，包括私营企业投资者和雇工。城镇个体就业人员指在工商管理部门注册登记，并持有城镇户口或在城镇长期居住，经批准从事个体工商经营的就业人员，包括个体经营者和在个体工商户劳动的家庭帮工和雇工。

在岗职工 指在本单位工作且与本单位签订劳动合同，并由单位支付各项工资和社会保险、住房公积金的人员，以及上述人员中由于学习、病伤、产假等原因暂未工作仍由单位支付工资的人员。在岗职工还包括：

（1）应订立劳动合同而未订立劳动合同人员（如使用的农村户籍人员）；

（2）处于试用期人员；

（3）编制外招用的人员；

（4）派往外单位工作，但工资仍由本单位发放的人员（如挂职锻炼、外派工作等情况）。

城镇登记失业人员 指有非农业户口，在一定的劳动年龄内（16周岁至退休年龄），有劳动能力，无业而要求就业，并在当地劳动保障部门进行求职登记的人员。

城镇登记失业率 城镇登记失业人员与城镇单位就业人员（扣除使用的农村劳动力、聘用的离退休人员、港澳台及外方人员）、城镇单位中的不在岗职工、城镇私营业主、个体户主、城镇私营企业和个体就业人员、城镇登记失业人员之和的比。计算公式为：

$$\text{城镇登记失业率}=\frac{\text{城镇登记失业人数}}{\text{城镇单位就业人员}-\text{使用的农村劳动力}-\text{聘用的离退休人员}-\text{聘用的港澳台及外方人员}+\text{不在岗职工}+\text{城镇私营业主}+\text{城镇个体户主}+\text{城镇私营企业及个体就业人员}+\text{城镇登记失业人数}}\times 100\%$$

工资总额 指根据《关于工资总额组成的规定》（1990年1月1日国家统计局发布的一号令）进行修订，在报告期内（季度或年度）直接支付给本单位全部就业人员的劳动报酬总额。包括计时工资、计件工资、奖金、津贴和补贴、加班加点工资、特殊情况下支付的工资，是在岗职工工资总额、劳务派遣人员工资总额和其他就业人员工资总额之和。

工资总额是税前工资，包括单位从个人工资中直接为其代扣或代缴的房费、水费、电费、住房公积金和社会保险基金个人缴纳部分等。

工资总额不论是计入成本的还是不计入成本的，不论是以货币形式支付的还是以实物形式支付的，均应列入工资总额的计算范围。

平均工资 指单位就业人员在一定时期内平均每人所得的工资额。它表明一定时期工资收入的高低程度，是反映就业人员工资水平的主要指标。计算公式为：

$$\text{平均工资}=\frac{\text{报告期就业人员工资总额}}{\text{报告期就业人员平均人数}}$$

平均工资指数 指报告期就业人员平均工资与基期就业人员平均工资的比率，是反映不同时期就业人员货币工资水平变动情况的相对数。计算公式为：

$$平均工资指数 = \frac{报告期就业人员平均工资}{基期就业人员平均工资} \times 100\%$$

平均实际工资指数 就业人员平均实际工资指扣除物价变动因素后的就业人员平均工资。就业人员平均实际工资指数是反映实际工资变动情况的相对数，表明就业人员实际工资水平提高或降低的程度。计算公式为：

$$平均实际工资指数 = \frac{报告期就业人员平均工资指数}{报告期城镇居民消费价格指数} \times 100\%$$

5

价 格

Prices

简要说明

一、本篇资料的主要内容

本篇资料反应生产、流通、消费等环节的价格变动趋势和变动幅度。主要包括居民消费价格指数、商品零售价格指数、工业生产者出厂价格指数、工业生产者购进价格指数、农产品生产者价格指数等。

二、本篇资料的来源

1. 居民消费、商品零售价格指数由国家统计局甘肃调查总队消费价格调查处整理提供。

2. 工业生产者出厂、工业生产者购进等价格指数由国家统计局甘肃调查总队生产价格调查处整理提供。

3. 农产品生产者价格指数由国家统计局甘肃调查总队农业调查处整理提供。

5-1 各种价格指数
Price Indices

（上年 =100）　　(preceding year=100)

年 份 Year	居民消费价格指数 Consumer Price Index	城市 Urban Household	农村 Rural Household	商品零售价格指数 Retail Price Index	农产品生产者价格指数 Producer Price Indices for Farm Products	工业生产者出厂价格指数 Producer Price Index for Industrial Products	工业生产者购进价格指数 Purchasing Price Index for Industrial Producers
1978	100.6	100.8		100.5			
1979	101.1	101.1	101.0	100.8			
1980	104.2	105.2	102.7	104.1			
1981	101.7	102.2	100.7	101.6			
1982	101.1	101.1	101.1	101.2			
1983	100.4	100.4	100.4	100.6			
1984	102.5	103.3	101.5	103.0			
1985	109.2	110.6	107.1	108.5			
1986	106.6	107.0	106.0	106.0			
1987	107.6	108.4	106.5	107.4			
1988	119.1	120.6	116.0	118.6			
1989	117.9	118.2	117.6	116.4			
1990	103.2	101.9	104.7	103.4		110.7	114.1
1991	104.9	105.7	104.5	104.6		104.2	112.4
1992	107.2	107.3	106.4	105.8		110.3	117.2
1993	115.4	115.2	115.8	113.0		125.3	139.4
1994	123.7	124.6	123.5	122.5		121.2	118.3
1995	119.8	118.9	120.3	116.5		115.0	113.7
1996	110.2	110.3	109.7	106.6		104.4	107.6
1997	102.9	102.8	102.9	101.6		105.0	102.2
1998	99.0	99.0	98.9	98.2		95.2	96.4
1999	97.6	97.2	98.2	97.2		98.2	98.3
2000	99.5	99.2	100.1	99.1		107.2	111.8
2001	104.0	103.0	105.5	99.6		98.5	101.4
2002	100.0	99.3	100.9	98.9		97.9	98.4
2003	101.1	100.9	101.4	100.2		110.0	105.6
2004	102.3	101.3	104.3	102.1		114.3	112.5
2005	101.7	101.2	103.0	99.9		109.6	109.9
2006	101.3	101.2	101.4	101.2		109.8	108.8
2007	105.5	105.2	106.3	104.4		105.5	104.3
2008	108.2	108.0	108.7	107.9		104.9	110.2
2009	101.3	100.9	102.2	101.8		91.0	90.5
2010	104.1	104.4	103.6	104.6	113.8	115.0	114.4
2011	105.9	106.0	105.7	105.4	111.3	111.0	115.1
2012	102.7	102.5	103.1	102.6	105.9	96.8	98.7
2013	103.2	103.0	103.4	102.6	105.9	96.9	97.8
2014	102.1	102.2	102.1	101.7	102.1	96.7	97.6
2015	101.6	101.4	101.8	101.0	99.8	87.0	87.0
2016	101.3	101.2	101.5	100.9	99.2	94.9	94.6
2017	101.4	101.4	101.3	101.4	99.1	114.5	115.5
2018	102.0	101.9	102.3	101.7	101.7	109.5	109.8
2019	102.3	102.2	102.4	101.9	109.9	98.3	99.0
2020	102.0	101.9	102.1	101.3	106.6	93.9	94.1
2021	100.9	101.1	100.5	102.0	101.9	116.4	118.1
2022	101.9	101.9	101.8	103.7	100.2	110.9	113.5

注：2011 年以前，工业生产者出厂价格指数为工业品出厂价格指数，工业生产者购进价格指数为原材料、燃料和动力购进价格指数。

a) Before 2011,data of industrial producer price index data refer to producer price index for manufactured goods, data of industrial producer purchase price index refer to purchasing price index for raw material,fuel and power.

5-2 各种价格定基指数
Fixed-based Price Indices

（1978年=100） (year of 1978 =100)

年 份 Year	居民消费价格指数 Consumer Price Index	城市 Urban Household	农村 Rural Household	商品零售价格指数 Retail Price Index
1978	100.0	100.0	100.0	100.0
1979	101.1	101.1	101.0	100.8
1980	105.3	106.4	103.7	104.9
1981	107.1	108.7	104.5	106.6
1982	108.3	109.9	105.6	107.9
1983	108.7	110.3	106.0	108.5
1984	111.5	113.9	107.6	111.7
1985	121.7	126.1	115.3	121.2
1986	129.8	134.9	122.2	128.5
1987	139.6	146.2	130.1	137.9
1988	166.3	176.3	150.9	163.6
1989	196.1	208.4	177.5	190.5
1990	202.3	212.4	185.8	196.9
1991	212.2	224.5	194.2	206.0
1992	227.5	240.9	206.6	217.9
1993	262.6	277.5	239.3	246.4
1994	324.8	345.7	295.5	301.8
1995	389.1	411.1	355.5	351.6
1996	428.8	453.4	389.9	374.8
1997	441.2	466.1	401.3	380.8
1998	436.8	461.5	396.9	373.9
1999	426.3	448.5	389.7	363.2
2000	424.2	444.9	390.1	360.2
2001	441.2	458.3	411.6	358.8
2002	441.2	455.1	415.3	354.9
2003	446.1	459.2	421.1	355.6
2004	456.4	465.2	439.2	363.1
2005	464.2	470.8	452.4	362.7
2006	470.2	476.4	458.7	367.1
2007	496.1	501.2	487.1	383.4
2008	536.8	541.3	529.5	413.7
2009	543.8	546.2	541.2	421.2
2010	566.1	570.2	560.7	440.6
2011	599.5	604.4	592.7	464.4
2012	615.7	619.5	611.1	476.5
2013	635.4	638.1	631.9	488.9
2014	648.7	652.1	645.1	497.2
2015	659.1	661.2	656.7	502.1
2016	667.7	669.1	666.6	506.6
2017	677.0	678.4	675.3	513.7
2018	690.5	691.3	690.8	522.4
2019	706.4	706.5	707.4	532.3
2020	720.5	719.9	722.3	539.2
2021	727.0	727.8	725.9	550.0
2022	740.8	741.6	739.0	570.4

5-3 居民消费价格分类指数（2022）
Consumer Price Indices by Category (2022)

（上年 =100） (preceding year =100)

项 目	Item	全省 Provincial Indices	城市 Urban Indices	农村 Rural Indices
居民消费价格指数	**Consumer Price Index**	**101.9**	**101.9**	**101.8**
食品烟酒	**Food, Tobacco and Liquor**	**102.8**	**103.0**	**102.2**
食品	Food	102.7	102.9	102.3
粮食	Grain	105.1	105.0	105.2
薯类	Tubers	112.2	111.1	113.7
豆类	Beans	102.2	102.3	101.9
食用油	Edible oil and Fats	107.9	108.3	107.4
菜及食用菌	Vegetables and Edible Fungi	102.6	102.0	104.1
畜肉类	Meat of Livestock	93.5	93.8	93.0
禽肉类	Meat of Poultry	103.4	102.5	104.9
水产品	Aquatic Products	98.8	98.8	98.6
蛋类	Eggs	108.3	109.0	106.9
奶类	Milk	101.1	101.3	100.8
干鲜瓜果类	Dried and Fresh Melons and Fruits	110.1	110.2	109.9
糖果糕点类	Candy and Cake	103.2	104.3	100.0
调味品	Flavoring	103.1	103.6	102.4
其他食品类	Other Foods	103.8	104.1	103.2
茶及饮料	Tea and Beverages	100.5	100.9	100.0
烟酒	Tobacco and Liquor	102.8	102.8	102.8
在外餐饮	Dining Out	103.0	103.3	101.2
衣着	**Clothing**	**100.4**	**100.3**	**100.6**
服装	Garments	100.8	100.7	100.9
衣着材料及配件	Clothing Materials and Accessories	100.1	100.2	100.1
衣着服务费	Clothing Services	102.8	102.0	104.5
鞋类	Footwear	98.8	98.4	99.9
居住	**Residence**	**100.8**	**100.7**	**101.2**
租赁房房租	Rent of Rental Housing	98.5	98.4	99.8
住房保养维修及管理	Housing Maintenance and Management	102.2	102.7	101.1

5-3 续表 continued

（上年 =100） (preceding year =100)

项 目	Item	全省 Provincial Indices	城市 Urban Indices	农村 Rural Indices
水电燃料	Water,Electricity and Fuels	104.3	105.8	101.7
自有住房	Private Housing	99.7	99.1	101.0
生活用品及服务	**Articles for Daily Use and Services**	**100.9**	**101.0**	**100.7**
家具及室内装饰品	Furniture and Interior Decorations	99.3	98.9	100.1
家用器具	Home Appliances	102.1	102.1	101.8
家用纺织品	Home Textiles	100.6	100.8	100.1
家庭日用杂品	Daily Use Household Articles	100.3	100.5	100.0
个人护理用品	Personal-care Supplies	102.5	102.5	102.2
家庭服务	Household Services	101.1	101.3	100.4
交通和通信	**Transport and Communications**	**105.0**	**105.0**	**104.8**
交通	Transport	107.0	107.0	106.9
交通工具	Transport Facility	101.1	101.5	100.2
交通工具用燃料	Fuels for Transport Facility	121.3	121.2	121.5
交通工具使用和维修	Use and Maintenance of Transport Facility	100.3	100.7	99.2
交通费	Traffic Fee	101.9	102.3	100.8
通信	Communications	99.8	100.0	99.4
教育文化和娱乐	**Education,Culture and Recreation**	**100.9**	**100.9**	**100.9**
教育	Education	100.8	100.7	100.9
教育用品	Education Articles	102.8	102.4	103.4
教育服务	Education Services	100.6	100.5	100.7
文化娱乐	Culture and Recreation	101.2	101.2	101.1
文娱耐用消费品	Durable Consumer Goods for Culture and Recreation	102.0	102.3	100.8
其他文娱用品	Other Articles	100.5	100.4	100.9
文化娱乐服务	Services for Culture and Recreation	100.1	100.1	100.6
旅游	Touring and Outing	102.6	102.6	102.6
医疗保健	**Health Care**	**100.5**	**100.5**	**100.4**
药品及医疗器具	Medicine and Medical Instrument	100.9	101.0	100.5
医疗服务	Medical Services	100.3	100.2	100.3
其他用品及服务	**Other articles and Services**	**101.2**	**101.0**	**101.7**
其他用品类	Other articles	101.8	101.6	102.5
其他服务类	Other Services	100.6	100.5	100.7

5-4 各市（州）居民消费价格指数（2022）
Consumer Price Indices by Prefecture (2022)

（上年 =100） (preceding year =100)

市（州）	Region	居民消费价格指数 Consumer Price Index	食品烟酒 Food, Tobacco and Liquor	衣着 Clothing	居住 Residence	生活用品及服务 Articles for Daily Use and Services	交通和通信 Transport and Communications	教育文化和娱乐 Education, Culture and Recreation	医疗保健 Health Care	其他用品和服务 Other Articles and Services
兰州市	Lanzhou	102.3	103.6	100.3	101.6	100.7	105.3	100.7	100.5	100.8
嘉峪关市	Jiayuguan	101.3	101.8	100.7	99.6	100.6	104.9	101.3	100.0	97.9
金昌市	Jinchang	102.3	102.3	99.9	102.3	103.6	105.6	101.4	99.9	100.7
白银市	Baiyin	101.8	101.8	101.6	101.8	100.9	104.9	99.9	100.7	101.1
天水市	Tianshui	100.4	103.1	98.1	95.8	100.6	103.7	101.4	99.7	102.4
武威市	Wuwei	101.5	102.8	100.7	99.4	102.0	104.0	100.5	100.0	99.9
张掖市	Zhangye	101.8	101.7	99.7	101.6	101.1	107.2	100.6	100.6	99.2
平凉市	Pingliang	101.5	102.8	101.5	98.8	101.3	104.3	100.6	100.6	101.6
酒泉市	Jiuquan	101.4	101.9	101.4	98.6	100.9	103.7	101.5	100.2	102.3
庆阳市	Qingyang	101.6	102.0	101.2	100.5	100.7	105.1	100.0	100.2	102.9
定西市	Dingxi	101.8	103.1	100.6	100.5	101.1	104.5	100.4	100.3	101.8
陇南市	Longnan	101.9	102.2	100.6	101.8	100.4	104.6	101.6	100.0	101.1
临夏州	Linxia	102.0	102.0	99.0	101.4	99.2	104.7	101.5	104.6	105.3
甘南州	Gannan	101.9	100.7	100.6	100.7	100.8	105.0	101.3	104.9	100.9

注：本表数据为各市（州）调查点数据，不完全代表各市、州价格总水平。

a) Data in this table are obtained from the sampling points in municipalities and prefectures, not entirely represent the general level of prices of them.

5-5 商品零售价格分类指数（2022）

Retail Price Indices by Category of Commodities (2022)

（上年 =100） (preceding year =100)

项 目	Item	全省 Provincial Indices	城市 Urban Indices	农村 Rural Indices
商品零售价格指数	**Retail Price Index**	**103.7**	**103.9**	**102.9**
食品	**Food**	**102.9**	**103.1**	**102.5**
# 粮食	Grain	104.3	104.2	104.7
食用油	Edible oil and Fats	107.8	107.7	108.0
畜肉类	Meat of Livestock	93.5	93.7	93.2
蛋	Eggs	108.7	109.0	107.7
水产品	Aquatic Products	98.6	98.6	98.3
菜及食用菌	Vegetables and Edible Fungi	101.9	101.2	104.8
调味品	Flavoring	103.6	103.7	102.9
糖果糕点	Candy and Cake	103.6	104.2	101.8
干鲜瓜果	Dried and Fresh Melons and Fruits	110.2	110.3	109.4
奶类	Milk	101.0	101.1	100.5
餐饮业零售	Catering Retail	103.6	103.9	101.6
饮料、烟酒	**Beverages, Tobacco and Alcohol**	**102.2**	**102.2**	**102.3**
茶及饮料	Tea and Beverages	100.6	100.8	100.0
卷烟	Cigarette	100.5	100.4	100.6
酒类	Alcohol	106.4	106.9	105.7
服装、鞋帽	**Garments, Shoes and Hats**	**100.5**	**100.5**	**100.7**
# 服装	Garments	100.9	100.9	100.8
鞋袜帽	Footgear and Hat	98.8	97.9	100.3
纺织品	**Textiles**	**100.7**	**100.8**	**100.1**
服装材料	Clothing	103.3	104.6	100.0
床上用品	Bedding	100.2	100.2	100.1
家用电器及音像器材	**Household Appliances,Music and Video Equipment**	**102.2**	**102.2**	**101.9**
文化办公用品	**Cultural and Office Appliances**	**101.1**	**101.0**	**101.3**
日用品	**Articles for Daily Use**	**101.2**	**101.2**	**101.2**
# 日用百货	General Merchandise for Daily Use	101.5	101.7	101.2
其他日用品	Other Miscellaneous for Daily Use	101.2	101.0	102.1
体育娱乐用品	**Sports and Recreation Articles**	**100.6**	**100.6**	**101.0**
交通、通信用品	**Transportation and Communication Appliances**	**100.2**	**100.3**	**99.9**
家具	**Furniture**	**98.6**	**98.3**	**100.2**
化妆品	**Cosmetics**	**102.7**	**102.8**	**102.2**
金银饰品	**Gold and Silver Ornaments**	**100.8**	**100.4**	**102.6**
中西药品及医疗保健用品	**Traditional Chinese and Western Medicines and Health Care Articles**	**100.9**	**100.9**	**100.6**
中药	Traditional Chinese Medicines	104.0	104.7	101.7
西药	Western Medicines	100.5	100.5	100.6
书报杂志及电子出版物	**Books,Newspapers,Magazines and Electronic Publications**	**101.4**	**101.6**	**100.8**
燃料	**Fuels**	**118.7**	**119.1**	**116.0**
建筑材料及五金电料	**Building Materials and Hardware**	**101.9**	**102.0**	**101.3**

5-6 各市（州）商品零售价格分类指数（2022）

Retail Price Indices by Region (2022)

（上年 =100） (preceding year =100)

市（州）	Region	商品零售价格指数 Retail Price Index	食品 Food	饮料、烟酒 Beverages, Tobacco and Liquor	服装、鞋帽 Garments, Shoes and Hats	纺织品 Textiles	家用电器及音像器材 Household Appliances, Music and Video Equipment	文化办公用品 Cultural and Office Appliances	日用品 Articles for Daily Use	体育娱乐用品 Sports and Recreation Articles
兰州市	Lanzhou	103.8	103.6	102.7	100.3	100.6	102.2	101.1	101.1	101.0
嘉峪关市	Jiayuguan	102.7	102.3	101.3	100.8	102.9	101.0	100.4	100.8	103.1
金昌市	Jinchang	105.3	103.1	102.7	100.2	100.0	104.1	102.8	101.2	102.1
白银市	Baiyin	102.5	102.0	100.4	101.6	100.0	101.7	99.4	101.4	100.9
天水市	Tianshui	104.8	103.5	101.4	98.2	100.4	102.3	102.0	102.0	102.7
武威市	Wuwei	104.3	102.6	101.7	100.7	103.9	102.1	101.8	101.7	102.1
张掖市	Zhangye	103.3	101.7	102.9	99.7	100.1	101.4	101.2	101.2	101.5
平凉市	Pingliang	104.1	103.5	103.4	101.5	102.9	100.8	100.4	100.5	103.7
酒泉市	Jiuquan	103.9	101.4	103.0	101.4	100.9	103.3	100.4	100.6	101.3
庆阳市	Qingyang	103.3	103.3	100.2	101.3	99.9	101.6	101.3	102.0	101.6
定西市	Dingxi	103.2	102.8	104.8	100.6	100.7	105.4	101.8	101.6	101.6
陇南市	Longnan	103.1	103.4	103.9	100.4	99.9	100.9	100.0	100.1	102.1
临夏州	Linxia	102.6	101.6	104.5	99.4	95.0	100.4	101.3	99.1	100.5
甘南州	Gannan	102.1	101.4	101.0	100.6	100.0	99.4	103.1	101.9	101.9

5-6 续表 continued

（上年 =100） (preceding year =100)

市（州）	Region	交通、通信用品 Transportation and Communication Appliances	家具 Furniture	化妆品 Cosmetics	金银珠宝 Gold, Sliver and Jewellery	中西药品及医疗保健用品 Traditional Chinese and Western Medicines and Health Care Articles	书报杂志及电子出版物 Books, Newspapers, Magazines and Electronic Publications	燃料 Fuels	建筑材料及五金电料 Building Materials and Hardware
兰州市	Lanzhou	100.3	96.4	102.7	100.4	101.8	101.6	119.2	100.5
嘉峪关市	Jiayuguan	99.7	100.2	102.2	103.6	100.2	100.9	116.6	99.6
金昌市	Jinchang	100.1	108.9	103.1	99.9	99.4	101.5	118.2	109.8
白银市	Baiyin	99.2	99.9	103.1	102.6	102.1	100.0	114.6	101.6
天水市	Tianshui	100.7	100.0	102.4	104.4	99.3	101.5	118.7	104.4
武威市	Wuwei	101.8	102.1	101.5	100.1	99.8	100.1	121.2	104.7
张掖市	Zhangye	100.2	100.1	101.5	104.2	101.6	100.8	116.0	100.3
平凉市	Pingliang	98.8	101.7	102.9	99.4	102.4	102.1	119.7	104.2
酒泉市	Jiuquan	99.8	99.0	102.4	103.6	100.8	100.1	119.5	99.1
庆阳市	Qingyang	99.8	100.2	102.4	103.1	101.1	98.9	118.8	102.6
定西市	Dingxi	99.4	100.0	102.6	103.7	100.7	100.1	116.2	100.3
陇南市	Longnan	99.2	100.0	102.0	100.2	100.0	104.3	117.1	99.9
临夏州	Linxia	98.2	98.2	99.8	107.7	102.4	99.9	114.5	103.3
甘南州	Gannan	99.4	100.0	102.2	102.7	99.7	100.0	115.1	100.3

5-7 农产品生产者价格指数
Producer Price Indices for Farm Products

（上年=100） (preceding year=100)

指 标	Item	2010	2015	2020	2021	2022
农产品生产者价格指数	**Producer Price Indices for Farm Products**	**113.8**	**99.8**	**106.6**	**101.9**	**100.2**
种植业产品	**Planting Products**	**119.5**	**100.9**	**102.3**	**105.9**	**104.7**
谷物（原粮）	Cereal (Unprocessed Food Grains)	110.8	98.2	98.4	109.5	105.9
#小麦	Wheat	106.8	97.9	98.0	107.9	116.0
玉米	Corn	119.4	97.5	107.5	116.0	101.7
豆类	Beans	109.4	100.6	98.8	101.8	113.6
#大豆	Beans	106.3	90.9	100.4	105.9	104.3
蚕豆	Broad Bean	154.8	105.2	97.1	96.8	128.4
薯类	Tubers	185.0	93.8	96.7	84.2	113.2
油料	Oil-bearing Crops	107.1	99.4	106.3	105.2	107.2
#油菜籽	Rapeseeds	103.9	101.3	107.3	105.4	111.5
胡麻籽	Benne	104.9	96.9	106.0	105.5	102.8
棉花（籽棉）	Cotton (Unginned Cotton)	176.2	103.0	120.4	165.3	
糖料	Sugar			100.0	107.5	
蔬菜	Vegetable	114.2	105.1	110.1	106.0	101.2
水果（含果用瓜）	Fruit (Fruit Included Melons)	127.6	103.9	100.1	113.7	108.5
#苹果	Apple	142.9	103.9	94.0	96.7	112.9
梨	Pear	105.8	100.0	122.3	57.1	
桃	Peach	151.9	91.4			88.2
杏	Apricot	116.3		106.1		
西瓜	Water Melon	103.3	128.6	83.8	112.3	98.9
中草药材	Traditional Chinese Medicinal Materials	124.1	98.3	91.8	101.8	102.0
#党参	Codonopsis	156.9	95.7	93.1	101.2	127.0
当归	Angelica	92.7		81.8	103.3	141.9
黄芪	Astragalus	127.9	92.6	98.3	102.7	76.0
甘草	Licorice	122.9				
畜牧业产品	**Animal Husbandry Products**	**101.6**	**97.5**	**116.2**	**93.2**	**92.3**
#活牛	Live Cattle	104.6	103.2	106.9	99.3	93.1
活羊	Live Sheep	103.5	79.0	110.1	107.9	92.9
活猪	Live Pig	92.1	104.0	135.8	71.7	86.0
活鸡	Live Chicken	118.7	100.8	97.3	99.1	105.6
生奶	Raw Milk	129.2	99.2	104.2	103.0	100.3
鸡蛋	Eggs	110.1	98.1	87.1	108.7	104.5
渔业产品	**Fishery Products**	**115.5**	**100.6**	**91.8**	**100.3**	

注：2012年起，国家统计局实行新方法制度，对分类进行调整并增加了品种。

a) Since 2012,National Bureau of Statistics implemented the new method system, adjusted the classification of producer price indices for farm products and increased the breed.

5-8 工业生产者出厂价格指数
Producer Price Index for Industrial Products

（上年=100） (preceding year=100)

项 目	Item	2010	2015	2020	2021	2022
工业生产者出厂价格指数	**Producer Price Index for Industrial Products**	**115.0**	**87.0**	**93.9**	**116.4**	**110.9**
按轻重工业分	**Grouped by Light & Heavy Industry**					
轻工业	Light Industry	104.0	100.1	101.4	101.7	102.2
以农产品为原料	Using Farm Products as Raw Materials	103.2	100.0	101.5	101.0	102.1
以非农产品为原料	Using Non-farm Products as Raw Materials	105.1	100.6	98.4	104.0	102.7
重工业	Heavy Industry	116.7	85.6	93.0	118.2	111.9
采掘工业	Mining & Quarrying Industry	116.3	69.3	83.8	131.6	126.0
原料工业	Raw Materials Industry	118.5	87.6	91.3	116.1	114.6
加工工业	Processing Industry	102.4	88.1	98.8	118.1	101.5
按两大部类分	**Grouped by Division**					
生产资料	Means of Production	116.1	85.6	93.0	118.0	111.7
采掘工业	Mining & Quarrying Industry	113.6	69.3	83.8	131.6	126.0
原料工业	Raw Materials Industry	118.8	87.6	91.3	116.2	114.7
加工工业	Processing Industry	103.9	88.1	98.6	117.4	101.5
生活资料	Consumer Goods	102.4	100.2	101.7	99.9	102.0
食品	Food	102.7	100.2	101.8	99.9	102.1
衣着	Clothing	105.4	90.5	100.7	101.8	96.3
一般日用品	Articles for Daily Use	102.9	100.2	98.1	99.9	100.1
耐用消费品	Durable Consumer Goods	90.5	99.9	104.2	98.7	100.0
按工业部门分	**Grouped by Industry Sector**					
冶金工业	Metallurgical Industry	122.0	86.1	98.8	126.6	104.9
电力工业	Power Industry	100.7	99.8	96.5	99.4	104.7
煤炭及炼焦工业	Coal Industry	101.7	90.0	99.2	114.7	114.6
石油工业	Petroleum Industry	120.1	73.7	76.8	128.2	133.6
化学工业	Chemical Industry	107.9	95.7	99.6	110.3	107.7
机械工业	Machine Manufacturing Industry	101.4	96.9	96.5	103.3	101.7
建筑材料工业	Building Materials Industry	104.6	89.8	99.4	102.5	109.0
森林工业	Timber Industry	102.1	95.8	100.1		
食品工业	Food Industry	103.0	100.1	102.0	101.0	102.0
纺织工业	Textile Industry	111.4	97.5	91.4	100.6	103.9
缝纫工业	Tailoring Industry	104.2	89.9	100.8	101.8	96.3
皮革工业	Leather Industry	103.6	101.6	97.0		
造纸工业	Paper Industry	104.7	100.6	98.8	97.8	101.5
文教艺术用品工业	Cultural,Educational & Handicrafts Articles	102.6	100.0	101.1	99.9	100.2
其他工业	Others	108.5	96.6	91.0	117.9	119.2

5-9 按行业分工业生产者出厂价格指数
Producer Price Indices for Industrial Products by Sector

(上年 =100) (preceding year =100)

行 业	Sector	2010	2015	2020	2021	2022
工业生产者出厂价格指数	**Producer Price Indices for Industrial Products**	**115.0**	**87.0**	**93.9**	**116.4**	**110.9**
煤炭开采和洗选业	Mining and Washing of Coal	101.2	90.0	99.1	115.8	110.1
石油和天然气开采业	Extraction of Petroleum and Natural Gas	122.6	52.2	68.2	150.7	146.5
黑色金属矿采选业	Mining and Processing of Ferrous Metal Ores	110.6	73.9	98.5	111.6	87.0
有色金属矿采选业	Mining and Processing of Non-Ferrous Metal Ores	113.0	98.8	100.3	116.7	107.7
非金属矿采选业	Mining and Processing of Non-metal Ores	98.0	97.8	89.9	102.0	99.4
开采专业及辅助性活动	Support Activities for Mining				101.0	103.2
农副食品加工业	Processing of Food from Agricultural Products	104.3	100.5	103.2	100.7	104.8
食品制造业	Manufacture of Foods	104.6	98.6	103.0	104.5	103.2
酒、饮料及精制茶制造业	Manufacture of Liquor,Beverages and Refined Tea	102.4	100.3	99.8	100.3	99.4
烟草制品业	Manufacture of Tobacco	101.4	100.0	100.9	100.7	99.8
纺织业	Manufacture of Textile	111.3	97.6	91.4	100.6	103.9
纺织服装、服饰业	Manufacture of Textile, Wearing Apparel and Accessories	103.8	88.9	100.8	101.8	96.3
皮革、毛皮、羽毛及其制品和制鞋业	Manufacture of Leather, Fur, Feather and Related Products and Footware	103.6	101.6	97.0		
木材加工及木、竹、藤、棕、草制品业	Processing of Timber, Manufacture of Wood, Bamboo, Rattan, Palm and Straw Products	100.3	82.6	100.0		
家具制造业	Manufacture of Furniture	103.3	99.4	100.2		
造纸及纸制品业	Manufacture of Paper and Paper Products	104.7	100.6	98.8	97.8	101.5
印刷业和记录媒介复制业	Printing and Reproduction of Recording Media	102.7	100.0	101.1	99.9	100.2
文教、工美、体育和娱乐用品制造业	Manufacture of Articles for Culture, Education, Arts and Crafts, Sport and Entertainment Activities			91.2		

5-9 续表 continued

(上年 =100)　　(preceding year =100)

行 业	Sector	2010	2015	2020	2021	2022
石油加工、炼焦和核燃料加工业	Processing of Petroleum, Coking, Processing of Nuclear Fuel	119.8	79.0	79.5	123.4	131.6
化学原料及化学制品制造业	Manufacture of Raw Chemical Materials and Chemical Products	109.0	94.2	100.0	118.9	111.0
医药制造业	Manufacture of Medicines	106.0	101.0	101.6	99.4	102.7
橡胶和塑料制品业	Manufacture of Rubber and Plastics Products			94.4	97.7	98.7
非金属矿物制品业	Manufacture of Non-metallic Mineral Products	109.2	89.9	98.5	107.0	112.5
黑色金属冶炼及压延加工业	Smelting and Pressing of Ferrous Metals	107.5	80.3	98.2	139.0	92.6
有色金属冶炼及压延加工业	Smelting and Pressing of Non-ferrous Metals	133.1	89.2	99.8	124.6	108.9
金属制品业	Manufacture of Metal Products	105.0	95.8	91.3	105.0	105.6
通用设备制造业	Manufacture of General Purpose Machinery	100.9	100.6	99.9	99.8	101.4
专用设备制造业	Manufacture of Special Purpose Machinery	93.0	93.1	98.0	100.1	100.0
汽车制造业	Manufacture of Automobiles			101.5	100.3	102.3
铁路、船舶、航空航天和其他运输设备制造业	Manufacture of Railway, Ship, Aerospace and Other Transport Equipments	96.1	100.3	100.2		
电气机械及器材制造业	Manufacture of Electrical Machinery and Apparatus	111.8	95.1	94.5	108.1	102.0
计算机、通信和其他电子设备制造业	Manufacture of Computers, Communication and Other Electronic Equipment	100.0	99.9	94.3	102.0	103.2
仪器仪表制造业	Manufacture of Measuring Instruments and Machinery	101.8	100.0	103.8		
废弃资源综合利用业	Utilization of Waste Resources			99.4	117.6	110.8
金属制品、机械和设备修理业	Repair Service of Metal Products, Machinery and Equipment			100.0	100.8	100.3
电力、热力生产和供应业	Production and Supply of Electric Power and Heat Power	100.7	99.8	96.5	99.4	104.7
燃气生产和供应业	Production and Supply of Gas	106.9	102.7	98.4	87.5	104.9
水生产和供应业	Production and Supply of Water	98.6	102.9	103.2	99.6	100.0

5-10 工业生产者购进价格指数
Purchasing Price Index for Industrial Producers

（上年 =100） (preceding year =100)

类 别	Types	2010	2015	2020	2021	2022
工业生产者购进价格指数	**Purchasing Price Indices for Industrial Producers**	**114.4**	**87.0**	**94.1**	**118.1**	**113.5**
燃料、动力类	Fuel and Power	118.4	81.6	90.7	122.2	123.4
黑色金属材料类	Ferrous Metals	109.4	86.9	101.3	115.7	98.6
#钢材	Rolled Steel	103.7	91.1	100.1	111.1	101.8
有色金属材料和电线类	Nonferrous Metals	118.8	94.0	98.3	121.4	104.1
化工原料类	Raw Chemical Materials	112.0	96.1	90.3	131.5	113.5
木材及纸浆类	Timber and Paper Pulp	104.4	99.4	99.7	106.7	103.0
建筑材料及非金属矿类	Building Materials	102.3	93.8	99.5	114.8	136.1
其他工业原材料及半成品类	Other Industrial Raw and Processed Materials	103.6	96.5	103.9	106.8	103.2
农副产品类	Agricultural Products	111.5	101.6	114.0	99.6	105.8
纺织原料类	Textile Materials	108.0	102.5	88.9	102.5	115.3

主要统计指标解释

居民消费价格指数 是反映一定时期内城乡居民所购买的生活消费品价格和服务项目价格变动趋势和程度的相对数，是对城市居民消费价格指数和农村居民消费价格指数进行综合汇总计算的结果。通过该指数可以观察和分析消费品的零售价格和服务项目价格变动对城乡居民实际生活费支出的影响程度。

城市居民消费价格指数 是反映一定时期内城市居民家庭所购买的生活消费品价格和服务项目价格变动趋势和程度的相对数。通过该指数可以观察和分析消费品的零售价格和服务项目价格变动对城镇居民收入和消费支出的影响。

农村居民消费价格指数 是反映一定时期内农村居民家庭所购买的生活消费品价格和服务项目价格变动趋势和程度的相对数。该指数可以观察农村消费品的零售价格和服务项目价格变动对农村居民收入和生活消费支出的影响。

商品零售价格指数 是反映一定时期内城乡商品零售价格变动趋势和程度的相对数。商品零售价格的变动与国家的财政收入、市场供需的平衡、消费与积累的比例关系有关。因此，该指数可以从一个侧面对上述经济活动进行观察和分析。

农产品生产者价格指数 是反映一定时期内，农产品生产者出售农产品价格水平变动趋势及幅度的相对数。该指数可以客观反映全国农产品生产价格水平和结构变动情况，满足农业与国民经济核算需要。其中某代表品生产价格指数是通过对全部有出售该产品行为的调查单位的个体指数进行几何平均求得的，类价格指数是通过对其所属的类（或代表品）的价格指数进行加权平均求得的。季度累计价格指数的计算方法与分季指数的计算方法相同。

工业生产者出厂价格指数 是反映一定时期内工业企业产品第一次出售时的出厂价格总水平的变动趋势和变动幅度的相对数。

工业生产者购进价格指数 是反映企业作为中间投入的原材料、燃料、动力购进价格总水平的变动趋势和变动幅度的相对数。

6

人民生活

People's Living Conditions

简要说明

一、本篇资料的主要内容

本篇资料反映了城镇、农村居民的家庭收支、居住、耐用消费品拥有、生产和生活等方面的情况。

二、本篇资料的来源

1. 城镇、农村居民家庭相关资料由国家统计局甘肃调查总队居民收支调查处整理提供。

2. 自 2015 年起甘肃省发布城乡一体化住户收支与生活状况调查数据，即发布城镇、农村居民可支配收入，原农村居民纯收入数据以后不再发布，本年鉴中涉及 2015 年及以后的居民有关数据均来源于此调查。2014 年及以前年份的居民有关数据为新口径回溯数据。

6-1 人民物质文化生活情况
Basic Statistics on People's Living Conditions

指 标	Item	2010	2015	2020	2021	2022
就业	**Employment**					
每一城镇就业者负担人数（人）	Number of Dependents per Urban Employee (person)	2.01	1.46	1.45	1.47	1.46
每一农村劳动力负担人数（人）	Number of Dependents per Rural Laborer (person)	1.56	1.60	1.58	1.59	1.57
收入（元）	**Income of Rural and Urban Residents (yuan)**					
全体居民人均可支配收入	Annual per Capita Disposable Income of Households	7358	13467	20335	22066	23273
城镇居民人均可支配收入	Annual per Capita Disposable Income of Urban Households	13820	23767	33822	36187	37572
农村居民人均可支配收入	Annual per Capita Disposable Income of Rural Households	3747	6936	10344	11433	12165
在岗职工平均工资	Average Wage of Staff and Workers	29588	54454	83392	88289	94231
支出（元）	**Expenditure (yuan)**					
全体居民人均消费支出	Per Capita Consumption Expenditures of all Households			16175	17456	17489
#食品烟酒	Food ,Tobacco and Liquor			4769	5218	5364
城镇居民人均消费支出	Per Capita Consumption Expenditures of Urban Households	10171	17451	24615	25757	25207
#食品烟酒	Food ,Tobacco and Liquor	3412	5346	7068	7543	7530
农村居民人均消费支出	Per Capita Consumption Expenditures of Rural Households	3430	6830	9923	11206	11494
#食品烟酒	Food,Tobacco and Liquor	1443	2244	3065	3467	3682
住房面积（平方米）	**Per Capita Floor Space of Residential Buildings (sq.m)**					
城镇居民人均居住面积	Per Capita Living Space of Urban Households	27.9	34.0	35.0	35.5	32.9
农村居民人均居住面积	Per Capita Living Space of Rural Households	21.0	29.3	31.9	32.1	32.5
文化	**Culture**					
城镇每百户有彩色电视机（台）	Number of Color TV Sets per 100 Urban Households (set)	110	105	105	102	102
农村每百户有彩色电视机（台）	Number of Color TV Sets per 100 Rural Households (set)	104	109	111	110	110
广播节目综合人口覆盖率（%）	Radio Coverage Rate of the Population (%)	93.47	98.01	99.31	99.43	99.46
电视节目综合人口覆盖率（%）	TV Coverage Rate of Population (%)	93.72	98.47	99.41	99.49	99.52
教育	**Education**					
小学学龄儿童净入学率（%）	Net Enrollment Ratio of School-age Children in Primary Schools (%)	99.46	99.83	99.99	99.99	99.99
每万人口中在校大学生数（人）	Number of University Students per 10 000 Population (person)	149	173	232	246	259
卫生	**Public Health**					
每万人口医疗卫生机构床位数（张）	Beds of Medical Institutions per 10000 Population (bed)	37.06	48.86	71.12	73.59	75.80
每万人口执业（助理）医师数（人）	Number of Licensed (Assistant) Doctors per 10 000 Population (person)	15.0	19.1	26.5	28.4	29.0

6-2 全省居民人均收支情况

Per Capita Income and Consumption Expenditure of Gansu Residents

指 标	Item	2021	2022
人均可支配收入（元）	**Per Capita Disposable Income (yuan)**	**22066**	**23273**
工资性收入	Income from Wages and Salaries	12412	12996
经营净收入	Net Business Income	4083	4256
财产净收入	Net Income from Property	1301	1380
转移净收入	Net Income from Transfer	4270	4640
构成（%）	**Disposable Income(%)**	**100.00**	**100.00**
工资性收入	Income from Wages and Salaries	56.25	55.84
经营净收入	Net Business Income	18.50	18.29
财产净收入	Net Income from Property	5.90	5.93
转移净收入	Net Income from Transfer	19.35	19.94
人均消费支出（元）	**Per Capita Annual Consumption Expenditure (yuan)**	**17456**	**17489**
食品烟酒	Food,Tobacco and Liquor	5218	5364
衣着	Clothing	1217	1138
居住	Residence	3706	3919
生活用品及服务	Household Facilities,Articles and Services	1068	1000
交通通信	Transport and Communications	2215	2322
教育文化娱乐	Education, Cultural and Recreation	1894	1776
医疗保健	Health Care and Medical Services	1761	1613
其他用品及服务	Other Goods and Services	377	358
构成（%）	**Disposable Income(%)**	**100.00**	**100.00**
食品烟酒	Food,Tobacco and Liquor	29.89	30.67
衣着	Clothing	6.97	6.50
居住	Residence	21.23	22.41
生活用品及服务	Household Facilities,Articles and Services	6.12	5.72
交通通信	Transport and Communications	12.69	13.28
教育文化娱乐	Education, Cultural and Recreation	10.85	10.15
医疗保健	Health Care and Medical Services	10.09	9.22
其他用品及服务	Other Goods and Services	2.16	2.05

6-3 城镇居民家庭生活基本情况
Basic Conditions of Urban Households

年份 Year	每一城镇就业者负担人数（人）Number of Dependents Per Urban Employee (person)	城镇居民人均可支配收入（元）Per Capita Disposable Income of Urban Households (yuan)	城镇居民人均消费支出（元）Per Capita Consumption Expenditures of Urban Households (yuan)	#食品烟酒 Food,Tobacco and Liquor	恩格尔系数（%）Engle's Coefficient (%)	人均居住面积（平方米）Per Capita Living Space (sq.m)
1978		408				
1979		418				4.63
1980	2.64	403	399	212	53.10	4.82
1981	1.80	448	433	238	54.97	5.60
1982	1.75	474	447	252	56.41	6.01
1983	1.74	491	482	274	56.78	6.74
1984	1.70	572	552	310	56.22	7.11
1985	1.83	641	625	316	50.59	7.44
1986	1.83	777	737	376	50.96	7.51
1987	1.82	871	829	431	51.97	7.65
1988	1.84	979	1026	502	48.88	8.29
1989	1.82	1133	1065	586	55.05	8.55
1990	1.87	1197	1081	557	51.50	8.86
1991	1.85	1369	1270	666	52.41	9.09
1992	1.75	1708	1457	765	52.51	8.99
1993	1.73	2003	1680	852	50.71	8.96
1994	1.84	2658	2209	1117	50.57	10.44
1995	1.86	3153	2618	1353	51.69	10.74
1996	1.82	3354	2839	1443	50.84	11.10
1997	1.89	3592	2946	1439	48.85	12.70
1998	1.91	4024	3106	1436	46.23	13.30
1999	1.71	4508	3697	1525	41.24	15.16
2000	1.80	4970	4153	1545	37.20	15.21
2001	1.86	5461	4458	1624	36.43	15.54
2002	1.96	6264	5119	1747	34.12	21.55
2003	1.98	6803	5367	1851	34.49	22.27
2004	1.85	7566	6026	2123	35.23	22.90
2005	1.90	8323	6641	2241	33.74	24.16
2006	1.92	9215	7109	2277	32.03	25.60
2007	1.87	10380	8045	2657	33.02	27.04
2008	2.00	11413	8504	2965	34.86	27.19
2009	1.99	12457	9119	3130	34.33	27.35
2010	2.01	13820	10171	3412	33.55	27.89
2011	2.07	15707	11500	3776	32.83	28.04
2012	2.04	17979	13205	4101	31.06	28.45
2013	2.07	19873	14411	4473	31.04	29.82
2014	1.84	21804	15942	4964	31.14	30.60
2015	1.46	23767	17451	5346	30.63	34.00
2016	1.45	25694	19539	5777	29.57	33.69
2017	1.46	27763	20659	6033	29.20	33.80
2018	1.49	29957	22606	6491	28.71	33.90
2019	1.49	32323	24454	6996	28.60	34.60
2020	1.45	33822	24615	7068	28.72	34.97
2021	1.47	36187	25757	7543	29.28	35.47
2022	1.46	37572	25207	7530	29.87	32.94

6-4 城镇居民家庭生活基本情况
Basic Conditions of Urban Households

指 标	Item	2015	2020	2021	2022
调查户数（户）	**Number of Households Surveyed (household)**	**1500**	**1650**	**1650**	**1650**
平均每户家庭人口（人）	Average Household Size (person)	3.2	3.3	3.2	3.2
平均每户就业人口（人）	Average Number of Employed Persons per Household (person)	1.8	2.26	2.19	2.18
平均每户就业面（%）	Proportion of Employment per Household (%)	56.3	68.8	68.2	68.6
平均每一就业者负担人数（含就业者本人）（人）	Number of Dependents per Employee (including the employee himself or herself)(person)	1.46	1.45	1.47	1.46
人均可支配收入（元）	**Per Capita Disposable Income (yuan)**	**23767**	**33822**	**36187**	**37572**
工资性收入	Income from Wages and Salaries	15189	22904	24463	25223
#工资	Wages and Salaries	14201	21533	22940	23709
经营净收入	Net Business Income	1805	2489	2700	2739
财产净收入	Net Income from Property	2295	2627	2831	2950
#利息净收入	Interest Income	32	-108	14	-37
红利收入	Bonus Income	84	47	56	76
转移净收入	Net Income from Transfer	4478	5802	6193	6661
#养老金或离退休金	Endowment Insurance or Pension	4459	6607	7044	7634
人均消费支出（元）	**Per Capita Annual Consumption Expenditure (yuan)**	**17451**	**24615**	**25757**	**25207**
食品烟酒	Food,Tobacco and Liquor	5346	7068	7543	7530
衣着	Clothing	1759	1859	1939	1759
居住	Residence	3540	5787	5732	6006
生活用品及服务	Household Facilities,Articles and Services	1125	1662	1648	1524
交通通信	Transport and Communications	1850	3081	3296	3335
教育文化娱乐	Education, Cultural and Recreation	2045	2427	2692	2470
医疗保健	Health Care and Medical Services	1391	2090	2292	2005
其他用品及服务	Other Goods and Services	395	640	615	577

6-5 按收入五等份分组的城镇居民人均可支配收入及构成（2022）

Per Capita Disposable Income of Urban Households and Its Composition by Level of Income (2022)

指 标	Item	全省平均 Average	低收入户 (20%) Low Income Households	中间偏下户 (20%) Lower Middle Income Households	中间收入户 (20%) Middle Income Households	中间偏上户 (20%) Upper Middle Income Households	高收入户 (20%) High Income Households
人均可支配收入（元）	**Per Capita Disposable Income(yuan)**	**37572**	**12561**	**24102**	**35117**	**48701**	**83243**
工资性收入	Income from Wages and Salaries	25223	7757	16092	21712	32025	60171
#工资	Wages and Salaries	23709	7662	15585	20663	29715	55508
经营净收入	Net Business Income	2739	1726	2389	2209	1591	6786
财产净收入	Net Income from Property	2950	710	1758	2838	4554	6152
转移净收入	Net Income from Transfer	6661	2369	3863	8358	10531	10135
人均可支配收入构成（%）	**Per Composition of Disposable Income(%)**	**100.0**	**100.0**	**100.0**	**100.0**	**100.0**	**100.0**
工资性收入	Income from Wages and Salaries	67.1	61.7	66.8	61.8	65.8	72.3
经营净收入	Net Business Income	7.3	13.7	9.9	6.3	3.3	8.2
财产净收入	Net Income from Property	7.9	5.7	7.3	8.1	9.4	7.4
转移净收入	Net Income from Transfer	17.7	18.9	16.0	23.8	21.6	12.2

注：按收入五等份分组是指将所有调查户按人均可支配收入水平从低到高顺序排列，平均分为五个等份，处于最低20%的收入群体为低收入组，依此类推依次为中间偏下收入组、中间收入组、中间偏上收入组、高收入组。本表数据为不同分组家庭的人均可支配收入。6-7、6-20、6-21表与此相同。

a) The income quintile refers to the five equal partitions of all surveyed households, who are ranked from low to high based on per capita disposable income level. The 20 percent with lowest income are classified as low-income group (Lowest 20%), and the other four levels are lower-middle-income group (Second 20%), middle-income group (Third 20%), higher-middle-income group (Fourth 20%) and high-income group (Highest 20%). The figures in table 6-7 are the per capita disposable income of the households in the different income groups.The same applies to Table 6-7 , 6-20 and 6-21.

6-6 城镇居民人均总支出

Per Capita Annual Expenditure of Urban Households

单位：元 (yuan)

指 标	Item	2015	2020	2021	2022
总支出	**Per Capita Annual Expenditure**	**22564**	**32625**	**35657**	**33048**
消费支出	Consumption Expenditure	17451	24615	25757	25207
生产经营费用支出	Production Operations Fee Expenditure	607	966	1108	988
第一产业经营费用支出	Primary Industry	107	157	279	335
第二产业经营费用支出	Secondary Industry	14	176	97	69
第三产业经营费用支出	Tertiary Industry	486	633	733	584
财产性支出	Property Expenditure	31	179	88	111
转移性支出	Transfer Expenditure	1031	2203	2467	2548
部分商业保险支出	Expenditure of Part of Commercial Insurance	140	229	369	290
购置资产及非经常性转移支出	Purchase of Assets and Transfer of Non-recurring Expenditure	2043	3162	4232	2586
借贷性支出	Debit and Credit Expenditure	1261	1270	1636	1317

6-7 按收入五等份分组的城镇居民人均购买主要商品数量（2022）
Per Capita Annual Purchases of Major Commodities of Urban Households by Level of Income (2022)

指 标	Item	全省平均 Average	低收入户（20%） Low Income Households	中间偏下户（20%） Lower Middle Income Households	中间收入户（20%） Middle Income Households	中间偏上户（20%） Upper Middle Income Households	高收入户（20%） High Income Households
鲜菜（千克）	Fresh Vegetables (kg)	105.3	81.9	105.9	116.2	109.7	120.3
食用植物油（千克）	Edible Vegetable Oil (kg)	9.8	8.6	10.0	10.5	9.9	10.0
猪肉（千克）	Pork (kg)	18.2	14.9	17.6	20.3	19.0	20.2
牛肉（千克）	Beef (kg)	2.6	1.4	1.8	3.4	3.3	3.9
羊肉（千克）	Mutton (kg)	2.8	1.6	2.1	3.3	3.5	3.7
禽类（千克）	Poultry (kg)	6.1	4.2	5.7	6.9	7.0	7.1
鲜蛋（千克）	Fresh Eggs (kg)	12.8	9.3	12.7	13.8	14.2	15.6
鱼（千克）	Fish (kg)	3.2	1.7	2.5	3.5	3.8	5.1
白酒（元）	Liquor (yuan)	314.3	116.5	214.6	349.3	351.1	659.0
啤酒（元）	Beer (yuan)	23.5	16.8	19.9	27.4	29.5	26.2
糕点（元）	Cake(yuan)	111.7	60.8	88.2	117.7	153.3	162.3
鲜奶（千克）	Fresh Milk (kg)	18.8	11.9	16.4	23.1	21.8	23.5
奶粉（千克）	Milk Powder (kg)	0.5	0.5	0.3	0.5	0.5	0.5
电（千万时）	Electricity (kWh)	614.3	441.2	530.7	645.9	757.9	775.1
灌装液化石油气（千克）	Liquefied Petroleum Gas(kg)	1.9	2.2	2.3	1.5	1.7	1.6
管道天然气（立方米）	Piped Natural Gas (cu.m)	85.6	30.9	60.7	98.9	128.1	133.3

注：白酒、啤酒、糕点的计量单位自2022年起改为元，不再以千克统计。

a) The unit of measurement of liquor,beer and cake has been changed to yuan and no longer counted in kilograms since 2022.

6-8 城镇居民人均购买的主要商品数量
Per Capita Annual Purchases of Major Commodities in Urban Households

指 标	Item	2010	2015	2020	2021	2022
大米（千克）	Rice (kg)	21.7	20.6	15.7	17.7	16.0
面粉（千克）	Flour (kg)	37.6	36.6	26.5	30.2	29.4
食用植物油（千克）	Edible Vegetable Oil (kg)	10.3	11.7	8.9	10.2	9.8
猪肉（千克）	Pork (kg)	11.7	12.6	12.4	18.6	18.2
牛肉（千克）	Beef (kg)	2.3	2.7	2.7	2.7	2.6
羊肉（千克）	Mutton (kg)	1.5	3.1	2.3	2.6	2.8
禽类（千克）	Poultry (kg)	5.0	4.6	6.7	6.4	6.1
鲜蛋（千克）	Fresh Eggs (kg)	8.3	9.2	11.5	12.6	12.8
鱼（千克）	Fish (kg)	3.2	3.1	3.2	3.3	3.2
鲜菜（千克）	Fresh Vegetables (kg)	115.3	99.0	100.3	110.9	105.3
啤酒（元）	Beer (yuan)	3.1	3.3	4.3	3.5	23.5
鲜乳品（千克）	Fresh Dairy Products (kg)	19.8	16.6			
灌装液化石油气（千克）	Liquefied Petroleum Gas(kg)	8.2	8.1	2.4	2.4	1.9
管道天然气（立方米）	Piped Natural Gas (cu.m)	26.6	41.3	75.2	83.1	85.6
水（吨）	Water (ton)	22.3	34.3	29.5	32.5	35.1
电（千瓦小时）	Electricity (kWh)	410.9	559.7	490.0	558.0	614.3

注：啤酒的计量单位自 2022 年起改为元，2022 年以前的计量单位为千克。
a) The unit of measurement of beer has been changed to yuan since 2022 and the unit of measurement before 2022 is kilogram.

6-9 城镇居民平均每百户年末主要耐用消费品拥有量
Main Durable Goods Owned Per 100 Urban Households Nationwide

指 标	Item	2010	2015	2020	2021	2022
摩托车（辆）	Motorcycle (unit)	7.8	20.1	17.5	9.6	9.7
家用汽车（辆）	Automobile (unit)	3.5	18.2	34.0	39.6	42.1
洗衣机（台）	Washing Machine (set)	98.1	99.0	101.9	100.4	100.2
电冰箱（柜）（台）	Refrigerator (set)	85.8	92.8	97.3	99.3	99.8
彩色电视机（台）	Color TV Set (set)	110.0	104.6	105.3	101.5	101.8
照相机（架）	Camera (set)	26.5	29.8	13.1	13.2	13.3
计算机（台）	Computer (set)	42.9	64.7	59.6	57.9	57.4
空调（台）	Air Conditioner (unit)	5.4	10.5	12.2	16.0	16.5
淋浴热水器（台）	Water Heater Shower (unit)	62.3	71.5	84.2	82.2	82.6
移动电话（部）	Mobile Telephone (unit)	159.6	224.5	266.4	246.3	248.1

6-10 各市（州）城镇居民人均可支配收入（2022）
Per Capita Annual Total Income of Urban Households by Region (2022)

单位：元 (yuan)

市（州）	Region	可支配收入 Disposable Income	工资性收入 Income from Wages and Salaries	经营净收入 Net Business Income	财产净收入 Net Income from Property	转移净收入 Net Income from Transfer
兰州市	Lanzhou	45277	25996	1605	5291	12384
嘉峪关市	Jiayuguan	49634	40160	1688	1245	6542
金昌市	Jinchang	47292	36819	3881	2280	4312
白银市	Baiyin	37187	25767	3635	1722	6063
天水市	Tianshui	33541	21616	3242	3225	5458
武威市	Wuwei	35244	27400	2140	1555	4149
张掖市	Zhangye	32366	23225	4349	1093	3698
平凉市	Pingliang	34867	24027	2104	1874	6862
酒泉市	Jiuquan	44420	30850	7476	2154	3939
庆阳市	Qingyang	37585	27541	4398	2589	3058
定西市	Dingxi	31077	23738	2221	1545	3574
陇南市	Longnan	29899	21852	2997	1953	3097
临夏州	Linxia	25773	16280	3460	1254	4778
甘南州	Gannan	30660	24075	4256	891	1437

6-11 各市（州）城镇居民人均消费支出（2022）
Per Capita Annual Consumption Expenditure of Urban Households by Region (2022)

单位：元 (yuan)

市（州）	Region	消费支出 Consumption Expenditures	食品烟酒 Food, Tobacco and Liquor	衣着 Clothing	居住 Residence	生活用品及服务 Household Facilities, Articles and Services	交通通信 Transport and Communications	教育文化娱乐 Education, Culture and Recreation	医疗保健 Health Care and Medical Services	其他用品和服务 Miscellaneous Goods and Services	恩格尔系数(%) Engle's Coefficient (%)
兰州市	Lanzhou	29465	9186	1880	7780	1911	3053	3118	1915	622	31
嘉峪关市	Jiayuguan	33941	10732	2744	5179	2221	6333	3481	2247	1003	32
金昌市	Jinchang	31484	9235	3060	4860	2023	4236	4137	2344	1589	29
白银市	Baiyin	22582	6848	2321	4683	1740	2380	2520	1729	361	30
天水市	Tianshui	18013	4844	1461	4796	1360	1737	1914	1492	408	27
武威市	Wuwei	27412	8183	2966	5227	1453	3081	3886	2257	360	30
张掖市	Zhangye	25177	7509	2435	3920	1674	3434	2889	2498	818	30
平凉市	Pingliang	21854	6587	1754	5116	1573	2456	2157	1727	485	30
酒泉市	Jiuquan	30614	8560	2386	5775	2101	5064	3284	2761	683	28
庆阳市	Qingyang	23876	6801	2524	5227	1578	3024	2207	1880	636	28
定西市	Dingxi	20884	6261	1825	4559	1444	2555	2287	1547	405	30
陇南市	Longnan	22090	7455	1887	4408	1648	2122	2414	1603	552	34
临夏州	Linxia	19448	5483	1975	3975	1607	1987	2162	1795	464	28
甘南州	Gannan	25262	9005	2841	4728	1835	3020	1759	1460	616	36

6-12 各地、县城镇居民人均可支配收入（2022）
Per Capita Disposable Income of Urban Households by Region & County (2022)

单位：元 (yuan)

地、县	Region & County	城镇居民人均可支配收入 Per Capita Disposable Income of Urban Households	工资性收入 Income from Wages and Salaries	经营净收入 Net Business Income	财产净收入 Net Income from Property	转移净收入 Net Income from Transfer
兰州市	**Lanzhou**	**45277**	**25996**	**1605**	**5291**	**12384**
城关区	Chengguan	51055	25737	609	8961	15748
七里河区	Qilihe	43635	29111	1482	2655	10388
西固区	Xigu	50210	24292	151	4327	21441
安宁区	Anning	45989	31052	275	3704	10959
红古区	Honggu	38808	28278	3132	737	6662
永登县	Yongdeng	30122	15144	6816	1023	7140
皋兰县	Gaolan	28788	20387	3735	684	3982
榆中县	Yuzhong	30516	19383	6082	1792	3259
兰州新区	Lanzhou New Area	39361	28013	3172	5242	2935
嘉峪关市	**Jiayuguan**	**49634**	**40160**	**1688**	**1245**	**6542**
金昌市	**Jinchang**	**47292**	**36819**	**3881**	**2280**	**4312**
金川区	Jinchuan	52509	43354	2515	2056	4584
永昌县	Yongchang	36507	23309	6704	2743	3752
白银市	**Baiyin**	**37187**	**25767**	**3635**	**1722**	**6063**
白银区	Baiyin	45270	29181	4164	2047	9879
平川区	Pingchuan	43727	30595	5490	1390	6252
靖远县	Jingyuan	31787	22807	3122	2056	3803
会宁县	Huining	23368	19382	2312	1283	391
景泰县	Jingtai	32962	22921	2324	1503	6214
天水市	**Tianshui**	**33541**	**21616**	**3242**	**3225**	**5458**
秦州区	Qinzhou	36694	23785	2562	5629	4718
麦积区	Maiji	33880	20447	1158	4440	7835
清水县	Qingshui	31608	24487	1544	967	4609
秦安县	Qinan	33013	19186	3736	2935	7155
甘谷县	Gangu	32818	17443	5796	1793	7786
武山县	Wushan	31200	25213	3235	472	2280
张家川县	Zhangjiachuan	31001	19721	7516	2766	998
武威市	**Wuwei**	**35244**	**27400**	**2140**	**1555**	**4149**
凉州区	Liangzhou	37535	29757	1884	1668	4227
民勤县	Minqin	30362	22354	3985	1876	2147
古浪县	Gulang	28451	22598	2208	979	2666
天祝县	Tianzhu	31023	20770	2162	1091	7001
张掖市	**Zhangye**	**32366**	**23225**	**4349**	**1093**	**3698**

6-12 续表 1 continued

单位：元 (yuan)

地、县	Region & County	城镇居民人均可支配收入 Per Capita Disposable Income of Urban Households	工资性收入 Income from Wages and Salaries	经营净收入 Net Business Income	财产净收入 Net Income from Property	转移净收入 Net Income from Transfer
甘州区	Ganzhou	33014	24681	3066	1028	4240
肃南县	Sunan	34872	28946	3472	1148	1306
民乐县	Minle	29741	18573	8556	1282	1330
临泽县	Linze	31487	20388	5681	1415	4003
高台县	Gaotai	31361	20606	5748	1355	3652
山丹县	Shandan	32218	23128	5213	785	3092
平凉市	**Pingliang**	**34867**	**24027**	**2104**	**1874**	**6862**
崆峒区	Kongtong	35003	18109	280	2581	14033
泾川县	Jingchuan	31803	22604	4192	1336	3671
灵台县	Lingtai	28802	22848	4803	779	373
崇信县	Chongxin	41490	36809	2986	1277	418
庄浪县	Zhuanglang	34682	31806	468	1850	557
静宁县	Jingning	32052	23159	6247	1122	1523
华亭市	Huating	41685	34412	916	1827	4530
酒泉市	**Jiuquan**	**44420**	**30850**	**7476**	**2154**	**3939**
肃州区	Suzhou	47738	34259	7584	2537	3358
金塔县	Jinta	41790	31512	5482	812	3984
瓜州县	Guazhou	39469	25530	10952	971	2016
肃北县	Subei	46286	38017	4791	951	2526
阿克塞县	Akesai	47862	40455	4173	1003	2230
玉门市	Yumen	41078	25683	10577	2209	2609
敦煌市	Dunhuang	41843	26683	5462	2640	7058
庆阳市	**Qingyang**	**37585**	**27541**	**4398**	**2589**	**3058**
西峰区	Xifeng	39864	29424	2365	4706	3369
庆城县	Qingcheng	37593	28921	4878	1350	2444
环　县	Huanxian	37075	20644	9497	1379	5556
华池县	Huachi	38451	32976	3441	461	1573
合水县	Heshui	35979	26393	5530	848	3209
正宁县	Zhengning	35571	30109	3058	1785	618
宁　县	Ningxian	37367	27439	5898	1154	2877
镇原县	Zhenyuan	36032	25448	2709	4573	3302
定西市	**Dingxi**	**31077**	**23738**	**2221**	**1545**	**3574**
安定区	Anding	32750	22137	2005	1661	6946
通渭县	Tongwei	29260	27213	576	1363	107

6-12 续表 2 continued

单位：元 (yuan)

地、县	Region & County	城镇居民人均可支配收入 Per Capita Disposable Income of Urban Households	工资性收入 Income from Wages and Salaries	经营净收入 Net Business Income	财产净收入 Net Income from Property	转移净收入 Net Income from Transfer
陇西县	Longxi	30131	24096	2669	1982	1384
渭源县	Weiyuan	30008	27437	699	872	1001
临洮县	Lintao	31150	23048	2427	1193	4482
漳　县	Zhangxian	30051	21345	3266	1379	4061
岷　县	Minxian	30431	23912	4214	1728	576
陇南市	**Longnan**	**29899**	**21852**	**2997**	**1953**	**3097**
武都区	Wudu	31811	24163	2672	2885	2091
成　县	Chengxian	29197	21445	1942	875	4936
文　县	Wenxian	28076	20147	4034	1911	1984
宕昌县	Tanchang	28548	22846	1596	1740	2366
康　县	Kangxian	28604	24467	1872	1041	1224
西和县	Xihe	28900	17135	3943	1371	6450
礼　县	Lixian	27616	23208	991	1241	2175
徽　县	Huixian	28833	19857	4769	1383	2823
两当县	Liangdang	30451	21306	5266	1596	2283
临夏州	**Linxia**	**25773**	**16280**	**3460**	**1254**	**4778**
临夏市	Linxia	26587	15285	4280	1694	5328
临夏县	Linxia	25615	16618	6192	398	2407
康乐县	Kangle	25536	22149	676	1839	872
永靖县	Yongjing	25543	16553	2048	933	6009
广河县	Guanghe	24625	10569	5195	976	7886
和政县	Hezheng	24952	14593	5108	451	4799
东乡县	Dongxiang	24285	19934	1701	297	2353
积石山县	Jishishan	24863	18752	1716	308	4086
甘南州	**Gannan**	**30660**	**24075**	**4256**	**891**	**1437**
合作市	Hezuo	30697	25520	3065	1340	771
临潭县	Lintan	30197	22444	6918	422	413
卓尼县	Zhuoni	30651	26649	1504	493	2005
舟曲县	Zhouqu	30252	27299	1133	995	826
迭部县	Diebu	30229	22419	1359	1613	4838
玛曲县	Maqu	31840	31170	161	496	13
碌曲县	Luqu	31410	18402	10940	788	1281
夏河县	Xiahe	30799	19874	5082	1054	4790

6-13 各地、县城镇居民平均每人消费支出（2022）
Per Capita Consumption Expenditure of Urban Households by Region & County (2022)

单位：元 (yuan)

地、县	Region & County	消费支出 Consumption Expenditures	食品烟酒 Food, Tobacco and Liquor	衣着 Clothing	居住 Residence	生活用品及服务 Household Facilities, Articles and Services	交通通信 Transport and Communications	教育文化娱乐 Education, Culture and Recreation	医疗保健 Health Care and Medical Services	其他用品和服务 Miscellaneous Goods and Services
兰州市	**Lanzhou**	**29465**	**9186**	**1880**	**7780**	**1911**	**3053**	**3118**	**1915**	**622**
城关区	Chengguan	32390	10259	1944	9835	1914	2531	3182	1936	788
七里河区	Qilihe	32157	9363	2036	6972	1960	4967	4195	2122	542
西固区	Xigu	30951	10256	1766	8217	2302	2517	2990	2367	537
安宁区	Anning	29594	9356	2080	8278	1639	3543	2682	1515	500
红古区	Honggu	32007	8814	1938	6539	5782	2048	4525	2016	345
永登县	Yongdeng	20102	6867	1770	3070	1334	3137	2123	1204	597
皋兰县	Gaolan	17950	5415	1272	3013	883	1960	2650	2313	445
榆中县	Yuzhong	18826	6088	1371	3838	1219	1986	2252	1706	366
兰州新区	Lanzhou New Area	19063	5566	1531	4896	965	2429	1227	1775	674
嘉峪关市	**Jiayuguan**	**33941**	**10732**	**2744**	**5179**	**2221**	**6333**	**3481**	**2247**	**1003**
金昌市	**Jinchang**	**31484**	**9235**	**3060**	**4860**	**2023**	**4236**	**4137**	**2344**	**1589**
金川区	Jinchuan	35333	10390	3442	5045	2413	5066	4657	2160	2160
永昌县	Yongchang	23527	6848	2269	4478	1216	2521	3063	2725	408
白银市	**Baiyin**	**22582**	**6848**	**2321**	**4683**	**1740**	**2380**	**2520**	**1729**	**361**
白银区	Baiyin	29028	8729	3120	6099	2731	3277	2845	1808	419
平川区	Pingchuan	22668	7045	2011	4553	1438	2119	2550	2473	479
靖远县	Jingyuan	18200	5324	2443	3887	1012	1366	2826	1171	170
会宁县	Huining	16836	5383	1294	3304	1231	1867	1820	1671	266
景泰县	Jingtai	17780	5175	1863	3809	895	2099	2266	1263	410
天水市	**Tianshui**	**18013**	**4844**	**1461**	**4796**	**1360**	**1737**	**1914**	**1492**	**408**
秦州区	Qinzhou	27454	6822	2304	8795	1765	2519	2473	2070	706
麦积区	Maiji	17387	4557	1124	3312	1328	2044	2214	2381	427
清水县	Qingshui	15375	4138	1372	3664	1647	1471	1742	1057	284
秦安县	Qinan	17323	4945	1308	5416	1281	1618	1419	998	337
甘谷县	Gangu	14477	4690	1245	3323	1165	1118	1934	632	370
武山县	Wushan	11285	3186	1079	2335	1082	1122	1355	1005	120
张家川县	Zhangjiachuan	12725	3299	1186	3663	924	1151	1332	893	278
武威市	**Wuwei**	**27412**	**8183**	**2966**	**5227**	**1453**	**3081**	**3886**	**2257**	**360**
凉州区	Liangzhou	29360	8701	3187	5785	1333	3357	4331	2393	272
民勤县	Minqin	25171	7350	2934	3849	1178	3826	4050	1593	392
古浪县	Gulang	19175	5650	2312	3534	2251	1562	1687	1316	862
天祝县	Tianzhu	24697	8041	2161	4415	1683	2099	2980	2914	404
张掖市	**Zhangye**	**25177**	**7509**	**2435**	**3920**	**1673**	**3434**	**2889**	**2498**	**818**

6-13 续表 1 continued

单位：元 (yuan)

地、县	Region & County	消费支出 Consumption Expenditures	食品烟酒 Food, Tobacco and Liquor	衣着 Clothing	居住 Residence	生活用品及服务 Household Facilities, Articles and Services	交通通信 Transport and Communications	教育文化娱乐 Education, Culture and Recreation	医疗保健 Health Care and Medical Services	其他用品和服务 Miscellaneous Goods and Services
甘州区	Ganzhou	24737	7394	2227	3762	1786	3349	2787	2487	947
肃南县	Sunan	34617	10381	2922	5143	2822	4587	4859	3082	821
民乐县	Minle	26046	7269	3426	5207	1459	3180	3421	1677	407
临泽县	Linze	22286	6917	1911	3419	1089	3732	2453	2272	493
高台县	Gaotai	25414	7695	2583	3877	1683	2659	3150	2887	879
山丹县	Shandan	26430	7723	2868	4025	1510	4242	2698	2677	686
平凉市	**Pingliang**	**21854**	**6587**	**1754**	**5116**	**1573**	**2456**	**2156**	**1727**	**485**
崆峒区	Kongtong	24279	7929	1698	6238	1845	2456	1956	1648	508
泾川县	Jingchuan	17825	4967	1752	3897	1559	1765	1568	1882	434
灵台县	Lingtai	17371	4749	1119	2834	988	3414	1420	2244	602
崇信县	Chongxin	23408	6089	1942	4275	1527	3974	2182	2855	564
庄浪县	Zhuanglang	21119	5869	1843	5075	1348	2396	3177	1067	346
静宁县	Jingning	20080	5217	1682	4287	1400	2431	2932	1679	453
华亭市	Huating	22941	7359	2184	5311	1414	2274	2109	1757	533
酒泉市	**Jiuquan**	**30614**	**8560**	**2386**	**5775**	**2101**	**5064**	**3284**	**2761**	**683**
肃州区	Suzhou	34113	9378	2275	7673	2283	6379	3050	2353	720
金塔县	Jinta	27584	7505	2287	3773	2007	4834	3636	2740	802
瓜州县	Guazhou	24531	7402	2505	3244	1754	2897	3389	2939	400
肃北县	Subei	39321	11403	3979	5172	3833	5338	5951	2649	996
阿克塞县	Akesai	33250	10032	3584	5101	3156	4796	3729	2156	698
玉门市	Yumen	24759	7317	2325	3603	1729	4201	2876	1951	757
敦煌市	Dunhuang	29331	8098	2433	4920	1876	3701	3591	4098	613
庆阳市	**Qingyang**	**23876**	**6800**	**2524**	**5227**	**1578**	**3024**	**2207**	**1880**	**636**
西峰区	Xifeng	25883	6989	2657	7454	1612	2960	2141	1632	438
庆城县	Qingcheng	30042	8431	3197	5780	2035	4591	1983	2839	1186
环　县	Huanxian	24221	7136	2364	4603	2148	3138	2044	1831	958
华池县	Huachi	22575	6737	3031	3389	2206	2859	2299	1613	442
合水县	Heshui	20354	5860	2088	4118	1171	2339	2214	1908	657
正宁县	Zhengning	24545	7359	2725	4899	1158	3092	2953	1928	431
宁　县	Ningxian	19161	5874	2429	3245	954	2151	2368	1695	445
镇原县	Zhenyuan	21240	5862	1825	4943	1483	2816	2041	1687	582
定西市	**Dingxi**	**20884**	**6261**	**1825**	**4559**	**1444**	**2555**	**2287**	**1547**	**405**
安定区	Anding	20114	6087	1554	4828	1602	1630	2437	1502	475
通渭县	Tongwei	21078	5949	1626	4621	1225	2886	2497	1811	463

6-13 续表 2 continued

单位：元 (yuan)

地、县	Region & County	消费支出 Consumption Expenditures	食品烟酒 Food, Tobacco and Liquor	衣着 Clothing	居住 Residence	生活用品及服务 Household Facilities, Articles and Services	交通通信 Transport and Communications	教育文化娱乐 Education, Culture and Recreation	医疗保健 Health Care and Medical Services	其他用品和服务 Miscellaneous Goods and Services
陇西县	Longxi	21647	6448	1591	5235	1281	3623	1967	1203	299
渭源县	Weiyuan	21723	6658	2654	4193	1419	2161	2471	1645	523
临洮县	Lintao	21558	6466	1812	3978	1263	3459	2470	1804	306
漳　县	Zhangxian	18667	5643	2219	3094	1514	2192	1816	1895	293
岷　县	Minxian	21677	6514	2217	4366	1586	3056	2086	1476	375
陇南市	**Longnan**	**22090**	**7455**	**1887**	**4408**	**1648**	**2122**	**2414**	**1603**	**552**
武都区	Wudu	27325	9144	2152	5958	2086	2217	3377	1734	657
成　县	Chengxian	21403	6700	1695	3116	1860	3088	1899	2473	572
文　县	Wenxian	17136	5981	1462	3444	974	1682	1959	932	702
宕昌县	Tanchang	16698	5131	1683	4243	1317	1425	1493	1125	280
康　县	Kangxian	21455	6832	1937	4129	1441	2409	2392	1797	517
西和县	Xihe	16588	6205	1766	2964	1092	1488	1510	1180	383
礼　县	Lixian	19270	7109	1805	3851	1742	1328	1580	1410	446
徽　县	Huixian	21182	7000	1722	3101	1487	3333	2353	1780	406
两当县	Liangdang	21980	6948	1990	4711	1927	2225	1603	2052	525
临夏州	**Linxia**	**19448**	**5483**	**1975**	**3975**	**1607**	**1987**	**2162**	**1795**	**464**
临夏市	Linxia	22690	6229	2353	4760	1551	2273	2856	2124	545
临夏县	Linxia	13573	4527	1670	3139	1461	1208	703	632	233
康乐县	Kangle	18672	5244	1972	4092	2393	2112	1258	1263	338
永靖县	Yongjing	15845	5064	1326	3421	1079	1437	1611	1563	345
广河县	Guanghe	12596	3140	1378	2836	1446	1884	420	1205	287
和政县	Hezheng	21890	6375	2328	3880	4071	2633	1163	1313	128
东乡县	Dongxiang	17556	5130	1695	2755	1576	1404	2488	1997	511
积石山县	Jishishan	19519	5366	1876	3120	1965	2619	2216	1545	814
甘南州	**Gannan**	**25262**	**9005**	**2841**	**4728**	**1835**	**3020**	**1758**	**1460**	**616**
合作市	Hezuo	31345	10555	4164	7021	2201	3245	2204	1335	620
临潭县	Lintan	16752	5865	1562	3403	1387	2070	1204	919	342
卓尼县	Zhuoni	27198	10877	3107	4220	1543	2659	1621	2299	874
舟曲县	Zhouqu	21797	7542	2386	3867	2113	2900	1449	970	570
迭部县	Diebu	26473	9051	2894	4789	2122	2219	2722	1613	1064
玛曲县	Maqu	24655	7817	3284	4244	2829	2500	1989	989	1004
碌曲县	Luqu	29945	11025	2864	3919	1850	5143	2347	2145	652
夏河县	Xiahe	18326	6595	1543	4673	1186	2047	855	1097	330

6-14 农村居民家庭生活基本情况
Basic Conditions of Rural Households

年 份 Year	每个农村劳动力负担人数（人） Average Number of Dependents per Labour Force (person)	农村居民人均可支配收入（元） Per Capita Disposable Income of Rural Households (yuan)	农村居民人均消费支出（元） Per Capita Consumption Expenditure of Rural Households (yuan)	#食品烟酒 Food, Tobacco and Liquor	恩格尔系数（%） Engle's Coefficient (%)	人均居住面积（平方米） Per Capita Living Space (sq.m)
1978	2.42	101	88	66	74.82	
1979	2.36	112	97	70	72.08	
1980	2.32	153	126	81	64.80	13.87
1981	2.25	159	135	93	68.76	12.75
1982	2.14	174	141	96	67.81	13.53
1983	1.95	213	163	104	63.70	12.95
1984	1.91	221	178	113	63.35	12.96
1985	1.75	257	205	124	60.37	13.24
1986	1.73	283	233	138	59.21	13.44
1987	1.73	303	253	144	57.12	13.93
1988	1.70	345	277	152	54.96	14.32
1989	1.69	376	296	164	55.27	14.67
1990	1.67	431	339	205	60.49	11.88
1991	1.68	446	403	238	59.05	12.85
1992	1.69	489	420	248	59.04	13.13
1993	1.67	551	538	297	55.27	13.77
1994	1.57	724	674	444	65.85	14.54
1995	1.66	880	915	649	70.94	15.64
1996	1.63	1101	986	669	67.86	14.15
1997	1.67	1210	976	561	57.50	14.56
1998	1.65	1403	949	563	59.27	16.47
1999	1.65	1433	899	507	56.37	18.22
2000	1.72	1458	1121	536	47.78	18.00
2001	1.69	1550	1179	533	45.16	17.58
2002	1.69	1645	1220	547	44.85	17.58
2003	1.66	1742	1432	606	42.30	17.60
2004	1.64	1942	1587	732	46.14	17.88
2005	1.67	2091	1999	898	44.92	18.71
2006	1.64	2269	2061	915	44.41	19.12
2007	1.60	2493	2267	1010	44.54	19.46
2008	1.59	2938	2733	1223	44.77	19.87
2009	1.57	3237	3188	1240	38.88	20.55
2010	1.56	3747	3430	1443	42.07	20.96
2011	1.54	4278	4273	1695	39.66	23.65
2012	1.54	4931	4834	1795	37.13	24.08
2013	1.59	5589	5654	1949	34.47	24.66
2014	1.60	6277	6148	2146	34.91	28.60
2015	1.60	6936	6830	2244	32.86	29.30
2016	1.59	7457	7487	2343	31.29	30.36
2017	1.59	8076	8030	2438	30.36	31.44
2018	1.67	8804	9065	2695	29.73	31.80
2019	1.62	9629	9694	2827	29.20	31.30
2020	1.58	10344	9923	3065	30.89	31.92
2021	1.59	11433	11206	3467	30.94	32.06
2022	1.57	12165	11494	3682	32.03	32.54

6-15 农村居民家庭基本情况
Basic Conditions of Rural Households

指 标	Item	2015	2020	2021	2022
调查户数（户）	**Number of Households Surveyed (household)**	**2500**	**2350**	**2350**	**2350**
平均每户常住人口（人）	Average Number of Permanent Residents per Household (person)	4.50	3.77	3.59	3.52
平均每户整半劳动力（人）	Average Number of Full/Semi Labor Force per Household (person)	2.50	2.38	2.26	2.25
平均每个劳动力负担人口（含本人）（人）	Average Number of Dependents per Labour Force (including the laborer himself or herself) (person)	1.60	1.58	1.59	1.57
人均可支配收入（元）	**Per Capita Disposable Income (yuan)**	**6936**	**10344**	**11433**	**12165**
工资性收入	Income from Wages and Salaries	1975	2986	3337	3498
经营净收入	Net Business Income	3025	4650	5124	5435
财产净收入	Net Income from Property	128	135	150	161
转移净收入	Net Income from Transfer	1808	2573	2822	3071
人均消费支出（元）	**Per Capita Annual Consumption Expenditure (yuan)**	**6830**	**9923**	**11206**	**11494**

6-16 农村居民人均可支配收入及构成
Per Capita Disposable Income of Rural Households and Its Composition

指 标	Item	2015	2020	2021	2022
农村居民人均可支配收入（元）	**Per Capita Disposable Income of Rural Households (yuan)**	**6936**	**10344**	**11433**	**12165**
工资性收入	Income from Wages and Salaries	1975	2986	3337	3498
经营净收入	Net Business Income	3025	4650	5124	5435
第一产业经营净收入	Net Income from Primary Industry	2509	3734	4126	4418
#农业收入	Farming	2003	2891	2985	3275
牧业收入	Animal Husbandry	503	807	931	1008
第二产业经营净收入	Net Income from Secondary Industry	36	75	80	83
第三产业经营净收入	Net Income from Tertiary Industry	480	842	919	935
财产净收入	Net Income from Property	128	135	150	161
转移净收入	Net Income from Transfer	1808	2573	2822	3071
构成（农村居民人均可支配收入=100）	**Composition (Per Capita Disposable Income of Rural Households = 100)**				
工资性收入	Income from Wages and Salaries	28.47	28.87	29.19	28.75
经营净收入	Net Income from Household Operations	43.62	44.96	44.82	44.68
财产净收入	Net Income from Property	1.84	1.31	1.31	1.32
转移净收入	Net Income from Transfer	26.07	24.87	24.68	25.24

6–17 农村住户总支出及构成
Total Expenditure of Rural Households and Its Composition

指 标	Item	2015	2020	2021	2022
总支出（元）	**Total Expenditure(yuan)**	**11761**	**16009**	**18080**	**18846**
消费支出	Consumption Expenditure	6830	9923	11206	11494
生产经营费用支出	Production Operations Fee Expenditure	2186	2971	2864	3504
第一产业经营费用支出	Primary Industry	1970	2252	2298	2969
第二产业经营费用支出	Secondary Industry	16	47	65	35
第三产业经营费用支出	Tertiary Industry	199	673	501	500
财产性支出	Property Expenditure	21	15	26	37
转移性支出	Transfer Expenditure	198	439	589	483
部分商业保险支出	Expenditure of Part of Commercial Insurance	47	52	86	71
购置资产及非经常性转移支出	Purchase of Assets and Transfer of Non-recurring Expenditure	1912	1912	2347	2449
购置资产支出	Purchase of Assets Expenditure	939	864	792	1416
非经常性转移支出	Purchase of Transfer of Non-recurring Expenditure	973	1048	1555	1033
借贷性支出	Debit and Credit Expenditure	567	696	962	807
存入储蓄款	Deposit Money in Bank	186	5	13	6
借出款	Lending Money	21	35	35	7
归还借款	Returning Loans	242	285	293	219
购买有价证券	Purchase Marketable Securities				
其他投资支出	Other Investment Expenditures		2	1	
归还住房贷款	Return the Housing Loans	13	102	166	179
归还汽车贷款	Return the Car Loans	1	16	75	86
归还教育贷款	Return the Education Loans	6	29	15	11
归还其他贷款	Return the Other Loans	91	215	331	271
其他借贷支出	Other Debit and Credit Expenditure	6	7	32	28
总支出构成（%）	**Composition of Total Expenditure(%)**	**100.00**	**100.00**	**100.00**	**100.00**
消费支出	Consumption Expenditure	58.07	61.99	61.98	60.99
生产经营费用支出	Production Operations Fee Expenditure	18.59	18.56	15.84	18.59
财产性支出	Property Expenditure	0.18	0.09	0.15	0.20
转移性支出	Transfer Expenditure	1.68	2.74	3.26	2.56
部分商业保险支出	Expenditure of Part of Commercial Insurance	0.40	0.32	0.48	0.37
购置资产及非经常性转移支出	Purchase of Assets and Transfer of Non-recurring Expenditure	16.26	11.94	12.98	12.99
借贷性支出	Debit and Credit Expenditure	4.82	4.35	5.32	4.28

6-18 农村居民人均消费支出
Per Capita Living Expenditure of Rural Households

单位：元 (yuan)

指 标	Item	2015	2020	2021	2022
消费支出	**Consumption Expenditure**	**6830**	**9923**	**11206**	**11494**
食品烟酒	Food,Tobacco and Liquor	2244	3065	3467	3682
衣着	Clothing	466	608	674	655
居住	Residence	1221	1906	2180	2297
生活用品及服务	Household Facilities,Articles and Services	445	589	631	593
交通通信	Transport and Communication	812	1234	1402	1536
教育文化娱乐	Education,Cultural and Recreation	854	1211	1293	1236
医疗保健	Health Care and Medical Services	670	1140	1362	1308
其他用品及服务	Other Commodities and Services	118	169	197	189

6-19 农村居民家庭平均每人消费支出构成
Composition of Per Capita Living Expenditure of Rural Households

单位：% (%)

指 标	Item	2015	2020	2021	2022
消费支出	**Consumption Expenditure**	**100.00**	**100.00**	**100.00**	**100.00**
食品烟酒	Food,Tobacco and Liquor	32.86	30.89	30.94	32.03
衣着	Clothing	6.83	6.13	6.02	5.69
居住	Residence	17.88	19.21	19.46	19.98
生活用品及服务	Household Facilities,Articles and Services	6.52	5.93	5.63	5.16
交通通信	Transport and Communications	11.88	12.44	12.51	13.36
教育文化娱乐	Education,Cultural and Recreation	12.50	12.21	11.54	10.75
医疗保健	Health Care and Medical Services	9.80	11.49	12.16	11.38
其他用品及服务	Other Goods and Services	1.73	1.70	1.76	1.64

6-20 按收入五等份分组的农村居民人均可支配收入及构成（2022）
Per Capita Disposable Income of Rural Households and Its Composition by Level of Income (2022)

指标	Item	全省平均 Average	低收入户 (20%) Low Income Households	中间偏下户 (20%) Lower Middle Income Households	中间收入户 (20%) Middle Income Households	中间偏上户 (20%) Upper Middle Income Households	高收入户 (20%) High Income Households
人均可支配收入（元）	**Per Capita Annual Net Income (yuan)**	**12165**	**2465**	**7290**	**10059**	**14290**	**33329**
工资性收入	Income from Wages and Salaries	3498	1444	2750	3352	4559	6457
经营净收入	Net Business Income	5435	-524	1921	3038	5761	21781
财产净收入	Net Income from Property	161	69	101	122	204	378
转移净收入	Net Income from Transfer	3071	1477	2517	3547	3765	4713
人均可支配收入构成(%)	**Per Composition of Disposable Income (%)**	**100.00**	**100.00**	**100.00**	**100.00**	**100.00**	**100.00**
工资性收入	Income from Wages and Salaries	28.75	58.56	37.73	33.32	31.91	19.37
经营净收入	Net Business Income	44.68	-21.27	26.35	30.20	40.31	65.35
财产净收入	Net Income from Property	1.32	2.79	1.39	1.22	1.43	1.13
转移净收入	Net Income from Transfer	25.24	59.92	34.53	35.26	26.35	14.14

6-21 按收入五等份分组的农村居民家庭平均每人消费支出（2022）
Per Capita Consumption Expenditure of Rural Households by Income Quintile (2022)

单位：元 (yuan)

指标	Item	全省平均 Average	低收入户 (20%) Low Income Households	中间偏下户 (20%) Lower Middle Income Households	中间收入户 (20%) Middle Income Households	中间偏上户 (20%) Upper Middle Income Households	高收入户 (20%) High Income Households
消费支出	**Consumption Expenditure**	**11494**	**9752**	**9154**	**10943**	**12514**	**16896**
食品烟酒	Food,Tobacco and Liquor	3682	3099	3055	3485	4063	5230
衣着	Clothing	655	549	525	634	726	937
居住	Residence	2297	1949	1866	2301	2463	3219
生活用品及服务	Household Facilities,Articles and Services	593	555	458	556	646	832
交通通信	Transport and Communications	1536	1056	1116	1282	1528	3168
教育文化娱乐	Education, Cultural and Recreation	1236	1235	1025	1317	1325	1333
医疗保健	Health Care and Medical Services	1308	1142	956	1201	1547	1911
其他商品及服务	Other Goods and Services	189	168	152	168	215	266

6-22 农村居民人均主要消费品消费量

Per Capita Consumption of Major Consumer Goods by Rural Households

单位：千克 (kg)

指 标	Item	2010	2015	2020	2021	2022
粮食（原粮）	Grain (Unprocessed)	229.03	181.34	176.70	178.63	164.85
#豆类及豆制品	Beans and Bean Products	5.15	4.31	6.38	6.29	5.78
蔬菜	Vegetables	43.14	55.37	64.10	73.07	67.26
食油	Edible Oil	4.13	8.47	9.95	10.60	10.18
肉类	Products of Meat			14.83	18.94	20.82
#猪肉	Pork	12.30	12.46	11.40	15.34	16.94
牛肉	Beef	0.35	0.61	0.85	0.83	0.85
羊肉	Mutton	0.80	1.98	1.50	1.24	1.82
家禽	Poultry	1.29	3.53	5.81	6.34	5.24
蛋及蛋制品	Eggs and Processed Products	2.58	6.40	7.28	8.38	7.93
奶和奶制品	Milk and Processed Products	2.72	6.51	6.90	8.26	6.86
水产品	Aquatic Products	0.30	0.75	1.10	1.27	1.21
瓜果	Melons and Fruits	16.39	35.13	40.31	40.87	35.14
食糖	Sugar	0.97	1.73	1.94	1.99	1.87
酒（元）	Liquor (yuan)	7.28	9.82	5.99	6.71	171.70

注：酒的计量单位自2022年起改为元，2022年以前的计量单位为千克。
a) The unit of measurement of liquor has been changed to yuan since 2022 and the unit of measurement before 2022 is kilogram.

6-23 农村居民家庭平均每百户年底耐用消费品拥有量

Number of Durable Consumer Goods Owned Per 100 Rural Households at Year-end

指 标	Item	2015	2020	2021	2022
家用汽车（辆）	Automobile (unit)	10.0	24.6	27.9	31.5
摩托车（台）	Motorcycle (set)	88.6	58.4	51.2	51.7
电冰箱（台）	Refrigerator(set)	55.3	86.2	87.5	88.8
洗衣机（台）	Washing Machine(set)	86.0	98.0	97.9	98.1
热水器（台）	Water Heater(set)	20.3	41.1	38.1	39.9
空调（台）	Air Conditioner(set)	0.7	2.2	3.3	4.1
彩色电视机（台）	Color Tv Set(set)	109.0	111.4	109.6	109.5
照相机（架）	Camera (set)	2.5	1.8	1.6	1.6
家用计算机（台）	Computer(set)	14.2	22.5	21.0	21.5
中高档乐器（件）	Medium and High Grades Musical Instruments(unit)	0.5	0.9	0.7	0.5
移动电话（部）	Mobile Telephone(set)	244.6	309.9	303.4	306.0

6-24 各市（州）农村居民人均可支配收入（2022）
Per Capita Annual Total Income of Rural Households by Region (2022)

单位：元 (yuan)

市（州）	Region	可支配收入 Disposable Income	工资性收入 Income from Wages and Salaries	经营净收入 Net Business Income	财产净收入 Net Income from Property	转移净收入 Net Income from Transfer
兰州市	Lanzhou	17178	9015	5291	370	2501
嘉峪关市	Jiayuguan	26284	13274	11508	1299	202
金昌市	Jinchang	19647	6684	9893	1634	1436
白银市	Baiyin	12733	4998	6234	122	1379
天水市	Tianshui	10716	3293	3263	162	3999
武威市	Wuwei	15899	4548	9214	219	1917
张掖市	Zhangye	18854	6935	9790	460	1670
平凉市	Pingliang	11566	3747	4187	90	3542
酒泉市	Jiuquan	23414	6802	14533	189	1890
庆阳市	Qingyang	12276	4178	4819	230	3050
定西市	Dingxi	10425	2929	4910	216	2370
陇南市	Longnan	10013	4033	3016	97	2868
临夏州	Linxia	9672	3069	3922	145	2535
甘南州	Gannan	10883	4848	4534	107	1394

6-25 各市（州）农村居民人均消费支出（2022）
Per Capita Annual Consumption Expenditure of Rural Households by Region (2022)

单位：元 (yuan)

市（州）	Region	消费支出 Consumption Expenditures	食品烟酒 Food, Tobacco and Liquor	衣着 Clothing	居住 Residence	生活用品及服务 Household Facilities, Articles and Services	交通通信 Transport and Communications	教育文化娱乐 Education, Culture and Recreation	医疗保健 Health Care and Medical Services	其他用品和服务 Miscellaneous Goods and Services	恩格尔系数(%) Engle's Coefficient (%)
兰州市	Lanzhou	13239	4350	804	2637	616	1735	1599	1216	284	32.9
嘉峪关市	Jiayuguan	18872	5495	1364	3224	791	3539	2801	1300	358	29.1
金昌市	Jinchang	14287	4388	920	2231	673	2243	1947	1568	318	30.7
白银市	Baiyin	9475	3035	533	2007	451	1206	1143	922	179	32.0
天水市	Tianshui	11355	3459	670	2495	829	1233	1301	1151	217	30.5
武威市	Wuwei	13403	4283	815	2352	605	1851	2089	1237	171	32.0
张掖市	Zhangye	16806	5077	1078	3097	765	2433	2089	1919	348	30.2
平凉市	Pingliang	10888	3001	586	2259	612	1495	1186	1515	234	27.6
酒泉市	Jiuquan	16635	4796	913	3644	747	2581	1870	1778	308	28.8
庆阳市	Qingyang	10350	3305	698	2075	590	1351	1108	1052	171	31.9
定西市	Dingxi	10141	3394	578	2028	582	1253	1079	1093	135	33.5
陇南市	Longnan	11478	4044	854	2213	739	1378	975	1107	167	35.2
临夏州	Linxia	8407	2670	666	1952	766	851	437	962	103	31.8
甘南州	Gannan	8734	3612	654	2087	510	927	445	329	171	41.4

6-26 各地、县农村居民人均可支配收入（2022）

Per Capita Disposable Income of Rural Households by Region & County (2022)

单位：元 (yuan)

地、县	Region & County	农村居民人均可支配收入 Per Capita Disposable Income of Rural Households	工资性收入 Income from Wages and Salaries	经营净收入 Net Business Income	财产净收入 Net Income from Property	转移净收入 Net Income from Transfer
兰州市	**Lanzhou**	**17178**	**9015**	**5291**	**370**	**2501**
城关区	Chengguan	33782	16746	508	9926	6601
七里河区	Qilihe	25771	12313	10668	202	2587
西固区	Xigu	25553	15244	5480	506	4323
安宁区	Anning					
红古区	Honggu	26551	10464	11240	288	4559
永登县	Yongdeng	14829	5567	5525	32	3706
皋兰县	Gaolan	14952	8376	5521	62	992
榆中县	Yuzhong	14617	7136	5432	78	1972
兰州新区	Lanzhou New Area	15505	13438	292	332	1443
嘉峪关市	**Jiayuguan**	**26284**	**13274**	**11508**	**1299**	**202**
金昌市	**Jinchang**	**19647**	**6684**	**9893**	**1634**	**1436**
金川区	Jinchuan	24430	8639	11545	3659	587
永昌县	Yongchang	18303	6134	9428	1066	1675
白银市	**Baiyin**	**12733**	**4998**	**6234**	**122**	**1379**
白银区	Baiyin	20130	4558	15183	200	188
平川区	Pingchuan	13688	6001	5813	73	1801
靖远县	Jingyuan	13420	4577	7771	155	918
会宁县	Huining	10503	4978	3870	114	1540
景泰县	Jingtai	15118	5665	7237	66	2150
天水市	**Tianshui**	**10716**	**3293**	**3263**	**162**	**3999**
秦州区	Qinzhou	12401	4260	3853	573	3715
麦积区	Maiji	10781	4224	3100	467	2989
清水县	Qingshui	9757	3196	1307	39	5215
秦安县	Qinan	10891	2732	4576	62	3520
甘谷县	Gangu	10706	3133	3833	108	3632
武山县	Wushan	11189	3729	2745	94	4620
张家川县	Zhangjiachuan	9647	2536	2442	17	4653
武威市	**Wuwei**	**15899**	**4548**	**9214**	**219**	**1917**
凉州区	Liangzhou	19352	5656	10767	326	2604
民勤县	Minqin	18202	3351	13077	98	1675
古浪县	Gulang	9682	3579	5144	143	817
天祝县	Tianzhu	10525	3482	5175	73	1794
张掖市	**Zhangye**	**18854**	**6935**	**9790**	**460**	**1670**

6-26 续表 1 continued

单位：元 (yuan)

地、县	Region & County	农村居民人均可支配收入 Per Capita Disposable Income of Rural Households	工资性收入 Income from Wages and Salaries	经营净收入 Net Business Income	财产净收入 Net Income from Property	转移净收入 Net Income from Transfer
甘州区	Ganzhou	19882	8074	9287	405	2116
肃南县	Sunan	23277	1798	16440	174	4865
民乐县	Minle	16194	5619	8087	914	1574
临泽县	Linze	20156	4417	14517	85	1138
高台县	Gaotai	19032	8689	9014	324	1005
山丹县	Shandan	18140	7739	9118	368	915
平凉市	**Pingliang**	**11566**	**3747**	**4187**	**90**	**3542**
崆峒区	Kongtong	14346	5743	4843	39	3721
泾川县	Jingchuan	13410	3339	4979	37	5054
灵台县	Lingtai	11516	5735	3368	127	2286
崇信县	Chongxin	11155	6282	1892	226	2755
庄浪县	Zhuanglang	9453	2136	3525	177	3615
静宁县	Jingning	10605	1993	5280	2	3329
华亭市	Huating	12303	7221	2307	170	2604
酒泉市	**Jiuquan**	**23414**	**6802**	**14533**	**189**	**1890**
肃州区	Suzhou	23087	6205	15201	221	1461
金塔县	Jinta	23768	8855	13155	192	1566
瓜州县	Guazhou	22825	3907	16213	30	2675
肃北县	Subei	33750	3600	11597	157	18395
阿克塞县	Akesai	36420	7429	19199	295	9497
玉门市	Yumen	23457	6272	15614	70	1501
敦煌市	Dunhuang	23594	11255	11154	478	707
庆阳市	**Qingyang**	**12276**	**4178**	**4819**	**230**	**3050**
西峰区	Xifeng	13757	6575	4734	972	1475
庆城县	Qingcheng	11875	5088	4328	218	2241
环　县	Huanxian	11915	3626	5180	301	2807
华池县	Huachi	11841	5463	4550	76	1753
合水县	Heshui	12120	4363	5525	53	2179
正宁县	Zhengning	13227	3579	6561	271	2816
宁　县	Ningxian	12246	3060	4510	69	4607
镇原县	Zhenyuan	11967	4015	4292	114	3546
定西市	**Dingxi**	**10425**	**2929**	**4910**	**216**	**2370**
安定区	Anding	10872	2838	4627	206	3203
通渭县	Tongwei	9417	1908	3963	99	3447

6-26 续表 2 continued

单位：元 (yuan)

地、县	Region & County	农村居民人均可支配收入 Per Capita Disposable Income of Rural Households	工资性收入 Income from Wages and Salaries	经营净收入 Net Business Income	财产净收入 Net Income from Property	转移净收入 Net Income from Transfer
陇西县	Longxi	11564	5038	4151	156	2218
渭源县	Weiyuan	10393	1618	5760	504	2512
临洮县	Lintao	10964	2642	6328	66	1928
漳 县	Zhangxian	9801	2780	3725	118	3178
岷 县	Minxian	9824	3166	4922	331	1405
陇南市	**Longnan**	**10013**	**4033**	**3016**	**97**	**2868**
武都区	Wudu	10558	4258	3764	52	2485
成 县	Chengxian	11986	7226	2834	65	1860
文 县	Wenxian	9256	3516	3173	89	2478
宕昌县	Tanchang	9280	4655	3244	216	1165
康 县	Kangxian	9321	3338	2460	103	3420
西和县	Xihe	9400	2639	2319	18	4424
礼 县	Lixian	9379	2656	2554	129	4040
徽 县	Huixian	12064	6657	3585	86	1736
两当县	Liangdang	9179	2342	4689	191	1957
临夏州	**Linxia**	**9672**	**3069**	**3922**	**145**	**2535**
临夏市	Linxia	19038	10059	5739	959	2282
临夏县	Linxia	10206	4025	4047	182	1953
康乐县	Kangle	9890	1581	4963	155	3190
永靖县	Yongjing	9602	3220	3993	84	2305
广河县	Guanghe	10626	3222	4150	59	3195
和政县	Hezheng	9169	3218	3330	150	2471
东乡县	Dongxiang	7695	1778	3686	40	2191
积石山县	Jishishan	8229	2386	2800	89	2954
甘南州	**Gannan**	**10883**	**4848**	**4534**	**107**	**1394**
合作市	Hezuo	11023	6991	3330	7	695
临潭县	Lintan	10429	5767	2891	17	1754
卓尼县	Zhuoni	10707	2902	7347	33	425
舟曲县	Zhouqu	10554	6865	2396	34	1258
迭部县	Diebu	10375	4709	4313	104	1249
玛曲县	Maqu	13008	91	9533	33	3351
碌曲县	Luqu	12826	1680	7983	750	2412
夏河县	Xiahe	10899	3003	5736	440	1720

6-27 各地、县农村居民平均每人消费支出（2022）
Per Capita Consumption Expenditure of Rural Households by Region & County (2022)

单位：元 (yuan)

地、县	Region & County	消费支出 Consumption Expenditures	食品烟酒 Food, Tobacco and Liquor	衣着 Clothing	居住 Residence	生活用品及服务 Household Facilities, Articles and Services	交通通信 Transport and Communications	教育文化娱乐 Education, Culture and Recreation	医疗保健 Health Care and Medical Services	其他用品和服务 Miscellaneous Goods and Services
兰州市	**Lanzhou**	**13239**	**4350**	**804**	**2637**	**616**	**1735**	**1599**	**1216**	**284**
城关区	Chengguan	26424	6367	1231	9913	756	2723	2723	2410	302
七里河区	Qilihe	16943	5840	997	2999	876	1941	2122	1201	966
西固区	Xigu	22513	6376	1488	8237	1089	1453	1973	1284	613
安宁区	Anning									
红古区	Honggu	16579	7040	893	2862	1093	1482	1428	1421	360
永登县	Yongdeng	12689	4003	865	2172	515	2486	1494	961	192
皋兰县	Gaolan	9791	3216	612	1973	505	1061	1122	945	356
榆中县	Yuzhong	11088	3482	582	1916	540	1386	1684	1358	141
兰州新区	Lanzhou New Area	13833	5136	1037	2739	565	1911	1192	1026	227
嘉峪关市	**Jiayuguan**	**18872**	**5494**	**1364**	**3224**	**791**	**3539**	**2801**	**1300**	**358**
金昌市	**Jinchang**	**14287**	**4388**	**920**	**2231**	**673**	**2243**	**1947**	**1568**	**318**
金川区	Jinchuan	18490	5105	1100	2783	650	3643	2441	2165	603
永昌县	Yongchang	13107	4187	870	2075	679	1849	1808	1400	238
白银市	**Baiyin**	**9475**	**3035**	**533**	**2007**	**451**	**1206**	**1143**	**922**	**179**
白银区	Baiyin	11755	3829	633	2706	645	1104	1427	895	515
平川区	Pingchuan	11434	3857	621	2679	658	1046	1021	1495	59
靖远县	Jingyuan	10145	2950	635	2320	496	1548	1058	883	255
会宁县	Huining	8224	2821	349	1736	342	887	1102	886	101
景泰县	Jingtai	10031	3191	797	1526	512	1547	1440	823	194
天水市	**Tianshui**	**11355**	**3459**	**670**	**2494**	**829**	**1233**	**1301**	**1151**	**217**
秦州区	Qinzhou	11635	3086	905	2519	764	1302	1475	1398	186
麦积区	Maiji	13707	3863	740	2885	861	2048	1709	1428	171
清水县	Qingshui	10933	3228	709	2264	1020	1066	928	1492	227
秦安县	Qinan	10264	3107	428	2224	874	1051	1601	825	153
甘谷县	Gangu	11614	4216	666	2432	844	1028	1209	992	227
武山县	Wushan	10603	3019	782	1933	652	1357	1721	930	208
张家川县	Zhangjiachuan	11344	3177	645	3401	747	1145	504	1373	352
武威市	**Wuwei**	**13403**	**4283**	**815**	**2352**	**605**	**1851**	**2089**	**1237**	**171**
凉州区	Liangzhou	15227	5251	856	2573	498	1991	2446	1518	94
民勤县	Minqin	16898	4909	1002	1963	901	2933	2980	1658	551
古浪县	Gulang	8804	2369	691	2482	668	1037	112	578	61
天祝县	Tianzhu	10111	3325	592	1461	453	1407	1856	809	208
张掖市	**Zhangye**	**16806**	**5077**	**1078**	**3097**	**765**	**2433**	**2089**	**1919**	**348**

6-27 续表 1 continued

单位：元 (yuan)

地、县	Region & County	消费支出 Consumption Expenditures	食品烟酒 Food, Tobacco and Liquor	衣着 Clothing	居住 Residence	生活用品及服务 Household Facilities, Articles and Services	交通通信 Transport and Communications	教育文化娱乐 Education, Culture and Recreation	医疗保健 Health Care and Medical Services	其他用品和服务 Miscellaneous Goods and Services
甘州区	Ganzhou	16820	5174	953	3396	707	2366	1539	2294	392
肃南县	Sunan	22585	6838	1826	3922	1420	3675	2620	1963	321
民乐县	Minle	16592	4972	1102	2962	672	2489	2366	1731	298
临泽县	Linze	16583	4695	1020	2889	704	2709	2156	1997	411
高台县	Gaotai	17460	5560	1274	2981	1142	2128	2512	1464	399
山丹县	Shandan	15498	4525	1098	2598	668	2270	2597	1515	227
平凉市	**Pingliang**	**10888**	**3001**	**585**	**2259**	**612**	**1495**	**1186**	**1515**	**234**
崆峒区	Kongtong	11000	3536	546	1980	561	1349	1399	1529	100
泾川县	Jingchuan	11495	3332	653	2581	664	1358	1106	1660	141
灵台县	Lingtai	7999	2548	410	1931	340	976	280	1431	83
崇信县	Chongxin	10491	2993	744	2449	532	1337	865	1439	133
庄浪县	Zhuanglang	10975	2706	642	2228	696	1414	1503	1277	510
静宁县	Jingning	11465	2901	531	2246	694	2045	1230	1632	186
华亭市	Huating	11915	3170	678	2708	520	1498	1287	1810	244
酒泉市	**Jiuquan**	**16635**	**4796**	**913**	**3644**	**747**	**2581**	**1870**	**1777**	**308**
肃州区	Suzhou	19872	5510	862	5564	809	2776	1823	2218	309
金塔县	Jinta	15280	4670	1063	2182	615	2939	1761	1663	388
瓜州县	Guazhou	13105	4022	681	2355	736	2224	1390	1483	214
肃北县	Subei	28444	7761	1751	4015	2449	4445	5367	884	1771
阿克塞县	Akesai	28560	9130	2103	6543	1586	3721	3232	1802	443
玉门市	Yumen	13895	4219	819	3042	605	1895	1692	1429	192
敦煌市	Dunhuang	17991	4802	1221	3680	737	2697	2731	1783	339
庆阳市	**Qingyang**	**10350**	**3305**	**698**	**2075**	**590**	**1351**	**1108**	**1052**	**171**
西峰区	Xifeng	12857	4065	1044	2636	735	1817	1134	1199	227
庆城县	Qingcheng	11469	3019	689	2214	598	2022	1546	1156	224
环　县	Huanxian	9178	3100	590	1870	481	1290	1232	521	93
华池县	Huachi	8627	2890	582	1300	504	1412	872	887	181
合水县	Heshui	10324	3460	696	2328	655	1299	627	1119	141
正宁县	Zhengning	9030	2939	647	1925	630	973	914	907	95
宁　县	Ningxian	9761	3462	833	1776	555	987	942	1048	158
镇原县	Zhenyuan	11222	3351	561	2417	630	1361	1245	1427	230
定西市	**Dingxi**	**10141**	**3394**	**578**	**2028**	**582**	**1252**	**1079**	**1093**	**135**
安定区	Anding	9560	3692	452	1786	346	1243	845	1064	132
通渭县	Tongwei	10510	3055	281	1669	541	841	2125	1816	181

6-27 续表 2 continued

单位：元 (yuan)

地、县	Region & County	消费支出 Consumption Expenditures	食品烟酒 Food, Tobacco and Liquor	衣着 Clothing	居住 Residence	生活用品及服务 Household Facilities, Articles and Services	交通通信 Transport and Communications	教育文化娱乐 Education, Culture and Recreation	医疗保健 Health Care and Medical Services	其他用品和服务 Miscellaneous Goods and Services
陇西县	Longxi	11074	3716	645	2818	650	1307	1044	755	139
渭源县	Weiyuan	10202	3418	629	1746	631	1435	1311	883	148
临洮县	Lintao	10314	3457	563	1721	457	1405	937	1598	176
漳　县	Zhangxian	9842	3107	671	1996	614	954	1056	1324	122
岷　县	Minxian	9490	3272	716	2241	739	1347	589	517	68
陇南市	**Longnan**	**11478**	**4044**	**854**	**2213**	**739**	**1378**	**975**	**1107**	**167**
武都区	Wudu	12971	4152	928	2368	923	1740	1508	1168	185
成　县	Chengxian	11528	3917	994	1793	796	1491	1120	1218	199
文　县	Wenxian	12192	4255	686	2315	727	1320	970	1615	304
宕昌县	Tanchang	9790	3980	674	2217	481	1036	567	732	103
康　县	Kangxian	12274	3423	993	2742	875	1683	1090	1316	151
西和县	Xihe	12979	4750	1007	2550	784	1486	892	1323	188
礼　县	Lixian	9271	3478	661	1839	526	1054	712	875	126
徽　县	Huixian	12037	4413	1038	2131	975	1357	1000	960	164
两当县	Liangdang	11628	4170	818	1708	859	1485	1032	1398	158
临夏州	**Linxia**	**8407**	**2670**	**666**	**1952**	**766**	**851**	**437**	**962**	**102**
临夏市	Linxia	15127	4496	1076	3677	1143	1679	822	2071	163
临夏县	Linxia	8688	2888	750	2124	643	857	474	866	86
康乐县	Kangle	8905	2323	708	2200	818	899	427	1465	67
永靖县	Yongjing	9213	3190	561	2183	659	1128	811	578	102
广河县	Guanghe	9062	2834	884	2344	842	843	285	953	78
和政县	Hezheng	8776	2574	749	1791	1086	1009	349	1168	51
东乡县	Dongxiang	6301	2170	429	1355	762	581	194	694	117
积石山县	Jishishan	6952	2432	481	1386	577	624	547	714	191
甘南州	**Gannan**	**8734**	**3612**	**654**	**2087**	**510**	**927**	**444**	**328**	**171**
合作市	Hezuo	9064	3678	821	2172	494	1075	329	365	130
临潭县	Lintan	9318	3630	844	2790	810	844	153	214	34
卓尼县	Zhuoni	7682	3124	606	1906	521	626	340	329	231
舟曲县	Zhouqu	8041	3482	386	2055	207	812	727	326	48
迭部县	Diebu	8275	3504	493	2423	427	573	230	400	225
玛曲县	Maqu	12201	5357	1213	908	987	1945	602	474	716
碌曲县	Luqu	9091	3544	648	1339	801	1366	807	418	170
夏河县	Xiahe	8969	3507	824	2164	617	1087	250	273	247

主要统计指标解释

从2012年四季度起，国家统计局对分别进行的城乡住户调查实施了一体化改革，规范了城乡划分范围，统一了城乡居民收入指标名称、分类和统计标准，建立了城乡统一的一体化住户调查，并据此采集全国居民有关数据。甘肃省自2015年起发布城乡一体化住户收支与生活状况调查数据。2014年及以前年份的数据，根据城镇住户调查和农村住户调查的历史数据，按照住户收支与生活状况调查可比口径推算得到。

一、居民可支配收入

居民可支配收入指居民可用于最终消费支出和储蓄的总和，即居民可用于自由支配的收入。既包括现金收入，也包括实物收入。按照收入的来源，可支配收入包含四项，分别为：工资性收入、经营净收入、财产净收入和转移净收入。

工资性收入 指就业人员通过各种途径得到的全部劳动报酬和各种福利，包括受雇于单位或个人、从事各种自由职业、兼职和零星劳动得到的全部劳动报酬和福利。

经营净收入 指住户或住户成员从事生产经营活动所获得的净收入，是全部经营收入中扣除经营费用、生产性固定资产折旧和生产税之后得到的净收入。计算公式为：

经营净收入 = 经营收入 – 经营费用 – 生产性固定资产折旧 – 生产税

财产净收入 指住户或住户成员将其所拥有的金融资产、住房等非金融资产和自然资源交由其他机构单位、住户或个人支配而获得的回报并扣除相关的费用之后得到的净收入。财产净收入包括利息净收入、红利收入、储蓄性保险净收益、转让承包土地经营权租金净收入、出租房屋净收入、出租其他资产净收入和自有住房折算净租金等。财产净收入不包括转让资产所有权的溢价所得。

转移净收入 计算公式为：转移净收入 = 转移性收入 – 转移性支出

转移性收入 指国家、单位、社会团体对住户的各种经常性转移支付和住户之间的经常性收入转移。包括养老金或退休金、社会救济和补助、政策性生产补贴、政策性生活补贴、救灾款、经常性捐赠和赔偿、报销医疗费、住户之间的赡养收入，本住户非常住成员寄回带回的收入等。转移性收入不包括住户之间的实物馈赠。

转移性支出 指调查户对国家、单位、住户或个人的经常性或义务性转移支付。包括缴纳的税款、各项社会保障支出、赡养支出、经常性捐赠和赔偿支出以及其他经常转移支出等。

根据住户收支与生活状况调查，分城镇和农村的居民人均可支配收入等数据的覆盖人群主要变化：一是计算城镇居民人均可支配收入时分母包括了在城镇地区常住的农民工，计算农村居民人均可支配收入时分母不包括在城镇地区常住的农民工；二是由本户供养的在外大学生视为常住人口。

二、居民消费支出

居民消费支出是指居民用于满足家庭日常生活消费需要的全部支出，既包括现金消费支出，也包括实物消费支出。消费支出可划分为食品烟酒、衣着、居住、生活用品及服务、交通通信、教育文化娱乐、医疗保健以及其他用品及服务八大类。

食品烟酒 指用于各种食品和烟草、酒类的支出。

衣着 指与居民穿着有关的支出，包括服装、服装材料、鞋类、其他衣类及配件、衣着相关加工服务的支出。

居住 指与居住有关的支出，包括房租、水、电、燃料、物业管理等方面的支出，也包括自有住房折算租金。

生活用品及服务 指家庭及个人的各类生活用品及家庭服务。包括家具及室内装饰品、家用器具、家用纺织品、家庭日用杂品、个人用品和家庭服务。

交通通信 指用于交通和通信工具及相关的各种服务费、维修费和车辆保险等支出。

教育文化娱乐 指用于教育、文化和娱乐方面的支出。

医疗保健 指用于医疗和保健的药品、用品和服务的总费用。包括医疗器具及药品，以及医疗服务。

其他用品及服务 指无法直接归入上述各类支出的其他用品与服务支出。

7

财政和金融业

Government Finance and Financial Intermediation

简要说明

一、本篇资料主要内容

本篇反映财政收支状况，金融和保险业的发展情况。主要包括地方财政收支、政府性基金收支资料；金融机构存贷等活动；保险业务情况。

二、本篇资料来源

本篇资料由省统计局国民经济核算处搜集、加工整理：

1. 财政收支资料来源于省财政厅。

2. 金融资料来源于中国人民银行甘肃省分行。

3. 保险数据来源于国家金融监督管理总局甘肃监管局。

7-1 财政收支
Government Revenue and Expenditure

单位：万元 (10 000 yuan)

年 份 Year	财政收入 Government Revenue	一般公共预算收入 General Public Budget Revenue	#税收收入 Tax Revenue	附：上划中央税收 Tax Revenue Turned Over to the Central	一般公共预算支出 General Public Budget Expenditure
1978	205280				143429
1979	184606				141810
1980	149348				123045
1981	129859				111955
1982	124713				127857
1983	109003				155256
1984	132338				211510
1985	163814				239971
1986	197635				300125
1987	225831				317747
1988	249786				363835
1989	315242				412645
1990	342065				459395
1991	399801				513188
1992	399736				534786
1993	521132				631676
1994	626198	290797	270086	335401	723817
1995	684142	339211	302594	344931	813908
1996	822714	433733	367663	388981	909538
1997	919259	494108	416575	425151	1067215
1998	974793	540253	465578	434540	1253382
1999	1030025	583657	490034	446368	1477868
2000	1083752	612849	516624	470903	1882322
2001	1241396	699485	587853	541911	2354643
2002	1503365	762432	654283	740933	2740111
2003	1771750	876561	722434	895189	3000070
2004	2158581	1041600	823382	1104105	3569366
2005	2545665	1235026	919615	1310639	4293479
2006	2949750	1412152	1108360	1537598	5285946
2007	3918687	1909107	1420532	2009580	6753372
2008	4709361	2649650	1628049	2059711	9684336
2009	6039849	2865898	1760411	3173951	12462817
2010	7452511	3535833	2202883	3916678	14685810
2011	9336165	4501188	2840435	4834977	17912432
2012	10798983	5203993	3477792	5594990	20595638
2013	11448265	6072717	4177266	5375548	23096230
2014	12342376	6726698	4902596	5615678	25414935
2015	13862830	7438604	5297863	6424226	29583117
2016	14406849	7869669	5259996	6537180	31500340
2017	15405937	8157323	5471429	7248614	33044417
2018	16417050	8710537	6104732	7706513	37722330
2019	15895173	8504879	5779249	7390294	39515991
2020	16259729	8745518	5679343	7514211	41633990
2021	18639317	10018589	6674107	8620728	40325582
2022	16866823	9076461	5827869	7790362	42571570

注：财政收入不含基金收入。
a) Revenue does not include the fund's income.

7-2 税收收入
Tax Revenue

单位：万元 (10 000 yuan)

年 份 Year	税收收入 Tax Revenue	# 增值税 Value-added Tax	# 企业所得税 Corporate Income Tax	# 个人所得税 Individual Income Tax
1994	270086	86783	27011	4471
1995	302594	90356	33393	6242
1996	367663	93094	32494	8706
1997	416575	104079	39864	10271
1998	465578	108318	44537	14399
1999	490034	111778	66686	18349
2000	516624	119471	60957	25921
2001	587853	133758	104045	38788
2002	654283	150720	66054	40920
2003	722434	181230	53111	36776
2004	823382	216152	63182	43112
2005	919615	253337	84320	51793
2006	1108360	314071	106902	57884
2007	1420532	403624	179740	71513
2008	1628049	379120	206233	81306
2009	1760411	371096	169511	89876
2010	2202883	440902	199868	111253
2011	2840435	489460	285861	140563
2012	3477792	605180	365313	135407
2013	4177266	636506	400978	147793
2014	4902596	884047	459990	158097
2015	5297863	897868	592025	189368
2016	5259996	1731601	549494	205524
2017	5471429	2694096	672415	273323
2018	6104732	2933605	745858	305325
2019	5779249	2768230	647874	203020
2020	5679343	2601650	643903	205417
2021	6674107	3033353	800561	239856
2022	5827869	2076405	847366	236416

注：1. 税收收入为一般公共预算收入中的税收收入。

2. 自 2016 年 5 月 1 日起，在全国范围内全面推开营业税改征增值税试点，全部营业税纳税人由缴纳营业税改为缴纳增值税（下表同）。

a) Tax revenue refers to tax revenue in the general public budget revenue.

b) Since May 1,2016, the replacement of business tax with VAT has been extended to all industries. All business tax payers pay VAT instead of business tax.The same applies to the table following.

7-3 财政收入情况
Government Revenue

单位：万元　　(10 000 yuan)

项 目	Item	2010	2015	2020	2021	2022
财政收入	**Government Revenue**	**7452511**	**13862830**	**16259729**	**18639317**	**16866823**
一般公共预算收入	**General Public Budget Revenue**	**3535833**	**7438604**	**8745518**	**10018589**	**9076461**
税收收入	Total Tax Revenue	2202883	5297863	5679343	6674107	5827869
国内增值税	Value-added Tax	440902	897868	2601650	3033353	2076405
企业所得税	Corporate Income Tax	199868	592025	643903	800561	847366
个人所得税	Individual Income Tax	111253	189368	205417	239856	236416
资源税	Resource Tax	61833	168137	216986	294584	419929
城市维护建设税	City Maintenance and Construction Tax	212182	441658	457382	538622	487598
房产税	House Property Tax	83574	177057	249160	284343	292767
印花税	Stamp Tax	44211	84253	135632	164944	144179
城镇土地使用税	Urban Land Use Tax	44208	188420	216478	221958	265039
土地增值税	Land Appreciation Tax	30227	169708	341086	341029	295249
车船税	Tax on Vehicles and Boat Operation	25753	92186	156561	168534	180238
耕地占用税	Farm Land Occupation Tax	19457	54640	41444	68235	71171
契税	Deed Tax	59847	168466	389360	490316	484375
烟叶税	Tobacco Leaf Tax	1195	2548	1135	1393	1017
环境保护税	Environmental Protection Tax			22611	24843	22714
其他税收收入	Other Tax Revenue			538	1536	3406
非税收入	Non-tax Revenue	1332950	2140741	3066175	3344482	3248592
专项收入	Special Program Receipts	590249	651409	879131	987958	781608
行政事业性收费收入	Charge of Administrative and Institutional Units	190170	534371	555184	494692	526107
罚没收入	Penalty Receipts	81211	177164	377242	382326	324127
国有资本经营收入	Operating Income from Government Capital	233807	16915	19023	145443	186583
国有资源（资产）有偿使用收入	Income from Use of State-owned Resources (Assets)	90957	515385	812766	951035	1139431
其他收入	Other Revenue	146556	245497	422829	383028	290736
上划中央税收收入	**Tax Revenue Turned Over to the Central**	**3916678**	**6424226**	**7514211**	**8620728**	**7790362**
#国内增值税	Value Added Tax	1438530	2109173	2681645	3183401	1803666
消费税	Consumption Tax	1385862	2634996	2828891	3071534	3402071
企业所得税	Corporate Income Tax	304935	884729	963783	1219014	1292585
个人所得税	Individual Income Tax	166875	284050	308126	359783	354626
车辆购置税	Vehicle Purchase Tax	181665	339729	386537	390049	259921

7-4 财政支出情况
Government Expenditure

单位：万元 (10 000 yuan)

项　目	Item	2015	2020	2021	2022
一般公共预算支出	**General Public Budget Expenditure**	**29583117**	**41633990**	**40325582**	**42571570**
一般公共服务支出	Expenditure for General Public Services	2720127	3821653	3596263	3973393
国防支出	Expenditure for National Defense	30301	29980	34522	25232
公共安全支出	Expenditure for Public Security	1231006	1961024	1935549	2070936
教育支出	Expenditure for Education	4983251	6629908	6619192	6995758
科学技术支出	Expenditure for Science and Technology	298471	320654	349546	476878
文化旅游体育与传媒支出	Expenditure for Culture, Sport and Media	627640	884348	827065	846970
社会保障和就业支出	Expenditure for Social Security and Employment	4213133	5809456	5901075	6412342
卫生健康支出	Expenditure for Medical and Health Care	2500965	3702377	3903762	4022932
节能环保支出	Expenditure for Energy Conservation and Environment Protection	953513	1140250	820990	1132117
城乡社区支出	Expenditure for Urban and Rural Community Affairs	1216135	2063547	1948677	1991699
农林水支出	Expenditure for Agriculture, Forestry and Water Conservancy Affairs	4970520	7758349	7370418	7515136
交通运输支出	Expenditure for Transportation	2782433	3233432	2872861	2210415
资源勘探信息等支出	Expenditures for Affairs of Resource Exploration and Information	477300	495977	650499	490942
商业服务业等支出	Expenditure for Affairs of Commerce and Services	296858	141141	74149	101192
金融支出	Expenditure for Financial Affairs	21591	121900	66923	58037
自然资源海洋气象等支出	Expenditure for Affairs of Land and Weather	352034	373360	349050	544810
住房保障支出	Expenditure for Affairs of Housing Security	1278705	1396163	1339685	1437101
粮油物资储备支出	Expenditure for Affairs of Management of Grain & Oil Reserves	133170	205570	135758	141972
灾难防治及应急管理支出	Expenditure for Disaster Prevention and Emergency Management		454043	381691	683398
债务付息支出	Expenditure for Principal and Interest of Debts	150947	678124	761496	823767
债务发行费用支出	Expenditure for Issuing Debts		4943	3505	3930
其他支出	Other Expenditure	345017	407791	382906	612613

注：债务付息支出 2014 年之前为国债还本付息支出。

a) Before 2014,data of expenditure for principal and interest of debts were the interest payment for domestic and foreign debts.

7-5 政府性基金收支情况

Revenue and Expenditure of Government Fund

单位：万元 (10 000 yuan)

项　目	Item	2015	2020	2021	2022
政府性基金收入合计	**Total Revenue of Government Funds**	**4135104**	**6320250**	**5956620**	**3449841**
#国有土地收益基金收入	State Land Income Fund	52401	107479	137415	43598
农业土地开发资金收入	Agricultural Land Development Funds	16091	13378	10828	11548
国有土地使用权出让收入	Transfer of Use Rights of State Land	2873504	5253168	4467921	2145624
彩票公益金收入	Public Welfare Fund from Lottery	113022	85796	86265	86139
城市基础设施配套费收入	Urban Infrastructure Support Fee	190339	244490	223452	123121
车辆通行费	Vehicle Toll	765473	509412	785079	935560
污水处理费收入	Sewage Treatment	34711	46992	50626	43729
彩票发行机构和销售机构业务费用	Business of Lottery Issuance and Sales Agency	37206	22542	20729	19715
政府性基金支出合计	**Total Expenditure of Government Fund**	**5001010**	**11905891**	**12338342**	**14636352**
文化旅游体育与传媒支出	Expenditure for Culture, Sport and Media	2873	3645	1316	1686
社会保障和就业支出	Expenditure for Social Security and Employment	23945	24609	26354	27268
节能环保支出	Expenditure for Energy Conservation and Environment Protection		6275	801	2134
城乡社区支出	Expenditure for Urban and Rural Community Affairs	3462875	4170012	4349099	2559850
农林水支出	Expenditure for Agriculture, Forestry and Water Conservancy Affairs	55230	27265	31456	32054
交通运输支出	Expenditure for Transportation	1123593	1866847	2085838	2354713
资源勘探信息等支出	Expenditures for Affairs of Resource Exploration and Information	3210			
债务付息支出	Expenditure for Principal and Interest of Debts	127230	499646	708454	1050381
债务发行费用支出	Expenditure for Issuing Debts	1687	6962	9363	12349
抗疫特别国债安排的支出	Expenditure of Special Treasury Bonds for Against COVID-19		939284	28066	11545
其他支出	Other Expenditure	196043	4361346	5097595	8584372

7-6 各市（州）财政收入（2022）
Government Revenue by Region (2022)

单位：万元 (10 000 yuan)

市（州）	Region	一般公共预算收入 General Public Budget Revenue	#税收收入 Tax Revenue	#增值税 Domestic Value-added Tax	#企业所得税 Corporate Income Tax	#个人所得税 Individual Income Tax
兰州市	Lanzhou	2209765	1575198	383916	181985	61246
嘉峪关市	Jiayuguan	191232	137442	45597	4760	3871
金昌市	Jinchang	287152	234139	94993	9716	3398
白银市	Baiyin	325255	167923	44479	15142	5884
天水市	Tianshui	453777	258856	47953	19368	5486
武威市	Wuwei	278034	112082	4311	14985	3158
张掖市	Zhangye	312913	121974	29697	10748	4235
平凉市	Pingliang	409720	210463	77350	21541	3624
酒泉市	Jiuquan	372670	213687	37087	20527	7548
庆阳市	Qingyang	703316	489610	195196	9229	5297
定西市	Dingxi	309228	170003	50091	9067	3099
陇南市	Longnan	277641	169320	64093	18932	5118
临夏州	Linxia	209223	142211	43747	8231	3278
甘南州	Gannan	97945	51897	24003	4125	1940

7-7 各市（州）财政支出（2022）
Government Expenditure by Region (2022)

单位：万元 (10 000 yuan)

市（州）	Region	一般公共预算支出 General Public Budget Expenditure	#一般公共服务 General Public Service	#教育 Education	#社会保障和就业 Social Security and Emploment	#卫生健康 Medical and Health Care	#农林水 Agriculture, Forestry and Water Conservancy
兰州市	Lanzhou	4987969	517691	802339	619300	498950	354197
嘉峪关市	Jiayuguan	322340	36034	61066	27290	35447	16135
金昌市	Jinchang	770825	105495	109163	101324	52376	107636
白银市	Baiyin	2138835	190423	380504	293225	217222	422441
天水市	Tianshui	3211370	259990	670892	498446	408153	635768
武威市	Wuwei	2371228	158908	380471	292647	247067	545439
张掖市	Zhangye	1947515	199081	276614	226412	169505	408627
平凉市	Pingliang	2602512	234254	534774	375721	310042	524206
酒泉市	Jiuquan	1830915	222272	266091	205510	181603	321262
庆阳市	Qingyang	3188336	359960	534076	458793	351864	685892
定西市	Dingxi	3129974	285354	654749	404530	374716	734362
陇南市	Longnan	3185627	323825	506700	451996	379483	778716
临夏州	Linxia	3207877	359663	525122	407878	355099	827733
甘南州	Gannan	2316122	335593	298393	205000	181407	379439

7-8 各地、县财政收支（2022）
Government Revenue and Expenditure by Region & County (2022)

单位：万元 (10 000 yuan)

地、县	Region & County	一般公共预算收入 General Public Budget Revenue	一般公共预算支出 General Public Budget Expenditure
兰州市	**Lanzhou**	**2209765**	**4987969**
城关区	Chengguan	250901	512589
七里河区	Qilihe	98616	239655
西固区	Xigu	90026	193850
安宁区	Anning	81784	162505
红古区	Honggu	54996	183635
永登县	Yongdeng	57129	331105
皋兰县	Gaolan	57147	190477
榆中县	Yuzhong	37596	389464
嘉峪关市	**Jiayuguan**	**191232**	**322340**
金昌市	**Jinchang**	**287152**	**770825**
金川区	Jinchuan	52897	187979
永昌县	Yongchang	31392	297620
白银市	**Baiyin**	**325255**	**2138835**
白银区	Baiyin	69316	261141
平川区	Pingchuan	44326	224110
靖远县	Jingyuan	33421	431216
会宁县	Huining	24724	514284
景泰县	Jingtai	62715	300069
天水市	**Tianshui**	**453777**	**3211370**
秦州区	Qinzhou	81557	432830
麦积区	Maiji	59523	415638
清水县	Qingshui	21898	276982
秦安县	Qinan	27219	411659
甘谷县	Gangu	43897	414464
武山县	Wushan	24572	341730
张家川县	Zhangjiachuan	14122	340549
武威市	**Wuwei**	**278034**	**2371228**
凉州区	Liangzhou	127219	729763
民勤县	Minqin	19069	343760
古浪县	Gulang	30619	506806
天祝县	Tianzhu	42330	456982
张掖市	**Zhangye**	**312913**	**1947515**
甘州区	Ganzhou	107000	402537
肃南县	Sunan	29660	214027
民乐县	Minle	31074	335877
临泽县	Linze	23055	194911
高台县	Gaotai	24514	213467
山丹县	Shandan	42106	287767
平凉市	**Pingliang**	**409720**	**2602512**
崆峒区	Kongtong	54869	406829
泾川县	Jingchuan	13790	261066
灵台县	Lingtai	47660	246321
崇信县	Chongxin	73021	187010
庄浪县	Zhuanglang	26109	433157
静宁县	Jingning	35265	501606
华亭市	Huating	76016	215273
酒泉市	**Jiuquan**	**372670**	**1830915**
肃州区	Suzhou	63451	371533
金塔县	Jinta	38556	230384
瓜州县	Guazhou	25780	231779
肃北县	Subei	35880	132064
阿克塞县	Akesai	8224	76966
玉门市	Yumen	47343	249100
敦煌市	Dunhuang	42774	225675
庆阳市	**Qingyang**	**703316**	**3188336**
西峰区	Xifeng	86545	367977
庆城县	Qingcheng	47645	276248
环　县	Huanxian	59587	529011
华池县	Huachi	40027	256188
合水县	Heshui	24935	188820
正宁县	Zhengning	17296	206038
宁　县	Ningxian	29272	371800
镇原县	Zhenyuan	30069	447578
定西市	**Dingxi**	**309228**	**3129974**
安定区	Anding	54926	483499
通渭县	Tongwei	28111	429229
陇西县	Longxi	64309	451041
渭源县	Weiyuan	19448	345898
临洮县	Lintao	51565	430591
漳　县	Zhangxian	20094	200430
岷　县	Minxian	31516	435828
陇南市	**Longnan**	**277641**	**3185627**
武都区	Wudu	43526	490514
成　县	Chengxian	48082	273339
文　县	Wenxian	21727	296525
宕昌县	Tanchang	12859	334654
康　县	Kangxian	15085	250820
西和县	Xihe	24584	384392
礼　县	Lixian	25507	442418
徽　县	Huixian	36516	225809
两当县	Liangdang	6731	106937
临夏州	**Linxia**	**209223**	**3207877**
临夏市	linxia	67196	308749
临夏县	linxia	26249	438821
康乐县	Kangle	15267	345795
永靖县	Yongjing	28672	299943
广河县	Guanghe	13930	298240
和政县	Hezheng	12728	305558
东乡县	Dongxiang	14489	488691
积石山县	Jishishan	12225	330357
甘南州	**Gannan**	**97945**	**2316122**
合作市	Hezuo	28410	228530
临潭县	Lintan	9586	311192
卓尼县	Zhuoni	8771	264745
舟曲县	Zhouqu	9943	314251
迭部县	Diebu	6731	192981
玛曲县	Maqu	2843	229843
碌曲县	Luqu	3946	190316
夏河县	Xiahe	6438	252576

7-9 金融机构本外币信贷收支表
Balance Sheet of RMB and Foreign Currency Credit Funds of Financial Institutions

单位：亿元　　（年末余额）(year-end balance)　　(100 million yuan)

项　目	Item	2015	2020	2021	2022
各项存款	**Total Deposits**	**16299.50**	**20992.67**	**22614.58**	**24896.37**
境内存款	Domestic Deposits	16297.66	20977.93	22592.02	24883.79
住户存款	Household Deposits	7804.53	12454.51	13580.18	15453.12
活期存款	Demand Deposits	3120.90	4313.11	4511.31	5185.54
定期及其他存款	Time and other Deposits	4683.63	8141.39	9068.88	10267.57
非金融企业存款	Non-financial Enterprises Deposits	5288.88	4922.68	4776.79	4671.61
活期存款	Demand Deposits	3024.93	3387.30	3119.72	3048.49
定期及其他存款	Time and other Deposits	2263.95	1535.38	1657.07	1623.12
广义政府存款	General Government Deposits	2874.35	3303.87	3603.42	4216.76
机关团体存款	Government Agencies & Organizations Deposits	2646.35	2951.12	3161.32	3725.90
财政性存款	Fiscal Deposits	228.00	352.75	442.10	490.86
非银行业金融机构存款	Non-banking Financial Institutions Deposit	329.90	296.87	631.62	542.30
境外存款	Offshore Deposits	1.84	14.74	22.56	12.58
各项贷款	**Total Loans**	**13728.89**	**22159.41**	**23905.33**	**25389.80**
境内贷款	Domestic Loans	13649.02	22043.34	23793.41	25308.99
#住户贷款	Household Loans	3551.09	6019.32	6526.53	6577.66
短期贷款	Short-term Loans	1374.61	1688.66	1759.18	1653.46
中长期贷款	Medium and Long Term Loans	2176.48	4330.66	4767.35	4924.20
企事业单位贷款	Loans of Enterprises and Institutions	10097.93	16013.02	17226.98	18716.33
短期贷款	Short-term Loans	3287.73	3643.37	3516.36	3398.31
中长期贷款	Medium and Long Term Loans	5890.12	10824.74	11994.53	13246.88
票据融资	Bill Financing	458.16	941.73	977.35	1243.22
融资租赁	Finance Lease	446.72	555.10	685.36	796.78
各项垫款	Advances	15.20	48.07	53.38	31.13
境外贷款	Overseas Loans	79.88	116.06	111.92	80.81

注：2015、2020、2021、2022 年的汇率分别为 6.4936，6.5249，6.3757，6.9646。
a) The exchange rate of 2015 , 2020 , 2021 , 2022were 6.4936 , 6.5249 , 6.3757 , 6.9646.

7-10 金融机构人民币信贷收支表
Balance Sheet of RMB Credit Funds of Financial Institutions

单位：亿元　　（年末余额）(year-end balance)　　(100 million yuan)

项　目	Item	2015	2020	2021	2022
各项存款	**Total Deposits**	**16141.19**	**20938.25**	**22546.39**	**24826.46**
境内存款	Domestic Deposits	16139.48	20924.71	22536.61	24816.40
住户存款	Household Deposits	7776.80	12419.62	13544.57	15417.85
活期存款	Demand Deposits	3104.36	4290.95	4488.36	5164.14
定期及其他存款	Time and other Deposits	4672.44	8128.67	9056.21	10253.70
非金融企业存款	Non-financial Enterprises Deposits	5163.05	4909.28	4759.49	4640.80
活期存款	Demand Deposits	2970.71	3374.70	3103.25	3019.22
定期及其他存款	Time and other Deposits	2192.34	1534.59	1656.24	1621.58
广义政府存款	General Government Deposits	2869.89	3299.10	3601.14	4215.73
财政性存款	Fiscal Deposits	228.00	352.75	442.10	490.86
机关团体存款	Government Agencies & Organizations Deposits	2641.89	2946.35	3159.04	3724.87
非银行业金融机构存款	Non-banking Financial Institutions Deposit	329.74	296.71	631.41	542.02
境外存款	Offshore Deposits	1.72	13.54	9.78	10.06
各项贷款	**Total Loans**	**13292.18**	**21935.57**	**23730.41**	**25280.97**
境内贷款	Domestic Loans	13292.11	21922.38	23717.80	25273.46
#住户贷款	Household Loans	3550.91	6019.16	6526.42	6577.51
短期贷款	Short-term Loans	1374.51	1688.56	1759.08	1653.32
中长期贷款	Medium and Long Term Loans	2176.40	4330.61	4767.34	4924.19
企事业单位贷款	Loans of Enterprises and Institutions	9741.20	15892.22	17151.48	18680.95
短期贷款	Short-term Loans	2982.57	3573.12	3483.51	3384.80
中长期贷款	Medium and Long Term Loans	5838.74	10774.19	11951.90	13225.03
票据融资	Bill Financing	458.16	941.73	977.35	1243.22
融资租赁	Finance Lease	446.72	555.10	685.36	796.78
各项垫款	Advances	15.01	48.07	53.37	31.12
境外贷款	Overseas Loans	0.07	13.19	12.61	7.51

7-11 金融机构外汇信贷收支表
Balance Sheet of Foreign Exchange Credit Funds of Financial Institutions

单位：万美元　　（年末余额）(year-end balance)　　(USD 10 000)

项 目	Item	2015	2020	2021	2022
各项存款	**Total Deposits**	**243783**	**83400**	**106956**	**100379**
境内存款	Domestic Deposits	243600	81568	86916	96757
住户存款	Household Deposits	42701	53466	55858	50640
活期存款	Demand Deposits	25467	33972	35993	30726
定期及其他存款	Time and other Deposits	17233	19494	19864	19914
非金融企业存款	Non-financial Enterprises Deposits	193776	20535	27133	44229
活期存款	Demand Deposits	83499	19312	25833	42029
定期及其他存款	Time and other Deposits	110277	1222	1300	2200
广义政府存款	General Government Deposits	6877	7309	3588	1484
财政性存款	Fiscal Deposits	6			
机关团体存款	Government Agencies & Organizations Deposits	6871	7309	3588	1484
非银行业金融机构存款	Non-banking Financial Institutions Deposit	247	258	338	403
境外存款	Offshore Deposits	183	1832	20040	3622
各项贷款	**Total Loans**	**672522**	**343054**	**274360**	**156264**
境内贷款	Domestic Loans	549623	185386	118596	51024
住户贷款	Household Loans	277	242	182	215
短期贷款	Short-term Loans	154	156	161	207
中长期贷款	Medium and Long Term Loans	123	86	21	8
企事业单位贷款	Loans of Enterprises and Institutions	549346	185144	118414	50809
短期贷款	Short-term Loans	469946	107673	51521	19411
中长期贷款	Medium and Long Term Loans	79122	77470	66873	31380
票据融资	Bill Financing				
融资租赁	Finance Lease				
各项垫款	Advances	278		21	18
境外贷款	Overseas Loans	122899	157668	155764	105240

注：2015、2020、2021、2022 年的汇率分别为 6.4936，6.5249，6.3757，6.9646。
a) The exchange rate of 2015 , 2020 , 2021 , 2022 were 6.4936 , 6.5249 , 6.3757 , 6.9646.

7-12 各市（州）金融机构本外币存款（2022）
RMB Deposits of Financial Institutions by Region (2022)

单位：万元 (10000 yuan)

市（州）	Region	各项存款 Total Deposits	各项贷款 Total Loans
兰州市	Lanzhou	101091218	150161899
嘉峪关市	Jiayuguan	5000613	5762448
金昌市	Jinchang	6073739	4758048
白银市	Baiyin	11111489	8201570
天水市	Tianshui	19393793	14726109
武威市	Wuwei	13408167	9671393
张掖市	Zhangye	10507554	7514015
平凉市	Pingliang	12527315	8334446
酒泉市	Jiuquan	13696496	9481403
庆阳市	Qingyang	15716650	8509629
定西市	Dingxi	12867599	9706918
陇南市	Longnan	13775351	8423237
临夏州	Linxia	9274319	6070858
甘南州	Gannan	4519347	2576063

注：2015、2019、2020、2021、2022 年的汇率分别为 6.4936，6.9762，6.5249，6.3757、6.9646。
a) The exchange rate of 2015,2019 , 2020 , 2021 , 2022were 6.4936,6.9762 , 6.5249 , 6.3757 , 6.9646.

7-13 保险事业发展情况
Insurance Business Development

项　目	Item	2010	2015	2020	2021	2022
保险事业机构（个）	**Number of Insurance Institution(unit)**	**1242**	**1567**	**1934**	**1938**	**1959**
省级	Provincial	21	24	32	32	32
地市级	Prefecture	146	226	278	282	283
县级	County	1075	1317	1624	1624	1644
财产保险	Property Insurance	491	751	1081	1090	1106
人身保险	Life Insurance	751	816	853	848	853
年末实有职工人数（人）	**Number of Employed Persons at Year-end (person)**	**53787**	**91298**	**149482**	**93457**	**76187**
财产保险	Property Insurance	10357	22267	33647	24977	22040
人身保险	Life Insurance	43430	69031	115835	68480	54147

注：本表指标均按公司类型划分。
a) Indicators of this table are divided on the type of companies.

7-14 保险业务情况
Major Indicators of Insurance Business

单位：万元 (10 000 yuan)

项　目	Item	2010	2015	2020	2021	2022
保费收入	**Premium Income**	**1463354**	**2568881**	**4851936**	**4903240**	**4909026**
财产保险	Property Insurance	388224	902985	1439907	1309970	1395866
#机动车辆险	Motor Vehicle Insurance	314573	709018	956617	830596	853443
企业财产险	Enterprise Property Insurance	30129	36672	47003	47911	50413
家庭财产险	Family Property Insurance	1165	2060	7115	7497	12184
人身保险	Life Insurance	1075130	1665896	3412029	3593270	3513160
寿险	Life Insurance	989821	1327356	2381638	2579534	2602391
健康险	Health Insurance	58756	259611	886916	871082	784866
意外伤害险	Accidents Insurance	26553	78928	143476	142655	125903
赔付支出	**Payment**	**311829**	**927501**	**1693122**	**1745736**	**1580400**
财产保险	Property Insurance	163246	456811	840238	949561	862520
#机动车辆险	Motor Vehicle Insurance	132848	357410	513314	556067	490872
企业财产险	Enterprise Property Insurance	14974	17575	38106	30493	26571
家庭财产险	Family Property Insurance	253	793	3494	2980	2695
人身保险	Life Insurance	148583	470691	852884	796175	717880
寿险	Life Insurance	118911	330579	439486	356207	375197
健康险	Health Insurance	21221	116664	370857	391115	299380
意外伤害险	Accidents Insurance	8451	23448	42541	48852	43303

主要统计指标解释

一般公共预算收入 指国家财政参与社会产品分配所取得的收入，是实现国家职能的财力保证。主要包括：（1）各项税收：包括国内增值税、国内消费税、进口货物增值税和消费税、出口货物退增值税和消费税、营业税、企业所得税、个人所得税、资源税、城市维护建设税、房产税、印花税、城镇土地使用税、土地增值税、车船税、船舶吨税、车辆购置税、关税、耕地占用税、契税、烟叶税等。（2）非税收入：包括专项收入、行政事业性收费、罚没收入和其他收入。

一般公共预算支出 指国家财政将筹集起来的资金进行分配使用，以满足经济建设和各项事业的需要。主要包括：一般公共服务、外交、国防、公共安全、教育、科学技术、文化体育与传媒、社会保障和就业、医疗卫生与计划生育、节能环保、城乡社区、农林水、交通运输、资源勘探信息、商业服务业、金融、援助其他地区、国土海洋气象、住房保障、粮油物资储备、政府债务付息等方面的支出。

信贷资金 指金融机构以信用方式积聚和分配的货币资金。金融机构信贷资金的来源有各项存款、金融债券、对国际金融机构负债、流通中现金、其他项目等；信贷资金的运用有各项贷款、有价证券及投资、金银占款、外汇占款、财政借款及在国际金融机构中的资产等。

存款 指企业、机关、团体或居民根据资金必须收回的原则，把货币资金存入银行或其他信贷机构保管并取得一定利息的一种信用活动形式。根据存款对象或性质的不同可划分为企业存款、财政存款、机关团体存款、城乡储蓄存款、农业存款、信托及委托类存款、其他存款等科目。它是银行信贷资金的主要来源。

贷款 指银行或其他信贷机构根据资金必须归还的原则，按一定利率，为企业、个人等提供资金的一种信用活动形式。我国银行贷款分为短期贷款、委托及信托类贷款、其他类贷款等。

保费 指投保人为取得保险人在约定范围内所承担赔偿责任而支付给保险人的费用。

赔款 指保险人根据保险合同的规定，向被保险人支付的赔偿保险责任损失的金额。

给付 包括死伤医疗给付和满期给付。死伤医疗给付是指保险人根据人寿保险及长期健康保险合同的规定，因被保险人在保险期内发生保险责任范围内的保险事故支付给被保险人（或受益人）的金额。满期给付是指被保险人生存期满，保险人按人寿保险合同规定支付给被保险人的满期保险金额。

8

资源和环境

Resources and Environment

简要说明

一、本篇资料主要内容

本篇资料主要反映自然资源状况和环境保护事业发展情况。自然资源状况包括气候、矿产、水资源、土地情况等。环境保护事业发展情况包括：自然保护、集中式饮用水源情况，城市空气质量，污染物排放及治理等内容。

二、本篇资料来源

本篇资料中气候情况由省气象局提供，矿产、土地情况由省自然资源厅提供，水资源、供水用水情况由省水利厅提供，自然保护区情况由省林草局提供，其余资料由省生态环境厅提供。

8-1 气候情况（2022）
Climate Conditions (2022)

指 标	Indicators	2022	指 标	Indicators	2022
年平均气温（℃）	Annual Average Temperature (℃)	9.3	年相对湿度（%）	Annual Relative Humidity (%)	57.4
年最高气温（℃）	Annual Utmost Highest Air Temperature (℃)	40.3	年降水量（毫米）	Annual Precipitation (mm)	360.8
年最低气温（℃）	Annual Utmost Lowest Air Temperature (℃)	-31.3	年降雨日数（天）	Annual Rainy Days (day)	108
年日照时数（小时）	Annual Sunshine Time (hour)	2327.4	年无霜期（天）	Annual Frost-free Period (day)	226

8-1 续表 continued

月 份	Month	平均气温（℃） Monthly Average Temperature (℃)	日照时数（小时） Sunshine Time (hour)	降雨量（毫米） Precipitation (mm)
1 月	Jan.	-4.1	178.1	5.2
2 月	Feb.	-4.0	168.7	10.4
3 月	Mar.	7.4	201.7	7.6
4 月	Apr.	10.6	216.7	30.6
5 月	May	15.4	236.7	28.8
6 月	June	20.4	245.0	42.3
7 月	July	21.7	231.4	89.4
8 月	Aug.	21.5	159.5	79.5
9 月	Sept.	15.6	184.7	31.6
10 月	Oct.	9.1	150.6	27.3
11 月	Nov.	3.3	154.3	6.9
12 月	Dec.	-5.5	200.0	1.1

8-2 土地状况（2021）
Land Characteristics (2021)

项 目	Item	面积 Area	占总面积% Percentage to Total Area%
总面积（万平方公里）	Total Land Area (10 000 sq.km)	42.58	100.00
按特征分（万公顷）	By Land Use (10 000 hectares)		
农用地	Land for Agriculture Use	2201.26	51.69
建设用地	Land for Construction	100.96	2.37
城镇村及工矿	Land for City,Town and Village,Mining and Manufacturing	87.08	2.05
交通运输	Land for Transportation Facilities	12.88	0.30
水域及水利设施	Land for Waters,Water Conservancy Facilities	1.00	0.02
未利用地	Unused Land	1956.73	45.94

8-3 土地利用情况
Land Use

单位：万公顷 (10 000 hectares)

年 份 Year	土地调查面 积 Area under Land Survey	农用地 Land for Agriculture Use	#耕地 Cultivated Land	#园地 Garden Land	#林地 Wood Land	#牧草地 Area of Grassland	建设用地 Land for Construction	居民点及工矿用地 Land for Inhabitation, Mining and Manufacturing	交通运输用 地 Land for Transport Facilities	水利设施用 地 Land for Water Conservancy Facilities
2005	4540.00	2541.44	463.26	20.46	516.63	1411.29	96.66	87.41	6.41	2.83
2006	4540.00	2541.73	462.71	20.54	517.76	1410.99	96.93	87.60	6.47	2.86
2007	4540.00	2541.79	462.47	20.54	518.25	1410.84	97.19	87.81	6.51	2.87
2008	4540.00	2541.66	462.37	20.60	518.32	1410.69	97.67	88.17	6.63	2.88
2009	4540.00	2541.66	462.37	20.60	518.29	1410.69	97.67	88.17	6.63	2.88
2010	4540.00	2541.22	462.17	20.56	518.46	1410.53	98.17	88.57	6.73	2.87
2011	4540.00	2541.22	461.43	20.56	518.27	1410.53	98.17	88.57	6.73	2.87
2012	4258.00	2544.87	465.93	20.43	518.27	1410.99	101.43	90.94	7.61	2.88
2013	4258.89	1856.45	538.56	26.00	610.35	592.43	83.94	73.10	7.02	3.83
2014	4258.89	1855.61	537.88	25.86	610.03	592.28	86.44	75.09	7.51	3.84
2015	4258.89	1855.32	537.79	25.79	609.92	592.17	88.30	76.47	7.97	3.86
2016	4258.89	1854.58	537.24	25.64	609.84	591.97	91.12	78.65	8.56	3.91
2017	4258.89	1854.91	537.77	25.60	609.61	591.86	92.04	79.23	8.88	3.93
2018	4258.89	1854.27	537.42	25.52	609.58	591.75	92.76	79.77	9.05	3.94
2019	4258.89	1854.64	537.67	25.52	609.58	591.74	92.97	79.97	9.06	3.94
2020	4258.95	2190.74	519.95	42.86	796.70	659.05	99.55	86.19	12.40	0.96
2021	4258.95	2201.26	520.53	42.61	806.84	658.69	100.96	87.08	12.88	1.00

注：数据来源为 2021 年度土地变更调查。

a) Data of this table came from the Third National Land Survey and 2021 Land Change Survey.

8-4 水资源情况
Water Resources

年 份 Year	水资源总量（亿立方米）Total Amount of Water Resources (100 million cu.m)	地表水资源量 Surface Water Resources	地下水资源量 Groundwater Resources	地表水与地下水资源重复量 Duplicated Measurement Between Surface Water and Groundwater	人均水资源量（立方米/人）Per Capita Water Resources (cu.m/person)
2005	304.4	295.2	150.2	140.9	1173.5
2006	220.9	212.2	128.8	120.1	846.8
2007	268.9	259.2	136.9	127.3	1027.4
2008	217.7	210.6	113.2	106.2	828.4
2009	244.1	236.9	123.6	116.4	926.3
2010	254.4	245.9	124.2	115.7	987.8
2011	272.1	263.8	128.4	120.1	1061.3
2012	300.7	292.7	139.1	131.2	1166.6
2013	303.2	295.5	139.1	131.4	1174.2
2014	230.8	222.9	112.6	104.7	891.0
2015	198.8	191.5	100.7	93.5	765.0
2016	209.6	202.0	108.7	101.1	803.0
2017	280.8	273.6	133.4	126.2	1069.0
2018	354.9	345.6	167.3	158.0	1345.7
2019	325.9	312.2	148.7	135.0	1231.0
2020	410.9	398.9	158.2	146.2	1642.2
2021	279.0	268.2	120.0	109.1	1120.6
2022	231.0	221.6	112.7	103.3	926.8

8-5 供水用水情况
Water Supply and Water Use

年 份 Year	供水总量（亿立方米）Water Supply (100 million cu.m)	地表水 Surface Water	地下水 Ground-water	其他 Others	用水总量（亿立方米）Water Use (100 million cu.m)	农业 Agricul-ture	城镇公共 Urban Public	工业 Industry	生活 Consump-tion	生态 Ecological Protection	人均用水量（立方米/人）Per Capita Water Use (cu.m/person)
2005	123.0	92.4	28.9	1.7	123.0	97.5	1.7	14.7	6.2	3.1	474.0
2006	123.4	93.0	28.8	1.6	123.4	98.4	1.8	14.4	6.3	2.7	473.0
2007	123.1	93.3	27.9	2.0	123.1	98.5	1.9	13.4	6.4	2.9	470.4
2008	121.5	93.7	25.9	1.9	121.5	97.0	1.9	13.2	6.5	3.0	462.3
2009	120.6	95.2	24.0	1.4	120.6	95.6	2.0	13.1	7.0	3.0	457.7
2010	121.8	96.1	24.2	1.5	121.8	95.8	2.0	13.9	7.2	3.0	473.0
2011	122.9	97.0	24.4	1.5	122.9	95.3	2.0	15.4	7.2	3.0	479.0
2012	123.1	95.9	25.7	1.5	123.1	95.2	2.0	15.7	7.3	3.0	478.0
2013	122.0	91.1	29.4	1.5	122.0	99.2	2.9	13.1	5.0	1.8	472.5
2014	120.6	90.9	28.1	1.6	120.6	97.8	3.1	12.8	5.1	1.8	465.4
2015	119.2	90.0	26.9	2.3	119.2	96.2	3.0	11.6	5.3	3.1	458.0
2016	118.4	90.5	24.8	3.1	118.4	94.8	3.0	11.2	5.3	4.1	453.0
2017	116.1	87.1	25.1	3.9	116.1	92.3	3.3	10.4	5.4	4.7	442.0
2018	112.3	83.6	24.8	3.9	112.3	89.2	3.5	9.3	5.7	4.7	426.0
2019	110.0	81.2	24.6	4.2	110.0	85.6	3.1	8.7	6.2	6.3	415.0
2020	109.9	82.1	23.6	4.2	109.9	83.7	1.9	6.2	7.3	10.7	439.3
2021	110.1	83.9	23.5	2.7	110.1	82.6	2.1	6.5	7.7	11.3	442.0
2022	112.9	85.2	24.3	3.4	112.9	82.4	1.9	6.3	8.4	13.9	453.0

8-6 主要矿产保有资源储量

Identified Reserves of Major Mineral

项 目	Item	2015	2019	2020	2021
石油（万吨）	Petroleum (10 000 tons)	24109.8	38311.0	39561.0	44681.1
天然气（亿立方米）	Natural Gas (100 million cu.m)	271.9	581.1	588.0	643.8
煤炭（亿吨）	Coal (100 million tons)	312.6	268.3	278.3	280.0
铁矿（矿石，亿吨）	Iron (Ore, 100 million tons)	9.4	8.7	9.9	9.5
锰矿（矿石，万吨）	Manganese (Ore, 10 000 tons)	3196.6	2757.7	2737.7	2784.3
铬矿（矿石，万吨）	Chromium Ore (Ore, 10 000 tons)	242.6	219.6	219.6	219.6
钒矿（V_20_5，万吨）	Vanadium (V_20_5, 10 000 tons)	169.1	210.2	213.3	211.5
原生钛铁矿（万吨）	Titanium Ore (10 000 tons)	0.1	7.5	7.5	7.5
铜矿（铜，万吨）	Copper (Metal, 10 000 tons)	341.1	343.6	343.0	340.6
铅矿（铅，万吨）	Lead (Metal, 10 000 tons)	368.0	433.4	403.7	391.3
锌矿（锌，万吨）	Zinc (Metal, 10 000 tons)	1078.0	1115.5	1033.7	995.4
镍矿（镍，万吨）	Nickel (Metal, 10 000 tons)	387.1	388.0	375.6	364.0
钨矿（WO_3，万吨）	Tungsten (WO_3, 10 000 tons)	41.7	50.7	50.5	50.3
锡矿（锡，万吨）	Tin (Metal, 10 000 tons)	0.7	0.7	0.7	0.7
钼矿（钼，万吨）	Molybdenum (Metal, 10 000 tons)	12.1	10.5	11.7	11.7
锑矿（锑，万吨）	Antimony (Metal, 10 000 tons)	23.2	29.2	33.9	35.1
金矿（金，吨）	Gold (Metal, ton)	918.9	1016.8	1151.5	1130.7
银矿（银，吨）	Silver (Metal, ton)	8000.4	9530.6	11320.1	11820.2
稀土矿（氧化物，万吨）	Rare Earths (REO, 10 000 tons)	2.6			28.9
菱镁矿（矿石，万吨）	Magnesite Ore (Ore, 10 000 tons)	3072.7	3002.1	3002.1	3143.0
普通萤石（矿物，万吨）	Fluorspar Mineral (Mineral, 10 000 tons)	73.1	128.1	87.0	108.1
硫铁矿（矿石，万吨）	Pyrite Ore (Ore, 10 000 tons)	499.9	561.1	561.9	537.6
磷矿（矿石，万吨）	Phosphorus Ore (Ore,10 000 tons)	4792.9	4800.0	4800.0	4793.3
钾盐（KCl，万吨）	Potassium KCl (KCl, 10 000 tons)	26.1	26.1	26.1	26.1
盐矿（NaCl，万吨）	Sodium Salt NaCl (NaCl, 10 000 tons)	971.6	900.0	900.0	1190.9
芒硝（矿石，万吨）	Mirabilite (Na2SO4, 10 000 tons)			2800.0	2858.5
重晶石（矿石，万吨）	Barite Ore (Ore, 10 000 tons)	2405.1	3284.7	4789.4	4916.1
石墨（矿物，万吨）	Graphite Mineral (Crystal) (Mineral, 10 000 tons)	102.5	102.5	103.8	120.7
滑石（矿石，万吨）	Talc Ore (Ore, 10 000 tons)	10.4	10.0	10.0	28.7
高岭土（矿石，万吨）	Kaolin Ore (Ore, 10 000 tons)	2937.0	2937.0	2937.0	2937.0

8-7 自然保护情况
Basic Statistics on of Natural Protection

指 标	Item	2015	2020	2021	2022
自然保护区情况	**Nature Reserves**				
自然保护区个数（个）	Number of Nature Reserves (unit)	60	56	56	56
#国家级	National Level	20	21	21	21
省级	Provincial Level	36	35	35	35
自然保护区面积（万公顷）	Area of Nature Reserves (10 000 hectares)	914	875	875	875
#国家级	National Level	687	693	693	693
省级	Provincial Level	216	182	182	182
集中式饮用水水源情况	**Centralized Drinking Water Sources**				
地表水集中式饮用水源保护区个数(个)	Number of Protected Areas of Surface Water Source for Centralized Drinking Water (unit)	61	74	77	80
地表水集中式饮用水源保护区面积（平方公里）	Protection Area of Surface Water Source for Centralized Drinking-water (sq.km)	4298	2172	2081	2118
地下水集中式饮用水源保护区个数(个)	Number of Protected Areas of Groundwater Source for Centralized Drinking Water (unit)	68	55	55	54
地下水集中式饮用水源保护区面积（平方公里）	Protection Area of Groundwater Source for Centralized Drinking-water (sq.km)	6967	600	613	604
集中式饮用水源服务人口（万人）	Service Population of Centralized Drinking Water Source (10 000 persons)	1059	1306	1813	2077

8-8 各市（州）城市空气质量指标（2022）
Ambient Air Quality by Region (2022)

市（州）	Region	二氧化硫年平均浓度（微克/立方米）Annual Average Concentration of SO_2 ($\mu g/m^3$)	二氧化氮年平均浓度（微克/立方米）Annual Average Concentration of NO_2 ($\mu g/m^3$)	可吸入颗粒物 (PM_{10}) 年平均浓度（微克/立方米）Annual Average Concentration of PM_{10} ($\mu g/m^3$)	一氧化碳日均值第 95 百分位浓度（毫克/立方米）95th Percentile Daily Average Concentration of CO (mg/m^3)
兰州市	Lanzhou	15	38	68	1.7
嘉峪关市	Jiayuguan	16	22	56	0.8
金昌市	Jinchang	20	19	62	1.0
白银市	Baiyin	30	20	60	1.2
天水市	Tianshui	10	23	54	1.2
武威市	Wuwei	7	22	69	1.0
张掖市	Zhangye	9	20	56	0.8
平凉市	Pingliang	7	32	60	1.0
酒泉市	Jiuquan	7	22	63	0.9
庆阳市	Qingyang	8	14	57	1.0
定西市	Dingxi	10	22	58	1.1
陇南市	Longnan	10	17	47	1.0
临夏州	Linxia	9	23	54	1.6
甘南州	Gannan	9	18	36	0.8

注：1. 临夏州空气质量监测数据为临夏市数据，甘南州空气质量监测数据为合作市数据。

2. 为准确评价城市空气质量，根据生态环境部《受沙尘天气过程影响城市空气质量评价补充规定》，表中可吸入颗粒物、细颗粒物年均浓度数据为剔除沙尘后数据；空气质量达到及好于二级的天数和空气质量达到二级以上天数占全年比重数据为未剔除沙尘数据。

a) Data of air quality monitoring of Linxia Autonomous prefecture are data of Linxia city,data of air quality monitoring of Gannan Autonomous prefecture are data of Hezuo city.

b) In order to accurately evaluate the quality of urban air, according to "Supplementary Provisions of Urban Air Quality Evaluation Affected by the Dust Weather Process" of Ministry of Ecological Environment, the data in the table is the data excludes dust data.

8-8 续表 continued

市（州）	Region	臭氧 (O_3) 日最大 8 小时第 90 百分位浓度（微克/立方米）90th Percentile Daily Maximum 8 Hours Average Concentration of O_3 ($\mu g/m^3$)	细颗粒物 ($PM_{2.5}$) 年平均浓度（微克/立方米）Annual Average Concentration of $PM_{2.5}$ ($\mu g/m^3$)	空气质量达到及好于二级的天数（天）Days of Air Quality Equal to or Above Grade II (day)	空气质量达到二级以上天数占全年比重（%）Proportion of Days of Air Quality Equal to or above Grade II in the Whole Year (%)
兰州市	Lanzhou	149	33	301	82.5
嘉峪关市	Jiayuguan	133	20	319	87.4
金昌市	Jinchang	133	20	316	87.5
白银市	Baiyin	128	25	329	90.1
天水市	Tianshui	128	29	352	96.4
武威市	Wuwei	138	30	289	79.4
张掖市	Zhangye	136	26	326	89.3
平凉市	Pingliang	134	28	337	92.3
酒泉市	Jiuquan	134	24	313	85.8
庆阳市	Qingyang	144	29	323	88.7
定西市	Dingxi	132	28	346	95.3
陇南市	Longnan	123	19	359	98.6
临夏州	Linxia	136	28	333	91.5
甘南州	Gannan	128	19	354	97.3

8-9 各市（州）一般工业固体废物产生及处理利用情况（2022）
Production, Disposal and Utilization of Common Industrial Solid Wastes by Region(2022)

单位：万吨 (10 000 tons)

市（州）	Region	一般工业固体废物产生量 Common Industrial Solid Wastes Generated	一般工业固体废物综合利用量 Integrated Reuse of Common Industrial Solid Wastes	一般工业固体废物处置量 Common Industrial Solid Wastes Disposed	一般工业固体废物贮存量 Stock of Common Industrial Solid Wastes
甘肃省	**Gansu**	**7001.94**	**3077.08**	**2387.16**	**2120.03**
兰州市	Lanzhou	572.63	561.19	5.46	6.09
嘉峪关市	Jiayuguan	1046.73	529.32	63.88	458.39
金昌市	Jinchang	1790.60	197.95	1668.63	453.37
白银市	Baiyin	706.39	524.72	110.18	75.01
天水市	Tianshui	69.60	71.39	1.87	8.41
武威市	Wuwei	121.03	116.45	4.27	0.30
张掖市	Zhangye	295.00	259.38	7.89	36.51
平凉市	Pingliang	615.28	395.34	104.47	129.70
酒泉市	Jiuquan	585.21	98.59	25.69	461.18
庆阳市	Qingyang	36.53	35.30	1.23	
定西市	Dingxi	27.67	33.52	1.24	0.01
陇南市	Longnan	980.06	173.34	390.03	417.71
临夏州	Linxia	10.66	10.55	0.40	
甘南州	Gannan	61.72	6.70	0.89	54.85
兰州新区	Lanzhou New Area	23.11	22.09	1.03	0.01
甘肃矿区	Gansu Mining Area	59.73	41.24		18.49

注：1. 兰州市数据中不包含兰州新区数据。以下相关表同。
2. 本表数据为初步数据，最终结果以生态环境部审定结果为准。
a) Data of Lanzhou was not include Lanzhou New Area.The same applies to the relevant tables following.
b) The data in this table is preliminary, and the final results are subject to the approval of the Ministry of Ecology and Environment.

8-9 续表 continued

单位：万吨 (10 000 tons)

市（州）	Region	一般工业固体废物倾倒丢弃量 Common Industrial Solid Wastes Discharged	危险废物产生量 Hazardous Wastes Generated	危险废物利用处置量 Integrated Reuse and Disposal of Hazardous Wastes	危险废物本年末贮存量 Year-end Stock of Hazardous Wastes
甘肃省	**Gansu**		**192.39**	**186.40**	**256.06**
兰州市	Lanzhou		23.32	23.94	7.81
嘉峪关市	Jiayuguan		29.39	31.23	5.25
金昌市	Jinchang		28.90	31.63	6.08
白银市	Baiyin		36.94	32.37	152.57
天水市	Tianshui		0.90	0.90	0.02
武威市	Wuwei		2.33	2.36	0.04
张掖市	Zhangye		7.77	7.84	0.06
平凉市	Pingliang		0.98	0.95	0.08
酒泉市	Jiuquan		7.87	6.15	2.48
庆阳市	Qingyang		13.74	13.81	0.53
定西市	Dingxi		11.90	12.22	16.06
陇南市	Longnan		23.99	18.97	64.42
临夏州	Linxia		0.01	0.01	
甘南州	Gannan				
兰州新区	Lanzhou New Area		3.52	3.19	0.66
甘肃矿区	Gansu Mining Area		0.84	0.84	

注：本表数据为初步数据，最终结果以生态环境部审定结果为准。
a) The data in this table is preliminary, and the final results are subject to the approval of the Ministry of Ecology and Environment.

8-10 各市（州）废水主要污染物排放情况（2022）
Main Pollutant Contents Discharged in Wastewater by Region (2022)

市（州）	Region	化学需氧量排放总量（吨）COD Emission (ton)	氨氮排放总量（吨）Ammonia Nitrogen Emission (ton)	总氮排放总量（吨）Total Nitrogen Emission (ton)	总磷排放总量（吨）Total Phosphorus Emission (ton)	石油类排放总量（吨）Petroleum Emission (ton)	挥发酚排放总量（千克）Volatile Phenol Emission (kg)
甘肃省	**Gansu**	**683111.96**	**5435.45**	**34054.66**	**5170.12**	**18.44**	**309.30**
兰州市	Lanzhou	8465.84	261.66	2668.88	63.84	10.74	144.86
嘉峪关市	Jiayuguan	179.57	14.85	76.83	0.98	2.79	139.40
金昌市	Jinchang	862.95	20.50	130.95	5.34	0.37	0.48
白银市	Baiyin	4590.97	55.72	367.49	19.43	1.36	0.01
天水市	Tianshui	18289.46	640.20	848.88	90.83	0.70	
武威市	Wuwei	4743.36	119.11	311.78	23.50	0.05	0.05
张掖市	Zhangye	3808.02	126.96	475.23	24.57		0.03
平凉市	Pingliang	6844.06	94.86	561.74	24.97	1.22	12.81
酒泉市	Jiuquan	3441.26	100.37	427.30	18.15	0.03	11.49
庆阳市	Qingyang	7678.20	70.18	387.44	25.42	0.92	0.05
定西市	Dingxi	9853.56	98.93	419.80	31.33	0.23	
陇南市	Longnan	11233.75	270.50	450.23	37.45		
临夏州	Linxia	10593.17	163.34	539.69	54.05	0.03	
甘南州	Gannan	3983.73	163.15	379.79	29.30		0.11
兰州新区	Lanzhou New Area	3633.27	97.65	347.31	28.88		
甘肃矿区	Gansu Mining Area	167.79	3.27	4.59			

注：1. 本表中废水主要污染物排放总量包括工业源、生活源、农业源、集中式污染治理设施废水污染物排放量。
2. 根据《排放源统计调查制度》，农业源以省级为单位调查，只有省级数据，无分市（州）数据，因此表中全省化学需氧量、氨氮、总氮和总磷数据包含农业源数据，市级数据不包含农业源数据。
3. 本表数据为初步数据，最终结果以生态环境部审定结果为准。

a) Total emissions of main pollutant contents discharged in wastewater in this table include the wastewater pollutants emissions of industrial sources, living sources, agricultural sources, and the centralized pollution control facilities.

b) According to the "Statistical Investigation System of Emission Sources", agricultural sources are surveyed at the provincial level. So,there are only provincial data and no city (state) data. Therefore, the province's chemical oxygen demand, ammonia nitrogen, total nitrogen and total phosphorus data in the table include agricultural source data, municipal data does not include agricultural source data.

c) The data in this table is preliminary, and the final results are subject to the approval of the Ministry of Ecology and Environment.

8-11 各市（州）工业和生活废水主要污染物排放情况（2022）

Main Industrial and Living Pollutant Contents Discharged in Wastewater by Region (2022)

单位：吨 (ton)

市（州）	Region	工业源化学需氧量排放量 Industrial COD Emission	工业源氨氮排放量 Industrial Ammonia Nitrogen Emission	生活源化学需氧量排放量 Living COD Emission	生活源氨氮排放量 Living Ammonia Nitrogen Emission
甘肃省	**Gansu**	**2306.32**	**124.84**	**95529.03**	**2126.91**
兰州市	Lanzhou	716.56	20.84	7747.16	240.46
嘉峪关市	Jiayuguan	73.70	13.72	105.30	1.06
金昌市	Jinchang	46.30	1.53	816.09	18.84
白银市	Baiyin	277.90	16.77	4312.16	38.78
天水市	Tianshui	101.16	8.48	18181.13	630.38
武威市	Wuwei	97.97	3.90	4644.46	115.10
张掖市	Zhangye	138.53	4.18	3668.82	122.65
平凉市	Pingliang	192.35	5.00	6249.11	68.12
酒泉市	Jiuquan	151.28	16.29	3289.62	84.01
庆阳市	Qingyang	102.70	0.74	7553.25	64.58
定西市	Dingxi	33.19	1.52	9762.71	84.91
陇南市	Longnan	42.03	2.14	11170.71	263.89
临夏州	Linxia	58.66	22.78	10533.23	140.29
甘南州	Gannan	55.62	2.20	3913.56	157.77
兰州新区	Lanzhou New Area	50.58	1.48	3581.72	96.07
甘肃矿区	Gansu Mining Area	167.79	3.27		

注：1. 本表生活化学需氧量和氨氮排放量包括城镇和农村。
2. 本表数据为初步数据，最终结果以生态环境部审定结果为准。

a) The discharge of COD and Ammonia Nitrogen includes urban and rural areas.
b) The data in this table is preliminary, and the final results are subject to the approval of the Ministry of Ecology and Environment.

8-12 各市（州）废气主要污染物排放情况（2022）

Emission of Waste Gas and Major Pollutants by Region (2022)

单位：吨 (ton)

市（州）	Region	二氧化硫排放总量 Sulphur Dioxide Emission	氮氧化物排放总量 Nitrogen Oxides Emission	颗粒物排放总量 Particulate Matter Emission
甘肃省	**Gansu**	**76674.95**	**179379.19**	**121391.29**
兰州市	Lanzhou	13198.38	35182.92	9119.49
嘉峪关市	Jiayuguan	15865.31	17133.79	17324.30
金昌市	Jinchang	5655.32	9797.09	11757.20
白银市	Baiyin	6353.16	18390.14	6360.78
天水市	Tianshui	5720.38	13102.34	18902.78
武威市	Wuwei	2441.23	10156.70	7428.91
张掖市	Zhangye	3308.88	8770.61	4401.60
平凉市	Pingliang	4320.66	14653.29	5672.64
酒泉市	Jiuquan	4087.53	11382.68	9071.79
庆阳市	Qingyang	2351.43	8873.06	6455.60
定西市	Dingxi	7078.69	10530.04	6904.50
陇南市	Longnan	2274.50	7499.48	9729.62
临夏州	Linxia	1844.04	9780.32	4176.30
甘南州	Gannan	941.67	2587.97	2849.61
兰州新区	Lanzhou New Area	318.53	602.21	948.41
甘肃矿区	Gansu Mining Area	915.25	936.55	287.75

注：1. 本表中废气主要污染物排放总量包括工业源、生活源、机动车、集中式污染治理设施废气污染物排放量。
2. 本表数据为初步数据，最终结果以生态环境部审定结果为准。

a) Total emissions of major pollutants in waste gas in this table include the waste gas pollutants emissions of industrial sources, living sources, motor vehicles, and the centralized pollution control facilities.
b) The data in this table is preliminary, and the final results are subject to the approval of the Ministry of Ecology and Environment.

8-13 各市（州）工业和生活废气主要污染物排放情况（2022）
Emission of Industrial and Living Waste Gas and Major Pollutants by Region (2022)

单位：吨 (ton)

市（州）	Region	工业二氧化硫排放量 Industrial Sulphur Dioxide Emission	工业氮氧化物排放量 Industrial Nitrogen Oxides Emission	工业颗粒物排放量 Industrial Particulate Matter Emission	生活及其他二氧化硫排放量 Domestic and Other Sulphur Dioxide Emission	生活及其他氮氧化物排放量 Domestic and Other Nitrogen Oxides Emission	生活及其他颗粒物排放量 Domestic and Other Particulate Matter Emission
甘肃省	**Gansu**	**60367.34**	**79559.44**	**54916.60**	**16288.24**	**9712.81**	**65381.75**
兰州市	Lanzhou	12380.76	15151.89	5632.49	815.71	1379.78	3354.60
嘉峪关市	Jiayuguan	15835.28	15365.06	17186.21	30.03	76.11	125.77
金昌市	Jinchang	4020.31	5617.15	5180.87	1635.01	743.42	6542.20
白银市	Baiyin	5673.07	8614.14	3553.32	680.09	491.88	2737.66
天水市	Tianshui	1487.01	3442.10	1791.68	4233.06	1985.53	16943.28
武威市	Wuwei	1553.93	2877.74	3824.31	887.30	502.45	3559.27
张掖市	Zhangye	2591.84	3825.89	1482.10	717.04	407.88	2876.47
平凉市	Pingliang	3609.98	7621.22	2791.24	695.03	365.20	2785.45
酒泉市	Jiuquan	2687.02	5297.28	3428.52	1399.02	653.42	5599.47
庆阳市	Qingyang	851.03	1824.21	353.67	1500.40	818.54	6015.82
定西市	Dingxi	5895.41	3297.58	2036.75	1183.28	582.57	4738.68
陇南市	Longnan	1274.48	2981.15	5645.29	1000.02	492.67	4004.83
临夏州	Linxia	1071.36	1498.85	920.97	772.68	732.91	3126.03
甘南州	Gannan	393.45	803.80	628.60	548.22	283.08	2196.64
兰州新区	Lanzhou New Area	127.18	404.84	172.83	191.35	197.37	775.58
甘肃矿区	Gansu Mining Area	915.25	936.55	287.75			

注：本表数据为初步数据，最终结果以生态环境部审定结果为准。

a) The data in this table is preliminary, and the final results are subject to the approval of the Ministry of Ecology

主要统计指标解释

气候 指地球与大气之间长期能量交换与质量交换所形成的一种自然环境状态，它是多种因素综合作用的结果。气候既是人类生活和生产的环境要素之一，又是供给人类生活和生产的重要资源。气温、降水、湿度等气象要素的多年平均值是用来描述一个地区气候状况的主要参数，而各种气象要素某年、某月的平均值（或总量）则可以反映出该时期天气气候状况的重要特征。

自然资源 指人类可以直接从自然界获得，并用于生产和生活的物质资源。自然资源一般可以分成可再生资源和非再生资源两大类。可再生资源指在较短时间内可以再生、可以循环利用的资源，包括土地资源、水资源、气候资源、生物资源和海洋资源等。非再生资源指在使用后不能再生的资源，包括矿产资源和地热能源。

土地资源 土地指陆地的表层部分，它主要由岩石、岩石的风化物和土壤构成。土地资源按利用类型可以分为农用地、建筑用地和未利用地。农用地包括耕地、园地、林地、牧草地和水面。建筑用地包括居民点及工矿用地、交通用地和水利设施用地。未利用地指农用地和建筑用地以外的土地，包括滩涂、荒漠、戈壁、冰川和石山等。

矿产资源 矿产资源指由地质作用形成的，具有利用价值的，呈固态、液态、气态的自然资源，是社会生产发展的重要物质基础。目前我国已发现矿种有170多种，甘肃省已发现矿119种，按其特点和用途，可分为能源矿产（如煤炭、石油、天然气、地热）、金属矿产（如铁矿、锰矿、铜矿、铅矿、铝土矿）、非金属矿产（如金刚石、石灰岩、粘土）和水气矿产（如地下水、矿泉水、二氧化碳气）四大类。其中：金属矿产按其物质成分和性质又可分为：黑色金属矿产、有色金属矿产、贵金属矿产、稀有金属矿产、稀土金属矿产、分散元素金属矿产六类。

矿产保有储量 指探明的矿产储量（包括工业储量和远景储量），扣除已开采部分和地下损失量后的年末实有储量。

平均气温 指空气的温度，我国一般以摄氏度（℃）为单位表示。气象观测的温度表是放在离地面约1.5米处通风良好的百叶箱里测量的，因此，通常说的气温指的是离地面1.5米处百叶箱中的温度。其统计计算方法为：

月平均气温是将全月各日的平均气温相加，除以该月的天数而得。

年平均气温是将12个月的月平均气温累加后除以12而得。

年平均相对湿度 指空气中实际水气压与当时气温下的饱和水气压之比。其统计方法与气温相同。

降水量 指从天空降落到地面的液态或固态（经融化后）水，未经蒸发、渗透、流失而在地面上积聚的深度。其统计计算方法为：

月降水量是将全月各日的降水量累加而得。

年降水量是将12个月的月降水量累加而得。

水资源总量 指当地降水形成的地表和地下产水总量，即地表径流量与降水入渗补给量之和。

地表水资源量 指河流、湖泊、冰川等地表水体中可以逐年更新的动态水量，即天然河川径流量。

地下水资源量 指地下饱和含水层逐年更新的动态水量，即降水和地表水入渗对地下水的补给量。

地表水与地下水资源重复量 指地表水和地下水相互转化的部分，即天然河川径流量中的地下水排泄量和地下水补给量中来源于地表水的入渗补给量。

供水总量 指各种水源为用水户提供的包括输水损失在内的毛水量。

地表水源供水量 指地表水体工程的取水量，按蓄、引、提、调四种形式统计。从水库、塘坝中引水或提水，均属蓄水工程供水量；从河道或湖泊中自流引水的，无论有闸或无闸，均属引水工程供水量；利用扬水站从河道或湖泊中直接取水的，属提水工程供水量；跨流域调水指水资源一级区或独立流域之间的跨流域调配水量，不包括在蓄、引、提水量中。

地下水源供水量 指水井工程的开采量，按浅层淡水、深层承压水和微咸水分别统计。城市地下水源供水量包括自来水厂的开采量和工矿企业自备井的开采量。

其他水源供水量 包括污水处理再利用、集雨工程、海水淡化等水源工程的供水量。

用水总量 指各类用户取用的包括输水损失在内的毛用水量之和。

农业用水 指农田灌溉用水、林果地灌溉用水、草地灌溉用水、鱼塘补水和畜禽用水。

工业用水 指工矿企业在生产过程中用于制造、加工、冷却、空调、净化、洗涤等方面的用水，按新水取用量计，不包括企业内部的重复利用水量。

生活用水 包括城镇生活用水和农村生活用水。城镇生活用水由居民用水和公共用水（含第三产业及建筑业等用水）组成；农村生活用水指居民生活用水。

自然保护区 指对有代表性的自然生态系统、珍稀濒危野生动植物物种的天然分布区、水源涵养区、有特殊意义的自然历史遗迹等保护对象所在的陆地、陆地水体或海域，依法划出一定面积进行特殊保护和管理的区域。以县及县以上各级人民政府正式批准建立的自然保护区为准（包括“六五”以前由部门或“革委会”批准且现仍存在的自然保护区）。风景名胜区、文物保护区不计在内。

环境污染治理投资 指在工业污染源治理和城市环境基础设施建设的资金投入中，用于形成固定资产的资金。包括工业新老污染源治理工程投资、建设项目“三同时”环保投资，以及城市环境基础设施建设所投入的资金。

一般工业固体废物产生量 指未被列入《国家危险废物名录》或者根据国家规定的危险废物鉴别标准（GB5085）、固体废物浸出毒性浸出方法（GB5086）及固体废物浸出毒性测定方法（GB / T 15555）鉴别方法判定不具有危险特性的工业固体废物。计算公式是：

一般工业固体废物产生量 =（一般工业固体废物综合利用量－其中：综合利用往年贮存量）+ 一般工业固体废物贮存量 +（一般工业固体废物处置量－其中：处置往年贮存量）+ 一般工业固体废物倾倒丢弃量

危险废物 指列入国家危险废物名录或根据国家规定的危险废物鉴别标准和鉴别方法认定的，具有爆炸性、易燃性、易氧化性、毒性、腐蚀性、易传染疾病等危险特性之一的废物。

一般工业固体废物综合利用量 指报告期内企业通过回收、加工、循环、交换等方式，从固体废物中提取或者使其转化为可以利用的资源、能源和其他原材料的固体废物量（包括当年利用往年的工业固体废物贮存量），如用作农业肥料、生产建筑材料、筑路等。综合利用量由原产生固体废物的单位统计。

一般工业固体废物处置量 指报告期内企业将工业固体废物焚烧和用其他改变工业固体废物的物理、化学、生物特性的方法，达到减少或者消除其危险成分的活动，或者将工业固体废物最终置于符合环境保护规定要求的填埋场的活动中，所消纳固体废物的量。

9 能 源

Energy

简要说明

一、本篇资料主要内容

本篇包括的主要内容有能源生产、消费及品种构成，综合能源平衡表和主要能源品种的单项平衡表，能源生产和消费弹性系数等。

二、本篇资料的统计范围

本篇资料的统计范围为全社会。

三、本篇资料来源

全社会用电量数据来自国网甘肃省电力公司。

本篇资料由省统计局能源处搜集、加工整理，来自能源生产、消费统计及能源平衡表。

本篇根据第四次经济普查结果，对 2015-2018 年有关能源数据进行了修订。

9-1 能源生产总量及构成

Total Production of Energy and Its Composition

年 份 Year	能源生产总量（万吨标准煤） Total Energy Production (10 000 tons of SCE)	占能源生产总量的比重（%） As Percentage of Total Energy Production (%)			
		原煤 Coal	原油 Crude Oil	天然气 Natural Gas	一次电力及其他能源 Primary Electricity and Other Energy
2005	3605.12	71.72	12.07	0.57	15.64
2006	3798.83	71.88	12.50	0.52	15.10
2007	3985.59	70.78	12.61	0.49	16.13
2008	4069.28	68.71	12.82	0.42	18.06
2009	4232.34	67.10	12.15	0.46	20.29
2010	4631.59	68.37	11.79	0.28	19.56
2011	4884.56	64.64	14.70	0.22	20.45
2012	5362.84	60.29	16.77	0.31	22.63
2013	5538.21	55.48	18.32	0.25	25.95
2014	5926.50	54.64	18.61	0.27	26.48
2015	5816.78	52.02	20.14	0.27	27.57
2016	5667.42	51.86	20.20	0.24	27.70
2017	5749.10	45.20	20.55	0.39	33.86
2018	6107.42	40.76	20.11	0.48	38.65
2019	6394.63	39.53	20.19	0.31	39.97
2020	6729.39	39.17	20.57	0.70	39.56
2021	7031.70	40.52	20.91	0.70	37.87
2022	7778.97	44.32	20.06	0.84	34.78

注：电力折算标准煤的系数根据当年平均发电煤耗计算（下表同）。

a) The coefficient for conversion of electric power into SCE (standard coal equivalent) is calculated on the basis of the data on average coal consumption in generating electric power in the same year. The same applies to the tables following.

9-2 能源消费总量及构成

Total Consumption of Energy and Its Composition

年 份 Year	能源消费总量（万吨标准煤） Total Energy Consumption (10 000 tons of SCE)	占能源消费总量的比重（%） As Percentage of Total Energy Consumption (%)			
		煤炭 Coal	石油 Crude Oil	天然气 Natural Gas	一次电力及其他能源 Primary Electricity and Other Energy
2005	4300.88	67.84	16.17	2.88	13.11
2006	4670.33	69.09	15.30	3.33	12.28
2007	5031.35	68.78	15.09	3.35	12.78
2008	5264.80	68.54	14.53	2.97	13.96
2009	5398.00	66.15	14.95	2.99	15.91
2010	5829.85	64.08	16.99	3.39	15.54
2011	6393.69	63.35	17.18	3.85	15.62
2012	6893.76	61.85	16.48	4.06	17.61
2013	7286.72	60.63	16.70	3.98	18.69
2014	7521.45	60.41	16.34	4.19	19.06
2015	7488.50	60.21	16.15	4.45	19.19
2016	7299.93	58.72	17.25	4.63	19.40
2017	7503.63	55.83	17.13	4.93	22.11
2018	7822.54	54.44	16.21	4.98	24.37
2019	7818.02	52.40	15.50	5.27	26.83
2020	8104.71	52.74	15.33	5.29	26.64
2021	8434.23	55.45	14.58	5.25	24.72
2022	8667.89	55.00	15.46	5.46	24.08

9-3 综合能源平衡表
Overall Energy Balance Sheet

单位：万吨标准煤　(10 000 tons of SCE)

项　目	Item	2010	2015	2020	2021	2022
可供消费的能源总量	**Total Energy Available for Consumption**	**5829.85**	**7532.37**	**8126.02**	**8434.79**	**8736.77**
一次能源生产量	Primary Energy Output	4631.59	5816.78	6729.39	7031.70	7778.97
调入量	Imports	4003.51	4578.47	5674.84	5761.15	5651.72
调出量（-）	Exports (-)	2823.88	2887.47	4570.00	4247.88	4626.84
年初年末库存差额	Stock Changes in the Year	18.64	24.59	291.80	-110.19	-67.08
能源消费总量	**Total Energy Consumption**	**5829.85**	**7488.50**	**8104.71**	**8434.23**	**8667.89**
在总量中：	Consumption by Sector					
农、林、牧、渔业	Agriculture,Forestry,Animal Husbandry,Fishery	252.38	226.60	234.29	245.11	266.17
工业	Industry	4258.42	5334.95	5476.01	5710.77	5850.49
建筑业	Construction	79.77	104.39	117.01	121.28	115.61
交通运输、仓储和邮政业	Transport,Storage and Post	466.19	568.15	620.82	631.40	676.04
批发、零售业和住宿、餐饮业	Wholesale and Retail Trades,Hotels and Catering Services	77.58	165.56	243.04	271.94	268.46
其他	Others Sectors	162.65	297.10	428.74	459.01	474.79
生活消费	Household Consumption	532.86	791.76	984.80	994.72	1016.33
在总量中：	Consumption by Usage					
终端消费	End-use Consumption	5655.94	7196.13	7770.57	8076.96	8323.40
#工业	Industry	4084.51	5042.56	5141.86	5353.43	5506.00
加工转换损失量	Losses During the Process of Energy Conversion	216.72	130.84	144.08	157.32	172.01
#炼焦	Coking	46.75	70.07	46.49	45.88	40.07
炼油及煤制油	Petroleum Refining and Coal-to-liquids	99.88	182.38	198.30	181.74	174.98
损失量	Energy Losses	136.03	161.53	190.07	199.95	172.48
回收能（-）	Recovery of Energy (-)	178.83	229.32	286.00	306.06	312.00
平衡差额	**Balance**		**43.86**	**21.31**	**0.56**	**68.88**

注：电力按等价热值折算，因此加工转换损失量中不包括发电损失量。

a) Electric Power is converted on the basis of equivalent caloric value.Therefore,losses during the process of energy conversion do not include losses in power generation.

9-4 石油平衡表

Petroleum Balance Sheet

单位：万吨 (10 000 tons)

项 目	Item	2010	2015	2020	2021	2022
可供量	**Total Energy Available for Consumption**	**703.52**	**864.37**	**881.62**	**875.97**	**974.05**
生产量	Output	382.14	820.09	968.74	1029.05	1092.24
调入量	Imports	1062.56	665.79	550.54	475.99	493.27
调出量 (-)	Exports (-)	779.25	618.61	744.47	603.35	616.72
年初年末库存差额	Stock Changes in the Year	38.07	-2.90	106.81	-25.72	5.26
消费量	**Total Energy Consumption**	**703.52**	**864.37**	**881.62**	**875.97**	**974.05**
在消费量中：	Consumption by Sector					
农、林、牧、渔业	Agriculture, Forestry, Animal Husbandry,Fishery	32.90	37.00	39.50	35.75	37.14
工业	Industry	357.15	397.86	373.53	386.06	477.13
建筑业	Construction	22.80	34.50	37.42	36.50	36.96
交通运输、仓储和邮政业	Transport, Storage and Post	212.72	257.65	247.60	231.08	253.52
批发、零售业和住宿、餐饮业	Wholesale and Retail Trades, Hotels and Catering Services	7.71	14.16	19.11	19.79	17.60
其他行业	Other Sectors	35.01	49.50	64.97	66.87	64.95
生活消费	Household Consumption	35.23	73.70	99.49	99.92	86.75
在消费量中：	Consumption by Usage					
终端消费	End-use Consumption	598.66	691.3	704.52	704.47	804.94
#工业	Industry	252.29	224.79	196.43	214.56	308.02
中间消费	Intermediate Consumption	104.86	173.07	177.1	171.50	169.11
（用于加工转换）	(Consumed in Conversion)					
发电	Power Generation	0.59	1.11	0.72	0.82	0.67
供热	Heating	11.35	12.66	9.5	9.88	14.53
制气	Gas Production					
炼油损失量	Losses in Petroleum Refining	92.92	159.3	166.88	160.80	153.91
损失量	Energy Losses					
平衡差额	**Balance**					

注：生产量为原油产量。

a) Data on output refer to the output of crude oil.

9-5 煤炭平衡表
Coal Balance Sheet

单位：万吨 (10 000 tons)

项 目	Item	2010	2015	2020	2021	2022
可供量	**Total Energy Available for Consumption**	**5301.89**	**6585.06**	**7245.45**	**8075.97**	**8486.45**
生产量	Outputs	4688.25	4399.63	3859.01	4406.80	5414.38
调入量	Imports	2255.30	3961.63	4799.33	5225.93	4972.97
调出量（-）	Exports (-)	1600.10	1785.12	1625.79	1458.92	1810.52
年初年末库存差额	Stock Changes in the Year	-41.56	8.92	212.90	-97.84	-90.38
消费量	**Total Energy Consumption**	**5301.89**	**6585.06**	**7245.45**	**8075.97**	**8486.45**
在消费量中：	Consumption by Sector					
农、林、牧、渔业	Agriculture,Forestry,Animal Husbandry, Fishery	48.10	51.10	36.60	36.45	37.45
工业	Industry	4787.79	6034.96	6830.66	7683.75	8108.09
建筑业	Construction	28.00	17.00	14.50	14.30	13.30
交通运输、仓储和邮政业	Transport,Storage and Post	49.00	28.00	14.30	14.10	13.50
批发、零售业和住宿、餐饮业	Wholesale and Retail Trades,Hotels and Catering Services	33.00	30.00	20.10	19.60	17.15
其他	Other Sectors	22.00	31.00	19.10	18.80	17.67
生活消费	Household Consumption	334.00	393.00	310.19	288.97	279.29
在消费量中：	Consumption by Usage					
终端消费	End-use Consumption	1646.57	2035.85	1484.56	1441.35	1372.62
#工业	Industry	1132.47	1485.75	1069.77	1049.13	994.26
中间消费	Intermediate Consumption	3655.32	4549.21	5760.89	6634.62	7113.83
（用于加工转换）	(Consumed in Conversion)					
发电	Power Generation	2775.80	3168.96	3983.70	4733.20	5080.54
供热	Heating	445.30	534.68	933.16	1022.54	1086.34
炼焦	Coking	389.93	699.18	723.45	708.87	676.31
制气	Gas Production	9.29	5.08	6.44	8.46	16.75
洗选损耗	Losses in Coal Washing and Dressing	35.00	141.31	112.13	159.37	251.03
平衡差额	**Balance**					

注：生产量为原煤产量。

a) Data on output refer to the output of raw coal.

9-6 电力平衡表
Electricity Balance Sheet

单位：亿千瓦小时 (100 million kWh)

项 目	Item	2010	2015	2020	2021	2022
可供量	**Total Energy Available for Consumption**	**804.43**	**1112.99**	**1386.60**	**1497.05**	**1521.91**
生产量	Output	874.51	1242.20	1798.33	1934.76	1991.29
水电、风电及其他发电	Hydropower,Wind Power and other Power	283.16	521.79	886.40	890.04	902.86
火电	Thermal Power	591.35	720.41	911.93	1044.72	1088.43
调入量	Imports	119.73	114.85	375.59	354.96	364.68
调出量（-）	Exports (-)	189.81	244.06	787.32	792.67	834.06
消费量	**Total Energy Consumption**	**804.43**	**1098.72**	**1375.70**	**1494.70**	**1500.69**
在消费量中：	Consumption by Sector					
农、林、牧、渔业	Agriculture,Forestry,Animal Husbandry, Fishery	54.37	44.38	51.22	57.70	63.03
工业	Industry	617.13	860.21	1026.10	1099.52	1090.75
建筑业	Construction	8.33	13.05	17.02	19.23	16.78
交通运输、仓储和邮政业	Transport,Storage and Post	32.57	41.04	59.90	71.44	73.48
批发、零售业和住宿、餐饮业	Wholesale and Retail Trades,Hotels and Catering Services	11.41	23.55	38.79	46.40	45.31
其他	Other Sectors	27.11	39.87	67.14	75.93	79.06
生活消费	Household Consumption	53.52	76.62	115.53	124.48	132.28
在消费量中：	Consumption by Usage					
终端消费	End-use Consumption	761.91	1046.17	1311.58	1426.91	1442.40
#工业	Industry	574.61	807.66	961.98	1031.73	1032.46
输配电损失量	Losses in Transmission	42.52	52.55	64.12	67.79	58.29
平衡差额	**Balance**		**14.27**	**10.90**	**2.35**	**21.22**

9-7 分行业能源消费量（2022）

行业	Sector	能源消费总量（万吨标准煤）Total Energy Consumption (10000 tons of SCE)	煤炭（万吨）Coal (10 000 tons)
消费总计	**Total Consumption**	**8667.89**	**8486.45**
农、林、牧、渔业	**Agriculture,Forestry,Animal Husbandry and Fishery**	**266.17**	**37.45**
工业	**Industry**	**5850.49**	**8108.09**
采矿业	**Mining**	**442.89**	**434.64**
煤炭开采和洗选业	Mining and Washing of Coal	213.85	430.42
石油和天然气开采业	Extraction of Petroleum and Natural Gas	89.70	0.48
黑色金属矿采选业	Mining and Processing of Ferrous Metal Ores	17.58	0.82
有色金属矿采选业	Mining and Processing of Non-Ferrous Metal Ores	40.81	0.02
非金属矿采选业	Mining and Processing of Nonmetal Ores	21.09	2.90
开采专业及辅助性活动	Support Activities for Mining	3.82	
其他采矿业	Mining of Other Ores	56.04	
制造业	**Manufacturing**	**4703.58**	**1652.34**
农副食品加工业	Processing of Food from Agricultural Products	38.29	10.39
食品制造业	Manufacture of Foods	15.56	2.80
酒、饮料和精制茶制造业	Manufacture of Liquor, Beverages and Refined Tea	12.85	4.23
烟草制品业	Manufacture of Tobacco	2.20	
纺织业	Manufacture of Textile	3.93	0.28
纺织服装、服饰业	Manufacture of Textile, Wearing Apparel and Accessories	0.71	
皮革、毛皮、羽毛及其制品和制鞋业	Manufacture of Leather, Fur, Feather and Related Products and Footwear	0.41	0.05
木材加工及木、竹、藤、棕、草制品业	Processing of Timber, Manufacture of Wood, Bamboo, Rattan, Palm and Straw Products	2.38	0.01
家具制造业	Manufacture of Furniture	1.07	
造纸和纸制品业	Manufacture of Paper and Paper Products	12.34	9.56
印刷和记录媒介复制业	Printing and Reproduction of Recording Media	1.10	0.01
文教、工美、体育和娱乐用品制造业	Manufacture of Articles for Culture, Education, Arts and Crafts, Sport and Entertainment Activities	0.09	
石油煤炭及其他燃料加工业	Petroleum, Coal and Other Fuel Processing Industries	634.87	423.26
化学原料和化学制品制造业	Manufacture of Raw Chemical Materials and Chemical Products	416.95	72.03
医药制造业	Manufacture of Medicines	29.00	8.85
化学纤维制造业	Manufacture of Chemical Fibres	4.89	
橡胶和塑料制品业	Manufacture of Rubber and Plastics Products	16.78	
非金属矿物制品业	Manufacture of Non-metallic Mineral Products	847.54	550.22
黑色金属冶炼和压延加工业	Smelting and Pressing of Ferrous Metals	982.12	465.70
有色金属冶炼和压延加工业	Smelting and Pressing of Non-ferrous Metals	1561.63	102.71
金属制品业	Manufacture of Metal Products	19.65	0.48
通用设备制造业	Manufacture of General Purpose Machinery	7.52	
专用设备制造业	Manufacture of Special Purpose Machinery	5.48	0.07
汽车制造业	Manufacture of Automobiles	0.42	
铁路、船舶、航空航天和其他运输设备制造业	Manufacture of Railway, Ship, Aerospace and Other Transport Equipments	0.65	
电气机械和器材制造业	Manufacture of Electrical Machinery and Apparatus	7.50	
计算机、通信和其他电子设备制造业	Manufacture of Communication Equipment, Computers and Other Electronic Equipment	20.03	
仪器仪表制造业	Manufacture of Measuring Instruments and Machinery	0.41	
其他制造业	Other Manufacturing	27.73	
废弃资源综合利用业	Utilization of Waste Resources	24.00	1.70
金属制品、机械和设备修理业	Repair Service of Metal Products, Machinery and Equipment	5.49	
电力、热力、燃气及水的生产和供应业	**Electric Power, Gas and Water Production and Supply**	**704.02**	**6021.11**
电力、热力的生产和供应业	Production and Supply of Electric Power and Heat Power	653.12	6021.05
燃气生产和供应业	Production and Supply of Gas	26.21	
水的生产和供应业	Production and Supply of Water	24.69	0.06
建筑业	**Construction**	**115.61**	**13.30**
交通运输储运业和邮政业	**Transport, Storage and Post**	**676.04**	**13.50**
批发、零售业和住宿、餐饮业	**Wholesale, Retail Trade and Hotel,Restaurants**	**268.46**	**17.15**
其他行业	**Others**	**474.79**	**17.67**
城乡居民生活	**Urban and Rural Residential Consumption**	**1016.33**	**279.29**

Consumption of Energy by Sector (2022)

焦炭 (万吨) Coke (10 000 tons)	原油 (万吨) Crude Oil (10 000 tons)	汽油 (万吨) Gasoline (10 000 tons)	煤油 (万吨) Kerosene (10 000 tons)	柴油 (万吨) Diesel Oil (10 000 tons)	燃料油 (万吨) Fuel Oil (10 000 tons)	液化石油气 (万吨) Liquefied Petroleum Gas (10 000 tons)	天然气 (亿立方米) Natural Gas (100 million cu.m)	电力 (亿千瓦小时) Electricity (100 million kWh)
613.78	**1471.87**	**191.13**	**7.53**	**290.16**	**1.40**	**16.86**	**39.02**	**1500.69**
		4.50		**32.64**				**63.03**
613.78	**1471.87**	**1.73**	**0.10**	**17.13**	**1.40**	**0.10**	**12.34**	**1090.75**
8.59	**14.33**	**0.43**		**6.65**			**0.77**	**67.80**
		0.08		1.90			0.18	5.86
	14.33	0.16		0.32			0.59	20.65
8.59				0.60				2.80
		0.06		0.34				13.59
				1.00				5.96
		0.13		2.49				
								18.94
605.19	**1457.54**	**0.69**	**0.10**	**9.81**	**1.35**	**0.10**	**10.81**	**835.87**
0.07		0.08		0.07	0.01		0.11	8.29
		0.03		0.01			0.19	2.11
		0.05		0.01			0.27	2.04
							0.06	0.50
							0.03	1.11
							0.01	0.20
								0.11
								0.79
								0.36
				0.01			0.02	1.85
							0.02	0.27
								0.03
0.18	1457.54	0.06		0.54	0.46		2.21	26.86
47.13		0.03	0.02	0.16	0.02		2.96	81.60
		0.04		0.02	0.02		0.37	5.20
							0.07	1.37
		0.02		0.01			0.02	4.48
25.88		0.06		5.82	0.42		1.84	86.94
518.76		0.03		0.76			0.25	117.37
12.50		0.08	0.08	2.19	0.39	0.10	1.89	458.33
		0.07		0.03			0.23	5.43
0.16		0.05		0.02	0.03		0.03	2.27
		0.03		0.02			0.06	1.37
							0.01	0.10
								0.22
		0.06		0.02			0.08	2.17
				0.01			0.02	6.04
								0.14
								9.37
0.51				0.02			0.03	7.26
				0.09			0.03	1.69
		0.61		**0.67**	**0.05**		**0.76**	**187.08**
		0.58		0.61	0.05		0.34	170.52
		0.02		0.04			0.41	8.33
		0.01		0.02			0.01	8.23
		13.10		**13.56**				**16.78**
		43.50	**7.43**	**202.59**			**5.15**	**73.48**
		12.05		**3.12**		**2.43**	**4.85**	**45.31**
		48.10		**16.85**			**7.98**	**79.06**
		68.15		**4.27**		**14.33**	**8.70**	**132.28**

9-8 能源生产弹性系数
Elasticity Ratio of Energy Production

年 份 Year	能源生产 比上年增长 (%) Growth Rate of Energy Production over Preceding Year (%)	电力生产 比上年增长 (%) Growth Rate of Electricity Production over Preceding Year (%)	能源生产 弹性系数 Elasticity Ratio of Energy Production	电力生产 弹性系数 Elasticity Ratio of Electricity Production
2000	-13.06	6.83		0.70
2001	5.39	8.26	0.55	0.85
2002	37.66	12.53	3.82	1.27
2003	16.84	18.71	1.49	1.65
2004	17.71	13.18	1.62	1.21
2005	7.29	10.70	0.62	0.90
2006	5.37	5.08	0.45	0.42
2007	4.92	16.33	0.40	1.33
2008	2.10	11.58	0.21	1.14
2009	4.01	1.86	0.39	0.18
2010	9.43	24.35	0.80	2.07
2011	5.46	17.54	0.41	1.33
2012	9.79	7.70	0.83	0.65
2013	3.27	8.57	0.29	0.76
2014	7.01	3.26	0.78	0.36
2015	-1.85	0.09		0.01
2016	-2.57	-2.24		
2017	1.44	11.10	0.41	3.15
2018	6.23	19.18	1.01	3.12
2019	4.70	3.81	0.76	0.62
2020	5.24	7.73	1.35	1.99
2021	4.49	7.59	0.65	1.09
2022	10.63	2.92	2.34	0.64

9-9 能源消费弹性系数
Elasticity Ratio of Energy Consumption

年 份 Year	能源消费 比上年增长 (%) Growth Rate of Energy Consumption over Preceding Year (%)	电力消费 比上年增长 (%) Growth Rate of Electricity Consumption over Preceding Year (%)	能源消费 弹性系数 Elasticity Ratio of Energy Consumption	电力消费 弹性系数 Elasticity Ratio of Electricity Consumption
2000	3.23	1.29	0.33	0.13
2001	1.88	1.58	0.19	0.16
2002	4.36	11.84	0.44	1.20
2003	11.82	16.36	1.04	1.44
2004	15.78	13.47	1.45	1.23
2005	10.06	8.29	0.85	0.70
2006	8.59	9.57	0.72	0.80
2007	7.73	14.62	0.63	1.19
2008	4.64	10.25	0.46	1.01
2009	2.53	4.09	0.25	0.40
2010	8.00	14.02	0.68	1.19
2011	9.67	14.79	0.73	1.12
2012	7.82	7.70	0.66	0.65
2013	5.70	7.91	0.50	0.70
2014	3.22	2.07	0.36	0.23
2015	-0.44	0.30		0.04
2016	-2.52	-3.06		
2017	2.79	9.32	0.79	2.65
2018	4.25	10.75	0.69	1.75
2019	-0.06	-0.11		
2020	3.67	6.80	0.95	1.75
2021	4.07	8.65	0.59	1.25
2022	2.77	0.40	0.61	0.09

9-10 能源消耗
Energy Consumption

年 份 Year	单位生产总值能耗上升或下降（±%） Change of Energy Consumption per Unit of GDP（±%）	单位生产总值电耗上升或下降（±%） Change of Electricity Consumption per Unit of GDP（±%）	规模以上工业单位增加值能耗上升或下降（±%） Change of Energy Consumption per Unit of Designated Industrial Value-added（±%）
2006	-2.61	-1.74	-3.03
2007	-4.09	2.02	-6.53
2008	-5.00	0.09	-5.66
2009	-6.97	-5.55	-12.84
2010	-3.40	2.01	-7.94
2011	-2.51	2.02	-1.96
2012	-4.21	-4.31	-8.10
2013	-4.56	-2.57	-7.25
2014	-5.21	-6.26	-7.02
2015	-7.95	-7.20	-10.66
2016	-9.44	-9.93	-12.40
2017	-0.71	5.55	3.08
2018	-1.78	4.14	2.72
2019	-5.85	-5.90	-6.56
2020	-0.20	2.81	0.75
2021	-2.6	1.7	-3.2
2022	-1.6	-3.9	-2.1

注：1. 2006-2010 年地区生产总值按 2005 年可比价格计算，2011-2015 年地区生产总值按 2010 年可比价格计算，2016-2020 年地区生产总值按 2015 年可比价格计算。2021-2022 年地区生产总值按 2020 年可比价格计算。

2. 根据快报数进行的能耗核算。

a) GDP of 2006-2010 are calculated at 2005 constant prices. GDP of 2011-2015 is calculated at 2010 constant prices. GDP of 2016-2020 are calculated at 2015 constant prices.GDP of 2021-2022 are calculated at 2020 constant prices.

b) Energy consumption accounting are according to the quick reports data.

9-11 能源加工转换效率
Efficiency of Energy Conversion

单位：% (%)

年 份 Year	总效率 Total Efficiency	火力发电 Generation Efficiency of Thermal Power	炼焦 Coking	炼油及煤制油 Petroleum Refining and Coal-to-liquids
2005	72.97	36.30	97.74	90.13
2006	73.11	36.78	84.54	91.67
2007	73.40	37.17	97.70	89.31
2008	72.81	37.29	94.76	93.25
2009	73.61	37.53	94.00	93.06
2010	70.60	38.42	86.70	94.88
2011	69.41	39.13	88.35	92.41
2012	70.08	39.44	87.88	93.60
2013	72.14	39.96	90.10	92.86
2014	72.55	39.94	91.01	93.22
2015	70.89	39.98	89.27	91.04
2016	70.99	40.11	92.86	91.56
2017	71.66	40.24	92.46	92.15
2018	68.40	40.35	91.39	90.16
2019	70.07	40.93	90.75	90.92
2020	69.89	41.46	92.63	90.56
2021	69.04	41.67	92.83	91.21
2022	69.17	41.53	93.32	91.63

9-12 生活能源消费量
Average Annual Energy Consumption for Households

品 种	Item	2010	2015	2020	2021	2022
合计（万吨标准煤）	**Total (10 000 tons of SCE)**	**532.20**	**791.76**	**984.80**	**994.72**	**1016.33**
煤炭（万吨）	Coal (10 000 tons)	334.00	393.00	310.19	288.97	279.29
液化石油气（万吨）	Liquefied Petroleum Gas (10 000 tons)	5.72	8.50	13.39	14.27	14.33
焦炉煤气（亿立方米）	Coke Oven Gas (100 million cu.m)	0.15	0.16	0.20	0.20	0.20
天然气（亿立方米）	Natural Gas (100 million cu.m)	1.90	4.00	8.10	8.57	8.70
热力（万百万千焦）	Heat (10 billion kilo-joule)	1741.92	3260.00	5456.24	5751.49	5853.77
电力（亿千瓦小时）	Electricity (100 million kWh)	53.52	76.62	115.53	124.48	132.28

9-13 重点耗能企业单位产品能源消费
Energy Consumption of Per Unit of Product for Key Energy-consuming Enterprises

项　目	Item	2020	2021	2022
吨原煤生产综合能耗（千克标准煤/吨）	Comprehensive Energy Consumption of Tonne Coal Production (kg of SCE/ton)	3.09	3.47	3.29
单位油气产量综合能耗（千克标准煤/吨）	Comprehensive Energy Consumption of Unit Oil and Gas Output (kg of SCE/ton)	49.28	46.18	44.14
铁矿选矿工序单位能耗（千克标准煤/吨）	Unit Energy Consumption of Iron Ore Beneficiation Process (kg of SCE/ton)	8.72	8.69	8.26
炼焦工序单位能耗（千克标准煤/吨）	Unit Energy Consumption of Coking Process (kg of SCE/ton)	127.51	128.34	120.84
原油加工单位综合能耗（千克标准油/吨）	Unit Comprehensive Energy Consumption of Crude Oil Processing (kg of Standard Oil Equivalent/ton)	61.90	61.83	63.82
单位电石生产综合能耗（千克标准煤/吨）	Comprehensive Energy Consumption of Unit Calcium Carbide Production (kg of SCE/ton)	919.49	899.36	868.03
单位乙烯生产综合能耗 （千克标准煤/吨）	Comprehensive Energy Consumption of Unit Ethylene Production (kg of SCE/ton)	882.90	890.20	873.18
单位合成氨生产综合能耗（千克标准煤/吨）	Comprehensive Energy Consumption of Unit Synthetic Ammonia Production (kg of SCE/ton)	1241.46	1222.18	1230.95
吨水泥综合能耗（千克标准煤/吨）	Comprehensive Energy Consumption of Tonne Cement (kg of SCE/ton)	93.70	95.65	94.27
吨钢综合能耗（千克标准煤/吨）	Comprehensive Energy Consumption of Tonne Rolled Steel (kg of SCE/ton)	568.16	567.63	543.89
单位粗铜综合能耗（千克标准煤/吨）	Comprehensive Energy Consumption of Unit Blister Copper (kg of SCE/ton)	106.02	159.02	143.19
单位铜精炼综合能耗（千克标准煤/吨）	Comprehensive Energy Consumption of Unit Copper Refining (kg of SCE/ton)	111.13	94.43	95.88
单位电解铝综合能耗（千克标准煤/吨）	Comprehensive Energy Consumption of Unit Electrolytic Aluminum (kg of SCE/ton)	1700.36	1691.75	1680.40
蒸馏锌综合标准煤耗单耗（千克标准煤/吨）	Comprehensive Standard Coal Consumption Unit Consumption of Distillation Zinc (kg of SCE/ton)	2042.62	2099.16	1992.06
单位精锌（电锌）综合能耗（千克标准煤/吨）	Comprehensive Energy Consumption of Unit Refined Zinc (Electrolytic Zinc) (kg of SCE/ton)	582.78	750.39	832.29
电厂火力发电标准煤耗（克标准煤/千瓦时）	Standard Coal Consumption of Thermal Power of Power Plant (g of SCE/kWh)	295.52	292.92	292.64

9-14 平均每天能源消费量

Average Daily Energy Consumption by Type of Energy

品 种	Item	2010	2015	2020	2021	2022
合计（万吨标准煤）	**Total (10 000 tons of SCE)**	**15.97**	**20.52**	**22.20**	**23.11**	**23.75**
煤炭（万吨）	Coal (10 000 tons)	14.53	18.04	19.85	22.13	23.25
焦炭（万吨）	Coke (10 000 tons)	1.48	1.62	1.60	1.63	1.68
原油（万吨）	Crude Oil (10 000 tons)	3.84	3.96	4.07	4.08	4.03
燃料油（万吨）	Fuel Oil (10 000 tons)	0.04	0.01	0.01		
汽油（万吨）	Gasoline (10 000 tons)	0.24	0.47	0.57	0.61	0.52
煤油（万吨）	Kerosene (10 000 tons)	0.01	0.02	0.02	0.02	0.02
柴油（万吨）	Diesel Oil (10 000 tons)	0.76	0.82	0.77	0.68	0.79
天然气（亿立方米）	Natural Gas (100 million cu.m)	0.04	0.07	0.10	0.10	0.11
电力（亿千瓦小时）	Electricity (100 million kWh)	2.20	3.01	3.77	4.10	4.11

9-15 人均生活能源消费量

Annual Per Capita Energy Consumption of Households

年 份 Year	平均每人生活消费能源（千克标准煤） Annual per Capita Consumption for Households (kg of SCE)	#煤炭（千克） Coal (kg)	#电力（千瓦小时） Electricity (kWh)	#液化石油气（千克） Liquefied Petroleum Gas (kg)	#天然气（立方米） Natural Gas (cu.m)	#煤气（立方米） Coal Gas (cu.m)
2000	164.00	155.00	84.01	2.09		
2001	174.00	151.79	88.31	1.60	0.23	
2002	156.35	150.24	89.49	1.50	0.73	
2003	171.80	148.50	91.34	1.62	0.96	
2004	169.00	146.53	105.29	1.61	1.11	
2005	184.27	155.59	127.63	1.93	1.57	1.53
2006	186.52	156.71	132.32	1.96	2.75	1.61
2007	198.63	159.77	142.49	1.96	2.83	1.73
2008	210.48	169.84	159.36	2.14	2.98	2.27
2009	228.12	172.16	181.48	2.16	3.06	2.86
2010	208.49	130.60	209.27	2.24	7.43	0.59
2011	227.93	125.44	243.75	2.25	10.93	0.59
2012	243.91	131.59	256.72	2.42	11.86	0.58
2013	249.16	132.41	267.73	2.45	13.76	0.62
2014	256.11	133.58	282.51	2.47	13.92	0.62
2015	305.09	151.44	295.24	3.28	15.41	0.62
2016	313.73	141.86	320.53	3.95	16.89	0.77
2017	328.25	142.10	348.88	3.93	17.00	0.76
2018	344.36	127.74	384.69	5.24	19.76	0.76
2019	355.04	123.92	410.43	5.44	22.93	0.76
2020	393.13	123.83	461.19	5.35	32.34	0.80
2021	398.60	115.80	498.81	5.72	34.34	0.80
2022	407.96	112.11	530.98	5.75	34.92	0.80

注：计算消费量所使用的人口数为平均人口数。

a) Data in the table are calculated with the data on the annual average population.

主要统计指标解释

能源生产总量 指一定时期内，本地区一次能源生产量的总和。该指标是观察能源生产水平、规模、构成和发展速度的总量指标。一次能源生产量包括原煤、原油、天然气、水电、核电及其他动力能(如风能、太阳能、地热能等)发电量。

能源消费总量 指一定地域内，国民经济各行业和居民家庭在一定时期消费的各种能源的总和。能源消费总量分为终端能源消费量、能源加工转换损失量和能源损失量三部分。

（1）终端能源消费量：指一定时期内用于消费（而非用于加工转换产出其他能源）的各种能源之和。

（2）能源加工转换损失量：指一定时期内，本地区投入加工转换的各种能源数量之和与产出各种能源产品之和的差额。该指标是观察能源在加工转换过程中损失量变化的指标。

（3）能源损失量：指一定时期内，能源在输送、分配、储存过程中发生的损失和由客观原因造成的各种损失量。不包括各种气体能源放空、放散量。

能源生产弹性系数 是研究能源生产增长速度与生产总值增长速度之间关系的指标。计算公式：

$$能源生产弹性系数=\frac{能源生产总量年平均增长速度}{国内（地区）生产总值年平均增长速度}$$

电力生产弹性系数 是研究电力生产增长速度与生产总值增长速度之间关系的指标。计算公式为：

$$电力生产弹性系数=\frac{电力生产量年平均增长速度}{国内（地区）生产总值年平均增长速度}$$

能源消费弹性系数 反映能源消费增长速度与生产总值增长速度之间关系的指标。计算公式为：

$$能源消费弹性系数=\frac{能源消费总量年平均增长速度}{国内（地区）生产总值年平均增长速度}$$

电力消费弹性系数 反映电力消费增长速度与生产总值增长速度之间关系的指标。计算公式为：

$$电力消费弹性系数=\frac{电力消费量年平均增长速度}{国内（地区）生产总值年平均增长速度}$$

能源加工转换效率 指一定时期内，能源经过加工、转换后，产出的各种能源产品的数量与投入加工转换的各种能源数量的比率。该指标是观察能源加工转换装置和生产工艺先进与落后、管理水平高低等的重要指标。计算公式为：

$$能源加工转换效率=\frac{能源加工转换产出量}{能源加工转换投入量}\times 100\%$$

单位生产总值能耗 指一定时期内，一个国家(地区)每生产一个单位的国内（地区）生产总值所消耗的能源。计算公式为：

$$单位生产总值能耗=\frac{能源消费总量}{国内（地区）生产总值}$$

单位生产总值电耗 指一定时期内，一个国家(地区)每生产一个单位的国内（地区）生产总值所消耗的电力。计算公式为：

$$单位生产总值电耗=\frac{全社会用电量}{国内（地区）生产总值}$$

规模以上工业单位增加值能耗 指一定时期内，一个国家(地区)每生产一个单位的工业增加值所消耗的能源。

10

固定资产投资

Investment in Fixed Assets

简要说明

一、本篇资料主要内容

本篇资料主要内容包括：固定资产投资及其主要分组，分地区 500 万元及以上项目个数、新增固定资产、施工和竣工房屋面积、投资增速、投资效率以及 500 万元及以上项目能源工业投资情况，房地产开发企业基本情况等。

二、本篇资料的统计范围

固定资产投资的统计范围包括：500 万元及以上固定资产投资项目投资（不含军工、国防、人防建设项目）和房地产开发投资。自 1997 年起，除房地产开发投资、非农户投资、农户投资及城镇和工矿区私人建房投资外，固定资产投资的统计起点由 5 万元提高到 50 万元；自 2006 年起，非农户固定资产投资统计改为按项目统计，调查方法由抽样调查改为全面统计报表，起点提高到 50 万元，城镇和工矿区私人建房投资改为按项目统计，起点为 50 万元；自 2011 年起，提高固定资产投资统计起点标准，从计划总投资额 50 万元提高到 500 万元，投资统计的范围从城镇扩大到农村企事业组织，并将这一统计范围定义为“固定资产投资（不含农户）”。

三、本篇资料来源

本篇资料由省统计局固定资产投资处汇总、加工整理。

10-1 固定资产投资增长速度
Growth Rate of Investment in Fixed Assets

单位：% (%)

指 标	Item	2018	2020	2021	2022
固定资产投资	**Investment in Fixed Assets**	**-3.90**	**7.85**	**11.11**	**10.14**
按组成分	**By Composition**				
项目投资	Project Investment	-10.27	7.88	10.51	15.59
房地产开发	Real Estate Development	18.20	7.77	12.56	-2.90
按隶属关系分	**By Subordination**				
中央项目	Central	-14.26	19.20	-11.19	27.20
地方项目	Local	-3.48	6.85	13.28	8.84
按构成分	**Group by Structure**				
建筑安装工程	Construction and Installation	-7.16	10.37	9.62	2.85
设备工具器具购置	Purchase of Equipment and Instruments	3.43	-7.00	43.32	83.84
其他费用	Others	17.67	1.92	2.87	3.20
按产业分	**By Industry**				
第一产业	Primary Industry	18.76	37.01	-3.06	-4.58
第二产业	Secondary Industry	-10.80	0.45	39.86	56.91
第三产业	Tertiary Industry	-3.56	8.05	6.06	-1.75
本年实际到位资金	**Actual Funds This Year**	**-2.01**	**13.23**	**8.47**	**15.47**
国家预算资金	State Budget	-6.18	77.49	-10.07	57.47
国内贷款	Domestic Loans	-18.44	5.60	-10.34	-12.79
债券	Bonds	275.72		-42.21	-99.35
利用外资	Foreign Investment	1617.48	95.68	-54.90	-2.20
自筹资金	Self-raising Funds	-3.28	7.47	20.77	22.33
其他资金	Others	12.59	11.37	17.25	-5.44

注：1. 因 2018 年国家方法制度有所调整，2018 年增速按可比口径计算（以下各表同）。

2. 2018 年、2022 年及以后年份到位资金及分项指标统计范围为计划总投资 500 万元及以上项目和房地产开发投资本年到位资金合计。2020-2021 年到位资金及分项指标统计范围为计划总投资 5000 万元及以上项目和房地产开发投资本年到位资金合计。

a) Due to the adjustment of the national method system in 2018, the growth rate in 2018 is calculated on comparable coverage.The same applies to the tables following.

b) The statistic scope of actual funds and their sub-indicators for investment covers total actual funds this-year for projects and real estate development with total investment of 5 million yuan or more in 2018,2022 and beyond.The statistic scope of actual funds and their sub-indicators for investment covers total actual funds this-year for projects and real estate development with total investment of 50 million yuan or more in 2021 and 2022.

10-1 续表 continued

单位：% (%)

指 标	Item	2018	2020	2021	2022
按登记注册类型分	**By Registration Categories**				
内资	Domestic Funded Enterprises	-4.11	6.97	9.65	10.17
国有	State-owned Enterprises	-12.43	-23.95	10.99	33.13
集体	Collective-owned Enterprises	-42.25	-31.68	65.52	0.86
股份合作	Cooperative Enterprises	135.35	-71.13	87.11	111.17
联营企业	Joint Ownership Enterprises	-95.71	227.93	40.20	-77.76
国有联营	State Joint Ownership Enterprises	-96.70		-35.59	
集体联营	Collective Joint Ownership Enterprises	-59.68	280.00	-57.96	-54.93
国有与集体联营	Joint State-collective Enterprises	-67.63	43.97		
其他联营	Other Joint Ownership Enterprises				-82.78
有限责任公司	Limited Liability Corporations	-1.83	33.00	1.63	-1.62
国有独资公司	State Sole Funded Corporations	21.74	42.77	6.38	2.60
其他有限责任公司	Other Limited Liability Corporations	-9.91	28.97	-1.45	-3.67
股份有限公司	Share-holding Corporations Limited	16.99	27.82	20.76	-2.13
私营	Private Enterprises	7.63	11.05	17.92	9.29
其他	Other Enterprises	-20.94	-23.72	42.22	-3.31
港澳台商投资	Enterprises with Funds from Hong Kong ,Macao and Taiwan	80.91	7.38	90.83	1.82
外商投资经济	Foreign Funded Enterprises	16.18	463.54	40.98	14.57
个体经营	Individual Management	186.56	25.85	172.61	-21.27

10-2 按控股情况类型分固定资产投资增长速度
Growth Rate of Investment in Fixed Assets by Holding Type

单位：% (%)

年 份 Year	固定资产投资 Investment in Fixed Assets	国有经济 State-owned Units	集体经济 Collective-owned Units	个体经济 Individual Economy	其他经济 Others
1979	20.63	20.45	62.28		
1980	12.74	12.68	22.02		
1981	11.52	-6.63	855.64		
1982	11.23	13.84	40.58	-21.81	
1983	20.53	22.90	-14.22	24.92	
1984	29.62	21.73	86.04	79.12	
1985	38.32	29.99	131.05	41.17	
1986	19.26	19.70	1.05	34.53	
1987	18.51	23.47	-22.15	20.01	
1988	24.29	22.43	53.19	21.37	
1989	-14.02	-13.51	-30.15	-7.24	
1990	15.93	21.20	-8.12	-2.67	
1991	15.57	15.75	13.73	15.13	
1992	24.11	25.83	27.85	10.39	
1993	43.41	33.37	218.81	36.75	
1994	30.28	30.80	-29.94	11.90	
1995	22.39	25.11	-22.34	29.63	22.89
1996	10.36	-1.73	64.72	22.45	109.94
1997	23.07	20.88	6.94	61.73	11.89
1998	25.20	20.77	23.21	44.53	31.01
1999	16.03	13.88	39.59	2.15	36.44
2000	14.91	16.20	18.58	4.56	17.17
2001	14.52	13.65	2.26	4.02	33.26
2002	13.93	13.09	25.25	-9.53	29.42
2003	13.76	6.56	16.44	-0.09	45.09
2004	15.41	15.07	20.25	5.08	18.40
2005	15.68	9.01	16.86	0.96	36.57
2006	17.19	11.14	-56.51	15.44	46.84
2007	27.86	23.33	91.28	7.59	33.91
2008	32.47	37.31	10.59	44.95	26.05
2009	42.85	48.85	17.70	28.07	38.06
2010	36.24	36.54	13.39	-10.91	44.20
2011	40.16	14.42	100.97	-87.57	43.92
2012	30.20	6.67	19.35	104.13	37.43
2013	27.11	31.39	42.63	-82.31	23.14
2014	21.11	13.24	53.62	287.15	26.20
2015	11.17	12.27	-4.68	26.09	11.64
2016	10.52	16.85	-51.20	0.55	9.83
2017	-40.25	-43.80	-70.16	-64.53	-35.48
2018	-3.90	-5.88	-18.31	186.56	-2.26
2019	6.56	3.15	201.42	-74.00	8.31
2020	7.85	-7.01	-60.09	25.85	21.26
2021	11.11	12.83	38.45	172.61	9.71
2022	10.14	22.05	80.30	-21.27	2.01

注：本表国有经济为大口径，含国有、国有联营和国有独资公司；集体经济为大口径，含集体、集体联营和股份合作。

a) Data of state-owned units in this table are based on wide coverage,including state-owned, state joint ownership and state sole funded corporations;collective-owned enterprises are based on wide coverage,including collective-owned enterprises, collective joint ownership enterprises and cooperative enterprises.

10-3 按产业分固定资产投资增长速度
Growth Rate of Investment in Fixed Assets by Industry

单位：% (%)

年份 Year	固定资产投资 Investment in Fixed Assets	第一产业 Primary Industry	第二产业 Secondary Industry	#工业 Industry	第三产业 Tertiary Industry
2010	36.24	10.69	32.99	29.00	39.98
2011	40.16	75.64	33.27	24.88	46.10
2012	30.20	25.52	41.24	30.20	18.78
2013	27.11	36.89	19.96	23.50	35.29
2014	21.11	75.85	8.83	14.21	30.36
2015	11.17	30.75	-2.74	-13.67	21.94
2016	10.52	26.81	-6.23	-3.68	21.00
2017	-40.25	-43.69	-63.11	-54.92	-26.78
2018	-3.90	18.76	-10.80	-10.90	-3.56
2019	6.56	-9.74	23.82	24.45	4.26
2020	7.85	37.01	0.45	-0.28	8.05
2021	11.11	-3.06	39.86	40.84	6.06
2022	10.14	-4.58	56.91	57.00	-1.75

10-4 按领域分固定资产投资增长速度
Growth Rate of Investment in Fixed Assets by Field

单位：% (%)

年份 Year	固定资产投资 Investment in Fixed Assets	#基础设施 Infrastructure	#制造业 Manufacturing	#房地产开发 Real Estate Development
2000	14.91			14.18
2001	14.52			13.19
2002	13.93			20.22
2003	13.76			34.72
2004	15.41			41.89
2005	15.68			18.97
2006	17.19			13.96
2007	27.86			37.20
2008	32.47			27.32
2009	42.85			19.60
2010	36.24			30.50
2011	40.16			36.21
2012	30.20			54.60
2013	27.11	27.44	19.45	29.17
2014	21.11	56.46	22.24	-0.44
2015	11.17	13.10	-9.31	6.46
2016	10.52	39.75	6.71	10.67
2017	-40.25	-19.28	-58.88	11.12
2018	-3.90	-13.62	-13.39	18.20
2019	6.56	2.42	24.82	12.67
2020	7.85	12.23	4.96	7.77
2021	11.11	4.22	15.55	12.56
2022	10.14	-0.50	46.92	-2.90

注：1. 2012 年固定资产投资口径调整为计划总投资 500 万元及以上项目。

2. 基础设施投资口径为基础设施投资（不含电力、热力、燃气及水生产和供应业），具体包括铁路运输业，道路运输业，水上运输业，航空运输业，管道运输业，多式联运和运输代理业，装卸搬运，邮政业，电信、广播电视和卫星传输服务，互联网和相关服务，水利管理业，生态保护和环 境治理业，公共设施管理业。

a) In 2012, the fixed asset investment scale was adjusted to a project with a planned total investment of 5 million yuan and above.

b) Infrastructure investment caliber is infrastructure investment (excluding electricity, heat, gas and water production and supply industries), specifically including railway transportation, road transportation, water transportation, air transportation, pipeline transportation, multimodal transportation and Transportation agency, loading and unloading, postal services, telecommunications, radio and television and satellite transmission services, Internet and related services, water conservancy management, ecological protection and environmental governance, and public facility management.

10-5 项目固定资产投资增长速度
Growth Rate of Investment in Fixed Assets of Project (Excluding Investment in Real Estate Development)

单位：% (%)

指 标	Item	2018	2020	2021	2022
投资额	**Total Investment**	**-10.27**	**7.88**	**10.51**	**15.59**
按隶属关系分	**By Subordination**				
中央	Central	-8.04	19.58	-13.62	29.86
地方	Local	-10.38	6.42	13.88	14.08
按构成分	**By Structure**				
建筑安装工程	Construction and Installation	-11.42	8.63	6.61	7.85
设备工具器具购置	Purchase of Equipment and Instruments	1.58	-6.21	46.87	84.50
其他费用	Others	-11.80	18.55	7.94	-11.95
按产业分	**By Industry**				
第一产业	Primary Industry	18.76	37.01	-3.06	-4.58
第二产业	Secondary Industry	-10.80	0.45	39.86	56.91
#工业	Industry	-10.90	-0.28	40.84	57.00
第三产业	Tertiary Industry	-12.00	8.21	2.25	-1.01
本年实际到位资金	**Actual Funds This Year**	**-3.46**	**20.21**	**9.15**	**29.22**
国家预算内资金	State Budgetary Appropriation	-6.18	77.49	-10.07	48.60
国内贷款	Domestic Loans	-5.53	14.67	-2.88	2.61
债券	Bonds	275.72		-42.21	-99.35
利用外资	Foreign Investment	1617.48	95.68	-54.90	-2.20
自筹资金	Self-raising Funds	-6.60	10.57	26.66	29.90
其他资金	Others	-1.97	12.48	25.19	35.66

注：到位资金及分项指标从 2022 年统计范围为计划总投资 500 万元及以上项目实际到位资金。

a) The statistic scope of actual funds and its sub-indicators is the actual funds in place of projects with a planned total invesstment of 50 million yuan or more since 2022.

10-5 续表 continued

单位：%　　(%)

指 标	Item	2018	2020	2021	2022
按登记注册类型分	**By Registration Categories**	**-10.27**	**7.88**	**10.51**	**15.59**
内资	Domestic Funded Enterprises	-10.48	6.33	9.65	15.70
国有	State-owned Enterprises	-12.19	-24.36	13.62	31.72
集体	Collective-owned Enterprises	-41.94	-63.73	19.98	15.82
股份合作	Cooperative Enterprises	138.96	-71.13	87.11	111.17
联营企业	Joint Ownership Enterprises	-95.71	227.93	40.20	-77.76
国有联营	State Joint Ownership Enterprises	-96.70		-35.59	
集体联营	Collective Joint Ownership Enterprises	-59.68	280.00	-57.96	-54.93
国有与集体联营	Joint State-collective Enterprises	-67.63	43.97		
其他联营	Other Joint Ownership Enterprises				-82.78
有限责任公司	Limited Liability Corporations	-5.43	48.50	1.63	2.57
国有独资公司	State Sole Funded Corporations	7.36	42.56	6.38	2.69
其他有限责任公司	Other Limited Liability Corporations	-11.51	52.62	-1.45	2.48
股份有限公司	Share-holding Corporations Limited	2.32	23.05	20.76	0.99
私营	Private Enterprises	-14.63	14.50	17.92	23.93
其他	Other Enterprises	-20.88	-20.96	42.22	-5.68
港澳台商投资	Enterprises with Funds from Hong Kong ,Macao and Taiwan	31.80	184.24	90.83	12.11
外商投资经济	Foreign Funded Enterprises	-9.99	675.35	40.98	14.63
个体经营	Individual Management	186.56	25.85	172.61	-21.27

10-6 按行业分项目固定资产投资增长速度
Growth Rate of Investment in Fixed Assets of Project by Sector

单位：% (%)

指 标	Item	2018	2020	2021	2022
甘肃省	**Gansu**	**-10.27**	**7.88**	**10.51**	**15.59**
农、林、牧、渔业	Agriculture,Forestry,Animal Husbandry and Fishery	18.76	37.01	-3.06	-4.58
采矿业	Mining	48.84	2.04	18.18	1.42
制造业	Manufacturing	-13.39	4.96	15.55	46.92
电力、热力、燃气及水生产和供应业	Production and Supply of Electricity, Heat, Gas and Water	-19.08	-6.94	80.77	77.28
建筑业	Construction	7.97	440.26	-68.62	11.88
批发和零售业	Wholesale and Retail Trades	-25.67	-28.74	-33.25	4.73
交通运输、仓储和邮政业	Transport,Storage and Post	-16.99	18.16	-0.41	-9.54
住宿和餐饮业	Hotels and Catering Services	-34.11	-35.42	-32.22	-16.19
信息传输、软件和信息技术服务业	Information Transmission,Software and Information Technology Services	42.01	16.50	13.22	19.33
金融业	Financial Intermediation	-32.18	49.19	-18.37	-23.74
房地产业	Real Estate	-9.34	7.58	0.33	-9.31
租赁和商务服务业	Leasing and Business Services	14.36	36.43	-13.66	-11.88
科学研究和技术服务业	Scientific Research and Technical Services	-41.14	2.99	-20.12	-32.14
水利、环境和公共设施管理业	Management of Water Conservancy, Environment and Public Facilities	-10.16	-4.53	15.98	19.01
居民服务、修理和其他服务业	Service to households, Repair and Other Services	-52.59	43.18	-20.86	36.82
教育	Education	-9.92	-3.98	24.55	5.88
卫生和社会工作	Health and Social Work	-6.73	8.65	35.62	27.81
文化、体育和娱乐业	Culture, Sports and Entertainment	7.45	9.90	-18.74	-19.72
公共管理、社会保障和社会组织	Public Management,Social Security and Social Organization	5.69	-10.20	-41.29	-10.32
国际组织	International Organizations				

10-7 按行业、建设性质分项目固定资产投资增长情况（2022）
Growth Rate of Investment in Fixed Assets of Project by Secter and Type of Construction (2022)

单位：%　　(%)

行业	Sector	投资额 Total Investment	#新建 New Construction	#扩建 Expansion	#改建和技术改造 Reconstruction and Technical Transformation
甘肃省	**Gansu**	**15.59**	**17.85**	**13.90**	**-3.38**
农、林、牧、渔业	Agriculture,Forestry,Animal Husbandry and Fishery	-4.58	-5.30	7.90	68.59
采矿业	Mining	1.42	-3.83	143.40	-10.32
制造业	Manufacturing	46.92	46.90	18.69	69.50
电力、热力、燃气及水生产和供应业	Production and Supply of Electricity, Heat, Gas and Water	77.28	82.60	61.92	-33.07
建筑业	Construction	11.88	73.49		
批发和零售业	Wholesale and Retail Trades	4.73	7.52	-46.29	-53.15
交通运输、仓储和邮政业	Transport,Storage and Post	-9.54	-9.42	-1.13	-32.28
住宿和餐饮业	Hotels and Catering Services	-16.19	-16.64	386.52	
信息传输、软件和信息技术服务业	Information Transmission,Software and Information Technology Services	19.33	123.30	225.88	502.73
金融业	Financial Intermediation	-23.74	-25.12		-36.26
房地产业	Real Estate	-9.31	-3.16	-14.49	-37.99
租赁和商务服务业	Leasing and Business Services	-11.88	-13.45		985.48
科学研究和技术服务业	Scientific Research and Technical Services	-32.14	-32.45		-36.31
水利、环境和公共设施管理业	Management of Water Conservancy, Environment and Public Facilities	19.01	21.82	-40.53	12.05
居民服务、修理和其他服务业	Service to households, Repair and Other Services	36.82	36.19		51.14
教育	Education	5.88	7.29	37.81	-67.93
卫生和社会工作	Health and Social Work	27.81	25.85	63.35	25.80
文化、体育和娱乐业	Culture, Sports and Entertainment	-19.72	-18.68	-31.09	-46.39
公共管理、社会保障和社会组织	Public Management,Social Security and Social Organization	-10.32	-9.36	-64.17	42.51
国际组织	International Organizations				

注：本表数据不含房地产开发投资。
a) Data in this table do not include real estate development.

10-8 按行业、构成分项目固定资产投资增长情况（2022）

Growth Rate of Investment in Fixed Assets of Projects by Secter and Structure (2022)

单位：%　　(%)

行　业	Sector	投资额 Total Investment	建筑安装工　程 Construction and Installation	设备工器具购置 purchase of Equipment and Instruments	其他 Others
甘肃省	**Gansu**	**15.59**	**7.85**	**84.50**	**-11.95**
农、林、牧、渔业	Agriculture,Forestry,Animal Husbandry and Fishery	-4.58	-6.05	-8.26	22.64
采矿业	Mining	1.42	-10.78	38.34	25.30
制造业	Manufacturing	46.92	21.80	121.25	41.92
电力、热力、燃气及水生产和供应业	Production and Supply of Electricity, Heat,Gas and Water	77.28	40.82	121.40	124.57
建筑业	Construction	11.88	20.12	-14.04	52.72
批发和零售业	Wholesale and Retail Trades	4.73	8.57	-33.66	-7.02
交通运输、仓储和邮政业	Transport,Storage and Post	-9.54	-2.84	-22.57	-42.97
住宿和餐饮业	Hotels and Catering Services	-16.19	-14.72	-80.67	35.03
信息传输、软件和信息技术服务业	Information Transmission,Software and Information Technology Services	19.33	125.87	-1.33	77.87
金融业	Financial Intermediation	-23.74	0.21	-13.18	-89.87
房地产业	Real Estate	-9.31	-8.45	17.61	-22.65
租赁和商务服务业	Leasing and Business Services	-11.88	-4.84	26.35	-34.26
科学研究和技术服务业	Scientific Research and Technical Services	-32.14	19.03	-73.77	92.60
水利、环境和公共设施管理业	Management of Water Conservancy, Environment and Public Facilities	19.01	21.79	-23.35	4.50
居民服务、修理和其他服务业	Service to households, Repair and Other Services	36.82	43.34	-38.31	18.85
教育	Education	5.88	8.27	-33.33	-13.29
卫生和社会工作	Health and Social Work	27.81	27.22	51.70	-23.48
文化、体育和娱乐业	Culture, Sports and Entertainment	-19.72	-26.32	-11.74	80.98
公共管理、社会保障和社会组织	Public Management,Social Security and Social Organization	-10.32	-16.13	-1.61	131.58
国际组织	International Organizations				

注：本表数据不含房地产开发投资。

a) Data in this table do not include real estate development.

10-9 按行业分项目固定资产投资个数及项目新增固定资产增长情况（2022）

Number of Investment in Fixed Assets of Projects and Growth Rate of Newly Increased Fixed Assets of Projects by Secter (2022)

行业	Sector	施工项目 (个) Number of Projects under Construction (unit)	全部建成投产项目 (个) Number of Projects Completed and Put into Use (unit)	项目建成投产率 (%) Rate of Projects Completed and Put into Use (%)	新增固定资产增长 (%) Growth Rate of Newly Increased Fixed Assets (%)
甘肃省	**Gansu**	**9160**	**2541**	**27.74**	**20.95**
农、林、牧、渔业	Agriculture,Forestry,Animal Husbandry and Fishery	995	416	41.81	-9.47
采矿业	Mining	162	46	28.40	222.73
制造业	Manufacturing	1127	249	22.09	7.50
电力、热力、燃气及水生产和供应业	Production and Supply of Electricity, Heat,Gas and Water	966	190	19.67	39.71
建筑业	Construction	16	2	12.50	91.22
批发和零售业	Wholesale and Retail Trades	125	39	31.20	-35.32
交通运输、仓储和邮政业	Transport,Storage and Post	1101	351	31.88	45.05
住宿和餐饮业	Hotels and Catering Services	46	17	36.96	-45.24
信息传输、软件和信息技术服务业	Information Transmission,Software and Information Technology Services	71	21	29.58	-82.65
金融业	Financial Intermediation	7	3	42.86	-35.89
房地产业	Real Estate	502	96	19.12	-32.35
租赁和商务服务业	Leasing and Business Services	108	16	14.81	14.75
科学研究和技术服务业	Scientific Research and Technical Services	54	14	25.93	-60.32
水利、环境和公共设施管理业	Management of Water Conservancy, Environment and Public Facilities	2379	683	28.71	26.97
居民服务、修理和其他服务业	Service to households, Repair and Other Services	85	26	30.59	75.37
教育	Education	665	173	26.02	-6.60
卫生和社会工作	Health and Social Work	422	122	28.91	68.07
文化、体育和娱乐业	Culture, Sports and Entertainment	183	39	21.31	-5.91
公共管理、社会保障和社会组织	Public Management,Social Security and Social Organization	146	38	26.03	-25.32
国际组织	International Organizations				

注：新增固定资产范围为计划总投资5000万元及以上项目。

a) The statistic scope of newly increased fixed assets covers projects with total planned investment of 50 million yuan or more.

10-10 各市（州）固定资产投资增长情况（2022）
Growth Rate of Investment in Fixed Assets by Region (2022)

单位：% (%)

市（州）	Region	固定资产投资额 Investment in Fixed Assets	项目投资 Project Investment	房地产开发投资 Investment in Real Estate Development	亿元及以上项目投资额 Total Investment	施工项目计划总投资 Total Planned Investment of Projects under Construction	新开工项目计划总投资 Total Planned Investment of Newly Started Projects
甘肃省	**Gansu**	**10.14**	**15.59**	**-2.90**	**15.93**	**22.35**	**64.63**
兰州市	Lanzhou	-3.52	7.94	-19.03	10.11	1.55	19.58
嘉峪关市	Jiayuguan	9.42	31.26	-24.93	41.39	39.71	85.68
金昌市	Jinchang	17.34	21.17	-60.01	34.53	36.44	78.35
白银市	Baiyin	12.53	22.02	-9.25	26.79	52.13	76.62
天水市	Tianshui	14.81	10.97	20.57	5.87	17.13	-10.55
武威市	Wuwei	18.00	27.72	-14.62	37.21	25.00	105.36
张掖市	Zhangye	17.59	17.15	20.19	25.73	26.70	84.85
平凉市	Pingliang	10.55	16.95	0.53	7.56	7.10	95.46
酒泉市	Jiuquan	17.61	21.51	-19.78	29.70	31.00	10.37
庆阳市	Qingyang	11.34	14.36	0.59	4.94	58.33	337.70
定西市	Dingxi	16.65	17.29	15.11	3.04	13.42	46.58
陇南市	Longnan	16.88	22.17	1.42	18.31	47.55	112.74
临夏州	Linxia	30.02	21.22	58.68	18.19	36.73	123.19
甘南州	Gannan	10.01	8.15	44.25	14.90	54.34	321.92
省 直	Provincial Directly Belonged	-76.98	-75.97		-81.40	-12.53	-10.38

10-11 各市(州)项目固定资产投资个数及项目新增固定资产增长情况(2022)

Number of Projects of Investment in Fixed Assets and Growth Rate of Newly Increased Fixed Assets of Project by Region (2022)

市(州)	Region	施工项目 (个) Number of Projects under Construction (unit)	全部建成投产项目 (个) Number of Projects Completed and Put into Use (unit)	项目建成投产率 (%) Rate of Projects Completed and Put into Use (%)	新增固定资产增长 (%) Growth Rate of Newly Increased Fixed Assets (%)	固定资产交付使用率 (%) Rate of Projects of Fixed Assets Completed and Put into Use (%)
甘肃省	**Gansu**	**9160**	**2541**	**27.74**	**20.95**	**35.45**
兰州市	Lanzhou	1078	236	21.89	-45.55	12.89
嘉峪关市	Jiayuguan	160	19	11.88	-45.56	4.84
金昌市	Jinchang	286	55	19.23	20.34	49.20
白银市	Baiyin	456	92	20.18	11.57	28.17
天水市	Tianshui	800	487	60.88	54.54	50.48
武威市	Wuwei	610	94	15.41	13.14	16.44
张掖市	Zhangye	579	180	31.09	-1.21	37.42
平凉市	Pingliang	654	211	32.26	64.31	28.78
酒泉市	Jiuquan	1073	301	28.05	5.25	36.32
庆阳市	Qingyang	733	280	38.20	92.82	73.59
定西市	Dingxi	886	273	30.81	82.46	93.53
陇南市	Longnan	706	100	14.16	34.50	15.49
临夏州	Linxia	440	13	2.95	-62.03	2.53
甘南州	Gannan	688	194	28.20	2.98	52.56
省 直	Provincial Directly Belonged	11	6	54.55	-79.05	53.39

10-12 房地产开发企业基本情况
Basic Conditions of Enterprises for Real Estate Development

单位：亿元 (100 million yuan)

指 标	Item	2010	2015	2020	2021	2022
开发企业个数（个）	Number of Enterprises (unit)	1185	1533	1738	1765	1685
内资	Domestic Funded	1158	1515	1729	1760	1683
#国有	State-owned Enterprises	60	46	74	81	43
集体	Collective-owned Enterprises	24	14	4	4	3
港澳台投资经济	Funded by Entrepreneurs from Hong Kong, Macao and Taiwan	16	12	5	4	1
外商投资经济	Foreign Funded	11	6	4	4	3
资产总计	Total Assets	866.84	3671.57	8695.33	9382.29	9418.74
固定资产累计折旧	Accumulated Depreciation of Fixed Assets	13.39	29.64	49.39	50.40	81.64
#本年折旧	Depreciation This Year	1.97	4.97	10.43	10.53	10.51
负债合计	Total Liabilities	639.29	3045.91	7583.06	8086.53	8044.58
所有者权益合计	Owners' Equity	227.55	625.66	1112.26	1195.75	1374.16
#实收资本合计	Total Paid-in Capital	146.75	375.41	650.06	644.86	719.30
资产负债率（%）	Ratio of Debts to Assets(%)	73.75	82.96	87.21	86.19	85.41
主营业务收入	Revenue from Principal Business	190.68	533.77	756.66	994.04	943.44
土地转让收入	Land Transferred	1.14	1.38	5.87	5.67	2.48
商品房屋销售收入	Commercial Houses Sold	180.89	511.88	730.50	960.16	901.92
自持物业收入	Houses Leased Self-sustained	3.90	4.79	8.29	9.57	8.14
其他收入	Others	4.75	15.72	12.00	18.63	30.91
营业税金及附加	Business Taxes and Surcharges	13.78	42.58	25.11	28.43	29.49
营业利润	Business Profits	11.12	30.26	15.34	21.54	3.85
利润总额	Total Profits	10.09	29.52	6.38	15.92	-0.58
本年购置土地面积（万平方米）	Land Space Purchased This Year (10 000sq.m)	286.71	239.72	204.73	145.05	91.26
竣工房屋造价（元/平方米）	Cost of Buildings Completed (yuan/sq.m)	1828	2442	2754	3298	3202

注：营业税金及附加：2010 年为主营业务税金及附加；2011 年以后为营业税金及附加。

a) Business Taxes and Surcharges:2010 are main business taxes and surcharges,since 2011,are the business tax and surcharges.

10-13 房地产开发投资完成情况
The Completion of Real Estate Development Investment

指 标	Item	2010	2015	2020	2021	2022
房地产开发投资（亿元）	**Real Estate Development Investment (100 million yuan)**	**266.41**	**768.06**	**1355.64**	**1525.88**	**1481.66**
#地方	Local	263.69	763.27	280.42	338.74	352.00
按构成分	**Group by Structure**					
建筑工程	Construction	190.26	578.25	996.70	1188.64	1063.74
安装工程	Installation	17.80	100.25	69.64	61.10	78.64
设备工器具购置	Purchase of Equipment and Instruments	1.86	11.17	13.21	7.90	11.50
其他费用	Others	56.49	78.39	276.09	268.24	327.77
按工程用途分	**By Purpose**					
住宅	Residential Buildings	187.93	526.56	1010.28	1159.12	1160.79
办公楼	Office Buildings	5.61	28.01	34.89	27.53	21.37
商业营业用房	Houses for Business Use	27.02	162.05	153.87	151.17	119.16
其他	Others	45.85	51.44	156.60	188.07	180.34
本年实际到位资金	**Actual Funds This Year**	**317.57**	**939.65**	**1289.42**	**1384.42**	**1212.67**
国内贷款	Domestic Loans	56.60	153.02	150.31	94.59	57.76
利用外资	Foreign Investment					
自筹资金	Self-raising Funds	132.80	429.93	546.67	611.89	652.77
其他	Others	128.17	356.70	592.44	677.94	502.15
新增固定资产（亿元）	**Newly Increased Fixed Assets (100 million yuan)**	**143.35**	**324.46**	**320.24**	**573.82**	**361.06**
#地方	Local	143.35		18.44	104.66	58.18
房屋施工面积（万平方米）	**Floor Space of Buildings under Construction (10 000 sq.m)**	**3130.40**	**8586.18**	**11328.26**	**13197.55**	**12268.44**
房屋竣工面积（万平方米）	**Floor Space of Buildings Completed (10 000 sq.m)**	**598.66**	**962.24**	**881.36**	**1463.07**	**917.80**
商品房屋销售面积（万平方米）	**Floor Space of Commercialized Buildings Sold(10 000 sq.m)**	**756.51**	**1434.96**	**1967.92**	**2224.09**	**1470.42**
#住宅	Residential Buildings	692.07	1307.48	1863.81	2118.38	1388.16
商品房屋销售额（亿元）	**Total Sales of Commercialized Buildings(100 million yuan)**	**227.81**	**704.93**	**1293.41**	**1344.89**	**835.48**
#住宅	Residential Buildings	201.47	603.08	1205.42	1267.78	780.54

10-14 各市（州）房地产开发企业建设投资总规模及完成情况（2022）

General Scale of Construction and Actually Completed Investment of Enterprises for Real Estate Development by Region (2022)

单位：亿元　　　　(100 million yuan)

市（州）	Region	计划总投资 Total Planned Investment	自开始建设至本年底累计完成投资 Accumulative Investment Actually Completed Since the Start of Construction to the End of This Year	#本年完成投资 Investment Completed This Year
甘肃省	**Gansu**	**9381.32**	**5077.33**	**1481.66**
兰州市	Lanzhou	4229.38	2149.48	486.96
嘉峪关市	Jiayuguan	207.02	159.46	32.00
金昌市	Jinchang	31.41	19.09	2.25
白银市	Baiyin	356.48	211.49	63.33
天水市	Tianshui	1234.01	659.34	271.50
武威市	Wuwei	334.43	177.68	53.92
张掖市	Zhangye	288.44	222.13	51.89
平凉市	Pingliang	468.73	338.53	120.86
酒泉市	Jiuquan	277.51	204.50	40.24
庆阳市	Qingyang	403.95	200.56	77.96
定西市	Dingxi	651.70	357.97	127.01
陇南市	Longnan	319.06	144.61	52.89
临夏州	Linxia	518.53	198.69	85.47
甘南州	Gannan	60.68	33.80	15.39

10-15 各市（州）按用途分房地产开发企业投资完成额（2022）

Investment Actually Completed by Enterprises for Real Estate Development by Use,Region (2022)

单位：亿元　　　　(100 million yuan)

市（州）	Region	本年完成投资额 Investment Completed This Year	住宅 Residential Buildings	办公楼 Office Buildings	商业营业用房 Houses for Business Use	其他 Others
甘肃省	**Gansu**	**1481.66**	**1160.79**	**21.37**	**119.16**	**180.34**
兰州市	Lanzhou	486.96	348.80	16.05	32.96	89.15
嘉峪关市	Jiayuguan	32.00	26.81		0.30	4.89
金昌市	Jinchang	2.25	1.05	0.01	1.01	0.17
白银市	Baiyin	63.33	50.13	0.25	5.38	7.57
天水市	Tianshui	271.50	220.98	1.65	27.94	20.93
武威市	Wuwei	53.92	46.52	0.11	1.49	5.81
张掖市	Zhangye	51.89	39.59	0.00	9.28	3.02
平凉市	Pingliang	120.86	100.58	0.60	6.24	13.45
酒泉市	Jiuquan	40.24	30.05	1.05	5.99	3.15
庆阳市	Qingyang	77.96	59.10	0.40	7.28	11.19
定西市	Dingxi	127.01	106.44	0.63	8.61	11.34
陇南市	Longnan	52.89	43.81	0.31	4.09	4.68
临夏州	Linxia	85.47	75.36	0.32	5.47	4.32
甘南州	Gannan	15.39	11.59		3.14	0.66

10-16 各市（州）房地产开发企业实际到位资金（2022）
Actual Funds of Real Estate Development Enterprise by Region (2022)

单位：亿元 (100 million yuan)

市（州）	Region	本年实际到位资金 Total Actual Funds This Year	国内贷款 Domestic Loans	自筹资金 Self-raising Funds	其他资金来源 Others
甘肃省	**Gansu**	**1212.67**	**57.76**	**652.77**	**502.15**
兰州市	Lanzhou	395.52	23.56	194.46	177.50
嘉峪关市	Jiayuguan	19.87		5.18	14.68
金昌市	Jinchang	2.63		0.86	1.77
白银市	Baiyin	53.13	0.44	32.71	19.98
天水市	Tianshui	227.55	9.55	154.65	63.35
武威市	Wuwei	36.40		22.07	14.33
张掖市	Zhangye	45.65	0.89	24.61	20.15
平凉市	Pingliang	75.56	3.60	32.78	39.18
酒泉市	Jiuquan	32.83	2.03	15.70	15.11
庆阳市	Qingyang	88.94	7.40	30.49	51.06
定西市	Dingxi	86.51	6.92	44.80	34.79
陇南市	Longnan	46.35	2.01	20.72	23.61
临夏州	Linxia	89.72	1.37	62.31	26.04
甘南州	Gannan	12.00		11.42	0.59

10-17 房地产施工、竣工面积及价值（2022）
Floor Space of Buildings under Construction,Completed and Its Value for Real Estate (2022)

项 目	Item	房屋施工面积（万平方米） Floor Space of Buildings under Construction (10 000 sq.m)	#本年新开工面积 Started This Year	房屋竣工面积（万平方米） Floor Space of Buildings Completed (10 0000 sq.m)	房屋竣工价值（亿元） Value of Buildings Completed (100 million yuan)
甘肃省	**Gansu**	**12268.44**	**2105.32**	**917.80**	**293.84**
住宅	Residential Buildings	8953.59	1660.79	727.86	226.17
办公楼	Office Buildings	262.88	5.09	18.25	9.40
商业营业用房	Houses for Business Use	1027.12	119.60	51.81	22.13
其他	Others	2024.86	319.83	119.89	36.14

10-18 各市（州）商品房屋销售情况（2022）

Sales of Commercialized Buildings by Region (2022)

市（州）	Region	商品房销售面积（万平方米）Floor Space of Commercialized Buildings Sold (10 000 sq.m)	#住宅 Residential Buildings	商品房销售额（亿元）Total Sale of Commercialized Buildings (100 million yuan)	#住宅 Residential Buildings
甘肃省	**Gansu**	**1470.42**	**1388.16**	**835.48**	**780.54**
兰州市	Lanzhou	282.50	259.78	225.34	203.21
嘉峪关市	Jiayuguan	33.74	31.91	17.51	16.99
金昌市	Jinchang	4.22	3.77	2.16	2.00
白银市	Baiyin	59.27	57.87	32.05	30.84
天水市	Tianshui	174.48	169.85	104.65	99.33
武威市	Wuwei	56.97	56.51	30.64	30.35
张掖市	Zhangye	94.35	87.58	33.58	31.11
平凉市	Pingliang	191.70	179.00	88.42	81.20
酒泉市	Jiuquan	120.54	94.77	55.83	44.88
庆阳市	Qingyang	96.68	93.69	60.97	58.33
定西市	Dingxi	175.52	174.21	90.21	89.01
陇南市	Longnan	101.12	100.43	54.67	54.32
临夏州	Linxia	74.21	73.66	36.95	36.48
甘南州	Gannan	5.12	5.12	2.49	2.49

10-19 各市（州）区房地产开发企业建设房屋面积和造价（2022）

Floor Space and Cost of Buildings Developed by Enterprises for Real Estate Development by Region (2022)

市（州）	Region	房屋施工面积（万平方米）Floor Space of Buildings under Construction (10 000 sq.m)	房屋竣工面积（万平方米）Floor Space of Buildings Completed (10 000 sq.m)	房屋建筑面积竣工率（%）Rate of Floor Space of Buildings Completed (%)	房屋竣工价值（亿元）Value of Buildings Completed (100 million yuan)	房屋竣工造价（元/平方米）Cost of Buildings Completed (yuan/sq.m)
甘肃省	**Gansu**	**12268.44**	**917.80**	**7.48**	**293.84**	**3202**
兰州市	Lanzhou	4861.68	482.34	9.92	159.99	3317
嘉峪关市	Jiayuguan	286.77	4.15	1.45	1.24	2991
金昌市	Jinchang	50.38	0.47	0.92	0.13	2699
白银市	Baiyin	623.23	72.86	11.69	22.68	3113
天水市	Tianshui	1377.06	104.37	7.58	40.14	3846
武威市	Wuwei	542.44	10.13	1.87	2.18	2152
张掖市	Zhangye	481.51	33.81	7.02	5.12	1515
平凉市	Pingliang	781.38	45.92	5.88	14.65	3191
酒泉市	Jiuquan	369.84	26.79	7.24	6.29	2349
庆阳市	Qingyang	601.44	25.77	4.29	9.96	3865
定西市	Dingxi	903.57	56.53	6.26	17.57	3108
陇南市	Longnan	508.97	38.93	7.65	10.20	2620
临夏州	Linxia	781.63	6.06	0.78	1.64	2700
甘南州	Gannan	98.53	9.67	9.81	2.05	2119

10-20 各地、县固定资产投资和新增固定资产增长情况（2022）
Growth Rate of Investment in Fixed Assets and Newly Increased Fixed Assets by Region & County (2022)

单位：%　　(%)

地、县	Region & County	投资总额 Total Investment	第一产业 Primary Industry	第二产业 Secondary Industry	#工业 Industry	第三产业 Tertiary Industry	新增固定资产 Newly Increased Fixed Assets
兰州市	**Lanzhou**	**-3.52**	**-24.99**	**40.16**	**40.31**	**-10.33**	**-23.26**
城关区	Chengguan	-11.85		-38.76	-37.98	-9.40	25.87
七里河区	Qilihe	-19.18		-41.26	-41.26	-18.96	-80.67
西固区	Xigu	-1.39	-95.44	26.51	26.51	-4.69	-90.08
安宁区	Anning	-1.44		-7.18	-7.18	-0.89	-72.30
红古区	Honggu	10.30	-33.43	30.82	30.82	-4.93	59.85
永登县	Yongdeng	11.65	-28.11	279.94	278.53	-28.52	256.63
皋兰县	Gaolan	-29.66	-30.05	-40.68	-40.68	-28.79	6.18
榆中县	Yuzhong	-29.37	-59.31	19.95	19.95	-34.26	51.36
兰州新区	Lanzhou New Area	18.03	-13.60	54.13	54.13	7.22	-3.51
嘉峪关市	**Jiayuguan**	**9.42**	**-27.24**	**52.82**	**52.56**	**-10.57**	**-22.20**
金昌市	**Jinchang**	**17.34**	**-44.98**	**40.85**	**41.49**	**-20.16**	**9.08**
金川区	Jinchuan	16.00	-33.62	33.46	34.29	-17.52	56.05
永昌县	Yongchang	20.49	-51.73	60.69	60.68	-27.17	-73.71
白银市	**Baiyin**	**12.53**	**35.62**	**53.73**	**54.06**	**-1.51**	**-2.28**
白银区	Baiyin	18.70	-65.42	228.46	228.46	-0.13	92.83
平川区	Pingchuan	27.50	378.83	38.91	40.57	0.06	-43.81
靖远县	Jingyuan	11.17	-13.38	-5.94	-5.94	0.27	-40.22
会宁县	Huining	-20.55	-15.55	-8.34	-8.34	-0.22	-15.59
景泰县	Jingtai	20.90	2.01	18.79	18.79	0.25	19.67
天水市	**Tianshui**	**14.81**	**-13.18**	**12.74**	**12.74**	**15.80**	**15.75**
秦州区	Qinzhou	7.97	66.48	-2.14	-2.14	8.27	36.78
麦积区	Maiji	17.80	-59.63	69.41	69.41	16.81	205.38
清水县	Qingshui	18.00	-11.82	163.10	163.10	12.82	137.18
秦安县	Qinan	18.77		18.15	18.15	16.80	12.58
甘谷县	Gangu	19.51	-68.64	105.39	105.39	5.89	-19.25
武山县	Wushan	18.30	-44.41	-52.73	-52.73	55.09	-21.22
张家川县	Zhangjiachuan	17.83	215.07	267.06	267.06	9.39	162.81
天水经济技术开发区	Tianshui Economic and Technological Development Zone	18.91		1.32	1.32	43.61	-64.74
武威市	**Wuwei**	**18.00**	**-26.65**	**205.41**	**205.41**	**-9.97**	**17.75**
凉州区	Liangzhou	15.97	15.34	173.65	173.65	-9.30	-14.42
民勤县	Minqin	20.41	-80.74	177.38	177.38	-39.99	113.99
古浪县	Gulang	21.13	-39.11	572.34	572.34	-21.33	275.31
天祝县	Tianzhu	20.43	135.43	47.63	47.63	13.89	283.76
张掖市	**Zhangye**	**17.59**	**13.36**	**128.94**	**128.94**	**-18.11**	**-15.81**

注：新增固定资产范围为计划总投资500万元及以上项目和房地产开发投资项目。

a) The statistic scope of newly increased fixed assets covers projects and real estate development investment projects with total planned investment of 50 million yuan or more.

10-20 续表 1 continued

单位：% (%)

地、县	Region & County	投资总额 Total Investment	第一产业 Primary Industry	第二产业 Secondary Industry	#工业 Industry	第三产业 Tertiary Industry	新增固定资 产 Newly Increased Fixed Assets
甘州区	Ganzhou	18.43	25.86	268.42	268.42	-21.60	39.55
肃南县	Sunan	18.41	774.55	26.29	26.29	4.72	-1.95
民乐县	Minle	14.82	1.07	252.40	252.40	-15.77	-64.28
临泽县	Linze	19.11	28.08	93.37	93.37	-25.33	-11.27
高台县	Gaotai	14.97	-21.67	102.40	102.40	-36.81	-80.07
山丹县	Shandan	18.23	-20.45	34.81	34.81	10.76	-27.30
平凉市	**Pingliang**	**10.55**	**197.79**	**58.92**	**58.92**	**-1.28**	**-7.90**
崆峒区	Kongtong	-1.13	3512.63	-17.23	-17.23	0.31	-34.15
泾川县	Jingchuan	41.25	280.45	339.48	339.48	7.20	222.91
灵台县	Lingtai	30.18	1.48	244.90	244.90	8.65	-60.00
崇信县	Chongxin	37.59	-67.13	142.49	142.49	7.44	170.67
庄浪县	Zhuanglang	0.41	530.34	499.39	499.39	-15.56	-10.94
静宁县	Jingning	18.24	386.90	61.33	61.33	6.01	148.78
华亭市	Huating	5.08	-58.84	64.02	64.02	-12.77	-27.56
酒泉市	**Jiuquan**	**17.61**	**-18.15**	**35.68**	**35.77**	**2.32**	**-12.32**
肃州区	Suzhou	17.00	-14.82	88.47	65.64	1.83	-8.22
金塔县	Jinta	16.39	-31.16	28.71	28.71	18.58	-0.51
瓜州县	Guazhou	18.80	-11.48	26.28	31.37	-0.32	59.56
肃北县	Subei	17.75	660.63	-4.28	-4.14	88.22	-69.02
阿克塞县	Akesai	18.37		307.27	307.27	-61.35	338.02
玉门市	Yumen	17.76	-20.06	18.93	22.72	21.79	-40.78
敦煌市	Dunhuang	17.01	-60.25	161.04	161.33	-31.96	-41.98
庆阳市	**Qingyang**	**11.34**	**-35.22**	**115.54**	**117.01**	**-11.21**	**72.72**
西峰区	Xifeng	11.19	-21.23	16.88	15.75	11.06	121.19
庆城县	Qingcheng	10.46	-25.31	116.38	117.98	-9.13	9.51
环 县	Huanxian	2.73	-71.61	386.17	386.17	-61.58	-66.02
华池县	Huachi	43.71	-81.17	124.80	169.35	38.42	390.95
合水县	Heshui	1.38	-33.50	10.82	10.82	4.09	-10.14
正宁县	Zhengning	10.55	-90.84	90.89	90.89	-8.97	963.44
宁 县	Ningxian	15.99	67.86	29.48	29.48	-3.85	136.73
镇原县	Zhenyuan	13.64	-29.41	-12.34	-12.34	45.55	52.49
定西市	**Dingxi**	**16.65**	**67.78**	**40.07**	**40.07**	**8.07**	**83.48**
安定区	Anding	13.97	97.25	19.97	19.97	54.26	78.02
通渭县	Tongwei	24.02	-0.04	15.87	15.87	67.24	94.12

10-20 续表 2 continued

单位：% (%)

地、县	Region & County	投资总额 Total Investment	第一产业 Primary Industry	第二产业 Secondary Industry	#工业 Industry	第三产业 Tertiary Industry	新增固定资产 Newly Increased Fixed Assets
陇西县	Longxi	8.72	68.29	24.38	24.38	25.52	-21.73
渭源县	Weiyuan	21.55	66.55	102.34	102.34	23.97	263.05
临洮县	Lintao	16.04	43.43	72.62	72.62	27.33	104.36
漳 县	Zhangxian	25.03	104.60	80.11	80.11	145.95	48.09
岷 县	Minxian	25.15	968.60	354.78	354.78	12.88	57.24
陇南市	**Longnan**	**16.88**	**148.24**	**201.87**	**202.48**	**2.40**	**-25.08**
武都区	Wudu	22.13	30.35	617.62	617.62	16.31	9.61
成 县	Chengxian	22.11	637.86	129.66	132.99	-2.32	8.85
文 县	Wenxian	5.28	204.94	387.44	387.44	-3.16	-10.05
宕昌县	Tanchang	20.17	2180.41	138.08	138.08	0.58	-41.73
康 县	Kangxian	17.67		284.44	284.44	10.20	-77.81
西和县	Xihe	5.40		62.54	62.54	-13.99	-30.96
礼 县	Lixian	22.09	162.36	355.41	355.41	2.74	160.28
徽 县	Huixian	20.24	3.22	233.31	233.31	-11.31	-55.10
两当县	Liangdang	17.25		169.32	169.32	-31.43	-88.32
临夏州	**Linxia**	**30.02**	**-10.92**	**44.94**	**44.64**	**30.57**	**-50.81**
临夏市	linxia	30.26	287.46	-64.51	-64.51	34.54	-74.69
临夏县	linxia	32.69	-45.97	-20.69	-20.69	55.72	-97.79
康乐县	Kangle	40.35		1276.24	1276.24	24.57	
永靖县	Yongjing	39.76	-87.86	64.00	64.00	37.73	-93.87
广河县	Guanghe	21.83	-45.84	-21.60	-21.60	30.20	147.96
和政县	Hezheng	32.47	3.91	357.18	357.18	18.48	178.85
东乡县	Dongxiang	31.48		55.13	55.13	34.26	
积石山县	Jishishan	19.07		435.94	423.62	13.48	1818.56
甘南州	**Gannan**	**10.01**	**58.51**	**29.94**	**23.10**	**6.77**	**339.60**
合作市	Hezuo	13.58	-38.10	83.92	83.92	6.79	1237.52
临潭县	Lintan	11.87	-2.90	239.10	239.10	10.25	45.56
卓尼县	Zhuoni	12.31		63.43	63.43	8.91	828.69
舟曲县	Zhouqu	10.74	72.53	78.01	78.01	3.71	1801.93
迭部县	Diebu	11.84	-60.67	87.00	87.00	9.84	18822.14
玛曲县	Maqu	10.57	667.58	-72.22	-72.22	38.93	661.25
碌曲县	Luqu	10.91	110.44	205.76	105.43	-13.62	
夏河县	Xiahe	1.16	113.25	9.09	9.09	-2.16	-87.69

主要统计指标解释

固定资产投资（不含农户） 指城镇和农村各种登记注册类型的企业、事业、行政单位及城镇个体户进行的计划总投资 500 万元及 500 万元以上的建设项目投资和房地产开发投资，包含原口径的城镇固定资产投资加上农村企事业组织项目投资，该口径自 2011 年起开始使用。

基础设施投资 指为社会生产和生活提供基础性、大众性服务的工程和设施，是社会赖以生存和发展的基本条件。包括以下行业投资：铁路运输业、道路运输业、水上运输业、航空运输业、管道运输业、多式联运和运输代理业、装卸搬运业、邮政业、电信广播电视和卫星传输服务业、互联网和相关服务业、水利管理业、生态保护和环境治理业、公共设施管理业。

实际到位资金 指用于固定资产投资的各种货币资金。包括国家预算资金、国内贷款、利用外资、自筹资金和其他资金。

国家预算资金 国家预算包括一般预算、政府性基金预算、国有资本经营预算和社保基金预算。各类预算中用于固定资产投资的资金全部作为国家预算资金填报，其中一般预算中用于固定资产投资的部分包括基建投资、车购税、灾后恢复重建基金和其他财政投资。各级政府债券也应归入国家预算资金。

国内贷款 指报告期固定资产投资项目单位向银行及非银行金融机构借入用于固定资产投资的各种国内借款，包括银行利用自有资金及吸收存款发放的贷款、上级拨入的国内贷款、国家专项贷款（包括煤代油贷款、劳改煤矿专项贷款等），地方财政专项资金安排的贷款、国内储备贷款、周转贷款等。

利用外资 指报告期收到的境外（包括外国及港澳台地区）资金（包括设备、材料、技术在内）。包括对外借款（外国政府贷款、国际金融组织贷款、出口信贷、外国银行商业贷款、对外发行债券和股票）、外商直接投资、外商其他投资（包括利用外商投资收益在国内进行固定资产再投资活动的资金）。不包括我国自有外汇资金（国家外汇、地方外汇、留成外汇、调剂外汇和国内银行自有资金发放的外汇贷款等）。各类外资按报告期的外汇牌价（中间价）折成人民币计算。

自筹资金 指固定资产投资单位在报告期收到的，由各企、事业单位筹集用于固定资产投资的资金，包括各类企事业单位的自有资金和从其他单位筹集的用于固定资产投资的资金，但不包括各类财政性资金、从各类金融机构借入资金和国外资金。

其他资金来源 指在报告期收到的除以上各种资金之外的用于固定资产投资的资金。包括社会集资、个人资金、无偿捐赠的资金及其他单位拨入的资金等。

固定资产投资按国民经济行业分 指根据其从事的社会经济活动性质对各类单位进行的分类。应根据建设项目建成投产后的主要产品种类或主要用途及社会经济活动种类来划分，不能根据项目单位本身的行业类别来划分。如果项目投产后有几种产品，应根据主要产品来确定行业类别。一般情况下，一个建设项目只能属于一种国民经济行业。

固定资产投资按隶属关系分 是按建设单位或企业、事业、行政单位的主管上级机关确定的。

（1）中央 是指中共中央、人大常委会和国务院各部、委、局、总公司以及直属机构直接领导的建设项目和企业、事业、行政单位。这些单位的固定资产投资计划由国务院各部门直接编制和下达，统一组织或委托下级实施。包括有中央垂直管理的部门（如国家统计局各级调查队）和中央直属企业、事业单位（如工商银行、中国电信、中国石油）等。

（2）地方 是由省（自治区、直辖市）、地（区、市、州、盟）、县（区、市、旗）三级政府及业务主管部门直接领导和管理的建设项目、企业、事业、行政单位。地方项目还包括不隶属以上各级政府及主管部门的建设项目和企业、事业单位，如外商投资企业和无主管部门的企业等。

房地产开发投资 指各种登记注册类型的房地产开发法人单位统一开发的包括统代建、拆迁还建的住宅、厂房、仓库、饭店、宾馆、度假村、写字楼、办公楼等房屋建筑物，配套的服务设施，土地开发工程（如道路、给水、排水、供电、供热、通信、平整场地等基础设施工程）和土地购置的投资；不包括单纯的土地开发和交易活动。

固定资产投资按建设性质分 按整个建设项目情况来确定。建设项目的性质一般分为新建、扩建、改建和技术改造、单纯建造生活设施、迁建、恢复、单纯购置。房地产开发单位、农户投资不划分建设性质。

（1）新建 指从无到有“平地起家”开始建设的项目。现有企业、事业、行政单位投资的项目一般不属于新建。但如有的单位原有基础很小，经过建设后新增的固定资产价值超过该企业、事业、行政单位原有固定资产价值（原值）三倍以上的，也应作为新建。

（2）扩建 指在厂内或其他地点，为扩大原有产品的生产能力（或效益）或增加新的产品生产能力，而增建的生产车间（或主要工程）、分厂、独立的生产线的企业、事业单位。行政、事业单位在原单位增建业务性用房（如学校增建教学用房、医院增建门诊部、病房等）也作为扩建。

现有企、事业单位为扩大原有主要产品生产能力或增加新的产品生产能力，增建一个或几个主要生产车间（或主要工程）、分厂，同时进行一些更新改造工程的，也应作为扩建。

（3）改建和技术改造 指现有企业、事业单位对原有设施进行技术改造或更新（包括相应配套的辅助性生产、生活福利设施）的建设项目。改建项目包括现有企业、事业单位为适应市场变化的需要，而改变企业的主要产品种类（如军工企业转民产品等）的建设项目，原有产品生产作业线由于各工序（车间）之间能力不平衡，为填平补齐充分发挥原有生产能力而增建不增加本企业主要产品设计能力的车间的建设项目。技术改造是指企业、事业单位在现有基础上，用先进的技术代替落后的技术，用先进的工艺和装备代替落后的工艺和装备，以改变企业落后的技术经济面貌，实现以内涵为主的扩大再生产，达到提高产品质量、促进产品更新换代、节约能源、降低消耗、扩大生产规模、全面提高社会经济效益的目的。技术改造具体包括以下内容：机器设备和工具的更新改造；生产工艺改革、节约能源和原材料的改造；厂房建筑和公共设施的改造；保护环境进行的“三废”治理改造；劳动条件和生产环境的改造等。

固定资产投资按构成分

（1）建筑工程 指各种房屋、建筑物的建造工程，又称建筑工作量。这部分投资额必须兴工动料，通过施工活动才能实现，是固定资产投资额的重要组成部分。

（2）安装工程 指各种设备、装置的安装工程，又称安装工作量。

在安装工程中，不包括被安装设备本身价值。

（3）设备工具器具购置 指报告期内购置或自制的，达到固定资产标准的设备、工具、器具的价值。新建单位及扩建单位的新建车间，按照设计或计划要求购置或自制的全部设备、工具、器具，不论是否达到固定资产标准均计入“设备工具器具购置”中。

（4）其他费用 指在固定资产建造和购置过程中发生的，除建筑安装工程和设备、工器具购置投资完成额以外的应当分摊计入固定资产投资的费用，不指经营中财务上的其他费用。

施工项目个数 是指本年正式进行过建筑或安装施工活动的建设项目个数。包括本年新开工项目，以前年度开工跨入本年继续施工项目，本年全部建成投产项目、以前年度全部停缓建在本年恢复施工的项目，本年进行过施工又在本年内全部停缓建的项目。施工项目个数可以反映一定时期固定资产投资的实际规模，与同期全部建成投产项目个数相比，可以从建设速度的角度反映固定资产投资的效果。

本年投产项目个数 指报告期内按设计文件规定建成主体工程和相应配套的辅助设施，形成生产能力或工程效益，经过验收合格，并且已正式投入生产或交付使用的建设项目。

新增固定资产 是指已经完成建造和购置过程，并已交付生产或使用单位的固定资产的价值，包括已经建成投入生产或交付使用的工程投资和达到固定资产标准的设备、工具、器具的投资及有关应摊入的费用。该指标是表示固定资产投资成果的价值指标，也是反映建设进度，计算固定资产投资效果的重要指标。

11

对外经济贸易

Foreign Trade and Economic Cooperation

简要说明

一、本篇资料主要内容

本篇资料综合反映对外贸易、利用外资、对外经济合作的概况，重点反映对外经济贸易的近期发展状况。

二、本篇资料来源

本篇资料由省统计局贸易外经处搜集整理。数据来源于兰州海关、省商务厅、省市场监督管理局。

11-1 对外经济贸易
Foreign Trade and Economic Cooperation

指 标	Item	2015	2020	2021	2022
进出口总额(人民币 万元)	**Total Value of Imports and Exports (RMB 10 000 yuan)**	**4939668**	**3824498**	**4919265**	**5679692**
出口总额	Total Exports	3611754	856364	969151	1200181
进口总额	Total Imports	1327914	2968133	3950114	4479510
进出口差额	Balance	2283840	-2111769	-2980963	-3279329
进出口总额(美元 万美元)	**Total Value of Imports and Exports (USD 10 000)**	**795202**	**552973**	**760718**	**854322**
出口总额	Total Exports	581181	123768	150065	178961
进口总额	Total Imports	214021	429205	610653	675361
进出口差额	Balance	367160	-305437	-460588	-496400
外商直接投资合同项目(个)	**Number of Projects for Contracted Foreign Direct Investment (unit)**	**22**	**23**	**36**	**29**
实际使用外资额(万美元)	**Total Amount of Foreign Investment Actually Utilized (USD 10 000)**	**46036**	**8875**	**10852**	**12481**
外商直接投资	Foreign Direct Investments	11036	8875	10852	12481
外商其他投资	Other Foreign Investments	35000			
外商投资企业基本情况	**Registered Foreign-funded Enterprises**				
年底登记户数(户)	Number of Registered Enterprises (household)	2130	2532	2396	2037
投资总额(万美元)	Total Investment (USD 10 000)	765703	2593102	4180826	4103473
注册资本(万美元)	Registered Capital (USD 10 000)	331937	1851593	3300404	3332025
#外方	Capital from Foreign Investors	231589	1703654	2675472	2693906
对外非金融类直接投资(亿美元)	**Foreign non-financial direct investment Countries & Regions (USD 100 million)**	**1.23**	**0.87**	**0.94**	**1.74**
对外承包工程新签合同金额	Newly Signed Contract Value of Foreign Contracted Projects	8.5	4.9	4.4	5.8
对外承包工程完成营业额	Contracted Projects of Value of Turnover Fulfilled	2.9	2.9	3.4	3.5

注：2016 年起，实际使用外资额不含对外借款(以下相关表同)。
s) Since 2016, data of total amount of foreign Investment actually utilized exclude the foreign loans. The same applies to all tables following.

11-2 历年进出口贸易总额
Total Value of Imports and Exports

年份 Year	人民币（万元） RMB (10 000 yuan) 进出口总额 Total Imports & Exports	出口总额 Total Exports	进口总额 Total Imports	差额 Balance	美元（万美元） USD 10 000 进出口总额 Total Imports & Exports	出口总额 Total Exports	进口总额 Total Imports	差额 Balance
1978	5941	5941		5941	3454	3454		3454
1979	5905	5905		5905	3972	3972		3972
1980	5883	5883		5883	3927	3927		3927
1981	8871	7683	1188	6495	5129	4336	793	3543
1982	8850	7743	1107	6636	5069	4330	739	3591
1983	10151	8529	1622	6907	5695	4612	1083	3529
1984	20638	15849	4789	11060	6631	4573	2058	2515
1985	37917	29382	8535	20847	10004	7098	2906	4192
1986	59353	47126	12227	34899	13648	10107	3541	6566
1987	68291	57706	10585	47121	15504	12660	2844	9816
1988	67085	61837	5248	56589	16624	15205	1419	13786
1989	103668	87955	15713	72242	18674	15338	3336	12002
1990	102965	95208	7757	87451	20221	18574	1647	16927
1991	144052	131730	12322	119408	27649	25284	2365	22919
1992	231656	195936	35720	160215	41590	35177	6413	28764
1993	227787	125488	102300	23188	39905	21908	17997	3911
1994	433687	299018	134669	164349	50286	34687	15599	19088
1995	501686	304343	197343	107000	59952	36027	23925	12102
1996	397477	230667	166811	63856	47362	27330	20031	7299
1997	397997	299221	98776	200445	47844	35940	11904	24036
1998	371553	285989	85564	200425	44788	34475	10313	24162
1999	264612	207541	57071	150470	40627	31703	8924	22779
2000	468318	341698	126620	215078	56540	41268	15272	25996
2001	644276	393765	250510	143255	77825	47568	30256	17312
2002	726255	454315	271940	182375	87740	54891	32849	22042
2003	1099315	726112	373203	352909	132714	87720	44994	42726
2004	1457996	824661	633335	191326	176314	99638	76677	22961
2005	2165298	898855	1266443	-367588	263027	109100	153928	-44828
2006	3059167	1209396	1849772	-640376	382493	150960	231533	-80573
2007	4212167	1278068	2934099	-1656031	548351	165797	382554	-216757
2008	4303669	1127793	3175876	-2048083	609543	160135	449408	-289273
2009	2637699	502154	2135545	-1633391	386555	73551	313004	-239453
2010	5026829	1111806	3915023	-2803217	740295	163779	576517	-412738
2011	5689135	1409592	4279543	-2869951	872858	215878	656980	-441102
2012	5617918	2254263	3363655	-1109392	890075	357355	532721	-175366
2013	6362664	2908028	3454636	-546608	1023611	467732	555878	-88146
2014	5299907	3267859	2032049	1235810	864061	532948	331113	201835
2015	4939668	3611754	1327914	2283840	795202	581181	214021	367160
2016	4497259	2658088	1839171	818917	683298	406256	277042	129214
2017	3261407	1153892	2107516	-953624	482633	170979	311655	-140676
2018	3954494	1458484	2496010	-1037526	601303	221080	380223	-159143
2019	3804149	1313538	2490611	-1177073	552009	190700	361309	-170609
2020	3824498	856364	2968133	-2111769	552973	123768	429205	-305437
2021	4919265	969151	3950114	-2980963	760718	150065	610653	-460588
2022	5679692	1200181	4479510	-3279329	854322	178961	675361	-496400

注：货物进出口差额负数为逆差。

a) Negative number of balance between import and export of goods is deficit.

11-3 甘肃省同主要国家(地区)海关进出口总额(2022)
Value of Imports and Exports by Main Country(Region) of Gansu Province (2022)

单位：万元　　(10 000 yuan)

地区	Region	进出口总额 Total	出口总额 Exports	进口总额 Imports
甘肃省	**Gansu**	**5679692**	**1200181**	**4479510**
#中国香港	Hongkong,China	322125	296392	25733
中国台湾	Taiwan,China	304991	45837	259154
印度	India	43705	41425	2280
印度尼西亚	Indonesia	366769	38084	328685
日本	Japan	110268	29474	80795
马来西亚	Malaysia	45123	16115	29008
蒙古	Mongolia	267324	6780	260544
新加坡	Singapore	80882	24024	56858
韩国	Korea	246841	59224	187617
泰国	Thailand	20067	19537	531
哈萨克斯坦	Kazakhstan	1339930	15794	1324136
英国	United Kingdom	31402	10055	21347
法国	France	11824	9929	1896
比利时	Belgium	9372	8716	657
德国	Germany	41927	24772	17155
意大利	Italy	35908	28732	7176
荷兰	Netherlands	33675	27785	5890
瑞士	Switzerland	3414	1548	1867
俄罗斯	Russia	261981	41225	220756
巴西	Brazil	101283	23291	77992
智利	Chile	147460	1290	146171
加拿大	Canada	26464	11968	14496
美国	United States	135017	117013	18003
澳大利亚	Australia	428177	14911	413266
新西兰	New Zealand	2916	1528	1388

11-4 海关出口主要商品金额（2022）
Main Export Commodities in Value (2022)

单位：万元 (10 000 yuan)

品 名	Item	商品金额 Commodity Value
农产品	Agriculture Products	246197
医药材及药品	Medical Materials and Drugs	67442
塑料制品	Plastic Products	11438
服装及衣着附件	Clothing and Accessories	9276
陶瓷产品	Ceramic Products	7022
铁合金	Ferroalloy	21521
未锻轧铝及铝材	Wrought and Rolled Aluminium and Aluminium Products	13959
家具及其零件	Furniture and Its Parts	5460
玩具	Toys	8539
体育用品及设备	Sporting Goods and Equipment	1616
机电产品	Electromechanical Products	624256
#电工器材	Electrical Equipment	
电子元件	Electronic Component	
#集成电路	Integrated Circuit	209746
高新技术产品	New and High-tech Product	397248
生物技术	Biotechnology	50535
生命科学技术	Life science and Technology	27590
光电技术	Photoelectric Technology	5524
计算机与通信技术	Computer and Communication Technology	26128
电子技术	Electronic Technique	240837
计算机集成制造技术	Computer Integrated Manufacturing Technology	36575
材料技术	Material Technology	202
航空航天技术	Aerospace Technology	9856
电动载人汽车	Electric Passenger Car	275
纯电动客车（10 座及以上）	Pure Electric Bus (10 seats and above)	275
文化产品	Cultural Products	49593

11-5 海关进口主要商品金额（2022）
Main Import Commodities in Value (2022)

单位：万元 (10 000 yuan)

品 名	Item	商品金额 Commodity Value
农产品	Agriculture Products	112330
金属矿及矿砂	Metal ore and Sand	2475072
基本有机化学品	Basic Organic Chemicals	1794
医药材及药品	Medical Materials and Drugs	7501
美容化妆品及洗护用品	Cosmetics and Toiletries	3518
初级形状的塑料	Plastic in Primary Shape	3470
塑料制品	Plastic Products	306
天然及合成橡胶（包括胶乳）	Natural and Synthetic Rubber (Including Latex)	
木及其制品	Wood and Its Products	2191
纸浆、纸及其制品	Pulp, Paper and Its Products	13
纺织纱线、织物及其制品	Textile Yarn, Fabric and Its Products	121
钢材	Steel Products	2364
未锻轧铜及铜材	Unwrought Rolled Copper and Copper Products	144862
未锻轧铝及铝材	Wrought and Rolled Aluminium and Aluminium Products	14
机电产品	Electromechanical Products	632969
#电工器材	Electrical Equipment	382
电子元件	Electronic Component	332938
#集成电路	Integrated Circuit	277072
高新技术产品	New and High-tech Product	482563
生命科学技术	Life science and Technology	5620
光电技术	Photoelectric Technology	12172
计算机与通信技术	Computer and Communication Technology	77459
电子技术	Electronic Technique	296740
计算机集成制造技术	Computer Integrated Manufacturing Technology	71425
材料技术	Material Technology	16780
航空航天技术	Aerospace Technology	2116
其他技术	Other Technologies	253
文化产品	Cultural Products	4726

11-6 利用外资
Utilization of Foreign Capital

单位：个、万美元 (unit,USD 10 000)

年 份 Year	总计 Total		对外借款 Foreign Loans		外商直接投资 Direct Foreign Investments	
	项目 Number of Projects	金额 Value	项目 Number of Projects	金额 Value	项目 Number of Projects	金额 Value
签订利用外资协议(合同)额 Total Amount of Foreign Capital to be Utilized through the Signed Agreements and Contracts						
1995	177	44199	21	25224	156	18975
1996	138	34365	16	25813	122	8552
1997	69	30882	7	20160	62	10722
1998	72	27995	4	19631	68	8364
1999	73	28592	5	19150	68	9442
2000	84	32250	8	19910	76	12340
2001	78	26230	6	10720	72	15510
2002	63	32026	12	21000	51	11026
2003	73	69464	14	45000	59	24464
2004	92	57031	29	24467	63	32564
2005	51	53996	17	40600	34	13396
2006	49	53533	11	44977	38	8556
2007	44	34242	9	19080	35	15162
2008	49	35776	12	6840	37	28936
2009	32	79533	6	45000	26	34533
2010	32	44015	4	25000	28	19015
2011	34	60222	6	33500	28	26722
2012	27	43587	7	25000	20	18587
2013	22	93662	4	41000	18	52662
2014						
2015	26	78603	4	35000	22	43603
2016	30	1375038			30	1375038
2017	11	39569			11	39569
2018	16	29003			16	29003
2019	17	130675			17	130675
2020	23	6593			23	6593
2021	36	110580			36	110580
2022	29	138194			29	138194

11-6 续表 continued

单位：个、万美元 (unit,USD 10 000)

年 份 Year	金额总计 Total	对外借款 Foreign Loans	外商直接投资 Direct Foreign Investments
实际利用外资额 Total Amount of Foreign Investment Actually Utilized			
1995	35854	24900	10954
1996	29317	20315	9002
1997	21638	16368	5270
1998	14552	10688	3864
1999	20746	16642	4104
2000	20122	13887	6235
2001	20558	13119	7439
2002	22620	17392	5228
2003	24609	20722	3887
2004	26297	22758	3539
2005	25639	23595	2044
2006	27241	24287	2954
2007	38202	26400	11802
2008	47642	34800	12842
2009	51383	38000	13383
2010	51921	38400	13521
2011	38524	31500	7024
2012	37210	31100	6110
2013	39129	32000	7129
2014	45542	35510	10032
2015	46036	35000	11036
2016	11588		11588
2017	4356		4356
2018	5041		5041
2019	8205		8205
2020	8875		8875
2021	10852		10852
2022	12481		12481

11-7 外商直接投资项目和投资额（2022）
Foreign Investment Through Signed Contract and It's Value (2022)

单位：万美元 (USD 10 000)

项 目	Item	签订合同项目（个）Number of Contracts (unit)	签订合同投资额 Contracted Value	实际吸收外资金额 Amount of Foreign Capital Actually Used
甘肃省	**Gansu**	**29**	**138194**	**12481**
按登记注册类型分	**By Investment Manner**			
合资经营	Equity Joint Venture	16	32645	5549
合作经营	Contractual Joint Venture			
外资经营	Wholly Foreign-owned Enterprise	13	104506	6704
外商投资股份制	FDI Shareholding Inc.		1043	228
其他	Others			
按行业分	**By Sector**			
农、林、牧、渔业	Agriculture, Forestry, Animal Husbandry and Fishery	2	46	
采矿业	Mining			
制造业	Manufacturing	4	8631	392
电力、燃气及水生产和供应业	Production and Supply of Electricity, Gas and Water	5	56276	10745
建筑业	Construction			
交通运输、仓储和邮政业	Transport, Storage and Post	1	1173	
信息传输、软件和信息技术服务业	Information Transmission,Software and Information Technology	2	1464	
批发和零售业	Wholesale and Retail Trades	9	4280	578
住宿和餐饮业	Hotels and Catering Services	1	30	
金融业	Financial Intermediation			
房地产业	Real Estate	1	17100	
租赁和商务服务业	Leasing and Business Services	2	48003	
科学研究、技术服务和地质勘查业	Scientific Research, Technical Service and Geologic Prospecting	2	148	
水利、环境和公共设施管理业	Management of Water Conservancy, Environment and Public Facilities		1043	766
居民服务和其他服务业	Services to Households and Other Services			
教育	Education			
卫生和社会工作	Health and Social Service			
文化、体育和娱乐业	Culture, Sports and Entertainment			
公共管理和社会组织	Public Management and Social Organizations			
其他	Others			
按国别（地区）分	**By Countries or Regions**			
中国香港	Hong Kong,China	7	129958	11619
新加坡	Singapore			551
阿拉伯联合酋长国	United Arab Emirates			
加纳	Ghana			
中国台湾	Taiwan,China	3	6526	
英国	United Kingdom		-1971	
德国	Germany			
荷兰	Netherlands			
西班牙	Spain			
芬兰	Finland			
瑞典	Sweden			
英属维尔京群岛	British Virgin Islands		720	
加拿大	Canada	1	1	
美国	United States		56	71
澳大利亚	Australia			
其他	Others	9	1350	

11-8 年末登记外商投资企业行业分布情况（2022）
Sector Distribution Registered of Foreign-Funded Enterprises at the Year-end (2022)

行 业	Sector	企业数（户）Number of Registered Enterprises (unit)	投资总额（万美元）Total Investment (USD 10 000)	注册资本（万美元）Registered Capital (USD 10 000)	#外方 Capital Invested by Foreign Partner
甘肃省	**Gansu**	**2037**	**4103473**	**3332025**	**2693906**
农、林、牧、渔业	Agriculture, Forestry, Animal Husbandry and Fishery	54	135956	83309	55751
采矿业	Mining	5	14821	14841	4621
制造业	Manufacturing	139	1494479	1395160	1349480
电力、燃气及水生产和供应业	Production and Supply of Electricity, Gas and Water	71	645844	215170	137193
建筑业	Construction	19	16826	2638	2089
交通运输、仓储和邮政业	Transport, Storage and Post	25	61250	4227	3030
信息传输、软件和信息技术服务业	Information Transmission,Software and Information Technology	727	52443	35059	22079
批发和零售业	Wholesale and Retail Trades	488	1292834	1286775	864092
住宿和餐饮业	Hotels and Catering Services	164	3522	2006	1273
金融业	Financial Intermediation	58	16324	19314	5015
房地产业	Real Estate	38	93184	83783	81619
租赁和商务服务业	Leasing and Business Services	173	173493	145041	133181
科学研究、技术服务和地质勘查业	Scientific Research, Technical Service and Geologic Prospecting	26	21259	19799	10687
水利、环境和公共设施管理业	Management of Water Conservancy, Environment and Public Facilities	5	46743	14416	13927
居民服务和其他服务业	Services to Households and Other Services	31	234	225	125
教育	Education	1	72	72	72
卫生和社会工作	Health and Social Service	1	25000	1000	490
文化、体育和娱乐业	Culture, Sports and Entertainment	10	9190	9190	9182
其他	Others	2			

11-9 各市（州）进出口及外商投资企业进出口商品总值（2022）

Import and Export Value and Total Value of Imports and Exports Commodities of Foreign Funded Enterprises by Region (2022)

单位：万元 (10 000 yuan)

市（州）	Region	进出口商品总值 Total Value of Imports and Exports Commodities		
		进出口 Total	出口 Exports	进口 Imports
甘肃省	**Gansu**	**5679691.7**	**1200181.5**	**4479510.2**
兰州市	Lanzhou	1537606.2	588495.6	949110.6
嘉峪关市	Jiayuguan	168242.2	16074.0	152168.2
金昌市	Jinchang	2328472.6	80098.5	2248374.1
白银市	Baiyin	950803.8	40452.4	910351.4
天水市	Tianshui	410078.5	222142.6	187935.9
武威市	Wuwei	69976.9	69784.2	192.7
张掖市	Zhangye	31463.5	30132.5	1331.0
平凉市	Pingliang	21344.5	21253.5	91.0
酒泉市	Jiuquan	76517.3	65291.2	11226.1
庆阳市	Qingyang	13265.7	13200.7	65.0
定西市	Dingxi	28633.9	17387.7	11246.2
陇南市	Longnan	28484.0	28484.0	
临夏州	Linxia	10444.1	6024.2	4419.9
甘南州	Gannan	4358.5	1360.3	2998.2

11-9 续表 continued

单位：万元 (10 000 yuan)

市（州）	Region	外商投资企业进出口商品总值 Total Value of Imports and Exports Commodities of Foreign-funded Enterprises		
		进出口 Total	出口 Exports	进口 Imports
甘肃省	**Gansu**	**40463.8**	**14127.0**	**26336.8**
兰州市	Lanzhou	30793.1	4679.9	26113.3
嘉峪关市	Jiayuguan			
金昌市	Jinchang	881.7	881.7	
白银市	Baiyin	6364.3	6364.3	
天水市	Tianshui	131.9		131.9
武威市	Wuwei			
张掖市	Zhangye	1952.2	1865.3	86.9
平凉市	Pingliang			
酒泉市	Jiuquan	12.9	9.7	3.2
庆阳市	Qingyang			
定西市	Dingxi			
陇南市	Longnan			
临夏州	Linxia	307.2	307.2	
甘南州	Gannan	20.5	18.9	1.6

11-10 各市（州）外商直接投资合同项目和投资额（2022）
Foreign Investment Through Signed Contract and It's Value by Region (2022)

市（州）	Region	签订合同项目（个）Number of Contracts (unit)	签订合同投资额（万美元）Contracted Value (USD 10 000)	实际吸收外资金额（万美元）Amount of Foreign Capital Actually Attracted (USD 10 000)
甘肃省	**Gansu**	**29**	**138194**	**12481**
兰州市	Lanzhou	12	25442	2956
嘉峪关市	Jiayuguan	1		
金昌市	Jinchang	4	8732	2458
白银市	Baiyin	1	2161	
天水市	Tianshui	3	1494	27
武威市	Wuwei	1	19883	814
张掖市	Zhangye	3	47843	497
平凉市	Pingliang	1	567	
酒泉市	Jiuquan	2	28937	5225
庆阳市	Qingyang	1	3135	475
定西市	Dingxi			
陇南市	Longnan			
临夏州	Linxia			29
甘南州	Gannan			

主要统计指标解释

进出口总额 指实际进出我国国境的货物总金额。包括对外贸易实际进出口货物，来料加工装配进出口货物，国家间、联合国及国际组织无偿援助物资和赠送品，华侨、港澳台同胞和外籍华人捐赠品，租赁期满归承租人所有的租赁货物，进料加工进出口货物，边境地方贸易及边境地区小额贸易进出口货物（边民互市贸易除外），中外合资企业、中外合作经营企业、外商独资经营企业进出口货物和公用物品，到、离岸价格在规定限额以上的进出口货样和广告品（无商业价值、无使用价值和免费提供出口的除外），从保税仓库提取在中国境内销售的进口货物，以及其他进出口货物。该指标可以观察一个国家在对外贸易方面的总规模。我国规定出口货物按离岸价格统计，进口货物按到岸价格统计。

进出口货物的收发货人 指在海关备案（原为注册）的对外签订并执行进出口贸易合同的中国境内法人、其他组织或个人。

进出口货物 我国境内法人和其他组织、个人及一般贸易、加工贸易、补偿贸易、保税监管场所进出境货物、易货贸易、国际援助物资或捐赠品等贸易方式进出境的货物。

利用外资 指我国各级政府、部门、企业和其他经济组织通过对外借款、吸收外商直接投资以及用其他方式筹措的境外现汇、设备、技术等。

对外借款 指通过对外正式签订借款协议，从境外筹措的资金，包括外国政府贷款、国际金融组织贷款、外国银行商业贷款、出口信贷以及对外发行债券等。1996 年及以前还包括对外发行股票。该指标是我国利用外资的重要部分。

外商直接投资 是指外国投资者在我国境内通过设立外商投资企业、合伙企业、与中方投资者共同进行石油资源的合作勘探开发以及设立外国公司分支机构等方式进行投资。外国投资者可以用现金、实物、无形资产、股权等投资，还可以用从外商投资企业获得的利润进行再投资。

外商其他投资 指除对外借款和外商直接投资以外的各种利用外资的形式。包括企业在境内外股票市场公开发行的以外币计价的股票（目前主要是在香港证券市场发行的 H 股和在境内证券市场发行的 B 股）发行价总额，国际租赁进口设备的应付款，补偿贸易中外商提供的进口设备、技术、物料的价款，加工装配贸易中外商提供的进口设备、物料的价款。

对外承包工程 根据《对外承包工程管理条例》，对外承包工程是指中国的企业或者其他单位承包境外建设工程项目的活动。

对外劳务合作 指组织劳务人员赴其他国家或地区为国外的企业或机构工作的经营性活动。

12 农 业

Agriculture

简要说明

一、本篇资料的主要内容

本篇资料反映了全省农业生产和农村经济的基本情况，主要包括农林牧渔业总产值、增加值、主要农产品产量、农业机械年末拥有量、农村电气化和农业化学化情况以及农田水利建设等方面的内容。

二、本篇资料的来源

1. 农业资料来源于农村社会经济统计年报，由省统计局农村处整理提供。

2. 粮食面积、产量及畜牧业数据来源于国家统计局甘肃调查总队。

3. 水利资料来源于省水利厅。

4. 农机资料来源于省农业农村厅。

三、本篇资料的统计范围和统计口径

《甘肃省农村社会经济统计报表制度》的统计范围包括省内全部农村社会经济情况，以及国营、机关单位农林牧渔场的农林牧渔业生产情况。农业科研单位的农业实验研究生产、军队系统的军马场生产以及军队和公安司法部门的警犬生产除外。

本篇资料中 2003 年及以后年份的农林牧渔业总产值、增加值按新口径计算。即调整了农业中种植业和其他农业的分类，增加农林牧渔服务业统计。

根据第一、二和第三次全国农业普查结果，对全省、分市州、分县农业产值、增加值等历史数据进行了修订。

根据第二次全国农业普查结果，对 1997—2006 年畜牧业数据进行了修订。

根据第三次全国农业普查结果，对 2007—2017 年种植业、园林水果、畜牧业及渔业数据进行了修订。

12-1 农村基层组织情况
Basic Conditions of Rural Grass-roots Unit

项 目	Item	2010	2015	2020	2021	2022
村民委员会（个）	Number of Village Committee (unit)	16162	16133	16056	15971	15974
村民小组（个）	Villagers Group (unit)	96998	97431	97392	96780	96660
乡村户数（万户）	Number of Rural Households (10 000 households)	480.63	493.76	515.34	513.17	510.98
乡村人口（万人）	Rural Population (10 000 persons)	2087.61	2075.19	2062.88	2033.50	2009.24
乡村从业人员（万人）	Number of Rural Laborers (10 000 persons)	1113.99	1129.74	1133.49	1125.90	1120.06
按性别分	By Sex					
男	Male	591.75	607.14	614.63	611.75	606.77
女	Female	522.24	522.60	518.86	514.15	513.29
按行业分	By Sector					
农林牧渔业	Agriculture, Forestry, Animal Husbandry & Fishery	724.82	668.07	638.90	629.09	622.79
工业	Industry	43.68	49.20	56.56	57.32	57.41
建筑业	Construction	86.13	110.69	133.53	136.80	139.04
批发与零售业	Wholesale and Retail Trades	29.66	35.22	37.96	38.21	38.17
交通运输仓储和邮政业	Transport, Storage and Post	26.92	29.81	30.97	31.04	31.45
住宿和餐饮业	Hotels and Catering Serices	17.57	24.02	31.07	32.16	33.31
信息传输、软件和	Information Transmission,Software	2.34	3.59	5.35	5.63	5.73
金融业	Financial Intermediation	1.53	1.84	3.26	3.29	3.28
科学研究和技术服务业	Scientific Research and Technical Services	1.92	1.89	2.03	2.00	2.04
教育	Education	6.03	6.91	7.31	7.52	7.67
卫生和社会工作	Health and Social Service	3.52	4.39	4.87	4.99	5.14
乡镇经济组织（乡务）管理	Villages and Towns Economic Organizations (Rural Affairs) Management	0.81	11.33	10.07	9.99	9.92
其他	Others	169.06	182.79	171.61	167.86	164.13

12-2　各市（州）农村基本情况（2022）
Basic Conditions of Rural by Region (2022)

市（州）	Region	村民委员会（个） Number of Village Committee (unit)	村民小组（个） Villagers Group (unit)	乡村户数（万户） Number of Rural Households (10 000 households)	乡村人口（万人） Rural Population (10 000 persons)
兰州市	Lanzhou	728	4205	32.92	121.52
嘉峪关市	Jiayuguan	17	117	0.60	2.12
金昌市	Jinchang	139	1084	8.21	23.93
白银市	Baiyin	703	4444	33.71	126.12
天水市	Tianshui	2491	11456	70.56	304.68
武威市	Wuwei	1053	8153	34.46	127.47
张掖市	Zhangye	837	5714	27.32	86.03
平凉市	Pingliang	1469	8942	48.64	188.44
酒泉市	Jiuquan	438	2531	16.79	60.47
庆阳市	Qingyang	1261	9219	57.40	229.59
定西市	Dingxi	1888	13227	63.60	253.82
陇南市	Longnan	3198	14069	64.07	246.42
临夏州	Linxia	1090	10548	39.95	181.78
甘南州	Gannan	662	2951	12.75	56.84

12-3　各市（州）乡村就业人员（2022）
Rural Laborers by Region (2022)

单位：万人　　　　(10 000 persons)

市（州）	Region	总计 Total	农林牧渔业 Agriculture, Forestry, Animal Husbandry & Fishery	工业 Industry	建筑业 Construction	批发与零售业 Wholesale and Retail Trades	交通运输仓储业和邮政业 Transport, Storage and Post	其他非农行业 Other Non-agricultural Trades
兰州市	Lanzhou	65.67	32.99	5.56	5.98	2.42	3.67	15.04
嘉峪关市	Jiayuguan	1.28	0.79	0.11	0.05	0.04	0.07	0.23
金昌市	Jinchang	12.60	7.00	0.92	1.52	0.45	0.60	2.11
白银市	Baiyin	69.54	47.13	2.76	5.56	1.89	1.96	10.23
天水市	Tianshui	167.91	90.25	9.95	23.43	5.80	3.50	34.98
武威市	Wuwei	75.37	40.94	4.62	10.44	3.45	2.63	13.30
张掖市	Zhangye	61.41	33.66	2.48	9.67	2.27	1.82	11.51
平凉市	Pingliang	104.51	53.60	5.58	15.47	3.34	3.34	23.17
酒泉市	Jiuquan	36.26	20.72	1.62	3.37	1.60	1.24	7.71
庆阳市	Qingyang	119.88	66.72	6.68	10.78	4.31	3.03	28.36
定西市	Dingxi	145.84	89.98	4.97	18.81	4.09	2.77	25.21
陇南市	Longnan	131.09	68.54	4.90	16.77	3.59	2.83	34.47
临夏州	Linxia	96.79	48.86	6.49	14.29	4.07	3.18	19.89
甘南州	Gannan	31.92	21.62	0.77	2.88	0.84	0.81	5.00

12-4 各地、县乡村户数及乡村人口（2022）

Number of Rural Households and Population by Region & County (2022)

地、县	Region & County	乡村户数（万户）Number of Rural Households (10 000 households)	乡村人口（万人）Rural Population (10 000 persons)
兰州市	**Lanzhou**	**32.92**	**121.52**
城关区	Chengguan	0.36	1.57
七里河区	Qilihe	2.16	8.89
西固区	Xigu	1.46	5.05
安宁区	Anning		
红古区	Honggu	1.32	4.63
永登县	Yongdeng	9.95	36.16
皋兰县	Gaolan	3.71	12.02
榆中县	Yuzhong	10.81	40.27
兰州新区	Lanzhou New Area	3.14	12.93
嘉峪关市	**Jiayuguan**	**0.60**	**2.12**
金昌市	**Jinchang**	**8.21**	**23.93**
金川区	Jinchuan	2.06	5.37
永昌县	Yongchang	6.15	18.57
白银市	**Baiyin**	**33.71**	**126.12**
白银区	Baiyin	2.61	6.69
平川区	Pingchuan	2.73	9.97
靖远县	Jingyuan	11.84	44.98
会宁县	Huining	12.42	49.40
景泰县	Jingtai	4.11	15.08
天水市	**Tianshui**	**70.56**	**304.68**
秦州区	Qinzhou	10.23	45.97
麦积区	Maiji	11.57	48.00
清水县	Qingshui	7.03	28.52
秦安县	Qinan	12.89	51.83
甘谷县	Gangu	12.90	55.40
武山县	Wushan	9.10	41.77
张家川县	Zhangjiachuan	6.84	33.19
武威市	**Wuwei**	**34.46**	**127.47**
凉州区	Liangzhou	17.96	68.76
民勤县	Minqin	5.22	18.14
古浪县	Gulang	8.30	29.68
天祝县	Tianzhu	2.98	10.89
张掖市	**Zhangye**	**27.32**	**86.03**
甘州区	Ganzhou	8.47	24.27
肃南县	Sunan	0.99	2.79
民乐县	Minle	5.69	20.13
临泽县	Linze	3.48	11.69
高台县	Gaotai	4.02	12.78
山丹县	Shandan	4.67	14.37
平凉市	**Pingliang**	**48.64**	**188.44**
崆峒区	Kongtong	8.50	32.64
泾川县	Jingchuan	8.49	31.19
灵台县	Lingtai	6.06	20.28
崇信县	Chongxin	2.20	8.05
庄浪县	Zhuanglang	9.64	40.59
静宁县	Jingning	10.31	42.08
华亭市	Huating	3.43	13.61
酒泉市	**Jiuquan**	**16.79**	**60.47**
肃州区	Suzhou	5.53	20.30
金塔县	Jinta	2.82	10.33
瓜州县	Guazhou	2.75	10.24
肃北县	Subei	0.22	0.61
阿克塞县	Akesai	0.10	0.27
玉门市	Yumen	2.65	9.33
敦煌市	Dunhuang	2.71	9.39
庆阳市	**Qingyang**	**57.40**	**229.59**
西峰区	Xifeng	6.70	27.52
庆城县	Qingcheng	5.67	23.17
环　县	Huanxian	8.51	33.28
华池县	Huachi	3.02	11.28
合水县	Heshui	3.90	15.34
正宁县	Zhengning	5.15	20.38
宁　县	Ningxian	12.63	52.28
镇原县	Zhenyuan	11.81	46.34
定西市	**Dingxi**	**63.60**	**253.82**
安定区	Anding	10.27	36.20
通渭县	Tongwei	8.82	38.36
陇西县	Longxi	10.62	42.79
渭源县	Weiyuan	8.16	30.45
临洮县	Lintao	11.30	45.30
漳　县	Zhangxian	4.22	18.63
岷　县	Minxian	10.22	42.10
陇南市	**Longnan**	**64.07**	**246.42**
武都区	Wudu	13.80	52.72
成　县	Chengxian	5.94	22.05
文　县	Wenxian	6.87	20.73
宕昌县	Tanchang	6.41	25.26
康　县	Kangxian	4.96	17.63
西和县	Xihe	8.93	39.02
礼　县	Lixian	11.00	46.94
徽　县	Huixian	5.10	18.65
两当县	Liangdang	1.06	3.41
临夏州	**Linxia**	**39.95**	**181.78**
临夏市	Linxia	2.02	9.17
临夏县	Linxia	8.09	36.93
康乐县	Kangle	6.10	27.47
永靖县	Yongjing	4.00	15.82
广河县	Guanghe	4.38	23.60
和政县	Hezheng	4.48	19.09
东乡县	Dongxiang	5.35	23.73
积石山县	Jishishan	5.54	25.98
甘南州	**Gannan**	**12.75**	**56.84**
合作市	Hezuo	0.57	3.56
临潭县	Lintan	3.28	13.54
卓尼县	Zhuoni	1.91	9.31
舟曲县	Zhouqu	3.07	12.03
迭部县	Diebu	0.89	4.01
玛曲县	Maqu	1.10	4.48
碌曲县	Luqu	0.58	2.90
夏河县	Xiahe	1.34	7.03

12-5 各地、县乡村从业人员（2022）

Rural Employed Persons by Region & County (2022)

单位：万人　　　　(10 000 persons)

地、县	Region & County	乡村从业人员 Rural Employed Persons	#农、林、牧、渔业 Agriculture,Forestry, Animal Husbandry and Fishery	地、县	Region & County	乡村从业人员 Rural Employed Persons	#农、林、牧、渔业 Agriculture,Forestry, Animal Husbandry and Fishery
兰州市	**Lanzhou**	**65.67**	**32.99**	瓜州县	Guazhou	5.97	4.08
城关区	Chengguan	0.84	0.38	肃北县	Subei	0.31	0.23
七里河区	Qilihe	5.16	3.10	阿克塞县	Akesai	0.17	0.12
西固区	Xigu	2.88	1.23	玉门市	Yumen	5.91	3.65
安宁区	Anning			敦煌市	Dunhuang	5.74	2.69
红古区	Honggu	2.37	1.54	**庆阳市**	**Qingyang**	**119.88**	**66.72**
永登县	Yongdeng	20.03	9.54	西峰区	Xifeng	13.96	7.42
皋兰县	Gaolan	6.41	3.36	庆城县	Qingcheng	12.65	8.15
榆中县	Yuzhong	20.82	11.40	环　县	Huanxian	17.98	8.79
兰州新区	Lanzhou New Area	7.15	2.44	华池县	Huachi	6.14	4.85
嘉峪关市	**Jiayuguan**	**1.28**	**0.79**	合水县	Heshui	7.98	4.98
金昌市	**Jinchang**	**12.60**	**7.00**	正宁县	Zhengning	12.15	6.51
金川区	Jinchuan	3.11	1.78	宁　县	Ningxian	27.45	14.83
永昌县	Yongchang	9.49	5.22	镇原县	Zhenyuan	21.56	11.19
白银市	**Baiyin**	**69.54**	**47.13**	**定西市**	**Dingxi**	**145.84**	**89.98**
白银区	Baiyin	3.50	1.56	安定区	Anding	20.83	13.25
平川区	Pingchuan	7.08	4.42	通渭县	Tongwei	23.02	13.75
靖远县	Jingyuan	23.49	16.78	陇西县	Longxi	24.09	14.20
会宁县	Huining	26.57	18.71	渭源县	Weiyuan	17.91	12.71
景泰县	Jingtai	8.91	5.66	临洮县	Lintao	24.48	14.96
天水市	**Tianshui**	**167.91**	**90.25**	漳　县	Zhangxian	10.29	4.60
秦州区	Qinzhou	25.37	11.07	岷　县	Minxian	25.21	16.51
麦积区	Maiji	25.08	13.08	**陇南市**	**Longnan**	**131.09**	**68.54**
清水县	Qingshui	15.65	9.66	武都区	Wudu	26.65	10.63
秦安县	Qinan	29.35	17.35	成　县	Chengxian	11.99	6.09
甘谷县	Gangu	29.83	14.93	文　县	Wenxian	12.44	7.24
武山县	Wushan	23.78	12.62	宕昌县	Tanchang	14.47	7.69
张家川县	Zhangjiachuan	18.84	11.53	康　县	Kangxian	9.51	5.24
武威市	**Wuwei**	**75.37**	**40.94**	西和县	Xihe	20.68	12.19
凉州区	Liangzhou	39.63	19.13	礼　县	Lixian	23.20	13.98
民勤县	Minqin	10.47	6.99	徽　县	Huixian	10.18	4.38
古浪县	Gulang	17.79	10.19	两当县	Liangdang	1.96	1.10
天祝县	Tianzhu	7.49	4.63	**临夏州**	**Linxia**	**96.79**	**48.86**
张掖市	**Zhangye**	**61.41**	**33.66**	临夏市	Linxia	3.81	0.97
甘州区	Ganzhou	21.01	12.28	临夏县	Linxia	19.12	6.42
肃南县	Sunan	1.72	1.18	康乐县	Kangle	14.25	8.89
民乐县	Minle	13.22	7.92	永靖县	Yongjing	9.02	5.54
临泽县	Linze	7.34	3.76	广河县	Guanghe	12.12	7.36
高台县	Gaotai	8.41	4.30	和政县	Hezheng	11.50	3.36
山丹县	Shandan	9.72	4.22	东乡县	Dongxiang	14.25	9.16
平凉市	**Pingliang**	**104.51**	**53.60**	积石山县	Jishishan	12.72	7.16
崆峒区	Kongtong	19.02	9.06	**甘南州**	**Gannan**	**31.92**	**21.62**
泾川县	Jingchuan	16.13	9.35	合作市	Hezuo	2.06	1.78
灵台县	Lingtai	11.30	5.79	临潭县	Lintan	7.63	4.78
崇信县	Chongxin	4.76	2.10	卓尼县	Zhuoni	5.25	3.58
庄浪县	Zhuanglang	23.34	11.48	舟曲县	Zhouqu	6.54	3.06
静宁县	Jingning	22.35	12.98	迭部县	Diebu	2.13	1.26
华亭市	Huating	7.61	2.83	玛曲县	Maqu	2.56	2.42
酒泉市	**Jiuquan**	**36.26**	**20.72**	碌曲县	Luqu	1.69	1.51
肃州区	Suzhou	12.13	6.47	夏河县	Xiahe	4.07	3.22
金塔县	Jinta	6.03	3.47				

12-6 农林牧渔业总产值
Gross Output Value of Agriculture,Forestry, Animal Husbandry and Fishery

单位：万元 (10 000 yuan)

年 份 Year	农林牧渔业总产值 Gross Output Value of Agriculture, Forestry,Animal Husbandry and Fishery	农业 Agriculture	林业 Forestry	牧业 Animal Husbandry	渔业 Fishery	农林牧渔服务业 Services in Support of Agriculture
1978	224533	163057	6153	37871	15	17437
1979	232810	167282	6020	42142	22	17344
1980	273886	204964	6509	47391	22	15000
1981	280174	206490	9850	47008	26	16800
1982	305248	211363	16903	53768	29	23185
1983	400865	284715	21158	68525	31	26436
1984	403253	264127	32261	72533	28	34304
1985	488182	326444	36296	104723	90	20629
1986	563960	380401	34052	125629	248	23630
1987	655161	418447	34509	169234	563	32408
1988	847166	532298	38231	242954	1233	32450
1989	891232	563476	33209	252186	1811	40551
1990	1024993	686857	32679	257733	2156	45568
1991	1065704	712525	35284	264560	2669	50666
1992	1194970	811291	41310	279057	3312	60000
1993	1353978	928773	47260	311061	4218	62666
1994	2121949	1479266	57959	479308	5595	99821
1995	2694508	1885426	65048	619212	7845	116977
1996	3073203	2339849	65780	646457	8508	12609
1997	2992411	2099008	74206	678147	9309	131741
1998	3346943	2358231	87791	722056	11645	167220
1999	3199866	2332447	96697	600261	10352	160108
2000	3201176	2228126	111534	688108	11878	161530
2001	3396579	2396351	86471	759285	10896	143576
2002	3528583	2532054	138735	807290	10004	40500
2003	4278433	2758234	198140	854917	9571	457571
2004	5035034	3313663	161915	1057696	9863	491898
2005	5497110	3628896	158959	1143231	10237	555787
2006	5937000	3958383	149934	1182928	10369	635386
2007	6860990	4587283	194286	1311680	10469	757272
2008	7524991	5037264	209174	1217880	8324	1052350
2009	8097206	5505614	225986	1244182	9162	1112262
2010	9052186	6288841	220555	1415203	7787	1119800
2011	9996869	6885580	205049	1639435	10548	1256256
2012	11160035	7729821	238727	1803793	11931	1375763
2013	12337770	8537930	266494	1972491	13275	1547580
2014	13073146	8977921	302083	2089529	14193	1689420
2015	13861771	9511521	338827	2175063	14423	1821936
2016	14431154	9857296	308329	2859114	22185	1384230
2017	15596407	10686132	315719	3089678	20904	1483974
2018	16593567	11660985	330745	3188756	19740	1393340
2019	18875755	13064126	380871	3955697	20306	1454754
2020	21036075	14238463	317349	4952861	19681	1507722
2021	24395358	16232134	328215	6198536	19603	1616870
2022	26807446	18064322	364343	6622253	17457	1739072

12-7 农林牧渔业总产值指数
Indices of Gross Output Value of Agriculture, Forestry,Animal Husbandry and Fishery

（上年 =100） (preceding year=100)

年 份 Year	农林牧渔业总产值 Gross Output Value of Agriculture, Forestry,Animal Husbandry and Fishery	农业 Agriculture	林业 Forestry	牧业 Animal Husbandry	渔业 Fishery	农林牧渔服务业 Services in Support of Agriculture
1978	105.19	104.32	96.75	110.95	84.62	
1979	93.52	91.55	88.71	101.35	120.24	
1980	111.08	115.08	114.92	98.03	83.17	
1981	92.24	91.71	85.76	95.79	104.76	
1982	113.30	108.87	140.21	122.37	111.36	
1983	113.83	115.15	120.15	108.13	107.14	
1984	108.98	105.12	138.46	112.93	138.10	
1985	113.64	108.54	112.93	129.35	158.62	
1986	107.25	107.39	85.43	113.67	145.22	
1987	102.48	102.63	92.00	104.45	200.00	
1988	107.14	111.27	88.71	101.10	134.43	
1989	107.17	105.29	93.81	114.40	136.41	
1990	105.26	106.78	101.45	102.14	117.47	
1991	101.04	100.37	102.04	102.51	113.34	
1992	106.62	108.91	107.01	100.91	114.84	
1993	107.76	109.56	104.46	103.47	116.02	
1994	104.34	104.33	104.09	104.33	114.08	
1995	99.91	98.56	97.36	103.86	128.40	
1996	112.00	115.66	101.20	103.91	106.60	
1997	100.40	100.43	95.49	100.93	110.26	
1998	115.93	119.08	98.92	108.92	117.69	
1999	99.04	98.33	112.22	99.47	120.41	
2000	104.92	103.44	122.46	107.12	109.55	
2001	107.81	109.93	71.19	107.14	104.29	
2002	105.77	103.75	163.62	106.12	100.44	
2003	105.88	103.18	148.36	107.41	97.20	
2004	107.10	108.05	80.83	110.12	107.05	105.00
2005	107.03	107.21	90.85	107.03	105.92	111.30
2006	104.61	103.58	85.55	109.04	105.29	112.99
2007	104.31	104.17	130.96	96.83	107.17	112.76
2008	107.35	108.89	109.48	102.93	101.16	105.24
2009	105.79	105.18	116.21	107.50	101.04	103.57
2010	105.69	106.74	89.35	104.84	105.25	103.02
2011	105.38	106.17	105.35	101.83	109.39	105.83
2012	106.35	106.98	103.13	104.20	102.04	106.22
2013	104.90	104.80	112.25	102.66	105.18	108.79
2014	105.36	104.70	108.91	107.09	101.07	106.92
2015	105.70	105.58	112.16	105.53	101.02	105.94
2016	105.30	105.70	110.45	102.90	101.19	105.52
2017	105.23	105.08	103.14	106.10	105.24	105.17
2018	103.69	105.44	104.76	102.40	96.06	93.61
2019	105.84	106.60	109.44	104.22	102.87	102.46
2020	105.24	105.52	83.32	107.79	105.56	101.51
2021	111.29	106.37	103.42	127.76	102.29	105.34
2022	105.94	105.51	109.37	107.05	89.05	105.55

注：本表按可比价格计算。

a) The indices in this table are calculated at constant prices.

12-8 各地、县农林牧渔业总产值（2022）
Gross Output Value of Agriculture,Forestry, Animal Husbandry and Fishery by Region & County (2022)

单位：万元 (10 000 yuan)

地、县	Region & County	农林牧渔业总产值 Gross Output Value of Agriculture, Forestry,Animal Husbandry and Fishery	农业 Agriculture	林业 Forestry	牧业 Animal Husbandry	渔业 Fishery	农林牧渔服务业 Services in Support of Agriculture
兰州市	**Lanzhou**	**1160449**	**868532**	**8936**	**186562**	**862**	**95556**
城关区	Chengguan	8050	5155	1022	603		1270
七里河区	Qilihe	160220	116044	261	17019		26896
西固区	Xigu	51871	42299	529	7281		1761
安宁区	Anning	1061	743	24	235		60
红古区	Honggu	125066	103943	363	17018	76	3666
永登县	Yongdeng	234877	168643	2497	56103	632	7003
皋兰县	Gaolan	148030	124664	100	15720	5	7541
榆中县	Yuzhong	362937	279715	3091	39549	150	40432
兰州新区	Lanzhou New Area	68336	27326	1049	33034		6927
嘉峪关市	**Jiayuguan**	**104561**	**70325**	**274**	**33681**		**281**
金昌市	**Jinchang**	**698104**	**458552**	**8346**	**139931**	**541**	**90734**
金川区	Jinchuan	231451	113566	952	68524		48409
永昌县	Yongchang	466654	344986	7394	71407	541	42325
白银市	**Baiyin**	**2005774**	**1322134**	**16025**	**535929**	**3912**	**127775**
白银区	Baiyin	103433	48989	1468	34775	573	17628
平川区	Pingchuan	121102	75923	2246	35185	246	7503
靖远县	Jingyuan	794706	636947	5450	110851	2533	38926
会宁县	Huining	611465	323099	6012	249627		32727
景泰县	Jingtai	375068	237177	849	105491	560	30991
天水市	**Tianshui**	**2553885**	**2254927**	**18733**	**240939**	**2401**	**36886**
秦州区	Qinzhou	363611	339727	1614	17698	416	4157
麦积区	Maiji	356881	314939	6746	29605	474	5117
清水县	Qingshui	273162	220675	2278	44554	251	5405
秦安县	Qinan	461288	444571	1910	13210	8	1589
甘谷县	Gangu	429540	387169	1814	32702	290	7564
武山县	Wushan	461449	407959	2439	42582	879	7590
张家川县	Zhangjiachuan	207955	139887	1933	60588	83	5465
武威市	**Wuwei**	**3743332**	**2197752**	**22625**	**1402020**	**66**	**120869**
凉州区	Liangzhou	1832433	1093426	1520	686368	66	51053
民勤县	Minqin	905965	637316	16081	217837		34732
古浪县	Gulang	678083	284270	469	375590		17754
天祝县	Tianzhu	326851	182739	4555	122226		17331
张掖市	**Zhangye**	**3169807**	**1772324**	**16111**	**1025636**	**2944**	**352792**

12-8 续表 1 continued

单位：万元 (10 000 yuan)

地、县	Region & County	农林牧渔业总产值 Gross Output Value of Agriculture, Forestry,Animal Husbandry and Fishery	农业 Agriculture	林业 Forestry	牧业 Animal Husbandry	渔业 Fishery	农林牧渔服务业 Services in Support of Agriculture
甘州区	Ganzhou	1270817	618014	3057	401068	923	247754
肃南县	Sunan	157835	52142	102	101648		3941
民乐县	Minle	423745	303809	921	106707		12308
临泽县	Linze	515745	252633	1734	184118	951	76309
高台县	Gaotai	456745	331041	3072	114060	1070	7503
山丹县	Shandan	312135	184598	7224	115336		4977
平凉市	**Pingliang**	**2631441**	**1911400**	**9727**	**669010**	**1513**	**39790**
崆峒区	Kongtong	380358	188014	1605	185479	417	4842
泾川县	Jingchuan	251103	193614	1943	52390	515	2641
灵台县	Lingtai	250383	158387	1545	85988	371	4091
崇信县	Chongxin	178911	87068	344	85480	14	6005
庄浪县	Zhuanglang	605882	515372	935	80369	95	9111
静宁县	Jingning	794735	686437	2746	96569	8	8975
华亭市	Huating	170070	82507	609	82736	93	4124
酒泉市	**Jiuquan**	**2966988**	**1857282**	**57883**	**625951**	**2025**	**423848**
肃州区	Suzhou	1095199	537656	5915	274999	997	275632
金塔县	Jinta	702296	456418	27986	137124	259	80508
瓜州县	Guazhou	427900	341396	1139	55411	154	29800
肃北县	Subei	32672	3367	791	27635		878
阿克塞县	Akesai	25161	2998	6712	14968		483
玉门市	Yumen	481188	366247	8175	81459	340	24966
敦煌市	Dunhuang	202573	149200	7166	34353	274	11580
庆阳市	**Qingyang**	**2098975**	**1369194**	**38883**	**608110**	**761**	**82027**
西峰区	Xifeng	157379	109192	2152	22177	144	23713
庆城县	Qingcheng	226338	174433	5255	36649	54	9947
环　县	Huanxian	350062	184243	6393	153310	49	6067
华池县	Huachi	119234	85417	9053	21279	82	3402
合水县	Heshui	149425	100996	4618	38842	114	4855
正宁县	Zhengning	130545	104105	1861	16557	34	7988
宁　县	Ningxian	405288	294534	4626	92095	133	13900
镇原县	Zhenyuan	560704	316273	4925	227201	150	12155
定西市	**Dingxi**	**1955961**	**1500742**	**19120**	**357508**	**1307**	**77284**
安定区	Anding	407643	324136	2352	75652	33	5470
通渭县	Tongwei	245647	184628	3660	54515	18	2826

12-8 续表 2 continued

单位：万元 (10 000 yuan)

地、县	Region & County	农林牧渔业总产值 Gross Output Value of Agriculture, Forestry,Animal Husbandry and Fishery	农业 Agriculture	林业 Forestry	牧业 Animal Husbandry	渔业 Fishery	农林牧渔服务业 Services in Support of Agriculture
陇西县	Longxi	330962	237025	2238	51715	148	39835
渭源县	Weiyuan	287946	238461	2525	41534	216	5209
临洮县	Lintao	351066	235431	3072	90621	418	21523
漳　县	Zhangxian	116874	96645	3392	15550	356	932
岷　县	Minxian	215823	184415	1880	27921	118	1489
陇南市	**Longnan**	**1742267**	**1388872**	**95965**	**186494**	**1988**	**68948**
武都区	Wudu	534814	433042	63504	32707	247	5314
成　县	Chengxian	179956	137891	5441	15106	155	21363
文　县	Wenxian	144057	117383	6641	16614	983	2436
宕昌县	Tanchang	150903	124260	2978	21692	45	1928
康　县	Kangxian	89023	67720	5800	10697	45	4760
西和县	Xihe	160427	127503	7057	17348	83	8435
礼　县	Lixian	220451	169923	1801	34030	84	14613
徽　县	Huixian	189752	155237	1763	24262	251	8238
两当县	Liangdang	72885	55911	979	14038	95	1861
临夏州	**Linxia**	**1352928**	**806813**	**14594**	**401346**	**2538**	**127638**
临夏市	linxia	40609	17629	85	10382	209	12304
临夏县	linxia	237311	150612	2040	63065	125	21469
康乐县	Kangle	162269	88473	4666	47304	22	21803
永靖县	Yongjing	344503	285619	2366	36127	1946	18445
广河县	Guanghe	101322	46030	319	44803		10170
和政县	Hezheng	98567	55562	2690	31989	81	8245
东乡县	Dongxiang	232666	74618	1286	129859	103	26800
积石山县	Jishishan	135682	88270	1142	37817	52	8401
甘南州	**Gannan**	**622971**	**140389**	**24760**	**363099**	**80**	**94643**
合作市	Hezuo	44263	6271	525	31636		5831
临潭县	Lintan	80036	39601	869	25591		13975
卓尼县	Zhuoni	91036	27653	2780	47542	80	12981
舟曲县	Zhouqu	80296	39426	7540	15399		17931
迭部县	Diebu	60989	18558	11389	27856		3186
玛曲县	Maqu	95346		444	83760		11142
碌曲县	Luqu	65457	2514	169	47292		15482
夏河县	Xiahe	105549	6366	1045	84023		14115

12-9 各地、县农林牧渔业总产值指数（2022）
Indices of Gross Output Value of Agriculture,Forestry, Animal Husbandry and Fishery by Region & County (2022)

（上年=100） (preceding year=100)

地、县	Region & County	农林牧渔业总产值 Gross Output Value of Agriculture, Forestry,Animal Husbandry and Fishery	农业 Agriculture	林业 Forestry	牧业 Animal Husbandry	渔业 Fishery	农林牧渔服务业 Services in Support of Agriculture
兰州市	**Lanzhou**	**105.47**	**103.91**	**89.43**	**114.09**	**103.73**	**103.26**
城关区	Chengguan	87.20	91.74	101.04	111.43		107.56
七里河区	Qilihe	92.46	90.49	99.24	88.61		88.40
西固区	Xigu	115.34	119.84	53.18	107.04		104.63
安宁区	Anning	105.15	89.25	97.38	102.00		98.56
红古区	Honggu	94.05	86.70	11.68	131.36	124.20	98.81
永登县	Yongdeng	116.74	121.83	130.90	109.62	98.21	103.16
皋兰县	Gaolan	91.95	85.31	75.61	126.14		97.18
榆中县	Yuzhong	108.93	110.72	64.64	107.82	117.55	100.38
兰州新区	Lanzhou New Area	124.18	112.85	104.16	141.19		106.52
嘉峪关市	**Jiayuguan**	**104.63**	**108.59**	**136.50**	**94.10**		**64.52**
金昌市	**Jinchang**	**106.64**	**107.73**	**103.83**	**107.65**	**69.30**	**100.31**
金川区	Jinchuan	104.99	105.53	194.94	57.44	100.00	100.84
永昌县	Yongchang	108.59	107.91	101.34	111.01	69.30	100.51
白银市	**Baiyin**	**105.32**	**103.00**	**87.91**	**109.09**	**107.76**	**108.22**
白银区	Baiyin	105.09	103.24	60.02	107.41	103.18	105.09
平川区	Pingchuan	106.26	103.95	332.42	110.48	106.02	107.91
靖远县	Jingyuan	105.07	102.34	94.18	108.24	108.88	105.77
会宁县	Huining	105.85	102.79	76.35	109.39		106.17
景泰县	Jingtai	105.10	104.91	58.72	108.77	102.33	105.28
天水市	**Tianshui**	**104.90**	**104.92**	**94.67**	**105.69**	**87.46**	**105.63**
秦州区	Qinzhou	105.83	105.87	123.91	103.83	100.65	105.64
麦积区	Maiji	103.51	104.53	62.29	107.80	97.17	105.59
清水县	Qingshui	105.92	105.70	127.45	106.24	114.02	105.65
秦安县	Qinan	103.40	103.04	122.16	113.63	124.83	105.48
甘谷县	Gangu	103.78	103.56	101.09	106.03	94.19	105.62
武山县	Wushan	107.97	108.26	106.37	106.43	78.95	105.65
张家川县	Zhangjiachuan	103.59	102.99	1006.79	101.63	42.44	105.68
武威市	**Wuwei**	**105.41**	**105.94**	**86.65**	**105.25**	**24.46**	**102.66**
凉州区	Liangzhou	101.31	87.70	72.87	124.11	130.17	102.39
民勤县	Minqin	114.43	112.83	302.67	115.43		103.95
古浪县	Gulang	104.05	102.42	6.14	110.83		101.78
天祝县	Tianzhu	105.42	96.16	95.36	117.75		101.78
张掖市	**Zhangye**	**107.23**	**108.77**	**42.84**	**108.06**	**109.09**	**104.41**

12-9 续表 1 continued

（上年 =100） (preceding year=100)

地、县	Region & County	农林牧渔业总产值 Gross Output Value of Agriculture, Forestry,Animal Husbandry and Fishery	农业 Agriculture	林业 Forestry	牧业 Animal Husbandry	渔业 Fishery	农林牧渔服务业 Services in Support of Agriculture
甘州区	Ganzhou	107.69	111.29	81.63	106.30	143.92	102.25
肃南县	Sunan	108.28	111.75	15.50	106.78		118.38
民乐县	Minle	107.74	104.64	24.13	121.01		102.43
临泽县	Linze	108.93	116.72	10.07	108.60	98.93	111.27
高台县	Gaotai	108.30	105.83	92.43	115.26	104.57	118.51
山丹县	Shandan	108.32	108.39	92.29	108.84		123.61
平凉市	**Pingliang**	**105.94**	**105.88**	**95.48**	**106.18**	**140.53**	**106.57**
崆峒区	Kongtong	106.10	105.16	86.43	106.81	100.00	100.53
泾川县	Jingchuan	106.46	106.29	95.36	106.57	321.24	115.45
灵台县	Lingtai	106.87	106.60	71.06	107.15	165.50	106.30
崇信县	Chongxin	105.04	105.04	174.05	105.06	34.48	99.88
庄浪县	Zhuanglang	106.35	105.58	54.50	107.08	43.95	99.56
静宁县	Jingning	106.62	106.42	156.61	106.97		124.43
华亭市	Huating	105.86	106.07	51.66	105.70	227.58	100.15
酒泉市	**Jiuquan**	**107.97**	**108.19**	**101.52**	**108.83**	**100.00**	**106.80**
肃州区	Suzhou	108.41	109.56	86.30	107.99	100.00	107.24
金塔县	Jinta	107.95	107.30	103.03	111.70	100.00	107.36
瓜州县	Guazhou	108.20	108.45	88.09	106.37	100.00	109.55
肃北县	Subei	107.41	97.60	102.00	109.13		100.62
阿克塞县	Akesai	106.62	104.32	96.60	112.13		106.22
玉门市	Yumen	107.56	108.13	113.76	107.75	100.00	98.22
敦煌市	Dunhuang	106.52	106.19	105.45	108.21	100.00	106.36
庆阳市	**Qingyang**	**107.65**	**108.25**	**91.19**	**107.62**	**101.80**	**107.37**
西峰区	Xifeng	107.87	108.01	111.51	104.58	101.94	110.13
庆城县	Qingcheng	107.52	109.08	85.90	104.05	190.51	108.13
环 县	Huanxian	108.09	110.30	144.69	105.09	80.25	100.82
华池县	Huachi	107.35	109.25	101.19	102.91	103.33	108.44
合水县	Heshui	106.90	104.99	98.68	113.26	105.06	109.85
正宁县	Zhengning	107.73	110.21	72.36	99.77	42.00	107.62
宁 县	Ningxian	107.14	107.15	63.40	110.77	101.05	106.99
镇原县	Zhenyuan	107.98	107.92	73.70	109.32	118.09	104.12
定西市	**Dingxi**	**105.50**	**105.69**	**95.61**	**105.95**	**83.10**	**103.09**
安定区	Anding	107.36	111.79	100.63	89.36	108.25	104.23
通渭县	Tongwei	101.00	103.68	81.63	92.40	92.14	105.39

12-9 续表 2 continued

（上年 =100） (preceding year=100)

地、县	Region & County	农林牧渔业总产值 Gross Output Value of Agriculture, Forestry,Animal Husbandry and Fishery	农业 Agriculture	林业 Forestry	牧业 Animal Husbandry	渔业 Fishery	农林牧渔服务业 Services in Support of Agriculture
陇西县	Longxi	109.83	107.09	118.42	131.25	33.18	101.27
渭源县	Weiyuan	105.82	104.83	109.16	110.98	92.76	112.51
临洮县	Lintao	100.74	96.42	89.38	114.31	87.85	103.95
漳　县	Zhangxian	118.79	122.12	86.42	108.18	137.10	102.43
岷　县	Minxian	102.05	102.49	116.87	98.08	105.69	103.06
陇南市	**Longnan**	**108.08**	**107.92**	**112.47**	**109.03**	**101.75**	**105.22**
武都区	Wudu	107.39	106.42	108.81	118.14	248.11	106.36
成　县	Chengxian	108.93	109.06	140.92	108.55	79.26	106.04
文　县	Wenxian	109.47	108.87	132.07	108.93	107.53	104.82
宕昌县	Tanchang	107.11	110.17	97.38	95.27	59.46	105.92
康　县	Kangxian	109.50	108.97	114.62	113.05	76.38	105.62
西和县	Xihe	108.52	107.15	138.47	111.58	124.24	104.27
礼　县	Lixian	106.96	108.30	155.45	100.71	75.78	104.67
徽　县	Huixian	109.50	109.08	89.61	117.70	82.11	103.94
两当县	Liangdang	107.31	106.25	101.54	112.76	93.74	106.54
临夏州	**Linxia**	**103.58**	**99.83**	**108.24**	**107.95**	**102.09**	**112.49**
临夏市	linxia	76.32	113.05	95.59	47.38	304.78	101.74
临夏县	linxia	105.01	98.91	81.25	119.08	92.77	105.53
康乐县	Kangle	105.53	100.07	76.28	117.00	48.96	103.62
永靖县	Yongjing	87.83	82.64	365.41	108.94	94.26	103.52
广河县	Guanghe	137.18	135.02	25.42	148.84	100.00	102.41
和政县	Hezheng	99.31	102.80	373.39	84.62	100.00	104.42
东乡县	Dongxiang	130.31	162.50	124.36	113.84	114.75	116.09
积石山县	Jishishan	105.35	98.57	104.49	121.31	62.10	103.20
甘南州	**Gannan**	**98.26**	**107.88**	**95.58**	**93.93**	**96.14**	**103.53**
合作市	Hezuo	97.07	88.06	91.77	97.65	100.00	103.30
临潭县	Lintan	98.01	99.39	139.60	92.74		102.70
卓尼县	Zhuoni	115.14	156.67	107.76	100.90	142.07	105.40
舟曲县	Zhouqu	103.99	99.81	117.84	108.53	100.00	102.30
迭部县	Diebu	96.24	91.36	79.21	107.86	100.00	103.10
玛曲县	Maqu	83.07	100.00	108.14	80.35		106.20
碌曲县	Luqu	93.09	104.11	94.32	89.66	100.00	106.60
夏河县	Xiahe	98.23	99.95	126.19	97.02	100.00	105.30

12-10 农林牧渔业增加值及指数
Value-added of Agriculture,Forestry,Animal Husbandry and Fishery and Related Indices

指 标	Item	2010	2015	2020	2021	2022
绝对数（万元）	**Absolute Number (10 000 yuan)**					
农林牧渔业增加值	**Value-added**	**5017273**	**7807404**	**12272591**	**14067870**	**15446648**
农业	Agriculture	3663467	5724609	8501445	9681839	10755852
林业	Forestry	92868	152401	141230	148253	157890
牧业	Animal Husbandry	964494	1446516	3224243	3804580	4061992
渔业	Fishery	5296	10175	13665	12812	10619
农林牧渔服务业	Services in Support of Agriculture	291148	473703	392007	420386	460295
指数（上年 =100）	**Indices (preceding year =100)**					
农林牧渔业增加值	**Value-added**	**105.5**	**105.4**	**105.2**	**109.9**	**105.8**
农业	Agriculture	106.4	105.9	105.1	105.6	105.3
林业	Forestry	92.3	107.4	83.8	105.2	104.9
牧业	Animal Husbandry	104.6	103.4	107.6	125.4	107.0
渔业	Fishery	105.2	101.7	102.2	99.3	82.9
农林牧渔服务业	Services in Support of Agriculture	103.0	105.9	101.5	106.7	107.5

注：2022 年数据为快报数。
a) Data of 2022 are preliminary data.

12-11 各市（州）农林牧渔业增加值（2022）
Value-added of Agriculture, Forestry, Animal Husbandry and Fishery by Region(2022)

单位：万元 (10 000 yuan)

市（州）	Region	农林牧渔业增加值 Value-added	农业 Agriculture	林业 Forestry	牧业 Animal Husbandry	渔业 Fishery	农林牧渔服务业 Services in Support of Agriculture
兰州市	Lanzhou	660231	522344	3040	109051	599	25196
嘉峪关市	Jiayuguan	64795	42644	30	22084		37
金昌市	Jinchang	347517	224848	2079	97325	396	22870
白银市	Baiyin	1186103	795211	5056	348180	3302	34354
天水市	Tianshui	1552060	1394613	8485	137002	2050	9910
武威市	Wuwei	2240451	1312499	9182	887071	60	31639
张掖市	Zhangye	1766703	992875	8079	670822	2342	92585
平凉市	Pingliang	1504808	1086208	4708	402251	1225	10415
酒泉市	Jiuquan	1512781	1011925	33976	352536	1326	113018
庆阳市	Qingyang	1250454	837262	18242	372700	295	21954
定西市	Dingxi	1116001	856144	9034	229525	760	20538
陇南市	Longnan	1029207	840674	62670	106355	1184	18323
临夏州	Linxia	791338	517274	1937	236640	802	34684
甘南州	Gannan	424200	91644	14323	293393	66	24774

注：2022 年数据为快报数。
a) Data of 2022 are preliminary data.

12-12 各市（州）农林牧渔业增加值指数（2022）
Indices of Value-added of Agriculture, Forestry, Animal Husbandry and Fishery by Region (2022)

（上年=100） (preceding year=100)

市（州）	Region	农林牧渔业增加值指数 Indices of Value-added"	农业 Agriculture	林业 Forestry	牧业 Animal Husbandry	渔业 Fishery	农林牧渔服务业 Services in Support of Agriculture
兰州市	Lanzhou	105.0	106.0	92.2	101.1	99.6	104.7
嘉峪关市	Jiayuguan	105.2	101.9	80.3	118.7	-117.0	32.1
金昌市	Jinchang	105.5	106.0	45.2	105.9	99.4	100.4
白银市	Baiyin	106.1	105.6	92.1	106.9	96.6	111.7
天水市	Tianshui	106.0	106.1	81.7	107.1	93.7	109.1
武威市	Wuwei	106.4	105.4	74.2	101.6	32.2	103.3
张掖市	Zhangye	106.3	105.6	54.1	108.1	110.8	105.3
平凉市	Pingliang	106.2	104.1	98.5	114.4	177.7	107.3
酒泉市	Jiuquan	106.6	106.7	101.2	107.2	100.0	107.6
庆阳市	Qingyang	106.4	109.3	114.8	95.2	62.6	108.2
定西市	Dingxi	106.2	106.4	95.6	103.5	82.6	105.3
陇南市	Longnan	106.1	106.6	115.8	99.2	101.8	105.2
临夏州	Linxia	106.2	103.4	27.8	104.3	55.6	117.5
甘南州	Gannan	94.4	109.1	102.3	90.7	118.5	104.2

注：1. 本表按可比价格计算。
2. 2022 年数据为快报数

a) The indices in this table are calculated at constant prices.
b) Data of 2022 are preliminary data.

12-13 灌溉、水库和除涝、治水、治碱情况
Irrigation, Reservoirs, Flood Prevention, Water and Soil Conservation, Improvement of Saline-Alkaline Land

指 标	Item	2010	2015	2020	2021	2022
万亩以上灌区数 （处）	Mumber of Irrigated Areas over 10 000 Mu (set)	214	242	250	241	242
3.3 万公顷以上	33 000 Hectares and Over	4	4	4	4	4
2.0-3.3 万公顷	20 000-33 000 Hectares	19	19	20	20	20
灌区有效灌溉面积（万公顷）	Effective Irrigated Area (10 000 hectares)	96.2	124.5	118.2	124.0	131.9
3.3 万公顷以上	33 000 Hectares and Over	17.6	20.1	24.0	20.5	20.4
2.0-3.3 万公顷	20 000-33 000 Hectares	37.1	41.7	42.0	42.6	42.5
水库数（座）	Number of Reservoirs (unit)	313	381	356	367	351
大型水库	Large Reservoir	8	9	10	10	10
中型水库	Medium-sized Reservoir	38	42	41	44	46
小型水库	Small Reservoir	267	330	305	313	295
水库库容量 （亿立方米）	Capacity of Reservoirs (100 million cu.m)	103.1	96.1	104.1	104.7	105.3
大型水库	Large Reservoir	83.9	79.0	85.3	85.3	85.3
中型水库	Medium-sized Reservoir	14.2	10.5	13.1	13.3	14.1
小型水库	Small Reservoir	4.9	5.8	5.6	6.0	5.8
除涝面积 （万公顷）	Areas with Flood Prevention Measures (10 000 hectares)	1.3	1.4	1.5	1.6	1.5
水土流失治理面积（万公顷）	Area of Soil Erosion under Control (10 000 hectares)	794.7	770.2	1009.9	1082.9	1150.5
堤防长度 （万公里）	Total Length of Dikes (10 000 km)	0.4	0.7	1.0	1.0	1.1
堤防保护面积 （万公顷）	Area of Soil Erosion under Control (10 000 hectares)	23.2	42.1	54.3	57.0	61.0

12-14 农业机械拥有量
Number of Agricultural Machinery Owned

指 标	Item	2010	2015	2020	2021	2022
农业机械总动力合计（万千瓦）	Total Agricultural Machinery Power (10 000 kW)	1977.55	2684.95	2289.53	2384.85	2516.66
#柴油发动机动力	Power of Diesel Engines	1579.07	2182.11	1691.10	1773.50	1885.33
农用大中型拖拉机（台）	Number of Large and Medium-sized Agricultural Tractors (unit)	73174	160342	114682	125626	142681
小型拖拉机（台）	Number of Small Tractors (unit)	460716	613248	726865	726282	723044
联合收割机（台）	Combine Harvester (unit)	3632	8110	11972	13172	16090
机动脱粒机（台）	Motorized Thresher (unit)	134419	255225	292271	295581	289478

注：根据新修订的《全国农业机械化管理统计报表制度》，自2016年起，农业机械总动力不含农用运输车、三轮汽车和低速载货汽车。

a) According to the newly revised "National Agricultural Mechanization Management statistical reporting system", since 2016, the total power of agricultural machinery does not include agricultural transport vehicles, three wheeled vehicles and low-speed trucks.

12-15 农业生产条件
Agriculture Production Condition

指 标	Item	2010	2015	2020	2021	2022
农业机械化	Agriculture Mechanization					
机耕水平（%）	Level of Mechanical Plowing (%)	50.96	72.80	86.27	87.74	92.65
机播水平（%）	Level of Mechanical Sowing (%)	30.11	38.23	48.98	52.36	55.48
农业水利化	Agriculture Irrigation and Water					
有效灌溉面积（千公顷）	Effective Irrigated Area (1 000 hectares)	1098.88	1165.59	1286.47	1315.83	1348.84
水平梯田面积（千公顷）	Level Terrace Area (1 000 hectares)	1840.61	2063.50	2092.66	2112.73	2142.31
条田面积（千公顷）	Strip Area (1 000 hectares)	859.31	314.60	254.97	240.30	222.18
农业电气化	Agriculture Electrization					
农村用电量（万千瓦小时）	Electricity Consumed in Rural Areas (10 000 kWh)	428511	540417	657815	694055	718292
农村生产用电	For Produce	275651	332599	366827	386814	396685
农民生活用电	For Living	152861	207818	290988	307241	321608
乡村办村水电站（个）	Number of Hydropower Stations in Rural Areas(unit)	304	365	347	348	350
乡村办水电站装机容量（万千瓦）	Generating Capacity of Hydropower Station in Rural Areas (10 000 kW)		115.9	203.3	227.0	217.1
已通电村（个）	Electrified Villages (unit)	16115	16108	16052	15970	15971
占全省总数（%）	Rate in Total (%)	99.71	99.85	99.98	99.99	99.98
农业化学化	Chemical for Agriculture					
农用化肥施用量（实物量）（万吨）	Consumption of Chemical Fertilizers (real)(10 000 tons)	292.92	321.02	279.79	271.65	270.37
农用化肥施用量（折纯量）（万吨）	Consumption of Chemical Fertilizers (convert to pure amount)(10 000 tons)	85.26	97.92	80.36	77.05	77.13
氮肥	Nitrogenous Fertilizer	37.93	40.55	30.93	29.96	29.72
磷肥	Phosphate Fertilizer	16.56	19.13	14.93	14.29	14.28
钾肥	Potash Fertilizer	6.09	8.87	7.83	7.25	7.43
复合肥	Compound Fertilizer	24.68	29.37	26.66	25.55	25.69
农用塑料薄膜使用量（万吨）	Household Plastic Film Consumption (10 000 tons)	12.37	18.37	15.30	17.07	18.81

12-16 各地、县农业生产条件（2022）
Agriculture Production Condition by Region & County (2022)

地、县	Region & County	农业机械总动力（万千瓦）Total Agricultural Machinery Power (10 000 kW)	农村用电量（万千瓦小时）Electricity Consumed in Rural Areas (10 000 kWh)	化肥施用折纯量（吨）Chemical Fertilizer Consumption (convert to pure amount) (ton)	有效灌溉面积（千公顷）Effective Irrigated Area (1 000 hectares)
兰州市	**Lanzhou**	**119.71**	**38508.17**	**35165**	**73.73**
城关区	Chengguan	2.20	1150.65	263	0.12
七里河区	Qilihe	6.79	1930.12	1750	3.60
西固区	Xigu	4.72	4028.26	759	2.23
安宁区	Anning	0.11	1843.60	2	
红古区	Honggu	12.57	5094.00	1899	4.00
永登县	Yongdeng	36.05	10271.97	9569	22.25
皋兰县	Gaolan	20.22	2713.91	3121	10.33
榆中县	Yuzhong	37.05	7954.86	15723	18.21
兰州新区	Lanzhou New Area	11.21	3520.80	2079	12.98
嘉峪关市	**Jiayuguan**	**13.67**	**1932.90**	**1979**	**3.06**
金昌市	**Jinchang**	**8.97**	**34813.70**	**19496**	**86.11**
金川区	Jinchuan	27.26	20655.50	7617	16.92
永昌县	Yongchang	99.01	14158.20	11879	69.19
白银市	**Baiyin**	**209.09**	**62384.85**	**46908**	**126.93**
白银区	Baiyin	27.01	6603.85	3662	4.47
平川区	Pingchuan	12.38	12488.49	2393	8.06
靖远县	Jingyuan	54.94	21571.55	15133	39.80
会宁县	Huining	64.71	8466.86	11399	32.30
景泰县	Jingtai	50.05	13254.10	14321	42.31
天水市	**Tianshui**	**169.12**	**49475.82**	**68484**	**38.78**
秦州区	Qinzhou	24.51	8302.43	6680	2.90
麦积区	Maiji	26.68	9877.35	14594	8.92
清水县	Qingshui	15.50	3252.29	6118	1.67
秦安县	Qinan	25.90	9364.20	16801	8.01
甘谷县	Gangu	30.37	7892.05	7547	6.50
武山县	Wushan	26.07	7743.50	14453	8.50
张家川县	Zhangjiachuan	20.08	3044.00	2291	2.28
武威市	**Wuwei**	**358.50**	**96183.81**	**86258**	**217.19**
凉州区	Liangzhou	157.34	53225.14	33399	95.23
民勤县	Minqin	111.77	20313.13	31523	58.55
古浪县	Gulang	63.40	19039.93	16543	50.41
天祝县	Tianzhu	26.00	3605.61	4792	13.01
张掖市	**Zhangye**	**299.87**	**66819.17**	**82857**	**242.95**

12-16 续表 1 continued

地、县	Region & County	农业机械总动力（万千瓦）Total Agricultural Machinery Power (10 000 kW)	农村用电量（万千瓦小时）Electricity Consumed in Rural Areas (10 000 kWh)	化肥施用折纯量（吨）Chemical Fertilizer Consumption (convert to pure amount) (ton)	有效灌溉面积（千公顷）Effective Irrigated Area (1 000 hectares)
甘州区	Ganzhou	77.23	25747.00	26122	77.84
肃南县	Sunan	7.98	3641.88	1292	13.10
民乐县	Minle	76.73	2015.39	20475	51.40
临泽县	Linze	52.38	9784.96	12206	32.03
高台县	Gaotai	44.25	11924.94	9665	36.35
山丹县	Shandan	41.31	13705.00	10461	28.88
平凉市	**Pingliang**	**150.16**	**52027.41**	**91699**	**33.79**
崆峒区	Kongtong	26.46	6956.07	9693	10.83
泾川县	Jingchuan	22.87	8539.12	18680	5.49
灵台县	Lingtai	23.30	6084.27	12060	2.33
崇信县	Chongxin	6.54	1527.16	5430	1.93
庄浪县	Zhuanglang	31.99	8300.48	18762	3.19
静宁县	Jingning	29.81	17608.37	23378	6.92
华亭市	Huating	9.20	3011.94	3696	3.10
酒泉市	**Jiuquan**	**259.92**	**44279.52**	**64348**	**213.24**
肃州区	Suzhou	83.86	11220.60	20248	60.97
金塔县	Jinta	53.47	4960.21	10458	40.50
瓜州县	Guazhou	40.50	10529.67	12104	51.26
肃北县	Subei	3.31	208.05	167	1.33
阿克塞县	Akesai	2.82	287.78	165	0.72
玉门市	Yumen	40.88	9151.65	12943	45.52
敦煌市	Dunhuang	35.08	7921.56	8262	12.94
庆阳市	**Qingyang**	**204.19**	**63974.25**	**78503**	**51.75**
西峰区	Xifeng	26.12	5949.67	6329	8.12
庆城县	Qingcheng	18.98	9403.65	12476	4.10
环　县	Huanxian	40.61	20948.28	18371	4.93
华池县	Huachi	19.45	2278.21	4103	5.31
合水县	Heshui	17.40	4760.03	5867	3.58
正宁县	Zhengning	21.05	5214.40	8253	3.58
宁　县	Ningxian	30.11	5135.18	7696	8.60
镇原县	Zhenyuan	30.47	10284.83	15408	13.54
定西市	**Dingxi**	**225.38**	**75622.41**	**87141**	**67.33**
安定区	Anding	48.63	10046.61	17850	12.83
通渭县	Tongwei	30.52	6843.00	17573	2.72

12-16 续表 2 continued

地、县	Region & County	农业机械总动力（万千瓦）Total Agricultural Machinery Power (10 000 kW)	农村用电量（万千瓦小时）Electricity Consumed in Rural Areas (10 000 kWh)	化肥施用折纯量（吨）Chemical Fertilizer Consumption (convert to pure amount) (ton)	有效灌溉面积（千公顷）Effective Irrigated Area (1 000 hectares)
陇西县	Longxi	38.74	6704.70	14051	15.77
渭源县	Weiyuan	18.84	6839.04	6610	10.12
临洮县	Lintao	43.01	38266.53	18401	21.80
漳　县	Zhangxian	16.79	1303.74	5794	3.89
岷　县	Minxian	28.84	5618.79	6862	0.21
陇南市	**Longnan**	**176.66**	**51506.95**	**54434**	**60.33**
武都区	Wudu	27.62	12497.78	10842	9.03
成　县	Chengxian	23.13	8842.64	6000	3.28
文　县	Wenxian	19.77	6510.93	1758	6.03
宕昌县	Tanchang	12.19	3885.16	3018	7.52
康　县	Kangxian	13.67	2264.06	5453	1.52
西和县	Xihe	25.20	3485.18	6687	6.20
礼　县	Lixian	32.63	5272.00	9217	18.94
徽　县	Huixian	17.16	7655.60	10602	6.69
两当县	Liangdang	5.31	1093.60	857	1.13
临夏州	**Linxia**	**104.92**	**56578.35**	**19822**	**52.90**
临夏市	linxia	3.97	5114.44	675	1.87
临夏县	linxia	14.20	4553.70	3520	13.72
康乐县	Kangle	16.75	15852.75	2561	6.91
永靖县	Yongjing	14.40	13600.18	4147	8.26
广河县	Guanghe	18.21	5033.50	1057	7.15
和政县	Hezheng	11.37	2318.00	530	2.71
东乡县	Dongxiang	13.27	7760.00	3815	6.97
积石山县	Jishishan	12.74	2345.78	3517	5.31
甘南州	**Gannan**	**43.77**	**8706.00**		**4.29**
合作市	Hezuo	3.57	416.95		0.13
临潭县	Lintan	11.90	2074.57		1.03
卓尼县	Zhuoni	8.84	783.49		0.94
舟曲县	Zhouqu	13.70	1846.23		1.58
迭部县	Diebu	3.38	1475.16		0.05
玛曲县	Maqu	0.08	717.65		
碌曲县	Luqu	1.03	271.45		
夏河县	Xiahe	1.26	1120.50		0.56

12-17 农作物播种面积
Total Sown Areas of Farm Crops

指 标	Item	2010	2015	2020	2021	2022
总播种面积（千公顷）	**Total Sown Area (1 000 hectares)**	**3726.13**	**3772.56**	**3931.84**	**3997.94**	**4061.95**
粮食作物	Sown Area of Grain Crops	2722.37	2715.72	2638.29	2676.76	2699.76
谷物	Cereal	1952.96	2031.08	1899.84	1929.95	1964.19
#稻谷	Rice	5.59	4.07	3.39	3.13	2.49
小麦	Wheat	885.33	806.39	708.72	711.27	739.49
玉米	Corn	853.85	1065.00	1000.81	1051.81	1074.47
豆类	Soybeans	172.63	127.26	163.80	160.74	159.47
#大豆	Soja	79.11	61.03	46.95	47.47	58.77
薯类	Tubers	596.77	557.39	574.65	586.06	576.11
油料	Oil-bearing Crops	356.54	343.21	276.05	262.71	269.90
#花生	Peanuts	0.51	0.68	0.44	0.37	0.31
油菜籽	Rapeseeds	196.83	190.56	148.84	144.00	152.77
棉花	Cotton	50.64	29.11	16.59	16.23	20.31
糖料	Sugar Crops	5.35	3.28	3.45	2.63	2.22
#甜菜	Beetroot	5.35	3.28	3.45	2.63	2.22
烟叶	Tobacco	3.18	2.24	1.63	1.60	1.57
#烤烟	Flue-cured Tobacco	2.62	2.03	1.58	1.54	1.50
蔬菜	Vegetables	240.64	314.08	401.77	434.11	453.52
瓜类	Melon	48.48	43.47	69.67	80.94	89.43
中草药材	Chinese Medicinal Materials	152.27	207.98	286.84	291.63	298.56
其他	Others	146.67	113.47	237.55	231.35	226.67
占总播种面积比重（%）	**Ratio in Total Sown Area (%)**					
粮食作物	Sown Area of Grain Crops	73.06	71.99	67.10	66.95	66.46
谷物	Cereal	52.41	53.84	48.32	48.27	48.36
#稻谷	Rice	0.15	0.11	0.09	0.08	0.06
小麦	Wheat	23.76	21.38	18.03	17.79	18.21
玉米	Corn	22.92	28.23	25.45	26.31	26.45
豆类	Soybeans	4.63	3.37	4.17	4.02	3.93
#大豆	Soja	2.12	1.62	1.19	1.19	1.45
薯类	Tubers	16.02	14.77	14.62	14.66	14.18
油料	Oil-bearing Crops	9.57	9.10	7.02	6.57	6.64
#花生	Peanuts	0.01	0.02	0.01	0.01	0.01
油菜籽	Rapeseeds	5.28	5.05	3.79	3.60	3.76
棉花	Cotton	1.36	0.77	0.42	0.41	0.50
糖料	Sugar Crops	0.14	0.09	0.09	0.07	0.05
#甜菜	Beetroot	0.14	0.09	0.09	0.07	0.05
烟叶	Tobacco	0.09	0.06	0.04	0.04	0.04
#烤烟	Flue-cured Tobacco	0.07	0.05	0.04	0.04	0.04
蔬菜	Vegetables	6.46	8.33	10.22	10.86	11.17
瓜类	Melon	1.30	1.15	1.77	2.02	2.20
中草药材	Chinese Medicinal Materials	4.09	5.51	7.30	7.29	7.35
其他	Others	3.94	3.01	6.04	5.79	5.58

12-18 各地、县农作物播种面积（2022）
Sown Areas of Farm Crops by Region & County(2022)

单位：千公顷 (1 000 hectares)

地、县	Region & County	农作物播种面积 Total Sown Area	粮食 Grain Crops	#小麦 Wheat	#玉米 Corn	#薯类 Tubers	油料 Oil-bearing Crops	蔬菜 Vegetables	中草药材 Chinese Medicinal Materials	果园面积 Area of Orchards
兰州市	**Lanzhou**	**193.71**	**88.09**	**24.99**	**28.22**	**20.88**	**9.15**	**63.11**	**11.29**	**8.65**
城关区	Chengguan	0.49	0.16	0.11			0.03	0.26		0.29
七里河区	Qilihe	9.59	0.97	0.14	0.82		0.04	8.38	0.19	0.52
西固区	Xigu	3.24	0.25	0.04	0.19		0.02	2.89	0.03	1.15
安宁区	Anning									0.14
红古区	Honggu	7.97	1.14	0.20	0.94		0.01	6.75		0.70
永登县	Yongdeng	72.62	43.84	17.35	11.04	7.41	3.37	12.36	2.96	1.47
皋兰县	Gaolan	17.13	7.08	1.74	2.14	2.56	0.77	6.61		3.11
榆中县	Yuzhong	69.62	30.48	4.03	11.17	10.27	3.91	24.71	7.74	0.56
兰州新区	Lanzhou New Area	13.05	4.17	1.37	1.91	0.64	0.99	1.15	0.37	0.70
嘉峪关市	**Jiayuguan**	**7.57**	**3.25**	**1.30**	**1.85**	**0.04**	**0.10**	**1.51**	**1.20**	**0.37**
金昌市	**Jinchang**	**90.20**	**61.61**	**25.43**	**28.98**	**7.04**	**1.93**	**17.63**	**0.58**	**1.01**
金川区	Jinchuan	18.38	13.20	2.14	11.02	0.04	0.01	3.86	0.04	0.53
永昌县	Yongchang	71.81	48.41	23.29	17.97	7.00	1.92	13.77	0.54	0.48
白银市	**Baiyin**	**386.62**	**267.03**	**48.62**	**119.55**	**69.80**	**23.03**	**22.08**	**22.64**	**11.49**
白银区	Baiyin	6.08	4.01	0.81	2.93	0.06	0.03	1.97	0.01	0.83
平川区	Pingchuan	23.37	16.01	2.65	7.98	3.14	2.36	1.15	0.96	1.01
靖远县	Jingyuan	112.21	53.36	7.66	27.96	7.00	3.47	11.29	12.95	3.37
会宁县	Huining	182.09	155.54	27.25	60.35	59.43	8.63	4.81	2.90	1.91
景泰县	Jingtai	62.87	38.12	10.25	20.34	0.18	8.54	2.86	5.83	4.36
天水市	**Tianshui**	**458.70**	**320.92**	**128.39**	**91.00**	**79.35**	**55.63**	**60.53**	**17.24**	**79.17**
秦州区	Qinzhou	73.23	48.71	21.42	14.83	9.96	14.82	6.15	3.46	10.02
麦积区	Maiji	56.19	42.64	19.81	16.72	4.05	6.73	4.78	0.94	14.77
清水县	Qingshui	62.06	45.25	17.20	15.01	9.44	7.31	6.42	2.49	11.40
秦安县	Qinan	72.81	56.19	20.67	13.54	16.34	7.74	5.34	2.19	21.60
甘谷县	Gangu	76.63	50.61	22.20	10.91	15.34	7.70	12.82	4.91	15.72
武山县	Wushan	74.38	42.62	13.62	10.19	15.32	7.01	21.76	2.57	3.08
张家川县	Zhangjiachuan	43.40	34.90	13.47	9.81	8.92	4.32	3.26	0.68	2.58
武威市	**Wuwei**	**263.48**	**160.21**	**40.01**	**96.47**	**10.96**	**9.73**	**45.65**	**7.25**	**12.78**
凉州区	Liangzhou	109.25	80.08	21.67	52.14	4.69	0.19	23.32	1.47	4.96
民勤县	Minqin	61.63	26.78	5.91	20.26	0.58	6.15	8.69	1.56	4.40
古浪县	Gulang	60.06	40.00	10.28	24.06	2.62	1.49	5.22	1.46	3.40
天祝县	Tianzhu	32.53	13.34	2.16	0.01	3.08	1.90	8.41	2.77	0.01
张掖市	**Zhangye**	**316.58**	**212.57**	**42.06**	**115.31**	**16.84**	**13.03**	**40.92**	**16.13**	**7.54**

12-18 续表 1 continued

单位：千公顷 (1 000 hectares)

地、县	Region & County	农作物播种面积 Total Sown Area	粮食 Grain Crops	#小麦 Wheat	#玉米 Corn	#薯类 Tubers	油料 Oil-bearing Crops	蔬菜 Vegetables	中草药材 Chinese Medicinal Materials	果园面积 Area of Orchards
甘州区	Ganzhou	81.30	61.26	2.30	56.73	0.94	0.69	16.89	0.45	1.07
肃南县	Sunan	14.33	7.66	0.93	2.73	0.06	0.14	1.06	0.15	0.01
民乐县	Minle	71.42	46.75	20.55	12.95	8.01	3.41	5.99	11.75	0.58
临泽县	Linze	31.87	24.33	0.93	23.10		0.29	4.68	0.82	2.62
高台县	Gaotai	43.13	24.49	3.52	18.11	1.14	0.44	9.24	0.74	2.77
山丹县	Shandan	46.84	30.56	13.80	1.70	6.56	4.33	2.41	2.18	0.50
平凉市	**Pingliang**	**354.45**	**287.55**	**94.59**	**100.08**	**59.04**	**22.37**	**30.08**	**5.41**	**91.40**
崆峒区	Kongtong	57.65	43.27	15.03	22.54	1.70	4.67	6.60	0.22	1.97
泾川县	Jingchuan	36.46	29.13	13.69	12.49	0.12	2.57	2.02	0.33	11.75
灵台县	Lingtai	59.74	51.70	22.35	18.57	0.89	4.67	2.18	0.45	6.53
崇信县	Chongxin	25.79	18.09	6.88	5.09	1.92	2.30	4.77	0.05	2.68
庄浪县	Zhuanglang	64.51	54.51	17.30	12.62	24.00	2.40	6.07	0.93	24.46
静宁县	Jingning	81.87	70.06	12.93	22.39	27.45	4.69	6.01	0.23	43.97
华亭市	Huating	28.42	20.79	6.40	6.35	2.95	1.06	2.43	3.19	0.03
酒泉市	**Jiuquan**	**216.25**	**67.93**	**21.95**	**45.32**	**0.26**	**4.31**	**39.11**	**28.81**	**12.55**
肃州区	Suzhou	56.98	27.01	4.42	22.33	0.16	0.19	17.22	0.29	1.66
金塔县	Jinta	44.72	16.62	6.67	9.92		0.75	11.15	2.45	2.00
瓜州县	Guazhou	51.76	7.62	3.57	3.97		0.91	2.49	14.68	0.21
肃北县	Subei	1.14	0.47	0.20	0.17	0.10	0.15	0.04		0.04
阿克塞县	Akesai	0.72	0.21		0.21			0.01	0.11	0.04
玉门市	Yumen	47.88	10.83	6.24	4.44		2.08	6.67	10.98	1.03
敦煌市	Dunhuang	13.05	5.16	0.84	4.28		0.23	1.53	0.31	7.57
庆阳市	**Qingyang**	**532.56**	**393.47**	**128.54**	**178.72**	**27.67**	**42.59**	**37.83**	**16.43**	**58.87**
西峰区	Xifeng	33.55	23.68	15.27	4.37	1.93	2.53	3.74	0.12	5.23
庆城县	Qingcheng	61.68	35.02	17.24	12.58	2.26	6.58	10.97	1.44	11.49
环　县	Huanxian	153.90	130.02	32.31	60.67	13.43	8.09	3.27	1.20	2.54
华池县	Huachi	50.58	43.01	2.29	26.03	5.21	2.19	1.67	2.70	0.68
合水县	Heshui	22.01	15.01	3.54	6.13	1.38	1.78	3.91	0.41	7.00
正宁县	Zhengning	17.17	8.02	0.91	6.07	0.22	3.73	1.95	2.39	7.65
宁　县	Ningxian	72.06	50.69	26.77	16.00	0.78	8.01	4.14	4.55	10.66
镇原县	Zhenyuan	121.61	88.02	30.21	46.88	2.46	9.67	8.18	3.63	13.62
定西市	**Dingxi**	**561.11**	**402.30**	**70.65**	**118.02**	**179.00**	**27.87**	**33.68**	**92.72**	**7.69**
安定区	Anding	120.19	99.70	6.46	27.67	59.24	5.25	14.04	1.00	0.50
通渭县	Tongwei	109.08	88.46	23.21	35.08	23.08	9.86	2.28	6.74	4.60

12-18 续表 2 continued

单位：千公顷 (1 000 hectares)

地、县	Region & County	农作物播种面积 Total Sown Area	粮食 Grain Crops	#小麦 Wheat	#玉米 Corn	#薯类 Tubers	油料 Oil-bearing Crops	蔬菜 Vegetables	中草药材 Chinese Medicinal Materials	果园面积 Area of Orchards
陇西县	Longxi	92.20	64.68	11.75	26.41	22.90	4.55	1.50	20.25	1.50
渭源县	Weiyuan	73.92	48.33	13.02	9.21	19.47	1.72	0.99	22.55	0.21
临洮县	Lintao	85.72	61.20	6.48	15.22	38.05	0.76	11.22	11.74	0.84
漳　县	Zhangxian	34.59	22.10	8.04	4.36	5.44	2.25	3.41	6.80	0.04
岷　县	Minxian	45.40	17.82	1.69	0.07	10.81	3.48	0.24	23.65	
陇南市	**Longnan**	**355.97**	**237.99**	**83.13**	**63.00**	**60.56**	**30.87**	**36.80**	**47.66**	**34.15**
武都区	Wudu	63.52	37.67	7.31	8.27	14.27	2.73	9.87	13.18	0.75
成　县	Chengxian	34.08	21.79	10.45	6.95	1.50	4.64	3.93	2.28	0.51
文　县	Wenxian	27.24	13.96	2.64	5.52	4.72	2.94	5.44	4.84	0.89
宕昌县	Tanchang	30.90	15.50	3.30	2.84	5.83	2.10	1.55	11.67	0.31
康　县	Kangxian	20.11	15.05	4.59	4.32	3.17	1.29	2.12	1.59	0.60
西和县	Xihe	51.00	37.57	15.81	5.76	14.49	4.22	3.55	5.60	3.96
礼　县	Lixian	70.67	57.50	27.72	13.09	13.10	9.14	2.14	1.85	26.30
徽　县	Huixian	43.73	31.37	9.42	12.87	2.97	3.03	6.50	2.35	0.51
两当县	Liangdang	14.73	7.58	1.90	3.38	0.52	0.79	1.70	4.30	0.33
临夏州	**Linxia**	**166.97**	**124.59**	**19.66**	**69.22**	**29.93**	**15.92**	**14.56**	**9.04**	**3.89**
临夏市	linxia	1.55	0.38	0.01	0.36	0.01	0.46	0.04	0.05	0.04
临夏县	linxia	33.91	23.46	6.15	11.05	4.40	3.48	5.31	1.07	0.56
康乐县	Kangle	25.69	19.30	5.30	10.05	1.72	2.44	0.86	2.74	0.03
永靖县	Yongjing	24.01	15.21	1.40	9.00	4.65	0.36	5.58	2.32	0.86
广河县	Guanghe	14.83	13.01	0.01	11.48	1.51	0.32	1.27	0.05	0.04
和政县	Hezheng	15.54	10.66	3.56	4.85	1.44	3.63	0.62	0.54	0.84
东乡县	Dongxiang	29.95	28.44	0.69	13.50	13.56	0.03	0.14	1.27	0.21
积石山县	Jishishan	21.48	14.12	2.52	8.94	2.64	5.20	0.72	1.01	1.32
甘南州	**Gannan**	**85.06**	**47.02**	**7.45**	**4.29**	**7.08**	**10.74**	**1.95**	**18.54**	**0.88**
合作市	Hezuo	8.17	5.17	0.24		0.74	1.47	0.05	0.47	
临潭县	Lintan	22.81	10.40	1.44	0.21	1.12	3.63	0.39	6.70	
卓尼县	Zhuoni	14.36	6.17	0.38		0.52	1.71	0.62	5.33	0.02
舟曲县	Zhouqu	22.63	15.14	3.65	3.76	3.82	1.87	0.60	4.81	0.46
迭部县	Diebu	5.72	3.92	1.40	0.32	0.51	0.50	0.23	1.00	0.39
玛曲县	Maqu									
碌曲县	Luqu	2.49	1.43			0.13	0.16	0.02	0.09	
夏河县	Xiahe	8.88	4.79	0.33		0.25	1.41	0.03	0.13	0.01

12-19 各市（州）主要农作物播种面积构成（2022）
Sown Area Structure of Major Farm Crops by Region (2022)

单位：% (%)

市（州）	Region	农作物播种面积 Total Sown Area	粮食 Grain Crops	#小麦 Wheat	#玉米 Corn	#薯类 Tubers	油料 Oil-bearing Crops	中草药材 Chinese Medicinal Materials	蔬菜 Vegetables	瓜果 Fruit and Melon
甘肃省	**Gansu**	**100.00**	**66.46**	**18.21**	**26.45**	**14.18**	**6.64**	**7.35**	**11.17**	**2.23**
兰州市	Lanzhou	100.00	45.47	12.90	14.57	10.78	4.73	5.83	32.58	1.75
嘉峪关市	Jiayuguan	100.00	42.91	17.14	24.44	0.46	1.29	15.86	19.99	0.49
金昌市	Jinchang	100.00	68.31	28.20	32.13	7.81	2.14	0.64	19.55	0.21
白银市	Baiyin	100.00	69.07	12.58	30.92	18.05	5.96	5.86	5.71	8.71
天水市	Tianshui	100.00	69.96	27.99	19.84	17.30	12.13	3.76	13.19	0.46
武威市	Wuwei	100.00	60.80	15.19	36.61	4.16	3.69	2.75	17.33	4.69
张掖市	Zhangye	100.00	67.14	13.29	36.42	5.32	4.12	5.09	12.92	0.41
平凉市	Pingliang	100.00	81.12	26.69	28.23	16.66	6.31	1.53	8.49	1.41
酒泉市	Jiuquan	100.00	31.41	10.15	20.96	0.12	1.99	13.32	18.08	7.50
庆阳市	Qingyang	100.00	73.88	24.14	33.56	5.20	8.00	3.08	7.10	2.48
定西市	Dingxi	100.00	71.70	12.59	21.03	31.90	4.97	16.52	6.00	0.15
陇南市	Longnan	100.00	66.86	23.35	17.70	17.01	8.67	13.39	10.34	0.10
临夏州	Linxia	100.00	74.62	11.77	41.46	17.93	9.54	5.41	8.72	0.66
甘南州	Gannan	100.00	55.28	8.76	5.05	8.32	12.63	21.80	2.29	0.004

12-20 各市（州）主要农作物播种面积占全省的比重（2022）
Proportion of Major Farm Crops Sown Areas by Region (2022)

单位：% (%)

市（州）	Region	农作物播种面积 Total Sown Area	粮食 Grain Crops	#小麦 Wheat	#玉米 Corn	#薯类 Tubers	油料 Oil-bearing Crops	中草药材 Chinese Medicinal Materials	蔬菜 Vegetables	瓜果 Fruit and Melon
甘肃省	**Gansu**	**100.00**	**100.00**	**100.00**	**100.00**	**100.00**	**100.00**	**100.00**	**100.00**	**100.00**
兰州市	Lanzhou	4.77	3.26	3.38	2.63	3.62	3.39	3.78	13.92	3.75
嘉峪关市	Jiayuguan	0.19	0.12	0.18	0.17	0.01	0.04	0.40	0.33	0.04
金昌市	Jinchang	2.22	2.28	3.44	2.70	1.22	0.72	0.19	3.89	0.21
白银市	Baiyin	9.52	9.89	6.58	11.13	12.12	8.53	7.58	4.87	37.20
天水市	Tianshui	11.29	11.89	17.36	8.47	13.77	20.61	5.77	13.35	2.35
武威市	Wuwei	6.49	5.93	5.41	8.98	1.90	3.61	2.43	10.07	13.63
张掖市	Zhangye	7.79	7.87	5.69	10.73	2.92	4.83	5.40	9.02	1.44
平凉市	Pingliang	8.73	10.65	12.79	9.31	10.25	8.29	1.81	6.63	5.52
酒泉市	Jiuquan	5.32	2.52	2.97	4.22	0.04	1.60	9.65	8.62	17.91
庆阳市	Qingyang	13.11	14.57	17.38	16.63	4.80	15.78	5.50	8.34	14.56
定西市	Dingxi	13.81	14.90	9.55	10.98	31.07	10.33	31.05	7.43	0.95
陇南市	Longnan	8.76	8.82	11.24	5.86	10.51	11.44	15.96	8.11	0.38
临夏州	Linxia	4.11	4.61	2.66	6.44	5.20	5.90	3.03	3.21	1.22
甘南州	Gannan	2.09	1.74	1.01	0.40	1.23	3.98	6.21	0.43	

12-21 主要农产品产量
Calendar Year Agricultural Output

单位：万吨 (10 000 tons)

年 份 Year	粮食 Grain Crops	油料 Oil-bearing Crops	中草药材 Chinese Medicinal Materials	甜菜 Beetroot	蔬菜 Vegetables	园林水果 Garden Fruits	肉类总产量 The Total Output Of Meat
1978	510.55	8.60	1.28	5.80	57.65	11.69	15.00
1979	461.35	8.46	1.25	4.42	53.64	7.35	12.90
1980	492.50	13.95	2.52	6.31	57.69	12.75	13.95
1981	412.81	13.18	1.51	10.62	59.24	11.05	14.13
1982	469.10	14.27	0.96	14.67	91.22	12.26	15.65
1983	539.62	19.28	1.79	17.48	80.56	12.58	14.77
1984	539.79	21.12	3.82	26.95	96.64	16.43	17.96
1985	530.55	26.31	3.23	61.62	116.65	19.91	23.95
1986	550.98	29.87	2.34	52.13	156.17	24.81	28.33
1987	529.37	29.45	2.30	56.32	162.31	27.17	29.34
1988	593.07	30.28	3.29	92.88	180.17	33.98	31.06
1989	639.20	30.39	3.00	66.33	208.87	34.84	31.74
1990	686.59	33.65	2.64	72.35	206.33	38.49	33.89
1991	656.38	32.55	2.79	103.63	201.88	40.42	36.56
1992	689.08	36.48	3.23	94.22	233.84	47.12	38.16
1993	750.26	37.53	5.29	104.62	251.99	59.66	41.99
1994	707.37	39.88	5.09	113.10	293.85	66.40	44.09
1995	626.78	31.69	4.28	107.01	329.39	80.36	47.33
1996	820.60	43.08	4.25	119.11	328.55	90.89	49.06
1997	766.16	35.56	3.99	139.11	346.87	100.25	52.60
1998	871.95	45.47	5.20	130.95	439.57	113.17	54.10
1999	814.93	43.79	10.70	73.85	487.32	125.74	55.78
2000	713.48	41.68	15.98	37.90	505.81	121.59	57.33
2001	753.22	38.42	24.58	45.12	603.17	121.71	59.67
2002	782.68	41.93	30.58	28.85	645.17	137.05	62.11
2003	789.34	46.04	32.51	19.95	732.59	145.37	64.37
2004	805.80	48.50	34.11	15.87	810.75	140.98	66.05
2005	836.89	50.31	35.55	14.54	866.91	172.45	69.81
2006	808.05	48.99	37.16	19.02	933.85	205.09	80.47
2007	807.60	46.72	39.74	28.20	621.03	150.19	78.51
2008	870.44	54.37	43.98	20.67	668.26	163.38	80.12
2009	896.15	59.92	46.24	21.32	711.35	182.75	80.80
2010	948.82	66.06	48.47	23.31	752.71	197.17	81.50
2011	1009.06	66.02	53.72	19.43	808.23	216.96	80.32
2012	1096.00	70.18	64.02	26.86	847.62	236.84	83.52
2013	1117.47	73.59	71.00	27.33	936.82	257.69	85.85
2014	1145.37	77.03	79.13	29.61	1014.20	279.99	89.52
2015	1154.58	76.71	83.75	18.26	1086.19	304.06	89.90
2016	1117.48	82.12	86.85	19.19	1092.89	359.93	92.20
2017	1105.90	77.35	92.72	26.69	1212.31	397.15	99.14
2018	1151.43	70.41	101.85	25.20	1292.57	370.03	101.16
2019	1162.58	63.18	113.15	26.51	1388.75	438.54	101.68
2020	1202.21	61.45	123.22	22.42	1478.51	481.07	110.09
2021	1231.46	58.79	131.46	15.88	1655.25	539.07	135.31
2022	1264.99	61.32	137.48	15.83	1736.64	575.39	142.65

12-22 主要农产品产量
Yield of Major Farm Crops

指 标	Item	2010	2015	2020	2021	2022
主要农产品产量（万吨）	**Yield of Major Farm Crops(10 000 tons)**					
粮食	Grain Crops	948.82	1154.58	1202.22	1231.46	1264.99
夏粮	Summer Grain Crops	318.02	321.94	321.28	329.85	342.23
秋粮	Autumn Grain Crops	630.77	832.65	880.93	901.61	922.76
谷物	Cereal	746.15	938.24	942.18	971.08	1004.85
#稻谷	Rice	3.93	2.84	1.69	1.81	1.50
小麦	Wheat	253.52	285.10	268.89	279.75	296.87
玉米	Corn	415.98	598.09	616.83	642.96	664.22
豆类	Beans	31.41	27.49	37.21	35.76	37.50
薯类	Tubers	171.23	188.85	222.82	224.61	222.64
油料	Oil-bearing Crops	66.06	76.71	61.45	58.79	61.32
#油菜籽	Rapeseeds	35.74	40.05	33.93	33.73	36.50
棉花	Cotton	7.99	4.82	3.01	3.06	3.99
麻类	Fiber Crops	0.23	0.26	0.29	0.18	0.08
甜菜	Beetroot	23.31	18.26	22.42	15.88	15.83
烟叶	Tobacco	0.96	0.70	0.52	0.51	0.51
#烤烟	Flue-cured Tobacco	0.85	0.62	0.51	0.49	0.49
中草药材	Chinese Medicinal Materials	48.47	83.75	123.22	131.46	137.48
蔬菜	Vegetables	752.71	1086.19	1478.51	1655.25	1736.64
园林水果	Garden Fruits	197.17	304.06	481.07	539.07	575.39
农产品单位面积产量（千克／公顷）	**Yield of Farm Crops Per Hectare (kg/hectare)**					
粮食	Grain Crops	3485.17	4251.48	4556.78	4600.56	4685.55
谷物	Cereal	3820.62	4619.41	4959.29	5031.63	5115.84
棉花	Cotton	1577.79	1655.60	1814.70	1882.75	1962.22
油菜籽	Rapeseeds	1815.99	2101.96	2279.44	2342.39	2389.06
甜菜	Beetroot	43594.06	55722.57	64956.00	60311.43	71327.49
烟叶	Tobacco	3017.49	3144.33	3197.76	3175.83	3238.18
中草药材	Chinese Medicinal Materials	3183.20	4026.80	4295.83	4507.81	4604.70
蔬菜	Vegetables	31279.61	34583.15	36799.81	38130.24	38292.13

12-23 各地、县主要农产品产量（2022）

Yield of Farm Crops by Region & County (2022)

单位：吨 (ton)

地、县	Region & County	粮食 Grain Crops	#小麦 Wheat	#玉米 Corn	#薯类 Tubers	油料 Oil-bearing Crops	中草药材 Chinese Medicinal Materials	蔬菜 Vegetables	瓜果 Fruit and Melon	人均粮食占有量（千克）Per Capita Grain Crops (kg)
兰州市	**Lanzhou**	**337982**	**79257**	**150957**	**66024**	**18573**	**42867**	**2150647**	**114025**	**76.55**
城关区	Chengguan	260	160	12		75		7321	39	0.17
七里河区	Qilihe	4042	395	3625		57	712	240956	131	5.61
西固区	Xigu	1063	140	903		48	135	93080	976	2.58
安宁区	Anning									
红古区	Honggu	5138	618	4520		30		259361	2972	35.66
永登县	Yongdeng	153875	49818	55523	24457	5449	17987	419907	8228	570.96
皋兰县	Gaolan	27427	6010	10035	9188	2222		265578	85976	293.97
榆中县	Yuzhong	130187	17055	67390	31125	7611	22825	824903	12522	275.64
兰州新区	Lanzhou New Area	15990	5060	8950	1253	3082	1207	39541	3181	48.68
嘉峪关市	**Jiayuguan**	**31409**	**8400**	**22563**	**245**	**296**	**5000**	**113948**	**1137**	**99.30**
金昌市	**Jinchang**	**486491**	**172004**	**256293**	**57274**	**8427**	**7170**	**997479**	**10105**	**1119.91**
金川区	Jinchuan	111203	14216	96668	319	10	198	209662	9962	425.25
永昌县	Yongchang	375288	157788	159625	56955	8417	6972	787817	143	2170.55
白银市	**Baiyin**	**983136**	**165207**	**549780**	**218432**	**34144**	**98502**	**1377813**	**1209645**	**654.51**
白银区	Baiyin	23058	2055	20107	229	66	76	124312	631	71.97
平川区	Pingchuan	54096	11857	29392	8200	4613	2017	68390	60076	275.30
靖远县	Jingyuan	212416	34412	125090	31585	5916	34252	767060	874590	575.96
会宁县	Huining	481496	73896	213111	177901	6713	10095	217640	210176	1198.35
景泰县	Jingtai	212071	42987	162080	517	16836	52063	200411	64173	988.21
天水市	**Tianshui**	**1349765**	**446600**	**573127**	**282931**	**119678**	**58426**	**2267226**	**68274**	**456.87**
秦州区	Qinzhou	227175	78288	109376	33321	34288	10350	211379	2132	348.70
麦积区	Maiji	201853	73077	106485	17678	18376	4570	184624	22450	365.21
清水县	Qingshui	185959	58100	83800	35301	18346	13871	122036	1480	780.35
秦安县	Qinan	226864	68985	80166	67792	12293	2016	187495	22300	556.72
甘谷县	Gangu	210708	79050	76200	48600	13708	11502	484137	13004	420.24
武山县	Wushan	157050	47500	60700	41867	17300	13029	954785	6908	437.10
张家川县	Zhangjiachuan	140157	41600	56400	38373	5367	3088	122770		575.12
武威市	**Wuwei**	**1239877**	**255644**	**870760**	**78042**	**37839**	**63648**	**2859466**	**719513**	**857.99**
凉州区	Liangzhou	711504	141907	532047	34528	506	18559	1685240	154166	807.24
民勤县	Minqin	214668	42557	167340	4654	31013	14164	507198	548394	1238.71
古浪县	Gulang	259696	63389	171326	17446	2892	7183	403506	16665	1068.71
天祝县	Tianzhu	54010	7791	47	21415	3429	23742	263522	288	366.42
张掖市	**Zhangye**	**1511743**	**282850**	**908903**	**135338**	**40589**	**102787**	**1942536**	**74294**	**1349.65**

12-23 续表 1 continued

单位：吨 (ton)

地、县	Region & County	粮食 Grain Crops	#小麦 Wheat	#玉米 Corn	#薯类 Tubers	油料 Oil-bearing Crops	中草药材 Chinese Medicinal Materials	蔬菜 Vegetables	瓜果 Fruit and Melon	人均粮食占有量（千克） Per Capita Grain Crops (kg)
甘州区	Ganzhou	498085	15986	471822	4037	3458	2615	852058	37222	963.23
肃南县	Sunan	46535	5834	23482	440	409	674	91869		1698.36
民乐县	Minle	344328	132437	119161	64514	10765	72545	127872	553	1806.55
临泽县	Linze	173512	7246	164746	30	1184	7689	253641	4392	1526.05
高台县	Gaotai	156888	25367	113093	10004	1306	4675	462324	18257	1270.35
山丹县	Shandan	224968	95923	16600	55927	17858	14199	132264	13870	1522.11
平凉市	**Pingliang**	**1156235**	**331234**	**537204**	**218239**	**44358**	**31279**	**723942**	**203761**	**634.42**
崆峒区	Kongtong	196422	53910	127833	5984	8756	1079	170632	72507	392.53
泾川县	Jingchuan	124360	48262	70980	483	4307	354	33815	68838	579.23
灵台县	Lingtai	203620	78493	98703	3855	10978	1676	45615	21026	1333.47
崇信县	Chongxin	63557	23443	26925	5835	3249	318	119033	6309	775.09
庄浪县	Zhuanglang	218414	60915	63181	92930	5078	5806	172590	9879	656.49
静宁县	Jingning	272360	45813	112035	97019	9023	1418	122711	19891	754.88
华亭市	Huating	77502	20398	37546	12134	2967	20629	59545	5310	432.73
酒泉市	**Jiuquan**	**565348**	**156536**	**405079**	**2323**	**13327**	**104907**	**1822565**	**758838**	**536.84**
肃州区	Suzhou	221742	31032	189062	1419	700	2111	777882	48383	490.47
金塔县	Jinta	142690	46973	95657		2331	22322	676823	316105	1188.10
瓜州县	Guazhou	63029	25750	36975		2360	45865	65151	181908	474.61
肃北县	Subei	4058	1565	1582	904	584		1164	4	268.73
阿克塞县	Akesai	1837		1837			1052	100	47	167.00
玉门市	Yumen	88038	45385	41998		6391	32133	232641	147880	642.62
敦煌市	Dunhuang	43954	5831	37968		961	1425	68804	64512	237.59
庆阳市	**Qingyang**	**1436282**	**398878**	**807291**	**95654**	**85906**	**107837**	**580819**	**613910**	**665.44**
西峰区	Xifeng	97448	55055	28863	8901	6970	1234	91103	17616	190.78
庆城县	Qingcheng	114365	47173	50752	9001	12207	11536	125014	37986	490.84
环　县	Huanxian	402171	82556	229963	38267	11049	3364	40640	48644	1333.02
华池县	Huachi	139415	6417	92436	19700	3851	16168	26676	23857	1178.48
合水县	Heshui	70432	12456	40582	6860	3645	1336	70832	20469	522.88
正宁县	Zhengning	51448	3349	43930	1203	6866	17478	37408	12343	299.81
宁　县	Ningxian	239166	100109	115581	3888	21581	35982	75389	211061	721.03
镇原县	Zhenyuan	321837	91763	205184	7833	19738	20738	113759	241933	902.52
定西市	**Dingxi**	**1619374**	**218920**	**621181**	**682058**	**63846**	**417724**	**754807**	**48291**	**646.25**
安定区	Anding	416674	17828	127400	253691	11574	5448	379264	6409	991.37
通渭县	Tongwei	370952	75470	211150	67677	19397	29217	26277	5767	1155.97

12-23 续表 2 continued

单位：吨 (ton)

地、县	Region & County	粮食 Grain Crops	#小麦 Wheat	#玉米 Corn	#薯类 Tubers	油料 Oil-bearing Crops	中草药材 Chinese Medicinal Materials	蔬菜 Vegetables	瓜果 Fruit and Melon	人均粮食占有量（千克）Per Capita Grain Crops (kg)
陇西县	Longxi	244333	32050	119975	81936	9838	98890	31055	19484	575.31
渭源县	Weiyuan	186057	37915	50500	81066	4970	113761	12262	112	679.29
临洮县	Lintao	248493	23450	86805	134473	1691	36700	234046	16466	519.97
漳 县	Zhangxian	85317	26949	25050	17596	6901	26179	69936	23	516.44
岷 县	Minxian	67549	5258	301	45619	9476	107529	1967	31	159.73
陇南市	**Longnan**	**898980**	**325651**	**316810**	**191896**	**62212**	**201789**	**856398**	**5865**	**376.28**
武都区	Wudu	143638	34886	41004	48352	5904	40728	160582	1306	263.46
成 县	Chengxian	103350	48940	43759	5921	10085	15936	120853	428	428.66
文 县	Wenxian	42631	10052	21237	7635	4377	12626	117476	471	219.18
宕昌县	Tanchang	66431	12759	19762	26515	3624	55909	43205	55	267.22
康 县	Kangxian	40281	17781	13624	4873	2748	10074	33326	50	249.11
西和县	Xihe	161023	55389	39128	64089	8716	23216	45482	191	461.65
礼 县	Lixian	160379	86430	45924	19733	17963	8701	60371	1000	381.31
徽 县	Huixian	151122	48895	77120	13721	7496	12810	237222	2097	798.74
两当县	Liangdang	30125	10518	15252	1058	1299	21789	37881	267	766.54
临夏州	**Linxia**	**723086**	**90009**	**488184**	**125999**	**53493**	**55729**	**467242**	**52201**	**340.44**
临夏市	linxia	3156	70	3035	51	1415	73	1564	23849	8.65
临夏县	linxia	145764	30905	87024	21181	12143	3737	157700	9086	452.26
康乐县	Kangle	120850	26945	78357	8016	9038	23613	32554	124	468.78
永靖县	Yongjing	84462	4550	63187	16348	1117	13726	178639	18444	473.18
广河县	Guanghe	109672	81	102832	6759	1366	607	44367		415.27
和政县	Hezheng	59114	14598	35028	7062	13285	3103	24115	613	287.24
东乡县	Dongxiang	121149	1971	61573	55742	58	5668	7187		415.04
积石山县	Jishishan	78918	10889	57148	10840	15072	5203	21116	85	330.34
甘南州	**Gannan**	**121269**	**22183**	**15343**	**19002**	**21429**	**62872**	**50985**	**5**	**177.37**
合作市	Hezuo	10528	570		1820	2185	863	603		93.50
临潭县	Lintan	28391	4511	523	2534	7602	23271	4413	2	223.20
卓尼县	Zhuoni	12955	1108		1421	2817	16400	33475	3	135.65
舟曲县	Zhouqu	42596	11268	13205	10930	5010	9745	9698	1	365.31
迭部县	Diebu	11398	4182	1615	1498	1236	11169	2763		218.78
玛曲县	Maqu									
碌曲县	Luqu	2952			345	186	1313	4		82.00
夏河县	Xiahe	12449	543		454	2393	111	30		143.92

12-24 各地、县中草药材种植面积和产量（2022）
Sown Areas and Products of Chinese Medicine by Region & County (2022)

地、县	Region & County	中草药材 Chinese Medicinal Materials		当归 Angelica		党参 Codonopsis		其他 Others	
		面积（亩）Areas (mu)	产量（吨）Products (ton)	面积（亩）Areas (mu)	产量（吨）Products (ton)	面积（亩）Areas (mu)	产量（吨）Products (ton)	面积（亩）Areas (mu)	产量（吨）Products (ton)
兰州市	**Lanzhou**	**169280**	**42867**	**8165**	**2457**	**7265**	**2161**	**153850**	**38248**
城关区	Chengguan								
七里河区	Qilihe	2809	712	1090	290	1244	371	475	51
西固区	Xigu	421	135			58	6	363	129
安宁区	Anning								
红古区	Honggu								
永登县	Yongdeng	44375	17987	1109	277	3704	1177	39562	16532
皋兰县	Gaolan								
榆中县	Yuzhong	116102	22825	5966	1890	1885	527	108251	20408
兰州新区	Lanzhou New Area	5572	1207			374	80	5199	1127
嘉峪关市	**Jiayuguan**	**18000**	**5000**					**18000**	**5000**
金昌市	**Jinchang**	**8640**	**7170**					**8640**	**7170**
金川区	Jinchuan	606	198					606	198
永昌县	Yongchang	8034	6972					8034	6972
白银市	**Baiyin**	**339589**	**98502**	**1458**	**112**	**6775**	**1481**	**331356**	**96910**
白银区	Baiyin	115	76					115	76
平川区	Pingchuan	14350	2017					14350	2017
靖远县	Jingyuan	194190	34252	1400	106	980	108	191810	34038
会宁县	Huining	43449	10095	58	6	5795	1373	37596	8717
景泰县	Jingtai	87485	52063					87485	52063
天水市	**Tianshui**	**258592**	**58426**	**9695**	**2932**	**38694**	**6152**	**210203**	**49341**
秦州区	Qinzhou	51919	10350			1917	538	50002	9812
麦积区	Maiji	14059	4570			2000	1345	12059	3225
清水县	Qingshui	37360	13871	1543	391	207	49	35610	13431
秦安县	Qinan	32840	2016	80	2	996	75	31764	1939
甘谷县	Gangu	73700	11502	1160	99	29830	2954	42710	8449
武山县	Wushan	38485	13029	6912	2441	3744	1192	27828	9397
张家川县	Zhangjiachuan	10230	3088					10230	3088
武威市	**Wuwei**	**108753**	**63648**	**9022**	**4658**	**511**	**113**	**99219**	**58877**
凉州区	Liangzhou	21975	18559	1997	1184	511	113	19467	17262
民勤县	Minqin	23368	14164					23368	14164
古浪县	Gulang	21852	7183	83	19			21769	7165
天祝县	Tianzhu	41557	23742	6942	3455			34615	20287
张掖市	**Zhangye**	**241884**	**102787**	**9474**	**4197**			**232410**	**98590**

12-24 续表 1 continued

地、县	Region & County	中草药材 Chinese Medicinal Materials		当归 Angelica		党参 Codonopsis		其他 Others	
		面积（亩）Areas (mu)	产量（吨）Products (ton)	面积（亩）Areas (mu)	产量（吨）Products (ton)	面积（亩）Areas (mu)	产量（吨）Products (ton)	面积（亩）Areas (mu)	产量（吨）Products (ton)
甘州区	Ganzhou	6756	2615					6756	2615
肃南县	Sunan	2189	674	140	42			2049	632
民乐县	Minle	176278	72545	9334	4155			166944	68390
临泽县	Linze	12365	7689					12365	7689
高台县	Gaotai	11062	4675					11062	4675
山丹县	Shandan	32714	14199					32714	14199
平凉市	**Pingliang**	**81093**	**31279**	**494**	**406**	**170**	**114**	**80429**	**30759**
崆峒区	Kongtong	3279	1079	56	32	18	5	3205	1041
泾川县	Jingchuan	4971	354					4971	354
灵台县	Lingtai	6762	1676	5		93	77	6664	1598
崇信县	Chongxin	760	318					760	318
庄浪县	Zhuanglang	14014	5806	125	64	58	31	13831	5711
静宁县	Jingning	3445	1418	308	310	1		3136	1108
华亭市	Huating	47862	20629					47862	20629
酒泉市	**Jiuquan**	**432162**	**104907**					**432162**	**104907**
肃州区	Suzhou	4292	2111					4292	2111
金塔县	Jinta	36700	22322					36700	22322
瓜州县	Guazhou	220229	45865					220229	45865
肃北县	Subei								
阿克塞县	Akesai	1710	1052					1710	1052
玉门市	Yumen	164650	32133					164650	32133
敦煌市	Dunhuang	4582	1425					4582	1425
庆阳市	**Qingyang**	**246412**	**107837**	**480**	**155**	**3151**	**1255**	**242781**	**106427**
西峰区	Xifeng	1872	1234	25	6	158	60	1689	1168
庆城县	Qingcheng	21544	11536	7				21537	11536
环　县	Huanxian	17963	3364	51	15			17912	3349
华池县	Huachi	40432	16168			79	100	40354	16068
合水县	Heshui	6085	1336	13	3	29	4	6042	1329
正宁县	Zhengning	35824	17478			1013	417	34811	17061
宁　县	Ningxian	68210	35982	384	130	886	306	66940	35546
镇原县	Zhenyuan	54483	20738			987	368	53497	20370
定西市	**Dingxi**	**1390737**	**417724**	**363040**	**107599**	**423605**	**123926**	**604093**	**186199**
安定区	Anding	14978	5448			1290	480	13689	4968
通渭县	Tongwei	101044	29217	251	59	5056	1708	95737	27450

12-24 续表 2 continued

地、县	Region & County	中草药材 Chinese Medicinal Materials 面积(亩) Areas (mu)	中草药材 产量(吨) Products (ton)	当归 Angelica 面积(亩) Areas (mu)	当归 产量(吨) Products (ton)	党参 Codonopsis 面积(亩) Areas (mu)	党参 产量(吨) Products (ton)	其他 Others 面积(亩) Areas (mu)	其他 产量(吨) Products (ton)
陇西县	Longxi	303720	98890	441	285	128531	52574	174749	46031
渭源县	Weiyuan	338183	113761	96282	33020	125400	32453	116501	48289
临洮县	Lintao	176076	36700	23995	5921	80972	12807	71109	17972
漳 县	Zhangxian	101945	26179	43771	10750	15853	3900	42322	11529
岷 县	Minxian	354790	107529	198300	57564	66504	20004	89986	29961
陇南市	**Longnan**	**714827**	**201789**	**80988**	**26707**	**178511**	**36925**	**455328**	**138157**
武都区	Wudu	197702	40728	23912	7166	45070	8593	128720	24969
成 县	Chengxian	34225	15936	158	48	771	221	33297	15667
文 县	Wenxian	72600	12626	288	91	63186	10339	9126	2197
宕昌县	Tanchang	175000	55909	45069	15816	52823	13006	77108	27087
康 县	Kangxian	23815	10074			1518	426	22297	9648
西和县	Xihe	84046	23216	30	3	4723	868	79293	22345
礼 县	Lixian	27700	8701	10900	3250	5080	1464	11720	3987
徽 县	Huixian	35304	12810	475	284	3494	1630	31335	10896
两当县	Liangdang	64435	21789	156	50	1847	378	62432	21360
临夏州	**Linxia**	**135574**	**55729**	**19791**	**10224**	**3169**	**1043**	**112614**	**44462**
临夏市	linxia	705	73					705	73
临夏县	linxia	16013	3737	1864	810	56	21	14093	2906
康乐县	Kangle	41085	23613	10923	6364	332	144	29831	17105
永靖县	Yongjing	34766	13726			2168	511	32598	13214
广河县	Guanghe	677	607	326	390	51	68	300	149
和政县	Hezheng	8129	3103	4053	1577	62	23	4014	1503
东乡县	Dongxiang	19108	5668					19108	5668
积石山县	Jishishan	15090	5203	2625	1084	500	275	11965	3844
甘南州	**Gannan**	**278103**	**62872**	**66730**	**19521**	**73279**	**15634**	**138095**	**27716**
合作市	Hezuo	7117	863	107	20			7010	843
临潭县	Lintan	100468	23271	31307	7722	28003	6207	41159	9342
卓尼县	Zhuoni	80001	16400	23646	5387	24076	5067	32279	5946
舟曲县	Zhouqu	72110	9745	3092	430	20070	3484	48948	5831
迭部县	Diebu	15028	11169	7848	5685	1130	876	6050	4608
玛曲县	Maqu								
碌曲县	Luqu	1360	1313	560	265			800	1048
夏河县	Xiahe	2019	111	170	13			1849	98

12-25 各市（州）主要农产品单位面积产量（2022）
Yield of Major Farm Crops per Hectare by Region (2022)

单位：千克 / 公顷　　　　(kg/hectare)

市（州）	Region	粮食 Grain Crops	谷物 Cereal	油菜籽 Rapeseeds	甜菜 Beetroot	烟叶 Tobacco	中草药材 Chinese Medicinal Materials	蔬菜 Vegetables	园林水果 Fruit
甘肃省	**Total**	**4686**	**5116**	**2389**	**71327**	**3231**	**4605**	**38292**	**17319**
兰州市	Lanzhou	3837	4110	1584		2143	3798	34077	13078
嘉峪关市	Jiayuguan	9674	9842				4167	75344	9588
金昌市	Jinchang	7896	7865	4220			12449	56578	8735
白银市	Baiyin	3682	4088	1409			4351	62409	15175
天水市	Tianshui	4206	4593	2170	33127	2344	3389	37459	23799
武威市	Wuwei	7739	8058	2082	39412		8779	62634	11672
张掖市	Zhangye	7112	7092	2965	62553		6374	47476	10724
平凉市	Pingliang	4021	4229	2120	31135	1195	5786	24068	20907
酒泉市	Jiuquan	8322	8334	3001	81833		3641	46604	22546
庆阳市	Qingyang	3650	3819	2531		3660	6564	15354	11873
定西市	Dingxi	4025	4367	2711	34056		4505	22412	10936
陇南市	Longnan	3777	4285	2037	8619	2774	4234	23273	7653
临夏州	Linxia	5804	6464	3385	14558		6166	32101	14256
甘南州	Gannan	2579	2568	1995	5611	1333	3391	26203	12443

12-26 各市（州）主要农产品人均占有量（2022）
Output of Major Farm Corps per Capita by Region (2022)

单位：千克 / 人 (kg/person)

市（州）	Region	粮食 Grain Crops	谷物 Cereal	油菜籽 Rapeseeds	甜菜 Beetroot	烟叶 Tobacco	中草药材 Chinese Medicinal Materials	蔬菜 Vegetables	园林水果 Fruit
甘肃省	**Total**	**507.53**	**403.16**	**14.64**	**6.35**	**0.20**	**55.16**	**696.77**	**230.86**
兰州市	Lanzhou	76.55	53.98	0.93			9.71	487.09	25.61
嘉峪关市	Jiayuguan	99.30	97.89				15.81	360.25	11.33
金昌市	Jinchang	1119.91	988.07	11.70			16.51	2296.22	20.39
白银市	Baiyin	654.51	489.04	1.10			65.58	917.26	116.04
天水市	Tianshui	456.87	351.63	32.84	1.68	0.01	19.78	767.41	637.77
武威市	Wuwei	857.99	790.08	3.77	0.41		44.04	1978.73	103.21
张掖市	Zhangye	1349.65	1213.99	27.94	13.51		91.77	1734.25	72.15
平凉市	Pingliang	634.42	496.86	7.71	0.03	0.01	17.16	397.22	1048.46
酒泉市	Jiuquan	536.84	534.28	2.18	30.60		99.62	1730.67	268.76
庆阳市	Qingyang	665.44	595.37	21.62		1.40	49.96	269.10	323.84
定西市	Dingxi	646.25	342.61	9.21	0.36		166.70	301.22	33.56
陇南市	Longnan	376.28	277.40	24.29	0.03	0.85	84.46	358.46	109.39
临夏州	Linxia	340.44	273.89	24.75	0.44		26.24	219.98	26.14
甘南州	Gannan	177.37	121.24	31.33	0.43	0.01	91.96	74.57	15.95

12-27 园林水果生产

Garden Fruits Production

指 标	Item	2010	2015	2019	2020	2021	2022
园林水果产量（吨）	**Output of Garden Fruits (ton)**	**1971700**	**3040650**	**4385375**	**4810708**	**5390665**	**5753889**
# 苹果	Apple	1327794	2163521	3404656	3859773	4383623	4758770
梨	Pear	220034	272615	253170	238848	279582	262764
葡萄	Grape	84523	209347	261809	270811	268627	267400
红枣	Date	77304	110700	90951	93796	89861	87025
柿子	Persimmon	15673	14972	42802	25240	24924	30778
桃子	Peach	102646	159204	133458	140660	145328	157598
杏子	Apricot	41991	50046	74049	77702	94549	85523
果园面积（千公顷）	**Area of Orchards (1 000 hectares)**	**276.51**	**302.00**	**318.99**	**326.67**	**328.30**	**332.23**
# 苹果园	Apple Orchard	210.22	230.65	241.11	248.56	251.57	256.39
梨园	Pear Orchard	17.04	17.92	18.97	19.85	19.76	19.52
葡萄园	Grape Orchard	11.90	17.87	16.01	16.33	15.72	15.43
桃园	Peach Orchard	5.67	5.28	6.44	6.94	7.10	7.40
杏园	Apricot Orchard	17.33	14.94	14.03	14.47	13.98	13.84

12-28 各地、县园林水果产量（2022）
Output of Garden Fruits by Region & County(2022)

单位：吨 (ton)

地、县	Region & County	园林水果产量 Garden Fruits	#苹果 Apples	#梨 Pears	#葡萄 Grapes	#红枣 Dates	#柿子 Persimmons	#杏子 Apricots	#桃子 Peaches
兰州市	**Lanzhou**	**113094**	**49511**	**26836**	**3136**	**5925**		**6782**	**15768**
城关区	Chengguan	6754	5883	318	260	1		63	229
七里河区	Qilihe	12223	5613	4295		21		23	2236
西固区	Xigu	13141	3783	3174	135	3088		37	427
安宁区	Anning	2736		2		141			2594
红古区	Honggu	17072	11798	823	828	728		63	2181
永登县	Yongdeng	16814	8122	4351	1588	515		1085	103
皋兰县	Gaolan	29317	11430	8808		1126		140	7771
榆中县	Yuzhong	4818	2456	889	326	70		135	115
兰州新区	Lanzhou New Area	10219	426	4177		236		5236	114
嘉峪关市	**Jiayuguan**	**3584**	**191**	**245**	**3015**			**80**	**15**
金昌市	**Jinchang**	**8858**	**1552**	**1449**	**1805**	**2699**		**1068**	**272**
金川区	Jinchuan	6737	523	726	1757	2691		822	206
永昌县	Yongchang	2121	1029	723	48	8		246	66
白银市	**Baiyin**	**174307**	**82413**	**44745**	**335**	**35189**		**3323**	**6247**
白银区	Baiyin	16611	13572	713	88	606		194	161
平川区	Pingchuan	18842	15385	183	62	1786		58	1301
靖远县	Jingyuan	48944	24360	11795	186	6904		1858	3841
会宁县	Huining	17572	15824	626				294	149
景泰县	Jingtai	72337	13272	31428		25893		918	795
天水市	**Tianshui**	**1884237**	**1732232**	**28083**	**31292**	**179**	**2692**	**2280**	**63014**
秦州区	Qinzhou	375363	350519	3108				41	1630
麦积区	Maiji	330649	290378	3793	29121		2230	748	2922
清水县	Qingshui	163181	161098	508	887		462		24
秦安县	Qinan	633695	565288	8865	349	179		537	57883
甘谷县	Gangu	238957	235422	2530	80			126	260
武山县	Wushan	63115	55882	4535	855			78	296
张家川县	Zhangjiachuan	79277	73645	4744				751	
武威市	**Wuwei**	**149144**	**52684**	**40822**	**31245**	**19024**		**1416**	**2218**
凉州区	Liangzhou	78169	27800	30406	17820	135		541	1368
民勤县	Minqin	32365	609	936	11198	18340		470	812
古浪县	Gulang	38468	24275	9479	2096	550		404	38
天祝县	Tianzhu	142			130				
张掖市	**Zhangye**	**80819**	**7012**	**14386**	**34750**	**9447**		**8262**	**2370**

12-28 续表 1 continued

单位：吨 (ton)

地、县	Region & County	园林水果产量 Garden Fruits	#苹果 Apples	#梨 Pears	#葡萄 Grapes	#红枣 Dates	#柿子 Persimmons	#杏子 Apricots	#桃子 Peaches
甘州区	Ganzhou	11045	2702	4702	419	293		1515	289
肃南县	Sunan	82	13	48	15	2		4	
民乐县	Minle	5248	292	2967	170			859	
临泽县	Linze	34215	3686	4102	15187	8935		904	1331
高台县	Gaotai	21364	184	1601	17902	166		401	608
山丹县	Shandan	8866	135	965	1057	52		4579	142
平凉市	**Pingliang**	**1910812**	**1879839**	**8513**	**459**	**396**	**9069**	**3816**	**3551**
崆峒区	Kongtong	36609	31974	293	281	131		1721	1978
泾川县	Jingchuan	239528	225138	337	102	212	9021	810	655
灵台县	Lingtai	125630	122843	835	46	54	24	106	531
崇信县	Chongxin	36381	35000	147	16		25	583	243
庄浪县	Zhuanglang	591633	591526	24	8			73	1
静宁县	Jingning	880822	873223	6853	2			520	137
华亭市	Huating	210	134	24	4			3	7
酒泉市	**Jiuquan**	**283027**	**23879**	**24623**	**151371**	**9243**		**24908**	**44291**
肃州区	Suzhou	37194	14546	2291	2609	89		2780	11027
金塔县	Jinta	40358	7169	10871	11723	4466		2493	3075
瓜州县	Guazhou	2130	190	33	1017	889			
肃北县	Subei	323	52	31				240	
阿克塞县	Akesai	1566			1552	14			
玉门市	Yumen	14310	936	268	7116	74		2229	3543
敦煌市	Dunhuang	187145	986	11129	127354	3712		17166	26646
庆阳市	**Qingyang**	**698983**	**660815**	**2179**	**2355**	**837**	**2336**	**23838**	**4304**
西峰区	Xifeng	82461	80028	521	224	15	112	680	631
庆城县	Qingcheng	144698	138551	231	1060	177	42	3407	1090
环 县	Huanxian	22272	15070	59	17	24		6767	210
华池县	Huachi	8472	4229	128	32	10		2916	566
合水县	Heshui	103202	100840	291	363	23	486	852	115
正宁县	Zhengning	84261	82621	72	25	15	348	920	80
宁 县	Ningxian	163346	155625	675	358	452	1302	3397	1211
镇原县	Zhenyuan	90270	83851	204	276	121	47	4899	403
定西市	**Dingxi**	**84104**	**44238**	**10223**	**301**	**73**		**5619**	**1943**
安定区	Anding	3588	90	1425	0.2	10		1589	110
通渭县	Tongwei	41416	40769	84		4		65	

12-28 续表 2 continued

单位：吨 (ton)

地、县	Region & County	园林水果产量 Garden Fruits	#苹果 Apples	#梨 Pears	#葡萄 Grapes	#红枣 Dates	#柿子 Persimmons	#杏子 Apricots	#桃子 Peaches
陇西县	Longxi	18499	634	6402	2	8		2812	56
渭源县	Weiyuan	4121	66	47				133	
临洮县	Lintao	15984	2601	2146	298	51		1019	1777
漳 县	Zhangxian	472	69	105					
岷 县	Minxian	24	8	13					
陇南市	**Longnan**	**261343**	**196480**	**6679**	**3542**	**424**	**14128**	**1744**	**9463**
武都区	Wudu	9818	1969	964	1055	67	717	365	2169
成 县	Chengxian	12529	1600	461	155		4739	552	1128
文 县	Wenxian	21070	4165	1166	2123	263	938	32	2653
宕昌县	Tanchang	5314	1914	652	12	20	434	20	270
康 县	Kangxian	7141	953	441	8	56	2438	46	239
西和县	Xihe	21150	17677	724			374	423	758
礼 县	Lixian	171674	165914	1100	100		256	234	1600
徽 县	Huixian	11377	1780	1153	73	18	3847	59	519
两当县	Liangdang	1272	507	19	16		385	14	126
临夏州	**Linxia**	**55518**	**14830**	**28401**	**260**	**3481**	**35**	**2137**	**3912**
临夏市	linxia	591		306				208	
临夏县	linxia	12730	523	8686	60	28		468	2356
康乐县	Kangle	1849		1462				217	19
永靖县	Yongjing	20867	14228	1478	194	3263	35	97	1426
广河县	Guanghe	1507		834				653	
和政县	Hezheng	10805		9569				197	
东乡县	Dongxiang	3746	79	2660	6	190		298	108
积石山县	Jishishan	3424		3406					3
甘南州	**Gannan**	**10906**	**6011**	**1065**	**533**	**34**	**2518**	**81**	**230**
合作市	Hezuo								
临潭县	Lintan								
卓尼县	Zhuoni	103	38	65					
舟曲县	Zhouqu	9590	5121	715	532	34	2509	81	162
迭部县	Diebu	1192	852	264	1		8		68
玛曲县	Maqu								
碌曲县	Luqu								
夏河县	Xiahe	22		22					

12–29 牲畜饲养情况及畜产品产量
Number of Livestock and Output of Livestock Products

指 标	Item	2010	2015	2020	2021	2022
大牲畜年末数（万头）	Large Animals (year-end) (10 000 heads)	538.08	493.06	536.17	566.62	594.54
牛	Cattle and Buffaloes	421.06	418.95	482.00	512.80	531.80
马	Horses	12.24	12.79	11.07	11.58	12.55
骡	Mules	28.27	17.07	9.55	9.07	8.28
驴	Donkeys	74.71	41.85	30.20	29.55	28.16
骆驼	Camels	1.80	2.40	3.35	3.62	3.89
大牲畜出栏数（万头）	Slaughtered Fattened Large Animals (10 000 heads)	167.62	175.20	239.72	257.97	258.07
牛	Cattle and Buffaloes	152.47	166.76	228.57	246.90	247.84
马	Horses	1.87	1.50	1.48	1.52	1.50
骡	Mules	2.79	1.21	1.19	1.20	1.08
驴	Donkeys	10.02	5.12	7.58	7.38	6.56
骆驼	Camels	0.47	0.60	0.90	0.97	1.08
猪年末数（万头）	Hogs (year-end)(10 000 heads)	536.19	528.71	622.00	685.10	699.50
肉猪出栏数（万头）	Slaughtered Fattened Hogs (10 000 heads)	603.85	613.30	664.30	845.00	895.68
羊年末数（万头）	Sheep And Goats (year-end)(10 000 heads)	1771.23	1994.70	2191.80	2439.50	2595.60
羊出栏数（万头）	Sheep Marketable Fattened Stock (10 000 heads)	991.90	1255.65	1737.10	2105.40	2278.04
肉类产量（万吨）	Output Of Meat (10 000 tons)	81.50	89.90	110.09	135.31	142.65
# 猪牛羊肉	Output Of Pork,Beef And Mutton	75.15	82.43	101.67	124.60	131.60
猪肉	Pork	43.77	44.76	49.17	64.10	67.91
牛肉	Beef	15.57	17.48	24.90	27.00	27.18
羊肉	Mutton	15.82	20.19	27.60	33.50	36.52
禽肉	Poultry Meat	4.78	6.41	7.20	9.40	9.87
奶类（万吨）	Milk (10 000 tons)	34.70	38.22	58.44	67.49	92.67
# 牛奶	Cow Milk	34.70	37.60	57.54	66.60	91.83
绵羊毛（吨）	Sheep Wool (ton)	27066.19	30707.16	33756.79	34791.50	34419.27
山羊毛（吨）	Goat Wool (ton)	2134.14	2562.69	1829.84	1827.63	1506.75
山羊绒（吨）	Cashmere (ton)	359.58	460.91	410.01	406.92	425.76
禽蛋（万吨）	Poultry Eggs (10 000 tons)	15.81	20.74	19.80	22.30	21.63
水产品产量（吨）	Aquatic Products (ton)	10601	14748	14058	14205	14380

注：畜牧业及水产品数据根据第一、二、三次农业普查结果进行了相应衔接调整。

a) Data of animal husbandry and aquatic products were adjusted according to the First 、Second and Third National Agricultural Census.

12-30 各地、县牲畜饲养情况（2022）
Number of Livestock by Region & County (2022)

地、县	Region & County	大牲畜存栏（万头）Large animals Livestock (10 000heads)	#牛 Cattle	羊存栏数（万只）Sheep and Goats Livestock (10 000heads)	猪存栏数（万头）Sheep and Goats Livestock (10 000heads)	大牲畜出栏（万头）Slaughtered Fattened Large Animals (10 000heads)	#牛 Cattle	羊出栏数（万只）Slaughtered Fattened Sheep and Goats (10 000heads)	猪出栏数（万头）Slaughtered Fattened Hogs (10 000heads)
兰州市	**Lanzhou**	**7.29**	**6.13**	**77.19**	**52.03**	**1.53**	**1.25**	**47.67**	**54.14**
城关区	Chengguan	0.02	0.02	0.17	0.01			0.17	0.02
七里河区	Qilihe	0.72	0.69	1.96	1.61	0.12	0.12	1.10	2.22
西固区	Xigu	0.13	0.12	1.55	1.47	0.01	0.01	1.17	1.78
安宁区	Anning	0.02	0.02	0.13				0.07	
红古区	Honggu	0.65	0.65	4.74	1.79	0.11	0.11	2.36	2.27
永登县	Yongdeng	2.54	1.95	41.58	15.57	0.48	0.43	18.89	19.94
皋兰县	Gaolan	0.26	0.22	6.94	5.15	0.03	0.02	6.34	4.22
榆中县	Yuzhong	2.06	1.57	14.10	11.28	0.72	0.50	13.48	13.42
兰州新区	Lanzhou New Area	0.89	0.89	6.03	15.14	0.04	0.04	4.09	10.26
嘉峪关市	**Jiayuguan**	**1.21**	**1.17**	**8.71**	**3.85**	**0.39**	**0.38**	**5.82**	**5.59**
金昌市	**Jinchang**	**7.10**	**6.53**	**82.45**	**10.09**	**1.80**	**1.76**	**54.24**	**5.70**
金川区	Jinchuan	4.55	4.19	17.10	2.48	0.61	0.60	10.47	2.66
永昌县	Yongchang	2.56	2.34	65.35	7.61	1.19	1.17	43.77	3.04
白银市	**Baiyin**	**23.42**	**16.58**	**235.46**	**84.84**	**11.27**	**9.49**	**263.42**	**114.95**
白银区	Baiyin	1.10	1.08	10.44	7.73	0.16	0.16	8.71	9.89
平川区	Pingchuan	2.17	0.62	15.28	13.05	0.37	0.14	13.04	12.10
靖远县	Jingyuan	1.66	0.61	45.48	21.38	0.29	0.20	62.83	31.71
会宁县	Huining	16.60	12.84	96.36	29.67	10.08	8.68	102.81	43.28
景泰县	Jingtai	1.89	1.44	67.88	13.01	0.36	0.32	76.03	17.97
天水市	**Tianshui**	**27.80**	**25.93**	**34.10**	**90.72**	**11.08**	**10.66**	**22.69**	**90.88**
秦州区	Qinzhou	1.56	1.38	3.15	11.86	0.38	0.32	1.96	8.35
麦积区	Maiji	1.17	1.15	2.38	14.71	0.42	0.41	1.52	17.63
清水县	Qingshui	5.81	4.93	4.15	8.09	2.78	2.73	3.12	12.62
秦安县	Qinan	0.53	0.53	1.80	8.30	0.15	0.15	1.30	6.32
甘谷县	Gangu	2.31	2.27	2.85	31.00	0.40	0.37	1.42	23.45
武山县	Wushan	3.79	3.26	8.02	15.04	1.33	1.25	6.85	20.35
张家川县	Zhangjiachuan	12.64	12.40	11.75	1.73	5.61	5.43	6.51	2.17
武威市	**Wuwei**	**77.46**	**76.36**	**619.13**	**91.18**	**31.92**	**31.50**	**482.99**	**180.41**
凉州区	Liangzhou	48.31	48.18	155.62	66.50	20.98	20.96	104.98	116.00
民勤县	Minqin	2.80	2.59	151.20	7.96	1.73	1.50	128.32	23.57
古浪县	Gulang	8.65	8.63	222.63	14.73	3.00	2.99	191.55	37.79
天祝县	Tianzhu	17.70	16.96	89.68	1.99	6.21	6.04	58.15	3.04
张掖市	**Zhangye**	**76.40**	**70.90**	**375.92**	**52.97**	**33.73**	**32.85**	**360.75**	**90.84**

12-30 续表 1 continued

地、县	Region & County	大牲畜存栏（万头）Large animals Livestock (10 000heads)	# 牛 Cattle	羊存栏数（万只）Sheep and Goats Livestock (10 000heads)	猪存栏数（万头）Sheep and Goats Livestock (10 000heads)	大牲畜出栏（万头）Slaughtered Fattened Large Animals (10 000heads)	# 牛 Cattle	羊出栏数（万只）Slaughtered Fattened Sheep and Goats (10 000heads)	猪出栏数（万头）Slaughtered Fattened Hogs (10 000heads)
甘州区	Ganzhou	27.42	26.53	91.25	15.08	11.86	11.72	101.92	27.06
肃南县	Sunan	8.81	8.16	68.81	0.16	3.40	3.36	59.52	0.19
民乐县	Minle	7.96	7.84	49.38	15.45	2.00	1.95	43.16	26.01
临泽县	Linze	16.08	15.26	24.70	6.50	10.51	10.40	28.92	15.61
高台县	Gaotai	10.32	9.01	47.92	12.78	4.46	4.09	42.31	16.90
山丹县	Shandan	4.85	3.28	92.59	3.00	1.25	1.11	84.35	5.08
平凉市	**Pingliang**	**56.91**	**56.20**	**22.72**	**43.96**	**41.77**	**41.42**	**19.88**	**57.09**
崆峒区	Kongtong	11.21	11.20	6.27	5.35	12.44	12.43	5.46	8.28
泾川县	Jingchuan	3.59	3.59	3.43	7.91	2.44	2.44	2.35	9.33
灵台县	Lingtai	7.27	7.27	3.76	3.02	5.74	5.74	2.75	3.68
崇信县	Chongxin	5.87	5.87	3.20	3.34	5.63	5.63	3.02	5.55
庄浪县	Zhuanglang	11.35	10.84	1.87	12.25	4.32	4.10	1.46	12.75
静宁县	Jingning	11.32	11.17	2.02	9.03	5.90	5.78	1.11	12.02
华亭市	Huating	6.29	6.25	2.16	3.06	5.30	5.29	3.73	5.47
酒泉市	**Jiuquan**	**21.99**	**15.81**	**373.51**	**23.62**	**16.51**	**14.44**	**404.49**	**38.18**
肃州区	Suzhou	10.99	10.57	101.22	10.48	12.48	12.28	127.53	15.57
金塔县	Jinta	0.85	0.80	73.05	5.05	0.49	0.45	112.51	11.06
瓜州县	Guazhou	2.96	1.26	49.27	2.56	0.97	0.48	42.23	2.53
肃北县	Subei	3.15	1.52	24.70	0.18	1.34	0.74	16.73	0.28
阿克塞县	Akesai	0.91	0.17	14.46		0.21	0.04	13.88	
玉门市	Yumen	1.68	1.13	75.54	4.21	0.53	0.31	57.92	7.36
敦煌市	Dunhuang	1.46	0.36	35.28	1.15	0.50	0.14	33.69	1.39
庆阳市	**Qingyang**	**43.67**	**38.70**	**299.91**	**68.57**	**22.04**	**20.31**	**181.09**	**64.35**
西峰区	Xifeng	0.58	0.58	12.89	12.46	0.32	0.28	6.21	10.81
庆城县	Qingcheng	4.36	4.11	28.57	5.36	1.96	1.90	10.60	4.61
环 县	Huanxian	7.07	5.21	151.17	5.16	3.08	2.80	104.48	6.27
华池县	Huachi	2.21	1.85	22.48	3.48	0.91	0.81	6.49	3.27
合水县	Heshui	3.07	2.91	24.28	4.15	1.37	1.35	18.32	4.64
正宁县	Zhengning	1.93	1.92	1.81	8.55	0.78	0.78	1.19	6.10
宁 县	Ningxian	8.29	8.23	19.37	17.09	5.31	5.28	12.74	18.28
镇原县	Zhenyuan	16.16	13.89	39.35	12.32	8.32	7.10	21.05	10.36
定西市	**Dingxi**	**55.31**	**47.63**	**144.25**	**80.97**	**13.50**	**12.53**	**105.35**	**66.01**
安定区	Anding	9.75	8.23	40.18	14.64	2.42	2.35	32.47	8.82
通渭县	Tongwei	12.05	9.25	12.92	8.60	2.82	2.55	9.28	10.20

12-30 续表 2 continued

地、县	Region & County	大牲畜存栏（万头）Large animals Livestock (10 000heads)	#牛 Cattle	羊存栏数（万只）Sheep and Goats Livestock (10 000heads)	猪存栏数（万头）Sheep and Goats Livestock (10 000heads)	大牲畜出栏（万头）Slaughtered Fattened Large Animals (10 000heads)	#牛 Cattle	羊出栏数（万只）Slaughtered Fattened Sheep and Goats (10 000heads)	猪出栏数（万头）Slaughtered Fattened Hogs (10 000heads)
陇西县	Longxi	8.70	7.11	20.40	17.34	1.75	1.57	12.47	12.96
渭源县	Weiyuan	5.31	5.19	18.16	9.19	1.50	1.46	12.08	5.43
临洮县	Lintao	7.45	7.41	26.22	21.62	2.78	2.71	27.65	19.22
漳 县	Zhangxian	3.12	2.44	9.89	2.50	0.78	0.49	3.55	2.63
岷 县	Minxian	8.93	8.01	16.48	7.09	1.45	1.40	7.86	6.74
陇南市	**Longnan**	**22.71**	**14.21**	**25.19**	**57.84**	**6.43**	**5.21**	**18.40**	**76.14**
武都区	Wudu	4.92	3.22	4.56	11.31	1.16	1.02	3.40	13.83
成 县	Chengxian	0.47	0.47	0.82	6.58	0.16	0.16	0.39	8.42
文 县	Wenxian	2.07	1.22	4.30	5.64	0.66	0.42	2.32	6.13
宕昌县	Tanchang	4.47	3.36	5.28	4.48	0.99	0.91	3.46	5.49
康 县	Kangxian	0.45	0.43	1.23	3.70	0.25	0.24	0.98	4.23
西和县	Xihe	1.12	0.86	2.18	5.96	0.32	0.25	1.95	10.40
礼 县	Lixian	7.59	3.03	4.14	4.30	1.99	1.30	5.00	9.12
徽 县	Huixian	0.92	0.92	1.97	13.43	0.47	0.47	0.67	15.69
两当县	Liangdang	0.70	0.70	0.70	2.44	0.44	0.44	0.23	2.84
临夏州	**Linxia**	**43.27**	**40.29**	**191.53**	**31.18**	**16.11**	**16.05**	**177.50**	**27.38**
临夏市	linxia	0.74	0.74	1.77	0.61	0.72	0.72	1.64	0.66
临夏县	linxia	9.36	9.32	24.18	9.60	2.08	2.07	14.24	8.89
康乐县	Kangle	7.81	7.68	15.39	1.89	3.51	3.48	8.87	2.05
永靖县	Yongjing	1.63	1.31	16.50	12.70	0.30	0.27	13.80	12.71
广河县	Guanghe	6.56	6.54	32.40		2.50	2.50	17.01	
和政县	Hezheng	4.12	4.10	10.73	0.89	2.42	2.42	6.19	0.89
东乡县	Dongxiang	7.96	5.61	67.50	0.08	2.24	2.24	103.96	0.18
积石山县	Jishishan	5.09	5.01	23.06	5.41	2.35	2.34	11.78	1.99
甘南州	**Gannan**	**124.30**	**119.47**	**128.10**	**16.68**	**53.99**	**53.99**	**117.59**	**23.88**
合作市	Hezuo	8.46	8.37	18.26	1.29	4.54	4.54	9.73	2.26
临潭县	Lintan	2.87	2.83	9.04	2.46	2.50	2.50	7.26	3.66
卓尼县	Zhuoni	13.84	13.65	15.74	2.01	7.69	7.69	12.75	3.00
舟曲县	Zhouqu	2.12	1.67	0.71	5.04	0.98	0.98	0.95	6.85
迭部县	Diebu	6.87	6.56	0.57	4.35	4.26	4.26	2.41	6.01
玛曲县	Maqu	52.93	50.24	26.15		17.52	17.52	19.20	
碌曲县	Luqu	21.76	21.27	20.73	0.29	7.40	7.40	16.73	0.48
夏河县	Xiahe	15.46	14.88	36.90	1.24	9.10	9.10	48.56	1.62

12-31 各地、县畜产品产量（2022）
Output of Livestock Products by Region & County (2022)

单位：吨 (ton)

地、县	Region & County	肉类 Output of Meat	#猪肉 Pork	#牛肉 Beef	#羊肉 Mutton	奶类 Milk	绵羊毛 Sheep Wool	山羊毛 Goat Wool	禽蛋 Poultry Eggs	水产品 Aquatic Products
兰州市	**Lanzhou**	**53223**	**41035**	**1376**	**7636**	**93009**	**1124**	**53**	**17758**	**628**
城关区	Chengguan	55	18	5	27	492	2		20	
七里河区	Qilihe	2131	1684	136	176	21773	30	1	1036	
西固区	Xigu	1997	1351	13	189	3368	22		2080	
安宁区	Anning	24	1	3	11	234	3		13	
红古区	Honggu	2450	1722	125	378	18481	64	3	1142	55
永登县	Yongdeng	19364	15117	472	3024	8639	647	24	5097	460
皋兰县	Gaolan	4446	3196	20	1016	4894	116	3	1268	4
榆中县	Yuzhong	13986	10170	554	2160	7335	150	21	5982	109
兰州新区	Lanzhou New Area	8771	7775	48	655	27792	89		1120	
嘉峪关市	**Jiayuguan**	**5752**	**4233**	**418**	**932**	**28144**	**144**	**1**	**1077**	
金昌市	**Jinchang**	**15509**	**4321**	**1934**	**8689**	**123222**	**1316**	**90**	**3001**	**394**
金川区	Jinchuan	4600	2017	654	1677	83403	358	10	1590	
永昌县	Yongchang	10910	2304	1279	7013	39819	958	80	1411	394
白银市	**Baiyin**	**147313**	**87133**	**10559**	**42200**	**49239**	**3294**	**255**	**21784**	**1433**
白银区	Baiyin	9896	7495	176	1395	19590	146	13	3378	210
平川区	Pingchuan	12002	9172	150	2090	8355	199	30	2063	90
靖远县	Jingyuan	36404	24039	218	10066	6570	596	61	8552	928
会宁县	Huining	62023	32803	9659	16470	7592	1491	59	4657	
景泰县	Jingtai	26987	13624	355	12180	7132	862	93	3134	205
天水市	**Tianshui**	**90761**	**68890**	**11705**	**3635**	**7927**	**384**	**62**	**19867**	**1465**
秦州区	Qinzhou	8139	6328	356	314	314	43	7	2804	254
麦积区	Maiji	15386	13360	452	244	441	2	7	4965	289
清水县	Qingshui	13659	9568	2993	500	2527	59	6	2189	153
秦安县	Qinan	5867	4791	164	208	1837	27	2	2709	5
甘谷县	Gangu	19760	17771	406	228	809	34	6	3388	177
武山县	Wushan	18643	15425	1369	1097	1613	123	18	2807	536
张家川县	Zhangjiachuan	9307	1646	5963	1043	386	96	15	1005	51
武威市	**Wuwei**	**256254**	**136750**	**34573**	**77375**	**203541**	**10815**	**19**	**24113**	**48**
凉州区	Liangzhou	129961	86800	23009	16817	122383	2830	1	11469	48
民勤县	Minqin	42398	17996	1650	20556	963	2377	14	6611	
古浪县	Gulang	65111	29646	3282	30686	76632	3339	1	4785	
天祝县	Tianzhu	18784	2308	6632	9315	3564	2270	3	1248	
张掖市	**Zhangye**	**169487**	**68939**	**36096**	**57773**	**192985**	**7915**	**156**	**16249**	**2168**

12-31 续表 1 continued

单位：吨 (ton)

地、县	Region & County	肉类 Output of Meat	#猪肉 Pork	#牛肉 Beef	#羊肉 Mutton	奶类 Milk	绵羊毛 Sheep Wool	山羊毛 Goat Wool	禽蛋 Poultry Eggs	水产品 Aquatic Products
甘州区	Ganzhou	66537	25900	15700	19500	93031	2337	22	8031	680
肃南县	Sunan	11924	129	2850	8900	11931	1917	12	136	
民乐县	Minle	26677	18210	1945	6473	16961	932	20	2795	
临泽县	Linze	25429	10100	10400	4300	30198	471	4	1714	700
高台县	Gaotai	21353	11000	4100	5900	33388	986	17	2259	788
山丹县	Shandan	17260	3600	909	12606	2208	1247	82	1314	
平凉市	**Pingliang**	**96890**	**43277**	**45462**	**3185**	**21635**	**102**	**49**	**14952**	**1102**
崆峒区	Kongtong	14649	6279	6596	874	3799	59	8	2378	304
泾川县	Jingchuan	16151	7075	7432	377	5511		13	3318	375
灵台县	Lingtai	6363	2793	2934	440	3380	9	10	673	270
崇信县	Chongxin	9274	4209	4422	484	1290	24	7	682	10
庄浪县	Zhuanglang	21297	9664	10152	234	3979		3	4585	69
静宁县	Jingning	19620	9109	9569	178	2840	3	3	2310	6
华亭市	Huating	9535	4148	4357	598	835	7	5	1007	68
酒泉市	**Jiuquan**	**121805**	**28943**	**15847**	**64799**	**24326**	**6874**	**198**	**12594**	**2290**
肃州区	Suzhou	53068	11805	13476	20430	13045	2431	32	9152	1239
金塔县	Jinta	28506	8382	496	18023	1106	1415	12	1544	342
瓜州县	Guazhou	9987	1915	522	6765	1194	856	32	530	222
肃北县	Subei	4508	209	817	2681	1427	207	65	37	
阿克塞县	Akesai	2476		42	2224	1275	197	7	7	
玉门市	Yumen	15972	5577	337	9279	3729	1133	43	809	286
敦煌市	Dunhuang	7289	1055	157	5397	2549	637	7	515	201
庆阳市	**Qingyang**	**140093**	**48800**	**22300**	**29000**	**18943**	**544**	**653**	**39135**	**554**
西峰区	Xifeng	9754	8200	300	1000	452	178	17	1561	105
庆城县	Qingcheng	7653	3500	2100	1700	214		55	747	39
环 县	Huanxian	24852	4700	3000	16700	10868		314	2203	36
华池县	Huachi	4691	2500	900	1000	1600	1	50	1110	60
合水县	Heshui	8126	3500	1500	2900	1780	27	88	1328	83
正宁县	Zhengning	5911	4600	900	200	406	13	6	1029	25
宁 县	Ningxian	22437	13900	5800	2100	2339	170	42	3514	97
镇原县	Zhenyuan	56669	7900	7800	3400	1284	156	82	27643	109
定西市	**Dingxi**	**87348**	**50033**	**13756**	**16877**	**30400**	**819**	**128**	**21072**	**944**
安定区	Anding	16068	6689	2575	5201	3223	294	16	5107	24
通渭县	Tongwei	12755	7731	2802	1487	7950	107	10	1923	13

12-31 续表 2 continued

单位：吨 (ton)

地、县	Region & County	肉类 Output of Meat	#猪肉 Pork	#牛肉 Beef	#羊肉 Mutton	奶类 Milk	绵羊毛 Sheep Wool	山羊毛 Goat Wool	禽蛋 Poultry Eggs	水产品 Aquatic Products
陇西县	Longxi	14344	9825	1728	1997	2217	1	15	3007	107
渭源县	Weiyuan	8989	4119	1603	1935	2644	233	13	5883	156
临洮县	Lintao	23359	14568	2972	4429	13051	178	10	3687	302
漳　县	Zhangxian	3655	1992	536	568	701		35	845	257
岷　县	Minxian	8177	5110	1541	1259	614	6	30	620	85
陇南市	**Longnan**	**74288**	**57713**	**5719**	**2947**	**695**	**6**	**81**	**18111**	**1448**
武都区	Wudu	13527	10486	1118	544	369	4	15	2458	180
成　县	Chengxian	7618	6379	177	63	213		4	2874	113
文　县	Wenxian	5908	4648	460	371			22	1068	716
宕昌县	Tanchang	6891	4160	1003	553	39		16	2013	33
康　县	Kangxian	3865	3206	269	157			5	1547	33
西和县	Xihe	8771	7880	272	313			1	1963	61
礼　县	Lixian	10203	6911	1432	802			6	1819	61
徽　县	Huixian	13552	11890	510	107	48	2	9	2697	183
两当县	Liangdang	3952	2153	478	37	26		3	1673	69
临夏州	**Linxia**	**70377**	**20750**	**17693**	**28435**	**40121**	**3406**	**121**	**7142**	**1848**
临夏市	linxia	1624	504	790	263	1537	31		66	152
临夏县	linxia	12636	6741	2284	2281	25588	553	20	2326	91
康乐县	Kangle	7287	1557	3839	1421	370	375	5	1020	16
永靖县	Yongjing	12680	9631	300	2211	2290	324	20	1086	1417
广河县	Guanghe	5770		2757	2725	3458	651	7	693	
和政县	Hezheng	4472	675	2670	992	3210	214	7	458	59
东乡县	Dongxiang	19616	133	2469	16654	315	934	39	719	75
积石山县	Jishishan	6292	1510	2584	1888	3353	324	22	775	38
甘南州	**Gannan**	**97327**	**18098**	**59263**	**18838**	**79394**	**1349**	**3**	**1841**	**58**
合作市	Hezuo	8257	1714	4984	1558	4220	180	1	2	
临潭县	Lintan	6753	2771	2742	1163	6413	144		185	
卓尼县	Zhuoni	12824	2274	8445	2042	6236	173		342	58
舟曲县	Zhouqu	7355	5194	1076	153	400	6	1	1142	
迭部县	Diebu	9671	4554	4677	386	5470	9		170	
玛曲县	Maqu	22301		19226	3076	29155	261			
碌曲县	Luqu	11172	367	8125	2681	19700	207			
夏河县	Xiahe	18993	1225	9989	7780	7800	369			

12-32 受灾面积和成灾面积
Areas Covered and Affected by Natural Disaster

单位：千公顷 (1 000 hectares)

年 份 Year	受灾面积 Areas Covered	成灾面积 Areas Affected	成灾面积占受灾面积比重(%) Percentage of Disaster Areas Affected to Areas Covered (%)	水灾 Flood		旱灾 Drought	
				受灾面积 Areas Covered	成灾面积 Areas Affected	受灾面积 Areas Covered	成灾面积 Areas Affected
2000	2004.12	1572.91	78.48	55.77	41.82	1622.33	1303.93
2001	1575.59	1180.72	74.94	33.53	24.53	1089.83	833.13
2002	1270.29	913.25	71.89	50.61	35.68	636.83	483.13
2003	1176.41	813.87	69.18	229.70	169.51	562.63	383.31
2004	1243.84	866.83	69.69	80.08	42.44	378.59	286.02
2005	1137.95	739.98	65.03	101.30	76.76	607.03	380.82
2006	1422.13	1061.68	74.65	73.91	48.95	875.49	662.81
2007	1436.16	1040.57	72.46	110.55	77.95	975.71	700.30
2008	1238.71	871.81	70.38	35.05	20.23	731.83	520.05
2009	1299.83	981.59	75.52	38.51	23.23	1008.87	792.49
2010	1167.48	877.71	75.18	101.79	74.66	601.85	499.85
2011	1209.77	881.60	72.87	55.24	37.83	893.77	656.66
2012	676.43	490.05	72.45	98.41	63.54	211.83	144.15
2013	977.64	593.59	60.72	151.93	110.55	551.76	297.37
2014	695.34	389.48	56.01	25.67	14.80	242.03	108.38
2015	664.38	416.59	62.70	33.21	24.23	316.81	181.58
2016	844.51	499.69	59.17	34.38	26.15	605.69	350.13
2017	494.23	278.08	56.27	26.91	17.83	304.04	158.87
2018	535.26	350.51	65.48	134.84	90.66	57.19	36.82
2019	161.44	99.21	61.45	32.65	22.44	23.02	6.60
2020	331.52	209.40	63.16	61.58	43.41	15.77	9.88
2021	480.83	300.84	62.57	11.32	6.09	340.94	230.82
2022	312.38	170.40	54.55	27.81	15.84	160.03	100.87

12-33 各市（州）受灾面积和成灾面积（2022）
Areas Covered and Affected by Natural Disaster by Region(2022)

单位：千公顷 (1 000 hectares)

市（州）	Region	受灾面积 Areas Covered	成灾面积 Areas Affected	成灾面积占受灾面积比重(%) Percentage of Disaster Areas Affected to Areas Covered (%)	水灾 Flood		旱灾 Drought	
					受灾面积 Areas Covered	成灾面积 Areas Affected	受灾面积 Areas Covered	成灾面积 Areas Affected
兰州市	Lanzhou	52.69	40.93	77.67	2.23	1.17	39.41	32.33
嘉峪关市	Jiayuguan	0.29	0.22	77.27				
金昌市	Jinchang	3.35	2.46	73.31	0.96	0.96	0.91	0.91
白银市	Baiyin	45.18	32.70	72.37	3.26	2.81	33.46	26.45
天水市	Tianshui	16.99	7.20	42.35	0.02	0.01	15.05	6.97
武威市	Wuwei	44.85	21.05	46.93	5.32	3.26	36.92	16.19
张掖市	Zhangye	2.85	2.07	72.67	2.59	2.04	0.02	0.02
平凉市	Pingliang	34.99	13.93	39.82	0.13	0.13	0.97	0.06
酒泉市	Jiuquan	0.19	0.15	76.96	0.08	0.08		
庆阳市	Qingyang	43.00	11.37	26.44	10.47	3.46	6.37	2.37
定西市	Dingxi	11.74	2.21	18.82	0.26	0.13	7.60	0.95
陇南市	Longnan	11.13	4.81	43.24	1.62	1.30	3.08	1.50
临夏州	Linxia	22.75	16.65	73.18	0.24	0.21	10.06	8.40
甘南州	Gannan	2.88	1.99	69.20	0.32	0.09	0.68	0.44

主要统计指标解释

乡村户数 指长期（一年以上）居住在乡镇（不包括城关镇）行政管理区域内的住户，还包括居住在城关镇所辖行政村范围内的农村住户。户口不在本地而在本地居住一年及以上的住户，也包括在本地农村住户内；有本地户口，但举家外出谋生一年以上的住户，无论是否保留承包耕地都不包括在本地农村住户范围内。不包括乡村地区内的国有经济机关、团体、学校、企业、事业单位的集体户。

乡村人口 指乡村地区常住居民户数中的常住人口数，即经常在家或在家居住 6 个月以上，而且经济和生活与本户连成一体的人口。外出从业人员在外居住时间虽然在 6 个月以上，但收入主要带回家中，经济与本户连为一体，仍视为家庭常住人口；在家居住，生活和本户连成一体的国家职工、退休人员也为家庭常住人口。但是现役军人、中专及以上（走读生除外）的在校学生以及常年在外（不包括探亲、看病等）且已有稳定的职业与居住场所的外出从业人员，不应当作家庭常住人口。

农林牧渔业总产值 指以货币表现的农、林、牧、渔业全部产品和对农林牧渔业生产活动进行的各种支持性服务活动的价值总量，它反映一定时期内农林牧渔业生产总规模和总成果。1957 年以前的农林牧渔业总产值中包括了厩肥和农民自给性手工业（如农民自制衣服、鞋、袜，自己从事粮食初步加工等）。1958 年及以后，林业中增加了村及村以下竹木采伐产值；牧业中取消了厩肥产值；副业中取消了农民自给性手工业产值，增加了村及村以下办的工业产值；渔业中增加了海洋捕捞水产品产值。1980 年及以后，在副业中增加了农民家庭兼营工业商品部分的产值。从 1984 年起村及村以下工业产值划归工业。从 1993 年起取消副业，将野生动物的捕猎划入牧业，野生植物采集和农民家庭兼营商品性工业划归农业。从 2003 年起，执行新的国民经济行业分类标准，农林牧渔业总产值中包括了农林牧渔服务业产值。林业中增加了森林采运业产值。农业中取消了家庭兼营商品性工业产值，将野生林产品的采集划归林业。

农林牧渔业总产值的计算方法通常是按农、林、牧、渔业产品及其副产品的产量分别乘以各自单位产品价格求得；少数生产周期较长，当年没有产品或产品产量不易统计的，则采用间接方法匡算其产值；然后将四业产品产值及农林牧渔服务业产值相加即为农林牧渔业总产值。

粮食产量 指农业生产经营者日历年度内生产的全部粮食数量。按收获季节包括夏收粮食、早稻和秋收粮食，按作物品种包括谷物、薯类和豆类。其产量计算方法：谷物按脱粒后的原粮计算，豆类按去豆荚后的干豆计算；薯类（包括甘薯和马铃薯，不包括芋头和木薯）1963 年以前按每 4 公斤鲜薯折 1 公斤粮食计算，从 1964 年开始改为按 5 公斤鲜薯折 1 公斤粮食计算；城市郊区作为蔬菜的薯类（如马铃薯等）按鲜品计算，并且不作粮食统计。

棉花产量 指全社会的产量。包括春播棉和夏播棉；产量按皮棉计算；不包括木棉。

油料产量 指全部油料作物的生产量。包括花生、油菜籽、芝麻、向日葵籽、胡麻籽（亚麻籽）和其他油料。不包括大豆、木本油料和野生油料。花生以带壳干花生计算。

猪、牛、羊肉产量 指当年出栏并已屠宰、除去头蹄下水后带骨肉（即胴体重）的重量。包括全社会范围内的产量。2008 年以前为全面统计，2008 年以来，省一级建立了主要畜禽监测调查制度，省一级猪、牛、羊、禽等主要畜禽数据均以抽样调查数为法定数据，省级以下的为全面数据。

期初（末）畜禽存栏头（只）数 指报告期初（末）农村各种合作经济组织和国营农场、农民个人、机关、团体、学校、工矿企业、部队等单位，以及城镇居民饲养的大牲畜、猪、羊、家禽等畜禽的数量。数据上报方式及数据调整情况同猪、牛、羊肉产量。

农作物播种面积 指农业生产经营者应在日历年度内收获农作物在全部土地（耕地或非耕地）上的播种或移植面积。凡是本年内收获的农作物，无论是本年还是上年播种，都算为播种面积，但不包括本年播种，下年收获的农作物面积。

有效灌溉面积 指具有一定的水源，地块比较平整，灌溉工程或设备已经配套，在一般年景下能够进行正常灌溉的耕地面积。在一般情况下，有效灌溉面积应等于灌溉工程或设备已经配套，能够进行正常灌溉的水田和水浇地面积之和。它是反映我国农田水利建设的重要指标。

农用化肥施用量 指本年度内实际用于农业生产的化肥数量，包括氮肥、磷肥、钾肥和复合肥。化肥施用量要求按折纯量计算数量。折纯量是指把氮肥、磷肥、钾肥分别按含氮、含五氧化二磷、含氧化钾的百分比成分进行折算后的数量。复合肥按其所含主要成分折算。公式为：

折纯量 = 实物量 × 某种化肥有效成分含量的百分比

农业机械总动力 指全部农业机械动力的额定功率之和。农业机械是指用于种植业、畜牧业、渔业、农产品初加工、农用运输和农田基本建设等活动的机械及设备。农机总动力按使用能源不同分为以下四部分：

柴油发动机动力：指全部柴油发动机额定功率之和；

汽油发动机动力：指全部汽油发动机额定功率之和；

电动机动力：指全部电动机（含潜水电泵的电动机）额定功率之和；

其他机械动力：指采用柴油、汽油、电力之外的其他能源，如水力、风力、煤炭、太阳能等动力机械功率之和。这个指标的统计数据主要来源于农机部门。

13

工　业

Industry

简要说明

一、本篇资料主要内容

本篇反映工业经济方面的基本情况。主要包括规模以上工业企业主要经济指标、构成资料；主要工业产品产量、规模以上工业主要产品生产能力资料；国有及国有控股工业企业情况；支柱产业情况。

二、本篇资料的统计范围

本篇资料中规模以上工业企业的统计范围：2010 年为年主营业务收入 500 万元及以上的工业法人单位，从 2011 年开始，为年主营业务收入 2000 万元及以上的工业法人单位。

三、本篇资料来源

本篇资料由省统计局工业交通处根据工业统计年报中有关资料整理。2019、2018 年规模以上工业企业主要指标数据与上年数据之间存在不可比因素，其主要原因是：（一）根据统计制度，每年定期对规模以上工业企业调查范围进行调整。每年有部分企业达到规模标准纳入调查范围，也有部分企业因规模变小而退出调查范围，还有新建投产企业、破产、注（吊）销企业等变化。（二）加强统计执法，对统计执法检查中发现的不符合规模以上工业统计要求的企业进行了清理，对相关基数依规进行了修正。（三）加强数据质量管理，剔除跨地区、跨行业重复统计数据。根据国家统计局最新开展的企业组织结构调查情况，对企业集团（公司）跨地区、跨行业重复计算进行了剔重。（四）“营改增”政策实施后，服务业企业改交增值税且税率较低，工业企业逐步将内部非工业生产经营活动剥离，转向服务业，使工业企业财务数据有所减小。

13-1 规模以上工业企业工业增加值增长速度及比重

Growth Rate and Proportion of Value-added Industry of Industrial Enterprises above Designated Size

单位：% (%)

项 目	Item	2021		2022	
		比上年增长 Growth over the Previous Year	占总量比重 Proportion of Total	比上年增长 Growth over the Previous Year	占总量比重 Proportion of Total
工业增加值	**Value-added of Industry**	**8.90**	**100.00**	**6.00**	**100.00**
#国有及国有控股	State-owned and State-holding Enterprises	7.46	78.14	5.33	78.56
按登记注册类型分	**By Status of Registration**				
国有企业	State-owned Enterprises	7.86	23.12	6.29	29.69
集体企业	Collective-owned Enterprises	-7.20	0.08	34.48	0.11
股份合作企业	Cooperative Enterprises			203.81	0.08
股份制企业	Share-holding Corporations	8.98	73.95	5.81	68.05
外商及港澳台商投资企业	Enterprises with Funds from Foreign, Hong Kong ,Macao and Taiwan	10.98	2.57	2.19	1.76
其他企业	Other Enterprises	43.06	0.27	63.52	0.32
按企业规模分	**Grouped by Size of Enterprises**				
大型企业	Large Enterprises	6.74	65.28	4.10	67.01
中型企业	Medium-size Enterprises	11.47	13.64	11.33	13.04
小型企业	Small Enterprises	13.87	18.49	10.19	17.52
微型企业	Micro Enterprises	11.15	2.58	0.38	2.44
按轻重工业分	**Grouped by Light and Heavy Industries**				
轻工业	Light Industry	10.42	13.64	-2.20	12.07
重工业	Heavy Industry	8.58	86.36	7.43	87.93
按工业门类分	**Grouped by Industries**				
采矿业	Mining	9.29	21.07	8.89	27.25
制造业	Manufacturing	7.53	62.11	5.30	61.22
电力、热力、燃气及水生产和供应业	Production and Supply of Electricity, Heat, Gas and Water	12.72	16.82	4.30	11.53
#私营企业	Private Industrial Enterprises	16.20	10.70	12.86	10.99
#战略性新兴产业	Strategic and Emerging Industries	18.84	10.43	-12.30	8.03
#高技术产业	High-tech Industry	38.15	6.14	-13.18	5.31
#装备制造业	Equipment Manufacturing Industry	15.80	6.20	7.43	5.40

注：1. 工业增加值中含长庆油田甘肃部分。
2. 工业增加值增长速度按可比价计算。

a) The value-added of industry included the data of PCOC Gansu Part.

b) Growth rate of value-added of industrial was calculated by comparable prices.

13-2 规模以上工业企业主要经济指标（2022）

单位：万元

类 别	Item	企业单位数（个）Number of Enterprises (unit)	#亏损企业 Loss-making Enterprises
甘肃省	**Gansu**	**2518**	**769**
按登记注册类型分	**By Status of Registration**		
内资	Domestic Funded Enterprises	2470	756
国有企业	State-owned Enterprises	137	37
集体企业	Collective-owned Enterprises	10	2
股份合作企业	Cooperative Enterprises	4	
联营企业	Joint Ownership Enterprises	1	
有限责任公司	Limited Liability Corporations	939	261
股份有限公司	Stock-holding Corporations Limited	102	32
私营企业	Private Enterprises	1277	424
其他企业	Other Enterprises		
港澳台商投资企业	Enterprises with Funds from Hong Kong ,Macao and Taiwan	19	5
外商投资企业	Foreign Funded Enterprises	29	8
按轻重工业分	**Grouped by Light and Heavy Industries**		
轻工业	Light Industry	633	202
重工业	Heavy Industry	1885	567
按企业规模分	**Grouped by Size of Enterprises**		
大型企业	Large Enterprises	57	11
中型企业	Medium-sized Enterprises	190	66
小型企业	Small Enterprises	1798	556
微型企业	Micro Enterprises	473	136
按工业门类分	**Grouped by Industries**		
采矿业	Mining	206	69
制造业	Manufacturing	1847	568
电力、热力、燃气及水生产和供应业	Production and Supply of Electricity, Heat, Gas and Water	465	132
按行业分	**Grouped by Sector**		
煤炭开采和洗选业	Mining and Washing of Coal	65	21
石油和天然气开采业	Extraction of Petroleum and Natural Gas	2	1
黑色金属矿采选业	Mining and Processing of Ferrous Metal Ores	25	15
有色金属矿采选业	Mining and Processing of Non-Ferrous Metal Ores	31	8
非金属矿采选业	Mining and Processing of Non-metal Ores	59	21
开采辅助活动	Support Activities for Mining	24	3
其他采矿业	Mining of Other Ores		
农副食品加工业	Processing of Food from Agricultural Products	246	75
食品制造业	Manufacture of Foods	61	26
酒、饮料和精茶制造业	Manufacture of Liquor, Beverages and Refined Tea	49	15
烟草制品业	Manufacture of Tobacco	2	
纺织业	Manufacture of Textile	10	4
纺织服装、服饰业	Manufacture of Textile, Wearing Apparel and Accessories	11	2
皮革、毛皮、羽毛（绒）及其制品和制鞋业	Manufacture of Leather, Fur, Feather and Related Products and Footwear	7	2

Main Economic Indicators of Industrial Enterprises above Designated Size (2022)

(10 000 yuan)

资产总计 Total Assets	流动资产合计 Total Current Assets	#存货 Inventories	#产成品 Finished Product	负债合计 Total Liabilities	所有者权益 Owners' Equity
158373085	**58325388**	**13654173**	**4038096**	**94996029**	**63373551**
153404151	56344064	13389602	3945672	91997863	61402784
28933986	5763158	1174578	191909	15325345	13608640
105808	59477	11111	2642	55826	49982
313657	79567	22393	6589	142617	171040
44947	18426			29851	15096
64052545	23812835	4707037	1594098	43199950	20852584
40498449	15618416	4637137	808843	19989168	20509279
19454760	10992185	2837346	1341591	13255104	6196164
2426696	1025092	70853	30072	1453479	973218
2542237	956232	193718	62353	1544688	997550
14292268	8193769	2653957	1013214	6977059	7315202
144080817	50131619	11000216	3024882	88018970	56058349
77330530	23179026	6592366	1047302	41999420	35331110
23293070	9775566	2488644	818530	15229548	8063519
44610406	20116643	4106956	2026553	28517101	16093283
13139080	5254153	466208	145711	9249960	3885640
24309599	5702638	442132	260189	11357653	12951943
93246424	42328914	12929449	3753869	55483110	37759818
40817062	10293837	282593	24038	28155266	12661791
10912483	3733736	201677	131249	6086750	4825733
9884791	772307	34775	24873	3015426	6869365
1080774	354998	58867	33048	745216	335557
1378834	350528	76964	26464	760119	618714
800741	310281	52492	41838	569637	231103
251977	180788	17356	2718	180505	71471
3674283	2151613	765198	399226	2217773	1456507
1436469	686485	165464	58916	777773	658695
1561106	921442	424325	145161	690293	870813
1204954	896721	518112	20167	126538	1078416
130991	72955	24317	14766	66290	64700
58509	43766	8061	4639	24796	33713
152235	106699	21540	17110	60024	92211

13-2 续表 1

单位：万元

类 别	Item	企业单位数（个）Number of Enterprises (unit)	#亏损企业 Loss-making Enterprises
木材加工及木、竹、藤、棕、草制品业	Processing of Timber, Manufacture of Wood, Bamboo, Rattan, Palm and Straw Products	6	3
家具制造业	Manufacture of Furniture		
造纸及纸制品业	Manufacture of Paper and Paper Products	13	8
印刷业和记录媒介复制业	Printing and Reproduction of Recording Media	13	6
文教、工美、体育和娱乐用品制造业	Manufacture of Articles for Culture, Education, Arts and Crafts, Sport and Entertainment Activities	2	1
石油、煤炭及其他燃料加工业	Petroleum, Coal and Other Fuel Processing Industries	31	12
化学原料及化学制品制造业	Manufacture of Raw Chemical Materials and Chemical Products	208	78
医药制造业	Manufacture of Medicines	127	28
化学纤维制造业	Manufacture of Chemical Fibers	6	5
橡胶和塑料制品业	Manufacture of Rubber and Plastics Products	62	19
非金属矿物制品业	Manufacture of Non-metallic Mineral Products	521	139
黑色金属冶炼及压延加工业	Smelting and Pressing of Ferrous Metals	41	16
有色金属冶炼及压延加工业	Smelting and Pressing of Non-ferrous Metals	70	22
金属制品业	Manufacture of Metal Products	122	44
通用设备制造业	Manufacture of General Purpose Machinery	32	11
专用设备制造业	Manufacture of Special Purpose Machinery	52	7
汽车制造业	Manufacture of Automobiles	5	3
铁路、船舶、航空航天和其他运输设备制造业	Manufacture of Railway, Ship, Aerospace and Other Transport Equipments	3	1
电气机械及器材制造业	Manufacture of Electrical Machinery and Apparatus	90	20
计算机、通信和其他电子设备制造业	Manufacture of Computers,Communication and Other Electronic Equipment	24	11
仪器仪表制造业	Manufacture of Measuring Instruments and Machinery	7	3
其他制造业	Other Manufacture	3	
废弃资源综合利用业	Utilization of Waste Resources	18	6
金属制品、机械和设备修理业	Repair Service of Metal Products, Machinery and Equipment	5	1
电力、热力生产和供应业	Production and Supply of Electric Power and Heat Power	398	108
燃气生产和供应业	Production and Supply of Gas	44	11
水生产和供应业	Production and Supply of Water	23	13

continued

(10000 yuan)

资产总计 Total Assets	流动资产合计 Total Current Assets	#存货 Inventories	#产成品 Finished Product	负债合计 Total Liabilities	所有者权益 Owners' Equity
41912	21218	12092	8025	34235	7677
108617	48282	25298	13449	55367	53250
124700	55123	15304	4251	125678	-978
6116	2712	1536	288	1050	5066
4741253	1490197	786019	337333	2933465	1807788
5137092	2118392	637315	272384	3172370	1963649
4632795	2553715	512933	229331	1921977	2710817
74615	17236	9483	6105	246288	-171674
770342	475824	110899	67150	417537	352804
10173951	5716679	982537	369294	5583532	4588010
6350217	1796310	686914	155601	4390934	1959282
25124277	11688397	4191144	575087	13707904	11416372
2172573	1492621	339624	110218	1719240	453331
2397424	1313925	354626	125857	1422663	974760
3050791	2092452	598365	176375	2094338	956452
330123	171923	54137	33019	248397	81727
471545	371998	81583	12549	255885	215660
3174266	2285507	586759	393035	2260945	913320
6500187	2083324	523171	145859	2616043	3884144
286058	52512	3589	518	110385	175673
8245262	956360	253979	4418	7300461	944801
543118	370921	187652	51152	443082	100036
570645	273608	47475	2589	457846	112799
38060664	9389939	258599	12729	26430669	11629990
961028	405257	19628	10440	634610	326418
1795370	498641	4366	868	1089987	705383

13-2 续表 2

单位：万元

类 别	Item	营业收入 Business Revenue	营业成本 Business Cost
甘肃省	**Gansu**	**108884061**	**92118795**
按登记注册类型分	**By Status of Registration**		
内资	Domestic Funded Enterprises	105348995	89030049
国有企业	State-owned Enterprises	23048918	19177889
集体企业	Collective-owned Enterprises	64557	42961
股份合作企业	Cooperative Enterprises	98450	80089
联营企业	Joint Ownership Enterprises	6765	2737
有限责任公司	Limited Liability Corporations	35132624	29417511
股份有限公司	Stock-holding Corporations Limited	32667547	27603225
私营企业	Private Enterprises	14330133	12705637
其他企业	Other Enterprises		
港澳台商投资企业	Enterprises with Funds from Hong Kong ,Macao and Taiwan	1918855	1770782
外商投资企业	Foreign Funded Enterprises	1616211	1317964
按轻重工业分	**Grouped by Light and Heavy Industries**		
轻工业	Light Industry	9552843	6718926
重工业	Heavy Industry	99331218	85399869
按企业规模分	**Grouped by Size of Enterprises**		
大型企业	Large Enterprises	64156607	53083207
中型企业	Medium-sized Enterprises	19108877	17463696
小型企业	Small Enterprises	22408016	19094792
微型企业	Micro Enterprises	3210561	2477099
按工业门类分	**Grouped by Industries**		
采矿业	Mining	10656373	6386563
制造业	Manufacturing	81538437	70565416
电力、热力、燃气及水生产和供应业	Production and Supply of Electricity, Heat, Gas and Water	16689251	15166817
按行业分	**Grouped by Sector**		
煤炭开采和洗选业	Mining and Washing of Coal	4620966	3099157
石油和天然气开采业	Extraction of Petroleum and Natural Gas	4808893	2436922
黑色金属矿采选业	Mining and Processing of Ferrous Metal Ores	312737	252610
有色金属矿采选业	Mining and Processing of Non-Ferrous Metal Ores	496121	270393
非金属矿采选业	Mining and Processing of Non-metal Ores	230433	156041
开采辅助活动	Support Activities for Mining	187223	171440
其他采矿业	Mining of Other Ores		
农副食品加工业	Processing of Food from Agricultural Products	3160272	2868991
食品制造业	Manufacture of Foods	882140	760436
酒、饮料和精茶制造业	Manufacture of Liquor, Beverages and Refined Tea	990546	601883
烟草制品业	Manufacture of Tobacco	1676930	431981
纺织业	Manufacture of Textile	88557	79087
纺织服装、服饰业	Manufacture of Textile, Wearing Apparel and Accessories	48801	33118
皮革、毛皮、羽毛(绒)及其制品和制鞋业	Manufacture of Leather, Fur, Feather and Related Products and Footwear	72741	66207

continued

(10 000 yuan)

税金及附加 Taxes and Extra Charges	销售费用 Selling Expenses	管理费用 Administrative Expenses	财务费用 Financial Expenses	营业利润 Business Profits	利润总额 Total Profits	亏损企业亏损额 Loss of Loss-making Enterprises	平均用工人数(人) Annual Average Employees (person)
4245089	**1372103**	**2794789**	**1642512**	**6158576**	**6074926**	**2037586**	**496673**
4221983	1294817	2739098	1579768	5970738	5881995	1963325	486588
1163813	45466	491996	325902	1735407	1635105	460918	82556
1406	2636	8674	349	8566	8749	325	1381
738	410	3286	2711	8994	8361		630
189		81	1434	2299	2299		10
1267373	485806	1074641	688484	2034451	2090532	834509	179678
1717550	416111	674595	332777	1859121	1776881	373205	126238
70915	344388	485826	228111	321899	360068	294368	96095
8621	9269	24191	26945	76948	80303	20869	2842
14485	68017	31500	35799	110891	112629	53392	7243
1088223	518344	372244	80310	592305	617102	152423	74255
3156866	853759	2422545	1562202	5566272	5457824	1885163	422418
3923350	547081	1354415	569031	4824536	4619059	581106	239090
139812	238230	471611	281916	109103	145022	752144	94262
148709	541318	852335	553632	1003536	1073129	565133	144504
33218	45474	116429	237933	221402	237716	139203	18817
743234	107261	492687	210279	2818081	2664677	132591	81061
3411113	1218496	1922810	665362	3196255	3162775	1057090	332865
90742	46346	379293	766871	144240	247474	847905	82747
119452	73758	236165	111844	1102640	1087403	70573	53930
591160	3604	132374	48128	1594528	1458335	10066	12615
10498	8114	20453	13331	1274	625	14564	3201
14917	1167	61890	20413	120019	118063	12447	5711
6126	18812	31872	13867			23059	3064
1081	1807	9933	2697	236	288	1883	2540
5422	81399	79363	36461	50977	70386	37731	18870
3859	28444	33775	16004	31570	32032	20420	10190
72685	169132	60815	1597	88722	88341	5453	10875
985974	18268	54399		145789	144119		2535
541	2863	5228	752			1743	2178
333	1029	7162		7175	5326	154	1519
392	1513	2187	455	758	778	1365	963

13-2 续表 3

单位：万元

类别	Item	营业收入 Business Revenue	营业成本 Business Cost
木材加工及木、竹、藤、棕、草制品业	Processing of Timber, Manufacture of Wood, Bamboo, Rattan, Palm and Straw Products	26073	25216
家具制造业	Manufacture of Furniture		
造　纸及纸制品业	Manufacture of Paper and Paper Products	132265	128079
印刷业和记录媒介复制业	Printing and Reproduction of Recording Media	67105	59034
文　教、工美、体育和娱乐用品制造业	Manufacture of Articles for Culture, Education, Arts and Crafts, Sport and Entertainment Activities	7532	6597
石油、煤炭及其他燃料加工业	Petroleum, Coal and Other Fuel Processing Industries	12129712	9445364
化学原料及化学制品制造业	Manufacture of Raw Chemical Materials and Chemical Products	4398828	3934983
医药制造业	Manufacture of Medicines	1601017	937510
化学纤维制造业	Manufacture of Chemical Fibers	29480	26797
橡胶和塑料制品业	Manufacture of Rubber and Plastics Products	683353	631627
非金属矿物制品业	Manufacture of Non-metallic Mineral Products	5476835	4585926
黑色金属冶炼及压延加工业	Smelting and Pressing of Ferrous Metals	6652643	6409522
有色金属冶炼及压延加工业	Smelting and Pressing of Non-ferrous Metals	33376110	30763466
金属制品业	Manufacture of Metal Products	1365230	1246586
通用设备制造业	Manufacture of General Purpose Machinery	547183	449950
专用设备制造业	Manufacture of Special Purpose Machinery	1272725	1063870
汽车制造业	Manufacture of Automobiles	39451	33217
铁路、船舶、航空航天和其他运输设备制造业	Manufacture of Railway, Ship, Aerospace and Other Transport Equipments	181445	131186
电气机械及器材制造业	Manufacture of Electrical Machinery and Apparatus	2558751	2358948
计算机、通信和其他电子设备制造业	Manufacture of Computers,Communication and Other Electronic Equipment	2644498	2299269
仪器仪表制造业	Manufacture of Measuring Instruments and Machinery	26354	16910
其他制造业	Other Manufacture	806360	645220
废弃资源综合利用业	Utilization of Waste Resources	340038	301557
金属制品、机械和设备修理业	Repair Service of Metal Products, Machinery and Equipment	255466	222879
电力、热力生产和供应业	Production and Supply of Electric Power and Heat Power	15341868	13966577
燃气生产和供应业	Production and Supply of Gas	1169777	1048435
水生产和供应业	Production and Supply of Water	177606	151804

continued

(10 000 yuan)

税金及附加 Taxes and Extra Charges	销售费用 Selling Expenses	管理费用 Administrative Expenses	财务费用 Financial Expenses	营业利润 Business Profits	利润总额 Total Profits	亏损企业亏损额 Loss of Loss-making Enterprises	平均用工人数(人) Annual Average Employees (person)
93	300	1695	682	-2302	-2276	2425	500
1103	1980	3243	1872	-4823	-556	1321	1408
510	1075	5653	1537	-1920	-1869	2923	1915
173	139	280	107	193	195	44	54
2015832	77647	240869	38322	226496	155658	82935	27810
20117	47766	212596	44602	40896	32743	158114	28528
12587	189281	90391	12065	297920	301036	36478	15536
571	330	3713	1890	-11455	-13408	13774	721
2812	12036	16990	4556	5303	7098	9254	4721
44867	157075	272072	56347	508807	514025	81295	42157
22888	186904	144019	60711	-221555	-220249	278165	25105
173277	91044	253973	263168	1694143	1676215	180873	57275
5928	12847	46170	20718	6022	7981	23030	9228
5573	32696	48397	17967	-31847	-18247	44731	8857
8302	26430	62292	27344	35013	40759	18130	13144
868	1056	3878	5668	-5801	-5483	6185	898
965	355	16879	3896	16722	16862	192	2618
8110	51823	59624	9381	12796	21482	32652	15990
10593	18265	86664	23145	180993	181802	13518	14756
242	1008	4074	2743	-316	-189	1366	440
4239	68	78277	3511	113942	114958		8985
1251	3279	11458	6812	9933	11094	2656	1817
1010	2447	16676	5330	2505	2483	163	3272
84767	8809	315943	753252	86053	180718	820667	73263
2951	32751	34335	-1137	85343	85220	3711	3899
3024	4786	29015	14757	-27156	-18463	23527	5585

13-3 按行业分国有及国有控股企业主要经济指标（2022）

单位：万元

类 别	Item	企业单位数（个）Number of Enterprises (unit)	#亏损企业 Loss-making Enterprises
甘肃省	**Gansu**	**691**	**169**
煤炭开采及洗选业	Mining and Washing of Coal	22	5
石油和天然气开采业	Extraction of Petroleum and Natural Gas	2	1
黑色金属矿采选业	Mining and Processing of Ferrous Metal Ores	3	
有色金属矿采选业	Mining and Processing of Non-Ferrous Metal Ores	13	2
非金属矿采选业	Mining and Processing of Non-metal Ores	12	5
开采辅助活动	Support Activities for Mining	1	
其他采矿业	Mining of Other Ores		
农副食品加工业	Processing of Food from Agricultural Products	22	4
食品制造业	Manufacture of Foods	5	2
酒、饮料和精茶制造业	Manufacture of Liquor, Beverages and Refined Tea	9	1
烟草制品业	Manufacture of Tobacco	2	
纺织业	Manufacture of Textile	2	
纺织服装、服饰业	Manufacture of Textile, Wearing Apparel and Accessories	5	1
皮革、毛皮、羽毛（绒）及其制品和制鞋业	Manufacture of Leather, Fur, Feather and Related Products and Footwear	2	2
木材加工及木.竹、藤、棕、草制品业	Processing of Timber, Manufacture of Wood, Bamboo, Rattan, Palm and Straw Products	1	1
家具制造业	Manufacture of Furniture		
造纸及纸制品业	Manufacture of Paper and Paper Products		
印刷业和记录媒介复制业	Printing and Reproduction of Recording Media	5	3
文教、工美、体育和娱乐用品制造业	Manufacture of Articles for Culture, Education, Arts and Crafts, Sport and Entertainment Activities		
石油、煤炭及其他燃料加工业	Petroleum, Coal and Other Fuel Processing Industries	9	4
化学原料及化学制品制造业	Manufacture of Raw Chemical Materials and Chemical Products	35	8
医药制造业	Manufacture of Medicines	17	4
化学纤维制造业	Manufacture of Chemical Fibers	3	3
橡胶和塑料制品业	Manufacture of Rubber and Plastics Products	8	2
非金属矿物制品业	Manufacture of Non-metallic Mineral Products	78	10
黑色金属冶炼和压延加工业	Smelting and Pressing of Ferrous Metals	8	3
有色金属冶炼和压延加工业	Smelting and Pressing of Non-ferrous Metals	26	9
金属制品业	Manufacture of Metal Products	23	6
通用设备制造业	Manufacture of General Purpose Machinery	12	4
专用设备制造业	Manufacture of Special Purpose Machinery	16	3
汽车制造业	Manufacture of Automobiles	1	1
铁路、船舶、航空航天和其他运输设备制造业	Manufacture of Railway, Ship, Aerospace and Other Transport Equipments	2	
电气机械及器材制造业	Manufacture of Electrical Machinery and Apparatus	23	5
计算机、通信和其他电子设备制造业	Manufacture of Computers,Communication and Other Electronic Equipment	4	1
仪器仪表制造业	Manufacture of Measuring Instruments and Machinery	2	2
其他制造业	Other Manufacture	2	
废弃资源综合利用业	Utilization of Waste Resources	3	
金属制品、机械和设备修理业	Repair Service of Metal Products, Machinery and Equipment	3	1
电力、热力生产和供应业	Production and Supply of Electric Power and Heat Power	278	63
燃气生产和供应业	Production and Supply of Gas	13	2
水生产和供应业	Production and Supply of Water	19	11

Main Indicators of State-owned and State-holding Industrial Enterprises by Industrial Sector (2022)

(10000 yuan)

资产总计 Total Assets	流动资产合计 Total Current Assets	# 存货 Inventories	# 产成品 Finished Product	负债合计 Total Liabilities	所有者权益 Owners' Equity
114060812	**36725657**	**8498411**	**1724629**	**68788154**	**45272650**
9805240	3359715	132224	84759	5199480	4605760
9884791	772307	34775	24873	3015426	6869365
432397	57815	2009	131	332428	99969
496478	117811	35810	8206	360282	136196
401806	82832	6230	5384	290305	111501
36458	27721	2567		32812	3646
461982	297004	97753	51750	323765	138217
401695	130443	34835	10678	192478	209217
298832	162398	73960	45095	190506	108326
1204954	896721	518112	20167	126538	1078416
84896	37568	14885	9407	22261	62634
40095	28647	4013	3043	15697	24397
100255	78168	4346	1880	24936	75319
4495	1454			3634	860
56812	20451	2647	289	70705	-13893
3969464	1035023	585800	226062	2223668	1745796
1732269	853418	186454	80354	974445	757823
2556326	1282282	209529	80470	668050	1888276
63521	12075	7650	5083	241773	-178252
232111	70059	27456	15162	144405	87706
3732418	1715655	304354	128452	2083284	1649133
5547366	1306711	535601	85746	3906107	1641259
22001518	10007662	3826023	403325	11735233	10266284
1364243	952509	209136	50277	1159652	204591
1069602	626368	199134	71563	804153	265449
2542387	1709048	472592	129111	1835078	707309
134978	85303	27945	17577	116814	18164
467411	368981	79328	10928	253240	214171
1187477	745893	187689	107155	735357	452120
642524	437896	104386	17701	397105	245419
7753	7389	1228	192	9159	-1406
8174114	933358	248020	2218	7255448	918666
186831	129734	26443	11593	128869	57962
564648	268711	47420	2589	453149	111500
31919703	7355054	238385	8698	22036473	9883226
553096	277336	5939	3846	400757	152339
1699872	474140	3734	868	1024686	675186

13-3 续表

单位：万元

类 别	Item	营业收入 Business Revenue	营业成本 Business Cost
甘肃省	**Gansu**	**82689010**	**69489444**
煤炭开采及洗选业	Mining and Washing of Coal	3523983	2211646
石油和天然气开采业	Extraction of Petroleum and Natural Gas	4808893	2436922
黑色金属矿采选业	Mining and Processing of Ferrous Metal Ores	151800	116146
有色金属矿采选业	Mining and Processing of Non-Ferrous Metal Ores	251125	160380
非金属矿采选业	Mining and Processing of Non-metal Ores	63014	44064
开采辅助活动	Support Activities for Mining	36462	34854
其他采矿业	Mining of Other Ores		
农副食品加工业	Processing of Food from Agricultural Products	381317	331442
食品制造业	Manufacture of Foods	187078	162052
酒、饮料和精茶制造业	Manufacture of Liquor, Beverages and Refined Tea	218978	165477
烟草制品业	Manufacture of Tobacco	1676930	431981
纺织业	Manufacture of Textile	37798	29615
纺织服装、服饰业	Manufacture of Textile, Wearing Apparel and Accessories	27556	15048
皮革、毛皮、羽毛(绒)及其制品和制鞋业	Manufacture of Leather, Fur, Feather and Related Products and Footwear	13301	11632
木材加工及木.竹、藤、棕、草制品业	Processing of Timber, Manufacture of Wood, Bamboo, Rattan, Palm and Straw Products	3278	4361
家具制造业	Manufacture of Furniture		
造纸及纸制品业	Manufacture of Paper and Paper Products		
印刷业和记录媒介复制业	Printing and Reproduction of Recording Media	37757	32934
文教、工美、体育和娱乐用品制造业	Manufacture of Articles for Culture, Education, Arts and Crafts, Sport and Entertainment Activities		
石油、煤炭及其他燃料加工业	Petroleum, Coal and Other Fuel Processing Industries	11367718	8660559
化学原料及化学制品制造业	Manufacture of Raw Chemical Materials and Chemical Products	2118175	1954780
医药制造业	Manufacture of Medicines	743408	321531
化学纤维制造业	Manufacture of Chemical Fibers	16185	14342
橡胶和塑料制品业	Manufacture of Rubber and Plastics Products	326889	318297
非金属矿物制品业	Manufacture of Non-metallic Mineral Products	2031099	1666099
黑色金属冶炼和压延加工业	Smelting and Pressing of Ferrous Metals	5112072	4962121
有色金属冶炼和压延加工业	Smelting and Pressing of Non-ferrous Metals	28894741	26585354
金属制品业	Manufacture of Metal Products	764857	692428
通用设备制造业	Manufacture of General Purpose Machinery	249460	207576
专用设备制造业	Manufacture of Special Purpose Machinery	1077673	924804
汽车制造业	Manufacture of Automobiles	11768	9302
铁路、船舶、航空航天和其他运输设备制造业	Manufacture of Railway, Ship, Aerospace and Other Transport Equipments	178786	128906
电气机械及器材制造业	Manufacture of Electrical Machinery and Apparatus	914193	831681
计算机、通信和其他电子设备制造业	Manufacture of Computers,Communication and Other Electronic Equipment	806911	769995
仪器仪表制造业	Manufacture of Measuring Instruments and Machinery	5451	4119
其他制造业	Other Manufacture	803183	642698
废弃资源综合利用业	Utilization of Waste Resources	110491	99035
金属制品、机械和设备修理业	Repair Service of Metal Products, Machinery and Equipment	247300	215686
电力、热力生产和供应业	Production and Supply of Electric Power and Heat Power	14545467	13424807
燃气生产和供应业	Production and Supply of Gas	778650	723972
水生产和供应业	Production and Supply of Water	165265	142802

continued

(10 000 yuan)

税金及附加 Taxes and Extra Charges	销售费用 Selling Expenses	管理费用 Administrative Expenses	财务费用 Financial Expenses	营业利润 Business Profits	利润总额 Total Profits	亏损企业亏损额 Loss of Loss-making Enterprises	平均用工人数（人） Annual Average Employees (person)
4041220	**653574**	**1836703**	**1230490**	**5007924**	**4867092**	**1440911**	**320715**
104494	41060	187360	90273	1017912	1012245	39502	47092
591160	3604	132374	48128	1594528	1458335	10066	12615
8245	43	6592	7522	11256	11400		1610
5776	654	30224	10509	40491	39561	6273	2738
2636	778	10545	11116	-8258	-8204	12380	1160
5		344	800	431	436		40
1023	16722	12635	3522	6141	11000	2730	1784
1111	7839	8562	2341	3768	3057	1868	3301
8911	31293	7701	890	11120	11718	173	2162
985974	18268	54399	-1949	145789	144119		2535
474	2358	3783	-75	1181	1146		1107
289	334	5901	-455	6382	4318	74	891
262	764	1673	118	-1292	-1365	1365	428
1	119	125	154	-1495	-1495	1495	67
419	615	3639	1072	-1274	-1281	1589	1185
2012038	65687	229234	26948	291188	225485	8760	25037
8550	11895	95402	14908	-28238	-39478	92134	10391
6954	111629	31089	-12470	255405	255100	9724	5524
549	266	3164	1725	-11528	-13482	13482	441
1449	1524	5377	1724	-3936	-3168	6533	1572
24573	21412	114573	18841	189345	194105	24791	13621
18474	159818	114439	54875	-248977	-245730	267508	18052
153357	68911	207524	243322	1532428	1511484	147054	48670
3469	3142	20556	12347	12087	12972	7797	3802
3117	12464	18694	5282	-6383	93	5330	5209
6283	13627	42428	23682	26780	30189	13491	7942
220	376	1305	2974	-2099	-2095	2095	264
964	295	16784	3895	17019	17054		2552
3769	20247	30367	5640	-11820	-6831	15911	8226
1437	925	8377	1919	-1339	-1705	8014	2125
14	39	1219	52	-370	-368	368	85
4091	55	77655	3366	110963	112250		8907
595	1597	4869	983	2558	2648		712
950	2453	15949	5333	2304	2267	163	3010
74475	6779	285909	633207	31127	97793	716782	68311
2166	21459	17715	-4681	51790	51909	638	2087
2946	4526	28219	12655	-27059	-18390	22823	5460

13-4 按行业分大中型企业主要经济指标（2022）

单位：万元

类别	Item	企业单位数（个）Number of Enterprises (unit)	#亏损企业 Loss-making Enterprises
甘肃省	**Gansu**	**247**	**77**
煤炭开采及洗选业	Mining and Washing of Coal	27	5
石油和天然气开采业	Extraction of Petroleum and Natural Gas	2	1
黑色金属矿采选业	Mining and Processing of Ferrous Metal Ores	3	1
有色金属矿采选业	Mining and Processing of Non-Ferrous Metal Ores	4	
非金属矿采选业	Mining and Processing of Non-metal Ores	1	
开采辅助活动	Support Activities for Mining		
其他采矿业	Mining of Other Ores		
农副食品加工业	Processing of Food from Agricultural Products	11	2
食品制造业	Manufacture of Foods	4	
酒、饮料和精茶制造业	Manufacture of Liquor, Beverages and Refined Tea	8	1
烟草制品业	Manufacture of Tobacco	1	
纺织业	Manufacture of Textile	2	1
纺织服装、服饰业	Manufacture of Textile, Wearing Apparel and Accessories	1	
皮革、毛皮、羽毛（绒）及其制品和制鞋业	Manufacture of Leather, Fur, Feather and Related Products and Footwear	1	1
木材加工及木.竹、藤、棕、草制品业	Processing of Timber, Manufacture of Wood, Bamboo, Rattan, Palm and Straw Products		
家具制造业	Manufacture of Furniture		
造纸及纸制品业	Manufacture of Paper and Paper Products	1	
印刷业和记录媒介复制业	Printing and Reproduction of Recording Media	2	2
文教、工美、体育和娱乐用品制造业	Manufacture of Articles for Culture, Education, Arts and Crafts, Sport and Entertainment Activities		
石油、煤炭及其他燃料加工业	Petroleum, Coal and Other Fuel Processing Industries	7	5
化学原料及化学制品制造业	Manufacture of Raw Chemical Materials and Chemical Products	21	6
医药制造业	Manufacture of Medicines	11	1
化学纤维制造业	Manufacture of Chemical Fibers	1	1
橡胶和塑料制品业	Manufacture of Rubber and Plastics Products	2	1
非金属矿物制品业	Manufacture of Non-metallic Mineral Products	19	3
黑色金属冶炼和压延加工业	Smelting and Pressing of Ferrous Metals	8	3
有色金属冶炼和压延加工业	Smelting and Pressing of Non-ferrous Metals	27	7
金属制品业	Manufacture of Metal Products	5	2
通用设备制造业	Manufacture of General Purpose Machinery	11	4
专用设备制造业	Manufacture of Special Purpose Machinery	12	1
汽车制造业	Manufacture of Automobiles	1	1
铁路、船舶、航空航天和其他运输设备制造业	Manufacture of Railway, Ship, Aerospace and Other Transport Equipments		
电气机械及器材制造业	Manufacture of Electrical Machinery and Apparatus	13	4
计算机、通信和其他电子设备制造业	Manufacture of Computers,Communication and Other Electronic Equipment	5	3
仪器仪表制造业	Manufacture of Measuring Instruments and Machinery		
其他制造业	Other Manufacture	2	
废弃资源综合利用业	Utilization of Waste Resources	1	
金属制品、机械和设备修理业	Repair Service of Metal Products, Machinery and Equipment	1	1
电力、热力生产和供应业	Production and Supply of Electric Power and Heat Power	26	16
燃气生产和供应业	Production and Supply of Gas	1	
水生产和供应业	Production and Supply of Water	5	4

Main Economic Indicators of Large and Medium-sized Industrial Enterprises by Industrial Sector (2022)

(10000 yuan)

资产总计 Total Assets	流动资产合计 Total Current Assets	#存货 Inventories	#产成品 Finished Product	负债合计 Total Liabilities	所有者权益 Owners' Equity
100623600	**32954592**	**9081009**	**1865832**	**57228968**	**43394629**
9177159	3387421	145458	94257	5223853	3953305
9884791	772307	34775	24873	3015426	6869365
249382	26478	6610	6238	198798	50584
638498	103848	17528	4682	291611	346887
49662	3325	26		36602	13061
1107778	566048	177176	56675	570809	536968
484174	204460	24509	5320	234412	249762
804776	492339	286970	72106	278983	525793
1200179	892058	518097	20152	124398	1075780
81191	34779	14048	8346	22496	58696
8118	5006	28		3284	4835
93024	71225	3914	1880	17964	75060
31475	11726	10041	4881	16698	14777
39595	10106	1961	268	39354	241
3895939	1089992	544240	204958	2357606	1538333
2173235	814259	219847	56097	1323083	850152
1707059	763655	201541	83244	657024	1050035
44665	7912	4797	3159	222762	-178097
140386	27002	6451	3275	82850	57535
3745224	1518898	394812	104195	1292630	2452593
5985435	1558799	594616	112130	4097041	1888395
23823382	10979582	3979033	452925	12724522	11098860
384359	219084	96142	36744	336751	47608
1838603	914551	258577	106649	1033648	804955
2509271	1686768	491173	137541	1798190	711082
10137	6719	2953	2091	6770	3367
1296052	854929	206370	141143	815670	480382
5947160	1665036	383309	113287	2266511	3680649
8174114	933358	248020	2218	7255448	918666
66972	23292	5197	2901	45271	21701
455014	190704	30028	1300	374650	80364
13572074	2713111	166642		9883323	3688751
330110	149845	3857	2128	272009	58101
674608	255975	2262	170	308524	366083

13-4 续表

单位：万元

类　别	Item	营业收入 Business Revenue	营业成本 Business Cost
甘肃省	**Gansu**	**83265484**	**70546903**
煤炭开采及洗选业	Mining and Washing of Coal	3558045	2213509
石油和天然气开采业	Extraction of Petroleum and Natural Gas	4808893	2436922
黑色金属矿采选业	Mining and Processing of Ferrous Metal Ores	142175	116884
有色金属矿采选业	Mining and Processing of Non-Ferrous Metal Ores	216303	108515
非金属矿采选业	Mining and Processing of Non-metal Ores	19142	13008
开采辅助活动	Support Activities for Mining		
其他采矿业	Mining of Other Ores		
农副食品加工业	Processing of Food from Agricultural Products	672570	611816
食品制造业	Manufacture of Foods	431211	369587
酒、饮料和精茶制造业	Manufacture of Liquor, Beverages and Refined Tea	617978	322784
烟草制品业	Manufacture of Tobacco	1669425	428245
纺织业	Manufacture of Textile	51007	44676
纺织服装、服饰业	Manufacture of Textile, Wearing Apparel and Accessories	5785	1906
皮革、毛皮、羽毛(绒)及其制品和制鞋业	Manufacture of Leather, Fur, Feather and Related Products and Footwear	9529	7930
木材加工及木.竹、藤、棕、草制品业	Processing of Timber, Manufacture of Wood, Bamboo, Rattan, Palm and Straw Products		
家具制造业	Manufacture of Furniture		
造纸及纸制品业	Manufacture of Paper and Paper Products	10016	9716
印刷业和记录媒介复制业	Printing and Reproduction of Recording Media	26083	23551
文教、工美、体育和娱乐用品制造业	Manufacture of Articles for Culture, Education, Arts and Crafts, Sport and Entertainment Activities		
石油、煤炭及其他燃料加工业	Petroleum, Coal and Other Fuel Processing Industries	11356667	8710182
化学原料及化学制品制造业	Manufacture of Raw Chemical Materials and Chemical Products	2124269	1925768
医药制造业	Manufacture of Medicines	568189	338236
化学纤维制造业	Manufacture of Chemical Fibers	12409	9522
橡胶和塑料制品业	Manufacture of Rubber and Plastics Products	295137	291409
非金属矿物制品业	Manufacture of Non-metallic Mineral Products	1771393	1449607
黑色金属冶炼和压延加工业	Smelting and Pressing of Ferrous Metals	6105234	5914265
有色金属冶炼和压延加工业	Smelting and Pressing of Non-ferrous Metals	30572258	28031272
金属制品业	Manufacture of Metal Products	291531	269092
通用设备制造业	Manufacture of General Purpose Machinery	342060	271082
专用设备制造业	Manufacture of Special Purpose Machinery	1018956	879515
汽车制造业	Manufacture of Automobiles	20662	18828
铁路、船舶、航空航天和其他运输设备制造业	Manufacture of Railway, Ship, Aerospace and Other Transport Equipments		
电气机械及器材制造业	Manufacture of Electrical Machinery and Apparatus	946593	847147
计算机、通信和其他电子设备制造业	Manufacture of Computers,Communication and Other Electronic Equipment	2172716	1856635
仪器仪表制造业	Manufacture of Measuring Instruments and Machinery		
其他制造业	Other Manufacture	803183	642698
废弃资源综合利用业	Utilization of Waste Resources	39866	31666
金属制品、机械和设备修理业	Repair Service of Metal Products, Machinery and Equipment	200113	178708
电力、热力生产和供应业	Production and Supply of Electric Power and Heat Power	11961181	11763651
燃气生产和供应业	Production and Supply of Gas	356616	339704
水生产和供应业	Production and Supply of Water	68290	68870

continued

(10 000 yuan)

税金及附加 Taxes and Extra Charges	销售费用 Selling Expenses	管理费用 Administrative Expenses	财务费用 Financial Expenses	营业利润 Business Profits	利润总额 Total Profits	亏损企业亏损额 Loss of Loss-making Enterprises	平均用工人数(人) Annual Average Employees (person)
4063162	**785311**	**1826026**	**850947**	**4933638**	**4764081**	**1333250**	**333352**
106068	36615	196493	86712	1047159	1040988	48972	50427
591160	3604	132374	48128	1594528	1458335	10066	12615
3827	2252	8510	4713	1730	1729	3003	1876
7020	366	18749	10989	67293	66000		2410
1402		2188	1268	1113	1119		494
921	8821	15054	10794	13172	10715	11404	5439
1794	12452	11183	3110	33557	33449		2828
60415	128721	43169	-1729	63766	62293	723	7048
985880	18071	52234	-1887	144411	142765		2269
448	1976	3737	-72	42	74	387	1505
74		1477	-10	2288	1109		383
259	256	1673	118	-850	-944	944	308
77	141	200	137	-385	5		305
289	174	2062	294	-78	-102	102	727
2010113	64955	229645	34946	224689	153373	74778	26204
10093	13648	97118	14648	-6285	-18536	98535	12698
5908	97884	28702	-3127	81175	81827	6042	6284
458	172	1754	1252	-3151	-5104	5104	332
1067	410	3314	1433	-4047	-3297	6003	1072
18252	27105	78335	910	368032	369653	15741	11142
20899	177198	129613	58037	-240825	-240828	270883	22093
166482	73544	226142	249060	1711200	1690185	142013	52260
1851	1858	8197	700	1278	1650	2084	2419
3902	27909	34777	15522	-30907	-19626	40770	6127
6242	13640	38456	23642	19822	22940	12122	8564
294	543	780	-167	-23	-22	22	403
3890	33251	30096	6424	-3904	1448	10554	9604
9499	15601	77013	23759	177019	177743	10670	12322
4091	55	77655	3366	110963	112250		8907
318	1594	2121	945	2392	2487		423
473	2215	9454	5099	-68	-163	163	1659
36393	3670	235516	254901	-446400	-389929	546592	57423
1129	16159	12180	-4188	25707	25665		1390
2176	455	16056	1221	-20775	-15170	15574	3392

13-5 私营工业企业主要财务指标（2022）

单位：万元

类 别	Item	企业单位数（个）Number of Enterprises (unit)	#亏损企业 Loss-making Enterprises
甘肃省	**Gansu**	**1277**	**424**
煤炭开采及洗选业	Mining and Washing of Coal	31	13
石油和天然气开采业	Extraction of Petroleum and Natural Gas		
黑色金属矿采选业	Mining and Processing of Ferrous Metal Ores	12	9
有色金属矿采选业	Mining and Processing of Non-Ferrous Metal Ores	10	4
非金属矿采选业	Mining and Processing of Non-metal Ores	31	9
开采辅助活动	Support Activities for Mining	22	3
其他采矿业	Mining of Other Ores		
农副食品加工业	Processing of Food from Agricultural Products	148	56
食品制造业	Manufacture of Foods	35	14
酒、饮料和精茶制造业	Manufacture of Liquor, Beverages and Refined Tea	16	7
烟草制品业	Manufacture of Tobacco		
纺织业	Manufacture of Textile	6	3
纺织服装、服饰业	Manufacture of Textile, Wearing Apparel and Accessories	5	1
皮革、毛皮、羽毛（绒）及其制品和制鞋业	Manufacture of Leather, Fur, Feather and Related Products and Footwear	5	
木材加工及木．竹、藤、棕、草制品业	Processing of Timber, Manufacture of Wood, Bamboo, Rattan, Palm and Straw Products	5	2
家具制造业	Manufacture of Furniture		
造纸及纸制品业	Manufacture of Paper and Paper Products	10	6
印刷业和记录媒介复制业	Printing and Reproduction of Recording Media	7	2
文教、工美、体育和娱乐用品制造业	Manufacture of Articles for Culture, Education, Arts and Crafts, Sport and Entertainment Activities	1	1
石油、煤炭及其他燃料加工业	Petroleum, Coal and Other Fuel Processing Industries	16	5
化学原料及化学制品制造业	Manufacture of Raw Chemical Materials and Chemical Products	126	51
医药制造业	Manufacture of Medicines	80	13
化学纤维制造业	Manufacture of Chemical Fibers	2	1
橡胶和塑料制品业	Manufacture of Rubber and Plastics Products	44	14
非金属矿物制品业	Manufacture of Non-metallic Mineral Products	349	99
黑色金属冶炼和压延加工业	Smelting and Pressing of Ferrous Metals	24	10
有色金属冶炼和压延加工业	Smelting and Pressing of Non-ferrous Metals	29	8
金属制品业	Manufacture of Metal Products	80	29
通用设备制造业	Manufacture of General Purpose Machinery	13	5
专用设备制造业	Manufacture of Special Purpose Machinery	19	1
汽车制造业	Manufacture of Automobiles	2	1
铁路、船舶、航空航天和其他运输设备制造业	Manufacture of Railway, Ship, Aerospace and Other Transport Equipments	1	1
电气机械及器材制造业	Manufacture of Electrical Machinery and Apparatus	36	7
计算机、通信和其他电子设备制造业	Manufacture of Computers,Communication and Other Electronic Equipment	12	8
仪器仪表制造业	Manufacture of Measuring Instruments and Machinery	3	
其他制造业	Other Manufacture		
废弃资源综合利用业	Utilization of Waste Resources	12	4
金属制品、机械和设备修理业	Repair Service of Metal Products, Machinery and Equipment	1	
电力、热力生产和供应业	Production and Supply of Electric Power and Heat Power	59	28
燃气生产和供应业	Production and Supply of Gas	21	7
水生产和供应业	Production and Supply of Water	4	2

Main Financial Indicators of Private Industrial Enterprises (2022)

(10000 yuan)

资产总计 Total Assets	流动资产合计 Total Current Assets	#存货 Inventories	#产成品 Finished Product	负债合计 Total Liabilities	所有者权益 Owners' Equity
19454760	**10992185**	**2837346**	**1341591**	**13255104**	**6196164**
702062	280828	44741	30376	591341	110721
273749	203962	32985	21244	291401	-17652
217114	123679	23965	13172	107495	109619
253080	148530	30920	26719	167617	85463
200410	139629	14789	2718	137503	62906
1714601	896279	412660	209205	1081012	633586
567270	349361	82190	31165	318620	248649
152319	82284	22805	9473	82521	69798
42649	33358	8939	4987	40480	2170
12027	8994	2781	1291	4244	7783
51980	28531	17194	15230	35088	16892
37418	19764	12092	8025	30601	6817
97955	39276	23483	12988	47421	50535
50717	28728	9556	3660	43148	7569
3129	1023	317	20	740	2389
367410	309507	179722	102104	335457	31952
2257631	800087	300120	123037	1477570	778988
1157115	709469	193869	106769	740322	416792
4692	2859	1165	707	1736	2956
362816	260100	71762	45571	200183	162633
3690033	2680208	463048	191507	2449927	1237698
484559	253672	105351	37646	272485	212073
1097539	589672	260535	147824	777241	320298
525613	347976	95558	43387	362668	162945
243709	203167	36475	4304	185921	57787
189751	137990	35215	14255	103865	85886
168519	74354	22651	13282	118431	50088
4135	3017	2254	1621	2646	1489
1052392	823443	117653	61143	830735	221657
211389	166253	48719	21884	150140	61249
6418	4621	398	64	3785	2633
288534	207232	138322	28402	253956	34577
2952	1853	46		1853	1099
2613161	915241	15181	3310	1787302	825859
254417	92739	9254	4502	154352	100064
95498	24501	632		65301	30197

13-5 续表

单位：万元

类 别	Item	营业收入 Business Revenue	营业成本 Business Cost
甘肃省	**Gansu**	**14330133**	**12705637**
煤炭开采及洗选业	Mining and Washing of Coal	857957	714659
石油和天然气开采业	Extraction of Petroleum and Natural Gas		
黑色金属矿采选业	Mining and Processing of Ferrous Metal Ores	69733	60438
有色金属矿采选业	Mining and Processing of Non-Ferrous Metal Ores	68607	36061
非金属矿采选业	Mining and Processing of Non-metal Ores	100967	65889
开采辅助活动	Support Activities for Mining	139757	126862
其他采矿业	Mining of Other Ores		
农副食品加工业	Processing of Food from Agricultural Products	1571633	1442581
食品制造业	Manufacture of Foods	317339	258644
酒、饮料和精茶制造业	Manufacture of Liquor, Beverages and Refined Tea	62564	50464
烟草制品业	Manufacture of Tobacco		
纺织业	Manufacture of Textile	49141	48028
纺织服装、服饰业	Manufacture of Textile, Wearing Apparel and Accessories	15339	13311
皮革、毛皮、羽毛（绒）及其制品和制鞋业	Manufacture of Leather, Fur, Feather and Related Products and Footwear	59440	54575
木材加工及木．竹、藤、棕、草制品业	Processing of Timber, Manufacture of Wood, Bamboo, Rattan, Palm and Straw Products	22796	20855
家具制造业	Manufacture of Furniture		
造纸及纸制品业	Manufacture of Paper and Paper Products	128206	124157
印刷业和记录媒介复制业	Printing and Reproduction of Recording Media	17702	15315
文教、工美、体育和娱乐用品制造业	Manufacture of Articles for Culture, Education, Arts and Crafts, Sport and Entertainment Activities	2000	1900
石油、煤炭及其他燃料加工业	Petroleum, Coal and Other Fuel Processing Industries	578131	553623
化学原料及化学制品制造业	Manufacture of Raw Chemical Materials and Chemical Products	1448545	1239329
医药制造业	Manufacture of Medicines	546023	416260
化学纤维制造业	Manufacture of Chemical Fibers	7478	6800
橡胶和塑料制品业	Manufacture of Rubber and Plastics Products	279196	243527
非金属矿物制品业	Manufacture of Non-metallic Mineral Products	2422002	2073522
黑色金属冶炼和压延加工业	Smelting and Pressing of Ferrous Metals	1082007	1039235
有色金属冶炼和压延加工业	Smelting and Pressing of Non-ferrous Metals	1908340	1812303
金属制品业	Manufacture of Metal Products	404971	372213
通用设备制造业	Manufacture of General Purpose Machinery	88434	86243
专用设备制造业	Manufacture of Special Purpose Machinery	104372	81639
汽车制造业	Manufacture of Automobiles	3967	3385
铁路、船舶、航空航天和其他运输设备制造业	Manufacture of Railway, Ship, Aerospace and Other Transport Equipments	2659	2280
电气机械及器材制造业	Manufacture of Electrical Machinery and Apparatus	1048784	982925
计算机、通信和其他电子设备制造业	Manufacture of Computers,Communication and Other Electronic Equipment	85680	82457
仪器仪表制造业	Manufacture of Measuring Instruments and Machinery	7974	5854
其他制造业	Other Manufacture		
废弃资源综合利用业	Utilization of Waste Resources	166996	141108
金属制品、机械和设备修理业	Repair Service of Metal Products, Machinery and Equipment	3686	2971
电力、热力生产和供应业	Production and Supply of Electric Power and Heat Power	382241	287365
燃气生产和供应业	Production and Supply of Gas	263131	229862
水生产和供应业	Production and Supply of Water	12341	9002

continued

(10 000 yuan)

税金及附加 Taxes and Extra Charges	销售费用 Selling Expenses	管理费用 Administrative Expenses	财务费用 Financial Expenses	营业利润 Business Profits	利润总额 Total Profits	亏损企业亏损额 Loss of Loss-making Enterprises	平均用工人数（人） Annual Average Employees (person)
70915	**344388**	**485826**	**228111**	**321899**	**360068**	**294368**	**96095**
9839	27775	27193	19800	52137	44502	29734	3030
1146	4118	5528	2426	-4985	-5561	7782	732
1934	27	10345	3844	16076	15337	4111	1301
2385	12403	12076	1260	5550	6212	6464	1077
1003	1807	8405	1889	-209	-160	1883	2444
2309	31601	37298	22386	8864	19232	22489	10748
1669	14972	12921	7563	17828	17246	10918	4083
1031	3465	3544	2022	5800	5927	1574	673
59	419	1289	777	-1432	-1312	1586	961
23	535	792	126	294	497	80	500
130	749	514	337	2050	2143		535
92	181	1570	528	-807	-782	931	433
1094	1980	2951	1634	-4420	-216	971	1334
30	234	1467	463	-1	30	716	434
12		48	51	-45	-44	44	26
2986	11771	5655	3303	-2580	-2177	6156	745
8834	17414	79541	17998	43636	47244	50438	11895
2687	23976	37325	19262	21364	23855	20296	5952
19	44	239	37	340	338	28	185
999	9223	9847	3106	4472	5212	2605	2366
13619	93229	105115	37111	82471	84387	40628	19620
2313	20823	17660	4513	-5658	-5981	10346	4531
5550	14189	18744	6578	34639	37049	6937	4395
1719	7687	19326	5603	-5693	-4981	11121	4142
397	1481	3557	796	-4924	-789	2305	1377
881	6047	8104	1732	1692	2274	4145	2210
247	108	1411	2812	-4348	-4046	4068	172
1	60	94	1	-296	-192	192	66
2165	23355	16296	1903	8643	11521	6035	4171
173	1959	3106	304	-3273	-2565	2848	685
37	108	787	8	754	878		110
563	1308	4664	5231	9172	10234	845	848
44		595	-2	79	94		120
4276	1722	16080	47546	35480	45596	33701	2772
571	9358	10945	3067	9328	9140	1689	1297
78	259	796	2102	-97	-74	704	125

13-6 按行业分规模以上工业企业主要经济效益指标（2022）

类 别	Branch	总资产贡献率 (%) Ratio of Profits,Taxes and Interests to Average Assets(%)			
		规模以上工业企业 Industrial Enterprises above Designated Size	国有及国有控股企业 State-owned and State-holding Enterprises	大中型企业 Large & Medium-sized Industrial Enterprises	规模以上工业企业 Industrial Enterprises above Designated Size
甘肃省	**Gansu**	**8.97**	**10.62**	**11.51**	**59.98**
煤炭开采及洗选业	Mining and Washing of Coal	14.60	14.85	16.19	55.78
石油和天然气开采业	Extraction of Petroleum and Natural Gas	24.90	24.90	24.90	30.51
黑色金属矿采选业	Mining and Processing of Ferrous Metal Ores	3.29	7.77	6.42	68.95
有色金属矿采选业	Mining and Processing of Non-Ferrous Metal Ores	12.34	11.21	14.87	55.13
非金属矿采选业	Mining and Processing of Non-metal Ores	3.62	1.98	11.48	71.14
开采辅助活动	Support Activities for Mining	3.48	4.57		71.64
其他采矿业	Mining of Other Ores				
农副食品加工业	Processing of Food from Agricultural Products	2.87	3.85	1.54	60.36
食品制造业	Manufacture of Foods	4.96	2.21	10.97	54.14
酒、饮料和精茶制造业	Manufacture of Liquor, Beverages and Refined Tea	12.77	9.40	18.38	44.22
烟草制品业	Manufacture of Tobacco	107.74	107.74	107.99	10.50
纺织业	Manufacture of Textile	1.82	3.88	2.60	50.61
纺织服装、服饰业	Manufacture of Textile, Wearing Apparel and Accessories	13.43	15.99	20.97	42.38
皮革、毛皮、羽毛（绒）及其制品和制鞋业	Manufacture of Leather, Fur, Feather and Related Products and Footwear	1.72	-0.97	-0.60	39.43
木材加工及木. 竹、藤、棕、草制品业	Processing of Timber, Manufacture of Wood, Bamboo, Rattan, Palm and Straw Products	-0.92	-29.73		81.68
家具制造业	Manufacture of Furniture				
造纸及纸制品业	Manufacture of Paper and Paper Products	9.80		2.70	50.97
印刷业和记录媒介复制业	Printing and Reproduction of Recording Media	1.39	2.81	3.65	100.78
文教、工美、体育和娱乐用品制造业	Manufacture of Articles for Culture, Education, Arts and Crafts, Sport and Entertainment Activities	7.76			17.17
石油、煤炭及其他燃料加工业	Petroleum, Coal and Other Fuel Processing Industries	53.99	66.27	65.77	61.87
化学原料及化学制品制造业	Manufacture of Raw Chemical Materials and Chemical Products	2.59	0.64	1.22	61.75
医药制造业	Manufacture of Medicines	7.97	10.98	6.19	41.49
化学纤维制造业	Manufacture of Chemical Fibers	-15.80	-17.96	-7.00	330.08
橡胶和塑料制品业	Manufacture of Rubber and Plastics Products	3.32	2.38	2.92	54.20
非金属矿物制品业	Manufacture of Non-metallic Mineral Products	7.41	8.25	11.72	54.88
黑色金属冶炼和压延加工业	Smelting and Pressing of Ferrous Metals	-1.34	-2.48	-1.97	69.15
有色金属冶炼和压延加工业	Smelting and Pressing of Non-ferrous Metals	9.78	10.20	10.24	54.56
金属制品业	Manufacture of Metal Products	1.76	2.28	1.44	79.13
通用设备制造业	Manufacture of General Purpose Machinery	0.90	1.39	0.55	59.34
专用设备制造业	Manufacture of Special Purpose Machinery	3.71	3.51	3.16	68.65
汽车制造业	Manufacture of Automobiles	0.54	0.77	9.62	75.24
铁路、船舶、航空航天和其他运输设备制造业	Manufacture of Railway, Ship, Aerospace and Other Transport Equipments	6.11	6.21		54.27
电气机械及器材制造业	Manufacture of Electrical Machinery and Apparatus	1.88	0.68	1.33	71.23
计算机、通信和其他电子设备制造业	Manufacture of Computers,Communication and Other Electronic Equipment	3.80	1.01	3.98	40.25
仪器仪表制造业	Manufacture of Measuring Instruments and Machinery	1.22	-2.15		38.59
其他制造业	Other Manufacture	1.54	1.51	1.51	88.54
废弃资源综合利用业	Utilization of Waste Resources	4.41	4.07	7.23	81.58
金属制品、机械和设备修理业	Repair Service of Metal Products, Machinery and Equipment	3.64	3.52	3.04	80.23
电力、热力生产和供应业	Production and Supply of Electric Power and Heat Power	3.19	3.18	0.28	69.44
燃气生产和供应业	Production and Supply of Gas	10.70	10.82	8.13	66.03
水生产和供应业	Production and Supply of Water	0.03	-0.11	-1.39	60.71

Designated Size by Industrial Sector (2022)

资产负债率 (%) Ratio of Debts to Assets (%)		流动资产周转次数 (次 / 年) Turnover of Current Assets (times/year)			工业成本费用利润率 (%) Ratio of Profits to Total Industrial Costs(%)			产品销售率 (%) Sales Ratio of Products (%)		
国有及国有控股企业 State-owned and State-holding Enterprises	大中型企业 Large & Medium-sized Industrial Enterprises	规模以上工业企业 Industrial Enterprises above Designated Size	国有及国有控股企业 State-owned and State-holding Enterprises	大中型企业 Large & Medium-sized Industrial Enterprises	规模以上工业企业 Industrial Enterprises above Designated Size	国有及国有控股企业 State-owned and State-holding Enterprises	大中型企业 Large & Medium-sized Industrial Enterprises	规模以上工业企业 Industrial Enterprises above Designated Size	国有及国有控股企业 State-owned and State-holding Enterprises	大中型企业 Large & Medium-sized Industrial Enterprises
60.31	**56.87**	**1.87**	**2.25**	**2.53**	**6.14**	**6.59**	**6.37**	**97.70**	**99.10**	**98.80**
53.03	56.92	1.24	1.05	1.05	30.49	39.37	40.43	97.40	98.50	96.60
30.51	30.51	6.23	6.23	6.23	54.80	54.80	54.80	100.00	100.00	100.00
76.88	79.72	0.88	2.63	5.37	0.21	8.60	1.26	82.50	99.60	86.30
72.57	45.67	1.42	2.13	2.08	32.60	19.25	46.18	90.70	95.60	92.00
72.25	73.70	0.74	0.76	5.76	-0.02	-11.91	6.66	83.10	96.40	100.00
90.00		1.04	1.32		0.16	1.21		95.80	86.90	
70.08	51.53	1.47	1.28	1.19	2.26	2.94	1.61	94.80	95.00	99.10
47.92	48.41	1.29	1.43	2.11	3.78	1.67	8.43	96.00	99.30	100.90
63.75	34.67	1.07	1.35	1.26	10.47	5.67	12.48	84.80	89.90	81.80
10.50	10.36	1.87	1.87	1.87	28.37	28.37	28.44	102.60	102.60	102.60
26.22	27.71	1.21	1.01	1.47	-0.37	3.18	0.15	92.90	93.10	97.50
39.15	40.45	1.12	0.96	1.16	12.89	20.66	32.87	99.00	99.90	100.00
24.87	19.31	0.68	0.17	0.13	1.09	-9.51	-9.30	78.70	143.90	168.00
80.86		1.23	2.25		-8.05	-31.33		89.60	21.60	
	53.05	2.74		0.85	-0.41		0.05	97.80		92.50
124.45	99.39	1.22	1.85	2.58	-2.74	-3.35	-0.39	103.10	117.60	144.60
		2.78			2.72			98.80		
56.02	60.51	8.14	10.98	10.42	1.58	2.50	1.69	98.40	98.30	98.50
56.25	60.88	2.08	2.48	2.61	0.76	-1.87	-0.89	93.70	99.20	96.20
26.13	38.49	0.63	0.58	0.74	23.05	51.13	16.34	83.10	77.10	77.70
380.62	498.74	1.71	1.34	1.57	-39.43	-64.92	-36.75	88.40	81.60	82.80
62.21	59.02	1.44	4.67	10.93	1.05	-0.96	-1.10	100.50	109.50	108.90
55.82	34.51	0.96	1.18	1.17	10.03	10.57	23.50	96.20	96.40	97.30
70.41	68.45	3.70	3.91	3.92	-3.20	-4.57	-3.78	98.90	99.80	99.80
53.34	53.41	2.86	2.89	2.78	5.31	5.54	5.87	99.70	100.20	100.30
85.00	87.61	0.91	0.80	1.33	0.59	1.73	0.57	97.10	97.70	96.90
75.18	56.22	0.42	0.40	0.37	-3.23	0.04	-5.46	93.30	91.40	92.70
72.18	71.66	0.61	0.63	0.60	3.34	2.91	2.33	93.80	94.40	92.60
86.54	66.79	0.23	0.14	3.08	-11.92	-13.96	-0.11	94.90	90.20	108.00
54.18		0.49	0.48		10.10	10.40		82.80		
61.93	62.93	1.12	1.23	1.11	0.85	-0.75	0.15	95.10	97.00	94.40
61.80	38.11	1.27	1.84	1.30	7.16	-0.21	8.58	96.40	99.10	96.50
118.13		0.50	0.74		-0.70	-6.52		98.40	101.00	
88.76	88.76	0.84	0.86	0.86	15.68	15.38	15.38	102.20		
68.98	67.60	0.92	0.85	1.71	3.37	2.46	6.64	95.80	96.10	74.40
80.25	82.34	0.93	0.92	1.05	0.99	0.93	-0.08	100.00	100.00	100.00
69.04	72.82	1.63	1.98	4.41	1.20	0.68	-3.18	99.70	99.70	99.90
72.46	82.40	2.89	2.81	2.38	7.64	6.84	7.05	100.20	100.00	100.00
60.28	45.73	0.36	0.35	0.27	-9.18	-9.74	-17.46	92.30	91.60	95.10

13-7 主要工业产品产量
Output of Major Industrial Products

产品名称	Product Name	2010	2015	2020	2021	2022
原煤（万吨）	Coal (10 000 tons)	4547.20	4390.27	3848.12	4151.06	5351.76
原油（万吨）	Crude Petroleum Oil (10 000 tons)	382.14	820.09	968.74	1029.05	1092.24
天然气（万立方米）	Natural Gas (10 000 cu.m)	10344	12108	38982	41808	54405
铁矿石原矿（万吨）	Iron Ore (10 000 tons)	991.62	1596.21	970.02	1034.33	1178.06
小麦粉（万吨）	Wheatmeal (10 000 tons)	151.08	119.36	75.72	72.93	81.77
饮料、酒（万千升）	Drinks (10 000kl)	71.54	66.18	38.33	45.24	45.20
软饮料（万吨）	Soft Drinks (10 000 tons)	138.43	241.40	137.06	153.82	142.36
卷烟（万箱）	Cigarettes (10 000 cases)	80.00	103.00	92.24	93.20	93.60
原油加工量（万吨）	Crude Oil Processing (10 000 tons)	1383.54	1424.31	1467.55	1469.87	1454.31
焦炭（万吨）	Coke (10 000 tons)	244.32	525.05	516.84	499.85	494.60
硫酸（万吨）	Sulfuric Acid (10 000 tons)	247.00	443.03	248.32	259.16	293.96
烧碱（万吨）	Caustic Soda (10 000 tons)	21.69	19.02	36.39	47.72	47.10
电石（万吨）	Calcium Carbide (10 000 tons)	97.54	112.80	81.41	98.18	98.79
乙烯（万吨）	Ethene (10 000 tons)	69.48	64.20	69.70	73.85	70.54
农用化肥（万吨）	Chemical Fertilizer (10 000 tons)	81.32	46.70	17.50	17.97	17.12
化学农药（万吨）	Chemical Pesticide (10 000 tons)	0.13	0.32	3.70	4.76	5.37
塑料制品（万吨）	Plastic Products (ton)	13.88	39.09	19.18	18.69	22.45
水泥（万吨）	Cement (10 000 tons)	2414.11	4764.30	4651.15	4450.03	4008.21
平板玻璃（万重量箱）	Plate Glass (10 000 weight cases)	653.89	124.78	519.26	580.82	500.58
生铁（万吨）	Pig Iron (10 000 tons)	625.49	690.52	782.29	789.19	810.73
粗钢（万吨）	Crude Steel (10 000 tons)	662.25	852.10	1059.17	1059.00	1084.89
钢材（万吨）	Rolled Steel (10 000 tons)	699.17	847.77	1102.65	1080.59	1091.63
铁合金（万吨）	Iron Alloy (10 000 tons)	119.49	85.65	98.67	103.05	89.48
十种有色金属（万吨）	Ten Kinds of Nonferrous Metals (10 000 tons)	191.53	381.36	350.64	358.44	417.46
#铜（万吨）	Copper (10 000 tons)	44.79	92.47	66.32	67.40	93.34
铅（万吨）	Lead (10 000 tons)	2.69	2.82	3.23	1.95	2.04
锌（万吨）	Zinc (10 000 tons)	23.51	40.38	40.45	42.21	44.34
镍（万吨）	Nickel (10 000 tons)	12.98	15.31	15.01	14.86	15.26
铝（万吨）	Aluminium (10 000 tons)	104.40	230.38	225.52	231.56	261.10
汽车（辆）	Motor Vehicles (set)	20718	24354	400	269	23
发电设备（万千瓦小时）	Power Generating Equipment (10 000 kWh)	3.53	4.52	10.80	65.05	246.38
变压器（万千伏安）	Power Transformer (10 000 kva)	221.95	160.56	91.57	152.88	131.38
集成电路（万块）	Integrated Circuits (10 000 units)	550307	1497496	4572888	6430378	5904011
发电量（亿千瓦小时）	Electricity (100 million kWh)	791.53	1139.45	1601.18	1724.61	1816.58
火力发电量	Thermal Power	502.29	718.65	874.39	1003.93	1045.21
水力发电量	Hydropower	262.32	270.96	379.27	328.55	287.39
风力发电量	Wind Power		107.30	242.33	277.38	339.43
太阳能发电量	Photoelectric Power		40.77	105.19	114.73	144.55

13-8 规模以上工业主要产品年末生产能力
Production Capacity of Major Products of Industrial Enterprises above Designated Size (Year-end)

产品名称	Product name	2010	2015	2020	2021	2022
原煤（万吨）	Coal (10 000 tons)	5163.65	5260.29	4832.00	5302.00	6163.00
卷烟（亿支）	Cigarettes (100 million pieces)	465.00	695.25	731.36	725.90	725.90
原油加工量（万吨）	Crude Oil Processing (10 000 tons)	1600.00	1600.00	1670.00	1670.00	1670.00
焦炭（万吨）	Coke (10 000 tons)	335.00	807.50	727.50	840.00	765.00
碳化钙（万吨）	Calcium Carbide(10 000 tons)	120.74	169.00	113.00	113.00	125.40
农用氮、磷、钾化学肥料总计（万吨）	Chemical Fertilizer (10 000 tons)	99.97	122.70	35.95	35.50	45.50
水泥熟料（万吨）	Cement Clinker(10 000 tons)	2366.39	4199.16	3963.00	4293.00	4144.00
水泥（万吨）	Cement (10 000 tons)	3345.77	6817.61	6401.00	6818.00	6448.50
平板玻璃（万重量箱）	Plate Glass (10 000 weight cases)	654.08	602.20	610.00	610.00	625.00
生铁（万吨）	Pig Iron (10 000 tons)	809.00	1017.32	892.00	892.00	892.00
粗钢（万吨）	Crude Steel (10 000 tons)	795.00	1300.00	1245.50	1215.50	1215.50
钢材（万吨）	Rolled Steel (10 000 tons)	547.15	1191.08	1373.80	1414.10	1407.90
铁合金（万吨）	Iron Alloy (10 000 tons)	159.44	157.32	124.61	122.04	119.20
原铝（万吨）	Primary Aluminium (10 000 tons)	120.52	291.08	276.00	286.50	293.50
汽车（万辆）	Motor Vehicles(10 000 sets)	5.00	4.00	4.10	0.10	0.06
#轿车	Cars(10 000 sets)	5.00	4.00	4.10	0.10	0.06
发电设备容量总计（万千瓦）	Installed Capacity of Power Generation(10 000 kWh)	2374.91	4075.30	4637.88	4602.83	5109.60
火电设备容量总计	Thermal Power	1319.62	1893.90	2102.85	2019.67	1989.17
水电设备容量总计	Hydropower	571.79	678.70	564.61	518.46	514.33
风电设备容量总计	Wind Power	477.65	1085.40	1281.61	1314.71	1696.91

13-9 国有及国有控股企业主要指标（2022）
Major Indicators of State-owned and State-holding Industrial Enterprises (2022)

单位：亿元　　(100 million yuan)

指　标	Item	国有及国有控股企业 State-owned and State-holding Industrial Enterprises	占全省比重 (%) Proportion (%)	国有及国有控股大中型企业 Large and Medium-sized State-owned and State-holding Industrial Enterprises	占全省比重 (%) Proportion (%)
企业单位数（个）	Number of Enterprises (unit)	691	27.44	149	5.92
就业人员期末人数（万人）	Year-end Employees (10 000 persons)	63.45	78.38	26.62	32.89
年末资产总计	Total Property (year-end)	11406.08	72.02	8310.03	52.47
流动资产合计	Total Current Assets	3672.57	62.97	2607.26	44.70
年末负债合计	Total Liabilities (year-end)	6878.82	72.41	4922.95	51.82
年末所有者权益	Owners' Equity (year-end)	4527.27	71.44	3387.08	53.45
# 实收资本	Paid-up Capital	3163.28	66.17	2176.44	45.53
营业收入	Business Revenue	8268.90	75.94	7308.39	67.12
税金及附加	Taxes and Extra Charges	404.12	95.20	394.57	92.95
利润总额	Total Profits	486.71	80.12	394.70	64.97
税金总额	Total Taxes	618.00	91.13	580.74	85.64
亏损企业数（个）	Number of Loss-making Enterprises (unit)	169	21.98	54	7.02
亏损企业亏损额	Total Losses Loss-making Enterprises	144.09	70.72	114.89	56.39

13-10 支柱工业主要指标占全省比重
Proportion to Total Industry in Gansu of Main Indicators of Pillar Industry

单位：%　　(%)

指　标	Item	2010	2015	2020	2021	2022
单位数	Number of Enterprises	77.11	69.60	66.09	64.72	64.06
就业人员	Year-end Employees	84.64	81.43	79.85	78.22	86.75
工业总产值	Gross Output Value of Industry	92.75	87.01	86.53	86.58	87.58
工业增加值	Value Added	91.62	87.07	84.25	85.85	87.60
年末资产总计	Total Assets (year-end)	90.86	88.02	81.04	79.17	78.20
负债合计	Total Liabilities	91.77	90.18	82.63	79.65	78.20
利润总额	Total Profits	86.78		59.29	73.84	80.39
利税总额	Total Profits and Taxes	92.68	81.40	80.71	83.45	87.63
工业销售产值	Sales Value of Industry Products	92.87	87.78	87.09	87.00	87.85

13-11 支柱工业主要指标

Main Indicators of Pillar Industry

行 业	Sector	2010	2015	2020	2021	2022
单位数（个）	**Number of Enterprises (unit)**	**1543**	**1495**	**1290**	**1464**	**1613**
石化工业	Petrochemical Industry	248	235	206	257	309
有色工业	Ferrous Industry	116	119	84	94	101
电力工业	Power Industry	237	242	341	369	398
冶金工业	Metallurgical Industry	141	111	60	63	66
机械工业	Machinery Industry	300	250	239	280	316
食品工业	Food Industry	414	485	314	347	358
煤炭工业	Coal Industry	87	53	46	54	65
工业增加值增速（%）	**Growth Rate of Value-added (%)**	**16.14**	**5.42**	**6.50**	**8.39**	**8.29**
石化工业	Petrochemical Industry	8.26	8.10	5.02	6.09	3.33
有色工业	Ferrous Industry	-0.51	12.50	4.03	12.27	15.24
电力工业	Power Industry	19.50	-3.80	11.68	11.31	3.24
冶金工业	Metallurgical Industry	21.24	-8.90	8.56	-4.90	5.62
机械工业	Machinery Industry	65.22	12.50	15.63	8.98	12.00
食品工业	Food Industry	22.86	10.10	-0.50	3.45	6.86
煤炭工业	Coal Industry	18.81	-6.20	1.48	19.56	21.90
年末资产总计（亿元）	**Total Assets (year-end) (100 million yuan)**	**5914.27**	**10490.42**	**9893.34**	**11125.29**	**12384.56**
石化工业	Petrochemical Industry	1153.75	1529.98	1581.72	1838.61	2060.81
有色工业	Ferrous Industry	1304.61	2706.42	2241.28	2415.62	2650.31
电力工业	Power Industry	1406.15	2609.42	3149.11	3532.36	3806.07
冶金工业	Metallurgical Industry	876.53	1371.29	700.63	709.95	743.10
机械工业	Machinery Industry	422.00	812.55	900.63	1089.29	1245.34
食品工业	Food Industry	459.14	831.42	693.35	758.31	787.68
煤炭工业	Coal Industry	292.09	629.34	626.62	781.14	1091.25

13-11 续表 continued

行 业	Sector	2010	2015	2020	2021	2022
负债合计（亿元）	**Total Liabilities (100 million yuan)**	**3730.53**	**7025.64**	**6053.92**	**6613.71**	**7428.88**
石化工业	Petrochemical Industry	623.47	869.39	776.37	868.20	978.51
有色工业	Ferrous Industry	776.93	1885.77	1277.82	1302.98	1446.80
电力工业	Power Industry	1085.08	1938.27	2239.92	2455.80	2643.07
冶金工业	Metallurgical Industry	558.11	996.66	476.80	458.32	513.62
机械工业	Machinery Industry	257.63	529.47	624.92	708.00	856.97
食品工业	Food Industry	246.02	419.38	332.81	364.19	381.24
煤炭工业	Coal Industry	183.29	386.70	325.28	456.22	608.67
利润总额（亿元）	**Total Profit (100 million yuan)**	**201.07**	**-151.15**	**177.90**	**402.66**	**488.37**
石化工业	Petrochemical Industry	76.62	-4.03	35.35	99.23	164.04
有色工业	Ferrous Industry	48.71	-61.80	60.42	179.71	179.43
电力工业	Power Industry	1.02	-5.93	29.03	2.58	18.07
冶金工业	Metallurgical Industry	19.69	-110.43	6.53	28.67	-21.96
机械工业	Machinery Industry	14.11	12.23	5.49	3.71	6.56
食品工业	Food Industry	21.40	32.48	25.89	31.48	33.49
煤炭工业	Coal Industry	19.53	-13.67	15.19	57.28	108.74
工业销售产值增速（%）	**Growth Rate of Industrial Sales Output Value (%)**	**32.69**	**-12.70**	**2.45**	**27.95**	**16.82**
石化工业	Petrochemical Industry	23.68	-20.18	-11.60	35.31	26.96
有色工业	Ferrous Industry	30.26	2.66	7.28	35.48	23.53
电力工业	Power Industry	41.59	-5.05	8.88	13.86	7.64
冶金工业	Metallurgical Industry	31.53	-32.54	7.51	34.78	-6.19
机械工业	Machinery Industry	75.71	-13.05	17.16	19.47	8.59
食品工业	Food Industry	33.64	1.43	4.35	9.97	8.36
煤炭工业	Coal Industry	26.46	-20.77	-5.03	40.89	33.85

13-12 各地区规模以上工业企业主要经济指标（2022）
Main Economic Indicators of Industrial Enterprises above Designated Size by Region (2022)

单位：亿元 (100 million yuan)

指 标	Item	兰州市 Lanzhou	嘉峪关市 Jiayuguan	金昌市 Jinchang	白银市 Baiyin	天水市 Tianshui
企业单位数（个）	Number of Enterprises (unit)	465	69	125	230	189
亏损企业	Loss-making Enterprises	156	22	40	66	46
平均用工人数（人）	Annual Average Employees (person)	160137	30570	39576	50965	32344
资产总计	Total Assets (Year-end)	3607.85	1114.51	1773.16	1216.06	952.74
#流动资产合计	Total Current Assets	1511.38	399.05	744.81	606.05	397.77
#存货	Inventories	367.64	102.30	224.48	198.34	95.11
#产成品	Finished Product	97.48	28.99	31.54	38.52	44.97
负债合计	Total Liabilities at Year-end	2252.41	659.88	950.62	703.21	458.41
所有者权益	Owners' Equity at Year-end	1355.44	454.63	822.54	512.84	494.33
营业收入	Business Revenue	3445.62	1110.80	2121.21	805.61	333.91
营业成本	Business Cost	2960.59	1015.40	1945.03	737.87	278.94
税金及附加	Taxes and Extra Charges	227.45	4.62	12.92	5.51	2.47
销售费用	Selling Expenses	46.25	18.12	3.65	9.13	7.23
管理费用	Administrative Expenses	93.69	16.03	19.36	20.06	18.81
财务费用	Financial Expenses	31.51	11.91	15.46	18.50	5.10
利润总额	Total Profits	63.30	38.76	111.51	16.35	20.85
税金总额	Total Taxes	300.75	20.74	40.25	22.41	11.85
#工业企业本年应交增值税	Value-added Tax Payable	73.30	16.12	27.34	16.90	9.38

13-12 续表 1 continued

单位：亿元 (100 million yuan)

指 标	Item	武威市 Wuwei	张掖市 Jiuquan	平凉市 Pingliang	酒泉市 Jiuquan	庆阳市 Qingyang
企业单位数（个）	Number of Enterprises (unit)	213	223	115	345	122
亏损企业	Loss-making Enterprises	75	72	43	106	35
平均用工人数（人）	Annual Average Employees (person)	21890	18097	31410	41610	26606
资产总计	Total Assets (Year-end)	696.95	504.00	599.16	2543.80	1550.38
#流动资产合计	Total Current Assets	322.32	210.31	279.67	663.89	231.81
#存货	Inventories	67.64	46.59	22.53	99.33	29.70
#产成品	Finished Product	28.09	27.59	10.91	38.74	12.60
负债合计	Total Liabilities at Year-end	493.93	316.75	418.34	1858.25	600.25
所有者权益	Owners' Equity at Year-end	203.02	187.15	180.59	685.55	950.13
营业收入	Business Revenue	305.63	232.52	354.21	741.71	863.27
营业成本	Business Cost	250.64	181.84	275.65	588.21	529.57
税金及附加	Taxes and Extra Charges	2.80	2.57	6.11	37.32	113.08
销售费用	Selling Expenses	8.99	10.19	5.29	8.78	4.06
管理费用	Administrative Expenses	10.69	9.74	13.22	29.41	22.64
财务费用	Financial Expenses	10.44	8.32	5.26	27.65	12.00
利润总额	Total Profits	19.44	15.83	62.35	45.95	167.00
税金总额	Total Taxes	10.09	8.91	21.52	52.37	163.09
#工业企业本年应交增值税	Value-added Tax Payable	7.30	6.34	15.41	15.05	50.01

13-12 续表 2 continued

单位：亿元 (100 million yuan)

指 标	Item	定西市 Dingxi	陇南市 Longnan	临夏州 Linxia	甘南州 Gannan
企业单位数（个）	Number of Enterprises (unit)	198	102	77	45
亏损企业	Loss-making Enterprises	45	21	23	19
平均用工人数（人）	Annual Average Employees (person)	15242	16997	7330	3899
资产总计	Total Assets (Year-end)	450.39	487.36	195.27	145.67
#流动资产合计	Total Current Assets	183.27	186.81	61.70	33.69
#存货	Inventories	54.10	40.09	12.29	5.29
#产成品	Finished Product	21.54	11.97	8.15	2.71
负债合计	Total Liabilities at Year-end	306.91	275.33	108.88	96.44
所有者权益	Owners' Equity at Year-end	143.48	212.03	86.39	49.23
营业收入	Business Revenue	248.72	205.25	83.94	36.01
营业成本	Business Cost	220.75	128.21	74.07	25.10
税金及附加	Taxes and Extra Charges	1.09	7.58	0.43	0.58
销售费用	Selling Expenses	4.35	9.35	1.21	0.61
管理费用	Administrative Expenses	7.81	11.56	4.30	2.14
财务费用	Financial Expenses	6.40	5.61	2.99	3.10
利润总额	Total Profits	2.44	41.90	-2.29	4.10
税金总额	Total Taxes	4.98	17.19	2.53	1.46
#工业企业本年应交增值税	Value-added Tax Payable	3.89	9.61	2.10	0.88

13-13 各市（州）规模以上工业增加值及效益指标（2022）
Value-added of Industry and Main Indicators on Economic Benefit of Industrial Enterprises above Designated Size by Region (2022)

市（州）	Region	工业增加值指数（可比价）（上年=100） Indices of Value-added of Industry (At Comparable Prices) (preceding year=100)	总资产贡献率（%） Ratio of Profits, Taxes and Interests to Average Assets (%)	资产负债率（%） Ratio of Debts to Assets (%)	流动资产周转次数（次/年） Turnover of Current Assets (time/year)	工业成本费用利润率（%） Ratio of Profits to Total Industrial Costs (%)	产品销售率（%） Sales Ratio of Products (%)
兰州市	Lanzhou	99.6	10.90	62.43	0.84	2.00	98.10
嘉峪关市	Jiayuguan	107.2	6.32	59.21	0.94	3.62	99.60
金昌市	Jinchang	125.7	9.27	53.61	0.58	5.59	100.70
白银市	Baiyin	105.1	4.27	57.83	0.52	2.06	96.80
天水市	Tianshui	104.5	3.81	48.11	0.66	6.47	96.40
武威市	Wuwei	109.7	5.43	70.87	0.82	6.84	93.20
张掖市	Zhangye	109.0	5.98	62.85	0.94	7.33	90.00
平凉市	Pingliang	112.6	14.75	69.82	0.74	20.72	98.30
酒泉市	Jiuquan	108.1	4.74	73.05	1.39	6.95	100.20
庆阳市	Qingyang	103.5	22.02	38.72	4.35	29.07	99.40
定西市	Dingxi	107.7	2.59	68.14	1.08	1.00	90.40
陇南市	Longnan	111.5	12.84	56.49	1.06	26.75	92.60
临夏州	Linxia	96.0	1.51	55.76	1.24	-2.75	94.20
甘南州	Gannan	103.1	5.52	66.20	2.39	13.08	95.50

13-14 各市（州）规模以上工业主要工业产品产量（2022）
Output of Major Industrial Products of Industrial Enterprises above Designated Size by Region (2022)

市（州）	Region	原煤（万吨） Coal (10 000 tons)	原油（万吨） Crude Oil (10 000 tons)	原油加工量（万吨） Crude Oil Processing (10 000 tons)	发电量（亿千瓦小时） Electricity (100 million kWh)	粗钢（万吨） Crude Steel (10 000 tons)	钢材（万吨） Rolled Steel (10 000 tons)	水泥（万吨） Cement (10 000 tons)	汽车（辆） Motor Vehicles (set)
兰州市	Lanzhou	540.66	2.72	947.02	224.70	372.98	445.33	816.27	23
嘉峪关市	Jiayuguan				216.13	711.91	645.89	206.14	
金昌市	Jinchang				118.39			180.04	
白银市	Baiyin	962.64			242.70			375.06	
天水市	Tianshui				5.36		0.01	457.00	
武威市	Wuwei	434.97			85.68		0.41	152.46	
张掖市	Zhangye	188.80			83.17			143.29	
平凉市	Pingliang	2298.69			203.15			306.04	
酒泉市	Jiuquan	426.44	68.84	202.25	449.62			191.02	
庆阳市	Qingyang	499.56	1020.68	305.04	17.49			34.26	
定西市	Dingxi				39.93			412.70	
陇南市	Longnan				42.95			448.99	
临夏州	Linxia				52.05			197.11	
甘南州	Gannan				35.26			87.82	

主要统计指标解释

工业 指从事自然资源的开采，对采掘品和农产品进行加工和再加工的物质生产部门。具体包括：(1) 对自然资源的开采，如采矿、晒盐等（但不包括禽兽捕猎和水产捕捞）；(2) 对农副产品的加工、再加工，如粮油加工、食品加工、缫丝、纺织、制革等；(3) 对采掘品的加工、再加工，如炼铁、炼钢、化工生产、石油加工、机器制造、木材加工等，以及电力、燃气及水的生产和供应等；(4) 对工业品的修理、翻新，如机器设备的修理等。

工业统计调查单位为工业法人单位。

工业法人单位指从事工业生产经营活动的法人单位。工业法人单位应同时具备以下条件：①依法成立，有自己的名称、组织机构和场所，能够独立承担民事责任；②独立拥有（或授权）使用资产，承担负债，有权与其他单位签订合同；③具有包括资产负债表在内的账户，或者能够根据需要编制账户。

国有控股企业 即原来的国有及国有控股企业，根据企业实收资本中国有经济成分的出资人的实际投资情况，或国有经济成分的出资人对企业资产的实际控制、支配程度进行分类。以下情况为国有控股：（1）在企业的全部实收资本中，国有经济成分的出资人拥有的实收资本（股本）所占企业全部实收资本（股本）的比例大于50%的国有绝对控股。（2）在企业的全部实收资本中，国有经济成分的出资人拥有的实收资本（股本）所占比例虽未大于50%，但相对大于其他任何一方经济成分的出资人所占比例的国有相对控股；或者虽不大于其他经济成分，但根据协议规定拥有企业实际控制权的国有协议控股。（3）投资双方各占50%，且未明确由谁绝对控股的企业，若其中一方为国有经济成分的，一律按国有控股处理。

轻工业 指主要提供生活消费品和制作手工工具的工业。按其所使用的原料不同，可分为两大类：(1) 以农产品为原料的轻工业，是指直接或间接以农产品为基本原料的轻工业。主要包括食品制造、饮料制造、烟草加工、纺织、缝纫、皮革和毛皮制作、造纸以及印刷等工业；(2) 以非农产品为原料的轻工业，是指以工业品为原料的轻工业。主要包括文教体育用品、化学药品制造、合成纤维制造、日用化学制品、日用玻璃制品、日用金属制品、手工工具制造、医疗器械制造、文化和办公用机械制造等工业。

重工业 指为国民经济各部门提供物质技术基础的主要生产资料的工业。按其生产性质和产品用途，可以分为下列三类：(1) 采掘（伐）工业，是指对自然资源的开采，包括石油开采、煤炭开采、金属矿开采、非金属矿开采等工业；(2) 原材料工业，指向国民经济各部门提供基本材料、动力和燃料的工业。包括金属冶炼及加工、炼焦及焦炭、化学、化工原料、水泥、人造板以及电力、石油和煤炭加工等工业；(3) 加工工业，是指对工业原材料进行再加工制造的工业。包括装备国民经济各部门的机械设备制造工业、金属结构、水泥制品等工业，以及为农业提供的生产资料如化肥、农药等工业。

根据上述划分原则，修理业中以重工业产品为修理作业对象的划为重工业，反之划为轻工业。

工业总产值（当年价格） 指工业企业在报告期内生产的以货币形式表现的工业最终产品和提供工业劳务活动的总价值量。

资产总计 指企业过去的交易或者事项形成的、由企业拥有或者控制的、预期会给企业带来经济利益的资源。资产一般按流动性分为流动资产和非流动资产。其中流动资产可分为货币资金、交易性金融资产、应收票据、应收账款、预付款项、其他应收款、存货等；非流动资产可分为长期股权投资、固定资产、无形资产及其他非流动资产等。来源于会计“资产负债表”中“资产总计”项目的期末余额数。

流动资产合计 资产满足以下条件之一应归为流动资产：（1）预计在一个正常营业周期中变现、出售或耗用，主要包括存货、应收账款等；（2）主要为交易目的而持有；（3）预计在资产负债表日起一年内（含一年）变现；（4）自资产负债日起一年内，交换其他资产或清偿负债的能力不受限制的现金或现金等价物。包括货币资金、应收票据、应收账款、存货等项目。来源于会计“资产负债表”中“流动资产合计”项目的期末余额数。

存货 指企业在日常活动中持有以备出售的产成品或商品、处在生产过程中的在产品、在生产过程或提供劳务过程中耗用的材料或物料等，通常包括原材料、在产品、半成品、产成品、商品以及周转材料等。来源于会计“资产负债表”中“存货”项目的期末余额数。

产成品 指企业已经完成全部生产过程并验收入库，可以按照合同规定的条件送交订货单位，或者可以作为商品对外销售的产品。来源于会计“产成品”科目的借方余额。

负债合计 指企业过去的交易或者事项形成的，预期会导致经济利益流出企业的现时义务。负债一般按偿还期长短分为流动负债和非流动负债。来源于会计“资产负债表”中“负债合计”项目的期末余额数。

所有者权益 指企业资产扣除负债后由所有者享有的剩余权益。公司的所有者权益又称股东权益。包括实收资本、资本公积、盈余公积、未分配利润等。来源于会计“资产负债表”中“所有者权益合计”项目的期末余额数。

营业收入 指企业经营主要业务和其他业务所确认的收入总额。营业收入包括“主营业务收入”和“其他业务收入”。来源于会计“利润表”中“营业收入”项目的本年累计数。

营业成本 指企业经营主要业务和其他业务所发生的成本总额。包括企业（单位）在报告期内从事销售商品、提供劳务等日常活动发生的各种耗费。包括“主营业务成本”和“其他业务成本”。来源于会计“利润表”中“营业成本”项目的本年累计数。

税金及附加 指企业因从事生产经营活动按税法规定应缴纳的消费税、城市维护建设税、资源税、环境保护税、教育费附加、房产税、城镇土地使用税、车船税、印花税等相关税费。根据会计“利润表”中“税金及附加”项目的本年累计数填报。

销售费用 指企业在销售商品和材料、提供劳务的过程中发生的各种费用，包括保险费、包装费、展览费和广告费、商品维修费、预计产品质量保证损失、运输费、装卸费等以及为销售本企业商品而专设的销售机构（含销售网点、售后服务网点等）的职工薪酬、业务费、折旧费等经营费用。

管理费用 指企业为组织和管理企业生产经营所发生的费用，包括企业在筹建期间内发生的开办费、董事会和行政管理部门在企业经营管理中发生的，或者应当由企业统一负担的公司经费等。来源于会计“利润表”中“管理费用”项目的本年累计数。

财务费用 指企业为筹集生产经营所需资金等而发生的筹资费用，包括企业生产经营期间发生的利息支出（减利息收入）、汇兑损失（减汇兑收益）以及相关的手续费等。来源于会计“利润表”中“财务费用”项目的本年累计数。

利润总额 指企业在一定会计期间的经营成果，是生产经营过程中各种收入扣除各种耗费后的盈余，反映企业在报告期内实现的盈亏总额。来源于会计“利润表”中“利润总额”项目的本期金额数。

平均用工人数 指报告期企业平均实际拥有的、参与本企业生产经营活动的人员数。

就业人员平均人数 是指报告期内每天拥有的就业人员人数。

总资产贡献率 反映企业全部资产的获利能力，是企业经营业绩和管理水平的集中体现，是评价和考核企业盈利能力的核心指标。计算公式为：

$$总资产贡献率(\%)=\frac{利润总额+税金总额+利息支出}{平均资金总额}\times 100\%$$

公式中：税金总额为产品销售税金及附加与应交增值税之和；平均资产总额为期初期末资产之和的算术平均值。

资产负债率 该指标既反映企业经营风险的大小，也反映企业利用债权人提供的资金从事经营活动的能力。计算公式为：

$$资产负债率(\%)=\frac{负债总额}{资产总额}\times 100\%$$

资产与负债均为报告期期末数。

流动资产周转次数 指一定时期内流动资产完成的周转次数，反映投入工业企业流动资金的周转速度。计算公式为：

$$流动资产周转次数=\frac{产品销售收入}{全部流动资产平均余额}$$

公式中：全部流动资产平均余额为期初和期末的流动资产之和的算术平均值。

成本费用利润率 反映企业投入的生产成本及费用的经济效益，同时也反映企业降低成本所取得的经济效益。计算公式为：

$$成本费用利润率(\%)=\frac{利润总额}{成本费用总额}\times 100\%$$

公式中：成本费用总额为产品销售成本、销售费用、管理费用、财务费用、研发费用之和。

产品销售率 该指标反映工业产品已实现销售的程度，是分析工业产销衔接情况，研究工业产品满足社会需求的指标。计算公式为：

$$产品销售率=\frac{工业销售产值}{工业总产值(现价)}\times 100\%$$

14 建筑业

Construction

简要说明

一、本篇资料主要内容

本篇资料反映建筑业概况和发展情况。主要包括建筑业企业基本情况和生产经营情况。

二、本篇资料的统计范围

建筑业统计范围为辖区内具有总承包或专业承包建筑业资质的所有独立核算建筑业企业（包括没有工作了的建筑业企业）及所属的产业活动单位。

三、本篇资料来源

本篇资料由省统计局固定资产投资处根据国家统计局制定的《建筑业统计报表制度》整理、汇总。

14-1 建筑业企业概况
Main Indicators on Construction Enterprises

年 份 Year	总计 Total	国有企业 State-owned	集体企业 Collective-owned	其他 Others
企业单位数（个） Number of Enterprises(unit)				
2005	933	148	156	629
2006	951	145	150	656
2007	930	134	147	649
2008	926	111	114	701
2009	919	101	110	708
2010	890	101	98	691
2011	908	92	97	719
2012	1215	103	105	1007
2013	1295	73	87	1135
2014	1348	69	86	1193
2015	1370	69	82	1219
2016	1393	63	78	1252
2017	1457	85	76	1296
2018	1571	79	72	1420
2019	1822	82	66	1674
2020	1980	84	62	1834
2021	2374	111	56	2207
2022	2671	128	51	2492
从业人员（万人） Number of Persons Employed (10 000 persons)				
2005	42.77	9.25	9.04	24.48
2006	43.67	8.51	9.53	25.63
2007	43.88	7.32	9.40	27.16
2008	42.03	5.66	5.39	30.97
2009	44.98	5.35	5.67	33.97
2010	45.76	6.36	4.86	34.55
2011	46.00	7.31	5.60	33.08
2012	56.26	7.49	5.81	42.96
2013	54.81	5.97	5.86	42.98
2014	58.89	7.63	6.21	45.05
2015	55.10	7.88	5.40	41.82
2016	54.10	8.38	5.35	40.37
2017	48.60	8.08	4.40	36.12
2018	43.39	6.98	3.48	32.93
2019	43.02	8.76	3.15	31.11
2020	40.86	8.29	2.76	29.81
2021	49.34	10.09	2.42	36.83
2022	51.39	11.50	2.17	37.72
建筑业总产值（万元） Gross Output Value (10 000 yuan)				
2005	3141700	1169235	376213	1596252
2006	3443287	1103154	486291	1853842
2007	4369039	974710	662602	2731727
2008	4812744	900868	529097	3382779
2009	5798859	987574	508935	4302350
2010	7519879	1303237	580351	5636292
2011	9256772	2262570	744144	6250058
2012	13722823	3221873	1086236	9414714
2013	17208628	2698696	1241827	13268105
2014	18145239	2818352	1329573	13997314
2015	18490185	2731643	1245432	14513110
2016	19472432	2973159	1159388	15339885
2017	18254227	4521134	891891	12841202
2018	18079549	4775966	690134	12613449
2019	19163534	5159913	661846	13341775
2020	20582639	5828042	566393	14188203
2021	22705025	5860167	587077	16257781
2022	24776825	6551546	507787	17717492

注：1. 本表数据指标口径为辖区内具有总承包和专业承包建筑业资质的所有独立核算的建筑业企业，包括没有工作量的建筑业企业。
2. 本表国有企业为大口径，含国有、国有联营和国有独资公司；集体企业为大口径，含集体、集体联营和股份合作。

a) The data indicators in this table are all independent accounting construction enterprises with general contracting and professional contracting qualification in the jurisdiction, including those without workload .

b) State-owned enterprises in this table are large-caliber, including state-owned, state-owned joint ventures and wholly state-owned companies; collective enterprises are large-caliber, including collectives, collective joint ventures, and stock cooperation.

14-2 按登记注册类型分建筑业企业主要经济指标（2022）

指 标	Item	合 计 Total	内资企业 Domestic Funded Enterprises	国有企业 State-owned Enterprises
单位数（个）	Number of Construction Enterprises (unit)	2671	2670	63
从业人员（万人）	Number of Employed Persons (10 000 persons)	51.39	51.39	4.29
建筑业总产值（亿元）	Gross Output Value of Construction (100 million yuan)	2477.68	2477.67	289.40
营业收入（亿元）	Business Revenue (100 million yuan)	2661.17	2661.17	285.82
营业成本（亿元）	Business Cost (100 million yuan)	2483.65	2483.64	266.76
税金及附加（亿元）	Taxes and Extra Charges (100 million yuan)	15.93	15.93	0.88
营业利润（亿元）	Operating Profits (100 million yuan)	69.22	69.22	8.68
利润总额（亿元）	Total Profits (100 million yuan)	68.83	68.83	8.77
税金总额（亿元）	Total Tax (100 million yuan)	111.95	111.95	9.18
产值利润率（%）	Ratio of Profit to Gross Output Value (%)	2.78	2.78	3.03
产值利税率（%）	Ratio of Output Value to Profit and Tax (%)	7.30	7.30	6.20
劳动生产率（元/人）按总产值计算	Overall Labor Productivity (yuan/person) In Terms of Gross Output Value	482133	482131	674584
房屋建筑施工面积（万平方米）	Floor Space of Buildings under Construction (10 000 sq.m)	12228.76	12228.76	1466.23
房屋建筑竣工面积（万平方米）	Floor Space of Buildings Completed (10 000 sq.m)	2030.52	2030.52	147.71
#住宅	Residential Buildings	1401.15	1401.15	117.36
房屋建筑面积竣工率（%）	Rat of Floor Space of Buildings Completed (%)	16.60	16.60	10.07

14-3 按行业分建筑企业主要指标（2022）

类 别	Items	单位数（个） Number of Construction Enterprises (unit)	年末从业人员（万人） Year-end Employed Persons (10 000 persons)	建筑业总产值（亿元） Gross Output Value of Construction (100 million)
甘肃省	**Gansu**	**2671**	**45.23**	**2477.68**
房屋建筑业	Housing Construction Industry	1616	29.80	1418.53
土木工程建筑业	Civil Engineering Construction	746	11.43	861.72
铁路、道路、隧道和桥梁工程建筑	Railways,Tunnels,Highways and Bridges Buildings	428	7.06	596.17
水利和水运工程建筑	Buildings of Water Conservancy and Water Transport Engineering	134	1.52	105.93
海洋工程建筑业	Marine Engineering Construction Industry			
工矿工程建筑	Mining Engineering Buildings	15	0.59	15.16
架线和管道工程建筑	Wired and Pipeline Engineering Buildings	52	0.95	52.98
节能环保工程施工	Construction of Energy Saving and Environmental Protection Projects	4	0.01	0.61
电力工程施工	Construction of Power Engineering	49	0.70	67.48
其他土木工程建筑	Other Civil Engineering Buildings	64	0.60	23.40
建筑安装业	Construction Installation	143	3.30	153.75
建筑装饰及其他建筑业	Building Decoration and Other Construction	166	0.70	43.69
建筑装饰和装修业	Building Decoration	135	0.48	21.81
建筑物拆除和场地准备活动	Buildings Tear Down and Preparation Activities of Site	12	0.09	17.63
提供施工设备服务	Providing Construction Equipment Services	1	0.02	0.71
其他未列明的建筑活动	Other Unindicated Building Industry	18	0.10	3.54

Main Economic Indicators on Construction Enterprises by Registration Status(2022)

集体企业 Cooperative Enterprises	股份合作企业 Collective-owned Enterprises	有限责任公司 Limited Liability Corporations	股份有限公司 Share-holding Corporations Ltd.	私营企业 Private Enterprises	其他企业 Other Enterprises	港、澳、台商投资企业 Enterprises with Funds from Hong Kong ,Macao and Taiwan	外商投资企业 Foreign Funded Enterprises
49	2	588	47	1921			1
2.15	0.02	21.81	2.59	20.53			0.0004
49.86	0.92	1224.99	142.56	769.95			0.01
54.27	1.13	1381.39	142.02	796.54			0.01
49.90	1.15	1290.95	136.04	738.83			0.01
0.68	0.02	6.53	0.83	7.00			
1.04	-0.09	39.77	1.71	18.11			
1.10	-0.08	39.87	1.63	17.54			
2.74	0.03	51.93	4.35	43.72			
2.21	-8.73	3.25	1.14	2.28			
7.70	-5.45	7.49	4.19	7.96			
231916	458375	561666	550407	375036			239750
333.75	1.00	6908.02	1525.49	1994.27			
132.05		817.35	303.79	629.62			
102.01		583.3	235.48	363.00			
39.57		11.83	19.91	31.57			

Main Indicators of Construction Enterprises by Sector (2022)

#建筑工程 Construction	#安装工程 Installation	房屋建筑施工面积（万平方米） Floor Space of Buildings under Construction (10 000 sq.m)	房屋建筑竣工面积（万平方米） Floor Space of Buildings Completed (10 000 sq.m)	房屋建筑竣工价值（亿元） Value of Buildings Completed (100 million yuan)	房屋建筑竣工率（%） Rate of Floor Space of Buildings Completed (%)	竣工房屋造价（元/平方米） Cost of Buildings Completed (yuan/sq.m)
2167.33	**211.01**	**12228.76**	**2030.52**	**445.90**	**16.60**	**2195.99**
1304.40	61.40	10884.66	1915.18	430.20	17.60	2246.26
765.49	67.40	1110.07	87.18	11.15	7.85	1278.96
579.28	2.19	883.45	60.12	8.48	6.81	1410.51
82.03	14.48	0.87	0.46	0.13	52.87	2826.09
10.73	3.06	20.66	0.20	0.07	0.97	3500.00
34.11	18.29	21.81	5.43	1.54	24.90	2836.10
0.61		0.32	0.15	0.03	46.88	2000.00
35.95	29.14		0.09	0.01		1111.11
22.78	0.24	182.95	20.74	0.89	11.34	429.12
60.63	77.02	64.46	25.96	4.03	40.27	1552.39
36.80	5.18	169.57	2.19	0.52	1.29	2374.43
17.29	3.60	14.56	1.11	0.25	7.62	2252.25
16.30	0.73	153.70				
	0.71					
3.21	0.15	1.31	1.08	0.27	82.44	2500.00

14-4 建筑施工企业主要财务指标（2022）

单位：亿元

项 目	Item	资产总计 Total Assets	#流动资产 Current Assets	#固定资产净值 Net Fixed Assets
甘肃省	**Gansu**	**5139.09**	**3925.42**	**300.09**
按企业登记注册类型分	**By Type of Enterprises Registered**			
内资企业	Domestic Funded Enterprises	5138.82	3925.28	300.09
国有企业	State-owned Enterprises	495.59	393.49	27.44
集体企业	Collective-owned Enterprises	44.88	38.15	4.68
股份合作企业	Cooperative Enterprises	1.12	0.83	0.22
联营企业	Joint Ownership Enterprises			
有限责任公司	Limited Liability Corporations	3046.05	2226.30	174.49
股份有限公司	Share-holding Corporations Ltd.	339.28	272.55	23.04
私营企业	Private Enterprises	1211.90	993.95	70.22
其他企业	Other Enterprises			
港、澳、台商投资企业	Funded from Hong Kong,Macao and Taiwan			
外商投资企业	Foreign Funded Enterprises	0.27	0.13	0.0005
按行业类别分	**By Sector**			
房屋建筑业	Construction of Buildings	3097.08	2366.20	170.06
土木工程建筑业	Civil Engineering	1711.84	1272.87	115.93
建筑安装业	Construction Installation	171.71	140.12	11.27
建筑装饰和其他建筑业	Building Decoration and Other Constructions	158.47	146.22	2.82
按隶属关系分	**By Administrative Relationship**			
中 央	Central	566.59	452.52	9.72
地 方	Local	2616.10	1889.91	170.18
其 他	Other	1956.39	1582.99	120.18

Main Financial Indicators of Construction Enterprises (2022)

(100 million yuan)

负债合计 Total Liabilities	#流动负债 Liquid Liabilities	#非流动负债 Non-current Liabilities	所有者权益 Owners' Equity	#实收资本 Paid-in Capitals	营业收入 Business Revenue	#主营业务收入 Revenue from Principal Business	利税总额 Total Pre-tax Profits	#利润总额 Total Profits
3797.35	**3375.82**	**377.97**	**1341.74**	**645.68**	**2661.17**	**2582.32**	**180.78**	**68.83**
3797.35	3375.82	377.97	1341.48	645.63	2661.17	2582.31	180.78	68.83
392.88	332.50	56.34	102.71	53.42	285.82	272.19	17.95	8.77
31.62	30.97	0.09	13.27	7.18	54.27	50.68	3.84	1.10
0.71	0.57		0.41	0.35	1.13	1.04	-0.05	-0.08
2274.05	2000.93	262.57	772.00	317.77	1381.39	1347.45	91.80	39.87
290.78	258.70	31.78	48.50	16.78	142.02	140.84	5.98	1.63
807.31	752.14	27.19	404.59	250.14	796.54	770.12	61.26	17.54
			0.26	0.05	0.01	0.01		
2286.60	1990.80	261.35	810.48	368.15	1427.46	1389.19	95.20	32.26
1256.06	1138.83	109.13	455.78	219.60	1007.55	969.81	71.14	31.05
129.30	123.63	5.27	42.41	32.22	170.83	168.38	9.02	3.03
125.39	122.57	2.22	33.08	25.72	55.34	54.94	5.42	2.49
470.30	446.79	23.51	96.29	57.28	361.40	354.59	11.95	5.80
1974.40	1696.33	270.75	641.71	228.08	982.59	942.84	68.54	31.06
1352.65	1232.71	83.71	603.74	360.32	1317.19	1284.88	100.30	31.97

14-5 分市（州）建筑业企业签订合同和承包工程完成情况（2022）

Contracts Signed and Completion of Contracted Projects by Construction Enterprises by Region (2022)

单位：亿元　　　　　　　　　　　　　　　　　　　　　　　　　　　　　　　　　　　　　　(100 million yuan)

市（州）	Region	合同总额 Total Value of Contracts	上年结转合同额 from Contracts Signed in Last Year	本年新签合同额 Value from New Contracts Signed in This Year	直接从建设单位承揽工程完成的产值 Completed Output Value of Projects Contracted Directly from Investors	自行完成施工产值 Own-completed Output Value	分包出去工程的产值 Output Value of Out-sourced Projects	从建设单位以外承揽工程完成的产值 Completed Output Value of Projects Contracted from Non-investors
甘肃省	**Gansu**	**5921.19**	**2645.59**	**3275.60**	**2554.86**	**2434.86**	**120.00**	**42.82**
兰州市	Lanzhou	3576.90	1773.92	1802.97	1380.60	1267.82	112.78	14.54
嘉峪关市	Jiayuguan	41.18	13.69	27.49	27.32	25.73	1.59	2.65
金昌市	Jinchang	154.96	35.46	119.50	110.02	109.51	0.51	3.31
白银市	Baiyin	179.65	75.17	104.48	110.68	110.20	0.48	3.16
天水市	Tianshui	309.30	138.09	171.21	161.27	160.49	0.79	2.08
武威市	Wuwei	205.26	82.61	122.66	100.80	100.47	0.33	2.49
张掖市	Zhangye	182.25	50.58	131.67	84.31	83.91	0.41	7.01
平凉市	Pingliang	146.98	42.84	104.15	101.19	101.16	0.03	1.45
酒泉市	Jiuquan	238.35	79.78	158.57	106.89	106.05	0.84	1.54
庆阳市	Qingyang	278.30	114.17	164.13	106.59	106.41	0.18	1.04
定西市	Dingxi	208.38	85.92	122.45	116.75	116.72	0.03	1.13
陇南市	Longnan	123.17	38.04	85.13	52.72	52.24	0.48	0.37
临夏州	Linxia	226.59	93.18	133.41	82.40	81.08	1.32	1.67
甘南州	Gannan	49.92	22.15	27.77	13.31	13.07	0.23	0.38

14-6 建筑业房屋建筑面积

Floor Space of Buildings Constructed by Construction Enterprises

单位：万平方米　　　　　　　　　　　　　　　　　　　　　　　　　　　　　　　　　　　　　　(10 000 sq.m)

年份 Year	房屋建筑面积 Floor Space of Buildings		#国有 State-owned		#集体 Collective-owned	
	施工面积 Floor Space under Construction	竣工面积 Floor Space Completed	施工面积 Floor Space under Construction	竣工面积 Floor Space Completed	施工面积 Floor Space under Construction	竣工面积 Floor Space Completed
2005	3008.48	1455.17	636.08	262.00	583.25	304.75
2006	3313.53	1638.38	804.52	311.11	557.08	363.28
2007	3788.00	1472.74	838.00	236.91	589.00	270.19
2008	3791.49	1842.81	485.63	185.15	424.29	220.34
2009	4178.20	1724.38	597.54	215.41	509.05	223.82
2010	5032.63	2013.88	804.77	230.30	471.00	256.97
2011	5925.09	2409.80	1418.58	382.33	574.60	348.14
2012	8179.58	3257.61	1714.87	514.66	679.56	378.62
2013	10319.41	3976.67	1616.24	393.28	845.32	473.32
2014	11531.10	4172.00	2158.26	521.83	763.39	460.86
2015	10757.08	4082.94	1751.51	481.47	833.61	455.53
2016	10422.41	3915.21	1722.31	398.91	768.49	399.38
2017	9777.64	3031.49	2681.77	540.23	473.90	196.28
2018	10099.99	2713.19	2855.44	398.40	429.99	200.41
2019	10689.92	2686.74	3054.37	367.28	392.38	189.61
2020	10966.35	2392.39	3665.01	350.79	383.00	115.75
2021	12418.75	2341.39	3817.13	236.26	376.86	154.22
2022	12228.76	2030.52	4071.66	337.12	334.75	132.05

注：本表国有企业预计为大口径，含国有、国有联营和国有独资公司；集体企业为大口径，含集体、集体联营和股份合作。

a) State-owned enterprises in this table are large-caliber, including state-owned, state-owned joint ventures and wholly state-owned companies; collective enterprises are large-caliber, including collectives, collective joint ventures, and stock cooperation.

14-7 各地、县建筑业企业情况（2022）

Basic Conditions of Construction Enterprises by Region & County (2022)

地、县	Region & County	单位数（个）Number of Construction Enterprises (unit)	从业人员（万人）Number of Employed Persons (10000 persons)	建筑业总产值（亿元）Gross Output Value of Construction (100 million yuan)	利税总额（亿元）Total Pre-tax Profits (100 million yuan)
甘肃省	**Gansu**	**2671**	**51.39**	**2477.68**	**180.78**
兰州市	**Lanzhou**	**439**	**19.04**	**1282.36**	**87.62**
城关区	Chengguan	232	7.43	443.30	27.58
七里河区	Qilihe	64	5.00	291.60	19.68
西固区	Xigu	39	3.17	134.50	5.98
安宁区	Anning	16	1.05	174.55	14.78
红古区	Honggu	12	0.22	4.26	0.23
永登县	Yongdeng	8	0.11	3.45	0.23
皋兰县	Gaolan	13	0.06	2.52	0.19
榆中县	Yuzhong	12	0.34	78.20	7.53
兰州新区	Lanzhoun New Area	43	1.66	149.99	11.41
嘉峪关市	**Jiayuguan**	**65**	**0.62**	**28.38**	**1.63**
金昌市	**Jinchang**	**54**	**1.81**	**112.83**	**7.72**
金川区	Jinchuan	43	1.70	108.31	7.41
永昌县	Yongchang	11	0.11	4.52	0.32
白银市	**Baiyin**	**210**	**3.21**	**113.36**	**4.94**
白银区	Baiyin	97	1.05	35.52	1.66
平川区	Pingchuan	30	1.24	39.59	1.26
靖远县	Jingyuan	25	0.40	17.88	0.85
会宁县	Huining	35	0.26	8.18	0.42
景泰县	Jingtai	23	0.26	12.20	0.73
天水市	**Tianshui**	**164**	**4.43**	**162.56**	**13.93**
秦州区	Qinzhou	52	2.40	96.00	8.61
麦积区	Maiji	34	0.42	14.75	0.71
清水县	Qingshui	11	0.08	4.70	0.27
秦安县	Qinan	15	0.19	8.87	0.55
甘谷县	Gangu	28	0.82	20.57	1.77
武山县	Wushan	19	0.39	10.51	1.48
张家川县	Zhangjiachuan	5	0.12	7.16	0.53
武威市	**Wuwei**	**223**	**3.06**	**102.96**	**7.49**
凉州区	Liangzhou	152	2.21	70.57	5.05
民勤县	Minqin	26	0.28	9.59	0.77
古浪县	Gulang	19	0.27	11.79	0.84
天祝县	Tianzhu	26	0.31	11.02	0.85
张掖市	**Zhangye**	**343**	**2.38**	**90.91**	**7.81**

14-7 续表 1 continued

地、县	Region & County	单位数（个）Number of Construction Enterprises (unit)	从业人员（万人）Number of Employed Persons (10000 persons)	建筑业总产值（亿元）Gross Output Value of Construction (100 million yuan)	利税总额（亿元）Total Pre-tax Profits (100 million yuan)
甘州区	Ganzhou	198	0.93	37.67	3.02
肃南县	Sunan	14	0.08	5.52	1.28
民乐县	Minle	27	0.40	15.02	0.95
临泽县	Linze	34	0.30	12.66	1.05
高台县	Gaotai	41	0.24	6.62	0.62
山丹县	Shandan	29	0.44	13.43	0.88
平凉市	**Pingliang**	**178**	**3.01**	**102.61**	**9.00**
崆峒区	Kongtong	104	0.93	47.46	4.44
泾川县	Jingchuan	13	0.38	12.15	0.90
灵台县	Lingtai	10	0.11	3.42	0.15
崇信县	Chongxin	8	0.11	3.37	0.46
庄浪县	Zhuanglang	13	0.38	10.82	0.99
静宁县	Jingning	17	0.91	20.21	1.83
华亭市	Huating	13	0.18	5.18	0.24
酒泉市	**Jiuquan**	**211**	**2.44**	**107.60**	**9.74**
肃州区	Suzhou	109	1.33	67.15	5.99
金塔县	Jinta	11	0.11	3.62	0.42
瓜州县	Anxi	23	0.22	4.33	0.23
肃北县	Subei	9	0.07	1.93	0.16
阿克塞县	Akesai	7	0.05	1.58	0.19
玉门市	Yumen	27	0.44	20.85	1.38
敦煌市	Dunhuang	25	0.21	8.13	1.37
庆阳市	**Qingyang**	**232**	**2.78**	**107.45**	**7.77**
西峰区	Xifeng	143	1.54	69.21	4.09
庆城县	Qingcheng	25	0.38	9.66	1.01
环　县	Huanxian	20	0.32	11.96	1.14
华池县	Huachi	11	0.08	4.98	0.36
合水县	Heshui	4	0.03	0.68	0.04
正宁县	Zhengning	5	0.15	2.43	0.23
宁　县	Ningxian	9	0.12	3.81	0.44
镇原县	Zhenyuan	15	0.16	4.73	0.44
定西市	**Dingxi**	**143**	**2.74**	**117.85**	**8.28**
安定区	Anding	42	0.91	46.60	2.84
通渭县	Tongwei	14	0.37	9.60	0.66

14-7 续表 2 continued

地、县	Region & County	单位数（个）Number of Construction Enterprises (unit)	从业人员（万人）Number of Employed Persons (10000 persons)	建筑业总产值（亿元）Gross Output Value of Construction (100 million yuan)	利税总额（亿元）Total Pre-tax Profits (100 million yuan)
陇西县	Longxi	20	0.46	25.49	0.95
渭源县	Weiyuan	13	0.15	4.07	0.31
临洮县	Lintao	35	0.64	24.91	3.08
漳　县	Zhangxian	7	0.05	2.10	0.15
岷　县	Minxian	12	0.15	5.08	0.28
陇南市	**Longnan**	**204**	**1.97**	**52.61**	**4.40**
武都区	Wudu	116	0.97	26.97	2.04
成　县	Chengxian	17	0.17	4.33	0.45
文　县	Wenxian	6	0.08	2.62	0.27
宕昌县	Tanchang	6	0.06	1.10	0.09
康　县	Kangxian	9	0.11	2.80	0.15
西和县	Xihe	12	0.16	2.08	0.56
礼　县	Lixian	23	0.29	6.82	0.45
徽　县	Huixian	11	0.10	4.29	0.30
两当县	Liangdang	4	0.03	1.60	0.05
临夏州	**Linxia**	**133**	**3.20**	**82.75**	**8.28**
临夏市	linxia	34	1.10	24.17	2.91
临夏县	linxia	17	0.24	8.63	1.42
康乐县	Kangle	20	0.29	5.47	0.62
永靖县	Yongjing	28	0.86	22.70	1.57
广河县	Guanghe	9	0.09	1.86	0.18
和政县	Hezheng	11	0.35	10.55	0.74
东乡县	Dongxiang	8	0.16	7.10	0.53
积石山县	Jishishan	6	0.11	2.27	0.31
甘南州	**Gannan**	**72**	**0.70**	**13.45**	**2.20**
合作市	Hezuo	16	0.26	6.40	0.94
临潭县	Lintan	9	0.09	1.79	0.56
卓尼县	Zhuoni	16	0.03	0.31	0.02
舟曲县	Zhouqu	10	0.07	1.28	0.13
迭部县	Diebu	7	0.09	2.05	0.22
玛曲县	Maqu	5	0.04	0.61	0.20
碌曲县	Luqu	4	0.02	0.10	0.05
夏河县	Xiahe	5	0.09	0.91	0.06

主要统计指标解释

建筑业统计单位 指从事房屋、构筑物建造和设备安装活动的法人企业。建筑业法人企业应具有建筑业资质并能够独立核算，同时其应具备以下条件：①依法成立，有自己的名称、组织机构和场所，能够承担民事责任；②独立拥有和使用资产，承担负债，有权与其他单位签订合同；③独立核算盈亏，能够编制资产负债表。

建筑业总产值 是以货币形式表现的建筑业企业在一定时期内生产的建筑业产品和提供的服务的总和。建筑业总产值包括：

（1）建筑工程产值 指列入建筑工程预算内的各种工程价值。

（2）安装工程产值 指设备安装工程价值，不包括被安装设备本身的价值。

（3）其他产值 建筑业总产值中除建筑工程、安装工程以外的产值。包括房屋构筑物修理产值、非标准设备制造产值、总包企业向分包企业收取的管理费以及不能明确划分的施工活动所完成的产值。

a. 房屋构筑物修理产值：指房屋和构筑物修理所完成的产值，但不包括被修理房屋、构筑物本身价值和生产设备的修理价值。

b. 非标准设备制造产值：指加工制造没有定型的非标准生产设备的加工费和原材料价值（如化工厂、炼油厂用的各种罐、槽，矿井生产统一使用的各种漏斗、三角槽、阀门等）以及附属加工厂为本企业承建工程制作的非标准设备的价值。

建筑业增加值 指建筑业企业在报告期内以货币形式表现的建筑业生产经营活动的最终成果。

从2004年第一次全国经济普查开始，建筑业现价增加值按生产法和分配法（收入法）两种方法计算，以收入法的计算结果为准，即从收入的角度出发，根据生产要素在生产过程中应得的收入份额计算。具体计算方法：经济普查年度建筑业增加值按照《经济普查年度GDP核算方案》计算，非经济普查年度建筑业增加值按照《非经济普查年度GDP核算方案》计算。

房屋施工面积 指在报告期内施工的全部房屋建筑面积，包括本期新开工的房屋建筑面积、上期施工跨入本期继续施工的房屋建筑面积、上期停缓建在本期恢复施工的房屋建筑面积、本期竣工的房屋建筑面积及本期施工后又停缓建的房屋建筑面积。

房屋竣工面积 指在报告期内房屋建筑按照设计要求全部完工，达到了住人和使用条件，经验收鉴定合格或达到竣工验收标准，正式移交使用的各栋房屋建筑面积总和。

营业收入 指企业经营主要业务和其他业务所确认的收入总额。营业收入合计包括“主营业务收入”和“其他业务收入”。

主营业务收入 指企业确认的销售商品、提供劳务等主营业务的收入。

营业成本 指企业经营主要业务和其他业务所发生的成本总额。

税金及附加 指企业经营主要业务和其他业务应负担的营业税、消费税、城市维护建设税、教育费附加等。

营业利润 指企业从事生产经营活动所取得的利润。

15 批发和零售业

Wholesale and Retail Trades

简要说明

一、本篇资料主要内容

本篇资料主要反映批发和零售业发展与经营状况，同时反映商品流通、商品消费、市场运行态势。主要内容包括：限额以上批发和零售业基本情况、商品流转情况、财务状况；亿元商品交易市场成交情况；社会消费品零售总额等。

二、本篇资料的统计范围

限额以上批发和零售业的法人企业、个体户，成交额在亿元以上的商品交易市场，以及参与商品零售、餐饮经营活动的各行业法人企业和产业活动单位、个体户。限额以上批发和零售业统计单位是指：批发业，年主营业务收入 2000 万元及以上；零售业，年主营业务收入 500 万元及以上。

本篇资料中行业分类按照国民经济行业分类 GB/T 4754—2017 标准执行。

三、本篇资料来源

本篇资料由省统计局贸易外经处加工整理。

15-1 社会消费品零售总额
Total Retail Sales of Consumer Goods

项　目	Item	2020	2021	2022	2022 年比 2021 年增长 (%) Growth Rate in 2022 over 2021 (%)
社会消费品零售总额（亿元）	**Total Retail Sales of Consumer Goods (100 million yuan)**	**3632.35**	**4037.11**	**3922.20**	**-2.8**
按城乡分	**By Urban and Rural Area**				
城镇	Urban	2991.23	3309.22	3216.20	-2.8
#城区	City Subdivision	2145.75	2366.42	2310.21	-2.4
乡村	Rural	641.12	727.89	706.00	-3.0
按消费形态分	**By Consumption Morphological**				
商品零售	Commodity Retail	3214.17	3567.19	3515.90	-1.4
餐费收入	Income from Meals	418.18	469.92	406.30	-13.5
构成（%）（总额=100）	**Composition (%) (Total=100)**				
按城乡分	**By Urban and Rural Area**				
城镇	Urban	82.35	81.97	82.00	
#城区	City Subdivision	59.07	58.62	58.90	
乡村	Rural	17.65	18.03	18.00	
按消费形态分	**By Consumption Morphological**				
#商品零售	Commodity Retail	88.49	88.36	89.64	
餐费收入	Income from Meals	11.51	11.64	10.36	

15-2 限额以上批发和零售业情况
Basic Conditions of Wholesale and Retail Trades

项　目	Item	2010	2015	2020	2021	2022
批发和零售业	**Wholesale and Retail Trades**					
法人企业（个）	Number of Corporation Enterprises (unit)	705	1595	1938	2209	2453
年末从业人数（人）	Engaged Persons at Year-end (person)	66546	100243	105155	117490	118451
商品购进额（亿元）	Total Purchases (100 million yuan)	1727.21	3572.37	6356.39	8585.02	9970.96
#进口额（亿元）	Imports (100 million yuan)	1.78	31.95	44.12	45.37	49.89
商品销售额（亿元）	Total Sales (100 million yuan)	2021.40	4232.94	6767.35	9101.75	10431.95
#出口额（亿元）	Exports (100 million yuan)	4.00	21.68	7.89	10.83	20.11
期末商品库存额（亿元）	Total Stock at Year-end (100 million yuan)	205.77	240.68	273.21	315.78	343.12
批发业	**Wholesale Trade**					
法人企业（个）	Number of Corporation Enterprises (unit)	265	574	871	994	1068
年末从业人数（人）	Engaged Persons at Year-end (person)	22404	30977	39363	45336	45933
商品购进额（亿元）	Total Purchases (100 million yuan)	1391.31	2825.42	5482.20	7590.63	8887.88
#进口额（亿元）	Imports (100 million yuan)	0.99	12.29	23.51	31.95	42.22
商品销售额（亿元）	Total Sales (100 million yuan)	1644.99	3350.29	5762.65	7952.21	9215.92
#出口额（亿元）	Exports (100 million yuan)	3.99	21.28	7.89	10.83	20.11
期末商品库存额（亿元）	Total Stock at Year-end (100 million yuan)	161.28	158.93	177.64	215.32	260.16
零售业	**Retail Trade**					
法人企业（个）	Number of Corporation Enterprises (unit)	440	1021	1067	1215	1385
年末从业人数（人）	Engaged Persons at Year-end (person)	44142	69266	65792	72154	72518
商品购进额（亿元）	Total Purchases (100 million yuan)	335.91	746.96	874.20	994.39	1083.08
#进口额（亿元）	Imports (100 million yuan)	0.79	19.65	20.61	13.41	7.67
商品销售额（亿元）	Total Sales (100 million yuan)	376.41	882.64	1004.70	1149.54	1216.02
#出口额（亿元）	Exports (100 million yuan)	0.01	0.40			0.001
期末商品库存额（亿元）	Total Stock at Year-end (100 million yuan)	44.49	81.74	95.57	100.46	82.97
年末零售营业面积（万平方米）	Business Area of Retail at Year-end (10 000 sq.m)	301.83	361.10	493.08	544.19	553.36

15-3 限额以上批发业企业基本情况（2022）

Basic Conditions of Enterprises above Designated Size of Wholesale Trade (2022)

项 目	Item	法人企业（个）Number of Corporation Enterprises (unit)	从业人员期末人数（人）Engaged Persons at Year-end (person)
批发业	**Wholesale Trade**	**1068**	**45933**
按登记注册类型分	**By Status of Registration**		
内资企业	**Domestic Funded Enterprises**	**1063**	**44716**
国有企业	State-owned Enterprises	49	6047
集体企业	Collective-owned Enterprises	3	40
股份合作企业	Cooperative Enterprises	3	83
联营企业	Joint Ownership Enterprises		
有限责任公司	Limited Liability Corporations	300	16838
国有独资公司	State Sole Funded Corporations	35	1264
其他有限责任公司	Other Limited Liability Corporations	265	15574
股份有限公司	Share-holding Corporations Ltd.	17	1959
私营企业	Private Enterprises	687	19692
私营独资企业	Private-funded Enterprises	42	780
私营合伙企业	Private Partnership Enterprises	3	47
私营有限责任公司	Private Limited Liability Corporations	632	18550
私营股份有限公司	Private Share-holding Corporations Ltd.	10	315
其他企业	Other Enterprises	4	57
港、澳、台商投资企业	**Enterprises with Funds from Hong Kong, Macao and Taiwan**	**2**	**262**
合资经营企业	Joint-venture Enterprises	1	111
合作经营企业	Cooperative Enterprises		
独资经营企业	Enterprises with Sole Fund	1	151
投资股份有限公司	Share-holding Corporations Ltd. with Investment		
其他港澳台商投资企业	Other Enterprises with Funds from Hong Kong, Macao and Taiwan		
外商投资企业	**Foreign Funded Enterprises**	**3**	**955**
中外合资经营企业	Joint-venture Enterprises	1	146
中外合作经营企业	Cooperation Enterprises		
外资企业	Enterprises with Sole Fund	2	809
外商投资股份有限公司	Share-holding Corporations Ltd. With Foreign Investment		
其他外商投资企业	Other Foreign Funded Enterprises		

15-3 续表 continued

项 目	Item	法人企业（个）Number of Corporation Enterprises (unit)	从业人员期末人数（人）Engaged Persons at Year-end (person)
按行业分	**By Sector**		
农、林、牧、渔产品批发	Wholesale of Agricultural,Forestry,Livestock and Fishery Products	109	2585
食品饮料及烟草制品批发	Wholesale of Food, Beverages and Tobaccos	194	13182
#米、面制品及食用油批发	Wholesale of Rice, Flour and Edible Oil	29	750
烟草制品批发	Wholesale of Tobaccos	15	3453
纺织、服装及家庭用品批发	Wholesale of Textiles, , Wearing Apparel and Household Articles	15	838
#服装批发	Wholesale of Garments	8	600
文化、体育用品及器材批发	Wholesale of Culture, Sports Appliances and Equipments	11	1321
医药及医疗器材批发	Wholesale of Medicines and Medical Appliances	176	9474
矿产品、建材及化工产品批发	Wholesale of Mineral Products, Building Materials and Chemical Products	436	14567
#煤炭及制品批发	Wholesale of Coal and Related Products	86	1848
石油及制品批发	Wholesale of Petroleum and Related Products	51	3173
金属及金属矿批发	Wholesale of Metal Materials	134	6701
建材批发	Wholesale of Building Materials	100	1483
化肥批发	Wholesale of Chemical Fertilizer	26	487
机械设备、五金产品及电子产品批发	Wholesale of Machinery, Hardware and Electronic Equipment	114	3718
贸易经纪与代理	Trade Broker and Agency	2	36
其他批发	Other Wholesale not Classified Elsewhere	11	212

15-4 限额以上批发业企业购销存情况（2022）
Total Purchases, Sales and Stock of Enterprises above Designated Size of Wholesale Trade (2022)

单位：万元 (10 000 yuan)

项目	Item	商品购进额 Total Purchases Value	进口 Imports	商品销售额 Total Sales Value	出口 Exports	期末商品库存额 Stock (year-end)
批发业	**Wholesale Trade**	**88878832**	**422215**	**92159212**	**201109**	**2601574**
按登记注册类型分	**By Status of Registration**					
内资企业	**Domestic Funded Enterprises**	**88616645**	**422215**	**91899368**	**201109**	**2579019**
国有企业	State-owned Enterprises	12113941	138	13435324		384246
集体企业	Collective-owned Enterprises	11614		14581		4273
股份合作企业	Cooperative Enterprises	44625		40327		1204
联营企业	Joint Ownership Enterprises					
有限责任公司	Limited Liability Corporations	42380142	345490	42876070	110374	847904
国有独资公司	State Sole Funded Corporations	19946728	296689	20003330	3626	65513
其他有限责任公司	Other Limited Liability Corporations	22433414	48801	22872740	106747	782391
股份有限公司	Share-holding Corporations Ltd.	22926820		23574672		761308
私营企业	Private Enterprises	11112372	76588	11925340	90735	579910
私营独资企业	Private-funded Enterprises	228100		249514	8258	20386
私营合伙企业	Private Partnership Enterprises	8264		12939		860
私营有限责任公司	Private Limited Liability Corporations	10577642	76588	11339588	73515	550577
私营股份有限公司	Private Share-holding Corporations Ltd.	298366		323300	8962	8087
其他企业	Other Enterprises	27130		33055		175
港、澳、台商投资企业	**Enterprises with Funds from Hong Kong, Macao and Taiwan**	**27692**		**44218**		**8709**
合资经营企业	Joint-venture Enterprises	13371		26190		8667
合作经营企业	Cooperative Enterprises					
独资经营企业	Enterprises with Sole Fund	14321		18028		42
投资股份有限公司	Share-holding Corporations Ltd. with Investment					
其他港澳台商投资企业	Other Enterprises with Funds from Hong Kong,Macao and Taiwan					
外商投资企业	**Foreign Funded Enterprises**	**234495**		**215626**		**13846**
中外合资经营企业	Joint-venture Enterprises	139134		100049		
中外合作经营企业	Cooperation Enterprises					
外资企业	Enterprises with Sole Fund	95360		115578		13846
外商投资股份有限公司	Share-holding Corporations Ltd. With Foreign Investment					
其他外商投资企业	Other Foreign Funded Enterprises					

15-4 续表 continued

单位：万元 (10 000 yuan)

项目	Item	商品购进额 Total Purchases Value	进口 Imports	商品销售额 Total Sales Value	出口 Exports	期末商品库存额 Stock (year-end)
按行业分	**By Sector**					
农、林、牧、渔产品批发	Wholesale of Agricultural,Forestry,Livestock and Fishery Products	1280729	4060	1365069	91901	240039
食品饮料及烟草制品批发	Wholesale of Food, Beverages and Tobaccos	3530962	12665	4661943	21845	320139
#米、面制品及食用油批发	Wholesale of Rice, Flour and Edible Oil	354831	5524	328797	931	75560
烟草制品批发	Wholesale of Tobaccos	1822043	138	2608030		127632
纺织、服装及家庭用品批发	Wholesale of Textiles, Wearing Apparel and Household Articles	148796		155967		35981
#服装批发	Wholesale of Garments	87408		89222		29650
文化、体育用品及器材批发	Wholesale of Culture, Sports Appliances and Equipments	332686		367595		47667
医药及医疗器材批发	Wholesale of Medicines and Medical Appliances	2542456	6396	2791599	2725	479625
矿产品、建材及化工产品批发	Wholesale of Mineral Products, Building Materials and Chemical Products	77582116	340098	79140210	45279	1366685
#煤炭及制品批发	Wholesale of Coal and Related Products	3027082		3328520	5791	83413
石油及制品批发	Wholesale of Petroleum and Related Products	27252133		28157908		816557
金属及金属矿批发	Wholesale of Metal Materials	40142451	339999	40327777	15407	258268
建材批发	Wholesale of Building Materials	4201249		4268039		114666
化肥批发	Wholesale of Chemical Fertilizer	365283		369042		74063
机械设备、五金产品及电子产品批发	Wholesale of Machinery, Hardware and Electronic Equipment	1415855	2862	1531282	38330	94719
贸易经纪与代理	Trade Broker and Agency	65409	56134	64824	1030	5620
其他批发	Other Wholesale not Classified Elsewhere	1979823		2080724		11101

15-5 限额以上批发业企业资产及负债（2022）
Assets and Liabilities of Enterprises above Designated Size Size of Wholesale Trade (2022)

单位：万元 (10 000 yuan)

项 目	Item	资产总计 Total Assets	#流动资产合计 Total Current Assets	#固定资产原价 Original Value of Fixed Assets	负债合计 Total Liabilities	所有者权益合计 Total Owners' Equities
批发业	**Wholesale Trade**	**29939910**	**15773357**	**2601494**	**18481536**	**11355600**
按登记注册类型分	**By Status of Registration**					
内资企业	**Domestic Funded Enterprises**	**29771901**	**15687112**	**2548378**	**18384984**	**11284144**
国有企业	State-owned Enterprises	3142069	2706829	417654	1783898	1364344
集体企业	Collective-owned Enterprises	26984	25868	831	27136	-152
股份合作企业	Cooperative Enterprises	29075	17482	5749	19163	9913
联营企业	Joint Ownership Enterprises					
有限责任公司	Limited Liability Corporations	20312353	7903284	1231460	12424072	7885685
国有独资公司	State Sole Funded Corporations	9841137	2369981	678374	5041711	4799426
其他有限责任公司	Other Limited Liability Corporations	10471216	5533303	553086	7382360	3086259
股份有限公司	Share-holding Corporations Ltd.	1322488	988486	375092	421108	831102
私营企业	Private Enterprises	4927714	4034171	517080	3702298	1189694
私营独资企业	Private-funded Enterprises	114276	108578	10411	77693	36583
私营合伙企业	Private Partnership Enterprises	16323	15648	1117	13582	2741
私营有限责任公司	Private Limited Liability Corporations	4468364	3689847	501887	3330481	1104745
私营股份有限公司	Private Share-holding Corporations Ltd.	328752	220098	3667	280542	45625
其他企业	Other Enterprises	11218	10993	511	7310	3559
港、澳、台商投资企业	**Enterprises with Funds from Hong Kong, Macao and Taiwan**	**36592**	**26297**	**11860**	**20711**	**15882**
合资经营企业	Joint-venture Enterprises	30690	20569	11673	14911	15779
合作经营企业	Cooperative Enterprises					
独资经营企业	Enterprises with Sole Fund	5902	5728	187	5800	102
投资股份有限公司	Share-holding Corporations Ltd. with Investment					
其他港澳台商投资企业	Other Enterprises with Funds from Hong Kong,Macao and Taiwan					
外商投资企业	**Foreign Funded Enterprises**	**131417**	**59949**	**41256**	**75842**	**55575**
中外合资经营企业	Joint-venture Enterprises	68166	3356	31167	24747	43419
中外合作经营企业	Cooperation Enterprises					
外资企业	Enterprises with Sole Fund	63251	56593	10089	51095	12156
外商投资股份有限公司	Share-holding Corporations Ltd. With Foreign Investment					
其他外商投资企业	Other Foreign Funded Enterprises					

15-5 续表 continued

单位：万元 (10 000 yuan)

项 目	Item	资产总计 Total Assets	#流动资产合计 Total Current Assets	#固定资产原价 Original Value of Fixed Assets	负债合计 Total Liabilities	所有者权益合计 Total Owners' Equities
按行业分	**By Sector**					
农、林、牧、渔产品批发	Wholesale of Agricultural,Forestry,Livestock and Fishery Products	1181734	870139	221773	771922	338356
食品饮料及烟草制品批发	Wholesale of Food, Beverages and Tobaccos	2204486	1509595	496916	1062126	1112321
#米、面制品及食用油	Wholesale of Rice, Flour and Edible Oil	196316	154167	23720	155007	41308
批发烟草制品批发	Wholesale of Tobaccos	783116	653211	125398	149235	633881
纺织、服装及家庭用品批发	Wholesale of Textiles, Wearing Apparel and Household Articles	67364	58061	10391	38926	25442
#服装批发	Wholesale of Garments	33586	31234	2672	22877	7712
文化、体育用品及器材批发	Wholesale of Culture, Sports Appliances and Equipments	150306	148235	2511	130035	20271
医药及医疗器材批发	Wholesale of Medicines and Medical Appliances	2045213	1841843	148353	1498815	544763
矿产品、建材及化工产品批发	Wholesale of Mineral Products, Building Materials and Chemical Products	23409997	10591938	1643461	14284620	9128731
#煤炭及制品批发	Wholesale of Coal and Related Products	2407743	1140630	66812	1174690	1240801
石油及制品批发	Wholesale of Petroleum and Related Products	2502945	1537031	1200145	950812	1552133
金属及金属矿批发	Wholesale of Metal Materials	16309696	5978257	280580	10375990	5933705
建材批发	Wholesale of Building Materials	1658629	1455467	60153	1351216	306423
化肥批发	Wholesale of Chemical Fertilizer	220162	194479	17749	182549	35321
机械设备、五金产品及电子产品批发	Wholesale of Machinery, Hardware and Electronic Equipment	626239	574535	48218	502671	123568
贸易经纪与代理	Trade Broker and Agency	12238	11910	611	7583	4655
其他批发	Other Wholesale not Classified Elsewhere	242332	167101	29262	184839	57494

15-6 限额以上批发业企业主要财务指标（2022）
Main Financial Indicators of Enterprises above Designated Size of Wholesale Trade (2022)

单位：万元 (10 000 yuan)

项 目	Item	营业收入 Business Revenue	营业成本 Business Cost	税金及附加 Taxes and Extra Charges	营业利润 Business Profits
批发业	**Wholesale Trade**	**86583083**	**84028105**	**421086**	**1110976**
按登记注册类型分	**By Status of Registration**				
内资企业	**Domestic Funded Enterprises**	**86336541**	**83829632**	**420454**	**1113475**
国有企业	State-owned Enterprises	11955226	10999688	346441	312052
集体企业	Collective-owned Enterprises	13280	11928	14	486
股份合作企业	Cooperative Enterprises	39019	35989	46	274
联营企业	Joint Ownership Enterprises				
有限责任公司	Limited Liability Corporations	42576798	41964026	55511	490862
国有独资公司	State Sole Funded Corporations	21614640	21363984	18906	142293
其他有限责任公司	Other Limited Liability Corporations	20962158	20600042	36605	348569
股份有限公司	Share-holding Corporations Ltd.	20878681	20521535	4774	254488
私营企业	Private Enterprises	10843704	10270024	13657	54287
私营独资企业	Private-funded Enterprises	228188	207911	646	2893
私营合伙企业	Private Partnership Enterprises	11874	10289	27	131
私营有限责任公司	Private Limited Liability Corporations	10316428	9777092	12660	56866
私营股份有限公司	Private Share-holding Corporations Ltd.	287214	274732	325	-5603
其他企业	Other Enterprises	29833	26442	10	1025
港、澳、台商投资企业	**Enterprises with Funds from Hong Kong, Macao and Taiwan**	**42139**	**28833**	**99**	**7100**
合资经营企业	Joint-venture Enterprises	26184	16160	31	7063
合作经营企业	Cooperative Enterprises				
独资经营企业	Enterprises with Sole Fund	15954	12674	69	38
投资股份有限公司	Share-holding Corporations Ltd. with Investment				
其他港澳台商投资企业	Other Enterprises with Funds from Hong Kong, Macao and Taiwan				
外商投资企业	**Foreign Funded Enterprises**	**204404**	**169640**	**533**	**-9599**
中外合资经营企业	Joint-venture Enterprises	90291	93541	113	-12272
中外合作经营企业	Cooperation Enterprises				
外资企业	Enterprises with Sole Fund	114113	76099	420	2672
外商投资股份有限公司	Share-holding Corporations Ltd. With Foreign Investment				
其他外商投资企业	Other Foreign Funded Enterprises				

15-6 续表 continued

单位：万元 (10 000 yuan)

项 目	Item	营业收入 Business Revenue	营业成本 Business Cost	税金及附加 Taxes and Extra Charges	营业利润 Business Profits
按行业分	**By Sector**				
农、林、牧、渔产品批发	Wholesale of Agricultural,Forestry,Livestock and Fishery Products	1309285	1227880	1030	18859
食品饮料及烟草制品批发	Wholesale of Food, Beverages and Tobaccos	4243674	3341419	325124	264793
#米、面制品及食用油批发	Wholesale of Rice, Flour and Edible Oil	305379	294840	588	-2950
烟草制品批发	Wholesale of Tobaccos	2314058	1640516	321094	216106
纺织、服装及家庭用品批发	Wholesale of Textiles, Wearing Apparel and Household Articles	136667	123225	141	-1193
#服装批发	Wholesale of Garments	77054	67992	101	760
文化、体育用品及器材批发	Wholesale of Culture, Sports Appliances and Equipments	330378	308032	2441	-650
医药及医疗器材批发	Wholesale of Medicines and Medical Appliances	2526402	2276313	4987	35674
矿产品、建材及化工产品批发	Wholesale of Mineral Products, Building Materials and Chemical Products	74741928	73598900	63918	784448
#煤炭及制品批发	Wholesale of Coal and Related Products	2981187	2854862	6218	51542
石油及制品批发	Wholesale of Petroleum and Related Products	28728334	27918841	15243	401655
金属及金属矿批发	Wholesale of Metal Materials	36526968	36431996	37620	316475
建材批发	Wholesale of Building Materials	3770375	3703641	3055	11414
化肥批发	Wholesale of Chemical Fertilizer	346044	333144	328	622
机械设备、五金产品及电子产品批发	Wholesale of Machinery, Hardware and Electronic Equipment	1389703	1285871	1420	3767
贸易经纪与代理	Trade Broker and Agency	60298	54250	27	2946
其他批发	Other Wholesale not Classified Elsewhere	1844750	1812217	21999	2332

15-7 限额以上零售业企业基本情况（2022）
Basic Conditions of Enterprises above Designated Size in Retail Trade (2022)

项 目	Item	法人企业（个）Number of Corporation Enterprises (unit)	从业人员期末人数（人）Engaged Persons at Year-end (person)
零售业	**Retail Trade**	**1385**	**72518**
按登记注册类型分	**By Status of Registration**		
内资企业	**Domestic Funded Enterprises**	**1374**	**71315**
国有企业	State-owned Enterprises	16	4421
集体企业	Collective-owned Enterprises	6	183
股份合作企业	Cooperative Enterprises	2	94
联营企业	Joint Ownership Enterprises	1	8
有限责任公司	Limited Liability Corporations	323	23416
国有独资公司	State Sole Funded Corporations	14	882
其他有限责任公司	Other Limited Liability Corporations	309	22534
股份有限公司	Share-holding Corporations Ltd.	25	4041
私营企业	Private Enterprises	998	39116
私营独资企业	Private-funded Enterprises	89	2383
私营合伙企业	Private Partnership Enterprises	4	110
私营有限责任公司	Private Limited Liability Corporations	892	36234
私营股份有限公司	Private Share-holding Corporations Ltd.	13	389
其他企业	Other Enterprises	3	36
港、澳、台商投资企业	**Enterprises with Funds from Hong Kong, Macao and Taiwan**	**6**	**824**
合资经营企业	Joint-venture Enterprises	1	47
合作经营企业	Cooperative Enterprises		
独资经营企业	Enterprises with Sole Fund	5	777
投资股份有限公司	Share-holding Corporations Ltd. with Investment		
其他港澳台商投资企业	Other Enterprises with Funds from Hong Kong,Macao and Taiwan		
外商投资企业	**Foreign Funded Enterprises**	**5**	**379**
中外合资经营企业	Joint-venture Enterprises	3	189
中外合作经营企业	Cooperation Enterprises		
外资企业	Enterprises with Sole Fund	1	52
外商投资股份有限公司	Share-holding Corporations Ltd. With Foreign Investment		
其他外商投资企业	Other Foreign Funded Enterprises	1	138

15-7 续表 continued

项 目	Item	法人企业（个）Number of Corporation Enterprises (unit)	从业人员期末人数（人）Engaged Persons at Year-end (person)
按行业分	**By Sector**		
综合零售	Integrated Retail	270	22860
#百货零售	Retail of General Merchandise	136	8146
超级市场零售	Retail of Supermarkets	121	13876
食品、饮料及烟草制品专门零售	Retail of Food, Beverages and Tobaccos	137	3298
纺织、服装及日用品专门零售	Special Retail of Textiles, Garments and Daily Consumer Articles	36	2711
#服装零售	Retail of Garments	23	1412
文化、体育用品及器材专门零售	Special Retail of Culture, Sports Appliances and Equipments	20	2637
#图书报刊零售	Retail of Books Newspapers and Magazines	6	2327
医药及医疗器材专门零售	Retail of Medicines and Medical Appliances	79	14182
#西药零售	Retail of Western Medicine	57	13562
汽车、摩托车、零配件和燃料及其他动力销售	Retail of Motor Vehicles,Motorcycles,Spare Parts,Fuels and Other Power	643	22899
#汽车新车零售	Retail of New Car	485	15484
机动车燃油零售	Retail of Motor Vehicle Fuel	113	6528
家用电器及电子产品专门零售	Special Retail of Household Electric Appliances and Electronic Products	134	2398
#日用家电零售	Retail of Household Electric Appliances	59	1129
计算机、软件及辅助设备零售	Retail of Computer, Software and Assistant Appliances	22	371
通信设备零售	Retail of Communication Equipments	46	745
五金、家具及室内装饰材料专门零售	Special Retail of Hardware, Furniture and Decoration Materials	21	369
货摊、无店铺及其他零售	Stall,Non-shop and Other Retails	45	1164

15-8 限额以上零售业企业购销存情况（2022）
Total Purchases, Sales and Stock of Enterprises above Designated Size of Retail Trade (2022)

单位：万元 (10 000 yuan)

项 目	Item	商 品 购进额 Total Purchases Value	进口 Imports	商 品 销售额 Total Sales Value	期末商品 库存额 Stock (year-end)
零售业	**Retail Trade**	**10830783**	**76720**	**12160249**	**829657**
按登记注册类型分	**By Status of Registration**				
内资企业	**Domestic Funded Enterprises**	**10596065**	**76679**	**11881627**	**797355**
国有企业	State-owned Enterprises	657021		665556	30918
集体企业	Collective-owned Enterprises	11466		12197	311
股份合作企业	Cooperative Enterprises	4470		4771	1075
联营企业	Joint Ownership Enterprises	4400		4837	1
有限责任公司	Limited Liability Corporations	3137028	37268	3656716	264165
国有独资公司	State Sole Funded Corporations	377926		437658	10336
其他有限责任公司	Other Limited Liability Corporations	2759102	37268	3219057	253829
股份有限公司	Share-holding Corporations Ltd.	2419106		2657739	46876
私营企业	Private Enterprises	4359060	39411	4876024	453964
私营独资企业	Private-funded Enterprises	297920	1	314258	23816
私营合伙企业	Private Partnership Enterprises	3933		4776	212
私营有限责任公司	Private Limited Liability Corporations	4025667	39411	4518290	427102
私营股份有限公司	Private Share-holding Corporations Ltd.	31540		38699	2835
其他企业	Other Enterprises	3515		3788	45
港、澳、台商投资企业	**Enterprises with Funds from Hong Kong, Macao and Taiwan**	**93033**	**41**	**115124**	**20420**
合资经营企业	Joint-venture Enterprises	8155	41	8530	6583
合作经营企业	Cooperative Enterprises				
独资经营企业	Enterprises with Sole Fund	84878		106594	13836
投资股份有限公司	Share-holding Corporations Ltd. with Investment				
其他港澳台商投资企业	Other Enterprises with Funds from Hong Kong,Macao and Taiwan				
外商投资企业	**Foreign Funded Enterprises**	**141686**		**163498**	**11882**
中外合资经营企业	Joint-venture Enterprises	62855		85466	447
中外合作经营企业	Cooperation Enterprises				
外资企业	Enterprises with Sole Fund	87		1672	106
外商投资股份有限公司	Share-holding Corporations Ltd. With Foreign Investment				
其他外商投资企业	Other Foreign Funded Enterprises	78744		76360	11330

15-8 续表 continued

单位：万元 (10 000 yuan)

项目	Item	商品购进额 Total Purchases Value	进口 Imports	商品销售额 Total Sales Value	期末商品库存额 Stock (year-end)
按行业分	**By Sector**				
综合零售	Integrated Retail	1223280	1076	1550415	128357
#百货零售	Retail of General Merchandise	530364	1065	777491	59144
超级市场零售	Retail of Supermarkets	660666	11	726417	65759
食品、饮料及烟草制品专门零售	Retail of Food, Beverages and Tobaccos	398453		442583	39376
纺织、服装及日用品专门零售	Special Retail of Textiles, Garments and Daily Consumer Articles	138324		161086	24808
#服装零售	Retail of Garments	62340		81243	10527
文化、体育用品及器材专门零售	Retail of Culture, Sports Appliances and Equipments	217542		222549	14555
#图书报刊零售	Retail of Books Newspapers and Magazines	205861		204625	10039
医药及医疗器材专门零售	Retail of Medicines and Medical Appliances	490850		633724	96610
#西药零售	Retail of Western Medicine	480294		622894	95200
汽车、摩托车、零配件和燃料及其他动力销售	Retail of Motor Vehicles,Motorcycles,Spare Parts, Fuels and Other Power	7807450	75644	8518144	474933
#汽车新车零售	Retail of New Car	3662125	75644	3809838	395924
机动车燃油零售	Retail of Motor Vehicle Fuel	3925255		4462947	73818
家用电器及电子产品专门零售	Special Retail of Household Electric Appliances and Electronic Products	356276		400759	42883
#日用家电零售	Retail of Household Electric Appliances	163605		174709	20226
计算机、软件及辅助设备零售	Retail of Computer, Software and Assistant Appliances	49386		55817	3219
通信设备零售	Retail of Communication Equipments	115167		140563	17446
五金、家具及室内装饰材料专门零售	Special Retail of Hardware, Furniture and Decoration Materials	40860		42427	4425
货摊、无店铺及其他零售	Stall,Non-shop and Other Retails	157750		188562	3710

15-9 限额以上零售业企业资产及负债（2022）

Assets and Liabilities of Enterprises above Designated Size of Retail Trade (2022)

单位：万元 (10 000 yuan)

项 目	Item	资产总计 Total Assets	#流动资产合计 Total Current Assets	#固定资产原价 Original Value of Fixed Assets	负债合计 Total Liabilities	所有者权益合计 Total Owners' Equities
零售业	**Retail Trade**	**6174022**	**3894295**	**1629851**	**4193831**	**1887558**
按登记注册类型分	**By Status of Registration**					
内资企业	**Domestic Funded Enterprises**	**6058204**	**3846462**	**1568565**	**4099586**	**1865984**
国有企业	State-owned Enterprises	532775	358531	151167	336647	196128
集体企业	Collective-owned Enterprises	6437	3680	3310	4238	2199
股份合作企业	Cooperative Enterprises	2131	2022	477	1043	1089
联营企业	Joint Ownership Enterprises	3185	2994	472	1106	2079
有限责任公司	Limited Liability Corporations	1950315	1125590	515325	1346886	601227
国有独资公司	State Sole Funded Corporations	98661	30238	55695	43244	55417
其他有限责任公司	Other Limited Liability Corporations	1851654	1095352	459630	1303642	545811
股份有限公司	Share-holding Corporations Ltd.	674447	255195	341361	449379	141731
私营企业	Private Enterprises	2886949	2097505	555506	1959384	920471
私营独资企业	Private-funded Enterprises	127979	93335	29464	92992	32248
私营合伙企业	Private Partnership Enterprises	2876	1769	464	1671	1204
私营有限责任公司	Private Limited Liability Corporations	2737516	1987586	522485	1852654	880508
私营股份有限公司	Private Share-holding Corporations Ltd.	18578	14816	3093	12067	6511
其他企业	Other Enterprises	1965	943	948	904	1061
港、澳、台商投资企业	**Enterprises with Funds from Hong Kong, Macao and Taiwan**	**40805**	**29761**	**17413**	**25671**	**15134**
合资经营企业	Joint-venture Enterprises	2633	1883	306	2038	594
合作经营企业	Cooperative Enterprises					
独资经营企业	Enterprises with Sole Fund	38172	27879	17106	23633	14540
投资股份有限公司	Share-holding Corporations Ltd. with Investment					
其他港澳台商投资企业	Other Enterprises with Funds from Hong Kong,Macao and Taiwan					
外商投资企业	**Foreign Funded Enterprises**	**75013**	**18072**	**43873**	**68574**	**6439**
中外合资经营企业	Joint-venture Enterprises	52950	5872	32150	47673	5277
中外合作经营企业	Cooperation Enterprises					
外资企业	Enterprises with Sole Fund	4009	1314	767	9203	-5194
外商投资股份有限公司	Share-holding Corporations Ltd. With Foreign Investment					
其他外商投资企业	Other Foreign Funded Enterprises	18054	10887	10957	11697	6357

15-9 续表 continued

单位：万元 (10 000 yuan)

项 目	Item	资产总计 Total Assets	# 流动资产合计 Total Current Assets	# 固定资产原价 Original Value of Fixed Assets	负债合计 Total Liabilities	所有者权益合计 Total Owners' Equities
按行业分	**By Sector**					
综合零售	Integrated Retail	1737653	1017108	474036	1283748	452787
# 百货零售	Retail of General Merchandise	1171554	649031	369871	843455	327269
超级市场零售	Retail of Supermarkets	547992	353366	100552	418203	129190
食品、饮料及烟草制品专门零售	Retail of Food, Beverages and Tobaccos	235944	177895	52012	155267	80677
纺织、服装及日用品专门零售	Special Retail of Textiles, Garments and Daily Consumer Articles	264270	207763	87943	151946	117273
# 服装零售	Retail of Garments	194022	150205	75771	113551	85425
文化、体育用品及器材专门零售	Retail of Culture, Sports Appliances and Equipments	403129	291965	92315	231357	171771
# 图书报刊零售	Retail of Books Newspapers and Magazines	363554	274697	82896	222030	141525
医药及医疗器材专门零售	Retail of Medicines and Medical Appliances	453139	296569	44310	328533	124606
# 西药零售	Retail of Western Medicine	426000	274227	40664	312086	113914
汽车、摩托车、零配件和燃料及其他动力销售	Retail of Motor Vehicles,Motorcycles,Spare Parts, Fuels and Other Power	2656221	1573702	821432	1787834	775350
# 汽车新车零售	Retail of New Car	1837251	1349338	294626	1356584	478032
机动车燃油零售	Retail of Motor Vehicle Fuel	702269	160512	474790	360925	250943
家用电器及电子产品专门零售	Special Retail of Household Electric Appliances and Electronic Products	256835	228564	12808	175253	81054
# 日用家电零售	Retail of Household Electric Appliances	137412	117879	5317	78770	58114
计算机、软件及辅助设备零售	Retail of Computer, Software and Assistant Appliances	39928	36500	2760	21133	18795
通信设备零售	Retail of Communication Equipments	61081	57974	2591	63525	-2444
五金、家具及室内装饰材料专门零售	Special Retail of Hardware, Furniture and Decoration Materials	20912	17580	2269	13185	7727
货摊、无店铺及其他零售	Stall,Non-shop and Other Retails	145919	83151	42727	66708	76313

15-10 限额以上零售业企业主要财务指标（2022）
Main Financial Indicators of Enterprises above Designated Size of Retail Trade (2022)

单位：万元 (10 000 yuan)

项　目	Item	营业收入 Business Revenue	营业成本 Business Cost	税金及附加 Taxes and Extra Charges	营业利润 Business Profits
零售业	**Retail Trade**	**11002803**	**9850823**	**29065**	**182954**
按登记注册类型分	**By Status of Registration**				
内资企业	**Domestic Funded Enterprises**	**10745487**	**9618344**	**27546**	**188102**
国有企业	State-owned Enterprises	631478	582060	1732	18539
集体企业	Collective-owned Enterprises	11520	10188	34	89
股份合作企业	Cooperative Enterprises	4270	3389	10	128
联营企业	Joint Ownership Enterprises	4281	4110	4	171
有限责任公司	Limited Liability Corporations	3309250	2917379	10864	46309
国有独资公司	State Sole Funded Corporations	369759	345404	689	8683
其他有限责任公司	Other Limited Liability Corporations	2939491	2571975	10175	37626
股份有限公司	Share-holding Corporations Ltd.	2345918	2188187	4623	82426
私营企业	Private Enterprises	4435000	3910052	10278	39841
私营独资企业	Private-funded Enterprises	281100	257853	425	749
私营合伙企业	Private Partnership Enterprises	4280	3557	9	-146
私营有限责任公司	Private Limited Liability Corporations	4110770	3615018	9811	38787
私营股份有限公司	Private Share-holding Corporations Ltd.	38850	33624	33	450
其他企业	Other Enterprises	3772	2979	2	599
港、澳、台商投资企业	**Enterprises with Funds from Hong Kong, Macao and Taiwan**	**107683**	**93100**	**410**	**-3823**
合资经营企业	Joint-venture Enterprises	8420	7705	3	-169
合作经营企业	Cooperative Enterprises				
独资经营企业	Enterprises with Sole Fund	99262	85396	407	-3654
投资股份有限公司	Share-holding Corporations Ltd. with Investment				
其他港澳台商投资企业	Other Enterprises with Funds from Hong Kong,Macao and Taiwan				
外商投资企业	**Foreign Funded Enterprises**	**149633**	**139380**	**1109**	**-1325**
中外合资经营企业	Joint-venture Enterprises	76806	74388	77	-2353
中外合作经营企业	Cooperation Enterprises				
外资企业	Enterprises with Sole Fund	2220	1368	21	-885
外商投资股份有限公司	Share-holding Corporations Ltd. With Foreign Investment				
其他外商投资企业	Other Foreign Funded Enterprises	70607	63623	1011	1914

15-10 续表 continued

单位：万元 (10 000 yuan)

项　目	Item	营业收入 Business Revenue	营业成本 Business Cost	税金及附加 Taxes and Extra Charges	营业利润 Business Profits
按行业分	**By Sector**				
综合零售	Integrated Retail	1385421	1093668	9646	7382
#百货零售	Retail of General Merchandise	643101	494107	8117	12555
超级市场零售	Retail of Supermarkets	683082	549520	1478	-1342
食品、饮料及烟草制品专门零售	Retail of Food, Beverages and Tobaccos	417891	369383	676	12846
纺织、服装及日用品专门零售	Special Retail of Textiles, Garments and Daily Consumer Articles	152619	114943	801	-1964
#服装零售	Retail of Garments	80826	60324	477	-1104
文化、体育用品及器材专门零售	Retail of Culture, Sports Appliances and Equipments	220906	210378	1129	6555
#图书报刊零售	Retail of Books Newspapers and Magazines	204495	197343	1023	6255
医药及医疗器材专门零售	Retail of Medicines and Medical Appliances	600818	417083	1609	20882
#西药零售	Retail of Western Medicine	590201	409400	1589	20131
汽车、摩托车、零配件和燃料及其他动力销售	Retail of Motor Vehicles,Motorcycles, Spare Parts, Fuels and Other Power	7643786	7152946	14002	123099
#汽车新车零售	Retail of New Car	3476586	3245563	7577	9540
机动车燃油零售	Retail of Motor Vehicle Fuel	3938292	3695645	6149	112352
家用电器及电子产品专门零售	Special Retail of Household Electric Appliances and Electronic Products	370078	341009	341	-7306
#日用家电零售	Retail of Household Electric Appliances	156957	143489	141	-6069
计算机、软件及辅助设备零售	Retail of Computer, Software and Assistant Appliances	50751	44762	42	397
通信设备零售	Retail of Communication Equipments	132894	126494	128	-1862
五金、家具及室内装饰材料专门零售	Special Retail of Hardware, Furniture and Decoration Materials	40597	35740	64	427
货摊、无店铺及其他零售	Stall,Non-shop and Other Retails	170688	115674	797	21033

15-11 亿元以上商品交易市场摊位分类情况（2022）
Classification of Commodity Exchange Markets of Transaction Value over 100 Million Yuan (2022)

类 别	Classification	摊位数（个）Number of Booths (unit)	成交额（万元）Turnover (10 000 yuan)
总计	**Total**	**25301**	**4084628**
粮油、食品类	Grain and Oil,Food	9817	2027835
#粮油类	Grain and Oil	402	144133
肉禽蛋类	Meat,Poultry and Eggs	607	296566
水产品类	Aquatic Products	597	299146
蔬菜类	Vegetables	6898	865622
干鲜果品类	Dried and Fresh Melons and Fruits	1079	348705
饮料类	Beverages	141	20047
烟酒类	Tobacco and Liquor	135	4884
服装鞋帽、针、纺织品类	Clothing, Shoes, Hats and Textiles	4636	149449
服装类	Clothing	4051	130394
鞋帽类	Footwear and Hats	344	9008
针、纺织品类	Knitwear and Textiles	241	10047
化妆品类	Cosmetics	126	24167
金银珠宝类	Gold,Silver and Jewellery	38	5322
日用品类	Articles for Daily Use	522	110652
五金、电料类	Hardware & Electrical Materials	638	43738
体育、娱乐用品类	Sports & Recreational Articles	114	15765
书报杂志类	Newspapers and Magazines	5	112
电子出版物及音像制品类	E-journal and Video Products	19	1699
家用电器和音像器材类	Household Appliances and Video Equipments	495	116533
中西药品类	Traditional Chinese and Western Medicine	4767	1022206
西药类	Western Medicine	4	834
中草药及中成药类	Traditional Chinese	4760	1021166
文化办公用品类	Cultural and Official Goods	158	45229
家具类	Furniture	778	221800
通信器材类	Communication Appliances	18	4244
煤炭及制品类	Coal and Related Products		
木材及制品类	Wood and Wooden Products	255	13840
石油及制品类	Petroleum and Related Products		
化工材料及制品类	Raw Chemical Materials and Related Products		
#化肥类	Fertilizer		
金属材料类	Metal Materials	325	142110
建筑及装潢材料类	Building and Decoration Materials	1235	55998
机电产品及设备类	Mechanical & Electrical Products	31	7440
#农机类	Agricultural Machinery		
汽车类	Automobile	9	16000
种子饲料类	Seed and Feedstuff	7	822
棉麻类	Cotton and Hemp		
其他类	Others	1032	34736

15-12 各市（州）限额以上批发业企业基本情况和主要财务指标（2022）
Basic Conditions and Main Financial Indicators of Enterprises above Designated Size of Wholesale Trade by Region (2022)

单位：万元 (10 000 yuan)

市（州）	Region	法人企业（个）Number of Corporation Enterprises (unit)	从业人员期末人数（人）Engaged Persons at Year-end (person)	商品销售额 Total Sales	营业收入 Business Revenue	营业成本 Business Cost	税金及附加 Taxes and Extra Charges	营业利润 Business Profits
兰州市	Lanzhou	436	21913	75896556	71260968	69778079	142628	515257
嘉峪关市	Jiayuguan	19	4765	3371601	3638402	3594434	19572	310565
金昌市	Jinchang	24	490	321758	307857	272416	7321	6589
白银市	Baiyin	42	1006	1674991	1508773	1413275	22220	19027
天水市	Tianshui	103	2680	1554709	1415348	1297742	36720	33443
武威市	Wuwei	108	3564	1207242	1103191	970173	20561	34307
张掖市	Zhangye	90	3225	1049720	1027492	903969	14103	46752
平凉市	Pingliang	38	1394	403713	361660	301508	20647	12255
酒泉市	Jiuquan	68	1895	4313742	3830117	3702791	21844	45996
庆阳市	Qingyang	41	1133	467841	419233	342375	29207	18931
定西市	Dingxi	36	1234	644311	579083	504333	28820	15705
陇南市	Longnan	35	1530	792640	710074	591801	32885	38056
临夏州	Linxia	22	745	324223	293634	247940	16127	10171
甘南州	Gannan	6	359	136165	127252	107268	8431	3923

15-13 各市（州）限额以上零售业企业基本情况和主要财务指标（2022）
Basic Conditions and Main Financial Indicators of Enterprises above Designated Size of Retail Trade by Region (2022)

单位：万元 (10 000 yuan)

市（州）	Region	法人企业（个）Number of Corporation Enterprises (unit)	从业人员期末人数（人）Engaged Persons at Year-end (person)	商品销售额 Total Sales	营业收入 Business Revenue	营业成本 Business Cost	税金及附加 Taxes and Extra Charges	营业利润 Business Profits
兰州市	Lanzhou	292	30723	5017315	4565901	4022139	17631	56389
嘉峪关市	Jiayuguan	32	1733	260146	238938	215569	788	-578
金昌市	Jinchang	39	1545	300999	273079	246510	479	8406
白银市	Baiyin	102	3946	832974	768228	672184	1579	26881
天水市	Tianshui	156	4967	859538	779791	715210	1199	10321
武威市	Wuwei	73	2617	318784	292733	261004	541	2295
张掖市	Zhangye	135	5130	794643	703632	636358	1188	11039
平凉市	Pingliang	73	3430	549163	502743	456287	1165	12734
酒泉市	Jiuquan	126	3429	629152	566195	514634	893	4125
庆阳市	Qingyang	110	5978	937702	845335	774767	1213	11646
定西市	Dingxi	68	2550	594346	498511	456886	696	14082
陇南市	Longnan	103	3433	499346	456006	408449	604	11964
临夏州	Linxia	64	2632	406116	367066	336890	806	8938
甘南州	Gannan	12	405	160025	144644	133939	282	4711

15-14 按城乡分各地、县社会消费品零售总额（2022）
Total Retail Sale of Consumer Goods of Urban and Rural Areas by Region & County(2022)

单位：万元 (10 000 yuan)

地、县	Region & County	社会消费品零售总额 Total Retail Sales of Consumer Goods	城镇 Urban	乡村 Rural
兰州市	**Lanzhou**	**15982127**	**14053161**	**1928966**
城关区	Chengguan	8361218	7625170	736048
七里河区	Qilihe	2433387	2080546	352841
西固区	Xigu	1372411	1227052	145359
安宁区	Anning	1631244	1608016	23228
红古区	Honggu	296508	165856	130652
永登县	Yongdeng	339449	214961	124488
皋兰县	Gaolan	442280	344091	98188
榆中县	Yuzhong	366037	233640	132397
兰州新区	Lanzhou New Area	739594	553830	185764
嘉峪关市	**Jiayuguan**	**864015**	**855832**	**8183**
金昌市	**Jinchang**	**1045651**	**823390**	**222261**
金川区	Jinchuan	694226	587589	106636
永昌县	Yongchang	351425	235801	115624
白银市	**Baiyin**	**1974993**	**1614369**	**360624**
白银区	Baiyin	1070192	1006113	64079
平川区	Pingchuan	193172	183727	9445
靖远县	Jingyuan	247407	165904	81503
会宁县	Huining	267680	131757	135923
景泰县	Jingtai	196543	126869	69674
天水市	**Tianshui**	**2793710**	**2180940**	**612769**
秦州区	Qinzhou	883240	710894	172346
麦积区	Maiji	725325	583558	141767
清水县	Qingshui	101424	75865	25559
秦安县	Qinan	380459	284583	95876
甘谷县	Gangu	333614	249543	84071
武山县	Wushan	268792	201057	67736
张家川县	Zhangjiachuan	100856	75440	25416
武威市	**Wuwei**	**1670070**	**1172412**	**497657**
凉州区	Liangzhou	1007666	765382	242284
民勤县	Minqin	217272	135380	81892
古浪县	Gulang	216860	139163	77697
天祝县	Tianzhu	228272	132488	95785
张掖市	**Zhangye**	**2453306**	**1743958**	**709348**

15-14 续表 1 continued

单位：万元 (10 000 yuan)

地、县	Region & County	社会消费品零售总额 Total Retail Sales of Consumer Goods	城镇 Urban	乡村 Rural
甘州区	Ganzhou	1366931	1013090	353841
肃南县	Sunan	65840	36260	29580
民乐县	Minle	282936	180848	102089
临泽县	Linze	233340	147203	86138
高台县	Gaotai	208164	137752	70412
山丹县	Shandan	296095	228806	67289
平凉市	**Pingliang**	**1972134**	**1774461**	**197674**
崆峒区	Kongtong	939013	875418	63595
泾川县	Jingchuan	135845	119498	16347
灵台县	Lingtai	99467	90059	9408
崇信县	Chongxin	55299	36702	18597
庄浪县	Zhuanglang	249823	210370	39453
静宁县	Jingning	324557	288253	36304
华亭市	Huating	168130	154162	13969
酒泉市	**Jiuquan**	**3099796**	**2283501**	**816295**
肃州区	Suzhou	1555365	1075685	479680
金塔县	Jinta	213929	155724	58205
瓜州县	Guazhou	435434	325453	109982
肃北县	Subei	38236	35751	2485
阿克塞县	Akesai	34150	27621	6529
玉门市	Yumen	310501	251506	58995
敦煌市	Dunhuang	512180	411762	100419
庆阳市	**Qingyang**	**1997461**	**1502978**	**494483**
西峰区	Xifeng	822650	643849	178800
庆城县	Qingcheng	186500	135466	51034
环 县	Huanxian	184738	138688	46050
华池县	Huachi	90328	66795	23533
合水县	Heshui	105161	77952	27209
正宁县	Zhengning	122341	86638	35702
宁 县	Ningxian	241512	176353	65159
镇原县	Zhenyuan	244232	177236	66996
定西市	**Dingxi**	**2014941**	**1707862**	**307079**
安定区	Anding	761467	657461	104006
通渭县	Tongwei	155832	130176	25656

15-14 续表 2 continued

单位：万元 (10 000 yuan)

地、县	Region & County	社会消费品零售总额 Total Retail Sales of Consumer Goods	城镇 Urban	乡村 Rural
陇西县	Longxi	355464	299256	56208
渭源县	Weiyuan	117986	98183	19804
临洮县	Lintao	294288	248085	46203
漳　县	Zhangxian	72941	60395	12546
岷　县	Minxian	256963	214307	42656
陇南市	**Longnan**	**1800447**	**1212087**	**588360**
武都区	Wudu	871614	592004	279610
成　县	Chengxian	185200	132643	52557
文　县	Wenxian	77460	42990	34470
宕昌县	Tanchang	152600	103121	49479
康　县	Kangxian	82868	51447	31421
西和县	Xihe	105073	65339	39734
礼　县	Lixian	170100	111195	58905
徽　县	Huixian	138402	104123	34279
两当县	Liangdang	17130	9225	7905
临夏州	**Linxia**	**1086320**	**879289**	**207031**
临夏市	linxia	548204	525535	22670
临夏县	linxia	104057	77751	26305
康乐县	Kangle	82566	44758	37808
永靖县	Yongjing	97255	74019	23236
广河县	Guanghe	104083	65433	38650
和政县	Hezheng	47586	33096	14490
东乡县	Dongxiang	32916	20959	11956
积石山县	Jishishan	69655	37738	31916
甘南州	**Gannan**	**467241**	**357972**	**109269**
合作市	Hezuo	197501	197501	
临潭县	Lintan	41161	26755	14406
卓尼县	Zhuoni	39726	25822	13904
舟曲县	Zhouqu	45584	27629	17954
迭部县	Diebu	28233	18244	9989
玛曲县	Maqu	32615	16569	16046
碌曲县	Luqu	27855	14713	13142
夏河县	Xiahe	54566	30740	23826

15-15 按行业分各地、县社会消费品零售总额（2022）
Total Retail Sale of Consumer Goods by Sector and Region & County (2022)

单位：万元 (10 000 yuan)

地、县	Region & County	社会消费品零售总额 Total Retail Sales of Consumer Goods	餐费收入 Income from Meals	商品零售 Commodity Retail
兰州市	**Lanzhou**	**15982127**	**1278296**	**14703831**
城关区	Chengguan	8361218	750028	7611190
七里河区	Qilihe	2433387	41368	2392019
西固区	Xigu	1372411	232327	1140084
安宁区	Anning	1631244	16064	1615180
红古区	Honggu	296508	33744	262764
永登县	Yongdeng	339449	52055	287394
皋兰县	Gaolan	442280	33723	408557
榆中县	Yuzhong	366037	74168	291868
兰州新区	Lanzhou New Area	739594	44819	694775
嘉峪关市	**Jiayuguan**	**864015**	**81231**	**782784**
金昌市	**Jinchang**	**1045651**	**118641**	**927010**
金川区	Jinchuan	694226	78292	615933
永昌县	Yongchang	351425	40349	311076
白银市	**Baiyin**	**1974993**	**225625**	**1749369**
白银区	Baiyin	1070192	132579	937613
平川区	Pingchuan	193172	22018	171154
靖远县	Jingyuan	247407	31154	216252
会宁县	Huining	267680	15074	252606
景泰县	Jingtai	196543	24800	171743
天水市	**Tianshui**	**2793710**	**371090**	**2422620**
秦州区	Qinzhou	883240	116997	766243
麦积区	Maiji	725325	96468	628856
清水县	Qingshui	101424	13489	87934
秦安县	Qinan	380459	50601	329858
甘谷县	Gangu	333614	44371	289243
武山县	Wushan	268792	35749	233043
张家川县	Zhangjiachuan	100856	13414	87442
武威市	**Wuwei**	**1670070**	**157476**	**1512594**
凉州区	Liangzhou	1007666	95334	912331
民勤县	Minqin	217272	22341	194930
古浪县	Gulang	216860	17564	199296
天祝县	Tianzhu	228272	22236	206036
张掖市	**Zhangye**	**2453306**	**354001**	**2099305**

15-15 续表 1 continued

单位：万元 (10 000 yuan)

地、县	Region & County	社会消费品零售总额 Total Retail Sales of Consumer Goods	餐费收入 Income from Meals	商品零售 Commodity Retail
甘州区	Ganzhou	1366931	214397	1152533
肃南县	Sunan	65840	7265	58575
民乐县	Minle	282936	52413	230523
临泽县	Linze	233340	15929	217411
高台县	Gaotai	208164	21637	186527
山丹县	Shandan	296095	42359	253736
平凉市	**Pingliang**	**1972134**	**140924**	**1831210**
崆峒区	Kongtong	939013	32413	906600
泾川县	Jingchuan	135845	21480	114365
灵台县	Lingtai	99467	15141	84326
崇信县	Chongxin	55299	2430	52869
庄浪县	Zhuanglang	249823	26440	223384
静宁县	Jingning	324557	26763	297794
华亭市	Huating	168130	16258	151873
酒泉市	**Jiuquan**	**3099796**	**375401**	**2724395**
肃州区	Suzhou	1555365	132929	1422437
金塔县	Jinta	213929	31252	182677
瓜州县	Guazhou	435434	32390	403045
肃北县	Subei	38236	3154	35082
阿克塞县	Akesai	34150	6838	27312
玉门市	Yumen	310501	47437	263064
敦煌市	Dunhuang	512180	121401	390779
庆阳市	**Qingyang**	**1997461**	**208573**	**1788888**
西峰区	Xifeng	822650	37907	784743
庆城县	Qingcheng	186500	34350	152150
环 县	Huanxian	184738	32279	152459
华池县	Huachi	90328	8892	81436
合水县	Heshui	105161	10949	94213
正宁县	Zhengning	122341	12826	109515
宁 县	Ningxian	241512	36248	205264
镇原县	Zhenyuan	244232	35123	209109
定西市	**Dingxi**	**2014941**	**279502**	**1735439**
安定区	Anding	761467	58843	702624
通渭县	Tongwei	155832	31584	124248

15-15 续表 2 continued

单位：万元 (10 000 yuan)

地、县	Region & County	社会消费品零售总额 Total Retail Sales of Consumer Goods	餐费收入 Income from Meals	商品零售 Commodity Retail
陇西县	Longxi	355464	48754	306710
渭源县	Weiyuan	117986	22535	95451
临洮县	Lintao	294288	53687	240601
漳　县	Zhangxian	72941	16603	56337
岷　县	Minxian	256963	47495	209468
陇南市	**Longnan**	**1800447**	**183452**	**1616995**
武都区	Wudu	871614	51765	819849
成　县	Chengxian	185200	24929	160271
文　县	Wenxian	77460	15756	61704
宕昌县	Tanchang	152600	23815	128785
康　县	Kangxian	82868	17239	65629
西和县	Xihe	105073	10104	94969
礼　县	Lixian	170100	23977	146123
徽　县	Huixian	138402	12086	126316
两当县	Liangdang	17130	3781	13349
临夏州	**Linxia**	**1086320**	**162330**	**923991**
临夏市	linxia	548204	92909	455295
临夏县	linxia	104057	11080	92977
康乐县	Kangle	82566	11160	71406
永靖县	Yongjing	97255	14490	82765
广河县	Guanghe	104083	14023	90060
和政县	Hezheng	47586	6067	41519
东乡县	Dongxiang	32916	4567	28348
积石山县	Jishishan	69655	8033	61621
甘南州	**Gannan**	**467241**	**126506**	**340735**
合作市	Hezuo	197501	75254	122247
临潭县	Lintan	41161	15269	25892
卓尼县	Zhuoni	39726	5579	34147
舟曲县	Zhouqu	45584	5835	39749
迭部县	Diebu	28233	10495	17738
玛曲县	Maqu	32615	3380	29235
碌曲县	Luqu	27855	2626	25229
夏河县	Xiahe	54566	8068	46498

主要统计指标解释

社会消费品零售总额 指企业（单位、个体户）通过交易直接售给个人、社会集团非生产、非经营用的实物商品金额，以及提供餐饮服务所取得的收入金额。个人包括城乡居民和入境人员，社会集团包括机关、社会团体、部队、学校、企事业单位、居委会或村委会等。

批发业 指向其他批发或零售单位（含个体经营者）及其他企事业单位、机关团体等批量销售生活用品、生产资料的活动，以及从事进出口贸易和贸易经纪与代理的活动，包括拥有货物所有权，并以本单位（公司）的名义进行交易活动，也包括不拥有货物的所有权，收取佣金的商品代理、商品代售活动；本类还包括各类商品批发市场中固定摊位的批发活动，以及以销售为目的的收购活动。

零售业 指百货商店、超级市场、专门零售商店、品牌专卖店、售货摊等主要面向最终消费者（如居民等）的销售活动，以互联网、邮政、电话、售货机等方式的销售活动，还包括在同一地点，后面加工生产，前面销售的店铺（如面包房）；谷物、种子、饲料、牲畜、矿产品、生产用原料、化工原料、农用化工产品、机械设备（乘用车、计算机及通信设备除外）等生产资料的销售不作为零售活动；多数零售商对其销售的货物拥有所有权，但有些则是充当委托人的代理人，进行委托销售或以收取佣金的方式进行销售；零售业按销售渠道分为有店铺零售和无店铺零售，其中有店铺零售分为综合零售和专门零售。

批发和零售业商品购进、销售、库存额 指各种登记注册类型的批发和零售业企业（单位）以本企业（单位）为总体的，从国内、国外市场购进的商品总量，销售和出口的商品总量，库存的商品总量等情况。该指标可以反映商品流转过程中商品的购进、销售、库存之间的比例关系和存在的问题。

商品购进额 指从本企业以外的单位和个人购进（包括从国外直接进口）作为转卖或加工后转卖的商品金额（含增值税），本指标反映批发和零售业从国内外市场上购进商品的总价。商品购进包括：（1）从工农业生产者、批发和零售业、住宿和餐饮业、出版社或报社的出版发行部门和其他服务业等企事业单位和个体经营户购进的商品；（2）从机关、社会团体购进的商品；（3）从海关、市场管理部门购进的缉私和没收的商品；（4）从居民收购的废旧商品等。不包括：（1）企业为本单位自身经营用，不是作为转卖而购进的商品，如材料物资、包装物、低值易耗品、办公用品等；（2）未通过买卖行为而收入的商品，如接受其他部门移交的商品、借入的商品、收入代其他单位保管的商品、其他单位赠送的样品、加工回收的成品等；（3）经本单位介绍，由买卖双方直接结算，本单位只收取手续费的业务；（4）销售退回和买方拒付货款的商品；（5）商品溢余；（6）期货交易商品。

商品销售额 指对本单位以外的单位和个人出售的商品金额（包括售给本单位消费用的商品，含增值税），在批发和零售业中，本指标反映在国内市场上销售商品以及出口商品的总价。商品销售包括：（1）售给个人和社会集团消费用的商品；（2）售给农业、工业、建筑业、服务业等国民经济各行业用于生产、经营用的商品，包括售予批发和零售业作为转卖或加工后转卖的商品；（3）对国（境）外直接出口的商品。商品销售不包括：（1）未通过买卖行为付出的商品，如因机构变动移交给其他企业单位的商品、借出的商品、归还受其他单位委托代保管的商品、付出的加工原料和赠送给其他单位的样品等；（2）促销返券所销售的，不计入营业收入的商品；（3）经本单位介绍，由买卖双方直接结算，本单位只收取手续费的业务；（4）未发生所有权转移的商品预付卡销售，如加油卡；(5)汽车维修、电话卡销售等服务性经济活动；(6)购货退回的商品；(7)商品损耗和损失；（8）出售本单位自用的废旧物资；（9）期货交易商品；（10）自来水供应企业、电力企业、天然气供应企业提供的水、电、气。

期末商品库存额 对于批发和零售业法人单位和个体经营户，是指报告期末取得所有权的全部商品金额（含增值税）；对于批发和零售业产业活动单位，是指报告期末实际在库且归属法人具有所有权的全部商品金额（含增值税）。这个指标反映批发和零售业的商品库存情况，以及对市场商品供应的保证程度。库存商品包括：(1) 存放在本单位（如门市部、批发站、采购站、经营处）的仓库、货场、货柜和货架中的商品；(2) 挑选、整理、包装中的商品；(3) 已记入购进而尚未运到本单位的商品，即发货单或银行承兑凭证已到而货未到的商品；(4) 寄放他处的商品，如因购货方拒绝付款而暂时存在购货方的商品；(5) 委托其他单位代销（未作销售或调出）尚未售出的商品；(6) 代其他单位购进尚未交付的商品。库存商品不包括：（1）所有权不属于本单位的商品，如商品已作销售但买方尚未取走的商品，代替他人保管、运输、加工的商品，代其他单位销售（未做购进或调入）而未售出的商品；（2）委托外单位加工的商品，包括本单位所属加工厂和其他生产单位加工生产尚未收回成品的商品；（3）外贸企业代理其他单位从国外进口，尚未付给订货单位的商品；（4）代国家储备部门保管的商品。

亿元以上商品交易市场 指年成交额在亿元及以上的商品交易市场。商品交易市场是指经有关部门和组织批准设立，有固定场所、设施，有经营管理部门和监管人员，若干市场经营者入内，常年或实际开业三个月以上，集中、公开、独立地进行生活消费品、生产资料等现货商品交易以及提供相关服务的交易场所，包括各类消费品市场、生产资料市场等。

16

住宿、餐饮业和旅游业

Hotels, Catering Services and Tourism

简要说明

一、本篇资料主要内容

本篇资料主要反映住宿和餐饮业的基本情况、经营情况和旅游产业的发展状况。主要内容包括：限额以上住宿和餐饮业基本情况、经营情况、财务状况；连锁餐饮业经营情况；旅行社、星级饭店基本情况；入境、出境旅游人数、国内旅游人数，以及国际、国内旅游收入等。

二、本篇资料的统计范围

限额以上住宿和餐饮业的法人企业、个体户；餐饮连锁集团；旅行社、星级饭店和旅游者。

限额以上住宿和餐饮业统计单位为：年主营业务收入 200 万元及以上。

三、本篇资料来源

本篇资料由省统计局贸易外经处加工整理；旅游资料由省文化和旅游厅提供。

16-1 住宿和餐饮业情况
Basic Conditions of Hotels and Catering Services

指 标	Item	2015	2020	2021	2022
住宿和餐饮业	**Hotels and Catering Services**				
法人企业（个）	Number of Corporation Enterprises (unit)	624	778	852	949
年末从业人数（人）	Engaged Persons at Year-end (person)	45848	47305	48871	46996
营业额（万元）	Business Revenue (10 000 yuan)	716557	707406	848605	749504
#餐费收入（万元）	From Meals (10 000 yuan)	427105	418553	508500	464214
年末营业面积（平方米）	Business Area of Hotel and Catering Services at Year-end (sq.m)	1314533	2502643	2691557	3032749
住宿业	**Hotels**				
法人企业（个）	Number of Corporation Enterprises (unit)	286	411	444	467
年末从业人数（人）	Engaged Persons at Year-end (person)	24210	25072	24684	22380
营业额（万元）	Business Revenue (10 000 yuan)	390244	363854	421692	319127
#客房收入（万元）	From Hotel Rooms (10 000 yuan)	219333	219333	261951	209554
餐费收入（万元）	From Meals (10 000 yuan)	141301	120782	131415	91643
客房数（间）	Number of Rooms (room)	42109	64552	68316	75445
床位数（位）	Number of Beds (bed)	70577	108927	111478	122081
年末餐饮营业面积（平方米）	Business Area of Catering Services at Year-end (sq.m)	536155	1543086	1630298	1696784
餐饮业	**Catering Services**				
法人企业（个）	Number of Corporation Enterprises (unit)	338	367	408	482
年末从业人数（人）	Engaged Persons at Year-end (person)	21638	22233	24187	24616
营业额（万元）	Business Revenue (10 000 yuan)	326313	343552	426913	430377
#餐费收入（万元）	From Meals (10 000 yuan)	285804	297771	377085	372571
年末餐饮营业面积（平方米）	Business Area of Catering Services at Year-end (sq.m)	778378	959557	1061259	1335965

16-2 限额以上住宿业企业基本情况（2022）
Basic Conditions of Enterprises above Designated Size of Hotels (2022)

项 目	Item	法人企业（个）Number of Corporation Enterprises (unit)	从业人员期末人数（人）Engaged Persons at Year-end (person)
住宿业	**Hotels**	**467**	**22380**
按登记注册类型分	**By Status of Registration**		
内资企业	**Domestic Funded Enterprises**	**465**	**22004**
国有企业	State-owned Enterprises	28	2719
集体企业	Collective-owned Enterprises	1	88
股份合作企业	Cooperative Enterprises	1	58
联营企业	Joint Ownership Enterprises		
有限责任公司	Limited Liability Corporations	109	6595
国有独资公司	State Sole Funded Corporations	12	962
其他有限责任公司	Other Limited Liability Corporations	97	5633
股份有限公司	Share-holding Corporations Ltd.	5	249
私营企业	Private Enterprises	321	12295
私营独资企业	Private-funded Enterprises	28	1001
私营合伙企业	Private Partnership Enterprises	1	19
私营有限责任公司	Private Limited Liability Corporations	289	11143
私营股份有限公司	Private Share-holding Corporations Ltd.	3	132
其他企业	Other Enterprises		
港、澳、台商投资企业	**Enterprises with Funds from Hong Kong ,Macao and Taiwan**	**1**	**140**
外商投资企业	**Enterprises with Foreign Investment**	**1**	**236**
按行业分	**By Sector**		
旅游饭店	Tourist Hotel	281	16575
一般旅馆	General Hotel	175	5521
民宿服务	Homestay		
其他住宿业	Others	11	284

16-3 限额以上住宿业企业经营情况（2022）
Business of Enterprises above Designated Size of Hotels (2022)

单位：万元 (10 000 yuan)

项　目	Item	营业额 Business Revenue	#客房收入 From Hotel Rooms	#餐费收入 From Meals
住宿业	**Hotels**	**319127**	**209555**	**91643**
按登记注册类型分	**By Status of Registration**			
内资企业	**Domestic Funded Enterprises**	**315022**	**207347**	**90349**
国有企业	State-owned Enterprises	28578	15649	9304
集体企业	Collective-owned Enterprises	370	97	
股份合作企业	Cooperative Enterprises	431	205	209
联营企业	Joint Ownership Enterprises			
有限责任公司	Limited Liability Corporations	93346	58136	27445
国有独资公司	State Sole Funded Corporations	19567	11036	6647
其他有限责任公司	Other Limited Liability Corporations	73779	47100	20798
股份有限公司	Share-holding Corporations Ltd.	2955	2031	842
私营企业	Private Enterprises	189343	131230	52549
私营独资企业	Private-funded Enterprises	18092	11425	5508
私营合伙企业	Private Partnership Enterprises	531	527	
私营有限责任公司	Private Limited Liability Corporations	169571	118521	46650
私营股份有限公司	Private Share-holding Corporations Ltd.	1150	757	392
其他企业	Other Enterprises			
港、澳、台商投资企业	**Enterprises with Funds from Hong Kong ,Macao and Taiwan**	**1161**	**879**	**272**
外商投资企业	**Enterprises with Foreign Investment**	**2944**	**1328**	**1022**
按行业分	**By Sector**			
旅游饭店	Tourist Hotel	229417	138684	76317
一般旅馆	General Hotel	83546	66476	13902
民宿服务	Homestay			
其他住宿业	Others	6165	4395	1425

16-4 限额以上住宿业企业资产及负债(2022)
Assets and Liabilities of Enterprises above Designated Size of Hotels (2022)

单位：万元 (10 000 yuan)

项目	Item	资产总计 Total Assets	#流动资产合计 Total Current Assets	#固定资产原价 Original Value of Fixed Assets	负债合计 Total Liabilities	所有者权益合计 Total Owners' Equities
住宿业	**Hotels**	**1899108**	**764066**	**1051320**	**1282849**	**613850**
按登记注册类型分	**By Status of Registration**					
内资企业	**Domestic Funded Enterprises**	**1882547**	**758414**	**1010061**	**1268480**	**611658**
国有企业	State-owned Enterprises	134470	40783	119661	72903	60585
集体企业	Collective-owned Enterprises	3497	2014	7058	5196	-1699
股份合作企业	Cooperative Enterprises	2248	274	2254	732	1516
联营企业	Joint Ownership Enterprises					
有限责任公司	Limited Liability Corporations	943164	361097	490061	582231	358084
国有独资公司	State Sole Funded Corporations	176278	25765	180422	160382	12707
其他有限责任公司	Other Limited Liability Corporations	766886	335332	309639	421849	345376
股份有限公司	Share-holding Corporations Ltd.	10161	7188	7217	4434	4891
私营企业	Private Enterprises	789007	347059	383809	602985	188281
私营独资企业	Private-funded Enterprises	45127	16330	28127	29605	15522
私营合伙企业	Private Partnership Enterprises	2282	1982	298	248	2033
私营有限责任公司	Private Limited Liability Corporations	739415	327731	353937	572597	169077
私营股份有限公司	Private Share-holding Corporations Ltd.	2183	1015	1447	534	1649
其他企业	Other Enterprises					
港、澳、台商投资企业	**Enterprises with Funds from Hong Kong ,Macao and Taiwan**	**5359**	**3748**	**9889**	**1171**	**4189**
外商投资企业	**Enterprises with Foreign Investment**	**11202**	**1905**	**31370**	**13198**	**-1997**
按行业分	**By Sector**					
旅游饭店	Tourist Hotel	1478520	615178	834666	974957	501285
一般旅馆	General Hotel	400888	144780	201985	298129	102628
民宿服务	Homestay					
其他住宿业	Others	19700	4109	14669	9763	9938

16-5 限额以上住宿业企业主要财务指标（2022）
Main Financial Indicators of Enterprises above Designated Size of Hotels (2022)

单位：万元 (10 000 yuan)

项 目	Item	营业收入 Business Revenue	营业成本 Business Cost	税金及附加 Taxes and Extra Charges	营业利润 Business Profits
住宿业	**Hotels**	**314885**	**189818**	**6038**	**-71581**
按登记注册类型分	**By Status of Registration**				
内资企业	**Domestic Funded Enterprises**	**311009**	**188935**	**5719**	**-69809**
国有企业	State-owned Enterprises	27634	11424	758	-11726
集体企业	Collective-owned Enterprises	352		35	-218
股份合作企业	Cooperative Enterprises	484	555	1	-193
联营企业	Joint Ownership Enterprises				
有限责任公司	Limited Liability Corporations	94822	72202	2995	-33269
国有独资公司	State Sole Funded Corporations	21206	20219	1293	-9976
其他有限责任公司	Other Limited Liability Corporations	73616	51984	1702	-23293
股份有限公司	Share-holding Corporations Ltd.	2672	1285	7	-80
私营企业	Private Enterprises	185045	103469	1924	-24324
私营独资企业	Private-funded Enterprises	17740	10539	96	-654
私营合伙企业	Private Partnership Enterprises	530	144	2	21
私营有限责任公司	Private Limited Liability Corporations	165644	91817	1822	-23543
私营股份有限公司	Private Share-holding Corporations Ltd.	1131	969	5	-147
其他企业	Other Enterprises				
港、澳、台商投资企业	**Enterprises with Funds from Hong Kong ,Macao and Taiwan**	**1096**	**175**	**76**	**-860**
外商投资企业	**Enterprises with Foreign Investment**	**2781**	**709**	**243**	**-912**
按行业分	**By Sector**				
旅游饭店	Tourist Hotel	227097	140181	5403	-57375
一般旅馆	General Hotel	81820	45351	588	-13708
民宿服务	Homestay				
其他住宿业	Others	5968	4286	47	-498

16-6 限额以上餐饮业企业基本情况（2022）
Basic Conditions of Enterprises above Designated Size of Catering Services (2022)

项　目	Item	法人企业（个）Number of Corporation Enterprises (unit)	从业人员期末人数（人）Engaged Persons at Year-end (person)
餐饮业	**Catering Services**	**482**	**24616**
按登记注册类型分	**By Status of Registration**		
内资企业	**Domestic Funded Enterprises**	**480**	**22632**
国有企业	State-owned Enterprises	15	963
集体企业	Collective-owned Enterprises	1	71
股份合作企业	Cooperative Enterprises	1	18
联营企业	Joint Ownership Enterprises		
有限责任公司	Limited Liability Corporations	100	6470
国有独资公司	State Sole Funded Corporations	6	1065
其他有限责任公司	Other Limited Liability Corporations	94	5405
股份有限公司	Share-holding Corporations Ltd.	4	224
私营企业	Private Enterprises	359	14886
私营独资企业	Private-funded Enterprises	42	1322
私营合伙企业	Private Partnership Enterprises		
私营有限责任公司	Private Limited Liability Corporations	312	13418
私营股份有限公司	Private Share-holding Corporations Ltd.	5	146
其他企业	Other Enterprises		
港、澳、台商投资企业	**Enterprises with Funds from Hong Kong ,Macao and Taiwan**		
外商投资企业	**Enterprises with Foreign Investment**	**2**	**1984**
按行业分	**By Sector**		
正餐服务	Restaurant	455	20977
快餐服务	Fast Food	17	3300
饮料及冷饮服务	Beverages and Cold Drinks	3	151
餐饮配送及外卖送餐服务	Catering Delivery and Food Delivery	3	101
其他餐饮业	Others	4	87

16-7 限额以上餐饮业企业经营情况（2022）
Business of Enterprises above Designated Size of Catering Services (2022)

单位：万元 (10 000 yuan)

项　目	Item	营业额 Business Revenue	#餐费收入 From Meals
餐饮业	**Catering Services**	**430377**	**372571**
按登记注册类型分	**By Status of Registration**		
内资企业	**Domestic Funded Enterprises**	**394614**	**336854**
国有企业	State-owned Enterprises	9928	7128
集体企业	Collective-owned Enterprises	1538	820
股份合作企业	Cooperative Enterprises	199	199
联营企业	Joint Ownership Enterprises		
有限责任公司	Limited Liability Corporations	145747	112338
国有独资公司	State Sole Funded Corporations	34710	19676
其他有限责任公司	Other Limited Liability Corporations	111036	92662
股份有限公司	Share-holding Corporations Ltd.	2565	2565
私营企业	Private Enterprises	234637	213804
私营独资企业	Private-funded Enterprises	17508	16853
私营合伙企业	Private Partnership Enterprises		
私营有限责任公司	Private Limited Liability Corporations	215654	195775
私营股份有限公司	Private Share-holding Corporations Ltd.	1476	1175
其他企业	Other Enterprises		
港、澳、台商投资企业	**Enterprises with Funds from Hong Kong ,Macao and Taiwan**		
外商投资企业	**Enterprises with Foreign Investment**	**35763**	**35717**
按行业分	**By Sector**		
正餐服务	Restaurant	362222	309178
快餐服务	Fast Food	58332	53644
饮料及冷饮服务	Beverages and Cold Drinks	6081	6008
餐饮配送及外卖送餐服务	Catering Delivery and Food Delivery	1974	1974
其他餐饮业	Others	1768	1768

16-8 限额以上餐饮业企业资产及负债（2022）
Assets and Liabilities of Enterprises above Designated Size of Catering Services (2022)

单位：万元 (10 000 yuan)

项　目	Item	资产总计 Total Assets	#流动资产合计 Total Current Assets	#固定资产原价 Original Value of Fixed Assets	负债合计 Total Liabilities	所有者权益合计 Total Owners' Equities
餐饮业	**Catering Services**	**721410**	**311808**	**316936**	**535406**	**186564**
按登记注册类型分	**By Status of Registration**					
内资企业	**Domestic Funded Enterprises**	**698029**	**309932**	**310169**	**517061**	**181528**
国有企业	State-owned Enterprises	38287	5842	21696	26594	11694
集体企业	Collective-owned Enterprises	3683	2464	306	3392	291
股份合作企业	Cooperative Enterprises	30	6	48	10	20
联营企业	Joint Ownership Enterprises					
有限责任公司	Limited Liability Corporations	282017	156939	118266	215446	66377
国有独资公司	State Sole Funded Corporations	46701	36864	4167	46592	109
其他有限责任公司	Other Limited Liability Corporations	235317	120075	114099	168854	66268
股份有限公司	Share-holding Corporations Ltd.	2941	1065	1439	747	2195
私营企业	Private Enterprises	371071	143617	168414	270874	100952
私营独资企业	Private-funded Enterprises	28850	9844	14283	19598	7172
私营合伙企业	Private Partnership Enterprises					
私营有限责任公司	Private Limited Liability Corporations	339702	132741	153761	250537	92000
私营股份有限公司	Private Share-holding Corporations Ltd.	2519	1032	370	740	1780
其他企业	Other Enterprises					
港、澳、台商投资企业	**Enterprises with Funds from Hong Kong ,Macao and Taiwan**					
外商投资企业	**Enterprises with Foreign Investment**	**23381**	**1876**	**6768**	**18345**	**5036**
按行业分	**By Sector**					
正餐服务	Restaurant	676881	298133	302592	501254	176188
快餐服务	Fast Food	38894	10559	12090	29850	9044
饮料及冷饮服务	Beverages and Cold Drinks	1896	851	190	1700	196
餐饮配送及外卖送餐服务	Catering Delivery and Food Delivery	3374	2070	1707	2339	1035
其他餐饮业	Others	366	195	358	264	102

16-9 限额以上餐饮业企业主要财务指标（2022）
Main Financial Indicators of Enterprises above Designated Size of Catering Services (2022)

单位：万元 (10 000 yuan)

项 目	Item	营业收入 Business Revenue	营业成本 Business Cost	税金及附加 Taxes and Extra Charges	营业利润 Business Profits
餐饮业	**Catering Services**	**413994**	**272617**	**1754**	**-25932**
按登记注册类型分	**By Status of Registration**				
内资企业	**Domestic Funded Enterprises**	**380516**	**241215**	**1745**	**-27814**
国有企业	State-owned Enterprises	9531	7161	198	-4728
集体企业	Collective-owned Enterprises	1509	414		-66
股份合作企业	Cooperative Enterprises	199	94		
联营企业	Joint Ownership Enterprises				
有限责任公司	Limited Liability Corporations	139833	90870	766	-8469
国有独资公司	State Sole Funded Corporations	31419	22715	28	1246
其他有限责任公司	Other Limited Liability Corporations	108414	68155	738	-9715
股份有限公司	Share-holding Corporations Ltd.	2533	1328	9	-345
私营企业	Private Enterprises	226911	141349	771	-14205
私营独资企业	Private-funded Enterprises	17547	12158	58	-938
私营合伙企业	Private Partnership Enterprises				
私营有限责任公司	Private Limited Liability Corporations	207971	128516	704	-13107
私营股份有限公司	Private Share-holding Corporations Ltd.	1394	674	9	-160
其他企业	Other Enterprises				
港、澳、台商投资企业	**Enterprises with Funds from Hong Kong ,Macao and Taiwan**				
外商投资企业	**Enterprises with Foreign Investment**	**33478**	**31402**	**10**	**1882**
按行业分	**By Sector**				
正餐服务	Restaurant	350757	223596	1720	-26878
快餐服务	Fast Food	53898	42386	30	914
饮料及冷饮服务	Beverages and Cold Drinks	5634	3940	2	100
餐饮配送及外卖送餐服务	Catering Delivery and Food Delivery	1944	1602		-74
其他餐饮业	Others	1760	1093	2	5

16-10 各市（州）限额以上住宿业企业基本情况和主要财务指标（2022）

Basic Conditions and Main Financial Indicators of Enterprises above Designated Size of Hotels by Region (2022)

单位：万元 (10 000 yuan)

市（州）	Region	法人企业（个）Number of Corporation Enterprises (unit)	从业人员期末人数（人）Engaged Persons at Year-end (person)	营业额 Business Revenue	营业收入 Business Revenue	营业成本 Business Cost	税金及附加 Taxes and Extra Charges	营业利润 Business Profits
兰州市	Lanzhou	142	8190	125602	126417	77831	2898	-36989
嘉峪关市	Jiayuguan	11	312	4180	4229	2626	70	-1595
金昌市	Jinchang	4	84	1620	1620	793	9	334
白银市	Baiyin	14	527	8837	8820	6337	53	-842
天水市	Tianshui	50	2167	34788	33775	18731	407	-2901
武威市	Wuwei	24	729	9138	9050	5559	121	-1551
张掖市	Zhangye	34	1221	22243	21285	15350	283	-4202
平凉市	Pingliang	14	560	6519	6579	2918	156	-2163
酒泉市	Jiuquan	57	2184	33275	33145	15144	916	-10040
庆阳市	Qingyang	21	1191	13241	13042	6686	25	-1414
定西市	Dingxi	19	1260	17933	17539	9324	46	22
陇南市	Longnan	37	1356	17858	16806	11652	162	-2680
临夏州	Linxia	12	1294	10760	10289	10589	691	-6459
甘南州	Gannan	28	1305	13134	12290	6280	201	-1102

16-11 各市（州）限额以上餐饮业企业基本情况和主要财务指标（2022）

Basic Conditions and Main Financial Indicators of Enterprises above Designated Size of Catering Services by Region (2022)

单位：万元 (10 000 yuan)

市（州）	Region	法人企业（个）Number of Corporation Enterprises (unit)	从业人员期末人数（人）Engaged Persons at Year-end (person)	营业额 Business Revenue	营业收入 Business Revenue	营业成本 Business Cost	税金及附加 Taxes and Extra Charges	营业利润 Business Profits
兰州市	Lanzhou	175	10353	195402	186733	121262	416	-13584
嘉峪关市	Jiayuguan	8	688	28425	26786	16969	120	-249
金昌市	Jinchang	20	785	13567	13162	9718	78	-509
白银市	Baiyin	10	569	11944	11863	6133	51	-576
天水市	Tianshui	57	1886	36068	35367	24240	143	-915
武威市	Wuwei	19	819	10412	10367	7510	50	-1305
张掖市	Zhangye	16	952	13221	12017	9131	32	-844
平凉市	Pingliang	29	1658	22349	22042	15295	311	-1584
酒泉市	Jiuquan	33	1391	27775	26854	17614	93	-485
庆阳市	Qingyang	34	1486	17696	17209	10921	131	-3636
定西市	Dingxi	38	1734	29838	28166	16642	170	-329
陇南市	Longnan	12	472	6137	6121	3792	72	-631
临夏州	Linxia	23	1153	13289	13054	10548	81	-1193
甘南州	Gannan	8	670	4253	4253	2842	5	-93

16-12　旅游业发展情况
Development of Tourism

指　标	Item	2015	2020	2021	2022
旅行社数（个）	**Number of Travel Agencies (unit)**	**523**	**780**	**893**	**949**
# 出境旅游组团社	Number of Outbound Travel Tour Agencies	50	66	66	66
星级饭店数（个）	**Number of Star-rated Hotel (unit)**	**382**	**384**	**363**	**343**
入境旅游人数（人次）	**Number of Overseas Visitor Arrivals (person-time)**	**54508**	**25446**		
外国人	Foreigners	31607	14546		
港澳同胞	Chinese Compatriots From Hong Kong and Macao	7018	4760		
台湾同胞	Chinese Compatriots From Taiwan Province	15883	6140		
国内旅游人数（万人次）	**Number of Domestic Visitors (10 000 person-times)**	**15633**	**21288**	**27602**	**13482**
旅游收入	**Tourism Earnings**				
国际旅游（外汇）收入（万美元）	Foreign Exchange Earnings from International Tourism (10 000 USD)	1418	697		
国内旅游收入（亿元）	Earnings from Domestic Tourism (100 million yuan)	975	1454	1842	665

16-13　国内旅游情况
Domestic Tourism

年份 Year	国内游客（万人次） Domestic Tourists (10 000 person-times)	旅游总花费（亿元） Tourism Expenditure (100 million yuan)	人均花费（元） Per Capita Expenditure (yuan)
2000	732.70	23.09	315.14
2001	838.88	24.90	296.82
2002	1035.03	31.34	302.79
2003	863.31	23.70	274.52
2004	949.60	55.25	581.82
2005	1207.85	62.56	517.95
2006	1574.10	80.20	509.50
2007	2389.93	115.91	484.99
2008	2482.30	137.50	553.92
2009	3387.67	192.77	569.03
2010	4284.45	237.20	553.63
2011	5826.48	333.70	572.73
2012	7824.26	471.08	602.08
2013	10068.40	620.20	615.99
2014	12655.29	780.20	616.50
2015	15633.00	975.00	623.68
2016	19089.40	1220.40	639.31
2017	23889.40	1580.00	661.38
2018	30190.90	2060.10	682.36
2019	37422.70	2680.00	716.14
2020	21288.22	1454.38	683.19
2021	27601.91	1841.78	667.00
2022	13482.02	665.02	493.27

主要统计指标解释

住宿业 指为旅行者提供短期留宿场所的活动，有些单位只提供住宿，也有些单位提供住宿、饮食、商务、娱乐一体的服务，不包括主要按月或按年长期出租房屋住所的活动。

餐饮业 指通过即时制作加工、商业销售和服务性劳动等，向消费者提供食品和消费场所及设施的服务。

营业额 指住宿和餐饮业单位在经营活动中，因提供服务或销售商品等取得的全部收入（含增值税），收入主要来源于提供客房、餐费服务、商品销售和其他服务，如商务服务。不包括多产业法人企业附营的其他行业产业活动单位的餐费收入、商品销售收入等各项收入。

客房收入 指住宿和餐饮业单位在经营活动中因提供住宿服务取得的收入（含增值税）。不包括多产业法人企业附营的其他行业产业活动单位的客房收入。

餐费收入 指本单位为顾客提供就餐服务取得的收入（含增值税）。包括：经烹饪、调制加工后出售的各种食品，如主食、炒菜、凉拌菜等的收入。不包括多产业法人企业附营的其他行业产业活动单位的餐费收入。

住宿和餐饮业年末餐饮营业面积 指住宿和餐饮业企业对外提供餐饮服务的就餐面积和从事食品加工、烹饪、调制的厨房面积，不包括办公用房和仓库等面积。按年末实有建筑面积统计。本指标应与餐费收入统计相匹配。

客房数 指本单位提供住宿服务的房间数，该指标按报告期内正常情况下的实有数统计。

床位数 指本单位供应旅客使用的床位数，不包括临时加床和门店内部工作人员使用的床位。该指标按报告期内正常情况下的实有数统计。

餐位数 指本单位为顾客提供就餐服务时，正常可同时容纳就餐人员的餐位数量，不包括临时加的餐位。该指标按报告期内正常情况下的实有数统计。

国内游客 指报告期内在中国（大陆）观光游览、休闲度假、探亲访友、保健疗养、购物娱乐、学习交流、会议培训或开展经济、文化、体育、宗教等活动的中国（大陆）居民，其出游的目的不是通过所从事的活动谋取报酬。国内游客包括国内过夜游客和国内一日游游客。

国内旅游人次数 指报告期内在中国（大陆）观光游览、度假、探亲访友、就医疗养、购物、参加会议或从事经济、文化、体育、宗教活动的中国（大陆）居民，其出游过程中不以获得报酬为目的，统计时，国内旅游人次数按每出游 1 次统计 1 人次。

国际旅游收入 入境游客在中国（大陆）境内旅行、游览过程中用于交通、参观游览、住宿、餐饮、购物、娱乐等全部花费。

国内旅游收入 指国内游客在国内旅行、游览过程中用于交通、参观游览、住宿、餐饮、购物、娱乐等全部花费。

17 运输和邮电

Transport, Postal and Telecommunication Services

简要说明

一、本篇资料主要内容

本篇资料反映交通运输业，邮政、电信业发展的基本状况。

交通运输业资料主要包括：三种（铁路、公路、航空）运输方式的线路里程及完成的货物和旅客运输量、周转量。

邮政、电信业资料主要包括：邮政局（所）及邮路情况，邮电通信主要电路及设备拥有量，主要的邮电业务完成情况及邮电通信发展水平资料。

二、本篇资料来源

本篇资料由省统计局服务业统计处搜集、加工整理。

1. 交通运输资料分别由中国铁路兰州局集团有限公司、省交通运输厅、东航甘肃分公司、省公安厅提供。

2. 邮政、电信业资料由省邮政管理局、省通信管理局提供。

17-1 交通运输业基本情况
Basic Conditions of Transport

指 标	Item	2010	2015	2020	2021	2022
运输线路长度（公里）	**Length of Transport Routes (km)**	**124584**				
#铁路营业里程	Railways in Operation	2149	3272	4454	4680	4860
公路里程	Highways	118879	140052	155957	156583	157243
#高速公路	Expressway	1993	3522	5072	5540	5783
客运量总计（万人次）	**Total Passenger Traffic (10 000 person-times)**	**53776**	**41516**	**26831**	**15634**	**8097**
#铁路	Railways	2178	3123	4153	4601	2444
公路	Highways	51404	37242	22478	10813	5544
民航	Civil Aviation	100	1061	144	141	83
旅客周转量总计（亿人公里）	**Total Passenger-Kilometers (100 million passenger-km)**	**509.6**	**641.1**	**399.6**	**355.5**	**220.7**
#铁路	Railways	275.1	370.7	237.9	269.1	176.7
公路	Highways	220.1	248.8	140.8	66.7	32.2
民航	Civil Aviation	14.1	21.5	20.9	19.6	11.8
货运量总计（万吨）	**Total Freight Traffic (10 000 tons)**	**29009**	**58258**	**67240**	**76110**	**72945**
#铁路	Railways	4926	5936	5966	6444	8861
公路	Highways	24050	52281	61272	69665	64084
民航	Civil Aviation	1.13	6.55	0.83	0.84	0.62
货物周转量总计（亿吨公里）	**Total Freight Ton-kilometers (100 million tons-km)**	**1607.25**	**2226.00**	**2516.84**	**2887.44**	**3680.60**
#铁路	Railways	1082.98	1313.62	1496.44	1689.89	1990.22
公路	Highways	524.09	912.14	1020.27	1197.41	1690.33
民航	Civil Aviation	0.18	0.20	0.10	0.13	0.10
民用汽车拥有量（万辆）	**Possession of Civil Motor Vehicles (10 000 units)**	**127**	**297**	**393**	**421**	**440**
#载客汽车辆数	Number of Buses and Cars	58	168	308	334	355
载货汽车辆数	Number of Trucks	26	45	65	69	81
#公路部门营运汽车	Number of Motor Vehicles Owned by Highway Departments	24	39	32	31	29
#私人汽车拥有量	Possession of Private Vehicles	69	228	337	362	379

注：1. 铁路运输数据从 2012 年 8 月起增加西安铁路局、青藏铁路公司、乌鲁木齐铁路局甘肃段统计数据（下表同）。
2. 2019 年，公路数据统计口径为交通部专项调查数据，与往年不可比（下表同）。
3. 民航数据，2013—2015 年包含海航的客运量和货运量，2016 年起仅为东航数据（下表同）。
4. 私人汽车拥有量中含三轮汽车和低速货车；汽车拥有量 = 汽车保有量（下表同）。

a) Since August 2012, railway data increase the statistical data of Xi'an Railway Bureau, Qinghai-Tibet Railway Company and Urumqi Railway Bureau in Gansu section.The same applies to the table following.

b) In 2019,the statistical coverage of highway data are the data from the survey of transport economics, and the data are not comparable with last year.The same applies to the table following.

c) Data of civil aviation include the passenger traffic and freight volume of HNA in 2013-2015. Since 2016,data of civil aviation only refers to data of China Eastern Airlines.The same applies to the table following.

d) Possession of private vehicles including three-wheeled vehicles and low-speed trucks. Possession of vehicles are equal to ownership of vehicles. The same applies to the table following.

17-2 运输线路长度
Length of Transportation Routes

单位：公里 (km)

年 份 Year	铁路营业里程 Length of Railways in Operation	#电气化里程 Electrified Railways	公路 Length of Highways	等级公路 Expressway and Class I to IV Highways	#高速 Express Way	#一级 First Class	#二级 Second Class	等外路 Highway Below Class IV
2000	1962	1766	39344	29393				9951
2001	1962	1766	39844	30283				9561
2002	1961	1766	40223	30806				9417
2003	1962	1766	40293	30947				9346
2004	1938	1748	40751	31614				9137
2005	2013	1754	41330	32792	1006	141	4969	8538
2006	1987	2208	95642	42866	1060	166	4962	52776
2007	2148	2208	100612	50662	1316	144	5076	49950
2008	2149	2213	105638	58381	1316	147	5076	47257
2009	2149	2346	114000	76631	1644	147	5494	37369
2010	2149	2799	118879	85733	1993	161	5768	33147
2011	2149	3054	123696	91692	2343	170	5856	32003
2012	2194	3100	131201	101372	2549	178	6648	29829
2013	2286	3191	133597	106812	2953	206	7309	26785
2014	2966	3920	138084	114080	3262	321	7519	24004
2015	3272	4090	140052	120447	3522	368	7928	19604
2016	3527	4585	142026	124026	3845	418	8407	18000
2017	4070	5128	142252	124788	4016	429	8894	17465
2018	4075	5133	143228	128071	4242	627	9156	15157
2019	4211	4097	151443	146377	4453	763	10538	5066
2020	4454	4340	155957	151596	5072	951	10872	4361
2021	4680	4340	156583	152434	5540	1166	11035	4148
2022	4860	4521	157243	153543	5783	1618	10948	3700

注：铁路营业里程为兰州铁路局甘肃境内数。电气化里程为兰州铁路局全路局数。2007年起铁路营业里程中包括敦煌铁路161.48公里（下表同）。

a) Data of electrified railways refer to total railway of Lanzhou Railway Bureau. Since 2007, data in length of railways in operation included 161.48 km of the Dunhuang Railway. The same applies to the table following.

17-3 运输线路质量
Quality of Transport Routes

单位：公里 (km)

指 标	Item	2010	2015	2020	2021	2022
铁路营业里程	Length of Railways in Operation	2149	3272	4454	4680	4860
#复线里程	Double-Tracking Length	1363	2127	3306	3306	3487
复线里程比重（%）	Proportion (%)	63.42	65.01	74.23	70.65	71.74
公路里程	Length of Highways	118879	140052	155957	156583	157243
#等级公路里程	Expressway and Class I to IV Highways	85733	120447	151596	152434	153543
等级公路里程比重（%）	Proportion (%)	72.12	86.00	97.20	97.35	97.65

17-4 货运量和货运周转量
Freight Traffic & Freight Ton-Kilometers

年 份 Year	货运量总计 (万吨) Total Freight Traffic (10 000 tons)	# 铁路 Railways	# 公路 Highways	# 民航 Civil Aviation	货物周转量总计 (亿吨公里) Total Freight Ton-Kilometers (100 million tons-km)	# 铁路 Railways	# 公路 Highways	# 民航 Civil Aviation
1978	4423	2216	2206	0.65	175.58	163.97	11.55	0.06
1979	4197	2112	2084	0.80	174.83	163.79	10.95	0.08
1980	3802	2059	1742	0.90	167.00	158.16	8.76	0.08
1981	3184	1867	1317	0.47	147.14	140.17	6.92	0.06
1982	3388	1904	1484	0.16	162.99	154.68	8.26	0.06
1983	3454	2051	1403	0.08	184.48	175.68	8.75	0.05
1984	3883	2192	1691	0.11	206.71	196.52	10.09	0.10
1985	10112	2414	7698	0.12	254.99	219.83	35.01	0.15
1986	10448	2384	8064	0.19	269.07	232.14	36.92	0.01
1987	14543	2373	12170	0.28	295.61	246.75	48.83	0.03
1988	14585	2361	12224	0.28	330.76	267.11	63.62	0.03
1989	14317	2397	11920	0.26	336.47	282.22	54.22	0.03
1990	16614	2386	14228	0.28	343.06	286.71	56.31	0.03
1991	14726	2426	12300	0.32	364.29	303.36	60.89	0.03
1992	17144	2501	14643	0.30	391.40	312.76	78.61	0.03
1993	19193	2571	16622	0.30	399.12	318.02	81.07	0.03
1994	19921	2571	17350	0.35	416.68	332.02	84.62	0.04
1995	20275	2555	17719	1.00	432.90	344.26	88.59	0.05
1996	20813	2602	18210	1.00	435.59	342.78	92.77	0.04
1997	21236	2628	18608	0.30	448.18	351.00	97.08	0.10
1998	21614	2546	19035	0.39	454.42	353.24	101.06	0.07
1999	22060	2691	19333	0.47	494.41	390.20	104.07	0.08
2000	22722	2885	19800	1.09	541.42	431.81	109.38	0.18
2001	23208	2991	20179	0.90	573.15	458.91	114.03	0.16
2002	23541	3092	20408	0.99	591.48	472.71	118.54	0.17
2003	23915	3158	20713	1.26	632.93	508.94	123.71	0.21
2004	24776	3270	21460	1.26	746.33	616.06	130.01	0.19
2005	25843	3274	22520	1.08	855.09	717.56	137.31	0.15
2006	27512	3633	23826	1.32	923.67	776.84	146.46	0.16
2007	29505	4126	25325	1.33	1024.81	868.06	156.48	0.19
2008	22742	4512	18201	1.44	1454.64	979.58	474.84	0.21
2009	25489	4646	20812	1.33	1477.06	987.13	489.72	0.21
2010	29009	4926	24050	1.13	1607.25	1082.98	524.09	0.18
2011	34179	5355	28790	1.22	1791.21	1143.60	647.41	0.19
2012	45856	6313	39517	1.34	2395.88	1489.73	905.94	0.21
2013	51482	6394	45072	5.55	2379.66	1568.24	811.21	0.20
2014	57247	6450	50780	5.96	2516.82	1524.05	992.60	0.17
2015	58258	5936	52281	6.55	2226.01	1313.62	912.14	0.20
2016	60657	5861	54761	1.19	2170.23	1220.33	949.64	0.20
2017	66205	6052	60117	1.16	2439.85	1390.72	1048.88	0.19
2018	70387	6087	64271	1.06	2610.09	1490.91	1118.97	0.16
2019	63611	5366	58228	1.03	2710.64	1516.69	979.56	0.16
2020	67240	5966	61272	0.83	2516.84	1496.44	1020.27	0.10
2021	76110	6444	69665	0.84	2887.44	1689.89	1197.41	0.13
2022	72945	8861	64084	0.62	3680.60	1990.22	1690.33	0.10

17-5 客运量和客运周转量
Passenger Traffic & Passenger-Kilometers

年 份 Year	客运量总计 (万人次) Total Passenger Traffic (10 000 person-times)	#铁路 Railways	#公路 Highways	#民航 Civil Aviation	旅客周转量总计 (亿人公里) Total Passenger-Kilometers (100 million passenger-km)	#铁路 Railways	#公路 Highways	#民航 Civil Aviation
1978	3038	686	2324	28	51.72	39.45	10.17	2.11
1979	3374	772	2567	34	60.48	45.91	11.65	2.93
1980	3865	789	3038	38	61.53	46.24	13.73	1.56
1981	3882	751	3123	8	63.07	45.66	15.61	1.80
1982	4387	883	3494	10	67.11	49.12	17.04	0.95
1983	4871	893	3974	4	74.71	55.16	19.23	0.33
1984	5526	1026	4496	4	84.65	62.27	22.03	0.35
1985	6355	1094	5256	5	102.67	75.83	26.46	0.39
1986	7053	1131	5910	12	113.56	81.77	31.09	0.70
1987	8010	1173	6819	18	122.75	83.76	36.97	2.03
1988	9550	1244	8286	20	135.54	93.80	39.19	2.55
1989	10101	1083	9001	17	132.43	87.79	42.65	1.99
1990	8712	860	7832	20	117.09	72.76	42.03	2.30
1991	8845	850	7970	25	127.01	79.95	44.26	2.81
1992	9108	874	8208	26	130.51	83.57	44.03	2.91
1993	9580	883	8668	29	140.71	91.43	45.87	3.41
1994	10148	926	9186	36	150.66	97.88	48.56	4.22
1995	10547	942	9563	42	150.62	95.13	50.48	5.01
1996	10748	841	9872	35	152.43	93.69	54.37	4.37
1997	11234	884	10319	31	161.00	97.00	57.60	6.40
1998	11881	886	10796	31	176.12	107.92	61.75	6.30
1999	12361	923	11223	35	181.87	109.35	65.95	6.41
2000	12907	1039	11600	76	206.16	124.57	70.63	10.79
2001	13921	1080	12560	70	226.84	139.03	77.77	9.85
2002	14750	1038	13420	72	232.72	138.73	84.06	9.73
2003	15004	948	13732	84	230.79	132.71	87.16	10.70
2004	16519	1125	15050	109	268.36	157.76	96.32	14.07
2005	17803	1230	16247	85	288.30	172.70	104.89	10.50
2006	19066	1402	17319	100	319.96	195.28	113.00	11.45
2007	20435	1566	18510	113	348.93	213.54	120.93	14.23
2008	46002	1844	43962	103	441.34	232.22	196.71	12.21
2009	49995	2038	47755	110	469.99	248.23	206.58	14.97
2010	53776	2178	51404	100	509.61	275.13	220.15	14.12
2011	60906	2353	58355	102	594.56	314.57	265.07	14.70
2012	64477	2383	61884	117	683.41	379.75	286.44	17.01
2013	36934	2522	33556	771	613.00	383.24	212.01	17.59
2014	39852	2672	36224	866	624.31	377.87	229.02	17.26
2015	41516	3123	37242	1061	641.10	370.74	248.75	21.45
2016	41775	3604	37932	149	635.77	359.96	253.26	22.29
2017	42793	4468	38080	156	643.13	371.71	247.76	23.48
2018	42353	5474	36634	168	659.18	401.28	233.31	24.47
2019	42321	5969	36085	188	674.75	419.11	227.83	27.68
2020	26831	4153	22478	144	399.62	237.87	140.76	20.89
2021	15634	4601	10813	141	355.52	269.11	66.70	19.63
2022	8097	2444	5544	83	220.69	176.66	32.23	11.78

17-6 民用汽车拥有量
Possession of Civil Vehicles

单位：万辆 (10 000 units)

年 份 Year	民用汽车总计 Total Possession of Civil Vehicles	#载客汽车 Passenger Vehicles	大型 Large	中型 Medium	小型 Small	微型 Minicar	载货汽车 Trucks	重型 Heavy	中型 Medium	轻型 Light	微型 Mini	三轮汽车 Three-wheeled Vehicles	低速货车 Low-speed Trucks
2006	46.85	22.71	1.50	1.40	17.22	2.59	13.60	2.81	3.58	6.83	0.38		
2007	53.23	27.18	1.57	1.44	21.76	2.42	14.71	2.98	3.72	7.74	0.27		
2008	62.44	32.89	1.64	1.41	27.66	2.18	16.36	3.35	4.01	8.79	0.22		
2009	105.45	43.86	1.74	1.45	38.58	2.08	20.91	4.78	4.46	11.50	0.17		
2010	126.77	57.52	1.85	1.48	52.17	2.01	26.37	6.29	4.75	15.22	0.11		
2011	148.76	73.30	1.97	1.51	67.67	2.14	31.00	7.40	4.88	18.64	0.08		
2012	174.14	92.32	2.01	1.47	86.63	2.20	35.42	8.12	4.73	22.51	0.07		
2013	202.77	114.92	2.05	1.36	109.37	2.14	39.89	8.78	4.15	26.91	0.06		
2014	231.86	139.91	2.12	1.34	134.59	1.87	43.79	9.56	4.00	30.18	0.05		
2015	296.84	167.55	2.14	1.22	162.31	1.88	45.39	9.40	3.60	32.34	0.05		
2016	330.37	202.09	2.22	1.20	197.09	1.58	48.65	9.45	3.34	35.82	0.04		
2017	334.57	233.73	2.31	1.16	228.80	1.46	51.86	9.78	3.06	38.99	0.03		
2018	358.47	257.52	2.37	1.12	252.98	1.06	55.54	10.34	2.88	42.30	0.02		
2019	364.11	281.89	2.39	1.08	277.40	1.02	59.21	10.78	2.58	45.82	0.02		
2020	392.69	307.80	2.37	1.03	303.42	0.97	64.52	11.66	2.37	50.49	0.01		
2021	421.12	334.45	2.33	0.97	330.22	0.93	84.00	12.48	2.16	54.50		13.29	1.57
2022	439.50	355.28	2.32	0.92	351.15	0.89	81.35	12.21	1.81	56.18		9.92	1.24

17-7 私人汽车拥有量
Possession of Private Vehicles

单位：万辆 (10 000 units)

年 份 Year	私人汽车总计 Total Private Vehicles	#载客汽车 Passenger Vehicles	大型 Large	中型 Medium	小型 Small	微型 Minicar	载货汽车 Trucks	重型 Heavy	中型 Medium	轻型 Light	微型 Mini	三轮汽车 Three-wheeled Vehicles	低速货车 Low-speed Trucks
2006	24.21	8.65	0.22	0.43	6.62	1.38	6.14	1.26	1.80	2.89	0.19		
2007	28.75	11.72	0.18	0.41	9.84	1.29	6.96	1.30	1.90	3.61	0.15		
2008	35.94	16.02	0.16	0.38	14.31	1.18	8.15	1.46	2.08	4.48	0.13		
2009	51.18	25.06	0.14	0.38	23.36	1.18	11.36	1.98	2.44	6.83	0.11		
2010	69.33	36.74	0.13	0.38	35.01	1.22	15.77	2.63	2.79	10.27	0.08		
2011	87.61	50.28	0.12	0.38	48.41	1.38	19.06	3.06	2.93	13.01	0.06		
2012	109.92	67.23	0.08	0.35	65.33	1.47	22.58	3.39	2.89	16.25	0.05		
2013	135.70	87.89	0.04	0.27	86.13	1.45	26.19	3.70	2.60	19.85	0.04		
2014	163.35	112.34	0.03	0.24	110.78	1.28	29.09	4.04	2.56	22.45	0.04		
2015	228.07	139.66	0.02	0.20	138.33	1.11	30.87	4.07	2.35	24.41	0.04		
2016	260.06	173.15	0.01	0.18	171.99	0.96	33.61	4.20	2.22	27.16	0.03		
2017	287.58	204.02	0.01	0.16	202.96	0.89	36.12	4.35	2.03	29.72	0.02		
2018	308.59	226.12	0.01	0.15	225.12	0.85	38.66	4.49	1.90	32.25	0.02		
2019	311.38	248.60	0.01	0.13	247.64	0.81	41.43	4.53	1.73	35.16	0.01		
2020	337.16	273.35	0.01	0.13	272.45	0.77	45.30	4.68	1.57	39.04	0.01		
2021	362.16	298.52	0.01	0.12	297.66	0.73	62.54	4.63	1.39	42.06		13.02	1.44
2022	378.86	318.27	0.01	0.11	317.46	0.69	59.43	4.35	1.12	43.19		9.62	1.14

17-8 新注册民用汽车数量
Statistics on New Registration of Civil Vehicles

单位：辆 (unit)

年份 Year	民用汽车总计 Total	#载客汽车 Passenger Vehicles	大型 Large	中型 Medium	小型 Small	微型 Minicar	载货汽车 Trucks	重型 Heavy	中型 Medium	轻型 Light	微型 Mini	三轮汽车 Three-wheeled Vehicles
2009	198969	109705	2184	995	105489	1037	45463	9254	6700	29371	138	
2010	227439	135926	2493	1135	131120	1178	61627	15529	6129	39885	84	
2011	227281	151731	2725	1097	146216	1693	51872	12101	3686	36081	4	
2012	260978	180714	3078	1035	175624	977	54093	9617	3065	41408	3	
2013	310367	216884	2699	1158	212428	599	65075	13071	3055	48937	12	
2014	335317	251541	2259	1140	247533	609	59669	11429	1891	46349		
2015	711898	288996	2354	913	281870	3859	43577	4322	785	38470		
2016	427297	341595	2338	903	338132	222	51939	4536	907	46496		
2017	376780	302808	3243	578	298809	178	53879	7222	823	45834		
2018	306994	240677	2359	534	237661	123	53968	8424	673	44871		
2019	306670	239121	1938	577	236566	40	57714	7704	552	49458		
2020	335672	249654	1674	321	247653	6	74297	11496	737	62064		
2021	338027	258580	1266	365	256948	1	76748	13591	656	56405	1	6095
2022	261304	208220	1052	240	206928		50925	5427	325	40599	5	4569

17-9 公路营运汽车拥有量
Possession of Vehicles for Highway Business Transportation

年份	汽车总计（万辆） Total (10 000 units)	#载客汽车 Passenger Vehicles		#载货汽车 Trucks	
		辆数（万辆） Number (10 000 units)	客位（万客位） Number of Seats (10 000 seats)	辆数（万辆） Number (10 000 units)	吨位（万吨） Capacity (10 000 tons)
2009	20.01	5.34	84.25	10.90	449.25
2010	23.90	5.65	88.12	13.86	356.66
2011	27.30	6.15	93.25	16.17	151.78
2012	29.85	6.33	95.74	18.08	138.70
2013	32.50	6.58	98.72	19.99	114.56
2014	34.48	6.85	101.56	21.78	113.47
2015	39.44	7.34	105.01	21.80	109.69
2016	39.36	7.79	110.01	22.19	109.00
2017	38.76	8.04	115.78	22.44	108.83
2018	37.95	8.23	119.82	22.46	111.15
2019	33.51	8.34	122.40	20.91	110.75
2020	31.93	8.01	128.10	20.38	119.33
2021	30.93	7.92	125.67	22.76	123.02
2022	28.51	7.87	125.35	20.40	116.32

注：1. 小轿车包括在载客汽车中。

2. 1999 年为全国营运汽车，以前仅为公路部门营运汽车；2000-2004 年为全国运输汽车（含营运和非营运汽车）；2005 年起为全国营运汽车（不含非营运汽车）。

3. 从 2010 年起，公路营运载客汽车不包括在公路运输管理部门管理并注册登记为公共汽车和出租汽车。

4. 从 2013 年起，公路营运载货汽车包括货车、牵引车和挂车，统计口径发生调整，数据与上年同期不可比。

a) Cars are included in passenger cars .

b) In 1999, it was a national operating vehicle, which was previously only operated by the highway sector; from 2000 to 2004, it was a national transport vehicle (including operating and non operating vehicles); since 2005, it has been a national operating vehicle (excluding non operating vehicles) .

c) Since 2010, road operating passenger cars do not include buses and taxis managed and registered by the road transport administration.

d) Since 2013, the road operation cargo vehicles include freight cars, traction vehicles and trailers. The statistical caliber has been adjusted, and the data is not comparable with that of the same period of last year.

17-10 邮电业务基本情况

Basic Conditions of Postal and Telecommunication Services

指　标	Item	2010	2015	2020	2021	2022
邮电业务量	**Business Volume of Post and Telecommunication Services**					
邮政业务总量（亿元）	Business Volume of Postal Services(100 million yuan)	8.49	16.32	47.13	49.80	49.45
电信业务总量（亿元）	Business Volume of Telecommunication Services (100 million yuan)	444.81	347.29	2556.96	292.31	296.54
邮政业务量	**Business Volume of Postal Services**					
函件（万件）	Number of Letters (10 000 pcs)	3806.00	1582.40	695.91	578.76	678.11
包裹（万件）	Package (10 000 pcs)	90.00	67.55	54.12	33.44	28.25
快递（万件）	Pieces of Express Mail Services (10 000 pcs)	421.00	3541.43	13823.52	18457.83	19588.30
# 国内同城快递	Local Express Service		554.87	2218.09	3161.51	2653.89
# 国内异地快递	National Express Service		2981.74	11601.91	15293.69	16932.56
快递业务收入（亿元）	Revenue from Express Service (100 million yuan)		7.25	29.79	36.96	38.16
报刊期发数（万份）	Issue of Newspapers and Magazines (10 000 copies)	210.00	189.80	181.37	181.59	210.64
集邮业务（万枚）	Stamps for Collection (10 000 pcs)	1500.00	2166.00	1163.51	1009.05	906.67
营业网点（处）	Number of Offices (unit)	1270	1655	5991	6441	6682
邮路总长度（万公里）	Length of Postal Routes (10 000 km)	7.96	8.52	19.80	17.43	16.38
# 汽车邮路总长度	Length of Vehicle Postal Routes	3.06	8.08	8.85	8.85	8.47
铁路邮路总长度	Length of Railway Postal Routes	0.60	0.38	0.28	0.39	0.19
农村投递线路总长度（万公里）	Rural Delivery Routes (10 000 km)	11.04	14.89	12.89	13.19	13.38
电信业务量	**Business Volume of Telecommunication Services**					
移动电话通话时长（亿分钟）	Length of Calls of Mobile Telephone (100 million minutes)	661.50	1047.50	761.34	754.70	780.38
移动短信业务量（亿条）	Short Message Services (100 million messages)	180.70	190.10	188.43	190.20	228.96
互联网普及率（%）	Popularization Rate of Internet (%)			122	122	
移动电话用户（万户）	Number of Mobile Telephone Subscribers at Year-end (10 000 subscribers)	1390.10	2108.1	2673.83	2744.72	2784.35
#4G 移动电话用户（万户）	3G Mobile Phone Subscribers (10 000 subscribers)		726.7	2175.38	1837.30	1636.44
#5G 移动电话用户（万户）	4G Mobile Phone Subscribers (10 000 subscribers)					894.56
固定电话用户（万户）	Number of Fixed Telephone Subscribers at Year-end (10 000 subscribers)	411.90	326.00	309.80	301.20	299.90
长途光缆线路长度（万公里）	Length of Long-distance Optical Cable Lines (10 000 km)	2.9	3.2	4.0	4.0	4.1
互联网宽带接入端口（万个）	Broad Band Subscribers Port of Internet (10 000 ports)	172	821	1461	1622	1754

注：1. 邮政业务总量、快递的统计口径 2006 年以前为中国邮政集团，2007-2010 年为规模以上（年业务收入 200 万元以上）邮政业法人企业数据，2011 年起统计口径为年营业收入 10 万元以上法人企业（下表同）。
2. 邮政业务总量，2010 年及以前按 2000 年不变价格计算，2011—2020 年按 2010 年不变价格计算，2021 年起按 2020 年不变价格计算。
3. 电信业务总量，2010 年及以前按 2000 年不变价格计算，2011—2015 年按 2010 年不变价格计算，2016—2020 年按 2015 年不变价格计算，2021 年起按 2020 年不变价格计算 ,2022 年起按上年不变价格计算。
4. 邮政行业营业网点数，2007—2015 年为规模以上邮政业法人企业办理业务的场所，2016 年起包括邮政公司网点和各快递服务企业网点（下表同）。
5. 长途电话业务电路包括固定长途电话业务电路和移动长途电话业务电路。
6. 长途电话为本地网内区间电话通话量。
7. 互联网普及率自 2022 年起不再统计。

a) Statistical coverage of business volume of postal and telecommunication services and pieces of express mail services are China Post Group before 2006, and from 2007-2010 are postal enterprises above designated size (with annual business revenue above 2 million yuan),Since 2011,statistical caliber is the corpo-rate enterprises whose annual operating revenue are more than 100 thousand yuan.. The same applies to the table following.

b) Business volume of postal services before 2010 was calculated at 2000 constant prices, From 2011 to 2020 was calculated at 2010 constant prices, since 2021, was calculated at 2020 constant prices.

c) Business volume of telecommunication services before 2010 was calculated at 2000 constant prices, From 2011 to 2015 was calculated at 2010 constant prices, From 2016 to 2020 was calculated at 2015 constant prices, since 2021, we calculated at 2020 constant prices. From 2022,we calculated at the constant price of last year.

d) Number of postal offices referred to the business sites of postal enterprises above designated size from 2007 to 2015. Since 2016,the offices including the offices of postal company and express service business. The same applies to the table following.

e) Long-distance telephone circuits includes fixed and mobile long-distance telephone circuits.

f) Long-distance telephone is the volume within the range of local network.

g) Popularization Rate of Internet has not been counted since 2022.

17-11 邮政和电信业务量

Business Volume of Postal and Telecommunication Services

年份 Year	邮政业务总量（万元） Business Volume of Postal Services (10 000 yuan)	电信业务总量（万元） Business Volume of Telecommunication Services (10 000 yuan)	函件（万件） Number of Letters (10 000pcs)	包裹（万件） Package (10 000pcs)	快递（万件） Pieces of Express Mail Services (10 000 pcs)	快递业务收入（万元） Revenue from Express Service (10 000yuan)	报刊期发数（万份） Issue of Newspapers and Magazines (10 000copies)	集邮业务（万枚） Stamps for Collection (10 000copies)
1995			9104		29		496	4161
1996			9716		48		474	4897
1997			8969		61		500	7942
1998			8245		72		502	10997
1999			7817		79		656	11150
2000			9919		101		679	10767
2001			10032		104		672	8110
2002			12215		128		421	4276
2003			10483		196		469	2876
2004			5645		213		353	2495
2005	70225	1289021	5071	111	227		175	1700
2006	87945	1586780	4019	112	233		200	1400
2007	77052	2115772	3490	103	226		189	1427
2008	79622	2718466	3769	96	301		303	1800
2009	89399	3529286	3811	102	347		200	1600
2010	84871	4448065	3806	90	421		210	1500
2011	74612	1607463	3277	91	1135	27730	201	1989
2012	82361	1799694	3560	94	1470	35525	226	1952
2013	113795	1982160	3190	40	1789	40781	188	1738
2014	135103	2640164	2664	89	2656	51198	210	1920
2015	163248	3472888	1582	68	3541	72537	190	2166
2016	221880	2320505	1029	51	6065	125041	193	2216
2017	267380	4559358	864	61	7202	148096	187	1741
2018	310527	11942649	765	78	8912	188515	203	1764
2019	386322	19589231	722	71	10371	226397	187	1368
2020	471286	25569577	696	54	13824	297864	181	1164
2021	497999	2923077	579	33	18458	369629	182	1009
2022	494522	2965436	678	28	19588	35386	211	907

17-11 续表 continued

年 份 Year	固定电话用户（万户）Number of Fixed Telephone Subscribers at Year-end (10 000 subscribers)	移动电话用户期末数（万户）Number of Mobile Telephones Subscribers at Year-end (10 000 subscribers)	#4G 移动电话用户（万户）4G Mobile Phone Subscribers (10 000 subscribers)	#5G 移动电话用户（万户）5G Mobile Phone Subscribers (10 000 subscribers)	移动短信业务量（亿条）Short Message Services (100 million messages)	移动电话通话时长（亿分钟）Length of Calls of Mobile Telephone (100 million minutes)	互联网宽带接入用户（万户）Broadband Subscribers of Internet (10 000 subscribers)
1995	43.32						
1996	57.65						
1997	73.49						
1998	95.23						
1999	118.15						
2000	180.17						
2001	250.43						
2002	321.99						
2003	402.30						
2004	477.25						
2005	548.04	408.44					56.54
2006	607.49	545.37					63.74
2007	585.46	686.40			52.40	284.20	77.77
2008	519.19	896.48			82.60	393.20	68.04
2009	453.93	1194.37			143.30	516.00	98.30
2010	411.90	1390.10			180.70	661.50	109.52
2011	396.44	1614.00			204.40	777.40	145.63
2012	377.76	1764.00			211.70	876.40	163.30
2013	364.33	1976.00			205.40	962.10	192.15
2014	341.30	2059.00	126.00		184.50	1018.30	213.90
2015	325.99	2108.10	726.70		190.10	1047.50	245.34
2016	312.26	2203.84	1332.50		164.90	1050.40	392.86
2017	326.77	2526.41	1744.50		104.20	1004.40	576.40
2018	332.83	2736.00	2000.95		202.80	923.11	742.84
2019	331.75	2751.17	2205.43		175.82	820.12	870.69
2020	309.80	2673.83	2175.38		188.43	761.34	931.42
2021	301.20	2744.72	1837.30		190.20	754.70	1025.24
2022	299.90	2784.35	1636.44	894.56	228.96	780.38	1092.69

17-12 邮电局所数及邮递线路、邮电通信电路
Number of Postal Offices and Postal Delivery Routes, Telecommunications Services Facilities

年份 Year	营业网点 (处) Number of Offices (unit)	邮路及农村投递线路总长度 (公里) Length of Postal Routes and Rural Delivery Routes (km)	农村投递线路 (公里) Rural Delivery Routes (km)	长途光缆线路长度 (公里) Length of Long-distance Optical Cable Lines (km)
1995	1217	164629	106265	2462
1996	1254	179278	106321	4909
1997	1286	179241	106397	6524
1998	1526	167616	105925	8336
1999	1278	143249	105794	8410
2000	1290	180748	105856	10140
2001	1293	181034	106216	12474
2002	1289	174706	105985	18061
2003	1279	174599	106200	20703
2004	1281	175896	106089	21873
2005	1280	179404	104848	19729
2006	1286	179089	104393	23091
2007	1310	180592	104906	27122
2008	1269	186505	109679	27772
2009	1269	188415	110944	30106
2010	1270	190024	110385	29939
2011	1325	155012	112023	28259
2012	1197	188238	134411	29525
2013	1208	191651	134717	31099
2014	1493	190451	133743	31377
2015	1655	234109	148872	32446
2016	4635	337209	144652	33409
2017	4863	300439	112385	35762
2018	4725	331814	130145	37735
2019	4351	334315	128852	37436
2020	5991	326852	128898	39961
2021	6441	225087	131918	40479
2022	6682	297651	133835	40970

17-13 邮电通信服务水平
Postal and Telecommunication Services Available

指标	Item	2010	2015	2020	2021	2022
平均每人每年发函件数（件）	Annual Average Number of Letters Mailed per Capita (copy)	1.4	1.0	0.3	0.2	0.3
平均每百人每年订报刊数（份）	Annual Average Number of Newspaper and Magazine Subscribed per 100 Persons (copy)	8	7	7	7	9
固定电话普及率（部／百人）	Popularization Rate of Fixed Telephone (set/100 persons)	15.6	12.6	11.7	12.0	12.0
移动电话普及率（部／百人）	Popularization Rate of Mobile Telephone (set/100 persons)	52.8	81.4	101.0	109.7	111.8
设有邮电局、所的乡(镇)比重(%)	Percentage of Townships with Postal and Telecommunication	63.7	100	100	100	100

17-14 各市（州）交通运输业基本情况（2022）
Basic Conditions of Transportation by Region (2022)

市（州）	Region	公路里程（公里）Length of Highways (km)	# 等级公路（公里）Expressway and Class I to IV Highways (km)	# 高速 Expressway	民用汽车拥有量（万辆）Possession of Civil Vehicles (10 000 units)	# 私人汽车 Private Vehicles
兰州市	Lanzhou	9110.48	8998.66	520.78	107.86	83.84
嘉峪关市	Jiayuguan	685.29	676.30	30.07	8.87	8.00
金昌市	Jinchang	2372.37	2372.37	182.62	10.85	9.90
白银市	Baiyin	12193.01	11186.24	326.70	29.89	26.59
天水市	Tianshui	14272.55	14262.58	333.62	35.82	33.30
武威市	Wuwei	13240.00	12937.63	591.01	27.63	25.92
张掖市	Zhangye	11004.24	10973.00	324.64	25.41	23.42
平凉市	Pingliang	11234.77	10731.81	422.87	28.66	26.24
酒泉市	Jiuquan	17781.87	17543.01	1217.15	24.74	22.27
庆阳市	Qingyang	16652.97	16316.43	496.42	37.28	33.87
定西市	Dingxi	12901.43	12785.13	442.67	35.96	33.09
陇南市	Longnan	19264.05	18685.60	645.72	24.71	23.00
临夏州	Linxia	7945.58	7773.92	139.29	32.11	21.29
甘南州	Gannan	8584.58	8300.03	109.17	8.97	8.13

17-15 各市（州）邮电通信行业基本情况（2022）
Basic Conditions of Postal and Telecommunication Services by Region (2022)

市（州）	Region	邮政业务总量（万元）Business Volume of Postal Services (10 000 yuan)	电信业务总量（万元）Business Volume of Telecom-munication Services (10 000 yuan)	固定电话用户期末数（户）Number of Fixed Telephone Subscribers at Year-end (subscriber)	移动电话用户期末数（户）Number of Mobile Telephones Subscribers at Year-end (subscriber)	（固定）互联网宽带用户数（户）Number of (Fixed) Broadband Subscribers of Internet (subscriber)
兰州市	Lanzhou	158219	913781	584787	5946129	2510756
嘉峪关市	Jiayuguan	9064	50797	143874	453485	210403
金昌市	Jinchang	9234	63753	50297	581467	228036
白银市	Baiyin	23738	159337	223825	1705380	659852
天水市	Tianshui	58179	260791	470582	3017056	1236433
武威市	Wuwei	24191	151809	134658	1711416	626193
张掖市	Zhangye	19030	143296	174324	1387161	618024
平凉市	Pingliang	28582	132070	217749	1922709	823481
酒泉市	Jiuquan	19512	217456	264314	1360905	611280
庆阳市	Qingyang	46299	219947	214929	2340031	890280
定西市	Dingxi	35654	170276	95297	2457200	877666
陇南市	Longnan	33916	217224	242132	2410492	801151
临夏州	Linxia	21079	180176	126727	1839833	579139
甘南州	Gannan	7824	84722	55470	710191	254171

注：电信业务量采用上年不变价格计算；邮政业务量按照 2020 年不变价格计算。

a) Business volume of postal services was calculated at the constant price of last year;Business volume of telecommunication services was calculated at 2020 constant prices.

主要统计指标解释

铁路营业里程 又称营业长度（包括正式营业和临时营业里程），指投入客货运输营业或临时营业的线路长度。

电气化里程 指具备了电力机车牵引条件，并已交付运营的线路里程。

公路里程 指报告期末公路的实际长度。统计范围：包括城间、城乡间、乡（村）间能行驶汽车的公共道路，公路通过城镇街道的里程，公路桥梁长度、隧道长度、渡口宽度。不包括城市街道里程，断头路里程，农（林）业生产用道路里程，工（矿）企业等内部道路里程。统计原则：按已竣工验收或交付使用的实际里程计算；两条或多条公路共同经由同一路段的重复里程，只计算一次。

货（客）运量 指在一定时期内，各种运输工具实际运送的货物（旅客）数量。该指标是反映运输业为国民经济和人民生活服务的数量指标，也是制定和检查运输生产计划、研究运输发展规模和速度的重要指标。货运按吨计算，客运按人计算。货物不论运输距离长短、货物类别，均按实际重量统计。旅客不论行程远近或票价多少，均按一人一次客运量统计；半价票、小孩票也按一人统计。

货物（旅客）周转量 指在一定时期内，由各种运输工具运送的货物（旅客）数量与其相应运输距离的乘积之总和。该指标可以反映运输业生产的总成果，也是编制和检查运输生产计划，计算运输效率、劳动生产率以及核算运输单位成本的主要基础资料。计算货物周转量通常按发出站与到达站之间的最短距离，也就是计费距离计算。计算公式为：

货物（旅客）周转量 = Σ（货物（旅客）运输量 × 运输距离）

民用汽车拥有量 指报告期末，在公安交通管理部门按照《机动车注册登记工作规范》，已注册登记领有民用车辆牌照的全部汽车数量。汽车拥有量统计的主要分类：根据汽车结构分为载客汽车、载货汽车及其他汽车；根据汽车所有者不同分为个人（私人）汽车、单位汽车；根据汽车的使用性质分为营运汽车、非营运汽车；根据汽车大小规格不同载客汽车分为大型、中型、小型和微型，载货汽车分为重型、中型、轻型和微型。

邮政、电信业务总量 指以货币形式表示的邮政、电信通信企业为社会提供各类邮政、电信通信服务的总数量。计算方法为各类业务的实物量分别乘以相应的不变单价，求出各类业务的货币量加总求得。没有不变单价的业务按其业务收入直接相加。

移动电话用户 指在电信运营企业营业网点办理开户登记手续，通过移动电话交换机进入移动电话网，占用移动电话号码的各类电话用户。包括各类签约用户、智能网预付费用户、无线上网卡用户。

18 教育和科学技术

Education & Science and Technology

简要说明

一、本篇资料主要内容

本篇主要反映教育、科学技术活动的基本情况。

教育资料主要包括：高等教育（研究生教育、普通本专科教育、成人本专科、其他各类高等学历教育），中等教育（高中阶段、初中阶段），小学教育，教育经费情况等资料。主要包括学校数、在校学生数、招生数、毕业生数、教职工数和专任教师数以及各类学校教育经费情况。

科学技术资料主要内容包括：研究与试验发展（R&D）情况、规模以上工业科技活动情况、科技成果情况、专利申请及授权情况、企事业单位专业技术人员等。

二、本篇资料来源

本篇资料由省统计局社会科技处搜集、整理。

1. 教育资料由省教育厅提供。

2. 科技资料来源于省统计局《科技统计综合年报》《规模以上工业企业研发活动统计年报》、省人力资源和社会保障厅、省科学技术厅。

3. 专利资料由省市场监督管理局提供。

18-1 各级各类学校、教职工和专任教师情况（2022）

Number of Schools, Educational Personnel and Full-time Teachers by Type and Level (2022)

项　目	Item	学校数（所）Number of Schools (unit)	教职工数（人）Teachers and Staff (person)	专任教师（人）Full-time Teachers (person)
高等教育	**Higher Education**	**49**	**46024**	**34373**
研究生培养机构	Institutions Providing Postgraduate Programs	(15)		107
普通高校	Regular Higher Education Institutions	(11)		14
科研机构	Research Institutions	(4)		93
普通高等学校	Regular Higher Education Institutions	49	45682	34021
本科院校	HEIs Offering Degree Programs	22	32524	23192
#本科层次职业学院	Vocational College of Undergraduate			
（高职）专科院校	Higher Vocational Colleges	27	13158	10829
#职业技术学院	Vocational and Technical Colleges	25	12078	9918
其他普通高教机构	Other Institutions			
成人高等学校	Adult HEIs	(4)	342	245
民办的其他高等教育机构	Other Non-government HEIs			
中等教育	**Secondary Education**	**1998**	**238521**	**144013**
高中阶段教育	Senior Secondary Education	545	79656	61396
高中	Senior Secondary Schools	368	63762	47955
普通高中	Regular Senior Secondary Schools	368	63762	47955
完全中学	Combined Secondary Schools	138	20135	9942
高级中学	Regular High Schools	212	40304	37335
十二年一贯制学校	12-Year Schools	18	3323	678
成人高中	Adult High Schools			
中等职业教育	Secondary Vocational Education	177	15894	13441
普通中专	Regular Specialized Secondary Schools	59	5644	4531
成人中专	Adult Specialized Secondary Schools	12	267	213
职业高中	Vocational Senior Secondary Schools	106	9878	8412
技工学校	Skilled Workers Schools	43	4048	3435
其他中职机构	Other Institutions	(10)	105	285
初中阶段教育	Junior Secondary Education	1453	158865	82617
初中	Junior Secondary Schools	1453	158865	82617
初级中学	Regular Junior Secondary Schools	820	56824	54621
九年一贯制学校	9-Year Schools	633	38279	18108
十二年一贯制学校	12-Year Schools	(18)		997
完全中学	Combined Secondary Schools	138		8891
职业初中	Vocational Junior Secondary Schools			
成人初中	Adult Junior Secondary Schools			
初等教育	**Primary Education**	**4782**	**139015**	**151868**
普通小学	Regular Primary Schools	4782	139015	151868
小学	Primary Schools	4782	139015	132446
九年一贯制学校	9-Year Schools	(633)		18495
十二年一贯制学校	12-Year Schools	(18)		927
成人小学	Adult Primary Schools			
#扫盲班	Literacy Courses			
工读学校	**Correctional Work-Study Schools**			
特殊教育	**Special Education Schools**	**47**	**1352**	**1152**
学前教育	**Pre-school Education Institutions**	**8021**	**88685**	**62978**

注：1. 完全中学的学校数和教职工数计入高中阶段教育，九年一贯制学校的学校数和教职工数计入初中阶段教育，十二年一贯制学校的学校数和教职工数计入高中教育阶段。专任教师按照教育层次划分归类。

2.（ ）表示不计校数。

a) The numbers of Combined Secondary Schools and their educational personnel are calculated into the number of Senior Secondary Education,the numbers of 9-Year Schools and their educational personnel are calculated into the number of Junior Secondary Education,the numbers of 12-Year Schools and their educational personnel are calculated into the number of Senior Secondary Education.The full-time teachers are classified by educational level.

b) The data within "()" are not calculated as the number of schools.

18-2 各级各类学历教育学生情况（2022）
Number of Students of Formal Education by Type and Level (2022)

单位：人 (person)

项　目	Item	招生数 Entrants	在校学生数 Total Enrollment	毕业生数 Graduates
高等教育	**Higher Education**	**264424**	**857282**	**226930**
研究生	Postgraduates	21097	60493	14649
博士	Doctor's Degree	1914	7226	888
硕士	Master's Degree	19183	53267	13761
普通本专科	Undergraduates in Regular HEIs	191920	648141	165898
本科	Normal Courses	96583	337224	80494
专科	Short-cycle Courses	95337	310917	85404
成人本专科	Undergraduates in Adult HEIs	34532	91996	22659
本科	Normal Courses	24758	66128	12154
专科	Short-cycle Courses	9774	25868	10505
网络本专科生	Web-based Undergraduates	15611	52254	22953
本科	Normal Courses	15611	46773	14019
专科	Short-cycle Courses		5481	8934
留学生	Foreign Students	1264	2508	771
其他	Others		1890	
中等教育	**Secondary Education**	**579358**	**1629871**	**520794**
高中阶段教育	Senior Secondary Education	261173	726300	221995
高中	Senior Secondary Schools	181958	525737	170330
普通高中	Regular Senior Secondary Schools	181958	525737	170330
完全中学	Combined Secondary Schools	41887	121608	40550
高级中学	Regular High Schools	137262	396591	127544
十二年一贯制学校	12-Year Schools	2809	7538	2236
成人高中	Adult High Schools			
中等职业教育	Secondary Vocational Education	79215	200563	51665
普通中专	Regular Specialized Secondary Schools	31877	76022	22326
成人中专	Adult Specialized Secondary Schools	1119	2672	913
职业高中	Vocational Senior Secondary Schools	46219	113471	28426
初中阶段教育	Junior Secondary Education	318185	903571	298799
初中	Junior Secondary Schools	318185	903571	298799
初级中学	Regular Junior Secondary Schools	212088	605162	200330
九年一贯制学校	9-Year Schools	65461	183109	60916
十二年一贯制学校	12-Year Schools	3580	10751	3038
完全中学	Combined Secondary Schools	37056	104549	34515
职业初中	Vocational Junior Secondary Schools			
成人初中	Adult Junior Secondary Schools			
初等教育	**Primary Education**	**320458**	**2020074**	**321291**
普通小学	Regular Primary Schools	320458	2020074	321291
小学	Primary Schools	276123	1738906	275310
九年一贯制学校	9-Year Schools	42131	266973	43829
十二年一贯制学校	12-Year Schools	2204	14195	2152
成人小学	Adult Primary Schools			
#扫盲班	Literacy Courses			
工读学校	**Correctional Work-Study Schools**			
特殊教育	**Special Education Schools**	**3258**	**20822**	**3757**
学前教育	**Pre-school Education Institutions**	**286655**	**947232**	**329757**

注：1. 完全中学、九年一贯制学校和十二年一贯制学校的学生数按教育层次分别计入对应教育阶段的学生数中。
　　2. 特殊教育学生数中包括普通中小学随班就读的学生。

a) Number of the students in Combined Secondary Schools, 9-Year Schools,12-Year Schools are classified by educational level.

b) Number of the students in the Special Education Schools includes those followed in the regular primary and middle School.

18-3 各级各类民办学校校数、教职工、专任教师情况（2022）
Number of Schools, Educational Personnel and Full-time Teachers of Non-government Schools by Type and Level (2022)

项 目	Item	学校数（所）Number of Schools (unit)	教职工数（人）Teachers and Staff (person)	专任教师（人）Full-time Teachers (person)
高等教育	**Higher Education**	**6**	**3509**	**2817**
研究生培养机构	Institutions Providing Postgraduate Programs			
普通高校	Regular Higher Education Institutions			
科研机构	Research Institutions			
普通高等学校	Regular Higher Education Institutions	6	3509	2817
本科院校	HEIs Offering Degree Programs	3	2495	1970
#独立学院	Independent Institutions			
（高职）专科院校	Higher Vocational Colleges	3	1014	847
#职业技术学院	Vocational and Technical Colleges			
其他普通高教机构	Other Institutions			
成人高等学校	Adult HEIs			
民办的其他高等教育机构	Other Non-government HEIs			
中等教育	**Secondary Education**	**106**	**9038**	**5685**
高中阶段教育	Senior Secondary Education	84	6968	3767
高中	Senior Secondary Schools	49	4873	2237
普通高中	Regular Senior Secondary Schools	49	4873	2237
完全中学	Combined Secondary Schools	7	557	200
高级中学	Regular High Schools	34	1960	1555
十二年一贯制学校	12-Year Schools	8	2356	482
成人高中	Adult High Schools			
中等职业教育	Secondary Vocational Education	35	2095	1530
普通中专	Regular Specialized Secondary Schools	6	562	397
成人中专	Adult Specialized Secondary Schools	2	61	40
职业高中	Vocational Senior Secondary Schools	27	1457	1081
技工学校	Skilled Workers Schools			
其他中职机构	Other Institutions		15	12
初中阶段教育	Junior Secondary Education			
初中	Junior Secondary Schools	22	2070	1918
初级中学	Regular Junior Secondary Schools	5	315	267
九年一贯制学校	9-Year Schools	17	1755	788
十二年一贯制学校	12-Year Schools			629
完全中学	Combined Secondary Schools			234
职业初中	Vocational Junior Secondary Schools			
成人初中	Adult Junior Secondary Schools			
初等教育	**Primary Education**	**5**	**144**	**1222**
普通小学	Regular Primary Schools	5	144	1222
小学	Primary Schools	5	144	106
九年一贯制学校	9-Year Schools			543
十二年一贯制学校	12-Year Schools			573
成人小学	Adult Primary Schools			
#扫盲班	Literacy Courses			
工读学校	**Correctional Work-Study Schools**			
特殊教育	**Special Education Schools**			
学前教育	**Pre-school Education Institutions**	**2550**	**44931**	**25395**

注：1. 完全中学的学校数和教职工数计入高中阶段教育，九年一贯制学校的校数和教职工数计入初中阶段教育，十二年一贯制学校的校数和教职工数计入高中阶段教育。专任教师是按照教育层次划分归类。

2. 2018 年起，民办学校不包含具有法人资格的中外合作办学校（下表同）。

a) The numbers of Combined Secondary Schools and their educational personnel are calculated into the number of Senior Secondary Education, the numbers of 9-Year Schools and their educational personnel are calculated into the number of Junior Secondary Education, the numbers of 12-Year Schools and their educational personnel are calculated into the number of Senior Secondary Education. The full-time teachers are classified by educational level.

b) Since 2018, the number of Non-government Schools do not include Sino-foreign cooperation office with legal personality.The same applies to the table following.

18-4 各级各类民办教育学生情况（2022）

Statistics on Students of Non-government Schools by Type and Level (2022)

单位：人 (person)

项 目	Item	招生数 Entrants	在校学生数 Total Enrollment	毕业生数 Graduates
高等教育	**Higher Education**	**22896**	**70070**	**10962**
研究生	Postgraduates			
博士	Doctor's Degree			
硕士	Master's Degree			
普通高等学校	Undergraduates in Regular HEIs	22896	70070	10962
本科院校	HEIs Offering Degree Programs	15572	43312	9094
（高职）专科院校	Higher Vocational Colleges	7324	26758	1868
#职业技术学院	Vocational and Technical Colleges	7324	26758	1868
成人本专科	Undergraduates in Adult HEIs			
本科	Normal Courses			
专科	Short-cycle Courses			
另有其他学生数	Students Enrolled in Other Formal Programs			
民办高校	Non-Government HEI			
民办的其他高等教育机构	Non-Government Other HEIs			
中等教育	**Secondary Education**	**25529**	**72775**	**21635**
高中阶段教育	Senior Secondary Education	17714	49027	15215
高中	Senior Secondary Schools	9238	27140	9831
普通高中	Regular Senior Secondary Schools	9238	27140	9831
完全中学	Combined Secondary Schools	1154	3322	1242
高级中学	Regular High Schools	6538	18925	6966
十二年一贯制学校	12-Year Schools	1546	4893	1623
成人高中	Adult High Schools			
中等职业教育	Secondary Vocational Education	8476	21887	5384
普通中专	Regular Specialized Secondary Schools	1820	4816	1489
成人中专	Adult Specialized Secondary Schools	222	506	97
职业高中	Vocational Senior Secondary Schools	6434	16565	3798
技工学校	Skilled Workers Schools			
初中阶段教育	Junior Secondary Education	7815	23748	6420
初中	Junior Secondary Schools	7815	23748	6420
初级中学	Regular Junior Secondary Schools	1296	3636	1148
九年一贯制学校	9-Year Schools	3100	9557	2587
十二年一贯制学校	12-Year Schools	2325	7486	1925
完全中学	Combined Secondary Schools	1094	3069	760
职业初中	Vocational Junior Secondary Schools			
成人初中	Adult Junior Secondary Schools			
初等教育	**Primary Education**	**2010**	**18291**	**3346**
普通小学	Regular Primary Schools	2010	18291	3346
小学	Primary Schools	221	2015	328
九年一贯制学校	9-Year Schools	739	7587	1705
十二年一贯制学校	12-Year Schools	1050	8689	1313
成人小学	Adult Primary Schools			
#扫盲班	Literacy Courses			
工读学校	**Correctional Work-Study Schools**			
特殊教育	**Special Education Schools**			
学前教育	**Pre-school Education Institutions**	**112459**	**415353**	**148397**

注：1. 完全中学、九年一贯制学校和十二年一贯制学校的学生数按教育层次分别计入对应教育阶段的学生数中。

2. 特殊教育学生数中包括义务教育阶段随班就读的学生、其他学校附设特教班。

3. "另有其他学生数"包括：自考助学班学生、预科生、进修及培训学生数。

a) Number of the students in Combined Secondary Schools, 9-Year Schools,12-Year Schools are classified by educational level.

b) Number of the students in the Special Education Schools includes those followed in the regular primary and middle School.

c) Students Enrolled in Other Formal Programs include students of classes for self-learning programs, preparatory courses, and in-service training courses.

18-5 各级各类学校数
Number of School by Type and Level

单位：所 (unit)

年 份 Year	普通高等学校 Regular HEIs	普通中学 Regular Secondary Schools	高中 Senior Secondary Schools	初中 Junior Secondary Schools	职业中学 Vocational Secondary Schools	普通小学 Regular Primary Schools	特殊教育学校 Special Education Schools	学前教育 Pre-primary Education Institutions
1995	17	1626	444	1182	190	23718	11	1235
1996	17	1657	430	1227	180	23658	11	1321
1997	17	1656	427	1229	182	22848	11	1545
1998	17	1666	421	1245	178	22634	10	1803
1999	18	1667	410	1257	177	22560	10	2040
2000	18	1689	419	1270	170	21557	12	2249
2001	25	1979	435	1544	154	17477	11	1992
2002	25	2004	438	1566	156	16648	14	2286
2003	31	2031	453	1578	140	15635	14	2276
2004	31	2054	470	1584	151	15347	14	2377
2005	33	2050	497	1553	153	14963	14	2451
2006	33	2155	495	1660	154	14685	14	2556
2007	34	2130	493	1637	162	14002	14	2457
2008	34	2103	480	1623	181	13424	15	2503
2009	34	2081	463	1618	177	12637	15	2452
2010	35	2038	452	1586	150	11582	17	2407
2011	37	2012	436	1576	147	10907	22	2457
2012	37	2033	445	1588	141	10336	28	2712
2013	37	1989	428	1561	133	9640	32	3141
2014	38	1940	402	1538	126	8979	33	3471
2015	40	1877	386	1491	118	8052	37	3971
2016	44	1861	379	1482	114	6924	40	6441
2017	44	1852	384	1468	105	6172	41	7122
2018	44	1848	381	1467	109	5785	43	7734
2019	44	1841	376	1465	106	5444	44	7988
2020	50	1836	364	1472	107	5252	44	8089
2021	49	1834	363	1471	106	4951	45	8159
2022	49	1821	368	1453	106	4782	47	8021

注：职业中学包括职业高中和职业初中（下表同）。

a) Vocational secondary schools include vocational senior and junior secondary schools. The same applies to the tables following.

18-6 各级各类学校专任教师数
Number of Full-time Teachers of Schools by Type and Level

单位：人 (person)

年 份 Year	普通高等学校 Regular HEIs	普通中学 Regular Secondary Schools	高中 Senior Secondary Schools	初中 Junior Secondary Schools	职业中学 Vocational Secondary Schools	普通小学 Regular Primary Schools	特殊教育学校 Special Education Schools	学前教育 Pre-primary Education Institutions
1995	6284	62669	12970	49699	4173	130032	224	9776
1996	6282	63912	13151	50761	4013	129823	235	8758
1997	6403	66124	13723	52401	4190	130628	248	10194
1998	6505	67774	13703	54071	4415	131473	221	10765
1999	6899	70711	14233	56478	4615	128839	297	10669
2000	7208	74082	15200	58882	4549	125172	269	11953
2001	8826	78439	16562	61877	4598	122038	271	10109
2002	10021	82709	18582	64127	4751	124017	279	10115
2003	12274	87753	21754	65999	3945	126740	294	11109
2004	13727	93024	25458	67566	4614	128725	296	9933
2005	14816	99150	29127	70023	5158	130841	303	10221
2006	16105	106106	32081	74025	5803	135491	314	10939
2007	17439	110204	33979	76225	7337	137149	345	10950
2008	18581	114963	35524	79439	7537	141371	341	12589
2009	19629	116883	36450	80433	8256	139966	380	12365
2010	20761	120689	37517	83172	7522	140381	418	13668
2011	22066	123055	38593	84462	8283	141324	484	15009
2012	23232	124844	40467	84377	8042	140235	572	17086
2013	24351	126817	42469	84348	7860	140436	692	20621
2014	25283	128599	43761	84838	7739	140476	671	26097
2015	26132	128621	44764	83857	8099	140320	729	30342
2016	26731	127471	45107	82364	8104	141113	825	39459
2017	28474	126418	45386	81032	7746	141962	877	43975
2018	28939	125682	45730	79952	8292	143260	921	46614
2019	29755	126850	45813	81037	8295	148408	1083	49438
2020	31030	127233	45994	81239	8364	150870	1092	53466
2021	32369	129645	47335	82310	8515	152144	1116	60336
2022	34021	130572	47955	82617	8412	151868	1152	62978

18-7 各级各类学校招生数

Number of Entrants of Formal Education by Type and Level of School

单位：人 (person)

年 份 Year	普通高等学校 Regular HEIs	普通中学 Regular Secondary Schools	高中 Senior Secondary Schools	初中 Junior Secondary Schools	职业中学 Vocational Secondary Schools	普通小学 Regular Primary Schools	特殊教育学校 Special Education Schools
1995	15119	337758	64113	273645	19260	525875	311
1996	15567	354996	63001	291995	19533	548661	281
1997	16313	375656	63782	311874	20593	563443	333
1998	16813	404014	69652	334362	19790	546980	842
1999	23010	455111	75439	379672	21180	538695	1049
2000	33425	508648	90840	417808	21461	552740	1094
2001	45382	547593	109805	437788	20945	601257	1644
2002	53079	590617	143666	446951	23013	609934	1231
2003	60069	621290	168181	453109	19212	572321	975
2004	66182	657600	186561	471039	26738	508787	979
2005	71572	691600	205710	485890	32313	461894	915
2006	90373	711676	207257	504419	52175	481721	1301
2007	98569	678575	204816	473759	71267	435661	1614
2008	110889	696897	210511	486386	72436	411003	2051
2009	112280	699300	216982	482318	72692	372689	1954
2010	114899	673394	219614	453780	70355	361331	2071
2011	124935	628251	221551	406700	56719	338176	1457
2012	131263	602045	226107	375938	55991	341155	1434
2013	123402	552431	218143	334288	45215	320908	1409
2014	130624	518092	208136	309956	40433	280655	1285
2015	126242	490221	199426	290795	38362	313028	1769
2016	130683	483583	193389	290194	41215	326665	2235
2017	138515	468236	182636	285600	37209	336255	2531
2018	146640	469212	172624	296588	39021	344889	3050
2019	170605	471882	172017	299865	41809	352383	3771
2020	194305	450330	171813	278517	44423	350883	3676
2021	179802	477122	171832	305290	48669	331323	3576
2022	191920	500143	181958	318185	46219	320458	3258

18-8 各级各类学校在校学生数
Number of Students Enrollment by Level and Type of School

单位：人 (person)

年 份 Year	普通高等学校 Regular HEIs	普通中学 Regular Secondary Schools	高中 Senior Secondary Schools	初中 Junior Secondary Schools	职业中学 Vocational Secondary Schools	普通小学 Regular Primary Schools	特殊教育学校 Special Education Schools	学前教育 Pre-primary Education Institutions
1995	45480	915263	168589	746674	42747	2737059	1529	409893
1996	47578	966394	176444	789950	45696	2857986	1523	403714
1997	50678	1021024	180035	840989	48111	2992795	1476	398426
1998	54014	1079819	185946	893873	48889	3092488	4003	376575
1999	62637	1185891	201138	984753	49866	3131747	4653	407489
2000	81734	1314710	229500	1085210	52573	3164603	6438	427960
2001	110898	1459845	276573	1183272	52657	3189816	9953	401681
2002	143009	1606592	346294	1260298	56483	3229371	9192	402653
2003	173391	1733035	427011	1306024	49529	3227592	7673	372225
2004	200282	1844406	499609	1344797	62506	3155535	7732	350749
2005	229459	1943839	566168	1377671	73451	3035794	8339	349407
2006	263691	2047847	603358	1444489	100062	2984425	9127	342279
2007	295992	2036640	613906	1422734	131929	2846312	11606	330213
2008	331895	2038447	618253	1420194	155909	2689631	13443	337843
2009	361490	2041628	630654	1410974	167699	2525962	13687	358748
2010	381526	2031002	646975	1384027	170001	2370406	13350	387338
2011	405306	1942478	657086	1285392	147946	2200743	9455	432181
2012	431069	1845050	664879	1180171	151327	2063549	8337	480323
2013	442963	1702496	666556	1035940	125348	1867268	8396	549800
2014	452300	1625349	654430	970919	111266	1802371	7635	620127
2015	450463	1538620	629365	909255	101348	1802401	9260	701132
2016	457204	1479661	603490	876171	98383	1821629	11373	892087
2017	466185	1433408	577281	856127	94384	1855722	13492	929708
2018	483620	1419319	549305	870014	95575	1896471	15769	944401
2019	524948	1408051	526270	881781	98472	1941406	19294	932788
2020	581062	1389962	515813	874149	104443	2009079	21468	958299
2021	613378	1399931	515162	884769	112863	2025009	21968	970256
2022	648141	1429308	525737	903571	113471	2020074	20822	947232

18-9 各级各类学校毕业生数
Number of Graduates by Level and Type of School

单位：人 (person)

年 份 Year	普通高等学校 Regular HEIs	普通中学 Regular Secondary Schools	高中 Senior Secondary Schools	初中 Junior Secondary Schools	职业中学 Vocational Secondary Schools	普通小学 Regular Primary Schools	特殊教育学校 Special Education Schools
1995	14288	252360	46948	205412	14053	319684	141
1996	13314	256098	48060	208038	12993	336205	121
1997	13140	274961	52911	222050	14884	355832	132
1998	13251	291067	54794	236273	14726	383938	258
1999	14007	305292	53867	251425	17030	424250	684
2000	13971	327787	56479	271308	15210	459255	948
2001	17000	351876	62793	289083	16785	488961	900
2002	21647	402829	72295	330534	17021	486101	712
2003	29582	456044	89040	367004	14753	481495	466
2004	39390	506391	109055	397336	16975	488842	612
2005	49886	561654	138165	423489	19144	502605	684
2006	57381	595637	164257	431380	19539	506371	701
2007	63315	628548	179335	449213	24451	478740	1089
2008	75051	645494	194146	451348	29687	485899	1664
2009	84082	655641	192269	463372	39579	492720	1965
2010	92226	649631	195045	454586	44095	474328	1850
2011	99042	660487	202234	458253	50585	426257	708
2012	102980	656260	213620	442640	43807	398700	834
2013	109192	636032	216530	419502	45569	370611	831
2014	118697	575501	223828	351673	35089	319335	818
2015	124003	556758	224408	332350	33969	300080	917
2016	119911	531473	219083	312390	30008	298820	1046
2017	124786	506220	208113	298107	30270	294669	1232
2018	122347	484294	201083	283211	28070	300842	1524
2019	123314	479552	193621	285931	30189	303579	1997
2020	133490	466498	181187	285311	27814	279871	2233
2021	140033	465171	171143	294028	26533	307408	3340
2022	165898	469129	170330	298799	28426	321291	3757

18-10 研究生数
Number of Postgraduates

单位：人 (person)

年 份 Year	招生数 Entrants	博士 Doctor's Degree	硕士 Master's Degree	在校学生数 Enrollment	博士 Doctor's Degree	硕士 Master's Degree	毕业生数 Graduates	博士 Doctor's Degree	硕士 Master's Degree
1995	689			1873	361	1512	416	76	340
1996	780			2146	440	1706	484	71	413
1997	884			2350	495	1855	601	93	508
1998	875			2563	523	2040	623	127	496
1999	1075			2874	597	2277	706	139	567
2000	1558			3579	764	2815	801	130	671
2001	2147			4781	963	3118	1096	283	813
2002	2703	448	2255	6403	1236	5167	940	168	772
2003	3634	583	3051	8555	1594	6961	1349	218	1131
2004	5073	683	4390	11496	1986	9509	1965	290	1675
2005	6146	717	5429	14895	2320	12575	2484	378	2106
2006	6710	747	5963	18069	2583	15486	3201	474	2727
2007	7117	783	6334	20034	2765	17269	4831	595	4236
2008	7502	810	6692	21580	2953	18627	5649	600	5049
2009	8463	887	7576	23469	3153	20316	6122	633	5459
2010	9098	888	8210	25609	3335	22274	6523	669	5854
2011	9307	923	8384	26973	3482	23491	7160	729	6431
2012	9804	943	8861	28306	3597	24709	8002	797	7205
2013	10116	973	9143	29412	3746	25666	8629	762	7867
2014	9870	820	9050	29080	3370	25710	8637	600	8037
2015	10089	825	9264	29637	3516	26121	9195	644	8551
2016	10699	873	9826	31199	3720	27479	8806	601	8205
2017	12810	942	11868	34548	3970	30578	9152	643	8509
2018	13959	1159	12800	38457	4383	34074	9526	642	8884
2019	15098	1320	13778	42538	4841	37697	10398	690	9708
2020	18377	1479	16898	48472	5456	43016	11861	733	11128
2021	19734	1678	18056	54704	6296	48408	12834	732	12102
2022	21097	1914	19183	60493	7226	53267	14649	888	13761

18-11　高等教育学校（机构）学生数（2022）
Number of Students in Higher Education Institutions (2022)

单位：人　　(person)

项　目	Item	招生数 Entrants	在校学生数 Enrollment	毕业生数 Graduates	授予学位数 Degrees Awarded
研究生	Postgraduates	21097	60493	14649	14826
博士	Doctor's Degrees	1914	7226	888	906
硕士	Master's Degrees	19183	53267	13761	13920
普通本专科	Undergraduates in Regular HEIs	191920	648141	165898	
本科院校	HEIs Offering Degree Programs	96583	337224	80494	79605
#本科层次职业学校		6416	7840		
（高职）专科院校	Higher Vocational Colleges	95337	310917	85404	
#职业技术学院	Vocational and Technical Colleges	82138	251944	61223	
成人本专科	Undergraduates in Adult HEIs	34532	91996	22659	120
本科	Normal Courses	24758	66128	12154	120
专科	Short-cycle Courses	9774	25868	10505	
在职人员攻读硕士学位	Master's Degree Programs for On-the-job Personnel				
网络本专科生	Web-based Undergraduates	15611	52254	22953	
本科	Normal Courses	15611	46773	14019	
专科	Short-cycle Courses		5481	8934	
自考助学班	Classes run by Non-government HEIs for Students Preparing for Self-directed State-administered Examinations				
普通预科生	College-preparatory Classes		1890		
研究生课程进修班	Postgraduates Courses				
进修及培训	In-service Training				
留学生	Foreign Students	1264	2508	771	281

注：留学生指来中国学习的留学生数。

a) Foreign students refer to foreign students studying in China.

18-12　普通本科分学科学生数（2022）
Number of Regular Students for Normal Courses in HEIs by Discipline (2022)

单位：人　　(person)

类 别	Item	毕业生数 Graduates	招生人数 Entrants	在校学生数 Enrollment
甘肃省	**Gansu**	**80494**	**90167**	**329384**
哲学	Philosophy	62	103	299
经济学	Economics	3890	4100	15547
法学	Law	4337	4775	18120
教育学	Education	4108	3653	13988
文学	Literature	7452	7603	29239
历史学	History	858	1073	4076
理学	Science	6421	7226	27896
工学	Engineering	25982	31353	108641
农学	Agriculture	1946	2662	9092
医学	Medicine	7291	8818	32740
管理学	Administrators	12777	12957	47002
艺术学	Art	5370	5844	22744

18-13 普通专科和职业本科分学科学生数（2022）
Number of Students in Junior Colleges and Vocational Undergraduate Colleges by Field of Study(2022)

单位：人 (person)

类 别	Item	毕业生数 Graduates	招生数 Entrants	在校学生数 Enrollment
甘肃省	**Gansu**	**85404**	**95337**	**310917**
农林牧渔大类	Agriculture, Forestry, Husbandry and Fishing	5149	4682	17189
资源环境与安全大类	Resource Environment and Security	4617	4579	15183
能源动力与材料大类	Material and Energy	1576	2440	6362
土木建筑大类	Civil Engineering	5757	6099	20986
水利大类	Water Resources	410	499	1904
装备制造大类	Manufacturing	9254	11455	34178
生物与化工大类	Biology and Chemical Engineering	3073	2490	8636
轻工纺织大类	Light Industry and Textile	225	226	825
食品药品与粮食大类	Food & Medicine and Grain	1874	1744	6035
交通运输大类	Transportation and Communication	6473	8079	24109
电子信息大类	Electronic Information	6997	9967	32125
医药卫生大类	Medicine and Health	13732	15450	48538
财经商贸大类	Finance & Economics,Business & Trade	9345	8124	32915
旅游大类	Tourism	2390	2616	7692
文化艺术大类	Culture and Art	1282	2254	6149
新闻传播大类	Journalism and Communication	108	159	542
教育与体育大类	Education and Physical Education	10829	12118	39002
公安与司法大类	Police Security and Justice	1499	1291	5032
公共管理与服务大类	Public Management and Service	814	1065	3515

18-14 成人本科分学科学生数（2022）
Number of Adult Students for Normal Courses in HEIs by Discipline (2022)

单位：人 (person)

类 别	Item	毕业生数 Graduates	招生人数 Entrants	在校学生数 Enrollment
甘肃省	**Gansu**	**12154**	**24758**	**66128**
哲学	Philosophy			
经济学	Economics	122	167	394
法学	Law	584	1090	2490
教育学	Education	1783	1228	5389
文学	Literature	856	1702	4965
历史学	History	24	28	121
理学	Science	75	134	626
工学	Engineering	3902	8929	22808
农学	Agriculture	168	347	945
医学	Medicine	1841	6411	16219
管理学	Administrators	2784	4624	12036
艺术学	Art	15	98	135

18-15 成人专科分学科学生数（2022）

Number of Adult Students for Short-cycle Courses in HEIs by Discipline(2022)

单位：人 (person)

类别	Item	毕业生数 Graduates	招生人数 Entrants	在校学生数 Enrollment
甘肃省	**Gansu**	**10505**	**9774**	**25868**
农林牧渔大类	Agriculture, Forestry, Husbandry and Fishing	156	505	945
资源环境与安全大类	Resource Environment and Security	50	67	236
能源动力与材料大类	Material and Energy	30	3	20
土木建筑大类	Civil Engineering	507	776	1647
水利大类	Water Resources	30	50	93
装备制造大类	Manufacturing	173	189	839
生物与化工大类	Biology and Chemical Engineering	9	409	429
轻工纺织大类	Light Industry and Textile			
食品药品与粮食大类	Food & Medicine and Grain	8	2	42
交通运输大类	Transportation and Communication	3121	229	3718
电子信息大类	Electronic Information	306	181	522
医药卫生大类	Medicine and Health	1113	2169	5655
财经商贸大类	Finance & Economics,Business & Trade	2386	3123	6596
旅游大类	Tourism	49	15	47
文化艺术大类	Culture and Art	8	25	66
新闻传播大类	Journalism and Communication			
教育与体育大类	Education and Physical Education	2303	1614	4232
公安与司法大类	Police Security and Justice	147	241	433
公共管理与服务大类	Public Management and Service	109	176	348

18-16 网络本科分学科学生数（2022）

Number of Web-based Students for Normal Courses in HEIs by Discipline (2022)

单位：人 (person)

类别	Item	毕业生数 Graduates	招生人数 Entrants	在校学生数 Enrollment
甘肃省	**Gansu**	**14019**	**15611**	**46773**
哲学	Philosophy			
经济	Economics	535	373	1514
法学	Law	898	1290	3367
教育学	Education			
文学	Literature	667	989	2464
历史学	History			
理学	Science	48	79	222
工学	Engineering	3679	5487	13541
农学	Agriculture			
医学	Medicine	3293	2684	9305
管理学	Administrators	4899	4709	16360
艺术学	Art			

18-17 网络专科分学科学生数（2022）
Number of Web-based Students for Short-cycle Courses in HEIs by Discipline (2022)

单位：人 (person)

类 别	Item	毕业生数 Graduates	在校学生数 Enrollment
甘肃省	**Gansu**	**8934**	**5481**
农林牧渔大类	Agriculture, Forestry, Husbandry and Fishing		
资源环境与安全大类	Resource Environment and Security		
能源动力与材料大类	Material and Energy		
土木建筑大类	Civil Engineering	1676	1042
水利大类	Water Resources		
装备制造大类	Manufacturing		
生物与化工大类	Biology and Chemical Engineering		
轻工纺织大类	Light Industry and Textile		
食品药品与粮食大类	Food & Medicine and Grain		
交通运输大类	Transportation and Communication		
电子信息大类	Electronic Information	1051	687
医药卫生大类	Medicine and Health	1671	891
财经商贸大类	Finance & Economics,Business & Trade	1216	969
旅游大类	Tourism		
文化艺术大类	Culture and Art		
新闻传播大类	Journalism and Communication		
教育与体育大类	Education and Physical Education		
公安与司法大类	Police Security and Justice	27	82
公共管理与服务大类	Public Management and Service	3293	1810

18-18 技工学校数、学生数和教职工数
Number of Schools, Students, Educational Personnel of Skilled Workers Schools

单位：人 (person)

年 份 Year	学校数（所）Schools (unit)	毕业生数 Graduates	招生人数 Entrants	在校学生数 Enrollment	教职员工 Educational Personnel	专任教师 Full-time Teachers
2005	57	4586	11424	23971	3698	2856
2006	62	7068	12878	29781	5206	4415
2007	62	7068	12878	29781	4598	3807
2008	75	11304	24720	57631		4147
2009	78	12549	41016	71060	4205	2928
2010	78	19944	39944	91249	4525	2189
2011	78	27378	31338	94678	4468	3171
2012	79	25182	26620	96116	4553	3235
2013	80	46847	17402	66671	4555	3250
2014	81	29525	15374	52520	4626	3110
2015	82	23797	13623	42523	4656	3133
2016	82	14948	11984	39559	4732	3442
2017	82	14886	12697	37370	4564	3725
2018	33	11614	11024	33514	3506	2905
2019	36	9818	14033	34545	3478	2696
2020	38	9054	14587	36422	3858	3220
2021	41	12494	15939	38579	4016	3216
2022	43	14027	15967	38984	4048	3435

18-19 小学学龄儿童净入学率和各级普通学校毕业生升学率
Net Enrolment Ratio of School-age Children in Primary Schools and Promotion Rate of Graduates of Regular School by Levels

单位：% (%)

年 份 Year	小学学龄儿童净入学率 Net Enrollment Ratio of School-age Children in Primary Schools	小学升学率 Promotion Rate from Primary Schools to Junior Secondary Schools	初中升学率 Promotion Rate from Junior Secondary Schools to Senior Secondary Schools	高中阶段毛入学率 Gross Enrollment Rate of High School Education
1996	97.20	86.85		
1997	97.68	87.93		
1998	98.20	87.40		
1999	98.62	89.49		
2000	98.83	90.98		
2001	98.02	89.53	37.98	35.48
2002	98.55	91.95	43.46	38.20
2003	97.99	94.10	45.83	40.33
2004	98.27	96.36	46.95	42.16
2005	98.87	96.67	48.58	42.77
2006	98.89	99.61	48.04	44.50
2007	98.94	98.96	45.59	52.00
2008	99.14	100.10	46.64	60.00
2009	99.45	97.89	46.83	70.00
2010	99.46	95.67	48.31	71.00
2011	99.56	95.41	48.35	75.00
2012	99.68	94.29	51.08	80.00
2013	99.78	90.20	52.00	85.00
2014	99.80	97.06	59.18	90.00
2015	99.83	96.90	60.00	92.00
2016	99.89	97.09	61.81	93.00
2017	99.90	97.10	61.27	94.00
2018	99.91	98.59	60.95	94.00
2019	99.99	98.78	60.16	95.00
2020	99.99	99.52	60.22	95.00
2021	99.99	99.31	63.86	95.30
2022	99.99	99.03	60.90	95.60

注：1. 初中升高级中学包含升入技工学校。

2. 高中升学率为普通高校招生数（含电大普通班）与普通高中毕业生数之比。

a) Data on promotion rate from junior secondary schools to senior secondary schools include those entering into secondary technical schools.

b) Data on promotion rate from senior secondary schools to higher education refer to the ratio of new entrants into regular institutions of higher education (including regular classes of TV universities) to graduates of senior secondary schools.

18-20 平均每万人口在校学生数和大中小学学生构成
Number of Students per 10 000 Population and It's Composition

年 份 Year	平均每万人口在校学生数（人） Students Enrollment per 10 000 Persons (person)			大、中、小学学生占学生总数（%） Students of Different Levels as Percentage to Total Students (%)		
	大学生 University and College Students	中学生 Secondary School Students	小学生 Primary School Students	大学生 University and College Students	中学生 Secondary School Students	小学生 Primary School Students
1995	19	383	1146	0.88	16.90	50.50
1996	20	398	1177	0.82	16.00	47.20
1997	21	416	1218	0.82	15.80	46.30
1998	22	435	1245	0.88	16.80	48.20
1999	25	466	1232	1.01	18.30	48.30
2000	32	514	1238	1.26	19.40	46.70
2001	42	588	1239	2.09	27.44	59.95
2002	55	681	1246	2.57	28.91	58.13
2003	67	725	1240	3.05	33.26	56.85
2004	76	769	1205	3.73	37.49	58.78
2005	88	818	1170	4.26	39.38	56.36
2006	101	868	1145	4.78	41.06	54.16
2007	113	778	1088	5.72	39.33	54.95
2008	126	776	1023	6.56	40.29	53.15
2009	137	907	1116	6.35	41.98	51.67
2010	149	931	1103	6.83	42.65	50.52
2011	158	888	859	8.30	46.61	45.09
2012	168	721	806	9.91	42.53	47.56
2013	172	659	723	11.04	42.43	46.53
2014	175	631	699	11.66	41.89	46.45
2015	173	592	694	11.88	40.58	47.54
2016	175	567	698	12.16	39.37	48.47
2017	177	546	706	12.41	38.17	49.42
2018	197	609	719	12.96	39.94	47.09
2019	198	569	733	13.21	37.92	48.87
2020	232	633	803	13.92	37.96	48.13
2021	246	643	813	18.32	36.08	45.60
2022	259	651	807	15.08	37.92	47.00

18-21 各级学校教师负担学生数
Student-Teacher Ratio of School by Level

单位：人 (person)

年 份 Year	平均每个教师负担学生数 Students Taught Each Teacher			
	普通高等学校 Regular HEIs	普通中等专业学校 Regular Secondary Vocational Schools	普通中学 Regular Secondary Schools	普通小学 Primary School
1995	7	9	15	21
1996	8	10	15	22
1997	8	10	15	23
1998	8	11	16	24
1999	9	11	17	24
2000	12	12	18	25
2001	13	14	19	26
2002	14	16	19	26
2003	14	17	20	25
2004	15	18	19	25
2005	15	20	20	23
2006	16	22	19	22
2007	17	22	18	21
2008	18		18	19
2009	18		17	18
2010	18	23	17	17
2011	19	21	16	15
2012	19	21	15	15
2013	18	18	13	13
2014	18	17	13	13
2015	18	17	12	13
2016	18	15	12	13
2017	18	16	11	13
2018	17	16	11	13
2019	18	14	11	13
2020	19	14	11	13
2021	21	15	11	13
2022	21	15	11	13

18-22 进城务工子女和农村留守儿童在校情况（2022）
Children of Migrant Workers and Children Left Behind (2022)

单位：人 (person)

项 目	Item	进城务工人员随迁子女 Children of Migrant Workers	外省迁入 From Other Provinces	本省外县迁入 From Other Counties of the Same Province	农村留守儿童 Rural Children Left Behind
普通小学	Regular Primary Schools				
毕业生数	Graduates	20646	4429	16217	20186
招生数	Entrants	22977	4192	18785	19957
# 受过学前教育	Trained in Preschool				
在校学生数	Enrolment	141448	27357	114091	143348
# 女	Female	63981	12421	51560	67015
初中	Junior Secondary Schools				
毕业生数	Graduates	17570	3532	14038	20305
招生数	Entrants	19338	3963	15375	22349
在校学生数	Enrolment	56109	11394	44715	65222
# 女	Female	24874	4988	19886	30171

18-23 教育经费情况
Basic Statistics on Educational Funds

单位：万元 (10 000 yuan)

年 份 Year	合计 Total	国家财政性教育经费 Government Appropriation for Education	#预算内教育经费 Budgetary	民办学校办学经费 Funds from Private Schools	社会捐赠经费 Donations and Fund-raising for Running Schools	事业收入 Income from Teaching Research and Other Auxiliary Activity	#学杂费 Tuition and Miscellaneous Fees	其他教育经费 Other Educational Funds
2000	535287	425021	352952	1831	11207	88887	63864	8341
2001	686750	520918	442922	4401	7428	135660	104008	18342
2002	836719	618783	538793	8872	9239	182477	132539	17348
2003	914336	652146	582181	18685	5686	212472	156053	25348
2004	1031445	727916	659017	21274	7037	248453	174186	26765
2005	1195074	847512	785026	34541	5555	273897	198727	33569
2006	1448234	1108365	1024273	41261	5451	260510	188990	32646
2007	1779095	1413920	1342179	2256	6090	326870	244610	29959
2008	2469385	2077502	2009317	1245	11587	354513	272808	24538
2009	2957602	2502298	2426498	2361	28287	395001	311653	29655
2010	3276887	2756965	2644938	7953	19834	450572	359800	41563
2011	3926598	3374222	3179614	4558	8132	482239	399882	57446
2012	4841482	4276671	4014241	5053	3714	494962	404867	61083
2013	5105559	4483501	4126143	4111	5444	545763	450078	66740
2014	5500815	4873620	4622912	6733	8178	547647	462768	64638
2015	6478024	5778852	5709262	6066	6826	598436	477707	87845
2016	7075700	6357782	6284544	7126	6920	621472	484153	82400
2017	7470974	6669673	6611422	7987	3872	629832	506484	159609
2018	7810782	6970056	6890092	22592	5258	694648	555089	118228
2019	8462781	7563777	7439034	12982	10039	768242	597541	107741
2020	8909183	8062360	7753045	8959	7703	743168	580531	86992
2021	8981870	7990568	7796399	8553	9533	869022	688312	104195

18-24 各类学校教育经费情况（2021）
Educational Funds in Various School (2021)

单位：万元 (10 000 yuan)

类别	Item	合计 Total	国家财政性教育经费 Government Appropriation for Education	#预算内教育经费 Budgetary	民办学校办学经费 Funds from Private Schools	社会捐赠经费 Donations and Fund-raising for Running Schools	事业收入 Income from Teaching Research and Other Auxiliary Activity	#学杂费 Tuition and Miscellaneous Fees	其他教育经费 Other Educational Funds
总计	**Total**	**8981870**	**7990568**	**7796399**	**8553**	**9533**	**869022**	**688312**	**104195**
高等学校	Institutions of Higher Education	2107313	1502011	1410207	1000	4790	542194	412720	57317
普通高等学校	Regular HEIs	2084863	1491643	994864	1000	4790	530393	403007	57037
成人高等学校	Adults HEIs	22450	10368	10068			11802	9714	280
中等职业学校	Secondary Vocational Schools	447369	413995	367842	319	536	23014	7203	9504
中等专业学校	Secondary Specialized Schools	316551	298371	268963		510	14052	2177	3617
职业高中	Vocational Senior Secondary Schools	107942	101364	84794	319	19	5563	2905	677
技工学校	Skilled Workers Schools	16760	9054	8879			2558	1959	5148
成人中专学校	Adult Specialized Secondary Schools	6116	5207	5207		8	840	162	61
普通中学	Regular Secondary Schools	2515572	2396183	2385795	655	1189	105273	94695	12271
普通高中	Regular Senior Secondary Schools	973963	888419	884739	338	725	78665	71145	5816
普通初中	Regular Junior Secondary Schools	1538760	1504915	1498208	318	464	26608	23550	6455
#农村	Rural Areas	1125784	1116542	1113208	218	464	4738	4143	3823
普通小学	Regular Primary Schools	2813957	2779715	2762624	62	1059	22212	19810	10910
#农村	Rural Areas	2193833	2180178	2175763	37	998	4032	3426	8587
特殊教育学校	Special Education Schools	23807	23714	23700		17	53	53	23
幼儿园	Kindergartens	815145	645020	618848	6516	243	155739	153769	7627
教育行政单位	Education Administrative Unit	56233	52640	52391		30			3564
教育事业单位	Education Institution	112105	94522	92344		1669	13277		2638
其他	Others	90370	82768	82648			7259	61	342

18-25 各地、县幼儿园和普通小学基本情况（2022）
Basic Statistics on Kindergartens and Regular Primary Schools by Region & County (2022)

单位：人 (person)

地、县	Region & County	幼儿园数（所） Kindergartens (unit)	在园儿童数 Children in Kindergartens	普通小学学校数（所） Schools (unit)	普通小学专任教师数 Full-time Teachers	普通小学招生数 Entrants	普通小学在校学生数 Enrollment	普通小学毕业生数 Graduates
兰州市	**Lanzhou**	**841**	**134221**	**421**	**17632**	**46882**	**263511**	**38014**
城关区	Chengguan	261	43429	74	4837	16262	87305	12351
七里河区	Qilihe	160	22145	54	2613	6870	40085	5912
西固区	Xigu	76	11883	28	1619	4372	24478	3551
安宁区	Anning	66	13000	26	1453	5184	26786	3510
红古区	Honggu	20	4761	24	730	1549	9844	1575
永登县	Yongdeng	64	7215	91	2114	2150	16956	3344
皋兰县	Gaolan	30	3661	16	534	886	5798	943
榆中县	Yuzhong	101	15727	82	2418	5289	30382	4369
兰州新区	Lanzhou New Area	63	12400	26	1314	4320	21877	2459
嘉峪关市	**Jiayuguan**	**49**	**13323**	**14**	**1081**	**3933**	**19717**	**2853**
金昌市	**Jinchang**	**54**	**13499**	**26**	**1685**	**3547**	**22526**	**4118**
金川区	Jinchuan	31	9204	13	903	2492	14680	2442
永昌县	Yongchang	23	4295	13	782	1055	7846	1676
白银市	**Baiyin**	**300**	**57319**	**284**	**11071**	**19279**	**118460**	**18736**
白银区	Baiyin	75	13656	21	1565	4441	23650	3386
平川区	Pingchuan	34	8431	32	1562	2926	17975	2721
靖远县	Jingyuan	97	13060	113	3058	4440	29136	5076
会宁县	Huining	54	14687	80	3356	4994	32460	5138
景泰县	Jingtai	40	7485	38	1530	2478	15239	2415
天水市	**Tianshui**	**1174**	**104576**	**534**	**19522**	**38513**	**253382**	**43325**
秦州区	Qinzhou	197	21151	81	3441	7827	49924	8572
麦积区	Maiji	235	20372	93	2874	6836	43551	7323
清水县	Qingshui	131	9099	66	1991	3500	23095	3859
秦安县	Qinan	186	11571	64	2537	3998	27149	5034
甘谷县	Gangu	105	18157	78	3334	6833	46332	7983
武山县	Wushan	172	13891	100	2923	4952	34499	6376
张家川县	Zhangjiachuan	148	10335	52	2422	4567	28832	4178
武威市	**Wuwei**	**357**	**50240**	**238**	**8686**	**14989**	**102781**	**16886**
凉州区	Liangzhou	170	33451	151	5161	9639	66132	10502
民勤县	Minqin	22	4009	14	739	1052	6763	1220
古浪县	Gulang	87	7774	36	1661	2775	19654	3384
天祝县	Tianzhu	78	5006	37	1125	1523	10232	1780
张掖市	**Zhangye**	**321**	**40195**	**127**	**5740**	**10922**	**72298**	**13109**

18-25 续表 1 continued

单位：人 (person)

地、县	Region & County	幼儿园数（所） Kindergartens (unit)	在园儿童数 Children in Kindergartens	普通小学学校数（所） Schools (unit)	普通小学专任教师数 Full-time Teachers	普通小学招生数 Entrants	普通小学在校学生数 Enrollment	普通小学毕业生数 Graduates
甘州区	Ganzhou	82	19526	31	2221	5070	31295	5482
肃南县	Sunan	9	670	4	198	204	1380	204
民乐县	Minle	63	7301	52	1191	2076	15359	3006
临泽县	Linze	74	3720	11	684	1010	6764	1311
高台县	Gaotai	52	4195	12	613	1006	6719	1186
山丹县	Shandan	41	4783	17	833	1556	10781	1920
平凉市	**Pingliang**	**846**	**66936**	**629**	**12991**	**22164**	**146762**	**25570**
崆峒区	Kongtong	175	18496	146	2947	6386	39898	6586
泾川县	Jingchuan	144	7984	166	1584	2565	17090	2807
灵台县	Lingtai	61	5501	33	1115	1686	11700	2215
崇信县	Chongxin	46	3219	50	596	974	6525	1141
庄浪县	Zhuanglang	145	12128	74	2754	4359	29237	4948
静宁县	Jingning	188	12432	84	2624	4056	26859	4964
华亭市	Huating	87	7176	76	1371	2138	15453	2909
酒泉市	**Jiuquan**	**190**	**35103**	**96**	**4485**	**9660**	**60150**	**10046**
肃州区	Suzhou	96	16320	26	1781	4215	25905	4305
金塔县	Jinta	23	3718	17	574	941	5952	981
瓜州县	Guazhou	19	4390	20	672	1383	8719	1396
肃北县	Subei	1	333	2	77	100	643	104
阿克塞县	Akesai	1	481	1	65	102	768	121
玉门市	Yumen	24	4922	16	636	1523	9547	1617
敦煌市	Dunhuang	26	4939	14	680	1396	8616	1522
庆阳市	**Qingyang**	**701**	**85802**	**603**	**15631**	**29584**	**203891**	**34013**
西峰区	Xifeng	131	25002	86	3209	7821	51032	7937
庆城县	Qingcheng	63	8628	26	1585	2998	21377	3307
环　县	Huanxian	51	11467	96	2050	4149	26874	4413
华池县	Huachi	31	4854	41	909	1547	10569	1792
合水县	Heshui	95	5550	28	980	1884	13270	2223
正宁县	Zhengning	31	6776	76	1463	2387	17435	3150
宁　县	Ningxian	66	11492	127	2631	4218	30564	5278
镇原县	Zhenyuan	233	12033	123	2804	4580	32770	5913
定西市	**Dingxi**	**1108**	**107308**	**511**	**16241**	**35014**	**215195**	**31178**
安定区	Anding	166	19366	49	2383	5681	31900	4407
通渭县	Tongwei	110	10295	26	1924	3162	18805	2874

18-25 续表 2 continued

单位：人 (person)

地、县	Region & County	幼儿园数（所） Kindergartens (unit)	在园儿童数 Children in Kindergartens	普通小学学校数（所） Schools (unit)	普通小学专任教师数 Full-time Teachers	普通小学招生数 Entrants	普通小学在校学生数 Enrollment	普通小学毕业生数 Graduates
陇西县	Longxi	128	18718	65	3157	6659	41140	6017
渭源县	Weiyuan	160	10587	35	1519	3165	20005	2971
临洮县	Lintao	264	21209	159	2727	6809	41063	5809
漳　县	Zhangxian	57	7987	40	1357	2886	17538	2593
岷　县	Minxian	223	19146	137	3174	6652	44744	6507
陇南市	**Longnan**	**854**	**97761**	**406**	**15777**	**33381**	**219538**	**36708**
武都区	Wudu	146	25162	60	3450	8346	54463	8314
成　县	Chengxian	68	11508	47	1479	3636	22962	3757
文　县	Wenxian	45	7001	29	1444	2328	14145	2414
宕昌县	Tanchang	70	9621	58	1734	3330	20883	3408
康　县	Kangxian	45	6178	32	1053	2088	13793	2242
西和县	Xihe	259	13625	76	2187	5010	35614	6327
礼　县	Lixian	117	15582	57	2901	5792	39152	6948
徽　县	Huixian	83	7628	36	1226	2406	15915	2878
两当县	Liangdang	21	1456	11	303	445	2611	420
临夏州	**Linxia**	**804**	**115255**	**741**	**15115**	**42663**	**257067**	**35998**
临夏市	linxia	94	19846	50	1734	6276	35693	5159
临夏县	linxia	41	14130	153	2230	5653	36709	5213
康乐县	Kangle	69	14876	87	1735	5090	32696	4804
永靖县	Yongjing	57	8341	65	1510	2437	14406	2179
广河县	Guanghe	116	16021	84	1907	6605	37132	5160
和政县	Hezheng	142	9531	75	1497	4249	27264	3610
东乡县	Dongxiang	224	18860	94	2405	7300	42482	5485
积石山县	Jishishan	61	13650	133	2097	5053	30685	4388
甘南州	**Gannan**	**422**	**25694**	**152**	**6211**	**9927**	**64796**	**10737**
合作市	Hezuo	43	4608	14	740	1642	9895	1514
临潭县	Lintan	95	5065	22	1122	1595	11639	2056
卓尼县	Zhuoni	65	3456	22	870	1344	9593	1729
舟曲县	Zhouqu	59	4601	36	1038	1594	9994	1734
迭部县	Diebu	65	1912	14	571	720	4627	769
玛曲县	Maqu	14	1527	9	555	1060	6920	1013
碌曲县	Luqu	32	1505	16	600	553	3757	618
夏河县	Xiahe	49	3020	19	715	1419	8371	1304

18-26 各地县普通中学基本情况（2022）
Basic Statistics on Regular Primary Schools by Region & County (2022)

单位：人 (person)

地、县	Region & County	普通中学学校数（所）Schools (unit)	毕业生数 Graduates	招生数 Entrants	在校学生数 Enrollment	高中 Senior Secondary Schools	初中 Junior Secondary Schools	专任教师 Full-time Teachers
兰州市	**Lanzhou**	**215**	**55675**	**62673**	**176627**	**67038**	**109589**	**16267**
城关区	Chengguan	49	17377	18093	53027	18439	34588	4660
七里河区	Qilihe	24	7000	8053	21219	6586	14633	1925
西固区	Xigu	25	6430	7194	19996	9871	10125	1926
安宁区	Anning	18	5137	5545	16224	5302	10922	1384
红古区	Honggu	9	2325	2484	7065	2632	4433	684
永登县	Yongdeng	32	5031	5295	14915	5805	9110	1548
皋兰县	Gaolan	9	1670	1657	4797	2148	2649	607
榆中县	Yuzhong	31	7060	8576	24718	9749	14969	2372
兰州新区	Lanzhou New Area	18	3645	5776	14666	6506	8160	1161
嘉峪关市	**Jiayuguan**	**10**	**5017**	**4832**	**14283**	**6062**	**8221**	**1120**
金昌市	**Jinchang**	**19**	**7640**	**7023**	**21580**	**8908**	**12672**	**2022**
金川区	Jinchuan	10	4123	4124	12249	4918	7331	1098
永昌县	Yongchang	9	3517	2899	9331	3990	5341	924
白银市	**Baiyin**	**136**	**27990**	**30147**	**85816**	**32063**	**53753**	**10142**
白银区	Baiyin	21	5435	6191	17403	7421	9982	1902
平川区	Pingchuan	16	3964	4238	12017	4308	7709	1379
靖远县	Jingyuan	36	6964	7671	21930	7497	14433	2493
会宁县	Huining	46	7807	8087	23319	8723	14596	3172
景泰县	Jingtai	17	3820	3960	11147	4114	7033	1196
天水市	**Tianshui**	**253**	**69318**	**67562**	**199380**	**76521**	**122859**	**17538**
秦州区	Qinzhou	38	12526	13163	38284	14226	24058	3078
麦积区	Maiji	40	11902	11845	33544	13151	20393	2854
清水县	Qingshui	28	6289	5826	17046	5788	11258	1419
秦安县	Qinan	37	9840	8257	25119	10677	14442	2850
甘谷县	Gangu	54	14090	12771	38053	16064	21989	3338
武山县	Wushan	35	8857	9377	29840	10830	19010	2476
张家川县	Zhangjiachuan	21	5814	6323	17494	5785	11709	1523
武威市	**Wuwei**	**129**	**27310**	**26418**	**78697**	**30309**	**48388**	**7710**
凉州区	Liangzhou	77	16291	16403	48764	18105	30659	4450
民勤县	Minqin	12	2840	2114	6806	3035	3771	1040
古浪县	Gulang	24	5682	5350	15593	6259	9334	1420
天祝县	Tianzhu	16	2497	2551	7534	2910	4624	800
张掖市	**Zhangye**	**41**	**20082**	**20831**	**60565**	**22516**	**38049**	**4933**

18-26 续表 1 continued

单位：人 (person)

地、县	Region & County	普通中学学校数（所）Schools (unit)	毕业生数 Graduates	招生数 Entrants	在校学生数 Enrollment	高中 Senior Secondary Schools	初中 Junior Secondary Schools	专任教师 Full-time Teachers
甘州区	Ganzhou	12	8433	8689	25230	9334	15896	1990
肃南县	Sunan	6	321	293	991	374	617	149
民乐县	Minle	7	4949	5023	14436	5728	8708	1051
临泽县	Linze	4	1841	1986	5682	2021	3661	509
高台县	Gaotai	5	1788	1822	5318	1921	3397	530
山丹县	Shandan	7	2750	3018	8908	3138	5770	704
平凉市	**Pingliang**	**164**	**38427**	**40169**	**116135**	**42789**	**73346**	**11912**
崆峒区	Kongtong	35	9593	10257	29301	10538	18763	2402
泾川县	Jingchuan	21	4305	4446	12880	4749	8131	1657
灵台县	Lingtai	19	3122	3410	9757	3448	6309	1005
崇信县	Chongxin	10	1522	1744	4826	1681	3145	428
庄浪县	Zhuanglang	31	7699	7857	22868	8649	14219	2503
静宁县	Jingning	37	8500	8099	24365	9781	14584	2893
华亭市	Huating	11	3686	4356	12138	3943	8195	1024
酒泉市	**Jiuquan**	**47**	**18194**	**17207**	**51656**	**21022**	**30634**	**4803**
肃州区	Suzhou	22	7961	7658	22775	9529	13246	2137
金塔县	Jinta	6	2228	1909	6032	2521	3511	637
瓜州县	Guazhou	6	2487	2278	6919	2802	4117	615
肃北县	Subei	2	201	198	524	226	298	83
阿克塞县	Akesai	1	239	221	681	315	366	54
玉门市	Yumen	6	2389	2408	7100	2411	4689	587
敦煌市	Dunhuang	4	2689	2535	7625	3218	4407	690
庆阳市	**Qingyang**	**166**	**46247**	**50748**	**145174**	**51185**	**93989**	**12576**
西峰区	Xifeng	25	11300	13634	36632	14758	21874	3013
庆城县	Qingcheng	20	3831	4452	12973	3945	9028	1123
环　县	Huanxian	30	6279	6504	19378	6841	12537	1802
华池县	Huachi	13	2367	2578	7470	2376	5094	689
合水县	Heshui	9	2754	2970	8437	2504	5933	659
正宁县	Zhengning	16	3270	4387	11793	3510	8283	1090
宁　县	Ningxian	24	7438	7554	22214	7694	14520	1818
镇原县	Zhenyuan	29	9008	8669	26277	9557	16720	2382
定西市	**Dingxi**	**252**	**45637**	**49804**	**139273**	**52677**	**86596**	**14072**
安定区	Anding	41	7024	7573	19684	8518	11166	2237
通渭县	Tongwei	45	4857	4659	13002	5713	7289	1730

18-26 续表 2 continued

单位：人 (person)

地、县	Region & County	普通中学学校数（所）Schools (unit)	毕业生数 Graduates	招生数 Entrants	在校学生数 Enrollment	高中 Senior Secondary Schools	初中 Junior Secondary Schools	专任教师 Full-time Teachers
陇西县	Longxi	47	8212	9453	26484	9627	16857	2591
渭源县	Weiyuan	28	4714	5007	13871	5781	8090	1685
临洮县	Lintao	44	7943	9470	26585	9450	17135	2605
漳　县	Zhangxian	17	3335	3757	10279	3679	6600	912
岷　县	Minxian	30	9552	9885	29368	9909	19459	2312
陇南市	**Longnan**	**231**	**49997**	**54957**	**156271**	**55140**	**101131**	**12579**
武都区	Wudu	40	12236	13731	39199	14736	24463	3035
成　县	Chengxian	25	4728	5579	15704	5222	10482	1090
文　县	Wenxian	24	3305	3516	10124	4194	5930	1006
宕昌县	Tanchang	25	5192	5122	15049	5681	9368	1223
康　县	Kangxian	18	3291	3606	10362	4094	6268	806
西和县	Xihe	29	7978	8761	24716	7850	16866	1970
礼　县	Lixian	39	9149	9747	27483	8490	18993	2259
徽　县	Huixian	25	3451	4173	11665	3974	7691	1041
两当县	Liangdang	6	667	722	1969	899	1070	149
临夏州	**Linxia**	**111**	**41936**	**51894**	**139925**	**43713**	**96212**	**10735**
临夏市	linxia	11	7473	9810	25638	10947	14691	2193
临夏县	linxia	21	5546	6578	18515	4722	13793	1528
康乐县	Kangle	17	6248	7129	19052	5975	13077	1220
永靖县	Yongjing	9	4240	4039	11627	5328	6299	1174
广河县	Guanghe	10	5139	7108	18259	4824	13435	1085
和政县	Hezheng	12	3631	5022	13237	3623	9614	946
东乡县	Dongxiang	18	4314	5977	15884	3172	12712	1073
积石山县	Jishishan	13	5345	6231	17713	5122	12591	1516
甘南州	**Gannan**	**47**	**15659**	**15878**	**43926**	**15794**	**28132**	**4163**
合作市	Hezuo	6	2892	3225	9178	3727	5451	791
临潭县	Lintan	10	2822	2972	7885	2832	5053	748
卓尼县	Zhuoni	9	2352	2535	7247	2424	4823	627
舟曲县	Zhouqu	7	2942	2344	6382	2305	4077	698
迭部县	Diebu	5	1064	1014	2703	1140	1563	363
玛曲县	Maqu	3	1175	1246	3496	1028	2468	227
碌曲县	Luqu	2	960	921	2624	999	1625	271
夏河县	Xiahe	5	1452	1621	4411	1339	3072	438

18-27 各市（州）普通高等学校基本情况（2022）
Number of Regular Institutions of Higher Education by Region (2022)

单位：人 (person)

市（州）	Region	学校数（所）Schools (unit)	专任教师数 Full-time Teachers	招生数 Entrants	本科 Normal Courses	专科 Short-cycle Courses	在校学生数 Enrollment	本科 Normal Courses	专科 Short-cycle Courses
兰州市	Lanzhou	28	23806	128227	77255	50972	435685	266016	169669
嘉峪关市	Jiayuguan	1	237	2481		2481	6817		6817
金昌市	Jinchang	1	331	3037		3037	7167		7167
白银市	Baiyin	2	528	3771		3771	11092		11092
天水市	Tianshui	4	2234	13328	4286	9042	48198	15965	32233
武威市	Wuwei	2	1084	7746		7746	23957		23957
张掖市	Zhangye	2	1303	7109	5302	1807	23650	18812	4838
平凉市	Pingliang	2	947	6600	2481	4119	19697	8020	11677
酒泉市	Jiuquan	1	564	4235		4235	13244		13244
庆阳市	Qingyang	2	1248	7261	3897	3364	26104	16221	9883
定西市	Dingxi	1	378				4559		4559
陇南市	Longnan	1	533	2506		2506	9358		9358
临夏州	Linxia	1	289	2257		2257	6423		6423
甘南州	Gannan	1	539	3362	3362		12190	12190	

18-27 续表 continued

单位：人 (person)

市（州）	Region	毕（结）业生数 Graduates with Degrees or Diplomas	本科 Normal Courses	专科 Short-cycle Courses	授予学位数 Degrees Awarded
兰州市	Lanzhou	106776	62647	44129	62217
嘉峪关市	Jiayuguan	1096		1096	
金昌市	Jinchang	1916		1916	
白银市	Baiyin	1567		1567	
天水市	Tianshui	14816	4195	10621	4128
武威市	Wuwei	7394		7394	
张掖市	Zhangye	5191	4468	723	4334
平凉市	Pingliang	5459	1830	3629	1830
酒泉市	Jiuquan	4460		4460	
庆阳市	Qingyang	6566	4252	2314	4092
定西市	Dingxi	2334		2334	
陇南市	Longnan	3799		3799	
临夏州	Linxia	1422		1422	
甘南州	Gannan	3102	3102		3004

18-28 科技活动基本情况
Basic Statistics on Scientific and Technological Activities

指 标	Item	2010	2015	2020	2021	2022
研究与试验发展（R&D）投入情况	**Statistics on R&D Input**					
有 R&D 活动的单位数（个）	Number of Units with R & D Activities (unit)	331	693	729	803	911
R&D 人员（人）	R & D Personnel (person)	30321	40787	43082	55067	56650
R&D 人员全时当量（人年）	Full-time Equivalent of R&D Personnel (man-year)	20774	25859	26814	33255	34325.3
R&D 经费内部支出（万元）	Internal Expenditure on R&D (10 000yuan)	415886	827203	1096444	1294694	1441494.3
R&D 经费内部支出相当于生产总值比例（%）	Ratio of Internal Expenditure on R&D to GDP (%)	1.03	1.22	1.22	1.26	1.29
科技产出及成果情况	**Statistics on S&T Outputs and Results**					
发表科技论文（篇）	Scientific Papers Issued (piece)	26016	25668	25251	27443	
出版科技著作（种）	Publication on Science and Technology (kind)	645	1020	846	752	
专利申请受理数（件）	Number of Patent Applications Accepted (piece)	1817	4125	9264	10456	
#发明专利	Inventions	933	1550	3202	3730	
专利申请授权数（件）	Number of Patent Applications Granted (piece)	304	1353	4040	4199	
#发明专利	Inventions	187	524	1004	1426	
有效发明专利数（件）	Number of Patents in Force (piece)	1554	4523	9516	11730	
专利所有权转让及许可数（件）	Number of Transfer and License of Patent Ownership (piece)	138	76	567	445	
专利所有权转让与许可收入（万元）	Income of Transfer and License of Patent Ownership (10 000 yuan)	2015	3569	3428	9711	
植物新品种权授予数（项）	Number of New Plant Varieties Granted (item)	20	19	42	46	
形成国家或行业标准数（项）	Number of Form the National or Industry Standards (item)	170	216	230	476	

18-29 研究与试验发展（R&D）人员
R&D Personnel

单位：人 (person)

指 标	Item	2010	2015	2020	2021	2022
R&D 人员	**R&D Personnel**	**30321**	**40787**	**43082**	**55067**	**56650**
按学历分	**By Level of Education**					
博士毕业	Doctor	2096	3809	7949	9134	
硕士毕业	Master	4882	7797	10200	11198	
本科毕业	Under-graduate	13319	13533	17064	22415	
其他人员	Others	10024	15648	7871	12322	
#女性	Female	7368	11575	12902	15551	16384
#研究人员	Researchers	18739	21360	29295	34506	35580
#全时人员	Full-time Equivalent	16978	23074	24125	28707	29610

18-30 研究与试验发展（R&D）人员全时当量
Full-time Equivalent of R&D Personnel

单位：人年 (man-year)

指 标	Item	2010	2015	2020	2021	2022
R&D 人员全时当量	**Full-time Equivalent of R&D Personnel**	**20774**	**25859**	**26814**	**33255**	**34325**
#研究人员	Researchers	12771	13256	18533	20615	21128
按活动类型分	**By Type of Activity**					
基础研究	Basic Research	2299	4309	6652	7430	7927
应用研究	Applied Research	4890	5570	7178	9053	8615
试验发展	Experimental Development	13586	15980	12983	16771	17781

18-31 研究与试验发展（R&D）经费情况
Expenditure on R&D

单位：万元 (10 000yuan)

指 标	Item	2010	2015	2020	2021	2022
R&D 经费内部支出	**Internal Expenditure on R&D by Sources**	**415886**	**827203**	**1096444**	**1294694**	**1441494**
按活动类型分	**By Type of Activity**					
基础研究	Basic Research	56498	127825	160952	170711	202176
应用研究	Applied Research	87531	129000	239614	261844	312317
试验发展	Experimental Development	271858	570378	695878	862139	927001
按执行部门分	**By Execution Departments**					
企业	Enterprises	223202	493772	587276	729903	793511
研究与开发机构	R&D Institutions	120428	248233	344094	396599	456372
高等学校	Higher Education	62646	69583	128091	131506	146720
其他	Others	9610	15615	36982	36686	44892
按支出用途分	**By Expenditure Use**					
日常性支出	Routine Expenses	355587	695594	938361	1098700	1130318
#人员劳务费	Labor Cost	95801	199305	331545	410565	429282
资产性支出	Assets Expenditure	60299	131609	158083	195994	311176
#仪器和设备	Equipment	50997	99373	137022	150681	212978
按资金来源分	**By Sources of Funding**					
政府资金	Government Appropriation Funds	161543	297574	398240	470016	513903
企业资金	Self-raised Funds by Enterprises	238039	500065	645537	763245	854964
国外资金	Foreign Funds	1224	2780	1008	632	358
其他资金	Other Funds	15081	26784	51658	60801	72270
R&D 经费外部支出	**External Expenditure on R&D by Performer and Sources**	**35208**	**132107**	**49148**	**39566**	**73174**
#对国内研究机构支出	to Domestic Research Institutions	16414	66762	20702	6945	16280
对国内高等学校支出	to Domestic Higher Education	10888	29546	10503	11002	9417
对国内企业支出	to Domestic Enterprises	3013	27094	15959	20575	46123
对境外机构支出	to Foreign Institutions	4894	8678	1974	1010	1340

18-32 科技成果情况
Statistics on Scientific and Technological Results

单位：项 (unit)

指　标	Item	2010	2015	2020	2021	2022
登记成果数	**Number of registered results**	**1065**	**819**	**2140**	**1618**	**1851**
按执行部门分	**By Execution Departments**					
科研机构	Research Institutions	210	188	333	270	361
大专院校	Colleges and Universities	295	200	599	376	402
企业	Enterprises	242	336	635	531	538
医疗机构	Medical Institutions	194	61	387	270	335
其他	Others	124	34	186	171	215
按活动类型分	**By Type of Activity**					
应用技术成果	Applied Technology Results	985	655	1463	1140	1188
基础理论成果	Basic Theoretical Results	27	138	648	456	618
软科学成果	Soft Science Results	53	26	29	22	45
奖励项目数	**Number of Reward Items**	**181**	**149**	**153**	**201**	**204**
应用技术成果应用行业	**Application Technology Application Industry**	**985**	**655**	**1463**	**1140**	**1188**
第一产业	Primary Industry	294	276	518	450	514
第二产业	Secondary Industry	213	205	358	227	239
第三产业	Tertiary Industry	478	174	587	463	435
已应用项目数	**Number of Applied Items**	**790**	**581**	**1286**	**963**	**1055**

18-33 规模以上工业企业科技活动基本情况
Basic Statistics on Science and Technology Activities of Industrial Enterprises above Designated Size

指 标	Item	2010	2015	2020	2021	2022
企业基本情况	**Statistics on Industrial Enterprises**					
有 R&D 活动企业数（个）	Number of Enterprises Having R&D Activities (unit)	126	457	421	470	563
有 R&D 活动企业占规模以上企业比重（%）	Percentage of Enterprises Having R&D Activities to Total Number of Enterprises (%)	6.3	21.4	21.7	20.8	22.3
研究与试验发展（R&D）活动	**Statistics on R&D Activities**					
R&D 人员全时当量（人年）	Full-time Equivalent of R&D Personnel(man-year)	9561	12578	8614	12547	14487
R&D 经费内部支出（万元）	Internal Expenditure on R&D(10 000 yuan)	218590	486077	521334	642948	720007
R&D 项目数（项）	R&D Projects (item)	644	1572	1608	2201	2703
R&D 项目经费内部支出（万元）	Internal Expenditure on R&D Projects(10 000 yuan)	152320	412787	501693	590484	627277
企业办研发机构	**Statistics on R&D Institutions**					
机构数（个）	Number of R&D Institutions(unit)	161	284	205	225	306
机构人员数（人）	R&D Personnel (person)	5383	12113	10097	8294	12108
机构经费支出（万元）	Expenditure on R&D(10 000yuan)	52792	167872	165260	231407	296112
新产品开发及生产	**Statistics on New Products Development and Production**					
新产品开发项目数（个）	Number of New Products(unit)	1182	1291	1565	2039	2520
新产品开发经费支出（万元）	Expenditure on New Products Development(10 000 yuan)	212337	392974	436109	540833	686626
新产品销售收入（亿元）	Sales Revenue of New Products(100 million yuan)	349.06	574.10	578.03	766.27	1121.96
#新产品出口	Export	25.32	50.72	46.53	38.45	39.45
专利情况	**Statistics on Patent**					
专利申请数（件）	Patent Applications (piece)	1043	2230	3829	4645	5979
#发明专利	Inventions	328	698	1229	1526	1855
有效发明专利数（件）	Number of Patents in Force(piece)	402	1884	4017	4842	5733
技术获取和技术改造（万元）	**Statistics on Technology Acquisition and** Technology Reconstruction(10 000 yuan)					
引进国外技术经费支出	Expenditure for Acquisition of Foreign Technology	59956	21378	900	6	
引进技术消化吸收经费支出	Expenditure for Assimilation of Technology	122099	69148		8	27
购买国内技术经费支出	Expenditure for Purchase of Domestic Technology	44929	35973	686	12916	5173
技术改造经费支出	Expenditure for Technical Renovation	408340	571814	529369	652395	799478

18-34 专利授权情况
Statistics of Patent Grant

单位：项 (item)

指 标	Item	2018	2019	2020	2021	2022
总计	**Total**	**13958**	**14894**	**20991**	**26056**	**22490**
发明专利	Inventions	1280	1154	1446	2253	2472
实用新型	Utility Models	10696	11722	17503	21975	18234
外观设计	Designs	1982	2018	2042	1828	1784
职务	Official	10329	11377	15039	18286	17030
大专院校	Universities and Colleges	2678	2724	3909	4679	3559
科研单位	Research Institutions	787	870	970	1488	1532
企业	Enterprises	6550	7144	9277	11060	10898
机关团体	Government Agencies and Organizations	314	639	883	1059	1041
非职务	Non-official	3629	3517	5952	7770	5460

18-35 各类技术合同签订情况（2022）
Statistics of Signing Technical Contract (2022)

指 标	Item	合同数（项）Number of Contracts (item)	合同成交金额（万元）Amount of Contracts (10 000 yuan)	#技术交易额 Revenue for Technique Trade
合计	**Total**	**13241**	**3385731**	**1498378**
技术开发合同	Technical Development	1384	306298	191343
技术转让合同	Technical Transfer	561	97066	82584
技术咨询合同	Technical Advisory	702	45023	28200
技术服务合同	Technical Service	10453	2892691	1153832
技术许可合同	Technology License	141	44653	42419

18-36 各市（州）研究与试验发展 (R&D) 情况（2022）
Basic Statistics on R&D by Region (2022)

市（州）	Region	有 R&D 活动的单位数（个）Number of Units (unit)	R&D 人员（人）R&D Personnel (person)	R&D 经费内部支出（万元）Internal Expenditure on R&D (10 000yuan)	按活动类型分 By Type of Activity			按支出用途分 By Expenditure Use		R&D 经费外部支出（万元）External Expenditure on R&D (10000yuan)
					基础研究 Basic Research	应用研究 Applied Research	试验发展 Experimental Development	日常性支出 Routine Expenses	资产性支出 Assets Expenditure	
兰州市	Lanzhou	256	30780	813996	177444	234978	401574	648860	165132	39143
嘉峪关市	Jiayuguan	23	1543	44223	6	1221	42997	33960	10264	4219
金昌市	Jinchang	31	3619	45612	347	4466	40799	38685	6928	20197
白银市	Baiyin	40	1850	36290	68	650	35572	34732	1559	931
天水市	Tianshui	46	3278	81473	4709	2770	73995	70817	10659	1452
武威市	Wuwei	116	2129	38827	1963	5494	31370	37369	1458	1107
张掖市	Zhangye	132	2642	59368	4198	17599	37571	56605	2760	492
平凉市	Pingliang	23	1086	16478	675	5322	10481	15563	915	643
酒泉市	Jiuquan	49	3926	180720	5938	15701	159082	79360	101360	2400
庆阳市	Qingyang	44	2247	68238	6447	14312	47479	59058	9180	931
定西市	Dingxi	100	1712	28567	142	461	27964	28129	439	1402
陇南市	Longnan	21	1172	18260	153	8995	9112	18117	143	123
临夏州	Linxia	28	554	8649	2	346	8301	8466	183	17
甘南州	Gannan	7	115	794	86	3	705	598	196	118

18-37 企业单位分行业各类专业技术人员（2022）
Professional and Technical Personnel of Enterprises Units by Sector and Type(2022)

单位：人 (person)

行 业	Sector	总 计 Total	工程技术人员 Engineering	农业技术人员 Agriculture	科学研究人员 Scientific Research	卫生技术人员 Health Care	教学人员 Teaching	其他 Other
总计	**Total**	**108761**	**65144**	**932**	**200**	**1339**	**593**	**40553**
农、林、牧、渔业	Agriculture,Forestry,Animal Husbandry and Fishery	2055	630	779	3	24	47	572
采矿业	Mining	10830	6596	17		62	117	4038
制造业	Manufacturing	14496	11229	43	22	108	28	3066
电力、热力、燃气及水生产和供应业	Production and Supply of Electricity, Heat, Gas and Water	6415	5606	13	25	14	4	753
建筑业	Construction	26411	21696	1	55	29	1	4629
批发和零售业	Wholesale and Retail Trades	689	185	18	3	20	6	457
交通运输、仓储和邮政业	Transport, Storage and Post	10836	7161	20	17	47	10	3581
住宿和餐饮业	Hotels and Catering Services	594	66			393		135
信息传输、软件和信息技术服务业	Information Transmission,Software and Information Technology	583	430		20		2	131
金融业	Financial Intermediation	19028	369			2	22	18635
房地产业	Real Estate	1254	792	3	3	6		450
租赁和商务服务业	Leasing and Commercial Services	893	551		11	5	6	320
科学研究和技术服务业	Scientific Research and Technical Services	4323	4042	2	19	1	1	258
水利环境和公共设施管理业	Management of Water Conservancy, Environment and Public Facilities	4807	4102	5		6	1	693
居民服务、修理和其他服务业	Services to Households, Repair and Other Services	1165	781	31	21		30	302
教育	Education	394	20			1	315	58
卫生和社会工作	Health and Social Service	709	46			618		45
文化、体育和娱乐业	Culture, Sports and Entertainment	3211	812		1	3	3	2392
公共管理、社会保障和社会组织	Public Management,Social Security and Social Organization	68	30					38
国际组织	International Organizations							

注：此表为公有制经济企业专业技术人员数据。

a) Data in this table are data of professional and technical personnel of public economic enterprises.

18-38 事业单位分专业类别专业技术人员（2022）
Professional and Technical Personnel of Public Institutions by Professional Category (2022)

单位：人 (person)

专业类别	Professional Category	总计 Total	博士 Doctor's Degree	硕士 Master's Degree	大学本科 Normal Courses	大学专科 Short-cycle Courses	中专 Specialized Secondary	高中及以下 Senior Secondary and below	在管理岗位工作的 Worked in Management Position
总计	**Total**	**514575**	**4876**	**28432**	**339946**	**116793**	**20408**	**4120**	**12204**
工程技术人员	Engineering Technical Personnel	34997	78	2291	21404	8636	2201	387	1656
农业技术人员	Agricultural Technical Personnel	24485	12	1051	13266	7543	2117	496	1102
科学研究人员	Scientific Research Personnel	2487	309	830	1151	176	18	3	178
卫生技术人员	Health Technology Personnel	88543	177	4014	54772	23372	5395	813	2671
审计专业人员	Audit Professionals Personnel	341		20	262	55	4		6
实验技术人员	Experimental Technical Personnel	408	13	78	261	50	6		27
教学人员	Teaching Personnel	338058	4214	18488	232756	71207	9425	1968	5387
经济人员	Economic Personnel	2905	1	184	1779	831	87	23	98
会计人员	Accounting Personnel	3149		145	2034	788	161	21	85
统计人员	Statistics Personnel	285		16	162	92	11	4	2
翻译人员	Translation Personnel	87	1	18	53	13	2		11
图书档案、文博人员	Book Archives,Cultural and Museum Personnel	4320	58	476	2709	897	106	74	187
新闻、出版人员	News,Publishing Personnel	3502	11	214	2646	580	39	12	319
律师、公证人员	Lawyer, Notary	234		9	188	23	13	1	3
播音人员	Broadcaster	511		15	346	130	13	7	23
工艺美术人员	Arts and Crafts Personnel	246		6	150	61	23	6	13
体育人员	Sports Personnel	1077		32	676	254	68	47	71
艺术人员	Art Personnel	2473	1	121	1196	538	419	198	116
其他人员	Others	6467	1	424	4135	1547	300	60	249

18-39 事业单位分行业各类专业技术人员（2022）
Professional and Technical Personnel of Institutional Unit by Sector and Type (2022)

单位：人 (person)

行 业	Sector	总 计 Total	博士 Doctor's Degree	硕士 Master's Degree	大学本科 Normal Courses	大学专科 Short-cycle Courses	中专 Specialized Secondary	高 中及以下 Senior Secondary and below	在管理岗位工作的 Worked in Management Position
总计	**Total**	**514575**	**4876**	**28432**	**339946**	**116793**	**20408**	**4120**	**12204**
农、林、牧、渔业	Agriculture,Forestry,Animal Husbandry and Fishery	30542	17	1350	16891	9503	2353	428	1449
采矿业	Mining	222		5	129	63	23	2	4
制造业	Manufacturing	13			12	1			1
电力、热力、燃气及水生产和供应业	Production and Supply of Electricity, Heat, Gas and Water	635		22	331	149	131	2	3
建筑业	Construction	807		49	515	185	50	8	40
批发和零售业	Wholesale and Retail Trades	2			2				
交通运输、仓储和邮政业	Transport, Storage and Post	5320		172	3959	1041	142	6	121
住宿和餐饮业	Hotels and Catering Services								
信息传输、软件和信息技术服务业	Information Transmission,Software and Information Technology	370		56	268	35	5	6	11
金融业	Financial Intermediation	607		24	352	180	46	5	
房地产业	Real Estate	109		2	57	42	4	4	1
租赁和商务服务业	Leasing and Commercial Services	252		13	204	33	2		
科学研究和技术服务业	Scientific Research and Technical Services	10786	220	1859	6895	1416	383	13	584
水利环境和公共设施管理业	Management of Water Conservancy, Environment and Public Facilities	10957	7	371	6492	3360	616	111	497
居民服务、修理和其他服务业	Services to Households,Repair and Other Services	780		7	365	291	101	16	48
教育	Education	343547	4391	19168	233999	73084	10533	2372	5576
卫生和社会工作	Health and Social Service	86641	183	4015	54780	22173	4800	690	2751
文化、体育和娱乐业	Culture, Sports and Entertainment	11672	56	782	7411	2465	661	297	783
公共管理、社会保障和社会组织	Public Management,Social Security and Social Organization	11313	2	537	7284	2772	558	160	335
国际组织	International Organizations								

18-40 各市（州）规模以上企业创新基本情况（2022）

指 标	Item	兰州市 Lanzhou	嘉峪关市 Jiayuguan	金昌市 Jinchang
创新活动	**Innovative Activity**			
企业数（个）	Number of Enterprises (unit)	1913	169	249
开展创新活动的企业数（个）	Number of Enterprises to Carry out Innovation Activities (unit)	656	74	96
#成功实现创新	Successful to Achieve Innovation	639	73	96
#开展产品或工艺创新活动	Carry out Product or Process Innovation Activities	403	50	70
#有组织（管理）创新或营销创新	Own the Organize (Manage) Innovation or Marketing Innovation	503	65	74
#同时实现四种创新	Simultaneously Achieving Four Innovations	64	10	12
产品或工艺创新	**Product or Process Innovation**			
有内部 R&D 的企业数（个）	Number of Enterprises with Internal R&D (unit)	173	21	30
有外部 R&D 的企业数（个）	Number of Enterprises with External R&D (unit)	69	6	4
工业企业创新费用（亿元）	Innovation Expense for Industrial Enterprises (100 million yuan)	32.08	42.68	35.88
#R&D 经费内部支出	Internal Expenditure on R&D	22.83	4.30	3.68
#R&D 经费外部支出	External Expenditure on R&D	0.79	0.42	2.02
保持和提高竞争	**Maintain and Enhance Competitiveness**			
占全部企业的比重（%）	**Proportion of Following Enterprises to All Enterprises (%)**			
申请了专利的企业	Enterprises Applied for a Patent	8.21	13.61	12.85
申请了注册商标的企业	Enterprises Applied for a Registered Trademark	4.70	7.10	8.43
申请了版权登记的企业	Enterprises Applied for a Copyright Registration	1.99	2.37	0.80
形成了国家或行业技术标准的企业	Enterprises Formed a National or Industry Technical Standards	6.64	7.69	6.02
发挥了时间上的先发优势的企业	Enterprises Played the Time's First-mover Advantage	18.19	17.16	16.87
有发明专利申请的企业	Enterprises Have the Patent Applications	6.53	7.69	7.63

Basic Statistics of Enterprise Innovation above Designated Size by Region (2022)

白银市 Baiyin	天水市 Tianshui	武威市 Wuwei	张掖市 Zhangye	平凉市 Pingliang	酒泉市 Jiuquan	庆阳市 Qingyang	定西市 Dingxi	陇南市 Longnan	临夏州 Linxia	甘南州 Gannan
426	544	485	541	301	638	394	360	276	233	78
163	195	171	229	81	228	112	179	91	75	19
161	183	171	226	79	225	104	178	90	71	18
113	108	110	185	42	142	51	131	45	36	7
129	170	126	155	65	178	97	138	73	66	18
18	20	23	28	8	26	7	23	6	7	1
36	33	78	141	15	47	29	93	23	20	2
9	9	8	9	3	7	4	12	3	2	2
20.55	10.98	2.87	5.28	2.31	16.58	4.73	3.42	1.70	0.56	0.12
2.88	6.72	2.47	4.57	1.13	14.56	4.39	2.30	1.61	0.55	0.01
0.09	0.14	0.11	0.05	0.06	0.10	0.09	0.14	0.005	0.002	0.01
8.45	7.35	8.04	8.32	4.32	7.68	2.28	8.61	3.99	2.15	5.13
8.45	9.93	6.19	8.32	3.65	6.58	4.31	9.17	7.61	7.30	16.67
2.82	1.65	1.65	2.03	1.66	0.94	0.76	0.56	1.81	0.43	2.56
7.98	4.78	6.80	5.73	6.31	6.90	6.85	6.67	7.97	6.87	3.85
19.01	19.85	21.24	26.06	16.61	21.63	26.14	25.28	19.20	28.33	25.64
5.40	3.86	4.33	4.07	1.99	3.45	1.52	5.28	1.45	0.86	2.56

18-41 规模以上企业创新基本情况（2022）

Enterprise Innovation above Designated Size (2022)

指 标	Item	全省 Total	工业 Industry	建筑业 Construc-tion	服务业 Service Industry
创新活动	**Innovative Activity**				
企业数（个）	Number of Enterprises (unit)	6607	2521	849	3237
开展创新活动的企业数（个）	Number of Enterprises to Carry out Innovation Activities (unit)	2369	1205	232	932
#成功实现创新	Successful to Achieve Innovation	2314	1171	222	921
#开展产品或工艺创新活动	Carry out Product or Process Innovation Activities	1493	986	120	387
#有组织（管理）创新或营销创新	Own the Organize (Manage) Innovation or Marketing Innovation	1857	842	201	814
#同时实现四种创新	Simultaneously Achieving Four Innovations	253	155	17	81
产品或工艺创新	**Product or Process Innovation**				
有内部 R&D 的企业数（个）	Number of Enterprises with Internal R&D (unit)	741	563	46	132
有外部 R&D 的企业数（个）	Number of Enterprises with External R&D (unit)	147	94	16	37
工业企业创新费用（亿元）	Innovation Expense for Industrial Enterprises (100 million yuan)	179.73	179.73		
#R&D 经费内部支出	Internal Expenditure on R&D	72.00	72.00		
#R&D 经费外部支出	External Expenditure on R&D	4.03	4.03		
创新合作	**Innovation Cooperation**				
开展创新合作的企业数（个）	Number of Enterprises to Carry out Innovation Cooperation (unit)	1570	827	155	588
#与高等学校开展创新合作	Carry out Innovation Cooperation with Colleges and Universities	417	281	37	99
#与研究机构开展创新合作	Carry out Innovation Cooperation with Research Institutions	288	217	18	53
保持和提高竞争力	**Maintain and Enhance Competitiveness**				
占全部企业的比重（%）	**Proportion of Following Enterprises to All Enterprises (%)**				
申请了专利的企业	Enterprises Applied for a Patent	7.48	16.34	3.42	1.64
申请了注册商标的企业	Enterprises Applied for a Registered Trademark	6.69	10.87	2.24	4.60
申请了版权登记的企业	Enterprises Applied for a Copyright Registration	1.63	2.18	0.82	1.42
形成了国家或行业技术标准的企业	Enterprises Formed a National or Industry Technical Standards	6.57	10.31	6.95	3.55
对技术秘密进行内部保护的企业	Enterprises Carried out Internal Protection to Technical Secret	7.89	13.05	5.54	4.48
发挥了时间上的先发优势的企业	Enterprises Played the Time's First-mover Advantage	20.78	19.24	24.97	20.88
有发明专利申请的企业	Enterprises Have the Patent Applications	4.62	10.04	2.24	1.02
采取知识产权保护或相关措施的企业	Enterprises Take Intellectual Property Protection or Related Measures	44.74	59.10	42.40	34.17

主要统计指标解释

普通高等学校 指通过国家普通高等教育招生考试，招收高中毕业生为主要培养对象，实施高等学历教育的全日制大学、独立设置的学院、独立学院和高等专科学校、高等职业学校及其他机构。

大学、独立设置的学院主要实施本科及本科层次以上的教育。独立学院主要实施本科层次的教育。高等专科学校、高等职业学校实施专科层次的教育。其他机构是指承担国家普通招生计划任务不计校数的机构，包括普通高等学校分校、大专班等。

成人高等学校 指通过国家成人高等教育招生考试，招收具有高中毕业或同等学力的人员为主要培养对象，利用函授、业余、脱产等多种形式，对其实施高等学历教育的学校。包括：职工高等学校、农民高等学校、管理干部学院、教育学院、独立函授学院、广播电视大学、其他机构。其他机构是指承担国家成人招生计划任务不计校数的机构。

小学学龄儿童净入学率 指调查范围内已入小学学习的学龄儿童占校内外学龄儿童总数（包括弱智儿童，不包括盲聋哑儿童）的比重。

研究与试验发展（R&D） 指在科学技术领域，为增加知识总量，以及运用这些知识去创造新的应用进行的系统的创造性的活动，包括基础研究、应用研究、试验发展三类活动。国际上通常采用 R&D 活动的规模和强度指标反映一国的科技实力和核心竞争力。

基础研究 指为了获得关于现象和可观察事实的基本原理的新知识（揭示客观事物的本质、运动规律，获得新发现、新学说）而进行的实验性或理论性研究，它不以任何专门或特定的应用或使用为目的。其成果以科学论文和科学著作为主要形式。用来反映知识的原始创新能力。

应用研究 指为获得新知识而进行的创造性研究，主要针对某一特定的目的或目标。应用研究是为了确定基础研究成果可能的用途，或是为达到预定的目标探索应采取的新方法（原理性）或新途径。其成果形式以科学论文、专著、原理性模型或发明专利为主。用来反映对基础研究成果应用途径的探索。

试验发展 指利用从基础研究、应用研究和实际经验所获得的现有知识，为产生新的产品、材料和装置，建立新的工艺、系统和服务，以及对已产生和建立的上述各项作实质性的改进而进行的系统性工作。其成果形式主要是专利、专有技术、具有新产品基本特征的产品原型或具有新装置基本特征的原始样机等。在社会科学领域，试验发展是指把通过基础研究、应用研究获得的知识转变成可以实施的计划（包括为进行检验和评估实施示范项目）的过程。人文科学领域没有对应的试验发展活动。主要反映将科研成果转化为技术和产品的能力，是科技推动经济社会发展的物化成果。

产品创新 指企业推出了全新的或有重大改进的产品。产品创新的“新”要体现在产品的功能或特性上，包括技术规范、材料、组件、用户友好性等方面的重大改进。不包括产品仅有外观变化或其他微小改变的情况，也不包括直接转销。此处的“新”是指该产品对本企业而言必须是新的，但对于其他企业或整个市场而言不一定是新的。这里的产品既包括货物，也包括服务。货物方面产品创新的例子有新能源汽车、新功能手机等；服务方面产品创新的例子有新的保修服务，如显著延长的新产品保修期限等。

工艺创新 指企业采用了全新的或有重大改进的生产方法、工艺设备或辅助性活动。工艺创新的“新”要体现在技术、设备或流程上；它对本企业而言必须是新的，但对于其他企业或整个市场而言不一定是新的。不包括单纯的组织管理方式的变化。此处的辅助性活动指企业的采购、物流、财务、信息化等活动。

组织（管理）创新 指企业采取了此前从未使用过的全新的组织管理方式，主要涉及企业的经营模式、组织结构或外部关系等方面。不包括单纯的合并或收购。组织（管理）创新应是企业管理层战略决策的结果。此处的“新”是指它对本企业而言必须是新的，但对于其他企业或整个市场而言不一定是新的。

营销创新 指企业采用了此前从未使用过的全新的营销概念或营销策略，主要涉及产品（服务）设计或包装、产品（服务）推广、产品（服务）销售渠道、产品（服务）定价等方面。不包括季节性、周期性变化和其他常规的营销方式变化。此处的“新”是指它对本企业而言必须是新的，但对于其他企业或整个市场而言不一定是新的。

R&D 人员 指参与研究与试验发展项目研究、管理和辅助工作的人员，包括项目（课题）组人员，企业科技行政管理人员和直接为项目（课题）活动提供服务的辅助人员。反映投入从事拥有自主知识产权的研究开发活动的人力规模。

R&D 人员全时当量 指全时人员数加非全时人员按工作量折算为全时人员数的总和。例如：有两个全时人员和三个非全时人员（工作时间分别为 20%、30% 和 70%），则全时当量为 2+0.2+0.3+0.7=3.2 人年。为国际上比较科技人力投入而制定的可比指标。

R&D 经费内部支出合计 指调查单位用于内部开展 R&D 活动（基础研究、应用研究和试验发展）的实际支出。包括用于 R&D 项目（课题）活动的直接支出，以及间接用于 R&D 活动的管理费、服务费、与 R&D 有关的基本建设支出以及外协加工费等。不包括生产性活动支出、归还贷款支出以及与外单位合作或委托外单位进行 R&D 活动而转拨给对方的经费支出。

R&D 项目（课题）数 指在当年立项并开展研究工作、以前年份立项仍继续进行研究的研发项目（课题）数，包括当年完成和年内研究工作已告失败的研发项目（课题），但不包括委托外单位进行的研发项目（课题）数。

R&D 项目（课题）人员全时当量 指实际参加研发项目（课题）活动人员折合的全时当量。

R&D 项目（课题）经费内部支出 指调查单位内部在报告年度进行研发项目（课题）研究和试制等的实际支出。包括劳务费、其他日常支出、固定资产购建费、外协加工费等，不包括委托或与外单位合作进行项目（课题）研究而拨付给对方使用的经费。

新产品销售收入 指报告期企业销售新产品实现的销售收入。新产品是指采用新技术原理、新设计构思研制、生产的全新产品，或在结构、材质、工艺等某一方面比原有产品有明显改进，从而显著提高了产品性能或扩大了使用功能的产品。既包括经政府有关部门认定并在有效期内的新产品，也包括企业自行研制开发，未经政府有关部门认定，从投产之日起一年之内的新产品。

专利 是专利权的简称，是对发明人的发明创造经审查合格后，由专利局依据专利法授予发明人和设计人对该项发明创造享有的专有权。包括发明、实用新型和外观设计。反映拥有自主知识产权的科技和设计成果情况。

发明（专利） 指对产品、方法或者其改进所提出的新的技术方案。是国际通行的反映拥有自主知识产权技术的核心指标。

实用新型（专利） 指对产品的形状、构造或者其结合所提出的适于实用的新的技术方案。反映具有一定技术含量的技术成果情况。

外观设计（专利） 指对产品的形状、图案、色彩或者其结合所作出的富有美感并适于工业上应用的新设计。反映拥有自主知识产权的外观设计成果情况。

19

卫生、社会服务和社会保障

Public Health, Social Services and Social Security

简要说明

一、本篇资料主要内容

本篇资料主要包括卫生、民政事业、安全生产、劳动保障、残疾人事业及其他社会统计情况。

卫生主要包括：卫生机构、卫生技术人员、床位数、医院诊疗人次及入院人数、新型农村合作医疗情况。

民政事业和劳动保障资料主要包括：社会福利事业机构、人员和社会救济情况、社会保障、婚姻登记等情况。

二、本篇资料来源

本篇资料由省统计局社会科技处搜集、加工整理。

1. 卫生资料由省卫健委提供、新型农村合作医疗资料由省医保局提供。

2. 安全生产资料由省应急管理厅提供。

3. 民政事业、劳动保障及其他社会统计数据分别来源于省民政厅、省人力资源和社会保障厅、省公安厅、省委统战部、省妇联、省总工会、省残联。

19-1 医疗卫生机构基本情况
Basic Statistics of Health Care Institutions

项 目	Item	2020	2021	2022
卫生机构数（个）	**Number of Health Care Institutions (unit)**	**26250**	**25758**	**25267**
医院	Hospitals	705	699	706
综合医院	General Hospitals	373	362	355
中医医院	Hospitals Specialized in Traditional Chinese Medicine	117	116	120
中西医结合医院	Hospital of Integrated Traditional Chinese with Western Medicine	30	36	35
民族医院	Nationalities Hospitals	17	16	15
专科医院	Specialized Hospitals	167	169	180
护理院	Nursing Home	1		1
基层医疗卫生机构	Primary Medical and Health Institutions	24636	24374	24072
社区卫生服务中心（站）	Community Health Service Centers (Stations)	671	698	701
社区卫生服务中心	Community Health Centre	211	213	216
社区卫生服务站	Community Health Station	460	485	485
卫生院	Health Centers	1368	1359	1357
街道卫生院	Street Health Center	2	2	3
乡镇卫生院	Township Health Center	1366	1357	1354
村卫生室	Village Clinics	16421	16302	16265
门诊部	Outpatient Department	85	116	114
诊所、卫生所、医务室	Clinics	6091	5899	5635
专业公共卫生机构	Professional Public Health Institutions	873	650	462
疾病预防控制中心	Centers for Disease Control and Prevention	102	103	104
专科疾病防治院（所、站）	Specialized Disease Prevention & Treatment Institute	9	9	9
健康教育所（站、中心）	Health Education Institution	12	14	14
妇幼保健院（所、站）	Women and Children Care Agencies	99	99	99
急救中心（站）	First Aid Centers (Stations)	4	4	4
采供血机构	Blood Collection Agencies	18	18	18
卫生监督所（中心）	Health Inspection Institution(center)	95	95	95
计划生育技术服务机构	Family Planning Technical Service Institutions	534	308	119
其他卫生机构	Other Health Institutions	36	35	27
疗养院	Sanatorium	5	5	4
卫生监督检验（监测、检测）所（站）	Health Supervision and Inspection Institute (Station)			
医学科学研究机构	Medicine Scientific Research Institutions	2	2	2
医学在职培训机构	Medical-service Training Institutions	2	1	1
临床检验中心（所、站）	Clinical Laboratory Center (Institute, Station)		1	1
统计信息中心	Statistical Information Center	1	2	2
其他	Others	26	24	17

19-1 续表 1 continued

项 目	Item	2020	2021	2022
床位数（张）	**Beds (unit)**	**177929**	**183246**	**188994**
医院	Hospitals	138610	142626	144613
综合医院	General Hospitals	90707	91992	93448
中医医院	Hospitals Specialized in Traditional Chinese Medicine	27524	28889	30590
中西医结合医院	Hospital of Integrated Traditional Chinese with Western Medicine	3028	4196	3861
民族医院	Nationalities Hospitals	1649	1461	1259
专科医院	Specialized Hospitals	15702	16088	15356
护理院	Nursing Home			99
基层医疗卫生机构	Primary Medical and Health Institutions	32999	33647	34976
社区卫生服务中心（站）	Community Health Service Centers (Stations)	4267	4155	4566
社区卫生服务中心	Community Health Centre	3321	3246	3571
社区卫生服务站	Community Health Station	946	909	995
卫生院	Health Centers	28650	28767	29671
街道卫生院	Street Health Center	20	20	30
乡镇卫生院	Township Health Center	28630	28747	29641
村卫生室	Village Clinics			
门诊部	Outpatient Department	82	224	257
诊所、卫生所、医务室	Clinics		501	
专业公共卫生机构	Professional Public Health Institutions	5752	6304	8743
疾病预防控制中心	Centers for Disease Control and Prevention			
专科疾病防治院（所、站）	Specialized Disease Prevention & Treatment Institute	500	500	832
健康教育所（站、中心）	Health Education Institution			
妇幼保健院（所、站）	Women and Children Care Agencies	5234	5786	7893
急救中心（站）	First Aid Centers (Stations)	18	18	
采供血机构	Blood Collection Agencies			
卫生监督所（中心）	Health Inspection Institution(center)			
计划生育技术服务机构	Family Planning Technical Service Institutions			
其他卫生机构	Other Health Institutions	568	669	662
疗养院	Sanatorium	568	669	662
卫生监督检验（监测、检测）所（站）	Health Supervision and Inspection Institute (Station)			
医学科学研究机构	Medicine Scientific Research Institutions			
医学在职培训机构	Medical-service Training Institutions			
临床检验中心（所、站）	Clinical Laboratory Center (Institute, Station)			
统计信息中心	Statistical Information Center			
其他	Others			

19-1 续表 2 continued

项 目	Item	2020	2021	2022
卫生机构人员数（人）	**Number of Health Agency Personnel (person)**	**237823**	**247724**	**254105**
卫生技术人员（人）	**Medical Technical Personnel (person)**	**188932**	**201099**	**207303**
医院	Hospitals	120355	128839	134156
综合医院	General Hospitals	84953	89585	92628
中医医院	Hospitals Specialized in Traditional Chinese Medicine	22192	24299	25817
中西医结合医院	Hospital of Integrated Traditional Chinese with Western Medicine	2415	2724	2860
民族医院	Nationalities Hospitals	906	973	987
专科医院	Specialized Hospitals	9889	11258	11825
护理院	Nursing Home			39
基层医疗卫生机构	Primary Medical and Health Institutions	53232	55258	55267
社区卫生服务中心（站）	Community Health Service Centers (Stations)	9196	9339	9866
社区卫生服务中心	Community Health Centre	5643	5885	6395
社区卫生服务站	Community Health Station	3553	3454	3471
卫生院	Health Centers	29090	30336	30305
街道卫生院	Street Health Center	33	32	35
乡镇卫生院	Township Health Center	29057	30304	30270
村卫生室	Village Clinics	2751	2601	2425
门诊部	Outpatient Department	1214	1613	1666
诊所、卫生所、医务室	Clinics	10981	11369	11005
专业公共卫生机构	Professional Public Health Institutions	15114	16672	17555
疾病预防控制中心	Centers for Disease Control and Prevention	3352	3688	3792
专科疾病防治院（所、站）	Specialized Disease Prevention & Treatment Institute	361	383	368
健康教育所（站、中心）	Health Education Institution	38	52	63
妇幼保健院（所、站）	Women and Children Care Agencies	8383	9831	10870
急救中心（站）	First Aid Centers (Stations)	141	147	150
采供血机构	Blood Collection Agencies	520	563	560
卫生监督所（中心）	Health Inspection Institution(center)	1462	1470	1443
计划生育技术服务机构	Family Planning Technical Service Institutions	857	538	309
其他卫生机构	Other Health Institutions	231	330	325
疗养院	Sanatorium	93	163	130
卫生监督检验（监测、检测）所（站）	Health Supervision and Inspection Institute (Station)			
医学科学研究机构	Medicine Scientific Research Institutions	26	26	34
医学在职培训机构	Medical-service Training Institutions	72	67	63
临床检验中心（所、站）	Clinical Laboratory Center (Institute, Station)		45	57
统计信息中心	Statistical Information Center			
其他	Others	40	29	41
每万人口执业（助理）医师（人）	**Number of Licensed (Assistant) Doctors per 10 000 Population(person)**	**26.5**	**28.4**	**29.0**
每万人口注册护士（人）	**Number of Registered Nurses per 10 000 Population(person)**	**34.1**	**36.8**	**38.0**

19-2　卫生机构数
Number of Health Care Institutions

单位：个　(unit)

年 份 Year	总 计 Total	#医院 Hospitals	#综合医院 General Hospitals	#中医医院 Hospitals Specialized in Traditional Chinese Medicine	#专科医院 Specialized Hospitals	#基层医疗卫生机构 Primary Medical and Health Institutions	#社区卫生服务中心（站） Community Health Service Centers (Stations)	#卫生院 Health Centers
2007	11958	370	270	69	30		299	1343
2008	10737	371	262	70	34		321	1342
2009	10011	373	259	68	35	9279	340	1342
2010	10267	378	257	69	40	9529	429	1350
2011	10065	388	261	68	45	9319	575	1381
2012	9542	402	264	70	53	8771	620	1382
2013	9845	419	273	73	54	8676	606	1381
2014	11216	427	275	76	54	8574	597	1378
2015	11031	442	277	81	62	8655	612	1351
2016	11425	446	277	81	64	9032	582	1376
2017	11847	521	302	91	97	9567	602	1378
2018	11398	623	351	109	119	9296	628	1379
2019	10234	718	381	122	166	8300	675	1379
2020	9829	705	373	117	167	8215	671	1368
2021	9456	699	362	116	169	8072	698	1359
2022	9002	706	355	120	180	7807	701	1357

注：本表卫生机构数不包含村卫生室数。

a) Number of health care institutions in this table doesn’t include villages clinics.

19-2　续表　continued

单位：个　(unit)

年 份 Year	#门诊部 Outpatient Department	#专业公共卫生机构 Professional Public Health Institutions	#疾病防控中心 Centers for Disease Control and Prevention	#专科疾病防治院（所、站） Specialized Disease Prevention & Treatment Institute	#妇幼保健院（所、站） Women and Children Care Agencies	#卫 生 监督所 Health Inspection Institution (Center)
2007	81		106	7	99	87
2008	82		104	7	100	87
2009	74	320	103	7	99	86
2010	64	325	103	7	100	90
2011	50	329	103	7	100	91
2012	66	330	103	7	99	93
2013	69	700	103	7	100	93
2014	76	2061	103	7	100	92
2015	74	1815	103	7	100	92
2016	70	1835	103	7	103	92
2017	79	1643	103	7	99	93
2018	68	1392	103	6	99	94
2019	69	1123	103	8	99	94
2020	85	873	102	9	99	95
2021	116	650	103	9	99	95
2022	114	462	104	9	99	95

19-3 卫生机构人员数
Number of Employed Persons in Health Care Institutions

单位：人 (person)

年份 Year	总计 Total	#卫生技术人员 Medical Technical Personnel	#执业（助理）医师 Licensed (Assistant) Doctors	#执业医师 Licensed Doctors	#注册护士 Registered Nurses	#药师（士） Pharmacist	#技师（士） Technician	乡村医生和卫生员 Village Doctors and Assistants
2000	85167	69318					2000	
2001	85774	70283			22376		2183	
2002	81177	66799	29947	23007	20232	5407	3454	
2003	81495	67243	29924	23172	22460	5565	3489	
2004	80994	66503	29415	23199	20054	5085	3359	
2005	81049	66926	29701	23222	22403	5023	3463	
2006	82357	68507	30238	23656	20425	4943	3561	
2007	101796	85348	35144	27523	23999	4972	4747	
2008	103982	87436	36176	29015	24950	4859	5148	
2009	107312	89963	36721	29907	26422	4766	5328	
2010	115368	97387	38249	31309	29646	5058	5522	20618
2011	146290	106252	41121	33382	33713	5317	5802	21193
2012	152294	111907	43302	35173	37212	5589	5802	21503
2013	159645	116319	43442	35813	40668	5816	6033	21688
2014	178919	126294	47791	38667	45196	6046	6429	21669
2015	182305	129523	49663	40185	47832	6118	6705	21368
2016	187632	135188	53195	43124	50653	6236	7035	21251
2017	200405	147612	56398	45571	58682	6501	7857	21473
2018	206060	156343	59370	48073	63807	6948	8317	19330
2019	228654	178869	62891	50303	79531	7492	10041	18218
2020	237823	188932	66396	53774	85264	7703	10581	18063
2021	247724	201099	70673	58018	91723	8106	12725	16275
2022	254105	207303	72325	59920	94720	8269	14268	16095

19-4 每万人口卫生技术人员
Medical Technical Personnel in Health Care Institutions per 10000 Persons

单位：人 (person)

年份 Year	卫生技术人员 Medical Technical Personnel	执业（助理）医师 Licensed (Assistant) Doctors	注册护士 Registered Nurses
2000	27.56	14.99	8.59
2001	27.85	14.82	8.87
2002	26.39	11.83	7.99
2003	26.50	11.79	8.85
2004	26.17	11.57	7.89
2005	26.30	11.67	8.80
2006	26.90	11.87	8.02
2007	33.49	13.79	9.42
2008	34.28	14.18	9.78
2009	35.21	14.37	10.34
2010	38.04	14.94	11.58
2011	41.44	16.04	13.15
2012	43.42	16.80	14.44
2013	45.74	17.40	15.86
2014	48.75	18.45	17.44
2015	49.83	19.10	18.40
2016	51.80	20.38	19.41
2017	56.22	21.48	22.35
2018	59.28	22.51	24.19
2019	67.56	23.76	30.04
2020	75.51	26.54	34.08
2021	80.76	28.38	36.84
2022	83.17	29.02	38.00

19-5 卫生机构床位数

Number of Beds in Health Institutions

单位：张 (unit)

年份 Year	总计 Total	#医院 Hospitals	#基层医疗卫生机构 Primary Medical and Health Institutions	#社区卫生服务中心（站） Community Health Service Centers (Stations)	#卫生院 Health Centers
2000	59441	43511			13046
2001	60336	44303			13072
2002	61157	44287		170	13064
2003	61223	44387		246	12715
2004	61801	45123		241	12906
2005	63638	47073		323	12783
2006	66197	48779		441	13672
2007	70290	50459		978	15992
2008	76581	53847		1359	18468
2009	87419	56767	21867	1607	20260
2010	94883	60961	24160	2117	21461
2011	101108	67303	24986	2713	22273
2012	111979	76304	31726	8877	22682
2013	116087	84511	27250	3465	23447
2014	122375	90499	27621	3473	23814
2015	127011	94596	27939	3766	24013
2016	136571	100882	30598	5840	24608
2017	147305	111393	30718	4265	25787
2018	162667	126077	30998	4144	26777
2019	172594	134286	32295	4302	27919
2020	177929	138610	32999	4267	28650
2021	183246	142626	33647	4155	28767
2022	188994	144613	34976	4566	29671

19-5 续表 continued

单位：张 (unit)

年份 Year	#专业公共卫生机构 Professional Public Health Institutions	妇幼保健院（所、站） Women and Children Care Agencies	专科疾病防治院（所、站） Specialized Disease Prevention & Treatment Institute	每万人口医疗卫生机构床位数 Beds of Medical Institutions per 10000 Population	每万农村人口乡镇卫生院床位数 Beds of Township Health Centers per 10000 Rural Population
2000		684		23.63	6.83
2001		695	2	23.91	6.86
2002		1602	26	24.17	7.17
2003		1566	62	24.13	6.90
2004		1739	61	24.32	7.11
2005		1811	12	25.00	7.18
2006		1768	18	25.99	7.79
2007		1804	214	27.58	9.20
2008		1911	14	30.02	10.67
2009	8039	2021	28	34.22	11.77
2010	9762	2246	28	37.06	13.12
2011	8819	2364	28	39.43	13.82
2012	3199	3187	12	43.44	14.37
2013	3576	3532	32	44.96	15.17
2014	3605	3561	32	47.23	15.76
2015	3826	3782	32	48.86	16.26
2016	4441	4397	32	52.33	17.05
2017	4626	4564	50	56.10	18.32
2018	5024	4978	46	61.68	19.41
2019	5395	4925	455	65.19	20.47
2020	5752	5234	500	71.12	23.97
2021	6304	5786	500	73.59	24.75
2022	8743	7893	832	75.80	25.99

19-6 按市县分卫生机构数、床位数和卫生技术人员

Number of Health Institutions, Beds and Health Technicians by City and County

年份 Year	卫生机构数（个） Health Institutions (unit)		卫生机构床位数（张） Beds of Medical Institutions (unit)		卫生技术人员（人） Medical Technical Personnel (person)		#执业（助理）医师 Licensed (Assistant) Doctors		#注册护士 Registered Nurses	
	市 City	县 County	市 City	县 County	市 City	县 County	市 City	县 County	市 City	县 County
2000			31287	28154	35977	33341	15037	16614	11924	7526
2001			32146	28190	37069	33214	15485	16885	12440	7780
2002			32317	28619	34808	31806	14494	15331	12518	7647
2003			32877	28346	35344	31899	14692	15232	12318	7846
2004			33455	28346	35004	31499	14697	14718	12296	7758
2005			35673	27965	36444	30482	15357	14344	12470	7611
2006			37327	28870	36876	31631	15633	14605	12707	7718
2007	3771	8169	39480	30837	47418	38172	19859	15349	15958	8039
2008	3413	7324	42447	34216	48824	38875	20507	15669	16524	8426
2009	3289	6722	49327	38092	50541	39422	21003	15718	17676	8746
2010	3229	7038	53823	41060	54078	43309	21875	16374	19788	9858
2011	6957	19805	56163	44945	58569	47683	23334	17787	21933	11780
2012	7012	19246	61874	50105	62101	49806	24573	18729	23776	13436
2013	7064	19464	60460	55627	65275	51044	25349	18093	25825	14843
2014	7412	20490	62858	59517	70057	56237	26891	20900	28312	16884
2015	7399	20204	65315	61696	72522	57001	27973	21690	29975	17857
2016	7718	20426	70054	66517	75506	59682	29639	23556	31684	18969
2017	7741	21137	75931	71414	83873	63739	31491	24913	37280	21420
2018	7744	20141	86070	76597	89671	66672	33289	26081	40339	23468
2019	7984	18708	90602	81992	100557	78312	34333	28558	48029	31502
2020	8119	18131	91781	86148	106072	82860	36712	29684	51111	34153
2021	7990	17768	94349	88897	112626	88473	39143	31530	54376	37347
2022	7920	17347	98701	90293	116856	90447	40150	32175	56187	38533

注：按市县分的卫生机构床位数为医院、卫生院床位数。2011 年起卫生机构数包括村卫生室数。

a) Number of beds in health care institutions by city and county referred to beds of hospital and health centers.Since 2011,data of health care institutions include the villages clinics.

19-7 各类医疗卫生机构医疗服务及床位利用情况（2022）
Number of Visits and Inpatients in Medical Institutions and Utilization of Beds (2022)

类 别	Item	诊疗人次数（万人次） Visits (10 000 person-times)	#门、急诊 Outpatients with Emergency Treatment	入院人数（万人） Number of Inpatients (10 000 persons)	医生日均担负诊疗人次（人次） Daily Visits Each Doctor (person-time)	实际开放总床日数（万日） Days of Total Beds Actually Opened (10 000 days)
总计	**Total**	**10086.03**	**9458.20**	**412.16**	**5.0**	**6109.88**
医院	Hospitals	4988.76	4780.53	334.15	4.7	4827.88
综合医院	General Hospitals	3541.99	3438.40	238.15	5.0	3167.46
中医医院	Hospitals Specialized in Traditional Chinese Medicine	1043.97	950.54	69.62	4.7	1040.24
中西医结合医院	Hospital of Integrated Traditional Chinese with Western Medicine	96.63	94.82	7.33	4.1	117.64
民族医院	Nationalities Hospitals	28.62	25.68	1.99	2.5	29.73
专科医院	Specialized Hospitals	277.14	270.68	16.93	3.2	469.19
护理院	Nursing Hospital	0.41	0.41	0.14	2.0	3.61
基层医疗卫生机构	Basic Medical Institutions	4586.36	4177.34	57.82	5.5	998.06
#社区卫生服务中心（站）	Community Health Service Centers	551.29	521.78	3.15	6.9	97.28
卫生院	Health Centers	1250.83	1161.27	53.98	4.2	900.78
街道卫生院	Urban Health Centers	0.68	0.67		2.1	0.37
乡镇卫生院	Township Health Centers	1250.15	1160.60	53.98	4.2	900.42
村卫生室	Village Clinics	1541.26	1345.80			
门诊部	Outpatient Department	55.03	43.00	0.69	3.6	
专业公共卫生机构	Specialized Public Health Institutions	509.49	498.98	20.00	5.5	275.01
#专科疾病防治院（所、站）	Specialized Disease Prevention & Treatment Institution	11.05	11.05	0.47	5.1	20.36
妇幼保健院（所、站）	Women and Children Care Agencies	485.93	475.42	19.54	5.5	254.64
其他医疗卫生机构	Other Institutions	1.42	1.34	0.20	1.3	8.94
#疗养院	Sanatoriums	1.42	1.34	0.20	1.3	8.94

19-7 续表 continued

类 别	Item	平均开放病床（万张）Average Beds Opened (10 000 beds)	病床周转次数（次）Turnover of Beds (time)	病床工作日（日）Working Days of Beds (day)	病床使用率（%）Utilization Rate of Beds (%)	平均住院日（日）Average Stay Days in Hospital (day)
总计	**Total**	**16.74**	**24.4**	**217.3**	**59.55**	**8.1**
医院	Hospitals	13.23	25.0	229.9	62.99	8.6
综合医院	General Hospitals	8.68	27.1	227.7	62.39	7.9
中医医院	Hospitals Specialized in Traditional Chinese Medicine	2.85	24.0	235.9	64.62	9.0
中西医结合医院	Hospital of Integrated Traditional Chinese with Western Medicine	0.32	23.1	199.7	54.73	7.8
民族医院	Nationalities Hospitals	0.08	23.3	171.0	46.84	7.2
专科医院	Specialized Hospitals	1.29	13.2	241.9	66.26	15.9
护理院	Nursing Hospital	0.01	13.8	366.3	100.35	1.0
基层医疗卫生机构	Basic Medical Institutions	2.73	21.0	169.3	46.38	5.9
#社区卫生服务中心（站）	Community Health Service Centers	0.27	11.6	140.9	38.60	7.1
卫生院	Health Centers	2.47	21.7	172.4	47.23	5.9
街道卫生院	Urban Health Centers					
乡镇卫生院	Township Health Centers	2.47	21.7	172.4	47.23	5.9
村卫生室	Village Clinics					
门诊部	Outpatient Department					
专业公共卫生机构	Specialized Public Health Institutions	0.75	27.2	176.3	48.31	6.0
#专科疾病防治院(所、站)	Specialized Disease Prevention & Treatment Institution	0.06	8.5	241.1	66.06	20.2
妇幼保健院（所、站）	Women and Children Care Agencies	0.70	28.7	171.2	46.89	5.6
其他医疗卫生机构	Other Institutions	0.02	8.0	53.9	14.78	6.7
#疗养院	Sanatoriums	0.02	8.0	53.9	14.78	6.7

19-8　农村乡镇卫生院医疗服务情况
Situations of Medical Services in Township Health Centers

年 份 Year	诊疗人次 (万人次) Number of Visits (10 000 person-times)	病床使用率 (%) Utilization Rate of Beds (%)	出院者平均住院日 (日) Average Duration of Hospitalization (day)
2007	1453	24.03	4.4
2008	1799	51.81	4.9
2009	1653	58.62	6.0
2010	1547	54.44	6.0
2011	1763	52.94	6.4
2012	1947	58.73	6.2
2013	2089	56.97	6.4
2014	1988	55.96	6.8
2015	1970	57.05	6.7
2016	2018	59.99	6.4
2017	2072	61.65	6.0
2018	1891	60.94	5.6
2019	1725	59.06	5.7
2020	1500	53.77	5.8
2021	1339	50.21	5.8
2022	1250	47.22	6.0

19-9　社区卫生服务中心(站)医疗服务情况
Medical Services of Community Health Service Centers(Stations)

年 份 Year	入院人数 (人) Number of Inpatients (person)	病床使用率 (%) Utilization Rate of Beds (%)	出院者平均住院日 (日) Average Duration of Hospitalization (day)	医师日均担负诊疗人次 (人次) Daily Visits Per Doctor (person-time)	医师日均担负住院床日 (日) Daily Inpatients Per Doctor (day)
2007	19355	58.1	2.0	9.1	0.3
2008	24980	70.3	1.1	10.6	0.5
2009	26585	60.5	1.2	8.9	0.4
2010	25320	51.8	4.7	5.1	0.4
2011	44305	59.3	5.6	7.9	0.5
2012	51806	57.2	5.8	7.8	0.5
2013	45655	54.9	6.8	8.1	0.5
2014	47294	56.5	6.8	9.7	0.5
2015	53392	55.9	6.1	9.8	0.5
2016	53729	59.1	5.6	9.4	0.5
2017	56266	56.9	5.7	9.5	0.5
2018	52021	53.5	5.9	9.6	0.5
2019	53469	50.5	5.8	9.8	0.5
2020	50745	48.0	5.6	8.7	0.4
2021	37668	46.2	6.4	8.0	0.3
2022	31466	38.6	7.1	6.9	0.3

19-10 医院、卫生院基本情况（2022）
Basic Statistics of Hospitals and Health Centers (2022)

项 目	Item	总计 Total	医院 Hospitals	市 City	县 County	卫生院 Health Centers
医院和卫生院数（个）	Hospitals and Health Centers(unit)	2063	706	373	333	1357
床位数（张）	Beds(unit)	174284	144613	82175	62438	29671
人员数（人）	Personnel(person)	188479	155592	95688	59904	32887
#卫生技术人员	Medical Technical Personnel	164461	134156	82279	51877	30305
执业医师	Licensed Doctor	54141	42232	26693	15539	11909
注册护士	Registered Nurses	78469	68230	42053	26177	10239
药剂人员	Pharmacists	7047	5451	3401	2050	1596
检验人员	Laboratory Technicians	5310	4497	2736	1761	813
其 他	Others	19494	13746	7396	6350	5748

19-11 28种传染病发病及死亡情况（2022）
Number of Reported Cases and Deaths of 28 Infectious Diseases (2022)

疾病名称	Diseases	发病人数（人） Number of Diseases (person)	发病率（1/10万） Incidence (1/100 000)	死亡人数（人） Number of Deaths (person)	死亡率（1/10万） Death Rate (1/100 000)
病毒性肝炎	Viral Hepatitis	14270	57.31		
肺结核	Pulmonary Tuberculosis	6853	27.52	22	0.09
梅毒	Syphilis	5150	20.68		
淋病	Gonorrhea	546	2.19		
细菌性和阿米巴性痢疾	Dysentery	1351	5.43		
猩红热	Scarlet Fever	378	1.52		
艾滋病	AIDS	369	1.48	83	0.33
布鲁氏菌病	Brucellosis	5229	21.00		
百日咳	Pertussis	386	1.55		
流行性出血热	Hemorrhage Fever	39	0.16		
伤寒和副伤寒	Typhoid and Paratyphoid Fever	19	0.08		
登革热	Dengue Fever				
麻疹	Measles	23	0.09		
疟疾	Malaria	9	0.04		
流行性乙型脑炎	Encephalitis B	14	0.06		
狂犬病	Hydrophobia				
炭疽	Anthrax	81	0.33		
钩端螺旋体病	Leptospirosis				
血吸虫病	Schistosomiasis				
流行性脑脊髓膜炎	Epidemic Encephalitis	2	0.01		
新生儿破伤风	Newborn Tetanus				
霍乱	Cholera				
人感染 H7N9 禽流感	HpAI H7N9				
鼠疫	The Plague				
传染性非典型肺炎	SARS				
脊髓灰质炎	Poliomyelitis				
人感染高致病性禽流感	HpAI				
白喉	Diphtheria				

19-12 卫生总费用
Total Health Expenditure

年份 Year	卫生总费用（亿元）Total Health Expenditure (100 million yuan)	政府卫生支出 Government Health Expenditure		社会卫生支出 Social Health Expenditure		个人现金卫生支出 Out-of-pocket Health Expenditure		人均卫生总费用（元）Per Capita Health Expenditure (yuan)	卫生总费用相对于GDP比重（%）Health Expenditure as Percentage of GDP (%)
		绝对数（亿元）Level (100 million yuan)	占卫生总费用比重（%）As Percentage of Health Expenditure (%)	绝对数（亿元）Level (100 million yuan)	占卫生总费用比重（%）As Percentage of Health Expenditure (%)	绝对数（亿元）Level (100 million yuan)	占卫生总费用比重（%）As Percentage of Health Expenditure (%)		
2000	4.37	0.72	16.49	1.23	28.16	2.42	55.34	129.01	5.44
2001	4.61	0.97	21.13	0.85	18.52	2.78	60.35	135.32	5.27
2002	5.83	1.10	18.83	0.88	15.04	3.85	66.13	169.84	5.98
2003	79.85	17.89	22.40	18.93	23.71	43.03	53.89	305.80	6.10
2004	89.92	20.11	22.36	24.02	26.72	45.79	50.92	343.45	5.77
2005	106.61	27.12	25.44	22.07	20.70	57.42	53.86	410.91	5.51
2006	124.41	31.13	25.02	27.31	21.95	65.98	53.03	447.36	5.46
2007	147.15	45.37	30.83	31.53	21.43	70.25	47.74	562.27	5.45
2008	213.89	83.93	39.24	48.18	22.53	81.78	38.24	813.85	6.73
2009	263.98	102.42	38.80	69.80	26.44	91.76	34.76	1001.65	7.79
2010	295.38	116.54	39.45	74.22	25.13	104.62	35.42	1153.86	7.17
2011	393.60	161.60	41.06	99.25	25.22	132.75	33.73	1534.99	7.84
2012	444.72	168.88	37.97	113.94	25.62	161.91	36.41	1725.36	7.87
2013	518.21	188.17	36.31	141.28	27.26	188.75	36.43	2006.89	8.27
2014	569.75	212.32	37.27	164.19	28.82	193.24	33.92	2199.13	8.34
2015	654.07	259.10	39.61	199.60	30.52	195.37	29.87	2516.09	9.63
2016	754.06	283.95	37.66	250.60	33.23	219.51	29.11	2889.18	10.47
2017	812.70	291.84	35.91	290.81	35.78	230.05	28.31	3095.17	10.59
2018	905.32	318.03	35.13	330.65	36.52	256.64	28.35	3432.77	10.95
2019	935.01	342.50	36.63	322.17	34.46	270.34	28.91	3531.76	10.72
2020	1015.31	424.00	41.76	299.50	29.5	291.82	28.74	4059.59	11.26
2021	1110.71	412.92	37.18	382.47	34.44	315.31	28.39	4460.63	10.84

19-13 各市（州）卫生机构基本情况（2022）
Basic Statistics of Health Institutions by Region (2022)

市（州）	Region	卫生机构数（个）Number of Health Institutions (unit)	#医院 Hospitals	#卫生院 Health Centers	卫生机构床位数（张）Number of Hospital Beds (unit)	#医院 Hospitals	#卫生院 Health Centers	卫生机构人员数（人）Number of Persons Engaged in Health Institutions (person)	#医院 Hospitals	#卫生院 Health Centers
兰州市	Lanzhou	2059	118	62	34920	29765	971	53494	37851	1336
嘉峪关市	Jiayuguan	100	7	3	2542	2169	60	4074	2784	91
金昌市	Jinchang	487	14	12	3479	3136	255	5070	3632	236
白银市	Baiyin	1399	22	74	9379	7195	1492	14621	8796	2047
天水市	Tianshui	3227	104	136	19214	14644	3096	26424	16183	3825
武威市	Wuwei	1930	46	103	14929	10743	2491	17762	10800	2399
张掖市	Zhangye	1408	46	90	11318	8495	2096	13787	8154	1797
平凉市	Pingliang	2306	55	102	16460	12582	3014	20515	11744	3999
酒泉市	Jiuquan	968	35	78	8201	6362	1430	11529	7057	1458
庆阳市	Qingyang	1877	47	124	15245	11038	3281	19593	11928	3372
定西市	Dingxi	2734	60	125	19659	14553	4145	21923	12868	3921
陇南市	Longnan	4029	65	218	15408	10841	3779	20327	10907	3483
临夏州	Linxia	1732	46	127	13408	9425	2953	17019	9173	3409
甘南州	Gannan	885	32	99	3917	2966	512	6444	2951	3197
兰州新区	Lanzhou New Area	126	9	4	915	699	96	1523	764	280

注：卫生机构数包括村卫生室数。

a) Number of health care institutions included number of village clinics.

19-14 各市（州）卫生技术人员数（2022）
Number of Medical Technical Personnel in Health Care Institutions by Region (2022)

单位：人 (person)

市（州）	Region	卫生技术人员 Medical Technical Personnel	#执业（助理）医师 Licensed (Assistant) Doctors	#执业医师 Licensed Doctors	#注册护士 Registered Nurses	#药师（士） Pharmacist	#技师（士） Technician
兰州市	Lanzhou	45040	15752	14468	22319	1743	3296
嘉峪关市	Jiayuguan	3590	1085	900	1711	182	279
金昌市	Jinchang	4373	1465	1264	1970	220	290
白银市	Baiyin	12168	4276	3594	5509	506	801
天水市	Tianshui	20845	6912	5553	9625	859	1418
武威市	Wuwei	14588	5083	4147	6984	550	967
张掖市	Zhangye	11670	4191	3399	5257	432	768
平凉市	Pingliang	17041	6301	5128	7437	659	1186
酒泉市	Jiuquan	10053	3450	2883	4571	464	683
庆阳市	Qingyang	16154	5573	4569	7701	545	1215
定西市	Dingxi	17793	6727	5257	7606	880	1271
陇南市	Longnan	14199	4941	3540	6085	571	841
临夏州	Linxia	13432	4048	3247	5945	368	792
甘南州	Gannan	5078	2027	1572	1443	237	330
兰州新区	Lanzhou New Area	1279	494	399	557	53	131

19-15 孕产妇及婴儿死亡率
Mortality Rate of Maternal and Infant

指标	Item	2010	2015	2020	2021	2022
孕产妇死亡率（1/10 万）	Maternal Mortality Rate (1/100 000)	33.23	15.07	15.07	10.35	11.15
城市	Urban	23.38	19.34	13.19	8.02	13.48
农村	Rural	37.50	13.27	16.18	11.62	9.64
婴儿死亡率（‰）	Infant Mortality Rate(‰)	10.00	5.28	3.37	3.20	2.89
城市	Urban	7.66	4.48	2.88	2.46	2.41
农村	Rural	11.02	5.62	3.66	3.60	3.20
5 岁以下儿童死亡率（‰）	Mortality Rate of Children under 5(‰)	11.35	6.40	4.57	4.13	3.94
城市	Urban	8.86	5.71	3.65	3.34	3.27
农村	Rural	12.43	6.70	5.12	4.55	4.37
新生儿死亡率（‰）	Newborn Mortality Rate(‰)	7.81	3.74	2.23	2.05	1.93
城市	Urban	5.90	3.24	1.98	1.68	1.59
农村	Rural	8.64	3.96	2.38	2.25	2.17

19-16 妇联组织及干部基本情况
Basic Conditions of Women's Federation Organizations and Cadres

指　标	Item	2010	2015	2020	2021	2022
乡及乡以上妇联组织机构（个）	Women's Federation Institution of Township and above (unit)	1488	1469	1466	1475	1475
乡及乡以上妇联干部（人）	Women's Federation Cadres of Township and above (person)	2197	2218	2335	2348	2318
在干部中少数民族干部数（人）	Number of Minority Cadres (person)	276	263			
少数民族干部占干部总数（%）	Percentage of Minority Cadres in Total Cadres (%)	12.6	11.9			

19-17 各党派党员（成员）数
Number of Different Parties Member

项　目	Item	2010	2015	2020	2021	2022
中国共产党（万人）	Communist Party of China (10 000 persons)	151	175	188	191	194
中国国民党革命委员会（人）	Revolutionary Committee of Kuomintang (person)	2668	3262	3888	3932	4022
中国民主同盟（人）	Democracy League (person)	6444	8118	9506	9665	9839
中国民主建国会（人）	China Democratic National Construction Association (person)	2341	2854	3383	3482	3555
中国民主促进会（人）	China Association Promoting Democracy (person)	2767	3364	3980	4098	4195
中国农工民主党（人）	Chinese Peasants' and Workers' Democratic Party (person)	2041	2610	3393	3476	3550
九三学社（人）	Jiu San Society (person)	2898	3583	4403	4559	4713

19-18 工会组织情况
Basic Statistics on Trade Unions

年 份 Year	工会基层组织数（个）Number of Grassroots Unions (unit)	已建立工会组织的基层单位的职工与会员人数（万人）Membership and Number of Staff and Workers in Grassroots Unions(10 000 persons)				工会专职干部人员数（人）Number of Full-time Personnel of Unions (person)
		职工人数 Number of Staff and Workers	# 女职工 Female	会员人数 Membership	# 女会员 Female	
1995	12251	194.29	68.44	173.91	62.31	11532
1996	12052	196.34	71.72	175.78	63.88	10020
1997	10596	173.33	61.80	155.82	54.46	8601
1998	10519	173.68	62.45	159.78	57.14	9073
1999	9788	177.23	60.71	157.06	55.36	9554
2000	10768	168.25	60.86	154.69	55.16	8714
2001	14675	177.76	63.50	163.40	56.00	6257
2002	15320	222.27	75.81	209.00	70.25	5789
2003	24291	206.12	69.16	190.43	63.72	5861
2004	23061	206.42	71.29	195.35	67.31	6279
2005	17522	219.05	75.67	207.14	70.49	5475
2006	19328	238.70	83.80	225.35	79.50	5051
2007	21642	268.76	93.14	256.68	89.44	4895
2008	24366	294.22	102.26	281.12	99.18	4890
2009	26936	312.17	105.12	301.35	102.03	5267
2010	28711	326.68	111.90	316.24	109.52	4998
2011	30422	347.28	122.48	335.97	119.19	5989
2012	33196	354.67	126.20	344.56	123.90	6336
2013	35123	370.31	131.38	358.67	129.22	6838
2014	35873	369.92	130.42	356.36	128.25	7199
2015	36626	373.12	134.29	363.35	132.10	7504
2016	37134	386.79	138.60	374.61	135.46	9177
2017	37878	401.33	142.79	388.70	139.85	9887
2018	38373	414.71	149.02	403.07	145.79	10214
2019	37993	424.58	151.79	414.79	149.05	9557
2020	38301	429.64	155.32	420.64	152.66	9873
2021	36045	384.75	143.75	375.24	140.86	10268
2022	36484	374.49	140.23	364.62	137.20	10035

19-19 生产安全事故绝对指标
Absolute Indicators of Production Safety Accidents

年 份 Year	事故起数（起） Number of Accidents (case)	死亡人数（人） Number of Death (person)	受伤人数（人） Number of Injuries (person)	直接经济损失（万元） Direct Economic Loss (10 000 yuan)
2000	10679	2670	6155	7168.0
2001	11376	2602	6690	6570.6
2002	11607	2759	6769	7016.0
2003	11422	2661	6262	7360.3
2004	9842	2460	5740	6559.9
2005	8420	2181	5564	6924.6
2006	7828	2082	5453	7980.7
2007	5736	1889	4352	8017.5
2008	4875	1797	3774	7789.1
2009	4383	1758	3401	6975.6
2010	4375	1703	3728	8447.5
2011	4103	1737	3627	20239.1
2012	5090	1639	3403	16758.2
2013	5028	1579	3394	11503.9
2014	5061	1543	3605	8699.1
2015	4759	1519	3583	8670.5
2016	1214	978	1036	11929.0
2017	1130	891	998	12853.5
2018	955	776	711	19307.5
2019	845	709	619	17648.4
2020	719	616	544	15255.9
2021	681	585	477	14275.2
2022	602	487	368	17412.9

注：自 2016 年 1 月 1 日起，《生产安全事故统计管理办法》和《生产安全事故统计报表制度（暂行）》开始实施，对生产安全事故统计范围统计口径进行改革，具体是：

1. 道路运输事故是指公路客运、公交客运、出租客运、网络约车、旅游客运、租赁、教练、货运、危化品运输、工程救险、校车，包括企业通勤车在内的其他营运性车辆或其他生产经营性车辆等十二类道路运输车辆在从事相应运输活动中发生人员伤亡的事故纳入道路运输业事故统计。
2. 未造成人员伤亡且直接经济损失小于 100 万元（不含）的生产安全事故暂不纳入统计。（下表同）

Since January 1, 2016, "production safety accident statistical management approach" and "production safety accident statistical reporting system (temporary)" began to implement.The production safety accident statistics, statistical caliber were reformed.Specifically is:

a) Road transport accident refers to the road passenger transport, bus passenger transport, leasing passenger transport, network bus, travel passenger, leasing, coach, freight, hazardous chemicals transportation, engineering rescue, school bus, including business commuter vehicles, including other operating vehicles or Other production and operation of vehicles and other 12 types of road transport vehicles engaged in the corresponding transport activities which occurred in the casualties of the accident,include in the road transport industry accident statistics.

b) The production safety accidents that didn't cause casualties and direct economic losses of less than 100 million (excluding) are not included in the statistics temporarily.The same applies to the relevant table following.

19-20　较大以上生产安全事故指标
Production Safety Accident Indicators with Larger Above

年 份 Year	较大生产安全事故起数（起） Number of Production Safety Accident with Larger above (case)	较大生产安全事故死亡人数（人） Number of Death of Production Safety Accident with Larger above (person)	重大以上生产安全事故起数（起） Number of Production Safety Accident with Significantly above (case)	重大以上生产安全事故死亡人数（人） Number of Death of Production Safety Accident with Significantly above (person)
2000	72	284	8	112
2001	58	228	1	22
2002	89	343	3	37
2003	74	282	3	40
2004	68	282	2	29
2005	60	218	2	26
2006	67	261	3	68
2007	78	316		
2008	67	247		
2009	67	250	1	10
2010	59	235	2	23
2011	53	227	3	57
2012	54	203	2	30
2013	50	189	1	18
2014	40	186	3	36
2015	40	155		
2016	18	66	1	12
2017	17	66		
2018	11	39	1	15
2019	19	68		
2020	22	80		
2021	14	54	1	13
2022	11	38	1	10

19–21 生产安全事故相对指标
Relative Indicators of Production Safety Accidents

年 份 Year	亿元国内生产总值安全事故死亡率（人）Rate of Safety Accident Mortality Per 100 Million Yuan of GDP (person)	工矿商贸就业人员十万人生产安全事故死亡率（人）Production Safety Accident Mortality Rate Per One Hundred Thousand Employed Persons of Industrial, Mining and Business Enterprises (person)	道路交通万车死亡率（人）10 Thousand Vehicle Mortality Rate of Road Traffic (person)	煤矿百万吨死亡率（人）Coal Mine Million Tons Mortality Rate (person)
2000	2.54	5.35	31.19	8.45
2001	2.43	4.00	27.09	3.25
2002	2.39	5.48	29.34	2.92
2003	2.04	4.61	22.60	3.05
2004	1.57	4.50	19.36	2.97
2005	1.13	3.00	16.17	1.31
2006	0.92	5.24	14.13	2.62
2007	0.70	4.85	11.43	1.53
2008	0.56	2.99	10.79	0.91
2009	0.52	2.71	9.63	0.75
2010	0.42	2.83	7.64	0.77
2011	0.35	3.41	6.89	0.77
2012	0.29	2.90	5.92	0.74
2013	0.24	2.30	5.15	0.21
2014	0.23	1.33	6.24	0.27
2015	0.22	1.62	4.70	0.43

19–21 续表 continued

年 份 Year	亿元国内生产总值安全事故死亡率（人）Rate of Safety Accident Mortality Per 100 Million Yuan of GDP (person)	工矿商贸就业人员十万人生产安全事故死亡率（人）Production Safety Accident Mortality Rate Per One Hundred Thousand Employed Persons of Industrial,Mining and Business Enterprises (person)	十二类车辆道路交通万车死亡率（人）10 Thousand Vehicle Mortality Rate of Road Traffic of Twelve Types of Vehicles (person)	煤矿百万吨死亡率（人）Coal Mine Million Tons Mortality Rate (person)
2015（新标准）(New Standard)	0.17	1.62	26.67	0.43
2016	0.13	2.10	18.63	0.28
2017	0.12	2.20	16.10	0.21
2018	0.09	2.54	12.20	0.14
2019	0.08	2.92	11.66	0.24
2020	0.07	2.40	10.73	0.21
2021	0.06	2.67	10.01	0.14
2022	0.04	2.33	9.09	0.11

19-22 刑事案件发、破案情况

Statistics on Occurred and Solved of Criminal Cases

年 份 Year	刑事案件发案总数（件） Number of Criminal Cases Occurred (case)	刑事案件破案总数（件） Number of Criminal Cases Solved (case)	刑事案件破案率（%） Rate of Criminal Cases Solved (%)
2000	36481	20420	55.97
2001	42881	22546	52.58
2002	36758	19538	53.15
2003	34016	18812	55.30
2004	33099	18216	55.03
2005	31587	18473	58.48
2006	31114	18378	59.07
2007	31203	18325	58.73
2008	43037	20932	48.64
2009	46611	22365	47.98
2010	66472	26404	39.72
2011	78682	30573	38.86
2012	87084	36129	41.50
2013	89013	33814	37.98
2014	92040	30709	33.36
2015	108472	34431	31.74
2016	99806	40701	40.80
2017	78881	34699	44.00
2018	69205	28884	41.74
2019	66552	22675	34.10
2020	66283	24736	37.30
2021	64922	25871	39.85
2022	54624	30064	55.04

19-23 交通事故情况

Basic Statistics on Traffic Accidents

年 份 Year	交通事故 （起） Number of Traffic Accidents (case)	死亡人数 （人） Number of Deaths (person)	受伤人数 （人） Number of Injuries (person)	直接损失 （万元） Direct Property Losses (10 000 yuan)
2000	7520	2078	5637	2927.4
2001	7929	2110	6350	3170.7
2002	7696	2188	6363	3264.9
2003	7659	2090	5948	3498.8
2004	6361	1992	5566	2512.2
2005	5414	1799	5406	2252.8
2006	4822	1695	5311	1737.9
2007	3809	1549	4293	1303.2
2008	3371	1557	3697	1447.9
2009	2937	1553	3353	1224.9
2010	3090	1501	3692	1094.7
2011	3027	1505	3578	2835.5
2012	2954	1438	3343	1659.7
2013	2915	1435	3336	1212.2
2014	3038	1432	3575	1291.2
2015	3064	1396	3554	1236.3
2016	2878	1345	3161	1064.7
2017	2794	1334	3201	929.2
2018	3112	1285	3282	980.5
2019	2923	1197	3000	823.1
2020	2831	1138	2873	688.8
2021	2854	1142	2952	654.0
2022	2887	1306	2592	681.8

19-24 火灾事故情况
Basic Statistics on Fire Accidents

年 份 Year	火灾事故（起） Number of Fire Accidents (case)	死亡人数（人） Number of Deaths (person)	受伤人数（人） Number of Injuries (person)	直接损失（万元） Direct Property Losses (10 000 yuan)
2000	2291	24	62	2542.4
2001	2736	51	88	2244.1
2002	3276	32	85	2182.8
2003	3137	31	83	1706.2
2004	3030	24	30	1959.1
2005	2599	31	41	2335.7
2006	2673	16	39	1564.5
2007	1658	15	18	1566.5
2008	1235	7	16	1932.9
2009	1198	5	6	1088.2
2010	1140	10	7	1897.2
2011	912	5	5	3773.2
2012	4388	8	1	4139.4
2013	6472	22	35	7292.0
2014	6028	9	3	5432.2
2015	5469	13	6	4906.8
2016	4887	9	25	3194.9
2017	7314	2	7	3939.2
2018	8594	6	6	3475.4
2019	7979	10	9	4475.0
2020	9174	31	2	5389.6
2021	11455	31	22	7766.1
2022	12364	20	30	6381.9

19-25 受灾情况
Disaster Situation

指 标	Item	2015	2020	2021	2022
受灾面积（公顷）	Area Affected (hectare)	1020927	396333	553442	487918
#旱灾	Drought	532988	7164	410031	169642
洪涝灾	Flood Disaster	72184	71473	18315	59696
风雹灾	Wind and Hail Disaster	268847	139221	107703	105222
台风灾	Typhoon Disaster				
雪灾低温冷冻	Snow Disaster and Low-temperature,Freezing	103239	177695	6795	153356
受灾人次（万人次）	Affected Person-times (10 000 person-times)	660	475.47	403.32	483.04
直接经济损失（万元）	Direct Economic Loss (10 000 yuan)	622061	3373179	675364	850495

19-26 婚姻登记和离婚情况

Number of Marriages and Divorces

年份 Year	准予登记结婚（对） Registered Marriages (couples)	初婚（人） First Marriages (person)	再婚（人） Re-marriages (person)	离婚（对） Divorces (couples)	离婚率（‰） Divorce Rate (‰)
1995	155553	302938	8168	4541	0.38
1996	170379	331815	8943	4855	0.40
1997	154302	298654	9950	4409	0.36
1998	136978	262488	11468	5061	0.41
1999	133121	255203	11039	5241	0.42
2000	127799	244975	10623	5541	0.43
2001	126045	239734	12656	5790	0.45
2002	122033	227496	16570	6224	0.48
2003	118476	222219	14573	23000	1.77
2004	121187	225150	17008	21499	1.64
2005	114554	209947	19161	22260	1.72
2006	132615	245015	20215	23287	1.76
2007	115761	218565	12957	22017	1.68
2008	118023	223252	12794	22928	1.68
2009	122398	233316	11480	24742	1.88
2010	142294	269585	15003	27926	2.18
2011	169112	316838	21386	30473	2.38
2012	167518	318659	16377	32908	2.55
2013	186467	359247	13687	38500	2.98
2014	201813	391891	11735	42231	3.27
2015	220327	426481	14173	46185	3.56
2016	219095	425510	12680	38839	2.98
2017	197930	383348	12512	41272	1.58
2018	210653	384023	37283	46166	1.75
2019	198507	323753	73261	62172	2.35
2020	177911	288392	67430	75740	3.02
2021	164144	275743	52545	42533	1.71
2022	134185	224674	43696	40861	1.64

注：从 2003 年起离婚人数包含法院判决离婚人数。
a) Since 2003, number of divorce has included the number of divorce sentenced by the courts.

19-27 社会救助情况

Statistics on Social Relief

项 目	Item	2010	2015	2020	2021	2022
城镇低保人数（万人）	Number of Urban Residents Receiving Minimum Living Allowance (10 000 persons)	87.81	76.21	35.54	32.64	31.62
#女性	Female	31.90	29.79	16.41	15.56	15.05
#老年人	Old People	9.70	6.80	3.67	3.17	3.57
#残疾人	Disabled	4.70	3.72	2.43	2.56	2.46
#在职人员	Serving Officers	3.20	0.75	0.31	0.19	0.19
#灵活就业	Flexible Employment	13.90	14.23	8.18	8.70	8.05
#在校生	School Students	16.60	14.51			
城镇居民最低生活保障资金（亿元）	Minimum Living Security Fund of Urban Households (100 million yuan)	18.95	25.13	22.11	21.42	22.49
农村低保人数（万人）	Number of Rural Residents Receiving Minimum Living Allowance (10 000 persons)	326.74	336.92	141.96	143.68	149.54
#女性	Female	104.90	122.79	57.06	57.78	61.27
#老年人	Old People	77.70	74.10	34.26	34.41	36.41
#未成年人	Minor	70.70	48.73	26.48	29.54	31.46
#残疾人	Disabled	22.30	12.34	11.16	14.10	14.24
农村居民最低生活保障资金（亿元）	Minimum Living Security Fund of Rural Households (100 million yuan)	24.27	55.03	43.44	44.51	52.59
农村特困人员救助供养（万人）	Number of Rural Destitute Households Receiving Assistance and Livelihood (10 000 persons)	13.06	12.07	9.07	9.21	9.51
#女性	Female	3.10	2.31	1.57	1.49	1.46
#老年人	Old People	9.32	9.99	6.78	6.62	6.60
#残疾人	Disabled	3.22	2.75	1.96	2.13	2.51
农村集中供养人数	Rural Households with Centralized Livelihood	1.00	0.93	0.85	0.91	0.91
农村分散供养人数	Rural Households with Decentralized Livelihood	11.60	11.14	8.22	8.30	8.60

19-28 社会福利事业单位基本情况（2022）
Basic Statistics on Social Welfare Institutions (2022)

项 目	Item	收留抚养类机构数（个）Number of Adoption Bodies (unit)	年末床位数（张）Number of Beds at Year-end (bed)	年末在院人数（人）Number of Adoption Persons at Year-end (person)	年末职工人数（人）Number of Staff and Workers at Year-end (person)
养老机构总数	**Number of Institutions for the Aged**	**308**	**33701**	**14815**	**4108**
农村养老服务机构	Service Institutions for the Aged in Rural Areas	163	11275	6328	1253
社会福利院	Social Welfare Institutions	46	6119	3589	829
光荣院	Glory School				
养老公寓等各类养老机构	Apartment for the Aged, etc.Various Institutions for the Aged	99	16307	4898	2026
荣誉军人康复医院	Rehabilitation Hospital for Honor Soldiers				
复员军人疗养院	Demobilized Soldiers Sanatorium				
军队离退休干部休养所（军休所）	Retired Military Officers Sanatorium				
为智障与精神病人提供收留抚养服务机构	**Institutions with Adoption Services for Mentally Retarded and Mental Patients**	**3**	**850**	**795**	**284**
福利类精神病院和医院（社会福利院）	Welfare Class Mental Hospital and Hospital (Social Welfare Hospital)	3	850	795	284
复退军人精神病院	Mental Hospitals for Ex-serviceman				
为儿童提供住宿的社会服务机构数	**Number of Social Service Institutions Providing Accommodation for Children**	**17**	**2502**	**1356**	**459**
儿童收养机构	Adoption Institutions for Children	15	2432	1356	439
儿童福利院	Children Welfare House	15	2432	1356	439
SOS 儿童村	SOS Children's Village				
未成年人救助保护中心	Juvenile Rescue and Protection Centers	2	70		20
其他提供住宿的社会服务机构数	**Total Number of Other Social Service Institutions Providing Accommodation**	**51**	**2772**	**549**	**605**
#生活无着人员救助管理站	Rescue Management Station for Destitute Persons	34	1362	144	355
军供站	Serviceman Supply Stations				
安置农场	Placement Farms				
其他提供住宿的社会服务机构	Other Social Service Institutions Providing Accommodation	17	1410	405	250

19-29 各市（州）社会服务基本情况（2022）

Basic Statistics on Social Service by Region(2022)

市（州）	Region	社会服务民政经费（万元）Civil Affairs Funds for Social Service (10 000 yuan)	其他生活救助（传统救济等）（人）Other Living Assistance (Traditional Relief, etc.) (person)	养老服务机构数（个）Number of Service Institutions for the Aged (unit)	养老服务年末收留抚养人数（人）Number of Adoption Persons for the Pension Services at Year-end (person)	养老服务床位数（张）Number of Beds for the Pension Services at Year-end (bed)	社区服务机构和设施总数（个）Number of Community Service Centers (unit)
甘肃省	**Gansu**	**1446509.2**	**61**	**308**	**14815**	**33701**	**5686**
省本级	Province Level	13560.1					1
兰州市	Lanzhou	104336.6	56	25	1870	4066	604
嘉峪关市	Jiayuguan	6665.8		11	387	828	52
金昌市	Jinchang	21592.8		6	283	843	201
白银市	Baiyin	90231.7		15	578	1172	93
天水市	Tianshui	188977.6		11	673	1010	109
武威市	Wuwei	76385.8		31	2788	9211	283
张掖市	Zhangye	70393.0		31	1838	3177	144
平凉市	Pingliang	120585.1		26	1337	2509	1647
酒泉市	Jiuquan	56222.3		29	1320	3580	650
庆阳市	Qingyang	143687.0		34	1539	2095	1465
定西市	Dingxi	158932.9		58	1355	2913	57
陇南市	Longnan	177058.5		18	212	709	54
临夏州	Linxia	170565.1	5	8	497	1226	122
甘南州	Gannan	43484.3		5	138	362	125
兰州新区	Lanzhou New Area	3437.9					79
甘肃矿区	Gansu Mining Area	392.7					

19-30 各市（州）抚恤及社会福利救济费用（2022）

Basic Statistics on Pensions and Social Welfare Relief Funds by Region(2022)

单位：万元 (10 000 yuan)

市（州）	Region	抚恤 Pensions	城市居民最低生活保障 Urban Residents Receiving Minimum Living Allowance	农村居民最低生活保障 Rural Residents Receiving Minimum Living Allowance	自然灾害生活救助 Living Relief for Natural Disasters
甘肃省	**Gansu**	**100481**	**224867**	**525943**	**41241**
省本级	Province Level	205			
兰州市	Lanzhou	12687	21845	15120	1354
嘉峪关市	Jiayuguan	866	970	122	55
金昌市	Jinchang	1360	4885	3832	
白银市	Baiyin	7476	26464	25625	4529
天水市	Tianshui	14093	26572	80683	1254
武威市	Wuwei	8267	8770	22310	2463
张掖市	Zhangye	5135	11573	20498	1119
平凉市	Pingliang	9385	22289	41533	2191
酒泉市	Jiuquan	4222	13649	9717	4040
庆阳市	Qingyang	11076	17980	61725	6919
定西市	Dingxi	11065	16687	74078	3476
陇南市	Longnan	8791	22192	79675	2981
临夏州	Linxia	3842	23072	78065	9570
甘南州	Gannan	1361	7512	11116	1290
兰州新区	Lanzhou New Area	596	72	1843	
甘肃矿区	Gansu Mining Area	55	335		

19-31 各市（州）城乡居民最低生活保障情况（2022）
Basic Statistics on Urban and Rural Residents Receiving Minimum Living Allowance by Region (2022)

单位：人 (person)

市（州）	Region	城镇居民最低生活保障人数 Number of Urban Residents Receiving Minimum Living Allowance	#登记失业 Registered Unemployed	农村最低生活保障人数 Number of Rural Residents Receiving Minimum Living Allowance
甘肃省	**Gansu**	**316230**	**49216**	**1495358**
兰州市	Lanzhou	25884	6494	36380
嘉峪关市	Jiayuguan	1233	93	193
金昌市	Jinchang	6898	536	6645
白银市	Baiyin	34342	7766	73759
天水市	Tianshui	42976	7406	263159
武威市	Wuwei	13078	3168	53313
张掖市	Zhangye	15887	659	48736
平凉市	Pingliang	32810	6145	123593
酒泉市	Jiuquan	17891	1282	23720
庆阳市	Qingyang	23992	9594	178185
定西市	Dingxi	23199	3463	216131
陇南市	Longnan	28626	1869	178894
临夏州	Linxia	38734	360	252114
甘南州	Gannan	10231	341	37512
兰州新区	Lanzhou New Area	112	5	3024
甘肃矿区	Gansu Mining Area	337	35	

19-32 各市（州）社区养老服务机构和设施情况（2022）
Basic Statistics on Community Service Agencies and Facilities for the Aged by Region (2022)

市（州）	Region	单位数（个） Number of Community Service Centers (unit)	年末职工人数（人） Number of Staff and Workers at Year-end (person)	床位数（个） Number of Beds (unit)
甘肃省	**Gansu**	**9486**	**16273**	**116199**
省本级	Provincial Level	5	23	20
兰州市	Lanzhou	765	2102	20690
嘉峪关市	Jiayuguan	39	90	457
金昌市	Jinchang	174	406	2236
白银市	Baiyin	605	1353	8359
天水市	Tianshui	1306	2398	15338
武威市	Wuwei	685	1049	7946
张掖市	Zhangye	524	834	3637
平凉市	Pingliang	879	2063	10899
酒泉市	Jiuquan	324	416	4275
庆阳市	Qingyang	1021	1474	9635
定西市	Dingxi	1115	772	10617
陇南市	Longnan	855	837	9077
临夏州	Linxia	691	1482	9659
甘南州	Gannan	456	873	2997
兰州新区	Lanzhou New Area	42	101	357
甘肃矿区	Gansu Mining Area			

19-33 残疾人事业基本情况
Basic Information of Person with Disabilities

项 目	Item	2020	2021	2022
康复（人）	**Rehabilitation (person)**			
视力残疾人接受基本康复服务	Persons with Visually Disability Received Basic Rehabilitation Services	13427	9873	13107
听力残疾人接受基本康复服务	Persons with Hearing Disability Received Basic Rehabilitation Services	13244	10777	13097
肢体残疾人接受基本康复服务	Persons with Physical Disability Received Basic Rehabilitation Services	64200	51345	66274
智力残疾人接受基本康复服务	Persons with Intellectual Disability Received Basic Rehabilitation Services	9078	7520	8738
精神残疾人接受基本康复服务	Persons with Mental Disability Received Basic Rehabilitation Services	13838	12818	15015
教育	**Education**			
高等院校招生残疾考生人数（人）	Disable Students Admitted to Higher Education Institutions (person)	560	535	444
就业（人）	**Employment (person)**			
按比例就业	Proportionate Employment	6468	6591	6549
集中就业	Centralized Employment	1886	1783	1791
个体就业	Individual Employment	15391	15298	14561
公益性岗位	Public Welfare Position	2934	3007	3082
辅助性岗位	Auxiliary Position	3456	3306	3069
从事农业种植加	Engaged in Agricultural Planting and Processing	149289	168477	161795
灵活就业形式	Flexible Employment	64296	72286	72675
社会保障	**Social Security**			
符合参保条件的残疾居民（人）	Disability Residents Who Meet the Insured Conditions (person)	1134913	1051476	1046830
#重度残疾人	People with Severe Disability	103620	378807	395467
实际参保的残疾居民	Disabled Residents who Actual Participate in Insurance	970326	975980	964917
60周岁以下参保残疾居民（人）	60 Year Old and under Disabled Residents who Actual Participate in Insurance (person)			
#重度残疾人	People with Severe Disability	219167	225478	231469
#获得全额代缴	Get Full Payment by Others	167890	161935	165626
获得部分代缴	Get Part of Payment by Others	42301	55197	55513
残疾人托养机构（个）	Care and Rehabilitation Institutions for Disabled (unit)	104	197	162
扶贫	**Poverty Alleviation**			
扶持情况	Assisted Situation			
本年度退出建档立卡贫困残疾户（户）	Impoverished PWDs Dropped Out the Filing Riser this year (household)			
本年度退出建档立卡贫困残疾人（人）	Impoverished PWDs Dropped Out the Filing Riser this year (person)			
本年度返贫残疾人（人）	Poverty-returning for PWDs this year (person)			
农村残疾人危房改造（户）	Dilapidated House Renovation for PWDs (household)			
维权	**Rights Protection**			
残疾人法律援助工作站（个）	Legal Assistance Station for PWDs(unit)	102		
残疾人法律救助工作站办理的案件（件）	Case Handled by the Legal Assistance Station for PWDs (case)			
组织建设（人）	**Organization construction (person)**			
省市县乡残联编制	Manning Quotas of Provincial,Municipal,County and Township CDPFs	3598	3671	3755
省市县乡残联实有人员	Actual Personnel with Provincial,Municipal,County and Township CDPFs	4253	4355	4432
服务设施	**Service Facilities**			
已投入使用残疾人综合服务设施（个）	Comprehensive Service Facilities for PWDs that Already Put into Use (unit)	93	94	93

19-34 社会保险基金收支及累计结余

Revenue, Expenses and Balance of Social Insurance Fund

单位：万元 (10 000 yuan)

年 份 Year	合 计 Total	基本养老保险 Basic Pension Insurance	失业保险 Unemployment Insurance	基本医疗保险 Basic Medical Care Insurance	工伤保险 Work Injury Insurance	生育保险 Maternity Insurance
基金收入 Revenue						
1995	61053	60848		101	90	14
1996	94266	93715		349	156	46
1997	124765	124078		426	183	78
1998	135667	134754		421	324	168
1999	288392	287409		453	357	173
2000	362539	361037		878	446	178
2001	426149	372816	26752	26158	297	126
2002	533371	443252	27341	62343	252	183
2003	590252	473460	29227	86925	325	315
2004	680744	538930	29968	108013	2335	1498
2005	768770	603454	33913	122647	5246	3510
2006	1041336	802548	45350	178381	11561	3496
2007	1272909	963161	47454	244994	13551	3749
2008	1593361	1139038	65240	364387	19266	5430
2009	1928964	1374014	83594	438172	25944	7240
2010	2273747	1656659	86576	492238	28762	9512
2011	3039940	2227124	114802	620985	59085	17944
2012	3253788	2331174	128708	719366	51333	23207
2013	3622603	2579881	147850	802865	60957	31050
2014	4212005	2981741	166208	951800	72288	40018
2015	4445590	3113855	155599	1054949	78147	43040
2016	5386647	3927631	145984	1190656	82279	40097
2017	7271907	4542399	105450	2484305	92038	47715
2018	9301110	6260806	107340	2720700	123191	89073
2019	10115282	6730233	128760	3071245	101820	83224
2020	10108011	6516012	117291	3410156	64552	
2021	12264782	7975674	152331	4015939	120838	
2022	12847965	8535343	160578	4021067	130977	
基金支出 Expenses						
1995	43678	43578		66	21	13
1996	82195	93715		212	31	23
1997	112622	124078		350	38	53
1998	136044	134754		374	69	98
1999	297059	287409		245	141	124
2000	368560	361037		839	286	124
2001	399340	372816	16334	14297	157	89
2002	472790	443252	19723	45717	187	88
2003	531273	473460	32138	71084	344	157
2004	575528	465062	23643	85995	535	293
2005	639453	501410	24625	110468	1856	1094

注：1. 2007 年及以后城镇基本医疗保险基金中包括城镇职工基本医疗保险和城镇居民基本医疗保险。
2. 2010 年及以后基本养老保险基金中包括城镇职工基本养老保险和城乡居民基本养老保险。
3. 工伤保险累计结余中含储备金。
4. 2020 年生育保险与城镇职工基本医疗保险合并实施，生育保险基金收入及支出情况在基本医疗保险中反映。

a) Data of basic medical care insurance include both urban workers and urban residence from 2007.
b) Data of the basic pension insurance for 2010 and following years include the basic pension insurances for urban workers and for urban and rural residents.
c) The grand total of work injury insurance at year-end include reserve fund.
d) In 2020, the maternity insurance and the basic medical insurance for urban employees were merged and implemented, so the income and expenditure of the maternity insurance fund are reflected in the basic medical insurance.

19-34 续表 continued

单位：万元 (10 000 yuan)

年 份 Year	合 计 Total	基本养老保险 Basic Pension Insurance	失业保险 Unemployment Insurance	基本医疗保险 Basic Medical Care Insurance	工伤保险 Work Injury Insurance	生育保险 Maternity Insurance
2006	799960	614418	39276	140115	4641	1510
2007	921999	708366	26033	178778	6878	1944
2008	1185827	896631	34488	242606	9346	2756
2009	1478303	1063507	60588	332770	17411	4027
2010	1744135	1269141	74598	378909	16783	4704
2011	2123277	1534152	33027	506543	42740	6815
2012	2661208	1926021	30279	653193	39895	11820
2013	3108375	2247052	26453	762692	51699	20479
2014	3548465	2585831	18794	857968	60771	25101
2015	4136933	3068733	49579	927726	64290	26605
2016	4864849	3673157	82224	1005799	67530	36139
2017	6457098	4009307	59318	2246486	70881	71106
2018	8308877	5535949	56535	2567213	80516	68664
2019	9498791	6468181	80364	2772961	93036	84249
2020	10297647	7204193	176158	2824326	92970	
2021	11273606	7883467	113033	3178138	98968	
2022	11621205	8516401	191137	2826584	87083	
累计结余 Balance at Year-end						
1995	66108	65949		47	108	4
1996	78176	77735		178	236	27
1997	90319	89632		254	381	52
1998	89939	88883		301	636	119
1999	86307	85110		177	852	168
2000	80447	78836		377	1012	222
2001	150355	73189	53024	13055	863	224
2002	210946	119376	60642	29681	928	319
2003	314408	200118	57731	54956	1126	477
2004	400752	266104	64056	65974	2936	1682
2005	530901	368146	73342	78989	6326	4098
2006	782212	560176	79423	121865	14664	6084
2007	1140053	814976	100845	188240	28095	7897
2008	1547277	1057383	131258	310096	37968	10572
2009	1998372	1367889	154264	415931	46503	13785
2010	2541256	1769817	166242	528462	58144	18591
2011	3457915	2462788	248016	642900	74491	29720
2012	4050546	2867941	346445	665153	85549	41107
2013	4577811	3215776	467841	747894	94586	51714
2014	5240005	3611686	615255	840319	106102	66644
2015	5529615	3637160	721275	968142	119959	83079
2016	7010309	4850528	785036	1152998	134709	87038
2017	8270173	5434596	831168	1784895	155867	63647
2018	9309775	6248858	881973	1908882	176006	94056
2019	9829743	6598208	753982	2209883	184790	82880
2020	9981955	6251876	695115	2878593	156371	
2021	11380159	6751111	734412	3716394	178242	
2022	12606920	6770053	703853	4910878	222136	

19-35 社会保障基本情况
Basic Statistics of Social Security

单位：万人 (10 000 persons)

项 目	Item	2010	2015	2020	2021	2022
基本养老保险	**Basic Pension Insurance**					
年末参加基本养老保险人数	Basic Pension Insurance Participants at Year-end					
城镇职工基本养老保险	Urban Employees Basic Pension Insurance	242.48	306.20	484.50	502.50	517.55
职工	Number of Employees	171.13	197.01	319.80	334.05	343.05
离退休人员	Number of Retirees	71.35	109.19	164.70	168.45	174.50
城乡居民基本养老保险	Basic Pension Insurance for Urban and Rural Residents	378.99	1236.74	1388.18	1387.89	1386.55
失业保险	**Unemployment Insurance**					
年末参保人数	Contributors at Year-end	164.46	162.76	187.36	196.08	202.76
全年发放失业保险金（万元）	Unemployed Relief (10 000 yuan)	14673	13600	12800	13566	15629
基本医疗保险	**Medical Care Insurance**					
年末参保人数	Contributors at Year-end	588.79	634.96	2590.40	2587.19	2555.12
职工	Staff and Workers	290.22	307.90	361.92	372.34	380.97
城乡居民	Urban and Rural Residents	298.57	327.03	2228.48	2214.85	2174.15
工伤保险	**Work Injury Insurance**					
年末参保人数	Contributors at Year-end	130.09	182.60	264.64	278.74	287.22
年末享受待遇的人数	Beneficiaries at Year-end	1.09	2.33	1.54	1.60	1.67
生育保险	**Maternity Insurance**					
年末参保人数	Contributors at Year-end	82.00	154.10	234.01	250.69	256.88
享受待遇人数（万人次）	Beneficiaries at Year-end (10 000 person-times)	1.02	3.53	14.46	9.87	6.97

注：2012 年 8 月起，新型农村社会养老保险和城镇居民社会养老保险制度全覆盖工作全面启动，合并为城乡居民社会养老保险（下表同）。

a) Since August 2012, system of new rural old-age insurance and urban basic pension insurance have started completely, and called basic pension insurance for urban and rural residents as total.The same applies to the table following.

19-36 各市（州）年末参加企业职工基本养老保险人数
Enterprise Employee Basic Pension Insurance Contributors at Year-end by Region

单位：万人 (10 000 persons)

市（州）	Region	2012	2013	2014	2015	2016	2017	2018	2019	2020	2021	2022
甘肃省	**Gansu**	**277.37**	**288.40**	**298.85**	**306.20**	**315.00**	**324.10**	**336.51**	**349.73**	**361.05**	**375.53**	**387.59**
兰州市	Lanzhou	54.67	59.92	66.16	68.76	71.73	76.30	83.74	90.50	94.53	98.66	101.37
嘉峪关市	Jiayuguan	8.98	9.37	9.66	10.09	10.43	11.16	11.54	11.74	11.87	12.50	13.00
金昌市	Jinchang	5.86	5.99	6.00	6.37	6.69	6.81	7.14	7.31	7.54	8.02	8.48
白银市	Baiyin	12.33	13.00	13.22	14.02	14.31	14.63	14.97	15.79	16.36	17.09	19.15
天水市	Tianshui	19.43	19.79	20.12	20.52	21.82	22.77	23.56	24.50	25.42	26.53	27.27
武威市	Wuwei	10.05	11.00	11.40	12.20	12.51	12.83	13.93	16.57	17.55	17.85	18.44
张掖市	Zhangye	10.11	10.39	10.73	11.33	11.63	11.96	12.51	13.00	13.42	14.19	14.85
平凉市	Pingliang	9.80	9.82	9.99	10.33	10.41	10.81	11.10	11.65	12.08	12.56	12.98
酒泉市	Jiuquan	10.39	10.95	11.64	12.02	13.78	14.01	13.68	13.83	14.41	15.63	16.08
庆阳市	Qingyang	7.50	7.32	7.46	7.57	7.64	7.74	7.36	8.07	9.00	9.81	10.06
定西市	Dingxi	8.70	9.09	9.49	10.10	10.29	10.72	11.74	10.81	11.05	11.43	12.02
陇南市	Longnan	6.86	7.02	7.14	7.30	7.41	7.63	8.02	8.28	8.38	8.82	9.11
临夏州	Linxia	6.04	6.27	6.35	6.43	6.48	6.62	6.25	6.54	6.55	6.80	6.96
甘南州	Gannan	2.45	2.44	2.45	2.53	2.45	2.13	2.20	2.35	2.47	2.72	2.84

注：不包括离退休人员。

a)The retirees are not included in this table.

19-37 各市（州）年末参加城乡居民基本养老保险人数
Urban and Rural Residents Basic Pension Insurance Contributors at Year-end by Region

单位：万人　　(10 000 persons)

市（州）	Region	2012	2013	2014	2015	2016	2017	2018	2019	2020	2021	2022
甘肃省	**Gansu**	**1221.39**	**1238.49**	**1240.13**	**1236.74**	**1253.73**	**1262.36**	**1316.97**	**1372.56**	**1388.18**	**1387.89**	**1386.55**
兰州市	Lanzhou	74.98	74.81	74.05	72.78	72.78	72.85	75.01	75.87	76.13	76.34	76.62
嘉峪关市	Jiayuguan	1.67	1.67	1.75	1.85	1.90	1.92	2.06	2.16	2.23	2.28	2.28
金昌市	Jinchang	16.03	15.87	15.99	15.87	15.91	16.18	16.06	15.80	15.79	15.53	15.43
白银市	Baiyin	72.54	74.06	73.47	74.33	75.63	75.74	79.21	81.17	81.79	84.20	84.29
天水市	Tianshui	151.96	163.27	166.73	167.53	170.90	174.85	192.22	200.45	203.84	202.73	204.34
武威市	Wuwei	88.34	88.14	87.62	87.40	87.49	87.14	89.80	90.59	90.54	90.27	90.73
张掖市	Zhangye	67.91	68.52	69.15	68.98	68.70	68.57	68.88	68.59	68.67	68.17	68.06
平凉市	Pingliang	118.52	118.45	119.36	119.60	120.76	121.23	127.58	129.24	130.68	129.64	128.85
酒泉市	Jiuquan	43.17	44.31	44.58	44.43	44.47	44.35	44.95	45.06	45.31	44.92	45.99
庆阳市	Qingyang	142.93	143.32	142.74	148.03	148.94	149.85	151.17	151.57	154.38	156.57	155.79
定西市	Dingxi	153.45	156.02	156.11	150.06	156.18	158.87	161.96	165.50	166.17	165.96	165.75
陇南市	Longnan	148.73	149.76	149.52	150.51	152.88	153.37	157.68	163.31	169.79	168.37	166.67
临夏州	Linxia	105.63	104.41	102.95	100.05	100.81	100.85	111.66	143.94	143.21	143.15	142.48
甘南州	Gannan	35.53	35.87	36.12	35.32	36.38	36.58	38.72	39.31	39.67	39.76	39.29

19-38 各市（州）年末参加失业保险人数
Unemployment Insurance Contributors at Year-end by Region

单位：万人　　(10 000 persons)

市（州）	Region	2012	2013	2014	2015	2016	2017	2018	2019	2020	2021	2022
甘肃省	**Gansu**	**163.55**	**163.09**	**162.35**	**162.76**	**164.32**	**165.38**	**168.34**	**172.97**	**187.36**	**196.08**	**202.76**
兰州市	Lanzhou	56.06	57.36	57.27	56.75	56.76	56.73	56.77	60.02	67.44	71.08	73.23
嘉峪关市	Jiayuguan	5.16	5.36	5.38	5.55	5.77	6.10	6.45	6.55	6.58	6.67	6.65
金昌市	Jinchang	7.45	7.30	7.28	7.59	7.55	7.05	7.05	6.74	6.62	7.07	7.30
白银市	Baiyin	12.15	11.88	12.00	12.47	12.51	12.67	12.65	12.36	11.66	11.72	11.75
天水市	Tianshui	14.77	14.51	14.37	14.20	14.10	13.99	13.74	13.51	12.08	12.08	12.49
武威市	Wuwei	6.43	6.39	6.48	7.12	7.29	7.80	8.74	9.68	10.66	11.01	11.75
张掖市	Zhangye	6.92	6.85	7.00	7.34	7.67	7.85	8.25	8.60	8.89	9.28	9.60
平凉市	Pingliang	8.89	8.70	8.69	8.68	8.66	8.69	8.83	9.03	10.79	11.56	12.49
酒泉市	Jiuquan	6.90	7.03	6.52	6.70	7.17	7.54	8.28	9.08	10.62	11.62	12.05
庆阳市	Qingyang	8.28	8.27	8.26	8.26	8.27	8.29	8.28	8.35	12.04	13.08	13.75
定西市	Dingxi	8.16	8.25	8.38	8.57	8.81	8.96	9.13	9.63	10.48	10.76	11.22
陇南市	Longnan	4.37	4.26	4.82	4.72	4.76	4.83	5.40	5.54	5.36	5.47	5.58
临夏州	Linxia	4.43	4.19	4.11	4.17	4.00	3.67	3.46	2.93	2.98	3.11	3.27
甘南州	Gannan	2.74	2.76	2.81	3.05	3.36	3.64	3.82	3.26	3.64	4.04	4.11

19-39 各市（州）城镇职工基本医疗保险参保人数

Persons Covered of Urban Employees Basic Medical Care Insurance by Region

单位：万人 (10 000 persons)

市（州）	Region	2012	2013	2014	2015	2016	2017	2018	2019	2020	2021	2022
甘肃省	**Gansu**	**292.97**	**297.05**	**302.60**	**307.92**	**314.44**	**320.25**	**331.59**	**344.30**	**361.92**	**372.34**	**380.97**
兰州市	Lanzhou	79.86	82.23	84.45	85.72	90.73	92.99	98.71	105.79	126.70	129.58	130.87
嘉峪关市	Jiayuguan	8.00	8.38	8.06	8.75	8.92	9.26	9.71	10.76	11.43	9.80	10.38
金昌市	Jinchang	11.68	11.36	11.89	12.05	12.11	11.97	12.19	12.29	12.71	12.91	13.63
白银市	Baiyin	21.55	21.83	22.15	22.45	23.19	23.54	23.71	24.06	24.84	25.28	25.39
天水市	Tianshui	27.67	27.66	27.66	27.67	25.16	25.42	25.79	27.86	29.01	30.11	30.24
武威市	Wuwei	12.61	12.69	12.84	13.16	13.30	13.35	13.96	14.45	14.91	15.83	16.11
张掖市	Zhangye	13.05	12.15	12.00	11.85	12.16	12.41	13.01	13.40	13.83	14.29	14.69
平凉市	Pingliang	10.53	11.03	11.20	1.95	12.36	12.84	13.07	13.78	16.14	17.25	19.19
酒泉市	Jiuquan	13.07	12.82	11.28	11.52	11.79	12.19	12.68	12.87	16.43	17.30	18.32
庆阳市	Qingyang	13.85	13.93	14.09	14.10	14.30	14.27	14.30	14.63	15.90	16.78	17.68
定西市	Dingxi	14.02	14.52	14.92	15.48	15.82	16.14	16.27	16.69	17.19	18.09	18.39
陇南市	Longnan	13.20	13.35	13.44	13.41	14.08	14.20	14.74	15.11	15.88	16.82	17.10
临夏州	Linxia	10.22	10.33	10.68	10.89	11.01	11.38	11.49	11.72	12.28	12.88	13.28
甘南州	Gannan	6.40	6.59	6.98	7.26	7.46	8.08	8.38	8.40	7.86	8.23	8.39

19-40 各市（州）城乡居民基本医疗保险参保人数

Persons Covered of Urban and Rural Residents Basic Medical Care Insurance by Region

单位：万人 (10 000 persons)

市（州）	Region	2012	2013	2014	2015	2016	2017	2018	2019	2020	2021	2022
甘肃省	**Gansu**	**323.57**	**325.72**	**328.05**	**327.03**	**328.90**	**2191.97**	**2215.06**	**2228.64**	**2228.48**	**2214.85**	**2174.15**
兰州市	Lanzhou	93.57	100.27	106.84	106.82	105.91	215.37	214.90	209.99	208.36	209.04	207.11
嘉峪关市	Jiayuguan	17.24	7.73	7.73	8.24	8.46	11.35	11.61	11.48	11.49	12.21	12.17
金昌市	Jinchang	31.32	31.42	31.04	30.97	30.96	30.69	31.07	30.92	30.62	30.04	29.44
白银市	Baiyin	21.05	20.44	21.70	17.78	18.34	139.84	141.55	140.69	137.62	136.49	132.62
天水市	Tianshui	27.98	27.98	20.33	21.59	21.48	304.08	303.53	304.63	305.46	306.59	297.39
武威市	Wuwei	17.02	17.63	17.60	17.51	21.48	155.83	156.18	153.03	148.67	146.45	141.55
张掖市	Zhangye	16.10	16.49	16.79	17.02	16.71	110.73	110.34	109.09	107.44	106.35	104.31
平凉市	Pingliang	22.54	16.18	17.06	17.47	18.17	191.05	192.67	193.62	190.62	188.36	182.70
酒泉市	Jiuquan	17.24	17.19	16.96	16.89	17.13	79.70	79.49	79.89	78.35	78.15	76.55
庆阳市	Qingyang	14.12	15.69	14.15	14.15	14.15	227.30	227.13	226.27	222.90	220.55	216.52
定西市	Dingxi	15.69	15.69	16.36	17.17	17.77	249.34	255.72	256.22	255.15	253.82	250.21
陇南市	Longnan	16.37	14.79	14.40	14.23	15.83	240.13	244.73	248.45	249.10	248.82	245.18
临夏州	Linxia	15.72	18.60	20.93	20.98	20.99	176.66	185.25	202.61	220.37	215.48	215.82
甘南州	Gannan	7.21	7.15	6.18	6.21	6.33	59.90	60.90	61.76	62.33	62.51	62.58

注：2017 年，城镇居民基本医疗保险改为城乡居民医疗保险，将新农合参保人数归入其中。

a) Since 2017,urban residents basic medical care insurance are changed to urban and rural residents basic medical care insurance,the new rural cooperative medical care are included.

19-41 各市（州）年末参加工伤保险人数
Work Injury Insurance Contributors at Year-end by Region

单位：万人 (10 000 persons)

市（州）	Region	2012	2013	2014	2015	2016	2017	2018	2019	2020	2021	2022
甘肃省	**Gansu**	**158.53**	**167.72**	**175.14**	**182.60**	**188.35**	**198.58**	**219.43**	**244.10**	**264.64**	**278.74**	**287.22**
兰州市	Lanzhou	44.67	46.28	46.18	45.92	49.91	55.12	61.00	69.29	75.12	80.39	81.60
嘉峪关市	Jiayuguan	6.43	6.47	6.85	7.28	7.16	6.95	7.34	7.48	7.34	7.29	7.44
金昌市	Jinchang	7.18	7.39	7.40	7.44	7.31	7.02	8.50	8.71	8.65	9.23	9.42
白银市	Baiyin	12.45	13.02	12.72	12.84	13.48	14.39	14.54	15.09	15.92	16.86	16.57
天水市	Tianshui	9.94	9.94	9.94	12.46	13.33	13.48	14.17	17.38	18.84	19.40	20.57
武威市	Wuwei	9.09	10.29	11.39	11.86	12.51	15.05	16.18	14.89	16.14	15.84	15.87
张掖市	Zhangye	7.70	7.49	7.88	9.02	8.73	9.04	9.85	10.76	11.99	12.07	12.87
平凉市	Pingliang	8.17	9.10	8.78	8.88	8.09	8.10	10.25	12.74	15.54	15.97	16.78
酒泉市	Jiuquan	8.66	9.50	8.85	9.68	10.18	10.27	11.61	12.30	13.34	14.54	14.95
庆阳市	Qingyang	4.77	5.69	5.81	6.53	7.53	7.61	8.65	10.32	11.70	12.58	13.56
定西市	Dingxi	7.81	8.22	8.90	9.44	9.53	9.67	9.90	12.55	13.03	13.18	14.17
陇南市	Longnan	6.33	6.90	6.70	6.67	6.97	7.15	7.56	10.43	11.20	13.10	13.89
临夏州	Linxia	3.70	3.81	4.22	4.35	4.71	5.61	6.18	10.38	10.92	11.92	12.76
甘南州	Gannan	2.50	3.02	2.95	3.10	3.37	3.39	5.70	5.70	6.55	7.36	7.34

19-42 各市（州）年末参加生育保险人数
Maternity Insurance Contributors at Year-end by Region

单位：万人 (10 000 persons)

市（州）	Region	2012	2013	2014	2015	2016	2017	2018	2019	2020	2021	2022
甘肃省	**Gansu**	**129.52**	**135.07**	**143.70**	**154.10**	**162.75**	**175.31**	**202.91**	**221.81**	**234.01**	**250.69**	**256.88**
兰州市	Lanzhou	44.01	45.61	45.52	45.25	48.49	54.94	58.62	63.57	76.98	83.16	85.05
嘉峪关市	Jiayuguan	5.88	6.18	7.14	7.37	7.50	6.88	6.93	6.93	6.93	6.81	6.93
金昌市	Jinchang	3.12	3.63	3.77	3.94	4.06	4.43	4.26	4.28	4.69	7.56	7.98
白银市	Baiyin	7.43	7.51	8.05	8.60	8.81	10.36	10.74	12.48	14.74	15.19	15.06
天水市	Tianshui	10.62	10.62	10.89	13.31	13.84	14.01	15.00	18.28	18.63	19.41	19.49
武威市	Wuwei	6.27	6.83	7.35	7.51	7.61	7.49	8.88	9.45	11.03	11.69	11.93
张掖市	Zhangye	6.94	6.62	7.14	7.54	7.90	8.10	8.63	8.95	9.35	9.68	10.17
平凉市	Pingliang	6.03	6.26	6.40	7.36	7.58	7.91	8.38	9.82	11.47	12.72	14.05
酒泉市	Jiuquan	5.96	6.58	6.21	6.72	7.04	7.28	8.19	8.82	11.06	12.36	13.12
庆阳市	Qingyang	8.61	8.65	8.88	8.96	9.16	9.40	10.03	10.46	11.00	11.90	12.35
定西市	Dingxi	8.04	9.89	10.29	10.63	10.75	10.93	11.08	11.88	12.58	13.21	13.34
陇南市	Longnan	4.20	4.30	4.54	4.71	6.92	7.08	9.60	10.33	11.95	12.50	12.68
临夏州	Linxia	5.28	5.35	5.64	5.89	6.37	8.24	8.31	8.47	9.41	9.93	10.17
甘南州	Gannan	2.65	2.92	3.38	3.55	3.92	5.51	5.92	6.29	5.97	6.32	6.46

主要统计指标解释

卫生机构 指从卫生行政部门取得《医疗机构执业许可证》，或从民政、工商行政、机构编制管理部门取得法人单位登记证书，为社会提供医疗保健、疾病控制、卫生监督服务或从事医学科研和教育等工作的单位。卫生机构包括医院、疗养院、社区卫生服务中心（站）、卫生院、门诊部、诊所（卫生所、医务室）、急救中心（站）、采供血机构、妇幼保健院（所、站）、专科疾病防治院（所、站）、疾病预防控制中心（防疫站）、卫生监督所、卫生监督检验（监测、检测）机构、医学科研机构、医学在职培训机构、健康教育所（站）等其他卫生机构。

医院 包括综合医院、中医医院、中西医结合医院、民族医院、各类专科医院和护理院。

基层医疗卫生机构 包括社区卫生服务中心、社区卫生服务站、街道卫生院、乡镇卫生院、村卫生室、门诊部、诊所（医务室）。

专业公共卫生机构 包括疾病预防控制中心、专科疾病防治机构、妇幼保健机构（含妇幼保健计划生育服务中心）、健康教育机构、急救中心（站）、采供血机构、卫生监督机构、取得《医疗机构执业许可证》或《计划生育技术服务许可证》的计划生育技术服务机构。

卫生人员 指在医院、基层医疗卫生机构、专业公共卫生机构及其他医疗卫生机构工作的职工，包括卫生技术人员、乡村医生和卫生员、其他技术人员、管理人员和工勤人员。一律按支付年底工资的在岗职工统计，包括各类聘任人员（含合同工）及返聘本单位半年以上人员，不包括临时工、离退休人员、退职人员、离开本单位仍保留劳动关系人员、本单位返聘和临聘不足半年人员。

卫生技术人员 包括执业医师、执业助理医师、注册护士、药师（士）、检验技师（士）、影像技师、卫生监督员和见习医（药、护、技）师（士）等卫生专业人员。不包括从事管理工作的卫生技术人员（如院长、副院长、党委书记等）。

执业医师 指具有《医师执业证》及其“级别”为“执业医师”，且实际从事医疗、预防保健工作的人员，不包括实际从事管理工作的执业医师。执业医师类别分为临床、中医、口腔和公共卫生。

执业助理医师 指《医师执业证》“级别”为“执业助理医师”且实际从事医疗、预防保健工作的人员，不包括实际从事管理工作的执业助理医师。执业助理医师类别分为临床、中医、口腔和公共卫生四类。

每万人口医疗卫生机构床位 每万人口医疗卫生机构床位 = 医疗卫生机构床位数 / 人口数 ×10000。人口数系年末常住人口。

卫生总费用 是反映一个国家或地区在一定时期内（通常为 1 年）用于医疗卫生保健服务所消耗的资金总量。用筹资来源法测算，分为政府卫生支出、社会卫生支出、个人现金卫生支出三部分。

政府卫生支出 指各级政府用于医疗卫生服务、医疗保障补助、卫生和医疗保障行政管理、人口与计划生育事务支出等各项事业的经费。

社会卫生支出 指政府支出外的社会各界对卫生事业的资金投入。包括社会医疗保障支出、商业健康保险费、社会办医支出、社会捐赠援助、行政事业性收费收入等。

个人现金卫生支出 指城乡居民在接受各类医疗卫生服务时的现金支付，包括享受各种医疗保险制度的居民就医时自付的费用。可分为城镇居民、农村居民个人现金卫生支出，反映城乡居民医疗卫生费用的负担程度。

人均卫生费用 即某年卫生总费用与同期平均人口数之比。

卫生总费用与 GDP 之比 指某年卫生总费用与同期国内生产总值（GDP）之比。是用来反映一定时期国家对卫生事业的资金投入力度，以及政府和全社会对卫生事业、居民健康的重视程度。

孕产妇死亡率 指年内每 10 万名孕产妇的死亡人数。孕产妇死亡指从妊娠期至产后 42 天内，由于任何妊娠或妊娠处理有关的原因导致的死亡，但不包括意外原因死亡者。按国际通用计算方法，“孕产妇总数”以“活产数”代替计算。

5 岁以下儿童死亡率 指年内未满 5 岁儿童死亡人数与活产数之比，一般以‰表示。

新生儿死亡率 指年内新生儿死亡数与活产数之比。一般以‰表示。新生儿死亡指出生至28天以内（即0–27天）

死亡人数。

离婚率 指某地区当年离婚对数占该地区年平均人口的比重。计算公式为：

$$离婚率=\frac{当年离婚对数}{年平均人口数}\times 100\%$$

基本养老保险（参保）职工人数 指报告期末按照国家法律、法规和有关政策规定参加基本养老保险并在社保经办机构已建立缴费记录档案的职工人数，包括中断缴费但未终止养老保险关系的职工人数，不包括只登记未建立缴费记录档案的人数。

基本医疗保险参保人数 指报告期末按国家有关规定参加基本医疗保险的人数。包括参加保险的职工人数和退休人员人数。

失业保险参保人数 指报告期末按照国家法律、法规和有关政策规定参加了失业保险的城镇企业事业单位的职工及地方政府规定参加失业保险的其他人员的人数。

工伤保险参加人数 指报告期末依据国家有关规定参加工伤保险的职工人数。

生育保险参保人数 指报告期末依据有关规定参加生育保险的职工人数。

城镇居民最低生活保障人数 指报告期末家庭平均收入在当地规定的最低生活保障线以下的城镇居民数。包括“三无”对象、失业人员和在职、下岗、退休人员等。

农村居民最低生活保障人数 指报告期末在建立农村最低生活保障制度的地区，得到当地政府或集体给予最低生活保障的农业人口家庭人数。

20 文化和体育

Culture and Sports

简要说明

一、本篇资料主要内容

本篇主要反映文化、体育、新闻出版、广播电视事业的发展情况。

文化资料主要包括文化产业基本情况、艺术表演团体、艺术表演场所、公共图书馆、博物馆、文化馆、文化站、广播、电影、电视、新闻出版等文化事业的机构、人员、经费和业务活动情况。体育资料主要包括体育系统职工和运动员情况。

二、本篇资料来源

本篇资料由省统计局社会科技处搜集、整理。艺术业、图书馆业、群众文化服务业的资料来自省文旅厅；广播、电影、电视资料来自省广电局；出版资料来自省委宣传部；体育资料来自省体育局。

20-1 文化产业基本情况
Basic Statistics of Cultural Industry

项 目	Item	2015	2019	2020	2021
文化产业增加值（亿元）	Value-added of Cultural Industry (100 million yuan)	124.24	189.03	186.90	216.70
#法人单位增加值（亿元）	Value-added of Corporate Units (100 million yuan)	99.36	148.43	145.90	168.40
文化产业增加值占GDP的比重(%)	Value-added of Cultural Industry as Proportion of GDP (%)	1.83	2.17	2.10	2.10
文化产业法人单位机构数（家）	Number of Corporate Units Institutions of Cultural Industry (uint)	11025	15507		
从业人员（万人）	Employed Persons (10 000 persons)	20.25	13.23	13.10	12.29

20-2 文化及相关产业规模以上企业分类主要指标(2022)
Main Indicators of Culture and Related Industry above Designated Size by Type (2022)

项 目	Item	法人单位数（个） Number of Institutional Unit (unit)	从业人员期末人数（人） Number of Employed Persons at year-end (person)	资产总计（万元） Total Assets (10 000 yuan)	营业收入（万元） Business Revenue (10 000 yuan)	利润总额（万元） Total Profits (10 000 yuan)
全省	**Total**	**163**	**17852**	**3048576**	**1224958**	**-75373**
文化核心领域	**Core Area**	**122**	**15034**	**2751897**	**1064715**	**-62937**
新闻信息服务	News and Information Service	4	1110	65878	60587	6009
内容创作生产	Content Authoring	25	1444	489382	156985	6445
创意设计服务	Creative Design Service	25	2905	362724	270313	18234
文化传播渠道	Channels of Cultural Transmission	43	7422	1314779	557058	-68903
文化投资运营	Cultural Investment and Operation					
文化娱乐休闲服务	Cultural Entertainment and Service	25	2153	519134	19772	-24722
文化相关领域	**Related Area**	**41**	**2818**	**296679**	**160243**	**-12435**
文化辅助生产和中介服务	Subsidiary Production and Intermediary Services	29	2484	262630	120351	-13186
文化装备生产	Production of Cultural Equipment	4	102	4946	7119	-21
文化消费终端生产	Terminal Production of Cultural Consumption	8	232	29103	32772	771

20-3 文化及相关产业规模以上企业主要经济指标（2022）
Main Economic Indicators of Culture and Related Industry Enterprises above Designated Size (2022)

单位：万元 (10 000yuan)

项目	Item	合计 Total	文化制造业 Cultural Manufacturing Industry	文化批零业 Cultural wholesale and Retail Industry	文化服务业 Cultural Service Industry
企业单位数（个）	Number of Enterprises (unit)	163	18	30	115
期末从业人员（人）	Employed Persons (person)	17852	2057	3759	12036
资产总计	Total Assets	3048576	144102	537725	2366749
固定资产原价	Fixed Assets Price	1309481	86779	93665	1129036
本年折旧	Depreciation in This Year	58204	2977	2577	52649
负债合计	Total Liabilities	2192985	135046	346295	1711644
所有者权益合计	Total Owner's Equity	855591	9057	191430	655105
营业收入	Business Revenue	1224958	91206	533817	599935
营业成本	Operating Cost	1095179	79385	503620	512174
营业税金及附加	Business Tax and Add	9632	810	3551	5271
销售费用	Sales Expenses	83642	1539	49872	32230
管理费用	Management Fee	107587	7449	13617	86521
财务费用	Financial Expenses	32499	1780	-358	31078
资产减值损失	Asset Impairment Loss	-9599	-128		-9472
公允价值变动收益	Fair Value Gains and Losses	158			158
投资收益	Income from Investment	-5931	10	-65	-5876
营业利润	Operating Profits	-83547	-1349	5909	-88106
应付职工薪酬	Wages Payable	178002	13785	35600	128617
应交增值税	Value Added Tax Payable	14955	1680	2010	11265
利润总额	Total Profits	-75373	-1273	6019	-80120

20-4 文化事业基本情况
Basic Statistics of Culture Industry

项目	Item	2015	2020	2021	2022
文化事业机构数（个）	**Number of Institutions (unit)**	**5434**	**6510**	**6756**	**7038**
文化部门	Cultural Department	2210	2186	2189	2199
其他部门	Other Department	3224	4324	4567	4839
文化事业人员数（人）	**Number of Employed Persons (person)**	**47838**	**69518**	**70273**	**62841**
文化部门	Cultural Department	26141	23124	23389	23493
其他部门	Other Department	21679	46394	46884	39348
文化部门事业单位数（个）	**Number of Public Institutions of Culture** Department(unit)	**2142**	**2203**	**2208**	**2218**
#文化馆、艺术馆	Cultural Centers and Art Stations	103	104	105	106
公共图书馆	Public Libraries	103	104	104	104
博物馆	Museums	150	226	228	230
艺术表演场馆	Art Performance Places	24	36	55	44
艺术表演团体	Art Performance Troupes	191	347	392	370

20-5 艺术表演场馆基本情况（2022）
Basic Statistics on Art Performance Places in the Official Cultural System (2022)

项 目	Item	机构数（个）Number of Institutions (unit)	从业人员（人）Number of Employed Persons (person)	座席数（个）Seating Capacity (unit)
总计	**Total**	**44**	**1158**	**21355**
按登记注册类型分	**By Status of Registration**			
国有	State-owned	14	414	11199
集体	Collective-owned			
其他	Others	30	744	10156
按性质分	**By Type of Units**			
执行事业会计制度	Adopting Institution Accounting System	11	387	7688
执行企业会计制度	Adopting Enterprise Accounting System	6	27	3511
按机构类型分	**By Type of Troupes**			
剧场	Theaters	17	589	14180
影剧院	Music Halls and Cinemas	4	19	2898
书场、曲艺场	Storytelling, Recitation and Ballad Places			
杂技、马戏场	Acrobatics and Circus Places			
音乐厅	Concert Halls	5	67	292
综合性	General Performance Theaters	7	363	2993
其他艺术表演场馆	Others	11	120	992
按隶属关系分	**By Jurisdiction of Management**			
中央	Run by Central Government			
省、区、市	Run by Provinces, Autonomous Regions and Municipalities	5	55	2176
地、市	Run by Prefectures (Cities)	5	272	3989
县、市及以下	Run by Counties (Cities) and Others	34	831	15190

20-5 续表 1 continue

项 目	Item	演（映）出场次（万场次）Number of Performances (10 000 shows)	#艺术演出 Art Performances	观众人次（万人次）Number of Audience (10 000 person-times)	#艺术演出 Art Performances
总计	**Total**	**0.67**	**0.49**	**66.06**	**59.59**
按登记注册类型分	**By Status of Registration**				
国有	State-owned	0.19	0.02	15.26	11.57
集体	Collective-owned				
其他	Others	0.48	0.47	50.80	48.02
按性质分	**By Type of Units**				
执行事业会计制度	Adopting Institution Accounting System	0.17	0.01	11.42	8.60
执行企业会计制度	Adopting Enterprise Accounting System	0.02	0.01	3.84	2.97
按机构类型分	**By Type of Troupes**				
剧场	Theaters	0.21	0.06	26.43	22.15
影剧院	Music Halls and Cinemas	0.25	0.25	4.55	3.56
书场、曲艺场	Storytelling, Recitation and Ballad Places				
杂技、马戏场	Acrobatics and Circus Places				
音乐厅	Concert Halls	0.09	0.09	8.69	8.68
综合性	General Performance Theaters	0.02	0.01	20.48	19.29
其他艺术表演场馆	Others	0.08	0.08	5.91	5.91
按隶属关系分	**By Jurisdiction of Management**				
中央	Run by Central Government				
省、区、市	Run by Provinces, Autonomous Regions and Municipalities			1.31	0.92
地、市	Run by Prefectures (Cities)	0.02	0.02	8.50	6.56
县、市及以下	Run by Counties (Cities) and Others	0.64	0.48	56.25	52.11

20-5 续表 2 continue

项 目	Item	收入合计（万元）Total Income (10 000 yuan)	#财政拨款 Government	#演出收入 Performance Income	支出合计（万元）Expenses (10 000 yuan)
总计	**Total**	**11848.4**	**885.9**	**5658.1**	**16140.1**
按登记注册类型分	**By Status of Registration**				
国有	State-owned	3450.9	43.6	107.9	4515.8
集体	Collective-owned				
其他	Others	8397.5	842.3	5550.2	11624.3
按性质分	**By Type of Units**				
执行事业会计制度	Adopting Institution Accounting System	2825.7	40.4	17.0	3847.0
执行企业会计制度	Adopting Enterprise Accounting System	385.7	3.2	90.9	809.9
按机构类型分	**By Type of Troupes**				
剧场	Theaters	8869.8	844.3	3899.3	12185.1
影剧院	Music Halls and Cinemas	483.5	41.6	88.0	494.5
书场、曲艺场	Storytelling, Recitation and Ballad Places				
杂技、马戏场	Acrobatics and Circus Places				
音乐厅	Concert Halls	433.2		426.3	422.4
综合性	General Performance Theaters	1705.2		1028.8	2687.6
其他艺术表演场馆	Others	356.7		215.7	350.5
按隶属关系分	**By Jurisdiction of Management**				
中央	Run by Central Government				
省、区、市	Run by Provinces, Autonomous Regions and Municipalities	1361.5	3.2	14.8	1464.1
地、市	Run by Prefectures (Cities)	1925.4		76.1	2152.5
县、市及以下	Run by Counties (Cities) and Others	8561.5	882.7	5567.2	12523.5

20-6 艺术表演团体基本情况（2022）

项 目	Item	机构数（个）Number of Institutions (unit)	从业人员（人）Number of Employed Persons (person)	演（映）出场次（万场次）Number of Performances (10 000 shows)	#国内 Domestic Performance	#农村 Rural Performance
总计	**Total**	**370**	**11380**	**2.04**	**2.03**	**1.28**
按登记注册类型分	**By Status of Registration**					
国有	State-owned	40	2258	0.43	0.42	0.33
集体	Collective-owned					
其他	Others	330	9122	1.61	1.61	0.95
按隶属关系分	**By Jurisdiction of Management**					
中央	Run by Central Government					
省、区、市	Run by Provinces, Autonomous Regions and Municipalities	8	853	0.06	0.06	0.03
地、市	Run by Prefectures (Cities)	13	1232	0.12	0.12	0.08
县、市及以下	Run by Counties (Cities) and Others	349	9295	1.86	1.85	1.17
按性质分	**By Type of Units**					
执行事业会计制度	Adopting Institution Accounting System	16	1445	0.15	0.15	0.11
执行企业会计制度	Adopting Enterprise Accounting System	49	2109	0.62	0.61	0.45
按管理部门分	**By Management Authority**					
文化部门	Cultural Departments	62	3466	0.76	0.75	0.55
其他部门	Other Departments	308	7914	1.28	1.28	0.73
按剧种分	**By Type of Art**					
话剧、儿童剧、滑稽剧类	Drama, Children's Play and Comedy Troupes	4	78			
歌舞、音乐类	Song and Dance, Musicals	54	2460	0.32	0.32	0.23
京剧、昆曲类	Peking Opera and Kunqu Opera	2	118	0.01	0.01	
地方戏曲类	Local Opera	195	5657	1.24	1.23	0.85
杂技、魔术、马戏类	Acrobatics, Magic and Circus	1	63	0.01	0.01	0.01
曲艺类	Folk Arts	17	354	0.07	0.07	0.03
乌兰牧骑	Ulanmuchi	1	59	0.01	0.01	0.01
综合性艺术表演团体	Comprehensive Art Performance	96	2591	0.38	0.38	0.14

Basic Statistics on Art Performance Troupes (2022)

国内演出观众人次（万人次）Number of Domestic Audience (10 000 person-times)	# 农村 Rural Audience	收入合计（万元）Total Income (10 000 yuan)	# 财政拨款 Government Budget	# 演出收入 Performance Income	支出合计（万元）Total Expenses (10 000 yuan)	政府采购的公益演出活动 Public Shows under Government Procurement	
						演出场次（万场次）Number of Performances (10 000 shows)	观众人数（万人次）Number of Domestic Audience (10 000 person-times)
1393.63	**668.36**	**53921.20**	**33968.10**	**16816.20**	**73074.90**	**0.39**	**301.94**
289.39	201.17	26542.20	21988.70	2599.50	26357.10	0.21	145.38
1104.24	467.19	27379.00	11979.40	14216.70	46717.80	0.18	156.56
43.84	22.23	12006.90	7893.50	1933.60	12637.10	0.03	30.78
138.97	90.50	16413.10	15334.50	775.60	16715.80	0.06	36.00
1210.82	555.63	25501.20	10740.10	14107.00	43722.00	0.30	235.16
113.48	71.07	22051.20	20486.10	849.60	21688.60	0.07	37.03
456.38	309.24	14888.10	7056.80	4296.90	25697.10	0.32	264.91
564.96	375.61	36366.70	27009.50	5107.30	37590.50	0.38	297.39
828.67	292.75	17554.50	6958.60	11708.90	35484.40	0.01	4.55
2.85	0.77	1216.20	836.40	51.50	1445.50		2.50
194.93	123.75	20920.60	18738.50	3625.80	25017.60	0.08	46.66
1.62	1.03	640.10	547.90	38.80	1123.30	0.01	1.02
940.52	480.70	18455.10	10736.10	6406.00	21618.10	0.26	242.43
2.59	2.59	773.40	245.00	33.80	890.30		0.99
12.73	2.98	646.40	3.10	281.70	677.80		1.35
3.00	1.20	853.10	853.10		853.10	0.01	3.00
235.39	55.34	10416.30	2008.00	6378.60	21449.20	0.02	4.00

20-7 博物馆基本情况
Basic Statistics on Museums

项　目	Item	2015	2020	2021	2022
机构数（个）	Number of Institutions(unit)	150	226	228	230
从业人员（人）	Number of Employed Persons(person)	3265	4834	5303	5530
文物藏品（件/套）	Number of Collections(piece/set)	558789	396968	589624	600938
本年从有关部门接收文物数（件/套）	Accepted Cultural Relics from Department This Year(piece/set)	8100	2961	1698	1947
本年修复文物数（件/套）	Cultural Relics Repaired This Year(piece/set)	594	1071	1669	1366
基本陈列（个）	Displays (unit)	352	580	594	571
临时展览（个）	Exhibition (unit)	353	593	652	595
参观人次（千人次）	Spectators(1000 person-times)	21909	17487	25995	19929.7
门票销售总额（千元）	Ticket Sales for Entrance Ticket(1000 yuan)	2981	239774	292559	78740

20-8 公共图书馆基本情况（2022）
Basic Statistics on Public Libraries (2022)

项　目	Item	总计 Total	#少儿图书馆 Children's Libraries	按隶属关系分 By Jurisdiction of Management			
				省级 Provinces Level	地市级 Prefecture Level	县市级 County (City) Level	#县图书馆 Run by Counties
机构数（个）	Number of Institutions (unit)	104	10	1	18	85	65
从业人员（人）	Number of Employed Persons (person)	1489	89	214	361	914	667
总藏量（万册件）	Total Collections (10000 copies)	2023	137	510	516	998	623
当年购买的报刊种类（万种）	Kinds of Newspapers and Periodicals Purchased This Year (10 000 kinds)	2				1	1
有效借书证数（万个）	Accumulative Number of Library Cards Distributed (10 000 units)	61	6	10	24	28	18
总流通人次（万人次）	Total Number of Circulation (10 000 person-times)	638	39	26	224	388	225
#书刊文献外借人次	Borrowing from Libraries	213	9	16	61	136	99
书刊文献外借册次（万册次）	Number of Books and Periodicals Lent to Readers (10 000 copies-times)	452	30	23	180	248	162
组织各类讲座次数（次）	Number of Lectures (time)	1735	183	5	845	885	591
举办展览（个）	Exhibitions Held (unit)	1058	86	6	297	755	423
举办培训班（个）	Training Classes Held (unit)	448	69	1	124	323	211
计算机（台）	Computers (set)	5296	335	444	1185	3667	2727
#电子阅览室终端数	Terminals in Electronic Media Reading Rooms	3336	266	164	702	2470	1815
阅览室座席数（万个）	Seats of Reading Room (10 000 units)	3.88	0.33	0.25	1.27	2.35	1.28

20-9 群众文化机构基本情况（2022）
Basic Statistics on Cultural Institutions (2022)

项 目	Item	总计 Total	省级 Provinces Level	地市级 Prefecture Level	县市级 County (City) Level
机构数（个）	Institutions (unit)	1458	1	16	89
从业人员（人）	Number of Employed Persons (person)	5806	42	329	1256
组织文艺活动（次）	Art Performances and Story-telling Sessions (time)	15876	7	481	2814
参加文艺活动人次（万人次）	Person-times Attending Art and Cultural Activities (10 000 person-times)	519.91	1.25	47.79	226.53
举办训练班（次）	Number of Training Courses (time)	7883	2	1381	1753
参加培训人次（万人次）	Attending Training (10 000 person-times)	57.66	0.03	10.50	13.26
举办展览个数（个）	Number of Exhibitions (unit)	3430		127	717
参观展览人次（万人次）	Visiting Exhibitions (10 000 person-times)	184.12		19.40	91.58
组织各类理论研讨和讲座次数（次）	Number of Theoretical Lectures (time)	553		79	474
参加研讨和讲座人次（万人次）	Attending Theoretical Lectures (10 000 person-times)	14.74		2.57	12.17
拥有计算机台数（台）	Computer Owned (unit)	9267	41	345	1011
本年收入合计（亿元）	Revenue this Year (100 million yuan)	4.63	0.10	0.73	1.88
本年支出合计（亿元）	Expenditure this Year (100 million yuan)	4.63	0.10	0.72	1.92
馆办文艺团体（个）	Art Performance Troupes Run by Centers (unit)	254	8	47	199
馆办文艺团体演出场次（万场次）	Number of Art Performances Run by Centers (10 000 times)	0.23		0.02	0.21
馆办老年大学（个）	Aging College Run by Centers (unit)	15		1	14
群众业余文艺团体（万个）	Part-time Art Troupes (10 000 units)	1.01		0.02	0.18

20-9 续表 continue

项 目	Item	# 县文化馆 Run by Counties	乡镇（街道）文化站 Township (subdistrict) Cultural Stations	# 乡镇文化站 Township Cultural Stations
机构数（个）	Institutions (unit)	68	1352	1228
从业人员（人）	Number of Employed Persons (person)	905	4179	3841
组织文艺活动（次）	Art Performances and Story-telling Sessions (time)	1646	12574	10810
参加文艺活动人次（万人次）	Person-times Attending Art and Cultural Activities (10 000 person-times)	147.06	244.34	220.99
举办训练班（次）	Number of Training Courses (time)	624	4747	4213
参加培训人次（万人次）	Attending Training (10 000 person-times)	5.82	33.86	31.31
举办展览个数（个）	Number of Exhibitions (unit)	514	2586	2379
参观展览人次（万人次）	Visiting Exhibitions(10 000 person-times)	64.09	73.13	69.95
组织各类理论研讨和讲座次数（次）	Number of Theoretical Lectures (time)	202		
参加研讨和讲座人次（万人次）	Attending Theoretical Lectures (10 000 person-times)	5.62		
拥有计算机台数（台）	Computer Owned (unit)	775	7870	7235
本年收入合计（亿元）	Revenue this Year (100 million yuan)	1.32	1.93	1.83
本年支出合计（亿元）	Expenditure this Year (100 million yuan)	1.32	1.89	1.80
馆办文艺团体（个）	Art Performance Troupes Run by Centers (unit)	134		
馆办文艺团体演出场次（万场次）	Number of Art Performances Run by Centers (10 000 times)	0.10		
馆办老年大学（个）	Aging College Run by Centers (unit)	8		
群众业余文艺团体（万个）	Part-time Art Troupes (10 000 units)	1.00		

20-10 新闻出版业主要指标
Main Indicators of Press and Publication Industry

指 标	Item	2020	2021	2022
出版情况	**Publishing**			
图书出版	Publishing of Books			
图书种数（种）	Sort of Books (sort)	4076	4562	3667
图书总印数（万册）	Total Printed Copies of Books (10 000volumes)	9593	11445	12155
图书总印张（万印张）	Total Printed Sheets of Books (10 000 sheets)	67648	86696	105277
图书定价总金额（万元）	Total Priced Value of Books (10 000 yuan)	142387	194694	256542
期刊出版	Magazine			
期刊种数（种）	Sort of Magazine (sort)	132	131	131
期刊总印数（万册）	Total Printed Copies of Magazine (10 000 volumes)	7971	8193	8625
期刊总印张（万印张）	Total Printed Sheets of Magazine (10 000 sheets)	43875	44627	45889
期刊定价总金额（万元）	Total Priced Value of Magazine (10 000 yuan)	69305	72891	78625
报纸出版	Publishing of Newspaper			
报纸种数（种）	Sort of Newspaper (sort)	58	54	55
报纸总印数（万份）	Total Printed Copies of Newspaper (10 000 volumes)	34404	31054	27405
报纸总印张（万印张）	Total Printed Sheets of Newspaper (10 000 sheets)	487162	449935	407705
报纸定价总金额（万元）	Total Priced Value of Newspaper (10 000 yuan)	36547	31012	28941
音像及电子出版物出版	Audio Products and Electronic Publications			
音像及电子出版物出版种数（种）	Category of Audio Products and Electronic Publications (kind)	25	18	21
音像及电子出版物出版数量(万盒)	Number of Audio Products and Electronic Publications (10 000 cases)	2.05	2.75	1.38
音像及电子出版物发行数量(万盒)	Total Issuance of Audio and Electronic Publications (10 000 cases)	2.05	2.75	1.38
印刷企业单位数（个）	Number of Enterprises of Printing (unit)			
出版物发行情况	**Issuance of Publication**			
出版物购进数量（万册/张/份/盒）	Number of Publication Bought (10 000 volumes/paper/cases)	30721	42459	44138
出版物购进金额（万元）	Total Bought Value (10 000yuan)	359727	526511	575148
出版物销售数量（万册/张/份/盒）	Volume of Saling Printing (10 000 volumes/paper/cases)	30622	42593	43630
出版物销售金额（万元）	Total Sales Amount of Publication (10 000 yuan)	355324	517447	552824
出版物库存数量（万册/张/份/盒）	Storage of Publication (10 000 volumes/paper/cases)	4096	3986	4502
出版物库存金额（万元）	Publication Inventory (10 000 yuan)	45261	54536	76839

20-11 各市（州）文化事业基本情况（2022）

Basic Statistics of Culture Industry by Region (2022)

市（州）	Region	文化事业机构数（个）Number of Institutions (unit)	文化部门 Cultural Department	其他部门 Other Department	文化事业人员数（人）Number of Employed Persons (person)	文化部门 Cultural Department	其他部门 Other Department
兰州市	Lanzhou	1499	178	1321	12306	2000	10306
嘉峪关市	Jiayuguan	146	16	130	1307	314	993
金昌市	Jinchang	133	40	93	1692	437	1255
白银市	Baiyin	465	119	346	3268	1421	1847
天水市	Tianshui	433	202	231	6444	2389	4055
武威市	Wuwei	306	143	163	2658	1114	1544
张掖市	Zhangye	547	129	418	4288	1197	3091
平凉市	Pingliang	447	180	267	3945	1473	2472
酒泉市	Jiuquan	705	150	555	4864	1132	3732
庆阳市	Qingyang	397	198	199	4060	2029	2031
定西市	Dingxi	549	184	365	5347	1762	3585
陇南市	Longnan	627	272	355	3531	1608	1923
临夏州	Linxia	438	191	247	3029	1791	1238
甘南州	Gannan	302	158	144	2814	1579	1235

注：本表不含省本级和甘肃矿区数据。
a) Data of this table excluding Provincial level and Gansu Mine Area data.

20-11 续表 continue

市（州）	Region	文化部门事业单位数（个）Number of Public Institutions of Culture Department (unit)	#文化馆、艺术馆 Cultural Centers and Art Station	#公共图书馆 Public Libraries	#博物馆 Museums	#艺术表演场所 Art Performance Places	#艺术表演团体 Art Performance Troupes	公共图书馆藏书量（万册、件）Total Collections of Public Library (10 000volumes)
兰州市	Lanzhou	192	9	9	29	1	3	207.97
嘉峪关市	Jiayuguan	20	1	2	7			31.27
金昌市	Jinchang	40	3	4	5			79.88
白银市	Baiyin	121	6	6	14		1	146.89
天水市	Tianshui	196	8	8	12	1	1	113.73
武威市	Wuwei	142	5	5	10		1	116.84
张掖市	Zhangye	138	9	7	18		2	139.71
平凉市	Pingliang	176	8	9	15	3		105.73
酒泉市	Jiuquan	162	8	8	27	1	2	106.35
庆阳市	Qingyang	193	9	9	19			90.10
定西市	Dingxi	186	8	8	20	1		119.97
陇南市	Longnan	278	12	9	17	2	2	102.03
临夏州	Linxia	193	9	9	16		1	64.25
甘南州	Gannan	155	9	9	16		1	82.19

20-12 广播电视事业基本情况
Basic Statistics of Radio and Television Industry

项 目	Item	2010	2015	2020	2021	2022
广播	**Radio**					
广播电台（座）	Number of Broadcasting Stations (set)	4	2			
中短波广播发射和转播台(座)	Medium and Short Wave Transmission Stations and Relay Stations (set)	30	31	31	31	31
中短波广播发射功率（千瓦）	Medium and Short Wave Transmission Power (kW)	702	683	625	607	607
发射机功率（千瓦）	Power of Transmitters (kW)	234	271	365	359	341
公共广播节目套数（套）	Number of Public Radio Programs (set)	86	94	99	99	99
广播节目制作时间（万小时）	Length of Radio Programs Produced (10 000 hours)	10.78	13.37	15.47	15.44	16.24
#新闻资讯	News Programs	2.29	2.92	3.47	3.57	3.61
专题服务	Special Subject Programs	2.77	3.30	4.03	3.59	3.60
综艺类	Entertainment Programs	3.20	3.93	4.08	4.09	4.60
服务节目	Service Programs	0.66	1.10			
县广播电视台（座）	County Broadcasting Stations (set)	76	68	79	79	79
广播节目综合人口覆盖率(%)	Radio Coverage Rate of the Population (%)	93.47	98.01	99.31	99.43	99.46
电视	**Television**					
电视台（座）	Television Stations (set)	7	4	1	1	1
发射机功率（千瓦）	Power of Transmitters (kW)	366.27	409.00	296.80	293.30	286.60
电视节目套数（套）	Number of TV Programs (set)	104	110	118	118	116
#公共电视	Public TV	104	110	117	117	115
付费电视	Pay TV			1	1	1
电视节目制作时间（万小时）	Length of TV Programs Produced (10 000 hours)	5.89	6.74	6.42	6.46	6.18
#新闻资讯	News Programs	1.95	2.31	2.48	2.41	2.33
专题服务	Special Subject Programs	1.58	2.03	1.82	1.91	1.73
综艺类	Entertainment Programs	0.83	0.73	0.56	0.54	0.52
服务节目	Service Programs	0.65	0.67			
电视节目综合人口覆盖率(%)	TV Coverage Rate of Population (%)	93.72	98.47	99.41	99.49	99.52
有线广播电视用户数（万户）	Number of Users of Cable Radio and TV (10 000 households)	206.9	233.6	164.6	161.97	156.45
#农村	Rural	51.41	28.50	19.54	18.49	13.81
数字电视用户数	Number of Users of Digital TV	122.85	191.78	126.35	122.62	118.07
有线广播电视入户率（%）	Popularization Rate of Cable Radio and TV (%)	27.37	28.19	19.57	18.47	17.88
#农村	Rural	10.84	5.83	3.84	4.63	3.46
其他	**Others**					
广播电视总收入（亿元）	Revenue of Radio and TV (100 million yuan)	14.37	37.12	36.12	34.95	34.36
广播电视从业人员数（万人）	Staff and Workers of Radio and TV (10 000 persons)	1.41	1.59	1.51	1.50	1.50

20–13 广播电视节目综合人口覆盖情况
Population Coverage of Radio and TV Programs

单位：% (%)

项　目	Item	2015	2020	2021	2022
广播节目综合人口覆盖率	Population Coverage Rate of Radio Programs	98.01	99.31	99.43	99.46
#中央广播节目	Coverage Rate of Central Radio Station	96.52	98.05	98.86	98.87
#农村广播节目	Rural Population Coverage Rate of Radio Programs	97.63	99.15	99.20	99.19
电视节目综合人口覆盖率	Population Coverage Rate of TV Programs	98.47	99.41	99.49	99.52
#中央电视节目	Coverage Rate of CCTV	97.14	98.59	99.07	99.10
#农村电视节目	Rural Population Coverage Rate of TV Programs	98.14	99.29	99.31	99.29

20–14 广播节目制作播出情况
Basic Statistics on Radio Programs Produced and Broadcasted

项　目	Item	2015	2020	2021	2022
公共广播节目套数（套）	Number of Public Radio Programs(set)	94	99	99	99
全年制作广播节目时间（小时）	Length of Radio Programs Produced(hour)	133738	154714	154398	162430
全年公共广播节目播出时间（小时）	Length of Public Radio Programs Broadcasted(hour)	342009	385455	388090	385297

20-15 电视节目制作播出情况
Basic Statistics on TV Program Produced and Broadcasted

项 目	Item	2015	2020	2021	2022
电视节目套数（套）	Number of TV Programs(set)				
公共电视	Public TV	110	117	117	115
全年制作电视节目时间（小时）	Length of TV Programs Produced(hour)	67384	64162	64621	61773
全年公共电视节目播出时间（小时）	Length of Public TV Programs Broadcasted (hour)	487173	584168	578121	574748
全年电视剧播出数	Number of TV Plays Broadcasted				
（部）	(set)	7414	5953	6114	5636
（集）	(part)	228603	219541	209284	194934
# 进口电视剧	Imported TV Play Broadcasted				
（部）	(set)	100	6		
（集）	(part)	3226	302		

20-16 有线广播电视传输干线网络及用户情况
Transmission Trunk and Users of Cable Radios and TVs

项 目	Item	2015	2020	2021	2022
有线广播电视传输干线网络总长（公里）	Total Length of Transmission Trunk for Cable Radios and TVs(km)	56496	17049	16705	16705
有线广播电视用户数（户）	Users of Cable Radios and TVs (household)	2335791	1645470	1619722	1564537
# 数字电视用户数	Users of Digital TV Programs	1917800	1263501	1226156	1180691
# 付费电视用户数	Users of Pay TV	1118929	826942	1094976	1050550
# 农村有线广播电视用户数	Users of Rural Cable Radios and TVs	285030	242185	184926	138080
有线广播电视入户率（%）	Popularization Rate of Cable TV Programs (%)	28.19	19.57	18.47	17.88
# 农村有线广播电视入户率	Rural Areas	5.83	4.76	4.63	3.46

20-17 广播电视技术情况
Technology Statistics on Radio and TV

项　目	Item	2015	2020	2021	2022
中、短波转播发射台（座）	Transmission and Relaying Stations of Medium and Short Wave Broadcast(unit)	31	31	31	31
中波发射机（部）	Medium Wave Transmitters(set)	68	71	71	71
短波发射机（部）	Sort Wave Transmitters(set)	2	1	1	1
调频转发射机（部）	Frequency Modulation Transmitters(set)	773	514	519	504
电视发射机（部）	TV Program Transmitters(set)	2453	1050	1045	1032
微波实有站（座）	Microwave Stations(unit)	97	116	118	118

20-18 各市（州）广播电视事业基本情况（2022）
Basic Statistics of Broadcasting and Television by Region (2022)

单位：小时　　　　(hour)

市（州）	Region	公共广播节目套数（套）Number of Public Radio Programs (set)	全年制作广播节目时间 Length of Radio Programs Produced	全年公共广播节目播出时间 Length of Public Radio Programs Broadcasted	全年制作电视节目时间 Length of TV Programs Produced	全年公共电视节目播出时间 Length of Public TV Programs Broadcasted
兰州市	Lanzhou	6	21032	24530	4240	34799
嘉峪关市	Jiayuguan	2	11784	12618	2805	16665
金昌市	Jinchang	3	12640	14826	1230	8582
白银市	Baiyin	4	6475	15016	2564	29151
天水市	Tianshui	9	13119	40517	6265	49440
武威市	Wuwei	5	4147	19901	1314	29180
张掖市	Zhangye	7	9692	27363	9074	37235
平凉市	Pingliang	9	7964	34894	5702	44787
酒泉市	Jiuquan	8	7307	25359	2672	49515
庆阳市	Qingyang	9	9410	26779	4149	56362
定西市	Dingxi	9	7625	28864	3575	30863
陇南市	Longnan	10	3823	34712	7518	51824
临夏州	Linxia	9	4152	29647	2265	44896
甘南州	Gannan	3	1254	8016	2113	33721
甘肃矿区	Gansu Mine Area				160	5666

20-19　体育系统机构数、从业人员数（2022）

Number of Institutions and Engaged Persons of Physical Education System (2022)

单位：个、人　　(unit, person)

指　标	Item	合计 Total 机构数 Institutions	合计 Total 人数 Persons	省级 Provincial Level 机构数 Institutions	省级 Provincial Level 人数 Persons	地级 Prefectural Level 机构数 Institutions	地级 Prefectural Level 人数 Persons
总　计	**Total**	**156**	**3923**	**14**	**1346**	**38**	**2577**
体育行政机关	Administrative Agencies of Physical Culture and Sports	102	966	1	42	14	924
运动项目管理部门	Sports Events Management	7	1264	6	1076	1	188
本科院校	Colleges						
职业、运动技术学院	Sports Technical Institutes						
体育运动学校	Physical Education and Sports Schools	9	682	1	93	8	589
竞技体校	Competitive Sports School						
少儿体育运动学校（业余体校）	Spare-time Sports School	20	217			3	217
单项运动学校	Physical Education and Sports Schools						
训练基地	Training Bases	1	24	1	24		
体育场馆	Stadium and Gymnasium	4	94	1	47	3	47
科研所	Science and Technology Institute	1	23	1	23		
其他事业单位	Other Institutions	11	653	2	41	9	612
其他	Others						

注：体育场馆是指独立法人单位的体育场馆。

a) The Stadium and gymnasium referred to the stadium with independent legal entity.

20-20　分技术等级运动员发展人数

Certified Athletes by Technical Grade

单位：人　　(person)

项　目	Item	2015	2019	2020	2021	2022
合计	Total	709	1036	602	607	1138
#女性	Female	185	251	184	206	475
运动健将	Master of Sports	16	19	16	9	
#女性	Female	6	5	5	2	
一级运动员	First Grade	144	267	133	161	300
#女性	Female	46	81	45	64	123
二级运动员	Second Grade	549	750	453	437	838
#女性	Female	133	165	134	140	352

主要统计指标解释

文化及相关产业　指为社会公众提供文化、娱乐产品和服务的活动以及与这些活动有关联的活动的集合。根据提供文化、娱乐产品和服务活动的属性特点，划分为公益性文化活动和经营性文化活动两大类。

文化及相关产业是第三产业的重要组成部分。是在我国《国民经济行业分类》基础上的派生分类，有文化服务和相关文化服务两大类。

文化服务　主要指新闻服务，出版发行和版权服务，广播、电视、电影服务，文化艺术服务，网络文化服务，文化休闲娱乐服务，其他文化服务。

相关文化服务　主要有文化用品、设备及相关文化产品的生产，文化用品、设备及相关文化产品的销售。

非文化及相关产业　指由文化部门主办的不属于文化及相关产业的其他各类行业活动。

文化事业机构　指从事专业文化工作和为专业文化工作服务的独立建制的单位。不包括这些单位另外举办独立核算的其他机构和各部门的业余文化组织。该指标主要反映文化事业机构发展规模水平。

广播/电视节目综合人口覆盖率　指根据原国家广电总局制定的《广播电视人口覆盖率统计技术标准和方法》进行统计调查的，在对象区内能接收到由中央、省、地市或县通过无线、有线或卫星等各种技术方式转播的各级广播/电视节目的人口数占全国总人口数的百分比。

艺术表演团体　指由文化部门主办或实行行业管理(经文化市场行政部门审批或已申报登记并领取相关许可证)，专门从事表演艺术等活动的各类专业艺术表演团体，含民间职业剧团。如话剧团、方言话剧团、滑稽剧团、儿童剧团、歌剧团、木偶团、皮影团等以及由若干剧种组成的综合性专业艺术表演团体。不包括群众业余文艺表演团体。

艺术表演场馆　指由文化部门主办或实行行业管理(经文化市场行政部门审批或已申报登记并领取相关许可证)，有观众席、舞台、灯光设备，公开售票、专供文艺团体演出的文化活动场所。附属于文化部门机构内非独立核算的剧场、排演场，公开营业的也应单独统计。

21 城 市

City

简要说明

一、本篇资料的主要内容

本篇资料反映了城市主要经济社会和城市建设基本情况。城市经济社会情况包括城市人口规模、经济发展、人民生活、公共服务、交通邮政等；城市建设基本情况包括城市市政公用设施水平、人口和建设用地、道路桥梁、排水和污水处理、供水供气供热、园林绿化、市容环境卫生等。

二、本篇资料的数据来源

1、本篇资料中城市经济社会统计数据由省统计局城市调查处依据国家统计局制定的《城市基本情况统计报表制度》整理提供。

2、城市建设统计数据来源于省住房和城乡建设厅《甘肃省城市建设统计年报》。

三、本篇资料的统计范围

1、城市经济社会资料统计范围为市辖区，“市辖区”指城区，不包括市辖县（市）。

2、城市建设资料统计范围分两类：地级市的统计范围为城市行政区，含市辖建制镇，不含市辖县（市）；县级市的统计范围为城市规划区，即按城市现状，市政府所在地和规划区范围内的建制镇。

21-1 分城市主要经济社会指标（2022）
Main Economic and Social Indicators by City (2022)

指 标	Item	兰州市 Lanzhou	嘉峪关市 Jiayuguan
年末户籍人口（万人）	Household Registered Population at Year-end(10000 persons)	216.08	21.17
地区生产总值（当年价格）（亿元）	Gross Regional Product (Current prices) (100 million yuan)	2595	363
第一产业增加值	Primary Industry	20	7
第二产业增加值	Secondary Industry	813	242
第三产业增加值	Tertiary Industry	1763	114
人均地区生产总值（元）	Per Capita GDP (yuan)	80800	114810
地区生产总值增长率（%）	Growth Rate of GDP (%)	-0.1	4.8
地方一般公共预算收入（万元）	General Public Budget Revenue of the Local Governments (10 000 yuan)	576323	191232
地方一般公共预算支出（万元）	General Public Budget Expenditure of the Local Governments (10 000 yuan)	1292234	322340
年末金融机构人民币各项存款余额（万元）	RMB Deposits Balance of Financial Institutions (Year-end) (10 000 yuan)	83530185	4987918
#住户存款余额	Household Deposits Balance	39950622	3303688
年末金融机构人民币各项贷款余额（万元）	RMB Loans Balance of Financial Institutions (Year-end) (10 000 yuan)	94266339	5762397
房地产开发投资（万元）	Real Estate Development Investment (10 000yuan)	2994776	320000
#住宅	Residential Buildings	2098225	268117
商品房销售面积（万平方米）	Floor Space of Commercialized Buildings Sold (10 000 sq.m)	151	34
商品房销售额（万元）	Total Sales of Commercialized Buildings (100 million yuan)	1472014	175082
规模以上工业	Industries above Designated Size		
工业企业数（个）	Number of Industrial Enterprises (unit)	182	69
营业收入（万元）	Business Revenue (10 000 yuan)	15221000	11107968
利润总额（万元）	Total Profit(10 000 yuan)	959000	387602
社会消费品零售总额（万元）	Total Retail Sales of Consumer Goods (10 000 yuan)	14094768	864015
城镇非私营单位在岗职工平均人数（全市）（元）	Average numbers of Staff and Workers in Urban Non-Private Units (City) (10 000 person)	71.48	5.38
城镇非私营单位在岗职工平均工资（全市）（元）	Average Wages of Staff and Workers in Urban Non-Private Units (City) (yuan)	100596	101817
城镇居民人均可支配收入（全市）（元）	Per Capita Disposable Income of Urban Households (City) (yuan)	45277	49634
城镇居民人均消费支出（全市）（元）	Per Capita Consumption expenditure of Urban Households (City) (yuan)	29465	33941
在校学生数	Number of Enrollment		
普通、职业本专科（全市）（人）	Regular and Vocational Colleges and Universities (city) (person)	495145	6817
中等职业教育（人）	Secondary Vocational Education (person)	14423	1847
普通中学（万人）	Regular Middle School (10000 persons)	11.75	1.42
普通小学（万人）	Regular Primary Schools (10000 persons)	18.85	1.97
医疗卫生机构数（个）	Number of Health Care Institutions (unit)	1256	138
医院数（个）	Hospitals (unit)	95	8
医疗卫生机构床位数（张）	Number of Beds in Health Care Institutions (unit)	29110	2611
医院床位数（张）	Hospital Beds (unit)	25170	2232
执业（助理）医师数（人）	Licensed (Assistant) Doctors (person)	13784	1326
城镇职工基本养老保险参保人数（人）	Number of Participants in Basic Endowment Insurance of Urban Employees (person)	1046980	141650
城乡居民基本养老保险参保人数（人）	Number of Participants in Basic Endowment Insurance of (person)	176389	22773
职工基本医疗保险参保人数（人）	Number of Participants in Basic Medical Insurance of Staff and Workers (person)	1210440	103400
城乡居民基本医疗保险参保人数（人）	Number of Participants in Basic Medical Insurance of Urban and Rural Residents (person)	1113786	120200
公共图书馆数（个）	Public Libraries (unit)	5	2
博物馆数（个）	Museums (unit)	20	7
体育场地数（个）	Number of Sports Venues (unit)	5216	951
年末实有公共汽（电）车营运车辆数（辆）	Public Buses and Trolley Buses in Operation at Year-end (unit)	3078	152
邮政行业业务收入（全市）（万元）	Revenue from Postal Business (10 000 yuan)	208800	12078

注：城市社会经济统计数据来源于国家统计局制定的《城市基本情况统计报表制度》，为市辖区数据。

a) The Economic and Social statistics of the city comes from the "Statistical Reporting System on Basic Situation of Cities" formulated by the National Bureau of Statistics, districts under the jurisdiction of city governments are included.

21-1 续表

指 标	Item	金昌市 Jinchang	白银市 Baiyin
年末户籍人口（万人）	Household Registered Population at Year-end (10000 persons)	21.00	49.34
地区生产总值（当年价格）（亿元）	Gross Regional Product (Current prices) (100 million yuan)	410	376
第一产业增加值	Primary Industry	8	14
第二产业增加值	Secondary Industry	332	198
第三产业增加值	Tertiary Industry	70	163
人均地区生产总值（元）	Per Capita GDP (yuan)	156814	72282
地区生产总值增长率（%）	Growth Rate of GDP (%)	15.4	5.6
地方一般公共预算收入（万元）	General Public Budget Revenue of the Local Governments (10 000 yuan)	52897	113642
地方一般公共预算支出（万元）	General Public Budget Expenditure of the Local Governments(10 000 yuan)	187979	485251
年末金融机构人民币各项存款余额（万元）	RMB Deposits Balance of Financial Institutions (Year-end) (10 000 yuan)	4259098	6317459
#住户存款余额	Household Deposits Balance	2834987	4205843
年末金融机构人民币各项贷款余额（万元）	RMB Loans Balance of Financial Institutions (Year-end) (10 000 yuan)	3574633	4507045
房地产开发投资（万元）	Real Estate Development Investment (10 000yuan)	20508	351188
#住宅	Residential Buildings	8658	281644
商品房销售面积（万平方米）	Floor Space of Commercialized Buildings Sold (10 000 sq.m)	3	28
商品房销售额（万元）	Total Sales of Commercialized Buildings (100 million yuan)	17604	155681
规模以上工业	Industries above Designated Size		
工业企业数（个）	Number of Industrial Enterprises (unit)	76	124
营业收入（万元）	Business Revenue (10 000 yuan)	20001850	6948259
利润总额（万元）	Total Profit(10 000 yuan)	1121178	94904
社会消费品零售总额（万元）	Total Retail Sales of Consumer Goods (10 000 yuan)	694226	1263363
城镇非私营单位在岗职工平均人数（全市）（万人）	Average numbers of Staff and Workers in Urban Non-Private Units (City) (10 000 person)	7.74	13.33
城镇非私营单位在岗职工平均工资（全市）（元）	Average Wages of Staff and Workers in Urban Non-Private Units (City) (yuan)	97068	86963
城镇居民人均可支配收入（全市）（元）	Per Capita Disposable Income of Urban Households (City) (yuan)	47292	37187
城镇居民人均消费支出（全市）（元）	Per Capita Consumption expenditure of Urban Households (City) (yuan)	31484	22582
在校学生数	Number of Enrollment		
普通、职业本专科（全市）（人）	Regular and Vocational Colleges and Universities (city) (person)	7167	8585
中等职业教育（人）	Secondary Vocational Education (person)	1441	3350
普通中学（万人）	Regular Middle School (10000 persons)	1.22	2.94
普通小学（万人）	Regular Primary Schools (10000 persons)	1.47	4.16
医疗卫生机构数（个）	Number of Health Care Institutions (unit)	215	285
医院数（个）	Hospitals (unit)	10	10
医疗卫生机构床位数（张）	Number of Beds in Health Care Institutions (unit)	2104	4303
医院床位数（张）	Hospital Beds (unit)	2039	3661
执业（助理）医师数（人）	Licensed (Assistant) Doctors (person)	1227	1967
城镇职工基本养老保险参保人数（人）	Number of Participants in Basic Endowment Insurance of Urban Employees (person)	44304	103968
城乡居民基本养老保险参保人数（人）	Number of Participants in Basic Endowment Insurance of (person)	40694	127171
职工基本医疗保险参保人数（人）	Number of Participants in Basic Medical Insurance of Staff and Workers (person)	23767	81250
城乡居民基本医疗保险参保人数（人）	Number of Participants in Basic Medical Insurance of Urban and Rural Residents (person)	114970	276189
公共图书馆数（个）	Public Libraries (unit)	3	2
博物馆数（个）	Museums (unit)	2	4
体育场地数（个）	Number of Sports Venues (unit)	1047	1759
年末实有公共汽（电）车营运车辆数（辆）	Public Buses and Trolley Buses in Operation at Year-end (unit)	166	315
邮政行业业务收入（全市）（万元）	Revenue from Postal Business (10 000 yuan)	13562	31470

continued

天水市 Tianshui	武威市 Wuwei	张掖市 Zhangye	平凉市 Pingliang	酒泉市 Jiuquan	庆阳市 Qingyang	定西市 Dingxi	陇南市 Longnan
132.06	103.28	51.71	52.7	41.96	40.36	46.82	60.20
467	403	254	193	257	301	143	168
43	111	63	25	45	9	22	33
180	71	44	49	67	144	28	18
244	222	147	119	146	149	93	117
38786	45851	49018	38584	56663	58812	34050	30769
4.8	4.6	6.7	7.3	8.5	0.1	8.0	7.8
141080	127219	107000	54869	63451	86545	54926	43526
848468	729763	402537	406829	371533	367977	483499	490514
11650086	8939449	5640943	4973379	6448695	6234171	3544344	4329102
8289560	6429244	4158621	3380104	4496201	4272284	2296383	2409483
10198000	6105320	4181425	3591620	4399708	3338342	2668831	3296514
1762228	461478	400000	446069	262467	430022	387783	182502
1461844	416019	2000	378357	187068	281989	303748	156721
34	41	41	85	90	49	25	39
284799	239778	149452	439484	444459	380924	118848	235600
113	110	78	40	106	32	50	15
2745536	2093176	909482	947333	1675250	3107000	475590	114969
202945	-25134	62488	43609	24657	77000	25558	7640
1608564	1007666	1366931	939013	1555365	822650	761467	871614
19.77	11.30	11.84	15.03	10.80	17.26	14.45	14.20
79407	86066	92578	100502	93762	90373	86165	81721
33541	35244	32366	34867	44420	37585	31077	29899
18013	27413	25177	21854	30614	23876	20884	22090
55552	23674	23650	19735	13244	26164		9358
12350	10592	3467	3953	6334	9192	4138	5251
7.18	4.88	2.52	2.93	2.30	3.66	1.97	3.92
9.35	6.61	3.13	3.99	2.58	5.10	3.19	5.45
1143	951	605	444	406	454	485	736
64	31	30	41	20	20	14	4
9958	9093	5257	6223	4399	5516	4838	2509
8666	6538	4263	5376	3624	4869	2974	1210
3750	3322	2279	2058	1841	1747	1817	640
212000	180934	70535	33564	44759	16782	26166	9553
660500	453147	247803	241052	163716	176721	235582	323900
209627	110760	34811	32060	41067	23855	29300	23740
951187	785018	411138	385584	298191	274777	371666	516860
3	2	1	2	1	2	1	1
6	6	2	7	3	2	1	2
2853	3176	1660	1489	983	510	1601	478
664	430	189	194	347	200	235	140
76200	31200	26093	33100	27805	53164	39800	39647

21-2 城市公用事业基本情况

Basic Statistics on City Public Utilities

指标	Item	2020	2021	2022
城市人口和建设用地	**City Areas and Floor Space of Buildings**			
市区面积（平方公里）	Urban Area(sq.km)	88553.32	89281.63	89184.79
市区人口（万人）	Urban Population(10 000 persons)	985.22	901.43	909.34
建成区面积（平方公里）	Area of Built Districts (sq.km)	901.43	927.57	968.07
城市建设用地面积（平方公里）	Area of Land Used for Urban Construction(sq.km)	919.26	941.73	980.83
城市供水、燃气及集中供热	**Water Supply and Gas Supply and Heating**			
公共供水总量（万立方米）	Volume of Public Tap Water Supply (10 000 cu.m)	54793	59591	57465
#居民家庭用水	Water Consumption for Residential Use	24337	25762	25523
人均日生活用水量（升）	Per Capita Daily Water Consumption for Residential Use (liter)	140	142	139
公共供水普及率（%）	Coverage of Urban Population with Access to Public Tap Water (%)	96.12	98.44	98.88
天然气供气总量（亿立方米）	Natural Gas Supply (100 million cu.m)	25.44	26.60	26.41
#居民家庭	Resident Households	6.47	6.46	6.93
液化石油气供气总量（万吨）	Volume of Liquefied Petroleum Gas 10 000 ton)	3.40	4.52	4.77
#居民家庭	Resident Households	2.43	2.88	2.48
燃气普及率（%）	Coverage Rate of Urban Population with Access to Gas (%)	94.80	96.87	96.93
集中供热面积（万平方米）	Area of Centralized Heating (10000 sq.m)	27868.00	28364.95	30701.60
城市市政建设	**Municipal Infra-structure**			
城市道路长度（公里）	Length of Paved Roads (km)	5986.65	7036.19	7213.27
城市桥梁数（座）	Number of City Bridges (sets)	697	712	715
城市排水管道长度（公里）	Length of City Sewage Pipes (km)	8035	8499	8980
城市污水处理总量（万立方米）	Total Volume of City Sewage Treatment (10000 cu.m)	47031	47418	45454
城市绿化和园林	**City Greening**			
园林绿地面积（公顷）	Area of Urban Green Land (hectare)	30253.00	31167.99	32834.00
人均公园绿地面积（平方米）	Per Capita Area of Parks and Green Land (sq.m)	15.15	14.88	16.36
公园数（个）	Number of Parks and Zoos (unit)	203	206	225
公园面积（公顷）	Area of Parks (hectare)	6066.00	6819.14	7057.00
城市市容环境卫生	**Environmental Sanitation**			
道路清扫保洁面积（万平方米）	Area of Road Cleaning (10000 sq.m)	13580.00	14537.24	14882.00
生活垃圾清运量（万吨）	Volume of Garbage Disposal (10 000 tons)	272.55	285.79	266.34
生活垃圾无害化处理率（%）	Harmless Treatment Rate of Garbage (%)	100.00	100.00	100.00
市容环卫专用车辆设备总数（辆）	Total number of Vehicles and Equipment for City Appearance and Sanitation(unit)	5624	5949	6021

注：城市建设统计数据来源于省住房和城乡建设厅《甘肃省城市建设统计年报》。（以下表同）

a) Data of urban construction comes from the "Urban Construction Statistical Annual Reporting System in Gansu Province" issued by the Provincial Department of Housing and Urban-Rural Development.The same applies to the relevant tables following.

21-3 分城市人口和建设用地情况（2022）
Conditions of Population and Land Used for Urban Construction by City (2022)

市（州）	Region	城区面积（平方公里）Urban Area (sq.km)	城区人口（万人）Urban Population (10 000 persons)	建成区面积（平方公里）Area of Built Districts (sp.km)	城市建设用地面积（平方公里）Area of Land Used for Urban Construction (sq.km)	本年征用土地面积（平方公里）Land Put in Requisition for State Construction Projects in Current year (sq.km)	城市人口密度（人/平方公里）Population Density of Urban Area (person/sq.km)
甘肃省	**Gansu**	**2120.76**	**534.05**	**968.07**	**980.83**	**33.24**	**3223**
兰州市	Lanzhou	500.28	199.92	383.88	383.83	21.69	6072
嘉峪关市	Jiayuguan	342.00	21.17	70.40	111.43	3.03	701
金昌市	Jinchang	52.30	15.63	47.65	47.65		3268
白银市	Baiyin	81.22	32.48	67.17	63.80	2.99	4330
天水市	Tianshui	73.00	54.50	60.00	60.00		8475
武威市	Wuwei	177.77	32.76	34.04	34.04	2.02	1931
张掖市	Zhangye	200.00	27.61	45.10	45.10	1.78	1471
平凉市	Pingliang	255.00	27.34	42.00	41.71		1212
华亭市	Huating	17.90	9.69	15.44	14.85		6497
酒泉市	Jiuquan	235.00	26.28	61.87	47.09		1394
玉门市	Yumen	15.00	3.11	12.42	12.05		3307
敦煌市	Dunhuang	19.86	6.76	15.58	15.39		3948
庆阳市	Qingyang	31.00	16.75	30.14	30.01	0.73	6952
定西市	Dingxi	35.90	19.12	26.20	24.97	0.18	5513
陇南市	Longnan	40.00	16.15	15.70	13.10		4565
临夏市	Linxia	28.93	18.75	26.27	23.43	0.82	8019
合作市	Hezuo	15.60	6.03	14.21	12.38		4455

21-4 分城市道路桥梁和排水污水处理情况（2022）
Conditions of Road & Bridge and Drainage Sewage Treatment by City (2022)

市（州）	Region	道路长度（公里）Length of Paved Roads (year-end) (km)	道路面积（万平方米）Area of Paved Roads (year-end) (10 000 sq.m)	桥梁数（座）Number of Bridges (unit)	道路照明灯盏数（盏）Number of Street Lights (unit)	污水排放量（万立方米）Sewage Discharge (10000 cu.m)	排水管道长度（公里）Length of Sewage Pipes (km)	污水处理厂处理能力（万立方米/日）Daily Disposal Capacity of Sewage (10,000 cu.m/day)	市政再生水利用量（万立方米）Utilization of Municipal Reclaimed Water (10000 cu.m)
甘肃省	**Gansu**	**7213**	**15177**	**715**	**461466**	**46479**	**8980**	**213**	**9299**
兰州市	Lanzhou	2384	5410	444	158297	22943	3248	110	910
嘉峪关市	Jiayuguan	592	1085	6	29500	1111	736	3	1111
金昌市	Jinchang	496	981	16	24676	1385	132	8	1056
白银市	Baiyin	568	1036	43	22273	1877	588	9	475
天水市	Tianshui	483	1066	31	64591	4539	749	24	1367
武威市	Wuwei	276	686	17	16633	1657	224	9	1447
张掖市	Zhangye	366	677	2	22360	1944	503	8	839
平凉市	Pingliang	264	768	35	20421	1520	562	9	293
华亭市	Huating	113	258	10	3714	613	179	3	4
酒泉市	Jiuquan	463	772	7	24977	2685	418	10	927
玉门市	Yumen	163	244	1	6532	369	188	2	171
敦煌市	Dunhuang	264	282	2	7108	436	108	3	131
庆阳市	Qingyang	241	713	3	13387	1254	287	4	343
定西市	Dingxi	119	308	15	7409	667	201	2	146
陇南市	Longnan	168	223	27	4970	1042	330	4	47
临夏市	Linxia	200	482	33	31880	2080	430	6	
合作市	Hezuo	52	186	23	2738	356	97	1	32

21-5 分城市公共供水情况（2022）
Basic Statistics on Public Tap Water Supply by City (2022)

市（州）	Region	综合生产能力（万立方米／日）Comprehensive Production Capacity (10,000 cu.m/day)	供水管道长度（公里）Length of Water Supply Pipelines (km)	用水户数（户）Number of Households of Using Water (household)	用水人口（万人）Number of Residents with Access to Tap Water (10 000 persons)	人均日生活用水量（升）Per Capita Daily Consumption of Tap Water for Residential Use (liter)
甘肃省	**Gansu**	**349.96**	**7077.51**	**1419816**	**675.81**	**138.88**
兰州市	Lanzhou	168.10	1952.43	83631	302.85	150.98
嘉峪关市	Jiayuguan	17.91	752.00	146429	23.97	155.66
金昌市	Jinchang	14.80	219.12	61562	13.46	181.38
白银市	Baiyin	20.00	339.80	84662	35.17	185.05
天水市	Tianshui	9.50	355.00	204600	61.30	74.89
武威市	Wuwei	20.00	268.00	166435	34.32	99.76
张掖市	Zhangye	13.50	431.00	77345	27.81	145.79
平凉市	Pingliang	5.50	421.70	112650	30.91	90.32
华亭市	Huating	1.85	116.00	28612	11.44	82.48
酒泉市	Jiuquan	24.00	393.50	153572	32.75	142.82
玉门市	Yumen	1.70	164.00	15634	4.96	104.95
敦煌市	Dunhuang	8.00	366.87	43610	7.84	132.50
庆阳市	Qingyang	4.00	429.00	32018	21.55	139.49
定西市	Dingxi	10.00	247.35	49700	19.58	75.17
陇南市	Longnan	3.50	152.55	40200	18.20	92.26
临夏市	Linxia	18.90	382.90	91000	23.20	251.54
合作市	Hezuo	8.70	86.29	28156	6.50	193.00

21-5 续表 continued

市（州）	Region	供水总量（万立方米）Total Annual Volume of Water Supply (10 000 cu.m)	#生产运营用水 Water for Production Operations Use	#公共服务用水 Water for Public Services Use	#居民家庭用水 Water for Households Use	市政消火栓数量（具）Number of Municipal Fire Hydrants (set)
甘肃省	**Gansu**	**57464.68**	**14382.35**	**8539.65**	**25523.36**	**20768**
兰州市	Lanzhou	29122.99	9770.25	4553.49	12144.98	10167
嘉峪关市	Jiayuguan	3277.90	487.49	418.91	942.93	915
金昌市	Jinchang	1992.04	349.60	172.65	654.70	674
白银市	Baiyin	2747.26	29.73	903.63	1467.63	618
天水市	Tianshui	3275.00	1000.80	2.70	1672.90	522
武威市	Wuwei	2367.40	695.80	529.70	720.00	1952
张掖市	Zhangye	2114.53	91.15	352.44	1115.47	1113
平凉市	Pingliang	1360.00	157.00	185.24	812.79	405
华亭市	Huating	660.07	246.70	37.00	302.39	124
酒泉市	Jiuquan	2948.95	555.32	415.10	1292.18	645
玉门市	Yumen	398.00	65.00	95.00	95.00	192
敦煌市	Dunhuang	814.48	153.50	100.25	278.91	227
庆阳市	Qingyang	1623.00	245.82	260.28	814.90	437
定西市	Dingxi	939.44	185.48	176.53	359.71	1970
陇南市	Longnan	701.62	18.71	99.79	498.92	158
临夏市	Linxia	2572.00	330.00	30.00	2100.00	480
合作市	Hezuo	550.00		206.94	249.95	169

21-6 分城市燃气情况（2022）
Basic Statistics on Supply of Gas by City (2022)

市（州）	Region	人工煤气生产能力（万立方米/日）Production Capacity of Gaswork Gas (10 000 cu.m/day)	液化石油气储气能力（吨）Gas Storage Capacity of Liquefied Petroleum Gas (ton)	天然气储气能力（万立方米）Gas Storage Capacity of Natural Gas (10 000cu.m)	供气总量 Total Gas Supply		
					人工煤气（万立方米）Coal Gas (10 000cu.m)	液化石油气（吨）Liquefied Petroleum Gas(ton)	天然气（万立方米）Natural Gas (10 000 cu.m)
甘肃省	**Gansu**	**345.0**	**7244.8**	**225.61**	**1960.80**	**47765.65**	**264163.10**
兰州市	Lanzhou		1127.5	57.00		18681.21	165515.79
嘉峪关市	Jiayuguan	345.0	635.0	47.95	1960.80	1729.50	15052.80
金昌市	Jinchang		42.0	11.60		1332.00	9022.33
白银市	Baiyin		565.0	18.85		704.00	21111.12
天水市	Tianshui		289.0			1200.13	10429.00
武威市	Wuwei		2526.0	0.80		2492.40	6298.76
张掖市	Zhangye		187.0	9.10		9672.89	6500.66
平凉市	Pingliang		50.0	7.80		84.30	1943.53
华亭市	Huating		137.0	11.05		306.50	317.53
酒泉市	Jiuquan		230.0	44.00		1957.02	3246.23
玉门市	Yumen		119.0	12.02		445.00	1354.57
敦煌市	Dunhuang		90.9			1100.00	6759.08
庆阳市	Qingyang		195.0	0.52		1820.00	4668.45
定西市	Dingxi		116.2	0.02		1985.70	136.90
陇南市	Longnan		650.0	4.50		1200.00	976.00
临夏市	Linxia		240.0			2735.00	8472.63
合作市	Hezuo		45.2	0.40		320.00	2357.72

21-6 续表 continued

市（州）	Region	供气管道长度（公里）Length of Gas Supply Pipelines (km)			用气人口（万人）Population with Access to Gas (10 000 persons)		
		人工煤气 Coal Gas	液化石油气 Liquefied Petroleum Gas	天然气 Natural Gas	人工煤气 Coal Gas	液化石油气 Liquefied Petroleum Gas	天然气 Natural Gas
甘肃省	**Gansu**	**51.0**		**4658.72**	**14.00**	**58.58**	**589.87**
兰州市	Lanzhou			1333.65		11.48	290.88
嘉峪关市	Jiayuguan	51.0		134.26	14.00	0.75	9.20
金昌市	Jinchang			138.21		3.66	12.08
白银市	Baiyin			812.13		0.80	33.97
天水市	Tianshui			271.00		4.15	55.27
武威市	Wuwei			109.00		0.94	32.39
张掖市	Zhangye			541.42		3.89	24.88
平凉市	Pingliang			98.70		0.07	27.96
华亭市	Huating			44.43		1.82	6.56
酒泉市	Jiuquan			223.30		4.13	27.96
玉门市	Yumen			76.00		0.52	4.44
敦煌市	Dunhuang			114.00		0.24	7.53
庆阳市	Qingyang			234.35		1.50	18.50
定西市	Dingxi			38.90		10.85	7.45
陇南市	Longnan			85.80		10.75	7.03
临夏市	Linxia			335.10		1.79	19.97
合作市	Hezuo			68.47		1.24	3.80

21-7 分城市集中供热情况（2022）
Basic Statistics on Centralized Heating by City (2022)

市（州）	Region	供热能力 Heating Capacity		供热总量 Quantity of Heat Supplied		管道长度（公里）Length of Heating Pipelines (km)	供热面积（万平方米）Area of Centralized Heating (10 000 sq.m)	
		蒸汽（吨/小时）Steam (ton/hour)	热水（兆瓦）Hot Water (mega watts)	蒸汽（万吉焦）Steam (10 000 gigajoules)	热水（万吉焦）Hot Water (10 000 gigajoules)			住宅 Residential Buildings
甘肃省	**Gansu**	**795**	**19688**	**610**	**12591**	**14212**	**30702**	**21864**
兰州市	Lanzhou		7481		3926	5266	11015	7995
嘉峪关市	Jiayuguan		1112		894	1786	2103	1433
金昌市	Jinchang	95	805	72	514	327	1400	975
白银市	Baiyin		1277		791	808	1863	1392
天水市	Tianshui		1141		927	246	1459	1141
武威市	Wuwei	700	745	538	393	1061	2321	1610
张掖市	Zhangye		1413		1135	764	2406	1416
平凉市	Pingliang		1328		705	189	1655	1123
华亭市	Huating		338		256	103	395	281
酒泉市	Jiuquan		1547		993	438	1531	1161
玉门市	Yumen		162		164	191	278	181
敦煌市	Dunhuang		266		202	140	355	282
庆阳市	Qingyang		816		681	2399	1715	1240
定西市	Dingxi		602		436	201	1276	964
陇南市	Longnan		87		66	74	136	113
临夏市	Linxia		377		363	130	533	397
合作市	Hezuo		191		145	89	260	161

21-8 分城市园林绿化情况（2022）
Basic Statistics on Landscaping by City (2022)

市（州）	Region	建成区绿化覆盖面积（公顷）Green Coverage Area of Built Districts (hectare)	建成区绿地面积（公顷）Green Space Area of Built Districts (hectare)	公园绿地面积（公顷）Park Green Areas (hectare)	公园个数（个）Number of Parks (unit)	公园面积（公顷）Area of Parks (hectare)
甘肃省	**Gansu**	**35041**	**32028**	**11183**	**225**	**7057**
兰州市	Lanzhou	11795	10885	4309	33	2053
嘉峪关市	Jiayuguan	2863	2814	863	9	531
金昌市	Jinchang	2127	1912	590	30	681
白银市	Baiyin	2734	2500	450	21	419
天水市	Tianshui	2434	2173	845	25	484
武威市	Wuwei	1350	1248	444	7	373
张掖市	Zhangye	1816	1661	688	8	518
平凉市	Pingliang	1795	1580	500	14	370
华亭市	Huating	597	525	141	6	71
酒泉市	Jiuquan	2578	2175	575	25	572
玉门市	Yumen	491	457	162	4	140
敦煌市	Dunhuang	608	599	201	11	83
庆阳市	Qingyang	1060	1006	295	7	252
定西市	Dingxi	911	800	410	7	177
陇南市	Longnan	527	509	201	10	105
临夏市	Linxia	818	739	413	6	134
合作市	Hezuo	537	444	97	2	96

21-9 分城市市容环境卫生情况（2022）
Basic Statistics on Environmental Sanitation by City (2022)

市（州）	Region	道路清扫保洁面积（万平方米）Area under Cleaning Program (10 000 sq.m)	生活垃圾清运量（万吨）Volume of Garbage Disposal (10 000 tons)	生活垃圾无害化处理能力（吨/日）Harmless Disposal Capacity of Domestic Refuse (ton/day)	市容环卫专用车辆设备总数（辆）Number of Special Vehicles for Environmental Sanitation (unit)	公共厕所（座）Number of Public Lavatories (unit)	#三类以上 Third Grade and above
甘肃省	**Gansu**	**14882**	**266.34**	**12342**	**6021**	**3092**	**2688**
兰州市	Lanzhou	5490	101.76	3637	3586	762	762
嘉峪关市	Jiayuguan	1142	10.27	410	569	304	304
金昌市	Jinchang	685	7.35	220	182	231	84
白银市	Baiyin	953	15.12	870	162	279	154
天水市	Tianshui	956	23.49	813	183	291	291
武威市	Wuwei	687	12.69	880	270	195	195
张掖市	Zhangye	806	12.18	600	122	195	97
平凉市	Pingliang	768	12.18	875	119	156	156
华亭市	Huating	188	3.67	187	37	30	21
酒泉市	Jiuquan	692	15.55	980	107	175	175
玉门市	Yumen	240	3.65	100	40	49	49
敦煌市	Dunhuang	247	8.93	193	55	46	46
庆阳市	Qingyang	720	10.46	1200	129	176	176
定西市	Dingxi	364	5.84	230	65	73	48
陇南市	Longnan	201	8.62	214	72	32	32
临夏市	Linxia	577	9.72	800	283	58	58
合作市	Hezuo	166	4.85	133	40	40	40

21-10 分城市市政公用设施水平（2022）
Level of Public Facilities in Cities by City (2022)

市（州）	Region	公共供水普及率（%）Coverage of Urban Population with Access to Public Tap Water (%)	燃气普及率（%）Coverage Rate of Population with Access to Gas (%)	污水处理率（%）Disposal Rate of City Sewage (%)	建成区绿化覆盖率（%）Greening Covered Area as % of Completed (%)	人均城市道路面积（平方米）Per Capita Area of Paved Roads (sq.m)	人均公园绿地面积（平方米）Per Capita Public Green Areas (sq.m)
甘肃省	**Gansu**	**98.88**	**96.93**	**97.79**	**36.20**	**22.21**	**16.36**
兰州市	Lanzhou	99.70	99.54	96.71	30.73	17.81	14.19
嘉峪关市	Jiayuguan	100.00	99.92	100.00	40.67	45.25	35.99
金昌市	Jinchang	78.76	92.10	98.00	44.64	57.40	34.55
白银市	Baiyin	100.00	98.86	96.00	40.70	29.46	12.79
天水市	Tianshui	99.08	96.04	100.00	40.57	17.23	13.66
武威市	Wuwei	99.97	97.09	98.61	39.66	19.99	12.92
张掖市	Zhangye	94.53	97.79	98.85	40.27	23.01	23.37
平凉市	Pingliang	100.00	90.68	100.00	42.73	24.83	16.17
华亭市	Huating	98.37	72.06	100.00	38.70	22.19	12.10
酒泉市	Jiuquan	100.00	97.98	99.20	41.67	23.57	17.55
玉门市	Yumen	100.00	100.00	100.00	39.50	49.15	32.69
敦煌市	Dunhuang	100.00	99.11	97.94	39.03	36.00	25.58
庆阳市	Qingyang	100.00	92.81	98.94	35.18	33.10	13.70
定西市	Dingxi	98.94	92.47	99.06	34.75	15.57	20.73
陇南市	Longnan	99.67	97.37	98.08	33.55	12.21	10.98
临夏市	Linxia	100.00	93.79	98.80	31.15	20.78	17.79
合作市	Hezuo	93.53	72.52	92.16	37.76	26.74	14.02

主要统计指标解释

建城区面积　指市政区范围内经过征用的土地和实际建设发展起来的非农业生产建设地段，包括市区集中连片的部分以及分散在近郊区与城市有着密切联系，具有基本完善的市政公用设施的城市建设用地（如机场、污水处理厂、通信电台）。

供水综合生产能力　指按供水设施取水、净化、送水、出厂输水干管等环节设计能力计算的综合生产能力。包括在原设计能力的基础上，经挖、革、改增加的生产能力。计算时，以四个环节中最薄弱的环节为主确定能力。

年末供水管道长度　指从送水泵至用户水表之间所有管道的长度。不包括新安装尚未使用、水厂内以及用户建筑物内的管道。

全年供水总量　指报告期供水企业（单位）供出的全部水量。包括有效供水量和损失水量。

生活用水量　包括公共服务用水和居民家庭用水。公共服务用水指为城市社会公共生活服务的用水。包括行政事业单位、部队营区和公共设施服务、社会服务业、批发零售贸易业、旅馆饮食业以及其他公共服务业等单位的用水。居民家庭用水指城市范围内所有居民家庭的日常生活用水。包括城市居民、农民家庭、公共供水站用水。

用水普及率　指报告期末城区用水人口数与城市人口总数的比率

人工煤气生产能力　指报告期末人工煤气生产厂制气、净化、输送等环节的综合生产能力，不包括备用设备能力。一般按设计能力计算，如果实际生产能力大于设计能力时，应按实际测定的生产能力计算。测定时应以制气、净化、输送三个环节中最薄弱的环节为主。

供气管道长度　指报告期末从气源厂压缩机的出口或门站出口至各类用户引入管之间的全部已经通气投入使用的管道长度。不包括煤气生产厂、输配站、液化气储存站、灌瓶站、储配站、气化站、混气站、供应站等厂（站）内的管道。

全年供气总量　指全年燃气企业（单位）向用户供应的燃气数量。包括销售量和损失量。

燃气普及率　指报告期末城区使用燃气的城市人口数与城市人口总数的比率。其中燃气包括人工煤气、天然气、液化石油气三种。

年末道路长度　指年末道路长度和与道路相通的桥梁、隧道的长度，按车行道中心线计算。在统计时只统计路面宽度在 3.5 米（含 3.5 米）以上的各种铺装道路，包括开放型工业区和住宅区道路在内。

城市园林绿地面积　指报告期末用作园林和绿化的各种绿地面积。包括公园绿地、生产绿地、防护绿地、附属绿地和其他绿地的面积。

公园绿地面积　城市中向公众开放的、以游憩为主要功能，有一定的游憩设施和服务设施，同时兼有健全生态、美化景观、防灾减灾等综合作用的绿化用地。包括综合公园、社区公园、专类公园、带状公园和街旁绿地。其中综合公园、专类公园和带状公园面积之和为公园面积。

清扫保洁面积　指报告期末对城市道路和公共场所（主要包括城市行车道、人行道、车行隧道、人行过街地下通道、道路附属绿地、地铁站、高架路、人行过街天桥、立交桥、广场、停车场及其他设施等）进行清扫保洁的面积。一天清扫多次的，按清扫保洁面积最大的一次计算。

市容环卫专用车辆　指用于环境卫生作业、监察的专用车辆和设备，包括用于道路清扫、冲洗、洒水、除雪、垃圾粪便清运、市容监察以及与其配套使用的车辆和设备。

22

民族自治地方

Ethnic Minority Autonomous Area

简要说明

一、本篇资料主要内容

本篇资料反映 2 个民族自治州、5 个民族自治县的经济社会发展情况。重点反映了民族自治地方农牧业的发展状况以及教育、卫生方面的情况。

二、本篇资料来源

本篇资料数据来源于省统计局相关处、省有关部门。

22-1　民族自治地方年末人口与人口自然变动情况
Total Population at Year-end and It's Natural Changes of Ethnic Minority Autonomous Areas

单位：万人、‰　　(10 000 persons,‰)

年份 地区	year Region	常住人口 Total Population	按性别分 By Sex 男 Male	女 Female	按城乡分 By Urban and Rural 城镇人口 Urban	乡村人口 Rural	自然增长率 Natural Growth Rate
民族自治地方合计	Total						
2010		316.00	160.86	155.14	78.12	237.88	7.79
2011		316.64	161.17	155.48	82.25	234.39	7.63
2012		318.02	161.87	156.15	86.87	231.15	7.64
2013		318.02	161.94	156.08	90.72	227.30	7.64
2014		318.93	162.30	156.63	95.87	223.06	7.68
2015		319.54	161.33	158.20	101.79	217.75	7.69
2016		320.80	163.35	157.45	107.15	213.65	7.56
2017		322.71	164.33	158.38	113.44	209.27	7.65
2018		323.46	164.70	158.76	118.54	204.92	6.95
2019		324.37	165.26	159.11	121.24	203.13	6.91
2020		325.23	163.59	161.65	124.28	200.95	7.44
2021		325.24	163.72	161.53	128.23	197.12	6.49
2022		325.23	163.87	161.36	131.10	194.12	3.93
临夏回族自治州	Linxia	212.40	106.77	105.63	82.87	129.53	5.47
甘南藏族自治州	Gannan	68.37	34.72	33.65	30.28	38.09	2.36
张家川回族自治县	Zhangjiachuan	24.37	11.93	12.44	7.62	16.75	0.82
天祝藏族自治县	Tianzhu	14.74	7.50	7.24	7.16	7.57	-4.07
肃南裕固族自治县	Sunan	2.74	1.45	1.29	1.12	1.62	-2.67
肃北蒙古族自治县	Subei	1.51	0.91	0.60	1.00	0.51	1.46
阿克塞哈萨克族自治县	Akesai	1.10	0.59	0.51	1.04	0.06	0.18

注：根据第七次全国人口普查结果，修订了 2011—2019 年年末常住人口数。

a) According to the results of the Seventh National Census, the data of Permanent Population at Year-end from 2011 to 2019 were revised.

22-2　民族自治地方生产总值
Gross Regional Product of Ethnic Minority Autonomous Areas

单位：万元　　(10 000 yuan)

年份 地区	year Region	生产总值 Gross Regional Product	第一产业 Primary Industry	第二产业 Secondary Industry	第三产业 Tertiary Industry	人均生产总值（元） Per Capita GDP (yuan)
民族自治地方合计	Total					
2018		6043325	973283	1183447	3886597	18245
2019		6443826	1120739	1210855	4112233	19894
2020		6856065	1304793	1236804	4314468	21109
2021		7588620	1442002	1428551	4718068	23332
2022		8382004	1609989	1649706	5122309	25772
临夏回族自治州	Linxia	4086096	757830	823204	2505062	19271
甘南藏族自治州	Gannan	2451192	419830	281389	1749973	35662
张家川回族自治县	Zhangjiachuan	371194	125770	29691	215733	15222
天祝藏族自治县	Tianzhu	711124	173711	198768	338645	48228
肃南裕固族自治县	Sunan	386318	105056	147378	133884	141239
肃北蒙古族自治县	Subei	258623	14802	138647	105174	171273
阿克塞哈萨克族自治县	Akesai	117458	12989	30630	73839	106780

注：2021 年数据为年报数，2022 年数据为快报数。

a) Data of 2021 are annual data,data of 2022 are preliminary data.

22-3 民族自治地方农牧业生产基本情况
Farming and Animal Husbandry Producting Basic Statistic of Ethnic Minority Autonomous Areas

指 标	Item	2010	2015	2020	2021	2022
农林牧渔业增加值（亿元）	**Added Value of Agriculture,Forestry, Animal Husbandry and Fishery (100 million yuan)**	**48.83**	**80.28**	**135.97**	**150.08**	**166.07**
#农业	Agriculture	22.23	31.17	58.96	69.16	83.51
林业	Forestry	1.59	3.64	2.58	2.53	2.07
牧业	Animal Husbandry	24.13	42.09	68.76	72.35	73.71
渔业	Fishery	0.09	0.11	0.18	0.17	0.09
有效灌溉面积（千公顷）	**Irrigated Area (1 000 hectares)**	**72.74**	**73.22**	**86.72**	**88.10**	**87.64**
总播种面积（千公顷）	**Total Sown Area (1 000 hectares)**	**277.50**	**286.59**	**328.76**	**337.10**	**344.16**
#粮食作物	Sown Area of Grain Crops	209.28	210.84	221.26	226.35	228.20
主要农作物产量（万吨）	**Yield of Major Farm Crops(10 000 tons)**					
粮食	Grain Crops	70.89	99.26	103.99	106.80	109.10
油料	Oil-bearing	7.46	7.77	9.19	8.70	8.47
甜菜	Beetroot	0.22	0.21	0.35	0.28	0.12
畜牧业产品产量（万吨）	**Output of Livestock Products (10 000 tons)**					
猪肉产量	Pork	3.27	3.28	3.40	4.44	4.31
牛肉产量	Beef	5.95	6.98	8.68	10.00	9.33
羊肉产量	Mutton	4.26	5.48	7.37	7.09	7.14
牛奶产量	Cow Milk	17.41	16.52	18.17	14.12	13.70
羊毛产量	Wool	0.89	0.95	0.91	0.90	0.97
农业生产条件	**Agriculture Production Condition**					
农业机械总动力（万千瓦）	Total Power of Agricultural Machinery (10 000 kW)	151.60	224.77	192.95	198.57	208.88
农村用电量（万千瓦时）	Electricity Consumed in Rural Area (10 000 kWh)	46251.46	55127.90	70407.54	73390.62	76071.67
化肥施用量（万吨）	Chemical Fertilizer Consumption (10 000 tons)					
按实物量计算	Consumption of Chemical Fertilizer	11.52	12.36	11.38	10.50	10.37
按折纯量计算	Convert to Pure Amount	3.41	3.74	3.20	2.87	2.85

注：根据2016年新修订的《全国农业机械化管理统计报表制度》，2016起农业机械总动力指标统计中删除了农用运输车、三轮汽车和低速载货汽车。

a) According to the newly revised "National Agricultural Mechanization Management Statistical Reporting System"in 2016,since 2016,the index of agricultural vehicles, three-wheeled vehicles and low-speed trucks were removed in the total power of agricultural machinery statistics.

22-4 民族自治地方农、林、牧、渔业增加值
Added Value of Farming,Forestry,Animal Husbandry and Fishery of Ethnic Minority Autonomous Area

单位：万元 (10 000 yuan)

地县	Region and County	农、林、牧、渔业增加值 Added Value of Agriculture, Forestry, Animal Husbandry and Fishery	#农业 Agriculture	#林业 Forestry	#牧业 Animal Husbandry	#渔业 Fishery
民族自治地方合计	**Total**					
2010		488341	222255	15942	241328	853
2011		559853	234672	22511	291318	916
2012		640486	268900	25992	330221	999
2013		709880	289457	29810	370944	968
2014		760498	303155	33186	398944	1032
2015		802836	311723	36444	420939	1074
2016		863383	325606	33780	460487	1142
2017		906237	342223	35212	479667	1091
2018		1002276	382161	32038	536284	925
2019		1173219	478582	31710	607448	3287
2020		1359694	589641	25771	687616	1816
2021		1500792	691562	25315	723472	1653
2022		1660652	835073	20661	737116	947
临夏回族自治州	Linxia	791338	517274	1937	236640	802
甘南藏族自治州	Gannan	424200	91644	14323	293393	66
张家川回族自治县	Zhangjiachuan	126149	86860	765	36977	78
天祝藏族自治县	Tianzhu	187124	106956	1602	74029	
肃南裕固族自治县	Sunan	103877	29028	51	73764	
肃北蒙古族自治县	Subei	14968	1953	180	12605	
阿克塞哈萨克族自治县	Akesai	12996	1357	1802	9708	

注：2022 年数据为快报数。
a) Data of 2022 are preliminary data.

22-5 民族自治地方牲畜头数

Number of Domestic Animals of Ethnic Minority Autonomous Areas

年份 Year	大牲畜年末数（百头） Large Animals (year-end) (100 heads)	牛 Cows	马 Horses	驴 Donkeys	骡 Mules	骆驼 Camels	羊年末数（百只） Sheep and Goats (year-end)(100 heads) 山羊 Goats	绵羊 Sheep	猪年末数（百头） Hogs (year-end) (100 heads)
1990	17009	13949	1379	932	628	121	7166	30920	4474
1991	16887	13864	1353	920	641	109	7179	29405	4575
1992	16994	13917	1359	940	684	94	7410	29754	4802
1993	16954	13862	1367	938	707	80	7578	29915	5048
1994	17022	13914	1368	929	738	73	7958	30472	5198
1995	17119	14016	1362	916	754	71	8204	30462	5333
1996	17126	13995	1366	910	786	69	8325	30559	5410
1997	16985	13878	1360	893	784	70	8555	30633	5542
1998	15522	13180	946	617	717	58	8107	30094	4256
1999	15418	13122	916	573	749	58	8172	28199	4393
2000	15356	13020	902	603	778	53	8444	28001	4648
2001	15137	12804	864	628	789	52	8555	27882	4797
2002	15235	12913	897	641	740	44	8581	28448	5200
2003	15330	13103	877	636	669	45	8491	29602	5464
2004	15619	13371	864	639	698	47	8414	30702	5839
2005	16435	14185	848	648	701	53	8988	32288	6146
2006	16971	14734	835	665	679	58	9368	34027	6232
2007	20006	18268	467	587	624	60	8846	35292	5084
2008	22395	20858	507	530	456	44	8888	42011	4666
2009	22242	20764	503	509	417	49	8673	43509	4575
2010	21491	20048	488	520	368	67	8137	43403	4474
2011	20701	19401	488	446	316	49	7917	43625	4370
2012	19965	18621	510	452	318	64	7550	44564	4523
2013	20055	18673	520	473	320	70	7888	44681	4626
2014	20671	19484	528	345	236	79	8703	47915	4642
2015	20303	19161	529	315	213	84	7288	49610	4432
2016	19935	18835	654	165	179	102	6756	48493	4226
2017	20449	19366	662	148	176	97	6257	46197	4467
2018	20485	19414	642	171	165	92	5626	44440	4361
2019	20694	19620	649	177	156	92	5643	45937	4104
2020	21223	20121	667	177	146	112	5863	47313	5128
2021	20491	19344	632	266	127	121	4973	44723	5266
2022	21078	19898	677	263	108	131	4469	48434	5193

注：2007—2017 年数据为农业普查衔接数。

a) Data of 2007 to 2017 was adjusted according to the National Agricultural Census.

22-6 民族自治地方固定资产投资增长情况（2022）
Growth Rate of Investment in Fixed Assets of Ethnic Minority Autonomous Areas (2022)

单位：% (%)

地 县	Region and County	固定资产投资 Investment in Fixed Assets	第一产业 Primary Industry	第二产业 Secondary Industry	第三产业 Tertiary Industry	新增固定资产 Newly Increased Fixed Assets
民族自治地方合计	**Total**	**21.27**	**27.09**	**31.98**	**18.97**	**93.65**
临夏回族自治州	Linxia	30.00	-10.92	44.94	30.57	-50.81
甘南藏族自治州	Gannan	10.01	58.51	29.94	6.77	339.60
张家川回族自治县	Zhangjiachuan	17.83	215.07	267.06	9.39	162.81
天祝藏族自治县	Tianzhu	20.43	135.43	47.63	13.89	283.76
肃南裕固族自治县	Sunan	18.41	774.55	26.29	4.72	-1.95
肃北蒙古族自治县	Subei	17.75	660.63	-4.28	88.22	-69.02
阿克塞哈萨克族自治县	Akesai	18.37		307.27	-61.35	338.02

22-7 民族自治地方社会消费品零售总额
Total Retail Sale of Consumer Goods of Ethnic Minority Autonomous Areas

单位：万元 (10 000 yuan)

地 区	Region and County	社会消费品零售总额 Total Retail Sales of Consumer Goods	餐费收入 Income from Meals	商品零售 Retail Trade
民族自治地方合计	**Total**			
2011		868181	183216	684965
2012		1003474	209091	794383
2013		1144324	233512	910812
2014		1443257	266321	1176935
2015		1562543	296192	1266351
2016		1723029	330246	1392783
2017		1862576	357037	1505539
2018		1963059	379220	1583839
2019		1964649	295437	1669212
2020		1922334	298544	1623790
2021		2118142	352710	1765432
2022		2018430	341743	1679173
临夏回族自治州	Linxia	1086320	162330	923991
甘南藏族自治州	Gannan	467241	126506	340735
张家川回族自治县	Zhangjiachuan	100856	13414	87442
天祝藏族自治县	Tianzhu	228272	22236	206036
肃南裕固族自治县	Sunan	65840	7265	58575
肃北蒙古族自治县	Subei	38236	3154	35082
阿克塞哈萨克族自治县	Akesai	34150	6838	27312

注：本表2018年、2019年数据依据第四次全国经济普查修订。
a) The data in this table for 2018 and 2019 are revised based on the Fourth National Economic Census.

22-8 民族自治地方城镇居民人均可支配收入（2022）
Per Capita Disposable Income of Urban Households of Ethnic Minority Autonomous Areas(2022)

单位：元 (yuan)

地县	Region and County	城镇居民人均可支配收入 Per Capita Disposable Income of Urban Households	工资性收入 Income of Wages and Salaries	经营净收入 Net Business Income	财产净收入 Net Income from Properties	转移净收入 Net Income from Transfers
临夏回族自治州	Linxia	25773	16280	3460	1254	4778
甘南藏族自治州	Gannan	30660	24075	4256	891	1437
张家川回族自治县	Zhangjiachuan	31001	19721	7516	2766	998
天祝藏族自治县	Tianzhu	31023	20770	2162	1091	7001
肃南裕固族自治县	Sunan	34872	28946	3472	1148	1306
肃北蒙古族自治县	Subei	46286	38017	4791	951	2526
阿克塞哈萨克族自治县	Akesai	47862	40455	4173	1003	2230

22-9 民族自治地方财政金融情况
Government Finance and Financial of Ethnic Minority Autonomous Areas

单位：万元 (10 000 yuan)

指标	Item	2010	2015	2020	2021	2022
财政	**Government Finance**					
一般公共预算收入	Public Government Budget Revenue	139453	366235	405289	448642	437384
一般公共预算支出	Public Government Budget Expenditure	2014808	3974701	6674153	6094211	6744587
金融	**Financial**					
金融机构存款余额	Deposit Balance of Financial Institutions	3946959	9631042	14350438	13982131	16622814
金融机构贷款余额	Loan Balance of Financial Institutions	1844408	7066179	10127980	9858561	10623773
城乡居民储蓄存款	Saving Deposit Balance of Urban and Rural Residents	2189572	5629508	8106960	9327246	

22-10 民族自治地方教育、卫生及文化情况
Basic Statistics on Education,Health and Culture of Ethnic Minority Autonomous Areas

指 标	Item	2010	2015	2020	2021	2022
教育	**Education**					
高等学校所数（所）	**Institutions of Higher Education(unit)**	**1**	**2**	**2**	**2**	**2**
专任教师数（人）	Number of Full-time Teachers(person)	403	575	781	813	828
在校学生数（人）	Number of Student Enrollment(person)	8087	11303	15517	17305	18633
中等学校所数（所）	**Number of Secondary Schools(unit)**	**7**	**6**	**20**	**20**	**17**
专任教师数（人）	Number of Full-time Teachers(person)	477	501	1033	1082	1063
在校学生数（人）	Number of Student Enrollment(person)	5819	2633	8910	9882	11473
普通中学数（所）	**Regular Secondary Schools(unit)**	**209**	**195**	**155**	**161**	**157**
专任教师数（人）	Number of Full-time Teachers(person)	12963	15738	13716	14294	14830
在校学生数（万人）	Number of Student Enrollment(10 000 persons)	22.52	17.56	16.70	17.43	18.32
小学校所数（所）	**Number of Primary School(unit)**	**1641**	**1357**	**953**	**902**	**893**
专任教师数（人）	Number of Full-time Teachers(person)	19080	21244	20772	22605	21326
在校学生数（万人）	Number of Student Enrollment(10 000 persons)	36.44	28.18	30.86	31.75	32.19
卫生	**Health**					
卫生机构数（个）	**Number of Health Institutions (unit)**	**1208**	**3590**	**3259**	**3313**	**3286**
#医院	Hospitals	47	53	100	99	94
卫生院	Health Centers	291	273	295	288	288
社区卫生服务中心（站）	Community Health Service Centers (stations)		43	39	41	41
疾病预防控制中心（防疫站）	Centers for Disease Control and Prevention		23	24	24	24

22-10 续表 continued

指 标	Item	2010	2015	2020	2021	2022
床位（张）	**Beds (unit)**	**9929**	**13451**	**18895**	**19652**	**20493**
#医院	Hospitals	6166	9050	13768	14236	14682
卫生院	Health Centers	3155	3618	3978	3851	4113
社区卫生服务中心（站）	Community Health Service Centers (stations)		241	278	275	336
疾病预防控制中心（防疫站）	Disease Prevention and Control Centers					
卫生机构人员数（人）	**Medical institution Personnel (person)**	**11993**	**18982**	**26303**	**27136**	**27898**
卫生技术人员（人）	**Medical Technical Personnel (person)**	**10392**	**12726**	**19938**	**21450**	**22036**
#医院	Hospitals		5451	11227	12047	12340
卫生院	Health Centers		3285	4447	4775	4892
社区卫生服务中心（站）	Community Health Service Centers (stations)		425	539	582	643
疾病预防控制中心（防疫站）	Centers for Disease Control and Prevention		640	697	724	761
文化	**Culture**					
文化事业	**Culture Institution**					
机构数（个）	Number of Institution (unit)	726	804	916	940	923
人员数（人）	Personnel(person)	3611	5119	7679	7780	7378
各类文化艺术事业单位数（个）	**Number of Culture and Art Institution (unit)**	**401**	**436**	**444**	**443**	**443**
#文化馆、艺术馆	Cultural Centers and Art Station	23	23	23	23	23
公共图书馆	Public Libraries	23	23	23	23	23
博物馆	Museums	24	31	38	38	38
艺术表演场馆	Art Performance Places	3	3	2	1	4
艺术表演团体	Art Performance Troupes	16	17	24	6	25

23 兰州新区

Lanzhou New Area

简要说明

一、本篇资料主要内容

本篇资料反映兰州新区经济社会发展情况。重点反映了兰州新区人口变动、经济总量、投资、能源消耗、农业、财政等方面的基本情况。

二、本篇资料来源

1. 本篇资料由兰州新区经发局搜集、加工整理。

2. 财政数据由兰州新区财政局提供。

23-1 兰州新区经济社会主要指标

Main Economic and Social Indicators of Lanzhou New Area

指 标	Item	2015	2020	2021	2022
年末常住人口（万人）	Household Registered Population at Year-end (10 000 persons)	17.36	29.30	30.00	32.85
法人单位数（个）	Number of Legal Entities (unit)	757	4100	5129	6078
生产总值（亿元）	Gross Regional Product (100 million yuan)	123.15	235.89	300.07	329.19
第一产业	Primary Industry	1.44	1.86	3.69	3.16
第二产业	Secondary Industry	94.69	118.37	148.48	162.54
#工业	Industry	33.90	71.73	88.91	94.05
第三产业	Tertiary Industry	27.02	115.66	147.91	163.49
生产总值指数	Indices of Gross Regional Product	120.04	116.70	120.00	110.97
生产总值构成（%）	Composition of Gross Regional Product (%)				
第一产业	Primary Industry	1.17	0.79	1.23	0.96
第二产业	Secondary Industry	76.89	50.18	49.48	49.37
#工业	Industry	27.53	30.41	29.63	28.57
第三产业	Tertiary Industry	21.94	49.03	49.29	49.67
工业	**Industry**				
规模以上工业增加值（%）	Value-added of Industry above Designated Size (100 million yuan)	20.00	21.70	20.00	20.30
规模以上工业企业经济效益	Economic Benefit of Industry Enterprises above Designated Size				
营业收入（亿元）	Revenue from Principal Business (100 million yuan)	143.75	323.92	385.94	487.10
利润总额（亿元）	Total Profits (100 million yuan)	10.15	-0.64	8.77	6.20
能源	**Energy**				
全社会用电量（万千瓦时）	Whole Society Electricity Consumption(10 000kWh)	27753.98	87265.00	202814.00	235739.47
#工业用电量（万千瓦时）	Industry Electricity Consumption(10 000kWh)	9121.54	32914.00	100795.00	135244.16
能源消费总量（万吨标煤）	Total Energy Consumption (10 000 tons of SCE)	21.24	25.65	35.00	40.85
单位生产总值能耗(吨标煤/万元)	Energy Consumption per Unit of GRP(ton of SCE/10 000 yuan)	0.20	0.11	0.12	0.22

23-1 续表 continued

指 标	Item	2015	2020	2021	2022
固定资产投资增速(%)	**Growth Rate of Investment in Fixed Assets(%)**	**9.49**	**18.73**	**11.10**	**18.03**
项目投资	Project Investment	3.96	13.18	15.00	31.32
房地产开发	Real Estate Development	68.70	31.03	3.55	-10.21
#住宅	Residential Buildings	133.99	143.83	6.29	-13.65
按产业分	By Industry				
第一产业	Primary Industry	-32.11	51.96	-75.87	-13.60
第二产业	Secondary Industry	-24.66	42.34	40.80	54.13
第三产业	Tertiary Industry	37.09	9.83	17.15	7.22
农业农村	**Agriculture and Rural**				
乡镇个数（个）	Number of Townships (unit)	3	3	3	3
行政村个数（个）	Administrative Village (unit)	54	54	54	55
农林牧渔业总产值（万元）	Gross Output Value of Agriculture,Forestry, Animal Husbandry and Fishery (10 000 yuan)		41783.83	74739.86	
化肥施用折纯量（吨）	Convert to Pure Amount of Chemical Fertilizers Consumption (ton)	2832	1509	2129	2079
农作物播种面积（公顷）	Sown Areas of Farm Crops (hectare)	6157.63	12179.90	13091.82	13046.56
主要农产品产量（吨）	Yield of Major Farm Crops (ton)				
粮食	Grain Crops	15210	15382	15570.92	15990.44
油料	Oil-bearing Crops	1866.77	5451.26	4294.50	3082.37
园林水果	Garden Fruits	2500.06	10969.75	10364.35	10218.90
肉类	Meat		6955.12	8555.34	8771.13
财政（亿元）	**Finance (100 million yuan)**				
一般公共预算收入	General Public Budget Revenue	9.18	19.75	32.37	35.17
税收收入	Total Tax Revenue	7.95	15.76	27.32	23.72
一般公共预算支出	General Public Budget Expenditure	31.93	48.48	71.51	72.88

《甘肃发展年鉴》 电子版说明

《甘肃发展年鉴》2023（电子版）是新型的阅读工具，它界面美观，便于携带，操作简便，功能实用。

《甘肃发展年鉴》2023（电子版）内容分为二部分：第一部分设特载、概况、国民经济、交通通信、财政金融、经济管理、社会事业、人民生活、地县及兰州新区概况等 9 个篇目；第二部分设综合，人口，国民经济核算，就业和工资，价格，人民生活，财政和金融业，资源和环境，能源，固定资产投资，对外经济贸易，农业，工业，建筑业，批发和零售业，住宿、餐饮业和旅游业，运输和邮电，教育和科学技术，卫生、社会服务和社会保障，文化和体育，城市，民族自治地方，兰州新区等 23 个篇章。

系统要求：

中文 Windows 9X，Windows ME /2000 /XP；建议使用 IE 浏览器

使用方法：

1. 将《年鉴》光盘插入光驱，光盘自动运行进入主页，如不能自动启动，请进入光盘所在的驱动器，点击 Start.exe，即可启动。

2. 光盘启动后，会自动运行 FLASH，然后进入主页面，点击“浏览光盘”即可以进入光盘正文。

3. 光盘分为两帧，左边目录，右边正文。目录分为两级，点击目录可以进入正文，显示于光盘的右边。

4. 正文分 WEB 页和 EXCEL 两种格式的文档，点击左边目录上图标可以进行转换。

5. 点击主页面的“退出动画”即可退出光盘。

6. 如若目录无法打开，请详见光盘中的帮助文件（help.htm）。

Gansu development Yearbook 2023(electric version) is a new type reading tool. It has beautiful interface, and is easy to carry, easy to operate, functional and practical.

Gansu development Yearbook 2023(electric version) has two parts. The first part contains Featured Articles, Survey, National Economy, Transport and Communications, Government Finance and Financial, Economy & Management, Social Undertaking, People's Living Conditions, City & County and Lanzhou New Area Overview, total 9 chapters. The second part contains total 23 sections and chapters: General Survey; Population; National Accounts; Employment and Wages; Prices; People's Living Conditions; Government Finance and Financial Intermediation; Resources and Environment; Energy; Investment in Fixed Assets; Foreign Trade and Economic Cooperation; Agriculture; Industry; Construction; Wholesale and Retail Trades; Hotels, Catering Services and Tourism; Transport, Postal and Telecommunication Services; Education & Science and Technology; Public Health, Social Services and Social Security; Culture and Sports; City; Ethnic Minority Autonomous Area; Lanzhou New Area.

System Requirements

Windows 98, Windows Me, Windows 2000, Windows XP;

Microsoft Internet Explorer 6.0 and above version

How to Use

1. Insert *Gansu Development Yearbook 2023* disc into your CD-ROM drive, the disc will be automatically started. If not, please click Start.exe to open the CD-ROM.

2. After the CD-ROM is started, it will automatically run FLASH, and then enter the main page, click on "Browse CD" to enter the CD-ROM text.

3. Disc is divided into two pictures, the left is the directory, the right is the text. Directory is divided into two levels, click on the directory you can enter the text, and displayed on the right side of the disc.

4. The main text is divided into WEB page and EXCEL two format documents, click on the icon on the left-hand directory to convert.

5. Click "Exit Animation" on the main page to exit the disc.

6. If the directory can't be opened, please see the help file (help.htm) of the disc..